大家文丛

大家文丛

诗小学

（上）

[清] 吴树声◎著　　张华文◎点校

雲南人民出版社
雲南大學出版社

图书在版编目（CIP）数据

诗小学：全二册 / (清) 吴树声著；张华文点校
. -- 昆明：云南人民出版社，2018.2
（云南文库. 大家文丛）
ISBN 978-7-222-16904-3

Ⅰ. ①诗… Ⅱ. ①吴… ②张… Ⅲ. ①训诂—研究
Ⅳ. ①H13

中国版本图书馆CIP数据核字(2018)第011156号

出 版 人：赵石定
统筹编辑：马维聪
责任编辑：陈 亚
责任校对：牛 磊 段金华 陶汝昌
责任印制：洪中丽
装帧设计：刘 雨 郑 治

大家文丛

诗小学（上册）
Shi Xiao Xue

[清]吴树声 著 张华文 点校

出 版 云南人民出版社 云南大学出版社
发 行 云南人民出版社 云南大学出版社
社 址 昆明市环城西路609号 昆明市一二一大街182号
邮 编 650034 650091
网 址 http://www.ynpph.com.cn http://www. ynup. com
E-mail ynrms@sina.com market@ynup. com
开 本 787mm × 1092mm 1/16
印 张 54.25
字 数 880千
版 次 2018年2月第1版第1次印刷
印 刷 云南国方印刷有限公司
书 号 ISBN 978-7-222-16904-3
总定价 180.00元（上、下册）

如有图书质量及相关问题请与我社联系
审校部电话：0871-64164626 印制科电话：0871-64191534

整理者简介

张华文，男，汉族，昆明市人。云南师范大学文学院教授，硕士学历。1978 年考入广州中山大学，师从潘允中、李新魁、赵仲邑、黄家教诸教授攻习古代汉语、训诂学、音韵学、语法学、方言学等学术。1981 年毕业于该校，获文学硕士学位。1982 年由云南省教育厅分配到云南省图书馆历史文献部工作，1983 年 10 月调入云南师范大学中文系任教，1997 年晋升教授，2004 年 5 月退休。任职期间，曾为本科生开设古代汉语、音韵学、中国古代文化知识等课程，为研究生开设汉语言学史、训诂学等学位课，使所学专业得以充分发挥。授课之馀，从事所学专业的学术研究。出版专著三种：1.《昆明方言词典》（第一作者，詹伯慧、吴积才序，云南人民出版社再版，2014 年）；2.《昆明方言词源断代考辨》（赵振铎序，民族出版社，2002 年）；3.《语言文字评论与研究》（知识产权出版社，2012 年）。此外在国家刊物《方言》、《辞书研究》及其他刊物上发表论文三十余篇。

前　言

习近平总书记在党的十九大报告中指出:“文化是一个国家、一个民族的灵魂。文化兴国运兴,文化强民族强。没有高度的文化自信,没有文化的繁荣兴盛,就没有中华民族伟大复兴。要坚持中国特色社会主义文化发展道路,激发全民族文化创新创造活力,建设社会主义文化强国。”

中国特色社会主义文化,源自于中华民族五千多年文明历史所孕育的中华优秀传统文化,熔铸于党领导人民在革命、建设、改革中创造的革命文化和社会主义先进文化,植根于中国特色社会主义伟大实践。发展中国特色社会主义文化,就是以马克思主义为指导,坚守中华文化立场,立足当代中国现实,结合当今时代条件,发展面向现代化、面向世界、面向未来的,民族的科学的大众的社会主义文化,推动社会主义精神文明和物质文明协调发展。要坚持为人民服务、为社会主义服务,坚持百花齐放、百家争鸣,坚持创造性转化、创新性发展,不断铸就中华文化新辉煌。在实现中华民族伟大复兴中国梦的征程中,我们要坚定中国特色社会主义道路自信、理论自信、制度自信、文化自信。文化自信是更基本、更深沉、更持久的力量。中华民族有着深厚文化传统,形成了独特的精神标识,体现了中国人几千年来积累的知识智慧和理性思辨,这是我国的独特优势。中华文明延续着我们国家和民族的精神血脉,要加强对中华优秀传统文化的挖掘和阐发,使中华民族最基本的文化基因与当代文化相适应、与现代社会相协调,把跨越时空、超越国界、富有永恒魅力、具有当代价值的文化精神弘扬起来。要推动中华文明创造性转化、创新性发展,激活其生命力,让中华文明同世界各国人民创造的多彩文明一道,为人类提供正确精神引领。

中国是一个统一的多民族国家,在中华文化版图上,各地方的文化历史悠久,各具特色,丰富多彩。

云南地处祖国西南边陲,山川秀丽,民族众多,文化富集。是人类最早的发祥地之一。在这片土地上,既有灿烂的古代文明,也有近现代光荣的历史,底蕴厚重,影响深远。这是世代云南人民在发展完善自身的历史探索和社会实践创造中留下的宝贵历史遗产,是祖祖辈辈在不同领域、不同时期形成的民族智慧和传统文化的深层积淀,是云南历史得以传承和延续的不竭动力,是云南各民族团结进步的精神支柱。

千百年来,云南人民用自己的辛劳和智慧,守护祖国边疆,建设美丽家园。历经世代耕耘,薪火相传,创造了丰富多彩的民族文化;历经社会变迁、民族融合、文化认同,云岭大地钟灵毓秀,星光灿烂,诞生了无数杰出人物,涌现了诸多名家大师,产出了大批传世经典,为云南文化发展做出了卓越贡献。

云南有丰厚的学术文化传统。中原文化很早就在这里传播,大量的汉文典籍源源不断传入并积淀,成为云南文化的根基与传统。而地方、民族与边疆文化的诸多特色亦在云南文献中得以彰显。就地方特色而言,编史修志从来都是文化胜业,且成绩斐然。文献、专著、文集不断被创制和保存,民国年间辑刻的《云南丛书》,"初编"、"二编"即达二百零五种一千六百三十一卷及不分卷的五十册。其后更有数以万计的图书文献问世。从民族特色来说,云南民族众多,文化多元,民族典籍文化源远流长,傣族的贝叶文献、彝族的毕摩文献、纳西族的东巴文献、藏族文献、白族文献等，早已产生了世界性影响，是人类共同的文化财富。就边疆特色来看，记载或论述边地、边境、边界、边民、边防及边贸等内容丰富的边疆文献，种类多、价值高，历来都受重视。尤其是在今天云南建设民族团结进步示范区、生态文明建设排头兵、面向南亚东南亚辐射中心，建设文化强省的征程中，云南典籍文献的整理与研究被赋予了更为神圣的文化使命，推进到了新的发展阶段。盛世兴文。云南省决定实施文化建设基础工程，组织编辑出版一套具有文化保存与传承价值的大型学术文献丛书——《云南文库》，弘扬滇云文化，砥砺三迤后人，昌明云岭学术，功在当代，利在千秋。

《云南文库》分为三个系列。一是《当代云南社会科学百人百部优秀学术著作丛书》，收录中华人民共和国成立后出生的年轻一代云南学者的优秀作品。二是《学术名家文丛》，收录辛亥革命至中华人民共和国成立前出生的云南学术名家的代表之作。三是《大家文丛》，收录辛亥革命以前的云南学术大家的传世著作。通过整理和总结、展示与交流，努力促进今日云南学术文化的建设与繁荣，意义深远。

编纂《大家文丛》，是承传云南学术文化，保存云南记忆的基础性文化工程。从古至今，云岭大地孕育了诸多硕学鸿儒、名家大师、文化先贤，可谓星光灿烂。长久以来，红土高原产生了大批思想深邃、智慧非凡的光辉著作，蔚为大观，逐渐形成了具有云南自身特点的学术特色与知识谱系。今天，我们拾起历史长河的明珠，拂去传世经典的蒙尘，重新整理和展示云南学术史上的高峰之作，就是为了重构云南地方知识与文化，增强传统文化区域性叙事中存在的精神感召力，传承和弘扬优秀民族文化，以滇云文化和云南记忆，填充中华民族多元一体的文化版图。

编纂《大家文丛》，是打造云南文化品牌，增强文化自信的重要举措。云南悠久的历史文化、丰富的民族文化、独特的生态文化、包容的宗教文化，是中华文化百花园的重要组成部分。以云南学术大家及其皇皇巨著为承载的云南文化，是云南社会发展的文化源泉，是云南人民的智慧结晶。编纂丛书，就是为了回归滇云文化的本源，筑牢文化自信的根基，为更多的人了解云南搭建平台，为研究云南构筑载体，为发展云南提供借鉴，在更高层次和更宽领域传扬云南文化精神，打造云南文化品牌。

编纂《大家文丛》，是弘扬优秀民族文化，促进文化繁荣兴盛的基础工程。习近平总书记在考察云南时指出："云南少数民族文化是中华民族文化的重要瑰宝，要积极加以支持和发展，彰显民族文化的个性和特色。"我们将努力以编纂《大家文丛》等文化精品为契机，继承优良传统，发挥地域优势，突出民族特色，提高格局站位，积极推动学术创新，努力创造更多优秀的学术成果和文化精品，以滇云文化涵养云南人民，助力云南实现跨越发展。

《大家文丛》得以面世，凝聚着先哲大家的心血和智慧，离不开今贤同仁的奉献与付出。省委宣传部领导组织有力，省社科联、省文史馆、云南大学、省图书馆、云南人民出版社等相关单位和参与整理编校的专家学者不辞辛劳，通力协作，玉成丛书。翰墨流芳，文化永续。在此，向所有的参与者表示崇高的敬意和衷心的感谢。《大家文丛》是《云南文库》的压轴之作，从构思到付梓，离不开广大读者和社会各界人士的支持，在此谨致谢忱。

文化建设没有终点。希望社会各界继续支持《云南文库》编校出版工作，欢迎各方有识之士积极参与到云南文化建设的伟业中来。

《云南文库·大家文丛》编委会

2017 年 11 月

序

清代滇籍语言文字学家吴树声，字鼎堂，一字筱亭，云南保山县人。道光二十四年（1844年）他由乡试中举，被清廷分发山东，历任沂水、肥城、东阿、寿光和章丘等县知县，同治十二年（1873年）卒于任。光绪《永昌府志·人物志·宦绩》说他在山东做官时“俱有惠政”，《清史列传·吴树声传》记载他在沂水任上时“劝农桑，备水旱，著《沂水桑麻话》、《备蝗略》等书，为民谋者甚至”。他在自己的著述中也说:“声宰沂水二年，皆有蝗灾，日夜率民捕之。幸而扑灭，岁仍中稔。”（《诗小学》卷九）从这些记载看来，他对当地人民的生产生活是十分关心的。为了发展生产和治理虫害而亲自撰写论著，当飞蝗肆虐之际又能躬亲处理，“日夜率民捕之”，作为封建时代的一名官吏，这是难能可贵的，吴氏对当地人民是有贡献的。吴氏的贡献尚不止此，作为一个学者，他为后人也留下了一批丰富而宝贵的遗产。据《清史列传·吴树声传》所载，吴氏的学术著作除以上二书外尚有文字学专著《六书微》一百一十卷，古音学专著《歌麻古韵考》四卷，训诂学专著《诗小学》三十卷附补遗一卷、《孟子小学》一卷、《两汉书小学》五卷、《经传释词续》五卷，经义专著《论语尊经录》五卷,“皆熟精故训，为专门之学”。

山东自古以来就是我国学术文化极为发达的地区，山左名贤如林，齐鲁著述似海。吴氏置身于这种富于学术文化传统的环境中潜心学问，可以说是如鱼得水，《诗小学》一书就是他在调署寿光县后于同治七年（1868年）付梓刊布的。

《诗经》在各类学科上的价值有口皆碑，但素称难读，歧说纷陈。自毛《传》、郑《笺》而后，有关解《诗》的专著汗牛充栋，著录亦史不绝书。究其原因，除了其他因素外，语言文字上的隔阂和障碍是一个很重要的因素。吴氏治《诗》，对这一点有深刻的认识，故其在《诗小学》中第一句话就开宗明义地说："小学者，训诂声音之学也。不精乎此，不可以说经，尤不可以说《诗》，《诗》固资博识且供吟咏也。"可见他对传统语言学的重要作用十分清楚，他的这部著作是由小学入手来解释《诗》义的，故名《诗小学》。

《诗小学》是吴氏潜心小学和《诗》学研究的结晶，其中不乏有关《诗》义的精辟见解和精彩论述。全书体例谨严，自成体系。此书收录《诗经》中的词语条目二千余条（由于一个词语条目内时收二词、三词或四词，故此书所收《诗经》词语则不止此数），按《风》、《雅》、《颂》各篇内词语出现的先后顺序排列，并逐条从文字、音韵、训诂等不同的角度进行考释，以求其确诂，有条而不紊。吴氏在《序》中说："《诗》中有古字，有讹字，有假借字，一经误读，便成舛谊。"准确地指出了人们在理解《诗》中词义时的致误之由。有鉴于此，凡《诗》中所用古字、借字，吴氏必明其后世之字或本字；凡《诗》中讹字，吴氏必详其致讹之由以定其正字。古字、借字和讹字既明，然后词义大明，《诗》中疑义也就随之而解。就此一端，也就足以给研读《诗经》者带来不少方便了。吴氏又说，此书"训释字义，仍纯用段氏叠韵双声之法。叠韵双声有不得通者，始参用旁通引申之义"。段氏即段玉裁，叠韵双声之法即因声求义的训诂方法。吴氏能总结前人的研究成果，吸收其中的精华部分，说明他有识见和眼力，路子是对的。因声求义是训诂的重要方法，但不是唯一的方法，弄不好会导致滥用通假和穿凿附会的恶果，因此还要"参用旁通引申之义"。训诂之法多途，不能强求一法以通万义，吴氏的态度是谨慎的，方法是科学的。方法对头，再加上吴氏对小学有深厚的功底，故书中多有创获，往往发前人之所未发。此外，《诗小学》一书尚有以下优点和价值。第一，此书学风笃厚朴实。凡所立说，皆自语言、文字上寻其根据，自古书传注寻其实例和古训，然后归纳排比，以求《诗》中某词语的正确意义。实事求是，杜绝一切虚妄怪诞的无根之谈，故其说多为可信。第二，此书与一般的专书词典或《诗经》的集注不同，它对所收词语的训释不是义项的罗列或前人释义的杂凑，而是一家之言。此书每训释一义，无论是主毛、主郑或主他说，或并以上诸说皆不取而自立新解，都能说明其所以然之故并直抒已见，是一部研究性质的专著，于《诗》学与小学之参考价值甚丰。第三，此书考释词义有一定的历史观点，且能注意到语言的社会性。它常把《诗》中的词语放到一定的历史条件下或相同、相近的语言环境中加以考察，然后确定某词语当为某种意义而不当是某种意义，这种方法是符合语言发展规律的。第四，此书解释《诗》中词语意义常引用方言俗语，释义通俗易懂，且为后人保存了一批珍贵的方言俗语材料以资汉语史和方言学的研究。以俗语解经，古代士大夫视为不雅。吴氏甘冒不雅之名以求真知，精神十分可贵。第五，此书取证丰富，引书浩博。大凡唐宋以前的经、史、诸子、文集并其注疏莫不爬梳搜讨，历代字书、韵书及钟鼎石鼓、汉魏碑刻皆据以征引，宋后治《诗》学者之说亦大量参校引证，故此书又可为人们集中地提供丰富的语言文字资料，有助于研究《诗经》者对其中的语言文字问题作进一步的深入研究。由于篇幅所限，此书的优点和价值仅略如上述。关于此书在训诂上的价值，我曾撰《〈诗小学〉训诂述评》一文，刊于《云南师范大学学报》（哲学社会科学版）1993年第6期，可参看。《清史列传·吴树声传》评价吴氏“能推明古训，实事求是”，并谓其《诗小学》一书“出段玉裁《毛诗小学》上”，综合上述诸点来看，并非溢美之词。至于吴氏在此书中所持之某些学术观点，或囿于时代，或拘于见闻，亦有其一定之局限，是则末学不宜哓哓然置喙，读者阅读时自会研究辨识。要之，青出于蓝，而胜于蓝；前修未密，后出转精。值此祖国传统文化学术昌明的时代，我们有责继承和整理吴氏的这一份珍贵的历史遗产，为促进社会主义文化的繁荣昌盛作出应有的贡献。

就笔者所见，吴氏《诗小学》一书流传的版本，是他在世时于同治七年（1868年）三月雕于寿光官廨之刻本，是该书目前所能见到的唯一传世之刻本，当今亦从未整理出版，故其出版价值更显得弥足珍贵。全书三十卷，补一卷，属其学术结集《鼎堂七种》之第三种。近年该书藏本已由云南省文史研究馆整理重印，收录于《云南丛书》第二册，由中华书局于2009年出版，实乃惠及学界之幸事。此书《清史稿·艺文志·〈诗〉类》已著录，是该《志》《〈诗〉类》所著录的唯一的一部云南学者的专著。是书于每卷卷首均标明“保山吴树声学”六字，可见其于家乡故里的眷念之情。此次点校即以此刻本为底本进行点校，其点校工作的具体情况及成果见此书点校凡例。

张华文叙于云南师范大学寓庐

公元2012年12月6日

原　　序

小學者，訓詁聲音之學也。不精乎此，不可以說經，尤不可以說《詩》，《詩》固資博識且供吟詠也。我朝經學昌明，以訓詁聲音之學說《詩》者弗慮數十家。戴氏震、王氏引之、陳氏啟源、李氏黼平之書，其最著者已。段氏玉裁《毛詩小學》、《毛詩故訓傳》，皆用其注《說文》疊韻雙聲之法解字以解經，其說雖亦旁及於諸家，其學究未免域於專門。《詩》之舊訓不合疊韻雙聲者甚夥。如《采蘋》："于以奠之。"《傳》："奠，置也。"據《禮》注："奠，獻也。""簡兮簡兮"，《傳》："簡，大也。"據《左傳》等書注："簡，選練也。""考槃在澗"，《傳》："考，成。"據《箋》及《說文》、《漢書注》："考，老也。"[1]皆當以疊韻字為訓。《北門》："王事敦我。"《傳》："敦，厚。"據《釋文》音"都回反"。《閟宮》："敦商之旅。"《箋》："敦，治。"據《莊子釋文》："敦，斷也。""室人交徧摧我"，《傳》："摧，沮也。"據《說文》："摧，擠也。"《太玄》注："摧，趣也。"《定之方中》："靈雨既零。"《箋》："靈，善也。"據《說文》，作"霝雨既零"，訓"乛也"。[2]皆當以雙聲字為訓。此固訓詁之常經，實為說經之大要也。

至《詩》中有古字，有訛字，有假借字，皆言乎其形也。其聲與義則有合音，有一字數義，一義數用，一經誤讀，便成舛誼。

古字：如《凱風》"吹彼棘心""心"字，據《易》、《禮》並《釋名》，定為"尖"《說文》作"瀸"。之古字；"母氏聖善""聖"字，據《書》、《石經》、《禮釋文》等書，定為"聽"之古字；《牆有茨》“不可襄也”“襄”字，據《書》及《鴻烈解》，定為“囊”之古字；《定之方中》“匪直也人”“也”字，據《秦權銘》、《石鼓文》、《通志》等書，定為“殹”之假借，即“緊”之古字；《有女同車》“顏如舜華”“舜”字，據《山海經》並注，定為“俊”之古字；《天保》“無不爾或承”“或”字，據《說文》，定為“國”之古字；《庭燎》“夜如何其”，據《頍弁》及《禮釋文》等書，定為“期”之古字；《斯幹》“君子攸芋”“芋”字，據《周禮》注，定為“宇”之古字；《文王》“有周不顯，帝命不時”“不”字，據《書》馬注、《荀子》，定為“丕”之古字；又“不顯亦世”“亦”字，據《噫嘻傳》、《豐年箋》、《漢書》、漢碑，定為“奕”之古字；《棫樸》“金玉其相”“相”字，據《傳》及《禮》、《荀子》，定為“樣”之古字；《抑》“無競維人”、《桑柔》“秉心無競”、《執競》“執競武王，無競維烈”各“競”字，[3]據各《傳》、《箋》、《左傳》、《莊子》、孔融文，定為“强”之古字；《桓》“皇以間之”“間”字，據《漢書》、《莊子》、《釋名》，定為“簡”之古字；《泮水》“靡有不孝”“孝”字，據《說文》、《玉篇》，定為“學”之古字。

訛字：古人以口授經，有弟據所授之音而訛者，有經後儒誤改者，有因後人迻寫之誤而訛者。如《關雎》“君子好逑”“逑”字，據《禮》與《爾雅注》，定為“仇”之訛字；“左右芼之”“芼”字，據《傳》及《國語》、《說文》，定為“若”之訛字；《汝墳》“惄如調飢”“調”字，據《釋文》、《說文》，定為“朝”之訛字；“羔羊之皮”“羔”字，據《急就篇》、《說文》、《廣雅》，定為“丿”亦作“冃”，从兆。兆，古文作“)(”。之訛字；《采苓》“苟亦無然”“苟”字，據《爾雅釋文》、《說文》，定為“苟”之訛字；《采菽》“平平左右”“平”字，據《論語集解》、《史記》、《說文》，定為“采”亦作“冂”。之訛字；《大明》“燮伐大商”“燮”字，據《說文》，定為“□”之訛字；《有瞽》“應田縣鼓”“田”字，據《國策》、《史記》諸書，定為“陳”之訛字；《殷武》“罙入其阻”

"罙"字，據《傳》及《說文》，定為"𠂇"之訛字。

假借字本為六書之一，《詩》中尤夥（前賢已是正者不贅）：如《周南》"南"字，據《鼓鐘》及《禮》、《左傳》，定為"南籥"本字（作"南北"字用者假借）；"碩人之一""一"字，據《聲類》，定為"窠"之假借；《君子陽陽》"右招我由房""由"字、"房"字，據《左傳》、《漢書》、《孟子》、《管子》等書，定為"遊"與"放"之假借；《南山》"曷又極止""極"字，據《書》、《左傳釋文》，定為"殛"之假借；《駟驖》"舍拔則獲""舍拔"字，據《泉水傳》、《禮》注、《儀禮》，定為"釋軷"之假借；《伐柯》"籩豆有踐""踐"字，據《書》鄭注，《禮》、《周禮》注，定為"翦"之假借；《七月》"一之日于貉""貉"字，據《周禮》並注，定為"禡"之假借；《斯幹》"無相猶矣""猶"字，據《禮》注，定為"搖"之假借；《蓼蕭》"是以有譽處兮""譽"字，據《孟子》、《左傳》、《文選》注，定為"豫"之假借；《我行其野》"成不以富""富"字，據《召旻箋》、《易釋文》，定為"福"之假借；《楚茨》"既齊既稷""稷"字，據《逸周書》注、《書序》、《史記》，定為"肅"之假借；《公劉》"何以舟之""舟"字、"涉渭為亂""亂"字，據《春秋三傳》、《說文》、《史記集解》、《漢書集注》，定為"祝"與"纂"之假借；"上帝板板""板"字，據《釋名》，定為"昄"之假借；《蕩》"其命匪諶""匪"字，據《書》、《漢書》、《文選》、《爾雅》，定為"棐"之假借；"女炰烋于中國""炰烋"字，據《山海經》，定為"狍鴞"之假借；《抑》"民之靡盈""盈"字，據《左》《穀》二《傳》、《史記》，定為"逞"之假借；《崧高》"于蕃"、"于宣""宣"字，據《周禮》、《說文》，定為"桓"之假借；《玄鳥》"景云維河""云"字、"河"字，[4]據《管子》、《莊子》、《呂覽》、漢碑，定為"運"與"何"之假借；《長發》"幅隕既長"，據古音，定為"福運"之假借。字形既定，經誼斯彰。

合音之說，起於西域。趙氏宧光曰："釋典譯法，真言中此方無字可當梵音者，即用二字聚作一體，謂之切身。”是也。沈存中云：“今夔、峡、湖、湘間及南北江獠人，凡禁咒，句尾皆稱‘些’，乃楚人舊俗。”西域咒語，末皆云“娑婆訶”，亦三合而為“些”，亦其據也。六朝反語盛行，宋武帝作清暑殿，[5]有識者以“清暑”反為“楚聲”，“楚聲”為“清”，“聲楚”為“暑”。梁武帝創同泰寺，開大通門，對寺之南門，取反語以協“同泰”，“同泰”為“大”，“泰同”為“通”之類是也。其實皆昉於合音。經傳則《禮·檀弓》：“銘，明旌也。”《玉藻》：“終葵，椎也。”[6]“明旌”合音為“銘”，“終葵”合音為“椎”。《春秋》“盟於穀丘”，《左傳》作“句瀆之丘”。邾，亦名鄒，《公羊傳》作“邾婁”。“句瀆”合音為“穀”，“邾婁”合音為“鄒”，此合音之權輿也。《詩》中如《采苓》“舍旃舍旃”，“旃”字為“之焉”之合音；《鴇羽》“王事靡盬”，“靡”字為“没有”之合音；《權輿》“於我乎夏屋渠渠”，“於”字為“何居”之合音；《七月》“八月斷壺”，“壺”字為“胡盧”之合音；《東山》“有敦瓜苦”，“敦”徒端反。字為“團圓”之合音；《伐木》“微我弗顧”，“微”字為“無謂”之合音；《南山有臺》“遐不眉壽”、“遐不黄耇”，“遐”字據《禮疏》定為“胡”之假借，“胡”為“何為乎”三字之合音；《十月之交》“山冢崒崩”，“崒”字為“崔巍”之合音；“楚楚者茨”，“茨”字為“蒺藜”之合音；《噫嘻》“既昭假爾”，“爾”字為“如此”之合音；“文王既勤止”，“止”字為“之矣”之合音；《長發》“帝命式於九圍”，據《公羊傳疏》“國，讀如圍”，“國”為“囗音圍。或”之合音。

一字數義者，如同一“介”字，或訓為“助”，或訓為“大”，或為“匄”之假借[7]，或為“戒”之假借。同一“且”字，或訓為“往”，或訓為“存”，或為“怚”之假借，或為“輔”之假借。

一義數用者，如“曰”與“于”，皆語詞也。“女曰雞鳴，士曰昧旦”，義近於“云”；“見晛曰消”、“曰嬪于京”，義通乎“聿”；“曰止曰時”，“曰”為“為”之假借；“黄鳥于飛”、“之子于歸”，“于”與“曰”同義；“于彼原隰”、“于邑于謝”，“于”訓為

“往”；“作于楚宫”、“作于楚室”，“于”讀為“為”。

或因聲而定義，或以義而知聲。知其為古字，而後不誤於後世字；知其為訛字，而後可求其正字；知其為假借字，而後不牽混於所借之字；知其字之形，而後可以定其聲與義；知其字之聲與義，而後益無誤於字之形。訓釋字義，仍純用段氏疊韻雙聲之法，疊韻雙聲有不得通者，始參用旁通引申之義。凡經義之攸關，皆得力於小學，久而成編，非好為立異也。阮氏元有言曰：“余之說經，推明古訓，寔事求是而已。”後生末學，比物比志也。惟是才識譾陋，見聞又隘，世之精於小學者，當必有以匡予之不逮矣。保山吳樹聲述。

校勘記

[1]《考槃箋》無“考，老也”之訓。

[2]“一也”，大徐本《說文》“霝”下作“雨零也”，段注本改“零”為“一”，注云：“一，各本作‘零’，今依《廣韻》正。”

[3]“《執競》‘執競武王，無競維烈’”，原作“《烈文》‘無競維烈，執競武王’”，今據《周頌·執競》文改。

[4]“云”，《商頌·玄鳥》作“員”，《箋》云：“員，古文作云。”

[5]“宋武帝”，當作“晉孝武帝”。

[6]“《玉藻》”，當作“《玉藻釋文》”。案：《禮記·玉藻》：“天子搢珽，方正於天下也。”鄭注：“或謂之大圭，長三尺，杼上終葵首。”《釋文》：“終葵，椎也。”

[7]“匄”，原作“匃”，今據本書卷十六“介”字條改。

点校凡例

一、吴氏《诗小学》一书征引古籍浩博，凡二百余种，书证数以万计，一个条目之内时有征引古籍文例多达六七十条者。凡此征引，皆据原书校订。其显属吴氏误引误记，或刻工误刻而出现之讹、夺、衍、倒者，即据原书各版本径改，或补删乙正，不出校语。若疑吴氏别有所本，或径改、补删乙正后有妨文义，则存其原貌，并出校语，置于每卷之末《校勘记》下，以数字列其序号。

二、吴氏此书属传统小学文字、训诂、音韵之学，书中繁体字、异体字、俗体字、假借字、古字、籀文、古文、小篆、隶书、金石文字及用以说明致误之由的讹字甚夥，占据此书大量篇幅，而此等文字又是吴氏考证字形、字义、音理之关键所在，均不能改动（惟“假借”之“假”字，吴氏用古字“叚”，点校时均改为习用的“假”字），一经改动，便生纠葛，或成舛谊。为求全书用字体例统一，避免歧义和误解，故此书点校本之正文目录、正文、《本書點校主要徵引書目及版本說明》及下所列之征引书目表均以繁体字排印。

三、吴氏此书成书于清代同治七年，依例须避清帝名讳，故此书凡于“玄”（康熙帝讳玄烨）、“胤”（雍正帝讳胤禛）、“弘”（乾隆帝讳弘曆）、“旻”（道光帝讳旻寧）、“寧”、“炫”、“曆”、“淳”（同治帝讳载淳）等字则以他字“元”、“允”、“宏”、“閔”、“甯”、“炫”（缺末笔）、“吕”（“律曆”改作“律吕”）、“淳”（改左下角之“子”字为“曰”）代之以避帝讳；又“享”、“錞”、“鐓”、“哼”、“焞”、“諄”、“暾”、“鶉”、“敦”等字亦连及“载淳”之讳而皆改其中之“子”字为“曰”。此外，书中“丘”字或刻印作“邱”字，或刻印作“某”字，或刻印作“丘”（缺末笔）。以上诸避讳字，今皆据所征引之原书书名、篇名或原书文句还原为其应写之正字，均不出校语。

四、吴氏此书征引古籍时，其少数用字时有与通行之版本用字有异，就今视之，已无必要。凡此异体之字，点校时均据今通行之各别版本改为通行之正体。

五、吴氏此书往往征引宋薛氏尚功《歷代钟鼎彝器款识》、清阮氏元《积古斋钟鼎彝器款识》、宋王氏黼等《宣和博古图》、宋吕氏大临《考古图》、宋洪氏适《隶释》及《隶续》、清吴氏玉搢《金石存》等书中收录之金石文字以考证《诗经》用字之源及诗义，此为吴氏训诂形训之一大特色，惟吴氏所采用之金石文字，电脑字库中无现成对应之字可供输入，则只能按吴氏征引各书原文字样或吴氏《诗小学》一书中之字样摹写扫描影印。

六、吴氏此书征引古书传注及他书论述时常有省略，省略处并非脱文，无妨文义，故亦不出校语，仅于省略处以省略号“……”示之，以资识别。

七、点校此书，凡于古书传注内习用术语中之解释字、音注字及异文均不加引号，以免叠床架屋。如郑《笺》、郑《三礼》注、陆《释文》、孔《疏》、《史记》三家注等旧注中的“读为X”、“读曰X”、“读若X”、“读如X”、“音X”、“当作X”、“本亦作X”、“本又作X”、“本或作X”、“某书作X”等，其中的“X”皆不加引号；又形训术语“从X”、“X音”、“从X省”等中之“X”亦不加引号。其他引号则按常规使用。

八、此书个别词语条目与《诗经》篇内词语出现的顺序不符，点校时已作调整，并出校语说明。

九、此书所列词语条目原无目录以统之，检索十分不便，今按词语条目在《诗经》各篇中出现之先后顺序编制目录，置于正文之前。目录内以圆括号注明词语条目所属《诗经》之篇名，置于所收《诗经》某篇最后一个词语条目之后。其无篇名系属者，则以“释‘X’”示之，置于条目之后。

十、此书附《本書點校主要徵引書目及版本説明》与其下所列之征引书目表，以示本书点校之依据，置于正文之后。

書影

清史稿卷一百四十五　　四二三二

氏箋考徵一卷，釋毛詩音四卷，毛詩說一卷，毛詩傳義類一卷。陳奐撰。詩小學三十卷。吳樹
華撰。毛詩多識二卷。多隆阿撰。詩學詳說三十卷，正詁五卷。顧廣譽撰。詩地理徵七卷。朱右
曾撰。詩本誼一卷。龔橙撰。詩經異文四卷，韓詩輯一卷。蔣曰豫撰。毛詩序傳三十卷，毛詩讀
三十卷。王劼撰。毛詩異文箋十卷。陳玉樹撰。毛詩譜一卷。胡元儀撰。詩經通論一卷。皮錫瑞
撰。詩三家義集疏二十九卷。王先謙撰。

宋楊簡慈湖詩傳二十卷。宋戴溪續呂氏家塾讀詩記三卷。宋袁燮絜齋毛詩經筵講義
四卷。宋林岊毛詩講義十二卷。元劉玉汝詩纘緒十八卷。以上均乾隆三十八年王際華等奉敕輯。
漢申培魯詩故三卷。漢后蒼齊詩傳三卷。漢韓嬰詩故二卷，詩內傳一卷，詩說一卷。漢薛
漢韓詩章句二卷。漢侯苞韓詩翼要一卷。漢馬融毛詩注一卷。魏劉楨毛詩義問一卷。魏
王肅毛詩注一卷，毛詩義駁一卷，毛詩奏事一卷，毛詩問難一卷。魏王基毛詩駁一卷。吳
韋昭、朱育毛詩答雜問一卷。吳徐整毛詩譜暢一卷。晉孫毓毛詩異同評三卷。晉陳統難
孫氏毛詩評一卷。晉郭璞毛詩拾遺一卷。晉徐邈毛詩音一卷。齊劉瓛毛詩序義一卷。宋
周續之毛詩周氏注一卷。梁簡文帝毛詩十五國風義一卷。梁何胤毛詩隱義一卷。梁崔靈
恩集注毛詩一卷。不著時代舒瑗毛詩義疏一卷。不著時代、撰人毛詩草蟲經一卷，毛詩提
綱一卷。後周沈重毛詩義疏二卷。後魏劉芳毛詩箋音義證一卷。隋劉炫毛詩述義一卷。

書影壹.《清史稿·藝文志·詩類》著錄之《詩小學》三十卷(中華書局,1977年)

總目録

名山事業 薪火相傳（徐榮凱）
重印《雲南叢書》序（秦光榮）
整理凡例
前言

第一册

雲南叢書序
雲南叢書輯刊職名
雲南叢書總目
周易標義 三卷
讀易淺說 十卷
象象合參 二卷
觀象反求録 一卷
誦詩小識 三卷

第二册

詩小學 三十卷 補一卷

第三册

詩經原始 二十卷
齊風說 一卷
勿自棄軒遺稿 一卷
拙脩庵讀書脞記 六卷

第四册

泰律 十二卷 外篇 三卷
韻略易通 不分卷
等音聲位合彙 二卷
切韻正音經緯圖 一卷
歌麻古韻考 四卷
太極明辨 三卷

總目録 一

書影貳.《雲南叢書·總目錄》第二册著錄之《詩小學》三十卷、補一卷（中華書局,2009 年）

書影叁.《詩小學》初刻本封面[詩小學卅卷(鼎堂七種之弟三)]

書影肆.《詩小學》初刻本封裏(同治七年三月彫于壽光官廨)

小學者訓詁聲音之學也不精乎此不可以說經其
不可以說詩詩固資博識且供吟咏也我
朝經學昌明以訓詁聲音之學說詩者無慮數十家
戴氏震王氏引之陳氏奐李氏黼平之書其最著
者已段氏玉裁毛詩小學毛詩故訓傳皆用其注說
文疊韻雙聲之法解字以解經其說雖亦旁及於諸
家其學究未免域於專門詩之舊訓不合疊韻雙聲
者甚夥如采蘋于以奠之傳奠置也據禮注奠獻也
簡兮簡兮傳簡大也據左傳等書注簡選練也考槃
在澗傳考成也據箋及說文漢書注考老也皆當以

詩小學　序　一

疊韻字爲訓北門王事敦我傳敦厚也據釋文音都
回反閟宮敦商之旅箋敦治據莊子釋文敦斷也室
人交徧摧我傳摧沮也據說文摧擠也大元注摧趣
也定之方中靈雨既零傳靈善也據說文作霝雨既
零訓霝也皆當以雙聲字爲訓此固訓詁之常經實
爲說經之大要已至詩中有古字有訛字有假借字
皆古音其形也其聲與義則有合音有一字數義一
義數用一經誤讀便成舛誼古字如凱風吹彼棘心
心字據易禮並釋名定爲尖說文作纖之古字母氏聖善
聖字據書石經禮釋文等書定爲聽之古字牆有茨

詩小學　序

不可襄也襄字據書及鴻烈解定爲㚇之古字定之
方中匪直也人也字據秦權銘石鼓文通志等書定
爲殹之假借卽繫之古字有女同車顏如舜華舜字
據山海經並注定爲俊之古字天保無不爾或承或
字據說文定爲國之古字庭燎夜如何其據頍弁及
禮釋文等書定爲期之古字斯干君子攸芋芋字據
周禮注定爲宇之古字文王有周不顯帝命不時不
字據書馬注荀子定爲丕之古字又不顯亦世亦字
據噫嘻傳豐年箋漢書漢碑定爲奕之古字棫樸金
玉其相相字據傳及禮荀子定爲樣之古字抑無競

詩小學　序　二

維人桑柔秉心無競烈文無競維烈執競武王各競
字據各傳箋左傳莊子孔融文定爲彊之古字豐年
皇以閉之閉字據漢書莊子釋名定爲節之古字泮
水靡有不孝孝字據說文玉篇定爲學之古字訛字
古人以口授經有弟據所授之音而訛者有經後儒
誤改者有因後人迻寫之誤而訛者如關雎君子好
逑逑字據禮與爾雅注定爲仇之訛字左右芼之芼
字據傳及國語說文定爲若之訛字汝墳惄如調飢
調字據釋文說文定爲朝之訛字羔羊之皮羔字據
急就篇說文廣雅定爲羙[illegible]之訛字采苓

四五一

書影伍.《雲南叢書》本《詩小學·序》

詩小學　卷一

而執之而吹也蓋凡舞皆有南籥二部或變文曰干
舒羽籥書舜典舞干羽於兩階是也見舞象箾南籥
南籥二字直貫至舞韶箾句止大武韶濩大夏韶箾
皆有南有籥不但象箾有南籥也不逐句言南籥者
古人言簡而意該也鼓鐘以雅以南以籥不僭者言
其聲音可用之於雅並可用之於武舞之南文舞之
籥皆不至於僭差也蓋三百篇之詩有有樂有舞者
有有樂無舞者周南召南有樂有舞之詩也風有十
五惟周召與豳有樂有舞故以周召始以豳終焉左
氏春秋傳吳公子札觀樂爲之歌周南召南下有見

詩小學　卷之一　三

舞象箾南籥者可見二南有樂有舞二南有樂有舞
故二南稱南說文南草木至南方有枝任也从宋羊
聲 [illegible] 謂南並非東西南北本字也方向字惟東爲正
字東从日在木中日出東方故人見日在木中會意
字也西鳥至晚而栖於巢本栖之古文也北象作爫
象兩人相背之形即背之古文南从羊說文羊撥也
从丫倒入一爲羊入二爲羊讀若飪稍甚也 [illegible] 謂南
从羊宋羊从丫即杆之古文也从二即上之古文也
說文二上之古文丄上之象文丫望上舉舞之意宋說文草木盛宋
宋然象形丫望上舉發揚振動勃勃然也會意字即

聲羊聲西北南三字皆非方向字而用爲方向字者
叚借字也不惟二南字非方向字即南呂南字亦當
取發揚振動勃勃然之意十二呂皆不用方向字獨
南呂用方向字必不然矣 [illegible]
洲說文水中可居曰州周遶其旁从重川昔堯遭洪
水民居水中高土故曰九州詩曰在河之州據此則
洲亦本作州 [illegible] 謂字亦作州因專用爲九州字故別
出洲字州洲古今字也
窈窕傳窈窕幽閒也說文窈深遠也靜女箋猶貞女
在窈窕之處據此可以得窈窕之解淑女亦貞女也

詩小學　卷之一　四

貞女在窈窕之處可望而不可見所以爲君子之好
逑也楊氏 [illegible] 謂善心爲窈善容爲窕未免望文生義
矣正義駁之是也正義稱淑女所居之宮形狀窈窕
然故箋言幽閒深宮是也 [illegible] 謂窈窕指所處之宮室
言較善心爲窈善容爲窕自是寔事求是又不若以
窈窕專指淑女言窈窕淑女猶之言穆穆文王於皇
武王云爾
逑傳逑匹也箋怨偶曰仇釋文本亦作仇音同疏逑
匹也爾雅釋詁文孫炎云相求之匹詩本作逑爾雅
多作仇字異音義同也按爾雅作仇是也禮緇衣作

四五五

書影陸.《雲南叢書》本《詩小學》卷一

目　录

詩小學卷一

國　風

保山吴樹聲學

周　南

周陸德明《音義》曰:“周者,代名。其地在《禹貢》雍州之域,岐山之陽,於漢屬扶風美陽縣。”案:周,地名,猶之召亦地名也。周、召同為地名,猶之邶與鄘、魏與唐亦同為地名也。周、召皆畿内之地,應同隸於王,必繫之周、召者,猶邶、鄘久入於衛,必别之為邶、鄘者,存其舊也。《序》稱:“《關雎》、《麟趾》之化,王者之風,故繫之周公。”“《鵲巢》、《騶虞》之德,諸侯之風也,先王之所以教,故繫之召公。”據《關雎》以下《小序》皆美後妃,《廣漢序》始美文王,自《芣苢》以上皆稱讚後妃之德,尤於不妒忌三致意焉,意文王得子必多而且早。然作《關雎》、《麟趾》之時,周公、召公即使降生,亦尚未受封食采也。周、召受封,實在武王克殷以後,《左氏春秋傳》、《史記》皆可據也。《二南》皆民間歌謠,其體係風,所稱“淑女”、“君子”與夫“公子”、“之子”,皆自民間口中說出,便處處好講,絕無窒礙矣。其詩得自周、召之地,不必盡在周、召受封以前,亦不必盡在周、召受封以後也。當以意逆志,如孟子所言,則得之矣。

南　陸德明《音義》曰:"南者,言周之德化自岐陽而先被南方,故《序》云:'化自北而南也。'"案:本系風而謂之"南"者,《小雅·鼓鐘》:"以《雅》以《南》,以籥不僭。"《傳》:"為《雅》為《南》也。舞四夷之樂,大德廣所及也。……南夷之樂曰《任》。"[1]《箋》:"《雅》,萬舞也。萬也,南也,籥也,三舞不僭,言進退之旅也。"《禮·文王世子》:"胥鼓《南》。"注:"南夷之樂也。"引"《詩》云:'以《雅》以《南》。'"《左氏春秋·襄二十九年傳》:"吳公子札來聘,……見舞《象箾》、《南籥》者。"注:"象箾,舞所執。南籥,以籥舞也。"案:《象箾》,文王樂名也。或謂之《象》,或謂之《象箾》,猶舜樂謂之《韶》,亦謂之《韶箾》也。凡樂必有舞,舞兼文武。武舞或用干戚,《明堂位》"朱干玉戚"是也;或用干戈,《文王世子》"春夏學干戈"是也;或用弓矢,《周禮·大司樂》"及射,……詔諸侯以弓矢舞"是也。文舞用羽籥,《詩·簡兮》:"左手執籥,右手秉翟。"《文王世子》:"秋冬學羽籥。"是也。"以《雅》以《南》"、"胥鼓《南》",皆此"南"字也,武舞也。《詩·賓之初筵》:"籥舞笙鼓。"《禮·仲尼燕居》:"夏籥序興。"皆此"籥"字也,文舞也。凡樂皆有《南》、《籥》二舞,《左氏春秋·宣八年經》:"《萬》入,去《籥》。"《萬》,舞也,兼文武二舞言。"去《籥》"者,去文舞而留武舞也,為有卿佐之喪而殺也。若言文舞有籥有羽,去籥之有聲者,留羽之無聲者,不知籥與羽同為舞者之所執,未聞一面執之以舞,又一面執之而吹也。蓋凡舞皆有《南》、《籥》二部,或變文曰"干干籥。羽羽籥",《書·舜典》:"舞干羽於兩階。"[2]是也。"見舞《象箾》、《南籥》","南籥"二字直貫至"舞《韶箾》"句止。《大武》、《韶濩》、《大夏》、《韶箾》皆有《南》有《籥》,不但《象箾》有《南籥》也。不逐句言"南籥"者,古人言簡而意該也。《鼓鐘》"以《雅》以《南》,以籥不僭"者,言其聲音可用之於《雅》,並可用之於武舞之《南》,文舞之《籥》,皆不至於僭差也。蓋三百篇之《詩》,有有樂有舞者,有有樂無舞者。《周南》、《召南》,有樂有舞之詩也。《風》有十五,惟《周》、《召》與《豳》有樂有舞,故以《周》、《召》始,以《豳》終焉。《左氏春秋傳》吳公子札觀樂,"為之歌《周南》、《召南》",下有"見舞《象箾》、《南籥》者",可見《二南》有樂有舞，《二南》有樂有舞，故《二南》稱“南”。《説文》：“南，草木至南方有枝任也。从宋，羊聲。”聲謂：“南”並非東卥南北本字也，方向字惟東為正字。東，“从日在木中”，日出東方，故人見日在木中，會意字也。卥，鳥至晚而栖於巢，本“栖”之古文也。北，篆作“[illegible]”，象兩人相背之形，即“背”之古文。南，从羊，《説文》：“羊，撴也。从丫。倒入一爲干，入二爲羊。讀若飪，言稍甚也。”[3] 聲謂：“南”从羊、宋。羊从丫，即“杆”之古文也；从二，即“上”之古文也。《説文》“二”，“上”之古文；“丄”，“上”之篆文。丫，望上舉舞之意。宋，《説文》：“草木盛，宋宋然。象形。”丫望上舉，發揚振動，勃勃然也，會意字，即諧羊聲。“卥”、“北”、“南”三字，皆非方向字而用為方向字者，假借字也。不惟“二南”字非方向字，即南吕“南”字，亦當取發揚振動勃勃然之意。十二吕皆不用方向字，獨南吕用方向字，必不然矣。“西”用篆文，亦作“卥”，見《説文》。

洲　《説文》：“水中可居曰州。周遶其旁，从重川。昔堯遭洪水，民居水中高土，故曰九州。《詩》曰：‘在河之州。’”據此，則“洲”亦本作“州”。聲謂：字本作“州”，因專用爲九州字，故别出“洲”字。州、洲，古今字也。

窈窕　《傳》：“窈窕，幽閒也。”《説文》：“窈，深遠也。”《静女箋》：“猶貞女在窈窕之處。”據此，可以得窈窕之解。淑女，亦貞女也，貞女在窈窕之處，可望而不可見，所以為君子之好逑也。楊氏雄謂：“善心為窈，善容為窕。”未免望文生義矣，《正義》駁之是也。《正義》稱“淑女所居之宫形狀窈窕然，故《箋》言‘幽閒深宫’是也”。聲谓：窈窕指所處之宫室言，較“善心為窈，善容為窕”自是寔事求是，又不若以窈窕專指淑女言。窈窕淑女，猶之言“穆穆文王”、“於皇武王”云爾。

逑　《傳》：“逑，匹也。”《箋》：“怨耦曰仇。”《釋文》：“本亦作仇，音同。”《疏》：“‘逑，匹’，《釋詁》文。孫炎云：‘相求之匹。’《詩》本作逑，《爾雅》多作仇，字異音義同也。”案：《爾雅》作“仇”是也。《禮·緇衣》作“君子好仇”，《漢書·匡衡傳》、《爾雅·釋詁》注俱作“君子好仇”，《後漢書·皇后紀·贊》：“《詩》美‘好逑’。”是兩漢本皆作

"仇",至范蔚宗時本,始有改"仇"作"逑"者。蓋俗儒不知"君子好仇"與"公侯好仇"同一匹配之義——《秦風·無衣》:"與子同仇。"《傳》:"仇,匹也。"《皇矣》:"詢爾仇方。"《傳》:"仇,匹也。"兩《傳》可證。又習聞夫"嘉耦曰妃,怨耦曰仇"之語,遂疑"君子好仇"之語為不倫,信筆改為"逑"字,相沿至今,不知其非正字也。《說文》"逑"訓"聚",與《字林》同。見《爾雅·釋訓釋文》。

荇 《傳》:"荇,接余也。"《釋文》:"本亦作莕,……沈有並反。"《正義》:"《釋草》云:'莕,接余,其葉苻。'陸璣《疏》云:'接余,白莖。葉紫赤色,正員,徑寸餘,浮在水上。根在水底,與水深淺等,大如釵股,上青下白。鬻其白莖,[4]以苦酒浸之,肥美可案酒。'[5]是也。"案:陸璣言莕,絕似杏葉,或者以其似杏葉,故名為莕與!則當依《爾雅》作"莕",形聲字也。作"荇"者,有聲無意,不如"莕"字之古矣。

左右 《箋》:"左右,助也。"《釋文》:"王申毛,如字。鄭上音佐,下音佑。"案:全《詩》皆以"左右"為"ナ又",其訓"助"者,皆用"佐佑",當依王,讀如字。

流 《傳》:"求也。"《正義》:"'流,求',《釋言》文也。"案:"流"無"求"義。《書·禹貢》:"二百里流。"《傳》:"流,移也。"《疏》:"流者,謂移其居處,若水流然。"[6]《周禮·考工記·弓人》:"寒奠體則張不流。"注:"流,猶移也。"《禮·中庸》:"故君子和而不流。"注:"流,猶移也。"以上三書皆古訓也。首言"流"者,有取無棄,移之水中,不暇施其采擇也;次言"采"者,有取有棄也;再次言"芼"者,即"若"之訛,"若"訓"擇",比"采"尤精,棄多取少也。"流"之本義訓"行",訓"動";移,其引申之義也。

思服 《傳》:"服,思之也。"《箋》:"服,事也。求賢女而不得,覺寐則思己職事當誰與共之?"《正義》:"王肅云:'服膺思念之。'《箋》以《釋詁》文'服,事也',本求淑女為己職事,故易之也。"案:《傳》以"服"為"思之",則"思服"之"思"乃語詞也。王肅申毛,云:"服膺思念之。""服"下添一"膺"字,終嫌牽強。案:《莊子·田子方》:"吾服女也甚忘。"注:"服者,思存之謂也。"據此,則"服"元有

"思存"之義,毛義固可通矣。如《箋》云:"思己職事當誰與共之?"本文並無"與共"字,未免添出。聲谓:本文"思"字自當讀為思念字。服,習也。《禮·孔子閒居》:"君子之服之也。"注:"服,猶習也。"《楚辭·橘頌》:"橘徠服兮。"注:"服,習也。"言"求之不得",寤寐之間思之已習也。惟思之已習,故"悠哉悠哉"以至於"展轉反側"也。古人文字元非一律,孟子所以教人"以意逆志"也。"服"之本義訓"用",訓"事","習"則引申之義也。

輾《釋文》:"輾,本亦作展,哲善反。呂忱从車、展。"案:本作"展"是也。作"輾"者,因"轉"字从車而誤,《後漢書·光武紀》注作"展轉反側"。《楚辭·惜賢》:"憂心展轉。"注:"展轉,不寐貌。"《廣雅·釋訓》:"展轉,反側也。"此古書之可據者也。《澤陂》:"輾轉伏枕。"《韓詩》正作"展轉",當依《韓詩》。至《說文》:"展,轉也。"訓亦未的。《國語·晉語》:"侈心展。"[7]注:"展,申也。"《漢書·谷永傳》、《楊雄傳》,《集注》並云:"展,申也。""展"从衣,本作"𧝝",作"展"者假借。"𧝝"从衣,由不申而申;"轉"从車,由不轉而轉:皆反覆之意。《正義》:"輾轉,猶婉轉,俱是迴動,大同小異。"案:婉轉,蓋後世字,專就言辭說,言其婉和而轉動,與展轉微異。

芼《傳》:"擇也。"案:"芼"無"擇"義,祇此一見。聲谓:"芼"者,"若"之誤字也。"若"字古文从艸,从𠂇,即"又",手也。篆作"[illegible]"。周《若癸鼎》篆作"[illegible]",[8]《牧敦》篆作"[illegible]"。案:二篆皆从[illegible],从𠂇,"手"字之中畫與左右兩"屮"之中畫相連,遂作"[illegible]"形矣,此籀文也。从[illegible],與从艸同意;从𠂇,即"又",手也。[illegible],亦艸也。籀文从[illegible],與从艸同;从又,所以擇之:會意字也,即以意為聲。古文作"[illegible]",與篆文"[illegible]"形似,後世遂誤讀為"芼",而《傳》訓則仍"若"字之訓也。《說文》:"若,擇菜也。"許氏《詩》宗毛氏,"若"訓"擇菜",亦本毛《傳》無疑。"若"與"樂"自韻,《釋文》:"樂之,音洛。"是也。今陝西人"樂"仍讀"洛"音,燕趙人"樂"讀"澇"音,曲阜人"樂"讀"傲"音,此以下文"樂"字,可以定"芼"為"若"之誤。《禮·昏義》:"教成祭之,牲用魚,芼之以蘋藻,所以成婦順也。"《采蘋》首章,《箋》引《禮》作"芼用蘋藻",餘同。

“芼”字,《詩》、《禮》皆無訓釋。聲谓:芼之言冒也,猶今俗言“漂頭”也。必有魚而後用芼,《關雎》並未言魚,何芼之有?此以“芼”字正解,可以定本文為“若”字之誤。《說文》本《毛詩》,訓“若”為“擇菜”。《國語·晉語》:“秦穆公曰:‘夫晉國之亂,吾誰使先若夫二公子而立之,以為朝夕之急?”此“若”字亦當訓“擇”,與毛、許同。初言“流”者,但移而取之,即有非菜似菜者雜於其中,不暇擇也;次言“采”,但採取其是菜者耳,不暇求精也;再次言“若”,則悉心擇其肥嫩者,其根葉不堪食者皆棄去之,所謂精益求精也。此以“若”字本義,可以定“芼”為“若”之訛字。至“若”从艸,从右,《說文》:“右,手也。”案:右,當作“又”;又,手也。手在艸中,會意字,即以意為聲。从“又”者,古文;从“右”者,篆文。今皆用篆文。

覃《傳》:“延也。”《爾雅·釋言》:“覃,延也。”案:“覃”字,毛《傳》凡三訓:《葛覃》一,“葛之覃兮”,《傳》:“覃,延也。”《大田》二,“以我覃耜”,《傳》:“覃,利也。”《生民》三,“實覃實訏”,《傳》:“覃,長。”一字三訓,望文生義,讀者將安適從?聲案:《爾雅·釋言》:“覃,延也。”《釋文》:“覃,本又作㝷。”《鴻烈解·天文》:“火上蕁。”注:“蕁,讀葛覃之覃。”又《釋草》:“蕁,莐藩。”又:“蕁,海藻。”二“蕁”字皆从“㝷”聲。《說文》“㝷”作“㝷”,“繹理也”。桂氏馥曰:“‘彡聲’者,當為‘从彡’,既誤為‘彡’,又加‘聲’字。此會意,非諧聲,故云:‘與叟同意。’‘叟’从彡,‘㝷’亦从彡。”案:桂說是也。聲證以《爾雅》,益信“㝷”,《說文》訓“繹理”,引申之有“重”義焉。《左氏春秋·哀十二年傳》:“若可尋也。”服注:“尋之言重也。”杜注:“尋,重也。”蓋本服注。再引之有“長”義焉。《方言·一》:“尋,長也。海岱大野之間曰尋;……自關而西,秦晉梁益之間,凡物長謂之尋;《周官》之法,度廣爲尋。”《廣雅·釋詁·一》:“尋,長也。”本《方言》。此“覃”字當依《爾雅釋文》作“㝷”。葛之重疊而長者,故曰“㝷”也。作“覃”者,假借。《鴻烈解·天文》:“火上蕁。”注:“蕁,讀葛覃之覃。”據此,則古者“尋”、“覃”同音,《詩》作“覃”者,同音假借。《大田》:“以我覃耜。”《爾雅·釋詁》:“剡,利也。”注:“《詩》曰:‘以我剡耜。’”《疏》:“剡、覃,音義同。”《文選·東京賦》:“介馭間以剡耜。”注:“覃,與剡同。”聲案:“剡”為正字,“覃”為假借字。《說文》:“剡,銳利也。”《儀禮·聘禮釋文》引《字林》“剡,才冉反”,云“銳”。《國語·晉語》:“大喪大亂之剡也。”注:“剡,鋒也。”《漢書·賈誼傳集注》、《鴻烈解·氾論》“古者剡耜而耕”注、《楚辭·橘頌》“曾枝剡棘”注,並云:“剡,利也。”《生民》:“實覃實訏。”《箋》:“覃,謂始能坐也。”聲谓:“覃”亦“尋”之假借。尋,讀如方書“尋衣摸床”之“尋”,謂以手尋索物也。實尋,謂能以手尋索;實訏,謂能以口嗚呼。匍匐,則以手助足;岐,讀如“岐途”之“岐”,知有轉念也;嶷之言擬,知有揣度也:能以手助足,知有轉念、揣度以就口食也。古者“尋”、“覃”同音,故假借。至《葛覃》“覃”亦作“蕈”,見《詩序釋文》;“實覃實訏”,亦作“實譚”,見《詩釋文》:皆同聲假借字,無別意也。《大雅》尚有“覃及鬼方”,“覃”字毛、鄭皆無訓,《疏》用《葛覃》“延也”訓,當亦是“𢒞”之假借,後世尋及字甚多。“延及鬼方”語自可通,惟“覃”訓“延”終不安,定為假借字無疑。“𢒞”从“彡”者,籀文;作“尋”者,篆文。

施 《傳》:“移也。”《釋文》:“毛,以豉反。鄭如字。”案:《說文》:“施,旗皃。从㫃,也聲。齊欒施字子旗,知施者旗也。”此正義也。引申之,有“連延”義。《史記·司馬相如傳》:“登降施靡。”《正義》引郭璞:“施靡,猶連延也。”《漢書·董仲舒傳》:“施虖方外。”注:“施,亦延也。”又《楊雄傳》:“施靡虖延屬。”注:“施靡,相及貌。”案:延,[9]即連延相及,亦連延也。《小雅·頍弁》:“施于松柏。”《釋文》:“施,以豉反,下同。”《兔罝》“施于中逵”、“施于中林”,《釋文》皆云:“施,如字。”字書相傳以人之所施為讀如字,物之自相連延者讀以豉反,古人無是也。當依鄭讀,用《史》、《漢》注訓釋。

于飛 《正義》:“有黃鳥往飛,集於叢木之上。”案:此“于”字《傳》、《箋》皆無訓釋。據“燕燕于飛”《傳》:“燕之于飞。”“于”字上加一“之”字,是讀“于”為“於”矣。《正義》一則曰“燕燕往飛之時”,再則曰“以經言往飛之時”,是皆訓“于”為“往”矣。《傳》讀“于”为“於”,固非經義;《正義》訓“于”為“往”,語尤難通。飛則飛矣,何以云“往飛”?聲谓:《爾雅·釋詁》:“于,曰此“曰”字,詞也,非“子曰”字。也。”《東門之枌》:“穀旦于差。”《六月》:“王于出征。”《車攻》:“之子于苗。”《小弁》:“我獨于罹。”《桓》:“於昭于天。”《箋》並云:“于,曰也。”是也。惟鄭氏不以“曰”為語詞,概以為“子曰”之“曰”,失之。訓為“詞”者,本無正字。《說文》作“欥”,“詮詞也”。引《詩》:“欥求厥寧。”今《詩》作“遹”。班固《幽通賦》:“聿中龢為庶幾兮。”《漢書·敘傳》作“欥”,此形聲字也。有作“曰”、“聿”、“遹”、“于”者。《七月》:“曰為改歲。”《釋文》云:“《漢書》作聿為。”《角弓》:“見晛曰消。”《釋文》:“《韓詩》作聿,劉向同。”“欥”从“曰”聲,作“曰”者,蓋用古文。《七月》:“曰為改歲。”《漢書·食貨志》引作“聿為改歲”。《大明》:“曰嬪于京。”《爾雅·釋親》注引作“聿嬪于京”。《緜》“予曰有疏附”、“予曰有禦侮”,《楚辭·離騷》王注皆引作“聿”。《抑》:“曰喪厥國。”《釋文》引《韓詩》作“聿喪厥國”。《載見》:“曰求厥章。”《墨子·尚同》引作“聿求厥章”。以上“曰”即《釋詁》“于,曰也”之“曰”,作“聿”者,一聲之轉。《文王有聲》:“遹求厥寧。”《說文》引作“欥求厥寧”。見上。“遹追來孝”,《禮·禮器》引作“聿追來孝”。“遹”、“聿”同聲,與“曰”字一聲之轉;“曰”作“于”者,亦一聲之轉也。黃鳥于飛,猶之云“黃鳥曰飛”、“黃鳥聿飛”、“黃鳥遹飛”耳。于,詞也,所以足句也。《邶》之“燕燕于飛”“于”字同。

莫《傳》:“莫莫,成就之貌。”《釋文》:“莫,美博反。”《說文》:“莫,日且冥也。从日在茻中。”案:日落,故望之在茻中,與杳同意。此本義也,引之有闇莫、寂莫、落莫諸義。《荀子·成相》:“悖亂昏莫不終極。”注:“莫,寂寞,言闇也。”[10]王褒《甘泉宮頌》:“經落莫以差錯。”[11]凡物成熟則葉漸黃落。疊言“莫莫”,與夫落莫、寂莫皆疊韻字也。《傳》言“成就之貌”,亦近於望文生義。《文選·蜀都賦》:“粳稻莫莫。”蓋本此。舊注:“莫莫,茂也。”去《詩》意甚遠。《羽獵賦》:“莫莫紛紛。”注:“風塵之貌。”案:即闇莫、寂莫之義,與《詩》意近。今分“日莫”為去聲,“莫莫”為入聲,古人不爾也。《楚茨》:“君婦莫莫。”另一解,詳彼處。

刈《釋文》:"刈,本亦作艾。"[12]《爾雅·釋訓》作"是乂是鑊"。[13]案:作"乂"為古文,作"刈"與"鑊"字同意。刈,所以乂物,故亦謂之刈,猶鑊所以煮物,亦可謂之鑊也,皆假借字也,"艾"則後世字矣。

濩《傳》:"濩,煮之也。"《釋文》:"濩,胡郭反。《韓詩》云:'濩,瀹也。'音羊灼反。"《爾雅·釋訓》:"是乂是鑊。"《釋文》:"鑊,又作濩。"《說文》:"鑊,鑴也。"《周禮·亨人》:"掌共鼎鑊,以給水火之齊。"案:鑊,所以煮物。煮物可以謂之鑊者,猶刈所以乂物,亦可謂之刈也。當依《爾雅》作"鑊",作"濩"者,假借。

絺綌《傳》:"精曰絺,麤曰綌。"《說文》:"絺,細葛也。从糸,希聲。""綌,粗葛也。从糸,谷聲。"《國語·越語》:"冬則資絺。"注:"絺,葛也。精曰絺,麤曰綌。"《鴻烈解·主術》:"絺綌綺繡。"高注:"絺綌,葛也。精曰絺,粗曰綌。"聲案:"絺"从希,《說文》無"希"字,而从"希"之字皆以稀疏為義,"希"以稀疏為義,則"絺"亦葛之稀疏者也,稀疏即粗也。"粗"、"麤"古今字,絺為粗葛,則綌為細葛可知。因自來注疏家相承以葛之精者為絺,粗者為綌,不敢擅議更改。

斁《傳》:"斁,厭也。"《釋文》:"斁,本亦作斀,音亦。"《禮·緇衣》、王逸《招魂》注皆引作"服之無射"。《詩·振鷺》:"在此無斁。"《中庸》引作"無射"。案:"斁"為正字,"射"為假借字,"斀"則訛字矣。斁,古音"度",入聲,與上"莫"、"鑊"借作"濩"。字韻。凡从"睪"之字,古音皆讀"度",入聲,不音"亦"也。音"亦"者,三國以後之音。

言《傳》:"言,我也。"《爾雅·釋詁》:"言,我也。"《黃鳥》:"言旋言歸。"《箋》:"言,我。"《我行其野》:"言就爾居。"《箋》:"言,我也。"案:此"言"字與"言刈其楚"、"言秣其馬"、"言旋言歸"、《黃鳥》凡三見。"言采其蓫"、"言就爾宿"、"言歸思復"等句語氣略同。本文當先講"告"字,"告"字明則"言"字自明,不必强訓為"我"。《史記·高祖紀》:"常告歸。"《集解》引李斐:"休謁之名也,吉曰告。"《漢書·高祖紀上集注》引孟康:"名吏休假曰告。"《後漢書·劉趙淳于江劉周趙傳》:"有詔賜告歸,加禮如毛義。"據此,則"告"者乃後世所謂請假也。言告師氏,謂欲請假於師氏耳;言告言歸者,謂欲請假欲歸於母氏耳。

與《史》、《漢》"告歸"二字恰合。歸母氏如何且不說出,以"歸寧父母"在下文也。"言告言歸"與"言旋言歸"句調一例,與"爰居爰處"、"爰笑爰語"句調亦一類,說《詩》家盡依毛《傳》訓"言"為"我",何也?

私《傳》:"燕服也。"案:"私"為燕私,"服"字添出。聲谓:此互言以見意:此句無"服"字,猶之下句無"公"字;下句有"衣"字,知此句為私服;上句有"私"字,知下句為公衣也。二"薄"字,語詞,與"薄言采之"一例。或言"薄",或言"薄言",皆所以足句也。

澣《箋》:"澣,謂濯之耳。"《說文》作"瀚"。案:"澣"从"幹"起意。幹,本作"榦",應从"榦",作"瀚"。《禮·內則》:"和灰請澣。"注:"足曰澣。"亦別作"浣"。《公羊春秋·莊三十一年傳》注:"去垢曰浣。"《疏》:"用足曰浣。"案:足為身之支榦,故从榦。

害《傳》:"害,何也。"《釋文》:"害,戶葛反。"案:此假借字也。《書·大誥》"予曷其不于前寧人圖功攸終"、"予曷敢不于前寧人攸受休畢"、"予曷敢不終朕畝",《漢書·翟方進傳》作"予害敢不於祖宗安人圖功所終"、"予害敢不於祖宗所受休輔"、"予害敢不終予晦",《集注》"害,讀曰曷";《書·湯誓》"時日曷喪",《孟子·梁惠王上》引作"時日害喪":此皆"曷"借"害"之證。至《詩·菀柳》:"曷予靖之。"《傳》:"曷,害。"《長發》:"則莫我敢曷。"《傳》:"曷,害也。"二"曷"字,舊說為"害"之假借。聲別有訓釋,詳彼處。案:"害"、"曷"一聲,故互相假借。

否《釋文》:"否,方九反。"案:"否"从"不"得音。不,古音若"丕",凡从"不"之字,皆與"丕"音近,轉音若"夫",《詩·常棣》:"鄂不韡韡。"是也。再轉始有"方九"等音。"否"與"母"韻,《三百篇》"母"皆讀為"美",此據下句可以定上句之音者。

寧《傳》:"寧,安也。"《說文》:"妟,安也。"引《詩》:"以妟父母。"案:許宗《毛詩》,不應異同。《左氏春秋·莊二十七年傳》:"凡諸侯之女歸寧曰來。"又《襄十二年傳》:"楚司馬子庚聘於秦,為夫人寧,禮也。"據此,則"歸寧"為諸侯夫人之禮,文王為殷之諸侯。《說文》為相傳異文,"妟"非正字也。

頃《傳》:"頃筐,畚屬。"《釋文》:"頃,音傾。《韓詩》云:'頃筐,欹筐也。'"《說文》:"頃,頭不正也。"言所采之卷耳,采而又采,宜其盈筐矣。不盈者何故?以其頃筐也。蓋器正則易滿,器頃則終不能滿,憂思之深,初不知其器之頃也。《摽梅》:"頃筐塈之。""頃筐"亦欹側其器而取之,所謂盡其器而取之也。當依《韓詩》。

崔嵬《傳》:"崔嵬,土山之戴石者。"《正義》曰:"《釋山》云:'石戴土謂之崔嵬。'……孫炎云:'土山上有石者。'此及下《傳》云:'石山戴土曰砠。'與《爾雅》正反者,或傳寫誤也。"《南山》:"崔崔。"《傳》:"崔崔,高大也。"《說文》:"崔,大高也。"案:崔,即"崔崔",亦即"崔嵬"也。急言之則曰"崔",其音促;緩言之則曰"崔崔",亦曰"崔嵬",其音舒也。"崔"與"崔崔"皆訓大,訓高,似當依《爾雅》以"石戴土"者為"崔嵬"。互詳下"砠"字。

虺隤《傳》:"虺隤,病也。"《釋文》:"虺,呼回反。徐呼懷反。《說文》作瘣。隤,徒回反。徐徒壞反,《爾雅》同。孫炎云:'馬退不能升之病也。'《說文》作頹。"案:退不能升,故从畏,意兼聲字。《易·繫辭下傳》:"隤然示人簡矣。"注:"隤,柔貌也。"《釋文》:"隤,……孟作退,陸、董、姚作妥。"案:妥之言墮,馬病則退墮而首不能舉,故曰"頹"。今《說文》無"瘣"字,"頹"作"穨","秃皃。从秃,貴聲"。"虺"、"隤"皆假借字。

姑《傳》:"姑,且也。"《釋文》:"姑,如字。《說文》作夃,音同,云:'秦以市買多得為夃。'"《爾雅·釋親》:"父之姊妹為姑。"又:"婦稱夫之母曰姑。"此"姑"之正義。訓"且"者,假借字。《說文》作"夃"者,乃沽酒本字;作"我夃酌彼金罍"者,亦假借字。

玄黃《傳》:"玄馬病則黃。"上"虺隤"《疏》云:"《釋詁》云:'虺隤、玄黃,病也。'孫炎曰;'虺隤,馬罷不能升高之病;玄黃,馬更黃色之病。'然則虺隤者,病之狀;玄黃者,病之變色。二章互言之也。"案:玄,黑黯無光;黃,黃瘦無力:亦雙字也。

觥《傳》："觥，角爵也。"《釋文》："觵，古横反，以兕角為之。字又作觥。"據此，則本作"觵"，故云"又作觥"。今皆作"觥"，誤矣。案：字當从光，諧聲字也。"黄"亦从光得聲，从光、从黄皆與"岡"、"黄"、"傷"為韻，必音為古横反，亦為虢朋反，以為"觵"、"觥"之正音。又讀為"光"，以為叶韻，何也？

砠《傳》："石山戴土曰砠。"《釋文》："砠，本亦作岨。"[14]《爾雅·釋山》："土戴石為砠。"《說文》作："岨，石戴土也。"案：字从且，"且"有"且吾"義，"齟齬"、"鉏鋙"等字是也。《詩》从石，明取且吾之義，土山有石且吾然，故曰"砠"。从山，猶之从石也。毛本从穴作"岨"者：从且，取且吾之義；从穴，會玲瓏之意。愈可知石露於外，《傳》為傳寫之誤，當依《爾雅》。

瘏痡《傳》："瘏，病也。痡，亦病也。"《釋文》："瘏，本又作屠，非。痡，……本又作鋪，同。"《爾雅·釋詁》云："痡、瘏，病也。"《釋文》："痡，《詩》作鋪。瘏，《詩》作屠。"據此，則古本必有作"屠"與"鋪"者，假借字也。《雨無正》："淪胥以鋪。"《傳》："鋪，病也。"[15]用假借字。

吁《傳》："吁，憂也。"《爾雅·釋詁》："盱，憂也。"注："云何盱矣。"邢《疏》："'云何盱矣'者，《卷耳》及《都人士》文也。"《釋文》："盱，本或作忓，同香於反。"《說文》："忓，憂也。从心，于聲。讀若吁。"據此，則《爾雅》从目作"盱"、今《詩》从口作"吁"者，皆假借字。

樛《傳》："木下曲曰樛。"《釋文》："樛，居虯反，木下曲曰樛。《字林》：'九稠反。'馬融、《韓詩》本並作朻，音同。《字林》：'己周反。'《說文》以朻為木高。"《爾雅·釋木》："下句曰朻。"《釋文》引《字林》："九稠反。"云："本又作樛。"《禮·檀弓》注："繆，讀為不樛垂之樛。"[16]《疏》："樛，謂兩股相交也。"據此，則"樛"宜為"朻"。木有岐枝，為葛藟所縈繞，故爾相勾結，故謂之"朻木"。當依《韓詩》作"朻"，義為長。《說文》訓"木高"者，當作"樛"，木高，故枝葉樛疏。《漢書·楊雄傳上》："覽樛流於周流兮。"[17]注："樛流，猶周流也。"《文選·甘泉賦》注引晉灼："樛流，猶繚繞。"

纍　《傳》:"南土之葛藟茂盛。"《釋文》:"纍,力追反,纏繞也。本又作虆。"《嘉魚傳》:"纍,蔓也。"案:"纏繞"侵下"縈"字義。《説文》:"纍,綴得理也。"《左氏春秋·成三年傳》:"兩釋纍囚。"注:"纍,繫也。"《漢書·司馬遷傳集注》:"纍,係也。"亦省作"累"。《禮·儒行》:"不累長上。"注:"累,猶係也。"亦别作"絫。"《廣雅·釋器》:"絫,絡也。"據以上書,葛與藟繫綴於樛木,故曰"纍之"。

綏　《傳》:"綏,安也。"《南山》:"雄狐綏綏。"《玉篇》引作"夊夊"。《説文》:"夊,行遲曳夊夊。象人兩脛有所躧也。"聲谓:夊之言隨也。福履綏之者,福履隨之也。作"綏"者,假借。

荒　《傳》:"荒,奄。"《説文》:"巟,絲曼延也。"始則見葛藟繫綴於樛木,繼則見其曼延,終則見其縈繞,此亦於無次弟中求其次弟,與《關雎》"流"、"采"、"若"三字略同。作"荒"者,荒草易於曼延,謂為假借字可,謂為引申之義亦可。

將　《傳》:"將,大也。"《箋》:"將,猶扶助也。"《無將大車箋》:"將,猶扶進也。"《那》:"湯孫之將。"《烈祖》:"我受命溥將。"《箋》並云:"將,猶扶進也。"[18]《説文》:"牂,扶也。从手,爿聲。"《詩》作"將"者,假借。又案:夊從後隨之,故象脛有所躧;將從旁扶之,故从手有所倚。

縈　《傳》:"縈,旋也。"《説文》:"縈,收桊也。"案:訓"旋",訓"收桊",皆有盤繞之義。

成　《傳》:"成,就也。"《周禮·司儀》:"則令為壇三成。"司農注:"三成,三重也。"《儀禮·覲禮》:"壇十有二尋。"注:"成,猶重也。"《爾雅·釋丘》:"丘一成為敦丘。"注:"成,猶重也。"《史記·司馬相如傳》:"纍臺層成。"《集解》引郭璞:"成,亦重也。"《山海經·西山經》:"東望恒山四成。"注:"成,亦重也。"據此,則"成"有重義。福履成之者,言福履重疊而成就之,不止於"綏之"、"將之"也。"成"字必兼重疊、成就二義,文義始完。

斯　《序釋文》:"《爾雅》作蜇。"《傳》:"螽斯,蚣蝑也。"案:"螽"、"蚣"疊韻,"斯"、"蜇"雙聲。《詩·瓠葉》:"有兔斯首。"《箋》:

“斯，白也。今俗語斯白之字作鮮，齊魯之間聲近斯。”案：“斯”、“鮮”一聲。《七月》：“五月斯螽動股。”亦即此。《爾雅》作“蜤”者，即白晳字，古文本作“析”，後人因“螽”从䖵，故加“虫”作“蜤”耳。螽斯羽者，言此螽斯白之羽耳。其羽斯白，故亦謂之“斯螽”。

詵《傳》：“詵詵，眾多也。”《釋文》：“《說文》作㚔。”《玉篇》：“㚔，多也。或作莘、騂、辨、兟、甡。”案：“辨”為正字，餘皆假借字。辨，《玉篇》：“羽多貌。”首章言“螽斯羽”，但見其詵詵然而羽多，次則聞其薨薨然而聲多，三則察其輯輯然而眾志和諧，一章深似一章，此《毛詩》二章、三章、四章之例也。《皇華》作“駪駪”，言往來之多；《桑柔》作“甡甡”，言頭角之多；《東都賦》“俎豆莘莘”，言器皿之多；《魏都賦》“莘莘蒸徒”，言徒眾之多。意各不同也。

振《傳》：“振振，仁厚也。”《文選・甘泉賦》注引《韓詩章句》：“振，奮也。”《國語・晉語》：“治兵振旅。”注：“振，奮也。”《說文》：“振，一曰奮也。”又《禮・喪大記》：“振容。”《疏》：“振，動也。”《鴻烈解・本經》：“共工振滔洪水。”注：“振，動也。”又《國語・晉語》：“振廢淹。”注：“振，起也。”《史記・高祖紀集解》引如氏：“振，起也。”《鬼谷子・中經》：“謂振窮趨急。”注：“振，起也。”振振者，言其奮動而起也，後世所謂嶄然頭角崢嶸也。首言振動而起，次言繼續不絕，再次言懇摯而賢，亦一章深似一章也。

薨《傳》：“眾多也，”《雞鳴》：“蟲飛薨薨。”《傳》、《箋》皆無訓釋。《緜釋文》引王注：“薨薨，亟疾也。”正居之亟疾，其聲薨薨然。案：蟲飛薨薨者，蟲飛眾多之聲；度之薨薨者，居土眾多之聲。此“薨薨”與《雞鳴》同，是其聲眾多聞於耳也。

繩《傳》：“繩繩，戒慎也。”《抑》：“子孫繩繩。”《箋》：“繩繩，戒也。”蓋本毛《傳》。《韓詩外傳》作“子孫承承”。《說文》：“繩，索也。”《廣雅・釋詁・三》：“繩，索也。”案：繩繩者，繩與繩相引不絕也。《韓詩》作“子孫承承”者，繩繩之意也，所謂繼繼承承也。繼繼承承如繩之相引，故曰“繩繩”也。

揖《傳》:"會聚也。"《板》:"辭之輯矣。"《抑》:"輯柔爾顏。"《傳》並云:"輯,和也。"《國語·魯語》:"契為司徒而民輯。"注:"輯,和也。"又"輯"與"集"通。《公劉》:"思輯用光。"《書·無逸傳》引作"思集用光"。《板》:"辭之輯矣。"《新序·雜事》引作"辭之集矣"。《左氏春秋·僖二十四年傳》注:"國未輯睦。"又《襄十九年傳》:"其天下輯睦。"《釋文》並云:"輯,本作集。"[19]《說文》:"輯,車和輯也。"案:和輯,即和集。輯輯兮,言眾多而和集無競心也。作"揖"者,假借字。《書·舜典》:"輯五瑞。"《史記·五帝紀》、《漢書·郊祀志》皆作"揖五瑞",假借字也。

蟄《傳》:"蟄蟄,和集也。"案:蟄,當讀如"摯而有別"之"摯"。《關雎傳》:"雎鳩,王雎也,鳥摯而有別。"《箋》:"摯之言至也,謂王雎之鳥雌雄情意至然而有別。"案:至然,即今所謂懇摯、肫摯也。作"摯"者,亦假借。"摯"、"至"音近,彼處假借"摯",此假借"蟄",皆非正字。始言"振振"者,有子孫也;繼言"繩繩",有子孫相繼不絕也;終言"蟄蟄"者,不惟子孫相繼不絕,而且情意摯然:言其不惟多,而且賢也。

夭《傳》:"夭夭,其少壯也。"《萇楚》:"夭之沃沃。"《傳》:"夭,少也。"《書·禹貢》:"厥草惟夭。"馬注:"夭,長也。"孔《傳》:"少長曰夭。"《禮·大學》引《詩》:"桃之夭夭。"注:"夭夭,美盛貌。"《漢書·地理志上》:"屮即"草"。夭木喬。"注:"夭,盛貌也。"三"夭夭"皆詠桃之少壯,桃之少壯於何見之?即於其華、實、葉見之,故"夭夭"亦訓"盛",亦訓"美盛"也。《說文》作"枖",形聲字;毛作"夭",用古文。

于歸《傳》:"于,往也。"《正義》:"然是此行嫁之子往歸於夫,正得善時,宜其為室家矣。"聲谓:此"于"字亦詞也。"是子"有由此歸彼者,可以云"往歸";有由彼歸此者,獨不可云"來歸"乎?釋"于"為"往",概曰"往歸",失之固矣。知"于"為語詞,猶之云"之子曰歸"、"之子聿歸"耳!勿庸詞費,經語亦易解矣。《正義》"往歸"下添"於夫"二字,"宜其"下添"為"字,全非經義。

蕡《傳》:“蕡,實貌。”《爾雅·釋草》:“黂,枲實。”《釋文》:“黂,本或作蕡。”《禮·內則》:“菽、麥、蕡。”《釋文》:“蕡,大麻子。”《周禮·籩人》:“其實麷、蕡。”注:“蕡,枲實也。”《儀禮·有司徹》:“麷蕡。”注:“蕡,熬枲實也。”《說文》:“蕡,雜香艸。从艸,賁聲。”段氏玉裁曰:“蕡,實之大也。《方言》:‘墳,地大也。’《苕之華傳》:‘墳,大也。’《靈臺傳》:‘賁,大鼓也。’合數字音義考之可見。”聲谓:《書大傳》:“天子賁庸。”注:“賁,大也。”《書》孔《序》:[20]“墳,大也。”《說文》:“鼖,大鼓謂之鼖。鼖八尺而兩面,以鼓軍事。鞼,或从革、賁。”《禮·內則釋文》:“蕡,大麻子。”見上。从“賁”之字多有“大”意。又據《賁卦釋文》引王肅注:“賁,有文飾,黃白色。”“蕡”乃“賁”之假借,“艸”从二“屮”,“賁”已从三“屮”矣,復从“艸”,俗字也,不惟大而且有顏色也。首章曰“灼灼”者,顏色濃豔,華之盛也;次章曰“有蕡”,大而有色,實之盛也;三章曰“蓁蓁”,多而有色,葉之盛也:皆所以詠其“夭夭”也,故三章皆冠以“桃之夭夭”。

蓁《傳》:“蓁蓁,至盛貌。”《禮·大學》引《詩》,注:“蓁蓁,美盛貌。”《後漢書·張衡傳》注:“蓁蓁,茂盛貌。”《說文》:“蓁,艸盛皃。从艸,秦聲。”案:“蓁”从秦,秦為地名,非其本義。薛氏《鐘鼎款識》載秦《盄和鐘》銘作“[illegible]”,《師秦宮鼎》銘作“[illegible]”,二篆形大同小異,蓋下从秝,“歷”字从之。上从卉,與“賁若草木”之“賁”同意,禾苗秝秝然如卉𦱊之茂盛,會意字,仍諧“卉”聲。从“卉”之字有“墳”、“濆”、“蕡”等音,故知其从“卉”得聲也。本為“茂盛”字,亦借為國名、地名,本義為借義所奪,故又出“蓁”字。《通典·禮·十九》引作“其葉溱溱”,蓋假借字。

干《傳》:“干,扞也。”《箋》:“干也,城也,皆以禦難也。”《采芑傳》:“干,扞也。”《方言·九》注:“干者,扞也。”《公羊春秋·宣八年傳》:“萬者何? 干舞也。”注:“干,謂楯也。能為人扞難而不使害人,故聖王貴之,以為武樂。”聲案:《箋》分“干城”為二。《傳》:“干,扞也。”訓其義,並未改其字。《左氏春秋·成十二年傳》:“公侯之所以扞城其民也,故《詩》曰:‘赳赳武夫,公侯干城。’”左氏作“扞城”,引經文仍用“干”者，蓋亦訓其義也。《箋》亦曰：“諸侯可任以國守，扞城其民。”猶言干以扞其民，城以盛其民云爾。

逵《傳》：“逵，九達之道。”《文選·蕪城賦》注引《韓詩》作“施于中馗”。《說文》：“馗，九達道也。似龜背，故謂之馗。馗，高也。从九，从首。逵，馗或从辵，从坴。”案：馗，九達之道，故从九；从首，所謂“頭頭是道”也，即諧“首”聲，故與“仇”韻。或諧“九”聲，與“訄”字同意。《說文》：“訄，迫也。从言，九聲。讀若求。”亦作“逵”者，“逵”从坴。《說文》：“坴，土塊坴坴也。从土，先聲。讀若逐。一曰：坴梁。”案：此即“陸梁”字之古文也。“逵”从坴聲，“讀若求”者，以“翏”字例之，“翏”本音僇，而“鏐”、“飂”、“噿”、“繆”、“樛”、“蟉”、“閿”、“憀”等字皆入幽、侯韻，蓋幽、侯即“僇”、“陸”之平聲也。“馗”字不音葵，即“逵”字亦不音葵也。此字古本讀求，宋鮑照詩乃與“衰”、“威”、“飛”、“依”、“積”等字為韻，非古音矣。顧氏炎武讀逵為葵，改“仇”為“其”音以叶之，且引《史記》趙王歌證之，不知趙王歌末二句以“之”與“仇”字為韻，乃漢人變格，似韻不韻，不足据也。且《史記·呂後紀》本作“讎”，《漢書·高五王傳》作“仇”。“讎”字，凡古書之有韻者皆入幽、侯韻也，從無混入之、脂韻者也。

仇《箋》云：“怨耦曰仇。”《無衣傳》：“仇，匹也。”字本作“雔”。《說文》：“雔，雙鳥也。”“雙”、“靃”字从之。後世多假借“讎”。《爾雅·釋詁》：“讎，匹也。”注：“讎，猶儔也。”《法言·重黎》：“夫欲讎偽者必假真。”注：“讎，類。”《廣雅·釋詁·一》：“讎，輩也。”“讎”之古文从雔，“隹”與“隹”相對成文也，故“讎”有對義。《左氏春秋·僖五年傳》：“憂必讎焉。”注：“讎，猶對也。”《史記·武安侯傳》：“頗不讎。”《正義》：“讎，對也。”“讎”有對義，引之有讎敵之義焉。《楚辭·惜誦》：“又眾兆之所讎。”注：“交怨曰讎。”《一切經音義·一》引《三蒼》：“怨耦曰讎。”亦假借“仇”。《左氏春秋·桓二年傳》：“怨耦曰仇。”案：“仇”即“讎”也。讎敵之義由對意而生，俗所謂“對頭”是也。“讎”為對，故《詩·秦風》“與子同仇”，《傳》訓“匹也”；《書·五子之歌》“萬姓仇予”，《傳》訓“怨也”。或為“好仇”，或為“怨仇”，其義均由對義而生。毛訓“匹”，匹亦對也，毛義為長。至《正月》：“執我仇仇。”《傳》：“仇仇，猶謷謷。”《爾雅·釋訓》：“仇仇、敖敖，傲也。”自別是一義，故曰假借字。餘詳《關雎》及上“逵”字。

薄《傳》：“薄，辭也。”案：“言”亦辭也，“薄言”亦辭也。辭者，語之助，《說文》作“詈”。或言“薄”，“薄澣我衣”、“薄汙我私”、“薄送我畿”、“薄采其芹”、“薄采其茆”、“薄采其藻”之類是也；或言“言”，“言告師氏”、“言告言歸”、“言刈其楚”、“言刈其蔞”、“言旋言歸”、“言歸思復”、“言采其蓫”、“言采其葍”之類是也；或言“薄言”，“薄言采芑”、“薄言還歸”、“薄言觀者”、“薄言震之”、“薄言追之”之類是也。餘詳《葛覃》。

掇《傳》：“掇，拾也。”《莊子·達生》：“承蜩，猶掇之也。”《釋文》：“掇，拾也。”上章言“采”者，難辭也；言“有”者，僅有也，自無而之有也。次章言“掇”者，《傳》：“掇，拾也。”言“掇”者，易辭也。承上章“有”字，言不惟有，而且隨處皆有，但俯身拾之而已。又次言“捋”者，承本章“掇”字，言“掇”以指拾之，猶未五指齊力也；言“捋”則以五指捋取之，然猶一手用力也。三章言“袺”，承次章“捋”字，言“袺之”者，以一手執衽，以一手捋采。《傳》：“袺，執衽也。”然猶分用其兩手也。“襭之”者，則以衽就芣苢，復以兩手扱之。由“采”至“襭”，凡六層，一層深似一層，一時手忙心亂，情景如畫。凡說《詩》者，必須從容，方有領會；說此詩者，必須三章十二句一氣讀完，方得神理。

捋《傳》：“捋，取也。”《說文》：“寽，五指捋也。”又：“捋，取易也。”案：以五指捋取之，不見其難，故曰“取易”。

襭《傳》：“扱衽曰襭。”《釋文》：“襭，一本作擷，同。”《說文》：“以衣衽扱物謂之襭。擷，襭或从手。”《爾雅·釋器》：“扱衽謂之襭。”案：扱，《說文》訓“收”，《方言》訓“擭”。《禮·曲禮》：“以箕自向而扱之。”《釋文》：“扱，斂也。”據《曲禮》，可以得“扱”字之義。《傳》訓“扱衽”者，猶言扱之於衽耳。衽，衣類也，故从衣；以手扱之，故从手。

喬《傳》：“喬，上竦也。”《釋文》：“喬，本亦作橋，木枝上竦也。”《書·禹貢》：“厥木惟喬。”《傳》：“喬，高也。”《爾雅·釋木》：“句如羽,喬。”舊注:“喬,高曲也。”聲案:《孟子》:“所謂故國者,非謂有喬木之謂也,有世臣之謂也。”喬木與世臣,皆故國所宜有,不弟以高竦見稱也,當必有虬枝曲幹,童童美蔭,最宜休息之處也。故《箋》曰:“不可者,本有可道也。”喬木本宜休息,喻彼游女最易繫思,無如為禮法所拘,故自以為不可也。

息 《釋文》:“休息,並如字,古本皆爾。本或作休思,此以意改爾。”聲案:“休息”與下“求思”皆雙字也。《民勞》:“汔可小休。”《傳》:“休,定也。”《爾雅·釋言》作“庥”,“蔭也”。舍人注:“茠,依止也。”《呂覽·觀表》:“未嘗休也。”注:“休,止也。”又《上農》:“非老不休。”注:“休,止也。”息,《禮·檀弓》:“細人之愛人也以姑息。”注:“息,猶安也。”《呂覽·適威》:“而不得息。”注:“息,安也。”《廣雅·釋詁·一》:“息,安也。”“休息”轉相為訓者,《瞻卬》:“休其蠶織。”《傳》:“休,息也。”《左氏春秋·襄二十八年傳》:“吾乃休吾民矣。”注:“休,息也。”《國語·晉語》:“休以擇利。”《吳語》:“以休君憂。”注並云:“休,息也。”《廣雅·釋言》:“息,休也。”《國策·秦策》:“戰攻不息。”又:“甘茂欲息兵。”注並云:“息,休也。”《文選·西京賦》:“息行夫。”薛注:“息,休也。”其“休息”並稱者,《易·象上傳》:“君子以嚮晦入宴息。”侯果注:“兌為休息。”《荀子·大略》:“願息事君。”注:“息,休息。”《說文》:“休,息止也。”《詩》本作“休息”,與下“思”字自韻,不必妄改為“思”也。《箋》云:“木以高其枝葉之故,故人不得就而止息也。”休,止也;“止息”即休息也,猶之君子所以扞城其民,正以“干,扞也”,扞城其民即干城其民也。古人訓詁,此類甚多。

求思 求,讀如“寤寐求之”之“求”;思,讀如“寤寐思服”之“思”。不可求,故亦不可思,“求思”字與“休息”字恰相對。

思 《說文》:“思,容也。从心,囟聲。”囟,篆作“⊠”,“頭會𡿺蓋也,象形”。《九經字樣》:“⊠、囟,上說文,下隸變,䜌、腦等字從之,細、恖等字亦從之,今隸省從田。”聲谓:“䜌”、“腦”等字從其義。“細”、“思”等字兼諧其聲也。⊠,古讀若信,“信”、“細”一聲,故“囟”有“細”音,“恖”字从之,古音亦當與“細”音近,故“息”、“恖”為韻。況古人不分四聲,職、德等韻本與之、脂等韻同用也。“息”、“思”本韻,不必臆改也。

永《傳》:“永,長也。”《説文》:“永,長也。象水巠理之長。《詩》曰:‘江之永矣。’”又:“羕,水長也。《詩》曰:‘江之羕矣。’”案:《文選·登樓賦》注引《韓詩》,作“江之漾矣”,“羕”、“漾”古今字。蓋《毛詩》作“永”,《韓詩》作“羕”,傳寫者又加“水”作“漾”耳。古者“永”、“羕”同字,作“永”者古文,篆文不知“永”古本讀養,又加“羊”以諧其聲。毛用古文,韓用篆文,傳寫者又加水旁則俗體矣。必引《韓詩》者,知“永”、“羕”之同音也。“永”亦假借“養”。《夏小正》:“時有養日,時有養夜。”“養”亦“永”之假借字也。“永”音養,則“泳”字古亦音養可知,故與“方”字為韻。

方《傳》:“方,泭也。”《釋文》:“泭,方于反。本亦作游,又作桴,或作柎,並同。……《方言》云:‘泭謂之䉡,䉡謂之筏。筏,秦晉通語也。’孫炎注《爾雅》云:‘方木置水為柎栰也。’郭璞云:‘水中䉡筏也。’又云:‘木曰䉡,竹曰筏,小筏曰泭。’䉡音皮佳反,泭、筏同音伐,樊光《爾雅》本作柎。”案:“泭”、“游”、“桴”、“柎”皆一字也,“桴”字見《論語》。“方”、“泭”一聲,“筏”、“栰”亦一字也,“方”、“筏”亦一聲。《谷風》:“方之舟之。”《箋》:“方,泭也。”本此《傳》。

翹《傳》:“翹翹,薪貌。”《鴟鴞傳》:“翹翹,危也。”《左氏春秋·莊二十二年傳》引逸詩:“翹翹車乘。”杜注:“翹翹,遠貌。”《説文》:“翹,尾長毛也。从羽,堯聲。”案:堯之言高也。鳥尾長毛,有高舉之意,故从堯,會意字也。高則必危,故“翹”有危義;高則必遠,故“翹”有遠義;有不高者,而後形其高,故灌莽叢雜之中有獨形其翹舉者,亦謂之翹翹:皆假借字也。

墳《傳》:“墳,大防也。”亦作“濆”。《常武》:“鋪敦淮濆。”《傳》:“濆,涯也。”《説文》:“濆,水厓也。《詩》曰:‘敦彼淮濆。’”《爾雅·釋水》:“汝為濆。”注:“《詩》曰:‘遵彼汝濆。’皆大水溢出,別為小水之名。”《釋文》:“濆,……《字林》作涓,……衆《爾雅》本亦作涓。”案:《説文》亦作:“涓,小流也。《爾雅》曰:‘汝為涓。’”聲案:

《詩》意應從毛作“墳”，訓“大防”為是。《爾雅》本作“涓”，另是一義。自誤本作“濆”，郭注引《詩》承其誤，二字遂牽混矣。聲案：《書·禹貢》：“厥土黑墳。”《傳》：“色黑而墳起。”《方言·一》：“墳，地大也。青、幽之間，凡土而高且大者謂之墳。”注：“即大陵也。”《文選·射雉賦》：“墳衍而分畿。”徐注：“青、幽之間，土高且大者，通之曰墳。”以上皆“墳”字弟一義也。“防”亦土之高而大者也。《爾雅·釋地》：“墳莫大於河墳。”注：“墳，大防。”《文選·射雉賦》：“崇墳夷靡。”徐注：“墳，大防，今呼為塘也。”今尚有錢塘、海塘等語，本此。此“墳”字一義也，即《汝墳傳》“大防”義也。隄防在水之崖，故亦為厓岸字。《周禮·大司徒》：“辨其山、林、川、澤、邱、陵、墳、衍、原、隰之名物。”注：“水崖曰墳。”《後漢書·楊李翟應霍爰徐傳》注：“水涯曰墳。”《廣雅·釋邱》：“墳，厓即“涯”。也。”此即“鋪敦淮濆”字，“墳”字又一義也。《禮·檀弓》：“古也墓而不墳。”注：“土之高者曰墳。”《漢書·劉向傳》：“稱古墓而不墳。”注：“墳，謂積土也。”《列子·天瑞》：“墳如也。”注：[21]“墳如，如墳墓也。”此“墳”字弟四義也，由“大防”義引申而出也。自《爾雅·釋丘》李注：“墳謂厓岸，狀如墳墓，名大防也。”始牽混為一。《常武》詩作“濆”者，蓋假借濆泉字。又案：“墳”、“防”一聲，故“墳”有隄義；“墳”、“肥”亦一聲，故“墳”有肥義。《書·禹貢》：“厥土黑墳。”馬注：“墳，有膏肥也。”此“墳”字應有之義，故備及之。

惄《傳》：“惄，飢意也。”《箋》：“惄，思也。”《釋文》：“愵，本又作惄，乃歷反。《韓詩》作溺。”《小弁》：“惄焉如擣。”《傳》：“惄，思也。”案：“惄”从叔聲，應讀若悘。《說文》：“惄，飢餓也。”蓋即“餒”之假借字。古人“餒”字無正字。《文選·魏都賦》：“神惢形茹。”“惢”亦“餒”之假借字也。“悘”、“餒”一聲，轉音若溺，以“叔”有寂音也，“溺”、“餒”亦一聲。《小弁》“惄”有傷痛之意。《廣雅·釋詁·二》：“惄，愓即“傷”之別體。也。”《方言·一》：“惄，傷也。汝謂之惄。”《廣雅·釋詁·二》：“惄，痛也。”《一切經音義·十六》：“愵，古文惄、衄二形。”“衄”蓋“衂”之別體，“惄”則其假借字。

調《傳》:"調,朝也。"《釋文》:"張留反。又作輖,音同。"《説文》"惄"下引《詩》曰:"惄如朝飢。"字正作"朝"。案:《説文》"朝",篆作"𣍝",从倝,舟聲,是朝夕之"朝"本音舟也。亦讀為陟遙切者,"舟"、"朝"陟遙切。一聲也。隸作"朝",因訛从車,因形近而訛;本从舟,訛作"周",因聲近而訛也。既已訛作"輖",俗儒不知為"朝"之訛字,又以意改為"調",幸《傳》訓為"朝",後人猶得而蹤跡之也。《説文》:"輖,重也。"《儀禮·既夕禮》:"軒輖中。"《釋文》引《字林》:"重也。一曰:蟄也。"又《既夕記》:"志矢一乘,軒輖中。"注:"輖,蟄也。""輖"字別有意義,與本詩不相干涉,至"調"字義尤多,去本詩義更遠矣。"輖"、"調"皆訛字。

肄《傳》:"肄,餘也,斬而復生曰肄。"案:此"翳"之假借字也。《皇矣》:"其菑其翳。"《傳》:"自斃為翳。"《爾雅·釋木》:"蔽者,翳。"《漢書·楊雄傳集注》:"翳,蔽也。"《楚辭·離騷》:"百神翳其備降兮。"《遠逝》:"石嵾嵯以翳日。"注並云:"翳,蔽也。"又《廣雅·釋詁·二》:"翳,障也。"《國語·楚語》:"縱過而翳諫。"注:"翳,障也。"凡樹木伐去其本,其根上復生枝條,叢雜陰翳,蔽障其本根,故曰"斬而復生曰翳"。作"肄"者,假借。《説文》:"翳,華蓋也。从羽,殹聲。"《爾雅》:"蔽者,翳。"亦假借字。既可假借"翳",亦可假借"肄"也。"肄"、"翳"同聲。

趾《傳》:"趾,足也。"《釋文》:"本亦作趾。"案:云"亦作趾",則陸氏所據本作"止"可知。《説文》:"止,下基也。象艸木出有址,故以止為足。"聲谓:止即足也,故"足"字从止,經典多作"止"。《易·艮卦》:"艮其趾。"《釋文》:"趾,荀作止。"《賁卦》:"賁其趾。"《釋文》:"趾,一本作止。"《夬卦》:"壯于前趾。"《釋文》:"趾,荀作止。"《儀禮·士昏禮》:"北止。"注:"止,足也。"《左氏春秋·桓十三年傳》:"舉趾高。"《漢書·五行志》引作"止"。《漢書·禮樂志·郊祀歌》:"獲白麟,爰五止。"顔注:"止,足也。"又《刑法志》:"當斬左止者,笞五百。"顔注:"止,足也。"《山海經·海内經》:"韓流豚止。"注:"止,足。"《莊子·德充符》:"魯有兀者……無止。"聲谓:作"止"者,古文;

作“趾”者，後世字。

振《傳》：“振振，信厚也。”案：此“振振”與《殷其靁》“振振君子”與《螽斯》“振振”皆一意。詳《螽斯》。

定《傳》：“定，題也。”《釋文》：“《字書》作頞，音同。題，徒兮反，郭璞注《爾雅》：‘頞也。’本作顛，誤。”案：《說文》：“題，頟也。”謂頭之正面也。“定”从正，有“正”義，故“題”亦謂之定。《爾雅》作“頞”者，後世字。“題”就人說者，《國策·趙策》：“黑齒雕題。”鮑注：“刻其頟。”[22]《楚辭·招魂》：“彫題黑齒。”注：“題，額也。”就獸說者，《漢書·楊雄傳》：“徒角搶題注。”顏注：“題，頟也。”《山海經·北山經》：“石者之山，……有獸焉，……文題。”注：“題，頟也。”就物說者，《孟子》：“榱題數尺。”戴侗曰：“猶今言椽頭。”《清人箋》：“矛矜近上及室題。”《釋文》：“題，頭也。”

姓《傳》：“公姓，公同姓。”《正義》曰：“言同姓，疏於同祖。上云‘公子’，為最親；下云‘公族’，《傳》云：‘公族，公同祖。’則謂與公同高祖，有廟屬之親。此‘同姓’，則五服以外，故《大傳》云：‘五世祖免，殺同姓。’是也。”據此，則公姓比公族較疏。玩詩意，明明由親而疏。即所以詠麟者，亦由趾而定，而角。趾，其最得力者；趾定亦在耳目之間；[23]惟角在頭顱之上，其用僅能禦外侮：此其次弟也。後世講族姓者，多據周法，故往往齟齬，不能通此詩。武王未有天下以先，文王所遵用者，皆夏商相傳之法也。《禮·喪大記》：“卿大夫、父兄、子姓立於東方。”注：“子姓，謂眾子孫也。”《儀禮·特牲饋食禮》：“子姓兄弟如主人之服。”注：“言子姓者，子之所生。”又《禮·曲禮》注：“子姓之冠也。”《玉藻》：“子姓之冠也。”《周禮·司士》注：“此所賜王之子姓兄弟。”《漢書·田蚡傳》：“跪起如子姓。”又《外戚傳上》：“或不能成子姓。”以上言子姓不及族者，疏之也。《國語·晉語》：“黃帝之子二十五人，……其得姓者十四人。”胡氏渭曰：“《晉語》：‘黃帝以姬水成，炎帝以姜水成。成而異德，故黃帝為姬，炎帝為姜。’此因生賜姓之始也。‘黃帝之子二十五宗，其得姓者十四人，為十二姓，姬、酉、祁、己、滕、葴、任、荀、僖、姞、儇、依是也。’韋昭曰：‘得姓，以德居官而賜之姓也。謂十四人,而二人為姬,二人為己,故十二姓。’”聲谓:此十二姓之後各自為同姓,如姬與姬,己與己皆為同姓是也。其十二姓之後與未得姓十三人之後皆為同族。“族”字詳下。至蔡墨言五行之官,皆列受氏姓,封為上公,實少皥、顓頊之後。[24]史伯言黎為高辛氏火正,其後八姓歷事夏商,曰己、董、彭、秃、妘、曹、斟、芈,黎即祝融五官之一也。案:八姓各為同姓,八姓與黎同族也。此皆周以前事,其可據者也。其餘言姓氏者,如《魏書》有《官氏志》,《通志》有《氏族略》,繁稱博引,於本詩無當也,不具引。

角《傳》:“麟角,所以表其德也。”《箋》:“麟角之末有肉,示有武而不用。”《說文》:“角,獸角也。象形。”《釋名·釋形體》:“角者,生於額角也。”《鴻烈解·兵略》:“有角者觸。”以諧聲之例求之,“角”之古音固與“觸”相近也,即借為酒器用者,古亦讀若斛。《卷耳疏》引《異義韓詩說》:“角,觸也,不能自適,觸罪過也。”借為五聲用者,古音亦與“觸”叶。《爾雅·釋樂》:“角謂之經。”《釋文》引劉歆:“角,觸也,物觸地而出,戴芒角也。”《漢書·律歷志上》:“角,觸也。”讀古岳切者,《白虎通·禮樂》:“角者,躍也,陽氣動躍。”是也。既已讀古岳切矣,於《詩》又叶音“禄”以合韻,甚至改其形為“角”,漢四晧之一角里先生,本作“角”,俗改為“甪”,形義俱失矣。

族《傳》:“公族,公同祖也。”《說文》:“族,矢鋒也,束之族族也。从㫃,从矢。”案:“族”之本義訓“矢鋒”,今加“金”作“鏃”矣。作宗族字用者,假借字。《書·堯典》:“九族既睦。”馬注、鄭注:“上自高祖,下至玄孫,凡九族。”《詩·葛藟序疏》引《古尚書說》:“九族者,上從高祖,下至玄孫,凡九,皆為同姓。”案:皆為同姓,周以後事。引《書》者羼入,斷非古說。《後漢書·光武紀》注:“九族,謂上至高祖,下至玄孫。”據此,以黃帝二十五子,得姓者十四人例之,得姓者之孫以下與得姓者為同姓,其曾孫以下與黃帝為同族,得姓者之曾孫實黃帝之玄孫,是同族與同姓者又較遠矣。

校勘記

[1]“南夷之樂曰《任》”,《注疏》本《小雅·鼓鐘傳》“任”字作“南”,阮元《校勘記》云:“明監本、毛本‘南’作‘任’。案:‘南’字是也。”

[2]“《書·舜典》”,“舜典”當作“大禹謨”。

[3]《説文·干部》作:“干,撖也。从干。入一爲干,入二爲干。讀若能,言稍甚也。”桂馥本《説文》“入一爲干”之“入”字上有“倒”字,大徐本、段注本、王筠本《説文》無此“倒”字。“讀若能”,段注本作“讀若飪”。

[4]“鬻其白莖”,阮元《校勘記》引浦鏜云:“凡陸《疏》‘鬻’字,皆當作‘鬻’,乃形近之訛,浦校是也。”

[5]“肥美可案酒”,《爾雅》邢《疏》引陸機《疏》“肥”字作“脆”。案:“脆”字是也。

[6]“流者,謂移其居處,若水流然”,《書·禹貢傳》孔《疏》無此注文,《書·禹貢》“二百里流”《傳》“流,移也”孔《疏》作“流如水流,故云移也”。又《書·舜典傳》:“殛、竄、放、流,皆誅也。”孔《疏》云:“流者,移其居處,若水流然。”“移”上無“謂”字。吳氏蓋誤記《舜典傳疏》為《禹貢傳疏》也。

[7]“侈心展”,《國語·晉語》“心”字作“必”。

[8]“周《若癸鼎》”,“周”當作“商”。《若癸鼎》,薛尚功《歷代鐘鼎款識》列入商器。

[9]“延”,當作“延屬”,“延”下疑脱“屬”字。“延屬”即釋上引《楊雄傳》“施靡虖延屬”之“延屬”義。

[10]“莫,寂寞,言闇也”,楊倞注“寂寞”作“冥寞”。

[11]“經落莫以差錯”,《全上古三代秦漢三國六朝文·全漢文·甘泉宫頌》“經”字作“徑”。

[12]“刈,本亦作艾”,《釋文》作“艾,本亦作刈”。

[13]“是乂是鑊”,《爾雅·釋訓》作“是刈是鑊”,“刈”字下郭注云:“字本作乂”。下“濩”字條引《爾雅·釋訓》“是乂是鑊”之“乂”字同。

[14]“砠,本亦作岨”,《釋文》作“岨,本亦作砠”。

[15]案:《雨無正》“淪胥以鋪”,《傳》無“鋪,病也”之訓,此訓乃《江漢》“淮夷來鋪”《傳》文。

[16]“繆,讀為不樛垂之樛”,“繆讀”二字原脫,今據補。

[17]“覽樛流於周流兮”,當作“望昆侖以樛流”,顔注云:“樛流,猶周流也。”檢《漢書·楊雄傳上》,未見“覽樛流於周流兮”句,僅見“覽樛流於高光兮”文,然顔注無“樛流,猶周流也”之訓。

[18]“將,猶扶進也”,案:《那》:“湯孫之將。”《箋》云:“將,猶扶助也。”《烈祖》:“我受命溥將。”《箋》云:“將,猶助也。”二《箋》並無“將,猶扶進也”之訓。

[19]“本作集”,《釋文》一作“本亦作集”(《僖公二十四年》),一作“本又作集”(《襄公十九年》)。

[20]“《書》孔《序》”,當作“《書》孔《序疏》”。案:《書》孔《序》:“謂之三墳。”孔《疏》云:“墳,大也。”孔《序》並無“墳,大也”之訓。

[21]“注”當作“釋文”,下“墳如,如墳墓也”非張湛注文,而是殷敬順《釋文》語。

[22]“刻其頟”,鮑注“頟”字作“肌”。

[23]“趾定亦在耳目之間”,“趾”字疑衍。

[24]“顓頊之後”,“顓頊”原作“顓臾”,今據《左傳·昭公二十九年》文改。

詩小學卷二

國　風

保山吳樹聲學

召　南

召 地名也,詳“周”字下。今字加“邑”,隸作“邵”。姓邵者以地為氏。

鵲 《序釋文》:“《字林》作䧿。”《說文》:“舄,䧿也。象形。䧿,篆文舄,从隹、㫚。”案:“䧿”為篆文,則“舄”為古文,古文象形。《說文》“焉”下云:“舄者,知太歲之所在,……故皆象形。”案:象形,貴之也。篆文从“昔”者,形聲字也。案:从“昔”者,取其聲。《鴻烈解·原道訓》:“烏之啞啞,鵲之唶唶。”《急就篇》顏注:“鵲者,亦因鳴聲以為名也。”案:从鳥與从隹,一也。

居 《箋》:“興者,鳲鳩因鵲成巢而居有之。”《說文》:“居,蹲也。”案:居處字《說文》作“凥”。《廣雅·釋詁·二》曹憲《音》:“凥,案:《說文》從尸,几聲,“尸几”會意字,非“几聲”,曹憲誤也。今‘居’字乃箕居字也。”《廣雅·釋言》:“居,據也。”案:首言“居”者,言鵲據為己有也。“據”作“居”者,古者“據”亦作“据”。《漢書·楊雄傳》:“則三摹九据。”注:“据,今據字也。據,猶位也,處也。”《文選·魏都賦》:“因長川之据勢。”[1]注:“据,古據字。”案:據,本作“据”,《詩》作“居”

者,用古文。居,讀為據,《箋》"而居有之""有"字方加得上,且與下"御"字韻,尤協。

御 《箋》:"御,迎也。"《釋文》:"御,五嫁反。本亦作訝,又作迓,同。王肅魚據反,云:'侍也。'"案:作"訝"者,古字;見《周禮》。訓"侍"者,古義;音"魚據反"者,古音;作"御"者,假借字。

方 《傳》:"方,有之也。"案:方,並也。字亦作"併"。《儀禮·鄉射禮》:"不方足。"注:"方,猶併也。"《國語·齊語》:"方舟設泭。"注:"方,併也。"《漢書·酈食其傳集注》:"方,併也。"《漢書·楊雄傳》、又《敘傳下》,《集注》並云:"方,並也。"《莊子·山木》:"方舟而濟於河。"《釋文》引司馬注:"方,並也。"《鴻烈解·氾論》:"乃為窬木方版。"注:"方,並也。"首章言"據"者,或雄往據之,或雌往據之,猶未並往也。次章言"方",則雌與雄並,故曰"方"也。

將 《傳》:"將,送也。"《燕燕》:"遠于將之。"《丰》:"悔予不將兮。"《箋》並云:"將,亦送也。"本此。《周禮·小宰》:"祼將之事。"《太史》:"及將幣之日。"注並云:"將,送也。"《公羊春秋·文十五年傳》:"笱將而來也。"注:"將,送也。"《鴻烈解·覽冥》:"不將不迎。"注:"將,送也。"據此,則"將"訓"送"亦古誼,與"福履將之"字異。

盈 《傳》:"盈,滿也。"《箋》:"滿者,言眾媵姪娣之多。"案:首言"居"者,據而有之;次言"方"者,雄雌相並;終言"盈"者,言其子孫眾多。《鳲鳩》:"其子七兮。"多子之鳥,與取興《螽斯》同意。

成 《傳》:"能成百兩之禮也。"案:首言訝,次言送,終言成禮,與《南有樛木》語氣略同。

被 《傳》:"首飾也。"《箋》:"《禮記》:'主婦髲鬄。'"[2]《疏》:"被者,首服之名,在首,故曰'首飾'。《箋》引《少牢》之文云:'主婦髲鬄。'與此'被'一也。案:《少牢》作'被裼',注云:'被裼,讀為髲鬄。古者或剔賤者刑者之髮以被婦人之紒為飾,因名髲鬄焉。'"據此,則"被"乃假借字。長言之為"髲鬄",假借為"被裼";短言之為"鬄",亦或作"髢"。《偕老》:"不屑髢也。"是也。又案:"被"當讀如"別聲被色"之"被"。《禮·禮運》:"食味、別聲、被色而生者也。"《疏》:"被色，謂人含帶五色而生者也。”《左氏春秋·襄三年傳》：“被練三千。”《疏》：“被是被覆衣著之名。”《漢書·司馬相如傳上》：“被斑文。”注：“被謂衣著之也。”《詩》所謂“被”者，當指覆於首、衣於身者而言，即今所謂裝束也，下句方講得下去。

僮《傳》：“僮僮，竦敬也。”案：“僮”即“幢”之假借字。《文選·東京賦》：“樹羽幢幢。”是也。亦或作“童”。《釋名·釋兵》：“幢，童也，其貌童童然也。”又《釋牀帳》：“幢容：幢，童也，施之車蓋童童然，以隱蔽形容也。”《三國志》：“先主舍東南角，桑樹童童如車蓋。”[3]語本《釋名》。《禮·射義》注：“謂《采蘩》曰：‘被之童童，夙夜在公。’”《釋文》作“僮”，云：“僮，音童，本亦作童。”據此，則《詩》亦當作“童”。今作“僮”者，蓋因童僕字後世作“僮”而訛也。

祁《傳》：“祁祁，舒遲也，去事有儀也。”《說文》：“祁，太原縣。从邑，示聲。”據此，則“祁”亦假借字。案：《詩》言“祁祁”者，《七月》：“采蘩祁祁。”《傳》：“祁祁，衆多也。”《大田》：“興雨祁祁。”《傳》：“祁祁，徐也。”《韓奕》：“祁祁如雲。”《傳》：“祁祁，徐靚也。”《玄鳥》：“來假祁祁。”《箋》：“祁祁，衆多也。”見於史傳者，《漢書·韋賢傳》：“祁祁我徒。”《集注》：“祁祁，衆貌。”又《韋玄成傳》：“厥賜祁祁。”《集注》：“祁祁，行來貌。”《後漢書·皇后紀》，又《贊》：“祁祁皇孋。”注：“祁祁，衆多也。”又《班固傳》：“祁祁甘雨。”注：“祁祁，徐也。”又《左雄傳》：“興雨祁祁。”注：“祁祁，徐也。”據以上書，“祁祁”有衆多義，有徐義；衆多則必遲徐，則必舒，引申之義也。《絲衣》：“載弁俅俅。”“俅”、“祁”一聲。或曰：求，古音祁，“祁”為假借字，“俅”為形聲字。並詳“俅”字。

喓《傳》：“喓喓，聲也。”案：此等字非必定从要，以其聲近要，故从要，與《鹿鳴》之“呦”从幼一例。雖係形聲字，其為後出字無疑。

忡《傳》：“忡忡，猶衝衝也。”案：此字疑“沖”之訛字。《說文》：“沖，涌搖也。讀若動。”《七月》：“二之日鑿冰沖沖。”《釋文》：“沖沖，聲也。”《蓼蕭》：“鞗革沖沖。”《傳》：“沖沖，垂飾貌。”《呂覽·重言》：“飛將沖天。”注：“沖，至也。”《素問·解精微論》：“惋則沖陰。"注:"沖,猶升也。"據以上書,沖動字古祇作"沖",後世多假借"衝"。《詩》作"忡"者,必係訛字。《説文》:"忡,憂也。从心,中聲。"與"忠,敬也。从心,中聲。"何所分別?此字與《論語》"不悱不發""悱"字略同:"悲"从心、非聲,"悱"亦从心、非聲,不知何所分別而為二字二義也。

覯《傳》:"覯,遇也。"《箋》:"既覯,謂已昏也。"又引《易》曰:"男女覯精,萬物化生。"案:《易·繫辭下傳》:"男女構精。"《疏》:"構,合也。"《傳》訓"遇",亦合也。本作"冓",即"構"之本字。詳"中冓"字。因其有遇合義,故从辵;遇必見,故从見;有構造義,故从木;有婚媾義,故从女:皆後起之字也,當以"冓"為正字。聲案:《詩序》稱"大夫妻能以禮自防",《傳》、《箋》皆言男女之事,如云"男女嘉時以禮相求呼",云"憂不當君子,無以甯父母"等語,皆不善講"覯"字之過也。覯,遇也,合也,共事之謂也。見則接其輝光,覯則同其臭味,一意翻作兩意,由淺而深,《風》詩往往如此。以為求賢之詩可,以為懷人之詩亦可,何必專言男女之事也!

濱《傳》:"濱,厓也。"《釋文》:"濱,涯也。"《説文》:"顭,水厓。人所賓附,頻蹙不前而止。从頁,从歨。""歨"即"涉"字。案:《説文》,古字也。《書·禹貢》"海濱廣斥",《漢書·地理志》作"海瀕廣潟";本詩,《宋書·何尚之傳》引作"南澗之瀕":是也。《召旻》:"不云自頻。"《釋文》引張揖《字詁》:"瀕,今濱。"《列女傳》引作"不云自濱",蓋用今字。兩漢凡訓"水涯"者皆作"瀕",蓋用古字。《漢書·地理志下》:"瀕南山。"《集注》:"瀕,猶邊。"《後漢書·袁安傳》:"議者欲置之濱塞,東至遼東。"注:"濱,邊也。"《方言·十》:"江濱謂之思。"注:"濱,水邊也。""濱"、"邊"雙聲,古訓也。

湘《傳》:"湘,亨也。"《漢書·郊祀志》:"皆嘗鬺亨上帝鬼神。"《集注》:"師古曰:'鬺、亨,一也。鬺亨,煮而祀也。'《韓詩·采蘋》曰:'於以鬺之,唯錡及釜。'"案:毛作"湘",假借字;韓作"鬺",後世字。本當作"亨",以古者"享獻"、"烹煮"、"元亨"三字皆作"亨"。古者字少,一字或兼數義,義不同而音隨之而變。以《匪風》"誰能亨魚”、《瓠葉》“采之亨之”二“亨”字例之，知字本作“亨”。古人以口授經，一時記憶不清，偶以音相同者代之，傳經者恪遵師承，遂沿而不改，此其所以異也。《説文》亦作“𩰪”，與《韓詩》“鬺”字略同。惟“鬺”為形聲字，“𩰪”則形聲兼會意字，比“鬺”為古矣，故知“鬺”為後世字也。《史記·孝武紀》亦作“鬺亨”，[4]段氏玉裁曰：“《史記》作‘亨鬺’，文倒，當從《漢書》。”案：今《漢書》皆作“鬺亨”，未知段氏所據何本。[5]

奠《傳》：“奠，置也。”《説文》：“奠，置祭也。从酋，酋，酒也。下，其丌也。《禮》有奠祭者。”案：《説文》多從毛、鄭。《禮·玉藻》：“唯世婦命於奠繭。”注：“奠，猶獻也。”“奠”雖有置義，然為祭祀之事，不若訓“獻”為莊重，“奠”、“獻”疊韻，與古人訓詁亦合。

尸《傳》：“尸，主。”案：相禮者為擯，故主祭者為尸，大夫燕尸謂之賓尸，見《鳧鷖疏》。言尸與擯同也。古者“祭如在，祭神如神在”，承祭者《論語》：“使民如承大祭。”齋明盛服致其如在之誠，凡陞降跪拜，惟相禮者之命是聽。相禮者竭誠致敬，與承祭者一心一意而後祭之禮以成。所祭者虛無人，故別立主祭者以達所祭者之意，以其能達所祭者之意，故敬之如所祭之鬼神焉，非敬為尸之人，敬所祭之鬼神也。《鴻烈解·主術》：“其猶零星之尸也。”注：“尸，祭主也。”又《説山》：“尸祝齋戒。”注：“尸，祭神之主。”此古義也。《儀禮·士虞禮》：“祝迎尸。”注：“尸，主也。孝子之祭，不見親之形象，心無所繫，立尸而主意焉。”此説亦庶幾近之。至《天保》：“君曰卜爾。”《傳》：“尸，所以象神。”訓詁家望文生義，因一“象”字，遂生許多不經之談而尸之義晦矣。《説文》：“尸，陳也。象臥之形。”案：《説文》所訓，本義也。因借為主祭字，故尸亦訓“主”。後世習知主祭之説，《論語》“寢不尸”亦訓為主祭之尸，不知“寢不尸”者，聖人食寢皆有法，斷不至四體橫陳如尸之僵臥：一以見修身之道，雖寢臥不至放浪；一以見養身之道，雖宴息亦有調攝。若從舊説，不惟太迂，而且淺之乎測聖人矣。凡“尸”字多訓為主，而“尸”之字義亦晦。

齊《傳》：“齊，敬。”《釋文》：“齊，本亦作齋，同側皆反。”《玉篇》引作“有𪗉季女”。《説文》：“𪗉，材也。”案：顧野王在陸氏之前，所引者不知何家。《詩釋文》“亦作齋”,則後世字矣。以字義求之,齌義為長。祭則必齋,無須言“有齌”。訓為材,詩人口中無妨稱美之也。作“齊”者,亦假借字。

芾 《傳》:“蔽芾,小貌。”《我行其野》:“蔽芾其樗。”案:“蔽芾”訓“小貌”,下接“其樗”二字,似不安。聲谓:蔽芾者,草木翳薈之貌。《廣雅·釋訓》:“芾芾,茂也。”《韓詩》作“蔽茀甘棠”。芾,从艸市聲;茀,从艸弗聲:同為形聲字,義亦相近。亦或作“沛”。漢《張遷碑》:“蔽沛棠樹。”作“沛”者,同聲假借字。“芾”訓“小”者,《易·豐》:“豐其沛。”《釋文》引《子夏傳》:“芾,小也。”《爾雅·釋言》:“芾,小也。”雖係古訓,然與“蔽”字聯文,自當以茂盛翳薈為正解,且與下文“翦”、“伐”字情文相生。

翦 《傳》:“翦,去。”案:後世以“前刀”字為“前後”字,遂以羽生之“翦”為“前斷”字。據《說文》,當作“㓔”,从刀,歬聲,本字也。作“翦”者,假借字。《釋文》引《韓詩》作“勿剗勿伐”。案:“剗”亦形聲字,義與“殘”字近,言勿殘害之也。《漢書·王吉傳》注引作“勿鬋勿伐”,[6]亦假借字。《禮·曲禮》:“不蚤鬋。”注:“鬋,鬋鬢也。”

茇 《傳》:“茇,草舍也。”《說文》:“废,舍也。”引《詩》:“召伯所废。”又:“茇,艸根也。”案:“废”為屋舍字,故从广;《詩》作“茇”者,假借。《漢書·禮樂志》:“拔蘭堂。”“拔”字亦假借字也。

憩 《傳》:“憩,息也。”《釋文》:“憩,本又作愒。”今訛作“渴”,或訛作“揭”。《說文》:“愒,息也。”《菀柳》:“不尚愒焉。”《民勞》:“汔可小愒。”《傳》皆云:“愒,息也。”《說文》用《毛詩》。又據二詩,則作“愒”者,正字;作“憩”者,後世字。憩,又作“憇”。《爾雅·釋詁》:“憇,息也。”舊注、舍人注並同。案:《唐石經》亦作“憇”。

拜 《箋》:“拜之言拔也。”案:拔者,拔其根也。首言“伐”:伐,擊也,恐震損之也;次言“敗”:敗,壞也,壞其本也;終言“拔”:拔其根也。亦由淺而深也。三章皆言“勿翦”者,勿斷其枝葉也。枝葉無有害,故能至於“蔽芾”也。《廣韻·十六怪》“扒”下引《詩》:“勿翦勿扒。”“扒”又“拔”之別字。《廣韻》多本《唐韻》,知唐時本有作“扒”者矣。古者四聲不分,“扒”、“拜”俱為假借字。“扒”為别字,唐人施士匄説“拜言人心之拜,小低曲也”,[7]望文生義,附會無理。

説《傳》:“説,舍也。”《釋文》:“説,本或作稅,又作脱,同始鋭反。”案:“説”即説樂字。始言“茇”,為舍止之處,未及憩息也;繼言“憩”,憩息於中,未必樂此不疲也;終言“説”,則中心喜説:亦由淺而深也。召伯或偶爾憩息於甘棠之下,詩人遂以為“召伯所茇”,“召伯所説”,亦想當然之词耳。必以為聽男女之訟於小棠之下,亦思方伯之尊,即使躬親庶務,何至草草如此?且訟必為男女之訟,不知其何所據也。“説”从言兑聲,“拜”有“拔”音,“兑”有“敚”《説文》:“敚,彊取也。”引《周書》:“敚攘矯虔。”案:《書》作“奪”,“敚”蓋“奪”之本字,“奪”乃假借字。音也。“拜”與“兑”韻,“拜”讀為拔,亦與“説”韻也。

厭《釋文》弟一音“於葉反”,是也。《禮·曲禮》:“厭冠不入公門。”注:“厭,猶伏也。”《儀禮·既夕記》:“纓條屬厭。”注:“厭,伏也。”《漢書·辛慶忌傳》:“折衝厭難。”顔注:“厭,抑也。一葉反。”《翼奉傳》:“東厭諸侯之權。”顔注:“厭,抑也。”此“厭”字當兼“伏”、“抑”二訓。詳下“浥”字。

浥《傳》:“厭浥,濕意也。”《釋文》:“浥,本又作挹,同於及反。”案:“浥”、“挹”皆假借,字當作“悒”。《一切經音義·四》引《蒼頡》:“悒悒,不舒之皃也。”又引《字林》:“悒,不安也。”《素問·刺瘧》:“腹中悒悒。”注:“悒悒,不暢之貌。”厭浥者,伏抑而不舒暢之貌也。亦作“厭躡”。《文選·射雉賦》:“表厭躡以密緻。”徐注:“厭躡,重而密也。”案:厭躡,形義雖稍異,其為厭浥字無疑。行,道也,“露”即“路”也。詳下。言浥厭於道路,其貌伏抑而不安舒,豈不可以夙而早,夜而莫乎?蓋必有謂矣,謂太早則尚有露,太莫則已有露。行而多露,此其不敢夙夜也。弟一句“行露”字與三句“行”、“露”字皆不同。

露案:《式微》:“胡為乎中露。”《列女傳》引作“胡為乎中路”。《春秋·定八年經》:“曹靖公路。”[8]《漢書·古今人物表》作“曹靖公露”。[9]《鴻烈解·本經》:“是以松柏菌露夏槁。”注:“露,讀南陽人言道路之路。”據上三書,則“露”、“路”二字古本通用,或者因下句

"露"字有雨頭,遂並上句"路"亦訛加雨頭,未可知也。

穿《釋文》:"穿,本亦作⿱穴身。"案:作"⿱穴身"是也。《禮·學記》注:"穿鑿之器也。"《釋文》:"穿,字又作⿱穴身。"案:作"⿱穴身"者,从身在穴中,會意字也,即以意為聲。身,篆作"[illegible]",與"牙"之篆文相似,傳寫者遂訛从"牙"矣。《說文》:"穿,通也。从牙在穴中。""牙在穴中"費解,當是"身在穴中"也。古亦作"川"。《山海經·北山經》:"倫山有獸焉,其川在尾上。"注:"川,竅也。"案:穿竅字乃穿通字引申之義也,作"川"者假借。

羔《傳》:"小曰羔,大曰羊。"《疏》:"小羔大羊,對文為異。此說大夫之裘,宜直言羔而已,兼言羊者,以羔亦是羊,故連言以協句。《傳》以羔羊並言,故以小大釋之。"案:《疏》言"羔亦是羊",故羔羊並言以足句耳。《說文》:"羔,羊子也。从羊,照省聲。"案:从照省絕無義意,與"家"从豭、"痽"从瘖同一費解。《說文·羊部》有"䍬"字,訓"羊未卒歲也"。《急就篇》:"牂羖羯羠䍬羝羭。"顏注:"䍬,羊未卒歲也。"蓋本《說文》。《廣雅》:"吳羊,牡一歲曰牡䍬,……其牝一歲曰牸䍬。"聲谓:羊未卒歲,統謂羊羔。凡小羊為羍,五月生羔為羜,六月生羔為䍪,皆未卒歲者也,皆可謂之䍬,䍬即羔也,从羊,从古文"𠔁"。《說文·八部》:"𠔁,分也。从重八。《孝經說》曰:'故上下有別。'"聲案:《說文》"重八"下有"八,別也,亦聲"五字,今从段氏玉裁刪定本。聲谓:此字即朕𠔁字。《說文》引《孝經說》說其義,非說其音也。後人改"治小切"為"兵列切",此致誤之由,段氏力辯其誤是也。兆,古文作"[illegible]",分也。从重八,分而又分,象四分五裂之形。凡船之縫,龜之坼,古人所謂朕𠔁是也。"羔"字从𠔁,篆文作"[illegible]",下體與"火"字極相似,遂訛从火,讀者不得其聲義,遂妄測以為从照省矣。《廣雅》"牡䍬"、"牸䍬",即牡羔、牸羔也。篆文亦作"[illegible]",後世遂誤分為二字耳。桂氏馥曰:"'照省聲'者,疑後人亂之,當云:'从火。'《月令》:'食麥與羊。'注云:'羊,火畜也。'《周禮·羊人》屬夏官,故羔从火。"說亦牽強。聲谓:羔,羊子也,从羊从𠔁。𠔁,始也。羔為羊始,會意字兼諧𠔁聲,與"馬三歲曰駣"同意。

佗《傳》:“佗,數也。”[10]案:《詩》本作“它”。《釋文》:“它,本又作他,同徒何反。它,數也,本或作紽。”聲谓:字當作“佗”。《說文》:“佗,負何也。”案:此謂人負荷物也,引之以畜牲負荷物者亦謂之佗。《漢書·趙充國傳》:“一馬自佗負三十日食。”注:“凡以畜産載負物者皆為佗。”案:此即後世駝載字,人與畜負物皆有加意,故“佗”亦訓“加”。《小弁》:“予之佗矣。”《傳》:“佗,加也。”素絲五佗,猶言素絲五加之也。本作“佗”,因“緎”、“總”等字皆从糸,故亦譌从糸。

委蛇《傳》:“委蛇,行可從跡也。”《釋文》:“委,於危反。虵,本又作蛇,同音移。讀此句當云‘委蛇委蛇’,沈讀作‘委委蛇蛇’。”[11]聲案:沈讀是也。《君子偕老》:“委委佗佗。”“蛇”即“佗”之借字。彼《傳》訓為“德平易也”,文同異訓,非是。古文作“委委蛇蛇”,故《釋文》云當讀作“委蛇”,沈氏據本文讀之為是。《君子偕老》:“委委佗佗。”本證一。他如“嘽嘽焞焞”,《采芑》。“矜矜兢兢”,《无羊》。“潝潝訿訿”,《小旻》。“戰戰兢兢”,《小旻》。“戰戰兢兢”,《小宛》。“缉缉翩翩”、“捷捷幡幡”,《巷伯》。“子子孙孙”,《楚茨》。“苾苾芬芬”,《信南山》。“穆穆皇皇”,《假乐》。“兢兢業業”,《雲漢》。“赫赫明明”、又“赫赫業業”,《常武》。又“緜緜翼翼”,《常武》。“皋皋訿訿”,《召旻》。“蒸蒸皇皇”,《泮水》。“实实枚枚”,《閟宫》。句法皆與此同。他如“黄鳥黄鳥”,“鴟鴞鴟鴞”,皆指物而言,不可以彼例此。委佗,或作“委蛇”、《羔羊》。“逶迤”、《韓詩·羔羊》。“倭遲”、《四牡》。“倭夷”、《韓詩·四牡》。“禕隋”、汉《衡方碑》。“委遺”、《劉熊碑》。“委隨”,唐《扶颂》。皆聲相近之字也。餘詳《四牡》。

緎《傳》:“緎,縫也。”《釋文》:“孫炎云:‘緎,縫之界域。’”案:《爾雅·釋訓》注也。首章言“五佗”者,弟言素絲加之以五。次言“五緎”者,“緎”有界域意,必分而後有界,對下章“總”字而言也。“緎”从或,“或”即“域”之古文,故“緎”有界域意。

縫《傳》:“縫言縫殺之大小得其制。”《釋文》:“縫,符龍反,注同。注‘縫殺’之字又音符用反。”案:“縫”字承上章“緎”字,言因其有界域而後有縫殺也。古人不分四聲,以後世音讀之,當讀“符用反”

為是。

總《傳》:"總,數也。"《釋文》:"總。子公反。"《說文》:"總,聚束也。"《離騷》:"紛總總其離合兮。"注:"總,聚也。"[12]《釋名·釋首飾》:"總,束髮也,總而束之也。"顏注《急就篇》:"總以絲縷為之,所以束髮也。"《儀禮·喪服傳》:"布總。"注:"總,束髮。"亦訓為"會"、"合"。《史記·禮書》:"功名之總也。"《正義》:"總,合也,聚也。"《文選·東京賦》:"總集瑞命。"薛注:"總,會也。"《楚辭·怨思》:"建黃昏之總旄。"注:"總,合也。"《鴻烈解·原道》:"大宇宙之總。"《精神》:"萬物總而為一。"注並云:"總,合也。""總"有合聚之義。承上文"緎"字,言既已分之而有縫,不能不聚合之。首言"五紽",渾言;次言"五緎",析言之;又次言"五總",合言之。當依《說文》,讀上聲,《釋文》讀平聲者合韻。

殷《傳》:"殷,靁聲也。"《文選·景福殿賦》注引毛萇《傳》:"磤,雷聲也。"《廣雅·釋詁·四》:"磤,聲也。"《一切經音義·八》引《通俗文》:"雷聲曰磤。"案:三書作"磤"者,形聲字;《詩》仍作"殷"者,用古文。

遑《傳》:"遑,暇也。"《釋文》:"遑,本或作偟。"[13]《爾雅·釋言》:"偟,暇也。"《法言·君子》:"偟乎不偟。"案:《詩》"遑"字甚多,本亦作"皇"。《谷風》:"遑恤我後。"《禮·表記》引作"皇恤我後",《左氏春秋·襄公二十五年傳》同。《殷武》:"不敢怠遑。"《左氏春秋·襄二十六年傳》作"不敢怠皇"。聲谓:作"皇"者,古文。"遑"、"偟"皆形聲字。

摽《傳》:"摽,落也。"《說文》:"𠬪,物落,上下相付也。从爪,从又。讀若《詩》'摽有梅'。"案:"𠬪"即《詩》"摽有梅"本字也。亦訛作"莩"。《孟子》:"塗有餓莩,而不知發。"趙注:"餓死者曰莩。《詩》曰:'莩有梅。'莩,零落也。"亦別作"莩"、"藨"。《漢書·食貨志·贊》引《孟子》作"野有餓莩",《集注》引鄭氏曰:"莩音'藨有梅'之藨。莩,零落也。"師古曰:"莩,音頻小反。"《增韻》:"《詩》'摽有梅',本作𠬪,……𠬪變為孚,轉寫訛耳。凡餓殍、莩落字從孚者,本皆作𠬪,非從孚信之孚。”程氏瑤田曰:“趙注引《詩》易‘摽’為‘莩’,丁氏《音》以為《韓詩》也。余以為《韓詩》所謂‘莩’即‘𠬪’字轉寫之異。《孟子》言人饑,腹中空而死,如華秀不實者之𠬪落也。”聲谓:篆文“𠬪”形與“孚”相似,“𠬪”訛為“孚”,讀者知其不可通也,遂加“艸”,仍讀為摽。漢人傳經,以口相授受,故其音仍在。又知莩之不可讀摽音也,於是乎改為“摽”、“蔈”、“殍”,而“𠬪”字幾晦。幸班書多古字,猶得存什一於千百也。《詩》作“摽”者,同音假借字。亦別作“摽”,見《玉篇》;亦別作“標”,《白帖·九十九》引《詩》作“標有梅”:[14]皆音近而訛。

梅《詩序釋文》:“梅,木名也。《韓詩》作楳,《說文》楳亦梅字。”《說文》:“梅,枏也,可食。楳,或从某。”又:“某,酸果也。从木、甘,闕。槑,古文某,从口。”案:酸果方為今梅杏字。“梅”訓“枏”,即《終南》之“有條有梅”、《墓門》之“墓門有梅”“梅”字。此當作“某”,作“梅”者假借。《韓詩》作“楳”者,後世字。“某”已从木,“楳”又从木,贅矣。今經傳皆作“梅”矣。

迨《箋》:“迨,及也。”《釋文》:“迨,音待。《韓詩》云:‘顧也。’”[15]《說文》作:“隶,及也。从又,从尾省。又持尾者,從後及之也。”聲谓:“隶”乃“求”之別字,詳《六書敫》。“求”訛為“隶”,故又出“逮”字。作“逮”者,《易·象下傳》“上逮也”虞注,《論語·里仁》“恥躬之不逮也”、又《季氏》“政逮於大夫”皇《疏》,並云:“逮,及也。”《公羊春秋·成二年傳》:“逮于袁婁而與之盟。”注:“逮,及也。”《史記·秦始皇紀》:“以罪過連逮。”《項羽紀》:“櫟陽逮捕。”《索隱》並云:“逮,訓及也。”餘詳《六書敫》。《詩·匏有苦葉》:“迨冰未泮。”又《鴟鴞》:“迨天之未陰雨。”《伐木》:“迨我暇矣。”《傳》、《箋》皆云:“及也。”《說文》亦作“隸”,引《詩》:“隸天之未陰雨。”亦別作“遝”。《禮·中庸》:“所以遝賤也。”《釋文》:“本又作逮。”《石經·公羊春秋傳殘碑》:“祖之所遝聞。”聲谓:“迨”亦形聲字,“逮”乃“求”訛為“隶”以後之形聲字,“隸”乃籀文,以字體繁重知之。“遝”又“逮”之訛字。

塈《傳》:“塈,取也。”《廣雅·釋詁·一》:“摡,取也。”聲案:“塈”當讀如《禮·曲禮》“以箕自鄉而扱之”之“扱”,《釋文》:“扱,斂也。”《廣雅·釋詁·一》：“扱，取也。”頃筐塈之者，謂梅落者多，不暇一一拾取，但頃其筐，就地扱取之而已。作“塈”者假借，“塈”、“扱”音近。《廣雅》作“摡”者，知“塈”非正字，故別出“摡”字，不知古無“摡”字。《楚辭·哀時命》：“摡塵垢之枉攘兮。”注：“摡，滌也。”乃“溉”之假借。

謂《傳》：“不待備禮也。”《箋》：“謂，勤也。”案：“謂”乃“慰”之假借。《車舝》：“以慰我心。”《釋文》：“慰，怨也。”又引王注：“慰，怨恨之意。”《莊子·外物》：“慰暋沈屯。”《釋文》引李注：“慰，鬱也。”女子過時，鬱鬱而怨恨，《孟子》所謂“怨女”是也。首章言卜云其吉，雖吉而為期尚早，無如之何；故次言“今”，吉期雖在眼前，而女子有故，亦無如之何；故又次言“謂之”，“之”字應指其夫家言。《周禮》仲春大會男女之說，終不敢信也。

嘒《傳》：“嘒，微貌。”《說文》：“嘒，小聲也。《詩》曰：‘嘒彼小星。’”案：“嘒”訓“小聲”，與星義無涉。《詩》中“嘒”字皆疊字，如《小弁》：“鳴蜩嘒嘒。”《采菽》：“鸞聲嘒嘒。”《那》：“嘒嘒管聲。”惟《雲漢》：“有嘒其星。”《傳》：“嘒，眾星貌。”《玉篇》“嘒”，引“《詩》云：‘鳴蜩嘒嘒。’嘒嘒，小聲也。”“暳，眾星貌。”案：《玉篇》是也，字應作“暳”。訓“眾星貌”者，言眾星有小光也。作“嘒”者，假借。

寔《傳》：“寔，是也。”《釋文》：“《韓詩》作實，云：‘有也。’”《公羊春秋·桓六年傳》：“寔來者何？猶曰是人來也。”又《穀梁傳》：“寔來者，是來也。”《文選·西京賦》：“寔為咸陽。”薛注：“寔，是也。”《爾雅·釋詁》：“寔，是也。”案：古以“是”為是正字，故以“寔”為“是”，與“實”字音義俱別，《韓詩》誤。《左氏春秋·桓六年經》：“寔來。”注：“寔，實也。”誤本《韓詩》。《漢書·河間獻王傳》：“寔事求是。”[16]“寔”即是也，下“是”字，正也。猶言是事求其正，後人訛作“實事求是”，不可通矣。

昴《傳》：“昴，留也。”《釋文》：“昴，音卯，徐又音茅，一名留。二星皆西方宿也。”案：卯酉字，古文作“丣”、“丣”。以“丣，冒也”、“丣，就也”諧聲求之，似“柳”、“留”、“昴”等字皆應从丣，“茆”、“貿”等字始从𣎵,皆諧聲字也。隸書一概从卯,莫可是正矣。

以 《箋》:“以,猶與也。”案:“以”訓“與”,與次章複。《爾雅·釋訓》:“不稅,不來也。”[17]經傳皆無“不稅”字,惟《說文》“稅”下引《詩》“不稅不來”,《詩》無此語,疑引說《詩》者語。或《詩》有作“不我稅”者,故說之者曰“不我稅,即不我來”,而許氏亦撮記之曰“不稅,不來”也。聲案:俟,《說文》作“竢,待也”,“以”乃“竢”之假借。首言“俟”者,尚未來;次言“與”者,設言既來,則必與偕也;又次言“過”者,終不來過,此其次敘也。作“稅”者,猶之漢《高彪碑》“竢”亦作“鋑”,蓋出於隸書,難與言六書矣。

包 《傳》:“包,裹也。”《釋文》作“苞”,“逋茆反”。段氏玉裁曰:“陸本不誤,《注疏》本《釋文》改為‘包,逋茅反’,本上聲而讀平聲矣,其誤始於《唐石經》。苞苴字皆从艸。《曲禮》注云:‘苞苴,裹魚肉,或以葦,或以茅。’《木瓜箋》云:‘以果實相遺者,必苞苴之。’引《書》:‘厥苞橘柚。’今書作‘包’,譌。”聲案:《易·姤》:“包有魚。”虞注:“在中稱包。”《書·禹貢》:“草木漸包。”馬注:“包,相包裹也。”《左氏春秋·僖四年傳》:“爾貢包茅不入。”賈注:“包茅,菁茅。包匭之也。”又杜注:“包,裹束也。”據此,則作“包”者,古字;作“苞”者,形聲字。郭忠恕曰:“以……草名之苞為厥包,……其順非有如此者!”自是而“苞”、“包”字始不通。古人音緩,必為“苞”讀上聲方與“誘”叶,“包”讀平聲不與“誘”叶,未免失之固矣。

純 《傳》:“純束,猶包之也。”《箋》:“純,讀如屯。”《釋文》:“純,徒本反。沈云:‘鄭徒尊反。’”《說文》:“橐,橐也。从束,圂聲。”《廣韻》:“橐,大束。”亦別作“緷”。《玉篇》:“緷,大束也。”《爾雅·釋器》:“百羽謂之緷。”《孟子·滕文公上》:“皆衣褐,捆屨織席以為食。”注:“捆,猶叩椓也。”《音義上》引《埤蒼》:“捆,致也。”[18]案:《爾雅》、《玉篇》从糸,《孟子》从手,形聲字也,義皆未全。亦假借“稛”。《國語·齊語》:“諸侯之使垂櫜而入,稛載而歸。”注:“稛,絭也。”《詩》作“純”者,亦假借字,當以《說文》為正字。今山東登、萊、青三屬人又以束為橐,有姓束者皆讀曰橐。

誘《傳》:"誘,道也。"陳氏啟源《毛詩稽古編》:"毛、鄭皆以誘為道,《儀禮》有'誘射'之文,謂以禮道之,古字義本如此也。歐陽誤解為挑誘,東萊駁之云:'詩方惡棄禮,豈有為此污行而名吉士者。'斯言當矣。"案:《禮·樂記》:"知誘於外。"注:"誘,猶道也,引也。"《呂覽·決勝》:"而有以覊誘之也。"注:"誘,導。"《儀禮·鄉射禮》:"誘射。"《大射儀》:"誘射。"注並云:"誘,猶教也。"《禮·樂記》:"誘民孔易。"《論語·子罕》:"夫子循循然善誘人。"注並云:"誘,進也。"以上皆"誘"字古義。聲案:"誘"訓"道"、"引",亦問道引者為何如人耳。道引者為吉士,雖有善懷之女子,亦必能教道之。次章指出女子能以堅白自守,故曰"如玉"。三章重二"無"字,禁止之辭。"感我帨"即"女子設帨於門右"之"帨"。不得,即"使尨也吠"亦不得,深閨貞靜,鴉鵲無喧,何物能感其帨?何人能使其尨吠乎?故曰"無"也。

脫《傳》:"脫脫,舒遲也。"案:"脫"乃"稅"之假借字,本作"稅",亦作"說",亦作"脫",皆假借字。作"稅"者,《甘棠》:"召伯所說。"《釋文》:"說,本或作稅。"《爾雅·釋詁》注作"召伯所稅"。《碩人》:"說于農郊。"《釋文》:"說,本或作稅。"作"說"者,《詩·甘棠》:"召伯所說。"《株林》:"說於株野。"作"脫"者,《禮·玉藻》:"無脫笏。"[19]《詩·瞻卬》:"女覆說之。"《後漢書·王符傳》引作"汝反脫之"。《文選》陸士衡《招隱詩》:"稅駕從所欲。"注:"脫與稅,古字通。""脫"當讀若"說于株野"之"說",舍也。舍有止義,"稅稅"猶止止也,止而又止,故曰"舒"也。舒,緩也,猶云緩緩兮稅而又稅也。

襛《傳》:"襛,猶戎戎也。"《釋文》:"襛,如容反。《韓詩》作茙,茙音戎。《說文》云:'衣厚貌。'"案:戎即茙也。毛用古文;韓加艸者,形聲字,今亦作"茸"。《說文·衣部》:"襛,衣厚皃。"引《詩》曰:"何彼襛矣。"《文選·神女賦》:"襛不短,纖不長。""襛"與"纖"對,與今"濃"字意異。坊本誤作"穠",俗字也。

雝《傳》:"雝,和。"案:雝渠,鳥名也,从隹,邕聲。《詩》"肅雝"、"西雝"、"塵雝"皆假借字也。西雝,字亦作"廱",即辟廱字,今訛作"雍"。塵雝即雝塞義,字本作"邕"。邕者,沮水而成邑,有邕塞之義焉，後世亦誤作“雝”。陳氏啟源《毛詩稽古編》曰：“惟‘肅雝’為雝和義，無本字可歸，當終於借。”案：陳說是也。凡鳴雁、和鸞、鳳皇之聲取和義者，皆當借“雝”。

華《說文·𠌶部》：“𠌶，艸木華也。从𠂹，亏聲。”《蕚部》：“蕚，榮也。从艸，从𠌶。”案：蕚从𠌶聲，𠌶从亏聲。𠌶，即今“花”字，“蕚”乃榮𠌶字，隸變為“華”，又讀為戶瓜切，形聲俱失，經傳統作“華”而“𠌶”字廢矣。

緍《傳》：“緍，綸也。”《釋文》：“緍，亡貧反。”案：“緍”、“綸”疊韻，从糸昏聲，“昏”从日、氏會意。“氏”即阤落字古文，詳《六書故》。俗本从昬，作“緡”，非。

騶虞《傳》：“騶虞，義獸也。”《說文》：“騶，廄御也。”案：騶、虞，二官名也。有單稱“騶”者。《左氏春秋·襄二十三年傳》：“孟氏之御騶。”《疏》：“騶是掌馬之官。”《漢書·五行志中之上》：“與騶奴、宰人游居娛戲。”注：“騶，廄御也。”《後漢書·張讓傳》注：“騶，養馬人。”有單稱“虞”者。《書·舜典》：“汝作朕虞。”《傳》：“虞，掌山澤之官。”《禮·緇衣》：“若虞機張。”注：“虞，主田獵之地者也。”《穀梁春秋·莊二十八年傳》：“虞之，非正也。”注：“虞，典禽獸之官。”《史記·五帝本紀集解》引《書·舜典》馬注：“虞，掌山澤之官名。”有以“騶”名官者。《禮·月令》：“命僕及七騶咸駕。”注：“七騶，謂趣馬，主為諸官駕說者也。”《左氏春秋·襄二十三年傳見上。疏》：“蓋兼掌御事，謂之御騶。”《後漢書·班彪傳下》注引《魯詩傳》：“古有梁騶者，天子之田也。”《文選·魏都賦》劉注引《魯詩傳》：“梁騶，天子獵之田也。”[20]有以“虞”名官者。《周禮·大宰》：“三曰虞衡，作山澤之材。”注：“虞衡，掌山澤之官。”《孟子·滕文公下》：“招虞人以旌。”注：“虞人，守苑囿之吏也。”《呂覽·季春》：“命野虞無伐桑柘。”注：“野虞，主材官。”《文選》王元長《曲水詩序》：“充仞郊虞。”注：“郊虞，掌山澤之官。”以上凡稱“騶虞”者，皆田獵所有事也。《周禮疏》引《異義韓魯說》謂：“騶虞，天子掌鳥獸官。”非無據也。毛《傳》亦曰：“虞人翼五豝，以待公之發。”是也。翼五豝以待公發，乃止於壹發，不忍盡殺，仁心之至,故呼騶虞而讚美之。不斥言君公者,詩人忠愛之至,此其所以為《風》也。

校 勘 記

[1]"摢勢",《文選·魏都賦》作"裾勢"。胡氏《考異》云:"何校'裾'改'据',注同。案:所校是也。善'据',五臣'裾',此及袁、茶陵二本所載五臣向注皆有明文,各本亂之,而失著校語。"案:《考異》是也。

[2]"髮鬄",《箋》作"髮髢"。

[3]"先主舍東南角,桑樹童童如車蓋",此處省略頗多,《三國志·蜀志·先主傳》作:"先主……舍東南角,籬上有桑樹生,高五丈餘,遙望見童童如小車蓋。"

[4]"鬺享",《史記·孝武本紀》作"鬺烹"。

[5]"未知段氏所據何本",案:段氏所據乃《史記·封禪書》文,其文云:"禹收九牧之金鑄九鼎,皆嘗亨鬺上帝鬼神。"字正作"亨鬺"。見段玉裁《詩經小學》"于以湘之"條。

[6]"勿髳勿伐",《漢書·王吉傳》注"髳"字仍引作"翦",《韋賢傳》引作"髳"。

[7]"小低曲也",《施氏詩說》"曲"字作"屈"。(見《玉函山房輯佚書》,光緒甲申湘遠堂重刊本)

[8]"曹靖公路",案:《春秋經·定公八年》書云:"三月,……曹伯露卒。秋七月,……葬曹靖公。"曹伯露與曹靖公實為一人,吳氏蓋合而稱之曰"曹靖公路",然《經》"路"字本作"露"。

[9]"曹靖公露",《漢書·古今人物表》"露"字作"路"。

[10]"佗",《召南·羔羊》"素絲五紽"及《傳》俱作"紽"。

[11]"委委蛇蛇",《釋文》"蛇蛇"作"虵虵"。

[12]"總,聚也",王逸《楚辭章句》作"總總,猶僔僔,聚貌也",朱熹《楚辭集注》作"總總,聚貌"。

[13]"偟",徐乾學通志堂本作"徨",黃焯《經典釋文彙校》云:"字本作偟。"

[14]"標有梅",《白帖》卷九十九《梅》引《詩》"標"字仍作"摽"。

[15]“顧也”，一本作“願也”。

[16]“寔事求是”，殿本、景四本、中華書局本《漢書·河間獻王傳》均作“實事求是”，“寔”字仍作“實”。顏注云：“務得事實，每求真是也。”未知吴氏所據何本。

[17]“不𥿊”，《爾雅·釋訓》“𥿊”字作“俟”，通志堂本《釋文》出“𥿊”字，云：“不𥿊，事巳反，待也，宜從來。本今作俟字。”

[18]“捆，致也”，《孟子音義上》引《埤蒼》“致”字作“儆”。

[19]“無脱笏”，《禮記·玉藻》“脱”字作“説”，《釋文》云：“説，本又作税，同他活反。”

[20]“天子獵之田也”，《文選·魏都賦》注引《魯詩傳》“田也”作“田曲也”。

詩小學卷三

國　風

保山吴樹聲學

邶　風

邶 《釋文》："邶，本又作鄁。"案："背"从北聲，"邶"亦从北聲。从"背"者，後世字。

汎 《傳》："汎汎，流貌。"《釋文》："汎，流貌。本或作'汎汎，流貌'者，此從王肅注加。"據此，則《傳》本作"汎"。聲谓：《二子乘舟》"汎汎其景"、"汎汎其逝"，《采菽》"汎汎楊舟"，《傳》蓋因之而衍。案："汎"即"汎汎"也，用以足句則稱"汎汎"，無須足句則祇稱"汎"。字亦作"泛"、"氾"。《說文》："汎，浮皃。"又："泛，浮也。"又："氾，濫也。"《周禮・酒正》："一曰汎齊。"《疏》："汎，讀若'汎汎楊舟'之汎。"《采菽》："汎汎楊舟。"《白帖・十一》作"泛泛楊舟"。[1]《文王有聲箋》："豐水亦氾濫為害。"《釋文》："字亦作汎。"《老子》："大道氾兮。"《釋文》："氾，本又作汎。"《一切經音義・十二》："汎，古文泛，同。"聲谓："汎"、"泛"、"氾"皆諧聲字，"汎"字見《毛詩》為古矣。

耿耿 《傳》："猶儆儆也。隱，痛也。"《楚辭・遠遊》："夜耿耿而不寐兮。"注："耿耿，猶儆儆。"案：儆，即警。《一切經音義・二》："古文憼、儆二形，今作警，同。""耿"、"儆"疊韻，故假借。聲谓：

耿耿，即炯炯也。《離騷》："彼堯舜之耿介兮。"注："耿，光也。"《文選》顔延年《登巴陵城》詩："炯介在明淑。"注："耿，與炯同。"案：炯介，即耿介，語本《離騷》。《離騷》注引本詩作"炯炯不寐"，[2]此其據也。凡人心昏則易寐，心明則不能成寐。今人之恩怨分明，亦曰耿耿在心，亦是此意。

匪《説文》："匪，器似竹篋。从匚，非聲。《逸周書》曰：'實玄黄于匪。'"《周禮·肆師》："共設匪甕之禮。"注云："豆實實于甕，簋實實于篚。"[3]案：匪、篚，古今字。《詩》借"匪"為"非"，不可勝舉。

鑒《傳》："鑒，所以察形也。"《釋文》："監，本又作鑒，甲暫反，鏡也。"據《釋文》，則毛本作"監"。案：《文王》："宜鑒于殷。"《禮·大學》作"儀監于殷"。《蕩》："殷鑒不遠。"《漢書·杜欽傳》引作"殷監不遠"。案：監、鑒，古今字。

茹《傳》："茹，度也。"案："茹"字《詩》凡四見。《六月》："玁狁匪茹。"《臣工》："來咨來茹。"《箋》皆本此《傳》訓"度"。《烝民》："柔則茹之，剛則吐之。"又："柔亦不茹，剛亦不吐。""茹"皆與"吐"對。據《七月箋》："耕治之以種菜茹。"《疏》："茹者，咀嚼之名，以為菜之别稱，故書傳謂菜為茹。"《烝民》："柔則茹之。"《疏》："茹者，噉食之名，故取菜之入口名為茹，《禮》稱'茹毛'亦其事也。"《漢書·食貨志上》："菜茹有畦。"注："茹，所食之菜也。"《漢書·王莽傳上》："雖生菜茹，而人不食。"注："所食之菜曰茹。"又《薛宣傳》注："茹，食也。"據以上書，"茹"本訓"噉食"，訓"咀嚼"。菜，可以噉食、可以咀嚼者也，故茹亦為菜名。聲谓："茹"字義除《烝民》"茹"字與"吐"字儷文當訓為"咽下"外，此"茹"字與《臣工》"茹"字《傳》、《箋》訓為"度"是也。茹有咀嚼義，人於事必籌度之，欲得其是，猶人於蔬必咀嚼之欲得其味也，故"茹"字亦借為"度"字。猶之絮本為緜絮字，後世亦借為絮語字也。《詩》言鑒能照物，是鑒能度物，我心非鑒也，不能以意度人之形象，故曰"不可以茹"也。餘詳《六月》及《臣工》。

愬《説文》："訴，告也。从言，斥聲。《論語》曰：'訴子路於季孫。'謝，訴或从言、朔；愬，訴或从朔、心。"案：作"謝"者是也，形聲字。隸作“訴”者，斥即㡿，㡿有度音，亦形聲字。从心作“愬”者，譖譖人者，其心欲陷害之，故从心，亦形聲字。

卷《釋文》：“卷，眷勉反。”《說文》：“卷，厀曲也。从卪，[4]即“卩”字。𢍏聲。”案：“卷”本為捲曲字，亦借為卷舒字，後世加手作“捲”，不知“𢍏”从𠬞，𠬞，兩手也，从兩手又从手，贅矣。

棣《傳》：“棣棣，富而閑習也。”《釋文》：“棣，本或作逮，同徒帝反。”案：《禮·孔子閒居》正引作“威儀逮逮”。《左氏春秋·襄三十一年傳》：“威儀棣棣。”《釋文》：“棣棣，本又作逮。”《說文》“𧾷”下引《詩》“威儀秩秩”。聲谓：此亦無本字可歸者，故終於假借，作“棣”與“逮”皆假借。《說文》作“秩秩”，亦假借。《左氏春秋·襄三十一年傳》注：“棣棣，富而閑也。”《漢書·韋玄成傳》注：“棣棣，閑習之貌。”皆本《詩傳》。“棣”之本義為常棣，為白棣。《文選·閒居賦》注：“棣，山樱桃也。”單字借用者，《漢書·律歷志》“萬物棣通”是也；疊字借用者，“威儀棣棣”是也。

選《傳》：“物有其容，不可數也。”《說文》：“選，遣也。从辵、巽。巽，遣之，巽亦聲。一曰：選，擇也。”案：此“選”之正義也。字从巽，即有巽義，故亦假借為選懦字。《史記·律書》：“選蠕觀望。”《索隱》：“選蠕，謂動身欲有進取之狀也。”《漢書·西南夷傳》：“恐議者選耎，復守和解。”注：“選耎，怯不前之意也。”《後漢書·清河王慶傳》注：“選懦，仁弱慈戀不决之意也。”又《西羌傳》注：“選懦，柔怯也。”聲案：《後漢書》作“選懦”者，“懦”用本字。《史》、《漢》皆假借字。作選懦解與“威儀”方應，與上“轉”、“卷”方是一義。言其威儀棣棣，自來儼然，人望而畏之，雖欲暫選懦亦不可也。三“不可”自是一意。

閔《傳》：“閔，病也。”聲案：覯，讀如《草蟲》“亦既覯止”之“覯”；詳《周南》。閔，讀如《左氏春秋·宣十二年傳》“少遭閔凶”之“閔”，謂不如意之事也。不如意之事，未有不以為病而憂之者，故“閔”亦訓病，訓憂。言閔凶皆自人構之，不為不多矣。

辟《傳》：“辟，拊心也。”《釋文》：“辟，本又作擗。”《玉篇》引作“寤擗有摽”。案：擗，即擘也。擗、擘，形聲字；辟，古文。《禮·檀弓》:“辟踊,哀之至也。”《疏》:“撫心為辟。”又:“男踊女辟,是哀痛之至極也。”又:“戚斯歎,歎斯辟,辟斯踊矣。”據此,則子遊與有子亦泛論人情,原未嘗定為“男踊女辟”也。寤辟者,謂醒時撫心自問也。

摽《傳》:“拊心貌。”《說文》:“摽,擊也。”聲谓:摽與辟分淺深次弟,“寤辟”弟拊心自傷,至於有所摽擊,則恨極而捶胸矣。有,讀為又,言寤時辟而又摽也。古人“有”、“又”字多通用。《禮·内則》:“三王有乞言。”注:“有,讀為又。”《周禮·考工記·弓人》:“有三均,均者三。”注:“有三,讀為又參。”《荀子·富國》:“有掎挈伺詐,權謀傾覆,以相顛倒。”注:“有,讀為又。”又《正論》、《正名》等篇注及《史》、《漢》諸注“有,讀為又”者甚多,不悉引。

迭《釋文》:“迭,待結反。《韓詩》作䥫,音同,云:‘䥫,常也。’”《說文》:“迭,更迭也。”《易·說卦》:“迭用柔剛。”《禮·禮運》:“五行之動,迭相竭也。”迭有更迭之義。《韓詩》作“䥫”者,疑“戴”字之訛耳。《說文》“鐵”,“从金,戴聲”,作“䥫”者,亦假借字。

微《箋》:“謂虧傷也。”聲案:此二句當讀為《十月之交》“彼月而微,此日而微”之“微”,言日乎月乎,胡為更迭虧而相食,可憂之甚也。日為君象,侯國之君亦取譬於日者,以凡為君者首重陽明之德。《春秋》“日有食之”,“伐鼓於朝”、“鼓用牲於社”,亦侯國之禮也。

綠《序箋》:“綠,當為褖。故作褖,轉作綠,字之誤也。”《釋文》:“綠,毛如字。綠,東方之色也。鄭改作褖,吐亂反。”《傳》:“興也。綠,間色;黄,正色。”案:綠為間色,不應為衣。《箋》云:三衣“皆以素紗為裹,今褖衣反以黄為裹,非其禮制也,故以喻妾上僭”。次章:“綠衣黄裳。”《箋》:“婦人之服,不殊衣裳,上下同色。今衣黑而裳黄,喻亂嫡妾之禮。”於《詩》之詞義俱竭盡無餘,不必別生枝葉。惟綠从糸,褖从衣,不應致訛。據《儀禮·士喪禮》“褖衣”注:“古文褖為緣。”知古本必有作“緣衣”者,緣、綠形近而訛。“褖”作“緣”者,假借字。

訧《傳》:“訧,過也。”《釋文》:“訧,本或作尤。”《說文》:“訧,罪也。《周書》曰:‘報以庶訧。’”案:今《書》作“尤”。聲谓:愆尤字皆假借“尤”,亦假借“郵”。作“訧”者,形聲字。言最易招尤,故“訧”从言,孔子所謂“言寡尤”,良有以也。

淒 案:淒,當讀如“有渰淒淒”之“淒”。《說文》:“淒,雲雨起也。”雲雨起時必有涼意,故引申之有淒愴義。《漢書·王褒傳》:“不憂至寒之淒愴。”[5]注:“淒愴,寒冷也。”亦作“淒滄”。《素問·氣交變大論》:“其德淒滄。”注:“淒滄,薄寒也。”又《五常政大論》:“淒滄數至。”注:“淒滄,大涼也。”有淒淚義。《漢書·外戚傳上》:“秋氣憯以淒淚兮。”注:“淒淚,寒涼之意也。”以《四月》“秋日淒淒”《傳》“淒淒,涼風也”例之,則淒淒不過有寒涼之意。“風”字讀為“風乎舞雩”之“風”,言盛暑之時,惟絺與綌兮,淒其可以風涼,不必再加轉折,然惟古之人則然矣。曰“我思古人,實獲我心”者,思古所以傷今也,三章與四章口吻一樣也。

差池 案:即“參差”之轉也。“參”、“差”雙聲,“差”、“池”疊韻。亦作“差沱”。《左氏春秋·襄二十二年傳》:“而何敢差池?”《釋文》:“池,徐本作沱。”亦別作“蹉跎”。《說文·新附》:“蹉跎,失時也。”亦作“蹉跎”。《文選·西京賦》引《廣雅》:“蹉跎,失足也。”

頡 《傳》:“飛而上曰頡。”《說文》:“頡,直項也。”案:“頡”為直項,與下“頏”字同為假借字。

頏 《傳》:“飛而下曰頏。”《說文》:“亢,人頸也。从大省,象頸脈形。頏,亢或从頁。”《廣雅·釋親》:“頏,項也。”案:頏,古文作“亢”。《漢書·劉敬傳》:“不搤其亢。”注:“亢,喉嚨也。”又《陳餘傳》注:“亢者,總謂頸耳。”“頏”為“亢”之或體。玆謂“飛而下曰頏”者,蓋假借字。亦假借“亢”。《漢書·楊雄傳下》:“以頡亢而取世資。”注:“頡亢,上下不定也。”亦別作“肮”。《漢書·楊雄傳上》:“魚頡而鳥肮。”注:“頡肮,上下也。”

遠于 案:上文“遠送于野”,《傳》:“于,於也。”此“于”字《傳》、《箋》皆無訓釋,意謂與上“于”字義同耳。聲谓:此“于”字不可讀為於,當依《桃夭傳》訓為“往”,言之子曰《釋詁》:“于,曰也。”歸,遠往送之也。《箋》:“將,亦送也。”是也。篇內“于”字甚多,一經錯讀，便成舛誼。餘詳《葛覃》、《桃夭》二詩。

實《釋文》：“實，是也。本亦作寔。”案：訓“是”者宜作“寔”。以“寔命不同”、“寔勞我心”等語例之，[6]知“實獲我心”“實”字亦當作“寔”。

任《傳》：“任，大。”《箋》：“任者，以恩相親信也。《周禮》：‘六行：孝、友、睦、姻、任、恤。’”《釋文》：“任，入林反。沈云：‘鄭而鴆反。’”仲氏當指州吁言。任者，言其才氣任俠，對“其心塞淵”言，言其才氣雖甚任俠，其心塞實而淵宏，既温而且惠，必善謹其身也。淑，善；謹，慎也。[7]二“其”字皆指仲氏説。州吁之為人，其才氣必有動人者，好兵，其一事也，故有寵於桓公。石碏入諫之詞，桓公必有所聞，故石碏老，桓公送之，興言及此。[8]言其人既已温而且惠云云，且歸德於莊公。言此先君之心思，先君常以之勖寡人，寡人忍拂先君之思乎？如此講，則先君確指莊公，寡人確是桓公自稱，並無絲毫滯義矣。諸城丁氏大椿曰：“此斷為桓公立，石碏老而桓公送之之詩也。即以‘先君之思，以勖寡人’二語徵之，勿論莊姜不得自稱寡人，即戴嬀已大歸矣，且已‘瞻望弗及’矣，何所思於先君，何所勖於莊姜哉？惟碏之諫寵州吁，桓知之，桓立而碏不得不老，桓又知之，則此送行之日，本是兩心相照。故前三章每説到痛切處，幾不成語，到此忽作大轉。言此仲氏也，行雖險惡，而其心尚無大奸伎倆，亦在吾所以駕馭之者何如耳！果自始至終勿示以厲色，既有以安其心且加之惠，復有以厭其求，安必不知所感，即我之身淑之益淑，無令有瑕之可指，慎之又慎，不致有隙之可乘，當亦可保於無事。況仲本先君愛子，即爾亦當以思先君者勖我寡人，奈何輕於求去邪？”聲案：丁氏謂此詩為桓公送石碏之詩，甚有見識。至分“其心”句屬州吁，“其身”句又屬桓公，語氣未免抵牾，不取。

居諸《傳》：“日乎月乎，照臨之也。”案：《柏舟》章：“日居月諸。”毛既無《傳》，《箋》、《疏》紛然，俱不得其説，以此《傳》定之，不必深求也。

逝《傳》：“逝，逮。”案：逮，古本作“迨”。《摽梅箋》：“迨，及也。”“逝”即“逮”之假借，“逮”訓及，猶云不及也。不及古處而云“逝不古處”者,猶今俗言赶字見《齊民要術》。不上古處也。字亦作“噬”。《有杕之杜》:“噬肯適我。”是也。詳彼處。

良《傳》:“良,善也。”案:“德音”字《詩》凡屢見《日月》、《谷風》、《小戎》、《鹿鳴》。陳氏啟源《毛詩稽古編》:“案:德音,屢見《詩》,或指名譽,或指號令,或指語言,各有攸當。嚴《緝》辨之甚詳。”聲谓:“德音”字不必有二解,此章所異者在“無良”二字,“良”字得其解,則“德音”字自無庸辭費。“良”字古有訓為“甚”者。《孟子·盡心上》:“其良能也。”注:“良,甚也。”《後漢書·隗囂傳》:“所以慰藉之良厚。”注:“良,甚也。”又《王常傳》:“王廷尉良苦。”注:“良,甚也。”又《馬援傳》注:“良,甚也。”又有訓為“能”者。《左氏春秋·昭十八年傳》:“弗良及也。”注:[9]“良,能也。”又有訓為“語辭”者。《左氏春秋·昭十八年傳》:“弗良及也。”《疏》:“良是語辭。”又有訓為“久”者。《後漢書·祭遵傳》:“良夜乃罷。”注:“良,或作久。”[10]據此,則“良”字原不必定訓為善。“德音無良”者,言其德音無甚也,此為倒句法,猶言無甚德音也。必用“無良”者,趁韻耳。

述《傳》:“述,循也。”《箋》:“不循,不循禮也。”《釋文》:“述,本亦作術。”案:《韓詩》正作“術”。“術”、“述”同音,故假借。《禮·月令》:“審端徑術。”《周禮》作“審端徑遂”。[11]又《學記》:“術有序。”注:“術,當為遂,聲之誤也。”《左氏春秋·僖三十三年傳》:“西乞術。”《公羊春秋·文十二年傳》作“西乞遂”。據此,則“術”、“遂”同音,“述”、“遂”亦同音也。“報我不述”者,對“畜我不卒”言,言其不能蚤定,以致報我者不能遂也。

終《傳》:“終日風為終風。”《箋》:“既竟日風矣,而又暴疾。”《釋文》:“終風,《韓詩》云:‘西風也。’”案:《燕燕》曰:“終温且惠。”《北門》曰:“終窶且貧。”《漸漸之石傳》:“卒,竟。”《疏》:“終,亦竟之義。”《禮·鄉飲酒義》:“節文終遂焉。”《疏》:“終,謂終竟也。”《左氏春秋·昭十三年傳》:“求終事也。”注:“終,竟也。”《論語·衛靈公》:“吾嘗終日不食。”皇《疏》:“終,猶竟也。”《孟子·萬章下》:“是以未嘗有所終三年淹也。”注:“終者,竟也。”又《左氏春秋·僖二十四年傳》:“婦怨無終。”注:“終,猶已也。”案:“終”有“竟”義,故有“已”義。“終風且暴”者,已風矣,而且暴疾。晴和者,天之常也,已風則非常矣。已風而且暴疾,愈非常矣。必如是講,“且”字方疊得起,所謂加倍寫法也,與《燕燕》、《北門》兩處句法亦可通。

霾《傳》:“霾,雨土也。”《釋文》:“風而雨土為霾。”《傳》言“風”者,[12]以“終風”已有“風”,故但訓“雨土”也。此“雨”字以後世音讀之,當讀去聲。

曀《傳》:“陰而風曰曀。”下文“曀曀其陰”,《傳》:“如常陰曀曀然。”董氏引韓氏作“壇壇其陰”。《一切經音義·十》:“曀,古文作壇。”案:不見日光,故从日;塵土陰翳,故从土:皆形聲字,不若用“壹”字為古矣。壹,古文作“𡕍”,𡕍𡕍也。不見日光為壹壼,塵土四起亦為壹壼也。

嚏《傳》:“嚏,跲也。”《箋》:“嚏,當讀為不敢嚏咳之嚏。”《釋文》:“疌,本又作嚏,又作疐,鄭作嚏。”案:《狼跋》:“載疐其尾。”《傳》:“疐,跲也。”《釋文》:“疐,本又作疌。”知毛本作“疐”,或省訛作“疌”,又訛作“疌”,鄭氏讀疐為嚏,後世遂改作“嚏”耳。《說文》:“疐,礙不行也。”《詩》言所願言者皆礙不行也,與次章“懷”字分淺深。此言所願言者皆礙不行,次章言所願言者既礙不行,直可懷而藏之耳。二“則”字與《論語》“則可卷而懷之”“則”字略同。亦別作“躓”。《詩·狼跋》:“載疐其尾。”《鹽鐵論》作“載躓其尾”。亦或作“蹪”。《說文》:“蹪,跲也。”引《詩》曰:“載蹪其尾。”據此,則“疐”、“躓”、“蹪”義通,當從《傳》為是。

虺《說文》:“虺,以注鳴者。”引《詩》:“胡為虺蜥。”據此,則虺本蟲名。《廣雅·釋訓》:“虺虺,聲也。”本此假借字。《書》:“仲虺。”《史記》作“中𤳳”。案:𤳳,《說文》作“𤳳”,乃“雷”之古文。聲谓:《說文》“靁”字下有“𩇓”,注:“籀文靁。間有回;回,靁聲也。”回為雷聲,或者會雷聲迴旋磅礴之意乎!“回”、“虺”疊韻,故假借。

鏜《傳》:“鏜然,擊鼓聲也。”《說文》:“鼞,鼓聲也。从鼓,堂聲。”引《詩》曰:“擊鼓其鼞。”聲谓:鼞,正字也,作“鏜”者假借。至《說文·金部》“鏜”,訓“鐘鼓之聲也”,亦引《詩》曰:“擊鼓其鏜。”“鏜”字从金,不應訓鼓聲,或者後人不知其為假借字,見《詩》作“鏜”,遂於“鏜”字下闌入“詩曰擊鼓其鏜”六字,未可知也。亦別作“闛”。《漢書·司馬相如傳》:“鏗鎗闛鞈。”注:“闛鞈,鼓音也。”《文選·上林賦》注:“闛與鏜,古字通。”亦假借“鐺”。《史記·司馬相如傳》:“鏗鎗鐺鼛。”郭璞曰:“鐺鼛,鼓音。”案:“闛”、“鐺”、“鏜”與“鼞”,皆音相近。

契闊 《傳》:“契闊,勤苦也。”《釋文》:“契,本亦作挈,同苦結反。闊,苦活反,《韓詩》云:‘約束也。’”案:契,當讀如《爾雅·釋水》“絜”李注“絜言河水多山石,治之苦絜。絜,苦也”之“絜”;闊,當讀如《詩·碩人》“北流活活”《傳》“活活,流也”之“活”。絜有難苦義,活有流動意,引之為勤苦動作之意。作“契闊”者,聲同假借也。“絜”亦有讀去聲者,又轉作“活契”,此後世以勤苦動作之事為活計所由昉也。“契”、“計”聲相近。

洵 《傳》:“洵,遠。”《釋文》:“洵,呼縣反。本或作詢,誤也。詢,音荀。《韓詩》作夐,夐亦遠也。”案:韓作“夐”,正字;毛作“洵”,借字;或作“詢”,亦借字也。此章“闊”字對下“夐”字,當作遼闊字解。“洵”字對上“闊”字,當依《韓詩》作夐遠字解,與毛義亦合,此所謂以經證經也。或疑夐音與信不叶,不知“夐”从㚣即“奐”字。得聲,“信”字古音近線,在古韻自叶耳。陸法言謂“古人韻緩,不煩改字”,[13]此類是也。

凱 《傳》:“南風謂之凱風,樂夏之長養者。”《說文》:“愷,樂也。”案:古字本作“豈”,《詩》中“豈弟”字訓“樂”,訓“亦樂”可證。《說文》作“愷”者,形聲字。从几者,別體字。至《文選·幽通賦》:“飄颽風而蟬蛻兮。”曹注:“南風曰颽風。”“颽”字愈為後世字矣。

心 《說文》:“人心,土藏,在身之中。象形。博士說以為火藏。”後人釋“心”字以為屬火本此,非古誼也。《釋名·釋形體》:“心,纖也,所識纖微,無物不貫也。”案:“纖”與今之“尖”字義近,“心”即今“尖”字之古文也。“心,纖也”自是古訓,為心之弟一義。《說文》“人心,土藏”乃借為五藏字後之弟一義。《釋名》“所識纖微,無物不貫”,又借為人心字後引申之義也。此“棘心”即棘尖，乃心之弟一義，即《釋名》所謂“心，纖也”。棘身多鍼刺，無不尖鋭者，故曰“棘心”。《易·説卦傳》：“坎為堅，多心。”與“艮”之“為堅，多節”略同。木祇一心，何以云多？蓋以其質多堅而葉多尖，故曰“為堅，多心”。《禮·禮器》“如松柏之有心”，與“竹箭之有筠”對言，若以為中心之心，松柏固有心，他木豈無心？棗之心赤，槐之心黄，何以專言松柏？蓋以松柏之葉尖利異常，若削若翦，即《易》之所謂“堅多心”者。知“松柏之有心”“心”字非形體字，即知“為堅，多心”“心”字亦非形體字。今北方人謂棘刺為棘鍼，此言“吹彼棘心”，猶言吹彼棘鍼，與次章“吹彼棘薪”皆眼前情事，故詩人以之起興。若以為棘之中心，則求深反而無意義矣。揚州阮氏元釋“心”字與聲略同，亦以《易》、《詩》、《禮》三“心”字為證，不具引。

聖《傳》：“聖，叡也。”《箋》：“叡作聖。”《説文》：“聖，通也。”案：“聖”乃“聽”之古文。《書·無逸》：“此厥不聽。”《漢石經》作“此厥不聖”。《禮·樂記》“小人以聽過。”《釋文》：“聽，本亦作聖。”[14]此其據也。字本从耳从呈，《汗簡》省去壬，作“耶”，釋云：“聽，亦作耶。”[15]《亢倉子》省去口，作“耵”，云：“耳眎目耵。”注：“耵，古聽字。”是也。《逸周書·謚法解》：“温柔聖善曰懿。”與“温柔好樂曰康”語意正同，當讀為“温柔聽善曰懿”，“聖”為“聽”之古文無疑。又“聖聞周達曰昭”，亦當為“聽聞周達曰昭”也。又“聖善周聞曰宣”，“聖善”亦即“聽善”也。《謚法》稱“善”字者，如“稱善賦簡曰聖”、“執善揚善曰懷”、[16]“善合法典曰敬”、“述善不克曰丁”，[17]“聖善”亦猶之“稱善”、“執善”、“揚善”、“合善”、“述善”云耳。此“母氏聖善”亦當讀為母氏聽善，言母氏能聽善，惜我無令人、無善言以動其聽耳。如此講，於“七子之母，猶不能安其室”情事更為帖切，而七子之孝益見。後世借為聖哲字用，借義行而本義晦微，諸古書傳“聖”字本義幾不可識矣。

睍睆《傳》:"睍睆,好貌。"《說文》:"睍,出目也。"《廣雅·釋詁·一》:"睍,視也。"《大東》:"睆彼牽牛。"《傳》:"睆,明星貌。"《杕杜》:"有睆其實。"《傳》:"睆,實貌。"《禮·檀弓》:"華而睆。"《釋文》:"睆,明貌。"又引孫炎:"睆,漆也。"以上"睍睆"二字,除本詩均無聯合用者。犖以為"睍睆"疊韻字,即"緜蠻"之借字,"緜蠻"亦疊韻字,與"睍睆"聲相近。"緜蠻"亦假借字,並無正字,故可借"緜蠻",亦可借"睍睆"也。古書有"睆睆"聯文者。《莊子·天地》:"睆睆然在纆繳之中。"《釋文》:"睆睆,……眠目貌。"又引李注:"睆睆,窮視貌。"犖谓:"睆睆"亦"睍睆"之轉也。"睍"與"睆"聲相近,故"睍睆"可以作"睆睆"。《韓詩》作"簡簡黃鳥","簡簡"又"睆睆"之假借字。曰"睍睆",猶之曰"緜蠻";《韓詩》之"簡簡黃鳥",猶之云"交交黃鳥"耳:皆詠其形狀也。毛訓自是古誼,不必紛更。互詳《緜蠻》。

泄泄《傳》:"雄雉見雌雉,飛而鼓其翼泄泄然。"《十畝之間》:"桑者泄泄兮。"《傳》:"泄泄,多人之貌。"《板》:"無然泄泄。"《傳》:"泄泄,猶沓沓也。"《孟子·離婁上》:"泄泄,猶沓沓也。"案:沓沓,即後世所云拖沓也。《十畝傳》"多人之貌",亦即累贅拖沓之意。雉飛崇不過丈,修不過三丈,故築牆者以高一丈長三丈為一雉。又雉飛甚疾,決起而橫刺,數步即竄入林草間,陸農師謂"雉飛若矢,一往而墮"是也。雉飛本迅疾,其羽不應拖沓,乃因逐雌之故,竟泄泄然拖沓其羽焉,方合刺意。若云舒緩自得,則一起輒蹶,未見其飛能舒緩者也。

詒《傳》:"詒,遺。"《說文》:"詒,相欺詒也。一曰:遺也。"《列子·黃帝篇》:"既而狎侮欺詒。"注引《方言》:"相欺亦曰詒。"郭璞注《方言》曰:"汝南人呼欺為讉,亦曰詒。"《廣雅·釋詁·二》:"詒,欺也。"據此,則"詒"乃欺詒字,作"遺"字用者假借字,"貽"乃俗字。

伊《傳》:"伊,維。"《箋》:"伊,當作繄。繄,猶是也。"《疏》:"《蒹葭》、《東山》、《白駒》皆以伊為繄。"案:"伊"者,"繄"之假借。《箋》義為優。

厲《傳》:"以衣涉水為厲,謂由帶以上也。揭,褰衣也。"《釋文》:"《韓詩》云:'至心曰厲。'《說文》作砅,云:'履石渡水也。'"案:《說文》:"砅,履石渡水也。"引《詩》曰:"深則砅。"重文:"濿,砅或从厲。"此作"厲"者,古字从省。《有狐》:"在彼淇厲。"司馬相如《大人賦》:"橫厲飛泉以正東。"皆作"厲",是也。說此詩者紛若聚訟。聲谓:"厲"字不難解,當先將深淺字講明,斯為得之。古人言深淺者不一,不淺曰深,不近亦曰深。如《說文》"宀"字訓"交覆深屋也",即不近之深也,今人謂屋之廣者為深本此。不深曰淺,不廣亦曰淺。《周禮·考工記》:"以博為帴。"帴者,"淺"之假借,此即不廣之淺也,今人謂屋之窄狹者曰淺本此。《詩》言"深淺",猶今言廣狹,俗言寬窄耳。"深則厲,淺則揭",猶云水寬則履石而渡,水窄則揭衣而過,語甚明顯,並無疑竇。戴氏震以橋樑釋厲,不知北方大河,冬春始有橋樑,夏秋河寬,渡者必須蹅石而過,蹅石容須大石,故《有狐》云"在彼淇厲"也。《說文》作"砅",訓為"履石渡水",真古文古義,解此詩者當宗許氏,毛與韓皆不可信也。

鷕《傳》:"鷕,雌雉聲也。"《釋文》:"鷕,以小反,沈耀皎反,雌雉聲。或一音戶了反,《說文》以水反,《字林》于水反。"案:陸氏所引《說文》、《字林》是也,上三音蓋因"小"之篆文作"川",與"水"之篆文作"巛"相似而誤。"水"訛為"小",於是有"耀皎"、"戶了"諸音矣。《說文》作:"鷕,雌雉鳴也。从鳥,唯聲。""唯"字,《曲禮釋文》讀"于癸反,徐于比反,沈以水反","以水反"與《說文》合。《六書故》曰:"案:《詩》'有瀰濟盈'四句,上二句'瀰'與'鷕'協,'盈'與'鳴'協;下二句'盈'與'鳴'協,'軌'與'牡'協。陸氏讀鷕為以沼反,非。"[18]顧氏炎武曰:"案:《說文》'鷕'从鳥、唯聲,正當讀如'曾子曰唯'之'唯',後世以舊音'以水反'訛為'以小反',而徐鉉以《唐韻》切音改為'以沼反',失之遠矣。"聲谓:戴氏、顧氏知"鷕"當讀如唯,不知"鷕"即"唯"之俗字也。唯,隹鳴也。从隹,與鳴从鳥同意;从口,所以鳴也。隹口為唯與鳥口為鳴均為會意字。"唯"字并諧隹聲,亦借為唯諾字用,借義盛行而本義反晦。鷕為雌雉聲,當借用"唯"字,作"鷕"者後世字。

軌《傳》："由輈以上"下"字之訛。為軌。"《釋文》："軌，舊龜美反，謂車轊頭也。依《傳》意宜音犯。案：《說文》云：'軌，車轍也。从車，九聲。'龜美反。'軓，車軾前也。从車，凡聲。'音犯。車轊頭，所謂軹也。相亂，故具論之。"聲谓：此詩自是"軌"字，後人議論紛紛，膠葛不清，皆不解"濡"字之故耳。濡，漬也；軌，徹作"轍"者，後世字。也。"濟盈"者，輪輻所帶之水必沾漬於徹中，乃濟盈者竟不濡軌焉，此其所以異也。

牡《傳》："飛曰雌雄，走曰牝牡。"案：雌雄牝牡亦飛走之通稱，不曰"求其雄"者，趁韻耳。歐陽氏引"雄狐"、"牝雞"為證，陳氏啟源謂其失詩意，何也？

雝《傳》："雝雝，鴈聲和也。"案：雝訓和，亦假借字。《說文》："雝，雝𪈂也。从隹，邕聲。"聲谓：雝亦形聲字。《太平御覽·三》、洪氏《楚辭補注》俱引作"噰噰鳴鴈"，作"噰"者，亦形聲字。《爾雅·釋詁》："關關、噰噰，今訛作"嚈"。音聲和也。"《文選·遊天臺山賦》注引《爾雅》"噰噰，和也"，字亦作"噰"。《爾雅·釋訓》："噰噰、喈喈，民協服也。"[19]作"噰"者，形聲字之後出者也。毛公受經時固無"噰"字，更無"噰"字也。

雁《說文》："雁，鳥也。""鴈，鵝也。"據此，則鴻雁字當从隹，鵝鵞字當从鳥。《儀禮·士相見禮》："下大夫相見以鴈。"注："鴈取知時、飛翔有行列也。"《周禮·大宗伯》："大夫執鴈。"注："鴈取其候時而行。"據二《禮》注，則此"鴈"乃鴻雁之雁。《女曰雞鳴》："弋鳧與雁。"[20]《爾雅·釋鳥》："鳧，雁醜，其足蹼，其踵企。"案：二"雁"字皆與鳧並稱，而字又从隹，何也？《說文》从隹之字，重文亦往往从鳥，从鳥之字亦間有从隹者。"雁"、"鴈"或為一字，鳧鴈有似於雁，故亦得雁名。或者其偏旁有訛誤者亦未可知。詳《女曰雞鳴》。

冰《說文》作："仌，凍也。象水凝之形。"《廣韻》："冰，仌同。"[21]二書之外，無有作"仌"者，隸皆作"冰"。《說文》："冰，水堅也。从仌，从水。凝，俗冰从疑。"據此，則冰乃凝之正字。隸書"仌"皆作"冰"者，假借也，借字行而本字廢矣。又"仌"之偏旁字，隸作"冫"，往往與从水之字隸作“氵”者混，逐字辨正。

招《傳》：“招招，號召之貌。”《釋文》：“招，照遙反。王逸云：‘以手曰招，以言曰召。’《韓詩》云：‘招招，聲也。’”案：《說文》：“招，手呼也。”案：招為手呼，當讀如《荀子·成相》“呂尚招麾”之“招”，注：“招麾，指揮也。”以手招舟子曰招，招招者，不一招也，此不必改音者也。曰“貌”曰“聲”，未免添設。

卬《傳》：“卬，我也。”《釋文》：“卬，五郎反，我也。本或作仰，音同。”《爾雅·釋詁》：“卬，我也。”注：“卬，猶姎也，語之轉耳。”《疏》：“《說文》云：‘女人稱我曰姎。’由其語轉，故曰卬。”《白華》“卬烘于煁”《傳》、《生民》“卬盛于豆”《傳》，並云：“卬，我也。”《書·大誥》：“不卬自恤。”《釋文》：“卬，我也。”案：卬，即古文“仰”字。《說文》：“卬，望，欲有所庶及也。从匕，从卪。《詩》曰：‘高山卬止。’伍岡切。”案：今北省山東、河南土人多自稱曰“俺”，竊嘗求其故而不得。“卬”字古音“伍岡切”，與“俺”為雙聲，今之“俺”即古之“卬”，語之轉耳。《疏》引《說文》：“女人稱我曰姎。”今《說文》作：“姎，女人自稱我也。从女，央聲。烏浪切。”於“卬”為疊韻。

習《傳》：“習習，和舒貌。”《小雅》：“習習谷風。”《箋》：“習習，和調之貌。”《後漢書·班彪傳》注：“習習，和也。”案：此亦假借字之純取聲者，於“習”字本義不相涉也。“習”从羽、从白，《說文》：“鳥數飛也。”聲案：鳥數飛亦非習之弟一義。詳《六書散》。

谷《傳》：“東風謂之谷風。”《小雅·谷風箋》同。《疏》：“東風謂之谷風，《釋天》文也。孫炎曰：‘谷之言穀。穀，生也。谷風者，生長之風。’”據此，則“谷”亦“穀”之借字。“穀”字詳《王風》“穀則異室”“穀”字。

黽《釋文》：“黽勉，本亦作僶，莫尹反。黽勉，猶勉勉也。”案：《文選·文賦》注正引作“僶勉同心”。[22]《御覽·五百四十》、《白帖·十七》俱引作“僶勉同心”。[23]《十月之交》：“黽勉從事。”《釋文》：“黽，本又作僶。”《文選·文賦》：“在有無而僶俛。”注：“僶俛，由勉强也。”又《秋胡詩》：“僶俛見榮枯。”案：作“黽”者，假借字；作“僶”者，後世形聲字。亦别作"密勿"，本詩《韓詩》作"密勿同心"。《十月之交》："黽勉從事。"《漢書·劉向傳》引作"密勿從事"。亦或作"蠠沒"。《爾雅·釋詁》："亹亹、蠠俗作"蝱"，非。沒，勉也。"注："蠠沒，猶黽勉。"《釋文》："蠠，音密。"案："密"、"蠠"與"黽"皆一聲也。亦或作"閔勉"。《漢書·谷永傳》："閔勉遁樂。"[24]顏注："閔勉，猶黽勉也。"亦或作"侔莫"。《方言·七》："侔莫，强也。北燕之外郊，凡勞而相勉者若言努力者謂之侔莫。"侔，亦别作"劺"。《廣雅·釋詁》："劺莫，强也。"曹憲《音釋》"劺"音"牟"。亦或作"文莫"。欒肇《論語駁》："燕齊謂勉强為文莫。"今山東猶有此語。聲宰東阿，於聽訟時留心得之，其音若民莫，不知究作何字。以上皆音轉而字形亦隨之以異，其義可據文而定也。

畿 《傳》："畿，門内也。"《疏》："畿者，期限之名。"亦借用"幾"。《禮·郊特牲》："丹漆雕幾之美。"注："幾，謂漆飾沂鄂也。"《疏》："幾與畿，字相涉。畿是畿限之所，故以幾為沂鄂也。"《周禮·大司馬》："乃以九畿之籍。"注："畿，猶限也。"案："畿"本形聲字，本為畺域字，故从田。國有國之畿，家有家之畿，室有室之畿。《周禮》注訓為"限"，《大司馬》"制畿封國，以正邦國"是也。《郊特牲》注"沂鄂"，即畿鄂也。"沂"、音旂。"畿"疊韻，後世讀沂為頤，故轉為"垠鄂"。《文選·甘泉賦》："紛被麗其亡鄂。"注："鄂，垠鄂也。"垠鄂即沂鄂，"沂"、"垠"雙聲。薄送我畿，蓋送於屋之界限處，不必定是門内也。薄，如"薄言還歸"、"薄采其芹"之"薄"。

湜 《箋》："湜湜，持正貌。"《釋文》："湜，音殖。《說文》云：'水清見底。'"案：《說文》："湜，水清底見也。"《玉篇》："湜，水清也。"言己獨水清底見，如沚水然，即今人所謂徹底澄清也。"持正"乃其引申之義，非本義也。

閱 《傳》："閱，容也。"《說文》："閱，具數於門中也。"案：此"閱"字本義也，其引申之義則《左氏春秋·襄九年傳》："商人閱其禍敗之釁。"注："閱，猶數也。"《管子·度地》："常以秋、歲末之時閱其民。"注："閱，謂省視。"其餘大閱、簡閱、閱歷、閱實各義，大約皆具數、省視兩意盡之。我躬不閱，言及身尚閱看不清，皇恤我子孫乎？毛訓為“容”，則“閱”乃“說”之假借字。《左氏春秋·襄二十五年傳》作“我躬不說”。說，容說也，見《孟子》，毛蓋本左氏。

慉《傳》：“慉，養也。”《箋》：“慉，驕也。”《釋文》：“慉，許六反。毛：‘興也。’《說文》：‘起也。’”據《釋文》，則“慉”本訓“興”，今《傳》作“養”者，蓋王肅本。案：“慉”訓“養”是也。《易·離》：“畜牝牛，吉。”虞注：“畜，養也。”《象上傳》：“君子以容民畜眾。”虞注：“畜，養也。”《詩·我行其野》：“爾不我畜。”《傳》：“畜，養也。”又《日月》：“畜我不卒。”《節南山》：“以畜萬邦。”《箋》並云：“畜，養也。”“慉”即“畜”之別體，猶畜積字亦別作“蓄”與“稸”也。至《說文》引作“能不我慉”，段氏玉裁欲據以改經，似可不必。

育《傳》：“育，長。”《箋》：“昔育：育，稚也。”“既生既育”，《箋》：“育，謂長老也。”案：本章連用三“育”字，“既生既育”與《生民》“載生載育”句法一樣，無須另生枝節。昔育恐育鞫者：恐，恐懼也；鞫，即“鞠”之假借。《論語·鄉黨》：“鞠躬如也。”皇《疏》：“鞠，曲斂也。”《史記·滑稽列傳》：“帣韝鞠䐜。”注：“鞠，曲也。”《楚辭·初放》：“塊鞠兮，當道宿。”注：“匍匐為鞠。”言昔之育養，心為之恐，躬為之鞠，與爾顛覆共兹勞苦者，惟恐其不生不育也。今則既生既育矣，奈之何比予於毒哉？上句用兩“育”字者，語長心鄭重也，如此則三“育”字仍一解也。

御《傳》：“御，禦也。”案：御、禦，古今字。“御”有禦義，故“禦”字從之。

洸《傳》：“洸洸，武也。”《爾雅·釋訓》：“洸洸、赳赳，武也。”注：“皆果毅之貌。”案：洸洸，假借字。《爾雅·釋訓》“洸洸”，《釋文》：“洸，舍人本作僙。”《江漢》：“武夫洸洸。”《鹽鐵論》作“武夫潢潢”。又案：《後漢書·郭憲傳》：“關東觥觥郭子橫。”注：“觥觥，剛直之貌。”《文選·西京賦》：“猛虡趪趪。”注：“趪趪，張設貌。”案：趪趪，亦武猛之意。聲谓：僙僙、趪趪，皆後世字；潢潢、觥觥，亦假借字：此亦終於假借者。亦詳《駉》。

潰《傳》:“潰潰,怒也。”《釋文》:“《韓詩》云:‘潰潰,不善之貌。’”《召旻》:“潰潰回遹。”《傳》:“潰潰,亂也。”《說文》:“潰,漏也。”案:“潰”之本義為漏,引申之有潰決、潰散、潰爛、潰敗諸義。“潰潰”訓“怒”,由潰決引申之義,不若依《召旻傳》訓“亂”為得,《韓詩》之“不善”即“亂”也。有,讀為又,又剛武又潰亂,未有不暴怒者,於毛義亦得。

肄《傳》:“肄,勞也。”《釋文》:“肄,《爾雅》作勩。”《疏》:“‘肄,勞’,《釋詁》文。《爾雅》或作‘勩’,孫炎曰:‘習事之勞也。’”案:《雨無正》:“莫知我勩。”《傳》:“勩,勞也。”毛讀肄為勩,假借字。

塈《傳》:“塈,息也。”案:“塈”乃“慨”之假借字。《說文》:“慨,忼慨,壯士不得志也。”《文選·東京賦》:“慨長思而懷古。”薛注:“慨,歎息也。”又《思玄賦》:“慨含唏而增愁。”注:“慨,太息也。”《傳》訓“息”,即歎息、太息也。亦別作“愾”。《晉書音義下》:“慨,與愾同。”《下泉》:“愾我寤歎。”《箋》:“愾,歎息之意。”《楚辭注·十六》、《文選注·二十三》皆引作“慨我寤歎”。亦別作“嘅”,《玉篇》引《詩》作“嘅我寤歎”。聲谓:“慨”、“愾”、“嘅”皆後世字,故《詩》假借“塈”字,言君子不念昔者,伊即“緊”。余致慨歎而已。夫何言哉?所謂忍氣吞聲,悲痛之至矣。來,讀如《呂覽·不侵》“不足以來士矣”注:“來,猶致也。”

式《傳》:“式,用也。”《箋》:“式,發聲也。”《說文》:“式,法也。”《禮·文王世子》注:“庶幾程式之。”《疏》:“式是法式。”《周禮·典婦功》:“掌婦式之灋。”注:“婦式,婦人事之模範。”《老子》:“抱一為天下式。”王注:“式,模則也。”[25]案:“式”訓模則、模範,猶俗言模樣、式樣也。《增韻》:“式,樣也。”“樣”為俗字,古皆稱式。式微式微者,言式樣微矣。式樣微矣,胡不歸去?蓋因黎之君臣久寓於衛,衛國待之,其光景大不似從前,故曰“式微”,重言以深歎之也。《詩》中“式”字甚夥,毛、鄭多訓為“用”字,有齟齬不能通者,隨文辨之。

泥《傳》:“泥中,衛邑也。”《泉水》:“飲餞於禰。”《釋文》:“禰,地名,《韓詩》作坭,音同。”案:“泥”、“坭”一聲,疑即一地。

誕《傳》:“誕,闊也。”案:《生民》:“誕彌厥月。”《傳》:“誕,大。”“闊”乃“大”字引申之義也。

蒙戎《傳》:“蒙戎,以言亂也。”《釋文》:“蒙,如字,徐武邦反。戎,如字,徐而容反。蒙戎,亂貌。案:徐此音是依《左傳》讀作尨茸字。”案:《左氏春秋・僖五年傳》:“狐裘尨茸。”《釋文》:“尨,莫江反,又音蒙。茸,如容反,又音戎。”聲谓:上字當依《詩》作“蒙”,取蒙冒、蒙覆之義;下字當依左氏作“茸”,取茸茸見《說文》。之義。左氏作“尨茸”者,以古音“蒙”、“尨”聲近,故通假用之也。亦別作“蒙蘢”。《漢書・鼂錯傳》:“中木蒙蘢。”注:“蒙蘢,覆蔽之貌也。”又《楊雄傳》:“獵蒙蘢。”注:“蒙蘢,草木所蒙蔽處也。”亦別作“蒙籠”。《文選・甘泉賦》:“紛蒙籠以棍成。”注引服虔:“蒙籠,膠葛貌。”案:蒙籠,即蒙蘢,皆取義於草。《甘泉賦》作“籠”,从竹,从艸之誤也,故曰當依《詩》作“茸”。[26]“蘢”、“籠”皆形聲假借字,《詩》作“戎”者,亦假借字。

瑣尾《傳》:“瑣尾,少好之貌。”《說文》:“瑣,玉聲。从玉,貞聲。”案:“貞”从小、从貝,亦取碎小之義,玉聲亦瑣碎者。《易・旅》:“旅瑣瑣。”鄭注:“瑣瑣,猶小小。”《釋文》引鄭注:“瑣瑣,小也。”又引王注:“瑣瑣,細小貌。”《節南山》:“瑣瑣姻亞。”《傳》:“瑣瑣,小貌。”尾,《說文》:“微也。从到毛在尸後。”聲谓:瑣,碎也,不整飭也;瑣,小也,不大方也。尾,微也,不能顯達也;尾,末也,不能上前也。此“瑣”、“尾”二字之義也。流離,鳥名也。詩人觸目生情,但取“流離”二字以自傷,言此碎小與微末者,皆流離之子耳。至於“流離”或為“鶹鷅”,或為“少好而長醜”,或為“梟鳥,大則食其母”,必定為是何鳥,未免固矣,“之子”二字亦難講矣。借鳥名以自傷,庶幾脫口如新。

褎《傳》:“褎,盛服也。”《漢書・董仲舒傳》:“今子大夫褎然為舉首。”注:“褎然,盛服貌也。”又《敘傳下集注》:“褎褎,盛貌也。”[27]案：褎有盛義。褎从衣，亦可為盛服，惟“如”字無著落。竊謂古字“如”、“而”通用。褎如充耳者，盛服而且盛飾。不言其中藏之謬，但言其外觀之盛，詩人亦工於立言矣。

校勘記

[1]“泛泛楊舟”，《白帖》卷十一“泛泛”仍作“汎汎”。

[2]“《離騷》注引本詩作‘炯炯不寐’”，《離騷》注未見引《詩》“炯炯不寐”語，惟《遠遊》：“夜炯炯而不寐兮。”王逸注引《詩》云：“耿耿不寐。”“炯炯”作“耿耿”。

[3]“篚實實于篚”，鄭注作“篚實實於筐”，云：“匪，其筐字之誤與!”

[4]“从巳”，《說文》“巳”字作“卩”。

[5]“淒愴”，《漢書・王褒傳》“淒”字作“悽”，下注“淒”字同。

[6]“寔勞我心”，《詩》作“實勞我心”。此句《詩》凡四見，《邶風・燕燕》一見，《雄雉》一見，《小雅・白華》二見，“寔”字均作“實”。

[7]“謹，慎也”，依文意當作“慎，謹也”。此訓乃針對《燕燕》“淑慎其身”之“慎”字而作釋。

[8]“興言及此”，案：本詩（《燕燕》）《序箋》云：“莊姜無子，陳女戴嬀生子，名完，莊姜以為己子。莊公薨，完立，而州吁殺之。戴嬀於是大歸，莊姜遠送之于野，作詩見己志。”又本詩《箋疏》云：“《隱三年・左傳》曰：‘衛莊公娶于齊東宮得臣之妹，曰莊姜，美而無子，……又娶于陳，曰厲嬀，生孝伯，早死。其娣戴嬀生桓公，莊姜以為己子。’四年春，州吁殺桓公，《經》書：‘弒其君完。’是莊姜無子，完立，州吁殺之之事也。由其子見殺，故戴嬀於是大歸。莊姜養其子，與之相善，故越禮遠送于野，作此詩以見莊姜之志也。”《箋》、《疏》皆言及莊姜遠送戴嬀於野及州吁弒衛桓公（完）之事，與吴氏“故石碏老，桓公送之”（見上二句）之立論有異。

[9]“注”，當作“《疏》引服虔”，下注“良，能也”非杜注文，乃《疏》引服虔文。

[10]“良，或作久”，《後漢書・祭遵傳》注作：“良，猶深也。夜，或作久。”

[11]“《周禮》作‘審端徑遂’”，案：《禮記・月令》：“審端徑術。”鄭注：“術，《周禮》作遂。”然今《周禮・遂大夫》仍作“審端徑術”。

[12]“《傳》言‘風’者”,“《傳》”下“言”上疑脱“不”字,觀上下文自明。

[13]“陸法言謂‘古人韻緩,不煩改字’”,“陸法言”當作“陸德明”。案:“古人韻緩,不煩改字”乃陸德明語。《詩·邶風·燕燕》:“遠送于南。”陸德明《釋文》云:“南,如字。沈云:‘協句宜乃林反。’今謂古人韻緩,不煩改字。”吴氏蓋誤記。

[14]“聽,本亦作聖”,《釋文》作:“以聽過,本或作以聖,過如字。”

[15]“亦作耶”,《汗簡》“耶”字作“聇”。

[16]“執善揚善曰懷”,《逸周書·謚法解》“執善”作“執義”。

[17]“述善不克曰丁”,《逸周書·謚法解》“述善”作“述義”。

[18]案:吴氏所引《六書故》文與原文頗有出入,《六書故》原文“鷕”字下云:“按:《詩》:‘有瀰濟盈,有鷕雉鳴。濟盈不濡軌,雉鳴求其牡。’上二句‘瀰’與‘鷕’劦,下二句‘盈’與‘鳴’劦。陸氏讀以沼切,非。”

[19]“雝雝”,《爾雅·釋訓》作“噰噰”。

[20]“弋鳧與雁”,《鄭風·女曰雞鳴》“雁”字作“鴈”,下引《爾雅·釋鳥》“雁醜”之“雁”字同。未知吴氏所據何本。

[21]“冰,仌同”,《廣韻·下平聲·十六蒸》“冫”下出“冰”字,云:“上同。”謂上“冫”字同此“冰”字。吴氏以“仌”字代《廣韻》“上同”之“上”字。

[22]“僶勉同心”,案:《文選·文賦》:“在有無而僶俛。”注:“《毛詩》曰:‘何有何無,僶俛求之。’”據此,則《文賦》注引作“僶俛求之”,非引作“僶勉同心”。

[23]“僶勉同心”,《御覽》卷五百四十《禮儀部·婚姻》、《白帖》卷十七《夫婦》“勉”字並引作“俛”。

[24]“閔勉遁樂”,《漢書·谷永傳》“勉”字作“免”,下顔注“閔勉”之“勉”字同。

[25]“式,模則也”,此訓乃《老子·二十八章》“知其白,守其黑,為天下式”王弼注文,非《二十二章》“抱一為天下式”王注文。

[26]“故曰當依《詩》作‘茸’”,“《詩》”當作“左氏”,上文明言“下字當依左氏作‘茸’”。

[27]“褎褎,盛貌也”,案:《漢書·敘傳下》:“樂安褏褏,古之文學。”師古曰:“褏褏,盛貌也。”“褎褎”作“褏褏”。

詩小學卷四

國　風

保山吴樹聲學

邶　風

簡《傳》:“簡,大也。”《箋》:“簡,擇。”《國語·吳語》:“簡服吳國之士於甲兵。”注:“簡,習也。”《文選·長楊賦》注引《國語》賈注同。《左氏春秋·襄三年傳》:“為簡之師。”注:“簡,選練。”案:簡有習練之義。重言“簡兮”者,以方將萬舞,不能不預為習練耳。“簡”、“練”上去疊韻,與古訓合,且與下句“方將”字關動。

萬《箋》:“萬舞,干舞也。”《閟宫》:“萬舞洋洋。”《箋》:“萬舞,干舞也。”經書言“萬舞”者,祇此一見。其單言“萬”者,《春秋·宣八年經》:“《萬》入,去《籥》。”惟《公羊傳》云:“《萬》者何?干舞也。”《禮·檀弓下》:“《萬》入,去《籥》。”注:“《萬》,干舞也。”鄭氏箋《詩》注《禮》,皆本《公羊》。據《左氏春秋·隱五年傳》:“考仲子之宮,將萬焉。公問羽數於眾仲。”萬而有羽,其非專言武舞明矣。又《莊公二十八年傳》:“為館於其宮側,而振萬焉。夫人聞之,泣曰:‘先君以是舞也,習戎備也。’”又《昭公二十五年傳》:“將禘於襄公,萬者二人,其眾萬於季氏。”以上言“萬”,言“萬舞”,無一語及樂者。聲谓:有樂者謂之舞,無樂者謂之萬,亦謂之萬舞,所以別於樂舞也。何以證之?即證之以此詩及左氏《莊公二十八年傳》。此詩兩言“萬舞”，無一語及樂而且思及於“有力”、“執轡”。《左傳》言“萬”而論及“戎備”。至《閟宮》之“萬舞洋洋”，通篇亦未言樂也。《春秋經》之“《萬》入，去《籥》”，言“萬”不言“樂”，又其顯焉者也。有樂謂之舞；無樂謂之萬，亦謂之萬舞，毫無疑義。萬兼文武二舞。本詩言“籥”、“翟”，《左傳》“問羽數”，《春秋經》言“去《籥》”，皆鐵板注腳，不得據公羊一家之言而使群經齟齬也。至《公羊傳》：“《萬》者何？”注：“《萬》者，其篇名。武王以萬人服天下，民樂之，故名之云爾。”望文生義，不辨自明也。

俁《傳》：“俁俁，容貌大也。”《釋文》：“俁俁，《韓詩》作扈扈，云：‘美貌。’”《說文》：“俁，大也。”引《詩》曰：“碩人俁俁。”案：許氏本《毛詩》。聲谓：“俁”亦非正字。《韓詩》作“扈扈”者，假借；毛作“俁”者，形聲字。後世魁梧字本此，作“梧”者亦假借。

籥《傳》：“籥，六孔。”《說文》：“龠，樂之竹管，三孔，以和眾聲也。”又《竹部》：“籥，書僮竹笘也。”聲谓：龠者，所吹之器也，亦借為舞者所執之器名，亦借為龠合升斗字，亦借為書僮竹笘也。龠不从竹者，以龠已从册，册之古文作“篇”，明以竹為之，故从⺮。龠从册，不惟樂舞字不必再从竹，即“書僮竹笘”字，亦無須从竹也。龠、籥，古今字。

苓《傳》：“苓，大苦。”《說文》作：“蘦，大苦也。”案：“苓”、“蘦”為二字，苓亦非大苦也。詳《唐風·采苓》。

毖《傳》：“泉水始出，毖然流也。”《釋文》：“毖，《韓詩》作祕。”《說文》：“泌，俠流也。”“眍”字下：“讀若《詩》云：‘泌彼泉水。’”《文選·魏都賦》：“温泉毖涌而自浪。”劉淵林引“毖彼泉水”，李善曰：“《說文》曰：‘泌，水駛流也。’”[1]案：“水駛流”較“俠流”語為明當，疑今本《說文》有訛誤矣。聲谓：“俠”當如“夾其皇澗”之“夾”，兩旁有山阜以夾之，泉在中流也。水有所約束，則流必駛。李注所引《說文》與今本義亦相通。泌，从必，“必”為“弜”即“弼”。古字，《說文》。或假借“閉”，“竹閉緄縢”是也。或別作“韍”。《考工記》注引《詩》作“竹韍緄縢”，是也。兩岸弜水使疾行，猶弓檠《周禮》：“弓檠曰韍。”[2]之弜弓也，會意兼諧聲字也,毛與韓皆假借字。《衡門》:“泌之洋洋。”《傳》:“泌,泉水也。”彼蓋用正字。

泲 即“濟”之本字。《漢書·郊祀志上》:“曰泲。”注:“泲本濟水之字。”《禹貢》:“濟河惟兗州。”《地理志》作“泲河惟兗州”。注:“泲本濟水之字。”又“浮于濟漯”,《志》作“浮于泲漯”。又“達于濟”,“東流為濟”,《志》皆作“泲”。蓋“泲”本為水名,因以為地名也。《儀禮·士虞禮》注引《詩》作“出宿于濟”,蓋用今文。

舝 《釋文》:“舝,胡瞎反,車軸頭金也。”《說文》:“舝,車軸耑鍵也。”又《金部》:“鍵,……一曰:車轄也。”又《車部》:“轄,……一曰:轄,鍵也。”據此,則“舝”、“轄”同字。案:“舝”下:“兩穿相背,从舛;萬省聲。萬,古文偰字。”“轄”从車、害。《釋名》:“轄,害也,車之禁害也。”“舝”字雖見《詩》與《說文》,不若“轄”字之古矣。《左氏春秋·襄三十一年傳》:“巾車脂轄。”《左傳》多古字,此其一也。“轄”為會意字,即諧“害”聲;“舝”為形聲字。亦別作“鎋”,有聲無意。《節南山》:“惟周之氐。”《箋》:“言為周之桎鎋。”《國策·齊策》:“鎋擊摩車而相過。”是也。

瑕 《傳》:“瑕,遠也。”《箋》:“瑕,猶過也。”《說文》:“瑕,玉小赤也。”案:小赤,玉之疵也。《禮·聘義》:“瑕不揜瑜。”注:“瑕,玉之病也。”《老子》:“善言無瑕謫。”《釋文》:“瑕,疵過也。”《管子·水地》:“瑕適皆見,精也。”注:“瑕適,玉病也。”案:瑕也,疵也,病也,皆過也。《狼跋箋》:“不瑕,言不可瑕疵也。”聲谓:此“不瑕”與《二子乘舟》“不瑕”,皆當訓為“不可瑕疵”也。不可瑕疵,宜乎無害矣,奈之何不瑕而仍有害也?衛女或者有憂讒畏譏之心乎?何與《二子乘舟》不謀而適相合也?又案:古者“不”字與“無”字亦通。《孟子·滕文公上》:“厥疾不瘳。”《周禮》注作“厥疾無瘳”。《莊子·天地》:“大愚者,終身不靈。”《釋文》:“本又作無靈。”不瑕,讀作“無瑕”,語尤明當矣。

兹 《箋》:“兹,此也。”案:兹,當讀為滋,益也。作“兹”者假借。《管子·小問》:“由由乎兹免。”注:“兹免,與滋勉同。”[3]《漢書·五行志下之下》:“賦斂兹重而百姓屈竭。”顔注:“兹,益也。”又《楊雄傳下》:“歷覽者兹年矣,而殊不寤。”顔注:“兹,益也。”

窶《傳》:“窶者,無禮也。”《釋文》:“窶,無禮也。《爾雅》云:‘貧也。’案:謂貧無可為禮。”《一切經音義·一》引《蒼頡》,又卷八引《三蒼》,並云:“無財備禮曰窶。”[4] 聲谓:始則因貧不能備禮,繼因不能備禮而益見其貧,故曰“終窶且貧”,所謂以意逆志者,此類是也。此亦假借字,“窶”為“離婁”,形聲字。詳《六書敚》。

一《儀禮·士冠禮》注:“古文壹,皆作一。”《疏》:“一、壹得通用。”案:《儀禮·士相見禮》“君答壹拜”注,又《鄉飲酒禮》“主人壹揖壹讓,升”注,又《聘禮》“公壹拜送”注,《公食大夫禮》“壹以授賓”注,並云:“古文壹作一。”又《鄉射禮》“壹揖壹讓,以賓升”注、《公食大夫禮》“公壹揖壹讓”注:“古文壹,皆作一。”《漢書·張敞傳》:“願得壹切比三輔尤異。”《路温舒傳》:“媮為一切。”《翟方進傳》:“奏請一切增賦。”《漢書》多古字,“壹切”亦作“一切”,可見古文“壹”、“一”通也。此“一”字當讀為《鄉飲酒禮》[5]“壹以授賓”之“壹”。壹,專也。《都人士序》:“則民德歸壹。”《箋》:“壹者,專也。”《説文》:“壹,專壹也。”又《吕覽·知士》:“一至此乎?”注:“一,猶乃也。”“一”訓為“乃”,亦通。並詳下“埤”字。

埤《傳》:“埤,厚也。”《説文》:“埤,增也。”案:“埤”訓“增”;埤益,增益也,《孟子》所謂“曾益其所不能”是也。又《説文》“溼”下云:“埤增水邊土,人所止者。”“埤,增”原係古義,“增”亦訓“益”,故《廣雅·釋詁·一》亦曰:“埤,益也。”“政事一埤益我”者,言政事專增益於我,語意與《北山》“大夫不均,我從事獨賢”略相似。下章政事專增遺我,語亦明當。上句“王事”即指此“政事”,言大而政,小而事,皆王事也。

敦《傳》:“敦,厚。”《箋》:“敦,猶投擲也。”《釋文》:“敦,毛如字。《韓詩》云:‘敦,迫。’鄭都回反。”案:敦,鄭音“都回反”,訓為“投擲”。《東山》:“敦彼獨宿。”鄭訓為“敦敦然”,《釋文》亦音“都回反”,未免同音異訓。聲以“敦”即“堆”之假借,言王事堆積於我躬,即從下“政事一埤遺我”生義，較《韓詩》“敦，迫”義尤真摯。依毛，“敦”訓“厚”，下句“埤”又訓“厚”，詩人為不詞矣。

摧《傳》：“摧，沮也。”《箋》：“摧者，刺譏之言。”《釋文》：“摧，或作催，音同。《韓詩》作誰，音千隹、子隹二反，就也。”案：作“摧”是也。鄭訓為“刺譏”，蓋本《韓詩》。聲谓：上章“讁”从言，刺譏之也；此章“摧”从手，不僅於刺譏之矣。《說文》：“摧，擠也。”《太玄・眾》：“丈人摧孥。”注：“摧，趣也。”《楚辭・憂苦》：“折銳摧矜，凝氾濫兮。”人當不得意時，室人擠之趣之，甚或挫折之。買臣見棄於妻，季子不禮於嫂，是其證也。“或作催”者，《說文》：“催，相擣也。”引《詩》曰：“室人交徧催我。”案：“催”有“趣”義，“春鳸”亦名“催耕”是也。作“催”者，仍“摧”字義。

雱《傳》：“雱，盛貌。”《穆天子傳・一》注作“雨雪其霶”。《廣雅・釋訓》：“霶霶，雪也。”案：《說文》“旁”字下有“雱”字，注曰：“籀文。”“雱”為“旁”之籀文，“旁，溥也”。“旁”為邊旁字，《說文》訓“溥”，亦假借、引申之義也。聲谓：“雱”為形聲字，並非籀文。“雱”、“溥”一聲，較“盛”意為優矣。

邪《箋》：“邪，讀如徐。”《正義》：“其邪，《爾雅》作其徐，字雖異，音實同。”《爾雅・釋訓》：“其虛其徐，威儀容止也。”孫注：“虛徐，威儀謙退也。”《漢書・敘傳上》：“承靈訓其虛徐兮。”注引孟康：“虛徐，懷疑也。”《文選・幽通賦》曹注：“虛徐，狐疑也。”聲谓：注班《賦》者非不見鄭氏、《爾雅》之書，不取其說者，必別有所據也。竊以鍼對下文“亟”字，則迂緩狐疑之說為優。言斯何時乎？尚其虛其徐狐疑而不決乎？我以為如此已極矣。既，已也。極，讀如“夫何使我至於此極也”之“極”，作“亟”者，古今字。“邪”、“徐”古音同，故假借。

喈《傳》：“喈，疾貌。”案：喈，當讀如《豐年》“降福孔皆”之“皆”，徧也。言北風已徧矣，雨雪已霏矣。作“喈”者，假借。《說文》：“喈，鳥鳴聲。从口，皆聲。一曰：鳳皇鳴聲喈喈。”《玉篇》有“颾”字，訓“疾風”，蓋因《詩傳》“喈”訓“疾貌”臆造之字也。

姝《傳》:“姝,美色也。”《説文》:“姝,好也。从女,朱聲。”又:“妵,好也。从女,殳聲。《詩》曰:‘靜女其妵。’”案:朱,色之美者,故美色字从女、朱,會意兼諧聲字。依《説文》作“妵”,有聲無意矣。《干旄》:“彼姝者子。”《傳》:“姝,順貌。”《東方之日》:“彼姝者子。”《傳》:“姝者,初昏之貌。”聲谓:二“姝”字仍美意也。彼姝者子,猶之“彼美人兮”也,不必另生枝葉。《説文·衣部》“袾”字下引《詩》“靜女其袾”,蓋假借字之别出者,與《毛詩》異。

俟《傳》:“俟,待也。”《説文》:“俟,大也。”又《立部》:“竢,待也。迉,或从巳。”案:“竢”為正字,“俟”為假借字,借義行而“俟”之本義反晦矣。《著》:“俟我於著乎而。”《漢書·地理志》引作“竢我於著乎而”。此外惟《左氏春秋傳》、《漢書》多作“竢”者,故曰二書多古字。

於案:連文“于”字,全《詩》無有作“於”字者,惟《著》“俟我於著乎而”、《夏屋》“於我乎,夏屋渠渠”與此詩“於”字凡三見。説者謂《詩》多用“于”,偶亦作“於”,非也。《廣雅·釋詁·二》:“於,凥即“居”之古文。也。”《大戴記·武王踐阼》:“惡有藏之約。”注:“惡,猶於何也。”《呂覽·期賢》:“衛有士十人於吾所。”注:“於,猶在也。”此“於”字應依《呂覽》注,訓“在”;“俟我於著乎而”應依《戴記》注,訓“何”;《夏屋》“於”字應依《戴記》注、《廣雅》,訓為“何居”二字之合音:不可以“于”字連文概之也。

隅《傳》:“城隅,以言高而不可踰。”《説文》:“隅,陬也。”古音為疊韻。又《緜蠻》:“止於丘隅。”《箋》:“丘隅,丘角也。”古音平、入亦疊韻。《廣雅·釋言》:“隅,角也。”《考工記·匠人》:“宫隅之制七雉,城隅之制九雉。”注:“宫隅、城隅,謂角浮思也。”案:此“城隅”二字鐵板注腳也。《文選·蕪城賦》:“峻隅又已頽。”注:“峻隅,城隅也。”《行藥至城東橋》詩:“蔓草緣高隅。”注:“隅,城隅也。”曰“峻隅”,曰“高隅”,明遠皆本《毛詩》也。戴氏震據《周禮疏》許氏《五經異義·古〈周禮〉説》曰:“‘天子城高七雉,隅高九雉;公之城高五雉,隅高七雉;侯伯之城高三雉,隅高五雉。’據《記》考之,公、侯、伯之城皆當高五雉,城隅與天子宫隅等。門臺謂之宫隅,城臺謂之城隅。天子諸侯臺門,以其四方而高,故有隅之稱。言城隅以表至城下將入門之所也。‘静女其姝,俟我於城隅’,此俟媵之禮。[6]諸侯娶一國,二國往媵之,以姪娣從。冕而親迎,惟嫡夫人耳。媵則至乎城下以俟迎者,然後入。”是也。惟云“媵則至城下以俟迎者,然後入”,語殊不經。諸侯之側室,降夫人一等耳。諸侯雖不親迎,豈遂無一介之先容?亦何至有已到城隅始竢人往迎之理?況《詩》明云“俟我於城隅”,“我”非指“静女”而誰指?詩雖非“静女”自作,既已代其口氣,則“竢我”者自應屬迎接之人,下文“不見”亦即迎接之人不得見也。

愛 《説文》:“僾,仿佛也。《詩》曰:‘僾而不見。’”《禮·祭義》:“僾然必有見乎其位。”《正義》引《詩》:“僾而不見。”與《説文》同。《方言·六》:“掩、翳,薆也。”郭注:“謂蔽薆也。”引《詩》:“薆而不見。”《離騷》:“衆薆然而蔽之。”《詩》之“愛而”,猶《禮》之“僾然”、《騷》之“薆然”也。言“静女”之美好,既已竢而迎之矣,終僾然不得而見,能不“搔首踟躕”哉!通就作詩者口氣説,方合語氣。

彤管 《傳》:“古者,后夫人必有女史彤管之灋。”《箋》:“彤管,筆赤管也。”《左氏春秋·定九年傳》:“《静女》之三章,取彤管焉。”注:“彤管,赤管筆,女史記事規誨之所執。”自漢、晉迄唐,皆以彤管為筆,從無異説。宋儒李氏:“鍼有管,樂亦有管。古未有筆,不稱管也。”陳氏啟源辨之甚詳。

女 案:“説懌女美”與下“匪女之為美”,二“女”俱當為“汝”。“説懌女美”指“彤管”,“匪女之為美”指“荑”也。

牧 《傳》:“牧,田官也。”《箋》:“自牧田歸荑。”《爾雅·釋地》:“郊外謂之牧。”《周禮·太宰》:“四曰藪牧,養蕃鳥獸。”注:“牧,牧田,在遠郊,皆畜牧之地。”戴氏震曰:“始思見其人,繼思得見其物;始言至城下,終乃言至於郊。非實有是事而可知。《静女》之刺,思賢媵、懷女史之法者也。”聲谓:如此説《詩》,可謂以意逆志且不著一豪色相,所謂虚空粉碎者矣。

荑《傳》:“荑,茅之始生也。”《箋》:“茅,絜白之物也。”《碩人》:“手如柔荑。”《傳》:“如荑之新生。”《文選·風賦》:“被稊楊。”又《勸進表》:“生繁華於始稊。”[7]注:“稊,與荑同。”[8]案:荑為草木初生,其質嫩,其色白,其形尖,以之狀手可也。此言“自牧歸荑”,究為何物之荑?《傳》又何以知其為“茅之始生”?茅之始生有何異處而饋之於遠?均不可解。竊疑“荑”者,“茝”之假借。茝,《說文》:“茝,虈也。从艸,𦣞聲。”𦣞,古音近夷,“頤”字亦从𦣞聲。𤥐,《說文》:“石之似玉者。……讀若貽。與之切。”其古音可以意會矣。“茝”讀“昌改切”者,今音耳。《禮·內則》:“佩帨茝蘭。”《釋文》:“茝,本又作芷。”《離騷》:“豈維紉夫蕙茝?”注:“蕙、茝,皆香草也。”《山海經·北山經》:“其祠之,皆用一藻茝瘞之。”注:“茝,香草,蘭之類。”《史記·禮書》:“側載臭茝,所以養鼻也。”《索隱》云:“茝,香草也。”《漢書·禮樂志》:“茝蘭芳。”顏注:“茝,即今白芷。”貽以彤管者,所以明其赤心也。歸,饋也,遺也;饋以香草者,所以表其芳情也。作此詩者,亦美人香草之思耳。然《靜女》所以稱美者在德,不在物,故曰“匪女之為美,美人之貽”也。若茅之始生,就使絜白,無地無之,何美之有?何異之有?

貽案:“貽”為俗字,依《詩》例當假借“詒”。詳前“詒”字。

泚《傳》:“泚,鮮明貌。”《釋文》:“泚,徐又七禮反,鮮明貌。《說文》作玼,云:‘新色鮮也。’”案:《說文》:“玼,玉色鮮也。”引《詩》曰:“新臺有玼。”蓋本為玉色鮮絜,故字从玉,引之亦為凡鮮絜貌。《詩·君子偕老》:“玼兮玼兮。”《傳》:“玼,鮮盛貌。”亦引申之義也。聲谓:曰“鮮明”,《新臺傳》,又《玉篇》。曰“鮮絜”,《說文》徐鍇本。曰“鮮盛”,《君子偕老傳》。不離乎新鮮意者近是。至“泚”,《說文》“清也”,另一義,假借字也。

瀰《傳》:“瀰瀰,盛貌。”《釋文》:“瀰,……莫啟反,水盛也。《說文》云:‘水滿也。’”今《說文》作“瀰,滿也”,[9]“瀰”、“滿”雙聲。是也。字亦作“㳽”。《玉篇·水部》:“㳽,亡爾切,亦瀰字。”亦訛作“洋”。《漢書·地理志》引《邶》詩:“河水洋洋。”師古注:“今《邶》詩無此句。"案:洋洋,"洋洋之訛也。"洋"从水,芈聲;芈,緜婢切,羊鳴,又楚姓也。

籧篨《傳》:"籧篨,不能俯者。"《箋》:"籧篨,口柔,常觀人顏色而為之辭,故不能俯也。"《說文》:"籧,籧篨,粗竹席也。"《急就篇》:"竹器:簦、笠、簟、籧篨。"《方言·五》:"簟,……或謂之籧苗,……其麤者謂之籧篨。"《鴻烈解·本經訓》:"民之專即"團"字。室蓬廬。"注:"蓬廬,籧篨覆也。"又:"若簟、籧篨。"注:"籧篨,葦席。"蓋籧篨為粗席,舒之為席為簟,可以為囷,山東名為"囤"。可以苫屋;捲之為籧篨。籧篨,疊韻字,言其可以曲,卷也。可以舒也。籧篨直籠統之物,不能俯,亦不能仰,猶之詹諸,即"戚施",詳下。短項之物,亦不能俯不能仰也。《國語·晉語》:"籧篨不可使俯,戚施不可使仰。"二語乃互言之。其實,籧篨亦不能使仰,戚施亦不能使俯也。《爾雅》、毛《傳》皆本《國語》,泥矣。聲谓:籧篨之疾,乃今世所謂"雞胸彈腰子"是也。古謂之"痀僂"。《列子·黃帝》:"見痀僂者承蜩。"《釋文》:"痀僂,背曲疾也。"《莊子·達生》篇作"痀僂者承蜩"。亦或作"傴僂"。《鴻烈解·精神訓》:"子求行年五十有四,而病傴僂,脊管高於頂,䐑下迫頤,兩脾在上,燭營指天。匍匐自闚於井曰:'偉哉!造化者其以我為此拘拘邪?'"《通俗文》:"曲脊謂之傴僂。"《左氏春秋·昭七年傳》:"一命而僂,再命而傴。"案:此言致其恭敬如有傴僂之病者,然亦"鞠躬如也"之意。亦或作"傴旅"。《漢書·東方朔傳》:"行步傴旅。"顏注:"曲躬貌也。"亦或作"嫗嫣"。《後漢書·趙壹傳》:"嫗嫣名埶。"注:"嫗嫣,猶傴僂也。"亦或作"俛古"俯"字。僂"。《漢書·蔡義傳》:"行步俛僂。"顏注:"僂,曲背也。"亦作"苻婁"。《爾雅·釋木》:"瘣木,苻婁。"郭注:"謂木病尪傴癭腫。"亦或作"侏儒"。《禮·王制》:"瘖、聾、跛、躃、斷者、侏儒、百工,各以其器食之。"注:"侏儒,短人也。"竊疑侏儒不過短小耳,何致於與瘖、聾、跛、躃、斷者為類?及至解"籧篨"二字而後恍然曰:"侏儒亦傴僂之病耳。"其背痀僂,既不能俯,又不能仰,亦殘疾之人,故與"瘖、聾"等項人為伍。亦或單稱"傴"。《說文》:"傴,僂也。"《荀子·儒效》篇:"是猶傴伸而好升高。"注:

“傴，僂也。”《韓非子·安危》篇：“使傴以天性剖背。”《國策·宋策》：“剖傴之背。”《新序》：“宋康王剖傴者之背。”《呂氏春秋·明理》篇：“盲禿傴尪。”注：“傴，僂俯者也。”亦或單稱“僂”。《說文》：“僂，尪也。”《左氏春秋·昭四年傳》：“黑而上僂。”注：“上僂，肩傴。”又《哀十四年傳》：“長而上僂。”杜注：“肩背僂。”《國策·燕策》：“僂此與“一命而僂”“僂”字同意。行見荆軻。”《白虎通》：“周公背僂。”以上“痀僂”、“傴僂”、“偊旅”、“嫗嫣”、“俛僂”、“苻婁”、“侏儒”皆聲相近，皆“籧篨”二字之轉也。或稱“傴”、或稱“僂”者，古人韻濁而緩，後世音清而急，猶“於越”之為“越”，“邾婁”之為“邾”耳。再《詩》有“匍匐”字，聲謂亦“痀僂”、“傴僂”之轉耳。古書亦作“扶服”者，又“匍匐”之轉也。古人字少，病似籧篨，即以為籧篨。後人聲音逾繁，故愈轉而愈多，非好學深思，不能得其故也。

鮮《箋》：“鮮，善也。”戴氏震曰：“鮮，當讀如《史記》‘數見不鮮’之‘鮮’。”案：戴說是也。鮮，古音近“斯”，故與“泚”、“瀰”為韻。《漢書·匈奴傳上》：“黄金犀毗一。”注引張晏曰：“鮮卑郭落帶，瑞獸名也，東胡好服之。”師古曰：“犀毗，胡帶之鉤也。亦曰鮮卑，亦謂師比，總一物也，語有輕重耳。”據此，則“鮮”音與“犀”、“師”音本相近，後世“鮮”轉為仙韻始齟齬。又案：“鮮”有白義，凡物之白者最為鮮明，故訓“鮮”為“鮮明”。

洒《傳》：“洒，高峻也。”《爾雅·釋器》：“絕澤謂之銑。”注：“銑即美金，言最有光澤也。”案：洒，古音如“洗”。“洒”从西，音西，古亦讀若先也。《國語·晉語》：“而玦之以金銑者，寒之甚矣。”注：“銑，猶洒也。“銑”、“洒”同聲。洒洒，寒貌。”上章“有泚”，“玼”之假借。言其鮮明；此章“有洒”，“銑”之假借。言其光澤。洒，讀如銑，與下“浼”、“殄”自為韻，不必改音也。《釋文》：“洒，《韓詩》作漼。浼浼，《韓詩》作浘浘。”段氏玉裁曰：“此必首章‘新臺有泚，河水瀰瀰’之異文。‘漼’、‘浘’字與‘泚’、‘瀰’字同部，與‘洒’、‘浼’字不同部。毛《傳》‘泚’訓‘鮮明貌’，《韓詩》：‘漼，鮮貌。’毛《傳》：‘瀰瀰，盛貌。’《韓詩》‘浘浘’亦訓‘盛貌’。其為首章異文，陸德明誤屬之二章無疑。”聲谓:段說是也。

殄《傳》:"殄,絕也。"《箋》:"殄,當作腆。腆,善也。"案:上章"鮮",《箋》訓為"善"。此章"殄",鄭改為"腆",亦訓為"善",兩章連用"不善",恐無此文法。聲谓:殄者,"㥏"之借。《說文》:"㥏,青徐謂慙曰㥏。"《方言·六》:"㥏,慙也。荊、揚、青、徐之間曰㥏,若梁、益、秦、晉之間言心內慙矣。"《廣雅·釋詁》:"㥏,慙也。"案:訓"慙"之"㥏"字,總無正字。《詩》作"靦",《何人斯》。《說文》、《方言》作"㥏",皆後世諧聲字。觀"淟涊"字作"淟",《廣雅·釋訓》:"淟涊,垢濁也。"《文選·洞簫賦》:"淈殄沌兮。"注:"殄沌不分也。"《儀禮》"腆"字,古文皆作"殄"。慙㥏字假借作"殄"。可以得其蹤跡矣。

戚施《傳》:"不能仰者。"《箋》:"戚施,面柔,下人以色,故不能仰也。"《說文》:"鼀,圥當作"鼁"。鼀,當作"𪔂"。詹諸也。其鳴詹諸,其皮鼀鼀,其行圥圥。當作"𪔂𪔂"。䵹,鼀或从酋。""𪔂,䵹即"鼁"。𪔂,詹諸也。《詩》曰:'得此䵹𪔂。'言其行𪔂𪔂。"案:"鼀𪔂"即"戚古音蹙。施"本字;"詹諸"即"蟾蠩"古文;圥,菌《說文》訓"地蕈"。也。"詹諸"即今之癩蝦蟇,偏體皆癩,有似菌形,故曰"其皮鼀鼀"。"𪔂𪔂"即《詩·丘中有麻》"將其來施施""施施"本字。詹諸行動蹣跚,不能疾速,故曰"其行𪔂𪔂"。聲谓:"戚施"即"鼀𪔂"之借字。宣公面必多癩,與詹諸之"其皮鼀鼀"相似;行動蹣跚,與詹諸之"其行𪔂𪔂"相似:故以戚施比之也。戴氏震曰:"《傳》本《國語》,《箋》本《爾雅》,然未詳戚施所由名。《說文》引《詩》作'得此䵹𪔂'。䵹,七宿切;𪔂,式支切。又名'鼀䵹'。鼀,力竹切。《說文》誤併'鼀'與'䵹'為一字,並讀七宿切。於'鼀'字下云:'圥當作"鼁"。鼀,當作"䵹"。詹諸也。其鳴詹諸,其皮鼀鼀,當作"䵹䵹"。其行圥圥。'當作"𪔂𪔂"。[10]於'𪔂'下云:'䵹𪔂,詹諸也。'"戴氏之說如此。夫《說文》之誤:"圥鼀,詹諸也。"誤在"圥鼀"二字。"其行圥圥",誤在"圥圥"二字,至以"䵹"為"鼀"之重文。"𪔂"下云:"䵹𪔂,詹諸也。《詩》曰:'得此䵹𪔂。'言其行𪔂𪔂。"並不誤。"鼀"从圥聲,讀七宿切。"䵹"从酋聲,亦讀七宿切者,如"就"有"蹴"音,"丑"有"衄"音,"玉"有"朽"音,"肉"

有"柔又反"一音也。戴氏號精於韻學者,此字未免滲漏。

景　案:"景"即"影"之古文。"汎汎"有迅疾而不能少留之意。首章言"其景",言尚見其景也;次章言"其逝",言並景而不得而見:皆極形容其迅疾也。

養　《傳》:"養養然,憂不知所定。"案:"養"者,"癢"之假借字也。《禮·內則》:"苛養。"《釋文》:"養,本又作癢。"《荀子·榮辱》:"辨寒暑疾養。"又《彊國》:"疾養緩急之有相先者也。"又《正名》:"疾養、滄熱、滑鈹、輕重以形體異。"注並云:"養,與癢同。"《鴻烈解·脩務》:"無不憚悇癢心。"注:"癢心,煩悶也。"言所云"思子"者,僅有此虛願,能不煩悶而養養乎? 重言"養養",煩悶之甚也。

鄘　風

髧　《傳》:"髧,兩髦之貌。"《文選·魏都賦》:"髧若玄雲舒蜺以高垂。"注:"髧,垂貌也。"案:髧,當訓為垂兩髦之貌。《釋文》作"优"者,假借字。

它　案:它,篆文作"𠇗",即"蛇"之古文也。《說文》:"它,虫也。从虫而長,象冤曲垂尾形。上古艸居患它,故相問:'無它乎!'蛇,它或从虫。"案:患它,故以"無它"相勞問,猶之古人患恙,故以"無恙"相勞問。《神異經》:"北方大荒中有獸,咋人則疾,名曰㺊。㺊,恙也。嘗入人室屋,黃帝殺之。人無憂疾謂之無恙。"[11]是也。"無它"本為古人口頭語,因之凡有它事、它故者,皆借用之。後世亦作"佗"者,蓋借用負荷字。《說文》:"佗,負何也。"又作"他"者,因"它"與"也"篆文相似而致誤耳。

天　《傳》:"天,謂父也。"案:此為未嫁而寡,所作以自矢。篇中兩言"髧彼兩髦",若已嫁,則其夫已冠,何"髧彼兩髦"之有? 且並非其母欲奪而嫁之,此二句乃呼其母而慰之之詞。凡人力所不能爭者,不能不聽命於天,故呼其母而告之以天也。"人"對"天"說,且申之曰"不相諒者,人也,非天也","天"字仍當指蒼蒼者言也。

特《傳》:“特,匹也。”《釋文》:“特,如字。《韓詩》作直,云:‘相當直也。’”案:“特”字當讀如“百夫之特”之“特”。《書·舜典》:“用特。”《疏》:“特者,獨也。”此二句重“我”字,親之之詞也。“我儀”尚屬尋常匹配字;“我特”者,我之所獨,尊無二上,其他皆不得而知也。《韓詩》作“直”者:特,古文作“犆”。《禮·少儀》:“不特弔。”《釋文》:“特,本亦作犆。”《爾雅·釋水》:“士特舟。”《釋文》:“特,本或作犆。”是也。古文作“犆”,故《韓詩》破為“直”,因訓以“相當直”也。

冓《傳》:“中冓,内冓也。”《釋文》:“冓,本又作遘。《韓詩》云:‘中冓,中夜,謂淫僻之言也。’”案:冓,古音講,即“耩地”之“耩子”本字也。亦音“逅”者,“講”古音“港”,“逅”、“港”雙聲。詳《六書故》。《説文》:“冓,交積材也。象對交之形。”“冓”本為“耩子”本字,亦借為構造字,《説文》訓其借義也。此“冓”字亦構造字,當讀如《左氏春秋·桓十六年傳》“宣姜與公子朔構急子”之“構”,注:“構會其過惡。”服注:“構會其過惡。”中冓,猶之中傷《後漢書·楊秉傳》:“有忤逆於心者,必求事中傷,肆其凶忿。”也,言從中讒構之也。構會其過惡,其中萬無好話,故云“不可道”、“不可詳”、“不可讀”也。“構”作“冓”者,用古字。《韓詩》“冓”訓“中夜”,《玉篇》又别作“霟”,皆非是。

襄《傳》:“襄,除也。”《説文》:“襄,《漢令》:‘解衣而耕謂之襄。’”案:以字之形義求之,並無“除”義。如《説文》説,是“襄”為漢時字,不知“解衣而耕”與“襄”之形義仍無涉也。聲谓:“襄”即“囊”之古文。《書·堯典》:“蕩蕩懷山襄陵。”“懷”即“褱”之古字,俠也,見《説文》。偽孔《傳》:“包也。”“襄”从衣,與“褱裦”字同形,當亦有包裹意,知為古文“囊”字,則與古文“褱”字同類。《鴻烈解·時則訓》:“無不囊懷。”案:“囊懷”即“懷囊”也。作“囊”者,籀文。籀文無有不繁重者。懷山襄陵,猶《漢書·陳項傳贊》“包舉宇内,囊括四海”,賈誼《過秦論》“囊括四海之意”。古人語質,故弟言“懷山襄陵”,不煩詞費也。聲谓:此“不可襄也”,即不可囊也。首章以帚埽之,是明除之;次章以囊囊之,是暗除之,所謂一布袋裝之也。此章以囊囊之,是籠統除之,欲其淨;下章以繩橐之,是陸續除之,欲其速。此其所以分也。

讀《傳》:"讀,抽也。"《箋》:"抽,猶出也。"《說文》作"擂,引也",重文作"抽",亦作"誘"。案:"抽"訓為"引",即紬繹之謂也。《漢書·谷永傳》:"燕見紬繹,以求咎愆。"顏注:"紬,讀曰抽。紬繹者,引其端緒也。"又《說文》:"繹,抽絲也。"曰"抽"、曰"繹",曰"引",皆推求其意義也。首章言"道",不過道其大概;次章言"詳",則詳說其細微;三章言"讀",謂紬繹其意蘊。"道"與"詳"分粗細,"詳"與"讀"分淺深也。

副《傳》:"副者,后夫人之首飾,編髮為之。"《正義》引:"《追師》:'掌王后之首服,為副編次。'注云:'副之言覆,所以覆首。'"案:"副"、"覆"同音,故假借"副"。《說文》:"副,判也。……芳迫切。"[12]重文作"疈",《生民釋文》引《字林》:"匹亦反。"蓋漢以來訓為"判"者皆讀入聲,漢以前並無入聲,如"宿"之讀"秀","肉"之讀"柔又切",是也。"副"本讀"覆",《韻會》收入《七遇》誤矣。此字亦無正字,《玉篇》引《周禮》作"髻",[13]云:"或作副,匹育、匹宥二切。"[14]"髻"為後世形聲字,"副"為假借字。

佗即"蛇"之假借,"佗"字本訓"負何也"。見上。委委佗佗,即《羔羊》之"委委蛇蛇"也。詳上。聲谓:此句宜與"如山如河"一氣讀,言與君子偕老,則當委委佗佗,如山河之長久矣。此二句承"君子偕老"句。下句承"副笄六珈",言服飾之盛如此,則當象服是宜矣,孰意子之不淑,吾即欲云云,又將如之何?

象服《傳》:"象服,尊者所以為飾。"《箋》:"象服者,謂褕翟、闕翟也。"聲谓:象,當讀如"象也者,象此者也"之"象",言副笄六珈,服飾如此之盛,必有以象其服飾者,斯為合宜也。此言"象服",猶《曹風》之言"稱服"也。

鬒《傳》:"鬒,黑髮也。"《釋文》:"鬒,《說文》云:'髮稠也。'服虔注《左傳》云:'髮美為鬒。'"案:《說文》作"㐱,稠髮也",重文作"鬒"。聲谓:毛訓"黑髮",許訓"稠髮",皆不足以盡字義。服訓"美髮"得之。稠而黑,斯其所以為美也。髮有黑而不稠者,亦有稠而不黑者,皆不足以言美。且所謂美者,並不止於稠且黑也。《左氏春秋·昭二十六年傳》:"有君子白皙,鬒鬚眉。"既云"白皙",何不云"黑鬚眉"乎?知服訓"美髮","美"字所包者廣矣。《左傳疏》:"鬒者,髮多長而黑美之貌也。"字義雖盡,頗為詞費,不若服注之簡當矣。

髢《箋》:"髢,髲也。"《説文》:"鬄,髲也。"重文作"髢",又:"髲,鬄也。"案:"鬄"、"髲"兩字轉相為訓。《正義》引:"《説文》云:'髲,益髮也。'言己髮少,聚他人髮益之。"據此,"髲"之字義較為明顯。《采蘩》"被之祁祁""被"字,《周禮·追師》"掌王后之首服,為副編次","被"、"次"字皆假借字。以字義求之,"鬄"、"髲"較古,"髢"字專為諧聲字矣。

揚且《傳》:"揚,眉上廣。"《釋文》:"且,七也反。"三章:"子之清揚。"《傳》:"揚,廣揚而顔角豐滿。"《正義》:"揚者,眉上之美名,因名眉目曰揚。"又:"眉之上、眉之下皆曰揚。"據此,則眉上、眉下皆可謂之"揚"。"且"讀七也反。《正義》:"又其眉上揚廣,且其面之色又白皙。""且"字讀為虚字,"面色"一層直是添出。《鴻烈解·説林訓》:"靨酺在頰則好,在顙則醜。"《説文》作:"輔,人頰車也。"《易·咸》:"咸其輔頰舌。"虞注:"耳目之間稱輔。"又《釋文》引馬注:"輔,上頷也。"《左氏春秋·僖五年傳》"諺所謂'輔車相依'"者也,注:"輔,頰輔。"又服注:"輔,上頷車也,與牙相依。"案:"輔"即"酺",既訓為"頰車"字,何以又云"在頰則好,在顙則醜"乎?知"靨酺""酺"字為借字矣。"揚且"之"且"亦借字也,當音"祖",與"酺"字音近,即所謂笑靨也。亦假借"輔"。《楚辭·大招》:"靨輔奇牙,宜笑嗎只。"此字本無正字,《鴻烈解》借"酺",《楚辭》借"輔",《詩》借"且",皆一字也。又《猗嗟傳》:"揚,廣揚。"《正義》:"揚是顙之別名。""顙"既可借"揚","輔"亦可借"且",皆音相近假借也。目以上為揚,所謂"眉目之間為揚";"目以下為輔",所謂"耳目之間"與"上頷"皆是也。

晳《傳》:"晳,白晳。"《釋文》:"晳,星歷反。"案:"揚且之晳"與《左氏春秋傳》"澤門之晳"一字,《左傳》"晳"與"黔"對,人色白也。案:"析"有"白"義者,《史記·五帝紀》:"析枝渠廋。"《索隱》:"鮮、析音相近。"《楚辭·大招》:"若鮮卑只。"注:"鮮卑,袞帶頭也。""鮮卑"

亦作"犀毗",亦作"師比"。見上"鮮"字下。"析"音與"鮮"、"犀"、"師"皆相近,故"晳"有"白"義而字从白,與《東門》"明星晢晢"自是兩字。陳氏第《古音考》混"晳"、"晢"為一字,誤矣。

紲絆[15]《傳》:"是當暑絆延之服也。"《說文》"褻"下引《詩》曰:"是褻袢也。""袢"下引《詩》作"是紲袢也","紲"為"褻"之假借字無疑。"絆"亦"袢"之假借字。褻,《說文》:"私服。"袢,《說文》:"無色也。"案:當暑,袗絺綌,必表而出之。此"縐絺"之服乃有以蒙之,不知者或以為是褻衣耳,無色之衣耳。《玉篇》"袢"訓"衣無色"是也。凡从衣之字,多假借从糸者,如《中庸》"褧"亦作"絅",《論語》"襁負其子而至矣",《呂氏春秋》、《漢書》、《後漢書》多作"繈"之類是也。凡本句有不可通者,當合上下文觀之,不可以一概論也。

清揚《傳》:"清,視清明也。揚,廣揚而顏角豐滿。"案:此"揚"字與"揚且""揚"字異。《傳》"揚,廣揚"云云,似專解下句,下句"揚且"字,上章已有《傳》,而"清揚"字又何以不解也?《傳》必有訛誤矣。清,分明也,謂目;揚,高舉也,謂眉。"揚且之顏也",句法與上章"揚且之晳也"一例,"顏"字當與"晳"字相類。"子之清揚",美其眉目;"揚且之顏也",又美其"揚且"。"顏"字《說文》本訓為"眉目之間也",與"揚"字訓見上。略同。疑"揚"乃"顏"之假借字,"揚"、"顏"一聲也。此"顏"字又"妍"之假借。妍,美也。"顏"、"妍"同音。

也《說文》引"玉之瑱兮","邦之媛兮"。段氏玉裁曰:"'也'本'兮'之假借,此篇'也'字,古皆作'兮'。《遵大路》二'也'字,一本皆作'兮';《尸鳩》首章'兮'字,《禮記》、《鴻烈解》皆引作'也'。"聲案:語詞類,三百篇或用"兮",或用"而",或用"且";《楚辭》或用"兮",或用"也",或用"些",或用"而",或用"只":皆取音之相近者假借用之,無他義例也。

沬《傳》:"沬,衛邑。"案:沬,水名也,故字从水,即衛水也。衛本以此水得名,古人音濁而韻緩,"沬"、"衛"同音,故假借。《尚書》作"妹邦",即衛邦也,"妹"亦假借字。

桑中 《傳》:"桑中、上宫,所期之地。"案:桑中,猶之乎"上宫"也。"中"與"宫"偶爾合韻,故取此兩地以為言。宋儒謂"桑中"即"桑間",未免捕風捉影。陳氏啟源極力辯之是也。

姜弋孟 《春秋》"定姒",《穀梁傳》作"定弋","弋"即"姒"也,古音相近,故假借。《説文》有"弋"字,形聲字也。三姓必衛之著姓,所謂"孟姜"、"孟弋"、"孟庸"者,皆假託之詞,非實有其人也。此詩乃《神女》、《高唐》之鼻祖,其寓義為甚微矣。

奔奔彊彊 《傳》:"鶉則奔奔,鵲則彊彊然。"《箋》:"奔奔、彊彊,言其居有常匹,飛則相隨之貌。"《釋文》:"《韓詩》云:'奔奔、彊彊,乘匹之貌。'"《埤雅》:"鶉無常居而有常匹,故《尸子》曰:'堯鶉居。'……《詩》曰:'鶉之奔奔。'……言鶉能不亂其匹,……衛人以為宣姜,鶉鵲之不若也。"《莊子·天地》:"夫聖人鶉居而鷇食。"《釋文》:"鶉居,謂無常處。"聲谓:鶉無常居,故曰"奔奔"。《易通卦驗》:"鵲者陽鳥,先物而動,先事而應,見於未風之象。"案:鵲季冬始巢,春三月乳子已,舍巢去,他鳥居之,其性倔彊,故曰"彊彊"。"彊"、"强"古字通,"强"、"彊"古今字。言"鶉之奔奔,鵲之彊彊"各有匹偶者,各有其良也。鶉鵲尚不至於無良,奈之何人而"無良"也?深惡之之詞也。

于 案:于,為也。《儀禮·士冠禮》:"宜之于假。"鄭注:"于,猶為也。"《聘禮記》:"賄在聘于賄。"注:"于,讀曰為。"張載《魏都賦》注引本詩作"作為楚宫","作為楚室",二"于"字皆作"為"為是也。聲谓:"于"與"為"亦雙聲字,故通假。餘詳《敬之》。

漆 本作"桼"。《説文》:"桼,木汁可以髤物。象形,桼如水滴而下。"《周禮·載師》:"惟其漆林之征,二十而五。"注云:"故書桼林為漆林,杜子春云:'當為桼林。'"《隸續》:"説文:'桼,象形,如水滴而下。'賈山云:'桼塗其外。'是也。而漆、枲、絺、紵、椅、桐、梓、漆之類,經傳已多借用,至今反以'桼'為古字,'漆沮'之'漆'卻有省其水者。"聲案:"漆沮"字省"水"作"桼",亦假借字也。

虚《傳》:"虚,漕虚也。"《釋文》:"虚,本或作墟。"《左氏春秋·僖二十八年傳》:"晉侯登有莘之虚。"案:墟之言虚也,虚無人也。作"虚"者,用古字。登高則望遠,下文"楚與堂"皆與漕虚近。桑,疑即"桑中",地名也。或者桑距漕虚稍遠,故必自漕虚下降而後可以觀其形勢歟!上文"定之方中","揆之以日",仰以觀於天文也;"升彼虚矣","降觀于桑",俯以察乎地理也。"升彼"五句,升降遠近,面面諦視。相地之法,比《公劉》詩"相其陰陽"、"觀其流泉"尤為詳審,特未言出"陰陽"、"流泉"為稍異耳。

景山與京《傳》:"景山,大山。京,高丘也。"《公劉》:"既景迺岡。"《傳》:"既景迺岡,考於日景,參之高岡。"《箋》:"既以日景定其經界於山之脊。"聲案:此"景"字與《公劉》同,"景"即"影",平地之景無從測,故測山與丘之景。《公劉正義》曰:"日影定其經界者,民居田畝,或南或東,皆須正其方面,故以日影定之。"經言升墟以"望楚與堂",又"景山與京",然後"降觀于桑"。升降周詳,不憚往覆之勞。建國大事,不能不慎也。"景"字兼"山"與"丘"京,大丘也。言,"與"字始有著。《傳》以"景山"為"大山",不惟非經義,且與《公劉傳》自相矛盾。

靈《箋》:"靈,善也。"《說文》:"霝,雨零也。"[16]引《詩》曰:"霝雨其濛。"又:"零,餘雨也。"據此,則"靈"者,"霝"之假借。言霝雨已後尚有餘雨之時,即"命彼倌人"云云也。務農之急至於如此,詩人亦善於體繪也。

也《六書正譌》:"也,即古文匜字,借為語辭,讀羊者切。助辭之用既多,故正義為所奪,又加匚以別之,實一字也。"[17]聲案:也,古讀羊里切,"迆"、"弛"、"馳"、"池"、"施"、"訑"等字从之,皆从其聲,不應本字別讀一音,《正譌》讀"羊者切",非古音。也,古讀若"以",與"殹"字通用。薛尚功《歷代鐘鼎款識·秦權銘》一:"其於久遠也。""也"字篆作"[illegible]"。又載《秦斤銘》一:"其於久遠也。""也"字篆作"[illegible]"。《通志·六書略》鄭樵謂"秦人'殹'、'也'通用",即以《秦斤銘》為證。聲谓：殹，从医，[18]医聲，與古“也”字同音，鄭氏之說是也。《石鼓文》：“汧殹沔沔。”聲谓：此“殹”亦當讀為“也”，猶云“汧也沔沔”也。《積古齋鐘鼎彝器款識》：“元案：‘殹’字見《石鼓文》，薛氏釋為‘也’。江鄭堂云：‘殹，“繄”之省。《左氏春秋·隱元年傳》：“爾有母遺，繄我獨無。”杜注：“繄，語助。”是“繄”字當屬上讀。’”聲谓：江氏之說是也。繄，猶“已”，“已”、“也”皆語辭。今以《秦斤銘》、《石鼓文》、鄭氏樵並阮氏元、江氏鄭堂諸人說定為“殹”、“也”古字通用。又據《雄雉》：“自詒伊阻。”《箋》：“伊，當作繄。”則“伊”、“繄”古字亦通。《詩》言“匪直也人”，猶云“匪直繄人”（“殹”、“繄”古今字），“匪直伊人”（“繄”、“伊”古字通）。《雄雉釋文》：“繄，是也。”《左氏春秋·僖五年傳》“惟德繄物”《釋文》，《國語·周語》“豈繄多寵”、《吳語》“繄起死人而肉白骨也”注，並云：“繄，是也。”據此，則“也”讀為“殹”。“匪直殹人（猶言非直是人），秉心塞淵”，即物產之盛，亦“騋牝三千”矣。如此讀庶幾文從字順。“匪”即“非”之借。

蝃《釋文》：“蝃，丁計反。《爾雅》作螮蝀，音同。”《說文》亦作“螮蝀”，皆形聲字，而“蝃”字較古。

隮《傳》：“隮，升。”《箋》：“朝有升氣於西方，終其朝則雨，氣應自然。”案：“朝隮于西”者，即指蝃蝀言；《箋》云“升氣”，便似另是一物。當云“朝有虹氣升於西方”，語更明當。《正義》引：“《視祲》注云：‘隮，虹也。《詩》云：“朝隮於西。”’則隮亦虹也。”據此，竟以“隮”為“虹”，“朝虹于西”，詩人為不辭矣。

儀《箋》：“儀，威儀也。”此指“儀容”言，皆禮之節目也。次章“止”，當依毛云：“止，所止息也。”儀容，人之所見；止息，人之所不能見。分動靜，亦分疏密也。至三章“人而無禮”，“禮”字包威儀、止息在內。人有禮則生，無禮則死。“胡不遄死”較“不死何為”、“不死何俟”，語尤激切矣。

紕《傳》：“紕，所以織組也。總紕於此，成文於彼，願以素絲紕組之法御四馬也。”《箋》：“素絲者以為縷，以縫紕旌旗之旒縿，或以維持之。”《釋文》：“紕，毛符至反，鄭毗移反。”《說文》：“紕，氐人纎也。"字亦作"紕"。《廣雅·釋言》:"紕,並也。"字亦作"毞"。《後漢書·西南夷傳》:"其人能作旄氈、班罽、青頓、毞毲、羊羧之屬。"注:"《周書》:'伊尹為四方獻令曰:"……請令以丹青、白旄、紕罽、龍角、神龜為獻。"'……《纂文》曰:'紕,氐罽也。'"案:"紕"訓"並"是也。"比"、"並"雙聲,義亦相近。氐罽,並毛為絲而織成者,故因以為氐罽名。毛《傳》侵"組"字義,鄭說為優。

組《傳》:"總以素絲而成組也。"《箋》:"以素絲縷縫組於旌旗,以為之飾。"《說文》:"組,綬屬,其小者以為冕纓。"《漢書·元后傳》:"奉上皇太后璽紱。"顏注:"此紱為璽之組也。"《文選·長門賦》:"垂楚組之連綱。"五臣注:"組,綬類也。……楚人善為之,故用以連繫帷幔也。"據此,則"組"亦取其維繫旌旗耳。訓"綬"者,其本義;訓"纓"、訓"維繫"者,其引申之義也。

祝《傳》:"祝,織也。"《箋》:"祝,當作屬。屬,著也。"案:《箋》意改"祝"為"屬"。宋人訓"祝"為"屬",蓋本於《釋名》,不知《釋名》"屬也"之訓乃"屬其耆老而告之"之"屬",與本詩無涉。改"祝"為"屬",則"屬,續也",見《廣雅·釋詁·二》、《漢書·鼂錯傳》注、《荀子·儒效》注。"著也",《儀禮·士冠禮》注、左氏《僖二十三年傳》注。"綴也",《漢書·兒寬傳集注》、《楊雄傳集注》、《文選·贈王太常》詩注。"猶繫也",《禮·雜記》注。"以此係彼為屬",《莊子·駢拇》注。"連也",《漢書·賈山傳、路温舒傳、司馬相如傳集注》。又"綴連也"。《管子·小匡》注。讀"祝"為"屬",以上各訓俱可用。《箋》意"紕之"、"組之"、"屬之"皆指"旄"與"旟"與"旌"言,較《傳》意為優矣。

蝱《傳》:"蝱,貝母也。"《釋文》:"蝱,音盲,藥名也。"《本草·蟲部》:"蝱性寒,味苦,有毒。主逐瘀血,破血積癥瘕,通利血脈;又治瘀血血閉,破癥結,消積膿,墮胎。"注:"木蝱長大,綠色,咂牛馬或至顛狂。黃蝱,狀如蜜蜂,腹凹褊,微黃綠色,醫家所用蝱蟲即此也。又有一種小蝱,大如蠅,咂牛馬亦猛。三種大抵同體,俱能破血。五月采腹有血者良,炒黃去頭、翅、足用。"案:蝱蟲自是藥品,性能逐瘀破積,婦人科要藥,故采之。次章"我行其野,芃芃其麥",恰是采蝱之候,當讀如字,似不必訓"貝母"也。

罛 王氏鳴盛曰:"罛,當讀為終。終,既也。終穉且狂者,言既穉且狂,如'終温且惠'、'終風且暴'、'終寠且貧'等句一例。古人'罛'、'終'相通者多,如《周頌·振鷺》'以永終譽',《後漢書·崔駰傳》'終'作'罛';《國策·韓策》'終莫能就',《史記·刺客傳》'終'作'罛'。又《史記·五帝紀》:'怙終賊刑。'注:'徐廣曰:"終,一作罛。"'"聲谓:王氏之說是也。

芃 《傳》:"芃芃然方盛長。"《釋文》:"芃,薄紅反,徐又符雄反。"《下泉》:"芃芃黍苗。"《傳》:"芃芃,美貌。"《黍苗》:"芃芃黍苗。"《傳》:"芃芃,長大貌。"《棫樸》:"芃芃棫樸。"《傳》:"芃芃,木盛貌。"案:字本从艸,凡聲。古人音濁,"凡"字古音亦入東冬韻,"帆"从凡聲,字亦作"颿"是也。孔子繫《易》,"心"、"禽"字往往與"窮"、"功"韻,亦其例也。漢《都鄉正街彈碑》"梵梵黍稷",即"芃芃黍稷"也,从林,凡聲;从林,猶之从艸耳。《說文》又有"茸"字,訓"艸茸茸皃。从艸,聰省聲。"《漢書·司馬相如傳》:"叢以蘢茸。"張衡《南都賦》:"阿那蓊茸。"《文選·湖中瞻眺》詩:"新蒲含紫茸。"注引《蒼頡》:"茸,草貌。"又:"茸,謂蒲華也。"聲谓:《說文》"从聰省"說不可通。"茸"从艸从耳,以為从某字省,安知非从"職"與"耴"之省乎?凡从某省之字皆不可通。此字據各書字義,仍"芃"字之訛也。芃,《說文》篆作"[篆文 glyph]",以古文求之,應篆作"[篆文 glyph]",下體與"耳"之篆文相似,遂訛誤从"耳",《說文》遂附會以為"从聰省"矣。不知古有"芃"無"茸",凡物之芃芃然者,其形必細嫩,故引之有細嫩義。《何草不黃》:"有芃者狐。"《傳》:"芃,小獸貌。"《文選·湖中瞻眺》詩:"新蒲含紫茸。"亦取細嫩之義。方書中有"鹿茸"字,亦取此義也。

之 《傳》:"不如我所思之篤厚也。"案:"之"字究未訓解,"篤厚"二字添出。《詩·桑柔》:"既之陰女。"《箋》:"之,往也。"《禮·檀弓上》"之死而致生之"注,《左氏春秋·哀五年傳》"何黨之乎"注,《論語·公冶長》"違之,之一邦"、又《憲問》"之二三子告"、《陽貨》"子之武城"皇《疏》,並云:"之,往也。"《爾雅·釋詁》:"之,往也。"其餘《史》、《漢》古書注釋"之"訓"往"者極多,不具引。百爾所思,言"大夫君子"所思及者,終不如我之往也。此詩通篇皆擬議之詞,歷敘由許至衛,情景如畫,皆許穆夫人意中之言。有末一句點睛,開後世詩、賦"代字訣"法。設身處地,筆墨都化為煙雲,說《詩》者誤認《詩》中所言者皆為實事,失之遠矣。

校勘記

[1]"水駛流也",《文選・魏都賦》李善注"駛"字作"駃"。

[2]"弓檠曰柲",《周禮》及《周禮》注均未見"弓檠曰柲"文句,未詳所出。

[3]"玆免,與滋勉同",《管子・小問》房玄齡注作:"玆勉,謂益有謹勵。"

[4]"寠",《一切經音義》卷一及卷八引皆作"寠",从宀,不从穴。

[5]"《鄉飲酒禮》",當作"《公食大夫禮》",《儀禮・鄉飲酒禮》無"壹以授賓"文。

[6]"俟媵之禮",戴震《毛鄭詩考證》作"媵俟迎之禮"。

[7]"始稊",《文選・勸進表》作"枯荑"。

[8]"稊,與荑同",《文選・風賦》注作"稊,與荑同",《勸進表》注作"稊,與荑通"。

[9]"瀰,満也",《說文・水部》"瀰"字作"濔"。

[10]"鼃鼃",戴震《毛鄭詩考正》作"黿黿"。

[11]所引《神異經》云云,見元陶宗儀《輟耕録》卷四及明顧起元《説略》卷十五引《神異經》,引文與吴氏全同。

[12]"芳迫切",《說文》所附《唐韻》作"芳逼切"。

[13]"鬠",張氏澤存堂本《宋本玉篇》作"鬝"。

[14]"或作副,匹育、匹宥二切",《玉篇》作"匹育、匹宥二切,……本亦作副"。

[15]"絆",《鄘風・君子偕老》作"袢",下《傳》"絆延"之"絆"字同。

[16]"霿也",見本書《序》之《校勘記》[2]。

[17]吴氏此處所引《六書正譌》與原文頗有出入,玆錄原文如次以資比較:"也,古匜字,……借為助詞,羊者切。詞助之用既多,故正義爲所奪,又

加匚爲匬㠯别之,其實一字也。"

[18]"从医",當是"从殳"之誤。《說文》"殹"字下云:"从殳,医聲。"

詩小學卷五

國　風

保山吴樹聲學

衛　風

奥《傳》:"奥,隈也。"《釋文》:"奥,隈也。《草木疏》云:'奥亦水名。'"《公劉》:"芮鞫之即。"《箋》:"水之内曰隩。"《釋文》:"字或作奥。"《禮·大學》:"瞻彼淇澳。"《釋文》:"澳,本亦作奥。"聲案:作"奥"者,古文;作"隩"者,形聲字。俗本作"澳"者,蓋因《釋文》"奥亦水名"而妄加水旁也。《説文》:"隩,水隈崖也。"本毛《傳》。作"隩"者,形聲字,音於六反,亦音烏報反。《禮·曲禮》:"居不主奥。"《儀禮·少牢饋食禮》:"司宫筵於奥。"注並云:"室中西南隅謂之奥。"《論語·八佾》:"與其媚於奥。"鄭注:"室西南隅。"[1]《管子·弟子職》:"必自奥始。"注:"奥,西南隅也。"《爾雅·釋宫》:"西南隅謂之奥。"注:"奥,室中隱奥之處。"《説文》:"奥,宛也。室之西南隅。"隩,"奥"之别體字,讀"於六反"又讀"烏報反"者,如"告"本音"佶"。亦讀"高"去聲,"約"本音"藥"。亦讀"要"去聲。《説文》分為二字,誤。

緑《傳》:"緑,王芻也。"《釋文》:"如字。《爾雅》作菉,音同。《韓詩》竹作薄,音徒沃反,云:'薄,篇筑也。'《石經》同。"案:作"菉"是也。《禮·大學》引本詩作"菉竹猗猗"。《説文》:"菉,王芻也。"引《詩》曰:"菉竹猗猗。"《爾雅》:"菉,王芻。"邢《疏》引《詩》:"菉竹猗猗。"又:"竹,萹蓄。"孫炎引《詩·衛風》:"菉竹猗猗。"《詩·采綠》:"終朝采綠。"《楚辭注·一》作"終朝采菉。""綠"乃"菉"之借字。《韓詩》作"薄"薄"、"綠"疊韻。筑","竹"、"筑"同聲。訓為"篇筑",即"篇蓄","蓄"、"筑"疊韻。蓋一草也,陸璣本之。《詩草木疏》云:"綠竹,一草名。其莖葉似竹,青綠色,高數尺。今淇隩旁生此,人謂此為綠竹。"案:陸氏本《韓詩》,不知"薄筑"與"綠竹"為疊韻同聲字,强以"綠竹"字附會之,失之。

竹 《傳》:"竹,篇竹也。"《釋文》:"竹,音如字,又勑六反。《韓詩》作筑,音同。郭云:'似小藜,赤莖節,好生道旁,可食,又殺蟲。'《草木疏》云:'有草似竹,高五六尺,淇水側人謂之菉竹也。'"案:毛訓"綠"為"王芻","竹"為"篇竹",蓋二草也。孔穎達本之,引"《詩》有'終朝采綠',則'綠'與'竹'別草,故《傳》依《爾雅》以為'王芻',與'篇竹'異也。"據《說文》:"竹,冬生草也。"《詩·斯干》:"如竹苞矣。"《禮·禮器》:"如竹箭之有筠。"皆謂冬生草。此詩"綠"字依毛訓為"王芻","竹"字依《釋文》讀如字訓為"冬生草",亦無不可。惟韓、毛相傳皆以"竹"為"篇筑",必有所傳,不敢徑改。

猗 《傳》:"猗猗,美盛貌。"案:"猗"亦借字。《說文》:"猗,犗犬也。"正字當作"旖"。《說文》:"旖,旗旖施也。"或作"猗儺"。《詩·隰有萇楚》:"猗儺儺,音泥,與"施"為疊韻。其枝。"是也。或作"猗移"。《列子·黃帝》:"吾與之虛而猗移。"《釋文》:"猗移,至順之貌。"或作"猗狔"。《文選·高唐賦》:"猗狔豐沛。"注:"猗狔,柔弱下垂貌。"或作"猗靡"。《文選·嘯賦》:"藉皋蘭之猗靡。""移"、"狔"、"靡"皆與"施"音近。亦或作"旖旎"。《詩·萇楚》:"猗儺其華。"《楚辭章句·八》作"旖旎"。"旎"與"施"亦音相近。案:"旖旎"即《說文》之"旖施",疊韻字也。由疊韻而變為疊字,如"蕭騷"亦云"蕭蕭","斐亹"亦云"亹亹","淒其"亦云"淒淒",不可枚舉。"柔順"為"旖施"本義,由"柔順"引為"眾多",由"眾多"引為"美盛"也。

匪《傳》:"匪,文章貌。"案:此亦借字也。《釋文》:"《韓詩》作邲。"案:"邲"亦借字,音相近也。《禮·大學》引作"有斐君子",注:"斐,有文章貌也。"是也。《說文》:"斐,分别文也。"引《易》曰:"君子豹變,其文斐也。"案:今作"文炳",當依《說文》作"斐",方與"文蔚""蔚"字韻。《論語·公冶長》:"斐然成章。"皇《疏》:"斐然,文章貌也。"《爾雅·釋訓》:"有斐君子。"注:"斐,文貌。"《太玄·文》:"斐如邠如。"注:"斐邠者,文盛貌也。"《詩·巷伯傳》:"萋斐,文章相錯也。"

切磋琢磨《傳》:"治骨曰切,象曰磋,玉曰琢,石曰磨。"案:毛與《爾雅》同,蓋分而為四。今《大學》注:"治骨角者,既切而復磋之;治玉石者,既琢而復磨之。"又合而為二,蓋本《爾雅·釋訓》"如切如磋"者,郭曰:"骨象須切磋而為器,人須學問以成德。"又:"如琢如磨,自修也。"郭曰:"玉石之被琢磨,猶人自修飾。"較截然分為四者,語義為優矣。

瑟《傳》:"瑟,矜莊貌。"案:此亦借字。《釋名·釋樂器》:"瑟,施弦張之瑟瑟然也。"後世"瑟瑟"、"蕭瑟"字蓋本此。《白虎通·禮樂》:"瑟者,嗇也,閑也,所以懲忿窒欲正人之德也。"案:"瑟瑟"、"簡嗇"皆與"矜莊"意近,引申之義也。

僩《傳》:"僩,寬大也。"《釋文》:"《韓詩》云:'美貌。'《說文》云:'武貌。'"案:《說文》:"僩,武皃也。"引《詩》曰:"瑟兮僩兮。"字亦作"撊"。《左氏春秋·昭十八年傳》:"撊然授兵登陴。"服注:"撊然,猛貌。"《方言·二》:"撊,猛也。晉魏之間曰撊。"《廣雅·釋詁·三》:"撊,猛也。"《荀子·榮辱》:"陋者俄且僩也。"注:"僩,猛也。""僩"與"撊"同。以上皆讀"僩"為"撊",與毛義悖。聲谓:僩,當讀如"居敬而行簡"之"簡"。凡簡約者必寬大,毛《傳》甚精,不可易也。"瑟"有敬意,"僩"有簡意,居敬而行簡,天然注腳,與《大學》"恂慄"義亦不悖。讀"僩"為"簡","簡"亦假借字。

赫《傳》:"赫,有明德赫赫然。"案:此亦借字。《說文》:"赫,火赤皃。"惟《簡兮》"赫如渥赭"《傳》"赫,赤貌"為正字,餘"赫"字如《生民》:"以赫厥靈。"《傳》:"顯也。"《漢書·韋賢傳》:"於赫有漢。"

注:"赫,明貌。""赫赫"字如《出車》:"赫赫南仲。"《傳》:"赫赫,盛貌。"《常武》:"赫赫明明。""赫赫業業。"《傳》:"赫赫然盛也。"又《節南山》:"赫赫師尹。"《傳》:"赫赫,顯盛貌。"或言"赫",或言"赫赫",大抵皆明顯之義。

咺《傳》:"咺,威儀容止宣著也。"《釋文》:"《韓詩》作宣。宣,顯也。"案:《禮·大學》引作"赫兮喧兮。"《說文》:"愃,寬嫺心腹皃。"引《詩》曰:"赫兮愃兮。"聲谓:"宣"、"咺"、"愃"皆假借,當依《爾雅·釋訓》作"赫兮烜兮",《釋文》:"烜者,光明宣著。""赫兮"者,望而威儀顯明;"烜兮"者,不望而威儀自宣著也,所謂"自他有耀"也。"烜"訓"宣著",乃明顯後境界,《中庸》所謂"誠則明,明則著"也。[2]

諼《傳》:"諼,忘也。"案:《考槃》:"永矢弗諼。"《箋》同。《禮·大學》引作"終不可諠兮"。《說文》:"諼,詐也。"《公羊春秋·文三年傳》:"為諼也。"注:"諼,詐。""詐"為"諼"之本義,訓"忘"者,其假借引申之義也。諠,《說文》本作"吅","驚嘑也"。《聲類》:"諠,譁也;諠,聲也,驚呼也。"《一切經音義·十二》引。以上皆"諠"之本義,作"諠"者亦假借字。

簀《傳》:"簀,積也。"案:毛讀"簀"為"積",言"綠竹"之多如積也。"簀"亦假借字。《文選·西京賦》:"芳草如積。"注引《韓詩章句》:"積,緑蕣盛如積也。"聲谓:《禮·檀弓》:"華而睆,大夫之簀與?"注:"簀,謂床第也。"《史記·范雎蔡澤傳》:"即卷以簀。"《索隱》:"簀,謂葦荻之薄也。"字从竹,或以竹為之,或以葦荻為之。其為物必密而不疏,故詩人以比"菉竹"之茂密,猶詠多稼者曰"其比如櫛"也。一說伊川程子亦取此說。

猗《釋文》:"猗,於綺反,依也。"案:陸意"猗"乃"倚"之借字。《七月》:"猗彼女桑。"《文選·七發》注引作"倚彼女桑"。《漢書·孔光傳》:"猗違者連歲。"注:"猗違,猶依違耳。"皆其據也。聲谓:後世倚重字本此。

考《傳》:"考,成。"案:"考"訓"成"雖係古義,究非"考"字本義。《說文》:"考,老也。"《漢書·元帝紀集注》:"考,老也。"凡物老則成,故有"老成"之說,"成"乃"老"字引申之義,言"成"猶云"老成"也。

槃《傳》:"槃,樂也。"案:《說文》:"槃,承槃也。从木,般聲。鎜,古文从金。盤,籀文从皿。"是"槃"本為器皿字,訓"槃樂"者借義。《文選·射雉賦》:"若乃耽槃流遁。"徐注:"槃,樂也。"作"盤"者,《書·五子之歌》:"乃盤游無度。"《傳》:"盤,樂。"《文選·西京賦》:"盤于游畋。"《東京賦》:"式宴且盤。"注並云:"盤,樂也。"亦借"般"字。《般箋》:"般,樂也。"《爾雅·釋詁》:"般,樂也。"《荀子·仲尼》:"般樂奢汰。"注:"般,亦樂也。""槃"、"盤"、"般"皆假借字,"般"字為古矣。

碩《箋》:"碩,大也。"案:《詩》稱"碩人"者四,惟《簡兮》"碩人俁俁"有《傳》,訓"碩人,大德也",餘同單稱"碩"者,《箋》皆訓為"大"。《說文》:"碩,頭大也。"本訓"頭大",故"碩"有"大"義,"碩人"猶"大人"也。大人為大德之人,故"碩人"亦訓"大德"。

獨案:"獨"字貫下"寐寤言"三項,猶之云"獨寐"、"獨寤"、"獨言"耳。下仿此。

薖《傳》:"薖,寬大貌。"《箋》:"薖,飢意。"《釋文》:"薖,《韓詩》作﨡。﨡,美貌。"案:"薖"訓"寬大",與一章"碩人之寬"句複。《韓詩》作"﨡","﨡"字亦無美義。《一切經音義·十三》引《字書》:"窠,巢也。"又《二十》引《聲類》"窠""作薖,同口禾反"。據此,則"薖"乃"窠"之假借字。聲谓:古無"窠"字,借"薖"為巢穴字,猶之借"苛"為煩刻字也。古人字少,不明假借之義,不可以說經也。

軸《傳》:"軸,進也。"《箋》:"軸,病也。"《釋文》:"軸,毛音迪,鄭直六反。"《正義》:"《傳》軸為迪,《釋詁》云:'迪,進也。'《箋》以與'陸'為韻,宜讀為逐,《釋詁》云:'逐,病。'逐與軸,蓋古今字異。"案:考槃,猶言老成之樂事,方說樂不應說飢與病,《箋》說未確。聲谓:軸,當讀如字。軸為車之要處,世人以權勢為要地,隱士以寬閒為要地,故"考盤在陸"即為碩人之要地也。始以為寬閒之地,既以為窠巢之地,終以為津要之地,亦一層深一層。《漢書·田千秋傳贊》:"當軸處中。"《南史·宋武帝紀》:"當軸處中。"蓋古有是語,故史家引之。在軸,猶之"當軸"也。

頎《傳》:"頎,長貌。"《說文》:"頎,頭佳也。"見小徐本。《六書故》引《說文》:"頎,頭佳貌。"案:"頎"訓"頭佳",故"頎"有"佳"義。毛訓為"長"者,本《猗嗟》"頎而長兮"。佳者未有不長,長者未必盡佳,許說為優矣。

褧《箋》:"褧,襌也。"《釋文》:"褧,《說文》作'檾,枲屬也'。"案:《說文·𣏟部》:"檾,枲屬。"引《詩》曰:"衣錦檾衣。"《衣部》:"褧,檾衣也。"引《詩》曰:"衣錦褧衣。"一詩兩字。聲疑"檾"字下當是"讀若《詩》曰'衣錦褧衣'",傳寫者脫去"讀若"二字,又誤改"褧"為"檾"耳。陳氏啟源曰:"苘麻,一名'蔃麻',見《本草》。葉大如桐,華黄夏開,北土最多,其皮可績。《碩人》'褧衣',《説文》云:'褧,檾也。''檾,枲屬。''檾'、'褧'、'苘'、'蔃'字同。"聲案:字亦作"潁"。《禮·雜記》:"如三年之喪,則既潁,其練祥皆行。"注:"潁,草名。無葛之鄉,去麻則用潁。"又作"絅"。《葛生》:"衣錦絅衣,裳錦絅裳。"[3]《禮·中庸》引《詩》:"衣錦尚絅。"《釋文》:"絅,本又作潁。"在枲為"苘",為"蔃",為"檾";已績為"潁",為"絅";成衣服為"褧",亦為"絅":名異而實同也,皆形聲字。"檾"字為古,"潁"字次之,餘皆後世字。

譚《釋文》:"譚,國名。"段氏玉裁曰:"《說文》:'鄿,國也。齊桓公之所滅。'無'譚'字。"案:《正義》引《春秋》:"譚子奔莒。""譚"亦假借字。

螓《傳》:"螓首,顙廣而方。"《箋》:"螓,謂蜻蜻也。"《說文》:"䫆,好皃。从頁,爭聲。《詩》所謂'䫆首'。"段氏玉裁曰:"䫆首,即'螓首'也。"聲谓:"䫆"、"螓"音近,以聲韻而論,音實不近。古人韻緩,真文韻有通耕清者,此類是也。

蛾案:古人皆作"娥眉"。《楚辭·離騷》:"眾女嫉余之娥眉兮。"又《大招》:"娥眉曼只。"段氏玉裁曰:"王逸注《離騷》云:'蛾眉,好貌。'師古注《漢書》,始有'形若蠶蛾'之說。《離騷》及《招魂》注並云:'娥,一作蛾。'今俗本倒易之。'娥'作'蛾',字之假借,如《漢書·

外戚傳》'蛾而大幸',借'蛾'為'俄'。"是也。聲谓:蛾,古人皆讀為螘。《禮·學記》:"蛾子時術之。"注:"蛾,蚍蜉也。"《左氏春秋·僖十五年傳》:"蛾析。"《釋文》:"蛾,本或作蟻。"《國語·晉語》:"蚋、蛾、蠭、蠆皆能害人。"宋庠云:"蛾,音蟻,通作蟻。"《楚辭·天問》:"蠭蛾微命,力何固?"《鶡冠子·王鈇》篇:"虎狼殺人,烏蒼從上,蠙蛾從下聚之。"《山海經·海内北經》:"朱蛾,其狀如蛾。"注云:"蛾,蚍蜉也。"《史記·五帝本紀》:"鳥獸蟲蛾。"《正義》:"蛾,蚍蜉也。"《長揚賦》:"扶服蛾伏。"《文選》注:"蛾,古蟻字。"《後漢書·皇甫嵩傳》:"時人謂之黃巾,亦名為蛾賊。"注云:"蛾,音魚綺反,即蟻字也。"《方言·十一》:"蚍蜉,燕謂之蛾蛘。"漢《仲秋下旬碑》:"蛾附。"《隸釋》云:"以蛾為蟻。"以上古書皆以"蛾"為"蟻"。《書·顧命》:"麻冕蟻裳。"言其色似也。眉之色無取乎蟻,則"蛾"為"娥"之借字無疑,段氏得之。如師古説,未免望文生義矣。"蛾"為借字,則"螓"亦為借字無疑。

倩《傳》:"倩,好口輔。"《釋文》:"倩,本亦作蒨,《韓詩》云:'蒼白色。'"案:"蒼白色"亦望文生義,字當作"儁"。《左氏春秋·宣十五年傳》:"酆舒有三儁材。"注:"儁,絶異也。"亦作"俊"。《莊十一年傳》:"得儁曰克。"[4]《釋文》:"儁,本或作俊。"古音儁俊字與从分之字音近,故得為韻。"倩"从"青"得聲,古音讀若"箐"音,與从分之字遠甚。漢人傳經,以口相授受,毛公时"倩"已轉音若"茜",故此字假借"倩"。《漢書·朱邑傳》:"須魏倩而後進。"《集注》:"倩,士之美稱。"本《毛詩》。束皙《補亡詩》:"蒨蒨士子。"注:"蒨蒨,鮮明貌。"本陸氏所見本。

盼《傳》:"盼,白黑分。"《釋文》:"盼,《韓詩》云:'黑色也。'《字林》云:'美目也。'"案:字从分,故毛訓"白黑分"。自《廣雅》有"盼,視也"《一切經音義·十》引。之訓,而"盼"字與"眄"字混;自俗本多从兮作"盻",而"盼"字與"盻"字混。不知"盼"从分聲,目黑白分也;"眄"从丏聲,"目偏合也,一曰邪視也";"盻"从兮聲,恨視貌:三字固迥乎不同也。陳氏啟源辨之甚詳。

鑣《傳》:"鑣鑣,盛貌。"《清人》:"駟介麃麃。"《傳》:"麃麃,武貌。"《載驅》:"行人儦儦。"《傳》:"儦儦,眾貌。"段氏玉裁曰:"《碩人》與《清人》皆當同《載驅》作'儦儦'。此誤作'鑣鑣'者,因《傳》有'以朱纏鑣'之文。"聲案:段說是也。《說文》、《玉篇》引《詩》皆作"朱幩儦儦"。"麃"為古文,"儦"為形聲字,"鑣"為誤字。

罛《傳》:"罛,魚罟。"《爾雅》:"魚罟謂之罛。"案:"罟"、"罛"音近,亦或作"罛"。《鴻烈解·說林》:"鉤者靜之,罛者扣舟。"高注:"罛者,以柴積水中以取魚。扣,擊也。魚聞擊舟聲,藏柴下,壅而取之。"亦假借"𦨴"。《古文苑·蜀都賦》:"枚𦨴施兮纖繳出。"注:"𦨴,即罛字,舟上網也。"[5]案:古者"瓜"、"胍"同聲,故亦作"罛","𦨴"則同音假借也。

濊《傳》:"濊濊,施之水中。"《釋文》:"濊,……馬云:'大魚網目大豁豁也。'《韓詩》云:'流貌。'《說文》云:'礙流也。'"案:必施之而後見其目豁豁然,必有礙流之物而後愈見水之流,《傳》與《釋文》四說亦衹二義也。《說文》引此詩凡三見:一《大部》:"奯,空大也。从大,歲聲。讀若《詩》'施罟濊濊'。"一《水部》:"濊,礙流也。从水,薉聲。《詩》曰:'施罟濊濊。'"一《网部》:"罛,魚罟也。从网,瓜聲。《詩》曰:'施罛濊濊。'""濊"字又別見於《水部》末"汩"字之上,訓"水多皃"。桂氏馥曰:"《說文》無'濊'字,當作'《詩》曰:"施罟奯奯。"''讀若'二字,後人所加。《詩釋文》引馬說與《說文》'奯,空大也'義合,是《詩》作'奯奯',不作'濊濊'明矣。"案:"濊"从"歲"之聲義,"奯"亦从"歲"之聲義,古人同聲字例得假借,正不必改"濊"作"奯"也,馬說與毛義正相發明。礙流,所以捕魚,乃"施罛"之意,許訓與毛意亦不悖也。上"洋洋"、"活活",下"發發"、"揭揭",皆與目謀,不與耳謀,《集傳》"罟入水聲"似非古義。

發《傳》:"發發,盛貌。"《釋文》:"發,補末反。馬云:'魚著罔,尾發發然。'《韓詩》作鱍。"《呂覽·季春》注引作"鱣鮪潑潑",《說文》"鮁"下引作"鱣鮪鮁鮁"。案:"鱍"、"潑"皆形聲字,"鮁"亦形聲字,古人从犮之字與从發之字往往通用也,"發發"字為古矣,後世撥剌字本此。

揭《傳》:"揭揭,長也。"《説文》:"揭,高舉也。"《管子·君臣上》:"猶揭表而令之止也。"注:"揭,舉也。"《漢書·陳勝項籍傳贊》:"揭竿為旗。"注:"揭,謂豎之也。"《鴻烈解·齊俗》:"為行者相揭以高。"注:"揭,舉。"《文選·過秦論》:"揭竿為旗。"注引《埤蒼》:"揭,立舉也。""揭"訓"舉",古義也。"舉"有高義,故"揭"有高義。高則長,卑則短,長亦高義也,故"揭"有長義,引申之義也。

孽《傳》:"孽孽,盛飾。"《釋文》:"孽,《韓詩》作钀,長貌。"《説文》:"钀,載高皃。"案:"孽"、"钀"皆非正字。《説文》:"欁,伐木餘也。"引《商書》:"若顛木之有甹欁。""櫱,欁或从木,辥聲。不,古文欁,从木無頭。�,亦古文欁。"聲谓:"不"為真正古文,"櫱"為形聲字,"欁"、"榸"二字又形聲字之後出者矣,亦訛作"枿"。《方言·一》:"枿,餘也。陳、鄭之間曰枿。"《文選·東京賦》:"山有槎枿。"薛注:"斬而復生曰枿。""枿"蓋"榸"之別字。《詩》義本作"櫱",《長發》"苞有三櫱"用本字,此作"孽"者假借字。已伐之木重生者必不一枝,《書·盤庚》:"由櫱。"注:"顛木而肄生曰櫱。"[6]肄生,枝條眾多之謂也,故"櫱"有眾多義。庶姜眾多,不一人,故曰"櫱櫱"也。夫人之媵妾,姪娣之類也,故稱"庶姜"。言"庶"者,不一人,故曰"櫱櫱"。在木曰"櫱",在人曰"孽",庶子非正出,若顛木之枝條非正生也。亦詳《長發》。

朅《傳》:"朅,武壯貌。"《釋文》:"朅,《韓詩》作桀,云:'健也。'"《文選注·六》引作"庶士有揭"。案:作"揭"與"葭菼揭揭"重,應依韓作"桀",言此庶士之中有英桀之才也。毛作"朅"者,同音假借。武壯,英桀之一也,英桀意較優。"朅"字本義詳《伯兮》。

蚩《傳》:"蚩蚩者,敦厚之貌。"《説文》:"蚩,蟲也。从虫,㞢聲。"案:"蚩"即"癡"之借字。《釋名·釋姿容》:"蚩,癡也。"《文選·文賦》注引《聲類》:"蚩,騃也。"蟲本蠢然無知,人之癡騃者似之,狀愚氓以"蚩蚩",猶北魏號柔然為"蠕蠕"也。

布《傳》:"布,幣也。"《正義》:"此布幣謂絲麻布帛之布。幣者,布帛之名,故《鹿鳴》云:'實幣帛筐篚。'是也。"案:《正義》是也。古者為市,以其所有易其所無,故曰"貿易"。鄭氏生漢末,彼時錢已盛行。《箋》云:"幣者,所以貿買物也。"蓋以"幣"為"錢幣"字。觀"布"上加一"抱"字,明係粗重之物矣。今北方趕集有以線換綿花、布換線者,是其遺風。毛訓當是幣帛字。

葚《釋文》:"葚,本又作椹,桑實也。"《泮水》:"食我桑黮。"《傳》:"黮,桑實也。"《説文》:"葚,桑實也。"又:"黮,桑葚之黑也。"字亦作"椹"。《古今注》:"椹,桑實也。……武藥有扶桑丹椹。"[7]《通鑒》:"袁紹在河北,軍人仰食桑椹。"注:"椹,桑實也。"《藝文類聚》:"北方白椹,長數寸,甚美。"案:桑,木類,"椹"从木是也。或疑"椹"為"椹質"字。《周禮·司弓矢》:"王弓、弧弓,以授射甲革椹質者。"注:"樹椹以為射正,試弓習武也。"《國策·秦策》:范睢曰:"臣之胸不足以當椹質。"《玉篇》:"椹,鐵椹,斫木櫍也。"[8]或作"枮",亦作"敁"。不知"橙"本為橙橘字,亦為器具字;"杷"本為枇杷字,亦為田具字:一字固不妨兩用也。

耽《傳》:"耽,樂也。"《説文》:"媅,樂也。"又:"酖,樂酒也。"《爾雅·釋詁》:"妉,樂也。"聲谓:此字古人本無正字,此借"耽"。耽,大耳垂也。[9]《鹿鳴》、《常棣》、《賓之初筵》皆借"湛";湛,沒也。《説文》、《爾雅》皆本《詩》,强為形聲字。《漢書·五行志》:"荒沈于酒。"又借用"沈",愈見此字古無正字矣。

咥《傳》:"咥咥然笑。"《釋文》:"許意反,又音熙,笑也。"《説文》:"咥,大笑也。从口,至聲。《詩》曰:'咥其笑矣。'"《易·履》:"履虎尾,不咥人,亨。"《玉篇》:"咥,囓也。"案:《易》及《玉篇》,"咥"字本義也。此為借字,後世亦轉作"嗤"。《後漢書·隗囂傳》注:"嗤,笑也。"亦假借"蚩"。《一切經音義·二十三》引《蒼頡》:"蚩,笑也。"《文選·詠懷詩》注:"嗤,與蚩同。"亦別作"欪"。《説文》:"欪欪,戲笑皃。"案:此即《釋文》"又音熙"一音也。亦別作"蚄"。《文選·文賦》:"或受蚄於拙目。"注:"蚄,笑也。蚄,與蚩同。"案:此又"欪"之別字从㞢而訛者也。

泮《傳》:"泮,坡也。"《箋》:"泮,讀為畔。畔,涯也。言淇與隰皆有厓岸以自拱持。"《釋文》:"坡,本亦作陂。"案:"泮"乃古字,从半(即"判"之古文,分也)。"畔"从田,田與田所由分;"泮"从水,水與水所由分:所分之處即涯也,故皆取義於半。鄭以為借字。

宴《釋文》:"宴,如字。"《箋》:"我為童女未笄結髪宴然之時。"[10]《正義》:"《箋》……解經'總角之宴',經有作'丱'者,因《甫田》'總角丱兮'而誤也。定本作'宴'。"《說文》:"宴,安也。从宀,旻聲。"《谷風傳》:"宴,安也。"《呂覽·仲夏紀》:"以定宴陰之所成。"[11]高注:"宴,安。"總角之宴,猶云總角時宴然無知。《箋》云"結髪宴然之時",與下文"晏晏"字絕不同。

晏《傳》:"晏晏,和柔也。"《說文》:"晏,天清也。从日,安聲。"《史記·孝武本紀》:"至中山,晏温,有黄雲蓋焉。"《索隱》引《鴻烈解》許注:"晏,無雲也。"《漢書·郊祀志集注》:"三輔謂日出清濟為晏。"又《楊雄傳》:"於是天清日晏。"顔注:"晏,無雲也。"《文選·羽獵賦》注引《鴻烈解》許注:"晏,無雲之處也。"《後漢書·陳寵傳》:"數詔群僚,弘崇晏晏。"注:"晏晏,温和也。"案:"晏"為天清無雲,《漢書》注"清濟"即"晴霽",晴霽無雲,故有"温和"之義。在天為温和,在人為和柔,引申之義也。"宴"、"晏"二字聲同義别,注疏家往往混之,故詳辨之。

旦《箋》:"我其以信相誓旦旦耳,言其懇惻款誠。"《釋文》:"旦,《說文》作悬。"《正義》:"定本云:'旦旦,猶怛怛。'"《說文》:"怛,憯也。从心,旦聲。悬,或从心在旦下。《詩》曰:'信誓悬悬。'"案:"悬"即"怛"。《甫田》:"勞心怛怛。"《傳》:"怛怛,猶忉忉也。"忉忉,《傳》:"憂勞也。"《匪風》:"中心怛兮。"《傳》:"怛,傷也。"《方言·一》:"怛,痛也。"案:"悬"、"怛"誠為同字,訓"傷"、訓"憯"、訓"痛"皆形聲字後起之義,與本詩作"旦"者不相蒙。《說文》:"旦,明也。"《詩·葛生箋》、《東門之枌箋》、《板傳》"旦"皆訓"明也"。旦旦,猶之耿耿、明明也。信誓明明,文從字順,勿須引證,《說文》、定本不足據也。

籊《傳》:“籊籊,長而殺也。”案:“籊”字衹此一見,此亦但取其音,不必定是“翟”字从“竹”為形聲字。後世字也。

瑳《傳》:“瑳,巧笑貌。”《說文》:“瑳,玉色鮮白。从玉,差聲。”案:“瑳”本為玉色,笑之巧者,其口輔亦必鮮明,故假借。

儺《傳》:“儺,行有節度。”《釋文》:“儺,《說文》云:‘行有節也。’”案:“儺”即《萇楚》“猗儺”字也。詳上“猗”字。佩玉之儺,詠其猗儺有態度也。長言之為“猗儺”,為“猗猗”,短言為“儺”,亦為“猗”也。單言“猗”者,《伐檀》:“河水清且漣猗。”《傳》:“風行水成文曰漣。”《正義》:“河水澄清且有波,漣猗然也。”據此,則“猗”為“漣”之貌,亦有態度之意。是也。

滺《傳》:“滺滺,流貌。”《釋文》:“滺,本亦作悠,音油。”案:今本多作“悠”。《說文》:“攸,行水也。从攴,从人,水省。”秦《嶧山刻石》文作“汥”。案:嶧山文是也,从攴、水,文義已足。能攸水者不必定人,从人贅矣,《說文》必有訛誤。王逸注《楚辭》引《詩》曰:“河水油油。”疑即引此詩,“淇水”誤作“河水”,未可知也。“油油”即“攸攸”之借,“油油”行而“攸攸”字罕用矣。“滺”、“悠”字皆後世字。

寫《箋》:“其除此憂,維有歸耳。”案:《泉水傳》:“寫,除也。”《管子·白心》:“臥名利者寫生危。”注:“寫,猶除也。”本詩《傳》。《說文》:“寫,置物也。从宀,舄聲。”《禮·曲禮上》:“器之溉者不寫。”注:“寫者,傳己器中乃食之也。”案:《禮》注亦古義,由《說文》“置物”引申之義也,再引之為“吐”,為“盡”。《漢書·司馬相如傳上集注》:“寫,吐也。”《廣雅·釋詁·一》:“寫,盡也。”案:“寫”訓“吐”,訓“盡”,即後世發瀉、傾瀉字所由昉。字本作“寫”,俗加“水”作“瀉”。漢《殽阬碑》:“承寫其流。”不从水者,用古字也。又借為書寫字。《釋名·釋書契》:“書稱刺書,以筆刺紙簡之上也;又曰寫,倒寫此文也。”亦由傳寫義《禮》注。引申而出也。

支案:“支”即“枝”之古文。《說文》:“枝,木別生條也。从木,支聲。”《說苑·修文》引本詩正作“芄蘭之枝”。《文王》:“本支百世。”《左氏春秋·莊六年傳》作“本枝百世”。《公羊春秋傳》:“支解。"《春秋繁露·王道》引作"枝解"。《史記·李斯傳》:"公孫支。"《左傳》本作"公孫枝"。是也。

容《傳》:"容儀可觀。"《箋》:"容,容刀也。"詳下。

遂《傳》:"佩玉遂遂然。"《箋》:"遂,瑞也。"案:容,讀為容儀字尚可,《箋》訓為"容刀","刀"字添出。遂,《傳》云"佩玉遂遂然","佩玉"二字亦硬添出。遂,《箋》訓為"瑞",蓋以"遂"為"璲"之假借字,本《大東》"鞙鞙佩璲""璲"字也。《說文》:"容,盛平聲。也。从宀、谷。"《漢書·翟方進傳》:"何持容容之計?"注:"容容,隨眾上下也。"《後漢書·左雄傳》:"容容多後福。"注:"容容,猶和同也。"《說文》:"遂,亡也。从辵,㒸聲。"《雨無正》:"飢成不遂。"《傳》:"遂,安也。"《荀子·王制》:"小事殆乎遂。"注:"遂,因循也。"案:"容"有寬義,寬則懈,故有隨眾和同義;"遂"有隨義,隨則惰,故有因循委靡義。"容"、"遂"二字似皆當讀如字,言其容兮隨眾而和同,遂兮因循而委靡,後世所謂庸碌無他能,故見其垂帶而心悸也,語意與"未幾見兮,突而弁兮"略同。

悸《傳》:"垂其紳帶,悸悸然有節度。"《釋文》:"悸,《韓詩》作萃,垂貌。"《說文》:"悸,心動也。从心,季聲。"《漢書·酷吏·田延年傳》:"使我至今病悸。"注:"悸,心動也。"又《王莽傳中》:"病悸寖劇。"注:"心動曰悸。"《一切經音義·一》引《字林》:"悸,心動也。"《素問·氣交變大論》:"煩心躁悸陰厥。"注:"悸,心跳動也。"《楚辭·悼亂》:"惶悸兮失氣。"注:"悸,懼也。"《文選·魯靈光殿賦》:"心猭猭而發悸。"注亦引《說文》云:"心動也。"以上皆"悸"字古訓也。毛、鄭皆以為"悸悸然",韓作"萃",皆望文生義。似當讀如字,指見其垂帶者言。詳上條。

韘《傳》:"韘,玦也。能射御則佩韘。"《箋》:"韘之言沓,所以彄沓手指。"《說文》:"韘,射決也,所以拘弦。以象骨,韋系,著右巨指。从韋,枼聲。《詩》曰:'童子佩韘。'弽,韘或从弓。"案:許氏《詩》宗毛,故與毛義同。《唐石經》作"韖",右體"枼"不从世者,避太宗諱也。

甲《傳》:“甲,狎也。”《釋文》:“甲,如字,《爾雅》同。徐胡甲反。《韓詩》作狎。”案:徐仙民讀“胡甲反”,蓋讀“甲”為“狎”,以“甲”為假借字。《書·多方》:“因甲于內亂。”《正義》曰:“鄭、王皆以甲為狎。”毛用古字。

葦《正義》:“言‘一葦’者,謂一束也。可以浮之水上而渡,若桴栰然,非一根葦也。”案:今北省人稱秫稭一束曰“一个”,《詩》言“一葦”,省文也,《正義》是也。

刀《箋》:“小船曰刀。”《釋文》:“刀,如字。《字書》作舠,《說文》作𦨴。”案:《釋名·釋船》:“三百斛曰刀。”[12]據此,則“刀”非小船。《詩》所言者,小船亦名刀也。字亦作“刀”者,假借;“舠”、“𦨴”並形聲字。

朅《傳》:“朅,武貌。”《碩人》:“庶士有朅。”毛訓為“武壯貌”者,彼“朅”字蓋“桀”之假借也。《說文》:“朅,去也。从去,曷聲。”《漢書·司馬相如傳下》:“朅輕舉而遠遊。”注:“朅,去意也。”《後漢書·張衡傳》:“回志朅來從玄諆。”注:“朅,去也。”《文選·蜀都賦》:“殆而朅來相與。”注:“朅,去也。”伯兮朅兮,呼其字而問其曷去者,以其為邦之桀也。曷去乎?去為王之前驅耳。先有“伯也執殳”二語在胸中,故呼其字而問其曷去也。朅,曷去也。“曷”、“去”二字合為一字,會意字,仍諧“曷”聲,本訓“曷去”,引申之為“去”、為“去意”也。

殳《傳》:“殳長丈二而無刃。”《箋》:“兵車六等:軫也,戈也,人也,殳也,車戟也,酋矛也,皆以四尺為差。”《說文》建首字:“殳,以杸殊人也。《禮》:‘殳以積竹,八觚,長丈二尺,建於兵車,旅賁以先驅。’”《周禮·考工記·廬人》:“為廬器,……殳長尋有四尺。”注:“八尺曰尋,殳長丈二。”[13]《左氏春秋·昭二十三年傳》:“執殳而立於道左。”杜注:“殳長丈二而無刃。”《文選·西京賦》:“竿殳之所揘畢。”薛注:“殳,杖也。八棱,長丈二而無刃。或以木為之,或以竹為之。”徐鍇《說文繫傳》:“積竹謂削去白,取其青處合為之,取其有力也,漢昌邑王買積竹杖是也。”陳氏啟源曰:“殳之圍,大處至二尺四寸,小處亦不減五寸，不能純用竹青。意必以木為心，而傅積竹於外，故《考工記》廬人為殳，廬人實攻木之工矣。”聲案：古字但作“↑”，即“午”。小篆亦作“杵”，或作“殳”，或作“杸”。有用於步者，本詩“伯也執殳”、《左氏春秋傳》“執殳而立於道左”者是也；有用於車者，《說文》引《禮》“長丈二尺，建於兵車”、《考工記》“殳長尋有四尺，崇於人四尺，謂之四等”是也。用於步者取其輕便，定以竹為之。用於車者，《考工記》注但言“長丈二”，並未言竹與木也。陳氏言“以木為心，而傅積竹於外”，語猶遷就。《西京賦》“竿殳”並言：竿必輕便，必用竹；殳必重笨，必用木。此可以意會者也。《說文》以為“从又，从几”，[14]“几”為鳥之短羽几几然，與“以杸殊人”毫無意義。據《說文》“殺”字古文弟二字與弟三字，[15]偏旁“殳”皆篆作“[篆]”，上體从↑，即“午”，“杵”之古文也；下體从[篆]，即手也。以手執↑，所以能殊人也。“殳”本从↑，因形與“几”近，傳寫者遂訛從“几”耳。

諼《傳》：“諼草令人忘憂。”《釋文》：“諼，本又作萱。……《說文》作藼，云：‘令人忘憂也。’或作蕿。”案：“萱”、“藼”、“蕿”三字皆形聲字，作“諼”者假借。《正義》因“諼”訓“忘”，遂以為“諼”非草名，不知六書原有假借，不得以“諼”字適訓為“忘”而疑之也。

背《傳》：“背，北堂也。”《說文》：“背，脊也。从肉，北聲。”《釋名·釋形體》：“背，倍也，在後稱也。”“背”為在後之稱，故《正義》言“背者，嚮北之義”。二章言“自伯之東”，此言“言樹之背”，皆就其方向約略言之。遠者行蹤莫定，故概言之曰“東”；近者回頭即是，故直指之曰“背”。

綏《傳》：“綏綏，匹行貌。”《玉篇》引作“雄狐夊夊”。《說文》：“夊，行遲曳夊夊。象人兩脛有所躧也。”案：“行遲曳”，故“夊夊”。《玉篇》、《說文》，古字；《詩》作“綏”者，假借字。

瓊《傳》：“玉之美者。”《釋文》：“瓊，《說文》云：‘赤玉也。’”案：“瓊”从敻，以敻絕、敻高義例之，“瓊”乃玉之敻異乎常玉者，故曰“玉之美者”。“瓊”自為美玉，“琚”與“瑤”與“玖”自為一項，猶之《著》“尚之以瓊華乎而”三句，“瓊”亦自為一件，“華”與“瑩”與“英”

自為一件。《傳》於此詩首章“瓊”訓“美玉”,次章“瓊瑤”訓“美玉”,三章“瓊玖”訓“玉名”;於《著》則“瓊華”訓“美石”,“瓊瑩”訓“石似玉”,“瓊英”訓“美石似玉者”:殊屬含混。“瓊”自為美玉,“琚”為佩玉名。瑤,《釋文》引《說文》:“瑤,美石。”《說文·玉部》:“瑤,玉之美者。”玖,《釋文》:“《字書》云:‘玉黑色。’”《說文》:“玖,石之次玉黑色者。”“瓊”自為美玉,或為美玉之玉佩,或為美玉與美石,或為美玉中之黑色者,語便分明。《著》之三“瓊”字亦如此講。

王 風

王風 《箋》:“平王東遷,政遂微弱,下列於諸侯,其詩不能復雅,而同於《國風》焉。”陸德明曰:“幽王滅,平王東遷,政遂微弱,詩不能復雅,下列稱《風》。以王當國,猶《春秋》稱‘王人’。”案:陸氏之說本於鄭《箋》,不知《雅》與《風》皆《詩》之名,用之於朝廷則為《雅》,采之於民間則為《風》。衰世亦有《雅》,大小《雅》中之變雅是也;盛世亦有《風》,《國風》之《二南》及《豳》是也。且所謂“變”者,亦其音變,非其詩變也。即至衰亂之世,其朝廷所用之樂,未始無中正吉祥之語也,且《黍離》以下,亦無非勞人思婦之作。《君子于役》與《采采卷耳》,《采葛》與《采采芣苢》,聲調詞意俱不甚相遠,本得自民間,故曰“風”。洛陽為王畿,故曰“王”。“升降”之說,斷不可信也。

離 《湛露傳》:“離離,垂也。”《初學記》引《韓詩》:“離離,長貌,”《御覽》引《韓詩·黍離》“彼黍離離”說:“離離,黍貌也。”《詩疏》:“黍離離,亦謂秀而垂也。”《說文·禾部》有“穲”字,引《詩》:“彼黍穲穲。”[16]案:《說文》作“穲”者,形聲字;《詩》作“離”者,假借。《說文》:“離,離黃,倉庚也,鳴則蠶生。从隹,离聲。”“離”本為離黃、流離字,其引申、假借之義甚多。借為“離離”字用者,《詩》兩見外,《文選·西京賦》:“朱實離離。”注:“離離,實垂之貌。”當依《湛露傳》訓“垂”為是。

靡《傳》:"靡靡,猶遲遲也。"《玉篇·彳部》引《詩》:"行邁𢕟𢕟。"[17]案:作"𢕟"者,形聲字;《詩》作"靡"者,假借字。《説文》:"靡,披靡也。从非,麻聲。""靡"字引申、假借之義甚多,借為"靡靡"字用者,《文選·吳都賦》劉注:"靡靡愔愔,言樂容與閑麗也。"《高唐賦》:"薄草靡靡。"注:"靡靡,相依倚貌。"《琴賦》:"靡靡猗猗。"注:"靡靡,順風貌。"《洞簫賦》:"被淋灑其靡靡兮。"注:"靡靡,聲之細好也。"案:"靡"、"曼"一聲,故"靡"有"曼"義,"靡靡"猶"漫漫",故訓為"遲遲"。

佸《傳》:"佸,會也。"《釋文》:"佸,《韓詩》:'至也。'"《説文》:"佸,會也。"引《詩》:"曷其有佸。""一曰:佸佸,力貌。"案:《説文》宗《毛詩》,故訓"佸"為"會"。詳下。"佸"即"佸"之本字。

括《傳》:"括,至也。"《易·坤》:"括囊,無咎、無譽。"虞注:"括,結也。"《公羊春秋傳序》:"故遂隱括。"《釋文》:"括,結也。"《文選》劉越石《答盧諶》詩注引《韓詩章句》:"括,約束也。"案:"括"訓"結",訓"約束",故有"會"意。《詩·車舝》:"德音來括。"《傳》:"括,會也。"此字當依《車舝傳》訓為"會",猶云"聚"也,牛羊下而聚於一處也。上"佸"字亦訓"會",字異義同也。牛羊多,故以為會,以群處無猜也;君子獨,故望其至,以見面無期也。二字俱从𠯑,義亦微同,"佸"字似當從韓。

陽《傳》:"陽陽,無所用其心也。"《正義》引:"《史記》'陽陽甚自得',則'陽陽'是得志之貌"。亦別作"揚"。《荀子·儒效》:"揚揚如也。"注:"揚揚,得意之貌。"案:"陽"亦假借字,即古人"尚羊"字也。《楚辭·惜誓》:"託回飇乎尚羊。"一作"徜徉",一作"倘佯"。《廣雅·釋訓》:"徜徉,戲蕩也。"《文選·吳都賦》:"徘徊倘佯。"劉注:"倘佯,猶翱翔。"羊,古文多作"陽"。《漢書·人物表》:"樂陽。"師古曰:"即樂羊。"漢《綏民校尉碑》:"治《歐羊春秋》。"[18]"陽"亦作"羊"。《左氏春秋·定十二年傳》注:"陽不知也。"《釋文》:"陽,本亦作佯。""佯"从羊聲。"羊"、"陽"同聲,故得假借。至《載見》:"龍旂陽陽。"《傳》:"龍旂陽陽,言有文章也。"別一義。《廣雅·

釋訓》:“陽陽,流也。”[19]“陽陽”疑“洋洋”之假借。

由《傳》:“由,用也。”《箋》:“由,從也。”案:“由”與“游”,古字通用。《文選·長笛賦》:“由衍識道。”注:“由衍,行貌。”案:“由衍”即“游衍”也。“由”亦作“游”。《左氏春秋·成十六年傳》:“養由基。”《後漢書·班彪傳》作“養游基”。《文選·詠懷詩》:“素質游商聲。”沈約注:“游,字應作由,古人字類無定也。”《檄吳將校部曲》:“則將軍蘇游,反為內應。”注:“游,與由同。”據此,則“由”者,“游”之借。

房《傳》:“國君有房中之樂。”案:古人“房”字不獨為房室字,如《詩·閟宮》:“籩豆大房。”《傳》:“大房,半體之俎也。”《國語·周語》:“王公立飫,則有房烝。”注:“房,大俎也。”《呂覽·仲冬》:“是謂發天地之房。”注:“房,所以閉藏也。”《國語·晉語》:“乃能攝固,保其土房。”注:“房,居也。”《鴻烈解·氾論》:“蜂房不容鵠卵。”注:“房,巢也。”《廣雅·釋器》:“房,几也。”《左氏春秋·宣十二年傳》:“納諸廚子之房。”注:“房,箭舍。”《洪範五行傳》:“出入不節。”注:“房有三道。”《古微書》引《書運期授》:“房,四表之道。”《爾雅·釋天》:“天駟,房也。”《周禮·校人》:“春祭馬祖。”注引《孝經說》:“房為龍馬。”《洪範五行傳》:“及有姦謀。”注:“房心為明堂。”又:“奪民農時。”注:“房心,農時之候也。”《國語·周語》:“昔昭王娶于房,曰房后。”注:“房,國名。”以上皆“房”字引申旁通之義。假借之義則或借為“防”。《史記·河渠書》:“宣房塞兮萬福來。”《後漢書·光武紀上》:“元氏、防子皆下之。”注:“元氏、房子屬常山郡。防與房,古字通用。”《文選·月賦》:“徘徊房露。”注:“房與防,古字通。”或借為“旁”。《漢書·賈山傳》:“又為阿房之殿。”注:“房,字或作旁。說云:‘始皇作此殿,未有名,以其去咸陽近,且號阿旁。’阿,近也。”或借為“彷”。《莊子·達生》:“彷徨乎塵垢之外。”《釋文》:“元嘉本作房皇。”案:“房皇”即“彷徨”,亦即“旁皇”。《莊子·天運》:“有上彷徨。”《釋文》:“司馬本作旁皇。”亦即“徬徨”。《莊子·知北游》:“彷徨乎馮閎。”《釋文》:“彷,亦作徬。”又據《說文》“敖”字訓:“出遊也。从出,从放。”則“放”亦有敖游義,因思《孟子·梁惠王下》:“放於琅邪。”《管子·小問》:

“桓公放春,三月觀於野。”二“放”字亦當訓為敖游字。《禮·祭義》:“推而放諸東海而準,推而放諸西海而準,推而放諸南海而準,推而放諸北海而準。”《鴻烈解·兵略》:“放乎九天之上。”《楚辭·悲回風》:“見伯夷之放迹。”數“放”字皆與敖游字義近。讀為“我游放”,與下章“由敖”同意。“房”、“仿”、“彷”、“放”俱从方,故得假借,古人不分四聲也。並詳下“敖”字。

陶《傳》:“陶陶,和樂貌。”《釋文》:“陶,音遙。”《說文》:“陶,再成丘也。在濟陰。从𨸏,匋聲。”案:“匋”為匋冶本字,“陶”為丘名。《釋名·釋丘》:“再成曰陶丘,於高山上一重作之,如陶竈然也。”此“陶”字正解也,餘皆假借、引申之義也。借為疊字用。《清人》:“駟介陶陶。”《傳》:“陶陶,驅馳之貌。”《禮·祭義》:“及祭之後,陶陶遂遂。”注:“陶陶遂遂,相隨行之貌。”《楚辭·哀歲》:“冬夜兮陶陶。”注:“陶陶,長貌。”《懷沙》:“陶陶孟夏兮。”注:“陶陶,盛陽貌也。”案:《禮·檀弓下》:“人喜則斯陶。”注:“陶,鬱陶也。”《廣雅·釋言》:“陶,喜也,憂也。”“鬱陶”本兼喜、憂二義,《廣雅》蓋本《禮》注,兩《楚辭》俱兼喜、憂二義,《清人》疑“滔滔”之借,詳彼字。此則專就喜一邊說,故毛訓“和樂”。

敖《釋文》:“敖,游也。”《鹿鳴傳》:“敖,游也。”案:“由敖”即“游敖”。《柏舟》:“以敖以游。”《載驅》:“齊子游敖。”《莊子·列禦寇》:“無所求食而敖游。”[20]或稱“敖游”,或稱“游敖”,趁韻也。《說文》:“敖,出游也。从出,从放。”《禮·曲禮上》:“敖不可長。”注:“敖,遨游也。”[21]《漢書·食貨志上》:“邑亡敖民。”注:“敖,謂逸游也。”“敖”本訓“游”,故知“由敖”為“游敖”;“由敖”為敖游字,可以證“由房”“房”字必非房室字矣。

揚《傳》:“揚,激揚也。”《箋》:“激揚之水至湍迅,而不能流移束薪。”《釋文》:“揚,或作楊木之字,非。”案:揚,地名也。《漢書·地理志》“潁川郡”“陽城”縣注:“陽城山,洧水所出,東南至長平,入潁。”“陽乾山,潁水所出,東至下蔡,入淮。”案:此與申、許近者,“揚之水”或指此,亦未可知。“河南郡”“陽武”縣注:“有博狼沙,莽曰陽桓。”案:此與鄭近者。“河東郡”“楊”縣注:“莽曰有年亭。應劭曰:‘楊,侯國。’”案:此與唐近者。《通志·氏族略》:“揚氏,姬姓。周宣王子尚父,幽王時封為揚侯,為晉所滅,其後為氏焉。”據此,則“揚侯”即“楊侯”,《唐風》之“揚之水”即指此地無疑。古者“揚”、“楊”、“陽”三字往往通用。《左氏春秋·昭二十五年傳》:“次於陽州。”《公羊傳》作“揚州”。《論語》:“陽貨。”《史記》作“楊貨”。《爾雅·釋地》:“秦有楊陓。”《呂覽》作“秦之陽華”。《詩·正月》:“燎之方揚。”《漢書·谷永傳》作“燎之方陽”。《左氏春秋·襄三年傳》:“晉揚干。”《漢書·古今人物表》作“楊干”。又《文八年傳》:“晉解揚。”《古今人物表》作“解陽”。《史記·衛世家》:“嚴公揚。”《十二諸侯表》、《詩譜疏》引《世家》,並作“楊”。《孟子》:“楊子。”《呂覽》注作“陽子”。《詩·野有蔓草》:“清揚婉兮。”《說苑·尊賢》作“清陽婉兮”。《七月》:“以伐遠揚。”《白帖·八十二》作“以伐遠楊”。[22]“揚”、“楊”、“陽”三字既通用,鄭國與東周邦畿本不甚遠,即謂《王風》與《鄭風》之“揚之水”為一水而分上下流,亦無不可。揚之水不能流一束薪,可謂衰弱甚矣,又何怪“彼其之子,不與我戍申”乎?《鄭風》語意略同。《唐風》“揚之水”,惟見其“白石鑿鑿”,水盛則不能見石,今則水內之石鑿鑿全見,亦衰弱之徵也。“從子于沃”者,“素衣朱襮”焉,所以極言其盛也。三“揚之水”,其語意大約相同也。幸陸氏所見本猶有作“楊”者,後之人猶得據以為考證也。

暵《傳》:“暵,菸貌。”《釋文》:“暵,《說文》云:‘水濡而乾也。’字作灘,又作灘。”案:《說文·水部》:“灘,水濡而乾也。从水,鷬聲。《詩》曰:‘灘其乾矣。’灘,俗灘从隹。”《詩》蓋本作“灘”,毛曰“菸貌”,蓋水濡而乾後之貌也。許氏用《毛詩》,其義一也。今《詩》作“暵”者,假借字。“暵”从堇聲,“灘”从鷬,“鷬”亦从堇聲,故得假借。《說文》:“暵,乾也。”引《易》:“莫暵于離。”《箋》云:“興者,喻人居平安之世,猶鵻之生於陸,自然也。遇衰亂凶年,猶鵻之生谷中,得水則病,將死。”與《說文》合。故知《詩》本作“灘”。“暵”訓“乾”,故从日;“灘”訓“水濡而乾”,故从水:字之本義也。“暵”亦讀為灘者,借義也。

仳《傳》:"仳,别也。"《説文》:"仳,别也。从人,比聲。"《鴻烈解·脩務》:"嫫母、仳倠也。"注:"仳倠,古之醜女。"案:"仳"从比,"比"有並義、合義,訓"别"訓"醜"皆非本義,疑亦引申、假借之義。

脩《傳》:"脩,且乾也。"《釋文》:"脩,如字。本或作蓨,音同。"《禮·曲禮上》:"以脯脩置者。"《疏》:"脩,亦脯也。"《周禮·膳夫》:"凡肉脩之頒賜皆掌之。"注:"脩,脯。"《左氏春秋·莊二十四年傳》:"女贄不過榛栗棗脩。"注:"脩,脯也。"《穀梁·隱元年傳》:"束脩之肉。"《疏》:"脩,脯也。"《説文》:"脩,脯也。从肉,攸聲。"《釋名·釋飲食》:"脯,又曰脩;脩,縮也,乾燥而縮也。"以上皆"脩"之本義也。經史"脩"字多訓為"長"者,凡草木濕則枝葉叢灌,故見為短;乾則枝葉枯瘁,故見其長。《詩》訓為"且乾"者,由"乾肉"義引申而出也。經史訓為"長",又"且乾"引申之義也。後世不知古字,妄加"草",故或作"蓨"也。

條《傳》:"條條然歗也。"《椒聊》:"遠條且。"《傳》:"條,長也。"《書·禹貢》:"厥木惟條。"《傳》:"條,長也。"《後漢書·向栩傳》:栩"少為書生,……不好語言,而喜長嘯。"《文選·長笛賦》:"山雞晨羣,野雉朝雊。求偶鳴子,悲號長嘯。"據上二證,則"條"當依《椒聊傳》訓為"長"。條其,條然也,猶之"依其在京","依其"即依然也。詳《皇矣》。

啜《傳》:"啜,泣貌。"《説文》:"啜,嘗也。"《禮·檀弓》:"啜菽飲水。"《釋文》:"熬豆而食曰啜。"《爾雅·釋言》:"啜,茹也。"字亦作"歠"。《禮·檀弓下》:"歠主人、主婦、室老,為其病也。"注:"歠,歠粥也。"《楚辭·大招》:"不歠役只。"案:《説文》:"歠,歓也。"與"啜"異字。據《孟子》"歠粥",又"流歠",二字皆从㱃,似以"飲"為正義。从口者,古文;从㱃者,籀文。啜其泣矣,後世飲泣字本此。《釋名·釋言語》:"啜,惙也,心有所念,惙然發此聲也。"亦非"啜"字本義。

爰《傳》:"爰爰,緩意。"《爾雅·釋訓》:"爰爰,緩也。"《漢書·李廣傳》:"為人長,爰臂。"注:"爰爰,緩意也。"[23]案:《漢書》注本毛《傳》、《爾雅》也。《一切經音義·二十三》引《韓詩》:"爰,發蹤之貌。”案“緩”从爰之聲義,當依毛《傳》,毛蓋用古文。

離 《易·離》:“離,麗也。”案:“離”、“麗”雙聲,又平、去疊韻,亦假借字。

罹 《傳》:“罹,憂。”《釋文》:“罹,本又作離,力知反。”《斯干傳》:“罹,憂也。”《小弁箋》:“罹,憂也。”《爾雅·釋詁》:“罹,憂也。”《文選·幽通賦》:“故遭罹而嬴縮。”注引項岱:“罹,憂也。”案:“惟”訓“思”,能思患者惟恐離于網羅,故字从网、惟。《書·湯誥》:“罹其凶害。”《傳》:“罹,被。”《史記·管蔡世家》:“無離曹禍。”《索隱》:“離,即罹,被也。”《漢書·敘傳》:“故雖遭罹阸會。”注:“罹,亦遭也。”以上“罹”字皆“離”之假借,陸氏所見本有作“離”者,蓋因離麗字往往假借“罹”而誤改之。

吪 《傳》:“吪,動也。”《釋文》:“吪,本亦作訛。”《說文》:“吪,動也。从口,化聲。《詩》曰:‘尚寐無吪。’”《無羊》:“或寢或訛。”《傳》:“訛,動也。”案:“吪”為正字,《無羊傳》亦訓“動”,則“或寢或訛”“訛”字應作“吪”。今作“訛”者,傳寫者誤从俗體。亦或誤作“譌”。《說文》:“譌,譌言也。……《詩》曰:‘民之譌言。’”與“吪”字迥乎不同。因“吪”誤為“訛”,展轉相因,遂有誤作“譌”者。《爾雅·釋詁》:“訛,動也。”《釋文》:“訛,字又作吪,亦作譌,同。”《一切經音義·十二》:“訛、譌、吪三形同。”[24]二書誤合“吪”、“訛”、“譌”為一字,且不知“訛”為俗字,謬誤甚矣。並詳《豳風》、《小雅》。

漘 《傳》:“漘,水隒也。”《釋文》:“漘,《爾雅》云:‘夷上洒下,水《爾雅》“水”作“不”,注:“不,發聲。”漘。’旁从水。”據《釋文》有“旁从水”三字,則《詩》本作“脣”。又據《伐檀》:“寘之河之漘兮。”《釋文》:“漘,本亦作脣。”則《伐檀》亦作“脣”。案:作“脣”者,古字。《說文》:“脣,口耑也。从肉,辰聲。”《釋名·釋形體》:“脣,緣也,口之緣也。”據此,則“河之脣”者,河之緣也。後世亦作“沿”者,“緣”、“沿”疊韻。《古微書》引《春秋元命苞》:“脣者,齒之垣。”據此,則“河之脣”亦河之垣也,“緣”、“垣”同聲。《詩》作“脣”者,古文;後世本作“漘”者,形聲字。

昆《傳》:“昆,兄也。”《説文》:“昆,同也。从日,从比。”《禮·王制》:“昆蟲未蟄。”注:“昆,明也。”《釋名·釋親屬》:“昆,明也。”《論語·先進》:“人不閒於其父母昆弟之言。”皇《疏》:“昆,兄也。謂兄為昆;昆,明也,尊而言之也。”案:昆弟,猶之兄弟。有稱“昆弟”者,有稱“兄弟”者,“昆”與“兄”皆借字。兄,古讀為況,見《詩》。《釋名·釋親屬》:“兄,荒也;荒,大也:故青、徐人謂兄為荒也。”“弟”亦借字也。《説文》:“弟,韋束之次弟也。”《釋名·釋親屬》:“弟,弟今作“第”。也,相次弟而生也。”《爾雅》“昆”作“晜”,从日,从弟,毫無意義。《説文》作:“翼,周人謂兄曰翼。从弟,从眔。”字形累贅,亦決非古文也。又案:“昆蟲”之“昆”亦假借字。《説文》:“䖵,蟲之總名也。”《爾雅·釋蟲釋文》:“䖵,蟲之總名也。”“䖵”即昆蟲本字。

檻《傳》:“檻檻,車行聲也。”《説文》:“檻,櫳也。”《文選·西京賦》:“鏤檻文棍。”薛注:“檻,闌也。”案:此假借字,純取其聲,與“緜緜”有本義者不同。《五經文字》作“大車艦艦”,“艦艦”猶“檻檻”,同一假借字也。

哼《傳》:“哼哼,重遲之貌。”《采芑》:“嘽嘽焞焞。”《釋文》:“焞,本又作哼。”《説文》作:“𠹃,口气也。从口,𦎫聲。”《荀子·哀公》:“無取口哼。”注:“哼,與諄同。”《莊子·胠篋》:“哼哼已亂天下矣。”注:“哼哼,以己誨人也。”又:“而悦夫哼哼之意。”《釋文》:“哼哼,以己誨人之貌。”以上皆“哼”字引申之義。此“哼哼”猶上章之“檻檻”,亦假借字之純取聲者也。《廣韻》作“大車噋噋”,不知所本,“噋”亦形聲字。

璊《傳》:“赬也。”《釋文》:“璊,音門。《説文》作𣯶,云:‘以毳為罽也。’解此璊云:‘玉赬色也。禾之赤苗謂之穈,玉色如之。’”《説文·玉部》:“璊,玉䞓色也。从玉,㒼聲。禾之赤苗謂之虋,言璊,玉色如之。玧,璊或从允。”又《毛部》:“𣯶,以毳爲繝。色如虋,故謂之𣯶。虋,禾之赤苗也。从毛,㒼聲。《詩》曰:‘毳衣如𣯶。’”[25]案:《詩》本作“璊”,《説文》有訛誤矣。蓋玉之為赤色者,如禾苗初生之色,故謂之“璊”,以“璊”、“虋”一聲也。今言毳衣之色如璊玉之赤,《傳》衹言

“赬”,不言“赬玉”,疑有闕文,當依《說文》訓為“玉經色也”。至“璊”字,另一義,無庸闌入。

穀《傳》:“穀,生。”《小宛》:“自何能穀?”《箋》:“穀,生也。”《爾雅·釋言》:“穀,生也。”案:穀,當讀如《漢書·敘傳上》“楚人謂乳穀”之“穀”,其字本作“鷇”。《說文》:“鷇,鳥子生哺者。从鳥,㱿聲。”《史記·趙世家》:“探爵鷇而食之。”《索隱》引曹大家:“鷇,雀子也。生受哺者謂之鷇。”《漢書·五行志中之下》:“有三戴鷇燒死。”注:“鳥子新生而哺者曰鷇。”又《東方朔傳》:“烏哺鷇也。”注引韋昭:“凡鳥哺子而活者為鷇。”亦作“𣪊”。《說文》:“𣪊,乳也。从子,㱿聲。”《廣雅·釋詁·一》:“𣪊,生也。”曹憲《音》:“𣪊,《春秋》之𣪊烏菟。”《左氏春秋·宣四年傳》:“楚人謂乳𣪊。”《論語·公冶長集解》:“姓鬬,名𣪊,字於菟。”《釋文》:“𣪊,本又作穀。”案:《漢書》注一則曰“鳥子新生而哺”,再則曰“烏哺子而活”,《說文》、《左傳》皆曰“乳”。乳,始生也,故《廣雅》訓“𣪊”為“生”。《詩》不曰“生則異室”而曰“穀則異室”者,言始生之時則異室,至既死之後則同穴,中間包括許多情事,詩人誠善於立言矣。“鷇”、“𣪊”、“穀”三字皆从“㱿”音,故得通假也。《說文》:“穀,續也,百穀之總名。从禾,㱿聲。”“穀”訓“續”,有生生不已之義,故“穀”亦有“生”義。《漢書·哀帝紀、外戚傳集注》、《後漢書·張衡傳》注,皆云:“穀,生也。”《穆天子傳·五》:“皇人受穀。”注:“穀,生也。”《文選·思玄賦》:“穀崑崙之高岡。”注:“穀,生也。”皆本《詩傳》、《爾雅》。《爾雅·釋天》:“東風謂之谷風。”孫炎讀“谷”為“穀”,訓“生也”。“谷”、“穀”同聲,故假借。

皦《傳》:“皦,白也。”《釋文》:“皦,本又作皎。”《文選·寡婦賦》注引作“有如皎日”。案:“皦”、“皎”皆形聲字。“皦”从敫,“敫”从白从放,“敫”有白義,“皦”字為古矣。《說文》:“皦,玉石之白也。从白,敫聲。”“皎,月之白也。从白,交聲。”分為二字,不知何所取義。《月出傳》:“皎,月光也。”《正義》:“皦是日光之名。”亦就《詩》說《詩》,非月光定作“皎”,日光定作“皦”也。

留《傳》:"留,大夫氏。"案:《説文》無"劉"字,有"鎦"字,徐鍇以為"鎦"即"劉",作篆書者皆遵之。留為周畿内邑,或周大夫食邑於留,因以為氏。羅泌以為堯長子考監明之後,蓋以"留"即"劉"也。鄭樵以為劉氏有二姓:一祁姓,堯裔孫劉氏以能擾龍事夏后孔甲,為御龍氏之後;一姬姓,成王封王之季子於劉邑,因以為氏,劉康公、劉獻公皆其後也。《漢書・地理志》:"緱氏。"注:"劉聚,周大夫劉子邑。"杜預曰:"緱氏西北,舊有劉亭。"[26]案:劉聚,即劉亭,其得"劉"名者,在劉子以前。《通志》以為有二氏,[27]未必然也。疑古者"劉累"亦作"留"字,劉聚、劉亭皆以之得名,字亦當作"留",因漢有"卯金刀"之讖,故古書多改為"劉"耳。《詩》在《左氏傳》以前,二"留"字幸而未改,談姓氏者當以《詩》為據。"劉"字為後出字,"鎦"字又形聲字之後出者矣。

施《傳》:"施施,難進之意。"《箋》:"施施,舒行伺間,獨來見己之貌。"《釋文》:"施,如字。"《説文》:"施,旗貌。从㫃,也聲。齊欒施字子旗,知施者旗也。"案:"施"本為施旗字,自後世借為施行、施用、施捨等字而"施"之本義晦矣。《孟子・離婁下》:"施施從外來。"注:"施施,猶扁扁,喜悦之貌。"扁扁,即"偏偏濁世佳公子"之"偏"。旗施必有偏偏之態,故借以為人喜説之貌。陸氏蓋亦知"施"字假借之義甚多,故曰:"施,如字。"當如其最初之一義也,"施旗"其最初之一義也。

校勘記

[1]"室西南隅",《八佾釋文》引鄭云"西南隅",無"室"字。

[2]"誠則明,明則著",《禮記・中庸》作"誠則形,形則著"。

[3]"衣錦絅衣,裳錦絅裳",此引句出自《鄭風・丰》,惟"絅"字作"褧"。《詩・唐風・葛生》無此引句。

[4]"得儁曰克",《左傳・莊公十一年》"儁"字作"雋",下《釋文》"儁"字同。

[5]"即罛字",《古文苑・蜀都賦》注"罛"字作"罛"。

[6]“顛木而肄生曰蘖”,《釋文》引馬云“蘖”字作“枿”。

[7]引文見《藝文類聚·果部下》引《古今注》。

[8]“鐵椹”,《玉篇》作“鈇椹”。

[9]“大耳垂也”,《說文·耳部》“耽”字下作“耳大垂也”。

[10]“宴然之時”,本詩《箋》“宴”字作“晏”。

[11]“以定宴陰之所成”,《呂覽·仲夏紀》“宴”字作“晏”,下引高注“宴”字同。

[12]“刀”,《釋名·釋船》作“舠”,《釋名疏證補》:“畢沅曰:‘舠,俗字也,當作刀。《北堂書鈔》、《初學記》、《御覽》皆引作舸。’”

[13]《周禮·考工記·廬人》注無“殳長丈二”語,此注出處見於《周禮·考工記·總目》“殳長尋有四尺”注。

[14]“从几”,《說文·殳部》“殳“字下作“几聲”。

[15]“弟二字與弟三字”,此順序從段氏《說文解字注》。

[16]今檢大徐本、段注本《說文·禾部》均未見“穚”字,惟桂馥本《說文·禾部》收有此字,云:“《詩·黍離釋文》云:‘《說文》作穚。’《廣韻》:‘長沙人謂禾二把為穚。’”吳氏所據蓋本此。

[17]案:《玉篇·彳部》“�”字下云:“徾,糜彼切。徾徾,猶遲遲也。今作靡。”未見引《詩》“行邁徾徾”文。

[18]“治《歐羊春秋》”,《隸辨·陽韻》“羊”字下引作“治《歐羊尚書》”。

[19]“陽陽,流也”,案:“陽陽”二字,王念孫《廣雅疏證·釋訓》作“洋洋”,云:“各本脫去‘洋洋’二字,其音內‘陽’字誤入正文,又衍作‘陽陽’二字,今訂正。”

[20]“無所求食而敖遊”,《莊子·列禦寇》“敖”字作“遨”。

[21]“敖,遨游也”,此訓乃《釋文》引王肅語,《釋文》云:“敖,……王肅云:‘遨游也。’”鄭注無此訓。

[22]“以伐遠楊”,《白孔六帖》卷八十二《採桑》“楊”字作“揚”。

[23]“爰爰,緩意也”,顏注作:“《王國風·兔爰》之詩云:‘有兔爰爰。’亦緩意。”

[24]“訛、譌、吪三形同”,《一切經音義》卷十二作:“訛言,古文蔿、譌、吪三形同。”

[25]原文脱引"《詩》曰:'毳衣如璊'"一句,今據下文文意補。

[26]"緱氏西北,舊有劉亭",案:《左傳·隱公十一年》:"王取鄔、劉、蒍、邘之田于鄭。"杜預於"鄔、劉"下注云:"二邑在河南緱氏縣,西南有鄔聚,西北有劉亭。"吴氏所引"杜預曰"蓋本此。

[27]"《通志》以為有二氏","有二氏"當作"有二姓",因上文明言"鄭樵以為劉氏有二姓"。

詩小學卷六

國　風

保山吳樹聲學

鄭　風

鄭風 陸氏曰："鄭者，國名，周宣王母弟桓公友所封也。其地，《詩譜》云：'宗周圻内咸林之地，今京兆鄭縣是其都也。'《漢書·地理志》云：'京兆鄭縣，周宣王弟鄭桓公邑。'是也。至桓公之子武公滑突隨平王東遷，遂滅虢、鄶而居之，即史伯所云'十邑之地，右洛左濟，前華後河，食溱洧焉'，今河南新鄭是也，在滎陽宛陵縣西南。"鄭介河洛之間，一大都會也。在春秋時，晉楚爭之以圖霸，鄭亦上國也。今觀其詩，凡二十一篇，除《緇衣》、《將仲子》、《叔于田》、《大叔于田》、《清人》、《羔裘》、《女曰雞鳴》七篇而外，宋儒皆以為淫奔之詩。《有女同車》、《山有扶蘇》、《蘀兮》、《狡童》四詩，《小序》以為"刺忽"；《褰裳》，《小序》以為"思見正也"；《風雨》、《子衿》，《小序》以為"思君子"，"刺學校廢"；《揚之水》，《小序》以為"閔無臣"。餘皆言男女者多，甚或以為男女相棄，淫風大行，莫之能救。嗚呼！六卿賦詩以見志，除《羔裘》不言男女之事，餘皆言男女之事乎？推原其故，皆本於《論語》有"鄭聲淫"一語。陳氏啟源曰："夫孔子言'鄭聲淫'耳，曷嘗言'鄭詩淫'乎？聲者，樂音也，非詩辭也；淫者，過也，非專指男女之欲也。古之言淫多矣，於星言淫，於雨言淫，於水言淫，於刑言淫，於遊觀田獵言淫，皆言過其常度耳。樂之五音十二律，長短高下皆有節焉。鄭聲靡曼幻眇，無中正和平之致，使聞之者導欲增悲，沉溺而忘返，故曰'淫'也。"陳氏之言，誠善解"淫"字矣。聲以為"鄭聲"對"佞人"言，原非鄭國之音。漢《張仲景書》："陽明病，……夫實則譫語。"[1]又："大小便利，手足冷，脈微細者必鄭聲。"解之者曰："譫語者，語無次弟，數數更端也；鄭聲者，謂鄭重頻煩也，只將一句舊言重疊頻言也。"據此，則樂之有鄭聲，猶病之有鄭聲。靡曼不已，其聲重疊，頻煩過於節度而不知，故曰"鄭聲淫"。無論何代、何地之樂，一誇多鬥靡，曼聲長歌，失於淫泆者，皆謂之"鄭聲"，知此則以"鄭聲"為鄭國之樂冤矣，且以為"鄭聲"為鄭國之詩更冤矣。鄭詩二十一篇，如有淫詩，我夫子刪《詩》訓世，亦何為而存之簡册哉？然則以為鄭國之聲淫，非鄭國之詩淫，亦非篤論也。又《楚辭·招魂》："起鄭舞些。"王逸注："鄭國之舞也。……或曰：'鄭舞，鄭重屈折而舞也。'"聲案：或說是也。"鄭舞"為"鄭重屈折而舞"，則"鄭聲"為"鄭重屈折之聲"可知。據此，則"鄭聲"非鄭國之聲益信。

粲《傳》："粲，餐也。"《釋文》："粲，七旦反，飧也。飧，蘇尊反。"《說文》："粲，稻重一秳，爲粟二十斗，爲米十斗，曰毇；爲米六斗大半斗，曰粲。从米，𣦼聲。"案：餐，《說文》："吞也。从食，𣦼聲。湌，餐或从水。"《伐檀》"餐"，《釋文》引《字林》："餐，吞食也。"《漢書·高后紀》："列侯幸得賜餐錢奉邑。"注："湌，所謂吞食物也。"[2]又引韋昭："湌，小食也。"又："熟食曰湌。""餐錢，賜廚膳錢也。""餐、湌同一字。"《韓信傳集注》引如氏："小飯曰餐。"《列子·說符》："而下壺餐以餔之。"據此，則"餐"與"湌"為一字，不過訓"吞"，訓"食"，訓"水澆飯"，不如"粲"字之訓為"米"為大雅矣。《三百篇》中不煩改字者，此類是也，《釋文》以為"饔飧"字尤誤。陸意以為《傳》訓"餐"，"餐"與"湌"同字，遂以从"夕"之"飧"字當之，其誤甚矣。《伐檀釋文》不誤。詳後。

蓆《傳》:"蓆,大也。"《釋文》:"蓆,音席。《韓詩》云:'儲也。'《說文》云:'廣多。'"案:"蓆"即"席"之異文。《禮·儒行》:"儒有席上之珍以待聘。"注:"席,陳也。"又宋本《正義》曰:"席,猶鋪陳也。"又案:"蓆"即"籍"之假借字,亦假借"席"。《漢書·賈捐之傳》:"相枕席於道路。"注:"席,即籍也。"[3]《說文》:"席,籍也。"《漢書·賈誼傳集注》引臣瓚:"席,籍也。"《蒯通傳集注》:"席,因也。"《劉向傳集注》:"席,猶因也。"案:"席"訓"鋪陳",又訓"籍"與"因"者,言鋪陳重籍相因也。此言"蓆"者,言衣之多,重籍如席也。首章言衣之適體,適體者未必皆佳,故次章言"好",好者未必能多,故三章曰"蓆",言其多也,《風》詩三章、四章之體例也。《詩》作"蓆"者,形聲字,不如"席"之古矣。

仁《正義》曰:"仁是行之美名,叔乃作亂之賊。謂之信美好而又仁者,言國人悅之辭,非實仁也。"案:此"仁"字即《論語》"或曰'雍也仁而不佞'"之"佞"字也。《說文》:"佞,巧讇高材也。"徐鍇曰:"从女,仁聲。"佞者,女子之仁。故於文,女仁為佞。《五經文字》:"佞,从仁。"《六書故》:"佞,从女,仁聲。"《一切經音義·二十四》:"偽善曰佞。字从女,从仁。"《玉篇》:"佞,口才也。"《廣雅》:"佞,巧也。"《一切經音義·三》:"佞,諂媚也。"引"《說文》:'口才也。'[4]亦德之稱也。"《左氏春秋·成十三年傳》:"寡人不佞。"服注:"佞,才也。不才者,自謙之辭也。"又《十六年傳》:"君幼,諸臣不佞。"《昭二十年傳》:"臣不佞,不能苟貳。"杜注並云:"佞,才也。"《公羊春秋·昭二十五年傳》:"喪人不佞。"何注:"不佞,不善。"《國語·晉語》:"夷吾不佞,其誰能恃乎?"韋注:"佞,才也。"案:"佞"為有才者之稱,故春秋、戰國時人多以"不佞"自謙,然其字从女、从仁,所謂婦人之仁也。民間但見叔之小有才,遂贊之曰"洵美且佞"耳。《詩》作"仁"者,用古字;《論語》作"佞"者,形聲字。《盧令》之"其人美且仁",與此正同。

烈《傳》:"烈,列。"《箋》:"列人持火。"《說文》:"𠛱,即"列"。分解也。从刀,𡿪聲。"《管子·法禁》:"故下與官列法。"注:"列,亦分也。"《五輔》:"大袂列。"注:"列、裂同,決之也。"[5]《荀子·哀公》:"兩驂列,兩服入廄。"注:"列,與裂同。"以上皆"列"之本義也。訓"行列"者,引申假借之義也。作"烈"者,亦假借。《說文》:"烈,火猛也。从火,𠛱聲。"此"烈"之本義也。必讀為"列"者,三"具"字方不落空。《文選·東京賦》:"火列具舉。"又《文選注·三》亦引作"火列具舉",皆知讀"烈"為"列"矣。

狃《傳》:"狃,習也。"《箋》:"狃,復也。"《書·君陳》:"狃於姦宄。"《疏》:"古言狃忕,是貫習之義。"《左氏春秋·桓十三年傳》:"莫敖狃于蒲騷之役。"注:"狃,忕也。"《僖十五年傳》:"一夫不可狃。"注:"狃,忕也。"《國語·晉語》:"得國而狃。"又:"歸必狃。"又:"一夫不可狃。"注並云:"狃,忕也。"《漢書·刑法志》"狃之以賞慶"注,又"則狃而寖廣"注,並云:"狃,串習也。"字亦作"忸"。《後漢書·戴就傳》注:"忸,忕也,猶言慣習。"《馮異傳》注:"忸,忕,猶慣習也。"《荀子·議兵》:"忸之以慶賞。"注:"忸,串習也。"案:作"狃"者,假借;後世作"忸"者,因假借變為形聲字也。《說文》:"狃,犬性驕也。从犬,丑聲。"此"狃"之本義也。

襄《箋》:"襄,駕也。"案:"襄"為古"囊"字,詳《牆有茨》。此"襄"字當為"驤"。《說文》:"驤,馬之低仰也。从馬,襄聲。"《六書故》戴氏侗曰:"《漢書》'交龍襄首'單借用'襄'字。"《文選·上林賦》:"消搖乎襄羊。"注:"襄羊,猶彷徉也。"聲谓:襄羊字亦"驤"之假借也。案:"上"亦假借字。《說文·馬部》"驤"字前有"馼"字,訓"馼馼,馬怒皃"。字亦假借"昂"。《楚辭·卜居》:"寧昂昂作千里之駒乎?"後世昂驤字本此。上襄,"馼驤"之借也。同一"襄"也,《牆茨》訓"除",本詩訓"駕",《大東》訓"反",望文生義,吾誰適從?

忌《傳》:"忌,辭也。"《箋》:"忌,讀如'彼己之子'之'己'。"《釋文》:"忌,注作己,同音記。"案:《傳》訓"辭",是也。意與"兮"同,輕言之為"兮"、為"緊",重言之為"忌"、為"己",亦假借字。

磬《傳》:"騁馬曰磬。"《說文》:"磬,樂石也。从石。声象縣虡之形。殳,擊之也。"《禮·文王世子》:"則磬於甸人。"注:"縣縊殺之曰磬。”案：“縊殺之曰磬”者，蓋取“縣”義。又《曲禮上》注：“磬且聽也。”《疏》：“磬者，謂屈身如磬之折殺。”《史記・滑稽列傳》：“簪筆磬折。”《正義》：“磬折，謂屈體揖之，若石磬之形曲折也。”《後漢書・馬援傳》注：“磬折者，屈身如磬之曲折。”此“磬”字或取“縣”義，能縣身而控御；或取“屈”義，能屈體而控引：故曰“磬控”。

控《傳》：“止馬曰控。”《正義》：“今止馬猶謂之控，是古遺語也。”《載馳》：“控于大邦。”《傳》：“控，引。”《說文》：“控，引也。从手，空聲。《詩》曰：‘控于大邦。’匈奴名引弓控弦。”案：既曰“引弓”，“控”又訓“引”，“引弓引弦”殊不可解。據《莊子・逍遙游釋文》引崔注：“控，叩也。”聲谓：“控”、“叩”一聲，訓“叩”者是也。《史記》夷、齊“叩馬而諫”，即控馬而諫也。“控”訓為“叩”，與古書皆合。《載馳》“控于大邦”，即叩于大邦。《左氏春秋・襄八年傳》：“無所控告。”即無所叩告也。《史記・劉敬傳》：“控弦三十萬。”即叩弦三十萬。《文選・西都賦》：“弦不再控。”即弦不再叩也。叩，古文作“敂”，與“扣”字通。“叩馬”即“扣馬”，使之不前，故曰“止馬”也。

送《傳》：“從禽曰送。”《正義》：“送，謂逐後。”《說文》：“送，遣也。”《史記・平準書》：“命曰株送徒。”《集解》引應劭：“送，引也。”《漢書・食貨志下集注》引應劭：“送，致也。”《荀子・富國》：“送逆無禮。”注：“送，致女。”“送”有引義，有致義。“縱送”云者，既能放去之，又能引致之也。

鴇《傳》：“驪白雜毛曰鴇。”《正義》：“驪白雜毛曰鴇，《釋畜》文。郭璞曰：‘今呼之為烏驄。’”《鴇羽序釋文》：“鴇，……似鴈而大，無後趾。”《說文》：“鴇，鳥也。肉出尺胾。从鳥，𠂓聲。”案：馬之色似鴇，故謂之“鴇”。

掤《傳》：“掤，所以覆矢。”《釋文》：“掤，音冰，所以覆矢也。馬云：‘櫝丸蓋也。’杜云：‘櫝丸，箭筩也。’”《說文》：“掤，所以覆矢也。从手，朋聲。”《書鈔・百二十六》引劉楨《毛詩義問》：“掤，[6]所以覆矢也，謂箭筒蓋也。”字亦假借“冰”。《左氏春秋・昭二十五年傳》：“公徒釋甲，執冰而踞。”賈注：“冰，櫝丸蓋也。”或云：“櫝丸是箭筩，其蓋可以取飲。"本詩《正義》引《左傳》服注："冰，櫝丸蓋。"案："冰"即"掤"，同聲假借。櫝丸，所以藏矢；"掤"為櫝丸之蓋，所以覆櫝丸，即所以覆矢，故《傳》云："掤，所以覆矢。"賈、服二注尤為明晰矣。

鬯《傳》："鬯弓，弢弓。"《小戎》："虎韔鏤膺。"《傳》："韔，弓室也。"《采綠》："言韔其弓。"《釋文》："韔，弢也。"《禮・檀弓下》："赴車不載櫜韔。"注："韔，弓衣。"又："韔弓。"注："韔，韜也。"《說文》："韔，弓衣也。从韋，長聲。《詩》曰：'交韔二弓。'"案："韔"為正字，作"鬯"者，同聲假借。《小戎釋文》："韔，本亦作暢。"[7]案"暢"亦同聲假借字，"韔"乃形聲字。

旁《釋文》："旁，補彭反。王云：'彊也。'"《北山》："王事旁旁。"《傳》："旁旁然不得已。"案：此"旁旁"與《北山》異訓。《烝民》："四牡彭彭。"《說文・馬部》："騯，馬盛也。"引作"四牡騯騯"。案："旁"為古字，"騯"為形聲字，《烝民》作"彭"為假借字。首章"旁旁"，言其盛也；次章"麃麃"，言其眾本詩《傳》訓"武貌"。詳下。也；三章"陶陶"，言其驅馳。《釋文》引王注訓為"彊"，與"盛"意合。《漢書・匈奴傳上集注》："彭彭，盛也。"《廣雅・釋訓》："彭彭，盛也。"二"彭"字亦假借字。

英《傳》："重英，矛有英飾也。"《箋》："各有畫飾。"《閟宮》："朱英綠縢。"《傳》："朱英，矛飾也。"《正義》："《清人》云'二矛重英'，故知'朱英，矛飾'，蓋絲纏而朱染之，以為矛之英飾也。"《周禮・掌節》："以英蕩輔之。"杜子春注："英蕩，畫函。"案："英"訓"畫"，此古義也。聲谓："畫"有二義：一為刻畫，一為繪畫。《續漢書・百官志・三》注引《周禮》干寶注："英，刻書也。"鄭云"畫飾"者，蓋刻畫於矛矜巨巾反。又作"穫"、"槃"。間，以為飾耳。《閟宮》所謂"朱英"者，刻畫為英，又染之以朱耳。陳氏啟源以《閟宮正義》"絲纏"之說並不質言之，而但作疑詞，是"絲纏"本無的據，其說甚當。《說文》："英，艸榮而不實者。一曰：黃英。从艸，央聲。"案：从央聲，故與"旁"、"翔"韻。《爾雅・釋山》："山，……再成，英。"注："再成曰英。"[8]"成"即"層"，可以想"英"字之義也。

麃《傳》:“麃麃,武貌。”《漢書·劉向傳集注》:“麃麃,盛也。”《逸周書·太子晉》:“志氣麃麃。”注:“麃麃,亦和擾也。”亦别作“儦”。《載驅》:“行人儦儦。”《傳》:“儦儦,眾貌。”聲谓:作“麃”,用古字;作“儦”者,形聲字。《載驅》訓“眾貌”是也,“駟介麃麃”亦當訓“眾貌”。首章言其彊盛,次章言其眾多,三章言其驅馳,《風》詩三章、四章之體例也。《吉日》:“儦儦俟俟。”《釋文》訓“趨”,別一義也。詳彼字。《碩人》:“朱幩鑣鑣。”《傳》亦訓“盛”,蓋眾盛貌也。“旁”亦訓“盛”者,彊盛貌也。从金,蓋訛字。詳彼字。

喬《傳》:“重喬,累荷也。”《箋》:“喬,矛矜近上及室題,所以縣毛羽。”《釋文》:“喬,毛音橋。鄭居橋反,雉名。《韓詩》作鷮。”案:鄭讀“喬”為“鷮”,與《韓詩》同,故有“縣毛羽”之說。聲谓:“喬”即“橋”之古文。《莊子·則陽》:“於是橋起。”《釋文》引王注:“橋,高勁。”《鴻烈解·主術》:“橋直植立而不動。”注:“橋,桔皋上衡也。”亦與“翹”通。《文選·江賦》:“蜛蝫森衰以重翹。”[9]注:“翹,尾也。”聲谓:“重翹”即《詩》之“重喬”也。又案:“矛”即戈也。《考工記》:“胡三之,援四之。”注:“鄭司農云:‘援,直刃也。胡,其孑。’”有直刃,則有横刃可知。《說文》:“孑,無右臂也。象形。”《左氏春秋·莊四年傳》:“授師孑焉。”注:“楊雄《方言》:‘孑者,戟也。’”[10]《正義》曰:“《方言》云:‘戟謂之孑。’郭璞云:‘取名於鉤孑也。’戟是擊刺之兵,有上刺之刃,又有下鉤之刃,故以‘鉤孑’為名也。”案:“下鉤之刃”即所謂“横刃”也。矛有直刃,有横刃,二者皆翹然高勁,故曰“重喬”也。

陶《傳》:“陶陶,驅馳之貌。”案:陶陶,《君子陽陽傳》訓“和樂貌”,與“驅馳”義不合。《禮·祭義》:“陶陶遂遂。”注訓“相隨行之貌”。疑“陶陶”者,“滔滔”之假借也。“滔滔遂遂”,故曰“相隨行之貌”。《楚辭·哀歲》:“冬夜兮陶陶。”注:“陶陶,長貌。”陶陶,疑亦“滔滔”之借,故有“長”意,滔滔如水之流。《禮記》注有“相隨”之義,《楚辭》注有“長”義,合二注為“不息”義,《傳》“驅馳”即有“不息”之義。“陶陶”作“滔滔”解,與“久而不召”意亦合。

侯《傳》:"侯,君也。"《釋文》:"侯,《韓詩》云:'侯,美也。'"《孝經》:"而况於公、侯、伯、子、男乎?"鄭注:"侯者,候伺。"《古微書》引《春秋元命苞》:"侯之言候,候逆順兼伺候王命矣。"《白虎通·爵》、《獨斷上》並云:"侯者,候也,候逆順也。""洵直且侯"者,言正直且能候順逆而為君侯也。毛義為優。

舍《箋》:"舍,猶處也。"《釋文》:"舍,音赦。王云:'受也。'"案:舍,古皆訓"止"。《易·屯釋文》、《周禮·司戈盾》"及舍"注、《公羊春秋·桓十六年傳》"舍,不即罪"注,皆云:"舍,止也。"《漢書集注》"舍"訓"止"者甚多,不具引。《箋》云"處","處"亦止也,當從《箋》說。古人"舍"、"釋"同字。《周禮·大胥》:"春,入學,舍采。"注:"舍,即釋也。"《管子》:"擇命不渝。"[11]段氏玉裁曰:"'擇'即'釋','釋'即'舍'也。"

晏《傳》:"晏,鮮盛貌。"《漢書·諸侯王表》:"而海内晏如。"注:"晏如,安然也。"《董仲舒傳》:"晏然自以如日在天。"注:"晏然,自安息也。"案:晏兮,即"晏如"、"晏然"也。《法言·孝至》:"粲也,晏也。"語蓋本此,注訓"和柔"是也。《後漢書·第五倫傳》、《何敞傳》、《陳寵傳》,注並云:"晏晏,温和也。"晏兮,猶晏晏兮,言羔裘温和也。羔裘温和,故服之者安也。亦詳《氓》。

粲案:粲,當讀如《大東》"粲粲衣服"之"粲",《傳》:"粲粲,鮮盛貌。"《伐木》:"於粲洒埽。"《傳》:"粲,鮮明貌。"《漢書·董仲舒傳》:"粲然有文以相接。"注:"粲,明貌。"《兒寬傳》:"天文粲然。"注:"粲然,明貌。"《法言·孝至》:"粲也,晏也。"注:"粲,文采。"言三德之人服此羔裘,粲然鮮明有文采也。

摻《傳》:"摻,擥。"《說文》:"擥,撮持也。从手,監聲。"《離騷》:"擥木根以結茝兮。"注:"擥,持也。"又:"夕擥洲之宿莽。"注:"擥,采也。"亦作"擥"。《漢書·五行志上》:"是以擥仲舒。"注:"擥,字與擥同,謂引取之。"《陳湯傳》:"擥城郭之兵。"注:"擥,總持之也。"《敘傳上》"擥葛藟而授余兮"注、《敘傳下》"克擥威神"注、"擥轡正席"注:"擥,執取也。"又別作"攬"。《莊子·在宥》:"此攬乎三王之利。"《廣雅·釋詁·三》:"攬,持也。"案:字本作"擥",形聲字。"擸"即"擥"之變體,作"攬"者俗字。作"摻"者,"參"、"監"聲近,故别作"摻"。

疌《傳》:"疌,速也。"《爾雅·釋詁》:"疌,速也。"舍人注:"疌,意之速。"《説文》:"疌,居之速也。从宀,疌聲。"案:《爾雅釋文》:"疌,本或作疌。"是也。"疌"即"捷"之本字。《説文》:"疌,疾也。从止,从又。又,手也。屮聲。"又:"㚔,機下足所履者。从止,从又,入聲。"聲谓:二字實一字。本从𠂤,即"矢"之古文也;从又,手也;从止,足也。凡織機者,手與足皆有事也。从矢者,矢疾也,天下之至疾者莫如矢,織機者取矢之疾,故从矢。"𠂤"之下體直貫於"彐"之下、"止"之上,故篆作"疌"。上體似"屮",故《説文》以為从屮;又似"入",故《説文》以為从入而分為二字。"疌"从矢,矢有疾意,故亦訓"疾",由機㚔字引申而出也。《詩》言"不疌故"顧"之假借。詳下。也",專取"疾"意,無取乎"居"。作"疌"者,蓋亦假借字。

故《史記·張釋之馮唐傳》注:"故行不行。"《索隱》:"故,與雇同。"案:此借"故"為"雇"也。《禮·祭統》:"顧上先下後耳。"《疏》:"顧,故也。"案:此借"顧"為"故"。聲谓:"故"、"顧"同聲,故例得假借,"顧"亦从雇聲也。不疌故也,猶云有賢而不捷疾顧之也,下章"好"字方通。首章言顧之,次章言好之,亦一層深一層,《風》詩之體例也。《説文》:"故,使為之也。"不疌故也,猶言不疾使之,亦通。"故"訓"使為之",故有"使"義。

魗《傳》:"魗,棄也。"《箋》:"魗,亦惡也。"《釋文》:"魗,本亦作㱆,又作𣪊,市由反。或云:'鄭音為醜。'"《正義》曰:"魗與醜,古今字。"案:《正義》用鄭音,是也。《十月之交》:"亦孔之醜。"《傳》:"醜,惡也。"《泮水》:"屈此群醜。"《箋》:"醜,惡也。"《説文》:"醜,可惡也。从鬼,酉聲。"案:《詩》作"魗"者,从鬼、壽聲,皆形聲字也。亦有訓為"恥"者。《國策·秦策》:"皆有詬醜大誹。"注:"醜,恥也。"《吕覽·節喪》:"無此之醜。"又《慎人》:"蓋君子之無所醜也。"注並云:"醜,恥也。"又《不侵》:"而欲醜之以辭。"注:"醜,或作恥。"案:"醜"、"恥"

一聲,亦古訓也。“醜”有恥義,故可通假。此“醜”字訓為“恥”,亦可通,不如遵用鄭說矣。

好《箋》:“好,猶善也。”《釋文》:“好,如字。鄭云:‘善也。’或呼報反。”案:“好”讀“呼報反”,是也。言無以我為恥,以有賢人而不疌疾好之也。餘詳上“故”字。

弋《箋》:“弋,繳射也。言無事則往弋射鳧鴈,以待賓客為燕具。”案:《說文》:“弋,橜也。象折木衺銳著形。从厂,象物掛之也。”《爾雅·釋宮》:“雞棲於弋為榤。”《疏》引李注:“弋,橜也。”據此,則“繳射”亦非“弋”之本義。繳射字,《說文》作“隿”。《書·多士》:“敢弋殷命。”《傳》:“弋,取也。”《管子·侈靡》:“觀危國過君而弋其能者。”注:“弋,取也。”鳧鴈皆家禽,不應繳射,依《書傳》、《管子》注,訓為“取”,易辭也,所謂“取諸其宮中”也。次章“弋言加之”,“弋”亦“取”也,謂取而加之也。言,語詞也。詳下“鴈”字。

鴈《說文·鳥部》:“鴈,鵝也。从鳥、人,厂聲。”《六書故》:“唐本曰:‘从仄,从鳥。’”又《隹部》:“雁,鳥也。从隹,从人,厂聲。讀若鴈。”據此,則“鴈”與“雁”截然兩字,決不相蒙。聲謂:後世不知鴈為鵝,本家禽也,遂不能解“弋”字。“鴈”有與“鳧”連稱可定為家禽者。《爾雅·釋鳥》:“鳧,鴈今誤作“雁”。醜,其足蹼,其踵企。”陸佃曰:“今鳧鴈之醜,行則皆前幕布地,後踵企,故曰‘其踵企’也。”《荀子·富國》:“然後飛鳥鳧鴈今亦誤作“雁”。若煙海。”《賈子》:“鄒穆公有令,食鳧鴈者必以秕。”《說苑》:“君之鳧鴈,食以菽粟。”《文選·雜詩》:“方塘含白水,中有鳧與鴈。”以上“鴈”皆與“鳧”連稱,鳧為家禽,鴈不應為野禽也。有單稱“鴈”而可證其為家禽者。《漢書·翟方進傳》:“有狗從外入,齧其中庭群鴈數十。”《韓詩外傳》:“三斗之稷不足於士,而君鴈鶩有餘粟。”《禮·王制》:“稻以鴈。”《莊子·山木》:“命豎子殺鴈而烹之。”《鹽鐵論》:“轂膹鴈羹。”《方言·八》:“鴈,自關而東謂之駉鵝,南楚之外謂之鵝,或謂之倉駉。”《廣雅》:“鳴鵝、倉即“蒼”。鳴,鴈也。”《儀禮·聘禮記》:“出如舒鴈。”注:“舒鴈,鵝。”以上單稱“鴈”可以決其為家禽者也。家中畜養鳧鵝,何必以繳矢射之?將翺將翔，又何以知其為"習射"？《傳》文。《詩》中稱"將翺將翔"者亦不一，《同車》篇兩見，《傳》無訓釋。竊謂夫婦相警戒，或者來朝有賓客之事，商量早起弋取鳧鴈，詎過於早，明星尚有爛然在天者，於是乎"將翺將翔"以俟天明，猶言"徘徊待旦"云耳。必天明而後弋取鳧鴈者，亦情事之常耳。《風》詩為里巷謳吟，弟描寫眼前情景而美刺褒貶自見於言外，所謂淺人見淺也。若故意求深，未有不失之穿鑿附會者也。

加 《箋》："所弋之鳧鴈，我以為加豆之實，與君子共肴也。"案：本文並無"豆"、"肴"等字，未免望文生義。《國語·鄭語》："將俟淫德而加之焉。"注："加，遺也。""弋言加之"者，猶言弋而遺之也。所遺者何？與子為宜也。似此一字不添，或者亦以經解經之一法也。

宜 《傳》："宜，肴也。"《爾雅·釋言》："宜，肴也。"李注："飲酒之肴也。"案：《爾雅》並李注皆本《詩傳》。《說文》："宜，所安也。"《鳧鷖》："公尸來燕來宜。"《傳》："宜，宜其事也。"《漢書·張騫傳集注》："宜，猶當也。"《呂覽·當賞》："爵祿之所加者宜。"注："宜，猶當也。"案："加"與"宜"古韻也。言"弋鳧與鴈"者何？將以遺人也。所遺何人？與子為相宜也。如此解，兩"之"字亦有著落矣。

靜 《傳》："無不安好。"《柏舟》、《氓》"靜言思之"，《傳》皆云："靜，安也。"[12]《國語·晉語》"宵靜女德，以伏蠱慝"注、《漢書·翟義傳集注》，皆云："靜，安也。"蓋本《詩傳》。《說文》："靜，審也。从青，爭聲。"安詳與詳審，義亦相因也。

舜 《傳》："舜，木槿也。"《正義》曰："陸璣《疏》云：'舜，一名木槿，一名櫬，一名曰椴，齊魯之間謂之王蒸，今朝生暮落者是也。'"《說文·艸部》："蕣，木堇，朝華暮落者。从艸，䑞聲。《詩》曰：'顏如蕣華。'"又《舜部》："䑞，艸也。楚謂之葍，秦謂之藑。蔓地連華。象形。从舛，舛亦聲。"案：从艸者為木槿，亦名"日及"。《廣雅》："日及，木槿也。"[13]亦名"朝生"。《國策·秦策》："君危於累卵，而不壽於朝生。"高注："朝生，木堇也。朝榮夕落。"《呂覽·仲夏紀》："木堇榮。"注："木堇朝榮暮落，是月榮華，可用作蒸。雜家謂之'朝生'。一名

‘蕣’,《詩》云:‘顔如蕣華。’是也。”《爾雅・釋草》:“椵,木槿;櫬,木槿。”樊光曰:“别二名也。其樹如李,其華朝生暮落,與草同氣,故在《草》中。”《本草衍義》:“木槿如小葵,花淡紅色,五葉成一花,朝開暮斂,湖南北人家多種植為籬。”桂氏馥曰:“此所謂‘槿籬’也。”聲谓:木槿色質俱粗,不堪比擬,則《説文》“从艸”之“蕣”非也。《説文》:“楚謂之葍。”又:“葍,䔰也。”《詩・我行其野》:“言采其葍。”陸璣《疏》曰:“葍,一名䔰。河内人謂之蓑,幽州人謂之燕葍。一名爵弁。有兩種:一種莖葉細而香,一種莖赤而有臭氣。”《説文》:“秦謂之藑。”又:“藑茅,葍也。一名舜。”陸《疏》:“葍,一名藑。其華有兩種:一種莖葉細而香,一種莖赤而有臭氣。”聲谓:“葍”與“藑”皆不以華顯,其色亦不美,則《説文》訓“艸”之“舜”亦非也。據《山海經・大荒南經》:“有水四方,名曰俊壇。”注:“舜壇也。”又《大荒東經》:“帝俊生中容。”注:“俊亦舜字假借音也。”聲谓:舜,《説文》作“𦳝”,上从匧,下从舛,不知其義,疑籀文“雋”字,以其字體繁重知之。古文作“雋”,籀文作“𦳝”,形聲字作“儁”與“俊”。舜華、舜英,即儁即“俊”字。華、儁英也,儁亦美好之名也,言其顔如美好之華,美好之英耳。《爾雅》:“櫬,木槿。”“舜”與“櫬”音近,遂誤作“舜”,又加“草”作“蕣”,注疏家尊奉之,展轉傳訛,遂莫能有知其謬誤者矣。

都《傳》:“都,閑也。”《都人士箋》:“城郭之域曰都。”《正義》:“都者,聚居之處。”《出其東門箋》:“闍,讀當如彼都人士之都。”《正義》:“都者,人所聚會之處。”《釋名・釋州國》:“國城曰都。都者,國君所居,人所都會也。”《書・文侯之命》:“簡恤爾都。”鄭注:“都,國都也。”《文選・東京賦》:“其西則有平樂都場。”薛注:“都,謂聚會也。”《左氏春秋・莊二十九年傳疏》引《釋例》:“都邑者,人之聚也。”案:訓“聚”者,“都”之本義。《史記・司馬相如傳》:“姣冶嫻都。”《索隱》引郭璞:“都,雅也。”案:雅,古音若五,“都”訓“雅”,平、上疊韻也。自來都會人物,必不同於田舍翁。謂之“都”者,猶云不俗也,不俗之謂雅矣。洵美且都,信美而且雅也。

將《傳》:“將將,鳴玉而後行。”《釋文》:“將將,七羊反,玉佩聲。”案:《釋文》是也。此亦假借字之純取音者。

扶《傳》:“扶蘇,扶胥,小木也。”《說文》:“枎,枎疏,四布也。”案:“枎”从木,《詩》作“扶”者,假借。毛以“扶蘇”即“扶胥”,許以“扶疏”為“枎”也。

蘇《史記·淮陰侯列傳》:“樵蘇後爨。”《集解》引《漢書音義》:“蘇,取草也。”《莊子·天運》:“蘇者取而爨之。”《釋文》引李注:“蘇,草也。”《列子·周穆王》:“若累塊積蘇焉。”注:“蘇,樵。”《方言·三》:“蘇,草也。”案:“蘇”訓“草”,謂樵取之草也。“山有扶蘇”者,言山有扶疏四布之草,非美材也。

荷《傳》:“荷華,扶渠也,其華菡萏。”《釋文》:“菡萏,荷華也。未開曰菡萏,已發曰芙蕖。”案:荷,水草也,古名“菡萏”,名“芙蕖”,名“芙蓉”,不名為“荷華”。惟《澤陂》與此詩“荷”字二見,以《簡兮》“山有榛,隰有苓”,《山有樞》“山有樞,隰有榆”、“山有栲,隰有杻”、“山有漆,隰有栗”,《車鄰》“阪有漆,隰有栗”、“阪有桑,隰有楊”,《晨風》“山有苞櫟,隰有六駮”、“山有苞棣,隰有樹檖”等語例之,雖曰“下濕曰隰”,其不能生水草也,亦明矣。《說文》:“苛,小艸也。从艸,可聲。”《漢書·高帝紀上集注》:“苛,細也。”古人多假借“荷”。《詩·大序》:“哀刑政之苛。”《釋文》:“苛,本亦作荷。”《禮·檀弓下》:“無苛政。”《釋文》:“苛,本亦作荷。”《樂記》注:“紂時苛政也。”《釋文》:“苛,本又作荷。”《左氏春秋·昭十三年傳》:“苛慝不作。”《釋文》:“苛,本或作荷。”《漢書·酈食其傳》:“好荷禮。”注:“荷,細也。”[14]漢《衡方碑》:“糾剔荷忒。”[15]《街彈碑》:“吏無荷擾之煩。”以上“苛”皆假借“荷”。據此,則此“荷”字亦“苛”字之假借也。山與隰之中宜有名材矣,乃山則有枎疏之草蘇,隰則有苛細之草華,何怪乎“不見子都,乃見狂且”也。

都《傳》:“子都,世之美好者也。”《箋》:“人之好美色,不往覩子都,乃反往覩狂醜之人。”案:都,亦當如上篇訓為“雅”,猶言不見子之大雅,“大雅”猶俗言“大方”耳,與下“狂且”正相反。

且《傳》:"且,辭也。"案:《詩》中"且"字有用為"詞"者,如《北風》之"既亟只且"、《褰裳》之"狂童之狂也且""且"字是也。有不能訓為"詞"者,如《溱洧》之"士曰既且"及此詩之"乃見狂且"字是也。《說文》:"嫭,驕也。"李善《文選·琴賦》注引《說文》:"嫭,嬌也。"字亦作"怚"。《說文·心部》:"怚,驕也。"《廣韻》"怚"與"嫭"同,"憍即"驕"。也",本《說文》。亦別作"姐"。稽康《幽憤詩》:"恃愛肆姐,不訓不師。"李善注:"姐,與嫭同。"[16]案:"狂且"即"狂怚",言其狂蕩而驕恣,與上文"都"字正相反。《詩》作"且"者,用古字;作"怚"與"姐"者,形聲字;《說文》作"嫭","怚"轉為去聲後之形聲字也。

橋《箋》:"橋據《釋文》並文義,均當作"槁"。松在山上,喻忽無恩澤於大臣也。"《釋文》:"鄭作槁,苦老反,枯槁也。"《說文》:"槁,木枯也。从木,高聲。"《國語·魯語》:"稓魚鼈以為夏槁。"注:"槁,乾也。"《史記·禮書》:"舉若振槁。"《索隱》:"槁,乾葉也。"案:鄭訓為"枯槁",是鄭所見者明是"槁"字,因形聲與"橋"字皆近,傳寫者遂誤為"橋"。山與隰之中必有大木名材,乃山則有枯槁之松,隰則有名"游龍"之蓼,勿怪乎"不見子充,乃見狡童"也。"充"即充實而有光輝之"充"。上章"都"字就儀容說,言其表;此章"充"字就性情說,言其裏。"充"字與下"狡童"字亦正相反。

狡童《傳》:"狡童,昭公也。"《箋》:"狡童有貌而無實。"《說文》:"狡,少狗也。从犬,交聲。"引之為狡獪,為狡猾。《一切經音義·十八》引《通俗文》:"小兒戲謂之狡獪。"《廣雅·釋詁·四》:"狡,獪也。"《史記·淮陰侯傳》:"狡兔死。"《集解》引張晏:"狡,猶猾。"又《索隱》:"狡,猾也。"[17]《呂覽·尊師》:"東方之鉅狡也。"注:"狡,猾。"童,《褰裳傳》:"狂行,童昏所化也。"《國語·鄭語》:"而近頑童窮固。"注:"頑童,童昏。固,陋也。"《賈子·道術》:"亟見窕察謂之慧,反慧為童。"亦別作"僮"。《廣雅·釋訓》:"僮昏,疾也。"言不見子之充滿誠實,而乃見此狡獪童頑。"狂且"、"狡童"皆雙字。

蘀《傳》:“蘀,槁也。”《正義》:“落葉謂之蘀。”《七月》:“十月隕蘀。”《鶴鳴》:“其下維蘀。”《傳》並云:“蘀,落也。”《說文》:“蘀,艸木凡皮葉落陊地為蘀。从艸,擇聲。《詩》曰:‘十月隕蘀。’”案:《說文》是也。《正義》本《說文》,無“皮”字,字義尚未全。

漂《傳》:“漂,猶吹也。”《釋文》:“漂,本亦作飄。”《鴟鴞》:“風雨所漂搖。”字亦作“漂”。“飄”為“飄風”字。案:“漂”、“飄”皆形聲,而“漂浮”與“回風”意自別。《說文》作“漂,浮也”;“飄,回風也”:二字後世亦通用。

丰《傳》:“丰,豐滿也。”《箋》:“面貌丰丰然豐滿,善人也。”《釋文》:“丰,面貌豐滿也。《方言》作妦。”《說文》:“丰,艸盛丰丰也。从生,上下達也。”案:此“豐盛”字古文。亦作“豐”者,器中豐滿之意也,“夆”、“蚌”等字从之。《文選》謝靈運《湖中瞻眺》詩:“升長皆丰容。”注:“丰容,悅茂貌。”案:謝意本《詩》。《小爾雅》:“丰,豐也。”引之為丰采,為丰神,後世或借用“風”矣。

昌《傳》:“昌,盛壯貌。”《還》:“子之昌兮。”《傳》:“昌,盛也。”《猗嗟》:“猗嗟昌兮。”《傳》:“昌,盛也。”《說文》:“昌,美言也。从日,从曰。一曰:日光也。《詩》曰:‘東方昌矣。’”《春秋元命苞》:“代殷者為姬昌。”注:“昌,兩日重見,言明象。”案:兩日重見,所謂“日重光”也。“光”為“昌”之本義,“盛”與“美”皆其引申之義矣。首章言其形體豐滿,次章言其氣象光昌,自是兩意,“盛壯”恐非《詩》意。

堂《箋》:“堂,當為棖。棖,門梱上木近邊者。”《釋文》:“堂,並如字,門堂也。鄭改作棖,直庚反。”《正義》申《傳》:“此《傳》不解‘堂’之義。王肅云:‘升於堂以俟。’孫毓云:‘《禮》:“門側之堂謂之塾。”謂出俟於塾前,詩人此句故言“堂”耳。’”又引:“《士昏禮》:‘主人升堂,西面;賓升堂,北面。’……是則士禮受女於廟堂,庶人雖無廟,亦當受女於寢堂,故以王為毛說。”又申《箋》:“上言於巷,此言於堂。巷之與堂,相去懸遠,非為文次,故轉堂為棖。棖是門梱上豎木,近門之兩邊者也。”案:“堂”、“棖”音相近,古本通假。《論語·公冶長》:

“申棖。”《釋文》：“《史記》作申棠。”[18]《終南》：“有紀有堂。”《白帖·五》作“有杞有棠”。《魯峻碑》：“棠棠忠惠。”《嚴訢碑》：“棠棠容貌。”以上“棠”皆“堂”之借。據此，則“堂”可讀為“棖”，鄭氏之說亦非無據也。

茹藘《傳》：“茹藘，茅蒐也。男女之際近而易，則如東門之墠；遠而難，則茹藘在阪。”《箋》：“茅蒐之為難，淺矣，易越而出。此女欲奔男之辭。”《釋文》：“茹藘，茅蒐，蒨草也。”聲谓：此詩之詠“茹藘”，猶《簡兮》之言“榛”、“苓”，《論語》逸詩之詠“常棣”，《離騷》之詠各種香草也。作詩者偶適東門，見其阪有茹藘，隨口摭拾以資吟詠。所謂“其人”者，或為賢士，或為美人，人不同而相思則一也。相思之人不同，而相思之肫摯則一也。風人言之，不過借抒其幽憤；聖人存之，欲人感發其逸志。何所見而知其男女之近遠，又何所見而知其為女欲奔男？陳氏啟源曰：“宋儒傳《詩》，至《鄭風》，[19]滿紙皆淫媟之談耳。《狡童》、《褰裳》二篇，摹畫蕩婦口角，尤鄙穢無度。此正士所不忍出諸口，不知大儒何以形諸筆也？”聲谓：此等污衊，實作俑於毛、鄭。

踐《傳》：“踐，淺也。”《箋》：“栗而在淺家室之內，言易竊取。栗，人所啗食而甘耆，故女以自喻也。”《說文》：“踐，履也。从足，戔聲。”《禮·曲禮上》：“修身踐言。”《文王世子》：“周公相，踐阼而治。”注並云：“踐，履也。”又《曲禮》：“則必踐之。”《釋文》引王注：“踐，履也。”《詩·破斧正義》引《書大傳》：“踐之者，籍之也。”《廣雅·釋言》：“踐，蹐即“籍”字。也。”案：“踐”、“籍”雙聲。古義訓“履”者，引申之義也。言東門之栗，有人履其家室者，我不能往，豈不爾思哉？亦子不我即耳。詩祇兩章，反覆讀之，與《論語》所引逸詩口吻絕似，誠不知何所見而以為淫詩也。

潚《傳》：“瀟瀟，暴疾也。”《說文》：“潚，深清也。从水，肅聲。”《後漢書·張衡傳》：“迅飈潚其媵我兮。”注：“潚，疾也。”《文選》引舊注作“疾貌”。案：二注與毛義合。《水經注·湘水》篇：“神遊洞庭之淵，出入潚湘之浦。”[20]又釋“潚”字云：“水清深也。”今俗以潚湘為二水名，且“潚”誤為“瀟”矣，此晉以前無“瀟”字之證也。《廣韻·三蕭》有“潚”無“瀟”,《一屋》有“潚”無“瀟”,此宋以前無“瀟”之證也。疑《詩》本作“潚”,故《釋文》:“潚,音蕭。”[21]“肅”有“蕭”音,“蕭”、“簫”、“嘯”等字皆从其音,“潚”字亦諧“肅”音。淺人不知,妄加“艸”作“瀟”矣。首章言“淒淒”者,未甚也;次章言“潚潚”,稍暴疾矣;三章言“如晦”,則烈風驟雨矣。亦一章深似一章,《風》詩之體例也。

瘳 《傳》:“瘳,愈也。”《說文》:“瘳,疾瘉今作“愈”。也。从疒,翏聲。”《瞻卬》:“靡有夷瘳。”《傳》:“瘳,愈也。”首章言“夷”者:夷,平也,病半瘉半兩相平,故曰“夷”。次章言“瘳”,病已全瘉。本無病,何以言平,何以言瘉?思見“君子”,如飢如渴,不啻病者之望瘉。《左氏春秋·昭十三年傳》:“其何瘳於晉?”《莊子·人間世》:“庶幾其國有瘳乎!”皆借用也。三章言“喜”,意更深於瘉矣。此《風》詩之體例,語意與《草蟲》篇相似,不知何所據而以為輕佻狎暱也,又不知何所據而以為淫奔之詩也。

衿 《傳》:“青衿,青領也,學子之所服。”《釋文》:“衿,本亦作襟。”又:“學子以青為衣領緣衿也。”《正義》:“衿與襟,音義同。衿是領之別名。”《說文》:“裣,交衽也。从衣,金聲。”案:“衿”字見於《詩》及《左傳》;“襟”字見於《釋名》,《釋衣服》:“襟,禁也。交於前,所以禁御風寒也。”《說文》“裣”亦形聲字,不如“衿”字之古矣。《爾雅·釋器》:“衣眥謂之襟。”注:“襟,交領。”《顏氏家訓·書證》引《爾雅》郭注,又引《列女傳》曹大家注:“襟,交領也。”[22]訓“交領”較《傳》尤明晰。《說文·糸部》:“紟,衣系也。”籀文作“絵”。以此例之,恐“裣”亦籀文也。

嗣 《傳》:“嗣,習也。古者教以《詩》、《樂》,誦之歌之,弦之舞之。”《箋》:“嗣,續也。女曾不傳聲問我以恩,責其忘己。”《釋文》:“嗣,如字。《韓詩》作詒。詒,寄也,曾不寄問也。”案:鄭與韓說同。毛訓“習”,“嗣”無“習”義,蓋“肆”之假借也。古者“肆”、“肄”同字。《說文》:“隸,習也。从聿,希即“豸”字。聲。肄,篆文隸。”經史皆作“肄”,訓“習”。《周禮·射人》注:“治射儀,謂肆之也。”《疏》:“肆則習也。”古人同聲字可以假借,如《書》:“舜讓於德,弗嗣。”《史記·五帝紀》作“舜讓於德,不懌”,“嗣”亦假借字也。又案:毛或本作“肆”,故訓“習”。如假借,則當云“嗣,肆也”。韓本作“詒”,毛本不可作“肆”乎?惜無古本可考矣,鄭本作“嗣”無疑。

來《傳》:“不來者,言不一來也。”案:不一來,謂學子無一人來者,一學子亦無一次來者。“禮聞來學,不聞往教”,連上章,二“往”字皆指學師。言無一人一次來學者,學校之廢,於斯極矣。

挑《傳》:“挑達,往來相見貌。”《釋文》:“《說文》作叓。”《說文·又部》:“叓,滑也。《詩》云:‘叓兮達兮。’从又、屮。一曰:取也。”案:此“挑”之古文也。从屮,“屮”為有枝岐之物,“青”、“声”皆从之是也。从又,又,手也。手持屮以挑之,與“[illegible]”即“殳”字。同意。輕則曰“叓”,故从屮;重則曰“[illegible]”,故从[illegible],會意字也。聲為之說曰:“叓”即“挑”之古文,“達”即“撻”之古文。《說文·手部》:“挑,撓也。”又“撻,鄉飲酒罰不敬,撻其背。”《周禮·閭胥》:“凡事,掌其比、觵撻罰之事。”注:“撻,扑也。”輕則曰“挑”,故訓為“撓”;重則曰“撻”,故訓為“扑”。言學業之廢,或彼此挑撻,或來往城闕,求一日之面而不可得,故曰“一日不見,如三月兮”。“城闕”是兩地,非城之闕也。據《易》“艮為門闕”,不當與“城”字連讀。詳下。鄭氏望文生義,至謂“好登高,……以望候為樂”,未免迂腐。

闕《傳》:“乘城而見闕。”《箋》:“國亂,人廢學業,但好登高,見於城闕,以候望為樂。”《說文》:“闕,門觀也。从門,欮聲。”《釋名·釋宮室》:“闕,闕也,在門兩旁,中央闕然為道也。”《易·說卦傳》:“艮為門闕。”《左氏春秋·莊二十一年傳》:“鄭伯享王于闕西辟。”注:“闕,象魏也。”《穀梁春秋·桓三年傳》:“不出闕門。”注:“闕,兩觀也,在祭門之外。”《史記·秦本紀》:“築冀闕。”《正義》引劉伯莊……。[23]《漢書·五行志上》:“雉門及兩觀災。”注:“兩觀謂闕。”《呂覽·仲冬》:“塗闕庭門閭。”注:“闕,門闕也,於《周禮》為象魏。”《水經注》引穎容說:“闕者,上有所失,下得書之於闕,所以求論譽於人,故謂之闕矣。”據以上書,闕自為闕,與城無與。歷考古書,亦從無“城闕”連文者。《論語》有“闕黨”,亦不定宮觀始有闕。自毛、鄭誤讀連文,其說難通矣,知"城"與"闕"為二事則豁然矣。

迋《傳》:"迋,誑也。"《說文》:"迋,往也。从辵,王聲。《春秋傳》曰:'子無我迋。'"《左氏春秋·襄二十八年傳》:"君使子展迋勞於東門之外。"注:"迋,往也。"又《三十一年傳》:"衛襄公……過鄭,印段迋勞于棐林。"以上本義。又《昭二十一年傳》:"子無我迋。"注:"迋,恐也。"《楚辭》:"魂迋迋而南行。"王注:"迋迋,惶遽貌。"《文選·長門賦》:"魂迋迋若有亡。"李善注:"迋迋,恐懼之貌。"以上借義,皆非《詩》義。毛云"誑"者,蓋假借字。《禮·曲禮上》:"幼子常視毋誑。"《釋文》:"誑,欺也。"《國語·周語》:"以誑劉子。"又《晉語》:"天又誑之。"注並云:"誑,惑也。"《曲禮釋文》:"誑,本或作誆。"案"誆"、"迋"皆从王聲,故假借。

雲《傳》:"如雲,眾多也。"《箋》:"如雲者,如其從風,東西南北,心無有定。"《敝笱傳》:"如雲,言盛也。"案:"盛"亦眾多之意也。《詩》義但詠其眾多,不暇問其心思,觀下文"雖則如雲,匪我思存"可見。鄭氏加以"從風"等語,宋儒於鄭詩以淫奔概之,實濫觴於此。

員《釋文》:"員,音云,本亦作云。《韓詩》作魂。魂,神也。"《正義》曰:"云、員,古今字,助句辭也。"《玄鳥》:"景員維河。"《箋》:"員,古文作云。"《書·秦誓》:"若弗云來。"《疏》:"員,即云也。"據此,則本亦有作"員"者。《漢書·韋賢傳》:"追思黃髮。"師古注:"雖則員然,尚猶詢兹黃髮,則罔所愆。謂雖有員然之失,庶幾以道謀於黃髮之賢,則行無所過矣。……員,與云同。"聲谓:"員"、"云"一聲,故通。《韓詩》作"魂",則新而纖矣。

闉闍《傳》:"闉,曲城也。闍,城臺也。"《箋》:"闍,讀當如彼都人士之都,謂國外曲城之中市里也。"《說文》:"闉,城內重門也。从門,垔聲。"案:"重門"見《易》,當依許氏。《說文》:"闍,闉闍也。从門,者聲。"戴氏震引《考工記》、許叔重《五經異義》說城隅之制曰:"據《記》考之,公、侯、伯之城,皆當高五雉,城隅與天子宮隅等。門臺謂之宮隅,城臺謂之城隅。天子、諸侯臺門,以其四方而高,故有隅之稱。"聲亦謂以其四方而高,故有臺之稱;有重門即有重臺,故曰

"闉闍"。"出其闉闍"者,出此重門臺隅之外也。《正義》稱"闉是門外之城,即今之門外曲城",蓋據唐制以定古也,未確。《爾雅·釋宮疏》引李注:"闍,積土為之,所以觀望。"《詩正義》本之曰:"闍是城上之臺,謂當門臺也。"李注之"臺",不知在城何所。《詩正義》既曰"城上臺",明知出入所不必由;又曰"謂當門臺",當門何必有臺,有臺亦何能出入?望文生義,皆不可解,故皆不取。當與"俟我於城隅"條參看。

荼《傳》:"荼,英荼也,言皆喪服也。"《箋》:"荼,茅秀,物之輕者,飛行無常。"《儀禮·既夕記》:"茵著用荼。"注:"荼,茅秀也。"《國語·吳語》:"望之如荼。"注:"荼,茅秀也。"亦作"茅莠"。《周禮·地官·序官》:"掌荼。"注:"荼,茅莠。"《大戴記·夏小正》:"灌荼。"《傳》:"荼,雚葦之秀。"《漢書·禮樂志》:"顏如荼。"注引應劭:"荼,野菅,白華也。"又:"今俗所謂蒹錐也。"首章言其多,"有女如雲"非不多也,"匪我思存"矣;次章言其美,"有女如荼"非不美也,"匪我思徂"矣。詳下。《箋》謂"物之輕者",與解"如雲"意同,恐非《詩》意。現有"縞衣茹藘"之人,毛謂"皆喪服",亦非《詩》意。

且《釋文》:"且,音徂,《爾雅》云:'存也。'舊子徐反。"案:《爾雅》"徂"有"往也"、"存也"二訓,"往也"一訓即《天作》"彼徂矣"依古讀,詳彼處。之"徂"。上章言所思不在是,故曰"匪我思存";次章言心不與俱去,故曰"匪我思徂"。詩作"且"者,用古字;《天作》作"徂"者,形聲字。

零《箋》:"零,落也。"《正義》:"靈作零字,故為落也。"案:"靈"乃"霝"之訛。《說文》:"霝,雨零也。从雨,㗊象零形。《詩》曰:'霝雨其濛。'"又:"零,餘雨也。从雨,令聲。"案:書傳皆作"零","零"字行而"霝"字晦矣。聲谓:北地苦寒,仲春之時何得有"蔓草"?至野有蔓延之草,零露團聚不散,明是秋深肅殺之氣,故思得一清揚婉順之人;若能邂逅相遇,所謂如願以相償矣,故曰"適我願兮"。或以"清揚婉兮"為疑,《齊風·猗嗟》"清揚婉兮"何嘗不以之美莊公乎?清揚,《君子偕老傳》:"揚,廣揚而顏角豐滿。"《正義》:"揚者,眉上之美名,因名眉目曰揚。""眉之上、眉之下皆曰揚。"婉,《韓詩外傳》作

“青陽宛兮”,《玉篇》引《韓詩》作“清揚𡚸兮”。字从女者,假借。不惟男子可以稱“婉”,即美玉亦可稱“婉”也。《呂覽·慎大》:“好彼琬琰。”注:“琬,當作婉。”是也。清揚婉兮,猶言面目婉順耳。《左氏春秋·昭公十六年傳》:“鄭六卿餞宣子於郊。……子齹賦《野有蔓草》。宣子曰:‘孺子善哉!吾有望矣。’”假令如《序》說“男女失時,思不期而會”,有不見嗤於名卿者哉?六卿皆賦鄭詩,子太叔且賦《褰裳》,如近代所解,以淫鄙之詞諷詠於賓客之間,不惟言不雅馴,亦何以服宣子之心乎?謦以為《國風》皆民間歌謠,未必如近日之詩歌,篇篇各有題目也。觀《古詩十九首》,原不為一人一事而作,漢魏去古未遠,矢口而成,寄託深遠,知此者可以言《詩》。

漙《傳》:“漙漙然,盛多也。”《釋文》:“漙,本亦作團,徒端反。”《後漢書·張衡傳》注:“團,圓垂貌。”《匡謬正俗·一》引《字林》:“霉,露貌,上兗反。”云:[24]“《詩》古本有水旁作‘專’字者,亦有單作‘專’字者,後人輒改為之。‘漙’字,讀為團圓之團。”案:作“團”者與《詩》意合。“漙”、“霉”皆形聲字;作“專”者,古字。

渙《傳》:“渙渙,盛也。”《箋》:“仲春之時,冰以釋,水則渙渙然。”《釋文》:“渙渙,春水盛也。《韓詩》作洹洹,音丸。《說文》作汎汎,音父弓反。”《漢書·地理志》引作“方灌灌兮”。案:作“渙”是也。春冰已釋,故春水方盛。餘皆音相近字。《說文》作“汎”,與全詩不韻,恐有訛誤。

蕑《傳》:“蕑,蘭也。”《釋文》:“蕑,蘭香也,[25]字从艸。《韓詩》云:‘蓮也。’若作竹下,是簡策之字耳。”《正義》引陸璣《疏》:“蕑即蘭,香草也。”案:訓“蘭”是也。蘭為香草,非今之蘭花,詳《本草綱目》。四時皆可佩。若以為蓮,非其時矣。“方渙渙兮”,“瀏其清矣”,通詩不似夏秋語氣。《御覽·三十》引《韓詩》亦作“蕑,蘭也”。《漢書·地理志》引作“方秉菅兮”,則音同而訛。

且《釋文》:“且,音徂,往也。徐子胥反。”案:徐仙民在陸氏以前,是毛、鄭皆讀“子胥反”矣。當依徐氏。《說文》:“退,往也。从辵,且聲。退,齊語。徂,退或从彳。遣,籀文从虘。”

訏《傳》:"訏,大也。"《箋》:"言其土地信寬大又樂也。"《釋文》:"洵,……《韓詩》作恂。訏,……《韓詩》作盱,云:'恂盱,樂貌也。'"《生民》"實覃實訏"《傳》、《抑》"訏謨定命"《傳》,皆云:"訏,大也。"《韓奕》:"川澤訏訏。"《傳》:"訏訏,大也。"亦假借"芋"。《斯干》:"君子攸芋。"《傳》:"芋,大也。"《方言·十三》:"芋,大也。"亦假借"吁"。《斯干釋文》:"芋,或作吁。"案:本詩句法與"洵美且仁"等句一例,當依毛《傳》。《漢書·地理志下》、《谷永傳》皆作"恂盱且樂",注皆云:"盱,大也。"蓋引《韓詩》而注用毛說。此詩通篇言天時之清和,地利之寬廣,士女之和樂,皆回憶昔日之繁華,以傷今日之彫敝也。北土風俗,春秋皆有會期,或於城市,或於名勝之區。百貨雲集,士女輻湊,名曰"趕會"。洧水在鄭國之南。《水經注》:洧水逕鄭城中,由西北入,而出其城南。《左氏春秋·襄元年傳》:"(晉)伐鄭,入其郛,敗其徒兵於洧上。"又《昭十九年傳》:"鄭大水,龍鬬於時門之外洧淵。"據以上,洧固在鄭城之南矣。案:洧在鄭城南,當日祓禊之所,必又在洧水之南,故曰:"洧之外,洵訏且樂。"意當年所謂"祓禊",即近今之"趕會"。百戲雜陳,萬衆注目,乃一年僅逢之盛,故女曰:"觀乎?"士答以"既往",而女猶曰:"且往觀乎!洧之外,洵訏且樂。"繁華之地,不厭再往也。《箋》曰"女情急,故勸男使往觀"云者,鄭意蓋謂此男女於洧之外行媟褻之事。夫人即甚無恥,亦何必宣淫於化日光天之下,萬目齊睹之地,使千載而下猶令人指以為口實!不知鄭氏何所據而肆口污衊,乃至於此。後之人因緣附會,甚至謂野田草露之間,亦男女媟褻之所,幾欲同人道於畜類,皆不善說《詩》者之過也,何其謬哉!

伊《箋》:"伊,因也。"《雄雉》:"自詒伊阻。"《蒹葭》:"所謂伊人。"《東山》:"伊可懷也。"《白駒》:"所謂伊人。"《正月》:"伊誰云憎。"《箋》並云:"伊,當作緊。"案:此"伊"亦當作"緊",語詞也。

勺藥《傳》:"勺藥,香草也。"《釋文》引《韓詩》:"勺藥,離草也。言將離別,贈此草也。"《正義》引陸璣《疏》曰:"今藥草勺藥無香氣,非是也。"《山海經·北山經》:"繡山,……其草多芍藥。"注:

“芍藥,一名辛怡,亦香草屬。”[26]案:古書惟此作“芍”,訓“香草”。《史記·司馬相如傳》:“勺藥之和。”《集解》引郭璞:“勺藥,五味也。”《漢書·司馬相如傳上》注:“勺藥,藥草名。”又引伏儼:“勺藥,以蘭桂調食。”《文選·魯靈光殿賦》注引伏儼《子虛賦》注同。案:訓“香草”者是也。秉蕑、贈勺藥,事本相類。《離騷》之詠香草,蓋濫觴於此。辛怡,或即“辛夷”矣,不知《山海經》注何所本也。

瀏《傳》:“瀏,深貌。”《釋文》:“瀏,音留。《說文》:‘流,清也。’”《文選·甘泉賦》:“正瀏濫以宏惝兮。”注引孟康:“瀏,清也。”又《文賦》注引《字林》:“瀏,清流。”亦別作“漻”。《文選·南都賦》:“漻淚減汨。”注引《韓詩外傳》:“漻,清貌也。”案:訓“清貌”是也。瀏其,猶瀏然,狀其清也。作“漻”者,“漻”、“流”一聲。亦別作“溜”。《後漢書·馮衍傳下》引作“溜其清兮”。案:“劉”、“留”同音也。

校勘記

[1]“夫實則譫語”,張仲景《傷寒論》卷五《辨陽明病脈證並治法第八》“譫”字作“讝”。

[2]“湌,所謂吞食物也”,《漢書·高后紀》注“湌”字作“飡”,下引諸注之“湌”字同。

[3]“即籍也”,《漢書·賈捐之傳》注“籍”字作“藉”。

[4]“口才也”,《一切經音義》卷三“才”字作“材”。

[5]“列、裂同,决之也”,未見此注文。《五輔》“大袂列”下房玄齡注及劉績補注並注為“列大袂以從小”。

[6]“掤”,《北堂書鈔》卷一百二十六作“棚”。

[7]《釋文》“暘”字作“暢”。

[8]“再成曰英”,此注未見。

[9]“重翹”,《文選·江賦》作“垂翹”。

[10]“楊雄”,杜注“楊”字作“揚”。

[11]“擇命不渝”,《管子·小問》“擇”字作“澤”,下引段氏語“擇”字同(見

段玉裁《詩經小學》)。

[12]"《傳》皆云:'靜,安也'",案:《泯》:"靜言思之。"《傳》無訓釋,《箋》云:"靜,安。"《柏舟》:"靜言思之。"《傳》云:"靜,安也。"

[13]"日及,木槿也",細檢《廣雅》,未見此訓,未詳所據。惟《爾雅·釋草》:"椵,木槿;櫬,木槿。"郭注云:"別二名也。似李樹,華朝生夕隕,可食。或呼日及,亦曰王蒸。"

[14]"苛,細也",顏注作:"苛,與苛同。苛,細也。"

[15]"糾剔苛忒",《衡方碑》無此文,"《衡方碑》"當作"《張表碑》",見《隸辨》。

[16]"姐,與嫭同",李善注作:"《説文》曰:'姐,嬌也。'嬌,與姐同耳。"

[17]"狡,猾也",《索隱》未見此訓。

[18]"《史記》作申棠",《釋文》作:"《史記》云:'申棠,字周。'"

[19]"宋儒傳《詩》,至《鄭風》",陳啟源《毛詩稽古編》卷五作"朱子為《鄭風傳》"。

[20]"出入潚湘之浦",《水經注·湘水》"潚"字作"瀟",下"又釋'潚'字"之"潚"字同。

[21]"潚,音蕭",《鄭風·風雨釋文》"潚"字作"瀟"。

[22]"襟,交領也",《顏氏家訓·書證》"襟"字作"衿"。

[23]"《正義》引劉伯莊",句下當脱"闕即象魏也"五字。今案:《史記·秦本紀》:"築冀闕。"《正義》曰:"劉伯莊云:'冀,猶記事。闕,即象魏也。'"

[24]"云"字據文意補。

[25]"蕑,蘭香也",黄焯《經典釋文彙校》引阮云:"段玉裁謂'蘭下當補也字,香下當補草字'。"

[26]"辛怡",《山海經·北山經》郭注作"辛夷"。

詩小學卷七

國　風

保山吳樹聲學

齊　風

蠅《傳》:"蒼蠅之聲,有似遠雞之鳴。"案:雞鳴距天明時尚遠,蒼蠅天明後方能有聲。蠅聲甚微,必不能誤雞鳴,此情事之可信者,不待智者而後知也。疑字本作"黽",後人見"蒼黽"字甚新奇,妄加"虫"作"蠅",抑古"蠅"从黽聲,"黽"、"蠅"聲近,故誤傳為"蠅"耳。《山海經·北山經》:"洧水……,其中有鱯、黽。"郭注:"鼃黽似鰕蟆,小而青。"案:"蒼黽"即"鼃黽"也。"蒼"、"鼃"一聲,蒼即青也。《爾雅·釋魚》:"在水者,黽。"郭注:"耿黽也。似青蛙,大腹。一名土鴨。"《周禮·蟈氏》:"掌去鼃黽。"鄭注:"齊魯之間謂鼃為蟈。黽,耿黽也。蟈與耿黽尤怒鳴,為聒人耳,去之。"《本草》:"鼃,一名長股,生水中。"《圖經》云:"似蝦蟆,而背青綠色,……俗謂之青蛙。"據此,則"蒼黽"即青蛙也。陶隱居云:"大腹而脊青者,俗名土鴨,其鳴甚壯,即《爾雅》所謂'在水曰鼃'者是也。"《漢書·武帝紀》:"鼃、蝦蟆鬭。"顏注:"鼃,黽也。似蝦蟆而長腳,其色青。"案:鼃黽之聲甚鉅,夢醒時驀然聞之,疑是雞聲,或為情理所有。注疏家皆以為其色青,"蒼蠅"或即"蒼黽",未可知也。依毛例當云"蠅,黽也"。讀形聲字為古字者,在毛《傳》則《鄭》之《大叔于田》："火烈具舉。"《傳》："烈，列。"《小雅·四牡》之"將母來諗"，《傳》："諗，念也。"在鄭則《召南》之"白茅純束"，《箋》："純，讀如屯。"《大東》之"熊羆是裘"，《箋》："裘，當作求。"《皇矣》之"其政不獲"，《釋文》："政，……鄭作正。正，長也。"《桑柔》："好是稼穡。"《箋》："但好任用是居家吝嗇。"《釋文》："稼，……鄭作家，謂居家也。下句'稼穡惟寶'同。穡，本亦作嗇，音色。……鄭云：'吝嗇也。'尋鄭'家'、'嗇'二字，本皆無'禾'者，下'稼穡卒痒'始從禾。"案：黽，古字也；蠅，形聲字。讀"蠅"為"黽"，亦毛、鄭舊例也。

予《傳》："無庶予子憎，無見惡於夫《釋文》："夫，音符。"人。"《箋》："無使眾臣以我故，憎惡於子，戒之也。"案：予，與也。《干旄》："何以予之。"《論衡·率性》引作"何以與之"。《采菽》："何錫予之。"《白虎通·考黜》作"何錫與之"。《說文》："予，推予也。"此本義也。"予"、"與"同音，故假借。言無令眾庶與子以憎惡也。《說文》："憎，惡也。"《禮·曲禮上》："憎而知其善。"《正義》："憎，謂己所嫌恨。"《箋》以"予"為"我"，轉折太多，不若讀為"與"，與毛義亦合。亦詳《小毖》。

還《傳》："還，便捷之貌。"《釋文》："便捷，本亦作便旋。"案：作"便旋"是也。依此，則"還"當讀為"旋"。《史記·日者傳》"旋式正棊"《索隱》、《楚辭·招魂》"旋入雷淵"注，並云："旋，轉也。"《列子·黃帝》："鯢旋之潘為淵。"注："旋，謂盤旋也。"此字方贊其旋轉，"輕"、"利"等字是"儇"字意。

峱《傳》："峱，山名。"《釋文》引"《說文》云：'峱，山，在齊。'崔《集注》本作嶩。"案："峱"、"嶩"一聲，方言以相近而訛。

肩《傳》："獸三歲曰肩。"《釋文》："肩，……《說文》云：'三歲豕，肩相及者。'本亦作豜。"《七月》："獻豜於公。"《傳》："豕……，三歲曰豜。"《石鼓文》作"豣"。案"肩"為借字，"豜"為形聲字，"豣"為籀文。此《傳》曰"獸三歲"，《七月傳》曰"豕三歲"，應從此《傳》。豕為家畜，獵則取野獸也。

儇《傳》:“儇,利也。”《釋文》:“儇,……《韓詩》作婘,音權,好貌。”《正義》:“儇,利,言其便利馳逐。”《說文》:“儇,慧也。从人,睘聲。”《荀子・榮辱》:“靡之儇之。”注:“儇,疾也。”《方言・一》:“儇,慧也。”案:首句“還”字,言其善於周旋,就容儀說;末句言其馳驅敏捷,就技藝說。《韓詩》作“婘”,訓“好貌”,與次章“好”字重複。

茂《傳》:“茂,美也。”《說文》:“茂,艸豐盛。从艸,戊聲。”首章“還”謂旋轉周旋,遠而望之之詞也;次章言其形體豐茂,則稍近矣;三章言其氣象光昌,則更近矣。一層近似一層,《風》詩之體例也。

於案:“於”即“烏”,詞也。《書・堯典》:“僉曰:‘於!’”鄭注:“於者,烏聲。”亦假借“惡”。《太玄・玄文》:“而惡入乎逆。”注:“惡,於也。”[1]案:於,何也。假借“惡”,亦訓“何”。《大戴記・武王踐阼》“惡有藏之約”注、《史記・外戚世家》“惡能識乎性命哉”《索隱》,並云:“惡,猶於何也。”《後漢書・馬融傳》注:“惡,何也。”“於”訓為“何”,猶言“俟我何著乎而”,駭異之詞,亦詰問之詞也。通篇題眼在此一字,自來讀者皆作“于”字滑口讀過,而《詩》之義意皆失。《詩》中連綴虛字皆作“于”,無有作“於”者。“於”字皆讀“烏”,隨字注明。

著《傳》:“門屏之間曰著。”《正義》曰:“門屏皆在外,庭居中,故《孟子》曰‘中庭’。堂則內室矣。”[2]亦一層深似一層也。“俟我何著乎而”,“充耳以素乎而”,“尚之以瓊華乎而”,言不知親迎之禮,虛有美飾也。句法新奇,《三百篇》中所僅有者也。

姝《傳》:“姝者,初昏之貌。”《箋》:“有姝然美好之子。”《靜女》:“靜女其姝。”《傳》:“姝,美色也。”《干旄》:“彼姝者子。”《傳》:“姝,順貌。”《說文》:“姝,好也。从女,朱聲。”《一切經音義・六》引《字林》:“姝,好皃也。”案:一字不能三解,當依《箋》說。

在《箋》:“有姝然美好之子來在我室。”《書・舜典》:“在璿璣玉衡,”《傳》:“在,察也。”《文王》:“在帝左右。”《箋》:“在,察也。”《爾雅・釋詁》:“在,察也。”《漢書・郊祀志上》、《司馬相如傳下》,《集注》並云:“在,察也。”《文選》謝靈運《戲馬臺集詩》注引《莊子》司馬注:“在,察也。”當時必有不見禮於君者,故託言“東方之日兮”無不照察，"彼姝者子"何不察我之室兮？弟能察我之室兮，其禮我也，必不離矣，故曰"履我即兮"。蓋欲以門内之行求諒於朝廷。日月居高臨下，皆君象也，故取以為喻。

履《傳》："履，禮也。"《易·序卦傳》："故受之以履。"注："履者，禮也。"《詩·長發》："率履不越。"《傳》："履，禮也。"《禮·坊記》："履無咎言。"注："履，禮也。"又《詩·長發》："率履不越。"《漢書·宣帝紀》、《蕭望之傳》皆作"率禮不越"。毛意蓋以"履"為"禮"之假借。亦詳《生民》。

闥《傳》："闥，門内也。"《釋文》："闥，《韓詩》云：'門屏之間曰闥。'"《漢書·高后紀贊》："不出房闥。"《樊噲傳》："噲廼排闥直入。"注並云："闥，宮中小門。"又《霍光傳》："出入禁闥。"注："宮中小門謂之闥。"案：上章言"室"，謂屋内；此章言"闥"者，謂門内。自室以及門，由内及外之詞也。

晞《傳》："晞，明之始升。"《蒹葭》："白露未晞。"《湛露》："匪陽不晞。"《傳》並云："晞，乾也。"《說文》："晞，乾也。从日，希聲。"《方言·七》："晞，暴也。……暴五穀之類……，東齊、北燕、海岱之郊謂之晞。"聲谓：晞，暴也，猶今言曬也。曬之而後乾。訓"乾"者，引申之義也。

瞿《傳》："瞿瞿，無守之貌。"案：《素問·靈蘭祕典論》："窘乎哉，消者瞿瞿。"注："瞿瞿，勤勤也。"詳《蟋蟀》。言折柳而樊圃，狂夫何嘗不勤勤然？"不能辰夜"，故"不夙則莫"。語句本自一氣，似不必再添轉折。並詳下"辰"字。

辰《傳》："辰，時。"《箋》："此言不任其事者，恒失節數也。"案：《傳》訓"辰"為"時"，"辰夜"即"時夜"矣。《莊子·齊物論》："見卵而求時夜。"《釋文》引司馬注：[3]"時夜，司夜，謂雞也。""時"亦訓"節"。《呂覽·盡數》："食能以時。"注："時，節也。"不能節夜之長短，以致"不夙則莫"，責狂夫並不敢及"令之"、"召之"者矣。

止《草蟲》："亦既見止，亦既覯止。"《傳》："止，辭也。"《抑》："告爾舊止。"《箋》："止，辭也。"《禮·大學》引《詩》"於緝熙敬止"

《疏》、《左氏春秋·昭二十年傳》“民亦勞止”《疏》:“止,辭也。”《漢書·元帝紀》:“民亦勞止。”注:“止,語助也。”亦借用“只”。《左氏春秋·襄二十七年傳》:“諸侯歸晉之德只。”注:“只,辭。”案:《楚辭》亦有用“只”作助語者,猶之用“兮”、“乎”、“也”、“些”等字也。《詩》“樂只君子”,“既亟只且”,其濫觴也。

兩 《書·牧誓序疏》引《風俗通》說:“車有兩輪,故稱為‘兩’;猶屨有兩隻,亦稱為‘兩’。”

緌 《傳》:“冠緌,服之尊者。”《說文》:“緌,系冠纓也。”《禮·內則》:“冠緌纓。”注:“緌,纓之飾也。”《儀禮·士冠禮》:“其緌也。”注:“緌,纓飾。”《後漢書·楊彪傳》注:“緌,冠飾也。”冠尊而屨卑,冠而加緌,冠之貴者。屨以葛為之,屨之賤者。“冠緌”與“葛屨”,本不可同日語,“葛屨五兩”又豈能敵“冠緌”之雙乎?語氣似當如此。

衡從 《傳》:“衡獵之,從獵之,種之然後得麻。”《釋文》:“衡,音横,……即訓為横。《韓詩》云:‘東西耕曰横。’從,足容反。……《韓詩》作由,云:‘南北耕曰由’。”聲案:“由”亦“從”也,即“廣袤”借字,“廣袤”亦“衡從”也。毛曰“獵”者,即“躐”之借字。“衡獵之”即“東西耕”也,“從獵之”即“南北耕”也。毛說與韓同。

鞠 《傳》:“鞠,窮也。”《箋》:“鞠,盈也。”《說文》:“簐,窮理罪人也。从㚔,从人,从言,竹聲。竆,或省言。”又:“鞠,蹋鞠也。从革,匊聲。𩍐,鞠或从竆。”案:“鞠”自為“踏鞠”字。凡訓“窮”、訓“究”、訓“決罪”者,皆當作“簐”。作“鞠”者,假借字;作“鞫”者,譌字。作“簐”者,《楚辭·天問》:“皆歸䠶簐。”注:“簐,窮也。”譌作“鞫”者,《谷風》“昔育恐育鞫”《傳》、《雲漢》“鞫哉庶正”《箋》、《瞻印》“鞫人忮忒”《箋》,並云:“鞫,窮也。”《公劉》:“芮鞫之即。”《傳》:“鞫,究也。”《漢書·田千秋傳集注》:“鞫,問也。”假借“鞠”者,《書·盤庚中》“爾惟自鞠自苦”《傳》、《詩·小弁》“鞠為茂草”《傳》,並云:“鞠,窮也。”《爾雅·釋言》:“鞫、究,窮也。”《釋文》:“鞫,字又作鞠。”“鞠”有究問之義。上兩章曰“齊子由歸”,曰“齊子庸止”。“曷又懷止”,何又懷襄公也;“曷又從止”,何又從襄公也。曰“懷止”,齊子懷之;曰

“從止”，齊子從之也。下兩章曰“既曰告止”，魯桓公告之也；曰“既曰得止”，魯桓公得之也。言“既曰告止”矣，曷又究問之？“既曰得止”矣，曷又殛誅之？“曷又鞠止”、“曷又殛止”，就魯桓公說，語氣與《牆有茨》“中冓之言，不可道也”、“不可詳也”略相似。鞠究其“懷”與“從”也，殛誅其“懷”與“從”也。詳下“極”字。

極 《傳》：“極，至也。”《箋》：“何不禁制，而恣極其邪意。”《說文》：“殛，殊也。從歺，亟聲。”《書·舜典》：“殛鯀於羽山。”《傳》：“殛，誅也。”《左氏春秋·僖二十八年傳》“明神殛之”注、又《三十二年傳》“鯀殛而禹興”《釋文》、[4]《成十二年傳》“明神殛之”注、《國語·魯語》“鯀障洪水而殛死”注，並云：“殛，誅也。”《書·舜典疏》：“殛者，誅責之稱。”亦假借“極”。《書·洪範》：“鯀則殛死。”《多方》：“大罰殛之。”《左氏春秋·僖二十八年傳》：“明神殛之。”《昭七年傳》：“昔堯殛鯀於羽山。”《釋文》並云：“殛，本作極。”案：“極”即“殛”。訓“誅”亦責備之意，孔子所謂“於予與何誅”。言既已得之矣，何又誅責之邪？不誅之誅，甚於誅矣。

丱 《傳》：“丱，幼穉也。”《箋》：“少自脩飾，丱然而稚。”即“穉”之異文。案：丱，宋本《釋文》作“卝”，即“卵”之古文也。《五經文字》：“卝，古患反，見《詩·風》，《字林》不見。又古猛反，見《周禮》。《說文》以為古‘卵’字。”[5]《九經字樣》曰：《說文》作“卝”，隸變作“卵”。案：今《說文》有“卵”字，無“卝”字。然“關”从𢇇聲，“𢇇”从卝聲，是《說文》亦有“卝”字，特於“卵”字下佚其重文耳。據張氏兩書，則唐時《說文》尚有“卝”字矣。又據《汗簡》亦以“卝”為古文“卵”字，則宋初《說文》亦尚有“卝”字矣。“卝”為“卵”之古文，傳寫者又訛為“丱”，《周禮》“卝即“礦”之假借字。人”又借為“礦”，鄭注：“卝之言礦也。”後人訛以“卝”為“礦”，而“卝”之本義幾晦。《說文》：“卵，凡物無乳者卵生。”作本字本義者，《國語·魯語》：“鳥翼鷇卵。”韋注：“未孚曰卵。”《莊子·知北游》：“故九竅者胎生，八竅者卵生。”《鴻烈解·時則訓》：“季冬之月……，雞呼卵。”高注：“雞呼鳴，求卵也。”此用本字本義者也。用本字引申之義者，《禮·內則》：“濡魚，卵醬。”鄭注：

"卵,讀為鯤。鯤,魚子。"用古文作"卝",取其引申假借之義者,本詩"總角卝兮"。毛訓為"幼穉"者,人由幼穉而來,由鳥必由卵生,其義一也,故假借為"幼穉"字。《周禮》"卝人",鄭氏弟曰"卝之言礦",並未改音也。金錫藏於礦,猶鳥之藏於卵也,故亦假借之。"卝人"字,今讀"礦"音者,非。

令《傳》:"令令,纓環聲。"《正義》:"鈴鈴即是環鋂聲之狀。"案:《正義》以為即環鋂之聲,故字从金。《說文》:"伶,弄也。从人,令聲。"案:"令令"即近今所謂"玲瓏"、"伶利"也。言未見其人,但見其犬已便利無比,令令然矣。

仁此"仁"字亦就外見之才言,與《叔于田》之"洵美且仁""仁"字同。《傳》以為"仁愛百姓",太迂。詳《鄭風》。

鬈《傳》:"鬈,好貌。"《箋》:"鬈,讀當為權。權,勇壯也。"《說文》:"鬈,髮好也。"亦別作"卷"、"婘"。《澤陂》:"碩大且卷。"《傳》:"卷,好貌。"《釋文》:"卷,本又作婘,同。"案:《澤陂》作"卷"者,用古字;作"鬈"與"婘"者,形聲字。首章言其才,次章言其貌,三章言其勇力。"美"則全美之詞,言全美而"且仁"、"且鬈"、"且偲"也,語意與《叔于田》絕似。民間稱譽,衹在淺顯處說,不自覺其詞繁意複,方合風人口氣。

偲《傳》:"偲,才也。"《箋》:"才,多才也。"《釋文》:"偲,……《說文》云:'强也。'"案:《說文》作:"偲,强力也。从人,思聲。"引《詩》曰:"其人美且偲。"案:《論語·子路》:"切切偲偲,怡怡如也。"《集解》引馬注:"切切偲偲,相切責之貌。"案:"切責"與"强力"意近,當依《說文》。"强力"亦才也,許與毛意原不大悖。

唯《傳》:"唯唯,出入不制。"《箋》:"唯唯,行相隨順之貌。"《釋文》:"唯唯,……《韓詩》作遺遺,言不能制也。"《漢書·東方朔傳》:"伏而唯唯。"注:"唯唯,恭應也。"《司馬相如傳上》:"對曰:'唯唯。'"《兩龔傳》:"勝曰:'唯唯。'"注並云:"唯唯,恭應之辭也。"亦假借"惟"。《荀子·大略》:"惟惟而亡者,誹也。"注:"惟惟,聽從貌。"據此,則"唯唯"當依鄭說。言"敝笱"尚能制魚:首章"鰥"即"鯤"之借，魚子也。《國語·晉語》："魚禁鯤鮞。"注："鯤，魚子也。"《爾雅·釋魚》："鯤，魚子。"注："凡魚之子，總名鯤。"言能制小魚。次章"魴"、"鱮"，大魚，言能制大魚。三章"唯唯"，言無論小魚、大魚，皆行相順從，若唯唯聽命者然。詩意蓋以笱所以制魚，彼"敝笱在梁"，尚能制魚；"齊子歸止"，何以聽之使其隨從如雲雨之多哉？但誇其隨從之盛，絕不提文姜淫泆之行，所謂旨婉而多風也。

夕　《傳》："發夕，自夕發至旦。"案："夕"即"卸"之借字，"發夕"即"發卸"。古無"卸"，"御"从卸。"百兩御之"，本亦作"迓"，《周禮》"御"字作"馭"，此其據也。古卸車字，本音脱。《易·蒙》："用脱桎梏。"[6]干注："脱，解也。"《禮·檀弓上》："使子貢脱驂而賻之。"亦或借"説"。《禮·喪大記》："主人袒，説髦。"《左氏春秋·定八年傳》："陽虎説甲。"以上皆"卸"之借字，應訓為"解"。"夕"字古音與"斁"字近。《史記·管蔡世家》："（曹）莊公夕姑。"《索隱》曰："（夕姑），即射姑也。"案："射"字今皆音亦，不知《詩·抑》"神之格思，不可度思，矧可射思"，"射"與"格"、"度"為韻，可以定"射"字古音若"脱"。古無"卸"字，故或假借"脱"、"説"，亦或假借"夕"也。"魯道有蕩"，齊子任意發卸，猶言來回於寬蕩之魯道耳。弟言其任意"發夕"，絕不説其淫佚之事，語有含蓄。

瀰瀰　《傳》："瀰瀰，眾也。"《釋文》："爾爾，本亦作瀰，同乃禮反。"據此，則陸氏所據者本作"爾爾"矣。聲谓：作"爾爾"是也。《説文》："爾，麗爾，《字鑑》"麗爾"二字引作"爾爾"，與《詩》正同。猶靡麗也。从冂，从㸚，其孔㸚，尒聲。此與爽同意。"又案：《廣韻》："㸚尒，即《説文》之"麗爾"也。布明白，象形也。""爾"為"㸚《唐韻》"力几切"。尒"二字之合音，《説文》"薾"字從之。薾，華盛，是"爾"有盛義，眾亦盛也，故《傳》訓為"眾"。亦作"瀰"者，形聲字之後出者矣。

豈弟　《傳》："言文姜於是樂易然。"《箋》："此豈弟，猶言發夕也。豈，讀當爲闓。弟，古文《尚書》以'弟'爲'圛'。圛，明也。"《釋文》："豈，開改反，樂也。弟，如字，或音待易反。"《旱麓》："豈弟君子。"《釋文》："豈，樂也。弟，易也。"《青蠅》："豈弟君子。"《箋》："豈弟,樂易也。”其餘“豈”訓“樂”者,《詩・蓼蕭》:“孔燕豈弟。”《傳》:“豈,樂。”《魚藻》:“豈樂飲酒。”《箋》:“豈,亦樂也。”《孝經》:“豈悌君子。”注:“豈,樂也。”“弟”訓“易”者,《詩・旱麓釋文》。《孝經》:“豈悌君子。”注:“悌,易也。”至於《禮記》、《左氏春秋傳》、《國語》、《史記》、《漢書》、《後漢書》引“豈弟君子”者,大抵訓為“樂易”。此章“豈弟”亦“樂易”也。何以謂之“樂易”?“樂”對“憂”說,不憂之謂樂;“易”對“難”說,不難之謂易。齊子任意來往,絕不知有憂患艱難也。上章“發夕”,下二章“翱翔”、“游敖”皆雙字,此章亦當讀為雙字也。

猗《傳》:“猗嗟,歎辭。”《釋文》:“猗,字或作欹。”案:“猗”訓“歎辭”,亦借字也。有稱“猗”者,《潛》“猗與漆沮”是也;有稱“猗嗟”者,此詩是也。詳《淇奧》。《釋文》作“欹”,形聲字也。

頎《傳》:“頎,長貌。”《說文》:“頎,頭佳也。”案:“頎”訓“頭佳”,故引之有佳義。長者未必盡佳,故先贊其佳,繼贊其長,“頎而長兮”“而”字方不落空。

若此“若”字當讀若《漢書・文帝紀》:“丞若尉致。”《武帝紀》:“為復子若孫。”注並云:“若者,豫及之辭。”[7]或讀若《老子》:“寵辱若驚。”《釋文》引顧注:“若,而也。”總之,“頎而長兮”、“抑若揚兮”句法相似,“抑”、“揚”皆當讀如字。

揚《傳》:“好目揚眉。”案:此“揚”即“清揚婉兮”之“揚”。所謂“揚”者,“眉上之美名,眉之上、眉之下皆曰揚”者是也,詳《蔓草》。美目揚兮,言目與揚俱美;下句言趨與蹌皆巧。二句句法亦相似。猶言美哉其目與揚兮,巧哉其趨與蹌兮。此“揚”字與上句“抑揚”字絕不相同,亦假借字也。亦詳《君子偕老》。

名《傳》:“目上為名。”《爾雅・釋訓》:“目上為名。”孫注:“名,目上平博。”字亦作“眳”。《西京賦》:“眳藐流眄。”薛注:“眳,眉睫之間。”亦作“顯”。《玉篇》“顯”,引“《詩》:‘猗嗟顯兮。’顯,眉目間也。”字或作“䁱”,眉闊謂之䁱。案:“名”為假借字,“眳”、“䁱”為形聲字,[8]“䁱”又形聲字之後出者矣。

清《傳》:“目下為清。”案:句法與“美目揚兮”一例。“清”詳《君子偕老》、《蔓草》。

選《傳》:“選,齊。”《箋》:“選者,謂於倫等最上。”案:“選”亦當讀若“不可選也”之“選”。《史記·律書》:“選蠕觀望。”《索隱》:“選蠕,謂身動欲有進取之狀也。”[9]案:“身動”謂身體活動。舞取身體活動,射最忌身體搖動,乃舞則活動而能“選兮”,射則不搖動而能“貫兮”。兩“則”字一氣貫注,所謂互言以見意也。此篇句法屢變,《風》詩中聲調最佳者。“選”字詳《柏舟》。

魏　風

糾《傳》:“糾糾,猶繚繚也。”《說文》:“糾,繩三合也。从糸、丩。”《史記·屈賈傳索隱》引《通俗文》:“合繩曰糾。”《一切經音義·十七》引《蒼頡解詁》:“繩三合曰糾。”《後漢書·張衡傳》注:“糾,纏結也。”以葛為屨,必糾合而纏結之。此與疊字之純取聲者不同。亦詳《良耜》。

摻《傳》:“摻摻,猶纖纖也。”《釋文》引《說文》作“攕”,[10]云:“好手貌。”案:“摻”為“擥”之別體,“纖”為纖細字。《說文》作“攕”,乃“尖”之別體,“尖”乃後世俗字。詳《凱風》。《說文》:“纖,細也。从糸,韱聲。”《方言·二》:“纖,小也。……秦晉之郊、梁益之間,凡物小者謂之私;小或曰纖。”《文選·上林賦》:“嫵媚纖弱。”注:“纖弱,謂容體纖細柔弱也。”言“纖纖女手”者,猶言此纖細柔弱之女手耳。纖細柔弱之女手,即使之縫裳,言其勤也。

裳《傳》:“婦人三月廟見,然後執婦功。”《箋》:“言女手者,未三月,未成為婦。裳,男子之下服,賤又未可使縫。魏俗使未三月婦縫裳者,利其事也。”案:婦人之服不殊裳,衣裳同為男子之服。無不可以縫裳者,縫裳猶縫衣也,趁韻耳。“糾糾葛屨,可以履霜”,詠其儉也;“摻摻女手,可以縫裳”,詠其勤也。

襋《傳》:"襋,領也。"《説文》:"襋,衣領也。从衣,棘聲。"《白帖·十二》作"要之棘之"。案:作"棘"者,用古字。要,《詩》不作"褄"者,亦用古字也。

好《傳》:"好人,好女手之人。"《説文》:"好,美也。从女、子。"案:好人,猶云美人也。"要之襋之"二句,承上"摻摻女手"句,言此摻摻之女手所縫之衣裳,弟"要之襋之"即與"好人服之"。"要之襋之",所謂"得其要領"也,極言其儉嗇也。次章"好人提提",言其容飾亦猶夫人也,當合上章讀之。言其勤儉既如彼,而其容飾之猶人又如此,本無可刺也。唯此褊急之心,不能不以之為刺也。此與"君子作歌,維以告哀"略同。詩人自言其作詩之故,《三百篇》中所僅有也。是,此也。《三國志·何夔傳》注作"唯此褊心"。

沮洳《傳》:"沮洳,其漸洳者。"《禮·王制》:"山川沮澤。"注:"沮,謂萊沛。"《釋文》:"沮,沮洳也。"《疏》:"沮澤,下濕地也。"《漢書·匈奴傳上》:"生於沮澤之中。"注:"沮,浸濕之地。"《廣雅·釋詁·一》:"洳,濕也。"案:"洳"字惟《廣雅》一見。"沮"字亦假借"菹",《孟子》"驅蛇龍而放之菹"是也。洳,亦別作"汙",《孟子》"園囿、汙池、沛澤多"是也。沮洳皆卑濕之地,采菜蔬於其中,風俗所以勤儉也。"美無度"等句,篇中皆重言之。"無度"、"如英"、"如玉",皆與過于儉嗇者不合。疑昔之日風俗勤儉,在彼汾水之濱,沮洳之地,往采菜蔬,至"彼其之子"則"美無度"矣。"美無度",昔日之公路氏不如是也,故曰"殊異乎公路"。"公路"、"公行",皆晉之大族,亞於"公族"者也。

美《説文》:"美,甘也。从羊,从大。羊在六畜,主給膳也。美與善同意。"引申之為美好,為美盛。《國語·晉語》:"知襄子為室美。"注:"美,麗好也。"《國語·魯語》:"楚公子甚美。"注:"美,謂服飾盛也。"案:此詩"美"字應與《國語》二"美"字讀同。《箋》云:"是子之德,美無有度。"殊牽强。

棘《傳》:"棗也。"《説文》:"棘,小棗叢生者。从竝朿。"案:棗樹高,故从疊朿;棘叢生,故从竝朿。《詩》詠"棘"者屢矣,惟此有

《傳》。云“棗”者，小棗亦棗也。《爾雅·釋木》：“樲，酸棗。”郭注：“樹小，實酢。”案：酢即醋，酸也。《鴻烈解·兵略》：“伐棘棗而為矜。”注：“棘棗，酸棗也。”《楚辭·愍命》：“樹枳棘與薪柴。”注：“小棗為棘。”

罔極　《傳》：“極，中也。”案：《詩》言“罔極”者五，惟《氓》“士也罔極”《傳》與此《傳》“極”訓“中也”。《青蠅》“讒人罔極”無《傳》，《箋》：“極，猶已也。”《蓼莪》“昊天罔極”無《傳》。《民勞》“以謹罔極”無《傳》，《箋》：“極，中也。”案：毛以《氓傳》已訓“極，中也”，故以後“罔極”字不復加訓。以“昊天罔極”句準之，“極”字似不宜作“中”解。《菀柳》：“後予極焉。”《傳》：“極，至也。”《崧高》：“駿極於天。”《傳》：“極，至也。”《緜蠻》：“畏不能極。”《箋》：“極，至也。”《鴇羽》：“曷其有極。”《箋》：“極，已也。”《青蠅箋》。見上。《漢書·溝洫志集注》、《呂覽·論人》“不可極也”注、《離騷》“相觀民之計極”注、《大司命》“老冉冉兮既極”注，並云：“極，窮也。”《穆天子傳·一》“以極西土”注、《楚辭·謬諫》“又何路之能極”注，並云：“極，竟也。”以上訓“至”，訓“已”，訓“窮”，訓“竟”，皆“極”字應有之義。“罔極”者，罔有窮極也，猶言不可測量耳。毛概訓為“中”，於“昊天罔極”句難通，不若用本義，訓為不可測量，便處處可通矣。

岵屺　《傳》：“山無草木曰岵……，山有草木曰屺。”《爾雅·釋山》：“多草木，岵；無草木，峐。”即“屺”之別體。《釋名》、《說文》、《玉篇》、《廣韻》釋“岵”、“屺”皆與《爾雅》同。案：當依《爾雅》。聲谓：“岵父”、“屺母”、“岡兄”皆以諧聲起義。陟岵則思父，陟屺則思母，陟岡則思兄。聲音之道與性命通，文字聲音之學固無乎不通也。

父曰嗟　案：《隸釋·石經魯詩殘刻》：“父兮父□原缺。曰嗟予子行役夙夜毋已尚慎。”弟二“父”下有闕字。段氏玉裁曰：“闕文必係‘兮’字，疊上文‘父兮’而言也。”聲案：段說是也。“父兮曰嗟予子，句。行役夙夜無已”，句。皆六字句。段氏玉裁曰：“‘子’與‘已’、‘止’韻，‘季’與‘寐’、‘棄’韻，‘弟’與‘偕’、‘死’韻。”是也。

上《箋》:“上者,謂在軍事作部列時。”案:上,本亦作“尚”。《石經》作“上”,與鄭同。《說文》:“尚,曾也,庶幾也。从八,向聲。”《兔爰》:“尚無為。”《大東》:“尚可載也。”《菀柳》:“不尚息焉。”《箋》並云:“尚,庶幾也。”《書·大禹謨》:“爾尚一乃心力。”《傳》:“尚,庶幾也。”其餘史傳古書“尚”訓“庶幾”者甚多,不具引。古文“尚”、“上”字通者亦多。《易·小過》:“已上也。”《釋文》:“鄭作尚。”《儀禮·鄉射禮》:“上握焉。”注:“今文上作尚。”《覲禮》:“尚左。”注:“古文尚作上。”《論語·顏淵》:“草上之風。”《孟子·滕文公上》作“草尚之風”。《荀子·致仕》:“莫不明通,方起以尚盡矣。”注:“尚,與上同。”又案:“尚”字引申之義尚有“强也”、“努力”二意。《國語·楚語》:“子尚良食。”注:“尚,猶强也。”《公羊春秋·襄二十九年傳》:“尚速有悔於予身。”注:“尚,猶努力。”“尚”字若作勉强、努力解,與本詩情事尤合。

旃《傳》:“旃,之。”《左氏春秋·桓十年傳》:“虞公求旃。”又《襄二十八年傳》:“其將聚而殲旃。”注並云:“旃,之也。”《采苓》:“舍旃舍旃。”《箋》:“旃之言焉也。”案:毛以雙聲訓,鄭以疊韻訓,本《爾雅》。[11]毛義較優矣。又案:此亦假借字。《說文》:“旃,旗曲柄也,所以旃表士眾。从㫃,丹聲。《周禮》曰:‘通帛為旃。’”《通志·六書略》,鄭樵謂“慢聲為者焉,急聲為旃,‘旃’為‘者焉’之應”,其說甚通。聲谓:當為“之焉”之應,所謂合聲也,於此章“旃”字不甚合,以句末尚有“哉”字也,於《采苓》“舍旃”字則恰合矣,究不如取雙聲訓為“之”字之無往而不宜也。

猶《傳》:“猶,可也。”《巧言》:“秩秩大猷。”《漢書·敘傳》注作“秩秩大繇”。《文選·幽通賦》:“謨先聖之大猷兮。”注:“猷,或作繇。”案:“猶”、“繇”古字通,“繇”即“傜”、“徭”之假借字。《漢書·高帝紀上集注》引應劭:“繇者,役也。”《山海經·南山經》:“見則縣有大繇。”注:“大繇,謂作役也。”又《漢書·高帝紀集注》:“繇,讀曰徭。”《文帝紀集注》:“繇,讀曰徭。”又《蓋寬饒傳》:“常為衛官,繇使市買。”又:“繇使至長安。”注並云:“繇,讀曰傜。”[12]此詩本孝子思其父,轉作父戒其子之辭。言尚努力慎之哉!繇役來時,無止而不為。次章繇役來時,無棄而去之;三章繇役來時,無畏之而死。言外有繇役過去尚可以完聚之意,亦一章深似一章也。詩為行役而作,故再三言繇來當慎也。

泄《傳》:“泄泄,多人之貌。”《說文·口部》:“呭,多言也。从口,世聲。”引《詩》曰:“無然呭呭。”又《言部》:“詍,多言也。从言,世聲。”引《詩》曰:“無然詍詍。”《爾雅·釋訓》:“憲憲、泄泄,制法則也。”《釋文》:“泄,或作呭。”《孟子》引《詩》:“無然泄泄。”《玉篇》:“泄泄”作“呭呭”。案:“泄泄”字,諸書多从言,从口。疑《孟子》所謂“沓沓”者,亦“譗譗”之假借也。《詩·十月之交》:“噂沓背憎。”《箋》:“噂噂沓沓,相對談語。”《荀子·正名》:“譗譗然而沸。”注:“譗譗,多言也。”《魏書·安定王次子爕傳》:“譐譗明昏。”據此,則“泄泄”當訓“多言貌”。首章“閑閑”,無人管事;此章“泄泄”,多言無補:分為二義。時事若此,不能不還,不能不逝矣,語意尤順。作“泄”者,假借字;作“詍”、“呭”者,形聲字。猶之“沓沓”:作“沓”者,假借字;作“譗”者,形聲字也。此與《雄雉》“泄泄”字異,與《板》“泄泄”同。

坎《傳》:“坎坎,伐檀聲。”《漢石經·魯詩殘碑》:“欿欿伐輪兮。”據此,則首章、三章當亦同。案:“坎坎”、“欿欿”皆假借字,此亦純借其聲,於本義無取者。

猗《釋文》:“猗,於宜反。本亦作漪,同。”《漢石經》“猗”作“兮”。案:作“兮”是也。《禮·大學》:“斷斷兮。”《疏》:“‘兮’是語辭。古文《尚書》‘兮’為‘猗’。”案:作“猗”者,假借。作“漪”者,《爾雅·釋水》作“河水清且瀾漪”,《文選·吳都賦》注引作“河水清且漣漪”。案:字从水者,蓋因“漣”、“淪”字从水而誤也。當作“猗”,讀為兮。又案:“猗”亦猗儺字也。單言“儺”者,《竹竿》之“佩玉之儺”是也。佩玉之儺,言人之行動有態度也。單言“猗”者,此詩之“清且漣猗”是也。清且漣猗,言水之流動有態度也。據《正義》“若待河水澄清,且有波漣猗然也”,是孔氏亦讀“猗”為猗儺字矣。讀“猗”為猗儺字亦通,究不如讀為"兮"字之簡潔矣。詳《竹竿》。

貫《傳》:"貫,事也。"《釋文》:"貫,古亂反。徐音官。"《漢石經》"貫"作"宦"。案:宦,仕也。《禮·曲禮上》"宦學事師"注、《左氏春秋·宣二年傳》"乃宦卿之適子"注:"宦,仕也。"案:宦於人者,事於人者也。毛作"貫",訓"事",蓋亦假借字。

苗《傳》:"苗,嘉穀也。"《公羊春秋·莊七年傳》:"無苗。"注:"苗者,禾也。生曰苗,秀曰禾。"《古微書》引《春秋運斗樞》:"生而為苗。"《一切經音義·十二》引《蒼頡篇》:"禾之秀者曰苗。"《鴻烈解·本經》:"長苗秀。"注:"苗,稼也。"案:凡穀皆有苗,故苗亦為穀之總名,《論語》"苗而不秀者"是也。與"禾"、"稼"同意。《說文》:"苗,艸生於田者。从艸,从田。"案:穀亦艸也,故从艸。

永《箋》:"永,歌也。"《釋文》:"咏,本亦作永,同音詠。"據《釋文》,則"永"本作"咏",至陸氏時始有作"永"者耳。《正義》:"《樂記》及《關雎序》皆云'永歌之',《舜典》云'聲依永',故以'永'為'歌',歌必長言之故也。"案:作"永"者,古字;作"咏"者,形聲字。

唐 風

唐《蟋蟀小序》:"此晉也,而謂之唐。本其風俗,憂深思遠,儉而用禮,乃有堯之遺風焉。"案:晉詩而係以《唐》、《魏》,以言其風俗本於唐堯,猶之《衛風》必存《邶》、《鄘》之名也。然《衛風》別出於《邶》、《鄘》之外,晉詩合存於《唐》、《魏》之中,此其所以異也。

聿《傳》:"聿,遂。"《文選·江賦》注引薛君《韓詩章句》:"聿,辭也。"《文王》"聿脩厥德"《傳》、《大明》"聿懷多福"《箋》,皆云:"聿,述也。"《緜》:"聿來胥宇。"《箋》:"聿,自也。"《東山》:"我征聿至。"《箋》亦云:"聿,述也。"[13]字亦作"遹"。《詩·文王有聲》:"遹駿有聲,遹求厥寧,遹觀厥成。……遹追來孝。"《箋》並云:"遹,述。"[14]亦或作"曰"。《詩·七月》:"曰為改歲。"《載見》:"曰求厥章。"《漢書》皆引作"聿"。《抑》:"曰喪厥國。"《釋文》:"《韓詩》作聿喪。"

《緜》："予曰有先後，予曰有奔奏。"王注《楚辭》並引作"聿"。《角弓》："見晛曰消。"《釋文》："《韓詩》作聿。劉向同。"戴氏震曰："凡言'聿'者，[15]皆承明上文之辭耳，非空為辭助，亦非發語辭。曰'述'，曰'遂'，曰'自'，[16]緣辭生訓，皆非也。《說文》有'欥'字，注云：'詮詞也。从欠，从曰，曰亦聲。'引《詩》：'欥求厥寧。'然則'欥'蓋本文，省作'曰'。同聲假借，用'聿'與'遹'。'詮詞'者，承上文所發端，詮而繹之也。"聲案："聿"、"遹"皆假借字，"曰"亦假借字，"欥"為形聲字。以古文求之，當終於假借，不能謂"欥"為本文也。亦詳《葛覃》"于"字。

職《傳》："職，主也。"案："職，主"，《詩傳》、《箋》凡七見。古書傳注"職"訓"主"者甚夥，蓋本《詩傳》、《箋》也。聲谓："主"字引申之有常義，所謂"得主有常"也。《爾雅·釋詁》："職，常也。"《漢書·景帝紀》、《武帝紀》、《宣帝紀》、《成帝紀》、《季布傳》，《集注》並云："職，常也。"《後漢書·光武紀下》注："職，猶常也。"《廣陵思王荆傳》注："職，常也。"《詩》言"職思其居"，猶云常思其居也。

居《箋》："又當主思於所居之事，謂國中政令。"《釋文》："居，義如字。協韻音據。"案："居"即"踞"之古文，本音據，非協韻也。此亦如《鵲巢》"居之""居"字，當讀如據，謂現在所居之位也。此章言常思現在所居；次章言常思所居之外，所謂熟思審處也；三章言常思其憂，蓋意外之虞矣。承上兩章而言，所謂思患豫防也。亦一章深於一章。

瞿《傳》："瞿瞿然，顧禮義也。"《東方未明》："狂夫瞿瞿。"《傳》："瞿瞿，無守之貌。"《說文》："瞿，鷹隼之視也。从隹，从䀠，䀠亦聲。"《莊子·徐無鬼》："子綦瞿然喜曰。"《釋文》引《字林》："瞿，大視貌。"引李注："瞿然，驚視貌。""瞿瞿"用疊字者，《禮·玉藻》："視容瞿瞿梅梅。"注："瞿瞿梅梅，不審貌也。"[17]《疏》："瞿瞿，驚遽之貌。"《荀子·非十二子》："瞿瞿然。"注："瞿瞿，瞪視之貌。"以上或稱"瞿"，或稱"瞿瞿"，皆有"瞿"字本義。至《爾雅·釋訓》："瞿瞿，儉也。"《素問·靈蘭祕典論》："窘乎哉，消者瞿瞿。"注："瞿瞿，勤勤也。"

二訓則與"瞿"字本義全不相涉矣。馨案:"瞿"、"勤"一聲。《素問》注"瞿瞿"訓"勤",與古訓合。瞿瞿,借字也,後世字作"劬"。以次章"蹶蹶"字例之,此"瞿瞿"亦當訓"勤勤"。言能常思其居,則良士不能不勤勤矣;次章能常思其外,良士不能不蹶蹶矣,"蹶蹶"猶言"竭蹶"也;三章能常思其憂,良士不能不休休矣。亦詳《東方未明》。

慆《傳》:"慆,過也。"《蕩》:"天降慆德。"《傳》:"慆,慢也。"《書·湯誥》"無即慆淫"《傳》,《國語·周語》"無即慆淫"注、又"必有慆淫之心間之"注,又《魯語》"使無慆淫"注,並云:"慆,慢也。"《說文》:"慆,說也。从心,舀聲。"案:"慆"無過義。《東山》:"慆慆不歸。"《御覽·三十二》引作"滔滔不歸。"[18]"慆"蓋"滔"之借字,"慆"猶云"滔滔"也。《楚辭·謬諫》:"年滔滔而日遠兮。"注:"滔滔,行貌。"案:"滔滔"訓"行"者,言年光之去,如水之行,滔滔然去而不復返也。"滔滔"有行義,故《傳》訓"過"。《說文》有"騊"字,訓"馬行皃",蓋形聲字。

休《傳》:"休休,樂道之心。"《說文》:"休,息止也。从人依木。"案:"休"有訓"息"者。《瞻卬》:"休其蠶織。"《傳》:"休,息也。"《左氏春秋·襄二十八年傳》"吾乃休吾民矣"注、《國語·晉語》"休以擇利"注,並云:"休,息也。"有訓"止"者。《呂覽·觀表》"未嘗休也"注、又《上農》"非老不休"注,並云:"休,止也。"有訓"息止"、《說文》,見上。"止息"者。《民勞》:"汔可小休。"《箋》:"休,止息也。""休休"連文者,《書·秦誓》:"其心休休焉。"鄭注:"休休,寬容貌。"《公羊春秋·文十二年傳》:"其心休休。"注:"休休,美大貌。"《莊子·刻意》:"故曰聖人休休焉。"《釋文》:"休,息也。"案:訓"寬容",訓"美大",皆"止息"中引申之義也。至《爾雅》之"瞿瞿、休休,儉也",全係望文生義矣。當讀如字,言能常思其憂,良士不能不休休然止息矣。必瞿瞿蹶蹶而後得止息者,蓋以此"休休"者皆竭蹶所餘也。

樞《序釋文》:"樞,本或作蓲。烏侯反。"《傳》:"樞,荎也。"《爾雅·釋木》:"櫙,荎。"《釋文》:"櫙,烏侯反。……本或作蓲。"《漢書·地理志》:"山樞。"師古曰:"樞,音甌。"《聲韻考》曰:"《詩》'山有樞’，字本作櫙，烏侯反，刺榆之名。或不加反音，讀如‘戶樞’之‘樞’，則失之矣。”案：下文“他人是愉”，《釋文》：“愉，毛以朱反。鄭作偷，他侯反。”據此，則“樞”與“愉”韻。毛正讀如“戶樞”之“樞”，鄭氏始讀“烏侯反”。毛在西漢初，應以毛讀為古矣。況中間“婁”、“驅”二字皆以入虞、模韻者為本音，“樞”字亦當以戶樞字為本音也。“蓲”、“樞”同从區聲，亦不當以从區者為“與朱反”，从蓲者為“烏侯反”也。“區”字讀本音，音樞，“驅”、“軀”、“嫗”、“貙”等字从之。轉音為甌，“甌”、“歐”、“毆”、“摳”等字从之。《音韻考》非是。

婁《傳》：“婁，亦曳也。”《釋文》：“婁，力俱反。馬云：‘牽也。’”《說文》：“婁，空也。从毌，从中女。婁空之意也。一曰：婁務，愚也。”[19]案：《詩》意與《說文》二義皆不相干。《玉篇》引作“弗曳弗摟”。《說文・手部》：“摟，曳聚也。”《爾雅・釋詁》：“摟，聚也。”[20]《孟子・告子下》：“而摟其處子。”注：“摟，牽也。”《文選・琴賦》注引《孟子》劉注同。聲谓：當依《爾雅》、《說文》訓“聚”。《角弓》：“式居婁驕。”《箋》：“婁，斂也。”案：斂，亦聚也。曳者，引而開之；婁者，聚而合之，即衣去聲。被之謂也。《詩》用古字，《爾雅》、《說文》、《玉篇》俱形聲字。馬注與《孟子》注俱訓“牽”，又“斂”與“聚”二字引申之義矣。

宛《傳》：“宛，死貌。”《釋文》：“宛，本亦作苑。”案：作“苑”是也。《管子・地員》：“其葉若苑。”注：“苑，謂蘊結。”《鴻烈解・本經》：“百節莫苑。”注：“苑，病也。苑，讀南陽之宛也。”又《俶真》：“形苑而神壯。”注：“苑，枯病也。苑，讀南陽宛。”字亦作“菀”。《都人士》：“我心苑結。”《箋》：“菀，[21]猶屈也，積也。”《初學記・二十四》引《風俗通》：“菀，蘊也，言薪蒸所蘊積也。”《素問・四氣調神大論》：“則菀槀不榮。”注：“菀，謂蘊積也。”言有車馬而不馳驅，有衣服而不曳婁，終必至於蘊結枯病，苑然而死，彼時惟有“他人是愉”而已。“宛其死矣，他人是愉”二語，甚為悲痛。“宛”、“苑”古今字，“苑”、“蘊”一聲，“菀”又形聲字之後出者也。

愉《傳》:"愉,樂也。"《箋》:"愉,讀曰偷。偷,取也。"《爾雅·釋詁》:"愉,樂也。"《漢書·司馬相如傳集注》:"愉,樂也。"《荀子·王霸》:"形體好佚,而安重閒靜莫愉焉。"《楚辭·東皇太一》:"穆將愉兮上皇。"注並云:"愉,樂也。"字亦作"媮"。《文選·諷諫詩》:"我王以媮。"注:"媮,與愉同,樂也。"案:《漢書·地理志》正引作"它人是媮"。案:古者"愉"、"媮"同字。

洒埽《傳》:"洒,灑也。"《正義》:"洒,謂以水濕地而埽之,故轉為灑。灑是散水之名也。"《抑》:"洒埽庭內。"《傳》:"洒,灑。"《釋文》:"洒,色解反,……又所寄反。"案:洒,从水,西聲。西,古音先。《新臺》次章"洒"與"浼"、俗讀"美"音。"殄"韻,是其據也。轉音若徙,故亦借為洗滌字。《孟子音義上》:"洒之,謂洗雪其恥也。"洒,本音銑,故亦借為洗滌字,"銑"、"洗"一聲也。"灑埽"字,本亦作"汛"。《說文》:"灑,汛也。从水,麗聲。"又:"汛,灑也。从水,卂聲。"《文選·劇秦美新》:"况盡汛埽前聖數千載功業。"注:"灑,與汛同。"[22]亦别作"汎"。《漢書·敘傳上集注》:"洒,汎也。"《文選·演連珠》注引《鴻烈解》許注:"灑,猶汎也。"案"汎"與"汛",形近而訛也。"灑"、"汛"一聲,故通假。今定"灑埽"字為"灑"。灑,散也。《周書·大匡》"賦灑其弊"注、《文選》"駭浪暴灑"注,並云:"灑,散也。"案:訓"灑"為"散"者,謂散水以濕地,埽時塵土不起也。"灑"、"散"亦雙聲也。"洒"轉音為洗,"洒"、"灑"亦雙聲也。"洒"為"灑"之假借。"埽"从帚,"帚"从又持巾埽冂內;从土,所埽者也。从帚土,會意字,即以意為聲。俗作"掃",不惟从手複,且意不全矣。

考《傳》:"考,擊也。"《說文》:"攷,敂也。从攴,丂聲。"又:"敂,擊也。"《廣雅·釋詁·三》:"攷,擊也。"案:作"考"者,同聲假借。《莊子·天地》:"金石有聲,不考不鳴。""攷"亦借"考"。

保《傳》:"保,安也。"《箋》:"保,居也。"案:"保"訓"安"雖古義,究非"保"字弟一義。《說文》:"保,養也。从人,从𤓽省。𤓽,古文孚。呆,古文保。㑁,古文保不省。"聲谓:"養"亦非"保"之弟一義也。《崧高》:"南土是保。"《箋》:"保,守也。"《周禮·春官·序官》:"保章氏。”注：“保，守也。”《左氏春秋·襄八年傳》“焚我郊保”、又《哀二十七年傳》“乃先保南里”注，《國語·周語》“故能保世以滋大”注、《晉語》“乃能攝固，保其土房”注、《越語》“則撫民保教以須之”注，皆云：“保，守也。”“保”與“守”，古音為疊韻。訓“守”者，自是弟一義。他人是保，猶他人是守也。“安”與“居”，皆“守”字引申之義也。

鑿《傳》：“鑿鑿然，鮮明貌。”《說文》：“鑿，穿木也。从金，糳省聲。”案：“鑿”為器名。《漢書·刑法志》：“其次用鑽鑿。”《莊子·天道》：“桓公讀書於堂上，輪扁斲輪於堂下，釋椎鑿而上。”《魏志·鍾繇傳》：“不待遠假斧鑿。”為穿鑿。《釋名·釋用器》：“鑿，有所穿鑿也。”《易》：“刳木為舟。”《疏》：“舟必用大木，刳鑿其中，故云‘刳木’也。”《鴻烈解·氾論》：“喉中有病，無害於息，不可鑿也。”注：“鑿，穿也。”為鑿竅。《史記·孟子列傳》：“持方枘欲内圜鑿，其能入乎？”《荀子·哀公》：“五鑿為正。”注：“鑿，竅也。五鑿，謂耳、目、鼻、口及心之竅也。”《楚辭·九辯》：“圜鑿而方枘兮，吾固知其鉏鋙而難入。”其假借之義，《生民箋》：“趣於鑿也。”《釋文》：“鑿……，精米也。”《左氏春秋·桓二年傳》：“粢食不鑿。”《釋文》：“鑿，……精米也。”案：此則“糳”之借字，所謂“精糳”是也。此云“鑿鑿”者，蓋由“竅鑿”引申之義，猶後世所謂玲瓏剔透也。“揚之水”只見“白石鑿鑿”，衰弱之象也。下文“素衣朱襮，從子于沃”，何等興會，語意正相激射。

晧《傳》：“晧晧，潔白也。”《說文》：“晧，日出皃。从日，告聲。”《一切經音義·七》引《字林》：“晧，胡老反，日出光也。”《爾雅·釋詁》：“晧，光也。”《釋天》：“夏為昊天。”《釋文》：“晧，光明也。”又：“晧，日出也。”《大戴記·衛將軍文子》：“常以晧晧。”注：“晧晧，虛曠。”《荀子·賦》：“晧天不復，憂無疆也。”注：“晧，與昊同。”亦别作“皜”。《孟子·滕文公上》：“皜皜乎，不可尚已。”注：“皜皜，甚白也。”《後漢書·孔融傳》：“懍懍焉，皜皜焉。”注：“皜皜，言堅貞如白玉也。”亦與“顥”通。《一切經音義·十八》引《三蒼》：“晧，古文顥，同。”《周禮·考工記·車人》注：“頭髮晧落曰宣。”《釋文》：“本或作顥，……劉作晧。”《文選》李少卿《與蘇武詩》：“晧首以為期。”注：“晧與顥,古字通。"案:"皜"、"顥"皆同音,"晧"為"日出光",訓"潔白"者,其引申之義也。今皆誤从白作"皓"矣。

粼 《傳》:"粼粼,清澈也。"《釋文》:"粼,本又作磷,同。"《說文》:"粼,水生厓石間粼粼也。从巜,粦聲。"案:"巜"即"澮"之古文。《說文》:"巜,水流澮澮也。"水流澮澮是"巜"字本義。亦借為溝澮,猶之"く",《說文》云:"水小流也。"是其本義。亦借為甽澮字也。《文選·江賦》注引《說文》作"水崖間粼粼然也"。毛訓為"清澈",與許亦合,猶云"水生厓石間,粼粼然清澈也"。厓石間之水,粼粼然清澈,衰弱之象也。字本从巜,取水流澮澮之意。除《漢石經》外,皆誤从巛,嚴《緝》辨之甚詳。

命 《說文》:"命,使也。从口,从令。"案:从令,亦聲也。《盧令》"令"與"仁"韻,《蝃蝀》"命"與"人"、"姻"、"信"韻,此章"命"亦與"粼"、"人"韻,是庚、青韻自有一枝通真、先者也。《荀子·臣道》引詩曰:"國有大命,不可以告人,妨其躬身。"段氏玉裁曰:"《荀子》所引即此詩異文。前二章皆六句,此章四句,殊太短。"聲案:《荀子》引詩與《論語》引"巧笑"同,惟《論語》所引較本詩上下章皆多一句。《荀子》所引即增此一句,較上二章仍少一句,何也?

椒 《序釋文》:"椒,木名。"《傳》:"椒聊,椒也。"《東門之枌》:"貽我握椒。"《傳》:"椒,芬香也。"《載芟》:"有椒其馨。"《傳》:"椒,猶飶也。"《釋文》引王肅:"椒,芬芳之物。"《漢書·司馬相如傳上》:"桂椒木蘭。"注:"椒,即所食椒樹也。"《王莽傳下》:"自前殿南下椒除。"注:"椒取芬香之名也。"《離騷》:"雜申椒與菌桂兮。"注:"椒,香木也。"又:"懷椒糈而要之。"注:"椒,香物,所以降神也。"以上"椒"皆从木,即今之花椒也,可以入食物,可以作佩玩。《說文》:"茮,茮菉也。从艸,尗聲。"《爾雅·釋木》:"椴,大椒。"《釋文》:"椒,字又作茮。"又:"茮樧醜菉。"《釋文》:"茮……,本今作椒。"以上"茮"即今之秦椒,山東亦名大椒,皆作毬形,或長或圓,《本草》所謂"草茱萸"是也。其字當从艸。本詩當指从木之椒,其椒叢生,結子時或數十子,或十數子,纍纍叢生,最為蕃衍,故以取興。《箋》云:"今一捄即"菉"。之實,蕃衍滿升，非其常也。"《正義》："知蕃衍滿升謂一捄之實者，若論一樹，則不啻一升，纔據一實，又不足滿升。且《詩》取蕃多為喻，不言一實之大，故知謂一捄之實也。驗今椒實一裹之內，唯有一實，時有二實者少耳。今言一捄滿升，假多為喻，非實事也。王肅云：'種一實，蕃衍滿一升。'若種一實，則成一樹，非徒一升而已。不得以種一實為喻也。"案：《正義》所云者，亦即今之花椒。《本草·花椒》："雙目者殺人。"則一裹即"顆"字。祇一目，既以為花椒，則不必言一捄。秦椒一莍，斷不止一子二子矣。孔氏於花椒、秦椒並未分清，故未免詞費。不知所謂"盈升"、"盈匊"者，猶云"以升計"、"以匊計"耳。盈升者不止一升，盈匊者不止一匊，方合語氣。椒，香物，其結子最為蕃衍。古者皇后之室謂之椒房，蓋取義於此。《後漢書·獻帝伏皇后紀》注引《漢官儀》："皇后稱椒房，取其蕃實之義也。"《第五倫傳》注又云："后妃以椒塗壁，取其繁衍多子，故曰椒房。"《李固傳》注又云："椒房者，皇后所居，以椒泥塗也。"望文生義，未免自相矛盾矣。

蕃衍　《騶虞序》："庶類蕃殖。"《釋文》："蕃，多也。"《易·晉》："康侯用錫馬蕃庶。"《釋文》："蕃……，多也。"《漢書·成帝紀集注》："蕃，多也。"案："蕃"訓"多"者，《漢書集注》凡十數見。《說文》："蕃，艸茂也。从艸，番聲。"案：蕃為艸茂，引之為蕃多。《文選·景福殿賦》注作"蔓延盈升"，"蔓"、"蕃"聲近而訛也，"衍"即"延"之假借字。《說文》："衍，水朝宗於海也。从水，从行。"案："衍"之本義，總由"水"起義。其引申假借為"延"字者，由"行"起義。《周禮·男巫》："掌望祀、望衍、授號。"《疏》："衍，延也。"《漢書·貨殖傳》："邱陵衍沃。"注："衍，謂地平延者也。"《周禮·大祝》："二曰衍祭。"注："衍，字當為延。"《男巫》："掌望祀、望衍、授號。"注："衍，讀為延。"《一切經音義·十九》引作"蕃延盈升"，與《景福殿賦》注同。作"延"是也。

匊　《傳》："兩手曰匊。"《釋文》："匊，本又作掬。"《采綠傳》同。宋董氏引崔《集注》，以為匊大於升，云："古升，上徑一寸，下徑六分，深八分。"陳氏、呂氏亦言"二升曰匊"。《周禮·考工記·陶人疏》

引《小爾雅》云:“匊,二升。二匊為豆,豆四升。”據以上,則匊多於升矣。案:今《小爾雅》曰:“兩手謂之匊。”[23]宋咸注:“半升也。”與賈《疏》所引不同。字亦作“掬”。《禮·曲禮》:“受珠玉者以掬。”《釋文》:“兩手曰掬。”《左氏春秋·宣十二年傳》:“舟中之指可掬也。”注:“兩手曰掬。”《公羊春秋·宣十二年傳》:“舟中之指可掬矣。”注:“以兩手曰掬。”據以上,則匊又少於升矣。《說文》:“匊,在手曰匊。从勹、米。”聲案:兩手曰匊者,字當作“臼”。《說文》:“臼,叉手也。从𠂤、彐。”又《說文》:“叉,手指相錯也。”案:兩手之指相錯曰“臼”,作“匊”者,假借。古之升雖小於今,以兩手相錯,其所盛之米較升為少矣。先言“升”,次言“匊”,由多及少,又一體。

校勘記

[1]“於也”,范望注作“於何也”。

[2]“門屏皆在外”至“堂則內室矣”,《齊風·著正義》未見有此注語,疑是吳氏案語而誤冠以“正義曰”三字。

[3]“司馬注”,當作“崔注”,下注乃《釋文》引崔譔注文,非引司馬注。《釋文》曰:“崔云:‘時夜,司夜,謂雞也。’”

[4]“《三十二年傳》‘鯀殛而禹興’”,當作“《三十三年傳》‘舜之罪也,殛鯀’”。“鯀殛而禹興”乃《左傳·襄公二十一年傳》文,然《釋文》無“殛,誅也”之訓。

[5]“《說文》以為古‘卯’字”,張參《五經文字》“卯”字作“丣”。

[6]“用脫桎梏”,《易·蒙》“脫”字作“說”(《釋文》“吐活反”),下引干(寶)注及《禮記·檀弓上》“脫”字同。

[7]“豫及之辭”,《漢書·文帝紀》注“辭”字作“詞”。

[8]“瞑”,當是“顯”字之訛。

[9]“身動”,《索隱》作“動身”。

[10]“韱”,《釋文》引《說文》作“攕”。

[11]“毛以雙聲訓,鄭以疊韻訓,本《爾雅》”,案:“毛以雙聲訓”,謂毛《傳》

以“之”訓“旃”；“鄭以疊韻訓”，謂鄭《箋》以“焉”訓“旃”。然《爾雅》“旃”字並無“之”、“焉”之訓，故不得言“本《爾雅》”。《小爾雅·廣訓》云：“旃，焉也。”

[12]“繇，讀曰傜”，《漢書·蓋寬饒傳》“繇使市買”，注作“繇，讀與傜同”；“繇使至長安”，注作“繇，讀與傜同”。均不作“繇，讀曰傜”。

[13]“聿，述也”，按：《東山》：“我征聿至。”《箋》云：“而我君子行役，述其日月，今且至矣。”不作“聿，述也”。

[14]“遹，述”，案：《文王有聲》：“遹駿有聲，遹求厥寧，遹觀厥成。”《箋》云：“遹，述。”惟“遹追來孝”，《箋》釋云“乃述追王季勤孝之行”，不作“遹，述”之直訓，其訓僅含於串釋之中。

[15]“凡言‘聿’者”，戴震《毛鄭詩考正》作“今考之”。

[16]“曰‘述’，曰‘遂’，曰‘自’”，戴震《毛鄭詩考正》作“而為‘述’，為‘遂’，為‘自’”。

[17]“瞿瞿梅梅，不審貌也”，注無“瞿瞿梅梅”四字。

[18]“《御覽·三十二》引作‘滔滔不歸’”，《御覽》卷三十二未見引《詩·東山》“滔滔不歸”文，惟卷三百三《兵部·征伐上》引《東山》詩，仍作“慆慆不歸”。馬氏瑞辰《毛詩傳箋通釋》亦謂《御覽》引作“滔滔”，然未指明卷數。又《藝文類聚》卷三十二《人部·閨情》引《東山》詩作“滔滔不歸”，吳氏蓋誤記為《御覽》也。

[19]此從段注本《說文》。

[20]“摟，聚也”，《爾雅·釋詁》“摟”字作“樓”，《釋文》出“摟”字，云：“力侯反，從手。本或作樓，非。”

[21]“菀”，《箋》作“苑”，下引《初學記》卷二十四“菀”字同。

[22]“灑，與汛同”，李善注“灑”字作“洒”。

[23]“兩手謂之匊”，《小爾雅·廣量》“匊”字作“掬”。

詩小學卷八

國　　風

保山吴樹聲學

唐　風

邂逅　《傳》:"邂逅,解說之貌。"《釋文》:"邂,本亦作解……。逅,本又作覯。……邂覯,解說也。《韓詩》云:'邂覯,不固之貌。'"《野有蔓草》:"邂逅相遇。"《傳》:"邂逅,不期而會。"案:會,即遇,邂逅為不期而會,則"相遇"為贅文矣。且同一"邂逅"字,彼處為"不期而會",此為"解說之貌",《傳》為一人所作,其說不可通矣。古之言"邂逅"者多矣,字亦作"解垢"。《莊子·胠篋》:"解垢、同異之變多。"《釋文》:"解垢,詭曲之辭。"又引司馬注、崔注:"解垢,隔角也。"亦作"解構"。《鴻烈解·俶真》:"孰肯解構人間之事。"注:"解構,猶合會也。"亦作"解搆"。《後漢書·隗囂傳》:"勿用傍人解搆之言。"[1]注:"解搆,猶間搆也。"聲案:"搆"即"構"之俗字。"解搆"當依《鴻烈解》注,訓"合會"。高誘、許慎皆漢人,其訓釋皆有傳授,"邂逅"亦"解構"之別字。因"解構"有"會遇"義,故加"辵"作"邂",又變"構"為"逅",亦或變"構"為"覯"耳。知"解構"為"合會",《蔓草》之"邂逅相遇",猶云因合會而相遇。鄭之七卿賦詩,六卿賦詩,皆有賦《野有蔓草》者,皆取此句此義也。本詩之"見此邂逅",猶云"見此合會",今人所謂"好會"也。《後漢書》之"解搆",猶云"勿用傍人合會之言",不必訓為"間搆"也。如此講,於古訓皆通,兩詩均無隔閡矣。首章"見此良人",猶言良家子,未睹其貌也;次章"見此邂逅",言眼見良人之合會,亦未睹其美也;三章"見此粲者",始驚其美也。語固有次弟也。

粲者《傳》:"三女為粲,大夫一妻二妾。"《釋文》:"粲……,《字林》作姕。"《伐木》:"於粲洒埽。"《傳》:"鮮明貌。"《大東》:"粲粲衣服。"《傳》:"粲粲,鮮盛貌。"《漢書·董仲舒傳》:"粲然有文以相接。"注:"粲,明貌。"《兒寬傳》:"天文粲然。"注:"粲然,明貌。"《文選》陸士龍《為顧彥先贈婦》詩注引《國語》賈注:"粲,亦美貌。"案:"粲"訓"鮮明",訓"鮮盛",訓"明"與"美",皆粲米字引申之義。云"粲者",猶之云"美者"也。三女為粲,三女未必皆美,即使皆美,亦非本詩意。作"姕"與"效",皆形聲字之後出者,並非古文。

湑《傳》:"湑湑,枝葉不相比也。"《裳裳者華》:"其葉湑兮。"《傳》:"湑,盛貌。"《車舝》:"其葉湑兮。"《釋文》:"湑……,茂盛也。"案:《釋文》蓋本《裳裳者華傳》也。以下章"其葉菁菁"《傳》"菁菁,葉盛也"準之,"湑湑"亦茂盛之意。二章皆以葉之茂盛興人之"踽踽"、"睘睘"也。案:此亦假借字。

踽《傳》:"踽踽,無所親也。"《說文》:"踽,疏行皃。从足,禹聲。"字亦作"偊"。《列子·力命》:"偊偊而步。"《釋文》引《字林》作"偊,疏行貌"。案:後世禹步字本此。《列子》或用古字,作"禹禹而步",後人遂以之誣大禹矣。案:"踽"、"偊"皆形聲字。《說文》:"禹,蟲也。从厹,象形。"《廣韻》引《字林》:"禹,蟲名。"《廣雅·釋詁》曰:"禹,舒也。"意此蟲之行,必遲回而舒徐,故"踽"字从之。

睘《傳》:"睘睘,無所依也。"《釋文》:"睘,本亦作煢,又作焭。求營反。"案:字本作"煢"。《文選·思玄賦》注作"獨行煢煢"是也。《閔予小子》:"嬛嬛在疚。"《左氏春秋·哀十六年傳》:"煢煢余在疚。"《說文·宀部》引作"煢煢在宊"。《漢書·匡衡傳集注》:"煢煢,憂貌。"《後漢書·清河孝王慶傳》注:"煢煢,孤特也。"《說文》:"煢,回疾也。从卂,營省聲。""煢"訓為"回疾",與"孤特"意亦遠。"煢惸”訓“孤特”，亦假借之義。从營得聲，故與“菁”、“姓”韻。作“睘”者，亦假借字，聲相近也。《説文》：“睘，目驚視也。从目，袁聲。”案：“袁”音古不入庚、青韻，作“惸”者是也。因假借“睘”，故又別作“嬛”。《閔予小子》：“嬛嬛在疚。”詳彼處。聲相近，又別作“惸”。《正月》：“憂心惸惸。”詳彼處。聲案：睘，今訛作“睘”；嬛，今訛作“嬛”；惸，今訛作“惸”。

同姓《傳》：“同姓，同祖也。”案：黄帝之子二十五宗，其得姓十四人，為十二姓：姬、酉、祁、己、滕、葴、任、荀、僖、佶、儇、依，是也。如姬姓之子相稱為“同父”，姬姓之孫相稱為“同姓”也。同父，今稱為“胞弟兄”；同姓，今稱為“同堂弟兄”也。餘詳《麟趾》“振振公姓”。先“同父”而後“同姓”，由親以及疏也。

居《傳》：“居居，懷惡不相親比之貌。”《爾雅·釋訓》：“居居、究究，惡也。”李注：“居居，不狎習之惡。”案：“居”為蹲居本字，引之為倨傲字。《説文》：“倨，不遜也。从人，居聲。”作“居”者，《漢書·酷吏·郅都傳》：“丞相條侯至貴居也。”注：“居，怠傲。讀與倨同。”亦或借“裾”。《趙禹傳》：“禹為人廉裾。”注：“裾，亦傲也。讀與倨同。”倨倨，《傳》曰“不相親比”，即倨傲之意。不狎習，即不相親比，皆由倨傲起義也。“居”字以讀去聲為是。

究《傳》：“究究，猶居居也。”《爾雅》孫注：“究究，窮極人之惡。”《皇矣》：“爰究爰度。”《傳》：“究，謀也。”《小弁》：“不舒究之。”《箋》：“究，謀也。”《左氏春秋·文四年傳》：“爰究爰度。”注：“究、度，皆謀也。”《爾雅·釋詁》：“究，謀也。”《説文》：“究，窮也。从穴，九聲。”“究究”者，謀度而窮極之。孫義為優矣。

肅《傳》：“肅肅，鴇羽聲也。”案：此亦假借字之純取音者，與本義全不相涉。《鴻雁》：“肅肅其羽。”義同。《釋文》：“肅肅，本或作翿。”案：作“翿”者，後世形聲字。聲案：《兔罝》：“肅肅兔罝。”《小星》：“肅肅宵征。”《思齊》：“肅肅在廟。”《烝民》：“肅肅王命。”《黍苗》：“肅肅謝功。”《雝》：“至止肅肅。”與此皆不同。

苞《傳》:“苞,稹。”《箋》:“稹者,根相迫迮梱致也。”《下泉》:“浸彼苞稂。”《傳》:“苞,本也。”《斯干》:“如竹苞矣。”《生民》:“實方實苞。”《長發》:“苞有三蘖。”《傳》皆同。《書·禹貢》:“草木漸苞。”《釋文》:“苞,叢生也。”《爾雅·釋詁》:“苞,豐也。”注:“苞,叢。”《釋言》:“苞,稹也。”孫注:“物叢生曰苞,齊人名曰稹。”據此,則“苞”訓“稹”者,毛公用齊人語。《文選·高唐賦》:“揭車苞并。”注:“苞并,叢生也。”據以上書,則“苞”乃叢生之義。毛公於他處訓“本”,而此獨訓“稹”者,蓋所謂“苞”者,由本下叢生之枝條,非本上歧出之枝條也,其義一也。聲谓:此詩三“苞”字宜著眼。鴇乃大鳥,乃集於叢生之苞栩,言勞苦之餘,不暇擇木而棲也。

盬《傳》:“盬,不攻緻也。”《四牡》:“王事靡盬。”《傳》:“盬,不堅固也。”《正義》:“盬與蠱,字異義同。《昭元年·左傳》云:‘於文,皿蟲為蠱。穀之飛亦為蠱。’杜預云:‘皿器受蟲害者為蠱,穀久積則變為飛蟲名曰蠱。’然則蟲害器、敗穀者皆謂之蠱,是盬為不攻牢不堅緻之意也。此云‘盬,不攻緻’,《四牡傳》云‘盬,不堅固’,其義同也。”聲案:“盬”乃“苦”之假借字,“苦”本為良苦字,自借為五味字而良苦之義隱矣。“苦”字本義既隱,於是乎假借“盬”字,“盬”、“苦”皆从古聲也。《周禮·鹽人》:“祭祀供其苦鹽。”注:“杜子春讀苦為盬。”《典婦功》:“辨其苦良。”注:“鄭司農苦讀為盬。”《典絲》注:“良當為苦字之誤。”《疏》:“苦,即鹽盬者也。”《史記·五帝紀》:“皆不苦窳。”《正義》:“苦,讀如盬。”《匈奴傳集解》引韋昭“苦”音“王事靡盬”之“盬”。《漢書·食貨志下集注》:“苦,或作盬。”《呂覽·誣徒》注:“苦,讀如盬會之盬。”《鴻烈解·主術》:“是以器械不苦。”注:“苦,讀盬。”《時則》:“工事苦慢。”注:“苦,讀盬會之盬。”以上書作“苦”者,正字也。因“苦”字習知為甘苦字,故以“盬”為正字,而以“苦”為假借字矣。相傳已久,不知其非也。由“良苦”義,引之有“厭苦”義焉。《漢書·李廣傳》:“士卒多樂從,而苦程不識。”注:“苦,謂厭苦之。”《匈奴傳上》:“罷極苦之。”注:“苦之,心厭之也。”由“厭苦”之義,引之有“勞苦”義焉。《國策·秦策》:“不苦一民。”注:“苦,勞也。”《漢書·谷永傳》:

“夫由疏賤納至忠,甚苦。”注:“苦,勞苦也。”《呂覽・慎人》:“以憂苦於民也。”注:“苦,勞。”《文選・弔屈原文》:“嗟苦先生。”注引應劭:“苦,勞苦。”靡,各處《傳》、《箋》皆訓為“無”。聲谓:“靡”字北方讀若“美”音,乃“沒有”二字之合音也。“有”字古音“羽軌反”,“沒”字為標,“有”羽軌反。字為射,合音若“美”,借字也。“王事靡盬”,言王事耳。沒有勞苦,惟“不能蓺稷黍”,父母將何怙乎?王事沒有勞苦,不敢告勞之意也。晉,侯國,而云“王事”者,侯國之事皆命於天子,故曰“王事”也。他詩“王事靡盬”皆與此同。

蓺《箋》:“蓺,樹也。”《周禮・大司徒》:“以教稼穡樹蓺。”注:“蓺,猶蒔也。”案:“蓺”訓“蒔”為疊韻,古訓也。字本作“埶”。《說文》:“埶,穜也。从坴、丮。持亟穜之。《詩》曰:‘我埶黍稷。’”案:字本作“埶”,隸作“執”。从艸者,形聲字。《周禮》、《左傳》、《史記》、《漢書》與古書傳皆作“蓺”,猶為近古。坊本作“藝”,則俗字矣。他詩“蓺”字同。詳《南山》。

燠《傳》:“燠,煖也。”《釋文》:“奥,本又作燠。”案《釋文》,則毛本作“奥”,別本又有作“燠”者爾,今經傳皆作“燠”,非是。《小明》:“日月方奥。”《傳》:“奥,煖也。”據此,則毛本作“奥”,益可信矣。《書・洪範》“曰燠”、“時燠若”,《史記・宋微子世家》作“曰奥”、“時奥若”,“恒燠若”作“常奥若”。《禮・內則》:“問衣燠寒。”《釋文》:“本又作奥寒。”《公羊春秋・成元年傳》注引《尚書》曰:“舒,恒奥若。”《漢書・五行志中之上》:“悊,時奥若。”《中之下》:“厥罰恒奥。”注並云:“奥,讀曰燠。”案:“奥”為古字,“燠”為形聲。“奥”為屋之深奥處。凡深奥處必煖,故“奥”有“燠”義。“奥”有“燠”音者,猶“告”有“鵠”音也。

杕前《杕杜傳》:“杕,特皃。”《說文》:“杕,樹皃。从木,大聲。《詩》曰:‘有杕之杜。’”案:前詩稱《杕杜》,此稱《有杕之杜》者,示別也。“杕”从“大木”而訓“特皃”者,凡物多則不見其大,特則愈形其大也。字義如此。

噬《傳》:“噬,逮也。”《釋文》:“噬……,《韓詩》作逝。逝,及也。”案:“噬”為搏噬字,與《詩》毫不相涉。“噬”、“逮”聲近,不如“噬”、“逝”一聲,當依韓作“逝”。《東門之枌》:“穀旦于逝。”《二子乘舟》:“汎汎其逝。”《小雅・杕杜》:“期逝不至。”《傳》皆云:“逝,往也。”“逝肯適我”者,言往則肯適我也。古人傳經,多以口相授受,故往往有音同字異者。

周《傳》:“周,曲也。”《釋文》:“周,《韓詩》作右。”案:右,古音讀若“以”,與下“游”字不韻,毛作“周”是也。《漢書・地理志》:“右扶風(郡),……盩厔(縣)。”《說文》:“盩,引擊也。从㚔、攴,見血也。扶風有盩厔縣。”案:盩厔,縣名,不知何所取義。相傳以為“水曲曰盩,山曲曰厔”,故因以名焉。據《說文》“盩”訓“引擊”,則“水曲”亦非本義,不如據此《傳》作“周”為易曉也。弟縣名似在漢以前,其得名也,久矣。

亡《箋》:“亡,無也。言我所美之人無於此。”案:“我所美之人亡於此”,殊不成句。竊謂“亡”者,“忘”之借。《綠衣》:“曷惟其亡。”《箋》:“亡之言忘也。”《假樂》:“不愆不忘。”《說苑・建本》作“不愆不亡”。《禮・檀弓》:“以為極亡。”《釋文》:“王本亡作忘。”《列子・仲尼》:“知而亡情。”《釋文》:“亡,一本作忘。”據此,則“亡”、“忘”古字本通,言予之所美者,乃忘此耶?“此”字即指上兩句而言。予美而忘此,必有與共處者矣。此時誰與共處者,亦惟有獨處而已。下二章同。

域《傳》:“域,營域也。”《說文》:“或,邦也。从口、从戈以守一。一,地也。域,或又从土。”據此,則“域”乃邦域即“國”字。字。《漢書・韋玄成傳》:“以保爾域。”注:“域,謂封邑也。”國必有界限,故亦為界域字。《漢書・賈誼傳》:“故其在大譴大何之域者。”注:“域,界局也。”又《禮樂志集注》:“域,界也。”國為民之所居,故亦訓“居”。《孟子・公孫丑下》:“域民不以封疆之界。”注:“域民,居民也。”《史記・禮書》:“人域是域。”《索隱》:“域,居也。”上章言“野”,就遠處言;此章言“域”,就所居之處言;三章言“衾”、“枕”,就寢室言:一步近似一步也。因此章有“野”字、“域”字、“百歲之後”字,嚴氏定為悼亡之作,其說《詩》亦固矣。亦詳《長發》。

苓《序釋文》:“苓,力丁反。……即甘草,葉似地黄。”《傳》:“苓,大苦也。”《簡兮傳》:“苓,大苦。”《釋文》引《本草》:“苓,甘草。”《說文》:“蘦,大苦也。”《爾雅·釋草》:“蘦,大苦。”郭云:“今甘草也。蔓延生,葉似荷,青黄,莖赤有節,節有枝相當。或云:‘蘦似地黄。’”《說文義證》:“案:郭注與孫炎同。又云‘蘦似地黄’,疑不能定。……《夢溪筆談》:‘《本草注》引《爾雅》:“蘦,大苦。”注:“甘草也。蔓生,葉似荷,莖青赤。”此乃黄藥也。其味極苦,故謂之苦,非甘草也。’馥謂:《嘉祐圖經》說甘草形狀與《爾雅注》大異,《爾雅注》與黄藥合,不當言即甘草,然則以蘦為甘草,始於孫炎而郭沿其誤也。”聲案:《詩》本作“苓”,與《爾雅》“蘦”字異。古“令”字入真、先韻,“靁”字入庚、青韻,截然為兩字。蘦為大苦,原非甘草,苓亦原非大苦,更非甘草。何以言之?二章“采苦”、三章“采葑”皆為菜名,一章不應獨采藥也。《說文》:“苓,卷耳也。”《爾雅·釋草》:“菤耳,苓耳。”郭注:“《廣雅》云:‘枲耳也。’亦云‘胡枲’。江東呼為‘常枲’。或曰‘苓耳’。形似鼠耳,叢生如盤。”《詩·周南》:“采采卷耳。”《傳》云:“卷耳,苓耳也。”陸《疏》:“葉青白色,似胡荽,白華,細莖,蔓生。可煮為茹,滑而少味。四五月中生子,如婦人耳中璫,今或謂之耳璫,幽州人謂之爵耳。”《廣雅》:“苓耳、葹、常枲、胡枲,枲耳也。”《本草》:“枲耳實,一名胡枲,一名地葵,一名葹,一名常思,生安陸川谷及六安田野。”陶隱居云:“此是常思菜,傖人皆食之。以葉覆麥作黄衣者,一名羊負來。昔中國無此,言外國逐羊毛中來。”《圖經》云:“詩人謂之卷耳,《爾雅》謂之苓耳,《廣雅》謂之枲耳,皆以實得名也。”據以上書,則“苓”可為茹,與“苦”、“葑”固一類也。聲谓:《簡兮》之“苓”,亦即卷耳也。榛有子為豆實,苓有葉可茹食,亦一類也。

為《箋》:“為言,謂為人為善言以稱薦之,欲使見進用也。”《釋文》:“為言,于僞反,或如字,下文皆同。本或作僞字,非。……為言、謂為人,並于僞反,若經文依字讀,則此上為字亦依字。”《正義》:“定本作偽言。"《白帖·九十二》亦作"偽言"。案:"為言"即"偽言"也,古者"為"、"偽"字通。《禮·月令》:"毋或作為。"注:"今《月令》'作為'為'詐偽'。"《左氏春秋·成九年傳》:"為將改立君者。"《釋文》:"為,本作偽。"《定十二年傳》:"子為不知。"《釋文》:"為,本作偽。"聲案:"為"即"偽"也,亦不必盡是虛假之言。《荀子·性惡》:"人之性惡;其善者,偽也。"注:"凡非天性而人作為之者,皆謂之偽。故'為'字人傍為,亦會意字也。"案:凡進讒言者,不必其無因。如有一分壞,必加倍傅會,使聽之者易信,皆偽言也。經文用古字,定本形聲字。

苟《傳》:"苟,誠也。"《箋》:"苟,且也。"聲谓:此非从艸从句之"苟"字也。《說文》:"苟,自急敕也。"段氏玉裁曰:"'急'與'苟'雙聲,'敕'與'苟'疊韻。急者,褊也;敕者,誡也。此字不見經典,惟《爾雅·釋詁》:'寁、駿、肅、亟、遄,速也。'《釋文》云:'亟,字又作苟,同居力反。經典亦作棘,同。'是其證,可謂一字千金矣。"聲案:作"亟"字者,《詩·北風》"既亟只且"、《七月》"亟其乘屋"、《靈臺》"經始勿亟"、《左氏春秋·隱十一年傳》"乃亟去之"、《成九年傳》注"勿亟遣使詣晉"、《襄二十四年傳》"公孫之亟也"之類是也。注釋家皆訓為"急",不知"亟"為"苟"之借字,"急"乃其一義耳。其作"棘"者,《小雅·采薇》"玁狁孔棘"、《出車》"維其棘矣"、《雨無正》"孔棘且殆"、《文王有聲》"匪棘其欲"、《江漢》"匪疚匪棘"之類是也。"棘"與"亟"皆為"苟"之假借字,詳各字。字本从芊,从勹,从口。《說文》:"𦍌,古文,羊不省。"桂氏馥曰:"《書·洪範》:'敬用五事。'古文作'苟用五事'。《漢書》因訛為'羞'。"是也。聲谓:苟,《說文》訓"自急敕也"者:不急則緩,緩則不敬;不敕則懈,懈則不敬。急與敕,皆非人所能與,皆己能主之,故曰"自急敕"。"自急敕"者,不止一敬而敬亦其一端,故"敬"字从之。桂氏馥曰:"經師說此'苟'字,多誤為从艸之'苟'。《燕禮記》:'賓為苟敬。'注:'苟,且也,假也。'《聘禮記》:'賓為苟敬。'注:'苟敬者,主人所以小敬也。'《大射禮》注云:'阼階上近君,近君則親寵,苟敬私昵之坐。'《詩·大雅·抑》:'無易由言,無曰苟矣。莫捫朕舌,言不可逝矣。'《箋》云:'無曰苟且如是。'馥案:'苟'

與'逝',音相近。若'苟且'之'苟',則音不協。《韓詩外傳》:'《論語》曰:"君子於其言,無所苟而已矣。"《詩》曰:"無易由言,無曰苟矣。"'此亦以為苟且。《大學》:'苟日新。'即此'苟',今亦誤讀'苟且'字。"聲案:桂氏之說是也。苟,假借作"亟"。《廣雅》:"亟,敬也。"《方言·一》:"自關而西秦晉之間,凡相敬愛謂之亟。"聲谓:"亟"即"苟"。《采苓》,《唐風》,晉詩也。言人之偽言,雖甚相親愛,亦無信實。舍之舍之,雖甚相親愛,亦無然許。能如是,則人之偽言,又何所得焉?如是講,不惟兩"苟"字有著落,即兩"亦"字神理亦出矣。不用《方言》,用《說文》"苟,自急敕也",意亦文從字順,與"苟且"字風馬牛不相及也。

秦風

鄰《序釋文》:"本亦作隣,又作轔。"《傳》:"鄰鄰,眾車聲也。"《漢書·地理志下》引《詩·車鄰》作"《車轔》"。《文選·東京賦》:"隱隱轔轔。"注:"轔轔,車聲。"《楚辭·大司命》:"乘龍兮轔轔。"注:"轔轔,車聲。"案:作"鄰"者,假借字;作"轔"者,形聲字。

寺《傳》:"寺人,內小臣也。"《釋文》:"寺,如字,又音侍。本亦作侍字。寺人,奄人。"《左氏春秋·僖二十四年傳》:"寺人披。"《釋文》:"寺,本又作侍。"《穀梁春秋·襄二十九年傳》:"寺人也。"《釋文》:"本又作侍人。"《左氏·昭二十五年傳》:"使寺人僚柤告公。"亦別作"閧"。《易·說卦傳》:"為閽寺。"《釋文》:"寺,本作閧。"《說文》:"寺,廷也,有法度者也。从寸,之聲。"《後漢書》注引《風俗通》:"寺,司也。諸官府所止皆曰寺。"[2]又《和帝紀》注引《風俗通》:"寺者,嗣也,理事之吏嗣續於其中也。"《一切經音義·十四》引《三蒼》:"寺,官舍也。"案:"寺"本為"官寺"字。寺人,近侍之人也。作"寺"者,古文。"侍"與"閧"皆形聲字,猶之"宦"本為宦仕字,亦借為宦官、宦者字也。古者有門,即有閽寺以守之。《詩》言"寺人",亦祇道其常,無關美刺也。

鼓《箋》:“簧,笙中金葉,吹笙則鼓動之,以出聲者也。”[3]《釋名·釋樂器》:“簧,横也,於管頭横施於中也。以竹鐵作,於口横鼓之亦是也。”案:笙曰吹而簧曰鼓者,鼓,動也。《廣雅·釋詁·二》:“鼓,鳴也。”《離騒》:“吕望之鼓刀兮。”注:“鼓,鳴也。”《周禮·小師》:“掌教鼓、鼗、柷、敔、塤、簫、管、絃、歌。”注:“出音曰鼓。”案:訓“鳴”,訓“出音”,由振動之義引申而出也。《易·繫辭上傳》:“鼓之以雷霆。”虞注:“鼓,動也。”“鼓之舞之以盡神。”荀注:“鼓者,動也。”《素問·瘧論》:“乃作寒慄鼓頷。”注:“鼓,謂振動。”聲谓:簧謂之鼓者,蓋以氣振動之。《莊子·駢拇》:“使天下簧鼓。”聲谓:必有以鼓簧者,而後簧鼓也。《鹿鳴》“吹笙鼓簧”同。

媚《傳》:“能以道媚於上下者。”《箋》:“媚於上下,謂使君臣和合也。”《思齊》“思媚周姜。”《傳》、《下武》“媚兹一人”《箋》、《假樂》“媚于天子”《箋》、《卷阿》“媚于庶人”《箋》,並云:“媚,愛也。”《左氏春秋·宣三年傳》:“人服媚之。”注:“媚,愛也。”《疏》:“王肅云:‘卿大夫稱子。’”公之媚子,言公所愛之卿大夫也。語本直截了當,《傳》、《箋》未免添設。

舍拔《傳》:“拔,矢末也。”《箋》:“拔,括也。”案:毛、鄭皆以“拔”為“筈”之借也,聲以為“拔”乃“軷”之借也。《生民》:“取羝以軷。”《傳》:“軷,道祭也。”《釋文》引《字林》:“軷,出必告道神,為壇而祭為軷。父末反。”《説文》:“軷,出將有事於道,必先告其神,立壇四通,樹茅以依神,爲軷。既祭軷,轢於牲而行,爲範軷。《詩》曰:‘取羝以軷。’从車,犮聲。”《周禮·大馭》:“及犯即“範”之借字。軷,王自左馭。”杜注:“軷,讀為別異之別,謂祖道轢軷磔犬也。”言“舍軷”者,《泉水傳》:“祖而舍軷。”《禮·曾子問》注:“出祖釋與“舍”字通。詳下。軷。”《儀禮·聘禮記》:“釋軷。”注:“軷,山行之名也。”出行必祭道。言“山行”者,撮舉之詞也。“舍軷”為祭道名。上文“公曰左之”,即《周禮·大馭》“及範軷,王自左馭”也。此時秦君將範軷,故命馭者左之也。舍,即釋也。《周禮·占夢》:“乃舍萌于四方。”注:“舍,讀為釋。”《大史》:“舍算。”注:“舍,讀曰釋。”《甸祝》:“舍奠于祖廟。”注:

"舍,讀為釋。"《列子·天瑞》:"舍然大喜。"注:"舍,宜作釋。"《老子注》:"萬物舍此而求主。"《釋文》:"舍,又作釋。"是也。言以孔碩之辰牡,釋軷而祭道神,則無不獲也。"獲"當讀如《楚茨》"笑語卒獲"之"獲",《傳》:"獲,得時也。"《禮·坊記》引之,注云:"獲,得也。"聲又案:據《說文》、《字林》等書,"軷"為祭道之名,亦上下通行之禮。《周禮·大馭》"王左馭"亦在王言王,非謂諸侯行軷祭不當左馭也。公曰左之,恰與《周禮》合。"拔"為"軷"之借字,同聲假借,不當為"括"、"筈"之借字,不待辨而自明矣。"舍軷"本《泉水傳》,以《傳》解經;"釋軷"本《儀禮》,直以經解經矣。

載《箋》:"載,始也。"案:"載"原可訓"始",惟"始獫歇驕"殊不可通,宜後儒之嘖嘖也。聲以為:載,詞也。《載馳》:"載馳載驅。"《傳》:"載,辭也。"《左氏春秋·宣三年傳》:"載祀六百。"注:"載,辭也。"《孟子·離婁上》:"載胥及溺。"注:"載,辭也。"本詩句法與"載祀六百"、"載胥及溺"極相似。"長喙曰獫,短喙曰歇驕",《爾雅·釋畜》作"猲獢",同。《說文》:"猲,短喙犬也。从犬,曷聲。《詩》曰:'載獫猲獢。'《爾雅》曰:'短喙犬謂之猲獢。'"又:"獢,猲獢也。从犬,喬聲。"歇,亦作"獥"。《玉篇》:"獥獢,犬短喙也。"《詩》作"歇驕"者,假借字。嚴《緝》引《補傳》,謂歇驕非犬名,以車載犬,所以歇其驕逸。望文生義,去古意遠矣。

小戎《傳》:"小戎,兵車也。"《箋》:"此群臣之兵車,故曰小戎。"案:小戎,猶之言元戎也。秦之有小戎,猶晉之有小駟。《國語·齊語》:"故五十人為小戎。"注:"小戎,兵車也。"古之侯王,各有親兵。小戎,親兵也,故車馬之飾盛於尋常。三章皆先言車馬,贊軍容,即贊秦伯也。

收《傳》:"收,軫也。"案:"收"訓"軫",亦假借字。前三句一韻:"驅"从區,"區"字古讀"歐"音者多,句句韻。中三句一韻:羿,今讀去聲,入與去韻,句句韻。後四句,"言念君子"為閒句,餘句句韻也。

文茵《傳》:"文茵,虎皮也。"《釋文》:"文茵,以虎皮為茵。茵,車席也。"《說文》:"茵,車重席也。从艸,因聲。鞇,司馬相如說:'茵从革。'"《史記·酷吏傳》:"未嘗敢均茵伏。"《索隱》:"茵,車蓐也。"《漢書·霍光傳》:"加畫繡茵馮。"[4]注:"茵,蓐也。"《說文》:"文,錯畫也。象交文。"《周禮·考工記》:"畫繢之事。"又《典絲》:"共其絲、纊、組、文之物。"注並云:"青與赤謂之文。"《國策·秦策》:"文章不成。"注:"青與赤謂之文。"案:"文茵"者,以文錦為茵蓐,不必定虎皮。文者,文繡文采之稱也。《釋名·釋車》:"用虎皮為之,有文采。"蓋本毛《傳》。

軜《傳》:"軜,驂內轡也。"《箋》:"鋈以觼軜,軜之觼以白金為飾也。軜繫於軾前。"《釋文》:"軜,音納,內也。"案:此章首二句韻,次二句韻,次六句韻。"言念君子"、"方何為期"二句為閒句,餘亦句句韻也。"念"字从"今"得音,入聲"埝"、"敜"、"艌"入葉、合韻,皆從"念"得音也。古人不分四聲,"念"與"合"、"軜"、"邑"韻,在今韻為去與入韻。

厹《傳》:"厹,三隅矛也。"[5]《說文》:"厹,高氣也。……臨淮有厹猶縣。"案:厹猶,地名。《國策·西周策》注:"厹由,狄國,或作仇首。"案:厹由即厹猶。稱"厹矛"者,或器以地名歟!不知何時訛作"厹"。

錞《傳》:"錞,鐏也。"《釋文》"錞"引《說文》云:"矛戟下銅鐏。"《禮·曲禮》:"進矛戟者前其鐓。"注:"平底曰鐓,取其鐓也。"《說文》作:"鐔,矛戟柲下銅鐏也。从金,辜聲。《詩》曰:'厹矛沃鐔。'"案:"錞"亦从享聲,从敦不若从享之古矣。《御覽·三百五十三》亦引作"厹矛鋈鐓"。又案:"錞"、"鐓"字,今皆讀徒對反。聲谓:古音仍當讀若"敦"。此章前三句韻。蒙伐有苑,"苑"當讀如"蘊",詳下。與"群"、"錞"韻。下七句,除"言念君子"、"厭厭良人"為閒句,餘皆韻。

蒙伐《傳》:"蒙,討羽也。伐,中干也。"《箋》:"蒙,厖也。討,雜也。畫雜羽之文於伐,故曰厖伐。"案:毛讀"伐"為"瞂",鄭讀"蒙"為"厖"。《長發》:"為下國駿厖。"《荀子·榮辱》作"為下國駿蒙”,《大戴記·衛將軍》作“為下國恂蒙”。據二書,則“蒙”、“厖”古字通也。《釋文》:“伐,如字。本或作戫,音同,中干也。”聲谓:“厖”从龙,故古字亦作“龙”。《周禮·牧人》:“凡外祭、毀事,用厖可也。”[6]杜注:“厖,當為龙,龙謂雜色不純。”《考工記·玉人》:“上公用龍。”鄭司農注:“龍,當為龙。龙,謂雜色。”《左氏春秋·閔二年傳》:“衣之龙服。”注:“龙,雜色。”《國語·晉語》:“以龙衣純。”注:“雜色曰龙。”《漢書·五行志中之上》:“衣以龙服。”注:“龙,雜色也。”據以上書,則龙為雜色。鄭因毛有“討羽”之訓,故云“畫雜羽之文於戫”,其實畫雜色之文以為飾耳。毛云“討羽”者,“討”蓋“叏”之借。《說文·弓部》:“弢,弓衣也。从弓,从叏。叏,垂飾,與鼓同意。”毛意“蒙”者,弢羽於戫以為飾。鄭不知“討”為借字,轉訓為“雜”,望文生義,失之遠矣。詳下。

有苑 《傳》:“苑,文貌。”案:畫龍形於盾,故曰“龍盾”;畫雜色於戫,故曰“厖戫”。有,讀為又;苑,讀為“苑枯”之“苑”。字亦作“菀”,《玉篇》“戫”字下引作“蒙戫有菀”。在《詩》則《正月》:“有菀其特。”《桑柔》:“菀彼桑柔。”《菀柳》:“有菀者柳。”是也。畫色往往失之枯,此“蒙伐”又見其菀爾若生,極形其飾之盛也。

虎韔 《傳》:“虎,虎皮也。韔,弓室也。”《釋文》:“韔,敇亮反,下同。本亦作暢。”《采綠》:“言韔其弓。”《釋文》:“韔……,弢也。……本亦作鬯。”案:“虎韔”者,畫虎文於韔也。《說文》:“虍,虎文也。……讀若《春秋傳》曰‘虍有餘’。”據徐鍇《說文繫傳》,有此九字,今《春秋三傳》皆無此語。“虍”蓋古文;作“虎”者,借字。畫龍形於盾曰“龍盾”,畫虎文於韔曰“虎韔”也。“韔”作“暢”、“鬯”者,皆假借字。

閉 《傳》:“閉,紲。”《釋文》:“閉,悲位反。……鄭注《周禮》云:‘弓檠曰鞑,弛則縛於弓裏,備損傷也。以竹為之。’”案:此亦假借字也,古字作“必”。《周禮·考工記·玉人》:“天子圭中必。”注:“必,讀如‘鹿車縪’之‘縪’,謂以組約其中央,為執之備失隊。”聲案:必,所以弼物者也。从弋,以為準;从八,所以分弼之。會意,即諧“弋”聲。凡物欲其直，或欲其曲，必以木為準，再以二薄木隨其曲直以弼正之，制弓家謂之檠。《荀子·非相》注作"檠柲"。凡弓有損壞，使匠人修補之謂之必，今山東青州一帶猶有此語也。"必"本為弼物字，篆文加"韋"作"韠"，《考工記·弓人》注引作"竹韠緄縢"是也。籀文作"弼"，亦作"𢐀"、"㢸"、"弜"，俱見《說文·弜部》。則專就弼弓起義矣。"必"為必物字，故亦為"圭中必"字。見上。今俗語亦謂之"綁"，"綁"、"必"一聲也。

載《箋》："此既閔其君子寢起之勞，又思其性與德。"《文選注·十》引作"再寢再興"。[7]案：載、再，同音假借字。《孟子·滕文公下》："湯始征，自葛載。"注："載……，一說：言當作'再'字。"聲案：《詩》言"載"者屢矣，如"載馳載驅"、"載飛載止"、"載飛載鳴"，不必破字而義自可通。惟此詩既有引作"再"者，即讀"載"為"再"。據上二章，"温其如玉"、"温其在邑"皆就君子一邊說。念君子而並念其寢興，有時思家，或再寢，或再興，僕僕之勞，良可憫矣。載，讀為再，與《箋》說亦可通。

厭《傳》："厭厭，安靜也。"《湛露》："厭厭夜飲。"《傳》："厭厭，安也。"《說文》："懕，安也。从心，厭聲。"引《詩》曰："懕懕夜飲。"案：《詩》作"厭"者，古字；从心者，形聲字。《列女傳·二》引作"愔愔良人"。《湛露釋文》："厭厭……，《韓詩》作愔愔。"案："厭"、"愔"一聲，古人以口授經，故所傳有不同也。

秩《傳》："秩秩，有知也。"《斯干》："秩秩斯干。"《傳》："秩秩，流行也。"《巧言》："秩秩大猷。"《傳》："秩秩，進知也。"《賓之初筵》："左右秩秩。"《傳》："秩秩，肅敬也。"《假樂》："德音秩秩。"《傳》："有常也。"又《賓之初筵》："左右秩秩。"《箋》："秩秩，知也。"《假樂》："德音秩秩。"《箋》："秩秩，清也。"案：同一"秩秩"，不應異訓。"德音秩秩"，即"秩秩德音"也，更不宜異訓。據《賓之初筵》："不知其秩。"《傳》："秩，常也。"《烈祖》："有秩斯祜。"《傳》："秩，常也。"與"德音秩秩"《傳》"秩秩，有常也"同，此"秩秩"亦當訓"有常也"，猶云常而又常也。《賓之初筵》："左右秩秩。"有常度也。《巧言》："秩秩大猷。"

有常經也。《斯干》:"秩秩斯干。"有常居也。此所謂以《傳》釋《傳》,以經解經也。

蒹葭 《傳》:"蒹,薕。葭,蘆也。"案:葭,古音若"胡","蒹薕"、"葭蘆"皆疊韻也。戴氏震曰:"凡《詩》中曰'蒹葭',曰'葭菼',曰'萑葦',及今人曰'蘆荻',皆並舉二物。蒹、萑、荻,一也;葭、蘆、葦,一也。"聲案:戴說極為簡明,注釋家往往亂之。《爾雅·釋草》:"蒹,薕。"注:"似萑即"荻"。而細,高數尺,江東呼為薕藡。"《說文》:"蒹,雚《詩》作"萑"。"八月萑葦",今誤作"崔"。之未秀者。"《史記·司馬相如傳》:"藏莨蒹葭。"《索隱》引郭璞:"蒹,蔽即"荻"。也。"據上三書,知"蒹"、"萑"、"荻"為一物矣。《爾雅·釋草》:"葭,華。"注:"即今蘆也。"《莊子·則陽》:"蒹葭始萌以扶吾形。"《釋文》:"葭,……亦蘆也。"《說文》:"葭,葦之未秀者。"《爾雅·釋草》注:"蘆,葦也。"據以上書,知"葭"、"蘆"、"葦"為一物矣。聲谓:蒹,兼也,其形兼,故从兼;葭,孤也,其形孤,故从叚。"叚"、"孤"音近。此形聲字之有義意者。

方 《箋》:"乃在大水之一邊。"《史記·扁鵲倉公傳》:"視見垣一方人。"《索隱》:"方,猶邊也。"案:水一方,猶垣一方,古語也。聲谓:方,旁也。《逸周書·皇門》:"乃方求論擇元聖武夫羞于王所。"注:"方,旁。"《儀禮·大射儀》:"左右曰方。"注:"方,出旁也。""方"、"旁"疊韻,故假借。

遡 《傳》:"逆流而上曰遡洄。"《說文》:"逆流而上曰游洄。游,向也。水欲下,違之而上也。从水,㡿聲。遡,游或从辵、朔。"《爾雅·釋水》:"逆流而上曰泝即"游"之俗字。洄。"《公劉》"遡其過澗"《傳》、《桑柔》"如彼遡風"《傳》,皆云:"遡,鄉即"嚮"。也。"《文選·東京賦》:"泝洛背河。"薛注:"泝,向也。"《西京賦》:"咸遡風而欲翔。"薛注:"遡,向也。"據《公劉》、《桑柔》二《傳》,"遡"训"鄉",其可信者也。詳下。

洄 《說文》:"洄,游洄也。从水,回聲。""回,轉也。从口,中象回轉形。"《漢書·食貨志下》:"為渭漕回遠。"注:"回,曲繞也。"《李廣傳》:"東道少回遠。"注:"回,繞也,曲也。"《楊雄傳上》:"回安邑。"

注:"回,謂繞過。"《素問·玉版論要篇》:"神轉不回。"注:"回,謂卻行也。""洄"、"回"古今字。言明明向其所在而回轉曲繞以從之,勿怪其道阻且長也,安得而見伊人哉!

游《傳》:"順流而涉曰遡游。"《爾雅·釋水》:"順流而下曰泝游。"《說文》:"游,旌旗之流也。从㫃,汓聲。"又:"汓,浮行水上也。从水、子。"又:"汓,行水也。从攴,从人,水省。𣲡,秦刻石嶧山文汓字如此。"聲谓:"游"即"汓",亦即"汓",今俗所謂鳧水也。《列子》:"能游者可教也。"注:"浮即"鳧"。水曰游。"古者"游"、"汓"通,此其據也。言向其所在而浮水從之,則伊人固蘊在水中央也。宛,《釋文》:"本亦作苑。"案:苑,蘊也。詳《山樞》。"蘊"有藏義,故曰"宛在"。

央《說文》:"央,中央也。从大在冂之內。大,人也。央、旁同意。"案:央,亦中也。"冂"即"回"之古文。中無定在,大之所在即中之所在也。从大在冂中,會意字也,與"冘"同意。《說文》:"冘,淫淫,行皃。从人出冂。"《廣雅·釋言》:"央,中也。"《荀子·正論》:"今人或入其央瀆,竊其豬彘。"注:"央瀆,中瀆也。""央"為中央字,此橫說也。引之,夜有夜之中,時有時之中。《庭燎》:"夜未央。"《離騷》:"時亦猶其未央。"二"央"字亦當訓為"中",此豎說也。

右《傳》:"右,出其右也。"《箋》:"右者,言其迂迴也。"案:右,言不相值也,猶之言"相左"也。言"右"者,取韻。

終南《傳》:"終南,周之名山中南也。"《正義》:"《昭四年左傳》曰:'荆山、中南,九州之險。'是此一名'中南'也。"案:"終"、"中"同音。

條《傳》:"條,槄。"《釋文》:"條,本又作樤,音同。……山榎也。"《正義》:"陸璣《疏》云:'槄,今山楸也。"《爾雅·釋木》:"槄,山榎。"注:"今之山楸。"陳氏啟源曰:"楸、榎本一木,但楸葉大、榎葉小略異耳,故生於山者,名亦互通也。"聲谓:《詩》之"條"即"槄"也,假借字,聲相近。《釋文》之"樤",形聲字之後出者,無甚義意。《爾雅·釋木》:"柚,條。"《釋文》:"條,字又作樤。"此則別一木,與《詩》"條梅"字異。

梅 《傳》:"梅,枏也。"《墓門》:"墓門有梅。"《傳》同。《爾雅·釋木》:"梅,枏。"樊注:"荆州曰梅,楊州曰枏,益州曰赤梗,似豫章,無子也。"案:古者"梅"皆訓"枏","梅杏"字本作"某"。《說文》:"某,酸果也。从木,从甘,闕。槑,古文某,从口。"聲谓:以"梅枏"字亂為"杏某"字,亦自《說文》始。《說文》:"梅,枏也,可食。从木,每聲。楳,或从某。"聲案:枏不聞可食,亦不聞有作"楳"者。疑《說文》"梅"下之"可食"二字與"楳,或从某"四字為後人所亂耳。《摽有梅釋文》:"《韓詩》作楳。"是也。《正義》以為杏類,與此詩之訓"枏"者無涉。今"枏"字皆訛作"柟",亦非。互詳《摽梅》、《墓門》。

渥丹 《箋》:"渥,厚漬也。顏色如厚漬之丹,言赤而澤也。"《釋文》:"丹,如字。《韓詩》作沰,音撻各反。沰,赭也。"案:"沰"即"赭"之異文,會意字,"赭"為形聲字也。古者,从石聲之字音"他若反","拓"字是也。與从者之字音"直略反""著"字是也。同音,故通用。"渥"、"沃"一聲,《簡兮傳》亦云:"沃,厚漬也。"[8]《箋》:"碩人容色赫然如厚傅丹。"故知"沃赭"即"渥丹"也。彼云"赭"者,趁韻。

也哉 《箋》:"其君也哉,儀貌尊嚴也。"案:"也"、"哉"俱非尋常助語詞,讀為尋常助語詞,殊不成句。詩人既能為詩,又何至湊虛字為句! 竊謂此"也"字亦當如"匪直也人"之"也",為"伊"與"緊"之借字也。詳《定之方中》。哉,《文王》:"陳錫哉周。"《箋》:"哉,始。"《書·武成》:"哉生明。"《傳》:"哉,始也。"《爾雅·釋詁》:"哉,始也。"也,讀為緊,"殹"、"緊"古今字。哉,始也。言我公之君國,自是始也。首章言"顏如渥丹",正在盛年之時,我公之君國自是始。次章頌我公之壽考,意本一而語有先後也。君國自是始,與《序》說"能取周地,始為諸侯"意亦恰合。"壽考不忘"者,頌其壽考而不能忘也,與"於乎前王不忘"之"不忘"一也。又案:殹哉,猶云"伊始"也。用"哉"字者,取韻。"哉"从𢦏、"𢦏"从才得音,與"鼒"、"栽"古皆同音。《絲衣》"鼒"與"牛"、"基"韻。《禮·中庸》:"故栽者培之。"注:"栽,讀如'文王初載'之'載'。栽,猶植也。[9]……今時人名草木之植曰栽,築墻立板亦曰栽。栽,或為兹。""栽"、"兹"一聲。據此,則"哉"

亦有“兹”音,故與“梅”、古音湄。“裘”古音祁。韻。

紀《傳》:“紀,基也。”《釋文》:“紀,如字。本亦作屺。”《正義》:“案:《集注》本作屺。”聲谓:“紀”無“基”義。疑“紀”者,“屺”之借字,“紀”、“屺”皆從“己”得音。據《釋文》、《集注》本作“屺”,則“紀”為借字無疑。

堂《傳》:“堂,畢道平如堂也。”《箋》:“畢也,堂也,亦高大之山所宜有也。畢,終南山之道名,邊如堂之牆然。”《禮·檀弓上》:“吾見封之若堂者矣。”注:“堂形四方而高。”《山海經·大荒東經》:“有大人之市,名曰大人之堂。”注“大人之堂”,“亦山名,形狀如堂室耳”。上二書為此詩“堂”字確切注腳。又案:《白帖·五》引作“有杞有棠”,[10]則“紀”、“堂”二字皆假借字,“杞”、“棠”與上章“條”、“梅”為一類。漢《魯峻碑》:“棠棠忠惠。”《嚴訢碑》:“棠棠容貌。”“堂堂”皆作“棠棠”,是“棠”與“堂”古字原可通用。《白帖》所引未始不可據,然毛鄭後出之書,不敢遽信以改竄古書,存之以備一說。

交《傳》:“交交,小貌。”《正義》引“《桑扈箋》云:‘交交,猶佼佼,飛而往來貌。’則此亦當然,故云‘往來得其所’,是交交為往來狀也。”案:“交”有交互義,故“交交”者,交互往來之貌也。此疊字之有字義者。

防《傳》:“防,比也。”《箋》:“防,猶當也,言此一人當百夫。”《釋文》:“徐云:‘毛音方,鄭音房。’”《國語·周語》:“不防川。”注:“防,障也。”《鴻烈解·脩務》:“陰以防雨。”注:“防,衛也。”據上二訓,則《詩》言“防”者,猶言“障衛”也。當依鄭音“房”。

鬱《傳》:“鬱,積也。”《說文》:“鬱,木叢生者。从林,鬱省聲。”聲案:“鬱”即“菀”之籀文也,以其筆畫繁重知之。《桑柔》:“菀彼桑柔。”《釋文》:“菀,音鬱。”此其據也。亦假借“苑”,詳《小戎》“苑”字。亦假借“宛”。本詩,《周禮·考工記·函人》注引作“宛彼北林”,餘詳《山樞》“宛”字。案:“苑”、“宛”皆从夗,與“菀”同音,“菀”與“鬱”亦同音。亦別作“蔚”。《後漢書·仲長統傳》:“彼之蔚蔚,皆匈詈腹詛,幸我之不成。”注:“蔚與鬱,古字通。”案:“蔚”从尉,“尉”之古音與“鬱”亦一聲也。

欽《傳》:“思望之,心中欽欽然。”《鼓鐘》:“鼓鐘欽欽。”《傳》:“欽欽,言使人樂進也。”《爾雅·釋訓》:“欽欽,憂也。”《說文》:“欽,欠皃。从欠,金聲。”案:欽欽,此訓“憂”、《鼓鐘》訓“樂”者,聲谓:欽欽,猶硜硜,無論憂樂,在心而不能去也。訓“敬”者,以敬常在心而不能去也,亦此意也。此字之義,假借者居多。

駮《傳》:“駮如馬,倨牙,食虎豹。”《釋文》:“駮,邦角反,獸名。《草木疏》云:‘駮馬,木名,梓榆也。’”《正義》引陸璣《疏》云:“駮馬,梓榆也。其樹皮青白駮犖,遙視似駮馬。”《爾雅·釋畜》:“駮如馬,倨牙,食虎豹。”《說文》同。案:《傳》及《爾雅》、《說文》所云,乃“駮”也,“六”字無訓。陸《疏》所云,乃“駮馬”也,亦非“六駮”。據《古今注》:“六駮,山中有木,葉似豫章,皮多蘚駮。”[11]以“六駮”為樹名,惟此書為確據。又《涇陽圖經》:“賀蘭山在縣西北九十三里,山草多白,[12]遙望青白如駮。北人呼駮馬為賀蘭。鮮卑因山谷為氏族,今賀蘭姓者皆因此山名也。”此條雖非“六駮”證據,然與陸《疏》實相發明,故引之。此詩“駮”从交,《豳風·東山》“皇駁其馬”从爻。《說文》:“駁,馬色不純。从馬,爻聲。”又:“駮,獸。如馬,倨牙,食虎豹。从馬,交聲。”後人據此,遂以从交者為獸名,从爻者為駁雜,不知“爻”即“交”之古字。《說文》:“爻,交也。象《易》六爻頭交也。”又:“㚗,交脛也。从大,象交形。”聲谓:“㐅”為“互”,“爻”為“交”,《易》之“六爻”即“六交”。後人不知“爻”即“交”之古文,又誤讀為“肴”,於是乎借交脛字為“爻”,借義既多,日久遂忘其本義矣。《說文》“絞”,《集韻》古文作“紋”。較,《說文》作“較”,蓋“較”之古文也。“紋”、“較”為“絞”、“較”之古文,則“駁”亦“駮”之古文,“爻”亦為“交”之古文,勿庸疑議。不知古文,徒以隸書點畫求之,末矣。附:《爾雅·釋草》:“瓝,九葉。”《釋文》:“瓝……,樊本瓝字作駮,……一名九葉。”郭注:“今江東有草,五葉共叢生一莖,俗因名為五葉,即此類也。”聲案:瓝,草也。作“駮”者,假借;作“瓝”者,亦假借。“駮”之故實甚少,故附及之。

于　《箋》:"于,於也。"《東門之枌》:"穀旦于差。"《六月》:"王于出征。"《車攻》:"之子于苗。"《小弁》:"我獨于罹。"《桓》:"於昭于天。"《箋》皆云:"于,曰也。""王于興師"與"王于出征",句法尤為相似。彼訓"曰"而此訓"於"者,何也? 又《桃夭》"之子于歸"《傳》、《雨無正》"維曰于仕"《傳》、《小旻》"伊于胡底"《箋》、《采綠》"之子于狩"《箋》、《崧高》"于邑于謝"《箋》、《江漢》"于疆于理"《箋》,俱云:"于,往也。"此詩非不可訓"往",古者"曰"、"越"字通,故"曰"亦訓"往"。王往興師,固不若"王曰興師"渾成自然矣。

澤　《傳》:"澤,潤澤也。"《箋》:"襗,褻衣,近污垢。"《釋文》:"澤,如字。《說文》作襗,云:'袴也。'"《論語・鄉黨》:"紅紫不以為褻服。"鄭注:"褻服,袍襗也。"《周禮・玉府》注:"燕衣服者,巾絮、寢衣、袍襗之屬。"《說文》:"襗,絝也。从衣,睪聲。"案:鄭以"澤"為"襗"之假借字,是也。《古文苑》班固《北征頌》:"寒不施襗。"《廣雅・釋器》:"襗,袍,長襦也。""襗"與"袍"類,與三章"裳"亦類,《箋》意優矣。

於　《箋》:"言君始於我厚,設禮食大具以食我,其意勤勤然。"《廣雅・釋詁・二》:"於,凥也。"據此,則"於我乎"讀為"凥我乎",文從字順矣。《說文》:"凥,處也。从尸,得几而止。《孝經》曰:'仲尼凥。'凥,謂閒居如此。""居"為蹲踞字,古文與"凥"異。聲谓:讀"於"為"凥",文固可通,而義猶未盡。竊以"於"者,"何居"二字之合音也。古音重濁,"於"字音近"呼"。"何"字為標,"居"字為射,合二字而急讀之,即得其音矣。古人以口授經,或者合"何居"二字而讀為"於",猶云"何居我乎夏屋渠渠之地",今乃至於"每食無餘",可怪之至也。于嗟乎,怪異之詞也。

夏屋　《傳》:"夏,大也。"《箋》:"屋,具也。……言君始於我厚,設禮食大具以食我,其意勤勤然。"《釋文》:"屋,如字,具也。"《正義》述《傳》:"言康公始者於我賢人乎,重設饌食禮物大具。"屋,《傳》無訓釋,孔氏同於鄭,非是。又申《箋》:"王肅云:'屋則立之於先君,食則受之於今君,故居大屋而食無餘。'義似可通。鄭不然者,

《詩》刺有始無終,上言‘於我乎’,謂始時也;下言‘今也’,謂其終時也。始則大具,今終則無餘,猶下章始則‘四簋’,今則‘不飽’,皆説飲食之事,不得言屋宅也。若先君為立大屋,今君每食無餘,則康公本自無始,何責其無終也。且《爾雅》‘屋,具’正訓以此,故知謂禮物大具。”案:《爾雅·釋言》:“握,“楃”之借字。具也。”注:“謂備具。”《疏》:“握持辦具也。郭云:‘謂備具。’李本作幄,釋云:‘居位處之具也。’”鄭蓋以“屋”為“楃”,惟《爾雅》訓為“具”,究係活字,“楃”可謂之“具”,“幄”亦可謂之“具”李氏本作“幄”者以此。也。如鄭氏説,“於我乎,大具渠渠”,詩人為不詞矣。不若讀如字,仍訓為屋宇字為得也。《魯靈光殿賦》注引崔駰《七依》:“夏屋蘧蘧。”《正義》引作“夏屋渠渠。”“渠渠”即“蘧蘧”之假借字,夏屋而曰蘧蘧,可以得“夏屋”之義矣。並詳下“渠”字。

渠 《箋》:“渠渠,猶勤勤也。”《文選·魯靈光殿賦》注引崔駰《七依》:“夏屋蘧蘧。”鄭以“渠”為“劬”之借字,故曰“猶勤勤”。鄭氏訓“屋”為“具”,云:“厚設禮食……,其意勤勤然。”未免詞費。且添出“其意”一層,亦非《詩》意。不如作“蘧蘧”,仍就屋言屋也。《魯靈光殿賦》:“揭蘧蘧而騰湊。”注:“蘧,高也。”案:物之高者必大,故高有大意。“蘧蘧”者,高大之義也。高大之屋,夏日所宜,故曰“夏屋蘧蘧”。案:“蘧蘧”二字,亦見《莊子·齊物論》:“則蘧蘧然周也。”李注:“蘧蘧,有形之貌。”[13]不知何所據也。

權輿 《傳》:“權輿,始也。”《爾雅·釋詁》:“權輿,始也。”《文選·劇秦美新》:“權輿天地未袪。”注引《爾雅》:“權輿,始也。”《參同契》:“(上陽子曰):‘權輿者,始初之義。古人造衡自權始,造車自輿始。’”據此,則“權輿”訓“始”,其來久矣。

簋 《傳》:“四簋,黍、稷、稻、粱。”《釋文》:“簋,音軌。內方外圓曰簋,以盛黍稷;外方內圓曰簠,用貯稻粱。皆容一斗二升。”案:簋,音居洧切,與下“飽”不韻。據《説文·竹部》:“簋,黍稷方器也。从竹,从皿,从皀。”重文作“匭”,又作“匦”與“杋”。作“匭”者,會意字。《集韻》引作“匭”,从飤,與从皀同意。作“匦”者,从軌聲也,形聲字。《說文》:"軌,車徹也。从車,九聲。""軌"从九聲,則"簋"音必與"九"近可知矣。作"杋"者,亦从木、九聲,亦"簋"之形聲字也。"杋"从九聲,則"簋"字之古音亦當與"九"音近矣。《史記·秦始皇本紀》:"飯土墦。"《李斯傳》"墦"作"匭",《太史公自序》作"簋",徐廣曰:"簋,一作墦。"據此,則"墦"亦"簋"之形聲字也——从土、留聲,"簋"字之古音亦當與"留"音近矣。聲谓:籀文作"簋",以其字畫繁重知之。篆文作"匭"、"杋"與"墦",从"九"與"留"皆諧其聲。古人尤、侯韻多與蕭、豪韻通,故"簋"得與"飽"韻,此真古韻也。

校勘記

[1]"勿用傍人解搆之言",《後漢書·隗囂傳》"搆"字作"構",下注"解搆,猶間搆也"之"搆"字同。

[2]見《後漢書·光武紀》注。

[3]"《箋》",當作"《詩經集傳》注"。《秦風·車鄰》無此《箋》釋,此釋乃朱熹《詩經集傳·秦風·車鄰》"並坐鼓簧"下注文。

[4]"加畫繡茵馮",《漢書·霍光傳》"茵"字作"絪",如淳曰:"絪亦茵。"師古曰:"茵,蓐也。"

[5]"厹,三隅矛也",《詩》、《傳》"厹"字均作"厹",下引《國策·西周策》"厹"字同。吳氏以"厹"為訛字。

[6]"用尨可也",《周禮·牧人》"尨"字作"尨"。

[7]"《文選注·十》","十"當作"二十"。《文選》卷二十曹植《應詔詩》:"騑驂倦路,再寢再興。"薛君引《毛詩》曰:"言念君子,再寢再興。"

[8]"沃,厚漬也",《邶風·簡兮》:"赫如渥赭。"《傳》:"渥,厚漬也。"《傳》"沃"字作"渥"。

[9]"猶植也",《禮·中庸》注"植"字作"殖"。

[10]"有杞有棠",《白孔六帖》卷五《終南山》"有條有梅"下注引《詩》云作"有紀有堂"。

[11]"皮多蘚駁",崔豹《古今注》卷下《草木》"蘚"字作"癬",《御覽》卷九百

六十一《木部·六駁》引崔豹《古今注》亦作“癖”。

[12]“山草多白”,《御覽》卷四十四《地部·賀蘭山》引《涇陽圖經》作“山上多有白草”。

[13]“有形之貌”,《釋文》引李注作“有形貌”,無“之”字。

詩小學卷九

國　風

保山吴樹聲學

陳　風

湯《傳》:"湯,蕩也。"《楚辭章句・一》引作"子之蕩兮"。《莊子・天地》:"數如泆湯。"《釋文》:"司馬本作佚蕩。"據此,"湯"、"蕩"古字通也。

望《箋》:"其威儀無可望而則傚。"《卷阿》:"如圭如璋,令聞令望。"《箋》:"人望之則有善威儀。"《釋文》:"望,如字。叶韻音亡。"《易・繫辭傳下》:"萬夫之望。"《穆天子傳》:"西王母……謡曰:'吹笙鼓簧,中心翔翔。世民之子,惟天之望。'"案:上二"望"字亦音"亡",後世所謂物望、重望也,不定指"威儀"說。鄭氏未免太泥。

坎《傳》:"坎坎,擊鼓聲。"案:緩言之為"坎坎",急讀則為"坎",猶"擊鼓其鏜"之"鏜"也。此亦借字之純取音者。

值《傳》:"值,持也。"案:古無"值"字,皆借"直"字。《史記・匈奴傳》:"直上谷。"《索隱》引姚氏:"古字例以'直'為'值'。"是也。"值"亦無"持"意。《漢書・韓延壽傳》:"傅總,建幢棨,植羽葆。"注:"植,亦立也。羽葆,聚翟尾為之,亦今纛之類也。"案:次章:"值其鷺翿。"《疏》:"翿作纛,音義同。"聲谓:值,當作"直",立也。直、值,古今字。《詩》所謂“羽”與“翿”者,即“羽葆”之類也。《文選·雜體·袁太尉》詩:“羽衛藹流景。”注:“羽衛,負羽侍衛也。”《七命》:“屯羽隊於外林。”注:“羽隊,士負羽而為隊也。”竊意幽公當流連游豫,樂而忘反,無冬無夏,國人皆見羽葆、羽翿植立於宛丘之下。蓋國君遨游,侍從者不能不植羽於游觀之所,國之人常見之,故援以為刺。《序》言幽公“游蕩無度”,出游之時,羽葆從之,植其羽葆而不即返,正合當日情事。游觀固不必以舞從,與《君子陽陽》章不同。人君游觀無度,隨從之羽葆皆植立而不動,且無冬無夏常常見之,洵乎無度矣。

婆娑《傳》:“婆娑,舞也。”《釋文》:“婆……,《說文》作媻,音同。”案:作“媻”者,从般音也,“般”、“婆”雙聲。又案:古無“婆”、步波反。“娑”助何反。二音,“婆娑”即“般旋”“娑”、“旋”亦雙聲。之轉也。字本作“盤桓”。《易·屯》:“盤桓,利居貞。”[1]馬注:“盤桓,旋也。”《象上傳》:“雖盤桓。”荀注:“盤桓者,動而退也。”《水經·桓水注》引《書》鄭注:“桓是隴阪名,其道盤桓旋曲而上,故名曰桓。”《文選·幽通賦》:“竚盤桓而且俟。”曹注:“盤桓,不進也。”《史記·孝文紀索隱》:“陳楚俗,桓聲近和。”《漢書·尹賞傳集注》:“陳宋之間,言桓聲如和。”《匡謬正俗》引《漢書音義》:“桓聲如和。”本為“盤桓”,陳宋之間音轉為“媻見《說文》。許慎,汝南人也。和”,皆雙聲也。再轉而為“盤旋”,“旋”、“桓”疊韻。陳宋之間讀“婆娑”,“媻”、“婆”雙聲,“旋”、“娑”亦雙聲也。“盤旋”即“盤桓”,“婆娑”即“盤旋”,此其可蹤跡者也。知雙聲疊韻之法,異地之音如同室,千載之人如一時矣。知“婆娑”為“盤旋”,《詩》意自憭然。言貴如子仲氏之子,亦盤桓其下;貧如績麻之人,亦在市上盤旋。愈足見男女棄其職業,期會頻仍焉。

差《箋》:“差,擇也。”《釋文》:“差,鄭初佳反。王音嗟。《韓詩》作嗟。徐七何反。沈云:‘毛意不作嗟。’案:毛無改字,宜從鄭讀。”聲案:音當從鄭讀也。《禮·月令》:“毋有差貸。”注:“差貸,謂失誤。”《呂覽·君守》:“智差自亡也。”注:“差,過也。”《太玄·玄衝》:“差,過也。”案:穀旦,猶云良辰也;于,云也。言“穀旦云差過”矣,次章"穀旦云逝去"矣,語意與"日月其除"、"日月其邁"略相似。彼詩述勤儉之意,故曰"日月",有愛惜分陰之意;此詠徵逐之風,故曰"穀旦",有"惟日不足"之意。意自不同。

原《傳》:"原,大夫氏。"《箋》:"以南方原氏之女可以為上處。"《皇華》:"于彼原隰。"《傳》:"高平曰原。"《緜》:"周原膴膴。"《公劉》:"于胥斯原。"《箋》並云:"廣平曰原。"《禮·月令》:"周視原野。"《禮運》:"不使渚者居中原。"注:"廣平曰原。"《周禮·夏官·序官》:"邍即"原"。師。"注:"邍,地之廣平者。"《大司徒》:"辨其山、林、川、澤、丘、陵、墳、衍、原、隰之名物。"注:"高平曰原。"《左氏春秋·桓元年傳》:"凡平原出水為大水。"《襄二十五年傳》:"町原防。"注並云:"廣平曰原。"又《僖二十八年傳》:"原田每每。"注:"高平曰原。"《公羊春秋·昭元年傳》:"上平曰原。"《國語·周語》:"猶其有原、隰、衍、沃也。"《呂覽·孟春》:"阪、險、原、隰。"《季春》:"周視原野。"注並云:"廣平曰原。"《釋名·釋地》:"廣平曰原。原,元也,如元氣廣大也。"《說文》作:"邍,高平之野,人所登。"以上皆"原"字古誼也。南方之原,猶言南方廣平高平之地耳。作詩者必在其北,故曰"南方之原"。聲案:北方風俗,春秋皆有會期,或於城市,或於名勝之區。百貨雲集,士女輻湊,名曰"趕會",已見《鄭風》"訏"字。即晉人所謂"脩禊"也。陳、鄭不遠,風俗想亦略同,《詩序》所謂"亟會於道路"者。或未及期而先起會,或期已過而仍留會,皆風俗奢靡之弊也。《陳風》徵逐繁華,即婦人女子,有不績其麻而婆娑於市者,然未必定為原氏之女也。首章"子仲之子",男子也,盤旋於會所,風俗原不古。若人情之常,名門閨秀,斷不放誕若此,知"原"為廣平高平之地,即會所也。文自可通,何必污及世家婦女!

鬷《傳》:"鬷,數。"《箋》:"鬷,總也。"《烈祖》:"鬷假無言。"《傳》:"鬷,總。"《長發》:"百祿是總。"《釋文》:"本又作鬷。"據此,則"鬷"乃"總"之借字也。總,聚也,會也。《史記·禮書》:"功名之總也。"《正義》:"總,合也,聚也。"《鴻烈解·原道》:"萬物之總。"注:"總,眾聚也。"《文選·東京賦》:"總集瑞命。"薛注:"總,會也。"越以總邁,言于以聚會而後邁行也。徵逐之態,彼此附會,千古一轍也。又案:《中庸》引《烈祖》作"奏假無言","奏"即"湊"也,亦聚會之義。《禮·檀弓》注:"題湊也。"《釋文》:"湊……,聚也。"《廣雅·釋詁·三》:"湊,聚也。"《周書·作洛解》:"以為天下之大湊。"注:"湊,會也。"《鴻烈解·主術》:"而四海之雲湊。"注:"湊,會也。"案:"奏"、"鬷"雙聲,故假借。

衡《傳》:"衡門,衡木為門,言淺陋也。"案:衡,古"横"字。《荆州記》:"龐德公居漢之陰,司馬德操宅州之陽。望衡對宇,歡情自接。"陶潛《歸去來辭》:"乃瞻衡宇,載欣載奔。"《文選·魯靈光殿賦》:"朱鳥舒翼以峙衡。"注:"衡,四阿之長衡也。"《褚淵碑文》:"志隆衡館。"注:"衡門之館也。"以上"衡"字雖不一解,以《荆州記》之"望衡對宇"、《歸去來辭》之"衡宇"例之,則"衡宇"皆屋舍所必有,蓋就其所垂之阿以為門,不更設門,故曰"衡門",言屋之淺陋也。《晉書·隱逸傳論》:"玉帛之贄,委於室衡。"《音義》謂"圭竇衡門"。[2]

棲遲《傳》:"棲遲,遊息也。"《爾雅·釋詁》注:"棲遲,遊息也。"《後漢書·張衡傳》注:"棲遲,游息也。"單言"棲"者,《召旻》:"如彼棲苴。"《釋文》:"棲……,謂棲息也。"《後漢書·張衡傳》注:"棲,息也。"《説文》:"𡆬,鳥在巢上。象形。日在西方而鳥棲,故因以為東西之西。棲,西或从木、妻。"案:棲宿字本作"西",因借為東西字,故从木作"栖";因聲轉為"妻",東西字,古音本若"仙"。詳《唐韻正》。故又出"棲"字。作"棲棲"、"栖栖"者,《六月》"棲棲"、《論語·憲問》"丘何为是栖栖者與",與本字解微異。《説文》:"遲,徐行也。从辵,犀聲。《詩》曰:'行道遲遲。'"此本義也。因行之徐,故有"遲緩"、"遲去聲。待"諸義。單言"遲"者,《易·歸妹》:"遲歸有時。"《釋文》:"遲,緩也。"又引陸注:"遲,待也。"言"遲遲"者,《谷風》:"行道遲遲。"《傳》:"遲遲,舒行貌。"《七月》:"春日遲遲。"《傳》:"遲遲,舒緩也。"《采薇》:"行道遲遲。"《傳》:"遲遲,長遠也。"案:棲、遲,疊韻字。凡言"委蛇"、"委遲"、"委夷"、見《韓詩》。"委佗",意皆相近。漢《繁陽令楊君碑》:"徲侰樂志。"《婁壽碑》:"徲徲衡門。""徲侰"、"徲徠”亦皆“棲遲”之轉也。

樂飢《傳》:“樂飢,可以樂道忘飢。”《箋》:“飢者見之,可飲以癳飢。”《釋文》:“樂,本又作癳。毛音洛,鄭力召反。沈云:‘舊皆作樂字。’逸詩本有作疒下樂,以形聲言之,殊非其義。療字當從疒下尞。案:説文云:‘癳,治也。療,或癳字也。’則毛本止作樂,鄭本作癳。”案:《説文》本作:“癳,治也。从疒,樂聲。療,或从尞。”聲案:癳者,疾得醫治而樂也,故从樂。讀力照切者,“樂”有五教反一音也。“癳”字較“療”字為有意矣,然非《詩》之本意。言人能立志,則無求於人,雖有時而飢,亦不至改其樂也。觀泌水之洋洋,其樂如恒,雖飢亦不能改,故曰“可以樂飢”也。

紵《釋文》:“紵,字又作苧。”案:已績者謂之“紵”,未漚者謂之“苧”。《詩》从“糸”者,假借字。

牂《傳》:“牂牂然,盛貌。”案:此亦借字之純借音者。《閟宫》:“犧尊將將。”《傳疏》引王肅:“將將,盛美也。”據此,則“盛美”意亦假借“將”。《禮·内則》:“取豚若將。”注:“將,當為牂。牂,牡羊也。”《疏》:“將,當為牂,聲相近,又字體一邊相似。”據此,則“將”、“牂”字亦通用。

肺《傳》:“肺肺,猶牂牂也。”《釋文》:“普貝反。”案:此亦借字也。《説文》:“肺,金藏也。从肉,巿聲。”[3]亦假借“沛”。《文選·吳都賦》:“常沛沛以悠悠。”亦假借“旆”。《生民》:“荏菽旆旆。”《傳》:“旆旆然,長也。”案:字本作“巿”。《説文》:“巿,艸木盛巿巿然。象形,八聲。”此正字也。

晢《傳》:“晢晢,猶煌煌也。”字亦作“晣”。《庭燎》:“庭燎晣晣。”《傳》:“晣晣,明也。”《説文》:“晢,昭晢,明也。从日,折聲。”作“晢”者,《易·大有》:“明辨晢也。”《禮》:[4]“晢明有作‘質明’者,‘質’、‘晢’一聲。行事。”是也。此與从白、从折作“晢”之字異。案:《序》云:“刺時也。昏姻失時,男女多違。親迎,女猶有不至者。”所謂“昏姻失時,男女多違”者,或由於時勢之艱虞,人事之蹉跎,以致有迎者在門,新人猶不能登時成禮者,時為之也。如《箋》云:“親迎之禮以昏時，女留他色，不肯時行，乃至大星煌煌然。"夫風俗即甚不好，豈有親迎者已在門，而新人猶留戀他色而不肯行者？門以內豈無父母、兄弟乎？門以外豈無親族、媒妁乎？信如《箋》說，一若孤男聘寡女，可以任情妄為，絕無顧忌，絕無禮義，抑何其喪心無恥，遂至於如此？當時即不幸而有是人，而有是事，詩人何為必形諸歌詠？聖人何為必留之簡冊？真令人有不可解者！《集傳》以為始有私約，既而不從。《詩》固明言"昏以為期"矣，何私約之有？《集傳》之義，一若非淫奔私會，詩人必不舉以為刺者。鄭、朱皆大儒，奈之何多以傷風敗俗之語說《詩》，毫無忠厚之意也？

夫 《傳》："夫，傅相也。"案："夫"指佗之傅相言，猶《禮》之言"夫夫"也，《檀弓》。《左氏春秋傳》之言"夫己氏"也，《文十四年》。非"夫"訓"傅相"也。

誰 《箋》："誰昔，昔也。"《爾雅・釋訓》："誰昔，昔也。"注："誰，發語辭。"案："誰"非發語辭也。《漢書・眭弘傳集注》引孟康："誰，問。"《呂覽・貴信》："誰人不親。"注："誰，猶何也。"《說文》："誰，何也。从言，隹聲。""誰"訓為"何"，言知之而不去之者，何自昔昔然也？無限感慨。用"矣"字者，趁韻。

訊 《傳》："訊，告也。"《釋文》："訊，又作誶，音信。徐息悴反，告也。《韓詩》：'訊，諫也。'"案：作"誶"是也。"訊"、"誶"為雙聲，古人音又緩，此致誤之由也。《雨無正》："莫肯用誶。"[5]《箋》："誶，告也。"本此《傳》。《爾雅・釋詁》："誶，告也。"《釋文》："誶，沈音粹，郭音碎，告也。本作訊，音信。"《說文》："誶，讓也。从言，卒聲。《國語》曰：'誶申胥。'"本詩上句"有鴞萃止"，此句應作"歌以誶止"。《列女傳》作"歌以訊止"，[6]"訊"字誤，"止"字尚未誤。《釋文》尚見作"誶"之本，於《爾雅》又云"誶"，"本作訊"，知《爾雅》之誤在《詩》之先矣。

侜 《傳》："侜張，誑也。"《釋文》："《說文》云：'侜，有壅蔽也。'"《爾雅・釋訓》："侜張，誑也。"注："《書》曰：'無或侜張為幻。'幻惑欺誑人者。"案：《書》作"譸張"，"譸"亦形聲字也。《說文》："侜，有廱作"壅"者，俗字。蔽也。从人，舟聲。"引《詩》："誰侜予美。"聲案：《說文》"俯"上篆文:"儔,翳也。从人,壽聲。"音既相近,義亦略同。疑"俯"即"儔"之重文也。又案:《說文》:"盩,即"盩"。引擊也。从㚔、攴,見血也。"聲案:"鍛鍊周内",字當作"盩"。罪人不引服,攴之見血,必使誣服而後已謂之"盩"。亦假借"周"字。後世不得其義,遂出"俯"、《詩》及《爾雅》。"譸"、《書》及《說文》。"倜"、《爾雅釋文》。"輈"《書釋文》引馬本。等字。案:俯、譸,形聲字;倜、輈,假借字也。

美《釋文》:"予美,《韓詩》作娓,音尾。娓,美也。"案:"美"亦作"娓"者,猶之亦作"嬍"也,皆形聲字。

中唐《傳》:"中,中庭也。唐,堂塗也。"《爾雅・釋宮》:"廟中路謂之唐,堂途謂之陳。"注:"唐,廟中路名。"[7]《周書・作雒解》:"隍唐。"注:"唐,中庭道。"《漢書・楊雄傳上》:"平原唐其壇曼兮。"注引鄧展:"唐,道也。"《後漢書・班彪傳上》注:"唐,庭也。"《文選・西都賦》:"前唐中而後太液。"注:《漢書》注引如氏"唐,庭也"。《東京賦》:"豐朱草於中唐。"薛注:"中唐,堂塗也。"據以上,則中庭之道謂之"中唐",古語也。"唐中"亦"中唐"也。聲案:"唐"有空義、大義,中庭之路空而且大,故謂之"唐"。

惕《傳》:"惕惕,猶忉忉也。"《楚辭・九章》:"悼來者之愁愁。"《漢書・王商傳集注》:"愁,古惕字。"案:"惕"、"愁"皆形聲字,"愁"字並不古於"惕"。世人習見夫"惕",遂以"愁"為古文矣。《易・小畜》:"血去惕出。"虞注:"惕,憂也。"《文言傳》:"因其時而惕。"注:"惕,怵惕也。"《國語・楚語》:"豈不使諸侯之心惕惕焉。"注:"惕惕,懼也。"案:怵惕、憂懼,正所以畏讒賊也。忉忉,《傳》與《箋》皆無訓。《釋文》:"忉,憂也。"聲谓:忉忉,猶惕惕也,皆憂懼之意。

皎《傳》:"皎,月光也。"《釋文》:"皎,古了反。本又作皦。"[8]《說文》:"皎,月之白也。从白,交聲。"次章"皓",《說文》:"晧,日出皃。从日,告聲。"三章"照",《說文》:"照,明也。从火,昭聲。"案:首章月初出,財有白光,故曰"皎";次章月已出,如日之升,異于初出矣,故曰"皓";三章月出當空,無不照見,故曰"照":此其次序也。

佼 《釋文》:"佼,字又作姣,古卯反。《方言》云:'自關而東,河濟之間,凡好謂之姣。'"《碩人箋》:"長麗佼好。"《還箋》:"昌,佼好貌。"《猗嗟箋》:"昌,佼好貌,"《釋文》俱云:"佼,本又作姣。"《說文》:"佼,交也。从人,从交。"據此,則"佼"亦假借字。《禮·月令》:"養壯佼。"注:"佼,謂形容佼好。"作"姣"者,《史記·司馬相如傳》:"姣冶閑都。"《索隱》引郭璞:"姣,好也。"《漢書·東方朔傳》:"左右言其姣好。"注:"姣,美麗也。"《列子·楊朱》:"鄉有處子之娥姣者。"注:"姣,好也。"案:从女者,形聲字。

僚 《傳》:"僚,好貌。"《釋文》:"僚,本亦作嫽,同音了。"《說文》:"僚,好皃。从人,尞聲。"本亦作"嫽"。《漢書·西域傳下集注》:"嫽者,慧也。"《方言·二》:"好,青徐海岱之間曰釥,或謂之嫽。"注:"今通呼小姣潔喜好者爲嫽釥。"《廣雅·釋詁·一》:"嫽,好也。"次章"懰",《釋文》:"劉,本又作懰,力久反。……《埤蒼》作嬼。嬼,妖也。"《群經音辨》作"佼人劉兮"。案:作"劉"者,假借。懰、嬼,形聲字。疑"劉"者,"瀏"之假借字。《說文》:"瀏,流清皃。"引之有凡清義。佼人懰兮,好而清也。三章"燎",《說文》:"燎,放火也。从火,尞聲。"案:"燎"者,"憭"之假借字也。《說文》:"憭,慧也。从心,尞聲。"《方言·三》:"慧,或謂之憭。"注:"慧、憭皆意精明。"韋昭《國語敘》:"其所發明,大義略舉,為已憭矣。"亦假借"了"。《後漢書·孔融傳》:"小而聰了,大未必奇。"案:"憭"、"了"同音。首章"佼人僚兮"贊其貌好,好者未必潔清自愛;次章"佼人懰兮"贊其清潔,外面清潔者,內未必憭憭;三章"佼人燎兮"贊其表裏煊明,無不憭憭:此其次敘也。

窈糾 《傳》:"窈糾,舒之姿也。"《關雎傳》:"窈窕,幽閒也。""窈"、"幽"雙聲。"糾"者,"赳"之借。《兔罝》:"赳赳武夫。"《後漢書·桓榮傳》注引作"糾糾武夫",此其據也。《廣雅·釋詁·四》:"赳,材也。"聲案:赳之言矯,所謂矯矯不群也。"赳"、"矯"雙聲,言其舒緩之姿既幽閒而又赳矯。窈糾,疊韻字。此詩字義純取諧聲,《三百篇》中另一格者。

悄　《傳》："悄，憂也。"《柏舟》："憂心悄悄。"《傳》："悄悄，憂貌。"《說文》："悄，憂即"憂"之古字。也。从心，肖聲。《詩》曰：'憂心悄悄。'"次章"慅"，《釋文》："慅，……憂也。"《爾雅·釋訓》："慅慅，勞也。"《廣雅·釋詁·四》："慅，愁也。"聲案："騷"亦从蚤。"騷"有動意。慅，《爾雅》訓"勞"，憂而至於勞，其心之動可知矣。"悄"、"慅"同一憂，分靜與動也。《增韻》毛晃曰："《白華》篇：'念子懆懆。'陸《音》：'七感反。'又引《說文》：'七倒反。'云：'亦作慘。'《北山》詩：'或慘慘劬勞。'陸《音》：'七感反，字亦作懆。'蓋俗書'懆'與'慘'更互訛舛，陸氏不加辨正而互音之，非也。"據此，則"慘"乃"懆"之誤字，字誤而音亦隨之而誤，不知《三百篇》皆有韻，不應此詩用韻有出入也。"慘"字應作"懆"無疑，當音為"慥"，與"照"、"燎"、"紹"韻。懆，《說文》："愁不安也。"引《詩》："念子懆懆。"聲案："躁"从喿，有急義。"懆"亦从喿，《說文》訓為"愁不安"，不安者必躁急。"慅"與"懆"同一愁，分緩急也。此三章之次序也。

懮受　《釋文》："懮，於久反，舒貌。"案："憂"已从心矣，此又从心，俗字也。《說文》："憂，和之行也。从夊，憂聲。《詩》曰：'布政憂憂。'"案：此與憂愁字異，書傳多假借"優"。受，"柔"之借，"柔"、"受"疊韻。《左氏春秋傳序》："優而柔之。"《疏》："優、柔俱訓為安，寬舒之意也。"亦別作"優繇"。《漢書·敘傳下》："優繇亮直。"注："優繇，謂寬容也。"聲案："懮"有和意，"柔"有軟意。優、柔，疊韻字，亦一字一義也。

夭紹　《釋文》："夭，於表反。"《說文》："夭，屈也。……象形。"案："夭紹"亦舒之皃，"屈"非《詩》意。此"夭"字當讀如《上林賦》"夭蟜枝格"之"夭"，《文選注》："夭蟜，頻申也。"案："頻申"即俗所謂活動也。"紹"當讀如《常武》"匪紹匪遊"之"紹"，《箋》："紹，緩也。""紹"有繼續義，故引申之有緩義，俗所謂緩款也。夭、紹，疊韻字，亦一字一義也。

夏南　《傳》："夏南，夏徵舒也。"案：首二句一問一答，猶云"胡為乎適株林乎？從夏南耳"。不云"適"者，省文。次二句作一氣讀，猶云“匪適株林從夏南”也，所刺之意自在言外。不斥言之者，詩人忠厚之意也。次章言其往來飲食之煩數，更不提及夏南，所以刺之之意愈見。

駒《傳》：“大夫乘駒。”案：駒亦馬也。變“馬”言“駒”者，趁下文“株”字韻耳，猶之《漢廣》次章“楚”、“馬”為韻，三章“蔞”、“駒”為韻耳。毛以為“大夫乘”，太泥。

荷《傳》：“荷，芙蕖也。”案：芙蕖古無荷名，首見於《爾雅·釋草》。此亦如《山有扶蘇》之“荷華”耳，詳《鄭風》。假若是芙蕖，則首章言“荷”，三章言“菡萏”，次章獨言“蕳”，詩人為不類矣，勿怪鄭氏改“蕳”為“蓮”也。且古所謂荷者，尚有蘘荷、見《説文》。薄荷，見《本草》。原不定為荷蓮也。荷，草名，另自一種，斷然無疑。

美《箋》：“我思此美人，當如之何而得見之。”《說文》：“美，甘也。从羊，从大。羊在六畜主給膳也。美與善同意。”案：此“美”之弟一義。《儀禮·士喪禮》“美者在中”注、《國語·晉語》“彼將惡始而美終”注，並云：“美，善也。”《鴻烈解·脩務》：“君子脩美。”注：“美，善也。”亦作“媺”。《周禮·大司徒》：“一曰媺宮室。”注：“美，善也。”據此，則稱“美人”，猶之云“善人”也。此所謂“好”，原不指美色。觀次章“碩大且卷”、三章“碩大且儼”，可以知此“美人”之儀狀矣。《傳》、《箋》皆不言“美人”何所指。《正義》：“彼男所悅者，有美好之一人。”“美”字必訓為“好”，而且必屬之婦人，不知何所見而云然也。聲以為此“美人”即《簡兮》之“美人”也。衛人可以思周王，陳人獨不可以思虞帝乎？《序》以此詩為“刺時也”，是時陳之君臣宣淫，國人化之，幾成為風俗焉，故思古聖人，欲以救之，亦窮極思變之意也。下文言“寤寐無為，涕泗滂沱”者，猶云“寤寐思服，展轉反側”也。賈太傅之痛哭流涕，誠非無為也。

傷《爾雅》注引《魯詩》作“陽如之何”。案：言“我奈之何”也。《方言》：“巴濮之人自呼曰阿陽。”[9]陽之言我也。亦別作“𥏑”。《漢書·西南夷傳》：“西南之夷人自稱曰𥏑徒。”[10]案：下文“寤寐無為，涕泗滂沱”，皆悲傷之意。毛作“傷”，意為優矣。

卷《傳》:"卷,好貌。"《釋文》:"卷,本又作惓。"[11]案:惓,後世字,非是。《盧令》:"其人美且鬈。"《傳》:"好貌。"《説文》:"鬈,髮好也。"聲谓:"鬈"从髟者,所謂好鬚眉也。此作"卷"者,用古字。碩,言其頭面;大,言其身軀;鬈,言其鬚眉。下章"儼"即"儼若思"之"儼",言其神氣。合二句看,所謂"美人"者,即不指虞帝,亦斷非婦人矣。

悁《傳》:"悁悁,猶悒悒也。"《説文》:"悁,忿也。从心,肙聲。"《一切經音義·二十》引《聲類》:"悁,憂皃也。"《後漢書·張衡傳》注:"悁悁,憂也。"《陳蕃傳》注:"悁悁,恚忿。"《文選·思玄賦》注引《字林》:"悁,忿恨也。"《洞簫賦》注引《字林》:"悁,含怒也。於玄切。"聲案:"憂"為本義,憂之極而忿恨、恚怒相因而生。至"憂"字,固為此字弟一義也。

檜　風

堂《傳》:"堂,公堂也。"案:羔裘本朝服,用以游燕;狐裘本祭服,用以適朝:已經奢侈,不中禮矣。今羔裘以翱翔,狐裘且服之,赴公堂以聽政事,其侈殆有甚焉。三章雖未見其常服,而"羔裘"之"如膏",則常於"日出"之時見其"有曜"焉。亦一章一意。此與《魏風》之"儉不中禮"正相反:《汾沮洳》言古,所以傷今;此詩因奢侈無度,賢者有避地之思,風今,愈不能不思古也。

素《傳》:"素冠,練冠也。"案:毛以"素"為居喪者之所服,故以"素冠"為"練冠"也。《釋名·釋采帛》:"素,朴素也,已織則供用,不復加巧飾也。"聲谓:古人制服論麤細。《儀禮·喪服》:"斬衰裳,苴絰、杖、絞帶,冠繩纓,菅屨者,《傳》曰:'斬者何?不緝也。苴絰者,麻之有蕡者也。……苴杖,竹也。削杖,桐也。杖各齊其心。……絞帶者,繩帶也。冠繩纓,條屬,右縫;冠六升,外畢;鍛而勿灰。衰三升。菅屨者,菅菲也,外納。'……布總,箭笄,髽,衰,三年。《傳》曰:'總六升,長六寸。箭笄長尺,吉笄尺二寸。'……疏衰裳齊、牡麻絰、冠布纓、削杖、布帶、疏屨三年者,《傳》曰:‘齊者何? 緝也。牡麻者,枲麻也。牡麻絰,右本在上,冠者沽功也。疏屨者,藨蒯之菲也。’”聲谓:三年之喪,其冠、衣、絰、杖、屨載在《儀禮》者,不但“素”而已。《孟子》:“許子冠素。”《論語》:“素衣麑裘。”《禮·玉藻》:“諸侯素韠。”[12]皆非有三年之喪者也。不但此也,《羔羊》屢言“素絲”矣,《干旄》亦屢言“素絲”矣。《周禮·司服》:“眡朝,則皮弁服。”注:“皮弁之服十五升,白布衣,積素以為裳。”又:“凡甸,冠弁服。”注:“其服緇布衣,亦積素以為裳。”《疏》:“云‘其服緇布衣,亦積素以為裳’者,《士冠禮》云:‘主人玄冠朝服,緇帶素韠。’注云:‘衣不言色者,衣與冠同。’裳又與韠同色,是其朝服緇布衣,亦如皮弁積素以為裳也。”據此,則“素”與“華”對。風俗侈靡,舉國皆尚華麗,冀見一素冠、素衣之人而不可得,故曰“庶見”。三“庶”字有無限冀望、無限感慨也。

棘《傳》:“棘,急也。”《正義》:“棘,急也,《釋言》文。彼棘作戒,音義同。”聲谓:此“棘”字亦“苟”“敬”字从之。之借字,《說文》訓為“自急敕也”。能自急敕,則不敢奢侈妄為。《莊子·逍遙遊》:“湯之問棘也,是已。”《釋文》引簡文注:“棘,狹小也。”案:此“棘”亦“苟”之假借也。能自急敕,則不敢放恣,故曰“狹小也”。欒欒,狹小之意。詳下。

欒《傳》:“欒欒,瘠貌。”案:此亦借字也。《釋名·釋宮室》:“欒,攣也。其體上曲,攣拳然也。”此本義也。由“攣拳”之義,引之有“拘謹”之義。凡人拘謹者,未有不狹小者也。言庶幾見此服素冠之人兮,可以急敕人以拘謹而見其欒欒兮,奈何徒使我勞心慱慱兮,並未見其人也。《說文·肉部》引作“棘人臠臠兮”,“臠”亦訓“瘠”,蓋本毛意。

一此與上章“同歸”意亦分深淺。曰“同歸”,猶不能二而一也;曰“如一”,斷不能一而二矣。誠如舊說,當時不能行三年之喪矣,詩人未必有三年之喪也。詩人如有三年之喪,固不可形諸歌詠;詩人不有三年之喪,不能與有服者“如一”亦斷斷然矣。玩“聊與子同歸”、“與子如一”二句,有無限羨慕、無限冀望,返樸還真、救世之苦衷溢于言外，語長心鄭重，斷不為居喪者言也。

沃《傳》："沃沃，壯佼也。"《氓》："其葉沃若。"《傳》："沃若，猶沃沃然。"《隰桑》："其葉有沃。"《傳》："沃，柔也。"《國語·晉語》："雖獲沃田。"注："沃，美也。"《鴻烈解·墜形》："正南次州曰沃土。"注："沃，盛也。"以萇楚當少壯之日，枝葉茂盛，興人當少壯之時正是有知之時，不能不為家室計。以《氓》與《隰桑》二詩例之，"沃沃"當指葉説。

知《箋》："知，匹也。"《爾雅·釋詁》："知，匹也。"案："知"無"匹"義。陳氏啟源曰："《爾雅·釋詁》'知，匹'語，殆專為此詩注腳，故康成用之。宋儒以其驚俗，仍解為知識義。"聲谓："知"訓為"匹"，於六書不合。注釋全依六書，其不合六書者，古書亦間有附會。《爾雅》一書，其傳雖遠，未必皆出周公、子夏之手，其間附會不可通者，不一而足。宋儒説《詩》，多悖古義。此"知"字，毛氏既無《傳》，安知不作"知識"字解？《荀子·王制》："草木有生而無知。"注："知，謂性識。"聲谓：《荀子》此語，實為此詩注腳。"知"字包下二章説。人之所以有家室者，以其有知也，無知亦何足樂？衹是人有室家之累，未免有情耳。夫至以無情為樂，乃所以不能已於情也。以上章楔出下二章違心語，正是痛極語。"知"字若作"匹"字解，三章衹是一意，所謂疊牀架屋，味同嚼蠟也。有知而後有家，有家而後有室，正如萇楚有枝而後開華，開華而後結實。詩人章法，例如此也。又案：人未有不願有家室者，夫使人而苟無家室，何以有生人之樂？然至啼飢號寒，則妻子亦適為累人之物。此歎萇楚之不如，則當時之苦困可知。唐俗勤儉而國以富強，檜俗奢侈而人樂無知，其亦孔子存《詩》之意乎！善讀《詩》者，可以觀矣。

發《傳》："發發飄風，非有道之風。"《蓼莪》："飄風發發。"《傳》："發發，疾貌。"《四月》："飄風發發。"《箋》："發發，疾貌。"此云"發"，猶言"發發"也。長言之為"發發"，短言之為"發"也。

偈《傳》："偈偈疾驅，非有道之車。"《文選·高唐賦序》注引《韓詩》："偈，桀侹也，疾驅貌。"《莊子·天道》："又何偈偈乎？"《釋文》:“偈偈,……用力之貌。”《廣雅·釋詁·二》:“偈,健也。”先有“中心怛兮”在胸中,兩“匪”字作一氣讀,所謂倒裝文法也。風發發,則人不能禁;車偈偈,則人不能受。我之所以傷心者,匪風之發發兮,匪車之偈偈兮,蓋因周道云遙,我於是時顧瞻之,不能不中心怛然也。“顧”為迴顧,“瞻”為瞻望,皆可望而不可即之意。

飄《傳》:“迴風為飄。”《何人斯傳》:“飄風,暴起之風。”《卷阿》:“飄風自南。”《傳》:“飄風,迴風也。”《爾雅·釋天》:“迴風為飄。”《離騷》:“飄風屯其相離兮。”注:“迴風為飄。”

嘌《傳》:“嘌嘌,無節度也。”《釋文》:“嘌,本又作票,匹遙反。”案:作“票”者,古字;“票”為“熛”之古文。《說文》作“㶾,火飛也”。《火部》有“爂”字,訓同,是知“㶾”即“爂”之古文也。㶾,隸作“票”,今借為去聲字用。亦作“熛”,本為“飛火”。《文選·嘯賦》注引《字林》:“熛,飛火也。”亦或为“火飛”。《文選·思玄賦》:“揚芒熛而絳天兮。”注:“熛,火飛也。”“飛火”、“火飛”皆有迅疾之意,故亦訓為“疾”。《史記·禮書》:“卒如熛風。”《正義》:“熛,風疾也。”亦假借“猋”。《文選·答賓戲》:“其餘猋飛景附。”注:“猋與熛,古字通。”亦加“口”作“嘌”。聲案:“嘌”亦形聲字。上章言風之發、車之偈,已為疾矣;此言風為飄風,車若飛火,比“發”與“偈”為尤疾矣:二章意亦分淺深也。

溉《傳》:“溉,滌也。”《釋文》:“溉,本又作摡。”案:《正義》引《少牢禮》:“祭之日,雍人溉鼎,廩人溉甑。”字皆作“溉”。惟《小宰》“視濯摡”,[13]字从手。聲谓:“溉”為水名,亦為“灌溉”字。《說文》:“溉,水出東海桑瀆覆甑山,東北入海。一曰:灌注也。从水,既聲。”借為洗滌字用。又作“摡”者,《周禮·世婦》:“帥女宮而濯摡。”注:“摡,拭也。”《楚辭·哀時命》:“摡塵垢之枉攘兮。”注:“摡,滌也。”聲谓:滌必以水,故假借“溉”;滌必以手,故假借“摡”。據《廣雅·釋詁·一》:“摡,取也。”或者“取”為本義。此二句全重一“能”字。《傳》:“亨魚煩則碎,治民煩則散,知亨魚則知治民矣。”不能亨魚,則有釜鬵亦屬無庸;能亨魚,則不能不為之摡釜鬵:《老子》所謂“治大國若亨小鮮”注:

亨小鮮,不可擾;治大國,不可煩。煩則民勞,擾則民潰。也。有能亨魚者,"能"則不擾矣,則為之漑釜鬵;有將西歸者,"將"則可望矣,則為之懷好音。西歸者,西歸於周也。檜在周之東,故云。

曹　風

楚《傳》:"楚楚,鮮明貌。"《釋文》:"楚楚,如字。《説文》作黼黼,云:'會五采鮮色也。'"《後漢書·王充、王符、仲長統傳》注:"楚楚,鮮貌也。"《何進傳》注:"楚楚,鮮明貌。"案:"楚楚"訓"鮮",訓"鮮明",皆舊訓也。《賓之初筵》:"籩豆有楚。"《傳》:"楚,列貌。"《儀禮·士冠禮》:"籩豆有楚。"注:"楚,陳列之貌。"《國策·秦策》:"不韋使楚服而見。"注:"楚服,盛服。"以上訓"列",訓"陳列",訓"盛",亦古義,即後世所謂齊楚、清楚也。首章"楚楚",贊其整齊;次章"采采",贊其華麗;三章"如雪",贊其鮮潔:意各有在也。作"楚"者,由"楚楚者茨""楚楚"字引申之義也。《説文》作"黼黼"者,蓋籀文,以其字畫繁重知之。今北方近水處,有蟲似蠶蛾,而身形微長,土人謂之蜉蝣。諦視之,白地作紅黑文,實三色耳。首章詠其色之齊楚,故曰"楚楚";次章詠其采色之璀燦,故曰"采采";三章詠其色之鮮潔,專就其質地言,故曰"如雪"。質地鮮潔,愈顯其齊楚而璀燦:三章意亦相聯貫也。

於我《箋》:"歸,依歸。君當於何依歸乎?言有危亡之難,將無所就往。"案:此"於我"即《秦風·權輿》"於我乎"之"於我"也。"於"為"何居"合音,故亦訓為"何"。言見此"蜉蝣之羽",即想此"衣裳楚楚"者,彼蜉蝣朝生而暮死,能不為此"衣裳楚楚"者心憂之乎?憂則憂矣,不知何居乃我之歸處也。首章其所歸即其所處;處,居也。次章其所歸乃其所息;息,止息也。三章其所歸即其所説,"説"與《甘棠》"召伯所説""説"字同。一章深似一章,此《詩》之次序也。

采《傳》:"采采,眾多也。""采采卷耳",《傳》:"采采,事采之也。""采采芣苢",《傳》:"采采,非一辭也。"《蒹葭》:"蒹葭采采。"

《傳》:“采采,猶萋萋也。”案:以上皆“采”之本義也。此“采”字乃文采字。《禮·月令》:“命婦官染采。”注:“采,五色也。”《漢書·嚴安傳集注》引如氏:“采,飾也。”《楚辭·懷沙》:“眾不知余之異采。”注:“采,文采也。”作“采采”者,《大東》:“粲粲衣服。”《文選注》引《韓詩》作“采采衣服”。聲谓:“粲粲”即“采采”也,“粲”、“采”一聲。

閱《傳》:“掘閱,容閱也。”《箋》:“掘閱,掘地解閱,謂其始生時也。”《文選·風賦》:“空穴來風。”注引“《莊子》‘空閱來風’,……司馬彪曰:‘門戶孔空,風善從之。’”據此,則“閱”乃“穴”之借字。亦借“兑”字。《老子》:“塞其兑,閉其門。”舊注:“兑,目也。”段氏玉裁曰:“‘兑’即‘閱’之省,假借字也。”《鴻烈解·道應》:“則塞民於兑。”聲谓:《鴻烈》語本《老子》,“兑”亦“閱”之省,亦“穴”之借字也。嘗疑方書蟬蜕、蛇蜕“蜕”字何以从兑,不得其解,讀《詩》“蜉蝣掘閱”而後恍然也。聲宰沂水二年,皆有蝗災。日夜率民捕之,幸而撲滅,歲仍中稔。習見蝗之初生如蛆,漸漸蠕動。變而為蛾,其形如蠅,色純黑。漸能躍,每躍不及寸。十餘日後,其頭漸紅,鄉人謂之“小紅頭”,每躍二三寸不等。又十餘日,身漸大,長八九分,或一寸,鄉人名為“二紅頭”,每躍三四寸。又十餘日,身愈大,長寸餘、寸二三分不等,鄉人名為“大紅頭”,漸能齧食禾苗,然衹食嫩苗,總不能飛。由蠕動以至“大紅頭”,天氣清和,須閱四十餘日——亢旱之時,不過月餘,鄉人皆謂之“步輦子”,以其不能飛也。成“紅頭”以後,必擇禾苗莖上或草莖上,二三日不食不動,舊日形象,宛然掛禾草莖上。另有一蝗,形若蛾子,由舊軀殼脱然而出。其蛾色白,全身軟若緜。所謂“掘閱”,殆此時乎!“掘閱”者,蓋掘穴而出也。若是者二三日,烈日暴之,色漸蒼,身漸強,三日後便飛躍愈常,人力不能施矣。《本草綱目》云:“蜣螂、蜉蝣、腹蛸、天牛,皆蠐螬、蠹蝎所化。”其如何變化,惜無有見之者。聲目睹蝻即蝗子。子之變蝗,因思化生之屬大約相似,因筆之以待格物者采擇焉。又《埤雅》引《管子》:“掘閱得玉。”今《管子》書並無此語,惟《山權數》篇云:“北郭有掘闕而得龜者。”聲以為“闕”亦“穴”之借,蓋掘穴而得龜。房玄齡注:“穿地至泉曰闕。”蓋本《左傳》“若闕地及泉,隧而相見”語也。不知“闕地及泉”“闕”字，亦“穴”之假借也。至“掘閱”，《說文·土部》：“堀，突也。”引《詩》曰：“蜉蝣堀閱。”與鄭《箋》同。化生之屬於舊軀殼上掘穴而出，其舊軀殼即謂之蛻。蛻，脱也，脱去舊殼也。此“蟬蛻”、“蛇蛻”之所以得名歟！

說　《箋》：“說，猶舍息也。”《釋文》：“說，音悦，[14]協韻如字。”案：《箋》讀“脱”，息也，訓與次章複。《釋文》以讀如字為協韻，不知“悦”音亦協韻。詳上。

候　《序釋文》：“候人，官名。”《傳》：“候人，道路送迎賓客者。”《周禮·夏官·序官》：“候人。”注：“候，候迎賓客之來者。”《左氏春秋·宣十二年傳》：“豈敢辱候人。”注：“候人，謂伺候望敵者。”《管子·侈靡》：“候人不可重也。”注：“候人，謂謁候之來入國者。”言彼之官不過候人耳，其職不過“何戈與祋”耳，乃彼不止一人也，且不止“何戈與祋”也。“彼其之子”蓋“三百赤芾”云，下二章“不稱”、“不遂”已隱然在言外。

何　《傳》：“何，揭。”《釋文》：“何，何可反，又音荷。”[15]《無羊》：“何蓑何笠。”《傳》：“何，揭也。”《玄鳥》：“百祿是何。”《傳》：“何，任也。”《易·大畜》：“何天之衢。”梁武帝音“荷”，[16]云“負也”。鄭注：“艮為手，手上肩也。乾為首，首肩之間，荷物處。”《噬嗑》：“何校滅耳。”荀爽曰：“為五所何，故曰何校。”孔《疏》：“何，謂擔即“儋”。何。”《說文》：“何，儋也。……从人，可聲。”本為儋何字。作何如字者，借也，借義盛而本義晦矣。

祋　《傳》：“祋，殳也。”《釋文》：“祋，都外反，又都律反。”《說文》：“祋，殳也。从殳，示聲。或說：城郭市里高縣羊皮，有不當入而欲入者，暫下以驚牛馬，曰祋。故从示、殳。《詩》曰：‘何戈與祋。’”聲案：《禮·樂記》注引本詩作“荷戈與綴”。《禮·郊特牲》：“及郵表畷。”“畷”亦“綴”之假借也。《說文》“叕”，篆作“𠦬”，“綴聯也”。又：“綴，合箸也。”“畷，兩陌間道也。”“綴”、“畷”皆从“叕”之聲義，故字皆可通。《禮·樂記》：“綴兆。”鄭注：“綴，謂酇舞者之位也。”又曰：

"其舞行綴遠,……其舞行綴短。"所謂"綴"者,大約以一木為表,復綴一物於上以為識,故曰"綴"。《長發》:"為下國綴旒。"《玉篇》引作"為下國畷流"。《公羊春秋・襄十四年傳》注:"君若綴旒然。"是也。"祋"之為物,必以別物綴於殳之上,示人以為界限,故从殳,从示,會意兼形聲字也。引之,城郭市里以木縣羊皮以示界限,有不當入而欲入,暫下以驚其牛馬者亦曰"祋"。其義有綴連之意,其音又與"綴"近,故《樂記》注直引作"荷戈與綴"也。"祋"、"綴"音近,故假借也。《釋文》"都外反",與下"芾"字叶;一音"都律反"者,與"掇"、"輟"音近,二字亦从"叕"音也。"芾"亦作"紱"、"韍",與"叕"之古音亦叶也。

芾《傳》:"芾,韠也。一命緼芾黝珩,再命赤芾黝珩,三命赤芾葱珩。大夫以上,赤芾乘軒。"《釋文》:"芾,音弗,祭服謂之芾。沈又甫味反。"《采芑》:"朱芾斯皇。"《車攻》:"赤芾金舄。"《斯干》:"朱芾斯皇。"《箋》:"芾者,天子純朱,諸侯黃朱。"《采菽》:"赤芾在股。"《箋》:"冕服謂之芾。"案:作"芾"者,假借字。《甘棠》:"蔽芾甘棠。"《傳》:"芾,小也。"[17]《爾雅》同。本作"巿"。《說文》:"巿,韠也。上古,衣蔽前而已,巿以象之。天子朱巿,諸侯赤巿,大夫葱衡。从巾,象連帶之形。……韍,篆文巿,从韋,从犮。"案:"韍"為篆文,則"巿"為古文矣。作"韍"者,《易・困》:"朱韍方來。"[18]《疏》:"韍,祭服也。"《禮・玉藻》:"一命緼韍幽衡。"注:"韍之言蔽也。"《明堂位》:"有虞氏服韍。"注:"韍,冕服之韠也。"亦从糸作"紱"。《莊子・在宥》:"於是乎股無胈。"《釋文》引或云:"紱,蔽膝也。"亦从弗作"紼"。《白虎通・紼冕》:"紼者,蔽也。"引《詩》"朱芾斯皇"、"赤芾金舄"、"赤芾在股","芾"皆作"紼"。亦假借"黻"。《論語・泰伯》:"而致美乎黻冕。"鄭注:"黻,祭服之衣。"《左氏春秋・桓二年傳》:"衮、冕、黻、珽。"注:"黻,韋韠,以蔽膝也。"亦假借"茀"。《文選注》引《毛詩》:"赤茀在股。"又:"朱茀斯皇。"二"巿"字皆作"茀"也。亦假借"沛"。《易》:"豐其沛。"一作"豐其芾",鄭康成云"蔽膝"是也。案:芾、沛,古文同音假借;紱、黻,篆文同音假借;紼、茀,又音相近而假借者也。《說文》:"袚,蠻夷衣。……一曰:蔽厀。""褘,蔽厀也。"《方言》:"蔽厀,江淮之間謂之褘。”“袚”為篆文，同音後出；“褘”又音相近之後出字矣。《左氏春秋·僖二十八年傳》：“（晉文公）入曹，數之以其不用僖負羈，而乘軒者三百人。”與毛《傳》“乘軒”說合。

媾《傳》：“媾，厚也。”《箋》：“遂，猶久也。不久其厚，言終將薄於君也。”《説文》：“媾，重婚也。从女，冓聲。《易》曰：‘匪寇，婚媾。’”《一切經音義·二十二》引《白虎通》：“媾，厚也，重婚曰媾也。”本詩《疏》：“《正義》曰：‘重婚媾者，以情必深厚，故媾為厚也。’”《國語·晉語》：“不遂其媾。”注：“媾，厚也，厚於其寵也。”[19]聲谓：媾，厚也；詳《詩疏》，見上。君之所寵，君之所厚也。厚即榮寵，榮寵本出自君，君假之而彼得之，故曰“其厚”。言“彼其之子”，不能遂其榮寵也。遂，順也。《國語·周語》：“而行之以遂八風。”注：“遂，猶順也。”不遂，猶不稱也。依《箋》，“遂”訓“久”，言不能久承其榮寵也，必須添字矣。

薈蔚《傳》：“薈蔚，雲興貌。”《文選·海賦》：“薈蔚雲霧。”注：“薈蔚，雲霧霑潤也。”案：“薈蔚”即“蔽翳”也，其字亦作“曖曃”。《廣雅·釋訓》：“曖曃，翳薈也。”後世亦作“靉靆”。《一切經音義·六》引《通俗文》：“雲覆日為靉靆。”亦別作“靉霼”。《文選·海賦》：“靉霼雲布。”注：“靉霼，昏闇貌。”案：古字少，故雲氣字亦借用薈蔚字。

隮《傳》：“隮，升雲也。”《周禮·眂祲》：“九曰隮。”先鄭注：“隮者，升氣也。”後鄭注：“隮，虹也。《詩》云：‘朝隮於西。’”陳氏啟源曰：“《詩》兩言‘朝隮’，《蝃蝀》之‘朝隮’，虹也，為將雨之徵；《候人》之‘朝隮’，雲也，為小雨之驗。”聲谓：《蝃蝀》“朝隮”，承上章“蝃蝀”言；所謂“朝隮”，蝃蝀朝隮也。次句即“崇朝其雨”，故朝隮之蝃蝀為“將雨之徵”。本詩並未言“雲”、言“雨”，空空言“朝隮”，何以知為“小雨之驗”？陳氏此說，未免泥舊說而望文生義矣。聲谓：“隮”者，“霽”之假借。古人字少，“霽”或借“濟”。《書·洪範》：“曰霽。”《周禮·大卜》注、《史記·宋微子世家》皆作“曰濟”。“霽”可以借“濟”，不可以借“隮”乎？霽，止也。《鴻烈解·天文》：“大風濟。”注：“濟，止。”則謂“隮”為“濟”之假借，亦無不可。凡人見水而止，行者必以渡，故“濟”从水；亦見山而止，行者必須升，故“隮”从自：“濟”、“隮”二字皆有止意也。薈兮蔚兮，雲氣曖曃蔽日，似有欲雨之象，乃南山依舊朝隮。此時群小盈廷，故有薈蔚之象。朝廷雖為其蒙蔽，終無恩澤下降，故曰“南山朝隮”也。

季女 《傳》：“季，人之少子也。女，民之弱者。”《陟岵》：“母曰：‘嗟！予季行役。’”《傳》：“季，少子也。”《七月》：“猗彼女桑。”《正義》：“女是人之弱者。”陳氏啟源曰：“小人柄國，病害生民。彊力者猶堪自存，幼弱者必至大困。《詩》言‘斯飢’，所以獨及季女也。帝堯嘉孺子、哀婦人，見《南華·天道》篇。正此意矣。”案：陳氏之說是也。此與《采蘋》、《車舝》兩詩“季女”不同。

鳲 《序釋文》：“鳲……，本亦作尸。”《方言》：“尸鳩，……東齊海岱之間謂之戴南。”案：作“尸”者，古字；作“鳲”者，形聲字。

淑 《箋》：“淑，善。”案：“淑”、“善”雙聲。又案：淑人，亦君子也。“淑人君子”連稱者，當望古遙集之時，不自覺其詞煩意複也。

結 《說文》：“結，締也。从糸，吉聲。”案：“締”亦“結”，單字為“結”、為“締”，雙字為“蘊結”、為“鬱結”，有聚而不散、固而不解之義。首章由“儀”說到“心”，自外及內也；二章專言服飾，在外言外也；三章言正己以正人，由己及人也；四章言正人者沒世不忘，由今思古也。由今思古，援古正所以刺今，作詩者之指也。

梅 此“梅”亦當訓“柟”也。以今山東、河南之間梅李之梅甚少，此可以地斷者。

騏 《傳》：“騏，騏文也。”《箋》：“騏，當作璂，以玉為之。”《釋文》：“騏，音其，綦文也。《說文》作璂，云：‘弁飾也，往往置玉也。’或亦作琪，音其。”《出其東門》：“縞衣綦巾。”《傳》：“綦巾，蒼艾色，女服也。”《箋》：“綦，綦文也。”《傳》、《箋》皆以“綦”與“騏”異。《書·顧命》：“四人綦弁。”鄭注：“青黑曰綦。”據此，則“騏”乃“綦”之借字也。《說文》：“璂，弁飾也，往往冒與《釋文》所引異。玉也。从玉，綦聲。琪，璂或从基。”《周禮·弁師》：“王之皮弁，會五采玉琪。”注：“鄭司農云:'……瑧,讀如綦車轂之綦。'玄謂:……會,縫中也;璂,讀如薄借綦之綦;綦,結也。皮弁之縫中,每貫結五采玉十二以為飾,謂之綦。《詩》曰:'會弁如星。'又曰:'其弁伊綦。'是也。"又云:"韋弁皮弁,則侯伯璂飾七,子男璂飾五,玉亦三采。孤則璂飾四。三命之卿,璂飾三。再命之大夫,璂飾二,玉亦二采。"據此,則字本亦作"綦",或作"璂",亦或作"璂"耳。"騏"乃假借字,亦別作"琪"。《北史·隋煬帝紀上》:"常服皮弁,十有二琪。""其"有"基"音,與"璂"、"璂"、"琪"皆形聲字也。

榛《釋文》:"榛,側巾反,木名也。又仕巾反,《字林》云:'木叢生也。'《字林》榛木之字从辛、木,云:'似梓,實如小栗,音壯巾反。'"《說文》:"榛,木也。从木,秦聲。一曰:菆也。"案:"木名"者,《簡兮》:"山有榛。"《傳》:"榛,木名。"是也。"木叢生"者,即《說文》"一曰:菆也"。《廣雅·釋木》:"木藂生曰榛。"《鴻烈解·原道》:"隱于榛薄之中。"注:"藂木曰榛。"《文選·魏都賦》注引服虔:"榛,木叢生也。"至于果名,"實如小栗"者,《說文》作:"亲,果實如小栗。从木,辛聲。《春秋傳》曰:'女摯不過亲栗。'"《定之方中》:"樹之榛栗。"《正義》:"《說文》作'樹之亲栗'。"[20]《禮·曲禮下》:"婦人之摯,椇、榛、脯、脩、棗、栗。"注:"榛,木名,……實似栗而小。"《周禮·籩人》:"其實棗、㮚、桃、乾穣、榛實。"注:"榛,似栗而小。"字本作"亲",亦作"榛"者,假借。此詩"榛"字,或木名之榛,或叢生之榛,未可知矣。至似栗之榛,以文義求之,似乎不類。

冽《傳》:"冽,寒也。"《大東》:"有冽氿泉。"《傳》:"冽,寒意也。"近來言六書者皆據毛《傳》,以為字當从仌,是也。聲復以經證之。《易》:"井洌寒泉,食。"《凱風》:"爰有寒泉。"意者泉水皆清冷異常乎!《說文》有"洌"而無"冽"。《水部》:"洌,水清也。从水,列聲。《易》曰:'井洌寒泉,食。'"《仌部》無"冽"字。《大東正義》引"《說文》:'冽,寒貌。'故字从仌。"[21]或者《說文》本有此字,傳寫者遺脫之,未可知矣。《文選·嘯賦》:"冽飄眇而清昶。"注引《字林》:"冽,寒貌。"又《高唐賦》注引《字林》:"冽,寒風也。"據此,則"冽"為"寒",為

“寒意”，引之為“寒風”。凡訓“寒”者，皆當从仌。聲又案：“洌”字《說文》訓“水清”。《易·井》：“井洌寒泉，食。”注：“洌，潔也。”《釋文》：“洌，絜即“潔”之古文。也。”又引崔注：“洌，清潔也。”[22]《文選·東京賦》：“玄泉洌清。”薛注：“洌，清澄貌。”據以上書，“洌”字訓“清”，訓“潔”，訓“清澄”，與“寒”義亦相近。即以為从水作“洌”，亦無害於義理者也。似不必過拘。

稂《傳》：“稂，童梁，非溉草得水而病也。”《箋》：“稂，當作涼。涼草，蕭蓍之屬。”案：此詩全重三“浸”字，“稂”與“蕭”、“蓍”等字全不重言。“稂”與“蕭”、“蓍”者，不過就眼前之物隨意拈取以協韻，不必定是“稂”與“蕭”、“蓍”，亦不必定不是“稂”與“蕭”、“蓍”也。就“稂”與“蕭”、“蓍”論，“蕭”、“蓍”尚為有用；就百穀與“稂”與“蕭”、“蓍”言，則“稂”與“蕭”、“蓍”皆無用之物也。“稂”字不必破作“涼”，“蕭”、“蓍”亦不必貴似“稂”也。三“苞”字與《鴇羽》篇“苞栩”、“苞桑”、“苞棘”三“苞”字意同。浸，《說文》作“濅”，云：“水出魏郡武安，東北入呼沱水。从水，𠬶聲。”案：此“濅”字本義，隸作“浸”，相承作“浸”。《周禮·職方氏》：“其浸五湖。”注：“浸，可以為陂灌溉者。”《漢書·地理志上》：“寖即“浸”字。曰五湖。”注：“寖，……謂引以灌溉者。”《莊子·天地》：“一日浸百畦。”《釋文》引司馬注：“浸，灌也。”言有此洌彼之下泉，乃以之“浸彼苞稂”、“苞蕭”、“苞蓍”，以有用之泉而浸無用之草，喻曹君以百姓之脂膏為群小之寵祿，用非其所。若天子之慶讓之典行，諸侯何至於無所畏懼如此？詩人所以思明王賢伯也。一則曰“念彼周京”，再則曰“念彼周京”，其望之也深矣。池水浸稻田，喻王無恩澤以及妃匹；泉水浸苞稂，喻君竭脂膏以豢群小：詩人之意各有在也。

愾《箋》：“歎息之意。”《釋文》：“愾……，歎息也。《說文》云：‘太息也。’”案：從《箋》，“歎息我寤歎”殊不成句。《彤弓箋》：“諸侯敵王所愾。”《釋文》：“愾，很《序箋釋文》作“恨”，是也。也。”《左氏春秋·文四年傳》：“敵王所愾。”注：“愾，恨怒也。”據此，則“愾”有怨恨意。言不怨他人，惟愾我恨我耳。恨我何如？亦惟於寤寐時、感歎時而“念彼周京”耳。言“愾”者,有恨我不見古人之意。故一面自恨,不禁於寤寐感歎時而“念彼周京”也。

郇《傳》:“郇伯,郇侯也。”《箋》:“郇侯,文王之子,為州伯,有治諸侯之功。”《說文》:“郇,周武王子所封國,在晉地。从邑,旬聲。”《國語·晉語》:“師退,次於郇。”注:“郇,晉地。”亦本作“荀”。《逸周書·王會》:“唐叔、荀叔、周公在左。”注:“荀,國名。”案:“荀”為借字,“郇”為形聲字。案:此必當時有郇國之侯為天子牧伯者,思王者而不可得,故降而思伯,但能如郇伯之勞,猶不失為膏雨焉。變風至此,誠剝極之候也。《箋》與《正義》郇伯為“文王之子”,《說文》以為“武王子”,想是記憶之訛。

校勘記

[1]“盤桓”,《易·屯》“盤”字作“磐”,《釋文》云:“磐,本亦作盤,又作槃。步干反。”下引馬注及《象上傳》“盤”字同。

[2]“《音義》謂‘圭竇衡門’”,考《晉書音義》卷九十四,未見有此注文,《音義》僅云:“窐,烏華反。”

[3]“宋聲”,大徐本《說文》“宋”字作“市”,段注本《說文》作“宋”。吴氏從段本。

[4]“《禮》”,當作“《儀禮》”。

[5]“莫肯用誶”,《小雅·雨無正》“誶”字作“訊”,下引《箋》“誶”字同。阮元《校勘記》曰:“《毛鄭詩考正》云:‘訊乃誶字轉寫之訛。’”又下引《爾雅·釋詁》之“誶”字亦作“訊”。

[6]“歌以訊止”,《列女傳》卷八《陳辯女》“止”字作“之”。

[7]“唐,廟中路名”,案:郭注無此注文,此乃李巡注,見本詩(《防有鵲巢》)《正義》引李巡。

[8]“皎,古了反。本又作皦”,《釋文》作“皦,古了反。本又作皎”。

[9]“巴濮之人自呼曰阿陽”,此釋見於《爾雅》郭注,未見於《方言》。《爾雅·釋詁》:“陽,予也。”郭璞注:“《魯詩》云:‘陽如之何。’今巴濮之人自

呼阿陽。”

[10]“西南之夷人自稱曰婸徒”,《漢書·西南夷傳》未見此引文。此訛傳由來已久,楊慎《升庵集》卷四十八及沈自南《藝林彙考》卷二《稱號篇》均有此說。

[11]“惓”,《注疏》本作“睠”,通志堂本作“婘”。

[12]“諸侯素韠”,《禮記·玉藻》作“韠,君朱,大夫素”,未見“諸侯素韠”文。

[13]“視濯概”,《周禮·小宰》未見此文。

[14]“音悦”,《釋文》作“音稅”。

[15]“荷”,注疏本作“何”,通志堂本、四庫本作“河”。

[16]“梁武帝音‘荷’”,《易·大畜釋文》作“梁武帝音‘賀’”。

[17]“芾,小也”,《傳》作“蔽芾,小貌”。

[18]“朱韍方來”,《易·困》“韍”字作“紱”,下引《疏》“韍”字同。

[19]“媾,厚也,厚於其寵也”,明道本作“媾,厚也”,《攷異》云:“金本作‘媾,厚於其寵也’六字誤。”

[20]“《說文》作‘樹之業栗’”,《正義》無此語。

[21]“故字从仌”,《正義》“仌”字作“冰”。

[22]《釋文》無引崔注文。

詩小學卷十

國　　風

保山吳樹聲學

豳　風

一之日　《傳》:"一之日,周正月也。"案:謂建子之月也。"二之日,殷正月也。"案:謂建丑之月也。"三之日,夏正月也。"案:謂建寅之月也。"四之日,周四月也。"案:謂建卯之月也。《豳風》之盛,當在夏商之間,周公述之,遠溯六百年以上。民間瑣事如話如畫,非大手筆不能。《箋》:"此章陳人以衣食為急,餘章廣而成之。"何氏焯曰:"讀此詩要識他先時豫計道理:一章衣食雙提,下特分言之,以終其義。"其語蓋本鄭《箋》。

觱發　《傳》:"觱發,寒風也。"《說文》引作"滭冹",引《采菽》"觱沸檻泉"亦作"滭冹濫泉"。案:作"觱發"者,假借;作"滭冹"者,形聲字。觱,本作"䨲",从角,𩇔聲。"𩇔"為古文"誖"字。《說文》:"䨲,羌人所吹角屠䨲,以驚馬也。"亦為形聲字。"𩇔"為"誖"之古文,字形繁重,並不古雅,疑籀文也。今省作"觱",从咸,聲義俱無,當以《說文》為正字也。《說文·火部》有"熚𤏲"字,訓"火皃"。據此,則"𩇔"乃"冹"之借字,不應為"畢"之借字。聲谓:古人音緩,入聲字尤多通假。凡聲相近者,輒相假借,以古者字少,傳經又多口授,或狃於方音,或由於記憶不清,不得以今韻繩之也。

栗烈 《傳》:"栗烈,寒氣也。"《釋文》:"栗烈,並如字。《說文》作颲颲。"案:《說文》無"颲颲"字。段氏玉裁曰:"《五經文字·仌部》有'凓'字,知《七月》作'凓'也。今《說文》無'冽'字。"聲案:《大東正義》:"《說文》:'冽,寒皃。'"是唐時《說文》有"冽"字也。《文選·風賦》:"憯悽惏慄。"注:"毛萇《詩傳》曰:'慄冽,寒氣也。'"《古詩十九首》注:"《毛詩》曰:'二之日栗冽。'毛萇曰:'栗冽,寒氣也。'"《說文》:"凓,寒也。"《玉篇》:"凓冽,寒皃。"案:栗烈,借字也,"凓冽"為形聲字。又案:"凓"从栗者,《論語·八佾》:"使民戰栗。"《公羊春秋·文二年傳》:"練主用栗。"注:"栗,猶戰栗,謹敬貌。"《白虎通·宗廟》:"栗者,所以自戰慄。"《漢書·楊惲傳》:"不寒而栗。"注:"栗,竦縮也。"《說文》篆作:"㮚,木也。从木,其實下垂,故从卤。𣠮,古文㮚,从西,从二卤。徐巡說:木至西方戰㮚。""冽"从列者,"列"有破裂之意。《禮·內則》:"衣裳綻裂。"《釋文》:"本或作列。"《大戴記·曾子天圓》:"割列禳瘞。"注:"列,疈辜。"《管子·五輔》:"大袂列。"注:"列、裂同。"《荀子·哀公》:"兩驂列,兩服入廄。"注:"列,與裂同。"《說文》篆作:"𠛱,分解也。从刀,𡿪聲。"案:此"列"字弟一義也,引之為"行列"、"次列"也。"凓"从栗,寒使人戰栗;"冽"从列者,寒刺人肌膚使凍列也:二字皆形聲字之有義意者。

于 《傳》:"于耜,始修耒耜也。"《正義》曰:"于訓於,三之日於是始修耒耜。"案:"于"下"耜"上添出"是始修"三字,不惟詞費,亦未免望文生義矣。聲谓:"于"者,"云"之譌字。云,篆作"𠕻";于,篆作"亐":其形最易混。"云"、"于"雙聲,其音又最易訛。《正月》:"昏姻孔云。"《傳》:"云,旋也。"《左氏春秋·僖二十二年傳》:"昏姻孔云。"注:"云,旋也。"《襄二十九年傳》:"其誰云之。"注:"云,猶旋也。"《管子·戒》:"四時云下。"注:"云,運動貌也。"《呂覽·圜道》:"雲氣西行云云然。"注:"云,運也。周旋運布,膚寸而合,西行則雨也。"三之日云耜者,言不日將有事于耒耜,先期旋轉運動之,恐其有不適用處,好豫為修治之,故曰"云耜"也。聲幼時讀《孟子》,至"《詩》曰:'晝爾于茅。'"注:"于,取也。"聲以"于"無"取"義,蓄疑數十年。讀至《管子》、《吕覽》諸書古注,知"云"有"運動"義而後恍然曰:"彼亦'云'之訛字也。"晝爾云茅者,晝爾運動此茅也。"云茅"在"納禾稼"以後,微論嚴寒凓冽,山谷多風,不能往取,而且日已短至,晝分苦短,必不能入山樵采。以事理度之,其茅當早已采就堆積一處,此時特運動之以為乘屋之用,情事宛然。"晝爾于茅"在第七章,因併及之。

同《箋》:"同,猶俱也。……耕者之婦子俱以饟來,至於南畝之中。"《集傳》曰:"老者率婦子而餉之。"經文並無"老者",《集傳》添出"老者",以不得"同"字解也。七章:"我稼既同。"《箋》:"既同,言已聚也。"《吉日》:"獸之所同。"《箋》:"同,猶聚也。"言聚我之婦子,饁饟於南畝之中。此以經詁經,且以《詩》詁《詩》之說也。陳氏啟源曰:"《漢書·食貨志》引此詩,師古注云:'其婦子同以食來饋之。'……朱子甚愛顔說,而此復别為之解,何也?"聲谓:古說及顔注皆以"同"字在"婦子"下,語殊不精。不如訓"同"為"聚",猶曰聚我婦子,經文"我"字不致落空。

喜《箋》:"喜,讀為饎。饎,酒食也。"《釋文》:"喜,王申毛,如字。鄭作饎。"《正義》:"《傳》不解'至喜'之義。"聲谓:無須解也。聚婦子而饋饟於田間,家無不耕之民可知,故田畯至而喜也。當合上文一氣讀之,無須破字也。

載陽《箋》:"載之言則也。陽,温也。"《文選·東京賦》:"春日載陽。"薛注:"陽,暖也。"案:"温"、"暖"皆"陽"字中之一義。聲谓:載,始也。《載見》:"載見辟王。"《傳》:"載,始也。"《駟驖》:"載獫歇驕。"《皇矣》:"載錫之光。"《載芟》:"載芟載柞。"《閟宫》:"秋而載嘗。"《箋》並云:"載,始也。"《書·益稷》:"乃賡載歌曰。"鄭注:"載,始也。"陽,陽氣也。《釋名·釋天》:"陽,揚也,氣在外發揚也。"《儀禮·鄉飲酒禮》:"亨于堂東北。"注:"陽氣主養。"《莊子·齊物論》:"莫使復陽也。"《釋文》:"陽,猶生也。"《春秋繁露·人副天數》:"陽,天氣也。"又《陽尊陰卑》:"陽,德氣也。"春日陽氣初用事,故云"春日載陽"。

懿《傳》:"懿筐,深筐也。"《正義》曰:"懿者,深邃之言,故知懿筐為深筐。"案:"懿"無"深"義。"懿"者,"抑"之借也。《國語·楚語》:"於是乎作懿戒。"注:"懿,讀曰抑。"抑,密也。《抑》"抑抑威儀"《傳》、《假樂》"威儀抑抑"《箋》,並云:"抑抑,密也。"《賓之初筵》:"威儀抑抑。"《傳》:"抑抑,慎密也。"《漢書·馮奉世傳贊》、又《敘傳下》,《集注》並云:"抑抑,密也。"《爾雅·釋訓》:"抑抑,密也。"抑,猶抑抑也。柔桑初出,形質甚小,筐疏則漏,故必執密筐焉。此亦以經解經者也。《說文》:"懿,專久而美也。从壹,从恣省聲。"案:今隸書不省。"懿"字於本詩全不干涉,强訓為"深",無當於《詩》義。

筐《說文》篆作:"匩,飯器,筥也。从匚,㞷聲。筐,匡或从竹。"《楚茨》:"既匡既勑。"《釋文》:"筐,本亦作匡。"《易·歸妹》:"女承筐。"《釋文》:"筐,鄭作匡。"《太玄·從》:"有女承其血匡,亡。"注:"匡,所以盛也。"案:"匡"、"匩"一也。[1]从竹者,後世字。《集韻》以為"亦省作匡",非是。

微行《傳》:"微行,牆下徑也。"案:行,桑行。今北省種棗之地謂之"棗行",種桃之地謂之"桃行",種桑之地謂之"桑行"。《說文》:"微,隱行也。从彳,敚聲。《春秋傳》曰:'白公其徒微之。'"《一切經音義·十四》引《字林》:"微,隱行也。"《漢書·游俠·郭解傳》:"使人微知賊處。"注:"微,伺問之也。"言遵彼桑行不言"桑"者,見於下句也。而隱行者,爰求柔桑也。婦人之行,宜低聲斂步,故曰"微"也。

祁《傳》:"祁祁,眾多也。"《玄鳥》:"來假祁祁。"《箋》:"祁祁,眾多也。"《漢書·韋賢傳》:"祁祁我徒。"《集注》:"祁祁,眾貌。"《後漢書·后紀贊》:"祁祁皇孋。"注:"祁祁,眾多也。"經史"祁祁"訓"眾"、訓"眾多"者,皆假借字之純取聲者,與本字義不相涉也。餘詳《召南》。

殆《傳》:"殆,始。"《禮·檀弓上》:"夫子殆將病也。"注:"殆,幾也。"《檀弓下》:"不殆於用殉乎哉!"注:"殆,幾也。"《荀子·彊國》:"雖為之築明堂於塞外而朝諸侯,殆可矣。"注:"殆,庶幾也。"女心傷悲,其意若曰:庶幾與公子同歸耳。下句即由上句“傷悲”字生出。是時,豳公之夫人率其婦女在宮中采桑,觀“女執懿筐,遵彼微行”等語,似非村婦行動,故知豳公夫人率其婦女在宮中行采桑之禮,所以勸蠶桑也。其婦女有感物化者,思得與公子聚而歸處,故曰“殆及公子同歸”,猶云庶幾與公子相聚而歸來耳。婦女既從夫人於宮中采桑,豳公子亦必從國君於國中勸農,此則可以想當然者也。

萑《傳》:“薍為萑。”《釋文》:“萑,戶官反。”《說文》:“雈,薍也。从艸,雈聲。”又《雈部》:“雈,鴟屬。从隹,从𦫳,有毛角。所鳴,其民有旤。”案:《說文》“雈”字正从“鴟屬”之“雈”也。《一切經音義·十二》引《草木疏》:“葭菼名薍,至秋盛則謂之雈。”[2]案:惟此一字尚从《說文》。或別作“藋”。《小弁》:“萑葦淠淠。”《韓詩》作“藋葦淠淠”。《周禮·巾車》:“駹車藋蔽。”注:“藋,細葦席也。”《漢書·貨殖傳》:“藋蒲材幹。”注:“藋,薍也,即今之荻也。”案:上三書作“藋”者,或假借,或从艸、从藋省,不如“雈”之古矣。《唐石經·七月》、《小弁》“雈”字皆模糊,疑先已作“藋”,後人又改為“雈”也。《五經文字》:“雈,從艸下隹,今經或相承隸省,省草作萑。”案:今皆省“卝”作“萑”矣。

遠揚《傳》:“遠,枝遠也。揚,條揚也。”案:“遠”有高義,“揚”有舉義。其枝之高者,條之舉者,以斧斤伐而去之,所謂“條桑”也。《白帖·八十三》作“以伐遠楊”,“楊”乃譌字。

猗《傳》:“角而束之曰猗。”案:此亦假借字也,當作“掎”。《小弁》:“伐木掎矣。”《傳》:“伐木者,掎其巔。”《正義》:“掎者,倚也。”《說文》:“掎,偏引也。从手,奇聲。”《左氏春秋·襄十四年傳》:“諸戎掎之。”注:“掎其足也。”《史記·司馬相如傳索隱》引《說文》:“掎,偏引一腳也。”《漢書·息夫躬傳》:“躬掎祿曰。”顏注:“掎,從後引之也。”《敘傳》:“秦失其鹿,劉季逐而掎之。”顏注:“掎,偏持其足也。”《後漢書·班彪傳上》注:“掎,偏引也。”又《馬融傳》注:“掎,偏引一足也。”案:“掎”訓“引”,訓“偏引”,訓“從後引之”,蓋一手曳其枝下垂,以一手采其葉也。曳其枝下垂,勢必偏引,故曰“掎”也;女桑不高,故可以手曳引之:此為古字古義矣。

女 《傳》:“女桑,荑桑也。”案:桑曰“女桑”,蘿曰“女蘿”,猶之牆曰“女牆”也。《說文》:“女,婦人也。象形。王育說。”聲谓:“女”字不象人形,婦人之形亦不能象,此非“女”字弟一義,“女牆”字乃“女”字弟一義也。《說文》:“堞,城上女垣也。”《自部》:“陴,城上女牆,俾倪也。”《初學記》:“《說文》所謂‘堞’即“堞”。者,亦女牆也。”《廣雅》:“堞,女牆也。”《左氏春秋·襄六年傳》:“堙之環城,傅於堞。”杜注:“堞,女牆也。”《二十七年傳》:“堞其宮而守之。”《正義》曰:“謂新築女牆而守之。”《文選·魏都賦》:“嬰堞帶涘。”五臣注:“堞,城上女牆也。”《釋名·釋宮室》:“城上垣曰俾倪,[3]言於其孔中俾倪非常也。亦曰女牆。”案:女牆亦名俾倪,其字亦作“僻倪”,亦作“睥睨”,詳下並“睨”字。亦或單稱為“陴”。《左氏春秋·宣十二年傳》:“守陴者皆哭。”杜注:“陴,城上僻倪。”《正義》云:“陴,城上小牆。俾倪者,看視之名。”聲谓:古衹稱“女牆”,當篆作“[illegible]”。《說文》之古文作“[illegible]”,其形小訛。薛氏《鐘鼎款識》載《戠敦銘》作“[illegible]”,《宰辟父敦銘》作“[illegible]”,《師艎敦銘》作“[illegible]”,《父乙甗銘》作“[illegible]”、“[illegible]”。細玩字形,當从戶。戶,古文亦作“尸”,如“屋”、“羼”之類。《羴部》:“羼,羊相廁也。从羊在尸下。尸,屋也。”从乚,《說文》建首字:“乚,匿也。象迟曲隱蔽形。”“乚”即“隱”,人隱於戶,從戶間俾倪非常,故謂之“女牆”;俾倪亦牆也,故謂之“女牆”。女之言覰也,從牆孔往下覰視也。“女”即“覰”之古文,後世借為男女字用,其本義遂亡矣。“覰”乃後世字,非古字。“女”从戶,从乚,人隱於戶間窺覰也,會意字,即以“戶”為聲。“婁”字亦从女者,會其意也,詳《角弓》。由牆孔往下俾倪,有“覰”之義,故謂之“女牆”。作“俾倪”者,牆雖卑而敵情可倪,“倪”當讀如《莊子》“天倪”之“倪”也。作“僻倪”者,言其地僻,可隱匿以窺敵也。作“睥睨”者,字皆从目;卑,下也,往下睨視也。作“埤睨”者,“埤”、“堞”皆以土為之,指事兼會意字也,後世俗字也。單言“陴”者,“俾睨”合音,如“丁寧”之為“鉦”,“令丁”之為“鈴”也。“女”本為“覰”字,借為男女字用,與“人”本為果人字,亦借為人物字用,“物”與“我”

本皆為旗幟字，亦借為“人物”之“物”、“人我”之“我”，皆一例也。如是，則女牆字可以通，而“女”字之形、聲、義無一不得矣。如《釋名》之“亦曰女牆，言其卑小比之於城，若女子之於丈夫也”，穿鑿附會，不直一噱矣。“女”即“覷”之古文，古人音緩，故得借為男女字，後世始讀“女”為尼呂切，“覷”為七慮切也。《史記·留侯世家》：“良與客狙擊秦皇帝博浪沙中。”《集解》：“服虔曰：‘狙，伺候也。’應劭曰：‘狙，七豫反。’”[4]《索隱》云：“應劭曰：‘狙，伺也。’”案：七豫反，即今之“覷”字。古無此字，“女”字又習用為男女字，故史公借用“狙”。《漢書》作“良與客狙擊秦皇帝”，[5]注：“師古曰：‘狙，謂密伺之。……字本作覷。’”[6]亦假借字。案：顏師古時已有“覷”字，故曰“本作覷”。聲谓：“覷”為“女”字弟一義。“女牆”二字，其來最古。必卑僻之區而後可以隱匿，故引之有卑矮義，“女桑”、“女蘿”皆其引申之義也。借為男女字，為弟二義，“女于時”、“二女女焉”又弟二義引申之義也。又借為爾女字，為弟三義；而“汝”為水名，从其聲，又弟三義引申之義矣。

鶪《傳》：“鶪，伯勞也。”《箋》：“伯勞鳴，將寒之候也。”《說文》：“鶪，伯勞也。从鳥，狊聲。䴗，鶪或从隹。”《爾雅·釋鳥》：“鶪，伯勞也。”注：“似鶷鶡而大。”《疏》引《字林》：“鶷鶡似伯勞而小。”《呂氏春秋·仲夏紀》：“鶪始鳴。”注：“鶪，伯勞也。是月陰作於下，陽發於上。伯勞夏至後應陰而殺蛇，磔之於棘而鳴於上。”《楚辭·九思》：“左見兮鳴鶪。”注：“鶪，伯勞也。”《本草》引之，云：“其鳴惡也。”案：“伯勞”即“伯趙”。《左氏春秋·昭十七年傳》：“伯趙氏，司至者也。”注：“伯趙，伯勞也，以夏至鳴，冬至止。”《正義》引蔡邕：“鶪，伯勞也。一曰伯趙。應時而鳴，為陰候也。”亦即“百鷯”。《夏小正》：“五月……，鴂則鳴。”《傳》：“鴂者，百鷯也。鳴者，相命也。”亦即“博勞”也。《韻會》引徐鍇《說文》云：“鶪，博勞也。”《禮·月令》：“仲夏之月，……鶪始鳴。”鄭注：“鶪，博勞也。”《藝文類聚》引《易通卦驗》：“夏至小暑，博勞鳴。博勞性好單棲，其飛翪，其聲嗅嗅，夏至應陰而鳴，冬至而止。”[7]《孟子·滕文公上》：“南蠻鴃舌之人。”注：“鴃，博勞鳥也。《詩》云：‘七月鳴鴃。’應陰而後動者也。”案：書傳皆謂鶪“以夏至鳴”，

“五月鳴”。王肅云:“七,當為五。古文‘五’字似‘七’,故誤。”其說亦無可厚非,惟“五”之篆文作“𠄡”,古文作“㐅”,與“七”之篆文作“𠀁”似不至於相混,闕疑可也。伯勞以五月鳴,距寒尚早。即以七月鳴,亦距寒尚早。蓋先時豫計,固不嫌於過早也。豳地晚寒之說,陳氏啟源辨之甚詳,玆不復贅。字从鳥,狊聲。狊,《說文》:“犬視皃。从犬、目。古闃切。”“鶪”、“哯”、“闃”等字皆从之。

“于貉”二句

《傳》:“于貉,讀。謂取。句。狐狸,讀。皮也。句。”陳氏啟源以為當如是句讀。《箋》:“于貉,往搏貉以自為裘也。狐狸以共尊者。”案:《詩·桓序箋疏》:“貉之言百,祭祀此神,求獲百倍。”《周禮·肆師》:“祭表貉。”注:“貉,師祭也。貉,讀為十百之百。”《疏》:“必名此祭為貉者,以其取應十得百,為十倍之義。”又《甸祝》:“表貉之祝號。”注:“貉,兵祭也。”據此,則“貉”為祭名,用之於興師用兵之時,以祈斬獲眾多者也。字亦作“禡”。《周禮·小宗伯》:“若軍將有事,則與祭。”鄭司農注云:“謂軍祭表禡、即“表貉”。軍社之屬。”《大司馬》:“遂以蒐田,有司表貉。”鄭司農云:“貉,讀為禡。禡,謂師祭也。書亦或為禡。”聲案:“禡”、“貉”一聲,故通假。亦詳《吉日》。本詩自“一之日于貉”以下皆言田獵之事,田獵亦興師用兵,故“一之日”行貉祭以祈斬獲。于,曰也,詞也。詳《葛覃》、《燕燕》諸詩。一之日于貉,猶之云“一之日曰貉”耳。下文“狐狸”、“豵”、“豜”,皆田獵所斬獲也。狐狸貴物,故取以“為公子裘”。“豵”與“豜”則分別公私,於聚眾講武之時,仍寓夫急公奉上之義,豳俗之所以厚也。《傳》語固簡潔;陳氏所讀,似亦難通。《箋》言“往搏貉以自為裘”,微論往何處“往”字欠著落,“搏”字又文外橫添,且於“一之日”仲冬時始往搏貉以為裘,亦太晚矣。若取狐狸為公子裘,公子貴人,原不亟須此時之狐狸以為裘也,此揣之情事而可信者。《傳》、《箋》俱未免望文生義矣。

同

《箋》:“其同者,君臣及民因習兵俱出田也。”案:此“同”字亦當訓“聚”。“其同”者,言君及臣民皆相聚而有事於“纘武功”也。

私　《傳》:"小獸私之。"案:此亦假借字。私,本作"厶"。《說文》:"厶,姦衺也。韓非曰:'蒼頡作字,自營為厶。'"今韓非書亦假借"私"。《韓非子·五蠹》:"古者蒼頡之作書也,自環者謂之私,背私謂之公,公私之相背也。"又《漢官儀》:"今太尉、司徒下書州郡,事文皆稱公。蓋倉頡作書,自環者謂之私,背私者謂之公。"今書傳皆作"私"矣。《說文》:"私,禾也。从禾,厶聲。北道名禾主人曰私主人。"又案:此與《大田》"雨我公田,遂及我私"同。彼先公而後私、此先私而後公者,趁韻耳,其急公之心則一也。

穹窒　《傳》:"穹,窮。窒,塞也。"《箋》:"為此四者以備寒。"《東山》:"洒埽穹窒。"《箋》既述毛云:"穹,窮。窒,塞。"又云:"穹窒鼠穴也。"聲谓:二字皆从穴。"穹"有"窮"義,非"穹"即"窮";"窒"有"塞"義,非"窒"即"塞"也。即以《東山》詩證之,如云"洒埽窮塞",尚復成何語乎?"穹"有"窮"義,蓋穴之窮盡處;"窒"有"塞"義,蓋穴之窒塞處。鼠,黠物也,故熏鼠者必於其穴之穹窒處熏之。如此,則"穹窒熏鼠"可以通,而《東山》之"洒埽穹窒"亦不煩言而解矣。此以經詁經,即以《箋》證《箋》也。《箋》云:"為此四者以備寒。""熏鼠"一事,"塞向"二事,"墐戶"三事,實止三事,三事皆為入室計。入室,所以備寒也。

向　《傳》:"向,北出牖也。"《釋文》:"塞向,如字,北出牖也。《韓詩》云:'北向窻也。'"案:古人質樸,但於牆上作孔,謂之向。《說文》:"向,北出牖也。从宀,从口。"案:"宀"為"交覆深屋","口"即"圍"之古文。於深屋牆上作圍圓孔穴以透明,有向明之意,故謂之"向",會意字也。後世踵事增華,於是又有"牖"與"囪"之分。《說文》:"囪,在牆曰牖,在屋曰囪。……窗,或从穴。㕻,古文。"聲案:此"囪"字即今之所謂天囪也,故曰"在屋曰囪"。《穴部》:"窻,通孔也。从穴,悤聲。"案:此即後世窻櫺字,亦假借"蔥靈"。《左氏春秋·定九年傳》:"載蔥靈。"《正義》云:"賈逵云:'蔥靈,……有蔥有靈。'然則此車……兩旁開蔥,可以觀望。蔥中豎木謂之靈。"聲谓:窻牖字亦當作"窗"。"窗"已不如"囪"、"㕻"之古矣,"窻"又加"心",俗字也,《說文》誤分為二字。凡“囪”、“[illegible]”、“窗”皆權輿於“向”。青州府屬，凡北屋必有北出之牖。夏開之，取其涼；冬坯以坯塞之。之，欲其暖：頗有古風。毛訓為“北出牖”，較韓云“北向窻”“窻”字為古矣。

鬱《傳》：“鬱，棣屬。”《正義》：“劉楨《毛詩義問》云：‘其樹高五六尺，其實大如李，正赤，食之甜。’《本草》云：‘鬱，一名雀李，一名車下李，一名棣……。’……《晉宮閣銘》云：‘華林園中有車下李三百一十四株，薁李一株。’車下李即鬱，薁李即薁。”案：“車下李即鬱”，是也；“薁李即薁”，非是。詳下。《史記·司馬相如傳》：“隱夫鬱棣。”《集解》引郭璞：“鬱，車下李也。”徐廣曰：“鬱，一作薁。”聲谓：鬱自是一果，乃棣屬耳。其形似李，故謂之“鬱李”。字亦作“薁”。《司馬相如傳》：“隱夫鬱棣。”徐廣說字“一作薁”是也。亦作“栯”。《玉篇》：“栯，木，葉如梨。”[8]《廣韻》：“栯，栯李。”是也。亦作“郁”。《文選·閒居賦》：“梅杏郁棣。”善曰：“郁，今之郁李。”是也。猶之櫻《漢書·司馬相如傳上》：“櫻桃蒲陶。”注：“櫻桃，即今之朱櫻也。”據此，則櫻桃古祇名櫻，色赤，故亦名“朱櫻”也。桃，其形似桃，故謂之“櫻桃”也。《晉宮閣銘》之“薁李”，或即“鬱李”，而“車下李”另為一種，未可知也。“鬱”字本不古，或係籒文，以其字畫繁重知之。《說文》：“鬱，木叢生者。从林，鬱省聲。”作“鬱”、“薁”者，假借字；作“栯”者，形聲字；作“郁”者，亦假借字；作“棛”見《廣韻》。者，俗字。

薁《傳》：“薁，蘡薁也。”《說文》：“薁，嬰薁也。从艸，奥聲。”《本草》：“蘡薁，亦名燕薁，俗名野葡萄。”唐本注謂之“山葡萄”，云：“蔓生，苗葉與葡萄相似而小，亦有莖大如椀者，冬月惟葉凋……。藤汁味甘，子味甘酸。”宋《圖經》云：“蘡薁子生江東，實似葡萄，細而味酸。”又蘇恭云：“案：蘡薁是山蒲桃。折斷藤，吹，氣出一頭，如通草。以水浸過，吹氣，取汁滴入目中，去熱翳赤白障。”《六書故》戴侗曰：“《詩·七月》所謂‘薁’，即蘡薁也。蔓生，類蒲桃。六月熟。甌越諺云：‘蘡薁熟，食新粥。’”[9]正《詩》六月所食也。《廣雅》：“燕薁，蘡舌也。”《魏王花木志》：“燕薁，實如龍眼，黑色。《說文》謂之‘嬰薁’。”聲按：“燕薁”即“嬰薁”，“嬰”即“蘡”之古字。漢以前中國尚無葡萄，故"嬰薁"亦為名果。葡萄種入中國以後,於是別之為"野葡萄"、"山葡萄",品斯下矣。據以上書,定"薁"為"嬰薁",即山葡萄,亦即野葡萄,蔓生,《樛木》:"葛藟。"《釋文》:"藟,……似葛類。《草木疏》云:'似燕薁,亦連蔓。'"《文選・上林賦》注引郭璞,言"葡萄似燕薁,[10]可作酒"。據上二書,知燕薁亦蔓生也。與"鬱"為"棣屬"樹生者,自是兩種。又據《唐韻》古音,定"薁"為"奧"音,於到切,與下文"菽"、"棗"、"稻"等字韻。

剝《傳》:"剝,擊也。"《正義》:"棗須就樹擊之,所以剝為擊也。"《易・剝釋文》引馬注:"剝,落也。"又《彖上傳》:"剝,不利有攸往。"鄭注:"萬物零落,故謂之剝也。"又《疏》:"剝者,剝落也。"《廣雅・釋詁・三》:"剝,落也。"《大戴記・夏小正》:"剝棗。"《傳》:"剝也者,取也。"案:《傳》訓"擊"者,謂擊而取之也。擊為取之一法,不若訓"落"之義為廣也。《大戴記・夏小正》:"八月:剝瓜。"若依毛訓"擊"為難通矣。落棗於樹與落瓜於蔓,一也,故同曰"剝"。

菽《釋文》:"菽,音叔,本亦作叔,藿也。"案:此即蜀椒、秦椒"椒"字也。蜀椒木本,故字多从木;秦椒草本,故字多从艸:其實"椒"、"菽"字古通用。《左氏春秋・文九年經》:"楚子使椒來聘。"《穀梁》作"萩",《釋文》:"萩……,或作菽。"《鴻烈解・人間》:"申椒、杜茝,美人之所懷服也。"高注:"菽,音椒;茝,音采。皆香草也。"二"菽"字,其據也。《說文》:"茮,茮菉。从艸,尗聲。"《爾雅・釋木》:"茮樧醜菉。"二書从艸从尗者,用古文"尗"也,亦猶"椒"从木从叔。亦有用古文作"朱"者。《廣雅・釋草》:"梂、樧、欓、越椒,茱萸也。"字亦作"朱",是也。陳氏啟源曰:"菽者,衆豆之總名也。《廣雅》云:'大豆,菽聲案:《說文》作"尗"。也;小豆,荅也。'然實通為菽矣。其角曰莢,葉曰藿,莖曰萁。《詩》所言'菽',率皆大豆也。大豆有黑白黃褐青斑數種,今用作豉、醬、腐、油者是,而黑者更可入藥,《神農經》列之上品,皆夏種秋收。"聲谓:陳氏之說非無據者。惟自言"夏種秋收",今北方麥後種豆,至早者八月杪收,從未有七月熟者也。讀"菽"為"椒",未嘗不可通也。

壺《傳》:“壺,瓠也。”《說文》:“瓠,匏也。”《古今注》:“瓠,壺蘆也。壺,匏之無柄者,有柄者懸瓠。”[11]又:“瓢,瓠也。其總曰匏,瓠則別名。”[12]聲谓:壺者,“胡盧”之合音也。“胡”為標,“盧”為射,今皆謂之“胡盧”矣。詳下。案:瓠有二種:一甘瓠,長柄,形長,入蔬菜;一苦瓠,短柄,形矬,中器用。《埤雅》:“長而瘦上曰瓠,短頸大腹曰匏。……匏苦瓠甘。”陶注《本草·苦瓠》云:“今瓠自忽有苦者如膽,不可食,非別生一種也。”唐本注云:“瓠味皆甜。時有苦者而似越瓜,長者尺餘,頭尾相似。”《農書》:“瓠之為物也,纍然而生。烹飪咸宜,最為佳蔬。”[13]《清異錄》:“瓠少味無韻,葷素俱不相宜。”以上皆《埤雅》所云“長而瘦上”者也。《埤雅》:“似匏而圓曰壺,亦曰壺盧。”《本草綱目》:“壺,酒器;盧,飯器。此物各象其形,故名。俗作胡盧。”[14]按:字亦作“瓠瓤”。《南史》:“(徐文伯祖熙)隱於秦望山,有道士過,求飲,留一瓠瓤與之,……熙開之,乃《扁鵲鏡經》一卷。”亦作“葫蘆”。陸士衡兄弟初見劉道真,道真初無言,直問:“東吳有長柄葫蘆,卿得種來否?”[15]案:以上皆《埤雅》所謂“短頸大腹”者也。聲案:今時瓠子五月熟,其名“壺”;作瓢者八月杪熟,《詩》所言者定是作瓢者。《風俗通》曰:“八月秋穰,可以殺瓠,取其色澤而堅。”是也。

叔《傳》:“叔,拾也。”《說文》:“叔,拾也。从又,尗聲。汝南名收芌為叔。村,叔或从寸。”俗亦作“掓”。《廣韻》:“掓,拾也。”聲谓:“收”、“叔”一聲。訓“拾”者,《廣韻》:“拾,收拾。”案:“收”、“拾”亦一聲,皆以雙聲取義也。此字《說文》等書相傳从尗。據薛氏《鐘鼎款識》載,《齊侯鎛鐘銘》“叔”作“[illegible]”,《齊侯鐘銘》作“[illegible]”,《太叔鼎銘》作“[illegible]”,《唯叔鼎銘》作“[illegible]”,《叔液鼎銘》作“[illegible]”,《叔夜鼎銘》作“[illegible]”,《叔寶彝銘》作“[illegible]”,《虢叔彝銘》作“[illegible]”。細核其筆劃,與《說文》古文“弟”字筆劃相似。《說文》:“[illegible],韋束之次弟也,从古字之象。[illegible],古文弟,从古文韋省,丿聲。”又:“[illegible],相背也。……[illegible],古文韋。”鐘鼎文“叔”字與古文“弟”字相似,疑亦“囗束”之意。“叔”自訓“拾”,鐘鼎文“叔”或即“束”之古文與!叔苴者,束麻也。用“叔”亦假借字。

苴《傳》:“苴,麻子也。”《儀禮·喪服傳》:“苴絰者,麻之有蕡者也。”又《釋文》:“苴,有子之麻。”《左氏春秋·襄十七年傳》:“苴絰帶杖。”注:“苴,麻之有子者。”據《儀禮》一則曰“苴絰”,再則曰“苴絰”,麻子必不可以為絰,苴明是麻之別名。九月皆熟,收而束之,故曰“叔苴”。其子亦收,以留俟明年再種,無俟煩言也。此亦假借字。《說文》:“苴,履中艸。从艸,且聲。”《禮·喪服小記》:“苴杖。”《疏》:“苴者,黯也。”《荀子·禮論》:“齊衰,苴杖。”注:“苴杖,謂以苴惡色竹為之杖。”又《哀公》注:“苴,謂蒼白色自死之竹也。”據此,則《儀禮·喪服傳》:“苴杖,竹也。”語尚未明晰。聲谓:此“苴”字亦假借字。“苴絰大鬲”,注明云:“苴麻者,其貎苴;以為絰,服重者尚麤惡。”“其貎苴”“苴”字,即“麤”之假借也。“其貎苴”,猶云其貎麤;“以為絰,服重者尚麤惡”也。據此,則云“苴杖”者,麤惡之竹杖也。苞苴、苴杖字,皆與《詩》異。

重《傳》:“後熟曰重,先熟曰穋。”《釋文》:“重,直容反……,先種後熟曰重。又作種,音同。《說文》云:禾邊作重是重穋之字,禾邊作童是穜蓺之字。今人亂之已久。”《說文》:“種,先穜後孰也。从禾,重聲。直容切。”《五經文字》曰:“《字林》以種為種稑之種。”[16]聲案:古字从重作“種”,故《詩》假借“重”,用古文也。《呂覽·任地》:“穜稑禾不為稑,穜重禾不為重。”[17]注:“晚穜早熟為稑,早穜晚熟為重。”案:呂書亦假借字也。

穋《傳》:“先熟曰穋。”《釋文》:“穋,音六,本又作稑。……《說文》云:‘稑或从翏。’後種先熟曰稑。”《說文》:“稑,疾孰也。从禾,坴聲。《詩》曰:‘黍稷種稑。’”《玉篇》:“後種先熟曰稑。”《周禮·內宰》:“上春,詔王后帥六宮之人,而生穜稑之種,而獻之于王。”注:“鄭司農云:‘先種後孰謂之穜,後種先孰謂之稑。’”《釋文》:“穜,直龍反。本或作重,音同。……案:如字書,禾旁作重是種稑之字,作童是穜殖之字,今俗則反之。稑,音六,本又作穋。”聲案:陸云“字書”者,《說文》、《玉篇》也。聲又案:毛第云“先熟”、“後熟”,先鄭與《說文》俱云“先種《說文》作“穜”。後熟曰穜”,《說文》作“種”。“後種先熟曰稑”。

程氏瑤田曰:"又有一種,俗呼二穈子。……故呼稙早種。者為頭穈,稍遲旬日種者為二穈,二穈非稺也,因別其名,曰'二穈'。余曰:'此種之稑者也。'蓋稙、稺容有同時獲者,二穈之獲,必在稙者之先,非所謂'後種先熟'者歟! 殆一物而有穜、稑之別者歟!"程氏辨重、穋、稙、稺之名甚詳,今節錄之。聲谓:穜依《說文》。者,重直戎切。也。"重"有遲義,"重"、"遲"雙聲。稑者,速也,"稑"、"速"疊韻。古人訓詁,總不外乎雙聲疊韻。

功《正義》曰:"經當云'執於宮公'。本或'公'在'宮'上,誤耳。今定本云'執宮功',不為'公'字。"《天保》:"于公先王。"《靈臺》:"矇瞍奏公。"《江漢》:"肇敏戎公。"《酌》:"實維爾公允師。"《傳》並云:"公,事也。"《采蘩》:"夙夜在公。"《文王有聲》:"王公伊濯。"《箋》並云:"公,事也。"又《六月》:"以奏膚公。"《傳》:"公,功也。"據以上,似當依《正義》作"公"。然本詩:"載纘武功。"《傳》:"功,事也。"《崧高》:"世執其功。"《傳》:"功,事也。"《書·呂刑》:"惟府辜功。"《疏》:"功,事也。"聲谓:古者"公"與"功"字本可通用。如漢《樊安碑》:"以公德加位。""功"亦作"公"。《史記·孝武紀》:"申功。"《封禪書》作"申公","公"亦作"功"。此其據也,同聲字例得假借。段氏玉裁謂"作'功'者,誤也",且謂"今本襲唐定本之誤",未免過泥。

沖《傳》:"沖沖,鑿冰之意。"《釋文》:"沖,直弓反,聲也。"《說文》:"沖,涌搖也。从水,中聲。讀若動。"案:"沖"字本義與"鑿冰"無涉,當依《釋文》訓為"聲也",蓋假借字。《正義》謂:"沖沖,非貌非聲,故云'鑿冰之意'。"語近附會。

陰《傳》:"凌陰,冰室也。"《釋文》:"凌,力證反,又音陵。《說文》作滕,音凌。"《說文》:"滕,仌出也。从仌,朕聲。《詩》曰:'納於滕陰。'"《說文義證》:"或云:'出,當為窋。'《玉篇》:'滕,仌室也。'"聲案:《義證》或說是也。《說文》、《玉篇》作"滕";《詩》作"凌"者,假借字。《周禮·凌人》:"掌冰。正歲十有二月,令斬冰,三其凌。"注:"凌,冰室也。"《漢書·惠帝紀》:"未央宮凌室災。"《成帝紀》:"大官凌室火。"顔注並云:"凌室,藏冰之室也。"聲谓:山北曰陰,見《公羊春秋·桓十六年傳》"越在岱陰齊"注;水南曰陰,見《水經·淯水》注引服虔。凌陰者,為凌室于山之北、水之南也。必曰"陰"者,趁韻。

其 案:"其"者,"期"之借字也。《頍弁》:"實維何期。"《釋文》:"期,本亦作其。"《左氏春秋·定四年傳》:"楚子期。"《越絕書·平王內傳》作"子其"。《易·繫辭》:"死期將至。"《釋文》:"其,亦作期。"《春秋》:"郲庶其。"《漢書·地理志》作"庶期"。據此,則"期"、"其"古今字,本可通用。"其"乃"期"之省,當讀如《儀禮·少牢饋食禮》"為期于廟門之外"之"期",注:"為期,肅諸官而皆至,定祭早晏之期。"言晦屆"四之日獻羔祭韭"之期,當取其早也。此"其"字究如何解?讀《詩》者皆滑口讀過,何也?經文弟言藏冰,未言開冰也。既以時藏之,自當以時開之,不待言矣。鄭氏引《月令》"獻羔開冰",乃後世天子之禮,微論豳公為夏、商之侯國,不能知後世天子之禮,經言"獻羔祭韭",明是庶人之祭。《豳風》原係民風,以本經證之,下文"朋酒斯饗,曰殺羔羊",庶人未始不可用羔也。至於"卿執羔","大夫無故不殺羊",乃王朝典禮,不可以例殷人尚質之列國。至於庶人薦韭,更禮有明文矣。豳民之"獻羔祭韭",適綴于"納凌陰"之下,《月令》又有"獻羔開冰"之文,遂牽合為一事。下文尚有"朋酒斯饗,曰殺羔羊"之語,幸而"肅霜"、"滌場"古無典禮,不然亦將牽合為一事矣。解經不字字皷出汁漿,鮮有不望文生義者也。《箋》引《左氏春秋·昭四年傳》"日在北陸而藏冰,西陸朝覿而出之"等語,《正義》引《三統歷》,謂"立夏之日,日去昴星之界已十二度,昴星得朝見也,於此之時可出冰也",謂立夏以後開冰,近之。

蚤 古作"蝨"。《說文》:"蝨,齧人跳蟲。从䖵,叉聲。叉,古爪字。蚤,蝨或从虫。"案:此亦同聲假借字。《禮·王制》注作"四之日其早",用本字。

朋 《傳》:"兩樽曰朋。"《易·損》:"或益之十朋之龜。"崔憬注:"雙貝曰朋。"案:此"朋"字當讀如《益稷》"朋淫于家"之"朋"。豳民勤勞終歲,至"滌場"以後,於是"朋酒"燕樂,殺羊以饗,謂之行鄉飲酒之禮可,謂之飲蜡以息老物亦可。與《唐風》之終歲勤儉,至歲晚務閑之時,相與燕飲為樂同意。又思我民之所以得此燕饗之樂者,皆我君公之所賜也,因相與"躋彼公堂"而稱觥上壽,頌聲於是乎作焉。吁,何其盛也!必言"饗"者,不過尋常燕饗字,以趁韻也,非謂饗食之禮也。"曰殺羔羊"者,民間有事,未聞禁用羔羊,況鄉飲酒、飲蜡,揆之于禮,似皆得用,少牢不必有其大夫也。鄭氏以前二章為《豳風》,三章至六章之"以介眉壽"為《豳雅》,六章之"七月食瓜"以下至末章止為《豳頌》。是說也,存而不議可也。孔子删《詩》,《七月》固列於《豳風》之首,《豳風》固綴於十五國之末也。謂其詩體大思精,可舞可歌,兼《雅》、《頌》之體則可,必欲分章摘句,以為何者《雅》,何者《頌》,其說未必能通也。案:"朋"即古文"鳳"字。《說文》:"𠥓,古文鳳。象形。鳳飛,羣鳥從以萬數,故以爲朋黨字。"據此,則"朋"亦假借字。

鴟鴞 《序釋文》:"鴟鴞,鳥也。"案:《詩》別無"鴟"字。《墓門有棘》:"有鴞萃止。"《傳》:"鴞,惡聲之鳥也。"《泮水》:"翩彼飛鴞。"《傳》:"鴞,惡聲之鳥也。"據《御覽》引馬融《周禮》注:"鴟鴞,惡聲之鳥也。"與《詩·墓門》、《泮水》二《傳》同。"鴞"或作"梟"。《書·吕刑釋文》:"鴟梟,惡鳥。"《太玄·沈》:"赤肉鴟梟厲。"注:"鴟梟,貪惡之鳥也。"《楚辭·初放》:"近習鴟梟。"注:"鴟梟,惡鳥。"《一切經音義·十九》引《字林》:"鴞,鸋鴂也。形似梟而青白,[18]……即惡聲鳥也。"字亦作"鵂"。《一切經音義·九》引《字林》:"鴟鵂也。"《廣雅·釋鳥》:"鴟鵂,怪鴟也。"《鴻烈解·主術》:"鴟夜撮蚤蚊。"注:"鴟,鴟鵂也。謂之老菟,夜鳴人屋上也。夜則目明,合聚人爪以著其巢中,晝則無所見。"《莊子·秋水》:"鴟鵂夜撮蚤。"《釋文》引崔注:"鴟,鵂鶹,與委梟同。"案:"委"與"鴟",音相近也。字亦作"䳆"。《山海經·海外南經》:"狄山……,爰有……䳆久。"注:"䳆久,鵂鶹之屬。"[19]又《大荒南經》:"有氾天之山……,爰有……䳆久。"注:"䳆久,即鵂鶹也。"據以上書,則鴟鴞定非善鳥,語意與"黄鳥黄鳥,無啄我粟"略同。"我"字當對"鴟鴞"說,猶之《黄鳥》"我"字亦對"黄鳥"說也。"鴟鴞"指武庚說。既取我子,"子"指管、蔡說。無毁我室,將以另"鬻子"也,下"子"字指成王說。"既取我子,無毁我室"二句,"子"

與“室”韻;“恩斯勤斯,鬻子之閔斯”二句,“恩”、“勤”、“閔”三字韻。

鬻《傳》:“鬻,稚。”《釋文》:“鬻,由六反,徐居六反。一云:賣也。”案:“鬻”即“育”之借字。《禮·樂記》:“毛者孕鬻。”《鴻烈解·原道》作“毛者孕育”,是也。《文選·洞簫賦》:“桀跖鬻博,儡以頓顇。”注:“鬻,夏育也,古字同。”字亦作“毓”。《說文》:“育,養子使作善也。从𠫓,肉聲。《虞書》曰:‘教育子。’毓,育或从每。”《國語·晉語》:“怨亂毓災。”注:“毓,生也。”《漢書·五行志中之上》:“則孕毓根核。”注:“毓,字與育同。”又《敘傳上》:“魚鳥之毓川澤。”注:“毓,與育同。”上句“恩”、“勤”二字,皆育養之憂勞也。鬻,《說文》:“鍵即“餰”、“飦”之別體。也。从䰜、米。”案:《說文》,“鬻”之本義也。

閔《傳》:“閔,病也。”《柏舟》:“覯閔既多。”《閔予小子》:“閔予小子。”《傳》並云:“閔,病也。”《汝墳·序》:“婦人能閔其君子。”《正義》:“閔者,情所憂念。”《左氏春秋·宣十二年傳》:“少遭閔凶。”注:“閔,憂也。”《穀梁春秋·僖三年傳》:“閔雨也。”注:“閔,憂也。”聲谓:此“閔”字當兼“憂”、“病”二義。憂之深,必至於病也。

土《傳》:“桑土,桑根也。”《釋文》:“土,音杜,注同。……《韓詩》作杜,義同。《方言》云:‘東齊謂根曰杜。’《字林》作𣀔,桑皮也。”案:作“土”者,古文;作“杜”者,形聲字。嫌與“杕杜”字混,故《字林》作“𣀔”,亦形聲字,“者”字讀古音。《方言·三》注引作“徹彼桑杜”。《緜》:“自土沮漆。”《漢書·地理志》引作“自杜沮漆”。[20]可以知“土”、“杜”為古今字矣。

拮据《傳》:“拮据,撠挶也。”《釋文》:“《韓詩》云:‘口足為事曰拮据。’”《說文》:“拮,手口共有所作也。从手,吉聲。”又《五音集韻》:“拮据,口手營作也。”按:二書皆本《韓詩》。又《說文》:“据,戟挶也。从手,居聲。”又:“挶,戟持也,”案:“据”即“挶”之異文也,古者“局”、“居”音近。聲谓:“撠”之古文本作“丮”。《說文·丮部》:“丮,持也。象手有所丮據也。……讀若戟。”案:“丮”音近“戟”,故《說文》借“戟”,“据”訓“戟挶”、“挶”訓“戟持”是也。“据”之古文本作“𦥑”。《說文·臼部》:“臼,叉手也。从𦣝、彐。”亦別作“匊”。

《說文·勹部》:“匊,在手曰匊。”俗又加“手”作“掬”。《釋名·釋姿容》:“掬,局也,使相局近也。”案:“𦥑”从兩手倒相向,會屈兩手以受物之意。音與“局”近,故別作“挶”,毛《傳》“撠挶”、《說文》“戟挶”是也。亦與“居”音近,《詩》作“拮据”,《說文》“据”訓“戟挶”,是也。亦與“據”音近,《說文》“丮”下“象手有所丮據”是也。“丮”象一手有所事事,“𦥑”象兩手有所事事,故“拮据”有不遑之義。言為巢之辛苦,兩手皆不得休息也。韓訓為“口手謍作”,《正義》“撠挶,謂以手爪挶持草也”,就鳥言鳥,未免望文生義,不如就字釋字之為愈矣。

荼《傳》:“荼,萑苕也。”《易·困》:“來荼荼。”虞注:“荼荼,舒遲也。”《書大傳》:“厥咎荼。”注:“荼,緩也。”《禮·玉藻》:“諸侯荼。”注:“荼,讀為舒。”《周禮·考工記·弓人》:“斲目必荼。”司農注:“荼,讀為舒。舒,徐也。”又:“寬緩以荼。”注:“荼,古文舒,假借字。鄭司農云:‘荼,讀為舒。’”《閟宫》:“荆舒是懲。”《史記·建元以來侯者年表》作“荆荼是徵”。《左氏春秋·襄二十三年傳》:“魏舒。”《史記·魏世家索隱》引《世本》作“魏荼”。《荀子·大略》:“諸侯御荼。”注:“荼,古舒字。”據以上書,則“荼”可讀為“舒”。捋荼,言予所捋取而舒散之者也。與下句“予所蓄租”皆雙字。

租《傳》:“租,為。”《釋文》:“租,子胡反。又作祖,如字。《韓詩》云:‘積也。’”《正義》:“祖訓始也,[21]物之初始必有為之,故云‘租,為’也。”案:《正義》牽合“租”與“祖”為一義,未合《詩》意。案:“租”者,“苴”之借也。《書·禹貢傳》:“苴以白茅。”《釋文》:“苴……,包裹也。”《禮·内則》:“編萑以苴之。”《釋文》:“苴,苞裹也。”又《少儀》:“苞苴。”注:“苞苴,謂編束萑葦以裹魚肉也。”又《禮運》:“飯腥而苴孰。”《釋文》:“苴……,苞也。”《管子·霸言》:“夫上夾而下苴。”注:“苴,苞裹也。”案:後世補苴字本此。《史記·封禪書集解》引如氏:“苴,讀曰租。”《漢書·郊祀志上》注引如氏:“苴,讀如租。”據此,則古者“苴”、“租”同音,故假借。予所蓄租,言予所蓄積而補苴之者,“補”、“苴”皆為也,故毛訓“為”。

卒瘏《傳》:"瘏,病也。手病口病,故能免乎大鳥之難。"《釋文》:"瘏,本又作屠,音徒。"據《十月之交》:"山冢崒崩。"《釋文》:"崒……,本亦作卒。"《漢書·劉向傳》作"山冢卒崩"。《漸漸之石》:"維其卒矣。"《箋》:"卒者,崔嵬也。"案:形聲字亦當作"崒"。《爾雅·釋詁》:"卒、泯、忽、滅。"《釋文》:"字或作碎。"[22]聲案:"崒"、"碎"皆形聲字也。作"卒"者,用古文。"卒瘏"者,悴瘏也。用"卒"者,亦古文。《楚辭·思古》:"躬劬勞而瘏悴。"案:"瘏悴"即"卒瘏"也。作"瘏悴"者,趁韻。語蓋本《詩》。

譙《傳》:"譙譙,殺也。"《釋文》:"譙,本或作燋,同。"《說文》:"䨮,火所傷也。从火,雥聲。焦,或省。"案:"焦"本為火傷字。物為火傷者必殺,故焦有殺義。作"譙"者,假借。漢《譙敏碑》:"其先故國師譙贛。"《漢書》作"焦贛"。據此,可以知"焦"、"譙"為通字矣。《釋文》从火作"燋"。"焦"已从火矣,"燋"又从火,後世字。《禮·樂記》:"其聲噍以殺。"注:"噍,踧也。"《釋文》:"噍……,謂急也。"案:从口,亦假借字。《一切經音義·一》引《蒼頡篇》:"噍,咀嚼也。"案:此為"噍"之本義。

翛《傳》:"翛翛,敝也。"《正義》:"定本'消消'作'翛翛'也。"案:消消,假借字;定本作"翛翛",亦假借字也。《莊子·大宗師》:"翛然而往。"《釋文》引向注:"翛然,自然無心而自爾之謂。"又引崔注:"翛然,……往來不難之貌。"聲以"條"字例之:"條"从攸,有長義;"翛"亦从攸,當亦有長義。

嘵《傳》:"嘵嘵,懼也。"《箋》:"音嘵嘵然,恐懼告愬之義。"《韻會》引徐鍇《說文》:"嘵,懼聲也。"案:心有所恐懼,故不自覺其言之嘵嘵,後世"嘵嘵不休"語本此。《說文》引作"唯予音之嘵嘵",古人以口傳經,故所傳有異同也。

慆《傳》:"慆慆,言久也。"詳《蟋蟀》"日月其慆""慆"字。案:"慆慆"即"滔滔"之借也。短言之為"慆",長言之為"慆慆"也。

行枚《傳》:"枚,微也。"《箋》:"亦初無行陳銜枚之事,言前定也。"《釋文》:"士行,毛音衡,鄭音銜,王戶剛反。鄭注《周禮》云:‘枚如箸,横銜之於口,為繣結於項中。’”案:《箋》明云“初無行陳銜枚之事”,《釋文》恐有訛誤,當依王音。言我幸而東歸,我心每西悲,以為今而後可以“制彼裳衣”,勿事於行陳銜枚矣。語本分明,鄭說太迂回。

蠋 《傳》:“蜎蜎,蠋貌。桑蟲也。”[23]《釋文》:“蠋,音蜀。《說文》云:‘桑中蟲也。’”[24]案:《說文》作:“蜀,葵中蠶也。从虫。上目象蜀頭形,中象其身蜎蜎。《詩》曰:‘蜎蜎者蜀。’”《玉篇》:“蜀,桑蟲也。”韓非《內篇》:“鱣似蛇,蠶似蠋。”[25]《楚辭·九思》:“蠋入兮我懷。”《爾雅·釋蟲》:“蚅,烏蠋。”書傳从虫作“蠋”者亦多。《詩詁》:“‘蜀’本从虫,又加‘虫’,俗字。”聲谓:《說文》从虫字亦有从䖵者,疑《詩》“蜀”字本从䖵,傳寫訛誤,遂作“蜀”旁“虫”矣。注疏家多訓為“蠶”,則从䖵乃正字,如“蠶”、“蝨”、“蠹”等字是也。後世从省,乃作“蜀”耳。如从䖵,當作“蠋”形也。

烝 《傳》:“烝,窴也。”《箋》:“久處桑野,有似勞苦者。古者聲,窴、塡、塵同也。”《釋文》:“窴,音田,又音珍,一音陳。《字書》云:‘塞也。’大千反。从穴下真。窴、塡、塵,依字皆是田音,又音珍,亦音塵。鄭云‘古聲同’。案:陳完奔齊,以國為氏,而《史記》謂之田氏,是古田、陳聲同。”聲案:毛訓“烝”為“窴”,當讀為“寘彼周行”之“寘”,取雙聲;“窴”讀“置”,與“烝”為雙聲。鄭以“窴”、“塵”同聲,取疊韻。“窴”讀“陳”,與“塵”為疊韻。“塵”有久義,故假借“窴”。聲谓:如此訓釋,未免迂回。案:《說文》:“烝,火氣上行也。”《生民》:“烝之浮浮。”即今烝煮字。烝飯必良久而後熟,故“烝”有久義,則“久”乃“烝”字引申之義也。本詩兩言“烝在”,《箋》、《疏》皆訓“久”者以此。

敦 《箋》:“敦敦然獨宿於車下。”《釋文》:“敦,都回反。”《爾雅·釋丘》:“如覆敦者敦丘。”注:“敦,盂也。”《疏》:“案:《周禮·九嬪職》云:‘凡祭祀,贊玉齍。’注云:‘玉齍,玉敦也。受黍稷器。’又《少牢禮》曰:‘主婦執一金敦黍,有蓋。凡設四敦,皆南首。’注云:‘敦有首者,尊者器飾也,飾象龜形。’《孝經緯說》:‘敦與簠、簋,容受雖同,上下內外皆圓為異。’郭氏言:‘敦,盂。’舉其類而言之也。”聲案:《孝經緯説》"上下内外皆圓"，敦之形狀可以想見矣。言"獨宿"者，孑然如覆敦之形，故曰"敦彼獨宿"也。"敦，音堆"，《爾雅釋文》。今北方農人相晤，必先勞之曰"孤堆著"，疑用此"敦"字也。

果蠃《傳》："果蠃，栝樓也。"《爾雅·釋草》："果蠃之實，栝樓。"注："今齊人呼之為天瓜。"又李注："果蠃，栝樓子名也。"聲案：果蠃、栝樓，一聲之轉。"果"、"栝"雙聲，"蠃"、"樓"亦雙聲也。栝樓，今或作"苦蔞"。案：苦蔞，形聲字也。

蠨《傳》："蠨蛸，長踦也。"《釋文》："蠨，音蕭。《說文》作蟰，音夙。"案：《說文》："蟰，蟰蛸，長股者。从虫，肅聲。穌彫切。"案："肅"自有"蕭"音，如"蕭"、"簫"、"潚"、見《齊風》。"嘯"等字是也。此亦如"潚"字，本从肅；从蕭者，後人加"艸"。陳氏啟源曰："案：《玉篇》作'蠨，先幺切'，則此字音形之改，其來已久。"聲谓：《爾雅·釋蟲》："蠨蛸，長踦。"《古今注》："長蚑，蠨蛸也。身小足長，故謂長蚑。"二書亦作"蠨"者，與《詩》同。

町畽《傳》："町畽，鹿跡也。"《釋文》："町，他興反，[26]或他頂反。字又作圢，音同。畽，本又作疃，他短反，字又作墥。"《說文》："町，田踐處曰町。从田，丁聲。"《急就篇》："頃町界畝畦埒封。"《一切經音義·八》引《蒼頡》："町，田區也。"《左氏春秋·襄二十五年傳》："町原防……，井衍沃。"干寶注："平川廣澤可井者井之，原阜隄防不可井者則町之。町，小頃也。"《莊子·人間世》："彼且為无町畦。"《釋文》引李注："町畦，畔埒也。"《文選·西京賦》："編町成篁。"薛注："町，謂畎畝。"以上"町"，固非鹿跡。"疃"字惟見《石鼓文》："原隰既垣，疆理疃疃。"[27]聲案：就《石鼓文》"疃疃"上"疆理"字繹之，則"疃"字之義亦當與"町畦"字相近。《說文》作："疃，禽獸所踐處也。《詩》曰：'町疃鹿場。'从田，童聲。"案："疃"訓"鹿場"，豪無義意。許蓋承毛《傳》之訛。楊氏慎《丹鉛錄》辨之甚詳。聲谓：町，古書皆訓為"町畦"字。畽，从重；重，複《說文》作"緟"。也：蓋取"町埒"重複之意。町、畽皆田間界畔，原非鹿場。因久役於外，無人來往，故町畦亦變為鹿場，白晝尚不敢行，惟夜靜無人之時熠燿猶閃爍。詳下。見其宵行耳。似此,“町”、“畽”二字可以通,而“鹿場”字亦有著落矣。又案:“畽”从田,重聲;《說文》作“疃”,从田,童聲。字音當與“鍾”、“種”、“鐘”、“穜”等字一例,不應从田之字另讀一音也。毛公訓“鹿跡”,許氏訓“禽獸所踐處”,當依《楚辭》洪注作“躖”。《楚辭·九思》:“鹿蹊兮躖躖。”王注:“躖,一作躐。”洪注:“《集韻》作蹵。”引《說文》:“禽獸所踐處也。”今《說文》作:“蹵,踐處也。”又《田部》:“疃,禽獸所踐處也。”聲谓:“疃”自為“町疃”字,从田,童聲,與“町”同為形聲字。自毛公訓“町疃”為“鹿跡”,許氏本之,因訓“疃”為“禽獸所踐處”,其實非也。“疃”自讀“童”聲,“躖”自讀“吐管切”,“童”與“斷”徒短反。為雙聲,此其致誤之由也。薛氏《鐘鼎款識》載《龙敦銘》有“[illegible]”字,《邾敦銘》有“[illegible]”字,《石鼓文》有“[illegible]”字,釋者皆讀為徒短切。其文左从𤔔,即“亂”之古文;右从疐,从田、東聲,即“町畽”字之別體也。禽獸之蹟多在田畔,故从疐;禽獸之蹟未有不亂者,故从𤔔,即諧“𤔔”聲:此籀文也,以其字畫繁重知之,不如“蹵”、“躖”之古矣。《孟子》:“必求龍斷而登之。”注疏家言之,皆未了然。聲以為“龍”即“壟”之古文,“斷”即“躖”之古文,蓋壟上人所踐履之處也。竊意古之為市者,有司者治之壟上,即其治所。凡市中評貨、評價,咸就有司者取成焉,故壟上為眾人所踐履,故謂之壟斷。壟斷本公地也。賤丈夫亦隨人至壟躖以左右望,以罔取市利,一若此壟躖為彼所獨據者,故曰“有私龍斷焉”。《孟子》書多古字,此其一也。亦別作“暖”。《博物志》:“海陵縣多麋獸,千百為羣,掘食草根,其處成泥,名曰麋暖。”今皆誤作“畯”矣。案:“暖”、“躖”聲近。亦別作“畂”。《說文》:“畂,城下田也。一曰:畂,郤也。”《玉篇》:“畂,城外隍內地也。”《博物志》“名曰麋畯”,一作“名曰麋畂”。畂,一作“堧”。《漢書·翟方進傳》:“城郭堧及園田過更。”張晏曰:“堧,城郭旁地。”案:城郭堧者,城郭旁人所踐履地,故曰“城郭堧”也。案:“畂”、“堧”皆與“躖”聲近也。亦別作“壖”。而緣反。《漢書·食貨志》:“過試以離宮卒田其宮壖地。”顏注:“壖,餘也。宮壖地,謂外垣之內,內垣之外也。諸緣河壖地,廟垣壖地,其義皆同。”案:“壖”亦轉音而緣切,猶“穤”亦轉音為乃佐切也。

河壖，河邊人所踐履之地；廟壖，廟外人所踐履之地。案："壖"與"疃"亦音近也。"疃"字，人罕用之，故因辨"畽"字而詳及之。

熠燿 《傳》："熠燿，燐也。燐，螢火也。"四章："熠燿其羽。"《箋》："熠燿其羽，羽鮮明也。"《説文》："熠，盛光也。从火，習聲。《詩》曰：'熠燿宵行。'"燿，《説文》："照也。从火，翟聲。"字亦作"熠爚"。《文選·笙賦》："爛熠爚以放豔。"注："熠爚，光明貌。"聲谓："光明"雖係古義，合末章"熠燿其羽"觀之，則熠燿亦不過烱爍之義——對無光者言為光明，對有光者言則為烱爍。倉庚非炫爛之物，故晝飛而見其熠燿；鹿場有依稀之蹟，故宵行而疑其熠燿。如以熠燿為螢火，則末章"熠燿其羽"為不可通；如以鹿行不得稱熠燿，則倉庚之飛亦誰見其熠燿乎？下文"不可畏也"，雖指上"果赢"、"伊威"、"蠨蛸"、"鹿"四者，而"町畽"二句寫鹿之宵行，紙上亦窸窣有聲。為"畏"字頰上添豪，妙在從行人意中想出非實事，要得想當然口氣，"畏"字有十二分，"懷"字亦有十二分也。鹿周身有白點，星月之下，分外的爍可辨。詩人詠之以"熠燿"，真是寫生之筆。若不指鹿説，則"熠燿"既為公共字，"宵行"亦非物名，此句究何所指乎？何讀《詩》者皆滑口讀過也？

敦 《傳》："敦，猶專專也。"《釋文》："敦，徒丹反。"《行葦》："敦彼行葦。"《傳》："敦，聚貌。"案：葦之為物散，故"敦"訓"聚"；瓜之為物棝，故"敦"訓"專專"，即今"團"字也。《周禮·大司徒》："其民專而長。"注："專，圜也。"字亦作"摶"。《考工記·梓人》："摶身而鴻。"《廬人》："刺兵摶。"《弓人》："紾而摶廉。"注並云："摶，圜也。"作"團"者，《説文》："團，圓也。从囗，專聲。"《一切經音義·十一》引《字林》："團，圓也。"《後漢書·張衡傳》："志團團以應懸兮。"注："團團，垂貌也。"案：此"敦"亦垂貌也。"敦"字，"團圓"二字之合音也，音與"焞"近，"敦"、"團"亦一聲也。

鸛 《傳》："鸛好水，長鳴而喜也。"《箋》："鸛，水鳥也，將陰雨則鳴。"《釋文》："鸛，本又作雚。"《正義》引陸璣《疏》云："鸛，鸛雀也。似鴻而大，長頸，赤喙，白身，黑尾翅。樹上作巢，大如車輪。卵如三升杯。望見人，案其子令伏，徑舍去。一名負釜，一名黑尻，一名背竈,一名阜裙,"《説文》:"雚,小爵也。从萑,吅聲。《詩》曰:'雚鳴於垤。'"《廣雅·釋鳥》:"背竈、阜帔,雚雀也。"《酉陽雜俎》:"江淮謂羣鸛旋飛為鸛井……,必有風雨。"據各書,當依《釋文》作"雚",為水鳥,與从鳥者小大迥殊。陸《疏》合為一物,非也。《玉篇》:"雚,水鳥,將陰雨則鳴也。"[28]

九十 《傳》:"九十其儀,言多儀也。"案:九十,不定之辭,極言其多也。語意與"二三其德"極相似,皆約舉之詞也。

舊 《傳》:"言久長之道也。"《箋》:"其新來時甚善,至今則久矣,不知其如何也。又極序其情,樂而戲之。"案:鄭意以為追溯"其新來時甚善,至今則久矣,不知其如何也"。聲谓:"如之何"乃信辭,非疑詞也。言其新來時甚善矣,及其久也,如之何!自信,欲人共信之也。今人億事,幸而得中,輒曰:"如何!"蓋喜之之詞。古今人情不甚相遠,"其舊如之何",亦驚喜之詞。

皇 《傳》:"皇,匡也。"《箋》:"此四國誅其君罪,正其民人而已。"《周禮·大司馬疏》引作"四國是遑"。案:"遑"即"皇","惶"之借也。古無"惶"字,或假借"皇"。《禮·檀弓上》:"皇皇如有望而弗至。"《檀弓下》:"皇皇焉,如有求而弗得。"又《少儀》:"穆穆皇皇。"注:[29]"皇謂心所繫往。"《孟子·滕文公下》:"三月無君,則皇皇如也。"《楚辭·怨思》:"征夫皇皇,其孰依兮。"注:"皇皇,惶遽貌。"《説文》:"惶,恐也。从心,皇聲。"亦假借"匡"。《禮·禮器》:"眾不匡懼。"注:"匡,猶恐也。"《讀詩記》引《齊詩》:"四國是匡。"案:"匡"亦訓"正",與毛、鄭同。聲谓:首章言"皇"者,恐懼也;次章言"吪"者,蠢動也;三章言"遒"者,斂聚也。由恐而動,動而斂,次弟秩然,當日之情事也,《詩》意也。

吪 《傳》:"吪,化也。"《兔爰傳》:"吪,動也。"《説文》:"吪,動也。从口,化聲。《詩》曰:'尚寐無吪。'"亦別作"訛"。《無羊》:"或寢或訛。"《傳》:"訛,動也。"案:訛,當作"吪"。《爾雅·釋詁》:"吪,動也。"字亦作"訛",詳《王風》"吪"字。此經"吪"字,據《王風傳》釋為"動",以《傳》證《傳》,即以經解經也。周公東征,四國之人初聞之而恐懼,繼而震動。迨罪人斯得,並未殃及無辜,終乃斂聚如故。當日之情事宛然,詩人之口角亦宛然也。

遒《傳》:"遒,固也。"《箋》:"遒,斂也。"《正義》:"遒訓為聚,亦堅固之義,故為固也。"案:"固"與"斂"為一義。聲谓:"遒"乃"揫"之假借。《正義》引"《爾雅·釋詁》云:'遒、斂,聚也。'彼'遒'作'揫',音義同。"《長發》:"百祿是遒。"《說文·手部》引作"百祿是揫",此其據也。揫,《說文》作:"𢹂,束也。从手,𥻘聲。《詩》曰:'百祿是𢹂。'"《禮·鄉飲酒義》:"秋之為言愁也。"注:"揫,斂也。"《漢書·律歷志》:"秋,𪏮也。"《禮·月令疏》引作"秋者,揫也"。聲案:揫者,斂束之。周公東征,四國之人初聞之,不能不遑恐,繼而不能不震動,終則罪人斯得。絕不殃及無辜,不能不斂束而歸命,故曰"四國是揫"也。"遒"、"揫"同音,故假借。《說文》:"遒,迫也。"[30]"遒"字之本義也。

踐《傳》:"踐,行列貌。"《伐木箋》:"踐,陳列貌。"案:"踐"與"行列貌"遠甚。反覆思之,不得其解,讀至《魯頌》而後恍然曰:"'踐'乃'翦'之假借也。"《閟宮》:"實始翦商。"《傳》:"翦,齊也。"《爾雅·釋言》:"翦,齊也。"《禮·文王世子》:"不翦其類也。"《周禮·甸師》注引鄭司農注作"不踐其類也"。《玉藻》:"凡有血氣之類,弗身踐也。"注:"踐,當為翦,聲之誤也。"《書·成王政序》:"遂踐奄。"《疏》:"鄭玄讀踐為翦。"聲案:"翦"、"踐"同聲,故假借。翦,《說文》作:"𦐇,羽生也。一曰:采羽。[31]从羽,寿聲。"聲案:"羽生"為"翦"之弟一義。羽生必齊,《傳》與《爾雅》訓"翦"為"齊",乃弟一義中引申之義。鄭訓為"斷",後世訓為"削"與"滅"與"盡"者,乃"翦"字借為翦伐字以後之義矣。毛訓"踐"為"行列貌",亦讀"踐"為"翦"也,有行列即齊也。

鴻飛遵渚《傳》:"鴻不宜循渚也。"《箋》:"鴻,大鳥也,不宜與鳧鷖之屬飛而循渚,以喻周公今與凡人處東都之邑,失其所也。"案:《詩》明云"遵渚"矣,《傳》偏云"不宜循渚"。後儒寧敢悖經,不敢悖《傳》,不知何說也。況經文甚為明白易曉,如云

"鴻飛則遵渚"。鴻之渚，鴻之所也。公歸宜有所也，乃鴻飛則遵渚矣，周公之歸則失其所。於，"何居"之合音，見《夏屋》、《蜉蝣》。"信"字當依毛，讀為信宿字，猶言何居是女宿處之所也。下章意同。

以《傳》："無與公歸之道也。"案：以，用也，常訓也。"衮衣"即上章"衮衣繡裳"之"衮衣"也，當指周公說。言"是用有衮衣"之錫，"是"指周公言也，無令我公西歸也。我公復歸，我心則悲，無令我心悲兮。其美公《序》云："《九罭》，美周公也。"也，深矣。

跋《傳》："跋，躐。"《序釋文》："跋……，字或作拔，同。"《說文》："跋，蹎跋也。从足，犮聲。"又："犮，走犬皃，从犬，而丿即"曳"之古文。之。曳其足，則剌犮也。"案："蹎跋"、"剌犮"皆與"躐"義近。《爾雅·釋言》："跋，躐也。"亦訓為"躡"。《漢書·楊雄傳上集注》引張晏："跋，躡也。"亦訓為"蹋"。《文選·羽獵賦》："跋犀犛。"注引韋昭："跋，蹋也。"案："躡"與"蹋"皆"躐"字以前之義，猶云躡之蹋之使跋也。《正義》："跋與疐皆是顛倒之類。"狼之為物最强，雖跋其胡而疐其尾，不失其强，猶周公為聖人，雖遭疑謗，亦不改其碩膚之度也。字亦作"䟦"。《說文》："䟦，步行獵跋也。从足，貝聲。"他書稱"狼狽"者，别一意也。今書傳有誤"䟦"作"狽"者，如《文選·西征賦》："亦狼狽而可愍。"注引"《文字集略》曰：'狼狽，猶狼跋也。'《孔叢子》曰：'吾於狼狽，見聖人之志。'即指本詩。荀悦《漢紀論》曰：'周勃狼狽失據，塊然囚執。'"皆"狼䟦"之訛也。"跋"、"狽"古音相近。

胡《傳》："老狼有胡。"《說文》："胡，牛顄垂也。从肉，古聲。"《齊民要術》："牛，岐胡有壽……，洞胡無壽。"據二書，則牛有胡矣。《漢書·郊祀志》："有龍垂胡顊。"注："胡，謂頸下垂肉也。"據此，則龍亦有胡矣。《後漢書·輿服志》："後世聖人……見鳥獸有冠、角、頔、胡之制，遂作冠、冕、纓、蕤以為首飾。"據此，則鳥獸亦皆有胡矣。《釋名·釋形體》："胡，互也，在咽下垂，能斂互物也。"《漢書·金日磾傳》："捽胡投何羅殿下。"注："晉灼曰：'胡，頸也。'"俗作"嘲"。《文選·洞簫賦》："瞋𡁠嘲以紆鬱。"注引《釋名》："嘲，咽下垂也。"據各書，則人亦各有胡也。聲谓：除牛與龍頸下有垂肉外，凡人與物皆有胡。胡，喉雙聲。也。以其能咽物，故亦謂之“咽”；以其徑直下通，故亦謂之“頸”也。人與物皆有胡，不必狼，狼皆有胡，不必老狼也。亦別作“𠰶”。《太玄經》：“為暇𠰶。”《集韻》：“𠰶，喉咽也。”狼皆有尾，故狼皆有胡。假令必老狼而後有胡，亦必老狼而後有尾乎？詩人為不辭矣。

疐《傳》：“疐，跲也。”《釋文》：“疐，本又作疌，丁四反，又陟值反。”《說文》：“疐，礙不行也。从叀，引而止之也。叀者，如叀馬之鼻。从冂，此與牽同意。《詩》曰：‘載疐其尾。’”案：《說文》語不可解。聲谓：字當作“疐”。从寔，篆作“𡬑”，即“𣎵”之古文，象草木瓜瓞之苗初出時四舒寔孛之形。詳《六書故》。正萌芽，由屈而伸之時也。从止，伸則行，止則如有所礙而不行也。會意字，仍諧“寔”聲，訓為“礙不行”者，古義也。亦別作“躓”。《鹽鐵論》引作“載躓其尾”。案：“躓”即“疐”之俗字。亦別作“躓”。本詩《正義》曰：“《說文》云：‘跋，蹎。’丁千反。‘跲，躓。’竹二反。躓即疐也。”案：“躓”為形聲字；“疐”為礙不行，謂以物礙其尾，使不得行也。《爾雅・釋木》：“棗李曰疐之。”《禮・曲禮上》：“士疐之。”又其引申之義矣。“嚏”、“懥”等字，皆从疐得聲。

孫《傳》：“公孫，成王也，豳公之孫也。”《箋》：“公，周公也。孫，讀當如公孫于齊之孫，孫之言孫遁也。”案：成王已為天子，不應稱“公孫”；王季、文王久已追王，亦不應上溯豳公。當依鄭，讀如遜。《說文》：“遜，遁也。从辵，孫聲。”《公羊春秋・莊元年傳》：“孫，猶孫也。內諱奔，謂之孫。”《穀梁・莊元年、閔二年傳》並同。《左氏春秋・昭二十五年經》注：“諱奔，故曰孫，若自孫讓而去位者。”言公當遜遁，依然碩膚，但觀其赤舄几几，不改其常也。

几《傳》：“几几，絇貌。”《箋》：“履赤舄几几然。”案：此亦借字也。《說文》：“几，踞几也。象形。”此“几”之本義。《手部》：“掔……，讀若《詩》‘赤舄掔掔。’”《己部》“巹”引作“赤舄己己”。聲案：“掔”訓“固也”。《爾雅・釋詁》：“掔，固也。”郭注：“掔然，亦牢固之意。”聲谓：“臤”即今堅固字。从手者，手為之，使之掔也。“掔”、“几”

雙聲,當讀為“緊”音尤合。“掔掔”者,言其義;“己己”者,言其聲:是在善讀書者以意逆志也。必讀“己”音者,“己”與“尾”韻,“膚”與“胡”韻也。

校勘記

[1]“‘匡’、‘匪’一也”,“匪”當作“筐”。

[2]“至秋盛則謂之萑”,《一切經音義》卷十二“萑”字作“藋”。

[3]“俾倪”,《釋名·釋宮室》作“睥睨”,畢沅曰:“當作俾倪。”下“俾倪非常”之“俾倪”同。

[4]“七豫反”,《集解》引應劭“豫”字作“預”。

[5]“良與客徂擊秦皇帝”,《漢書·張良傳》“徂”字作“狙”,下注“徂”字同。

[6]“字本作覷”,顔注“覷”字作“覰”。

[7]案:《藝文類聚》卷一《天部·雲》、卷三《歲時部·夏》、卷八十六《菓部·桃》、卷九十《鳥部·鶴》凡引《易通卦驗》四節,均未見此引文。宋羅願《爾雅翼》卷十四、明陳耀文《天中記》卷五十九引《易通卦驗》有之(羅願《爾雅翼》無“夏至小暑,博勞鳴”七字),惟“嗅嗅”作“嗅嗅”耳。

[8]“棛,木,葉如梨”,案:此節錄《玉篇》文。《玉篇》卷十二《木部》云:“棛,於六、禹九二切。《山海經》:‘太室山有木,葉狀如梨而赤理,名曰棛木,服之不妒。’”

[9]案:吴氏引文與戴侗《六書故》有異,《六書故》卷二十四《植物·四》“薁”字下云:“薁,於六切,郥薁也。蔓生,實纍纍如郥,故謂‘郥薁’。《詩》‘六月食薁’,毛氏曰:‘蘡薁也。’諺云:‘郥薁熟,喫新粥。’”又方以智《通雅》卷四十三《植物·木》“棠棣、常棣,實一物也”條下云:“《七月》詩所謂‘薁’,即櫻薁也。蔓生,類蒲萄。六月熟。甌越諺曰:‘櫻薁孰,食新粥。’”與吴氏所引,文字僅有小異。吴氏蓋誤記。

[10]“葡萄似燕薁”,《六臣注文選·上林賦》注引郭璞“葡萄”作“蒲陶”。

[11]崔豹《古今注》卷下《草木第六》作:“匏,瓠也。壺蘆,瓠之無柄者也,瓠有柄者懸瓠。”《太平御覽》卷九百七十九《菜茹部·四·葫蘆》引作:“崔豹《古今注》曰:‘瓠,壺蘆也。壺蘆,瓠之無柄者,瓠有柄者懸瓠。’”

與吴氏引文均有小異。

[12]崔豹《古今注》卷下《草木第六》作:“瓢,亦瓠也。瓠其揔,瓢其別也。”《太平御覽》卷九百七十九《菜茹部·四·葫蘆》引崔豹《古今注》作:“瓢,瓠也。其總曰瓠,瓢則別名。”

[13]“烹飪咸宜”,王禎《農書》卷八《百穀譜·三》作“食之無窮”,“最為佳蔬”下尚有“烹飪無不宜者”一句。

[14]《本草綱目》卷二十八《菜之三·壺蘆》作:“壺,酒器也;蘆,飲器也。此物各象其形,又可為酒飲之器,因以名之。俗作葫蘆者非矣。”

[15]事見《世説新語·簡傲》。

[16]《五經文字》卷中《禾部》“種”字下無“以種為”之“種”字。

[17]“穜稑禾不為稑,穜重禾不為重”,二“穜”字,《吕覽·任地》均作“種”,下注二“穜”字同。

[18]“形似梟而青白”,《一切經音義》卷十九引《字林》“梟”字作“鴞”。

[19]“鵂鶹之屬”,注“鵂”字作“鴝”。

[20]案:《漢書·地理志》本文無引《詩》“自杜沮漆”文,惟《地理志上》“右扶風……杜陽”縣下,顔注云:“《大雅·綿》之詩曰:‘人之初生,自土漆沮。’《齊詩》作‘自杜’。”吴氏引文當是引自顔注文。

[21]“祖訓始也”,《豳風·鴟鴞正義》“祖”字作“租”。

[22]“字或作碎”,《釋文》“碎”字作“猝”。

[23]“桑蟲也”,阮元《校勘記》云:“小字本、相臺本‘桑’上有‘蠋’字,考文古本同。案:有者是也。”

[24]“《説文》云‘桑中蟲也’”,《注疏》本、通志堂本《釋文》無“説文云”及“中”四字。

[25]引文見《韓非子·説林下》及《内儲説上·七術》。

[26]“他興反”,《景四》本《釋文》同。《注疏》本、通志堂本《釋文》作“他典反”。

[27]“原隰既垣,疆理曈曈”,逯欽立輯校《先秦漢魏晉南北朝詩·先秦詩·石鼓詩》作“原隰既坦,疆理蕃蕃”。

[28]《玉篇·雈部》作:“雈,水鳥,今作鸛。”無“將陰雨則鳴也”句。

[29]“注”非鄭注,當為“《疏》引皇氏”。

[30]“遒,迫也”,《説文·辵部》“遒”字作“逎”,云:“遒,逎或从酋。”“遒”乃“逎”之或體。

[31]“采羽”,《説文·羽部》“翦”字下作“矢羽”,段注云:“舊作矢。”

詩小學卷十一

小　雅

保山吳樹聲學

雅 案:古無“雅”字。據《爾雅序》“夫《爾雅》者”,《釋文》:“雅,本作疋。”[1]聲谓:“疋”乃“正”之訛字也。《說文》:“正,直也。”[2]从一,从止。一,古文上;止即足也。从止、上者,言人自止以上無不直也,會意字,即以意為聲。篆文本作“𤴓”,《說文·足》下又出“𤴔”字,訓:“足也。上象腓腸,下从止。《弟子職》曰:‘問疋何止?’古文以為《詩·大疋》字,亦以為足字,或曰胥字。一曰:疋,記也。”聲谓:“𤴔”即“足”。《說文》誤分為二者,以為“胥”、“𤴙”、“疏”、“𤴔”等字皆从其聲義也,不知“胥”、“𤴙”、“疏”、“𤴔”等字皆从足也。詳《六書故》。“正”字篆文與“足”之别字、隸文恰相似,於是乎始有以“正”為“疋”者,《爾雅》陸氏所見之本作“疋”是也。形改而音亦與之俱改,“疋”俗音“胥”,於是乎始有以“正”為“胥”者,即《周禮·春官》之“大胥”、“小胥”是也。古音“胥”與“烏”音近,自“烏”字别作“雅”,“雅”古音若“伍”,“烏”、“伍”同聲,皆與“胥”音近,於是乎始有以“𤴓”為“雅”者,即《詩》之《大雅》、《小雅》與今之《爾雅》皆是也。據此,則“雅”即“烏”,“烏”即“胥”,“胥”即“疋”,“疋”即“正”,固有可以蹤跡者也。《詩》之《大雅》、《小雅》,即“大正”、“小正”。《風》詩采自民間;朝會燕饗之詩,必掌於官府。《禮·文王世子》、《樂記》有“大樂正”、“小樂正”二職,以官為氏者有“樂正子春”、見《禮》。“樂正子克”,見《孟子》。

何《周官》為周公致太平之書，全書皆無此二官，豈果有遺漏歟？蓋“大樂正”亦名“大正”，“小樂正”亦名“小正”，自“正”訛為“疋”、“疋”別為“胥”之後，《春官》之“大胥”、“小胥”即“大正”、“小正”二職也。不曰“大樂正”、“小樂正”而曰“大正”、“小正”者，詩與樂總隸於宗伯，樂則分隸於大司樂，詩乃分隸於大正、小正也。樂又分而為二：一隸於大司樂，總司樂舞之事；一隸於大師、小師，總司聲樂之事也。《詩序》曰：“言天下之事，形四方之風，謂之雅。雅者，正也，言王政之所由廢興也。政有小大，故有《小雅》焉，有《大雅》焉。”《鼓鐘》：“以《雅》以《南》。”《箋》：“雅，正也。”《周禮・大師》“曰雅”注、《史記・三王世家》“文章爾雅”《索隱》，皆云：“雅，正也。”《論語・述而》：“子所雅言。”《集解》引孔注：“雅言，正言也。”《風俗通・聲音》：“雅之為言正也。”《白虎通・禮樂》：“雅，古正也。”[3] 以上訓“雅”為“正”者。漢人去古未遠，知其為“大正”、“小正”，而字已作“雅”，於是遂訓“雅”為“正”，形改音改而義不改。此灰燼之餘，賴經師之力而僅存焉者也。《禮・文王世子》既有“大樂正”、“小樂正”，又有“大胥贊之”、“胥鼓南”等語。《禮記》出於漢儒，彼時已不知“胥”即“疋”字，“疋”即“正”字矣。《爾雅》至隋唐時尚有作《爾疋》者，惜陸氏不能定“疋”為“正”字之訛，使天下後世曉然，知“爾雅”為“爾正”；亦幸而有陸氏“雅，本作疋”之一語，俾後世考古者猶得據以訂以訛傳訛之“雅”並非古字，不可謂非一字千金也。“爾疋”即“爾正”，猶之記時之書亦名“小正”即《夏小正》。云爾。爾，不遠也；小，不大也；正，是也。“爾正”、“小正”，皆古人之謙辭也。《詩》之得自民間者謂之“風”，掌自官府者謂之“正”，用於祭祀者謂之“容”，其體裁原自不同，非有所優劣於其間也。又“爾雅”，字本作“爾正”。若作“爾雅”，則書內必有“雅”字訓為“正”者。今考《釋詁》有“董、督，正也”，《釋言》有“尹，正也”，“皇、匡，正也”，並無“雅”字。《禮・緇衣》注：“雅，《書序》作牙，假借字。”牙，古音“互”，蓋亦“正”訛為“疋”以後之假借字。

鹿鳴之什

陸氏曰：“從《鹿鳴》至《菁菁者莪》，凡二十二篇，皆正《小雅》。六篇亡，今唯十六篇。從此至《魚麗》十篇是文、武之《小雅》。先其文王以治內，後其武王以治外。宴勞嘉賓，親睦九族，事非隆重，故為《小雅》；皆聖人之跡，故謂之正。”又《大雅·文王之什》，陸氏曰：“自此以下至《卷阿》十八篇，是文王、武王、成王、周公之正《大雅》。據盛隆之時而推序天命，上述祖考之美，皆國之大事，故為正《大雅》焉。”據陸氏說，以事之小者隸于《小雅》，事之大者隸于《大雅》，不知國有五禮，皆大事也。《小雅·鹿鳴》燕群臣嘉賓，《四牡》、《皇華》勞遣使臣，《常棣》燕兄弟，《伐木》燕朋友故舊，《采薇》遣戍役，《出車》勞還率，《杕杜》勞還役，《魚麗》美備禮。中間《天保》一篇，煌煌鉅製，與《卷阿》體裁相埒。其餘皆為軍、賓、嘉大禮而作，無一可謂之小事者，則以事之小大分為小、大《雅》者非也。又謂自《鹿鳴》至《菁菁者莪》謂之“正小雅”，《大雅》自《文王》至《卷阿》十八篇謂之“正大雅”，蓋以凡文、武、成王、周公之詩皆謂之“正”，其餘則總謂之“變”，不知詩歌原出於文人學士之手，並非一一皆文、武、成王、周公所自製也。且歌詠文、武、成王、周公之盛德，必出於文、武、成王、周公以後之人之手也，則以文、武、成王、周公之詩為“正雅”，以文、武、成王、周公以後之詩為“變雅”者亦非也。或曰：以其體裁分“正”、“變”。不知文、武、成王、周公之時之詩，固多安樂之音；文、武、成王、周公以後之詩，亦豈盡乏和平之氣？如《小雅》之《六月》、《采芑》，堂堂正正，有步伐整齊、旌旆飛揚之概；《鼓鐘》以下至《桑扈》、《鴛鴦》諸篇，真是上下同德，誼美恩明，千載下尤令人欽仰；《大雅》則《崧高》、《韓奕》、《江漢》諸篇，宏文巨製，千古罕有：一概謂之“變”，可乎？正如《國風》以二《南》為“正”是矣。自《邶》以下，如《衛》之《淇奧》，《鄭》之《緇衣》、《羔裘》，《齊》之《雞鳴》，《豳》之《七月》、《東山》，詞氣雍容，聽之使人渢渢盈耳，亦一概謂之“變風”，真令人不解也。聲以為《風》、《雅》、《頌》，皆舊有之名也。如後世古詩，或名“歌”，或名“行”，或名“引”。在未有名目以先，“歌”亦可名“行”，“行”亦可名“引”，“引”亦可名“歌”；在既有體格以後，則“歌”自為“歌”，“行”自為“行”，“引”自為“引”。如《風》有《杕杜》，《雅》亦有《杕杜》，其音節不甚殊也。《生民》，《雅》也；《閟宮》，《頌》也：其鋪排亦相似也。然“豳雅”、“豳頌”雖見於他說,總不離乎“風”。宜雅宜風,弟能得其指歸,自可兼夫頌。當於各詩中求其貞、淫、正、變,不斤斤於《風》、《雅》、《頌》之名而强分以貞、淫、正、變,庶幾近之。因論“雅”字而並及之。

苹 《傳》:“苹,蓱也。”《箋》:“苹,藾蕭。”《釋文》:“苹,蓱,本又作萍。……江東謂之薸。”《爾雅·釋草》:“苹,蓱。其大者蘋。”按:此水草也。又:“苹,藾蕭。”郭注:“今藾蒿,初生亦可食。”引陸璣《疏》曰:“葉青白色,莖似箸而輕肥,始生香,可食,又可烝食。”是也。[4]案:此陸草也。經明云“野苹”,非水草可知。況鹿為山獸,何由而食水草?案:《夏小正》:“苹秀。”《傳》:“苹,馬帚也。”[5]《管子·地員》:“其草宜苹蓨。”注:“苹蓨,草名。”《廣雅·釋草》:“苹,藺蕮也。”《廣韻》:“苹,一曰蒲白。”又云:“莔蒻,小苹。”上四書可為苹不盡為水草之證,當依《箋》說。

示 《箋》:“示,當作寘。寘,置也。周行,周之列位也。”《卷耳傳》:“寘,置。行,列也。思君子,官賢人,置周之列位。”案:《箋》說以《傳》證《傳》是也。示,古皆借“視”,下“視民不恌”是也。“示”、“置”音近。

德音 《箋》:“德音,先王道德之教也。”《谷風》:“德音莫違。”《箋》:“夫婦之言,無相違者。”《日月》:“德音無良。”《傳》:“音,聲也。”《小戎》:“秩秩德音。”《箋》:“既閔其君子寢起之勞,又思其性與德。”《有女同車》:“德音不忘。”《箋》:“不忘者,後世傳道其德也。”《皇矣》:“貊其德音。”《假樂》:“德音秩秩。”《傳》、《箋》皆無訓釋。《左氏春秋·襄九年傳》:“大國不加德音。”《鶡冠子·博選》:“德音者,所謂聲也。未聞音出而響過其聲者也。”聲谓:德音,古人之通語。“德”字兼德行去聲、德惠兩義。音,據《凱風箋》“好其音者”《疏》:“音聲猶言語。”德音,猶彼之所謂“好音”也,合君臣、賓客、朋友、夫婦,皆可以通用者也。《箋》於此經添出“先王”字,恐非《詩》意。陳氏啟源《毛詩稽古編》:“案:‘德音’屢見《詩》,或指名譽,或指號令,或指語言,各有攸當。嚴《緝》辨之甚詳。”聲謂可以不必。

芩《傳》:"芩,草也。"《釋文》:"芩……,《説文》云:'蒿也。'"《説文·艸部》:"芩,艸也。从艸,今聲。《詩》曰:'食野之芩。'"案:毛《傳》、《説文》均衹訓"艸",而不言何草。《吳越春秋》:"句踐嘗吳王溲惡後,遂病口臭。范蠡令左右食芩草,亂其氣。"[6]《御覽》九百八十引《字林》:"莟菜似蒜,生水中。"《集韻》:"莟,古作芩。"《正義》引陸璣《疏》:"莖如釵股,葉如竹,生澤中下地鹹處。為草真實,牛馬亦喜食之。"[7]似與《吳越春秋》、《御覽》異物。《廣韻》:"黄芩,當作"莶"。藥名。""莶,當作"芩"。草名,似蒿。"蓋通毛《傳》與《釋文》為一物矣,非是。《説文》:"莶,黄莶也。从草,金聲。"

湛《傳》:"湛,樂之久。"《釋文》:"湛,字又作耽。"《常棣》:"和樂且湛。"《釋文》:"湛……,又作耽。《韓詩》云:'樂之甚也。'"案:"湛"、"耽"皆假借字。毛云"樂之久",借"湛"字為是,毛義優矣。

心首章"示我周行",周之,未必能樂之;次章"式燕以敖",樂之,未必能樂其心;三章直揭之曰"以燕樂嘉賓之心",語有次弟,意有淺深。首章之"示我周行",益當依鄭説矣。

騑《傳》:"騑騑,行不止之貌。"《正義》引《少儀》曰:"車馬之容,騑騑翼翼。雖行不止,不廢其容騑騑也。"《左氏春秋·桓三年傳》注:"驂,騑馬。"《疏》:"名騑者,以駟馬有騑騑之容。"案:"騑"亦假借字。《説文》:"騑,驂,旁馬。从馬,非聲。"《續漢·輿服志上》:"在左騑馬軛上。"注引徐廣:"馬在中曰服,在外曰騑。騑亦名驂。"案:此"騑"之本意也。至《廣雅·釋訓》:"騑騑,疲也。"又為毛《傳》"行不止"以後之義矣。

倭遲《傳》:"倭遲,歷遠之貌。"《釋文》:"《韓詩》作倭夷。"案:"倭遲"即"委蛇",道路邐迆也。《容齋五筆》"委蛇"字凡十二變:一"委蛇",二"委佗",三"逶迆",四"倭遲",五"倭夷",六"威夷",七"委移",八"逶移",九"逶虵",十"螻蛇",十一"蝺迆",十二"威遲"。吳玉搢《金石存》歷舉《衡方碑》作"禕隋",《唐扶碑》作"逶遹",《劉熙碑》作"委遹"。[8]枚乘《兔園賦》作"崣崔"。聲谓:此等俗字不可枚舉。以聲所記憶者,尚有:"靡迆",見《禮·玉藻》注:"移之言靡迤。”又《詩·秦譜疏》:“迤謂靡迤,境界廣被之謂。”[9]“郁夷”,《漢書·地理志》:“周道郁夷。”蓋本《韓詩》。“遺蛇”,《漢書·東方朔傳》:“遺蛇其跡。”注:“遺蛇,猶逶迤也。”《莊子·田子方》注:“遺蛇其步。”《釋文》:“遺,本作逶。”“夷靡”,《文選·笙賦》:“或案衍夷靡。”[10]注:“夷靡,夷而漸平也。”[11]“迤𡾰”,《文選·簫賦》:“倚巇迤𡾰。”[12]注:“迤𡾰,邪平之貌。”“峛崺”,見《法言》。大抵古無此二字,故《詩》多假借“委蛇”;後世形聲字錯出,均難言古字矣。亦見《羔羊》。

嘽《傳》:“嘽嘽,喘息之貌。馬勞則喘息。”《采芑》:“戎車嘽嘽。”《傳》:“嘽嘽,眾也。”《崧高》:“徒御嘽嘽。”《傳》:“嘽嘽,喜樂也。”《常武》:“王旅嘽嘽。”《傳》:“嘽嘽然,盛也。”《箋》:“嘽嘽,閒暇有餘力之貌。”案:嘽嘽,《詩》凡四見而《傳》、《箋》五訓。除“眾”與“盛”義尚相近,其餘皆各一義,亦未免望文生義矣。《漢書·藝文志》:“《五藏六府癉十二病方》四十卷。”注:“癉,黃病。”《說文·口部》:“嘽,喘息也,一曰:喜也。从口,單聲。《詩》曰:‘嘽嘽駱馬。’”《疒部》:“痑,馬病也……《詩》曰:‘痑痑駱馬。’”《漢書·敘傳》注引作“驒驒駱馬”。聲谓:當依《說文》。馬病不止於喘息,喘息亦病也。“病”當如《孟子》“今日病矣”之“病”,謂力極也。《廣雅·釋訓》:“痑痑,疲也。”是也。《詩》作“嘽”者,假借字;《說文》作“痑”者,後世形聲字;《漢書》注作“驒”者,亦假借字。此本無正字,故形體互異。

鵻《傳》:“鵻,夫不也。”《釋文》:“鵻……本又作隹。”《說文》:“鳥之短尾總名也。象形。”《說文繫傳》:“徐鍇曰:‘隹,鳥名也。《詩》曰:“翩翩者隹。”隹為鳥短尾,亦總名也。’”據此,則徐所據本尚作“隹”也。又:《說文》:“鳥,長尾禽總名也。象形。鳥之足似匕,从匕。”又:“鵻,祝鳩也。从鳥,隹聲。”以兩象形建首字合為一形聲字,亦僅有者也。與“鸛鳴于垤”“鸛”字同。並詳《豳風》。

將《傳》:“將,養也。”案:“將”字義與“養”字義不近。毛訓“將”為“養”,末章“將母來諗”為養母來諗,詩人為不詞矣。聲谓:“將”當如“我將我享”之“將”,《箋》:“將,猶奉也。”《儀禮·聘禮》:“將命于朝。"《禮·少儀》:"某固願聞命於將命者。"[13]《鄉飲酒禮》:"聖立而將之以敬,曰禮。"注並云:"將,猶奉也。""奉"而曰"將"者,蓋亦假借字。"奉母來諗"庶乎可通。

諗《傳》:"諗,念也。"《箋》:"諗,告也。"《正義》曰:"《左傳》'辛伯諗周桓公',是以言告周桓公,故知諗為告也。"聲谓:字从言从念,惟其念之,是以有言而告之也,形聲字之兼會意者也。《傳》、《箋》二義可通。此詩"我心傷悲"貫下四章:次章"不遑啟處",此其所以傷悲也;三、四章"不遑將父"、"不遑將母",此其所以傷悲也;末章又重言"母"者,以父義方是教,必知大義之難逃,母則慈愛為懷,彌覺私情之難已。此等至性至情,在人子能達其言中之意,不嫌於瑣瀆;在君王能寫其意中之言,是之謂體恤:此臣之所以忠於君,而君之所以能馭其臣也。

皇皇者華《傳》:"皇皇,猶煌煌也。高平曰原,下濕曰隰。忠臣奉使能光君命,無遠無近,如華不以高下易其色。"案:如《傳》說,"華"指草木之華,"于彼原隰""于"字不知作何解。聲谓:"者"當讀為赭,"赭華"猶《魯頌》之"朱英"。《周官·掌節》:"凡邦國之使節,山國用虎節,土國用人節,澤國用龍節,皆金也。以英蕩輔之。"《疏》:"'或曰英蕩畫函'者,其函猶是蕩,但以英華有畫義,故更云畫函也。"漢魏之言"翠華"。《漢書·司馬相如傳》:"建翠華之旗。"《文選》郭注:"華,葆也。"案:此猶指旗言,《詩》但言"華",猶非的證。《文選·南都賦》:"望翠華兮葳蕤。"謝莊《上封禪儀注奏》:"翠蓋懷陰,羽華振照。"[14]《詩》言"赭華",猶之言"翠華"、"羽華",此的證也。皇皇,猶煌煌,光明之貌。言煌煌然此赭華于彼原隰,猶言往山國、土國耳。據此,則所謂"華"者,旌節之屬也,《掌節》所謂"道路用旌節"是也。惟讀"者"為"赭",未免駭俗耳。"者"、"赭",古今字。以今字釋古字,毛《傳》甚多,如"甲,狎也"、《芄蘭》。"壬,任也"、《賓之初筵》。"穹,窮也"《七月》。之類。至於見《鄭箋》者,猶不可枚舉:如《終風》之"願言則疐",疐當為嚔;《車攻》之"東有甫草",甫當為圃;《皇矣》之"串夷載路",串當為患;《狼跋》之"公孫碩膚"與

《文王》之“詒其孫謀”，孫皆當為遜；《思文》之“立我烝民”，立當為粒。是也。讀“華”為“翠華”、“羽華”字，即以“者”為語詞亦可。皇皇，華之色澤也。

駪《傳》：“駪駪，眾多之貌。”案：《韓詩外傳》作“莘莘征夫”，《楚辭注·九》作“侁侁征夫”，皆聲相近。亦詳《周南·螽斯羽》“詵”下。《說文》：“駪，馬眾多皃。从馬，先聲。”案：馬多則爭先，故字从先，此亦形聲字之有義意者。言征夫之馬駪駪爭先，車必四牡，兩服兩驂，故云“眾”。非謂使臣眾多也。

每懷《傳》：“每，雖。懷，和也。”《箋》：“《春秋外傳》曰：‘懷私為每懷也。’和，當為私。眾行夫既受君命，當速行。每人懷其私相稽留，則於事將無所及。”案：鄭說太迂折，恐非經義。聲谓：“每”即“每人而說之”之“每”，即从上“駪駪”句想出。言承君命，持皇皇之赭華往彼原隰之國，受命即行，無有不及者也，乃駪駪之征夫，不敢稍自暇逸，“每懷靡及”焉。非不及而惟恐不及，當讀如“學如不及”方得使臣之心。下四章末句皆“每懷靡及”實事。

周爰《傳》：“忠信為周。”《箋》：“爰，於也。大夫出使……，見忠信之賢人，則於是訪問，求善道也。”《鹿鳴》：“示我周行。”《傳》：“周，至。”《說文》：“周，密也。从用、口。”案：“周”訓“至”，即後世所謂“周到”也。《說文》訓“密”，亦即“周，至”之意也。又《說文》：“爰，引也。从𠬪，从于。籀文以為車轅字。”又《說文》：“援，引也。从手，爰聲。”聲谓：“爰”即“援”之古字。言奉使者“載馳載驅”，當周至援引而勤於訪問。“咨諏”依《傳》：“訪問於善為咨，咨事為諏。”“諏”从取聲，與“駒”、“濡”韻。

沃若《氓》：“其葉沃若。”《傳》：“沃若，猶沃沃然。”又《隰有萇楚》：“夭之沃沃。”《傳》：“沃沃，壯佼也。”首章“如濡”，言其鮮明；《鄭·羔裘》：“羔裘如濡。”《傳》：“如濡，潤澤也。”二章“如絲”，言其調柔；逸詩有“《轡之柔矣》”，見《左傳·襄公二十六年》。三章“沃若”，言其壯佼；四章“既均”，言其均平。《書·禹貢》：“均于江海。”馬注：“均，均平。”《禮·月令》：“均琴瑟管簫。”《疏》：“均，均平其聲。”《荀子·富國》:“忠信、調和、均辨之至也。”注:“均,平均。”一章一意,絕不重複。“咨”、“諏”、“謀”、“度”、“詢”,依《左傳》為“五善”,與《傳》義亦不悖。

常棣 《傳》:“常棣,棣也。”《釋文》:“常棣,棣也。本或作常棣。……栘,音以支反。”《爾雅疏》引“棠棣之華”。案:《爾雅·釋木》:“唐棣,栘;常棣,棣。”分為二種。聲谓:“棠”乃形聲字,“唐”、“常”聲近,“栘”、“棣”亦聲近,疑為一物二名。“常棣”亦作“棠棣”,“棠”、“唐”實同聲也。

鄂不 《傳》:“鄂,猶鄂鄂然,言外發也。”《箋》:“承華者曰鄂。不,當作柎。柎,鄂足也。鄂足得華之光明則韡韡然。”[15]《釋文》:“不,毛如字,鄭改作柎,方于反。”案:不,篆作“𣎵”,華柎也,象形,“丕”字从之,从不,从丅,篆文“下”字。篆作“𠀾”,隸變作“丕”,即“胚胎”本字,“帝”字从之,从𣎵,从巾,古文作“帝”,即“蒂萼”本字也,乃“不”字弟一義。《說文》:“不,鳥飛上翔不下來也。从一,一猶天也。象形。”形義俱甚模糊。“鄂不”為“不”字弟一義,一轉而為“不注”。《左氏春秋·成二年傳》:“三周華不注。”伏琛《齊記》引摯虞《畿服經》:“不注,與《詩》‘鄂不’之‘不’同。”案:華不注,山名,其形如華之“不注”,故名。此皆“不”之古義也。《通志·六書略》,鄭樵曰:“不象萼蒂形。”[16]再轉而為“骨朵”。《說文》:“朵,樹木垂朵朵也。从木,象形。此與采同意。”[17]聲谓:“朵”即“不注”之合音也,與“秀”同意。“几”為古文“舒”,“朵”為未几舒。之華,“秀”為未几舒。之穗也。木之華上舒,故作“朵”;禾之穗下舒,故作“秀”。朵,古音若堵。“骨朵”、“不注”、“鄂不”,皆聲相近也。再轉而為“𠢋惢”。《說文·丶部》有“𠢋”字,訓“相與唾而不受也,从丶,从否,否亦聲”。[18]聲案:此字為“丶”之孳生字,應从丶之聲義。“丶”為“鐙中火丶”,華之骨朵猶火之“丶”也。“部”、“菩”、“箁”等字从其音,可以定“𠢋”之聲義矣。又《惢部》:“惢,心疑也。从三心。”聲谓:此象形兼會意字也。“心”為古“尖”字,“从三心”者,象眾尖鑽簇之形。華之骨朵,華之眾尖所鑽簇也,合之“𠢋”字為“𠢋惢”。“惢”字,俗亦作“蘂”,後世蓓蕾字,即“𠢋惢”之形聲字。

諸書或言"萼",或言"鄂不";或言"不",或言"不注";或言"蕊",或言"蓓蕾":皆長言短言之分。言"常棣之華",因其"鄂不韡韡"然而盛,興人有兄弟相助而益彰也。

裒 《傳》:"裒,聚也。"《説文》:"捊,引取也。"徐鍇引《詩》作"原隰捊矣"。《玉篇》:"捊,引聚也。《詩》曰:'原隰捊矣。'"[19]《爾雅·釋詁》:"裒,聚也。"《釋文》:"裒,本或作捊。"《易·謙卦》:"君子以裒多益寡。"《釋文》:"鄭、荀、董、蜀才作捊,云:'取也。'"案:虞氏亦作"捊,取也";孟氏亦作"捊"。《集韻》:"捊,《説文》:'引取也。'或从包,从不。"聲案:从不者,《漢書·張釋之傳》:"假令愚民取長陵一抔土。"顔注:"抔,音步侯反,謂手掬之也。其字從手。《史記索隱》云:'案:《禮運》云:"污尊而抔飲。"鄭氏云:"抔,手掬之,字從手。"'"唐駱賓王《討武曌檄》:"一抔之土未乾。"二"抔"字與本詩"裒"字同意。言"死喪之威",他人不敢懷,兄弟則甚懷之,即至原隰之冢裒然矣,他人不知求,亦惟兄弟是求。此章言意外不測之事,惟兄弟是賴。

况也 《傳》:"况,兹。永,長也。"《釋文》:"况,或作兄,非也。"案:"况"乃"怳"之借;"也"當讀若"匪直也人"之"也","伊"之借也。言"兄弟急難"之時,無論不有朋友也,往往有良朋,亦若有若無,付之永歎而已。又案:《詩》中"也"字與"兮"字亦通。《日月》:"乃如之人兮。"《蝃蝀》作"乃如之人也",其義一也。《鳲鳩》:"其儀一兮,心如結兮。"《禮·緇衣》引作"其儀一也",《鴻烈解·詮言》引作"其儀一也,心如結也"。《旄丘》:"何其處也。"《韓詩外傳》引作"何其處兮"。《君子偕老》:"玉之瑱也。"《説文》引作"玉之瑱兮"。據此,則"也"與"兮"古本通假,"况也"可讀為"怳兮"。《楚辭·少司命》:"臨風怳兮浩歌。"注:"怳,失意貌。"《文選·登徒子好色賦》:"怳若有望而不來。"注:"怳,失意貌。"《詩》言"况也",猶《騷》之"怳兮"、《選》之"怳若"也。言"每有良朋",亦怳兮失意,付之永歎而已。此章言"急難",亦兄弟之事。

鬩于 《傳》:"鬩,狠也。"[20]案:"兄弟鬩于"絕句。《禮·曲禮》注:"狠,鬩也。"《釋文》:"鬩,猶鬬也。""于"者,"乎"之借,即“呼”之古文。《孟子》：“舜往于田……，號泣，句。于旻天，句。于父母。”李氏伯時曰：“首‘于’字讀為本音，下二‘于’字讀為呼。”是也。聲案：“于”讀為乎者不止此。《論語·為政》：“孝乎惟孝。”《漢石經》及《釋文》皆作“孝于惟孝”。《管子·山國軌》曰：“不籍而贍國，為之有道于？”宋本作“于”，即“乎”之借也。今本訛作“予”。《莊子·人間世》：“且幾有翦乎？”《釋文》：“乎，崔本作于。”《列子·黃帝》：“今汝之鄙至此乎？”《釋文》：“乎，本又作于。”此皆“于”、“乎”相通。言兄弟在牆以內，或以手爭而“鬩”，或以口角而“于”，一聞牆外有侮則爭禦之。

務 《箋》：“務，侮也。”《釋文》：“務，如字。《爾雅》云：‘侮也。’讀者又音侮。此從《左傳》及《外傳》之文。”案：“務”、“侮”一聲，又去、上疊韻，故假借。據《緜》：“予曰有禦侮。”《傳》：“武臣折衝曰禦侮。”“禦侮”連文。《左氏春秋·僖二十四年傳》及《國語·周語》皆作“外禦其侮”。疑《詩》本作“侮”，後人取“務”與“戎”韻，故改之。不知“兄弟鬩于”，句。“牆外禦其侮”，句。平與上韻，古人韻緩，不分四聲也。下二句“每有良朋，烝也無戎”，“朋”與“戎”韻，古韻也。

烝戎 《箋》訓“烝”為“久”，詳《東山》。戎，《傳》：“戎，相也。”《箋》：“當急難之時，雖有善同門來，久也猶無相助己者。”案：《箋》又轉“戎”為“助”。聲谓：戎，兵也。《說文》：“戎，兵也。从戈，从甲。”《雨無正》：“戎成不退。”《傳》：“戎，兵也。”《易·象下傳》：“君子以除戎器。”虞注：“戎，兵也。”《書·康誥》：“殪戎殷。”《疏》：“戎，兵也。”《禮·檀弓上》：“戎事乘驪。”注：“戎，兵。”《左氏春秋·桓七年傳》：“鬬丹獲其戎車。”注：“戎車，君所乘兵車也。”據此，則“戎”訓“兵”，古義也。言雖有良朋，久已無戎兵，不助我也。此章言尋常爭鬭，不失其為兄弟。

喪亂 案：“喪”即“死喪之威”“喪”字，“亂”指急難。此句承二章、三章，“既安且寧”句承四章。二、三、四三章所言皆處變時，固皆知“凡今之人，莫如兄弟”矣。及至安常無事之時，或者曰“雖有兄弟，不如友生”，反言以起下三章。前四章以“凡今之人，莫如兄弟"正喝下文,後四章以"雖有兄弟,不如友生"反喝下文,篇法甚古。

儐《傳》:"儐,陳。"《說文》:"儐,導也。从人,賓聲。擯,儐或从手。"《周禮·大宗伯》:"王命諸侯則儐。"注:"儐,進之也。"《禮·禮運》:"儐鬼神也。"《釋文》引皇注:"儐,敬也。"《管子·小問》:"桓公令儐者延而上。"注:"儐,謂贊引賓客者也。"作"擯"者,《文王世子》:"退儐于東序。"《釋文》:"儐,本作擯。"《儀禮·聘禮》:"儐勞者。"《釋文》:"儐,劉注作擯,同。"《周禮·宗伯》注:"出接賓曰儐。"[21]《釋文》:"儐,本或作擯。"案:接賓曰儐。《詩》言"儐爾"者,猶言"延客","爾"指客。延客而以籩豆燕飫之,可謂樂矣,然必"兄弟既具"而後"和樂且孺"。非天性友愛者,不能作是語;亦非天性友愛者,不能知是語之真摯。

飫《傳》:"飫,私也。不脫屨升堂謂之飫。"《爾雅·釋言》:"飫,私也。"孫注:"飫非公朝,私飲酒也。"《國語·魯語》:"繹不盡飫則退。"注:"飫,宴安私飲也。"案:上二注解"飫"字最精當。飲於公,賓主百拜,猶恐涉於拘束;飲於私,惟酒無量,儘可極其饜飫。《左氏春秋·襄二十六年傳》:"加膳則飫賜。"注:"飫,饜也。"是也。《詩》言"籩豆"以延賓,燕飲至於飫,可云樂矣。必"兄弟既具"而後"和樂且孺"者,樂兄弟,非樂燕飲也。下章意同。《說文》作"餀"。《文選·魏都賦》注引作"醧",蓋《韓詩》。

孺《傳》:"孺,屬也。"《爾雅·釋言》:"孺,屬也。"李注:"孺,骨肉相親屬也。"《禮·曲禮下》:"大夫曰孺人。"注:"孺之言屬。"《獨斷上》:"孺之言屬也。""兄弟既具",所謂兄弟無故也。兄弟無故,乃可謂和樂而且骨肉親屬也。對上"儐"字言,故言"孺"。《傳》添出"九族"、"親戚",恐非《詩》義。

湛《釋文》:"湛……,又作耽。《韓詩》云:'樂之甚也。'""湛"字仍當依毛解作"樂之久"也。對上"妻子"言,故言"湛"。

帑《傳》:"帑,子也。"《釋文》:"帑,依字吐蕩反。經典通為妻孥字,今讀音孥也。"案:有稱"妻子"為"帑"者。《左氏春秋·文六年傳》:"宣子使臾駢送其帑。"注:"帑,妻子也。"亦作"孥"。《國語·鄭語》:“寄孥與賄焉。”《楚語》:“見藍尹亹載其孥。”注並云:“妻子曰孥。”又《晉語》:“以其孥適西山。”《孟子·梁惠王下》:“罪人不孥。”注並云:“孥,妻子也。”有訓為“子”者。《書·甘誓》:“予則孥戮汝。”《傳》:“孥,子也。”《左氏春秋·襄十四年傳》“並帑于戚”注、《漢書·文帝紀》集注引應劭,並云:“帑,子也。”有訓為“子孫”與“子弟”者。《禮·中庸》引《詩》,注:“古者謂子孫曰帑。”又《釋文》:“帑,子孫也。”《太玄·眾》:“丈人摧孥。”注:“子弟也。”聲案:《左氏春秋·襄二十八年傳》,《疏》云:“帑者,細弱之名。於人則妻子為帑,於鳥則鳥尾為帑。”又《文六年傳》,《疏》:“帑者,細弱之號,妻子俱得稱之。”聲谓:帑者,細弱之名,凡妻子、奴僕、家私皆得謂之“帑”。或者其字从奴,从巾,後世所以亦用為帑吐蕩反。藏字也。與“妻”對文則為子,為子孫;散文則為妻子、奴僕、家私之通稱也。

亶 《傳》:“亶,信也。”案:“亶”即後世用“但”之假借字也。《漢書·五行志下之下集注》:“亶,讀曰但。”《賈誼傳》、《趙充國傳》、《翼奉傳》、《何並傳》、《楊雄傳上下》、《王莽傳下》,《集注》並云:“亶,讀曰但。”《文選·羽獵賦》:“亶觀夫剽禽之紲踰。”注:“亶,古但字。”若曰“宜爾室家,樂爾妻帑”而不知有兄弟,則是祇知有室家妻奴。何不即是而究之圖之有兄弟者,但如斯而已乎!語意分明,如畫如話。《傳》、《箋》皆模糊。案:後世用“但”,亦假借字。《說文》:“但,裼也。从人,旦聲。”又案:或亦作“弟”,亦假借字。《漢書·陳勝傳集注》:“但者,急言之則音如弟矣。”聲谓:此亦無正字而終歸於假借者也。

嚶 《傳》:“嚶嚶,驚懼也。”《箋》:“嚶嚶,相切直也。”案:嚶嚶,鳥聲也。此亦純取諧聲而無關字義者。“嚶嚶”與下文“嚶其鳴矣”之“嚶”一也。緩言之為“嚶嚶”,急言之為“嚶”也。“驚懼”與“相切直”皆望文生義。

終 案:此亦與“終温且惠”、“終風且暴”、“終窶且貧”等句句法同。

許 《傳》:“許許,柹貌。”《說文》:“所,伐木聲也。从斤,戶聲。《詩》曰:‘伐木所所。’”據此,則“所”為正字,“許”為假借字。

《後漢書·朱穆傳》注引作“伐木滸滸”,亦假借字。

藇《傳》:“藇,美貌。”案:此亦“湑”之借字也。《鳧鷖》:“爾酒既湑。”《箋》:“湑,酒之泲者也。”《儀禮·士冠禮》:“旨酒既湑。”注:“湑,清也。”“有藇”猶之“既湑”也。《傳》:“以筐曰釃,以藪曰湑。”“湑”又“莤”之假借字,“釃”與“莤”皆謂盪之也,既盪之而仍見其藇也。有,讀曰又,既盪之又見其湑也。《裳裳者華》:“其葉湑兮。”《傳》:“湑,盛貌。”《車舝》:“其葉湑兮。”《釋文》:“湑,茂盛也。”蓋本毛《傳》。聲谓:藇,讀為湑,訓為“盛”,以《傳》釋《傳》也。《玉篇》作“醎”,蓋亦形聲字,“湑”、“醎”同聲也。

適《北門》:“王事適我。”《緇衣》:“適子之館兮。”《四月》:“爰其適歸。”《傳》並云:“適,之也。”《叔于田》:“叔適野。”《有杕之杜》:“噬肯適我。”《箋》並云:“適,之也。”又《巷伯》:“誰適與謀。”《箋》:“適,往也。”案:“之”亦“往”也。方有酒肉“以速諸父”,又私計曰:“寧使諸父他往而不來?”“微我弗顧”,微之言無謂也。古人不分四聲,故“微”為“無謂”之合音。若但訓為“無”,古人何不質言“無”而必變言曰“微”乎?合下六句,皆言物雖豐美,不過虛文末節,情意漠然,於“寧適不來,微我弗顧”四句看出。

於《釋文》:“於,如字。舊音烏。”案:舊音是也。此亦“何居”之合音也。言“何居粲然洒埽,陳饋八簋”,“於”字貫二句讀。

簋案:此“簋”字與“埽”、“舅”、“咎”為韻,愈可知古音讀若九,非“居偉反”矣。詳《權輿》。

湑《傳》:“湑,莤之也。”《釋文》:“湑,本又作醑。”案:此“湑”字即前《傳》“以藪曰湑”之“湑”也。《傳》“莤之”,泲之也。《說文》:“莤,禮:祭束茅加于裸圭,而灌鬯酒,是為莤。象神歆之也。”[22]引《春秋傳》:“無以莤酒”。字亦作“縮”。《禮·郊特牲》:“縮酌用茅,明酌也。”注:“藉之以茅。縮,去滓也。”《周禮·司尊彝》:“醴齊縮酌。”注云:“以茅縮去滓也。”《甸師》:“祭祀,供蕭茅。”注:“鄭大夫云:‘蕭,字或為莤。莤,讀為縮。束茅立之祭前,沃酒其上,酒滲下,去若神飲之,故謂之縮。縮,浚也。’……玄謂:……縮酒,泲酒也。”《左氏春秋

·僖四年傳》:“爾貢包茅不入,王祭不共,無以縮酒。”是也。亦或作“湑”,見“釃酒有藇”《釋文》。亦或作“漉”。《說文》:“漉,浚也。从水,鹿聲。渌,漉或从录。”皆形聲字。案:此“湑”字與下文“飲此湑矣”“湑”字異。

酤《傳》:“酤,一宿酒也。”《箋》:“酤,買酒也。[23]此族人陳王之恩也。王有酒則泲莤之;王無酒,酤買之:要欲厚於族人。”案:《敘》云:“自天子至于庶人,未有不須友以成者。”知此篇亦通言燕朋友故舊之詩,猶之《常棣》亦通言燕兄弟之詩也。姑無論上章明言“民之失德,乾餱以愆”,即“有酒湑我,無酒酤我”二言論之,以天子之富,何至於以一宿成之薄酒與酤買之酒燕客乎？此理之可信者也。聲谓:“有酒”以下六句,當指朋友故舊自計之詞。若云“有酒湑我,無酒酤我”,無乎不可;即加樂舞坎坎而為我擊鼓,蹲蹲而為我起舞,亦無乎不可;必迨我之暇時,飲此湑然盛酒。言外有若仍是虛情假意,依然有“寧適不來”者,方得詩人風刺之指。必須通篇反覆讀之,然後得其抑揚之意。若一概平鋪直敍,恐詩人之真意不出也。

孔之《蓼莪》:“欲報之德。”《箋》:“之,猶是也。”《桃夭》:“之子于歸。”《鵲巢》:“之子于歸。”《江有汜》:“之子歸。”《伯兮》:“之子無裳。”《揚之水》:“彼其之子。”《羔裘》:“彼其之子。”《汾沮洳》:“彼其之子。”《椒聊》:“彼其之子。”《候人》:“彼其之子。”《伐柯》:“我覯之子。”《裳裳者華》:“我覯之子。”《采綠》:“之子于狩。”《箋》並云:“之子,是子也。”又《日月》:“乃如之人兮。”《箋》:“之人,是人也。”言我君自處於堅固,天之保護安定女者,亦甚是堅固。如是則字字有著落矣。謂“君”為“爾”者,古人質樸,猶自稱為“朕”,亦上下之通稱也。

單《傳》:“單,信也。或曰:單,厚也。”《箋》:“單,盡也。”《釋文》:“單,毛都但反。鄭音丹。”案:毛讀為亶,故訓為“信”。《爾雅》某氏注引作“俾爾亶厚”是也。鄭讀“單”為“殫”,故訓為“盡”。《史記·春申君傳》:“王之威亦單矣。”《集解》引徐廣:“單,亦作殫。”《荀子·宥坐》:“若不可廢,不能以單之。”注:“單,或為殫。”是也。聲谓:

《傳》、《箋》皆可通，不如用“單”字本義尤為切當。《禮·間傳》：“麻葛重。”注：“單，獨也。”《漢書·枚乘傳集注》：“單，一也。”《荀子·正名》：“單足以喻則單。”注：“單，物之單名也。”案：單，雙之對文也。“俾爾單厚”即俾爾獨厚，猶云“生是獨”也。依鄭訓為“盡”，占次章“罄無不宜”“罄”字義矣。

戩穀 《傳》：“戩，福。穀，祿。”聲案：“戩”者，“翦”之假借也。《閟宮》：“實始翦商。”《說文》作“實始戩商”是也。《閟宮》：“實始翦商。”《傳》：“翦，齊也。”《爾雅·釋言》：“翦，齊也。”穀，《東門之枌》：“穀旦于差。”《黃鳥》：“不我肯穀。”《甫田》：“以穀我士女。”《傳》並云：“穀，善也。”《小宛》：“式穀似之。”《四月》：“曷云能穀。”《小明》：“式穀與女。”《桑柔》：“不胥以穀。”《有駜》：“君子有穀。”《箋》並云：“穀，善也。”上言天祐其身，故云“獨厚”；此章言天祐其行，故曰“齊善”也。若依舊解訓為“福祿”，則下文“受天百祿”、“降爾遐福”未免重複無味矣。

興 《箋》：“興，盛也。無不盛者，使萬物皆盛，草木暢茂，禽獸碩大。”聲案：前三章為一段，連用五“如”字以結之。言天之保護其身體、安定其心思者，“以莫不興”焉。“興”字仍當訓“起”也。《大明》：“維予侯興。”《傳》：“興，起也。”《小明》：“興言出宿。”《緜》：“百堵皆興。”《箋》並云：“興，起也。”《說文》：“興，起也。从舁，从同，同力也。”經傳“興”訓“起”者甚多，不具引。上三章言天之所以福之者，無以擬之，擬之以下五者；下三章言神之所以福之者，亦無以擬之，擬之以四者云爾。

蠲 《傳》：“蠲，絜也。”《釋文》：“蠲，古玄反。舊音堅。”《說文》：“蠲，馬蠲也。从虫、罒，益聲。了，象形。案：“蜀”已成字，當云“从蜀，益聲”。《明堂月令》曰：‘腐草為蠲。’”[24]案：馬蠲，蟲名，一名馬蚿，見《方言》。一名馬蠸，見《鴻烈解·時則訓》高注。一名馬蝬，見《爾雅》。一名蚈。《鴻烈解·兵略訓》：“故良將之卒……，若蚈之足。”注：“蚈，馬蠸也。”《呂覽·季夏紀》：“腐草化為螢、蚈。”[25]注：“蚈，馬蚿也。蚈，讀如‘蹊徑’之‘蹊’。”字亦作“蛢”。《廣韻》：“蛢”，

“古奚切”。案:“古奚切”即“圭”音。《周禮・蜡氏》:“令州里除不蠲。”注:“蠲,讀如‘吉圭惟饎’之‘圭’。”《儀禮・士虞禮記》注亦引作“吉圭為饎”。案:作“圭”者,《韓詩》也。聲谓:圭,潔《傳》作“絜”者,用古文。也,作“圭”亦假借。“蚈”亦音“堅”者,“笄”本从“幵”得聲,“笄”音若“雞”,“幵”音若“堅”,“笄”、“幵”一聲,此其相通之故也。由“笄”而衍之,有“蹊”音,見上。有“圭”音;見上。由“堅”音而衍之,有“蚿”音。“蠸”與“蝬”音,無非雙聲疊韻之流變也。作“蠲”者,亦假借字,此字亦終於假借而已。

神即指上文“先公”、“先王”而言也。此人鬼也,而言“神”者,亦所謂對文則異,散文則同也。由“吉蠲為饎”以下又自為一段,亦以四“如”字結之,章法井井。上一段言天之福女者,無所不至;身體之固,由於行為之善也:“穀”字宜著眼。此段言神之福女者,隨在皆是;民間之休嘉,君王之恩澤也:“德”字宜著眼。

弔《傳》:“弔,至。”《節南山》:“不弔昊天。”《傳》:“弔,至。”《瞻卬》:“不弔不祥。”《箋》:“弔,至也。”案:“不弔昊天”訓為“不至昊天”,語氣牽強。《節南山箋》云:“至也,至猶善也。”《左氏春秋・哀十六年傳》:“昊天不弔。”注:“弔,至也。”語亦難通。《說文》:“弔,問終也。古之葬者,厚衣之以薪。从人持弓,會毆禽意。”[26]案:“弔”由“問終”起義,故“問”有弔義。諸書“昊天不弔”、“不弔昊天”,猶云“不問昊天”、“昊天不問”也。《周禮・世婦》注:“王使往弔。”《疏》:“致禮亦名為弔。”是也。《左氏春秋・襄十四年傳》:“有君不弔。”注:“弔,恤也。”案:“有君不弔”亦當讀如《周禮》“王使往弔”之“弔”也。[27]必至而後能致禮,故“弔”有至義。《說文》:“迅,至也。从辵,弔聲。都歷切。”音的。“弔”、“的”雙聲。“弔”為“問終”,亦引申為“他問”者,古人字少,吉凶不嫌同詞也。

質《傳》:“質,成也。”案:“質”即文質字,以下句“日用飲食”四字知之。鑿井耕田,胥忘帝力;稱觴介壽,齊上公堂:皆民之質也。然使普天之下能安其人道之常而盡其天倫之樂,所謂“比戶可封”者,人君得此,福莫大焉。下二句亦是神所以福之者,惟人君能自脩德,和氣薰蒸，始克臻此，故曰“群黎百姓，徧為爾德”。

恆《傳》：“恆，弦。”《釋文》：“恆，本亦作緪。”《正義》：“《集注》本、定本絙字作恆。”案：古字當作“亙”，俗作“亘”。作“緪”者，形聲字，俗亦作“絙”。作“恆”者，假借字，俗亦作“恒”。作“緪”者，形聲字之後出者也。《汗簡·二部》：“𠄢，出《說文》。”《顏氏家訓·書證》：“彌亙字从二間舟，《詩》云：‘亙之秬秠。’是也。今之隸書，轉‘舟’為‘日’，而何法盛《中興書》乃以舟在二間為舟航字，謬也。”據此，則“亙”本从舟从二也。“二”為古文“上下”字合體：“一”為古文“上”字，見《上部》“帝”字，則“一”為古文“下”字可知矣。舟不上則下，有以亙之，則横渡矣。亙，引也，此為“亙”字弟一義。《文選·吳都賦》：“亙以綠木。”[28]注：“亙，引也。”渡為弟二義。《文選·西京賦》：“亙雄虹之長梁。”薛注：“亙，徑度也。”《後漢書·張衡傳》：“北彌明光而亙長樂。”注：“亙，横渡也。”[29]“亙”亦訓為“竟”，亦“引”、“渡”二義引申之義。《漢書·諸侯王表集注》引孟康、《後漢書·竇建傳》注並云：“亙，竟也。”字亦作“緪”。《後漢書·蔡邕傳》：“折緪地之基。”注：“緪，與亙同。”《楚辭·東君》：“緪瑟兮交鼓。”注：“緪，急張弦也。”《文選·西都賦》：“北彌明光而亙長樂。”注：“亙與緪，古字通。”假借“恆”者，《生民》“恆之秬秠”、“恆之穈芑”，《傳》：“恆，徧。”《漢書·敘傳上》：“恆以年歲。”注引如氏：“恆音‘亙竟’之‘亙’。”其別作“緪”者，《方言·六》：“緪，竟也，秦晉或曰緪。”《文選·答賓戲》：“緪以年歲。”注引《方言》：“緪，竟也。”又引如氏：“緪音‘亙竟’之‘亙’。”詩言“如月之恆，如日之升”，猶言如月之亙天，一月一亙；如日之升天，一日一升也。無止息，無盡境也。《說文》作：“極，竟也。从木，恆聲。𠄢，古文極。”此其據也。

騫《傳》：“騫，虧也。”《說文》：“騫，馬腹縶徐鍇本作“熱”。《韻會》云：“舊韻注作縶，誤。”也。从馬，寒省聲。”案：“騫”从馬，為馬病，與“虧”義遠甚，“騫”當是“愆”之假借耳。《假樂》：“不愆不忘。”《春秋繁露·郊語》引作“不騫不忘”。《列子·黃帝》：“而已無愆。”《釋文》:“愆,本又作騫。”[30]《文選》劉越石《扶風歌》:“惟昔李騫期。”注:“騫,與愆通。”據此,則“騫”、“愆”字本相通,同聲假借也。“愆”訓“過”,引申之義訓“損”,閔損字子騫是也。“損”即“虧”矣,故“騫”有“虧”義。

或 《箋》:“或之言有也。如松柏之枝葉常茂盛,青青相承無衰落。”據《箋》說,“或”字仍無著落。《說文》:“或,邦也。从囗,即“圍”之古文。从戈以守一;一,地也。域,或又从土。”據此,則“或”乃“國”之古字。無不於爾國相承無衰落也。古者以口授經,“國”从或聲,傳經者據音而書於簡册,未可知也。又案:“或”訓為“有”,亦係古義;惟此字訓“有”,似非經義。

作 《傳》:“作,生也。”案:始而發生,繼而柔嫩,又繼而堅剛。前三章起興於薇者,其次弟如此,當自為一段。“彼爾維何”章又以常棣之華起興,言所望者“一月三捷”。祇五章為正面文章,指出“玁狁孔棘”,有不得不遣戍之勢。末章豫擬歸期,承首三章三“憂”字而結以“我心傷悲”。征人自心內悲痛,有他人所不及知、所不能言者,詩人俱一一代為描出,其體卹為真體卹,其感激亦為真感激矣。

莫 《箋》:“莫,晚也。”《釋文》:“莫,音暮,本或作暮。”案:《說文》:“莫,日且冥也。从日在茻中,茻亦聲。”古人不分四聲,故“莫”與“作”韻。“莫”讀去聲,亦與“作”入、去為韻也,絕非協韻。“莫”已从日,會意字;“暮”又从日,俗字也。方言薇生,即繼以歲莫,蓋豫擬歸期,並未至歲莫也。三章“陽止”意同。

疚 《傳》:“疚,病。”《釋名・釋疾病》:“疚,久也,久在體中也。”案:形聲字之會意者也。《說文》作:“宊,貧病也。从宀,久聲。”案:久在深屋之中,會貧病之意,即以“久”為聲,《說文》字較古矣。久,古音若“記”,故與“來”為韻。“來”讀“釐”音,平與去韻也。

爾 《傳》:“爾,華盛貌。”《釋文》:“《說文》作薾。”《說文》:“薾,華盛。从艸,爾聲。《詩》曰:‘彼薾惟何?’”案:《說文》:“爾,麗爾,猶靡麗也。”“爾”有“靡麗”義,故“薾”字从之。《詩》作“爾”者,用古文。

路 案:此"路"字亦當讀為露。《文選·長楊賦》:"今樂遠出以露威靈。"注:"露,暴露也。"字亦作"路"。《荀子·議兵》:"路亶者也。"注:"路,暴露也。"《詩》言靡麗者維何?其常棣之華乎!暴露者斯何?其君子之車乎!案:古字"露"、"路"通,詳《召南》。"斯何"與上句"維何"同意。

三 《箋》:"則庶乎一月之中三有勝功:謂侵也,伐也,戰也。"《釋文》:"三,息暫反,又如字。"案:今皆依《箋》讀如字,鮮有知讀"息暫反"者矣。

腓 《傳》:"腓,辟即"避"。也。"《箋》:"腓,當作芘。此言戎車者,將率之所依乘,戍役之所芘倚。"案:"腓"字,《詩》凡三見。此訓"辟"。《生民》:"牛羊腓字之。"《傳》:"腓,避"辟"為古文。也。"[31]《四月》:"百卉具腓。"《傳》:"腓,病也。"案:"腓"之本義,《說文》:"腓,脛腨也。从肉,非聲。"《易》:"咸其腓。"虞注:"腓,腳膞也。"又王注:"腓,體動躁者也。"《疏》:"腓,足之腓腸也。"又《釋文》引鄭注:"腓,膞腸也。"[32]以上皆"腓"之本義。據《四月》訓為"病",蓋"痱"之假借字,則此與"牛羊腓字之"二"腓"字亦當為假借字無疑。聲案:《說文》:"棐,輔也。从木,非聲。"《爾雅·釋詁》:"棐,俌即"輔"之古文。也。"《漢書·孔光傳集注》、《敘傳上集注》引應劭,並云:"棐,輔也。"《文選·幽通賦》:"實棐諶而相訓。"《思玄賦》:"用棐忱而祐仁。"舊注俱云:"棐,輔也。"案:"棐忱"字出《書》。《書·大誥》:"天棐忱辭。"《漢書·翟方進傳》作"天輔忱辭"。[33]又:"越天棐忱。"《翟方進傳》作"越天輔忱"。[34]聲谓:"棐"有"輔"義,故有"輔"音。"棐"、"輔",雙聲字也。"棐"與"腓",古為同聲字,例得通假。此"腓"字疑為"棐"之假借,輔也。言"駕彼四牡"之車,四牡既騤騤矣,此車固為君子之所依託,亦為小人之所輔助。古人最重車戰,每車至百人之多。除中軍一人、戎右一人、御一人為君子,其餘皆小人,皆輔助此車者,故曰:"君子所依,小人所腓。"《生民》"牛羊腓字之"之"腓",亦當是"棐"之假借,輔也。牛羊亦相輔助而字乳之,詳彼處。此二句言外有將士同心、行陣和穆、可操必勝之權意。

弭服 《傳》:“象弭,弓反末也,所以解紒也。魚服,魚皮也。”《箋》:“弭,弓反末彆者,以象骨為之,以助御者解轡紒,《說文》作“紛”。詳下。宜滑也。服,矢服也。”《禮·曲禮》注:“弭,頭也。”《釋文》:“弭,弓末也。”《儀禮·既夕禮》:“有弭飾焉。”注:“弓無緣者謂之弭。”《左氏春秋·僖二十三年傳》:“其左執鞭弭。”注:“弭,弓末無緣者。”《爾雅·釋器》:“弓無緣者謂之弭。”李注:“不以骨飾兩頭曰弭。”《文選·吳都賦》:“貝胄象弭。”劉注:“弭,弓末。”《藝文類聚》:“郭璞《毛詩拾遺》:‘弭,弓反末。’”《釋名·釋兵》:“弓,其末曰簫。又謂之弭,以骨為之,滑弭弭也。”諸書釋“弭”皆未有訓為“解紒”者,惟《說文》:“弭,弓無緣,可以解轡紛者。”與毛《傳》同。或者散文則“解轡紛”與“解紒”者亦謂之弭,所謂“執鞭弭以從事”是也;對文對“矢服”。則專訓“弓末”、“弓反末”也。服,《說文》作:“箙,弩矢箙也。从竹,服聲。”案:作“服”者,假借字。《周禮·司弓矢》:“中秋獻矢服。”[35]注:“服,盛矢器也。以獸皮為之。”《國語·鄭語》:“檿弧箕服。”注:“服,矢房也。”《齊語》:“服無矢。”注:“服,矢服也。”《史記·司馬相如傳》:“右夏服之勁箭。”《集解》引韋昭:“矢室名曰服。”又引呂靜:“步叉謂之服。”《漢書·五行志下之上》:“檿弧箕服。”注:“服,盛箭者,即今之步叉也。”《司馬相如傳上》:“右夏服之勁箭。”注引服儼:“服,盛箭器也。”[36]《釋名·釋兵》:“其受矢之器,以皮曰服,柔服之義也。”《文選·蜀都賦》:“俱服魚文。”劉注:“服,箭服。”《方言·九》:“所以藏箭弩,謂之服。”[37]據此,則服,矢箙也。《說文》又有“𨌲”字:[38]“車笭間皮篋。古者使,奉玉以藏之。从車珏,讀與服同。”其字亦假借“服”。《大東》:“不以服箱。”《傳》:“服,牝服也。”《周禮·車人》:“牝服二柯有參分柯之二。”司農注:“牝服,謂車箱。”《周禮·巾車》:“小服皆疏。”注:“小服,刀劍短兵之衣。”[39]據此,則“服”亦不專訓“矢服”也。或者對文對“弭”言。則專訓“矢服”,散文則“矢服”、“車服”、“小服”之通訓也。

戒 《箋》:“戒,警敕軍事也。……言君子、小人豈不日相警戒乎?誠日相警戒也。”案:本文祇“豈不日戒”四字,《箋》添一“乎”字,又添出"誠日相警戒也"句,殊非經義。《禮·曾子問》:"以三年之戒。"注:"戒,猶備也。"《左氏春秋·襄三年傳》:"不虞之不戒。"又《十三年傳》:"必易我而不戒。"《哀元年傳》:"惎澆能戒之。"注並云:"戒,備也。"《國語·晉語》:"君與二三臣其戒之。"注:"戒,備也。"《孟子·梁惠王下》:"大戒於國。"注:"戒,備也。"《公孫丑下》:"辭曰:'聞戒,'"注:"戒,有戒備不虞之心也。"承上文"弭"必以"象","服"必以"魚",非不可以日事豫備,奈玁狁之事甚棘何?要說一意殺賊,不惟室家之安寧不暇念,即服用之華美,亦不暇備矣。上章"一月三捷",所以鼓舞之;此章"玁狁孔棘",所以策勵之也。"日"字,《釋文》:"日戒,音越,又人栗反。"案:毛無《傳》。鄭氏讀"日戒"文義甚適,當依《箋》,讀"人栗反"。

昔《釋文》:"昔,《韓詩》云:'始也。'"案:昔,《說文》作:"𦠇,乾肉也。从殘肉,日以晞之。與俎同意。"聲谓:此亦假借字之有義意者。乾肉由濕肉而來,今日之乾肉,昔日之濕肉也,故借"昔"為昔日字。訓"始"、訓"往"、訓"古"與"久",又假借為昔日字後引申之義也。

霏《傳》:"霏霏,甚也。"《北風》:"雨雪其霏。"《傳》:"霏,甚貌。"案:"霏"即"霏霏"也,徐言急言之分也。《詩傳》兩見,皆訓為"甚"。今用為霏微字,非古義。

我《箋》:"上'我',我殷王也;下'我',將帥自謂也。"案:此二"我"並三句"謂我來矣",共三"我"字,皆對天子言。蓋承天子命,則王事皆我事矣,故慷慨直任曰我。

牧《爾雅·釋也》:"邑外謂之郊,郊外謂之牧。"《周禮·大宰》:"四曰藪牧,養蕃鳥獸。"注:"牧,牧田,在遠郊畜牧之地。"又《載師》:"以官田、牛田、賞田、牧田任郊遠之地。"注:"鄭司農曰:'牧田者,牧六畜之田。'牛田、牧田,畜牧家所受之田。"[40]《國語·周語》:"國有郊牧。"注:"牧,牧田,在遠郊畜牧之地。"[41]據此,則牧遠於郊。先言"牧"者,趁韻耳。聲谓:對文則"牧"與"郊"殊,散文則"牧"亦

“郊”也,故《疏》合“郊”、“牧”為一。《說文》:“牧,養牧牛人也。[42]从攴,从牛。”案:“牧”與“來”、“載”、“棘”為韻,入與平、上韻也。據此,“牧”字古音當讀若“冒頓”之“冒”,疑从“牛”得聲也。

方 《傳》:“方,朔方近玁狁之國也。”案:“方”字,讀。朔方近玁狁之國也。句。蓋“方”者,其地之專名,或即《六月》之“侵鎬及方”也;“朔方”者,其地之總名也。《正義》以“方”為“即朔方”,似非《詩》義。上篇言“玁狁”,一章重言“玁狁”,“方”如果“即朔方”,詩人又何妨重言“朔方”?又何必變言“往城于方”乎?“方”為北方地名無疑,“朔方”即北方也。亦見《書·堯典》。

襄 《傳》:“襄,除也。”《釋文》:“襄,如字。本或作攘,如羊反。”案:攘,《說文》以為揖攘字;讓,《說文》以為責讓字。此與《牆有茨》“不可襄也”“襄”字異,亦詳彼處。本揖攘字,《詩》作“襄”者,亦假借字。

載塗 《傳》:“塗,凍釋也。”案:《傳》意,“載”訓“始”,故以“塗”為“凍釋”。聲谓:經文“載”字有讀為“再”者,如“載寢載興”是也;有讀為“在”者,此詩是也。“黍稷方華”,季夏之時;“雨雪在塗”,季冬之時也。“載”為“在”之假借。“載”从𢦏,“𢦏”从才之聲義,“在”亦从才之聲意也,例得假借。古人專用為塗泥、塗附字,[43]作路塗字用者,假借字也。《周禮》借用“涂”,書傳亦作“途”。

簡書 《傳》:“簡書,戒命也。鄰國有急,以簡書相告,則奔命救之。”案:“簡書”即王命,天子命我之書也。簡書之畏,畏王命耳,畏天子之命耳。若鄰國之簡書,何畏之有?不曰“王命”——天子之命不斥言——示敬也,且趁韻也。

訊 《傳》:“訊,辭也。”《箋》:“訊,言。醜,眾也。”案:此“訊”字即《禮·王制》“以訊馘告”之“訊”。《禮》注:“訊馘,所生獲、斷耳者。”《疏》:“以生獲解‘訊’,以斷耳解‘馘’。按:《釋言》云:‘訊,言也。’故《詩》注云:‘執其可言問者。’《釋詁》云:‘馘,獲也。’訊是生者,馘是死而截耳者。”聲谓:“訊”乃“雋”之借字。《左氏春秋·宣十五年傳》注:“雋,絕異也。”《疏》引《辨名記》:“十人曰選,倍選曰雋。”

據此，則“訊”乃“僞”之假借字。“僞”、“訊”疊韻，故假借。“辭”與“言”皆“訊”之本義，似不合。《箋》云“執其可言問”者，未免望文生義矣。亦詳《皇矣》。案：前三章言出師城守，兩提“天子”，兩言“王事”；王命不敢稍有懈怠，已伏起“畏此簡書”“畏”字。不畏强虜而畏天子，後世惟郭汾陽、岳鄂王足以當之，此平虜之真精神，真本領也。自奉命以來，銘之肺腑；直至歸途，始為揭出：真能傳純臣心事。後二章雖分兩章，實一時事。見室家之思如此，凱旋之樂又如彼，直要在四方無事時看出一片蕩平光景。與物同春，其功豈小焉者哉？

嗣《箋》：“嗣，續也。”《子衿傳》：“嗣，習也。”案：“繼”已有“續”意，“嗣”又訓“續”，未免重複。當依毛訓“習”，言“王事靡盬”，其相繼而習於我者有日。言“日”者，不一日也。積日成月，曾幾何日，又屆陽月，故曰：“日月陽止。”首二章寫時物之變，閨中人分外驚心。“女心傷止”、“女心悲止”是此詩正面文字，“征夫遑止”、“征夫歸止”皆女心中算計之詞。三章說到父母要知女心之傷悲，雖父母亦不得而知，而且多方以解父母之憂。三章車敝馬病，末章“卜筮偕止”，“會言近止”，皆自解以解父母之詞。合而言之，仍是一個“女心傷悲”。有真性情而後有真文字，此類是也。

幝《傳》“幝幝，敝貌。”《釋文》引“《說文》云：‘車敝也。从巾單。’《韓詩》作綫，音同。”《說文》：“幝，車弊皃。从巾，單聲。《詩》曰：‘檀車幝幝。’”案：《韓詩》作“綫”。《說文》：“綫，偏緩也。”聲谓：“幝”即《禮·樂記》“其聲嘽以緩”之“嘽”，《漢書·劉陶傳》作“檀車嘽嘽”，皆假借字。《樂記》注：“嘽，寬緩也。”[44]《史記·樂書正義》：“嘽，寬也。”其字亦假借“單”。《列子·力命》：“墨杘、單至、單咺、憋懯四人。”注：“單咺，迂緩之皃。”[45]聲谓：“單咺”即“嘽緩”也。从“單”之字訓“緩”者，《說文》：“繟，帶緩也。从糸，單聲。”《廣雅·釋詁·二》：“繟，緩也。”《老子》：“繟然而善謀。”注：“繟，寬也。”《廣雅·釋詁·二》：“闡，緩也。”[46]今之“嘽”、“單”皆見上。皆訓“寬緩”，疑“幝幝”者，車敝聲也。車敝，則枘與鑿皆松而欲脫，故其聲“幝幝”然也。此亦無正字可用而終於假借者，故毛作“幝”，韓作“綫”，《漢書》作"嘽",並無正字也。以下三句皆慰其父母之語。女心自悲傷,奈上有雙親,不禁以自憂者憂及父母,又惟恐父母之知其憂,不能不破涕為笑,强作解事曰:"計此日我征夫之車已幝幝然敝矣,馬已痯痯然病矣,征夫之歸期想已不遠矣。"下章末三句以口說者無憑,又借卜筮以證之:征夫之日邇,"卜筮"、"會言",鑿鑿可據。如此,所以慰父母者至矣,而女心之悲傷愈無窮盡矣。詩人誠善體帖人情哉!

載《箋》:"君子至期不裝載,意不為來;我念之,憂心甚病。"案:此二句當合下二句,言征夫之歸已有日期,乃至期而不載不來,使我"憂心孔疚"。"載"即讀乘載本意,亦無不可。期逝而仍不至,能不多為之憂恤乎?蓋一面解於父母之前,曰"車敝馬病,征夫必不遠矣";又一面屈指記算"期逝不至":皆悲傷中情事所必有者矣。

近《崧高》:"往近王舅。"《傳》:"近,已也。"《箋》:"近,辭也,聲如'彼記之子'之'記'。"案:《說文》有"辺"字,訓:"古之遒人,以木鐸記詩言。从辵,从丌。……讀與記同。"據此,則《崧高》"往近王舅"當作"往辺王舅"矣,因形近而訛。馨谓:丌,本亦作"亓",隸作"边",與"近"形尤相似,此其所以誤也。近,及也。"卜筮偕止",言卜筮並問也;"會言近止"者,言卜與筮會合所言皆近也。據卜筮所說,則"征夫"可以"邇止"矣。"近"、"及"一聲。

且《箋》:"酒美而此魚又多也。"《釋文》:"有酒旨,絕句;且多,此二字為句。後章放此,異此讀則非。"段氏玉裁曰:"且,此也。"陳氏啟源曰:"《集傳》於'酒'字斷句,句法較渾成,但'旨多'、'多旨'、'旨有'六字皆承'酒'言,……文義未順。陳櫟言'多'、'旨'、'有'三字,上言'酒'而下言'物'者,見'物'與'酒'稱。語見《大全》。不知此篇言萬物盛多,酒成於人力,雖多有限,物僅與之稱,安在其盛多乎?源謂:'有酒'斷句,'多'、'旨'、'有'三字仍可說'魚'。三章各末句結上三句耳。酒既'旨'、'多'、'有',魚又'旨'、'多'、'有',[47]中俱用'且'字關兩意。下三章遂承'魚'而言,句法與文意皆無礙也。"馨谓:"君子有酒"斷句,"旨且多"言"酒";"君子有酒旨"斷句,"且多"亦言"酒"也。文義如此,不能强也。上三章疊言"鱨鯊"、"魴鱧"、"鰋鯉”，魚之盛多，已在言外。三言“君子有酒”，“旨且多”、“多且旨”、“旨且有”不過趁韻，無甚精義也。下三章提出“物”字推開說，言盛多之象，豈但“魚”與“酒”為然哉？推而至於一切物類：維其多矣，且不維其多而“維其嘉矣”；“物其旨矣”，且不維其旨而“維其偕矣”；“物其有矣”，且不維其有而“維其時矣”。章法句法，一氣渾成，恰是一个萬物盛多，可以備禮氣象。《序》言“始於憂勤，終於逸樂”，乃盛多之所由致，頌不忘規，此其所以為《雅》音也。

《南陔》三篇 《傳》：“有其義而亡其辭。”《箋》：“此三篇者，《鄉飲酒》、《燕禮》用焉，曰：‘笙入，立於縣中，奏《南陔》、《白華》、《華黍》。’是也。”案：笙詩，皆有詞者也，至毛公時已亡。先儒多謂其“有聲無詞”者，以《儀禮·鄉飲酒禮》：“工歌《鹿鳴》、《四牡》、《皇皇者華》。”《燕禮》同。又：“笙入堂下，磬南，北面立，樂《南陔》、《白華》、《華黍》。”《燕禮》作“笙入，立於縣中，奏《南陔》、《白華》、《華黍》”。說者謂《鹿鳴》三詩皆言“歌”，《南陔》三詩或言“奏”，或言“樂”，已不敢定其有聲有詞也。又：“乃間歌《魚麗》，笙《由庚》；歌《南有嘉魚》，笙《崇丘》；歌《南山有台》，笙《由儀》。”《燕禮》同。說者又因《魚麗》三詩皆言“歌”，《由庚》三詩不言“歌”，愈不能無疑焉。又：“乃合樂：《周南·關雎》、《葛覃》、《卷耳》，《召南·鵲巢》、《采蘩》、《采蘋》。”《燕禮》作“遂歌鄉樂：《周南·關雎》、《葛覃》、《卷耳》，《召南·鵲巢》、《采蘩》、《采蘋》”。聲谓：二《南》之六詩，或言“合樂”，或言“遂歌鄉樂”，以此知合詩於樂，詩必有詞者也。幸而六詩皆有其詞，亦幸而《燕禮》有“歌鄉樂”字，不然《周南》之六詩亦“有聲無詞”乎？又何疑於《南陔》六詩也？惟笙詩衹六篇，亡者適此六篇，此其不能無疑也。陳氏啟源辨之甚悉，以非鄙意，不錄。

校勘記

[1]“本作疋”，《釋文》作“字亦作疋”。

[2]“正，直也”，《說文·正部》作“正，是也”，《是部》作“是，直也”，吴氏當是以遞訓為釋。

[3]“雅，古正也”，《白虎通·禮樂》作“雅者，古正也”。

[4]“莖似箸而輕肥”，“肥”字原作“脆”；“可食”，“可”下脱“生”字。

[5]“苹秀”與“苹，馬帚也”，二“苹”字《夏小正》原作“荓”。

[6]“句踐嘗吴王溲惡後”，《吴越春秋·勾踐入臣外傳》原文作“越王從嘗糞惡之後”；“范蠡令左右食岑草，亂其氣”，“左右”下脱“皆”字，“亂”字上脱“以”字。

[7]“生澤中下地鹹處”，“生”上脱“蔓”字；“為草真實”，孔穎達《正義》作“為草嘉賓”，單行本陸《疏》作“為草真實”。

[8]“劉熙碑”，當作“劉熊碑”。

[9]“境界廣被之謂”，《秦譜疏》“謂”作“意”。

[10]“或案衍夷靡”，《文選·笙賦》“案”作“桉”。

[11]“夷而漸平也”，《文選·笙賦》注作“平而漸靡也”。

[12]“簫賦”，《文選》篇名作“洞簫賦”。

[13]“某固願聞命於將命者”，《少儀》“聞命”之“命”作“名”。

[14]“羽華振照”，《全宋文·闕名》“振”作“列”。

[15]“不，當作柎。柎，鄂足也”，二“柎”字《箋》作“拊”，下《釋文》“柎”字同。

[16]“不象萼蔕形”，《通志·六書略·象形第一·艸木之形》作“不，音跗，象華萼蒂之形”。

[17]“此與采同意”，《說文》“釆”作“采”。

[18]“相與唾而不受也”，“相與”下脱“語”字。

[19]“捊，引聚也”，“引”上脱“說文曰”三字。

[20]“狠”，《傳》作“很”，下《禮·曲禮》注“狠”字同。

[21]“出接賓曰儐”，《周禮·大宗伯》注“儐”字作“擯”。

[22]“祭束茆加於祼圭”，《說文》“茆”字作“茅”。

[23]“買酒也”，“酒”字衍。

[24]“从虫、罒，益聲”，大徐本《說文》“罒”字作“目”；“腐草為蠲”，《說文》“草”字作“艸”。

[25]“腐草化為螢、蚈”，畢沅校本《呂氏春秋》謂：“此書舊本作‘腐草化為螢、蚈’，衍‘螢’字。”

[26]“會歐禽意”，大徐本、桂馥本《說文》無“意”字，段注本、王筠本《說文》“意”字作“也”。

[27]“亦當讀如《周禮》‘王使往弔’”，“《周禮》”下疑脫“注”字，因上文明言：“《周禮·世婦》注：‘王使往弔。’”

[28]“亙以緣木”，《吳都賦》“亙”字作“亘”，下注“亙”字同；《吳都賦》“緣木”作“緣水”。

[29]案：《後漢書·張衡傳》無“北彌明光而亙長樂”語，但有“亘蠕龍之飛梁”句，注云：“亘，猶横渡也。”又《文選·西都賦》：“北彌明光而亙長樂。”注：“亙與緪，古字通。”吳氏誤牽合為一注。

[30]“本又作騫”，《釋文》“騫”字作“蹇”。

[31]“避也”，毛《傳》“避”字作“辟”。

[32]“膊腸也”，《釋文》引鄭注作“膞腸也”。

[33]“天輔忱辭”，《漢書·翟方進傳》作“天輔誠辭”。

[34]“越天輔忱”，《漢書·翟方進傳》作“粵天輔誠”。

[35]“中秋獻矢服”，《周禮·司弓矢》“服”字作“箙”，下注同。

[36]“服儷”，《司馬相如傳上》注引作“伏儷”。

[37]“謂之服”，《方言》卷九“服”字作“箙”。

[38]“‘琲’字”，“字”原作“子”，今據文意改。

[39]“小服”，《周禮·巾車》注作“小箙”。

[40]“畜牧家所受之田”，《周禮·載師》注作“畜牧者之家所受田也”。

[41]“牧，牧田，在遠郊畜牧之地”，《國語·周語》注作“牧，放牧之地也”。吳氏所引注文乃涉上文《周禮·大宰》注文而衍。

[42]“養牧牛人也”，段注本、大徐本《說文》皆作“養牛人也”。

[43]“古人專用為塗泥、塗附字”，“古人”之“古”字前當有“塗”字一字或“塗字”二字。

[44]“寬緩也”，《禮記·樂記》注作“寬綽貌”。

[45]“迂緩之皃”，《列子·力命》唐人盧重玄之《解》作“迂緩之狀”。見楊伯峻《列子集釋》。

[46]“闡,緩也”,《廣雅·釋詁》作“繟,緩也”。王念孫《廣雅疏證》謂:“繟,曹憲音闡,各本‘闡’字誤入正文,惟影宋本、皇甫本不誤。”王氏之説是也。

[47]“酒既‘旨’、‘多’、‘有’,魚又‘旨’、‘多’、‘有’”,陳氏啟源《毛詩稽古編》作“酒既‘旨’、‘多’、‘旨’,魚又‘多’、‘旨’、‘有’”。

詩小學卷十二

小　雅

保山吴樹聲學

南有嘉魚之什

南《傳》:“江漢之間,魚所產也。”案:經言“南有嘉魚”,猶之言“南有樛木”也。在詩人必有所指,豐鎬以南無地無水,無水無魚,必言“江漢之間”,恐非《詩》意。

烝《箋》:“烝,塵也。烝然,猶言久如也。”《釋文》引王注:“烝,眾也。”《東山》:“烝在栗薪。”《烝民》:“天生烝民。”《傳》並云:“烝,眾。”《漸漸之石》:“烝涉波矣。”《棫樸》:“烝徒楫之。”《思文》:“立我烝民。”《箋》並云:“烝,眾也。”《漢書・宣帝紀》:“天下烝庶。”[1]注:“烝庶,眾人也。”[2]又《中山靖王勝傳》:“此乃烝庶之成風。”注:“烝庶,謂眾人也。”《伍被傳》:“泛愛烝庶。”[3]注:“烝亦眾也。”聲谓:“烝”訓“眾”,本是古義。此經“烝”字當依王訓為“眾”也。

罩《傳》:“罩罩,籗也。”《釋文》:“罩,張教反,徐又都學反。《字林》竹卓反,云:‘捕魚器也。’”《爾雅・釋器》:“籗謂之罩。”《說文》:“罩,捕魚器也。从网,卓聲。”聲谓:“罩”本為捕魚器名,連用之似為“烝然”之貌。次章“汕汕”,《傳》訓“樔”。《說文》云:“魚游水皃。”是也。《匡謬正俗·七》:“可警之事為罩。”[4]又:“太原俗謂事不妥帖有可驚嗟為渴罩。”據此,則“罩”字之義可以略知矣。當依《字林》讀“竹卓反”。四句“式燕以樂”,當音“洛”,“罩”、“樂”古音自韻。詩為周詩,當從邠、岐人讀“卓”、“洛”,不當從幽、燕人讀“張教反”與“碌教反”也。《說文·魚部》引作“烝然鯙鯙”,徐鍇《系傳》曰:“鯙鯙,眾也。”案:《廣雅》作:“淖淖,眾也。”徐鍇本之。“罩”、“鯙”、“淖”皆从卓聲,故得假借。聲案:“掉”、“踔”亦从卓聲,或“掉”與“踔”之假借,未可知也。

汕《傳》:“汕汕,樔也。”《釋文》:“汕……,樔也。《說文》云:‘魚游水貌。’”《說文》:“汕,魚游水皃。……《詩》曰:‘烝然汕汕。’”《廣韻》:“汕,魚乘水上。”案:《廣韻》語蓋本《說文》,《說文》義較長,與上章“罩”字並為假借字。

又《箋》:“又,復也。”《正義》:“思皆為辭。燕又燕,頻與之燕,言親之甚也。”案:此“又”字當讀如“矧敢多又”之“又”,古讀“羽己切”,故得與“來”韻。此章以“來”字對“又”字,“來”有去而復來之意。嘉賓果然去而復來,我當燕而又燕,綢繆之情有加無已也。

臺《傳》:“臺,夫須也。”《爾雅·釋草》:“臺,夫須。”《御覽》引《毛詩題綱》:“臺,一名莎草也。”[5]案:《儀禮·鄉飲酒禮》:“乃間歌。”注:“《南山有臺》,言太平之治,以賢者為本。”與《序》意略同。言“南山有臺,北山有萊”,皆有用之材也。國家之所以治安者,亦賴有此賢材耳。“邦家之基”、“萬壽無期”,皆讚美之詞。下數章皆言木類,首章獨言草者,趁韻耳。其為有用之物,則一也。陳氏啟源曰:“此詩五章,而‘臺’、‘萊’、‘桑’、‘楊’、‘杞’、‘李’、‘栲’、‘杻’、‘枸’、‘楰’取興於卉木者凡十焉,皆以為賢者之喻也。《埤雅》縷而析之,各豎一義,持說甚僾。”聲以為以此說《詩》,仍未免鄰於固也。

遐《箋》:“遐,遠也。遠不眉壽者,言其近眉壽也。”案:《儀禮·士冠禮》:“永受胡福。”注:“胡,猶遐也,遠無窮也。”[6]聲謂:古者“遐”、“胡”同音。遐,古書多假借“胡”。《載芟》:“胡考之寧。”《傳》:“胡,壽也。”《周書·謚法》:“彌年壽考曰胡。”又:“保民耆艾曰胡。”

《左氏春秋·僖二十二年傳》:“雖及胡耇。”注:“胡耇,元老之稱。”以上“胡”字皆“遐”之假借字也。惟此經與“遐不謂矣”,又為“胡”之假借字。“胡不眉壽”、“胡不黃耇”,猶言何為乎不眉壽,何為乎不黃耇也。“胡”字乃“何為乎”三字之合音也,“胡”字長言之即得其音矣。亦假借“瑕”。《隰桑》:“遐不謂矣。”《禮·表記》引作“瑕不謂矣”,注:“瑕之言胡也。”《疏》:“胡,何也。”案:“瑕”、“遐”亦同音字。

艾《傳》:“艾,養。”《釋文》:“艾,五蓋反。”《鴛鴦》:“福祿艾之。”《傳》:“艾,養也。”《爾雅·釋詁》同。沈音“刈”。案:“艾”之義訓最多。有訓為“老”者,《禮·曲禮上》:“五十曰艾。”注:“艾,老也。”《周書·謚法》:“保民耆艾曰胡。”注:“七十曰艾。”《左氏春秋·定十四年傳》:“盍歸吾艾豭。”注:“艾,老也。”《釋名·釋長幼》:“五十曰艾。艾,乂也;乂,治也,治事能斷割芟艾,無所疑也。”[7]《方言·六》:“艾,長也。[8]東齊魯衛之間,凡尊老……或謂之艾。”此一義也。《爾雅·釋詁》:“艾,長也。”《孟子·萬章上》:“則慕少艾。”注:“艾,美好也。”《文選·東京賦》:“齊騰驤而沛艾。”薛注:“沛艾,作姿容貌。”《楚辭·少司命》:“竦長劍兮擁幼艾。”注:“艾,長也。”此又一義也。《庭燎》:“夜未艾。”《傳》:“艾,久也。”《訪落》:“朕未有艾。”《箋》:“艾,數。”《爾雅·釋詁》:“艾,歷也。”《廣雅·釋詁·一》:“艾,至也。”《小爾雅·廣言》:“艾,止也。”此又一訓也。《左氏春秋·哀十六年傳》:“是得艾也。”注:“艾,安也。”又《襄九年傳》:“艾,息也。”《漢書·王莽傳中集注》引應劭:“艾,安也。”此又一訓也。《小旻》:“或肅或艾。”《傳》:“艾,治也。”《孟子·萬章上》“自怨自艾”、又《盡心上》“有私淑艾者”注,又《孟子音義》丁《音》,並云:“艾,治也。”《史記·平津侯主父傳》:“海內艾安。”[9]《索隱》:“艾,理也。”《漢書·五行志上集注》引應劭,又《中之上集注》,並云:“艾,治也。”《漢書·五行志中之上》,又《匈奴傳下》,《集注》並云:“艾,絕也。”[10]《左氏春秋·昭元年傳》:“國未艾也。”注:“艾,絕也。”《管子·侈靡》:“地與他若一者,從而艾之。”注:“艾,謂減削也。”《廣雅·釋詁·一》:“艾,斷也。”[11]此又一義也。聲谓：訓“治理”，訓“絕”，訓“斷”，皆“乂”之假借。“乂”為“芟草”本字，“治理”與“斷絕”皆“芟艸”引申之義，餘皆假借字。訓為“養”者，其正字不知何字。以《孟子》“無尺寸之膚不愛也，[12]則無尺寸之膚不養也”，“愛”與“養”連文，“艾”疑即“愛”之假借字，未可知也。又據《烝民》：“愛莫助之。”《箋》：“愛，惜也。”《禮·表記》：“愛莫助之。”注：“愛，猶惜也。”《孟子·梁惠王上》：“百姓皆以王為愛也。”注：“愛，嗇也。”據此，則“艾”訓為“惜”與“嗇”，言能保護愛嗇其精神以為後日計也。“艾”為“愛”之假借字無疑。

斯 案：此與下篇“湛湛露斯”皆當讀如“有兔斯首”之“斯”。《瓠葉》：“有兔斯首。”《箋》：“斯，白也。今俗語斯白之字作鮮，齊魯之間聲近斯。”《正義》引：“《宣二年左傳》曰：‘于思于思。’服虔云：‘白頭貌。’字雖異，蓋亦以思聲近鮮，故為‘白頭’也。”此言長大之蕭若彼鮮白者，因零露湑湑然厚也。下數章放此。《湛露》言湛湛然露之鮮白者，固非陽不晞矣。俗儒不知其解，概以為虛字、語詞，置而不議，過矣。《周南》之“螽斯羽”、《七月》之“斯螽動股”，二“斯”字與此“斯”字略同。並詳《周南》。

譽處 《箋》：“是以稱揚德美，使聲譽常處天子。”聲案：“譽處”二字不甚連屬，鄭說終嫌牽強。疑“譽”者，“豫”之假借，樂也。《呂覽·孝行》：“天下譽。”注：“譽，樂也。”案：“譽”無“樂”義。訓為“樂”者，“豫”之借字。《孟子·梁惠王下》：“一遊一豫。”《左氏春秋·昭二年傳》服注作“一遊一譽”。《文選》王元長《曲水詩序》：“信可以優游暇譽。”[13]注：“譽，猶豫，古字通。”聲案：“豫”之本義為大象，為猶豫，作豫樂字用者亦借也，既可以借“豫”，亦可以借“譽”。此字亦終於假借，無正字也。“譽處”猶樂居也。言燕安而笑語兮，雖一日二日萬幾，是以有豫樂居處之時也。燕，《箋》本訓“飲燕”，以次章“孔燕豈弟”“燕”字不得通，故從陳氏啟源說，訓為“安”。

鞗革 《傳》：“鞗，轡也。革，轡首也。沖沖，垂飾貌。”案：“鞗革”二字見於《雅》者，此詩及《采芑》、《韓奕》；見於《頌》者，《載見》：凡四見。陳氏啟源曰：“鞗革，轡也。以絲曰轡，以革曰鞗，鞗之有餘而垂者曰革。”聲案：“鞗革”二字或作“鋚勒”，見《石鼓文》及《鐘鼎款識·寅簋銘》；或作“攸勒”，見《伯姬鼎銘》；或作“攸革”，見《南宮中鼎銘》及《宰辟父敦銘》。據《說文》：“鋚，鐵也。一曰：轡首銅。”薛尚功、王俅以下皆釋“攸”為“鋚”，“革”為“勒”。聲谓：合言之，鋚勒，轡首也，以革為之，以銅飾之；析言之，鋚，轡首銅也，故字从金，蓋以銅為飾，馬首動則有聲。故此經曰“沖沖”，《載見》曰“有鶬”，“有鶬”猶之“鶬鶬”，言其聲也。諸城丁氏大椿曰：“轡首之飾，當在馬口兩旁，橫豎作結，所以名勒，即以繫鑾。”勒，轡首也，以革為之，故字从革。《爾雅·釋器》：“轡首謂之革。”郭注：“轡，靶勒。”是也。“鋚勒”為本字，作“攸革”者用古文。意《詩》必有用古文作“攸革”者，俗儒不知其為古文，以“攸革”二字合為一字，因於“鞗”字下又增一“革”字。展轉傳訛，幾莫能是正矣。

和鸞《傳》：“在軾曰和，在鑣曰鸞。”《正義》曰：“在軾曰和，和亦鈴也，以其與鸞相應和，故《載見》曰：‘和鈴央央。’是也。在鑣曰鸞，謂鸞鈴置於馬之鑣。郭璞曰：‘鑣，馬勒旁鐵也。’言置鈴於馬口之兩旁。”當與“鞗革”下丁氏說參看。《史記正義》引服虔曰：“鸞在鑣，和在衡。”[14]《說苑·說叢》：“鸞設於鑣，和設於軾。馬動而鸞鳴，鸞鳴而和應，行之節也。”《漢書·五行志》：“登車有和鸞之節。”顏注：“和，鈴也，以金為之，施於衡上；鸞亦以金為鸞鳥而銜鈴焉，施於鑣上：動皆有聲，以為舒徐之節也。”[15]《左氏春秋·桓二年傳》：“鍚、鸞、和、鈴，昭其聲也。”注：“鸞在鑣，和在衡。”此“鸞”、“和”並言，皆與毛《傳》合者。至《禮·經解》：“升車，則有鸞和之音。”注：“鸞和，皆鈴也，所以為車行節也。《韓詩內傳》曰：‘鸞在衡，和在軾。’”《周禮·大馭》：“以鸞和為節。”注：“鸞在衡，和在軾，皆以金為鈴。”鄭氏皆本《韓詩》，與《毛詩》異，不取。阮氏元《揅經室一集·銅和考》曰：“古銅器中有下半長方形而空其下口以待冒者，上半橢圓，空中，如兩輪形，中含銅丸，望之離婁然。搖之，其丸鳴於兩輪中，其聲鶬鶬然。《考古圖》載《李氏錄》云：‘是漢武帝時舞人所執之鐃。’遂謂之‘漢舞鐃’，誤矣。……此乃古車之和鑾也。‘鑾’亦作‘鸞’。鄭氏注《戴記》云：‘鸞、和，皆鈴也。'又云:'鸞在衡,和在軾。'此據《大戴》而云然。謂鸞在衡之端,和在軾之前。此器近世流傳甚多。聲在濟南市肆曾得一枚,形製與阮説宛肖。以無銘字可考,近亦不知所之矣。其下空處,應即冒車前軾兩柱之耑,故有旁孔以待横貫,使不致脱。《韓詩傳》云:'升車則馬動,馬動則鸞鳴,鸞鳴則和應。'……《經解》云:'升車,則有鸞和之應。'[16]《左傳》云:'錫、鸞、和、鈴,昭其聲也。'皆此物也。'和'字乃'桓'字同音假借字。車前軾兩柱如桓楹和門然,若以為音聲之和則誤。"案:阮氏考"和"字,精確不移,故錄之。至於"鸞",《説文》作:"鑾,人君乘車,四馬鑣,八鑾鈴。象鸞鳥聲,和則敬也。"《左氏春秋·桓二年傳》注:"鸞在鑣,和在衡。"《正義》云:"鑣在馬口兩旁,衡在服馬頸上。"又云:"其鸞、和所在,則舊説不同。《毛詩傳》曰:'在軾曰和,在鑣曰鸞。'《韓詩內傳》曰:'鸞在衡,和在軾前。'鄭玄《經解》注取《韓詩》為説。《秦詩箋》云:'置鸞於鑣,異於乘車也。'其意言乘車之鸞在衡,田車之鸞在鑣。及《商頌·烈祖》之《箋》,又云:'鸞在鑣。'是疑不能定,故兩從之也。案:《考工記》:'輪崇、車廣、衡長,參如一。'則衡之所容,惟兩服馬耳。《詩》辭每言'八鸞',當謂馬有二鸞。若在衡,衡唯兩馬,安得置八鸞乎? 以此知鸞必在鑣,鸞既在鑣,則和當在衡。"案:當从毛説"在軾"也。案:《正義》説甚是,而未免詞費。聲唯以《秦風》"輶車鸞鑣"與夫屢言"八鸞"者證之,是謂以經證經。至"鑾"作"鸞"者,同音假借字;以為"象鸞鳥鳴聲",此又以其聲起義者,亦通。至《呂覽·孟春紀》:"乘鸞輅。"注云:"鸞鳥在衡,和在軾,鳴相應和。後世不能復致,鑄銅為之,飾以金,謂之鸞輅也。"《史記集解》引《續漢書·輿服志》:"鸞雀立衡也。"《正義》引皇侃云:"鸞,以金為鸞,懸鈴其中,於衡上以為遲疾之節,所以正威儀行舒疾也。"凡此皆望文生義,非古人本意矣。

厭 《傳》:"厭厭,安也。"《釋文》:"厭,於鹽反。《韓詩》作愔愔,和悦之貌。"《小戎》:"厭厭良人。"《傳》:"厭厭,安靜也。"《釋文》引《韓詩》亦作"愔愔"。[17]聲案:"厭"、"愔"雙聲字。《説文·心部》作:"㦔,安也。从心,厭聲。《詩》曰:'㦔㦔夜飲。'"案:"㦔"為形聲字,"厭"為假借字,古字當作"猒"。《說文》:"猒,飽也。从甘,从肰。"聲案:飽則安,故"猒"為古文。《小戎》訓"安靜",人安未有不靜者,"靜"義亦由"安"出也。《傳》云:"夜飲,私燕也。宗子將有事,則族人皆侍。不醉而出,是不親也;醉而不出,是渫宗也。"《正義》引:"《書傳》曰:'既侍其宗,然後得燕。燕私者何?而與族人飲。飲而不醉,是不親;醉而不出,是不敬。'與此《傳》同。毛、伏俱大儒,當各有所據而言也。"據《傳》與次章"在宗載考",當是天子燕同姓諸侯之詩耳。在天子,以同姓之禮待之,所以盡其款洽;在與燕者,雖同姓亦諸侯也,並不敢以同姓自居,所以致其恭敬。《箋》云:"此假宗子與族人燕為說爾。"恐非經義。

豐草 《傳》:"豐,茂也。"《箋》:"豐草,喻同姓諸侯也。"案:首章但言露之厚。湛湛然鮮白,狀露之厚也。下三章分言露之所在:一在"豐草",一在"杞棘",一在"桐椅"。以首章貫下三章,亦詩人之體例也。《箋》分三章為"同姓"、"異姓"與夫"二王之後",似非經義。

宗 《傳》:"夜飲必於宗室。"案:經一則曰"夜飲",再則曰"夜飲"。《傳》謂"夜飲必於宗室",毛公去古未遠,必有所據也。《書大傳》:"宗室有事,族人皆侍,終日。"《采蘋》:"宗室牖下。"《傳》:"宗室,大宗之廟也。"《白虎通·宗族》:"宗者,尊也。為先祖主者,宗人之所尊也。"宗雖尊,與宗人有一本之誼。燕飲之禮,得以盡其款洽,故有"夜飲"之禮。

考 《箋》:"考,成也。"《文王有聲》:"考卜維王。"《箋》:"考,猶稽也。"《易·履》:"視履考詳。"[18]虞注:"考,稽。"《易·復》:"中以自考也。"《釋文》引向秀注:"考,察也。"《周禮·大司馬》:"以待攷即"考"之假借字。而賞誅。"注:"考,謂考校其功。"《文選·東京賦》:"卜征考祥。"薛注:"考,問也。"以上皆古義也。"在宗載考"者,言燕飲在宗,雖得盡其款洽,亦有事於稽考;載,事也。下二章"莫不令德"、"莫不令儀"兩"莫不"字,皆"考"而知之也。此一句為通篇樞紐,所以承上而起下也。

杞棘 《易·姤釋文》引薛注:"杞,柳,柔韌木也。"《國語·楚語》:"若杞梓皮革焉。"注:"杞梓,良材也。"棘,《大東》:"有捄棘匕。"《傳》:"棘,赤心也。"《周禮·朝士》:"左九棘,孤、卿、大夫位焉。"注:"樹棘以為位者,取其赤心而外刺,象以赤心三刺也。"案:柔韌者,其性良堅;赤者,其心正也:故以興君子之令德。

桐椅 《箋》:"桐也,椅也,同類而異名。"《釋文》:"椅,於宜反,木名也。"《定之方中》:"椅、桐、梓、漆。"《傳》:"椅,梓屬。"《釋文》引《毛詩草木疏》:"梓實桐皮曰椅。"據此,則"椅"與"梓"類,與"桐"不甚類也。聲谓:此章衹重"其實離離"。言湛湛之露鮮而白者何在乎?其梧類之桐乎?其梓類之椅乎?其實離離然熟而下垂。"離離"有麗婁分明之義,故以興"令儀"。合上章,"德"與"儀"無一之"不令",非有心以考察之,不能知也。燕飲于宗者,豈徒飲酒云爾哉?

藏 案:藏者,諸侯受賜於天子而藏之於家也。諸侯有功,天子賜以彤弓,榮莫大焉。《左氏春秋·襄八年傳》:"晉范宣子來聘……,公享之……。季武子賦《彤弓》,宣子曰:'城濮之役,我先君文公獻功於衡雍,受彤弓于襄王,以為子孫藏。匄也,先君守官之嗣也,敢不承命?"按:諸侯受賜於天子,欲藏以示子孫,重之也。欲藏之,必先載之,"載"讀如"載寶而朝"之"載",榮君賜也。載之歸國,然後可以言"藏、櫜之",所謂什襲以藏也。字字鄭重,才見得非常榮寵。

一朝 《箋》:"一朝,猶早朝。"案:"一朝"字,所謂賞貴信,尤貴果也。

右 《傳》:"右,勸也。"《箋》:"右之者,主人獻之,賓受爵,奠於薦右。既祭俎,乃席末坐,卒爵之謂也。"案:毛訓為"勸",蓋以"右"為"侑"也。《周禮·大祝》:"以享右祭祀。"注:"右,讀為侑。"又:"令鐘鼓,右亦如之。"注:"右,讀亦當為侑。"案:"右"、"侑",同聲假借字,當依《傳》說。首章明說"饗之",次章"右"訓"勸",當讀為"所以勸士也"之"勸"。三章"醻",《正義》引王肅曰:"醻,報功也。"由"饗之"進一層說:凡有可以"勸之"者,即在此"一朝勸之";有可以"醻之"者,亦即在此"一朝醻之",絕無吝嗇、無游移也。"醻"比"勸"為實,亦一章深似一章也。

儀《箋》:"既見君子者,官爵之而得見也。見則心既喜樂,又以禮儀見接。"案:"既見君子",言得見君子而受其教育,原不必"官爵之"。此與下"錫我百朋"《箋》說未免呆相。《說文》:"儀,度也。"案:度即法度。既見君子,其樂可知,且有儀度可以為法。蓋賢材之作育,原有事實,固不僅以一見為快也。陳氏啟源引:"《東萊詩記》載呂氏之說曰:'長育人材之道固多術矣,而莫先於禮儀。禮儀者,内外兼養,非心過,行無所從入,此人材所以成也。故曰"菁菁者莪",廢則無禮儀。'旨哉斯言。"聲案:如此說《詩》,可謂一字不放過矣。

朋《箋》:"古者貨貝,五貝為朋。錫我百朋,得祿多,言得意也。"聲案:"錫我百朋",虛擬之辭,非實事。極言樂與喜之至,不啻錫我以百朋也。首章言"樂",喜形於外也,故云"有儀";次章言"喜",樂聚於中,故言"我心";三章喜與樂並,不啻百朋之賜;四章言各得所用,無不休美也:前三章一意,後一章亦一意也。案:"朋"即古文"鳳"字,篆作"𠕋",借以為朋友字,詳《七月》。人與人為朋,故亦為朋比字。兩貝謂之朋者,即朋比字也。《正義》引《食貨志》:二貝為朋,大、牡、么、小凡四等;其不成貝者,亦不稱朋。《箋》云:"五貝為朋。"蓋撮舉之詞也。

沈浮《傳》:"載沈亦沈,載浮亦浮。"《箋》:"舟者,沈物亦載,浮物亦載。"《正義》引:"'載飛載止'及'載震載育'之類,《箋》、《傳》皆以'載'為'則'。……《傳》言'載沈亦沈',[19]《箋》云'沈物亦載',則以'載'解義,非經中之'載'也。"聲谓:《正義》太泥,古人字少,一字有作數字用者,況"乘載"乃"載"之本義乎?詩言制楊木為舟,泛泛於水中。可以受重載者,其載即沈;可以受輕載者,其載即浮。蓋隨材器,使不拘一格,方為能長育人材也。人材無不用,故既見君子,我心則休美也。"沈浮"猶"重輕"也。《文選·登廬山香爐峰》詩注引蔡邕《月令章句》:"沈者,雲之重也。"《國語·楚語》:"教之樂,以疏其穢而鎮其浮。"注:"浮,輕也。"案:以重為沈,以輕為浮,今俗語尚然。

棲《傳》:"棲棲,簡閱貌。"案:字本作"栖"。《論語·憲問》:"丘何為是栖栖者與?"《文選·答賓戲》:"棲棲皇皇。"[20]注:"棲皇,不安居之意也。"《論語》雖無訓釋,以上下文義求之,"栖栖"亦"皇皇"之意,故《疏》曰:"栖栖,猶皇皇也。"言時至六月,棲棲然不得安居也。

飭《傳》:"飭,正也。"案:字本作"勑"。《楚茨》:"既匡既勑。"[21]《傳》:"勑,固也。"《書·益稷》:"勑天之命。"《傳》:"勑,正也。"《爾雅·釋詁》:"倫、勩、邛、飭。"[22]《釋文》:"勑,本又作飭。"《古易音訓》:"《字林》飭作勑。"《史記·五帝紀》:"信飭百官。"《集解》引徐廣:"飭,古敕字。"《樂書》:"復亂以飭歸。"[23]《禮·樂記》作"復亂以勑歸"。《漢書》"勑"字,[24]注皆云"敕,讀飭",[25]亦曰"敕,與飭同"。《呂覽·孟春》:"田事既勑。"[26]注:"飭,讀作敕。"《季冬》:"乃與卿大夫飭國典。"注:"飭,讀曰敕。"又《音律》:"修法飭刑。"注:"飭,讀如勑。"[27]《匡謬正俗》:"飭,音與勑同。"據此,則"敕"與"飭"本通字。聲谓:以字義求之,"敕"字較古於"飭"矣。明六書者自知之,無勞辭費。

常服《傳》:"日月為常。服,戎服也。"《箋》:"戎車之常服,韋弁服也。"聲谓:"常服"即尋常之服。要知當日倉卒聞警,時則盛夏。一聞師期,人已栖栖,馬已騤騤。忠勇之臣,唯恐賊兵深入,聞命即行,連自己衣甲亦不暇製,故曰"載是常服"。次章言馬不能不閑習,乘此六月暑天,速成我之戎服,迨我之戎服一成,即往三十里之處駐紮以聽王命。三章言車馬之盛,不特"我服既成",且"共武是服"(之,是也)。詳《天保》。服既同,心亦當同。"以定王國",有同心也。三、四章言所到之處有功;末章愷旋,行飲至之禮。前三章寫趨事之急,一心要"匡王國"、"佐天子"、"定王國",皆王事也;而匡之,佐之,定之,則皆我事也。寫忠臣勇於任事,與少年孟浪者迥殊。後三章鋪張撻伐而以"文武"作收束,要寫得儒將功名決非倖致。末結以"孝友"二字,求忠臣者必於孝子之門,末句是通篇點睛處。

急《箋》:"故王以是急遣我。"《鹽鐵論》引作"我是用戒",顧氏炎武曰:"當從之。"戴氏震曰:"戒,猶備也,治軍事為備禦曰'戒'。

譌作'急',義似劣,於韻亦不合。"聲谓:此亦"茍"之訛字也。《說文》:"茍,自急敕也。"《爾雅·釋詁》:"寁、駿、肅、亟、遄,速也。"《釋文》:"亟,字又作茍,同居力反。經典亦作棘,同。"案:"茍"為正字,"亟"、"棘"為同聲字。亦或作"悈"。《釋言》:"悈,急也。"《釋文》:"悈,本或作極,又作亟,同紀力反。"段氏玉裁曰:"靈運《撰征賦》:'宣王用棘於玁狁。'[28]是六朝時《詩》本有作'我是用棘'者。"案:《詩》:"匪棘其欲。"[29]《箋》:"棘,急也。"亦別作"革"。《禮·禮器》引《詩》:"匪革即"棘"。其猶。"注:"革,急也。"案:《論語》"棘子成",《漢書·古今人表》作"革子成"。案:"革"與"茍"疊韻,亦例得假借也。字亦作"悈"。《素冠》:"棘人欒欒兮。"《傳》:"棘,急也。"《正義》:"棘,急也,《釋言》文,彼棘作悈,音義同。"又《江漢》:"匪疚匪棘。"《箋》:"棘,急。"《正義》:"棘,急,《釋言》文,彼棘作悈,音義同。"案:"悈"從戒聲,"戒"、"茍"雙聲字也。"茍"為本字,"戒"、"亟"、"極"、"棘"、"革"、"悈"皆為假借字。原本不知假借何字,後人因其意遂改其字耳。"茍"有急義,故假借之字皆訓為"急"也。"玁狁孔熾"而云"我是用茍"者,蓋不以國事視之,而直以己事視之,故一聞命即"自急敕"聽侯出征。如此存心,蓋已操必勝之權矣。

于《箋》:"于,曰。"案:此"于"字亦當訓為"曰,詞也",詳《黃鳥》、《燕燕于飛》。或亦"云"字之訛,詳《秦風》。《正義》:"鄭以王不親征,吉甫述王之辭,故言'王曰'。毛氏於《詩》言'于'者,多為'於'為'往',所以為王自征耳。"《正義》意似右毛,不知"于"、"曰"一聲,"于"之篆文又與"云"近也。

茹《箋》:"茹,度也。"《柏舟》:"不可以茹。"《傳》:"茹,度也。"案:此"茹"字與《柏舟》、《烝民》、《臣工》俱異。《文選·魏都賦》:"神惢形茹。"注:"形屈曰惢,物自死曰茹。"孔稚圭《陳通和表》:"多設疑兵,使精銷而計亂;固列金湯,使神茹而慮屈。"亦與此"茹"字同義。言玁狁非柔茹也,公然"整居焦穫,侵鎬及方,至于涇陽"矣。"玁狁非茹",猶之"玁猶孔熾"也。變言"匪茹"者,取"茹"與"穫"韻耳。若訓"茹"為"度","玁狁匪度",其說為難通矣。餘詳《柏舟》、《臣工》。

整《箋》："乃自整齊而處周之焦穫，來侵至涇水之北，言其大恣也。"《說文》："整，齊也。"《鴻烈解·覽冥》："為整齊而斂諧。"注："整齊，不差也。"《呂覽·簡選》："行陣整齊。"注："整齊，周旋進退也。"當依《箋》說：玁狁大恣，敢整齊而居於焦穫也。

織文《箋》："織，徽織也。"《釋文》："織，音志，又尺志反。"案："徽織"字當作"識"。《說文》："徽，識今大徐亦訛作"織"。也，以絳徽帛箸於背。从巾，微省聲。"又："卒，衣有題識者。"《周禮·司常》："掌九旗之物名，各有屬。"注："物名者，所畫異物則異名也。屬，謂徽識。"《左氏春秋·昭二十一年傳》："揚徽《說文》引作"微"。者，公徒。"注："徽，識也。"案：《釋文》"音志"，即"識"字之本音也。作"織"者，假借字；作"幟"者，後世字。文，飾也。《禮·玉藻》："大夫以魚須文竹。"注："文，猶飾也。"《孝經》："言不文。"《釋文》："文，文飾也。"鳥章，《傳》："鳥章，錯革鳥為章也。"《箋》："鳥章，鳥隼之文章。將帥以下，衣皆著焉。"言徽識之文，以鳥隼為程式，將帥以下箸之以為信，且以示別也。《抑》："維民之章。"《傳》："章，表也。"《國語·周語》："余敢以私勞變前之大章。"又《晉語》："王，章也。"注："章，表也。"《素問·氣交變大論》："政令者，氣之章。"注："章，程也，式也。"

白旆央央《傳》："白旆，繼旐者也。央央，鮮明貌。"案：《公羊春秋·宣十二年傳疏》引孫氏曰："帛續旐末，亦長尋，《詩》云：'帛旆英英。'是也。"《正義》："以帛為行旆。"知孔作《疏》時經尚作"帛旆"也。旆，《釋文》："茷，本又作旆，[30]蒲貝反，……《左傳》云'蒨茷'是也。一曰：旆與茷，古今字殊。"《正義》："茷與旆，古今字也，故《定四年·左傳》'蒨茷旃旌'，亦旆也。"央，《公羊疏》引《爾雅注》作"英"。《釋文》："本亦作英。"[31]聲謂："白"當依《公羊疏》引《爾雅注》作"帛"；作"白"者，假借字。"旆"亦作"茷"者，[32]亦假借。央，當作英，讀於良反；作"央"者，用古文。《正義》："九旗之物皆用絳，則此亦絳也。言'白當作"帛"。旆'者，謂絳帛，猶通帛為旃，亦是絳也。"據此，則"白旆"益當為"帛旆"無疑。央央，《傳》訓為"鮮明貌"。聲案：《出其東門正義》："（《傳》）言'荼，英荼'

者,《六月》云:‘白旆英英。’是白貌。茅之秀者,其穗色白。”據此,則“英英”字取義於“茅”,當从艸作“英”無疑。

佶 《傳》:“佶,正也。”《箋》:“佶,壯健之貌。”《說文》:“佶,正也。从人,吉聲。《詩》曰:‘既佶且閑。’”聲谓:吉人為善,正也。“佶”从人吉,故有“正”義,此會意字也。《文選·東京賦》:“既佶且閑。”薛注:“佶,健也。”案:薛君傳《韓詩》,故與毛異。《箋》亦本《韓詩》,毛義為優矣。

大原 《傳》:“言逐出之而已。”《國語·周語》:“宣王料民於太原。”顧氏炎武曰:“必不料之于晉國。”是也。此詩言周地者五,戴氏震曰:“玁狁既‘整居焦穫’,[33]乃‘侵鎬及方,至于涇陽’,則焦穫在外,鎬、方、涇陽在內。下章言‘薄伐玁狁,至于太原’,[34]卒章言‘來歸自鎬’,則焦穫、鎬、方在太原、涇陽之間。王師逐之,至太原後仍軍于鎬,平定然後歸也。涇陽,漢安定郡朝那涇陽之地,今平涼府平涼縣;太原即安定郡高平,今平涼府固原州。後儒不審地形,以晉陽之太原、池陽之瓠中牽合誤證。”案:戴氏之說明白如畫,可謂熟悉形勢者矣。以經證經,故亟錄之。

永久 《箋》:“王以吉甫遠從鎬地來,又日月長久。”案:經明言“我行永久”,似不必再從王一邊說。丁氏大椿述其庭訓曰:“我行永久,不是悲傷語,乃自慚不能早平寇賊,以貽天下憂。”聲案:如丁說方是純臣心口。

友 《箋》:“使其諸友恩舊者侍之。”案:《箋》說是也。天子燕功臣並召其好友,與之共燕以盡歡,且於常牲之外加以珍羞。天子眷念功臣,體恤之意有加無已,恩至渥也。或以“友”為天子之友,又或以“燕”為吉甫私燕,不惟非《詩》意,而且索然無味。此“友”為朋友字,下“友”為孝友字,連用不妨也。篇末特標出“張仲孝友”,不知其人,視所友,此足見平日之篤於孝,宜臨事之能盡其忠也。

畝 案:畝,古音若每。《說文》本作:“晦,六尺為步,步百為晦。从田,每聲。畞,晦或从田、十、久。”畝,本音每,與“師干之試”、“乘其四騏”“試”“騏”二字為韻,上、去、平三聲為韻也。次章“于此中鄉”、“旂旐央央”、“約軝錯衡”為韻，惟此章以下不轉韻，上章又轉入聲韻為少異耳。

師干 《傳》：“師，眾。干，扞。”案：《兔罝》之“武夫”，若長城之可恃，故曰“干城”；《采芑》之“元老”，為眾人所托命，故曰“師干”。

奭 《傳》：“奭，赤貌。”《瞻彼洛矣》：“韎韐有奭。”《釋文》：“奭，赤貌。”《說文》：“奭，盛也。从大，从皕，皕亦聲。”《七略》“鄒赫子”，《漢書》作“鄒奭”，五臣《文選注》亦作“鄒奭”。《爾雅·釋訓》：“赫赫、躍躍，迅也。”《釋文》：“赫……，舍人本作奭。”據此，則古音“奭”、“赫”同聲，“奭”乃“赫”之假借，“路車有奭”、“韎韐有奭”皆當作“有赫”。《簡兮》：“赫如渥赭。”《傳》：“赫，赤貌。”“赤”有顯盛之義。《生民》：“以赫厥靈。”《傳》：“赫，顯也。”《申子·墾令》：“然則商估少，農不能喜酣奭，大臣不為荒飽。”[35]案：此“奭”字亦假借字。酣奭，與《詩》之“赫咺”意略同。《漢書·竇嬰傳》：“有如兩宮奭將軍。”注：“師古曰：‘奭，怒貌也，音赫。’”惟此“奭”字為正字，亦假借“赫”。《詩·皇矣》：“王赫斯怒。”《箋》：“赫，怒意。”“奭”从夰，即“亢”之古文；詳《六書故》。从皕聲，“皕”即“逼”之古文：會意兼形聲字也。“韎韐有奭”，《白虎通》引作“韎韐有赩”，“赩”即“赫”之別體，形聲字之晚出者也。

簟茀 《箋》：“茀之言蔽也，車之蔽飾象席文。”案：《載驅》：“簟茀朱鞹。”《傳》云：“簟，方文席也。車之蔽曰茀。諸侯之路車，有朱革之質而羽飾。”據此，則簟，一也；茀，一也；朱鞹，一也。此經之“簟茀魚服”，句法與之同；亦當分為三，不當訓為二也。《載驅正義》云：“下莞上簟，‘簟’字从竹。用竹為席，其文必方，故云‘方文席也’。車之蔽曰茀，謂車之後戶也。”聲案：《碩人》：“翟茀以朝。”《周禮·巾車》注引作“翟蔽以朝”。“茀”、“蔽”古音近，故假借。《韓奕》之“簟茀錯衡”，《箋》云：“簟茀，漆簟以為車蔽，今之藩也。”聲谓：此經與《韓奕》無《傳》者，毛意以《載驅》已有《傳》，《采芑》、《韓奕》勿須再見，省文也。當依《載驅傳》分為三，言在車則有“簟”、有“茀”、有“魚服”,在馬則有“鉤膺”與“鞗革”也。

央 案:《出其東門正義》引《六月》“白旆英英”,《公羊春秋·宣十二年傳疏》引孫氏“帛旆英英”,“央央”皆作“英英”。英英者,鮮明貌,如英荼之秀。此與“帛旆英英”極相似,據字仍當作“英”,仍讀於良切。

瑲 《傳》:“瑲瑲,聲也。”《釋文》:“瑲,本亦作鎗,七羊反。”《烈祖》:“八鸞鶬鶬。”《載見》:“鞗革有鶬。”二詩皆作“鶬”。《韓奕》:“八鸞鏘鏘。”《有女同車》:“佩玉將將。”《庭燎》:“佩玉將將。”[36]又皆作“將”。聲谓:“鶬”、“將”皆假借字,“瑲”、“鎗”皆形聲字,“鏘”又形聲字之後出者也。“有瑲”與“有鶬”同,蔥珩之聲也。《釋文》:“瑲,本又作創,亦作鎗,同皆七羊反。”[37]案:此亦純取音者,故假借字居多。

蔥 《傳》:“蔥,蒼也。三命蒼珩,[38]言周室之强,車服之美也。”《說文》:“蔥,菜也。从艸,悤聲。”《禮·玉藻》:“三命赤韍、蔥衡。”注:“青謂之蔥。”《爾雅·釋器》孫注:“蔥,青之異色。”案:珩有蔥色,故謂之“蔥珩”,猶綬有艾色,故謂之“艾綬”也。

隼 《箋》:“隼,急疾之鳥也。”《說文》:“雕,祝鳩也。从鳥,隹聲。隼,雕或从隹、一。一曰鶉字。”案:“隼”與“雕”異,陳氏啟源辨之詳矣。《六書故》侗案:“《說文》不以隼為鷙鳥,而《詩疏》引《說文》乃曰:‘隼,鷙鳥也。’《說文》固多異本邪?”聲案:《詩正義》引《說文》:“隼,鷙鳥也。”乃真正古本。《箋》云:“隼,急疾之鳥也。”陸璣云:“隼,鷂屬也。齊人謂之‘擊征’,或謂之‘題肩’,或謂之‘雀鷹’。”《禮·月令》:“鷹隼早鷙。”[39]《詩·魚麗傳》:“鷹隼擊,然後罻羅設。”薛綜《西京賦》注:“隼,小鷹也。”《禽經》:“鳥之小而鷙者皆曰隼。”據諸書定為:隼,鷂屬,鷙鳥也。亦名“雀鷹”,以其擊雀有準,故从隹,从丨,指事兼形聲字也。“丨”即“準”之古文,古文倒正不拘。立“丨”以取正,或上或下,以至左右前後無不可者。詳《六書敚》“丨”下。鷹鸇之搏擊不能無失,獨隼有準,故每發必中,古之制字者或以此與!《禽經》:“隼以尹之。”“隼”、“尹”疊韻,“隼”字之古音亦可以知矣。

淵《傳》:"淵淵,鼓聲也。"《那》:"鞉鼓淵淵。"《說文·鼓部》引作"鼘鼓鼘鼘。"段氏玉裁《毛詩小學》引吳氏棫《協韻補音序》曰:"《詩音》舊有九家,陸德明定為一家之學。開元中修《五經文字》,'我心慘慘'為'懆','伐鼓淵淵'為'鼘'。"亦別作"鼝",本詩崔靈恩《集注》作"伐鼓鼝鼝"。《魯頌》:"鼓咽咽。"《釋文》:"咽,本又作鼝,今誤作"淵"、"鼓"二字。同。"亦假借"咽"。《魯頌·有駜》:"鼓咽咽。"《傳》:"咽咽,鼓節也。"《文選·東京賦》注亦引作"鼓鼝鼝"。聲谓:作"淵"者,假借字;作"鼘"者,形聲;作"鼝"者,形聲字之後出者也;作"咽"者,亦假借字。

闐《箋》:"又振旅伐鼓闐闐然。振,猶止也。旅,眾也。"《說文·口部》引作"振旅嗔嗔",《魏都賦》引作"振旅軥軥"。案:"闐"為假借字,"嗔"、"軥"為形聲字。又據"嗔"字从口,當為人眾喧嘩之聲;"軥"字从車,當為車眾殷轔之聲。《漢書·游俠·原涉傳》:"人無賢不肖闐門。"注:"闐,字與實同。"案:此"闐"字本義也。

蠢《傳》:"蠢,動也。"《釋文》:"蠢,尺允反。《爾雅》:'不遜也。'"《爾雅·釋詁》:"蠢,作也","動也"。《釋訓》:"蠢,不遜也。"《說文》:"蠢,蟲動也。"《玉篇》云:"蠢,動也,作也。"陳氏啟源曰:"然則'動'其本義而借為'不遜'與!"聲谓:惟其亂動,所以不遜。不遜者,由"動"義引申而出也。北魏目柔然為"蠕蠕","蠕"與"蠢"意略同。

老《傳》:"五官之長,出於諸侯,曰天子之老。"陳氏啟源曰:"'元老'之稱,自以'方叔'官爵言,不言其齒也。"《禮·王制》:"屬於天子之老二人。"注:"老,謂上公。"又《曲禮下》:"自稱於諸侯,曰'天子之老'。"《周禮·地官·序官》:"鄉老。"注:"老,尊稱也。"《儀禮·士相見禮》:"大夫、士則曰'寡君之老'。"《聘禮記》:"延及二三老。"注:"大夫曰老。"《士昏禮》:"授老雁。"注:"老,群吏之尊者。"《論語·憲問》:"為趙魏老。"《集解》引孔注:"家臣稱老。"聲案:元老雖不論齒,然師貞,丈人則吉。自古元勳總不出於少不更事之人,所謂元老者,未始不兼齒與德言也。

焞《傳》:"焞焞,盛也。"《釋文》:"焞,吐雷反,又他屯反;本又作啍,同。"《漢書·韋玄成傳》引作"嘽嘽推推"。案:作"推"者即《釋文》"吐雷反"之借字也,《韓詩》也。《廣韻》:"蓷,車盛貌。"據下句"如霆如雷",則"焞焞"亦車盛聲也。經用"焞",假借字;《漢書》作"推",亦同聲假借字;《廣韻》作"蓷",形聲字之後出者也。"戎車"三句,"雷"字韻;"顯允"三句,"威"字韻。上六句三韻,下六句兩韻,最分明。

攻《傳》:"攻,堅。"《鶴鳴》:"可以攻玉。"《傳》:"攻,錯也。"《靈臺》:"庶民攻之。"《傳》:"攻,作也。"《書·甘誓》:"左不攻于左。"《傳》:"攻,治也。"《周禮·瘍醫》"凡療瘍,以五毒攻之"注、《國語·楚語》"庶民攻之"注,並云:"攻,治也。"聲案:攻玉,治玉也,"庶民攻之"即庶民治詳上。之也。"攻"訓"治",古義。毛曰"堅"者,治之使堅也,引申之義也。《石鼓文》作"我車既工",字、義均為古矣。

同《傳》:"同,齊也。宗廟齊豪,尚純也;戎事齊力,尚强也;田獵齊足,尚疾也。"聲案:古無"毫"字,毫毛字亦作"豪","齊豪"謂齊其毛色。陳氏啟源以"乘黃"、"駟驪"等為"齊色","四牡"、"乘駒"為"齊力",獨"齊足"不言"駟"、"乘"。聲案:《清人》之"駟介陶陶",《傳》:"陶陶,驅馳之貌。"《四牡》之"四牡騑騑",《傳》:"騑騑,行不止之貌。"《采薇》之"四牡翼翼",《傳》:"翼翼,閑也。"以及《六月》之"四牡既佶,既佶且閑"、《卷阿》之"君子之馬,既閑且馳",《傳》雖未明言"齊足",而齊足之意已在言外。此篇雖言田獵,然有會同戎事在內。所謂"同"者,必兼"三齊"言無疑。

龐《傳》:"龐龐,充實也。"案:《說文》祗有"厖"字,訓"石大也"。《爾雅·釋詁》:"厖,大也。"《方言·一》:"厖,深之大也。""自關而西,凡大貌謂之厖。"[40]《國語·周語》:"敦厖純固。"注:"厖,大也。"《玉篇》始有"庬"字,"豐也,有也,厚也"。《鴻烈解·俶真訓》:"通乎無整而復往於敦龎。"[41]案:《鴻烈解》猶从厂,不从广也。此字當从《爾雅》、《說文》作"厖",訓"大",引之有"豐"、"厚"意。《玉篇》作"庬"者,上形訛作"广";《鴻烈解》作"龎"者,下形訛作"龍";今

《詩》作“龐”，上、下形俱訛。古人“厖”、“龐”同音。《長發》：“為下國駿厖。”《荀子·榮辱》引作“為下國駿蒙”，此其據也。

甫《傳》：“甫，大也。”《箋》：“甫草者，甫田之草也。”《釋文》：“甫，毛如字，大也；鄭音補，謂圃田，鄭藪也。”聲谓：鄭訓為“圃田”，猶言東有圃田之草也。圃田在鄭地，鄭伯受封以後，《太叔于田》“叔在藪”即其地也。《韓詩》作“圃田”，毛用古文。陳氏啟源曰：“圃田，《水經注》作‘甫田’，其水為‘甫水’，尤足為證。”云。

狩《疏》：“而往狩獵於彼。”《說文》：“狩，犬田也。从犬，守聲。”《爾雅·釋天》：“冬獵為狩。”後世注疏家皆本之，訓“狩”為田獵事矣。聲考《詩·崧高箋》：“因主方嶽巡守之事。”《時邁序》：“巡守告祭柴望也。”《釋文》俱云：“守，本作狩。”《書·舜典》：“東巡守。”《周官》：“王乃時巡。”《傳》、《釋文》俱云：“守，本作狩。”《禮·王制》：“五年一巡守。”《曾子問》：“天子巡守。”《祭義》：“天子巡守。”《釋文》俱云：“守，本作狩。”《周禮·太宰》注：“謂王巡守在外時。”《釋文》：“守，本作狩。”《左氏春秋·莊二十一年傳》：“王巡虢守。”《公羊·隱八年傳》注：“巡守祭天。”《穀梁·隱十一年傳》注：“謂巡守。”《釋文》俱云：“守，本作狩。”《孝經》：“五年一巡守。”《釋文》：“守，本作狩。”據此，則“巡守”字本亦作“狩”。又據《易·明夷》：“明夷于南狩。”注：“狩者，征伐之類。”《左氏春秋·僖二十八年經》：“天王狩于河陽。”《孟子·告子下》：“天子適諸侯曰巡狩。”又《梁惠王下》：“天子適諸侯曰巡狩。巡狩者，巡所守也。”《說苑·修文》：“巡狩者，巡其所守也。”《白虎通·巡狩》：“狩者，牧也。”《漢書·刑法志》、《郊祀志上》，《集注》並云：“狩，守也。”據此，則狩本為天子巡幸之名，無論有獵無獵，俱可云狩也。狩或兼獵，獵不得專言狩也。經文明云“行狩”，“行”字當讀如《周禮·州長》“若國作民而師田行役之事”，《疏》：“行，謂巡狩。”聲谓：“行狩”即“巡狩”也。經雖有“田車”字，不過備用，不專為獵也。詳下。

苗《傳》：“夏獵曰苗。”《爾雅·釋天》：“夏獵為苗。”《周禮·大司馬》：“遂以苗田。”注：“夏田為苗。”《穀梁春秋·桓四年傳》注：

"因為苗除害,故曰苗。"《左氏春秋·隱五年傳》:"夏苗。"注:"苗,為苗除害也。"案:夏獵為苗。若上章"狩"字亦為田獵字,則自冬徂夏未免禽荒,恐非中興盛事。

囂《傳》:"囂囂,聲也,維數車徒者為有聲也。"案:囂囂,讙也。《禮·夏官·銜枚氏》:"掌司囂。"《司虣》:"禁其鬭囂者。"注:"囂,讙也。"《說文》:"囂,聲也,气出頭上。从㗊,从頁。頁,首也。"案:囂,讙也。"讙"即"吅",从二口,已有讙嘩之意,其聲尚可辨別也;"囂"从四口,則更讙嘩矣,不能辨何人之聲,故《說文》云:"聲也。"从頁者,不能辨其聲,但見其首,與"眔"从罒同意;从㗊者,知其聲音雜沓,斷不出於一二人之口:會意字也,即以"首"為聲。亦詳《十月之交》。

搏獸《箋》:"獸,田獵搏獸也。"段氏玉裁曰:"《後漢·安帝紀》注引《詩》作'薄獸于敖',[42]……《册府元龜》王氏《詩考》引作'薄狩'。《水經注·濟水篇》:'濟水又東,經敖山。[43]《詩》所謂"薄狩于敖"者也。'《文選·東京賦》:'薄狩于敖。'[44]薛注引《詩》:'薄獸于敖。''薄'字不誤,'獸'字係妄改。聲案:薛君習《韓詩》,《韓詩》自作"薄獸",非妄改也。後見惠定宇《九經古義》引徐堅《初學記》作'搏狩',又引何休《公羊》注、高誘《淮南》注、[45]《漢石門頌》證'獸'即'狩'字,[46]故《箋》云:'田獵搏獸也。'若經作'搏獸',《箋》不已贅乎?……此經作'薄狩'之證,[47]惠君尚未敓明'薄'字。"聲谓:段氏之說是也。"獸"與"狩",古字原通。《張遷碑》:"帝游上林,問禽狩所有。""獸"亦作"狩"。惟"薄"字為妄人所改,經義遂不能明耳。"薄狩于敖"者,猶云"薄伐玁狁"、"薄采其芹"耳,"狩"即上章"駕言行狩"之"狩"也。上章巡狩于圃田,此章巡狩于敖也。若以為田獵字,"冬獵曰狩",方言"之子于苗",夏田。旋言冬狩,詩人為不辭矣。此"薄狩"字即上"行狩"字,所謂以經證經也。

繹《傳》:"繹,陳也。"《說文》:"繹,抽絲也。从糸,睪聲。"《論語·八佾》:"繹如也。"鄭注:"繹如,志意條達之貌。"《文選》注引馬注:"繹,尋也。"皇《疏》:"繹,尋續也。"《漢書·循吏·黃霸傳》:"語次尋繹。"注:"繹,謂抽引而出也。"《一切經音義·九》引《三蒼》:

"繹，抽也，解也。"《方言·六》："繹，理也，絲曰繹之。"注："言解繹也。"以上皆"繹"之古義也，有相續不斷之義焉。或言"繹"，或言"繹繹"，其義一也。棲霞牟氏運震曰："此非説天子，乃當時司馬選徒，先至漆、沮之地，會同畿內，講習射御以待天子。其來不一日，故曰'會同有繹'。"聲案：牟氏之説是也。篇內兩言"之子"，語不莊重，斷非言天子也。言"徂東"，言"行狩"，言"薄狩"，皆先時豫計之詞；言"舉柴"，言"不猗"，言"如破"，言"不警"、"不盈"，又皆鋪張揚厲之語。篇幅不大，已開《上林》、《羽獵》先聲。丁氏大椿曰："此詩專主會同，主意在'駕彼四牡'一章，關鎖在'允矣君子'二句。'徂東'原為'會同'，特以收拾天下之人心，使之奮揚震肅，田獵、射御原與征伐之事相通。即此田獵、射御，寫得嚴肅整齊而'君子大成'，全副精神於此可見一斑。"

柴 《傳》："柴，積也。"《箋》："舉積禽也。"《釋文》："柴，子智反，又才寄反。《説文》作㧘，士賣反。"《時邁序》："《時邁》，巡狩告祭柴望也。"[48]案："柴望"、"會同"為巡狩所有事。上兩章"狩"字既讀為巡狩字，既因巡狩而會同，柴望之禮斷不能缺。此章專言射事，王者時巡，一方之諸侯皆來朝會，因與之習射講武，中多者得與於祭，故曰"助我舉柴"，言輔助我舉行柴望之禮也。言"柴"不言"望"者，"柴"足以該"望"，《禮·大傳》："柴於上帝。"是也。且協韻也。與首句"佽"字韻。三章言苗，猶未苗；此章專言習射；六章始言田獵，亦不過贊其御之"不猗"，射之"如破"而已。不似後世之風毛雨雪，任意鋪張，不自知其説之過也。《時邁》作於成功，天下知王業之隆盛，故意在修文；《車攻》作於中興之日，天下識王靈之赫濯，故意在講武。《時邁》重在柴望，故多祝嘏之詞；《車攻》重在省方，故多講武之事。

猗 《傳》但渾釋經文曰："言御者之良也。""猗"字無訓。《淇奧》："猗重較兮。"《箋》："猗，倚也。"[49]《釋文》："猗，依也。"鄭與陸以彼處已有訓釋，故不贅。聲以為此"猗"乃"掎"之借字也。《説文》："掎，偏引也。从手，奇聲。"《後漢書·班彪傳上》注："掎，偏引也。"《馬融傳》注："掎，偏引一足也。"言兩驂之行與兩服步步相應，絕無偏引，固御者之良，正所謂“齊足”也。此言御者之良，下二句言射者之工，祇此章言田獵事。

徒《傳》：“徒，輦也。”《爾雅·釋訓》：“徒御不驚，輦者也。”陳氏啟源曰：“舉全句而釋之，其專為《車攻》詩可知。……輦，載任器，見於《周禮》。[50]《詩》所云正指此，但文義未顯，故子夏之徒特著之於《爾雅》，俾後之讀《詩》者不至誤解為徒行耳。”聲谓：陳氏之言是也，惟知“徒”當訓“輦”，而不知“驚”為“警”之訛字。段氏玉裁曰：“《唐石經》誤作‘不驚’，今本因之。《文選》陸士衡《挽歌詩》：‘夙夜警徒御。’注引《毛詩》：‘徒御不警’。”聲谓：《傳》云：“言不讙譁也。”《箋》云：“不警，警也；不盈，盈也。反其言，美之也。”案：“不警”當依《傳》說，言不警懼也。若不驚而驚，為師中之大忌，何美之有？又考“警”與“驚”，古字本通。《易·震》：“震驚百里。”鄭注：“驚之言警，戒也。”《文選·歎逝賦》：“節循虛而警立。”注：“警，猶驚也。”《莊子·知北游》注：“則理未動，而志已警矣。”[51]《釋文》：“警，本亦作驚。”[52]據此，則“警”與“驚”本亦相通；作“驚”者，假借字也。

庖《傳》：“一曰乾豆，二曰賓客，三曰充君之庖。”案：“君之庖”，故曰“大庖”。此時天子尚未出巡，何以有“大庖”？蓋豫敕之詞，言徒御不警懼，大庖不豐盈。就獵說，言禽獲不必多，以嗜殺為戒，所以示天下以仁；不就獵說，言供張不必盛，以不貪為寶，所以示天下以義。

聞聲《傳》：“有善聞，而無喧譁之聲。”《釋文》：“聞，音問，注同。本亦作問。”言君子有無窮之聞譽，而無現在之聲稱，以其所見者遠，故其所成者大。“允矣君子”，必能展其大成之業也。“展也”“也”字，亦當讀如繄，即“伊”之假借。詳《定之方中》及《終南》。所謂“有聞無聲”者，事已成而人不見，功已就而人不知；不動聲色，不急功利，方足以當之。《傳》云“無喧譁之聲”，詮“無聲”未免太小。

伯《傳》：“伯，馬祖也。”字亦作“禡”。《皇矣》：“是類是禡。”《傳》：“於內曰類，於外曰禡。”[53]《箋》：“類也，禡也，師祭也。”《漢書·敘傳》：“類禡厥宗。”應劭曰：“《詩》云：‘是類是禡。’……至所征伐之地,表而祭之謂之禡。禡,馬祖也。[54]馬者,兵之首,故祭其先神也。"《風俗通》引:"《詩》云:'吉日庚午,既禡既禱。'[55]豈復殺馬以祭馬乎?"《周禮·小宗伯》:"若軍將有事,則與祭。"鄭司農云:"謂軍祭、表禡、軍社之屬。"字亦作"貉"。《周禮·大司馬》:"遂以蒐田,有司表貉。"鄭司農云:"貉,讀為禡,禡謂師祭也。書亦或為禡。"《肆師》:"凡四時之大甸獵,祭表貉,則為位。"《甸祝》:"掌四時之田表貉之祝號。"注云:"杜子春讀貉為'百爾所思'之'百'。書亦或為禡。"聲案:"貉"之古音與"伯"同聲,"禡"之古音與"霸"近,"霸"、"伯"亦同聲。依字當作"禡":祭馬之先祖,故从馬;禡亦祭祀之事也,故从示。《說文》:"禡,師行所止,恐有慢其神,下而祀之曰禡。……《周禮》曰:'禡於所征之地。'"至或云"師祭",或云"馬祭",當據《說文》以禡為師祭,師行以馬為先,故从馬。"禂"即"禱",為馬祭,亦為牲祭。詳下。

禱《傳》:"禱,禱獲也。"《釋文》:"禱,丁老反,馬祭也。《說文》作禂。"《說文·示部》:"禂,禱牲馬祭也。从示,周聲。《詩》曰:'既禡既禂。'此徐鍇《繫傳》所引,非《說文》本書所引,徐鉉據以闌入本書。䮞,或从馬,壽省聲。"《周禮·甸祝》:"禂牲、禂馬,皆掌其祝號。"注云:"杜子春云:'禂,禱也。為馬禱無疾,為田禱多獲禽牲。《詩》云:"既伯既禱。"《爾雅》曰:"既伯既禱,馬祭也。"'玄謂禂讀如'伏誅'之'誅',今侏大字也。為牪祭求肥充,為馬祭求肥健。"據此,則"禱"亦兼為牲祭、為馬祭也。聲谓:"周"、"朱"一聲,故鄭讀"禂"為"誅"。"壽"亦有"鑄"音,"周"亦有"調"音朝,亦作"輖"。音。"禱"亦作"禂"者,猶之"醻"亦作"酬","譸"亦作"侜",古字有相通之理也。

阜《說文》作:"𨸏,大陸,山無石者。象形。"《釋名·釋山》:"土山曰阜。阜,厚也,言高厚也。"《風俗通·山澤》:"《春秋左氏傳》:魯公伯禽宅曲阜之地。阜者,茂也,言平地隆踊不屬於山陵也。""四牡孔阜"訓"厚"、訓"茂",用引申之義也。凡言"孔阜"者並同。"升彼大阜"者用本字。凡言"山阜"者並同。

麌《傳》:"麌麌,眾多也。"《箋》:"麕牡曰麌麌,復麌,言多也。"《釋文》:"麌……,《說文》作噳,云:'麇鹿群口相聚也。'"《韓奕》作

“麀鹿噳噳”,《傳》:“噳噳然,眾也。”《釋文》:“噳……,本亦作麌,同。”《說文》:“噳,麋鹿群口相聚貌。从口,虞聲。”《小爾雅》:“麀鹿麌麌,言其眾也。”[56]《文選·西京賦》:“麀鹿麌麌。”薛注:“麌麌,形貌。”案:薛君,治《韓詩》者也,孔鮒亦漢人,孔、韓皆與《毛詩》略同。鄭氏據《爾雅·釋獸》改為“麕牡曰麌麌,復麌,言多也”,殊牽強。聲谓:《說文》作“噳”者,形聲字;《毛詩》作“麌”者,假借字;麌,牡麕也:庶幾得之。

漆沮 《傳》:“漆沮之水,麀鹿所生也。從漆沮驅禽而致天子之所。”陳氏啟源曰:“雍州有二漆沮:在馮翊者入渭之下流,《禹貢》之‘漆沮既從’、《疏》以為“扶風水”,誤也。‘又東過漆沮’是也;在扶風者入渭之上流,《緜》詩之‘自土沮漆’、《潛》頌之‘猗與漆沮’是也。《潛傳》云:‘漆沮,岐周之二水也。’惟《吉日》之‘漆沮’,宋蘇子由、李迂仲皆指為洛,則馮翊之水也。近世馮嗣宗祖其說,謂馮翊之漆沮,地近焦穫,多產魚獸,宜為魚獵之地,信矣。然扶風之漆沮,正《潛》篇所云‘多魚’者也。且其水經流岐下,而岐陽之地實周家較獵之場,楚椒舉言‘成王有岐陽之蒐’。語見《左氏春秋·昭四年傳》。世傳《石鼓文》十篇,紀宣王田獵之事,地亦在岐陽。其文次篇言漁于汧水,云:“汧也沔沔。”王厚之云:“汧,水名。”末篇言狩於吳岳。云:“吳人憐亟。”鄭樵云:“吳即吳嶽。”汧水出扶風汧縣,吳岳即汧水所自出,皆與扶風之漆沮相近。又文之體製,頗與《車攻》、《吉日》相似。所述物產有麋、豕、麀鹿、雉、兔、鰋、鯉、鱄、鮊、鯊、鱮之類,其多獸多魚,不下於焦穫。又其地即《周禮》之‘弦蒲’,《爾雅》之‘楊陓’。《周禮·職方氏》:‘雍州之澤藪曰弦蒲。’注云:‘弦蒲在汧。’《疏》云:‘吳山在汧西,有弦蒲之藪,汧水出焉。’《爾雅》:‘秦有陽陓。’[57]注以為‘在扶風汧縣西’,陽陓與焦穫各居十藪之一。《吉日》之‘漆沮’安在?非扶風之漆沮乎?”聲谓:陳氏之論極為詳確。世儒因上章[58]有“駕言徂東”並“東有甫草”、“薄狩于敖”,遂疑此詩之漆沮非扶風之漆沮。不知《車攻》乃巡狩之詩,重在會同,即順道田獵,不為黷武;《吉日》乃田獵之詩,重在習武,若遠道游畋,即為縱欲。《車攻》詠巡狩,乃國家曠典,至“會同有繹”，逖聽者亦識王靈之赫濯；《吉日》詠田獵，乃國家常禮，故“漆沮之從”，執事者冀王心之燕喜。此漆沮為扶風之漆沮，陳氏引馮氏《名物疏》詳征博引，另有考核，語甚贍博，不再錄。聲谓：《吉日》與《車攻》既屬兩事，自不必以《車攻》語混相牽合，漆沮仍為扶風之漆沮無疑。

祁 《傳》：“祁，大也。”《箋》：“祁，當作麎。麎，麋牝也。”《釋文》：“祁，毛巨私反，又上之反。……鄭改作麎，音辰，郭音脤。”毛當“巨私反”，亦假借字也。祁為地名，假借為“眾”，為“大”，詳《采蘩》。鄭讀為“麎”者，《說文》：“麎，牝麋也。从鹿，辰聲。”《爾雅・釋獸》：“麋，牝麎。”某氏注引《詩》作“其麎孔有”。《周禮・大司馬》注：“鄭司農云：‘……五歲為慎。’玄謂：慎，讀為麎，……麋牝曰麎。”《釋文》：“麎，音辰，又音昏，昏，今誤作“腎”。止尸反。”聲案：“止尸反”即“上之反”，陸蓋據彼，故讀“麎”為“止尸反”也。《左氏春秋・昭二十八年釋文》引《字林》：“祁，上尸反，太原縣。”[59]是“祁”本有“上尸”一音，與“麎”為雙聲，故得假借。《周禮》注“慎”、“麎”雙聲，又平、去疊韻。聲谓：田獵不止於麎；中原所有，亦不止於麎。即依毛讀如字。《采蘩》：“被之祁祁。”《傳》：“祁祁，舒遲也。”《大田》：“興雨祁祁。”《傳》：“徐也。”《韓奕》：“祁祁如雲。”《傳》：“祁祁，徐靚也。”據三詩《傳》，則“祁祁”有舒徐遲靚之意。“瞻彼中原”，中原，原中也。初瞻之若無所有，其舒徐遲靚而後知其甚有也。下文“儦儦俟俟，或群或友”皆言其有也。此之謂以經解經，以《傳》釋《傳》。或言“祁祁”，或言“祁”，長言短言之分，且以足句、不以足句之別也。

儦俟 《傳》：“趨則儦儦，行則俟俟。”《釋文》：“儦，本作麃，又作爊，表嬌反，趨也。《廣雅》云：‘行也。’俟音士，行也，徐音矣。”《說文・人部》：“伾，有力也。从人，丕聲。《詩》曰：‘以車伾伾。’”又：“俟，大也。从人，矣聲。《詩》曰：‘伾伾俟俟。’”案：“伾”、“儦”一聲。《駉》：“以車伾伾。”《釋文》云：“《字林》作駓，走也。”案：“駓”、“伾”同聲，《韓詩》作“駓駓騃騃”。案：“駓”、“伾”亦同聲。“俟”訓“大”，其本義也；訓“待”者，乃假借字。《韓詩》作“騃”者，

"騤"、"俟"同聲。《後漢書》注引《韓詩》作"駓駓俟俟",二字皆訛。《說文》"伾"、"俟"皆"从人"者,謂人之有力而大者也,在經為假借。《韓詩》皆从馬者,馬亦獸也,形聲字。

燕 《傳》:"驅禽之左右,以安待天子。"《箋》:"率,循也。悉驅禽順其左右之宜,以安待王之射也。"《史記·樂書》:"宋音燕女溺志。"《集解》引王肅:"燕,歡悅。"《後漢書·鄭興傳》注:"燕,樂也。"案:古者"燕"、"樂"並稱。《鹿鳴》:"以燕樂嘉賓之心。"《論語》:"樂燕樂。"[60]"燕"、"樂"皆歡悅之義也,當從《箋》說"悉驅禽順其左右之宜,以待王射",所以歡悅我天子也。即偶一射獵,亦有尊君親上之意;而"王用三驅",其驅而不入防者,王不親射於從禽之時,寓不嗜殺之意,又當合"悉率左右"二句而考其古義者也。

兕 《釋文》:"兕,本又作光。"《卷耳》:"我姑酌彼兕觥。"《釋文》:"字又作光,[61]徐履反。《爾雅》云:'光似牛。'"《說文》作:"㒳,如野牛而青。象形。與禽、离頭同。兕,古文作兕。"[62]案:"兕"為古文,則"㒳"為篆文。《釋文》亦作"光"者,蓋六朝訛字。案:各書所引《說文》與今本不同。《藝文類聚》引作"如野牛而青,皮堅厚,[63]可以為鎧",《御覽》引作"如野牛,青毛,其皮堅厚,可為鎧",《詩》、《左傳》、《論語》《正義》所引並同。又案:"兕觥"屢見於《詩》,蓋以兕角為觥,甲與觥皆常用之物,則兕亦常有之獸可知矣。今則兕觥尚有存者,兕甲不知為何物矣,此可以觀世變。又"犀"、"兕"古人多連稱。《左氏春秋·宣二年傳》:"犀兕尚多。"又蔡氏《月令章句》:"犀兕,水牛之屬,以為甲盾鞍韉。"[64]《急就篇》:"豹狐距虛豺犀兕。"顏注云:"兕似野牛而色青,重千斤,一角,角甚大。"《山海經·南山經》:"禱過之山……,其下多犀兕。"《注》:"兕亦似水牛,青色,一角,重三千斤。"《文選·吳都賦》:"犀兕之黨。"注:"兕,獸也。"案:今藥品尚有犀角,犀、兕二獸從無有見之者矣。

御 《箋》:"御賓客者,給賓客之御也。"案:此"御"字當讀如"琴瑟在御"之"御",猶言進御、侍御也。古人質樸,上下通稱為御,自秦以後,始為至尊之稱。通篇整齊嚴肅:借田獵以修武備,即借田獵以耀國威;以新天下之耳目,即以懾天下之心志。末二句收到飲御,有投戈息馬氣象,惟恐人有好大喜功之意而急易以俎豆雍容之化,此宣王之所以中興也。

校勘記

[1]“天下烝庶”,《漢書·宣帝紀》“烝”字作“蒸”。

[2]“烝庶,眾人也”,《漢書·宣帝紀》注作:“蒸,眾。庶,人也。”

[3]“泛愛烝庶”,《漢書·伍被傳》“烝”字作“蒸”,下注“烝”字同。

[4]“可警之事為罩”,《匡謬正俗·七》“警”字作“驚”。

[5]“一名莎草也”,《御覽》引《毛詩題綱》作:“一名夫須,莎草也。”

[6]“胡,猶遐也,遠無窮也”,《儀禮·士冠禮》注作:“胡,猶遐也,遠也,遠無窮。”

[7]“治事能斷割芟艾”,王先謙《釋名疏證補·釋長幼》“艾”字作“刈”,引畢沅曰:“此‘芟刈’之‘刈’,疑亦本是‘艾’字。”

[8]“艾,長也”,《方言》卷六作“艾,長老也”。

[9]“海內艾安”,《史記·平津侯主父傳》“艾”字作“乂”,下《索隱》“艾”字同。

[10]“艾,絕也”,《漢書·五行志中之上》、《匈奴傳下》顏注並作:“艾,讀曰刈;刈,絕也。”

[11]“艾,斷也”,《廣雅·釋詁》卷一“艾”字作“刈”。

[12]“無尺寸之膚不愛也”,《孟子·告子上》“也”字作“焉”,此“也”字涉下文“也”字而誤。

[13]“信可以優游暇譽”,《文選》王元長《曲水詩序》“譽”字作“豫”。

[14]“《史記正義》引服虔曰”,“史記正義”當作“史記集解”,所引“服虔曰”云云見《集解》。

[15]“鸞亦以金為鸞鳥而銜鈴焉”,“而”下“銜”上脫“栖衡”二字;“以為舒徐之節也”,顏注“徐”字作“疾”。

[16]“則有鸞和之應”,《禮·經解》及阮氏元《揅經室一集·銅和考》所引“應”字並作“音”。

[17]“《釋文》引《韓詩》亦作‘愔愔’”,案:《小戎釋文》無此引文。

[18]“視履考詳”,《易·履》作“視履考祥”,《釋文》:“祥,本亦作詳。”吴氏蓋用《釋文》。

[19]“載沈亦沈”,《正義》第二“沈”字作“浮”。

[20]“棲棲皇皇”,《文選·答賓戲》“皇皇”作“遑遑”,下“棲皇”之“皇”字注亦作“遑”。

[21]“既匡既勅”,《楚茨》“勅”字作“敕”,下《傳》、《書·益稷》及《益稷傳》“勅”字並同。

[22]“倫、勩、卬、飭”,《爾雅·釋詁》“飭”字作“敕”。

[23]“復亂以飭歸”,《景四》本《史記·樂書》“飭”字作“飾”,《正義》云:“飾,音敕。”又下引《禮·樂記》“復亂以勅歸”,《樂記》“勅”字作“飭”。

[24]“《漢書》‘勅’字”,當作“《漢書》‘飭’字”。案:《漢書》“敕”、“勅”字皆作“飭”。《漢書·高後紀》:“高皇帝匡飭天下。”顔注:“飭,整也。飭,讀與敕同,其字从力。”又《文帝紀》:“又飭兵厚衛。”顔注:“飭,整也,音勅。”又《藝文志》:“《易》曰:‘先王以明罰飭法。’”顔注:“飭,整也,讀與敕同。”又《高惠高后文功臣表》:“愛敬飭盡。”顔注:“飭,謹也,讀與敕同。”又《宣帝紀》:“飭躬齋精。”顔注:“飭,與勅同。”又《宣帝紀》:“朕飭躬齋戒。”顔注:“飭,與勅同。”此皆其證也。

[25]“敕,讀飭”當作“飭,讀敕”,下文“敕,與飭同”當作“飭,與敕同”,参看上條校記可知。

[26]“田事既勅”,《吕覽·孟春》“勅”字作“飭”;下“飭,讀作敕”之“敕”字,《吕覽·孟春》注作“勅”。

[27]“飭,讀如勅”,《吕覽·音律》注“勅”字作“敕”。

[28]“宣王用棘於玁狁”,段玉裁《詩經小學》引謝靈運《撰征賦》“玁”字作“獫”。

[29]“匪棘其欲”,句見《文王有聲》。

[30]“茷,本又作旆”,“茷”字吴氏原作“筏”,今據改。下文“《左傳》云‘蒨茷’是也”、“旆與茷”、“茷與旆,古今字也”、“‘蒨茷旃旌’,亦旆也”四“茷”字同。

[31]“本亦作英”,案:《小雅·六月》“白旆央央”《釋文》無“本亦作英”注

文。

[32]“‘旆’亦作‘茷’者”,“茷”字吴氏原作“筏”,今據改,參見本條目校[30]。

[33]“玁狁既‘整居焦穫’”,戴震《毛鄭詩考證》作“既整其眾,處於焦穫”。

[34]“至於太原”,戴震《毛鄭詩考證》“太”字作“大”,下文“太原即安定郡高平”及“以晉陽之太原”二“太”字同。

[35]“然則商估少,農不能喜酣奭,大臣不為荒飽”,案:《玉函山房輯佚書》所輯《申子》一書並無“《墾令》”篇,亦無此引文,此引文見《商君書·墾令》,吴氏恐是誤記。

[36]“佩玉將將”,《庭燎》作“鸞聲將將”。

[37]“瑲,本又作創”,《釋文》作“創,本又作瑲”。

[38]“三命蒼珩”,《傳》作“三命蔥珩”。又本條所引各文“蔥”字,除《說文》作“蔥”外,其餘《禮·玉藻》及注、《爾雅·釋器》孫注之引文“蔥”字皆作“葱”。

[39]“鷹隼早鷙”,《禮記·月令》作“鷹隼蚤鷙”。

[40]“自關而西,凡大貌謂之厖”,此句出自《方言·二》,非《方言·一》,原文作“自關而西,秦晉之間,凡大貌謂之朦,或謂之厖”。

[41]“通乎無整而復往於敦龐”,《鴻烈解·俶真訓》作“通於無整而復反於敦龐”。

[42]“引《詩》作‘薄獸于敖’”,段氏《詩經小學》無“作”字,“薄獸”作“薄狩”。

[43]“經敖山”,《水經注·濟水篇》作“經敖山北”。又《水經注·濟水篇》與段氏《詩經小學》“經”字並作“逕”。

[44]“《文選·東京賦》:‘薄狩于敖。’”段氏《詩經小學》無“文選”二字。

[45]“高誘《淮南》注”,段氏《詩經小學》“淮南”作“淮南子”。

[46]“證‘獸’即‘狩’字”,段氏《詩經小學》“獸”字作“狩”,“狩”字作“獸”。

[47]“此經作‘薄狩’之證,”,段氏《詩經小學》“之”下“證”上有“確”字。

[48]“巡狩告祭柴望也”,《時邁序》“狩”字作“守”。

[49]“《箋》:‘猗,倚也。’”案:《淇奥箋》無“猗,倚也”之訓,惟《小雅·節南山》:“有實其猗。”《箋》云:“猗,倚也。”

[50]“見於《周禮》”,“於”字衍。下句“《詩》所云正指此”,陳啟源《毛詩稽古編》“所云”作“所詠”。

[51]“而志已警矣”,《莊子·知北游》郭象注“警”字作“驚”。

[52]“警,本亦作驚”,《釋文》作“驚,本亦作鶩”,云“音務”。

[53]“於外曰禡”,毛《傳》“外”字作“野”,阮元《校勘記》云:“作‘外’非也。”

[54]“禡,馬祖也”,《漢書·敘傳》注引應劭作:“禡者,馬也。”

[55]“吉日庚午,既禡既禱”,《風俗通》“禡”字作“伯”。又《詩·小雅·吉日》有“吉日維戊,既伯既禱”及“吉日庚午,既差我馬”句,《風俗通》蓋牽合此四詩句而為兩句。

[56]“言其衆也”,《小爾雅》作“語其衆也”。

[57]“陽陓”,《爾雅·釋地》作“楊陓”,陳氏《毛詩稽古編》亦作“楊陓”,下“陽陓”同。

[58]“上章”當作上篇,以下引文“駕言徂東”、“東有甫草”及“薄狩于敖”皆《吉日》之上篇《車攻》文。

[59]“祁,上尸反,太原縣”,《釋文》作:“祁,《字林》云:‘大原縣,上尸反。’”

[60]“樂燕樂”,《論語·季氏》作“樂宴樂”。

[61]“字又作兕”,《釋文》作“兕,字又作兕”。

[62]“古文作兕”,《説文·舄部》作“古文从儿”。

[63]“如野牛而青,皮堅厚”,《藝文類聚》無“而”字。

[64]“以為甲盾[illegible]”,《玉函山房輯佚書》所輯《月令章句》“盾�”作“楯鼓”。

詩小學卷十三

小　雅

保山吳樹聲學

鴻雁之什

鴻雁《傳》:"大曰鴻,小曰雁。"案:此對文而言耳,散文則鴻自為鴻,雁自為雁,鴻雁亦為雁,不分大小也。鴻自為鴻者,《說文》:"鴻,鴻鵠也。从鳥,江聲。"《九罭》:"鴻飛遵渚。"《箋》:"鴻,大鳥也。"陸璣《疏》:"鴻鵠,羽毛光澤純白,似鶴而大,長頸,肉美如雁。又有小鴻,大小如鳧,色亦白,今人直謂鴻也。"《易·漸》:"鴻漸於干。"注:"鴻,水鳥也。"《儀禮·鄉射禮》:"以鴻脰韜上,二尋。"注:"鴻,鳥之長脰者也。"《五經異義》引《公羊說》:"樂萬舞以鴻羽,取其勁輕,一舉千里。"《韓詩外傳》:"夫鴻鵠,一舉千里,所恃者六翮爾。"又:"非鴻之力,安能舉其翼?"《史記·陳涉世家》:"燕雀安知鴻鵠之志哉?"《漢書·高帝紀》:"鴻鵠高飛,一舉千里。"《尸子》:"鴻鵠之鷇,羽翼未全,而有四海之心。"《說苑》:"鴻鵠高飛,不就汙池,何則?其志極遠也。"《新序》:"鴻鵠嬉游乎江漢,息流乎大沼。"《急就篇》:"鳳爵鴻鵠鴈鶩雉。"顏注:"鴻,水鳥也,其色正白。"《楚辭·初放》:"斥逐鴻鵠兮。"注:"鴻鵠,大鳥。"又《大招》:"鵾鴻群晨。"注:"鴻,鴻鶴也。"以上或言"鴻",或言"鴻鵠",皆與雁異者也。雁,《說文》:

“雁,鳥也。从隹,从人,厂聲。讀若鴈。”《周書·時訓解》:“小寒之日,雁北鄉;雁不北鄉,民不懷至。”《夏小正》:“二月,雁北鄉。”《鴻烈解·時則》:“仲秋……,候雁來。”高注:“候時之雁從北漠中來,過周雒,南至彭蠡。”又:“季秋……,候雁來。”高注:“八月來者,其父母也;是月來者,蓋其子也,羽翼稚弱,故在後。”《春秋說題辭》:“雁之言雁雁,起聖以招期,知晚早,[1]故雁南北,以陽動也。”注:“雁雁,音聲貌也。[2]聖王聞雁雁有音聲,[3]知為時節。雁鳥隨日南北,[4]以常動也。”《文選·蜀都賦》:“候雁銜蘆,木落南翔。”劉注:“雁候時南北,故曰候雁。”此雁自為雁,不必與鴻連文者也。雁為陽鳥,與鳬鴈之鴈不同。鳬鴈字詳《鄭風·雞鳴》。鴻雁亦為雁,不分大小者,《爾雅翼》:“《月令》及《周書》乃不復有‘鴻雁’、‘候雁’之別,《月令》則云:‘八月,鴻雁來;九月,鴻雁來賓。’《周書》則曰:‘白露之日,鴻雁來;寒露之日,又來。’既是一種,何得前後不齊如此?”《急就篇》顔注:“雁亦鴻類也,[5]其色蒼黑。”以上鴻與雁或一類,或不類,當分別觀之。

于 案:“之子于征”,“于”字當讀如“黃鳥于飛”、“之子于歸”各“于”字,詞也。猶云“之子聿征”也。詳《黃鳥》、《桃夭》。

爰 《說文》:“爰,引也。从𠬪,从于。籒文以為車轅字。”又《手部》:“援,引也。从手,爰聲。”案:“援”亦訓“引”,可見“爰”為“援”之古文矣。《史記·六國年表》:“義渠來賂,繇諸乞援。”《集解》曰:“一作爰。”此其據也。《禮·儒行上》:“弗援。”注:“援,猶引也。”《爾雅·釋獸》:“猱猿善援。”《釋文》:“援,猶引也。”案:“爰”、“引”一聲。“援”亦訓“助”。《左氏春秋·宣十八年傳》:“使我殺嫡立庶以失大援者,[6]仲也。”服注:“援,助也。”《國策·秦策》:“楚國援也。”又:“楚人援韓以拒秦。”注俱云:“援,助也。”案:助者,引而助之也。言之子於征,其劬勞於郊野者,援引所及,皆矜苦之人耳。詳下。

矜 《傳》:“矜,憐也。”案:矜雖有憐義,以“矜人”為“憐人”,詩人為不辭矣。《爾雅·釋言》:“矜,苦也。”“矜人”即“苦人”也。聲谓:《詩》、《書》除矜“矜”為“鰥”之假借字。寡字外,餘言“矜”者皆當訓“苦”。“矜”隨文另詳。訓為“苦”者,亦假借字,字本从令。《說文》:

"矜,矛柄也。从矛,令聲。"[7]《石經·論語殘碑》、《校官碑》、《魏受禪碑》皆作"矝",从令。《釋名·釋兵》:"矛,冒也,刃下冒矜也。"《方言·九》:"矛……,其柄謂之矜。"《書·顧命》鄭注:"凡此七兵,或施矜,或著柄。"《考工記·廬人》注:"凡矜八觚。"餘不具引。矜為矛柄,故字从矛,其餘各義皆引申、假借之義也。

鰥《傳》:"老無妻曰鰥。"案:鰥,魚名也。《說文》:"鰥,魚也。从魚,眔聲。"《詩·敝笱》:"其魚魴鰥。"《傳》:"鰥,大魚。"亦借為無妻者之稱。《書·堯典》:"有鰥在下。"《傳》:"無妻曰鰥。"《孟子·梁惠王下》:"老而無妻曰鰥。"《釋名·釋親屬》:"鰥,昆也;昆,明也。愁悒不寐,目恒鰥鰥然也。故其字从魚,魚目恒不閉者也。"亦假借"矜"。《禮王制》:"老而無妻曰矜。"[8]《書·堯典》:"有鰥在下。"《史記·五帝紀》引作"有矜在下"。[9]《何草不黃》:"何人不矜。"案:此"矜"亦當訓"苦"。詳彼處。《箋》:"矜,鰥也。"[10]《正義》引《書大傳》:"無妻曰矜。"案:"鰥"、"矜"古音相近。聲谓:《釋名》詮"鰥"字甚為牽强。《韓詩外傳》:"東海有魚,其名曰鰥,[11]比目而行,不相及不能達也。"是鰥魚之得名,亦取意於目相及也。竊意"比目而行",則常相及矣,喻夫婦之常也;一不相及,則不能達,喻一經失婦,無由再合也:此鰥寡字所以取意於"鰥"也。又案:此"鰥寡"亦苦人也,之子援助,既已及於苦人矣,苦人中有鰥寡,二者尤為可哀,故口"爰及矜人,哀此鰥寡"。發政施仁,必先窮民之無告;旋定安集,尤覺矜人之可哀:此周之家法也。

嗸《傳》:"未得所安集,則嗸嗸然。"《箋》:"此'之子'所未至者。"案:此二句與上章"雖則劬勞,其究安宅"一義:上章順說,言雖極勤勞,其究有安宅可以居處;此章逆說,言現雖安居無事,回想當年,哀音猶若在耳。痛定思痛,全是感激語方合經旨,通篇皆本此意。末章歸功哲人,惟此哲人洞悉民隱,知今日之小康不足償從前之極困,則因劬勞即不能不益感安宅,民情固大可見矣。與"不識不知,順帝之則"者自別是一樣氣象。

其《箋》:"此宣王以諸侯將朝,夜起曰:'夜如何其?'問早晚之辭。"《釋文》:"其,音基,辭也。"聲谓:"其"者,"期"之假借字也。《儀禮·少牢饋食禮》:"為期于廟門之外。"注:"為期,肅諸官而皆至,定祭早晏之期。"《周禮·大宰》:"前期十日。"注:"前期,前所諏之日也。"《國語·周語》:"及期,命於武宮。"注:"期,將事之日也。"《荀子·不苟》:"四時不言,而百姓期焉。"注:"謂知其時候。"以上解"期"字,與問"夜何期"意合。《禮·曲禮》:"粱曰薌萁。"《釋文》:"萁,字又作其。[12]……王音期;期,時也。"案:"其"無時意,王訓"時"者,蓋讀"其"為"期"也。《頍弁》:"實維何期。"《釋文》:"期,本亦作其。"漢《武梁祠畫贊》:"樊於其頭。""期"亦作"其",此"期"、"其"相通之據也。又案:《說文》:"期,會也。从月,其聲。"《廣雅·釋詁四》:"期,會也。"《國語·周語》:"期於司里。"注:"期,會也。"《離騷》:"指西海以為期。"《天問》:"孰期去斯。"《文選·長笛賦》:"馳趣期而赴躓。"注並云:"期,會也。"聲案:今俗語猶有"多期"、"一期"語,猶云"多會"、"一會"也。"期"訓"會"亦通,"其"總為"期"之假借無疑。

艾《傳》:"艾,久也。"《箋》:"芟末曰艾,以言夜先雞鳴時。"《釋文》:"艾,毛五蓋反,鄭音刈。"案:"艾"字訓釋甚多,詳《南山有臺》。又案:《漢書·五行志中之上》、又《匈奴傳下》,《集注》並云:"艾,絕也。"《左氏春秋·昭元年傳》:"國未艾也。"注:"艾,絕也。"《管子·侈靡》:"地與他若一者,從而艾之。"注:"艾,謂減削也。"以上三訓皆與《箋》說"芟末"義近,皆從芟草起義也。據此,則"艾"乃"乂"之假借。《說文》:"乂,芟艸也。从丿,从乀相交。刈,乂或从刀。"聲谓:《箋》訓"芟末",即"乂"字也;作"艾"者,假借。上章"夜未央",猶言夜未中、夜未半也。"央"為中央字,故"央"有中意,橫言之為中,豎言之則為半也。詳《秦風·蒹葭》下。次章"夜未艾",言夜已過半,尚未減絕也,較"未央"為深矣。三章"夜鄉晨",言夜已嚮明,較"未艾"為尤深矣。此其次弟也。

晣《傳》:"晣晣,明也。"《釋文》:"晣,本又作晢。"案:字从折,與"晰"、"晳"皆異。詳《陳風·東門之楊》。上章甫見"庭燎之光",

明未甚也;次章言“庭燎晣晣”,光而且明也;三章“庭燎有煇”——言“有”者,僅有之詞也——僅僅有煇,庭燎已不甚明矣:此其次第也。

鄉《釋文》:“鄉,許亮反,字又作嚮。”案:“鄉”者,“嚮”之假借字。“鄉”、“嚮”同聲,古人字少,故“嚮”字多假借“鄉”,他仿此。

旂《說文》:“旂,旗有眾鈴,以令眾也。从㫃,斤聲。”案:旂,篆作“旂”,从㫃,與“旌”、“旗”字同意;从𠂢,乃古文“近”字。近,篆作“䜣”,即从其聲義也。古从𠂢之字,《說文》皆誤以為从斤,另有考據。詳《六書故》。旂从𠂢得聲,故與“晨”、“煇”从軍得聲,古音讀若葷。為韻;今讀為祁者,音之轉也,與“祈”、“沂”等字同轉入之、微韻矣。首章“鸞聲將將”,其聲尚遠,遙想之詞也;次章“鸞聲噦噦”,《說文》引作“鑾聲鉞鉞”。其聲甚近耳,可得而聞之;三章“言觀其旂”,是辨色入朝之時,故言“觀”,目可得而見之也。三章皆言“君子至止”,美宣王不溺於妃嬪而常親賢士大夫也。美之,正所以規之,故曰“因以箴之”也。

沔《傳》:“沔,水流滿也。水猶有所朝宗。”《說文》:“沔,水,出武都沮縣東狼谷,東南入江。或曰:入夏水。从水,丏聲。”案:“沔”者,“緬”之假借字也。《穀梁春秋·莊三年傳》:“舉下,緬也。”《釋文》:“緬,遠也。”《國語·楚語》:“緬然引領南望。”注:“緬,猶邈也。”案:邈亦遠也,當訓“邈”為是,“沔”、“邈”雙聲。《文選·西征賦》:“冀闕緬其堙盡。”注:“緬,盡貌。”案:“盡”亦遠義也。《華嚴經音義上》引《國語》賈注:“緬,思貌。”案:惟其遠,故思之,皆一義也。緬彼,猶邈然也,言邈然之流水,無不朝宗於海者。“緬”、“沔”同聲,作“緬”者,亦假借字。既可以假“緬”,獨不可以假“沔”乎?此亦終於假借者。上二章皆以“沔彼流水”起,章內皆有“鴥彼飛隼”句,不應三章徑以“鴥彼飛隼”起,較上二章又少二句。三章之首二句逸去無疑。

蹟《傳》:“不蹟,不循道也。”《說文》:“迹,步處也。从辵,亦聲。蹟,或从足、責。速,籀文跡,从朿。”《周禮·地官·序官》:“迹人。”注:“迹之言跡,知禽獸處。”《漢書·季布傳》:“迹且至臣家。”注:“迹,謂尋其蹤迹也。”《平當傳》:“宜深迹其道。”注:“迹,謂求其踪迹也。”聲谓:此“蹟”字當讀如《羔羊傳》“行可從即“蹤”。迹也”之“迹”,

《漢書》注謂“尋其蹤迹”、“求其踪跡”最合。言流水之湯湯、飛隼之飛揚皆有蹤跡可以尋求；我之所深念者，彼不可蹤跡之事，幾經興起，幾經行用耳；不惟念之，而且憂之；念之尚有時可以弭忘，至“心之憂矣”，則不可弭忘矣；非不欲弭忘也，直“不可弭忘”也。不可蹤蹟之事，即下文“訛言”是也。訛言變亂是非，無蹟可尋，所謂平地風波也。“載起載行”與“載飛載揚”同，載之言再也，詳《秦風・小戎》。猶言幾起幾行，即所謂不可蹤蹟也。通篇一意：首章渾說；次章如題，暗說；三章明說，指出一個“敬”字，讒之所由遠也。《國語・周語》：“三十二年，春，宣王伐魯，立孝公。諸侯從是而不睦。”又宣王廢長立少，仲山甫諫而不聽，終致魯人弑立。魯之亂，宣王為之也，得無有讒言間之乎？《序》所以云：“箴宣王也。”[13]通篇看定“讒言”起興，語語皆有對鍼，“民之訛言”，正“讒言”之漸也，懲之宜亟矣。“寧莫之懲”，實有不能不懲者，況“讒言其興”，如之何不敬？

皋《傳》：“皋，澤也。”《箋》：“皋，澤中水溢出所為坎。”《釋文》：“皋，音羔。《韓詩》云：‘九皋，九折之澤。’”《離騷》：“步余馬於蘭皋兮。”《湘君》：“朝騁騖兮江皋。”注並云：“澤曲曰皋。”案：《騷》注與《韓詩》義近。《史記・孝武紀》：“間者河溢皋陸。”《正義》引顏師古：“皋，水旁地也。”《漢書・賈山傳》：“江皋河瀕。”注引李奇：“皋，水邊淤地也。”《司馬相如傳》：“注平皋之廣衍。”注：“皋，水邊地。”《文選・秋興賦》：“耕東皋之沃壤兮。”注：“水田曰皋。”案：以上諸訓與毛、鄭義近。聲谓：當依《韓詩》，經文“九”字方有著落。必言“九”者：九，老陽之數也。數極於九，故曰“九皋”，猶之言“九天”、“九淵”也。言鶴鳴於極曲折之皋，其聲亦聞於天，喻賢者不求聞達，而聲稱自遠也。

錯《傳》：“錯，石也，可以琢玉。”《釋文》：“錯，《說文》作厝，云：‘厲石也。’《字林》同。”《說文》：“厝，厲石也。从厂，昔聲。《詩》曰：‘他山之石，可以為厝。’”案：作“錯”者，借字也。《書・禹貢》：“錫貢磬錯。”《正義》：“治玉石曰錯。”亦別作“碏”。《左氏春秋傳》：衛大夫石碏。又或作“磋”。《淇奧》：“如切如磋。”《傳》云：“象曰磋。”亦别作“剒”。《爾雅·釋器》:“犀謂之剒。”《釋文》:“剒,本或作厝。”案:“錯”、“碏”、“剒”,皆與“厝”同聲,“磋”則音相近。

穀《傳》:“穀,惡木也。”《尚書大傳》:“桑、穀之生,在太戊時。”《漢書·藝文志》:“桑、穀共生,太戊以興。”《五行志》引:“劉向以為殷道既衰,高宗承敝而起……,國將危亡,故桑、穀之異見。”《說文》:“穀,楮也。从木,㱿聲。”桂氏馥曰:“篆當為㯁,《五經文字》:‘㯁、穀,上《說文》。’”聲案:作“㯁”易知,其从木作“穀”者,易與“穀”混。㯁即楮,故字亦作“楮”。《山海經·西山經》:“鳥危之山,……其陰多檀、楮。”注:“楮,即穀木。”案:“㯁”、“楮”聲近。聲案:穀樹之葉,嫩時可以茹,其皮可以為布,可以為紙,其漿可以代漆,其實可以入藥。《傳》云“惡木”者,蓋以其木理粗韌,不中材用也。

祈《序箋》:“祈父之職,掌六軍之事,有九伐之法。祈、圻、畿同。”《釋文》:“祈,勤衣反。”案:字當作“畿”。《烈祖》:“邦畿千里。”《傳》:“畿,疆也。”《周禮·大司徒》:“制其畿疆而溝封之。”注:“千里曰畿。”《大行人》:“邦畿方千里。”《大司馬》:“乃以九畿之籍。”注:“畿,猶限也。”《職方氏》:“方千里曰王畿。”《說文》:“畿,天子千里地,以遠近言之則言畿也。从田,幾省聲。”案:《正義》曰:“此職掌封畿兵甲,當作畿字。”是也。聲谓:“圻”从斤得聲,本音銀。《鴻烈解·俶真》:“通於無圻。”注:“圻,沂字也。”[14]魏《大饗碑》:“復九圻之疆宇。”古書亦多作“沂”,韻書今皆作“垠”。是也。轉音為“祈”,與“旂”、“沂”等“沂州”字今亦音怡。字同。“圻”、“祈”皆與“畿”音近,故《書》與《儀禮》、《左傳》等書皆假借“圻”,《詩》亦假借“祈”也。“圻”从土,訓“垽音銀。鄂”,意亦與“畿”近;“祈”則純以音近假借,無關字義者。玩三章語意,必有以材武勇力之人置之閑散羈縻之地,久而不得歸,故呼“畿父”而告之:畿父,王所使也。故曰“刺宣王”。不斥言王者,忠厚之至也。不必定是姜戎之役,亦不必定非姜戎之役也,大約姜戎之役前後時詩。

尸《傳》:“尸,陳也。”《采蘋》:“誰其尸之。”《傳》:“尸,主也。”《書·五子之歌》“大康尸位”《傳》、《禮·學記》“當為其尸”注、《左氏春秋·成十七年傳》“殺老牛,莫之敢尸”注、《穀梁·隱五年傳》“卑不尸大功”注,並云:“尸,主也。”“尸”訓“主”,古義也;尸饔,主饔飧也。有母之尸饔:之,是也,詳《天保》“亦孔之固”“之”字。有母是主饔飧,憂己之不得奉養也。單言“母”者,與《四牡》“將母來諗”同意。彼先言“父母”而繼言“將母”者,父母之於子,一也,而毛裹之愛更篤於嚴君。此不言“父母”而但言“有母”者,己之思父母亦一也,而酒食之議原屬於婦人,言母而父可知。《箋》云:“己從軍而母為父陳饌飲食之具。”訓釋未免詞費。

於焉 《箋》:“所謂是乘白駒而去之賢人,今於何遊息乎?”《顏氏家訓·音辭》引葛洪《字苑》:“焉”字訓“何”、訓“安”,音於愆反,“於焉逍遙”、“於焉嘉客”、“焉用佞”、“焉得仁”之類是也;若送句及助詞,音矣愆反,“故稱龍焉”、“故稱血焉”、“有民人焉”、“有社稷焉”、“托始焉爾”、“晉鄭焉依”之類是也。案:顏氏所詮本舊解也。聲以為“於”字仍讀為“何居”二字之合音;詳《權輿》、《蜉蝣》。焉,然也。《禮·三年問》:“焉使倍之。”注:“焉,猶然也。”《釋文》:“焉,由即“猶”。然也。”又:“焉使弗及也。”《疏》:“焉,亦然也。”案:“然”本為假借字,此用“焉”者,“然”、“焉”疊韻,例得通假也。“於焉逍遙”,言“所謂伊人”者,何居然逍遙也。上四句皆假設之詞,非實事也,合四章讀之自見。言白駒若“食我場苗”,我得“縶之維之,以永今朝”,“所謂伊人”者,何居然逍遙也。任賢者之去而不能留之意,自在言外。

賁 《傳》:“賁,飾也。”《箋》:“《易》卦曰:‘山下有火,賁。’賁,黃白色也。”《釋文》:“賁,彼義反,徐音奔。毛、鄭全用《易》為釋。”陳氏啟源曰:“賢人君子,人間之景星慶雲;身所遊歷,自光遠而有耀:如玉之輝山,珠之潤岸矣。《白駒》賢人,徒為邱園之賁,詩人惜之,故望其‘來思’也。”案:陳氏之說力遵古義,亦微嫌詞費矣。聲谓:此“賁然”字與《書·湯誥》“賁若草木”字皆為“㚘”之假借。《說文》:“㚘,疾也。从夲,卉聲。”《史記·司馬相如傳》:“瀏莅卉吸。”《索隱》引郭璞:“卉吸,林木鼓動之聲。”《漢書》作“莅颯卉歙”,注引張揖:“卉歙,走相追也。”《文選·上林賦》作“瀏莅卉歙”。[15]又“卉然興道而遷義”,《漢書》注:“卉然,猶欻然也。”《文選》郭注:“卉,猶勃也。”《文選·西京賦》:“奮隼歸鳧,沸卉軿訇。”薛注:“沸卉,奮迅聲也。”段氏玉裁曰:以上“卉”字皆“奉”之假借字。[16]據此,則“奉”訓疾也,勃也,欻也,奮迅也。“賁然”字為“奉”之假借字,“奉”、“賁”同諧卉聲,故得假借。言“皎皎白駒,奉然來思”,猶《杕杜》之“惠然肯來”,[17]《孟子》之“幡然改曰”也。《集傳》讀“賁”為“奔”,訓為“來之疾”;此讀“賁”為“奉”,取疾義,似更有根據也。

公侯《傳》:“爾公爾侯邪?何為逸樂無期以反也?”《正義》謂責其不來,言惟公侯得以逸豫耳。爾豈公邪?爾豈侯邪?何為逸豫無反期也?陳氏啟源曰:“此解甚平正。《詩緝》云:‘爾若為公侯,則將勤勞國事,無有逸豫之期,蓋羨其退居之樂也。’亦得之。”聲谓:“公”、“侯”指在位者言,當合上二句讀。言“皎皎白駒”,若果賁然而來,則“爾公爾侯”有理繁治劇之人,可以“逸豫無期”矣。文義較優,文氣似亦較順。

遁《箋》:“勉女遁思,度己終不得見,自訣之辭。”《釋文》:“遁,字又作遯。”案:作“遯”非是。《後漢書·杜林傳》注:“遁,猶回避也。”《漢書·雋疏于薛平彭傳》:“平當逡遁有恥。”《敘傳下》:“逡遁致仕。”注並云:“遁,讀與巡同。”《匡謬正俗·五》:“遁為巡字。”聲谓:“遁”即“逡巡”之合音也,故或言“逡遁”,或言“遁”也,與逃遯字異。“遁”為“逡巡”之合音,“逡巡”為疊韻字。“思”為思忖,雙聲字。《釋名·釋言語》:“思,司也。凡有所司捕,必靜思忖亦然也。”言慎爾之優行游息,勉爾之逡巡思忖。通章合讀,自見其義。言“皎皎白駒”,若果賁然而來,則“爾公爾侯”有理繁治劇之人,可以逸豫無期;公侯必不爾舍也,當慎爾之優行游息,勉爾之逡巡思忖。蘇子卿之“願君崇令德,隨時愛景光”,尚有此詩遺響。

空《韓詩》作“穹谷”,深谷也。《爾雅·釋詁》:“穹,大也。”《史記·司馬相如傳》:“觸穹石。”《集解》引張揖:“穹隆,大石貌。”[18]

《漢書·司馬相如傳上》:“觸穹石。”注引張揖:“穹石,大石也。”[19]案:“穹”或稱“穹隆”,見《爾雅注》、《太玄·玄告》。或稱“穹崇”,見《文選·長門賦》。皆有大義。段氏玉裁曰:“《毛詩》作‘空谷’,非直與《韓詩》異文,直是譌字。”案:段說是也。

其人 《箋》:“女行所舍,主人之餼雖薄,要就賢人,其德如玉然。”“其人”字,《箋》指賢者所主之人。《正義》本其說,太迂,遠非經義矣。陳氏啟源曰:“言白駒已入空谷,[20]雖不復返矣,然我猶設生芻以待之,誠愛其人之德美如玉也。”“其人”即指賢人,殊直截。

毋 《釋文》:“毋,音無,本亦作無。毋字與父母之字不同,宜詳之。”《說文》:“毋,止之也。从女,有奸之者。”《五經文字》:“從女,象有奸者止之形。”《曲禮》:“毋不敬。”《釋文》引:“《說文》云:‘止之詞。’其字从女,內有一畫,象有姦之形,禁止之,勿令姦。古人云‘毋’,猶今人言‘莫’也。”《角弓》:“毋教猱升木。”《箋》:“毋,禁辭。”《正義》:“《說文》云:‘毋,止之也。从女,象有奸之者。’言止其奸而稱‘毋’。”聲谓:毋,禁止辭也。从女,从丨——即準則字古文,“隼”、“尹”等字从其義並从其聲,“上”、古文作“丄”。“中”、“下”古文作“丅”。字从其義也。詳《六書啟》。古文到正不拘:“隼”字篆作“𨾊”,从横“丨”;“毋”字篆作“𠻜”,亦从横“丨”,與“隼”字意同。女子行動必以準,則稍戾於準,即當禁止之。丨而横,戾之至矣,會意字,仍取女為聲。《說文》“有奸之者”,語意俱稚淺,恐非字義。至“毋為”為禁止,[21]各書訓釋皆然,不具引。

穀 《傳》:“穀,善也。”《東門之枌》:“穀旦於差。”《甫田》:“以穀我士女。”《傳》並云:“穀,善也。”《小宛》:“式穀似之。”《四月》:“曷云能穀。”《小明》:“式穀與女。”《桑柔》:“不胥以穀。”《有駜》:“君子有穀。”《箋》並云:“穀,善。”案:此亦假借字,蓋借从禾之字,非借从木之字。从禾之字,《說文》:“續也,百穀之總名也。”“穀”、“穀”二字最易混淆。並詳《鶴鳴》“穀”字。

明 《傳》:“不可與明夫婦之道。”《箋》:“明,當為盟;盟,信也。”《大明》:“明明在下。”《傳》:“明,察也。”又《常武》:“赫赫明明。”

《傳》:“明明然,察也。”《爾雅·釋訓》:“明,察也。”聲谓:此“明”字亦當訓“察”。《禮·樂記》:“述者之謂明。”《疏》:“明者,辨說是非。”《左氏春秋·文十八年傳》:“明允篤誠。”《疏》:“明者,達也,曉解事務,照見幽微也。”聲谓:上二說亦“明”字中應有之義,由“察”義引申而出也。上章言“此邦之人,不我肯穀”,非其人本不善也,特不肯與我善爾;此章言“此邦之人,不可與明”,其人善惡混同,不可與之辨說是非,照見幽微矣;末章言“此邦之人,不可與處”,乃有惡無善,竟不可與之相處矣:有不能不旋歸者?“此邦之人”當活看,猶言此地之人爾。當依古義,專就室家相棄說。陳氏啟源曰:“古者,士庶人得越國而娶,此二詩合下《我行其野》。之婦人當是自異邦來嫁者。”《箋》讀“明”為“盟”,似亦不必。

昏姻 《箋》:“婦之父、壻之父相謂昏姻。”《爾雅·釋親》:“壻之父為姻,婦之父為婚。”又:“婦之父母,壻之父母,相謂為婚姻。”又:“婦之党為婚兄弟,壻之党為姻兄弟。”《禮·經解》:“昏姻之禮。”注:“昏姻,謂嫁取也。壻曰昏,妻曰姻。”《儀禮·士昏禮記》:“某以得為外昏姻。”注:“女氏稱昏,壻氏稱姻。”又《禮·昏義》目錄《疏》:“壻之親屬名之曰姻,女之親屬名之為昏。”《周禮·大宗伯》注:“異姓王昏、姻、甥、舅。”《疏》:“若據男女身,則男曰昏,女曰姻;若據親言之,則女之父口昏,壻之父口姻。”《漢書·鼂錯傳》:“男女有昏。”注:“昏謂昏姻配合也。”《詩·丰序箋正義》:“指其好合之際謂之婚姻。”《白虎通·嫁娶》:“婚者,昏時行禮,故曰婚。”又:“姻者,婦人因夫而成,故曰姻。”《說文》:“婚,婦家也。禮:娶婦以昏時。婦人陰也,故曰婚。从女,从昏,昏亦聲。”又:“姻,壻家也。女之所因,故曰姻。从女,从因,因亦聲。”案:以上解“昏姻”者不一,惟《說文》“婚,婦家”、“姻,壻家”最為明白。質言之曰“男女”,雅言之曰“婚姻”;古人云“婚姻”,後世言“配合”也。必謂“婦之父為昏”、“壻之父為姻”,未免拘泥。“婚”作“昏”者,用古文,猶《白虎通》引《詩》“不惟舊因”,即三章“不思舊姻”之異文。字亦作“因”也。“婚”、“姻”皆形聲字。

思復[22]《傳》:"復,反也。"案:"思"者,"斯"之假借也。上章言"爾不我畜",當復反我之邦家;此章言"爾不我畜",當言歸矣,斯復反矣,弗勞再計矣,決詞也。《唐石經》作"言歸斯復",蓋用本字。經作"思"者,假借字。《泮水》:"思樂泮水。"《禮·禮器》引作"斯樂泮水",[23]亦其據也。

特《傳》:"新特,外昏也。"《箋》:"不思女老父之命而棄我,而求女新外昏特來之女,責之也。"《柏舟》:"實維我特。"《傳》:"特,匹也。"據此,則經意當云:不思舊日之姻,而求新近之匹。語尤為明順。《箋》申《傳》意,太迂拙。聲案:"特"有"匹"義者,《禮·禮器》注:[24]"特,謂不用他物媲之也。""特"本為獨一無匹。亦借為"匹"字用者,猶之"臭"亦訓"香","徂"亦訓"存","去"亦訓"舉",以相反為義,美惡不嫌同辭也。

富《箋》:"女不以禮為室家,成事不足以得富也。"《瞻卬》"何神不富"《傳》、《召旻》"維昔之富,不如時"《箋》,並云:"富,福也。"《禮·郊特牲》:"富也者,福也。"聲案:富,備也;福亦備也。《禮·曲禮下》"不饒富"注、《表記》"后稷之祀易富也"注,並云:"富之言備也。"《說文》:"富,備也。……从宀,畐聲。"《禮·祭統》:"福者,備也。"《禮運》:"是謂承天之福。"注:"福之言備也。"《郊特牲》:"富也者,福也。"注:"福也者,備也。"《書·洪範》:"九,五福。"鄭注:"福者,備也。"古者"富"、"福"同訓,"富"、"福"亦同字。《易·謙》:"福謙。"《釋文》:"福,京本作富。"《劉脩碑》:"鬼神富謙。""福"亦作"富",此其據也。"成"字跟上文"求"字,求必望其成,此等人就使所求可成,並不為福,亦適為怪異而已。《左氏春秋·定十年傳》:"封疆社稷是以。"注:"以,猶為也。"或曰:"以,由也。"《漢書·劉向傳集注》:"以,由也。"言就使可成,並不由福,亦適由怪異而已,亦通。"富"、"福"皆從畐聲,故通假。《論語》引作"誠不以富","誠"亦"成"也。《禮·經解》:"繩墨誠陳。"注:"誠,猶審也。或作成。"《中庸》:"誠者,自成也。"皆其據也。

秩《傳》:“秩秩,流行也。”案:《小戎》:“秩秩德音。”《傳》:“秩秩,有知也。”《巧言》:“秩秩大猷。”《傳》:“秩秩,進知也。”《賓之初筵》:“左右秩秩。”《傳》:“秩秩然,肅敬也。”《假樂》:“德音秩秩。”《傳》:“秩秩,有常也。”《箋》:“秩秩,清也。”“秩秩”字,《詩》凡五見,《傳》、《箋》凡六說。聲谓:《說文》:“秩,積也。从禾,失聲。《詩》曰:‘稸即“積”字。之秩秩。’”案:《詩》無此文,或曰即《良耜》之“穫之挃挃”也。然《手部》“挃”下又引“穫之挃挃”,“秩”下所引並非《良耜》文可知矣。“秩”為積,故有次序義。《書·舜典》:“望秩于山川。”鄭注:“秩,次也。”《漢書·百官公卿表上集注》、《郊祀志上集注》並云:“秩,次也。”《管子·輕重乙》:“以是與天子提衡爭秩於諸侯。”注:“秩,次也。”《廣雅·釋詁·三》:“秩,次也。”《書·堯典》:“平秩東作。”《舜典》:“汝作秩宗。”《傳》並云:“秩,序也。”《漢書·郊祀志上集注》:“秩,序也。”《刑法志集注》:“秩,敘同“序”。也。”《文選·東京賦》注引《書》王肅注:“秩,序也。”《廣雅·釋言》:“秩,序也。”“秩”訓“次”,訓“序”,“秩秩”亦當訓為“次序”。今據各書訓“秩秩”為有次序之貌,於經意處處可通。《賓之初筵》:“不知其秩。”《烈祖》:“有秩斯祜。”《傳》並云:“秩,常也。”案:“常”義亦由“有次序”引申之義也。“斯干”曰“秩秩”,言其有次序;“南山”曰“幽幽”,言其極深遠。一明一暗,王德流行可見,故取興於“斯干”之“秩秩”;國用之,富饒無窮,故取興於“南山”之“幽幽”:古說為優矣。

猶《傳》:“猶,道也。”《箋》:“猶。當作瘉;瘉,病也。言時人骨肉用是相愛好,無相詬病也。”聲谓:“猶”當讀為“繇”,“搖”之假借字也。《禮·明堂位》注:“今之步搖。”《釋文》:“搖,本又作繇。”《史記·蘇秦傳》:“二日而莫不盡繇。”《索隱》:“繇,搖動也。”[25]《素問·氣交變大論》:“筋骨繇復。”注:“繇,搖也。”又《禮·檀弓下》:“詠斯猶。”注:“猶,當為搖,聲之誤也。搖謂身動搖也。秦人‘猶’、‘搖’聲相近。”案:宣王中興,《詩》章應出於西都,故容有秦音,此其確據也。經言兄弟相好,無相搖動,正見當時國富民安,可以興工役之時,與尋常言兄弟者須有別。《箋》讀“猶”為“瘉”,“瘉”音偷,與“猶”亦祇音近,非一聲也。《集傳》讀為“尤”。陳氏啟源曰:“尤,古音怡,[26]不音猶。”是也。《載馳》“無我有尤”,與“思”、“之”為韻;《四月》“莫知其尤”,與“梅”為韻;《易·賁》、《剝》、《大畜》、《蹇》、《鼎》、《旅》六卦《小象》皆有“尤”字,與“疑”、“喜”、“之”、“載”等字為韻:讀為“尤”者,非是。

似《傳》:“似,嗣也。”《裳裳者華》“是以似之”《傳》,《卷阿》“似先公遒矣”、《江漢》“召公是似”《傳》,並云:“似,嗣也。”《箋》:“似,讀如‘巳午’之‘巳’。巳續妣祖者,謂巳成其宮廟也。”《正義》:“鄭以為宣王既已於國門之左、[27]在巳之地繼續立先妣姜嫄、先祖后稷以下之廟。”案:《說文》:“佀,即“似”。象也。从人,㠯即“以”。聲。”《廣雅·釋詁·四》:“似,像即“象”。也。”又《釋詁·三》:“似,類也。”又《釋言》:“似,若也。”案:“類”與“若”亦“象”義也。《禮·雜記下》:“見似目瞿。”注:“似,謂容貌似其父母也。”又《哀公問》:“寡人雖無似也。”注:“無似,猶言不肖。”又《雜記下》:“某之子不肖。”注:“肖,似也。不似,言不如人。”《說文》:“肖,骨肉相似也。不似其先,故曰‘不肖’也。”聲谓:“似”訓“象”者,“似”、“象”一聲;“肖”亦訓“似”者,“肖”、“似”亦一聲也。經言“似續妣祖”者,謂妣祖已遠,特立廟以肖之。所謂“廟者,貌也”,故曰“似”。續,繼也,祖妣之支派甚繁,故立廟以統之,故曰“續”。如此講則字皆有義,古人文字總無贅語也。

約《傳》:“約,束也。閣閣,猶歷歷也。”《箋》:“約,謂縮板也。”案:“約束”與下“椓擊”,皆制宮室所有事也,觀下文“風雨攸除,鳥鼠攸去”二句可知。鄭以“約”為“縮板”,“椓”為“搯土”,則專指築牆言。所築之牆即甚平直堅固,風雨何由而除,鳥鼠何由而去乎?詩人為不辭矣。詩意以為即其所約束者,無不閣閣然;所椓擊者,無不橐橐然;聞其聲可以知其無一不堅固,將來風雨之除,鳥鼠之去,胥可於此卜之矣。閣閣,停妥之聲;橐橐,結實之聲也:此可以意逆之者。《考工記》注作“約之格格”。古音“格”亦音各,“閣”、“格”皆从各得聲,故可以通假。

椓《箋》:"椓,謂擋土也。"《孟子·滕文公上》"捆屨織席"注,《音義》引丁《音》:"椓,擊也。"[28]《文選·東征賦》注引《周禮》鄭注:"椓,擊也。"《正月箋》:"又復椓破之。"《正義》:"'椓'如'椓杙'之'椓',謂打之也。"《說文》:"椓,擊也。从木,豖聲。"聲谓:"椓"訓"擊",古誼也。

芋《傳》:"芋,大也。"《箋》:"芋,當作幠。幠,覆也。"《釋文》:"芋,或作吁。"聲谓:"芋"亦假借字,毛訓為"大",為"訏"之假借;鄭訓為"覆",以為"幠"之假借也。據《周禮·大司徒》注:"謂約椓攻堅,風雨攸除,各有攸宇。"《疏》:"宇,居也。"風雨所不能侵,鳥鼠所不能至,宜為君子之所居矣。既與上文相應,又與下二章"攸躋"、"攸寧"為一類,其為"宇"之借字無疑。"宇"、"芋"皆從"于"得聲,鄭氏不破為同聲之"宇",而破為聲近之"幠",亦太疏矣。況蹲鴟乃後世之物,上古安得有"芋"字?穴居野處之後,聖人易之以茅茨土階,故其字從草,即以"芋"為"宇"之古文,亦無不可;後世聖人易之以宮室,上棟下宇,而其制始備,故"宇"从宀、于。《說文》:"宇,屋邊也。从宀,于聲。《易》曰:'上棟下宇。'"《緜》:"聿來胥宇。"《桑柔》:"念我土宇。"《閟宮》:"大啟爾宇。"《傳》並云:"宇,居也。"《國語·周語》:"使各有寧宇。"《鴻烈解·俶真》:"而徙倚于汗漫之宇。"《離騷》:"爾何懷乎故宇。"注並云:"宇,居也。""芋"為"宇"之古文,居也,較破字為優矣。

跂翼《傳》:"如人之跂竦翼爾。"《史記·韓王信盧綰傳》:"跂而望歸。"《索隱》:"跂,起踵也。"《荀子·勸學》:"吾嘗跂而望之。"注:"跂,舉足也。"《鴻烈解·墜形》:"有跂踵民。"注:"跂踵民,踵不至地,以五指行也。"《山海經·海外北經》:"跂踵國。"注:"跂踵,[29]其人行,腳跟不著地也。"字亦作"企"。《玉篇·人部》引作"如企斯翼"是也。"翼"當讀如"輔之翼之"之"翼"。《卷阿》:"有馮有翼。"《箋》:"翼,助也。"《漢書·律歷志上》、《鼂錯傳》、《董仲舒傳》,《集注》並云:"翼,助也。"《國語·楚語》:"求賢良以翼之。"注:"翼,輔也。"《廣雅·釋詁四》:"翼,輔也。"《左氏春秋·昭九年傳》:"翼戴天子。”注:“翼,助也。”[30]《漢書·東平思王宇傳集注》、《吕覽·古樂》“去殷三淫而翼文王”注、《鴻烈解·脩務》“故立三公、九卿以輔翼之”注,並云:“翼,助也。”“跂”近於偏,偏者易傾,故必有以翼之;翼者,輔助之意。《行葦》:“以引以翼。”《箋》:“在旁曰翼。”是也。矢取其直,直者易衺,故必有以棘之;棘者,鉤連之意詳下。也。若讀為羽翼字,不惟比中生比,且與下句“革”字重復矣。嚴《緝》云:“翼”如《論語》“翼如”之“翼”。非是。

矢棘《傳》:“棘,稜廉也。”[31]《箋》:“棘,戟也,如人挾弓矢戟其肘。”聲谓:最直者莫如矢。《易·噬嗑》:“得金矢。”《解》:“得黃矢。”注並云:“矢,直也。”《孟子·萬章下》:“其直如矢。”注:“矢,直也。”《太玄·疑》:“失貞矢。”《沈》:“失貞矢。”注云:“矢,直也。”案:矢訓直者,以矢之為物,未有不直者也。“棘”當讀如“句戟”之“戟”。《說文》:“戟,有枝兵也。从戈、倝。《周禮》:‘戟長丈六尺。’讀若棘。”案:“戟”、“棘”同音,故《箋》訓為“戟”。《釋名·釋兵》:“戟,格也,旁有枝格也。”《一切經音義》引《字林》:“戟,有枝兵器也。”字亦作“棘”。謝靈運《撰征賦》:“鉤棘未曜,殞前禽於金墉。”韓愈《貞曜先生墓誌銘》:“鉤章棘句。”矢為直物,直者易衺,必有以鉤連之,故曰“如矢斯棘”。《韓詩》作“如矢斯朸”;朸,隅也,旅即切。意蓋同毛。

革《傳》:“革,翼也。”《箋》:“如鳥夏暑希革,張其翼時。”《釋文》:“革……,《韓詩》作翱,云:‘翅也。’”聲谓:“革”即“翱”之古文也。《說文·羽部》:“翱,狘即“翅”。也。”《廣韻》“翱”、“翮”同。[32]《韓詩》:“翱,翅也。”與《說文》同。毛作“革”者,用古文;訓為“翼”,亦“翅”之古文也。“革”為古文,“翱”為形聲字,“翮”乃形聲字之後出者。薛氏《鐘鼎款識》載周《宰辟父敦銘》三,其弟三器銘“攸革”字作“[illegible]”;其弟一器銘作“[illegible]”,蓋銘作“[illegible]”;弟二器銘作“[illegible]”,蓋銘作“[illegible]”:“革”字凡五見。竊謂:从廿,鳥首也,與“燕”字同;作“卝”亦“廿”也,與“萑”、“藋”字同;从人,鳥尾也,亦與“[illegible]”字同;作“丨”亦“人”也,與“[illegible]”字同;从𦥑,反“非”也,鳥翮也,未飛時尚合而未分也;鳥翮合而未分,故从⺁以引之。全體為象形,加“⺁”為會意,與“隼”同意;即諧“⺁”聲,與“曳”同意,“革”、“曳”聲亦相近也。羽革為此字弟一義;皮革、更革,其引申假借之義也。《書·堯典》“鳥獸希革”亦當讀為羽革字,言“革”不言“毛”者,猶之下文“鳥獸毛毨”言“毛”不言“羽”也。自鄭氏注為“夏時鳥獸毛疏皮見”,[33]見本詩《疏》。而“希革”字始混為皮革字。《箋》:“如鳥夏暑希革,張其翼時。”以“革”為皮革字,則“翼”字為添設;以“革”為羽革字,則“希革”字又為添設:模棱語不足傳信也。今據毛《傳》“革,翼也”,定為羽革字;又據薛氏《鐘鼎款識》定其形。凡訓“皮”,訓“改”,皆為引申假借之義。“跂翼”二句儷文,“鳥革”二句儷文也。詳下。

翬《箋》:“伊洛而南,素質,五色皆備成章曰翬。”《釋文》:“翬……,雉名。”案:《箋》說,《爾雅·釋鳥》文也。《說文》:“翬,大飛也。从羽,軍聲。一曰:伊雒而南,雉五采皆備曰翬。《詩》曰:‘如翬斯飛。’”《爾雅·釋鳥》:“鷹隼醜,其飛也翬。”舍人注:“翬翬其飛,疾羽聲也。”《方言·十二》:“翬,飛也。”《廣雅·釋詁·三》:“翬,飛也。”據此,則“翬”本訓“飛”,亦借為雉名耳。上二句言其恢詭,跂者翼之,直即“矢”。者棘之,恢詭仍歸於平正也。此二句言其絢爛,於鳥觀其革,於翬觀其飛,絢爛之至,又極其矯健也。《箋》以上三句為一段,“翬飛”句又自為一段,蓋因“翼”、“棘”、“革”為韻,“飛”、“躋”為韻,不知古人不分四聲,“翼”、“棘”、“革”、“飛”、“躋”五字未始不韻也。

躋《傳》:“躋,升也。”《箋》:“此章主於宗廟,君子所升祭祀之時。”案:宮室、宗廟皆君子之躋升者。君子上達,聖敬日躋,故取義於“躋”。“攸宇”、“攸躋”、“攸寧”,皆兼宮室、宗廟言也。《說文》:“躋,登也。从足,齊聲。”聲谓:“躋”訓“登”者,亦足之所登躋者,不必泥定“升”義也。

殖《傳》:“殖殖,言平正也。”案:“殖”無“平正”義,“殖”乃“埴”之假借字。《考工記·總目》:“搏埴之工二。”注:“埴,黏土也。”《荀子·性惡》“故陶人埏埴而為器”注、《老子》“埏埴以為器”《釋文》引杜注:“埴,黏土也。”案:“埏”即“搏”也,搏埴(黏土)以為器,其器之平正可知。埴而又埴,故訓為平正。“庭”从“廷”之聲義;廷,平也,故“庭”以平正為美。

覺《傳》:“有覺,言高大也。”《箋》:“覺,直也。”案:“覺”亦假借字。毛意以為“嶨”之假借字,故訓為“高大”。《釋名·釋山》:“山多大石曰礐。礐,學也,大石之形學學然也。”《說文》:“嶨,山多大石也。从山,學省聲。”《釋名》之“礐”即《說文》之“嶨”。山必高,故曰“高大”也。《箋》訓“直”,本《抑》“有覺德行”《傳》:“覺,直也。”彼《傳》毛以“覺”為“較”之假借字。《爾雅·釋詁》:“較,直也。”《儀禮·大射儀》:“大侯之崇,見鵠於參。”注:“較,直也。”《周禮·司裘》:“王大射,則共虎侯、熊侯、豹侯,設其鵠。”注:“較者,直也。”古音“覺”、“較”同聲,故假借。本詩應以“高大”義為優。

噲《箋》:“噲噲,猶快快也。”《一切經音義·五》引《三蒼》:“噲,亦快字也。”又《六》引《蒼頡》同。《箋》訓“噲”為“快”,雖古義,然“快快”亦於經義無當。聲谓:“噲”乃“塏”之假借字,“噲”、“塏”一聲。《左氏春秋·昭三年傳》:“請更諸爽塏者。”注:“塏,燥。”《說文》:“塏,高燥也。从土,豈聲。”並詳下。

正《傳》:“正,長也。”《箋》:“正,晝也。”案:“正”當讀如“正門”之“正”。《禮·明堂位》:“應門之外。”注:“正門謂之應門。”《周禮·考工記·匠人》:“應門二徹參个。”注:“正門謂之應門。”《爾雅·釋水》:“濫泉正出。正出,涌出也。”《後漢書·班彪傳》注:“正殿,即前殿也。”《文選·皇太子釋奠會》詩:“正殿虛筵。”注:“正殿,前殿也。”案:以上“正”皆“正背”之“正”,正則明,明則必求其爽塏,故曰“噲噲其正”。

噦《箋》:“噦噦,猶煟煟也。”《釋文》:“煟,音謂。呂忱云:‘火光貌。’”《廣雅·釋訓》:“煟煟,明也。”[34]聲案:“煟”本為“火光”,引之有“明”義,故《廣雅》訓為“明”也。《小星》:“嘒彼小星。”《雲漢》:“有嘒其星。”皆“嘒”之借字。彼从日,此从火,天下之至明者,日與火也。从彗與胃,皆諧聲也。从日从彗者,字較古矣。室之窈冥處,亦煟煟然明,其室之寬明可知。

冥《傳》:“冥,幼也。”《箋》:“冥,夜也。言居之晝日則快快然,夜則熠熠然,皆寬明之貌。”《釋文》:“幼,王如字。本或作窈。”案:《爾雅·釋言》:“冥,幼也。”亦或作“窈”,孫炎、某氏皆訓為深闇之“窈”也。據此,則“幼”乃“窈”之古文。《文選·思玄賦》:“踰厖鴻於宕冥兮。”[35]注:“冥,窈也。”蓋本《爾雅》、毛《傳》。《說文》:“冥,幽也。”“幽”、“窈”一聲,義亦相同。鄭知“噲噲”二句皆寬明之義,訓“正”為“晝”,未免迂曲矣。王申毛意,訓為“長幼”,更迂曲矣。

莞《箋》:“小蒲之席也,竹葦曰簟。寢既成,乃鋪席與群臣安燕,為歡以樂之。”《釋文》:“莞,音官,徐又丸完反。草叢生水中,莖圓。江南以為席。形似小蒲,而實非也。”案:《爾雅》有二莞:一“藨,鼠莞”;一“莞,苻蘺”。郭氏一則曰“可以為席”,一則曰“用之為席”,是莞雖別草,而為席則同矣,陳氏啟源辨之甚詳。經明言“下莞上簟,乃安斯寢”矣,鄭氏偏曰“寢既成,乃鋪席與群臣安燕,為歡以樂之”。經文一氣自“秩秩斯干”二章皆言為宮室之意,“約之”三章皆言為宮室之事;宮室極其華麗,正所以安君子也。“下莞上簟”,宮室既成,君子寢興於斯;他日生男,則祝其“室家君王”;生女,則祝其“無父母詒罹”:此皆宮室既成以後頌禱之詞也。經中惟二章“似續妣祖”句可以專指宗廟,其餘皆渾言為宮室之事,鄭氏强以經文分配廟寢,殊非經意。

熊《釋文》:“熊,回弓反。”《說文》:“熊,獸,似豕。山居,冬蟄。从能,炎省聲。”案:“从能”者,“能”以獸名也。《說文》:“能,熊屬,足似鹿。从肉,目聲。能獸堅中,故稱賢能,而彊壯稱能傑也。”《國語·晉語》:“今夢黃能入於寢門。”韋注:“能,似熊。”《廣韻》:“能,獸名,熊屬,足似鹿。”《增韻》:“能,本健獸名。”《離騷》洪注:“能,本獸名,熊屬。”聲谓:“能”即今“熊”字也。《左氏春秋·昭七年傳正義》:“張叔《皮論》云:[36]‘賓雀下化,[37]田鼠上騰。牛哀虎變,鯀化為熊。久血為磷,積灰生蠅。’傅玄《潛通賦》云:‘聲伯忌瓊瑤而弗占兮,[38]晝言諸而暮終。嬴正沈璧以求福兮,[39]鬼告凶而命窮。黃母化而為黿兮,鯀殛變而成熊。’二者所韻不同。或疑張叔為‘能’。著作郎王劭云：‘古人讀“雄”與“熊”者皆于陵反。’張叔用舊音，傅玄用新音，張叔亦作‘熊’也。”聲謂：王劭之言是也，惟不知“能”字古音亦讀乃陵反。“能”即今之“熊”字，今之“熊”字乃熊熊字。《山海經·西山經》：“其光熊熊。”注：“熊熊，光氣炎盛，相焜耀之貌。”聲案：“熊”从火，能聲也。“能”為熊羆本字，借為賢能字用；轉為奴臺切，故亦借為“三能”字，見《史記·天官書》。亦別訓為“黃能”字見《爾雅·釋魚》並《玉篇》“能”下。也。古音于陵切，轉音“能”為乃陵切，“熊”為于陵切，古音皆與東、鍾通。後世借義盛行而“能”之本義晦，又以熊熊字為熊羆字而“熊”之本義亦晦。今據各書定之曰：“能”即古“熊”字，古音于陵切，今音乃陵切；“熊”古熊熊字，今借為能羆字，古音與今音同。

羆《釋文》：“羆，彼宜反。”《說文》：“羆，如熊，黃白文。从熊，罷省聲。”案：古文衹作“罷”，今借為罷倦字，又轉為“霸”音。《論語·子罕》：“欲罷不能。”皇《疏》：“罷，猶罷息也。”聲謂：熊羆字亦當作“罷”，今作“羆”者，蓋沿“熊”字而誤也。其餘罷倦、罷息，皆引申假借之義，義變而音亦隨之遞變矣。《爾雅·釋獸》：“羆如熊，黃白文。”郭注：“似熊而長頭高腳，猛憨多力，能拔樹木。關西呼貑羆。”《山海經》：“嶓塚之山……，獸多熊羆。”[40]注：“羆似熊，而黃白色。”《史記正義》：“羆大於熊，黃白色。”陸璣《疏》曰：“羆有黃羆，有赤羆，大於熊。”

虺《說文》：“虺以注鳴。《詩》曰：‘胡為虺蜥。’从虫，兀聲。”案：字本作“虫”。《說文》建首字：“虫，一名蝮，博三寸，首大如擘指，諸書所引並無“指”字。象其臥形。物之微細，或行、或毛、或嬴、或介、或鱗，以虫為象。”又建首字：“它，虫也。”案：“虫”為虫它即“蛇”之古文。詳下。正字。“虺”从虫，兀聲，“兀”為“元”之古文。《說文》“髡”从兀聲，或體作“髨”。又“軏，从車，元聲”，即“小車無軏”之“軏”。“兀”即“元”字，而“兀”亦讀“跀”者，古人不分平仄，與“惡”五故反。亦讀“惡”，入聲。“箸”之署反。亦讀“箸”之若反。同義。據《說文·虫部》，有“蚖”字：“榮蚖，蛇醫，以注鳴者。从虫，元聲。愚袁切。”《爾雅·釋魚釋文》引《字林》：“蚖，五丸反。蠑蚖，蛇醫也。”韋昭《國語》

注:“蚖,蜥蜴也,象龍。”《鴻烈解萬畢術》:“取蚖膏為鐙,[41]置水中,即見諸物。”《法言·問神》:“龍蟠於泥,蚖其肆矣。”亦作“黿”。《史記·周本紀》:“漦化為玄黿。”與《鄭語》同。《索隱》云:“黿,亦作蚖。[42]……玄蚖,蜥蜴也。”《漢書·五行志》:“漦化為玄黿。”注:“韋昭曰:‘玄,黑。黿,蜥蜴也。’”字亦作“螈”。《方言·八》:“守宮,……蜥易。南楚謂之蛇醫,或謂之蠑螈。”案:本音元,从元與从兀,一也。“髡”亦作“髨”,是其據也。作“蚖”與作“虺”,亦一也。亦作“黿”、“螈”者,愈可定其音為“元”矣。古字本作“虫”,或本音許偉反,轉為“元”音;或古本音元,轉為許偉反:未可知也。“蚖”、“虺”一字,“虺”、“虫”一字,則有可據者。

蛇《說文》作:“它,虫也。从虫而長,象冤曲垂尾形。上古艸居患它,故相問:‘無它乎?’……蛇,它或从虫。”案:鄭注《考工記》:“紆行,虵屬。”字亦从也。案:“也”與“它”為兩字。“也”即“地”之古文。《秦刻石》篆作“也”,詳《正月》。《說文》篆作“也”,與“它”篆形微似,後人往往亂之。“蛇”字借為委蛇字,音移;即虺它字亦當音移,以“蛇”字與上文“羆”字為韻也。

裼《傳》:“裼,褓也。”《箋》:“褓,夜衣。”《釋文》:“裼……,《韓詩》作禘。”[43]案:《說文》亦作:“禘,緥即“褓”。也。从衣,啻聲。《詩》曰:‘載衣之禘。’”《漢書音義》:“孟康曰:‘緥,小兒被也。’”“李奇曰:‘小兒大藉也。’”俗作“褯”。《廣雅》:“褯謂之褓。”案:“褯”即“禘”之別字。毛作“裼”者,假借字,音相近。“裼”為袒裼字,見《鄭風》。亦為襲裼字。見《禮·曲禮·玉藻》。

三百《箋》:“今乃三百頭為一群。”案:“三百”字當活看,蓋舉其成數而言,如言“《詩》三百”、“禮儀三百”爾,非定於三百不可多亦不可少也,下句“九十”字方說得通。

九十其犉《傳》:“黃牛黑唇曰犉。”《良耜》:“殺時犉牡。”《傳》同。《箋》:“今乃犉者九十頭,言其多矣,足如古也。”《釋文》:“犉,本又作犉,而純反。”案:《說文》作:“犉,黃牛黑唇也。”《爾雅·釋畜》:“黑唇,犉。”又:“白馬黑唇,駩。”孫炎本作

"犉",云:"與牛同稱。"聲谓:當依《爾雅》訓為"黑唇,犉"。黃牛黑唇謂之犉,白牛黑唇亦謂之犉。推而言之,騂牛、黑牛,其黑唇者皆謂之犉。言無論何色牛,其黑唇者皆以九計十計,極言其多也。各色牛之犉者,以九、十計,其不犉者可知,故曰"極言其多也"。"九十"字與《東山》"九十其儀""九十"字略同,當橫讀,無豎讀。

濈《傳》:"聚其角而息濈濈然。"《釋文》:"濈,本又作䁒,亦作戢。"《玉篇》作:"䶋,牛多角,又角堅皃。或作戢。"案:作"戢"者,正文;作"濈"者,假借;作"䁒"者,形聲字;作"䶋"者,後世字矣。《詩》作"戢"。《時邁》:"載戢干戈。"《傳》:"戢,聚也。"《鴛鴦》:"戢其左翼。"《白華》:"戢其左翼。"《箋》並云:"戢,斂也。"《左氏春秋·宣十二年傳》:"載戢干戈。"《襄二十四年傳》:"兵不戢。"注並云:"戢,藏也。"案:"戢"訓"聚"、訓"斂"、訓"藏",皆柔服之義也。羊聚於一處,而其角又若自斂藏之,故曰"戢戢"。"濈"从"戢"之聲義。

濕《傳》:"呞而動其耳濕濕然。"《說文》作:"溼,幽溼也。从水;一,所以覆也。覆而有土,故溼也。㬎省聲。"案:羊言角而牛言耳者:羊之為物,動則以角相抵,故詠羊者詠其角之濈濈;牛之為物,呞則其耳頻動,故詠牛者詠其耳之溼溼。"溼溼"亦假借字,古音"溼"與"沓"音近,"溼溼"疑"沓沓"之借也。

餱《釋文》:"餱,音侯。"案:侯,古音胡。《鄭風·羔裘》:"洵直且侯。""侯"與"捨命不渝""渝"字為韻是也。"餱"从侯音,亦當近"胡",故與下"具"字韻。"餱"字古音應讀若"互"也。

物《傳》:"異毛色者三十也。"《正義》曰:"經言'三十維物',則每色之物皆有三十,謂青、赤、黃、白、黑毛色別異者各三十也。"聲案:《正義》申《傳》"異"字之義,是也。此二句兼牛與羊說,五色各三十,合之則一百五十,羊之群以"三百"計無論矣,牛之犉者特"三十"中之一色耳,且以"九十"計,牧事之盛可知矣。《六月》:"比物四驪。"《傳》:"物,毛色也。"[44]《周禮·雞人》:"辨其物。"注:"物,謂毛色也。"案:"物"為毛色字,亦假借也。《說文》:"勿,州里所建旗。象其柄,有三游。雜帛,幅半異。所以趣民,故遽稱勿勿。……㫆,勿或从㫃。"篆文作"㫃"，亦作"㫃"。今之"事物"字，即"㫆"之譌也。"㫆"本篆作"㫆"，省作"勿"。从㫃，象其柄也；从彡，即所謂三游也。左形"屮"似牛，遂譌誤从牛矣；右形"勿"，篆文末"/"與"𠆢"形相連，遂譌作"勿"矣：與"於牣魚躍""牣"字同譌誤。《周禮·司常》："雜帛為物。"《儀禮·士喪禮》："為銘，各以其物。"注："雜帛為物，大夫之所建也。"《鄉射禮記》："旌，各以其物。"注："雜帛為物，大夫、士之所建也。"又："物長如笴。"注："物，謂射時所立處也。"《禮·投壺》注："間相去如射物。"《疏》："物，謂射者所立之處，物長三尺，闊一尺三寸。"案："物"本為旗識之名，藉以為萬物、事物字。《釋名·釋兵》："雜帛為物，以雜色綴其邊為燕尾，將帥所建，象物雜色也。"聲案："象物雜色""物"字乃借為萬物、事物以後字。《説文》："物，萬物也。牛為大物，天地之數起於牽牛，故从牛。勿聲。"案：篆文"㫆"左旁與"牛"形極相似，故譌从牛。《説文》之説附會穿鑿，識者自能辨之也。

牧 《箋》："此言牧人有餘力，則取薪蒸，搏禽獸以來歸也。麤曰薪，細曰蒸。"聲案：此"牧"字當是"牛"字之譌，因上文有"爾牧來思"，下文有"爾羊來思"也。首章牛、羊雙提，次章"或降于阿"至"爾牲則具"皆總承。此章又牛、羊雙提，"麾之以肱"二句總承。末章憑空又就牧人撰出一夢，歸到人民富庶另一意收束。篇法錯綜離奇，戛戛生新。本為"爾牛來思"，誤為"牧"字，蓋因上文"爾牧來思"而誤也。言"爾牛來思"，將牧時所采之薪蒸分載于雌雄之牛，故曰"以薪以蒸，以雌以雄"也；"爾羊來思"，但見其"矜矜有危竦之意。兢兢"，有戒慎之意。而終不至於騫崩也；迨牛羊畢來，不過"麾之以肱"，而畢來者既升。極言牛羊之馴擾也。

雌雄 歐陽氏以牝牡、雌雄為鳥獸之通稱，引"牝雞"、"雄狐"為證，是也。聲案："雌"即"鴜"之異文，亦作"鵞"。《説文》："鵞，鸃鵞也。"《史記·司馬相如傳》："鸃鵞鵁鸕。"[45]徐廣曰："鸃鵞本鳥也。"[46]本為鳥名字，"雄"本為雄傑字，借為雌雄字耳。《匏有苦葉》："雉鳴求其牡。"《南山》："雄狐綏綏。"古《木蘭詩》："兩兔傍地走，安能辨我是雄雌？"古人言"雄雌"，猶之言"陰陽"，故獸與禽皆得言也。

“雌雄”就牛說;“薪蒸”不及羊者,羊之為物小,不任負駝也。詳《匏有苦葉》。

矜兢《傳》:“矜矜兢兢,以言堅彊也。”案:《菀柳》:“居以凶矜。”《傳》:“矜,危也。”《後漢書·張衡傳》注:“矜,竦也。”案:“竦”義由“危”義引申而出也。《小旻》:“戰戰兢兢。”《傳》:“兢兢,戒也。”《漢書·元帝紀集注》:“兢兢,慎也。”《書·皋陶謨》:“兢兢業業。”《傳》:“兢兢,戒慎也。”凡物之危竦者,易於病損;戒慎者,恐其崩壞。“爾羊來思”,矜矜然極其危竦,兢兢然極其戒慎,而終不至於騫崩,牧事之盛為何如乎?《傳》:“騫,虧也。崩,群疾也。”與《天保》異訓,似可不必。

魚《箋》:“牧人乃夢見人眾相與捕魚。”“實維豐年”上文“眾維魚矣”,[47]《傳》言“陰陽和則魚眾多”。據此,則《箋》與《傳》異。聲谓:依鄭則“魚”當讀“漁”。《左氏春秋·隱五年傳》:“公將如棠觀魚者。”《釋文》:“漁,本亦作魚。”[48]是也。聲谓:籒文作“瀏”,篆文作“漁”,假借作“魚”。《說文》:“瀏,捕魚也。从𩺰,从水。漁,篆文瀏从魚。”《易。系辭下》:“以佃以漁。”《釋文》:“漁,本亦作魚。”《周禮·𩺰人釋文》:“𩺰,本又作魚。”是也。合觀下文“旐維旟矣”句,當依《箋》說為長。猶云:所夢為何夢?人眾維“維”、“惟”古通。去取魚,又夢旐旟,維見旟揚詳下。耳。“旟”字亦係假借字。

旟《都人士》:“髮則有旟。”《傳》:“旟,揚也。”《箋》:“旟,枝旟揚起也。”《釋文》:“旟,音餘,揚也。”聲案:《出車》:“設此旐矣。”《傳》:“龜蛇曰旐。”《桑柔》:“旟旐有翩。”《傳》同。《采芑》:“旂旐央央。”《箋》:“龜蛇為旐。”《周禮·司常》注同。[49]《干旄》:“孑孑干旟。”《出車》:“彼旟旐斯。”《江漢》:“既設我旟。”《桑柔》:“旟旐有翩。”《傳》並云:“鳥隼曰旟。”[50]《周禮·司常》注,《國語·吳語》“皆赤常赤旟”注,並云:“鳥隼為旟。”據此,則旐,旂也,旟亦旂也,惟畫之龜蛇與鳥隼為異耳。“旐維旟矣”,猶云“旂維旂矣”,詩人為不詞矣,必讀“旟”為旟揚字。“旐”所以聚眾,不舉則人不知聚,故必揚起而後為聚眾之象也。“旟”借為“揚”,此字無正字,亦終於假借而已。後世揄揚字亦係假借。《説文》:“揄,引也。”此詩幸有《都人士傳箋》可據,不然,此經終不可通矣。

溱《傳》:“溱溱,衆也。”《箋》:“溱溱,子孫衆多也。”案:此亦假借字。《説文》:“溱,水,出桂陽臨武,入匯。从水,秦聲。”《褰裳》:“褰裳涉溱。”《傳》:“溱,水名也。”《溱洧》:“溱與洧。”《傳》:“溱、洧,鄭兩水名。”《潛夫論》引作“室家蓁蓁”。《桃夭》:“其葉蓁蓁。”《傳》:“蓁蓁,至盛貌。”《禮・大學》:“其葉蓁蓁。”注:“蓁蓁,美盛貌。”案:“至盛”與“美盛”皆有衆多義,“溱溱”與“蓁蓁”一也。《桃夭》:“其葉蓁蓁。”《通典・禮十九》引作“其葉溱溱”,義與此同。

校勘記

[1]“知晚早”,《春秋説題辭》(見《景四》本《古微書》)“早”字作“蚤”。

[2]“音聲貌也”,《春秋説題辭》注無“貌”字。

[3]“聖王聞雁雁有音聲”,《春秋説題辭》注“雁雁有”作“其”。

[4]“雁鳥隨日南北”,《春秋説題辭》注“鳥”字作“為”。

[5]“雁亦鴻類也”,《急就篇》顔注“雁”字作“鴈”。

[6]“使我殺嫡立庶以失大援者”,《左傳・宣公十八年》“嫡”字作“適”,又下句“仲也”之“也”字下脱“夫”字。

[7]“矜,矛柄也。从矛,令聲。”各本《説文・矛部》“矜”皆作“矜”,“令聲”皆作“今聲”,惟段注本《説文》與吴氏所引《説文》同。吴氏蓋據段注本。

[8]“老而無妻曰矜”,《禮記・王制》作“老而無妻者謂之矜”。

[9]“有矜在下”,《史記・五帝本紀》作“有矜在民間”。

[10]“矜,鰥也”,《箋》作“無妻曰矜”,無“矜,鰥也”文。

[11]“東海有魚,其名曰鰥”,《韓詩外傳》作“東海之魚名曰鰈”,“鰈”一作“鰥”。許維遹《韓詩外傳集釋》卷五引周廷寀云:“鰈,舊作鰥,誤。”

[12]“字又作其”,《釋文》“其”字作“箕”。

[13]“箴宣王也”,《沔水・序》“箴”字作“規”。

[14]“沂字也”,《鴻烈解・俶真訓》高誘注“沂”字作“垠”。

[15]“瀏莅卉歙”,《文選·上林賦》“瀏”字作“藰”。

[16]“以上‘卉’字皆‘衆’之假借字”,段注本《說文》“衆”字下注云:“‘卉’皆‘衆’之假借。”

[17]“猶《杕杜》之‘惠然肯來’”,“惠然肯來”乃《邶風·終風》文,非《杕杜》文,吴氏偶誤記耳。

[18]“《集解》引張揖”,“張揖”當作“郭璞”,“穹隆,大石貌”乃《集解》引郭璞之注文。

[19]“穹石,大石也”,吴氏原作“穹,大也”,今據《漢書·司馬相如傳上》注引張揖補。

[20]“言白駒已入空谷”,陳氏《毛詩稽古編》“已”字作“一”,下句“雖”字衍。

[21]“至‘毋為’為禁止”,當作“至‘毋’為禁止”,原文“毋”下疑衍一“為”字。

[22]“思復”,《注疏》本《小雅·我行其野》作“斯復”,朱熹《詩集傳》作“思復”。

[23]“《禮·禮器》引作‘斯樂泮水’”,“斯樂泮水”乃《禮記·禮器》之《疏》文所引,非經文所引。

[24]“《禮·禮器》注”,“注”當作“《疏》”,下句“特,謂不用他物媲之也”乃《禮記·禮器》“圭璋特”《疏》文。

[25]“繇,摇動也”,《索隱》作“音摇,摇動也”。

[26]“尤,古音怡”,陳氏《毛詩稽古編》作“尤字音怡”。

[27]“鄭以為宣王既已於國門之左”,《正義》“已”作“以”。

[28]“椓,擊也”,《音義》引丁《音》“椓”字作“涿”。

[29]“跂踵”,郭璞注無“跂踵”二字。

[30]“翼,助也”,杜預注作“翼,佐也”,下引《漢書·東平思王宇傳集注》、《吕覽·古樂》注、《鴻烈解·脩務》注並同。

[31]“棘,棱廉也”,吴氏原作“棱廉也”,今據毛《傳》補“棘”字。

[32]“《廣韻》‘翱’、‘翮’同”,案:《廣韻·入聲·麥韻》:“翱,翅也。”又同韻:“翮,鳥羽。”並無“‘翱’、‘翮’同”之訓釋。

[33]“夏時鳥獸毛疏皮見”,“見”字原脱,今據補。

[34]“熠熠,明也”,《廣雅·釋訓》“明”字作“光”。

[35]“踚罷鴻於宕冥兮”,《文選·思玄賦》“罷”字作“㾦”。

[36]“張叔《皮論》云”,惠棟《春秋左傳補注》卷五“張叔皮論”條云:“張姓,叔名,叔曾作《反論》,引見《御覽》,作‘皮’誤也。”

[37]“賓雀下化”,《正義》引作“賓爵下革”。

[38]“聲伯忌瓊瑤而弗占兮”,《正義》“瑤”字引作“瑰”。

[39]“嬴正沈璧以求福兮”,《正義》“求”字引作“祈”。

[40]“獸多熊羆”,“獸多”下脱“犀兕”二字。引文見《山海經·西山經》。

[41]“取蚖膏為鐙”,《初學記》卷二十五、《白帖》卷十四、《御覽》卷八百七十引《淮南萬畢術》及《叢書集成初編》本《淮南萬畢術》“膏”字均作“脂”,“鐙”字均作“燈”。又吴氏該引文所據書《鴻烈解萬畢術》當即《淮南萬畢術》之别稱。

[42]“黿,亦作蚖”,“黿”字衍。

[43]“《韓詩》作禘”,《釋文》引《韓詩》“禘”字作“禘”。

[44]“毛色也”,《傳》作“毛物也”。

[45]“鱵鷥鵁鸕”,《史記·司馬相如傳》“鱵鷥”二字作“鱵䴓”。

[46]“鱵鷥本鳥也”,《史記·司馬相如傳集解》引徐廣作:“鱵,音斟,水鳥也。䴓音斯。”

[47]“上文”,吴氏原作“下文”,今據《小雅·無羊》句序改。本詩“衆維魚矣”句在“實維豐年”句之上。

[48]“漁,本亦作魚”,《釋文》作“觀魚者,本亦作漁者”。

[49]“《周禮·司常》注同”,“注”字衍,“龜蛇為旐”乃《周禮·春官·司常》文,非注文。下文“《周禮·司常》注”之“注”字同。

[50]“鳥隼曰旟”,《江漢》“既設我旟”之注文“鳥隼曰旟”乃《箋》文,非《傳》文,故不得稱“《傳》並云”云云。

詩小學卷十四

小　雅

保山吳樹聲學

節南山之什

節 《傳》:“節,高峻貌。”《釋文》:“節,在切反,又如字,又音截。”《說文》:“岊,陬隅,高山之節。从山,从卩。”陳氏啟源曰:“趙凡夫以‘節’字為‘岊’字之訛,此有理也。……《說文》‘岊’字訓……與毛《傳》‘高峻’義元不相背。”聲谓:“節”乃“岊”之假借,非訛字也。“岊”从巳即“卩”。者,徐鍇曰:“巺,从巳,巳亦高也。”據此,故“岊”有高義。“節”、“岊”同聲。《初學記》:“陬隅,高者曰岊。”按:語本《說文》。陬隅,《說文》、《玉篇》皆作“陬嵎”。[1]《符子》:“東海有鼇焉,海中隱淪如岊,其高概天。”

巖 《傳》:“巖巖,積石貌。”《釋文》:“巖,如字。本或作嚴,音同。”聲谓:作“嚴”者,古文。《漢書·董仲舒傳》注引晉灼:“巖廊,謂嚴峻之廊也。”是也。或作“壧”。《漢書·禮樂志》:“壧處頃聽。”注:“壧,與巖同。”又引晉灼:“壧,穴也。”亦作“礹”。《陳球碑》:“礹礹猶嶽。”案:“巖”、“壧”、“礹”三字皆形聲字。“巖”字見《說文》,較“壧”、“礹”字為古矣。

惔《傳》:"惔,燔也。"《箋》:"皆憂心如火灼爛之矣。"《釋文》:"惔……,《韓詩》作炎,《字書》作焱。《說文》作天字,才廉反,小熱也。"《正義》:"'如惔'之字,《說文》作天,訓為'小熱也'。"聲案:當依《說文》作"天"。天,進火杖也。《說文·木部》:"栝,炊竈木。"《玉篇》作:"㮁,木杖也。栝,《說文》㮁字。"《六書故》:"栝,進火木也。""天"為"栝"、"㮁"之古文,"栝"、"㮁"皆形聲字。"天"从干,所以干火也;干,進也。《說文》訓"小熱",不知何所取義。"天"為進火木,其熱可知;毛訓為"燔",亦古義也:燔物者亦必用"干"也。語義與"憂心如焚"略同。此作"天"者,取其合韻耳。《韓詩》作"炎",亦通。若作"惔",《說文》:"𢝊即"憂"之本字。也。……《詩》曰:'憂心如惔。'"《說文》必有訛誤,"憂心如憂",詩人為不詞矣。《雲漢》:"如惔如焚。""惔"字亦應作"天",毛訓"燎之也",與"燔"同意。《後漢書·章帝紀》注引《韓詩》作"如炎如焚",可以證《節南山》、《雲漢》之同字矣。段氏《毛詩小學》亦以為當作"天",惟解"天"字與聲說不同,故不具引。

有實其猗《傳》:"實,滿。猗,長也。"《箋》:"猗,倚也。言南山既能高峻,又以草木平滿其旁倚之畎谷,使之齊均也。"聲谓:"實"者,"寔"之訛字;寔,是也。《韓奕》:"實墉實壑,實畝實藉。"《箋》:"實,當作寔,趙魏之東實、寔同聲。寔,是也。"又《頍弁》:"實維伊何。"《箋》:"實,猶是也。"《正義》:"實、寔義同。"又《燕燕》:"實勞我心。"《釋文》:"實,本亦作寔。"《儀禮·覲禮》:"伯父實來。"注:"今文實作寔。"聲案:"寔"、"實"異字。古人"是"訓"正","寔"訓"是",猶之言"此"也。《書·秦誓》:"是能容之。"《大學》引作"實能容之"。後儒不知"實"為"寔"之訛字,且不知"寔"訓"是":凡經書"寔"字有誤為"實"者,輒讀為虛實字;即未誤仍作"寔"字者,亦多讀為虛實字。訛以傳訛,相沿已久。此"實"字為"寔"之訛無疑。"猗"當讀為"猗重較兮"之"猗"。"綠竹"《箋》:"猗,倚也。"[2]又《七月》:"猗彼女桑。"《文選·七發》注引作"倚彼女桑",是也。"倚"有不平意。《猗嗟傳》:"猗嗟,歎辭。"《正義》:"猗是心內不平。"聲案:倚則偏重,偏重則不平。"猗"為"倚"之假借,故曰"心內不平"。《禮·中庸》:"夫焉有所倚?"《疏》:"倚,謂偏有所倚近。"《荀子·解蔽》:"倚其所私,以觀異術。"注:"倚,偏倚也。"亦或借"攲"。《荀子·宥坐》:"孔子觀於魯桓公之廟,有攲器焉。"[3]注:"攲器,傾攲易覆之器。"案:"攲"即"倚"也。有寔,當讀如《論語》"有是哉"之"有是"。言節彼之南山當平正不倚,乃有是其倚於一偏,不平甚矣,以興師尹之不平也。南山之不平有是,人皆知之;師尹之不平,其謂之何?尹氏之禍國,"不平"二字盡之,即"薦瘥"、"喪亂"之所由來也。千古為政之失不出乎此,故明明德於天下曰"平天下"。

憯《傳》:"憯,曾也。"《釋文》:"憯,本或作朁。"[4]案:作"朁"是也。《說文》:"朁,曾也。从曰,兓聲。《詩》曰:'朁不畏明。'"經書多借"憯"。《爾雅·釋言》:"憯,曾也。"《十月之交》"胡憯莫懲"《箋》、《民勞》"憯不畏明"《傳》、《雲漢》"憯不知其故"《釋文》,並云:"憯,曾也。"案:"憯"本訓"痛",詳《雨無正》"憯憯日瘁""憯"字。

氐《傳》:"氐,本也。"《箋》:"氐,當作桎鎋之桎。"《釋文》:"桎,之實反,又丁履反,礙也。……鎋,字又作轄。"《正義》曰:"毛讀從'邸',若'四圭為邸',[5]故為'本',言是根本之臣也。"《說文》作:"[illegible],至也,下也。[6]从氐下箸一。一,地也。"聲案:此字並不从氐,本从[illegible],即"地"之古文。"地"从乁者,人與物所以乇命也;从𠄌,地必𠄌而後可以居,可以種,即諧"𠄌"聲。本篆作"[illegible]",小篆務取整齊,變作"[illegible]"形,又借以為"也"字用,借義盛而本義亡。詳《六書㪚》"地"字。从一,即古文"下",與《說文》"[illegible]"為一字,猶之"丕"亦篆作"[illegible]"是也。草木之根必至於地下,故从下,會意字即从[illegible]聲。隸書訛从氏,[7]《說文》遂以為"从氏下箸一"矣。當依毛訓為"本"。《爾雅·釋天》:"天根,氐也。"孫炎注:"角、亢下繫於氐,若木之有根。"甘氏《星經》:"氐四星,為天宿宮,一名天根。"此"氐"為根氐字之據。後世別作"柢"。《老子》:"深根固柢。"是也。經文言尹氏為天子根氐之臣,文自適,不必破字。

均《傳》:“均,平。”案:“均”即鈞陶字,本从土。《管子·七法》:“猶立朝夕於運均之上。”注:“均,陶者之輪也。”古字本从土,亦或作“鈞”。《史記·魯仲連鄒陽傳》:“獨化於陶鈞之上。”《索隱》引張晏:“鈞,範也。作器,下所轉者名鈞。”《漢書·鄒陽傳》注作:“陶家名模下圓轉者為鈞。”又《漢書·賈誼傳》:“大鈞播物。”注:“今造瓦者謂所轉者為鈞。”《莊子·齊物論》:“而休乎天鈞。”《釋文》引崔注:“鈞,陶鈞也。”《鴻烈解·原道》:“鈞旋轂轉。”注:“鈞,陶人作瓦器法,下轉旋者。”《太玄·將》:“鑪鈞否?”注:“陶為鈞。”聲谓:“均”為作瓦器之範,故字从土;其範或雜用銅鐵,故亦从金:“均”、“鈞”一字。《說文》:“鈞,三十斤也。从金,匀聲。”蓋亦假借字。必訓為均範字而後可以言“秉”,若訓為“平”,平非有形之物,何以言“秉”乎?《漢書·律歷志》引作“秉國之鈞”,可以知“均”、“鈞”為一字矣。

毗《傳》:“毗,厚也。”[8]《箋》:“毗,輔也。”《釋文》:“毗,婢比反。[9]王作埤,厚也。”《采菽》:“福祿膍之。”《傳》:“膍,厚也。”聲谓:“毗”為古文,“膍”為形聲字之後出者,以“膍”即“毗”也。“毗”、“膍”皆無厚義,毛訓“厚”者,蓋以“毗”為假借字,故王肅作“埤”。《北門》:“政事一埤益我。”《傳》:“埤,厚也。”王意“毗”為“埤”之假借也。鄭訓為“輔”,蓋讀“毗”為“比”;《釋文》“婢比反”,鄭音也。“比”有“輔”義。《易·比》:“比,輔也。”是其據也。《莊子·在宥》:“人大喜邪?毗于陽。”《釋文》引司馬注:“毗,助。”案:“助”義與“輔”近,《隋書·經籍志》[10]引作“天子是裨”。《說文》:“裨,接益也。”《國語·鄭語》“若以同裨同”注、[11]《史記·衛將軍驃騎傳》“得右賢裨王”《索隱》引賈逵,並云:“裨,益也。”《漢書·項籍傳集注》:“裨,助也。”案:“益”與“助”皆與“輔”義近,蓋本鄭義矣。《荀子·宥坐》引作“天子是庳”。案:“庳”、“埤”同从卑聲,或者毛義所本與!楊注:“庳……,輔也。”非是。毗,今作“毗”;从田者,“田”與“囟”形近而訛。

仕《箋》:“仕,察也。”《文王有聲》:“武王豈不仕?”《傳》:“仕,事也。”又《四月》:“盡瘁以仕。”《箋》:“仕,事也。”《禮·表記》:“武王豈不仕?”注:“仕之言事也。”《荀子·大略》:“移而從所仕。”

注:“仕,與事同。”案:古者“仕”與“士”通。《禮·曲禮上》:“前有士師。”注:“士,或為仕。”《周禮·載師》:“以宅田、士田、賈田任近郊之地。”注:“士,讀為仕。”是也。“士”古訓為“事”。《說文》:“士,事也。”《論語》:“雖執鞭之士。”《鹽鐵論·貧富》作“雖執鞭之事”。《荀子·致仕》:“定其當而當,然後士其刑賞而還與之。”注:“士,當為事。”是也。其餘古書“士”訓“事”者甚夥,不具引。“仕”即“士”,事也,如《論語》“請事斯語”之“事”。“弗問弗仕”者,言既不察問,又不事事也。如《箋》說,“察”與“問”意複。

勿 《箋》:“勿,當作末。……不問而察之,則下民末罔其上矣。”《釋文》:“勿,毛如字,鄭音末。”陳氏啟源曰:“言不問察之,則民將末略欺罔其上。”聲谓:陳氏申鄭,語固可通,然經文本自兩平言:“弗躬弗親”,則“庶民弗信”;“弗問弗仕”,則“勿罔君子”。下二句似不必再纏上“庶民”也。《說文》:“勿,州里所建旗。象其柄,有三游。雜帛,幅半異。所以趣民,故遽稱勿勿。”《顏氏家訓·勉學》:“故悤遽者稱為勿勿。”據此,則“勿勿”有“遽”義:長言之為“勿勿”,短言之為“勿”也。言不問不仕,惟急遽以罔羅君子。“罔”當讀如《孟子》“是罔民也”之“罔”,語意尤順。四句皆目幽王也。

式夷式已 《傳》:“式,用。夷,平也。用平則已,無以小人之言至於危殆也。”《箋》:“為政當用平正之人,用能紀理其事也。”《釋文》:“已,毛音以,鄭音紀。”案:式,法也。《說文》:“式,法也。”《楚茨》“如幾如式”、《下武》“下土之式”《傳》,又《楚茨》“式禮莫愆”、《蕩》“不義從式”、《崧高》“南國是式”、《烝民》“古訓是式”、《江漢》“式辟四方”《箋》,並云:“式,法也。”其餘經、史“式”訓“法”者不具引。“夷”當讀如《左傳》“芟夷蘊崇之”之“夷”。《漢書·酷吏傳集注》:“夷,除也。”《左傳》注:“夷,殺也。”“已”當讀如《孟子》“王曰‘已之’”之“已”,已,罷去也。合下句承上四句,言所以“弗躬弗親”以致“庶民弗信”、“弗問弗仕”以致“遽罔君子”者,由于王之近小人耳;小人斷不可近,尚望以法芟除之,以法罷去之,慎無使之在位,故曰“無小人殆”。殆,近也。詳下。

殆《箋》:"殆,近也。"《易·繫辭下傳》"其殆庶幾乎"侯注、《大戴禮·衛將軍文子》"無小人殆"注、《國語·周語》"殆不可矣"注,並云:"殆,近也。"《史記·留侯世家》:"沛公殆天授。"《索隱》:"殆,訓近也。"《漢書·劉向傳張良傳集注》,《呂覽·高義》"殆未能也"、《士容》"殆乎非士也"注,並云:"殆,近也。"據此,則"殆"訓"近"者,亦古訓也。

傭《傳》:"傭,均。"《釋文》:"傭,敕龍反。《韓詩》作庸;庸,易也。"案:"敕龍反",音與"均"字為雙聲,毛訓"均",古義也。《說文》:"傭,均直也。"案:"均直"雖增一"直"字,而義仍由"均"起也。《玉篇》"賃也","均"字引申之義也。

訩《傳》:"訩,訟也。"《泮水》:"不告于訩。"《箋》:"訩,訟也。"《說文》作:"訩,說也。从言,匈聲。訩,或省;詾,訩或从兇。"《爾雅》:"訩,說也。"[12]聲谓:訟,公言之也;公言之,故从言,从公,會意字也,即諧"公"聲。《史記·呂后本紀》:"未敢訟言誅之。"《集解》引韋昭:"訟,猶公也。"《吳王濞傳》:"訟共禁弗予。"《集解》引如氏:"訟,公也。"《鴻烈解·兵略》:"天下訟見之。"注:"訟,公也。"案:"訟"本為公言之,引申之為獄訟字。古人韻緩,且不分四聲,故"訟"亦作"訩";"訩"即"訟"之或體,非"訩"訓"訟"也。"訟"亦从凶者,訟則終凶,古人或取義於此以示戒也。古人"獄訟"字有分用者,《行露》之"雖速我獄"、"雖速我訟"是也;有合用者,《大司徒》之"而有獄訟者"、《鄉師》之"聽其獄訟"是也。"鞠訩"與下"大戾"儷文:鞠訩,訟之不可窮者;大戾,罪之不可測者也。經言昊天不均,降此訩之不可窮者;昊天不惠,降此罪之不可測者。不可窮,故曰"鞠";不可測,故曰"大"也。天怒人怨,至此極矣。於此而欲挽回之,非君子不能矣,故下文兩提"君子"。下文"以究王訩"即此。鞠,窮也,究也。

惠《北風》:"惠而好我。"《褰裳》:"子惠思我。"《傳》並云:"惠,愛也。"《小弁》:"君子不惠。"《民勞》:"惠此中國。"《瞻卬》:"則不我惠。"《烈文》:"惠我無疆。"《箋》:"惠,愛也。"《說文》:"惠,仁也。从心,从叀。𢡆,古文惠,从芔。"案:"仁"亦愛也,書傳"惠"訓"愛"者甚多。

戾《箋》:“戾,乖也。”《抑》:“亦惟斯戾。”《傳》:“戾,罪也。”《左氏春秋·文四年傳》:“其敢干大禮以自取戾。”注:“戾,罪也。”《逸周書》:“刑罰之戾。”注:“戾,罪也。”《國語·魯語》:“職貢業事之不共而獲戾。”注:“戾,罪也。”《書·湯誥》:“茲朕未知獲戾于上下。”《墨子·兼愛下》作“未知得罪于上下”。

屆《傳》:“屆,極。”《箋》:“屆,至也。”《小弁》:“不知所屆。”《箋》:“屆,至也。”《書·大禹謨》:“無遠弗屆。”《傳》:“屆,至也。”《爾雅·釋詁》:“艐,案:“艐”从舟从㚇,無義無聲。《説文》:“畟,治稼畟畟進也。从田、人,从夂。”據此,則“畟”有進義。舟畟畟而進,會“至”之意,即取“畟”聲。《良耜傳》:“畟畟,猶測測也。”是“畟”有“測”音。聲谓:从畟則聲義俱全,不知何時誤作“㚇”,蓋因形近而訛也。至也。”《釋文》:“艐,郭音屆。孫云:‘古屆字。’”《方言·一》:“艐,至也。”注:“艐,古屆字。”據此,則“屆”訓“至”,古義也。《傳》訓“極”者,“至”字引申之義也。

闋《傳》:“闋,息。”《釋文》:“闋,苦穴反。”《儀禮·大射儀》“樂闋”注,《禮·檀弓》注“既獻而樂闋”、《郊特牲》“卒爵而樂闋”《釋文》,並云:“闋,止也。”案:“止”即“息”之義也。《説文》:“闋,事已閉門也。”案:“事已閉門”有“止息”之義。經言君子如至,俾民心可以歇息。“闋”與“違”,今音入與平韻。“闋”本从癸聲,與“暌”、“葵”字一例,古音與“違”字皆平聲也。

夷《傳》:“夷,易。”聲案:此“夷”字當依《桑柔》“亂生不夷”、《召旻》“實靖夷我邦”《傳》,訓為“平”。凡惡怒之來,皆因事之不平耳。君子未至,則望其至,故曰“君子如屆”;既至則望其平,故曰“君子如夷”。二“如”字有無限冀望之意。君子在其位而民心稍為歇息,君子平其政而惡怒自然不來。合上“昊天”四句讀之,詩人之意自見。

式《箋》:“式,用也。……用月此生,言月月益甚也。”案:“式”當讀如“式微式微”之“式”,猶云“式樣”也。經言“不弔昊天,亂靡有定”,其亂之式樣至于月月斯生,極言其靡定也。“月斯生”,猶言日新而月異也。不言“日”者,月可以該日也。

成《傳》:“成,平也。”《箋》:“觀此君臣,誰能持國之平乎? 言無有也。”馨谓:“成”亦訓“平”,猶之“均”也,亦必係有形之物而後可言“秉”也。據薛氏《鐘鼎款識·子父癸鼎》有“[illegible]”字,薛氏釋為“立戈形”,《積古齋鐘鼎彝器款識》釋為“成”。《父癸鼎》篆作“[illegible]”,阮氏元曰:“復齋云:此鼎‘孝宗皇帝賜洪邁’。亦見薛氏《款識》‘成’字,釋為‘立戈形’;王俅《嘯堂集古錄》釋為‘戈穿貝’形:皆非是。吳侃叔云:‘[illegible]字:[illegible],準之象也,平也;丨,繩之象也,直也;()，所以權之也。權之而得其直,即得其平也,《考工記》所謂“可水,可縣”之象也。凡物平則成,故《左氏春秋·文十八年傳》“地平天成”,注:“成,亦平也。”是也。[illegible],後省為[illegible],為[illegible],為[illegible],為[illegible]。毛《傳》:“成,平也。”凡二見。鄭注《周禮》:“成,平也。”凡六見。《爾雅·釋詁》:“平,成也。”《穀梁傳》:“平者,成也。”凡三見。不觀此文,莫窺其象;而漢儒“平”、“成”轉注,有此詁訓可知。經師相傳之義,所由來者遠矣。’”據此,則“成”乃所以為平之器也。“成”所以為平,故有平義;“成”亦器名,猶之“均”也,故可秉。秉國之成,即當自為政,庶不致勞病我百姓,“勞百姓”猶上章之“空我師”也。此時“誰秉國成”乎? 奈之何“不自為政”而終勞病我百姓乎? 當時君臣皆不得辭其責也。

項《傳》:“項,大也。”《説文》:“項,頭後也。从頁,工聲。”又:“領,項也。从頁,令聲。”據《説文》,則“四牡項領”,詩人為不辭矣;據毛《傳》,則“四牡大領”,亦味同嚼蠟。馨谓:“項”者,“澒”之古文也。或假借“鴻”。《漢書·司馬相如傳下》:“紛鴻溶而上厲。”注引:“張揖曰:‘鴻溶,竦踊也。’鴻音胡孔反。”又《楊雄傳上》:“鴻絅緁獵。”注:“鴻絅,直馳貌。……鴻,音胡孔反。”馨案:“胡孔反”即“澒”字古音也,二“鴻”字皆“澒”之假借;“鴻”、“澒”、“項”三字皆从工聲,故得通假。項,猶竦也,直也。四牡駕而竦直其領頸,人與馬皆有思騁之意矣。乃“我瞻四方”,竟“蹙蹙靡所騁”,猶言無可稅駕之方也。如此則四句一氣,無一閒字,於經義亦合。

茂《傳》:“茂,勉也。”《南山有臺》:“德音是茂。”《箋》:“茂,盛也。”《易·象上傳》:“君子以茂對時,[13]育萬物。”注:“茂,盛也。”

《説文》:“茂,艸豐盛。从艸,戊聲。”案:“茂”从草起義;茂惡,其惡方盛也,與“稔惡”同義。稔,熟也,从禾起義也。

矛《釋文》:“矛,戈矛也。”聲案:連上句兩“爾”字,皆對上章“我”字言也。經言“我瞻四方”,竟“蹙蹙靡所騁”,爾則何如?乃爾則方茂爾之惡。人視之,爾將謂之何?爾固未嘗持矛也,乃相爾者如見爾持矛矣,畏之甚也。民情如此,即“既夷平也。既懌”釋也。之後,亦如“相讎”而不能忘也。詳下。

懌《傳》:“懌,服也。”《靜女》:“説懌女美。”《箋》:“説懌,當作説釋。”《書·顧命》:“王不懌。”《釋文》:“馬本作不釋。”《説文·新附》:“懌,説也。从心,睪聲。經典通用釋。”據此,則“懌”者,“釋”之借字。《詩》言爾即知民之相爾如矛,爾即與之平既夷矣,爾即與之解既懌矣;其奈終不可平,終不可解!其視爾如相讎詳下。矣,爾將奈之何哉?

醻《釋文》:“酬,市由反。又作醻。”《一切經音義·八》:“酬,古文醻。”又《十八》引《蒼頡》:“酬,作詶同。”《書·召誥》:“讎民。”《釋文》:“讎,字或作酬。”《抑》:“無言不讎。”《後漢書·明帝紀》作“無言不酬”,《藝文類聚·三十一》作“無言不詶”。據此,則“醻”、“酬”、“詶”三形皆一字也。讎仇字亦作“醻”、“酬”、“詶”字,假借也;讎仇字作“讎”,亦假借也。

訛《箋》:“訛,化。”《無羊》:“或寢或訛。”《傳》:“訛,動也。”亦或作“吪”。《兔爰》:“尚寐無吪。”《傳》:“吪,動也。”《爾雅·釋詁》:“訛,動也。”與《無羊傳》合。《説文》:“吪,動也。《詩》曰:‘尚寐無吪。’”與《兔爰傳》合。聲谓:“訛”、“吪”一字,“言”亦从口,“吪”字較古矣。當訓為“動”。人主至于天怒人怨,皆由於不動心耳。窮究王之訟獄,豈有他哉?欲用以動王之心以養萬邦之民也。家父之心苦,不自覺其詞之激矣。

正《傳》:“正月,夏之四月。”《箋》:“夏之四月,建巳之月,純陽用事而霜多。”《序釋文》:“正,音政。”《書·舜典》:“月正元日。”

《疏》:“正訓長也,月正言月之最長。[14]正月長於諸月,月正還是正月也。”《禮·禮運》:“月以為量。”《疏》:“正月者,十二月之始。”《周禮·大宰》:“正月之吉。”注:“正月,周之正月。”《小宰》:“正歲。”注:“正歲,謂夏之正月。得四時之正以出教令者,審也。”《禮·大傳》:“改正朔。”《疏》:“正謂年始。”《左氏·隱元年經》:“王正月。”《疏》:“此年之長月,故稱正月。”《公羊·隱元年疏》引《書大傳》:“周人以日至為正,殷人以日至三十日為正,夏以日至六十日為正。”《白虎通》引《書大傳》:“夏以孟春月為正,殷以季冬月為正,周以仲冬月為正。”又《獨斷上》:“夏以十三月即《豳風·七月》“三之日”。為正,殷以十二月為正,周以十一月為正。”以上皆古說也。據《左氏》、《公》、《穀》三經皆有“春,王正月”語,是“正月”之名原係三代舊有之名,證以古書舊說,則經所謂“正月”,斷為建子之月無疑。《傳》以為“夏之四月”者,以建子之月固有霜也;不知子月有霜不足異,異在繁霜耳。如四月則有霜,即為災異,不必繁霜也。霜與雪為類,假如正月內日日有雪,豈不足為災乎?正月為十二月之始月而多霜焉,故以為災異而憂傷之。《說文》:“霜,喪也,成物者。”《釋名·釋天》:“霜,喪也,其氣慘毒,萬物皆喪也。”[15]《大戴禮·曾子天圓》:“陰氣勝則凝為霜雪。”《漢書·董仲舒傳》:“霜者,天之所以殺也。”《白虎通·災變》:“霜之為言亡也,陽以散亡。”據此,則霜為慘毒肅殺之氣,正月尤不宜多有者也。

京《傳》:“京京,憂不去也。”案:此亦純借其音,無關字義者。“京”古音疆,故與“將”、“癢”韻。

癙痒《傳》:“癙、痒,皆病也。”《雨無正》:“鼠思泣血。”《箋》:“鼠,憂也。”聲谓:作“鼠”者,假借字,其正字不知何字矣。《管子·侈靡》:“鼠應廣之實,陰陽之數也。”注:“鼠,憂也。”蓋本《詩箋》。作“癙”者,形聲字也。痒,《桑柔》:“稼穡卒痒。”《箋》:“痒,病也。”蓋本此《傳》。《爾雅·釋詁》:“痒,病也。”《說文》:“痒,瘍也。从疒,羊聲。”案:《說文》別一義。聲谓:此“痒”字與《二子乘舟》“中心養養”“養”字聲義皆近,彼為假借字,此亦形聲字。“癙”、“痒”皆訓“病”,句不可通。竊謂“癙”,憂而成病者也。言“哀我小心”,或病或憂,以至于痒。痒,亦作"癢"。《鴻烈解·脩務》:"無不憚悇癢心。"注:"癢心,煩悶也。"病憂以至于煩悶,憂之甚也。"癢"从養聲,"養"、"痒"皆从羊聲,故假借。餘詳《二子乘舟》"養"字。

瘉《傳》:"瘉,病也。"《角弓》:"交相為瘉。"《傳》同。《禮·坊記》:"交相為瘉。"注:"瘉,病也。"蓋本毛《傳》。《說文》:"瘉,病瘳也。"案:病瘉字今皆作"愈"。"瘉"為病,而《說文》訓為"病瘳"者,病無有不望其瘳者,字固从病起義也,《說文》為引申之義矣。字从俞聲,仍當入虞、模韻。古音"後"讀若"虎","口"讀若"苦",與末句"侮"皆韻也。《傳》:"父母,謂文武也。我,我天下。"所解太迂回,當是作詩者自謂。

莠《傳》:"莠,醜也。"《大田》:"不稂不莠。"《傳》:"莠似苗也。"《管子·版法》:[16]"官處四體而無禮者,流之焉莠命。"注:"莠命者,謂穢亂教命,若莠之穢苗也。"案:好言中有醜言,猶苗中有莠也;醜能亂好,猶莠能亂苗也:故曰"莠言"。此即首章"訛言"所由興也。

愈《傳》:"愈愈,憂懼也。"案:"愈"即"愉","心"在左與"心"在下,一也。《禮·祭義》:"其進之也,敬以愉。"注:"愉,和說之貌。"[17]作"愉愉"者,《禮·祭義》:"愉愉乎其忠也。"《疏》:"愉愉,和悅之貌。"《漢書·禮樂志》:"高賢愉愉民所懷。"注:"愉愉,和樂貌也。"《東方朔傳》:"愉愉呴呴。"注:"愉愉,顏色和也。""愉"自來無訓為"憂"者,自"愉"形變為"愈",又借為病愈、勝愈字用,人鮮知"愈"即"愉"字矣。《爾雅·釋詁》:"愉,勞也。"注:"勞苦者多惰愉。今字或作窳,同。"案:作"窳"者,同聲假借。聲案:愉,或讀為偷,見《說文》。即《釋詁》注"惰愉"字;字或作"窳",則郭璞時仍讀為窳也。聲谓:"和樂"為正義;"惰愉"者,引申之義;作"愈"訓為"憂懼"者,假借之義;讀為土憂切者,今亦作"媮"。"偷"仍从俞得音,讀土憂切者,轉音也。

惸《傳》:"惸惸,憂意也。"《釋文》:"惸,本又作㷀,其營反。一云:獨也。篇末同。"《說文》:"㷀,回疾也。从卂,營省聲。"案:字當作"㷀"。古書作"㷀㷀"者,《漢書·匡衡傳集注》:"㷀㷀,憂貌。"《後漢書·清河孝王慶傳》注:"㷀㷀,孤特也。"《文選》魏文帝《燕歌行》:

“賤妾煢煢守空房。”注:“煢,單也。”《思玄賦》:“何孤行之煢煢兮。”舊注:“煢煢,獨也。”亦別作“嬛”。《詩·閔予小子》:“嬛嬛在疚。”《箋》:“嬛嬛然孤特。”《左氏春秋·哀十六年傳》作“煢煢余在疚”,《說文·宀部》作“煢煢在宊”,《漢書·匡衡傳》作“煢煢在疚”。據此,則“煢煢”為正字,“孤特”為引申。“煢煢”與“耿耿不寐”同意,“耿耿”即“炯炯”。“煢”古音與“炯”、“耿”皆相近,假借字也。作“惸”與“嬛”者,俗字。並詳《杕杜》。

祿《箋》:“無祿者,言不得天祿,自傷值今生也。”《說文》:“祿,福也。”“無祿”猶曰“無福”,與“我生不辰”同意。經言“憂心煢煢”者獨有念于我矣,我獨生于今之世,我之無福也;彼蚩蚩之民亦何辜哉!民固無辜,即並其臣僕而計之亦復何辜?“哀今之人”[18]“人”字指“民”與“臣僕”說;“于何從祿”,言不知向何處覓食也。亂離之時,一飽為難,故曰:“于何從祿?”瞻彼飛烏,必有所止,將見得屋而止,亦遑計誰之屋哉?如此說方通章一氣,舊說語多支離,難從。案:本詩連用二“祿”字,亦字同義異者。詳《桑柔》。

夢《傳》:“王者為亂夢夢然。”《抑》:“視爾夢夢。”《傳》:“夢夢,亂也。”《釋文》:“夢,莫紅反,亂也。沈莫勝反。[19]《韓詩》云:‘惡貌也。’”聲谓:詩人忠厚,不必斥言王者。言“瞻彼中林”,宜有大材木矣,“侯薪侯蒸”皆小材也;以小材而居大位,無怪民之殆危矣;“民今方殆”,彼昏不知,“視天夢夢”然,言其昏瞀之甚也。“夢”當讀若《周禮·眂祲》“六曰瞢”司農注“瞢,日月瞢瞢無光也”之“瞢”。作“夢”者,假借字。《文選·洞簫賦》:“瞪瞢忘視。”[20]注:“瞢,視不審諦也。”

既克有定《論語·憲問》:“克伐怨欲。”《集解》引馬注:“克,好勝也。”[21]《大戴禮·衛將軍文子》“不克不忌”注、《文王官人》“獨而不克”注,並云:“克,好勝也。”有,讀為又;詳《秦風·小戎》。“定”者,一定之詞。言既已忌克而又膠於一定,視天下之人無有人不可勝者,此其人亦可憎之甚矣。處極亂之世,並不敢言憎,惟有呼天以告之而已,故曰“有皇上帝,伊誰云憎”也。《釋文》:“勝,毛音升,鄭尸證反。”當從鄭讀。

蓋 《說文》:“蓋,苫也。从艸,盍聲。”案:“蓋”本為苫蓋字,引申之有蓋覆、掩蓋義,以上三義皆實字也。亦借為疑辭用。《易·文言》:“蓋言順也。”《疏》:“稱蓋者,是疑之辭。”《禮·禮運》“蓋歎魯也”、《深衣》“蓋有制度”,《疏》:“蓋者,謙為疑辭。”[22]又《檀弓上》:“有子蓋既祥。”《疏》:“蓋是疑辭。”《史記·秦本紀》:“蓋得聖人之威。”《正義》:“蓋者,疑辭也。”亦借為發語辭。《漢書·郊祀志上》:“蓋若獸,為符。”《司馬相如傳下》:“蓋號以況榮。”注並云:“蓋,發語辭也。”《儒林傳》“疑者丘蓋不言”注、《文選·封禪文》“蓋號以況榮”注引《漢書音義》:“蓋者,發語之辭也。”亦借為語辭。《漢書·郊祀志》注引晉灼:“蓋,辭也。”《禮樂志》:“神夕奄虞蓋孔享。”注:“蓋,語辭也。”《孝經》:“蓋天子之孝也。”鄭注:“蓋者,謙辭。”又《疏》引劉歆:[23]“蓋者,不終盡之辭。”又引孔《傳》:“蓋者,辜較之辭。”以上引申假借之義,皆非此“蓋”字之義也。案:《禮·緇衣》:“周田觀文王之德。”注:“割之言蓋也。”《疏》:“割、蓋聲近。”據此,則“蓋”與“割”通。《書·堯典》:“湯湯洪水方割。”《傳》:“割,害也。”《大誥》:“天降割于我家。”《釋文》:“割,馬本作害。”據此,則“割”與“害”通。《書·湯誓》:“時日曷喪。”《孟子·梁惠王上》作“時日害喪”。《書·大誥》:“予曷其不于前寧人圖功攸終……,予曷敢不于前寧人攸受休畢,……予曷敢不終朕畝。”《漢書·翟方進傳》:“予害敢不於祖宗安人圖功所終,予害敢不於祖宗所受休輔,予害敢不終予畝。”據此,則“害”與“曷”通。《說文》:“曷,何也。从曰,匃聲。”經書、史注“曷”訓“何”者甚多。聲谓:“蓋”、“割”、“害”、“曷”四字,聲皆相近,故通用。此“蓋”字亦當讀為“害”,何也。言“謂山何卑”,如岡如陵,而謂之不高乎?下章“謂天何高”,乃“不敢不局”,而謂之不高乎?“謂地何厚”,乃“不敢不蹐”,而謂之不厚乎?《楚辭·天問》全篇句法脫胎於此,若讀為疑詞、語詞,味同嚼蠟矣。

卑 《釋文》:“卑,本又作庳,同音婢,又必支反。”案:“庳”即高卑字,亦或作“埤”。《易·繫辭上傳》:“天尊地卑。”又:“知崇禮卑。”

《釋文》並云:"卑,本作埤。"聲案:"庳"、"埤"皆形聲字,"卑"為假借字。詳《六書𢿱》。山本不卑而謂之曰卑,其說究有可疑,故曰"謂山蓋卑"。"謂山蓋卑"者,謂岡乎?謂陵乎?岡之為岡,陵之為陵,固自若也,不因謂之為卑而遂卑,"民之訛言"必早有以懲之,庶可以早為止息,乃於"民之訛言,寧莫之懲",譏其全不在意也。

具 《節南山》:"民具爾瞻。"《傳》:"具,俱。"依《傳》,君臣自謂"予聖","誰知"句即形容"具曰'予聖'",言君若臣自以為是,譬之群烏齊集,誰能辨其雌雄,畫出君臣群然矯誣之狀。上二句召故老而"訊之占夢",有倨慢義;此二句有矯誣義;既倨慢而又矯誣,尚何訛言之能懲哉?此應弟一章,文勢略為一束。

局蹐 《傳》:"局,曲也。蹐,累足也。"《箋》:"局、蹐者,天高而有雷霆,地厚而有陷淪也。"《釋文》:"局,本又作跼,其欲反。"案:"不敢不局",恐觸也;"不敢不蹐",恐陷也。《箋》加"雷霆"、"陷淪"等字,便失語妙。"局"本訓"曲",加"足"者非,蓋因"蹐"字而訛也。

號 《箋》:"維民號呼而發此言。"《釋文》:"維號,音豪,注同。"聲谓:"號"者,"号"之假借也。《說文》:"号,痛聲也。从口在丂上。"《書·大禹謨》:"號泣于旻天,于父母。"聲谓:"號泣"者,痛而泣也。又《易·同人》:"同人先號咷而後笑。"聲谓:"號咷"亦痛而咷也。凡人痛則無聲,所謂隱痛也;至于痛極,不自覺其號泣與號咷也,故"号"為痛聲。作"号"者,古字。經言維民痛極斯發于言,所言"有倫有脊"如此,豈"訛言"所可同日語哉?痛極而有聲為"号"字弟一義,其餘皆引申之義,"號"行而"号"廢矣。

脊 《傳》:"脊,理也。"《春秋繁露》作"有倫有迹",《說文》作:"𦟘,背呂也。从𠦬,从肉。"案:"脊"訓"理"無據,《春秋繁露》本《韓詩》也。行之有迹,猶玉之有理也,當依《韓詩》。"脊"為同音假借字。

虺蜴 《傳》:"蜴,螈也。"《箋》:"虺蜴之性,見人則走。哀哉!今之人何為如是?傷時政也。"《釋文》:"虺,暉鬼反。蜴,星歷反,字又作蜥。"案:"虺"字已詳《斯干》。"蜴"即"蜥"之異文,聲相近,故通用。《說文》“虺”下引《詩》曰:“胡為虺蜥。”是也。又《說文》:“易,蜥易,蝘蜓、守宮也。象形。”“在壁曰蝘蜓,在草曰蜥易。”“易”本不从虫,或本作“易”,傳《詩》者加“虫”旁,未可知也。《釋文》音“星歷反”,即“蜥”字之音也,故字又作“蜥”。聲谓:有名“易”者,有名“蜥易”者,未聞名“蜥”也。當以“易”為正字,“蜴”、“蜥”皆後起之形聲字。“哀今之人”“人”字,即“民之訛言”之“民”也。“哀今之人”二句承上兩言“民之訛言”,言虺蜴善變,訛言譸張為幻,故以為喻。為虺蜴者眾,我安得不獨?即安得不“憂心京京”也。

菀《箋》:“阪田崎嶇墝埆之處而有菀然茂特之苗。”“有菀者柳”《傳》:“菀,茂木也。”《釋文》:“菀,木茂也。”案:《箋》訓為“茂特之苗”,蓋因上句有“田”字,故望文生義。《方言·六》:“物無偶曰特。”[24]經若曰阪田之中菀然者,當不止於一木也,乃“瞻彼阪田”,有菀然之木見其特焉。無偶以喻賢者處憂愁落莫之鄉,獨自無聊也,與首章“念我獨兮”遙遙相接。

扤《傳》:“扤,動也。”《釋文》:“扤,五忽反。徐又音月。”《說文》:“扤,動也。从手,兀聲。”案:“兀”為“元”之入聲;徐音“月”,古音也。《周禮·考工記·輪人》:“輻廣而鑿淺,則是以大扤;雖有良工,莫之能固。”注:“扤,鑿動貌。”《文選·長笛賦》:“動扤其根者。”[25]注引《上林賦》張揖注:“扤,動也。”[26]《史記·司馬相如傳》:“扤紫莖。”《集解》引郭璞:“扤,搖。”經言我既特焉無偶,尚能勝人之搖動哉?乃搖動我者,非人也,天也。天之搖動我斷不能勝,亦知搖動我。“我克”,克,勝也。“如”字當讀如《論語》“如不可求”之“如”,乃實不能勝,非“譬如”之“如”也。“有菀”為茂木,故言“扤”;扤,搖動也。

則《廣雅·釋言》:“則,即也。”《終風》:“願言則嚏。”《一切經音義·十五》引作“願言即啑”。案:“則”有“即”義,故引作“即”;啑,訛字也。經言搖動我,固不能勝;斯時求我,亦將不我得也。“如”字與上句同。聲案:“則”、“即”一聲,故得通假。

執《箋》:"王既得我,執留我,其礼待我謷謷然,亦不問我在位之功力。"案:《箋》語太迂曲。此二句承上"彼求我則"二句,言求我既不可得,彼亦安能執我哉?就使求而得之,而彼之所以處我者,亦不過仇仇然有傲惰之氣,必不我力。執,處也。《禮·樂記》:"而吾子自執焉。"注:"執,猶處也。"依《箋》訓為"執留",則"執"又"縶"之借矣。

厲《都人士》:"垂帶而厲。"《箋》:"厲,字當作裂。"據《禮·祭法》:"厲山氏之有天下也。"注:"厲山氏,炎帝也,起于厲山。或曰:有烈山氏。"《左氏春秋·昭二十九年傳》正作"烈山氏"。案:古音"厲"、"烈"一聲。"厲"有烈音,故與"結"、"滅"韻。

滅威《傳》:"滅之以水也。……威,滅也。"《釋文》:"威,呼說反,齊人語也。《字林》武劣反。《說文》云:'从火,戌聲。火死於戌,陽氣至戌而盡。'本或作滅。"案:威,火熄也;滅,熄火也。先有"威"而後有"滅"。《說文》:"威,滅也。从火、戌。火死於戌,陽氣至戌而盡。《詩》曰:'赫赫宗周,褒姒威之。'"滅,《說文》:"盡也。从水,威聲。"火盡為威,引之有沒絕義焉。《禮·內則》:"膏必滅之。"《疏》:"滅,沒也。"《國策·西周策》:"前功盡滅。"注:"滅,沒也。"《小爾雅·廣詁》:"滅,沒也。"《爾雅·釋詁》:"滅,絕也。"《荀子·大略》:"流言滅之。"注:"滅亦絕也。"以上凡訓為"沒"與"絕"者,皆當作"威";作"滅"者,假借字。引之凡消威、亡威,皆當作"威",今皆作"滅"矣。"滅"為熄火字,引之為除滅、撲滅字,兩字取義不同,"滅"字盛行而"威"字廢矣。詩人先言"滅"而專屬之於滅火,次言"威"而歎褒姒之威國,一字一義,各不相蒙。後人多混之,何也?此章"憂"字跟首章"憂傷"、"憂心"等"憂"字,於前數章為束,於後五章為提。

窘《傳》:"窘,困也。"《箋》:"窘,仍也。"《說文》:"窘,迫也。"《讀詩記·二十》引《韓詩章句》:"窘,迫也。"《漢書·季布傳集注》引如氏:"窘,迫也。"[27]其餘古書傳注或訓"窮",或訓"急",皆與"困"、"迫"義相近,無訓為"仍"者,當依《傳》說。

載《釋文》:"爾載,才再反。注及下同。"陳氏啟源曰:"九章三'載'字,惟'爾載'《釋文》'才再反',因此'載'指車中所載之物,故異其音耳。‘既載’之‘載’，不過與覆載字同義，朱《傳》亦音‘才再反’，誤矣。下章‘不輸爾載’，與此章‘爾載’同，[28]朱《傳》無音而有協，亦屬疏忽。”聲谓：陳氏之說蓋以“載輸”字為語詞，與他處同，不煩訓釋。其實古人不分四聲，且聲濁韻緩，“既載”字與“載輸”、“爾載”三“載”字，安在不可讀一音乎？以今音讀之，自當依陳氏。

輔《說文》：“輔，人頰車也。从車，甫聲。”《釋名·釋形體》：“頤……，或曰輔車，言其骨强，所以輔持口也。”《易·咸》：“咸其輔。”《釋文》引馬注：“輔，上頷也。”《艮》：“艮其輔。”虞注：“輔，面頰骨上頰車者也。”《左氏春秋·僖五年傳》：“諺所謂輔車相依。”服注：“輔，上頷車也，與牙相依。”《呂覽·權勳》：“若車之有輔。”注：“輔，頰也。”《素問·骨空論》：“骸下為輔。”注：“膕下為輔骨。”陳氏啟源曰：“‘輔’字雖从車旁，然制字之義與車無涉；……其从車旁，殆取義乎牙車矣。”聲谓：頰輔字自當作“酺”。《易·咸》：“咸其輔。”《釋文》引虞氏作“酺”，云：“耳目之間。”“酺”為正字，“輔”為車上物名。頰輔字亦作“輔”者，假借字也。《考工記》言車制甚詳，而輔獨缺然，不知何以遺漏也。案：今車製兩轅木下各有一小木託之，名曰“輔”，與孔《疏》“此云‘乃棄爾輔’，則輔是可解脱之物，蓋如今人縛杖於輻，以防輔車也”之說略同。《韻會》云：“車兩旁木曰輔。”蓋本孔《疏》也。惟古今器用不同，車尤異制，輔雖為今車所有，究不知是否古制、古名矣。

輸《箋》：“輸，墮也。”《說文》：“輸，委輸也。从車，俞聲。”《廣雅·釋詁·三》：“輸，寫也。”[29]又：“更也。”《左氏春秋·襄九年傳》：“輸積聚以貸。”注：“輸，盡也。”《荀子·成相》：“春申道綴基畢輸。”注：“輸，傾委也。”言“其車既載”，正須輔以助車；“乃棄爾輔”焉，不能不“輸爾載”。《廣雅》“寫也”一訓，實為此“輸”字確切注腳。寫者，由此器移於彼器之名也。《禮·曲禮上》：“器之溉者不寫。”注：“寫者，傳己器中乃食之也。”載罷輔棄，不能不以此車之載寫輸于彼車。誰其助予？惟有請長者助之已耳。“輸”必訓為“委輸”、“輸寫”，下章“不輸爾載”方說得通，下章與上章衹是一反一正，語最明顯。言“無棄爾輔”，以之“益於爾輻”，衹須“屢顧爾僕”，不用輸寫爾載，終能逾越絕險,曾是不加之意乎?猶云慮不及此也。

輻《釋文》:"方六反。"案:方六反,今音與"載"、"意"二字不韻,當讀方翼切方協韻。

炤《釋文》:"炤,音灼,之若反。"案:"炤"讀"之若反"與上"樂"、下"虐"為韻。據此,益知《關雎》"鐘鼓樂之"當讀"洛"音,不讀"澇"音也。

慘《傳》:"慘慘,猶戚戚也。"《北山》:"或慘慘畏咎。"[30]《釋文》:"慘,字又作懆。"《抑》:"我心慘慘。"《五經文字》作"我心懆懆"。聲案:"懆"、"戚"一聲。"戚"从"尗"音,"尗"有"椒"音,"懆"、"戚"古音同部。依此《傳》與《北山釋文》、《五經文字》,當作"憂心懆懆"。

彼《箋》:"彼,彼尹氏,大師也。"案:詩人自傷其孤特。首章"念我獨兮",十二章重言之,末章以"哀此煢獨"作大結。所謂"彼"者,皆不孤特者也。眾皆濁而我獨清,眾皆醉而我獨醒。濁與醉者,皆所謂"彼"也。

云《傳》:"云,旋也。"《箋》:"云,反也。"[31]《釋文》:"云,本又作員,音同。"《呂覽·圜道》:"雲氣西行云云然。"注:"云,運也。周旋運布,膚寸而合,西行則雨也。"聲案:"運"亦旋轉之義也。"周旋運布"中"運"字之義,與毛義合。"云"訓"旋",引申之為"周旋"。詩言鄰里則洽比,昏姻則周旋;彼衹知有鄰里昏姻,此我之所以獨也。《左氏春秋·襄二十九年傳》鄭游吉引此詩而曰:"晉不鄰矣,其誰云之。"注:"云,猶旋。"聲谓:"云"亦當訓為"周旋"也。亦詳《豳風·七月》"于"字。

佌《傳》:"佌佌,小也。"《釋文》:"佌,音此。《說文》作佽,音徙。"《爾雅·釋訓》:"佌佌,小也。"舍人注:"佌佌,形容小貌。"《說文》:"佽,小皃。从人,囟聲。《詩》曰:'佽佽彼有屋。'"案:《說文》作"佽"是也。細小字今皆作"細"者,假借。《說文》曰"小皃",舍人注曰"形容小貌",較毛義尤明顯。此"彼"字即上章"彼有旨酒"之"彼"也。言佽佽然形容小者,彼有屋矣。案:作"佌"者亦形聲字,不如

“慖”字之古矣。

蔌蔌方穀　《傳》:“蔌蔌,陋也。”《箋》:“穀,祿也。”《釋文》:“方穀,本或作方有穀,非也。”案:經本作“佌佌彼有屋,蔌蔌方穀;民今之無祿,天夭詳下。是椓”,不知何時妄加一“有”字,幸有《釋文》可據。蔡邕《釋誨》曰:“速速方轂。”李賢曰:“方,並也;並轂而行也。”[32]阮氏元曰:“《後漢書·蔡邕傳》曰:‘速速方轂,夭夭是加。’彼之‘速’、‘轂’異《毛詩》者,所傳本異也。以‘加’易‘椓’者,用‘加’以韻‘枯’、‘辜’、‘邪’、‘牙’等字,非‘椓’或作‘加’也。方轂,章懷太子注為‘並轂’,此為得之,即‘擇有車馬’義。今毛本‘轂’為‘穀’,假借字。”聲案:“蔌”、“速”同聲,亦假借字也。詩言佌佌然小者彼也,而有屋;蔌蔌然陋者,而方轂。不再言“彼”者,承上句“彼”字也。據此,則“蔌蔌方轂”愈不宜有“有”字矣。

天夭　《傳》:“君夭之,在位椓之。”《箋》:“天以薦瘥夭殺之,是王者之政又復椓破之,言遇害甚也。”《後漢書·蔡邕傳》:“速速方轂,夭夭是加。”段氏玉裁曰:“《蔡傳》……‘穀’作‘轂’,‘天’作‘夭’,皆是譌字。錢唐張賓鶴云:‘親見《蜀石經》作“夭夭是椓”。’[33]是蜀本誤耳。”聲案:段氏之說未免武斷。同一《蔡邕傳》,阮氏元據以證“穀”為“轂”之假借,獨不可據以證“天夭”為“夭夭”之誤乎?信如毛說,“君夭之”詁“天夭”是已;“在位椓之”,“在位”非横添乎?鄭說“天以薦瘥夭殺之”是已;“是王者之政又復椓破之”,“王者之政”與“又復”字不皆横添乎?依《後漢書》、《蜀石經》讀為“夭夭”。“桃之夭夭”,《傳》:“夭夭,其少壯也。”《凱風》:“棘心夭夭。”《傳》:“夭夭,盛貌。”《禮·大學》引“桃之夭夭”,注:“夭夭,美盛貌。”《文選·高唐賦》:“緣延夭夭。”[34]注:“夭夭,少長也。”詩言“民今之無祿”;祿,福也。少長壯盛者是椓,即民之無福也。椓,《說文》:“擊也。从木,豖聲。”《文選·東征賦》注引《周禮》鄭注:“椓,擊也。”《後漢書·蔡邕傳》注:“椓,破之也。”案:“椓”本訓“擊”。擊之而後破,訓“破”者,引申之義也。二句對上“佌佌”二句,復又結之曰“哿矣富人,哀此惸獨”。上之人不能哀之,亦惟有自傷之而已,可謂怨而不怒,詩人之旨也。

十月《箋》:"周之十月,夏之八月也。"阮氏元曰:"雍正癸卯,上距周幽王六年積二千四百九十八年。依今推日食法,推得建酉月辛卯朔,太陰交周初宮一十二度八分三十五秒二十九微入食限。朔月,月朔也。"案:《序箋》以為此"刺厲王"之詩,以長歷考之,恰是幽王六年十月朔日辛卯,阮氏精於推驗之法,又恰是是日食,其為刺幽王之詩無可疑議。阮氏以《十月之交》屬幽王,文繁不具錄。陳氏啟源亦辨之,語亦精博。

朔日《左氏春秋·昭七年傳疏》作"朔月辛卯"。聲案:《左傳》作"月"是也。陳氏啟源曰:"《禮記·玉藻》凡'月朔'皆稱'朔月',《論語》亦以'月吉'為'吉月',古人多倒語,無足異也。魏氏了翁《正朔考》[35]謂'十月之交'乃是夏之十一月,為周正朔之月,故曰'月朔',[36]以證周之不改時月,此真無稽之論。況'交'乃日月之交會,非兩月之交也,併誤解'交'義矣。"案:陳說是也。今本《集傳》作"朔日"者,傳寫之誤耳。

日有食之《箋》:"日月交會而日食,陰侵陽,臣侵君之象。"《說文》:"有,不宜有也。《春秋傳》曰:'日月有食之。'从月,又聲。"陳氏啟源曰:"案:《唐書·日食議》[37]言漢世大儒皆'以日食非常,闕而不論;黃初以來,始課日蝕疏密,至張子信而益詳'。宜乎辛卯日蝕,漢世無考也。"聲谓:欲解日食,當先解"有"字。古文"左右"字衹作"又又",[38]"有"字从又、从月,即月食日之象,即"有"字本音本義也。其借為有無字者,乃弟二義。許氏引《春秋傳》"日月有食之",乃真正古文。段氏玉裁以為"月"字,"衍字也",過矣。"日"字讀,言"日而月自右食之";"有食之",自右食之也。日也,而月自右食之,不宜有者也,故亦借為有無之"有",會意字也。經文簡括,但書"日有食之",而其意已備;《傳》以解經,加一"月"字而義尤顯。俗儒不知"有"字為月食日之象,又誤合"日有食之"四字為句,宜乎不得其解也。楊氏鵬千謂:"日月食本日月交會之常,交則必食。日月食非朔望不定,朔望非日月食不定,故唐一行曰:'日月合度謂之朔,無所取之,取之食也。'不食則非朔望矣,而何以所見有食有不食也?非不食也,不入占也。日月在天而人在地,假令日食於地下,則地上之人不得見;日視於極東,[39]則極西之人不得見。不得見則不入占,而不得謂有不日月食之朔望也。惟月食乃蔽於闇虚,闇虚者地景,亦謂之地球,而日食則月實食之。七政惟恒星最高,日在中,月在下。日左月右,當其合朔,日光為月魄自右來掩則日食。故凡月食,其痕自下而上,日食之痕則自右而左。""有"从又、从月,即以為日食也亦可,借義盛而本義反晦矣。日月食本為合朔,而以為災異者,何也?日,君象也;月,臣象也。日月食雖皆行度之常,惟月食於闇虚,日食則實為月食。以臣忤君,逆孰甚焉?故《春秋》謹書之而《詩》亦以日食為不臧也。

微《箋》:"微,謂不明也。"《柏舟》:"日居月諸,胡迭而微。"案:日月迭食,衰世之徵。此承上日食而并及夫月。此處且雙提"微"者,衰弱之意也。日月至明而被食,非衰弱之象乎?《印堂詩話》引《春秋》"日食既","既"即是"微"。劉份之亦言:"日月食雖不得不食,而非陰氣過盛;即當全食時,其陽光猶必溢於外,新法謂之'金錢食'。惟日為月所食而陽光全無,白日有如黑夜,歷家謂之曰'食既'。"日食如此,固為凶象;即月食為闇虚所蔽,至于食既而無光,亦凶象也:故次章即承此二句而曰"日月告凶"也。

震《傳》:"震,雷也。"《說文》:"震,劈歷振物者。从雨,辰聲。《春秋傳》曰:'震夷伯之廟。'"《公羊春秋·隱九年傳》:"大雨、震、電。"注:"震,雷也。"《穀梁傳》注、《漢書·五行志中之上》又《下之上》並云:"震,雷也。"《左氏春秋·隱九年經》:"大雨、震、電。"《疏》:"雷之甚者為震。"又《僖十五年傳》:"震夷伯之廟。"注:"震者,雷電擊之。"據此,則"震"為雷之劈歷振物者。毛訓"雷"者,統詞也。

令《箋》:"雷電過常,天下不安,政教不善之徵。"案:"不寧不令",語本平,鄭說迂曲。《廣雅·釋言》:"令,靚即"静"字。也。"據此,則語意俱可通。《說文》:"靚,召也。从見,青聲。"《爾雅·釋言》:[40]"召,靚也。""令"與"召"同義,故《廣雅》訓"靚"。據《禮·雜記》注:“拭,靚也。”[41]《釋文》:“靚,本亦作靜。”聲谓:“靚”、“靜”同字,古音皆與“令”相近,故“靚”可借“令”。又據《漢書·陳湯傳》:“郅支由是遂西,破呼偈、堅昆、丁令。”注:“令,與零同。”據此,則“令”即“零”之古文。“不寧”為不安,“不零”為不落也。凡物之懸懸者,一落則心放。今之大震大電既不寧,使人懼;又不令,即“零”。使人益懼也。讀為“零”者,義較勝矣。

沸《傳》:“沸,出。”《漢書·劉向傳》:“百川沸騰。”顏注:“沸,涌出也。”案:顏注本《韓詩》。《左氏春秋》“鄭悼公費”,《史記·鄭世家》作“濆”,《竹書紀年》亦作“濆”。《漢書·律歷志下》:“及微公茀立,濆。”師古曰:“濆,古沸字。”《文選·洞簫賦》:“佚豫以沸渭。”[42]注:“沸渭,不安貌。……沸,或為濆。”案:濆,籀文也,以其字體繁重知之:从水,从鼎,从弗聲,“鼎”省作“貝”,會水在鼎中濆出之義。或省作“費”,《左氏春秋傳》作“悼公費”是也。引之為“繁費”,為“費用”;亦或省作“沸”,今專用為“沸渭”字。案:《國語·周語》:“幽王三年,三川竭,岐山崩。”《詩》“百川沸騰,山冢崒崩”即指其事。日食在六年,川竭山崩在三年,詩人連類及之也。《國語》衹言川竭山崩,《詩》言“沸騰”、“崒崩”者,《國語》質言之,詩人加以詞藻且協韻也。孔氏以為《詩》所言自是厲王時事,陳氏啟源以為膠滯之見,其言當矣。

崒《箋》:“崒者,崔嵬。”[43]《釋文》:“崒,舊徂恤反,[44]徐子綏反。……宜依《爾雅》音子恤反,本亦作卒。”案:作“卒”者,《漸漸之石》:“惟其卒矣。”《箋》:“卒者,崔嵬也。”《漢書·劉向傳》亦作“山冢卒崩”。聲谓:作“卒”者,用古文;作“崒”者,形聲字。依《箋》訓為“崔嵬”,“崒”乃“崔嵬”二字之合音也。徐音子綏切,正“崔嵬”二字合音,以古人不分四聲也。“《爾雅》音子恤反,[45]本亦作卒”者,訓“終”、訓“盡”,似非《詩》意。後世有“倉卒”一解,讀子忽切,始於《論語》、《孟子》,《論語》:“子路卒今作“率”。爾而對。”皇《疏》:“卒爾,謂無禮儀也。”《孟子·梁惠王上》:“卒然問曰。”是也。《史記·仲尼弟子傳》:“不可以應卒。”《索隱》:“卒,謂急卒也。”《漢書·食貨志下》:“行西逾隴卒。"注:"卒,倉卒也。"案:《漢書集注》"卒"讀為"猝"者十數見。[46]以"崒崩"與"沸騰"儷句,"倉卒"義不取。前三章言天變地變,皆非常之變也。

豔《傳》:"豔妻,褒似。美色曰豔。"《說文》:"豔,好而長也。从豐;豐,大也。盍聲。《春秋傳》曰:'美而豔。'"案:《左氏春秋·桓元年傳》:"美而豔。"注:"色美曰豔。"《文十六年傳》:"公子鮑美而豔。"《方言·二》:"美色為豔。"注:"豔,言光豔也。"陳氏啟源曰:"《小雅》言'豔妻',猶《大雅》言'哲婦',色豔而性哲,各舉其一以目之耳。"案:字亦作"鹽"。《禮·郊特牲》:"鹽諸利。"注:"鹽,讀為豔。"[47]《古樂府·昔昔鹽》、《三婦鹽》"鹽"皆讀"豔"。亦作"淹"。《大戴禮·官人篇》:"淹之以利。"案:"淹"亦即"豔"也。案:"鹽"、"淹"與"豔"皆聲相近。字亦作"剡",《詩正義》引《中候》作"剡"。亦作"閻"。《漢書·五行志下之下集注》:"豔,或作閻。"《谷永傳》亦作"閻"。阮氏元曰:"皆'美豔''豔'字假借。"案:"剡"、"閻"與"豔"亦聲相近,孔《疏》"厲后姓剡"之說不取。案:"豔"从盍,有聲無義;俗作"艷",从色,有義無聲。聲案:《說文·马部》有"㢨"字,訓"艸木马盛也。从二马。""艷"字當篆作"豔",隸作"豓",右體形與"色"近,俗書遂訛从色耳。从豐,取"豐美"之義;从㢨,艸木马盛之時,正有色之時。會意字,即取"㢨"聲。㢨,舊音胡先切,非是,當音胡嚴切。"㢨"从二马。马,《說文》:"嘾也。艸木之華未發圅然。象形。""㢨"从二马,義當相近。"豓"从㢨,較从盍者聲義皆全。

煽《傳》:"煽,熾也。"《箋》:"厲王淫于色,七子皆用后嬖寵方熾之時並處位,言妻党盛,女謁行之甚也。"《釋文》:"煽……,《說文》作傓,云:'熾盛也。'"从人,扇聲。字亦作"扇"。《魯詩》作"閻妻扇方處"。《列子·黃帝》:"扇赫百里。"聲案:"扇赫"即"煽赫"也。《魯詩》、《列子》作"扇"者,用古文;毛作"煽"者,形聲字。"豔妻煽方處",言是時豔妻煽赫,七子與之並處也。

方《說文》:"方,併船也。象兩舟省、總頭形。"《爾雅·釋水》:"大夫方舟。"注:"(方舟),併兩船。"《儀禮·鄉射禮》:"不足方。"

注:“方,猶併也。”《國語·齊語》:“方舟設泭。”注:“方,併也。”《莊子·山木》:“方舟而濟于河。”《釋文》引司馬注:“方,並與“併”同。也。”《鴻烈解·氾論》:“乃為窬木方版。”注:“方,並也。”聲案:皇父七子,自來皆以為朋黨於朝與豔妻党惡者,《漢書·人物表》所引小異,皆列於《下下》。阮氏元曰:“皇父明是賢臣,引《詩》七事以證之,文繁不錄。而自漢以來皆視為姦佞之首,徒以此詩與‘豔妻’同舉故耳。其實此章不過臚舉朝臣,末言‘豔妻煽方處’,自是貶詞。其曰‘皇父卿士,番維司徒,家伯維宰,俗本譌作“冢宰”,因《箋》中“冢”字而誤。仲允膳夫,聚子內史,蹶維趣馬,楀維師氏’,但舉其官爵名字,未嘗少有褒貶。詩人不言在位之尹氏、石父而言居向之‘皇父卿士’,則番、家伯等以類相從,是皆賢臣,民所屬望,王所屏弃者可知。詩若曰雖此老臣賢臣之多,其如褒似‘煽方處’何也?《君子偕老》前五句與後二句相反,文義與此同。但諸臣退居私邑,保有室家,坐視王室之燬,無箕子、比干之節,不能免詩人之怨刺耳。此事端賴《常武》之詩可以表正,並借《節南山》以下諸篇互相發明,自《魯詩》誤以‘七人’為女謁之黨,[48]漢儒靡然從之。《漢書·人物表》至列入《下下》,沈冤經史中數千載矣,不可不力辨之。”聲谓:阮氏之論極為博辨,惟於“豔妻”句、“煽方處”三字尚少體會。上文七句書官、書姓字,猶言:皇父,卿士也;番,司徒也;家伯,宰也;仲允,膳夫也;聚子,內史也;蹶,趣馬也;楀,師氏也:此備舉其官職之義也。為卿士者,皇父也;司徒,番也;宰,家伯也;膳夫,仲允也;內史,聚子也;趣馬,蹶也;師氏,楀也:此備舉其姓字之義也。“皇父卿士”七句一氣讀,言此七官、此七人乃與豔妻煽赫之時並處一朝,七人之賢愚可想而知。七人之中就有賢者,亦非識時務之俊傑矣。阮氏不過據《常武》之詩曰“王命卿士,南仲大祖,大師皇父”,以皇父為中興佐命之勳臣,故極力回護耳。不知宣王中興,下距褒姒煽赫之時已二三十年。[49]古人五十始為大夫,此時皇父不已七八十歲乎?其為兩人無疑。就使一人,在宣王時出掌兵戎,至幽王時模棱朝右,亦事之所或有者,不必執彼疑此也。漢儒之說,原不可信。以經語證之,七人未必盡賢也。此章以“皇父卿士”居首,四章、五章首句又連稱“皇

父",皇父必係世臣而又有名望者。與"豔妻"並處一朝者不止皇父,而屢稱"皇父"者,亦責備賢者之意也。

抑《箋》:"抑之言噫,噫是皇父疾而呼之。"《釋文》:"抑,如字,辭也。徐音噫。《韓詩》云:'意也。'"《石經論語》:"意與之與。"孟蜀始改"意"為"抑"。據此,則"抑"、"意"同字。《瞻卬》:"懿厥哲婦。"《箋》:"懿,有所痛傷之聲。"孔《疏》申之,以為"懿"、"噫"音義同。《國語·楚語》:"於是乎作《懿戒》。"韋昭讀"懿"為"抑"。據此,則"抑"、"懿"同字。以《瞻卬》之"懿厥哲婦"例之,鄭義為優矣。《書·金縢》:"對曰:'信噫公命。'"馬融作"懿",懿,猶億也。即《韓詩》"抑,意也"之"意"。《漢書·高帝紀》:"其有意稱明德者。"《文選》注引之作"懿稱"。據此,則"抑"、"噫"、"意"、"懿"、"億",古音皆得假借也。《七月》:"女執懿筐。"聲亦讀為"抑"。"抑此皇父,豈曰不時",言我所痛傷者此皇父"豈曰不時"? 言不敢以皇父為不是也。

作《周禮·稻人》:"以涉揚其芟,作田。"注:"作,猶治也。"《後漢書·樊準傳》注:"作,謂營作也。""胡為我作",有"大夫不均,我從事獨賢"之意,故曰"我作"。所徹者,我之牆屋;汙萊者,我之田:不但有營作之勞也。

戕《箋》:"戕,殘也。"《釋文》:"戕,在良反。王作臧。臧,善也。孫毓《評》以鄭為改字。"案:"王作臧"是也。阮氏元曰:"此經本為'臧'字,王肅本如舊;鄭本亦是'臧'字,特破讀為'戕'字,訓為'殘',非經本'戕'字。後之宗鄭者踵改經文,並刪去《箋》中'讀為戕'一句,孫毓猶及見之也。如經中本是'戕'字,字不習見,毛《傳》亦不容無以訓之。孫毓《評》多從鄭說,不致反護子雍。其實此處正當以子雍'臧'字義長,不煩破字,不得因王肅攻鄭,其言千慮無一得也。"聲案:"臧"與"戕"古本相通假。《易·豐》:"自臧也。"[50]《釋文》:"臧,眾家作戕。"《鴻烈解·說林》:"高鳥盡而强弩臧。"[51]注:"臧,猶殘。"案:"臧"無"殘"義,訓"殘"者亦"戕"之假借。《說文》:"臧,善也。从臣,戕聲。"案:"臧"从戕聲,故得通假。據此,則經本作"臧",當訓為善也。聲谓:此句對"豈曰不時"。就皇父說,故曰"豈曰不時";此就作詩者說,故曰"曰予不臧"。二句意微同。我不敢以皇父為不是,何以"不即我謀"?若曰予謀不臧,亦知禮在則然乎?"禮則然矣"。以足句虛字為韻,《三百篇》中偶一見之。"不臧"即指"徹我牆屋"二句也。

擇三有事 《傳》:"擇三有事,有司國之三卿。"《箋》:"作都立三卿,皆取聚斂之臣,言不知厭也。禮:畿內諸侯二卿。"《雨無正》:"三事大夫。"《箋》釋為"三公"。案:"三有事"即"三事"也,"有"字或助句之辭。經言於"三有事"之中"亶但。侯維。多臧"藏。[52]者擇之,故曰"擇三有事,亶侯多藏"也。

藏 《傳》:"信維貪淫多藏之人也。"《釋文》:"藏,才浪反。"案:古音"寶藏"、見《中庸》。"治藏"見《周禮·宰夫》。字皆讀若"收藏"之"藏"也。《易·繫辭上傳》:"慢藏誨盜。"《老子》:"多藏必厚亡。"其據也。藏,古人皆假"臧"。《易·繫辭》:"知以藏往。"《釋文》:"劉作臧。""藏諸用",《釋文》:"鄭作臧。"《漢書·禮樂志集注》:"古書懷藏之字本皆作臧。"《莊子·應帝王》:"其猶藏仁以要人。"《釋文》:"藏,本亦作臧。""應而不藏",《釋文》:"藏,本又作臧。"據此,則收藏字古亦作"臧"。《詩》作"藏"者,蓋後人所改也。亶,但也;詳《常棣》。侯,維也。見《無羊傳》。[53]"但維多藏"即老子之"多藏"也。阮氏元讀"藏"為"臧",以為《節南山》以下數詩多用"臧"字,其說亦難傳信。

憖 《箋》:"憖者,心不欲,自彊之辭也。"《釋文》:"憖,魚覲反。《爾雅》云:'願也,强也,且也。'《韓詩》云:'閒也。'"《說文》:"憖,問也。謹敬也。从心,猌聲。一曰:說也。一曰:甘也。《春秋傳》曰:'昊天不憖。'又曰:'兩君之士皆未憖。'"案:此字訓釋甚多,確者甚少。阮氏元曰:"憖,讀若靳。《春秋傳》[54]曰:'宋公靳之。'……魯哀公誄孔子曰'不憖遺一老,俾屏余一人以在位',用此詩也。鄭《箋》:'憖者,心不欲,自彊之辭也。'此訓較《說文》明確,以律諸經傳,可得其意焉。……《左氏莊十一年傳》:宋人請南宮長萬,'宋公靳之'。'靳'與'憖'音同,假借字也。靳者,亦始不願,彊而後可之意,故宋萬怨而弑之。"辨證甚確。聲以為"憖"即"靳"字,"靳"即"吝"字。《說文》:“吝,恨惜也。从口,文聲。”《易·屯》:“往吝。”《釋文》引馬注:“吝,恨也。”又《說卦傳》虞注:“坤為吝嗇。”案:心内恨惜而又不能出諸口,故从口;从文,言以口文飾之也:會意字,即諧文聲。靳,《說文》:“靳,當膺也。从革,斤聲。”《小戎傳》:“游環,靳環也。”[55]《釋文》:“靳者,言無常處。”“靳,本又作靷。”《廣雅·釋器》:“弸韇謂之靳。”案:上三書,“靳”之本義也。《左氏春秋·莊十一年傳》:“宋公靳之。”案:“靳之”即“吝之”也。服注:“恥而惡之曰靳。”杜注:“戲而相愧曰靳。”阮氏元以為“皆從下‘魯囚’語望文生義者,非本義也”,是也。《後漢書·崔寔傳》:“悔不小靳。”案:不小吝也。注云:“固惜之也。”釋“吝”字,得其一義。《左氏春秋·哀十六年傳》:哀公誄孔子曰:“不憖遺一老。”聲谓:“憖”即“吝”。不不,語辭。詳《召旻》。吝,吝也。杜注:“憖,且也。”阮氏元曰:“‘且’即心不欲而自彊之意。”未免詞費矣。《國語·晉語》:“憖庇州犂焉。”謂恨惜庇州犂也。又《左氏春秋·文十二年傳》:“兩君之士皆未憖也。”謂皆未恨惜也。《昭二十八年傳》:“憖使吾君聞勝與臧之死也以為快。”謂恨惜使吾君聞勝與臧之死也以為快。知“憖”為“吝”,凡經傳“憖”字無有不通者矣。作“憖”者,籒文,以其字畫繁重知之,从心,猌聲。《說文》:“猌,犬張齗怒也。……讀若銀。”[56]从來,从犾省聲。“不不,語辭。見上。憖遺一老”,言恨惜遺此一老,使守我王也,與“憖庇州犂”“憖”字意略同。《左傳》魯哀公誄孔子語本此。

居《箋》:“以往居于向也。”案:“往居于向”顛倒經語,非詩意也。《書·益稷》:“懋遷有無化居。”《傳》:“居,謂所宜居積者。”《國語·晉語》:“假貸居賄。”注:“居,蓄也。”《史記·平準書》:“廢居居邑。”《索隱》引劉氏:“居,停蓄也。”《漢書·張湯傳》:“居物致富。”注引服虔:“居,謂儲也。”經言擁其所儲積者往于向,故曰“以居徂向”。以,挾持之也;徂,往也。阮氏元《補箋》“居”字無訓,實為疏漏。

黽勉《韓詩》作“密勿從事”。詳《谷風》。

囂《箋》:“囂囂,眾多貌。”《釋文》:“《韓詩》作謷謷。”《板》:“聽我囂囂。”《傳》:“囂囂,猶謷謷也。”據此,則毛與韓同意。《漢書·劉向傳》作“讒口嗸嗸”,注:“嗸嗸,眾聲也。”案:劉向習《韓詩》,“嗸”與“謷”同字。《後漢書·皇甫規傳》作“讒口翱翱”,[57]“翱翱”蓋同聲假借字。案:“㗊”為眾口,故訓為“眾多”。囂,鄭訓“眾多”,義為優矣。“囂”字詳《車攻》。

噂沓背憎《傳》:“噂,猶噂噂。沓,猶沓沓。”《箋》:“噂噂沓沓,相對談語,背則相憎。”《釋文》:“噂……,《說文》作僔,云:‘聚也。’沓,本又作噂。”[58]《說文·口部》:“噂,聚語也。”又《人部》:“僔,聚也。”二字下皆引此詩。《說文》:“沓,語多沓沓也。从水,从曰。”聲谓:《說文》建首字有“㗊”字,訓“眾口也”,“讀若戢”。“㗊”即“沓”字古文也。《傳》云“噂噂沓沓”,即俗所謂“拉拉雜雜”也。“噂”、“雜”一聲,“沓”、“㗊”同音。《孟子》引《板》詩“無然泄泄”,以為“泄泄,猶沓沓也”,亦取雜沓競進之意。陳氏啟源曰:“小人爭先獻媚,每有此醜態,與下文‘無禮無義,非先王之道’意正相合。”是也。背,違也;憎,惡也。當其噂沓競進之時,早已相違相惡矣,故曰“噂沓背憎”。鄭氏以為“相對談語,背則相憎”,詁“背”字太迂曲。《呂覽·尊師》:“命之曰背。”注:“背,戾也。”《楚辭·惜誦》:“忘儇媚以背眾兮。”注:“背,違也。”亦假借“倍”。《漢書·賈誼傳》:“無倍畔之心。”注:“倍,讀曰背。”《楚辭·招魂》:“工祝招君,背行先些。”注:“背,倍也。”

里《傳》:“里,居也。”《箋》:“里,居也。”《釋文》:“里,如字。本或作瘇,後人改也。”案:毛既訓“里”為“居”,《箋》不應重訓。段氏玉裁曰:“依《爾雅》:‘瘇,病也。’郭云:‘見《詩》。’則《毛詩》本作‘瘇’。後因鄭《箋》改作‘里’,併改《傳》‘病’字為‘居’。”聲案:段說是也。“亦孔之痗”,《傳》亦訓“病也”,則“悠悠我病,亦孔之病”,詩人為不辭矣。據《釋文》:“痗,本又作悔。”則毛本作“瘇,病也”,後人據鄭本改“瘇”為“里”,又闌入“居也痗”三字耳。“痗”字見《伯兮》“使我心痗”,《傳》:“痗,病也。”此處不必覆見,後人據彼《傳》添改無疑。據《釋文》,則經言悠悠然我今已成病,亦甚是悔恨。不敢怨人,引咎自責,忠厚之意也。"瘇"與"悔"二句韻。

徹 《傳》:"徹,道也。"《箋》:"不道者,言王不循天之政教。"《禮·曲禮上》:"客徹重席。"注:"徹,去也。"《曲禮下》:"徹緣。"注:"徹,猶去也。"《儀禮·燕禮》:"司宮徹之。"《大射儀》:"司宮徹之。"注並云:"徹,猶去也。"經言"天命不徹",即天命不去也。"我不敢傚我友自逸",八字句,"徹"、"逸"韻。

校勘記

[1]"《說文》、《玉篇》皆作'㟪嵎'","說文"當是"廣韻"之誤記。《說文》有"嵎"字,無"㟪"字。《廣韻·上平聲·虞韻》:"㟪,㟪嵎。"有"㟪嵎"二字。

[2]"猗,倚也",案:《詩·衛風·淇奧》:"綠竹猗猗。"《箋》無訓釋,惟該詩"猗重較兮"《釋文》云:"猗,於綺反,倚也。"吴氏或誤記。

[3]"有攲器焉",《荀子·宥坐》"攲"字作"欹",下注"攲"字同。

[4]"憯,本或作朁",《釋文》作"噆,本或作憯"。

[5]"四圭為邸","為"當作"有",《周禮·春官·典瑞》正作"四圭有邸"。

[6]"下也",今大徐本《說文》無"下也"二字,惟段注本《說文》"下也"作"本也",注云:"小徐本有此二字。"

[7]"隸書訛从氐","从"疑當為"作"。

[8]"仳,厚也",《詩》、《傳》"仳"字皆作"毗",下引各文"仳"字,原皆作"毗"。吴氏以為"毗"乃"仳"形近而訛,故改"毗"為"仳"。

[9]"婢比反",《釋文》作"婢尸反"。

[10]"《隋書·經籍志》","經籍志"當作"律曆志",下引"天子是裨"乃《隋書·律曆志上》文。

[11]"'若以同裨同'注","注"字原脫,今據文意補。

[12]"訩,說也",《爾雅·釋言》"說"字作"訟"。據下文,"說"字當是誤刻。

[13]"君子以茂對時",《易·象上傳》"君子"作"先王"。

[14]“月正言月之最長”,吴氏原文脱“月正”二字,今據補。

[15]“萬物皆喪也”,《釋名·釋天》作“物皆喪也”,無“萬”字。

[16]“版法”,當作“幼官”,下引文乃《管子·幼官》文。

[17]“和說之貌”,鄭注作“顏色和貌也”。

[18]“哀今之人”,當作“哀我人斯”,因本詩(《小雅·正月》)此處作“哀我人斯,于何從祿”;“哀今之人”系涉下詩句“哀今之人,胡為虺蜴”而誤。

[19]“沈莫勝反”,《小雅·正月釋文》“莫勝反”作“莫滕反”。

[20]“瞪瞢忘視”,《文選·洞簫賦》“視”字作“食”。

[21]“好勝也”,《集解》引馬注作“好勝人”,下注“好勝也”同。

[22]“蓋者,謙為疑辭”,《禮運疏》作“言蓋者,謙為疑辭”,《深衣疏》作“蓋者,疑辭也”。

[23]“劉歆”,《孝經·天子章疏》引作“劉瓛”。

[24]“物無偶曰特”,《方言·六》“偶”字作“耦”。

[25]“動扤其根者”,《長笛賦》“扤”字作“杌”,下引張揖注同。

[26]“動也”,所引《上林賦》張揖注作“搖也”。

[27]“窘,迫也”,《漢書·季布傳》:“項籍使將兵數窘漢王。”顏注引如淳作“窘,困也”。

[28]“此章”,陳氏《毛詩稽古編》作“上章”。

[29]“《廣雅·釋詁·三》‘輸,寫也’”,此訓乃《廣雅·釋言》文,非《釋詁·三》文;下文“更也”方是《釋詁·三》文,不誤。

[30]“或慘慘畏咎”,“畏咎”當作“劬勞”,下引“慘,字又作懆”乃《小雅·北山》“或慘慘劬勞”《釋文》文。

[31]“反也”,《箋》作“猶友也”,蓋“友”字誤為“反”,又脱“猶”字也。

[32]“方,並也;並轂而行也”,此蓋吴氏所改併之李賢注文。案:《後漢書·蔡邕傳》:“速速方轂。”李賢注作:“蓋謂小人乘寵,方轂而行。方,猶並。”

[33]“夭夭是椓”,段氏《詩經小學》引無“是椓”二字。

[34]“緣延夭夭”,《文選·高唐賦》“緣”字作“聯”。

[35]“魏氏了翁《正朔考》”,陳氏《毛詩稽古編》“魏氏”作“魏鶴山”,自注“著《正朔考》”,無自注“了翁”語。

[36]“月朔”,陳氏《毛詩稽古編》作“朔日”。

[37]“日食議”,《新唐書·歷志》“食”字作“蝕”,下“以日食非常”之“食”字同。

[38]“又又”,當作“𠂇又”。《說文》:“𠂇(𠂇),𠂇手也。象形。凡𠂇之屬皆从𠂇。臧可切。”段注本《說文》謂:“俗以‘左右’為‘𠂇又’字,乃以‘佐佑’為‘左右’字。”

[39]“日視於極東”,“視”當是“食”之訛字。

[40]“《爾雅·釋言》”,“爾雅”當作“廣雅”,《爾雅》無“召,靚也”之訓。

[41]“拭,靚也”,《禮記·雜記》注“靚”字作“靜”,據下引《釋文》,當是異文。

[42]“沸渭”,《文選·洞簫賦》作“沸惴”,下注同。

[43]“崔巍”,《箋》作“崔嵬”,下引《箋》“崔巍”同。

[44]“徂恤反”,《釋文》作“子恤反”;下“宜依《爾雅》音子恤反”之“子恤反”,《釋文》作“徂恤反”。

[45]“子恤反”,當作“徂恤反”,参看校記[44]。

[46]“‘卒’讀為‘猝’者十數見”,“猝”字原作“卒”,今據文意及《漢書》顏注改。案:《漢書·成帝紀》、《平帝紀》、《食貨志上》、《五行志中之下》、《劉向傳》、《婁敬傳》、《息夫躬傳》、《李廣傳》、《司馬相如傳下》、《李廣利傳》、《司馬遷傳》、《霍光傳》、《趙充國傳》等《紀》、《志》、《傳》中,均有顏師古“卒,讀曰猝”之注文。

[47]“讀為豔”,《禮記·郊特牲》注“豔”字作“艷”。

[48]“為女謁之党”,阮元《揅經室一集》卷四《詩〈十月之交〉四篇屬幽王說》“之”字作“權”。

[49]“下踞褒姒煽赫之時已二三十年”,“下踞”當是“下距”之訛。

[50]“自臧也”,《易·豐》“臧”字作“藏”。

[51]“高鳥盡而强弩臧”,《鴻烈解·說林》“臧”字作“藏”,下注“臧”字同。

[52]“多臧”,本詩“多臧”作“多藏”。

[53]“見《無羊傳》”,《無羊傳》無“侯,維也”之訓,惟《小雅·六月》:“侯誰在矣。”《傳》:“侯,維也。”又《大雅·下武》:“應侯順德。”《傳》:“侯,維也。”

[54]"《春秋傳》",阮元《揅經室集》一集卷四《〈詩·十月之交〉四篇屬幽王說》作"《春秋左氏傳》",下"《左氏莊十一年傳》"作"《左莊十一年》"。

[55]"靳環也",《詩·秦風·小戎》:"游環脅驅。"《傳》"靳環"作"靷環"。

[56]"讀若銀",《說文·犬部》作"讀又若銀"。

[57]"讒口翶翶",《後漢書·皇甫規傳》未見此引文,惟本《傳》李賢注引《詩·小雅》作"讒口嗸嗸"。

[58]"沓,本又作嗒",《釋文》作"嗒,本又作沓"。

詩小學卷十五

小　雅

保山吴樹聲學

節南山之什

浩《書・堯典》:"浩浩滔天。"《傳》:"浩浩,盛大。"《楚辭・懷沙》:"浩浩沅湘。"注:"浩浩,廣大貌。"《説文》:"浩,澆也。从水,告聲。《虞書》曰:'洪水浩浩。'"案:此亦形聲字之純取音者。

駿《傳》:"駿,長也。"《釋文》:"駿,音峻。"《文王》:"駿命不易。"《禮・大學》引作"峻命不易"。《崧高》:"駿極于天。"《禮・孔子閒居》、《中庸》皆引作"峻極于天"。"峻"有"長"義,由"高大"義引申而出也。《書・堯典》:"克明俊德。"《大學》引作"克明峻德"。聲謂:"峻"為正字,"駿"、"俊"皆假借字。"駿,馬之良材","俊,材千人也",皆見《説文》。

旻天《箋》:"今昊天又疾其政,以刑罰威恐天下,而不慮不圖。"《釋文》:"旻,密巾反。本有作'昊天'者,非也。"《正義》:"上有'昊天',明此亦'昊天'。定本皆作'昊天'。俗本作'旻天',誤也。"案:陸、孔異説。據《箋》亦作"旻",[1]當依孔氏。阮氏元以"浩浩昊天"承"正月繁霜"章,"旻天疾威"承"十月之交"章,其説近鑿。聲謂:誤作"旻"者,蓋因下篇"旻天疾威"而訛。

疾威《箋》:“今昊天又疾其政,以刑罰威恐天下。”《小旻》:“旻天疾威。”《箋》:“旻天之德疾王者以刑罰威恐萬民。”《蕩》:“疾威上帝。”《傳》:“疾,病人矣;威,罪人矣。”《箋》:“疾病人者,重賦斂也;威罪人者,峻刑罰也。”《召旻》:“旻天疾威。”《箋》:“疾,猶急也。……病乎幽王之為政也,急行暴虐之法。”案:同一“疾威”,《傳》、《箋》屢易其說,讀者將何所適從?聲谓:“浩浩昊天”,呼天而告之也:王不駿大其德,以致“降喪饑饉,斬伐四國”。不言“王”者,不敢斥言之也。《禮·少儀》:“有亡而無疾。”注:“疾,惡也。”《楚辭》:“疾親君而無他。”注:“疾,惡也。”《文選·樂府·君子行》注引《國語》賈注:“疾,惡也。”聲案:《論語》“疾固也”,“君子疾沒世而名不稱焉”,“好勇疾貧”,“人而不仁,疾之已甚”,皆訓為“惡”。《常棣》:“死喪之威。”《巧言》:“昊天已威。”《傳》並云:“威,畏也。”《禮·表記》:“德威惟威。”注:[2]“威,畏也。”《國語·周語》:“動則威。”《晉語》:“則民威矣。”注並云:“威,畏也。”不為昊天所好,不為昊天所愛,而為昊天所惡畏,不知宜何如慮且圖矣,乃“弗慮弗圖”焉!以下正言其“弗慮弗圖”之實。如此解“疾威”,於本文既不橫添,而文義亦較順。《小旻》、《蕩》與《召旻》皆與此同也。詳《蕩》及《召旻》。

伏《禮·曲禮上》:“寢毋伏,”注:“伏,覆也。”《釋名·釋姿容》:“伏,覆也。”《國語·晉語》:“物莫伏於蠱。”注:“伏,藏也。”《呂覽·孟夏》:“無伏于都。”注:“伏,藏。”《廣雅·釋詁四》:“伏,藏也。”又《國語·晉語》:“將伏也。”又:“龍尾伏辰。”注並云:“伏,隱也。”《素問·五常政大論》:“其動彰伏變易。”注:“伏,隱也。”據以上書,則“伏”有覆義、隱藏義。言彼有罪者既舍除,是覆其辜、隱藏其辜矣;“若此無罪”,乃“淪胥以鋪”也。詳下。

淪《傳》:“淪,率也。”《韓詩》作“熏胥以鋪”。《小旻》:“無淪胥以敗。”《抑》:“無淪胥以亡。”聲谓:淪,沒也,相淪沒而皆以病。《韓詩》作“熏”者,謂相薰染而皆病也。“熏”、“淪”音近,其義一也。《書·微子》:“今殷其淪喪。”《傳》:“淪,沒也。”《鴻烈解·覽冥》:“純温以淪。”注:“淪,沒也。”《楚辭·愍命》:“或沈淪其無所達兮。”注:

“淪,沒。”據此,則“淪”訓“沒”亦古義。

胥《箋》:“胥,相也。”《桑扈》:“君子樂胥。”《傳》:“胥,皆也。”《角弓》:“民胥然矣。”《抑》:“無淪胥以亡。”《韓奕》:“侯氏燕胥。”《有駜》:“于胥樂兮。”《箋》並云:“胥,皆也。”《爾雅·釋詁》:“胥,皆也。”聲谓:此“胥”字亦當訓為“皆”。《抑》之“淪胥”訓為“皆”,此亦“淪胥”也,又訓為“相”,同字異訓何也?

鋪《箋》:“鋪,徧也。”《釋文》:“鋪,普烏反,徧也。王云:‘病也。’”《卷耳》:“我僕痡矣。”《傳》:“痡,亦病也。”《釋文》:“痡……,本又作鋪。”據此,則“鋪”乃“痡”之假借字。以“無淪胥以敗”、“無淪胥以亡”二語例之,當以“鋪”為假借字、訓“病也”為是。

周宗 案:“周宗”與“宗周”不同。幽王寵褒似,廢太子宜臼。太子,國之宗,故曰“周宗”。《書·大傳》:“孽伐其宗。”注:“宗,適子也。”《白華序》:“以孽伐宗。”[3]《箋》:“宗,適子也。”二“宗”字可為“周宗”“宗”字確證。《板》:“宗子維城。”《箋》:“宗子,謂王之適子。”《儀禮·士昏禮記》:“宗子無父母命之。”注:“宗子者,嫡長子也。”經言“周宗既滅”,猶言國本已廢耳。《正月》言初寵褒似,女戎之毒,比于禍水,未威而決,其必然也。此詩言廢黜宜臼,太子之冤,淪于沈淵,既滅而無可如何也。滅,當作“烕”。作“滅”者,假借。詳《正月》。

暬御《傳》:“暬御,侍御也。”《說文》:“暬,日狎習相慢也。从日,執聲。”《國語·楚語》:“居寢有暬御之箴。”注:“暬,近侍也。”[4]《六月》:“飲御諸友。”《行葦》:“授几有緝御。”《箋》並云:“御,侍也。”又《鵲巢》:“百兩御之。”《釋文》引王肅:“御,侍也。”《書·五子之歌》:“御其母以從。”《傳》:“御,侍也。”《禮記·月令》:“三公、九卿、諸侯、大夫皆御。”注:“御,侍也。”又《射義》:“御于君所。”《儀禮·大射儀》:“士御於大夫。”注並云:“御,猶侍也。”據以上書,“暬”當訓“近也”,“御”當訓“侍也”,“暬御”猶言“近侍”也。“暬御”對下“凡百君子”。言我近侍之臣,乃“憯憯日瘁”;“凡百君子,莫肯用訊”乎?“訊”乃“誶”之訛。詳《墓門》。

荅《箋》:"猶距也。"案:"聽言則荅"與《桑柔》"聽言則對"一也。鄭氏異解,陳氏啟源譏之,當矣。聲案:"對"、"荅"一聲,作"對"者,並取"對待"之義。"荅"為小豆,作"答"者,直是音轉耳。段氏玉裁曰:"《詩》、《書》以'對'為'荅',[5]皆屬漢後所改。如'聽言則荅',《新序》、《漢書》作'對';《尚書》'奉荅天命',伏生《大傳》作'對':可徵也。"是也。聲谓:"對"即"荅"無疑。惟"聽言"與"譖言"對,"聽"字當必有說。案:"聽言則荅"與《桑柔》"聽言則對"同,謂一聽聞有所陳說即設法對荅,亦詳《桑柔》。所謂飾非拒諫也。若聞聽譖人之言,則立予退斥,如此講添出一"人"字。然"譖"字必得添一"人"字,"聽"字下獨不可有"人"字乎?與《箋》意相發明,與《傳》微異,而字可通矣。本作"荅",假借字,今皆從俗作"答"矣。

出《釋文》:"出,尺遂反,音毳。"案:"音毳"與"瘁"韻。"哀哉不能言"與"哿矣能言"兩"言"字自為韻;"出"、"瘁","流"、"休"各自為韻也:亦用韻之奇者。

予《傳》:"于,往也。"《石經》、岳本皆作"于仕",監本訛作"予仕"。聲案:《傳》"于"訓"往",可據。蓋因下"曰予未有室家",此章亦"曰于"連文而誤也。

使《箋》:"不可使者,不正,不從也;可使者,雖不正,從也。"案:二"使"字,說《詩》者往往無著落。箍仕于朝曰仕,既仕則為君所使矣。此章承上章"能言"之人而言。經言彼能言之人,維知曰"往仕",其欲仕之心甚急,而且甚危耳。"棘"者,"急"之借;"殆"者,危也。此能言之人,天子方以為可使,我云不可,必"得罪于天子"矣。我"亦云可使",必"怨及朋友"矣。朋友不能言之,賢者也。如此說便字字有著落矣。大凡熱中之人,有速欲富貴之心,故曰"急";有必欲富貴之心,故曰"殆"也。

無言《傳》:"無所言而不見疾也。"案:《傳》意猶云"所言無不見疾",古今語耳。此章承"正大夫離居",謂爾離居者何以遷于王都?不過曰:"我未有室家耳。"此等託辭,總不能欺我也。我方憂鼠,《正月》作"癙憂"。此作"鼠"者,假借。思泣血,所言無有不見疾於人者。我且問爾:"昔者出居之日,又誰與從之以作爾室哉?"爾必無辭以對矣。

疾威 詳《雨無正》。此經"疾威"二字亦當與彼同,言旻天已疾威之矣,"敷于下土"者,"謀猶"日見其"回遹",其回遹也,不知何日斯能沮止。如《箋》說"以刑罰威恐萬民","刑罰"字、"萬民"字非文外横添乎?

猶 《說文》:"猶,玃屬。从犬,酋聲。一曰:隴西謂犬子為猷。"案:"猶"、"猷"本一字,今分二字:以"猷"為"謀猷"、"猶"為"因猶"字矣。聲谓:"猷"、"猶"皆假借字。《小星》:"寔命不猶。"《陟岵》:"猶來無棄。"《爾雅·釋言》注皆作"猷"。《抑》:"遠猶辰告。"《常武》:"王猶允塞。"《韓詩》皆作"猷"。

回遹 《傳》:"回,邪。遹,辟。"《說文》:"回,轉也。从囗,中象回轉形。㠣,古文。""遹,回避也。从辵,矞聲。"案:"遹"亦作"欥",《韓詩》作"欥",亦假借字。"回遹"亦或作"迴穴"。《漢書·敘傳上》:"畔迴穴其若兹兮。"[6]注:"迴穴,轉旋之意也。"《文選·風賦》:"迴穴錯互。"[7]注:"凡事不能定者迴穴。"亦或作"回泬"。《後漢書·王充王符仲長統傳》注:"回泬,猶攜互不齊一也。"聲案:毛作"邪辟",即許氏之"回避",言回邪避匿不由正道也,與兩《漢書》、《文選》注俱合。

沮 《傳》:"沮,壞也。"《箋》:"沮,止也。"《巧言》:"亂庶遄沮。"《雲漢》:"則不可沮。"《傳》並云:"沮,止也。"案:"壞"亦由"止"義引申而出也。不如依《巧言》、《雲漢》兩《傳》訓"止",《箋》義為優矣。

邛 《傳》:"邛,病也。"《釋文》:"邛,其凶反。"聲谓:邛,假借字也。《說文·丮部》:"巩,隸作"巩"。褱也。从丮,工聲。𢪒,巩或加手。"又《手部》:"𢪒,擁也。""𢪒"即"巩"。"巩"从工聲,"邛"亦从工聲,故得假借。"巩"訓"褱",即今"抱"字,與今"拱"字意略同。言我視謀猶亦甚是巩手而無能為也。"邛"从邑,工聲,地名也。

潝訿 《傳》:"潝潝然患其上,訿訿然思不稱其上。"《釋文》:"《爾雅》云:'潝潝訿訿,莫供職也。'《韓詩》云:'不善之貌。'"

案："滃"即"翕"，"訿"即"呰"也。《説文》"呰"字下引作"翕翕呰呰"是也。[8]《六書故》："仳仳，猶差差也，[9]言其𩾈比之意也。"[10]聲谓："訿"即"仳"之假借字。"滃滃"言其和同，"訿訿"言其阿比。和同而阿比，不思供職，故《釋言》云："翕翕訿訿，莫供職也。"毛訓既不憭憭，韓訓尤淺率。下文二"具"字均讀為"俱"，朋奸蔽賢，即所為"滃滃訿訿"也。上章"謀臧不從，不臧覆用"，主聽謀者而言；此"具違"、"具依"，則專主出謀者而言：皆言謀猶之回遹也。通詩皆言朝廷闇蔽，謀猶回遹。謀猶之所以回遹者，以少此敬慎之心耳。末章兩"不敢"、兩"如"字，正言人主當戒慎，標出作詩者之正旨。

伊 《雄雉》："自詒伊阻。"《蒹葭》："所謂伊人。"《東山》："伊可懷也。"《白駒》："所謂伊人。"《正月》："伊誰云憎。"《箋》皆云："伊，當作緊。緊，猶是也。"聲谓：此"伊"字亦當作"緊"，訓"是"也。言具違具依如是，由是以往，不知其何所至矣。底，《箋》云"至也"，古義也。

猶 案：此"猶"字當讀如"繇"，卜詞也。古者"猶"、"繇"通字。詳《陟岵》。

集 《傳》："集，就也。"《韓詩》作"是用不就"，宋王氏應麟《詩攷序》言朱子從《韓詩》作"是用不就"。案：今本仍作"集"。集，《説文》作："雧，羣鳥在木上也。从雥，从木。集，雧或省。"又："雧，火所傷也。从火，雥聲。""焦"从雥聲，音焦；"集"从雥、木，亦从雥聲，則"集"亦當有"焦"音。《説文》："雥，羣鳥也。从三隹。徂合切。"聲谓："集"、"焦"雙聲，故字皆从雥。"雥"字古音集，古人韻緩，故讀"雥"為"焦"，"焦"字所以從之。"是用不集"，"集"字亦當讀若"雧"，此古音、古韻，不煩改字者也。顧氏炎武不精《説文》，故不知此字古音。

邁 《黍離》"行邁靡靡"、《蟋蟀》"日月其邁"、《東門之枌》"越以鬷邁"、《時邁》"時邁其邦"《傳》，《都人士》"言從之邁"、《棫朴》"周王于邁"、《崧高》"申伯信邁"、《泮水》"從公于邁"《箋》，並云："邁，行也。"聲案："邁"亦訓"行"，則稱"行邁"者不可通矣。《説文》："邁，遠行也。从辵，蠆省聲。"知"邁"為"遠行"，則"行邁"字可通。

言問路者當於行及遠行之人謀之,而後能得;如於匪行匪遠行之人謀之,"是用不得於道"矣。彼謀猶回遹者何以異是?謀夫多而不就與"發言盈廷"而不敢執其咎者,皆回遹也。

潰《傳》:"潰,遂也。"《召旻》:"草不潰茂。"《傳》:"潰,遂也。"《箋》:"潰茂之潰,當作彙。"據此,則"潰"為"彙"之假借字,"潰"、"彙"同聲也。凡與人謀者,必彙而求其成,至于築室而往道謀,其亦必不能彙于成矣。不知"先民"與"大猶",而惟知有"邇言"者,無以異是,是亦謀猶之回遹者也,可哀甚矣。王氏《經義》引《唐書》:"潰,果也,決也。""果"義不知,《唐書》何本?"決"義為"潰"字本義,古書多訓為"旁決"。

止《傳》:"靡止,言小也。"《箋》:"止,禮。"《說文》:"止,下基也。象艸木出有址,故以止為足。"案:"止"即古基址字也,今亦作"趾"。《左氏春秋·宣十一年傳》:"略基趾。"注:"趾,城足。""靡"為"沒有"合音。見《魏風·苞栩》。言國雖沒有基止,故曰"小"也。

膴《箋》:"膴,法也。"《釋文》:"王火吳反,大也。徐云:'鄭音模。'"案:訓為"法",故徐氏以為音"模",鄭蓋以"膴"為"模"之假借也。《韓詩》作"靡腜","猶無幾何"。聲谓:當依鄭,讀為模,訓"法"也,言民沒有法度也。國雖沒有基止,民雖沒有法度,本來一事,分說兩平者,取韻耳。上四句"否"、"謀"韻,下三句"艾"、"敗"韻也。

否《釋文》:"否,方九反。徐音鄙。"案:徐音是也。《抑》:"未知臧否。"《釋文》:"臧否,音鄙。"《烝民》:"邦國若否。"《箋》:"若,順也。順否,猶臧否,謂善惡也。"《釋文》:"否,音鄙,惡也。"古人臧否字皆音"鄙"。《釋名·釋言語》:"否,鄙也,鄙劣不能有所堪成也。"《書·堯典》:"否德忝帝位。"《史記·五帝紀》作"鄙德忝帝位"。《論語·雍也》:"予所否者。"《論衡·問孔》作"予所鄙者"。《莊子·大宗師》:"不善而否老。"《釋文》:"否……,本亦作鄙。"案:"否"、"鄙"同聲,故通假。

艾《說文》作:"乂,芟艸也。从丿,从乀相交。刈,乂或从刀。"《書·皋陶謨》:"俊乂在官。"《漢書·谷永傳》作"俊艾在官"。《洪範》:“次六曰乂用三德。”《漢書·五行志》作“艾用三德”。又:“從作乂。”《五行志》作“從作艾”。《漢書·郊祀志上》:“天下艾安。”注:“《漢書》例以艾為乂。”字亦作“刈”。《葛覃》:“是刈是濩。”《釋文》:“亦本作艾。”[11]亦作“忞”。《小毖篕》:“懲,艾也。”《釋文》:“字或作忞。”亦或作“壁”。《爾雅·釋詁》:“乂,治也。”《釋文》:“字又作壁,亦作刈。”案:“刈”、“忞”、“壁”皆从乂聲。

馮《傳》:“馮,陵也。徒涉曰馮河。”案:“馮”、“陵”皆假借字。《説文》:“馮,馬行疾也。”“淜,無舟渡河也。”段氏玉裁以“淜”為正字。聲谓:“淜”亦假借字。“不敢暴虎,不敢馮河”,慎也;“戰戰兢兢,如臨深淵,如履薄冰”,敬也。既慎且敬,出謀者與用謀皆不至于回遹矣。

宛《傳》:“宛,小貌。”《説文》:“宛,屈艸自覆也。从宀,夗聲。”有“順”義。《管子·五行》:“然則天為粤宛。”注:“宛,順也。”亦或作“婉”。《新臺》:“燕婉之求。”《傳》:“婉,順也。”案:“宛”即“婉”之古文。《野有蔓草》:“清揚婉兮。”《韓詩外傳》作“清陽宛兮”,是也。亦有“轉”義。《文選·射雉賦》:“婉轉輕利。”徐注:“婉轉,綢繆之稱。”《上林賦》:“宛潬膠盭。”注引司馬彪:“宛潬,展轉也。”聲谓:“宛屈”為正義。“宛順”與“宛轉”,引申之義也。此“宛”字詠鳩鳴之宛轉也。《爾雅·釋鳥》:“鶌鳩,鶻鵃。”郭云:“今江東亦呼為鶻鵃。”“似山鵲而小,短尾,青黑色,多聲。”案:鶻鵃多聲,故曰“鳴鳩”,《月令》所謂“鳴鳩拂其羽”是也。此句詠其鳴,聞而知其為鳩,故曰“宛”;下句詠其飛,見而知其為翰也,故曰“戾”。詳下。

戾《傳》:“戾,至也。”《韓詩》云:“翰飛厲天。”段氏玉裁曰:“厲天,猶俗言摩天。”據此,則“戾”亦假借字。高誘注《吕氏春秋·季春紀》:“鳴鳩,斑鳩也。[12]是月拂擊其羽,直刺上飛數十丈乃復者是也。”聲案:“直刺上飛數十丈”,故曰“戾天”。此以鳥之飛鳴起興,言鳥尚能飛鳴,奈之何人不念先人也?

明發《傳》:“明發,發夕至明。”《文選·新刻漏銘序》注引《五經要義》:“日出前,漏三刻為明。”《書·堯典疏》:“日未出前,二刻半為明。"《大東傳》:"日旦出。"《正義》:"明出,謂嚮晨時也。"發,見也,動也。《禮·禮器》:"故君子樂其發也。"注:"發,猶見也。"《左氏春秋·昭元年傳》"發為五色"注、《荀子·禮論》"是吉凶憂愉之情發於顔色者也"注,並云:"發,見也。"《文選·毛詩序》:"情發於聲。"注:"發,猶見也。"《論語·微子》:"廢古亦作"發"。中權。"鄭注:"發,動貌。"《鴻烈解·原道》:"非謂其底滯而不發。"注:"發,動也。"又《本經》:"發動而成於文。"據此,則"明發"者,晨光發見、發動之時也。但言"明發不寐",則一夜至此不寐可知;所以不寐者,懷我二人故也。上言"先人",所念者親而遠;此言"二人",所懷者親而近矣。"二人"當依近說,指父母言也。

齊《傳》:"齊,正。"《爾雅·釋詁》:"齊,疾也。"又《釋言》:"齊,壯也。"注:"齊,亦疾。"《廣雅·釋詁·一》:"齊,疾也。"《書大傳》:"多文而齊給。"注:"齊,疾也。"《荀子·臣道》:"齊給如響。"《性惡》:"齊給便敏而無類。"《非十二子》:"齊給便利。"注並云:"齊,疾也。"《修身》:"齊給便利。"注:"齊給便利,[13]皆捷速也。"據以上書,訓"疾"、訓"速"、訓"捷"。"速"言人之敏捷通明,方與下文"彼昏"二字對鍼。

温《箋》:"飲酒雖醉,猶能温藉自持以勝。"《釋文》:"温,王如字,柔也;鄭於運反,蘊藉也。"末章"温温恭人",《傳》:"温温,和柔貌。"《賓之初筵》:"温温其恭。"《箋》:"温温,柔和也。"案:柔和、和柔,一也。"温"即"温温"也。飲酒能以和柔勝,飲酒不忘恭敬也。

富《傳》:"醉而日富矣。"《論語·顔淵》:"富哉,言乎!"《集解》引孔注:"富,盛也。"《説文》:"富,備也。……从宀,畐聲。"案:物備則盛,"彼昏不知",壹于醉而日盛。壹,專壹也。《周禮·大宰》:"九曰藪,以富得民。"注:"富,謂藪中材物。"案:材物豐盛,故謂之富。"富"从畐聲,古讀方二反,故與"克"韻。"又"音"易"。詳下。平、去為韻。

又《傳》:"又,復也。"《賓之初筵》:"室人入又。"與末句"時"字去、平為韻。又:"三爵不識,矧敢多又。""又"與"識"去、入為韻,是

“又”字古音若“易”。此“又”字蓋“易”字之假借字也,“又”、“易”同聲。經言“人之齊聖,飲酒温克”,一飲酒亦不忘恭敬;“彼昏不知”,惟專於醉而日盛焉,不知敬故也;不知敬則不知天命矣。言敬者必自威儀始,人當各敬爾儀,能敬則知天命之不易矣。此章提出“敬”字,末章暢言之。

似 案:似,嗣也。詳《斯干》。此章以采菽、負子兩意起興,言“中原有菽”,庶民則知采之矣;“螟蛉有子”,蜾蠃則能負之矣;爾有子則當教誨之,使之善繼嗣。若不能教誨爾子,則與有菽不能采者無以異;不能使之善繼嗣,則與有子不能負者無以異。“似”讀如字,文義較淺。

題 《傳》:“題,視也。”《箋》:“題之為言視睇也。”《正義》:“《説文》云:‘睇,小邪視也。’”案:《説文》:“睇,目小視也。从目,弟聲。南楚謂眄曰睇。”聲谓:“題”者,“睇”之假借字。《易·明夷》:“夷于左股。”《釋文》引鄭、陸注:“旁視曰睇。”《禮·内則》:“睇視。”注:“睇,傾視也。”《大戴禮·夏小正》:“來降燕,乃睇。”《傳》:“睇者,眄也。”《史記·屈原賈生傳》:“離婁微睇。”《正義》:“睇,眄也。”[14]《楚辭·山鬼》:“既含睇兮又宜笑。”注:“睇,微眄貌也。”《方言·二》:“睇,眄也。”先見其為脊令,旋覺其飛鳴,故曰“題彼脊令,載飛載鳴”,興也。語意與首章同,而有虚實之分:“日邁月征”、“夙興夜寐”即“無忝”實在處也;“所生”即“有懷”之“二人”,至“無忝”,則不僅“有懷”矣。

填 《傳》:“填,盡。”《釋文》:“填,徒典反。《韓詩》作疹;疹,苦也。”《禮·玉藻》:“盛氣顛實。”注:“顛,讀為闐,聲之誤也。”案:“闐”即“填”。《文選·西都賦》:“闐城溢郭。”注:“填,與闐同。”是也。《爾雅·釋木》:“煮,填棗。”《釋文》:“填……,本或作顛,同。”案:“顛”即“顛”之訛字。據此,則“填”、“顛”古同音,故通假。字亦作“蹎”。《鴻烈解·覽冥》:“其行蹎蹎。”注:“蹎,讀‘填塞’之‘填’。”[15]案:“蹎”即“顛”,此尤為古者“顛”、“填”同音之證。聲谓:“填”即“顛”之假借。“填”即顛連,疊韻。“寡”即孤寡。雙聲。《老子》:“自謂孤寡。”注:“孤寡,喻孤獨。”又案:《雲漢》:“胡寧瘨我以旱?”

《釋文》:“瘨……,《韓詩》作疹。”據《韓詩》,“疹”與“填寡”同字,毛本或亦作“瘨”,傳經者蓋因聲近而誤。《雲漢見上。箋》、《召旻》“瘨我饑饉”《箋》,並云:“瘨,病也。”《說文》:“瘨,病也。从疒,真聲。”據此,則“填”者,“瘨”之訛字,訓為病亦通。所謂以經解經,以傳詁傳也。經言可哀哉,我之瘨病孤獨之人矣。

宜《箋》:“仍得曰宜。……可哀哉,我窮盡寡財之人,仍有獄訟之事!”聲案:此章以“交交桑扈”起興。夫以桑扈而竊脂,宜也,今交交之桑扈乃循場而啄粟。猶可哀者,我填寡之人不當受犴獄之苦也,乃今以為“宜犴宜獄”焉。於此而欲求生,吾見其“握粟出卜”,吾不知從何能生,可哀之甚也。“宜”字自當作尋常“宜”字讀,不必另生枝節。鄭說太迂回,“可哀哉,我窮盡財寡之人”句尤為望文生義,不知“寡”字下何以必添一“財”字也。

岸《釋文》:“岸,如字,韋昭注《漢書》同。《韓詩》作犴,音同,云:‘鄉亭之繫曰犴,朝廷曰獄。’”案:《韓詩》作“犴”是也。字从犬,與“獄”同意。毛作“岸”者,假借字。

温《傳》:“温温,和柔貌。”聲谓:“温温”二句,敬之見於外者;“惴惴”二句,敬之存於中者也;“戰戰”二句,敬之合内外如一者也。此承上章而言無一不當敬者,實為通篇大結穴。承上章言填寡之人並無生路;知無忝所生,能念先人者,顧可以不敬乎哉?

弁《傳》:“弁,樂也。”《禮·玉藻》:“弁行,剡剡起屨。”《釋文》:“弁行……,急也。”《疏》:“弁,急也。”《漢書·王莽傳下集注》:“弁,疾也。”亦別作“卞”。詳《甫田》“弁”。《左氏春秋·定三年傳》注:“卞,躁疾也。”經言弁如之鷽斯,其飛雖疾急,必終有歸回之時;及觀其歸飛之時,則依然提提然群飛矣:興也。以彼弁急之鷽斯,尚有“歸飛提提”之時,豈人皆有心,獨不可以感動而悔悟者?所以不悔悟者,由於“不舒究之”。此二句早已伏七章“不舒究之”。此詩“心之憂矣”凡五見,由其怨慕到極處,不能不怨慕,故不能不憂耳。怨慕是憂之鵠子,說此詩者當依《孟子》以“怨慕”為宗旨。此章“云如之何”者,猶言“心之憂矣”,如何可說也。求所以處之之道,不露“怨慕”字,正怨慕到極處口吻。

踧《傳》:“踧踧,平易也。”《說文》:“踧,行平易也。从足,叔聲。《詩》曰:‘踧踧周道。’”聲案:踧踧,猶踧踖也。《說文》“踖”字下:“一曰:踧踖。”“踧踧”與“踧踖”,義當相近。《論語·鄉黨》:“踧踖如也。”《集解》引馬注:“踧踖,恭敬貌也。”皇《疏》同。又鄭注:“踧踖,敬恭貌。”《後漢書·東平憲王傳》:“踧踖無所措置。”注:“踧踖,謙讓貌。”《一切經音義·十二》引《字林》:“踧踖,不進也。”又《行葦》:“授几有緝御。”《傳》:“緝御,踧踖之容也。”《廣雅·釋訓》:“跦即“踧”。踖,畏敬也。”言周道本平易,胡為踧踧不進乎?因其“鞫為茂草”耳。[16]詳下。《傳》訓“踧踧”為“平易”,望文生義,不可通。今讀丁歷切,亦非古音。

鞫《傳》:“鞫,窮也。”案:“鞫”、“鞫”古字通。此“鞫”當讀為“芮鞫”之“鞫”。《公劉》:“芮鞫之即。”《箋》:“水之內曰隩,水之外曰鞫。”《爾雅·釋丘》:“厓內為隩,外為鞫。”[17]李注:“厓內近水為隩,其外為鞫。”字亦作“鞠”。《漢書·地理志上》“右扶風:汧”下引作“芮鞠之即”。亦或作“埧”,《周禮·職方》注引作“汭埧之即”,[18]《爾雅·釋丘釋文》引《字林》:“埧,崖外也,九六反。”《廣雅·釋丘》:“埧,隈也。”亦別作“阸”。《漢書·地理志上》:“右扶風:汧。”注:“阸,讀與鞠同。”[19]聲謂:“阸”乃“埧”之訛字。作“埧”者,从土,尻聲。“尻”、古“居”字。“匊”平、入疊韻。嘗疑“鞫”無“窮”義,考“芮鞫之即”“鞫”字而後恍然也。周道本可通行,今乃踧踧不能前進,若山崖水隩之窮為茂草所沮耳,興也。以興君子原可感悟,所以不能盡言者,讒言蔽之耳,我心安得不憂傷乎?二句雖興本章,而六章“君子信讒”早已立竿見影。[20]

惄《傳》:“惄,思也。”《說文》:“惄,飢餓也。……从心,叔聲。”《廣雅·釋詁·二》:“惄,愓即“傷”。也。”又:“惄,痛也。”案:“惄”無“飢餓”義,“叔”有“收拾”義。收拾之甚則傷矣,再甚則痛,應依《廣雅》。《說文》“飢餓”,引申之義也。餘詳《汝墳》。

擣《傳》:“擣,心疾也。”《釋文》:“擣,丁老反,本或作𤻲……。《韓詩》作疛,除又反,義同。”案:作“擣”者,假借字;作“𤻲”者,形聲字;韓作“疛”,亦形聲字,與“紂”、“肘”字同諧“寸”聲;用近時字,當作“𤻲”。經言“我心憂傷”,至於痛焉如患心疾,故曰“惄焉如擣”;至於假寐焉,長歎焉,惟憂用是而老,如此則終身將無悔悟之望矣,故“心之憂矣,疢如疾首”。“疢”字詳下。

疢《箋》:“疢,猶病也。”《釋文》:“疢……,又作疹,同。”《說文》:“疢,熱病也。从疒,从火。”案:訓“熱病”,“从火”方有義意。經言“心之憂矣”,身體發熱,如患頭痛者然也。疾首,頭痛也。《孟子·梁惠王下》:“舉疾首蹙頞。”趙注:“疾首,頭痛也。”

裹《傳》:“毛在外,陽,以言父;裹在內,陰,以言母。”《箋》:“今我獨不得父皮膚之氣乎?獨不處母之胞胎乎?”王氏引之謂:“裹,讀為理,謂腠理也。毛在外,理在內,相對為文。”引《管子·內業》“理丞而毛泄”、《鴻烈解·泰族》“四枝節族,毛蒸理泄”為證,又引:“《荀子·解蔽》:‘制割大理,而天下裹矣。’[21]楊倞注:‘裹,當為理。’是‘裹’、‘理’古字通。”案:古者“理”、“裹”字通是也。王氏以“腠理”解“裹”字,又不若《呂覽·重己》“燀熱則理塞。”注:“理塞,謂脈理塞閉也。”[22]《素問·陰陽類論》:“冬三月之病在理。”注:“理,裹也。”又《調經論》:“無中其大經。”注引《鍼經》:“經脈為裹。”即“理”。又《至真要大論》:“裹急暴痛。”注:“裹,腹脅之內也。”據《素問》,則凡在裹者皆謂之理,凡經脈血理皆是。若云“腠理”,亦見《素問·舉痛論》:“寒則腠理閉。”注:“腠理謂文理逢會之中。”[23]據此,則腠理仍屬在外,又安見其在內乎?《管子》、《鴻烈解》皆“毛”與“理”對,所謂“理”者,當指在內之經脈血理凡在腹脅之內者。言“毛在外”,故“衺”字从之;理在內,故“裹”字可通。言我與父母相異者形體,獨不與父母之皮膚相連屬乎?獨不與父母之血脈相附著乎?語極沉痛。毛、鄭皆以“毛”、“裹”分屬父、母,失經義矣。

辰《傳》:“辰,時也。”《箋》:“我生所值之辰安所在乎?謂六物之吉凶。”《正義》引《左氏春秋傳》:“晉侯謂伯瑕曰:‘何謂六物?’對曰：‘歲、時、日、月、星、辰是謂也。’”據此，則歲辰吉凶之説由來已久。此章純是問詞，似承首章“云如之何”句來。

淠《傳》：“淠淠，眾也。”《采菽》：“其旂淠淠。”《傳》：“淠淠，動也。”又《棫樸》：“淠彼涇舟。”《傳》：“淠，舟行貌。”“淠”字《詩》凡三見，毛氏三訓各不同。以“淠彼涇舟”“淠”字訓“舟行貌”繹之，舟行必動，則訓“動”者為是。經言菀彼之柳本靜也，有鳴蜩之嘒嘒而靜者囂矣；漼然之淵亦本靜也，有萑葦之淠淠而靜者又動矣。興讒言之孔多，有以囂動人心；若“不舒究之”，鮮有不失當者。“譬彼舟流”作更進一層解：舟行流水，所謂“從流下”也；舟行“不知所屆”，無已時也。此囂之、動之者亦無已時，以此言憂，尚遑假寐乎？舊解甚為模糊。

雊《箋》：“雊，雉鳴也。”《史記·殷本紀正義》作“雉之朝呴”。《春秋潛潭巴》：“里社鳴，此里有聖人出；其呴，百姓歸。”宋注：“呴，鳴之怒者。”聲谓：“鳴之怒者”，鳴之異者也。雉鳴異常，則知其求雌。此章句法與上章略同。經言見伎伎之足，則知鹿之奔；聞朝雉之鳴有異於常，則知是求其雌：興也。興憂存於中，必有見於外者；惟“不舒究之”，故莫之知耳。“譬彼壞木”承上文又作一解：木必有枝，人皆知之；壞木詳下。為木之疾，壞木所以無枝，人亦知之；心之憂矣，曾莫之知，良可歎也。

壞《傳》：“壞，瘣也，謂傷病也。”《釋文》：“壞……，《説文》作瘣，云：‘病也。一曰：腫旁出也。’又音回。瘣，胡罪反，木病腫也。[24]《爾雅》云：‘瘣木，符婁。’郭云：‘尩傴癭腫無枝條也。’”《説文》：“壞，敗也。从土，褱聲。𡊅，古文壞省；𣪏，籀文壞。”案：《詩》作“壞”者，假借字；作“瘣”者，形聲字；《爾雅·釋木》樊注引作“譬彼瘣木”，蓋用形聲字。

墐《傳》：“墐，路冢也。”《釋文》：“墐……，《説文》作殣，云：‘道中死人，人所覆也。’”《七月》：“塞向墐戶。”《傳》：“墐，塗也。”《説文》作“殣”，蓋形聲字；毛作“墐”者，假借字。經言投兔之所以先，死人之所以墐，皆有不忍故也。不意我君子之秉心，乃“維其忍之”，以此言憂。“心之憂矣，涕既隕之”，付之無言之泣，無可如何也。

醻《箋》:"醻,旅醻也。如醻之者,謂受而行之。"案:"醻"亦當讀為仇,詳《節南山》。本文"醻之"與下"不舒究之"二"之"字指一人而言。[25]我心之憂不可解者,以君子之信讒耳。我與君子本無仇耳,君子因聽信讒言,"如或醻即"仇"。之"矣。君子本惠愛我耳,其所以不惠愛於我者,因聽信讒言,不暇窮究之矣。《箋》說模糊不明。

舒 案:"舒"者,"暇"之假借字。"暇"古音近"虗","舒"古音"虗",古音不分四聲,故"暇"與"舒"為同聲假借。明古音者自知之。

究《箋》:"究,謀也。"《爾雅·釋言》:"究,窮也。"《鴻雁》:"其究安宅。"《蕩》:"靡屆靡究。"《傳》俱云:"究,窮也。"《節南山》:"以究王訩。"《箋》:"究,窮也。"《國語·越語》:"事不究,不可彊成。"注:"究,窮也。"《史記·五宗世家》:"所以設詐究變。"《索隱》:"究,窮也。"《說文》:"究,窮也。从穴,九聲。"人為讒人所中傷,賴君子能窮究之耳;今之君子非不欲窮究,直不暇窮究之矣,安得而不心憂哉?

掎扡《傳》:"伐木者掎其巔,析薪者隨其理。"《箋》:"掎其巔者,不欲妄踣之。扡,謂觀其理也。必隨其理者,不欲妄挫折之。"掎,《說文》:"偏引也。"詳《七月》"猗"字。扡,《正義》:"扡者,施也。"[26]案:施,亦別作"扡"。《莊子·胠篋》:"萇宏施。"《釋文》引崔注:"施,裂也。"案:作"施"者,假借字;作"扡"者,俗字。當依《正義》"掎者,倚也",謂偏引之,使之易下也;"扡者,施也",謂施裂之,使之易開也。言外有因物附物之意。至於"舍彼之有罪"而予之佗人之無罪者,則伐木析薪者之不如矣。甚矣,"不舒究之"故也。

由《箋》:"由,用也。"《君子陽陽傳》:"由,用也。"《禮·禮運》"由此其選也"、"故飲食有由也",《禮器》"民共由之"、《郊特牲》"有由辟焉"、《學記》"使人不由其誠"、《雜記》"由文矣哉"、《緇衣》"亦不克由聖",注俱云:"由,用也。"《抑》:"無易由言。"《箋》又訓"由"為"於",何也?

憮《傳》:"憮,大也。"《箋》:"憮,敖也。"《釋文》:"憮,火吳反,下同。"案:《唐石經》作"亂如此幠",是也。《說文》:"幠,覆也。"《斯干》:"君子攸芋。"《箋》:"芋,當作幠。幠,覆也,……君子之所覆蓋。"《儀禮·士喪禮》:"幠用斂衾。"注:"幠,覆也。"《士冠禮》:"周弁,殷冔,夏收。"注:"冔名出於幠。幠,覆也,言所以自覆飾也。"《既夕禮》:"幠用夷衾。"注:"幠,覆之,為其形露。"聲案:"幠"訓"覆",古義也。"覆"有"掩蔽"義。《漢書·京房傳》:"此上大夫覆陽。"注:"覆,掩蔽也。"有"蓋蔽"義。《說文》:"覆,……一曰:蓋也。"《荀子·富國》:"故為之出死斷亡以覆救之。"注:"覆,蓋蔽也。"言"無罪無辜"皆遭亂至如此之幠,掩覆蓋蔽,無復分曉也。下文"幠"字亦如此講,則二"幠"字皆當從巾。《箋》訓"敖",於"無罪辜"字不相應。

慎《傳》:"慎,誠也。"《白駒》"慎爾優游"《傳》、《巷伯》"慎爾言也"《箋》,皆云:"慎,誠也。"《說文》:"慎,謹也。从心,真聲。"案:从真,故訓"誠",真誠也。訓"誠"者,古意也;《說文》訓"謹"者,引申之義也。此四句承上"無罪無辜"言,語長心鄭重也。"威"即"昊天疾威"之"威","幠"即"亂如此幠"之"幠"也。詳上。兩"昊天"皆呼天而告之語,當微頓,與《湯誓》之"時日曷喪"同意,不敢斥言王也。

僭《傳》:"僭,數。"《箋》:"僭,不信也。"《釋文》:"僭,毛側蔭反,鄭子念反。"《抑》:"不譖不賊。"《釋文》:"譖,本亦作僭。"《桑柔》:"朋友已譖。"《釋文》:"譖,本亦作僭。"《瞻卬》:"譖始竟背。"《釋文》:"譖,本又作僭。"據此,則"譖"、"僭"古字通。《說文·言部》:"譖,愬也。从言,朁聲。"又《人部》:"僭,假也。从人,朁聲。"案:"譖"、"僭"皆从朁聲,故通假。《釋文》分為二音,恐毛、鄭時尚未如此讀也。經言"亂之初生",由于譖愬之始既已涵容;迨"亂之又生",由于"君子信讒"。"又"字承"初"字,"信"字承"涵"字,"又"比"初"益甚也,"信"則不但涵容之而已。君子於譖愬之始能赫然怒,亂之始生者庶可疾沮;於讒言之來能止而不用,亂之又生者庶可疾已。下四句分承上四句,最為分明。舊說"祉"訓"福","福"字下添"賢者",又添"爵祿",非經義。"祉"从止聲,即有止義。祉者,止也,言君子能止息讒言也。"祉"字如此詁,於六書亦合。或曰"祉"、"恥"同音,假借字也。

盜《傳》:"盜,逃也。"《箋》:"盜,謂小人也。《春秋傳》曰:'賤者窮諸盜。'"案:盜者,私竊之通名也。《漢書·陳平傳集注》:"盜,猶私也。"《直不疑傳》:"然特毋奈其善盜嫂何也?"注:"盜謂私之。"《莊子·山木》:"君子不為盜,賢人不為竊。"注:"盜竊者,私取之謂也。"讒閒之人,無非欲私竊爵祿,故不曰"讒"而直曰"盜",不謂之曰"信讒"而直謂之曰"信盜"也。《傳》訓"逃",是"盜"字內之一義也。《箋》說亦模糊。

餤《傳》:"餤,進也。"案:此亦"憂心如炎""炎"字也。《說文》亦作"栝",《六書故》作:"栝,進火木也。"火以進而愈熾,故毛訓為"進"。作"餤"者,"炎"之假借也,"餤"、"炎"同音。亂之日熾,如火之日進,故曰"亂是用炎"。亦假借"惔"。《節南山》:"憂心如惔。"《傳》:"惔,燔也。"《箋》:"皆憂心如火灼爛之矣。"皆此"餤"字的解。詳《節南山》。此章每二句一韻。

止共《箋》:"小人好為讒佞,既不共其職事,又為王作病。"《釋文》:"共,音恭,本又作恭。"案:作"恭"是也。作"共"者,用古字。止,容止也。《相鼠》:"人而無止。"《抑》:"淑慎爾止。"《箋》並云:"止,容止也。"又《小旻》:"國雖靡止。"《箋》:"止,禮也。"又《相鼠釋文》引《韓詩》:"止,節。"《周書·大戒》:"庸止生郄。"注:"止,容也。"《荀子·不苟》:"見由則恭而止。"《大略》:"盈其欲而不愆其止。"注並云:"止,禮也。"據此,則"止"者,容止禮節之謂也。"止共"謂容止禮節之共。匪,彼也。《左氏春秋·襄八年傳》:"如匪行邁謀。"注:"匪,彼也。"《荀子·勸學》:"匪交匪舒。"注:"匪交,當為彼交。"《廣雅·釋言》:"匪,彼也。"據此,則"匪"訓為"彼",指讒譖之人言也。言彼其容止禮節非不恭敬,維王是病耳。之,是也;見《天保》。邛,病也。見《雨無正》。[27]

莫《傳》:"莫,謀也。"《釋文》:"莫,如字,又作漠,同。一本作謨。案:《爾雅》漠、謨同訓謀。'莫'協韻為勝。"《說文》:"茻,日且冥也。从日在茻中,茻亦聲。"[28]案:此"莫"字本義也。《說文》:"謨,議謀也。从言,莫聲。……𧥢,古文謨。"案:作"謨"者是也。毛作"莫"者,用古文;《爾雅》亦作"漠"者,假借字。

遇 《箋》:“遇犬,犬之馴者,謂田犬也。”《釋文》:“遇犬,如字。世讀作愚,非也。”《正義》:“遇犬者,言兔逢遇犬,則被獲耳。”又云:“遇犬,非犬名也,[29]故王肅云:‘言其雖騰躍逃隱其迹,或適與犬遇而見獲。’是也”又云:“以能獲兔,知是犬之馴擾者,謂田犬也。犬有守犬、田犬,故辨之。”案:《正義》申鄭意。既云“兔逢遇犬”矣,又曰“遇犬,非犬名”,[30]未免自相矛盾矣。案:遇,猶待也,得也。《管子·任法》:“奇術技藝之人,莫敢高言孟行以過其情,以遇其主矣。”注:“遇,待也。”《孟子·離婁下》:“而不相遇也。”注:“遇,得也。”《鴻烈解·精神》:“故事有求之於四海之外而不能遇。”注:“遇,得。”經言躍躍之狡兔,待犬、得犬可以獲之。讀如字自通,不必更添枝葉也,當依陸讀如字,毛義蓋如此。此章詞嚴義正,以朝廷宗社之重、列聖經國之謨,以讒人搖惑於其間,在彼“尊沓背憎”,何嘗不諱於衆前?彼且狡焉思逞,方料人之莫敢誰何,而不知其萬難自脱也。讀至“他人有心”四句,真令讒人膽落。

荏染 《傳》:“荏染,柔意也。柔木,椅、桐、梓、漆也。”案:荏染,借字也,亦作“荏苒”。《文選·悼亡詩》:“荏苒冬春謝。”注:“荏苒,猶漸也。”字蓋本此,而意則變矣。

行 《箋》:“此言君子樹善木,如人心思數善言而出之。善言者往亦可行,來亦可行,於彼亦可,於己亦可,是之謂行也。”案:“心焉數之”,“心”字對下“口”字。惟其數於心,故為“行言”,言可行之言也;惟其出自口,故為“碩言”,言誇大之言也。出自口者不但有“碩言”,而且有“巧言”。彼巧言如簧者,其顏未有不厚者。之,是也,故曰“顏之厚矣”。鄭訓“行”字,古義也,於“心焉數之”句方通,與上下文俱通也。

蛇蛇 《傳》:“蛇蛇,淺意也。”案:蛇蛇,“訑訑”之假借字也。《孟子·告子下》:“則人將曰‘訑訑’。”注:“訑訑者,自足其智,不嗜善言之貌。”又《孟子音義下》引張《音》:“訑訑,蓋言辭不正,欺罔於人,自誇大之貌。”案:以上兩訓皆與本文義意恰合,故知為“訑訑”之假借,“蛇”、“訑”同聲。

麋《傳》:“水草交謂之麋。”《釋文》:“麋,本又作湄,音眉。”《蒹葭》:“在水之湄。”《傳》:“湄,水隒也。”《爾雅·釋水》:“水草交為湄。”《說文》:“湄,水艸交為湄。从水,眉聲。”《釋名·釋水》:“水草交曰湄。湄,眉也,臨水如眉臨目也,水經川歸之處也。”案:“湄”為形聲字。作“麋”者,假借字也。《爾雅·釋水釋文》:“湄,本或作溜、湇、溦、㴢四字。”[31]案:以上皆形聲字之別體,非古字也。

拳《傳》:“拳,力也。”字亦作“捲”。《說文》:“捲,氣勢也。从手,卷聲。《國語》曰:‘有捲勇。’”案:“拳”从手,𢍏聲。“捲”从卷,“卷”亦从𢍏聲,故通假。

尰《傳》:“腫足為尰。”《說文》:“瘇,脛气足腫。从疒,童聲。《詩》曰:‘既微且瘇。’尰,籀文从尣。”《爾雅》作“尰”,《釋文》:“尰,本或作尵。”案:“尰”即“尵”,《說文》从童之字,隸書皆變从重,如“董”、“勭”、“穜”,今作“董”、“動”、“種”矣。籀文从尣者,《說文》建首字:“尣,尳,曲脛也。从大,象偏曲之形。”《九經字樣》:“大字象人形,屈其右足為尢。尳,[32]曲脛人也。”案:“尢”字篆作“𡯂”,隸作“尢”。今本訛作“九”,非也;或作“尣”,亦非。又案:此章以“彼何人斯”起,與下篇首章、三章、四章同,當是下篇之首章誤綴於上篇之末章耳。上篇自“悠悠昊天”起至“顔之厚矣”止,凡五章,語意皆主傷讒,不應至此忽變為不知誰何之詞,與通篇絕不相類。《左氏春秋·襄十四年傳》:“使大師歌《巧言》之卒章。”杜注:“戚,衛河上邑。公欲以喻文子居河上而為亂。”此“彼何人斯”章既亂為《巧言》之末章以後之事。杜氏所習見者如此,故據“居河之麋”一語牽合之,安知當日公所使誦者非“荏染柔木”八句乎?此章為《彼何人斯》篇第一章,開口便說“彼何人斯”者,早知其“為鬼為蜮”也。惟其人“居河之麋”,故屢言“胡逝我梁”;惟知其徒眾無幾,故三章言“二人從行”;惟“爾勇伊何”?故末章言“有靦面目”也。此章為下篇首章無疑。《小弁》五用“心之憂矣”,《何人斯》四用“彼何人斯”,此篇法也。

艱《箋》:“其持心甚難知,言其性堅固,似不妄也。”案:“艱難”字並稱,若“艱”亦訓“難”,古人為不詞矣。聲谓:散文則“艱”亦“難”

也,連文則"艱"當訓"險"。《易·泰》:"艱貞,吉。"[33]虞注:"艱,險。"《周禮·遺人》:"以恤民之艱阨。"《鄉師》:"而賙萬民之艱阨。""艱"與"阨"連文,則"艱"訓"險"亦古義也。"其心孔艱",猶云其心甚險耳。"彼何人斯"指從暴公者言,《箋》說太迂曲。"艱"訓"難","難"下添出"知"字,又添出"其性堅固,似不妄"等語,皆非經意。

可 案:可之言宜也。《後漢書·皇甫規傳》注:"可,猶宜也。"句法與《正月》"如不我克"、"如不我得"等句略同。以為我偏云"不我可"也,此始者所以不如今也。

陳 《傳》:"陳,堂塗也。"《爾雅·釋宮》:"堂途謂之陳。"《釋名·釋宮室》:"陳,堂塗也,言賓主相迎陳列之處也。"案:首章"胡逝我梁,不入我門",猶在門外也;此言"胡逝我陳",則已在門內矣,故能"聞其聲"。"不愧于人,不畏于天",無求于人之辭也。

壹 《箋》:"極其情,求其意,終不得一者之來見。"《禮·檀弓下》:"壹似重有憂者。"注無訓釋。"壹"字亦"意"之假借。古者意思字但作"[illegible]",億中字作"[illegible]","意"即億中字隸文。"意似重有憂者",言意度之,似重有憂者也。又:"予壹不知夫喪之踊也。"此"壹"字亦當讀為意,即今之"億"字。言予曾億度,不知喪之踊也。據此,則"壹"者,"意"之假借也。本詩二"壹者","壹"字亦"意"之假借。"壹者之來",猶云意者是來也。之,是也。見《天保》。舊解太模糊。

盱 亦作"吁"。《卷耳》:"云何吁矣。"《爾雅·釋訓》:"吁,憂也。"[34]注引《詩》:"云何盱矣。"邢《疏》:"云何盱矣者,《卷耳》及《都人士》文也。"詳《卷耳》"吁"字。《說文》:"盱,張目也。从目,于聲。"《漢書·王莽傳上》:"盱衡厲色。"注:"盱衡,舉眉揚目也。"《列子·黃帝》:"而盱盱。"《釋文》引《蒼頡》:"盱,張目貌。"《荀子·非十二子》:"盱盱然。"注:"盱盱,張目之貌。"《文選·西京賦》注引《字林》:"盱,張目也。"《魏都賦》:"乃盱衡而告曰。"[35]劉注:"盱,舉眉大視也。"據此,則"盱"自為張目,與"吁"字異訓。聲谓:"云何吁矣",猶《法言》之"吁,是何言也",[36]倒說以趁韻耳。此詩及《都人士》之"云何盱矣",猶云所說如何而張目詫異,決言其必無也。凡人於事之可驚可異者,輒張目詫以為怪。彼人必不來而曰"意者是來",故云及此而問之,且張目而詫以為怪也。

易《傳》:"易,說。"《釋文》:"易,夷豉反。……《韓詩》作施;施,善也。"案:"易"訓"說"者,"夷"之假借也。"夷"、"易"一聲,又平、去疊韻也。

否《箋》:"否,不通也。……女行反入見我,我則解說也;反又不入見我,則我與女情不通。女與於譖我與否,復難知也。"《釋文》:"否,方九反。一云:鄭符鄙反。"據此,則鄭讀"否"為"符鄙反",故曰"我與汝情不通";乃又云"女與於譖我者與否",則又似讀為"方九反"矣。未免游移。馨谓:否泰字古音符鄙反,即然否字,古音亦符鄙反也。此"否"字當讀如《烝民》"邦國若否"之"否",《傳》:"否,惡也。"[37]案:惡,不善也。《漢書·刑法志》:"有司無仲山甫將明之材。"注:"否,不善也。"經言汝"還而不入",汝心已不善,我固不能知矣,故曰"否難知也"。

祇《傳》:"祇,病也。"《箋》:"祇,安也。"《長發》:"上帝是祇。"《箋》:"祇,敬也。"《爾雅·釋詁》:"祇,敬也。"《禮·內則》:"祇事宗子宗婦。"《孔子閒居》:"上帝是祇。"注並云:"祇,敬也。"《左氏春秋·僖三十三年傳》:"子不祇。"《國語·周語》:"王其祇祓,監農不易。"注並云:"祇,敬也。"《孟子·萬章上》:"祇載見瞽瞍。"《離騷》:"又何芳之能祇。"《文選·羽獵賦》:"乃祇莊雍穆之徒。"注並云:"祇,敬也。"承上文"我心易也""易"字。凡人心說則生敬,所謂心說誠服也。經言意者是來,俾我致恭盡禮,故曰"祇"也。上章"云何其盱"為驚喜過望之詞,此章"俾我祇也"乃心說誠服之意。望其來,正決其必不來也。

貫《箋》:"我與女俱為王臣,其相比次,如物之在繩索之貫也。"案:貫,習也。《六月正義》引《書大傳》:"貫之何? 習之。"《爾雅·釋詁》:"貫,習也。"《左氏春秋·襄三十一年傳》:"射御貫。"《昭二十六年傳》:"貫瀆鬼神。"《國語·魯語》:"晝而講貫。"注並云:"貫,習也。"《孟子·滕文公下》:"我不貫與小人乘。"《荀子·王制》:"為之貫之。”注並云：“貫，習也。”我與爾本不習也，回憶當日如伯氏之兄吹壎，仲氏之弟吹篪，我與爾如相習矣。《箋》：“及，與也。”我心誠信，竟不我知，不能不出此三物以禍福之，言詛祝之矣。“斯”與“彼何人斯”之“斯”同，語詞也。

蜮《傳》：“蜮，短狐也。”《釋文》：“蜮，音或，沈又音域。……狀如鼈，三足。一名射工，俗呼之水弩，在水中含沙射人，一云‘射人影’。”陸《疏》：“蜮，短狐也，一名射影，江、淮水皆有之。人在岸上，影見水中，投人影則殺之，故曰‘射影’也。”《説文》：“蜮，短狐也。似鱉，三足，以气射害人。从虫，或聲。”《左氏春秋・莊十八年經》：“有蜮。”服注：“短狐，南方盛暑所生。其狀如鱉，古無今有。含沙射人，入人皮肉中，其瘡如疥，徧身濩濩蜮蜮。”《公羊傳》注：“蜮之猶言惑也。”《疏》引《洪範五行傳》：“蜮，猶惑也。”[38]據以上書，蜮蓋潛行幻惑，害人於不知者也，故經與“鬼”並稱。言爾雖極其反側，“為鬼為蜮，則不可得”；在爾不過恃有靦然之面目，視“示”之借。詳《鹿鳴》。人以反側無極耳；今作為此詩以誅“極”即“殛”之假借。詳下。爾之反側。

靦《傳》：“靦，姡也。”《説文》：“靦，面見也。从面、見，見亦聲。《詩》曰：‘有靦面目。’”案：經云：“有靦面目。”《箋》云：“姡然有面目。”非經意矣。《國語・越語》：“余雖靦然而人面哉。”注：“靦，面目之貌。”案：《説文》訓“面見”。“面見”者，愧見於面也。《後漢書・樂成靖王黨傳》注：“靦，姡也，言面姡然無愧。”斯足以申毛、許未盡之義矣。

極案：《傳》、《箋》皆無訓釋。聲谓：此“極”字當讀如《孟子》“又極之於其所往”之“極”，趙注：“極者，惡而困之也。”《書・舜典》“殛鯀于羽山。”亦此“極”字也。作“殛”者，形聲字。《春秋》一字之貶，嚴於斧鉞，故曰“以殛反側”。

萋斐《傳》：“萋斐，文章相錯也。”《釋文》：“斐……，本或作菲。”《説文》：“緀，白《廣韻》、《類篇》、《增韻》、《韻會》皆作“帛”，是也。文皃。《詩》曰：‘緀兮斐兮，成是貝錦。’从糸，妻聲。”案：作“緀”者，形聲字；作“萋”者，假借字。《説文》：“斐，分別文也。从文，非聲。

《易》曰:‘君子豹變,其文斐也。’”案:“斐”亦形聲字。“或作菲”者,因“萋”字从艸而訛也。

哆侈 《傳》:“哆,大貌。……侈之言是必有因也。”《説文》:“哆,張口也。从口,多聲。”《史記·仲尼弟子列傳》:“漆雕哆,字子斂。”聲案:“哆”訓“張口”,張者必有以斂之,故字曰“斂”。侈,《字林》:“侈,大也。”《公羊春秋·成十年傳》:“婦人以眾多為侈也。”何云:“侈,大也。”《箋》云“箕星哆然踵狹而舌廣”,是箕星之口張而侈也。上章“萋”、“斐”為文之相錯,此章“哆”、“侈”為口之張大,當一様講,不作兩様講也。言哆然而張兮,侈然而大兮,成是南箕之形矣,以喻讒言之張大也。

適 《箋》:“適,往也。”《釋文》:“適,如字。王、徐皆都歷反。”《伯兮》:“誰適為容。”《傳》:“適,主也。”案:王、徐音本此。與,助也。《國策·秦策》:“不如與魏以勁之。”《齊策》:“君不與勝者,而與不勝者。”《吕覽·順説》:“因其來而與來。”《樂成》:“吾其與之。”注並云:“與,猶助也。”言讒人張大如是,必有為之助謀者矣,但不知誰為之主也。從“譖人者”説到“謀”,説到“助謀”,起下二章“謀”字。

緝翩 《傳》:“緝緝,口舌聲。翩翩,往來貌。”《釋文》:“緝,……《説文》:‘聶語也。’[39]翩,字又作扁。”《説文》:“咠,聶語也。从口,从耳。《詩》曰:‘咠咠幡幡。’”案:“咠”即“緝”之本字。毛作“緝”者,假借字。“聶語”即私語也。人三為眾,“聶”取眾耳相附,群小私語也;“咠”取以口附耳,二人私語也。私語者,不知其所語者何,若弟聞其口舌有聲而已,毛意與《説文》同也。“幡幡”在下章,許氏誤綴於“緝緝”下,古人以口傳經,容有記憶訛誤者矣。“翩翩”訓“往來”者甚多,古義也;亦作“扁”者,用古文。

捷幡 《傳》:“捷捷,猶緝緝也。幡幡,猶翩翩也。”《烝民》:“征夫捷捷。”《傳》:“捷捷,言樂事也。”《正義》:“捷捷者,舉動敏疾之貌。”《易·豫》:“朋盍簪。”陸績注:“捷,疾也。”《離騷》:“夫唯捷徑以窘步。”注:“捷,疾也。”《小爾雅·廣詁》:“捷,疾也。”《賓之初筵》:“威儀幡幡。”《傳》:“幡幡,失威儀也。”《瓠葉》:“幡幡瓠葉。”

《傳》:“幡幡,瓠葉貌。”案:《孟子·萬章下》:“既而幡然改。”注:“幡,反也。”《音義》引張《音》:“幡,與翻同。”聲谓:“捷捷”疾速,所言者仍不可得而聞,故曰“猶緝緝”;“幡幡”即“翻翻”,故曰“猶翩翩”也。上章就“譖人者”說,故曰“慎爾言也,謂爾不信”;此章就聽“譖人者”說,故曰“豈不爾受,既其女遷”。

既遷 《儀禮·鄉飲酒禮》:“不拜,既爵。”注:“既,卒也。”《公羊春秋·宣元年傳》:“既而曰。”注:“既,事畢。”《論語·憲問》:“既而曰。”皇《疏》:“既而,猶既畢也。”《既醉》:“既醉以酒。”《傳》:“既者,盡其禮,終其事。”據此,則“既”者,已事之辭。言爾“捷捷幡幡,謀欲譖言”,豈有不爾受者?恐事後將於汝乎是遷也。《氓》:“以我賄遷。”《賓之初筵》:“舍其坐遷。”《殷武》:“是斷是遷。”《傳》並云:“遷,徙也。”《伐木》:“遷于喬木。”《箋》:“遷,徙也。”此訓“去”者,“徙”字後之義,“遷”字引申之義也。

猗 《傳》:“猗,加也。”案:“猗”者,“倚”之假借,[40]詳《淇奥》“猗重較兮”。倚,依也,猶依傍也。言“楊園之道”依傍于畝丘,比讒譖之人必有所依傍,不能孤立無援也。

此 《箋》:“作,起也。”《釋文》:“作為此詩,一本云‘作為作詩’。”段氏玉裁以為“為”字譌,當是“作而作詩”。聲案:“為”字讀去聲。作,起也,起而為作詩也,語自順。定木作“作為此詩”,自是後人所改。《正義》:“定本《箋》有‘作,起也’、‘作,為也’二訓。”案:“作,起也”,釋第一“作”字;“作,為也”,即“賦也”。釋第二“作”字。當依定本。

校勘記

[1]“據《箋》亦作‘旻’”,“旻”當是“昊”字之訛。

[2]“注”,當作“釋文”,下引乃《釋文》文。

[3]“以孽代宗”,《白華序》“伐”字作“代”。

[4]“近侍也”,注作“近也”,“侍”字衍。

[5]“以‘對’為‘荅’”,段玉裁《詩經小學》作“以‘荅’為‘對’”。

[6]“畔迴穴其若兹兮”,《漢書·敘傳上》“迴”字作“回”。

[7]“迴穴錯互”,《文選·風賦》“互”字作“迕”。

[8]“翕翕訿訿”,大徐本、段注本《說文》“訿訿”皆作“詍詍”,桂馥本《說文》作“訿訿”。

[9]“猶差差也”,《六書故·人之諧聲》“仳”字下作“猶言差”。

[10]“言其鱗比之意也”,《六書故·人之諧聲》“仳”字下“比”字作“次”,“意”字作“貌”,句末無“也”字。

[11]“亦本作艾”,《釋文》作“艾,本亦作刈。”

[12]“斑鳩也”,《呂氏春秋·季春紀》高誘注“斑”字作“班”。

[13]“齊給便利”,《荀子·修身》楊倞注“給”字作“急”。

[14]“睇,眄也”,殿本《正義》“眄”字作“盻”。

[15]“讀‘填塞’之‘填’”,高誘注“塞”字作“寘”。

[16]“鞠為茂草”,《小雅·小弁》“鞠”字作“鞫”。阮元《校勘記》曰:“閩本、明監本、毛本‘鞫’誤‘鞠’。”吴氏蓋據閩、毛、明監諸本。

[17]“外為鞠”,《爾雅·釋丘》作“外為隈”。周祖謨《爾雅校箋》曰:“‘隈’,《唐石經》同。唐寫本作‘垸’。字旁音‘弓入’,即‘弓’之入聲。《釋文》字作‘鞫’,云:‘《字林》作垸,云:隈厓外也。九六反。’是《爾雅》舊本不作‘隈’。”據此,則吴氏引作“外為鞠”當為有據。

[18]“汭垸之即”,《周禮·職方》注“垸”字作“垸”,下引《字林》及《廣雅·釋丘》二“垸”字同。

[19]“陒,讀與鞠同”,注“陒”字作“院”。

[20]“六章”,當作“七章”,“君子信讒”乃《小雅·小弁》第七章語。

[21]“而天下裹矣”,《荀子·解蔽》“天下”作“宇宙”,王氏《經義述聞·六》亦引作“宇宙”,王氏不誤。

[22]“謂脈理塞閉也”,《呂覽·重己》注作“脈理閉結也”。

[23]“腠理謂文理逢會之中”,《素問·舉痛論》注作:“腠謂津液滲泄之所,理謂文理逢會之中。”吴氏所引“腠理謂文理逢會之中”之“腠”字涉上句而衍。

[24]“木病腫也”,《釋文》“病”字作“瘤”。

[25]“二‘之’字”,吴氏原作“二字”,今據文意補“之”字。

[26]“扡者,施也”,《正義》“扡”字作“杝”,从木。

[27]“見《雨無正》”,吴氏“正”字原作“止”,今正。又“《雨無正》”當作“《小旻》”,《小旻》有“亦孔之卬”句,吴氏已於本卷“卬”字條釋之。

[28]“𦭝亦聲”,大徐本《説文》無“𦭝亦聲”三字,段注本《説文》有此三字。

[29]“遇犬,非犬名也”,《正義》作“遇非犬名”。

[30]“遇犬,非犬名”,《正義》作“遇非犬名”。見上校。

[31]“濂”,黄焯《經典釋文彙校》引“阮云:當作瀌。”

[32]“𨂿”,《九經字樣·雜辨部》“尪”字下注作“跛”。

[33]“吉”,《易·泰》“九三”作“無咎”。

[34]“《爾雅·釋訓》‘吁,憂也’”,“釋訓”當作“釋詁”,下引訓釋乃《釋詁·下》文。又《釋詁·下》“吁”字作“盱”。

[35]“乃盱衡而告曰”,《文選·魏都賦》“告”字作“誥”。

[36]“是何言也”,《法言·君子》“也”字作“與”。

[37]“《傳》”,當作“《釋文》”,“否,惡也”之訓乃《釋文》語。

[38]“洪範五行傳”,徐彦《疏》引作“五行志”,無“洪範”二字,且“傳”字作“志”。

[39]“聶語也”,《釋文》“聶”字引作“咠”。黄焯《經典釋文彙校》云:“盧本改作‘聶’。阮云:‘盧所改是也。’”吴氏蓋從改本。

[40]“‘倚’之假借”,吴氏“倚”字原作“猗”,今據文意改。

大家文丛

《云南文库·大家文丛》编委会

大家文丛

诗小学

（下）

［清］吴树声◎著　　张华文◎点校

雲南人民出版社
雲南大學出版社

图书在版编目（CIP）数据

诗小学：全二册 / (清) 吴树声著；张华文点校. -- 昆明：云南人民出版社, 2018.2
（云南文库. 大家文丛）
ISBN 978-7-222-16904-3

Ⅰ.①诗… Ⅱ.①吴… ②张… Ⅲ.①训诂—研究 Ⅳ.①H13

中国版本图书馆CIP数据核字(2018)第011156号

出 版 人：赵石定
统筹编辑：马维聪
责任编辑：陈 亚
责任校对：牛 磊 段金华 陶汝昌
责任印制：洪中丽
装帧设计：刘 雨 郑 治

诗小学（下册）
Shi Xiao Xue

[清]吴树声 著 张华文 点校

出 版 云南人民出版社 云南大学出版社
发 行 云南人民出版社 云南大学出版社
社 址 昆明市环城西路609号 昆明市一二一大街182号
邮 编 650034 650091
网 址 http://www.ynpph.com.cn http://www.ynup.com
E-mail ynrms@sina.com market@ynup.com
开 本 787mm×1092mm 1/16
印 张 54.25
字 数 880千
版 次 2018年2月第1版第1次印刷
印 刷 云南国方印刷有限公司
书 号 ISBN 978-7-222-16904-3
总定价 180.00元（上、下册）

如有图书质量及相关问题请与我社联系
审校部电话：0871-64164626 印制科电话：0871-64191534

目　　录

詩小學卷十六

小　雅

保山吴樹聲學

谷風之什

頹《傳》:“頹,風之焚輪者也。風薄相扶而上,喻朋友相須而成。”《禮・檀弓上》:“頹乎其順也。”注:“頹,順也。”《釋文》:“頹,順也。”《史記・河渠書》:“水頹以絕商顔。”《集解》引瓚曰:“下流曰頹。”《漢書・溝洫志》注同。[1]案:下流,順水也。據此,則頹風,順風也。順風催物最疾,故取象於“焚輪”。《莊子・逍遥游》:“摶扶搖而上者九萬里。”聲謂:“摶”即“頹”也,“頹”、“摶”一聲。“扶搖”即“飆”也,“扶搖”合音也。繹《逍遥游》語義,訓“頹”為“順”允矣。又案:《説文》:“隤,下隊也。从𨸏,貴聲。”又:“穨,秃皃。从秃,貴聲。”“頹”乃俗字也。

怨顧氏炎武曰:此章“末二句無韻,未詳”。《車舝》:“以慰我心。”《釋文》:“慰,怨也,於願反。”案:“慰”、“怨”一聲,故“慰”有“怨”義。古人音濁,於雙聲字往往相溷,此“怨”字當時或近於“慰”,故得與“嵬”、“萎”為韻。

蓼《傳》:“蓼蓼,長大貌。”《蓼蕭》:“蓼彼蕭斯。”《傳》:“蓼,長大貌。”案:“蓼蓼”即“蓼”也,短言之為“蓼”,長言之為“蓼蓼”,且以足句也。

莪蒿蔚 陳氏啟源曰："莪、蒿、蔚，分之各一草，合之皆蒿類。……詩意主於分。"《爾雅·釋草》："莪，蘿。""蒿，菣。蔚，牡菣。"《埤雅》："莪俄而蒿直，蔚粗而莪細。"據此，則莪者，俄也。《説文》"蒿，……从艸，高聲"，亦可云：蒿者，高也。《廣雅·釋詁·一》："蔚，翳也。"《禮·大學》注："知鳥擇岑蔚，安閑而止處之耳。"《疏》："蔚，謂草木蓊蔚。"《文選·西都賦》注引《蒼頡》："蔚，草木盛貌。"亦可云：蔚者，蓊蔚也。三者性雖同，而形則迥異。惟其同，故視之混；惟其異，故辨之真。憂思之極，心不在焉，視《卷耳》之"不盈頃筐"，所思為更摯矣。

罄 《傳》："罄，盡也。"《説文》作"窒，空也"，引《詩》曰："瓶之窒矣。"案："罄"為假借字，"窒"為形聲字。言小者之瓶空矣，大者之罍仍復如故，能不慚愧乎？喻貧寡者行役，富眾者安居無事也。

鮮 《傳》："鮮，寡也。"阮氏元曰："'鮮'義屬于魚而古音與'斯'近，遂相通藉。……有以'斯'本語詞，藉聲近之'鮮'為用者。……《詩·蓼莪》曰：'鮮民之生，不如死之久矣！''鮮'當訓'斯'……，如《論語》'斯民也'之例。……毛《傳》訓為'寡'，失之。……有以訓'離析'之'斯'，《爾雅·釋言》："斯，離也。"《説文》："斯，析也。""析，破木也。"藉聲近之'鮮'為用者。《爾疋·釋山》曰：'小山別大山，鮮。'言小山之別離於大山者名以'鮮'，'鮮'即'斯'，《釋言》曰：'離也。'"聲谓：阮氏讀"鮮民"為"斯民"是也，惟以"鮮民"為"如《論語》'斯民'之例"則非經義。此詩為行役勞苦不得終養而作，詩人自道其離析之苦，故自稱曰"鮮即"斯"也。民"。此"斯民"正即《釋言》之"斯，離也"、《説文》之"斯，析也"二訓之"斯"，惟離析之民無生人之樂，故曰"生不如死久矣"。下四句言離析之苦，真若有無生人之樂者。出則銜憂而出，入則靡有所至，此"出入"指行役所在之出入，非在家時之出入也。此四句皆自道離析之苦，就使父母無恙，而行役者已無父可怙矣，已無母可恃矣。"出則銜恤，入則靡至"，惟心乎父母者，故無刻忘父母。讀至此，孝子之心有不油然動者乎？又不獨抱恨終天者，始不忍卒讀也。

拊畜 《箋》:"畜,起也。"《釋文》:"拊,音撫。畜,喜郁反。"《說文》:"拊,揗也。从手,付聲。"《左氏春秋·襄二十五年傳》:"公拊楹而歌。"《釋文》:"拊,拍也。"又《宣十二年傳》:"拊而勉之。"注:"拊撫慰勉之。"《儀禮·鄉射禮》注:"撫,拊之也。"《疏》:"拊,謂摩循之。"[2]《漢書·吳王濞傳》:"因拊其背。"注:"拊,摩循之也。"《外戚傳上》:"主拊其背曰:'行矣。'"注:"拊,謂摩循之也。"字亦作"撫"。《漢書·梁竦傳》引作"撫我畜我"。《儀禮·士喪禮》:"君坐,撫當心。"注:"撫,手案之。"《禮·曲禮上》:"君撫席而辭。"[3]《疏》:"撫,謂以手按止之。"《儀禮·鄉射禮》注,《疏》:"言撫者,撫拍之義。"《爾雅·釋訓》:"撫掩之也。"注:"撫掩,猶撫拍,謂慰恤也。"據以上書,"拊"者,案摩而慰恤之也。"畜"乃"慉"之假借字。《說文》:"慉,起也。"案:"起"未盡"慉"字之義。《漢書·賈誼傳》:"一二指慉。"[4]注:"慉,謂動而痛也。"聲案:"動而痛"即痛癢相關之義,此訓足以暢許、鄭之義矣。"拊"、"畜"謂案摩而痛惜之也。此句專指幼時說。

長育 《箋》:"育,覆育也。"《釋名·釋長幼》:"長,萇即長生字。也,言體萇也。"《漢書·景帝紀集注》引張晏:"長,大也。"《國語·齊語》:"不月長。"注:"長,益也。"《楚語》:"昔瓦唯長舊怨。"注:"長,猶積也。"《呂覽·知度》:"此神農之所以長。"注:"長,猶盛也。"案:訓"大",訓"益",訓"積",訓"盛",皆"長"字應有之義也。《易·漸》:"婦孕不育。"虞注:"育,生也。"《思文》:"帝命率育。"《箋》:"育,養也。"《易·象上傳》:"君子以果行育德。"虞注:"育,養也。"《谷風》:"昔育恐育鞫。"《生民》:"載生載育。"《傳》並云:"育,長也。"《呂覽·察賢》:"則萬物育矣。"注:"育,成也。"案:訓"生",訓"養",訓"長",訓"成",皆"育"字應有之義也。聲谓:此"長"、"育"字當承上句"拊"、"畜"字,言父母一味撫摩痛惜,孩童未有不恃愛縱恣以害其生者。惟多方調護,務使之日新月異,有以遂其生,故曰"長我";多方教導,務使之避險就夷,不致戕其生,故曰"育我":此少長以後事也。《漢書·賈山傳》:"不可長也。"注:"長,謂畜養之也。"案:

“畜養”即調護之義，與“鞠養”字不同。《說文》：“育，養子使作善也。从月，㐬聲。[5]《虞書》曰：‘教育子。’”此“育”字之據也。

顧復 《箋》：“顧，旋視也。復，反覆也。”《說文》：“顧，還視也。”案：“還”即“旋”也。《匪風》：“顧瞻周道。”《箋》：“迴首曰顧。”《書·顧命序》鄭注同。《論語·鄉黨》：“不內顧。”皇《疏》：“顧，迴頭也。”《書·太甲》：“顧諟天之明命。”《傳》：“顧，謂常目在之。”“復”即“覆”之假借字。《說文》：“覆……，一曰：蓋也。从襾，復聲。”古人不分四聲，故覆庇字亦可讀“復”。《漢書·鼂錯傳集注》引如氏：“覆，蔭也。”《荀子·富國》：“故為之出死斷亡以覆救之。”注：“覆，蓋蔽也。”此句承上句“長”、“育”字：言既長以後，父母猶不能頃刻忘，或回頭看視，以至常目在之，故曰“顧我”；或極意蔭庇，甚至蓋藏其愆，故曰“覆我”。自“父兮生我”至此五句，一句深似一句。

腹 《傳》：“腹，厚也。”《箋》：“腹，懷抱也。”《廣雅·釋親》：“腹，屬也。”當依《箋》。言我之一出一入，常在父母懷抱之中，是與父母相連屬也，故曰“出入腹我”。此一句承上五句：言自生初以至長大，無時不在父母懷抱之中。以是言德能報否乎？欲報是德，其德罔極，惟有呼天而已。嗚呼，窮矣！

卒 《箋》：“卒，終也。”上章言“民莫不穀”，我獨何為受此害？不得養其父母也。此章言“民莫不穀”，我獨不能有卒乎？不得終養其父母也。蓋久役於外，惟恐不得終養父母，故作詩以自哀傷也。

饛 《傳》：“饛，滿簋貌。”《說文》：“饛，盛器滿皃。从食，蒙聲。”匕，《說文》：“所以比取飯。”[6]王氏引之《經義述聞》曰：“次句承‘簋飧’言之，當謂黍稷之匕耳。……《少牢饋食禮》：‘廩人摡甑、甗、匕與敦于廩爨。’鄭注曰：‘匕，所以匕黍稷。’”聲谓：毛以此二句為興體，二句自應為一意，王說是也。二句重“有饛”、“有捄”字。古人事事皆寬厚有餘，即一簋飧、一棘匕，亦見其饛然而滿，捄然而長，以興周道之均平正直也。

視 《廣雅·釋詁·三》：“視，效也。”《廣雅·釋言》：“視，比也。”《禮·雜記》：“妻視叔父母，姑姊妹視兄弟。”注：“視，猶比也。”

《孟子·萬章下》:"受地視侯。"又:"小人所視。"注並云:"視,比也。"《管子·問》:"其宜修而不修者,故曰視。"[7]注:"視,比也。""視"訓"比",古義也。《廣雅》"效"義由"比"義引申而出也。言周道均平正直,為君子所履行者,即為小人所比效。

柚《釋文》:"柚,音逐,本又作軸。"段氏玉裁曰:"機軸似車軸,故同名。'柚'是橘柚字,因'杼'字从木而改'軸'亦从木,非也。"聲案:《說文》:"杼,機之持緯者。从木,予聲。"又:"柔,栩也。从木,予聲。"是"杼"、"柔"本一字也。"柚"為橘柚字,亦為杼柚字,猶"柔"為木名,"杼"亦為機杼字也。古人字少,例得通假。《後漢書·陳忠傳》:"自西徂東,杼柚其空。"[8]注:"杼柚,謂機也。"引《詩》亦作"杼柚其空"也。

佻《傳》:"佻佻,獨行貌。"《釋文》:"佻……,《韓詩》作'嬥嬥,往來貌',並音挑。本或作窕。"《說文》:"嬥,直好皃。"案:"佻"、"嬥"皆形聲字。《爾雅》:"佻佻、契契,愈遐急也。"《文選·魏都賦》注引《爾雅》作"嬥嬥、契契",郭注:"佻,或作嬥,音葦苕。"亦或作"苕"。《楚辭注·十六》引《詩》作"苕苕公子"。聲案:"嬥"音如"葦苕",作"苕"者,同聲假借。"佻"、"嬥"、"窕"、"苕"皆聲近。王氏引之《經義述聞》謂當依《韓詩》作"嬥嬥公子",且引《說文》"嬥,直好皃"為證,是也。

氿《傳》:"側出曰氿泉。"《釋文》:"氿,音軌,字又作厬。"[9]《爾雅·釋水》:仄即"側"。出泉為氿。[10]《釋文》曰"又作厬"者,《說文·厂部》:"厬,仄出泉也。"案:《爾雅》以"仄出泉"為"氿",以"厬"為"水醮",與《說文》互異。據毛作"氿",當依《爾雅》。

契《傳》:"契契,憂苦也。"《釋文》:"契,苦計反。徐苦結反。"此即《擊鼓》"死生契闊"之"契"也。契闊,《傳》:"勤苦也。"《釋文》:"契,本亦作挈,同。"聲谓:"契"當讀如《爾雅·釋水》"絜"李注"絜言河水多山石,治之苦絜"之"絜"。絜,苦也。已見《擊鼓》"契闊"。勞苦之人多憂,故亦訓"憂苦"也。字當作"挈",从手,从韧,"韧"即"刻"之古文。手有所韧,會勞苦之意。作"契"與"絜"者,皆假借。"契契"

者,勞而又勞之意也。惟其憂苦之深,故往往“寤歎”也。

憚《傳》:“憚,勞也。”《釋文》:“憚,丁佐反,徐又音但,下同。字亦作癉。”《雲漢》:“我心憚暑。”《傳》:“憚,勞。”《說文》:“癉,勞病也。从疒,單聲。”《爾雅·釋詁》:“癉,勞也。”據此,則作“癉”者是也。“癉”本訓“勞”,勞必生病,故《說文》兼訓“病”。《板》:“下民卒癉。”《傳》:“癉,病也。”作“憚”者,假借字。

穫《傳》:“穫,艾也。”《釋文》:“穫,戶郭反。毛‘刈也’,鄭‘落木名也’。字則宜作木傍。”案:从禾者,《說文》:“穫,刈穀也。从禾,蒦聲。”《易·無妄》:“不耕,穫。”虞注:“禾在手中故稱穫。”《七月》:“八月其穫。”《傳》:“穫,禾可穫也。”《國語·吳語》:“以歲之不穫也。”注:“穫,收也。”《呂覽·審時》:“稼就而不穫。”注:“穫,得也。”以上字皆當从禾。从木者,《爾雅·釋木》:“檴,落。”本詩陸《疏》:“檴,今椰榆也。”以上字皆當从木。鄭以為“木名”,當从木,然“檴”、“落”為木名,似不可單言“檴”,就使木亦名“檴”,而“薪”亦不止一檴也。李氏黼平以為:《說文》“艸曰零,木曰落”,《箋》意以“檴”為落木之名,非依《爾雅》也。《釋文》云:“穫,毛‘刈也’,鄭‘落木名也’。”得之。惟“穫”訓“刈”,不如仍依毛从禾也。

薪《箋》:“薪是穫薪者,析是穫薪也。”案:弟一“薪”字當讀如《棫樸》:“薪之槱之。”《傳》:“萬民得而薪之。”弟二“薪”字當讀“翹翹錯薪”之“薪”,柴草之總名也。“薪是穫薪”,以所刈之柴草給炊爨也,此毛意也。鄭以“檴薪”為“落木”,故訓“薪”為“析”。

舟《傳》:“舟人,舟楫之人。”《箋》:“舟,當作周。”《左氏春秋·襄二十三年傳》:“華周。”《說苑·立節》、《善說》作“華舟”。漢《堯廟碑》:“委曲舟匝。”案:即“周匝”也。又《考工記·總目》:“作舟以行水。”注:“故書舟作周。”鄭司農注:“周,當作舟。”《左氏春秋·宣十四年傳》:“楚申舟。”《呂覽·行論》作“申周”。據此,則“舟”、“周”通假。案:“舟”、“周”同聲。

裘《傳》:“熊羆是裘,言富也。”《箋》:“裘,當作求,聲相近故也。”《羔裘序釋文》:“裘,字或作求。”《孟子》:“樂正裘。”《漢書·古今人物表》作“樂正求”。《說文》:“裘,皮衣也。从衣,求聲。……求,古文省衣。”據此,則“求”為“裘”之古文。《詩》本有如《羔裘序》作“求”者,蓋後人不知其為古文而改之矣。當依《箋》說引“冥氏、穴氏”,義亦合。

鞙《傳》:“鞙鞙,玉貌。”《釋文》:“鞙,胡犬反。字或作琄。”案:作“琄”者,形聲字;作“鞙”者,假借字。《爾雅·釋訓》:“皋皋、琄琄,刺素餐也。”[11]某氏曰:“琄琄,無德而佩,故刺素餐也。”聲案:“琄琄”自是玉色:無德者佩之,固琄琄;有德者佩之,亦琄琄也。刺之之意於“不以其長”見之,若祇言“琄琄”,何以見其為“刺素餐”也?以“刺素餐”釋“琄琄”,在《詩》為望文生義,在《雅》為憑空杜撰,此《爾雅》之所以難盡信也。

光《傳》:“有光而無所明。”《箋》:“監,視也。喻王閶置官司,而無督察之實。”《南山有台》:“邦家之光。”《傳》:“光,明也。”《國語·周語》:“少光王室。”注:“光,明也。”《漢書·百官公卿表上集注》引應劭:“光者,明也。”《楚辭·雲中君》:“與日月兮齊光。”注:“光,明也。”據此,則“光”即“明”也。經言“有光”即“有明”也,句法全在一“亦”字。言“維天有漢”,視之則亦有光也;其光雖微,總不得謂之無光,不似朝廷閶置官司,而全無督察之實也。此與下二句皆以天象為譬,一反一正,語意自不同。

終日七襄《傳》:“襄,反也。”《箋》:“襄,駕也。駕,謂更其肆也。從旦暮七辰一移,[12]因謂之七襄。”案:古言日,皆兼夜而言也。《書·洪範疏》:“從夜半子也。以至明日夜半,周十二辰為一日。”《穀梁春秋·文六年傳》注:“一歲三百六十日。”《疏》:“日之行天,一日一夜行一度,故謂一度為一日。”《周髀算經下》注:“從旦至旦為一日也。”案:“一日”即“終日”也,對文則日與夜分,散文則日可兼夜也。七,《說文》建首字篆作“㐄”,“陽之正也。从一,微陰從中衺出也。”案:《說文》:“屯,難也。象屮木之初生,屯然而難。从屮貫一;一,地也。”又建首字:“乇,艸葉也。从垂穗,上貫一,下有根。象形。”據上二字皆由艸木始生起意,“七”字篆文與上二字相類,亦必由艸木始生起意,藉以為數目字耳。聲谓:“七”與“乇”字相類。以“乇”字例之,七,艸木初砌“七”、“砌”雙聲。根也。艸木砌根既已堅固,而後枝葉下垂。丅,“垂”之古文“禾”字从之。也,故“乇”字从丅,下體即“七”也。艸木之砌根,無有不一律者,故“切”有一切義。《史記·李斯傳》:“請一切逐客。”《正義》:“一切,猶一例。”《楚辭·惜賢》:“切淟涊之流俗。”注:“切,猶概也。”“七”、“乇”皆有動義,動必有聲,故从口為“叱吒”俗作“咤”,非是。字;“七”、“乇”皆有動義,故有“七七”字。《東方朔別傳》:“武帝呼朔曰;‘叱叱,先生來來。先生知此篋中何等物也?’朔曰:‘上林獻棗四十九枚。來來者,棗也;叱叱者,四十九枚。’”案:棗,隸作“枽”,故云“來來者,棗”;“叱”从七,故云“叱叱者,四十九枚”。“叱”从七,“七”為“叱”之古文,“七七”即“叱叱”也。今皆假借“切”。《說文》:“屑,動作切切也。”案:“切切”即動作之貌。亦假借“慼”。《孟子·梁惠王上》:“於我心有慼慼焉。”注:“慼慼,心動貌。”[13]案:“慼”無動意,故知為“七”之假借字,“慼”、“七”聲近。亦假借“漆”。《禮·祭義》:“漆漆者,容也。”注:“漆漆,讀如朋友切切。”“漆”、“切”亦聲相近也。案:“七七”借“漆漆”者,猶之“七八”字亦借“桼”字也。《新莽侯鉦》:“五十桼斤。”[14]“七”正作“桼”,是也。“七”為古切切字。《詩》言“切”,猶之言“切切”也。“襄”者,“讓”之假借。《說文》作“攘,推也”。《漢書》“攘”字,顏注皆云:“攘,古讓字。”作“襄”者,用古文。《周禮·地官·保氏》:“五射。”注:“鄭司農云:‘五射,白矢、參連、剡注、襄尺、井儀也。’”《釋文》:“襄,音讓,本作讓。”《疏》云:“襄尺者,臣與君射,不與君並立,襄君一尺而退。”云“終日七襄”者,終日切切於推讓也。下文“雖則七襄,不成報章”,其“不成報章”即由“終日切讓”決之也。數目字自一至十,除一、二、三、亖積畫為會意字外,其餘皆假借字也。詳《六書敳》各本字。

報 《傳》:“不能反報成章也。”《箋》:“織女有織名爾,駕則有西無東,不如人織相反報成文章。”聲案:如毛、鄭說,亦衹可云“不報成章”,非“不成報章”也。古者“褒”、“報”一聲,故可通假。《禮·樂記》:“故禮有報而樂有反。”注:“報,讀為褒。”《祭義》:“故禮有報而樂有反。”注:“報,皆當為褒,聲之誤。”《周禮·大祝》:“八曰褒拜。”鄭大夫注:“褒拜,再拜也。褒,讀如報。”[15]據此,則“報”、“褒”古字通,此“報”字亦當讀為“褒”。《說文》:“褒,衣博裾。从衣,保省聲。”褒章,謂褒博之文章也。言“雖則七襄”,或者能成褒章,亦未可知,乃竟不能成褒博之章焉;彼睆然之牽牛,不可用於服箱。《箋》:“以,用也。”《文選·思玄賦》注引《詩》:“睆彼牽牛,不可以服箱。”段氏玉裁曰:“此與‘不可以簸揚’、‘不可以挹酒漿’句法一例。《箋》云‘以,用也’,‘不可用於牝服之箱’,為下文二‘不可以’舉例也。各本脫‘可’字。”

捄 《傳》:“捄,畢貌。”首章:“有捄棘匕。”《傳》:“捄,長貌。”此亦當云“長貌”,言畢之貌長也。“有捄”“有”字與上二句“東有”、“西有”二“有”字一氣連讀。“載施之行”當承上三句,不然“東有”二句成贅語矣。載,則也。言“東有啟明,西有長庚”,有捄然長之天畢,則皆可施之行事乎?古人“行列”讀戶郎切,“行用”字亦讀戶郎切也。

翕 《傳》:“翕,合也。”《箋》:“翕,猶引也。”《常棣》:“兄弟既翕。”《般》:“允猶翕河。”《傳》:“翕,合也。”當依《傳》訓“合”。箕之所以能簸揚者,以張其舌也;“維南有箕,載翕其舌”,此其所以不可以簸揚也。斗之所以能挹酒漿者,以橫其柄也;“維北有斗,西柄之揭”,此其所以不可以挹酒漿也。此詩後三章皆以天象之空懸興朝官之尸位,參差錯落,詞意俱古。《韓詩外傳》亦以南箕、北斗喻有位而無其事,知古義原如此也。

徂 《傳》:“徂,往也。六月,火星中,暑盛而往矣。”《箋》:“徂,猶始也。四月立夏矣,至六月乃始盛暑。”據《箋》說“四月立夏”,則六月正令小暑、大暑之時矣。“四月維夏,六月徂暑”者,言四月始立夏,六月以往則盛暑矣。以上下文定之,知夏為立夏,則知暑為盛暑矣。又案:此與《月令》諸書合,與《十月之交》據阮氏元考訂“以十月為建酉之月辛卯朔日”者不同。

匪人 《箋》:“匪,非也。寧,猶曾也。我先祖非人乎?人則當知患難,何為曾使我當此難世乎?”案:此呼先祖而告之。

“人”字對下句“予”字說，言先祖匪他人也，曾忍我之處此困苦，何也？不必添字改字而自可通者，是在善讀者以意逆志也。

腓《傳》：“腓，病也。”《文選·九日從宋公戲馬臺集送孔令詩》云：“淒淒陽卉腓。”注：“《韓詩》曰：‘秋日淒淒，百卉俱腓。’薛君曰：‘腓，變也，俱變而黃也。’毛萇曰：‘痱，病也。’”據此，則作“腓”者，《韓詩》也。當依毛作“痱”，訓“病”；作“腓”者，假借。《毛詩》“俱”皆作“具”。

瘼《傳》：“瘼，病。”《文選·為范尚書讓吏部封侯第一表》注引《韓詩章句》：“瘼，散也。”[16]《說文》：“瘼，病也。从疒，莫聲。”當依毛訓“病”。言遭亂離而至於病，不能不望有爰引之者；即有爰引之者，又安有一定之處以為歸處之所乎？《說文》：“爰，引也。从𠬪，从于。”亦通作“援”。《說文》：“援，引也。从手，爰聲。”詳《鴻雁》。適，音嫡。《伯兮》：“誰適為容。”《傳》：“適，主也。”詳《巷伯》。

卉《箋》：“山有美善之草。”二章：“百卉具腓。”《傳》：“卉，草也。”《文選·思玄賦》：“卉既凋而已育。”舊注：“卉，草木凡名也。”案：《文選》注是也。《說文》艸木字皆从中，二中為艸，三中為卉，二中顛倒之而為木。草曰百草，木曰百木，凡曰“卉”者，皆兼草木之名也。至《出車》“卉木萋萋”稱“卉”為“草”者，對文則草專名為卉，散文則草木統名為卉也。言山則有嘉卉矣；嘉卉者何？維栗維梅。栗、梅既為美善之草木，不可以蹂踐之，以興民皆良民，不可以殘賊之也。今則大為殘賊，民命不堪，其過非淺鮮也；竟“莫知其尤”，奈之何哉？梅，柟也，非“摽梅”之“梅”也。

廢《傳》：“廢，忕也。”《釋文》：“廢，如字，一音發。忕，時世反，下同。又一本作廢，大也。”案：《爾雅·釋詁》：“廢，大也。”《列子·楊朱》：“廢虐之主。”注：“廢，大也。”案：“音發”是也。《論語·微子》：“廢中權。”《釋文》：“廢，鄭作發。”《列子·仲尼》：“發無知。”《釋文》：“發，一作廢。”《莊子·列禦寇》：“曾不發樂乎？”《釋文》：“發，司馬本作廢。”案：“廢”從發聲，故“廢”、“發”通；“發”有起發、生發意，皆由小而大之意，故“發”有大義。據此，則讀“廢”為“發”，訓“發”為

“大”,古音古誼也。

紀 《傳》:“其神足以綱紀一方。”《箋》:“江也,漢也,南國之大水,紀理衆川,使不壅滯。喻吳楚之君能長理旁側小國,使得其所。”案:“滔滔”有下流順軌之意,喻南國之政事尚有綱紀,故曰“南國之紀”。

盡瘁以仕 《箋》:“瘁,病。仕,事也。”《北山》:“或盡瘁事國。”《傳》:“盡力勞病,以從國事。”《左氏春秋·昭七年傳》:“或憔悴事國。”《正義》曰:“蓋師讀不同。”姜氏[17]玉林《經義雜記》曰:“據《漢書·五行志》所載《左傳》作‘盡顇’,知《左傳》古文本與《毛詩》同,杜本作‘憔’,聲近之誤。”見王氏《經義述聞》。案:“盡”、“憔”聲不近。王氏引之《經義述聞》引《周官·小司寇》:“議勤之辟。”鄭注:“謂憔悴以事國。”以為“《毛詩》之‘盡瘁’,三家《詩》有作‘憔悴’者,故鄭、賈皆用之,然則杜本《左傳》作‘憔悴’,非聲近之誤也”,是也。聲谓:“盡瘁”當依《北山傳》謂“盡力勞病,以從國事”。《三國志·蜀志·諸葛亮傳》注:“臣鞠躬盡力。”蓋本毛《傳》。今古文選本多改作“盡瘁”矣。王氏謂“盡瘁”為平列字,徵引極確,茲不具錄。仕,事也。“盡瘁以仕”即盡力勞病以從事,與《北山》語同。

鶉鳶 《傳》:“鶉,雕也。雕、鳶,貪殘之鳥也。大魚能逃處淵。”《釋文》:“鶉,徒丸反,字或作鷻。鳶……,鴟也。”《說文》:“鷻,即“鷲”。鵰也。从鳥,敦聲。《詩》曰:‘匪鷻匪鳶。’”案“鷻”作“鶉”者,从敦省也。《集韻》“鳶”即古“鶚”字,訛為“鳶”形,又訛入《二仙》韻,其訛久矣。言我國日日構禍,雖盡力憂勞以從事,恐亦不能免;計此時惟有戾于天,惟有逃于淵耳;無奈“匪鶉匪鳶,翰飛戾天;匪鱣匪鮪,潛逃于淵”。四句作兩句讀,神理自現。

偕 《傳》:“偕偕,强壯貌。士子,有王事者也。”《釋文》:“偕,音皆,徐音諧。《說文》云:‘彊也。’”《擊鼓》:“與子偕老。”《陟岵》:“夙夜必偕。”《傳》皆云:“偕,俱也。”案:古傳注“偕”皆訓“俱”,惟此一處訓“强壯”,《說文》一訓“彊”,蓋亦假借字。其本字徧撿不得,此亦終於假借者矣。

賢《傳》:“賢,勞也。”《孟子·萬章上》引此詩而釋之曰:“此莫非王事,我獨賢勞也。”《孟子》已以“賢”為“勞”,毛《傳》與《孟子》合。此亦假借字,以“賢”為賢才假借以“賢”為賢勞。

鮮《箋》:“嘉、鮮,皆善也。”《新臺》:“籧篨不鮮。”《箋》:“鮮,善也。”《爾雅·釋詁》:“鮮,善也。”《漢書·武帝紀》:“詩云:‘九變復貫,知言之選。’”注引應劭曰:“選,善也。”據此,則“選”、“鮮”亦通字也。“鮮我方將”者,選擇我之年力方壯耳。將,古訓“大”,《傳》、《箋》甚夥,故有壯義也。

旅《傳》:“旅,眾也。”《方言·六》:“踞、膂,力也。東齊曰踞,宋魯曰膂。膂,田力也。”戴氏震曰:“膂,亦通作‘旅’。《詩·北山》:‘旅力方剛。’[18]毛《傳》:‘旅,眾也。’失之。”聲案:“旅”訓“眾”,義自可通。言既“嘉我未老”,選我方壯矣,彼眾人之力方剛,莫不以為可以“經營四方”,即緊接下“或燕燕居息”等句,連下十二个“或”字,如風馳雨驟。唐韓氏愈《南山》詩脫胎於此。“或燕燕居息”十二句皆承“旅力方剛,經營四方”來,同此方剛之力,而或用,或不用,所以云“役使不均”也。

叫號《傳》:“叫,呼。號,召也。”《釋文》:“叫,本又作嘂,古吊反。號,户報反,協韻戶刀反。”《說文》:“叫,嘑也。从口,丩聲。”又:“嘂,高聲也。一曰:大呼也。从㗊,丩聲。”聲以為當作“嘂”,言即高聲大呼而不知也。从㗊者,非一人聲呼也。《說文》:“號,呼也。从号,从虎。”《漢書·劉向傳》:“而號曰。”注:“謂哭而且言也。”《顔氏家訓·風操》:“禮以哭有言者為號。”聲谓:本當音戶刀切,非協韻也。言哭而有言,亦不知也;言居家閒逸,世上有高聲大呼,哭而有言者,亦不知也。《匡謬正俗·一》:“叫號者,猶言喧呼自恣耳。”說亦可通。

慘《釋文》:“慘,七感反,字又作懆。”案:作“懆”是也。下章“慘慘畏咎”當作“慘”。《抑》:“我心慘慘。”《傳》:“慘慘,憂不樂也。”《正月》:“憂心慘慘。”《傳》:“慘慘,猶戚戚也。”當作“懆”。“懆”、“戚”雙聲,詳彼。“懆”、“慘”連用者,變文也。

鞅掌《傳》:"鞅掌,失容也。"《箋》:"鞅,猶何也。掌,謂捧之也。負何捧持以趨走,言促遽也。"《莊子·庚桑楚》:"鞅掌之為使。"注:"鞅掌,自得。"又《釋文》引崔注:"鞅掌,不仁意。"聲谓:"鞅掌"疊韻,皆假借字,如"恇攘"之類。《楚辭·九辯》:"遭此世之恇攘。"[19]《一切經音義·十三》引《說文》:"恇攘,煩擾也。"後世亦別作"搶攘"。毛訓"失容",鄭訓"促遽"皆是,不必强為之說。

風議《箋》:"風,猶放也。"《釋文》:"風,音諷。議,如字,協句音儀。"[20]案:風,讀為諷。《關雎序》:"上以風化下,下以風刺上,主文而譎諫。言之者無罪,聞之者足以戒,故曰風。"古人不分四聲,故諷刺字亦讀平聲;若以今音讀之,則當讀去聲。議,議論也。"議"與"為"平與去韻,不必協為"儀"也。

將《傳》:"大車,小人之所將也。"《箋》:"將,猶扶進也。"《鵲巢》:"百兩將之。"《傳》:"將,送也。"《燕燕》:"遠于將之。"《丰》:"悔予不將兮。"《箋》並云:"將,亦送也。"《爾雅·釋言》:"將,送也。"《周禮·小宰》:"裸將之事。"《大史》:"及將幣之日。"《公羊春秋·文十五年傳》:"笴將而來也。"注並云:"將,送也。"《漢書·鼂錯傳集注》引如氏:"將,送也。"《鴻烈解·覽冥》:"不將不迎。"又《詮言》:"去者弗將。"注並云:"將,送也。"大車載重,行必有塵。送大車者難免於塵,猶之近小人者不免於憂也,故三章皆相戒以"無"。

疧《傳》:"疧,病也。"《釋文》:"疧,都禮反。"顧氏炎武《詩本音》:"宋劉彝曰:'疧,當作痻,病也,音民。'案:《唐石經》此字作'疧',从氏。唐人避太宗諱,凡字从民者,皆省而為氏;今人書'昬'為'昏',猶其遺法也。"案:以"疧"為"痻"為唐人所改,說亦可通;惟以"昏"為本作"昬",因唐人避諱而改作"昏"者非是。據《說文》:"昏,日冥也。从日,氐省。"聲谓:當云"从日氏","氏"為古隊落字,日氏則昏矣,會意字,非从民也,从民無義意矣。聲谓:此字从民作"痻",或古有此形聲字,未可知也。若古本从氏,則"寅"、"辰"皆可入之、脂韻。"伊"字亦从尹聲,"蠙珠"亦作"玭珠",當於雙聲求之。

熲《傳》:"熲,光也。"《箋》:"使人蔽闇,不得出於光明之道。"《說文》:"熲,火光也。从火,頃聲。"案:"光"即明也,對上文"冥冥"說。首章言送大車祇有塵土;次章言"冥冥"則一片迷離,求出於光明之域而不可得;三章言塵將壅蔽阻塞,重自為累:一層深似一層,次序秩然。

雝《箋》:"雝,猶蔽也。"[21]《釋文》:"於勇反,字又作壅,[22]又於用反。"案:作"雝"者,假借字;作"壅"者,形聲字;今譌作"雍"、"壅",皆俗字矣。《國策·齊策》:"宣王因以晏首壅塞之。"[23]注:"壅,蔽也。"[24]塵土壅塞,較"冥冥"為尤甚矣。

重《箋》:"猶累也。"《史記·司馬相如傳》:"重煩百姓。"《索隱》:"重,猶難也。"《貨殖傳》:"重為邪。"《索隱》:"重者,難也。"《漢書·韓安國傳》:"重作事也。"注:"重,猶難之也。"《漢書集注》"重"訓"難"者甚夥。"祇自重兮",猶云"祇自難兮",作"重"者合韻。下三句亦要得一層深似一層意。

載《小戎》:"載寢載興。"《文選注·十》作"再寢再興"。[25]《孟子·滕文公下》:"自葛載。"注:"載……,一說,言當作'再'字。"據此,則"載"亦可為"再"之假借字,言回憶"二月初吉",至今已不覺"再離寒暑"矣。離,罹也。下二章即歷言再離寒暑情事:一云"昔我往矣",言初征之時也;"日月方除",言日月甚寬舒也;詳下。"曷云其還",言何不早作歸計,未幾而"歲聿云莫"矣。一云"昔我往矣",承上章而覆言之,非又一初征之時也;"日月方燠",言日月方和暖之時,何不早作歸計,乃政事更益蹙迫,未幾而"歲聿云莫",又屆"采蕭穫菽"之時矣。周正以建戌、建亥之月為十一、十二月,所云"歲莫"者,不必窮陰寒沍之時也。合讀二章、三章,恰是"再離寒暑"情事。詳下。

毒《箋》"憂之甚,心中如有藥毒也。"《廣雅·釋詁·二》:"毒,痛也。"《國語·周語》:"其毒必亡。"注:"毒,害也。"《荀子·不苟》:"愚則毒賊而亂。"注:"毒,害也。"又《廣雅·釋詁·三》:"毒,惡也。"又《國語·吳語》:"將毒,不可與戰。"注:"毒,猶暴也。"以上四義皆古訓也。“其毒大苦”者,猶云其暴惡太苦詳下。耳。

苦《廣雅·釋詁·三》:“苦,熾也。”《方言·十二》:“苦,熾也。”《廣雅·釋詁·一》:“苦,急也。”《莊子·天道》:“疾則苦而不入。”《釋文》引司馬注:“苦者,急也。”《文選·文賦》注引同。以上二義俱可通,“急”義為優。其暴惡為太急矣,“其”字指所憂言,不指憂也。此亦假借字。《說文》:“苦,大苦,苓也。从艸,古聲。”此“苦”字本義也。

共《箋》:“共人,靖共爾位,以待賢者之君。”四章:“靖共爾位。”《箋》:“共,具。”《抑》:“温温恭人。”《釋文》:“共,本亦作恭。”《禮·表記》:“靖共爾位。”《釋文》:“共,本亦作恭。”《緇衣》:“靖共爾位。”《釋文》:“共,本亦作恭。”《漢書·宣元六王傳》亦引作“靖恭爾位”。據此,則“共”仍訓為“恭敬”字為是,況“靖共爾位”可以云“謀具爾位”,“念彼共人”不可以云“念彼具人”也?

除《傳》:“除,除陳生新也。”《箋》:“四月為除。”《正義》:“四月為除,《釋天》文。今《爾雅》‘除’作‘余’,‘除’、‘余’字雖異,音實同也。”又申毛意,曰:“日月方欲除陳生新,二月之中也。”據《蟋蟀》:“日月其除。”《傳》:“除,去也。”案:上文明云“歲聿其莫”矣,因歲莫而後歎日月之去也。本文“日月其除”四字皆同,[26]不得別為一解也。積日為月,積月為歲,故歲莫即是“日月其除”。鄭以四月為除月,不惟“日”字落空,“其”字又將何所指乎?聲谓:“除”當依《爾雅》,讀為余,李注:“余,舒也。”言日月正舒長也。回憶初征之時,日月正舒長,彼時何不速作歸計?未幾而“歲聿云莫”矣,下章意同。總不如依《蟋蟀傳》訓“除”為“去”,義自可通,無須另生枝節。

興言出宿《箋》:“興,起也。夜臥起宿於外,憂不能宿於内也。”案:憂不能宿,於是乎興而起;起將何事?但見其起而有言,起而出外,起而復宿耳。“興”字貫下“言出宿”,如此講則字字可通,於有憂不能安寢情事亦恰合。

介《傳》:“介、景,皆大也。”《箋》:“介,助也。”《儀禮·士冠禮》:“介爾景福。”注:“介、景,皆大也。”案:“介”者,“匄”之假借字也。《廣雅·釋詁·三》:“匄,求也。”《左氏春秋·昭六年傳》:“不强匄。”服注:“匄,乞也。”又《十六年傳》:“毋或匄奪。”《釋文》:“匄,乞也。”《史記·外戚世家》:“丐與“匄”同。沐沐我。”《索隱》:“丐者,乞也。”此一義也。又《廣雅·釋詁·三》:“匄,予也。”《漢書·廣川惠王越傳》:“盡取善繒匄諸宫人。”注:“匄,乞,遺之也。”又《西域傳下》:“我匄若馬。”注:“匄,乞,與也。”案:“匄,乞”者,猶言“匄即乞”。“乞”有“遺之”義,有“與”義,故曰“匄,乞,遺之也”,“匄,乞,與也”。案:“匄”、“乞”雙聲,故通假,此又一義也。聲谓:凡言“介爾景福”者,皆“匄”之假借字,當訓為“予”,訓為“與”;凡言“以介景福”、“以介眉壽”、“以介我稷黍”者,亦“匄”之假借字,當訓為“求”,訓為“乞”;至“報以介福”、“攸介攸止”、“是用大介”,各一意。另詳。

妯 《傳》:“妯,動也。”《箋》:“妯之言悼也。”《釋文》:“妯,敕由反,徐又直由反。鄭云:‘《爾雅》盧叔反。’又音迪。”[27]《説文·心部》:“怞,動也。”[28]引《詩》:“憂心且怞。”《女部》:“妯,動也。”亦引《詩》:“憂心且妯。”[29]聲案:作“怞”者,形聲字;作“妯”者,假借字。今音當以《釋文》前二音為是;後二音,古音也:古人不分四聲也。

猶 《傳》:“猶,若也。”《箋》:“猶,當作瘉。瘉,病也。”案:“猶”、“搖”一聲。《禮·檀弓下》:“詠斯猶。”注:“猶,當為搖,聲之誤也。搖,謂身動搖也。”詳《斯干》。此“猶”字亦當讀為搖,言其德堅固不可搖動也。訓“若”,訓“瘉”,《爾雅》訓“已”,皆望文生義也。

笙磬 《傳》:“笙磬,東方之樂也。同音,四縣皆同也。”《儀禮·大射禮》:“樂人宿縣于阼階東,笙磬西面,其南笙鐘,其南鑮,皆南陳。”注:“笙,猶生也。東為陽中,萬物以生。”《周禮·眡瞭》:“擊頌磬、笙磬。”注:“磬在東方曰笙。笙,生也。”據此,則“笙磬”一器也。“同音”者,“四縣皆同”,《箋》以為“堂上堂下,八音克諧”,是以“笙磬”為兩器,不惟與《傳》異,且與《儀禮》、《周官》注異矣,當依《傳》説。

雅南籥 《傳》:“為《雅》為《南》也。舞四夷之樂,大德廣所及也。東夷之樂曰昧,南夷之樂曰任,[30]西夷之樂曰株離,北夷之樂曰禁。以為籥舞,若是為和而不僭矣。”《箋》:“《雅》,萬舞也。萬也,南也,籥也,三舞不僭,言進退之旅也。周樂尚武,故謂萬舞為《雅》。雅,正也。籥舞,文樂也。”聲谓:凡樂必有聲,有頌。即“容”之古文。凡言“雅”者,皆言聲也,不獨《小雅》、《大雅》稱“雅”也;凡《詩》之可以合樂者,皆可稱“雅”。《清廟》,本《頌》也,以之升歌;《二南》,本《風》也,以之合樂。大抵用之歌則聲皆是“雅”,猶之凡言“頌”者,皆言舞也。如《南陔》六詩,《雅》也,而云“樂奏”;《豳》本《風》也,而亦云“豳頌”,大抵見諸舞則“象”實為“頌”。“雅”、“頌”二字,一主聲,一主頌。合而言之,衹算得一個“樂”字;分而言之,則“雅”專主聲說。凡《詩》之可以入樂者,皆可以名“雅”;凡樂之有舞者,皆可以言“頌”;凡言“容”皆兼《南》、《籥》二部而言也。《左氏春秋·襄二十九年傳》:“吳公子札來聘”,“見有舞《象箾》、《南籥》者”。《象箾》,文王之樂。“南籥”二字,直貫至“舞《韶箾》、《南籥》者”句止,[31]蓋《象箾》、《大武》、《韶濩》、《大夏》、《韶箾》皆有《南》有《籥》;不逐句言之者,古人言簡而意該也。“雅”、“頌”二字,在《風》、《雅》、《頌》名目未定以前,無不以聲為“雅”,以舞為“頌”者。至《周禮·大師》“教六詩曰‘雅’曰‘頌’”者,言詩非言樂也。經言“以《雅》以《南》,以《籥》不僭”者,猶言以合乎雅樂與武舞之《南》、文舞之《籥》,皆和而不僭耳。餘詳《周南》“南”字並《小雅》“雅”字。《傳》言“四夷之樂”,何以獨取于“南”?《箋》以“雅”為“萬舞”,說亦無據。均不免望文生義。

楚茨 《傳》:“楚楚,茨棘貌。”《禮·玉藻》注引作“楚薺”。案:《鄘風》“牆有茨”,《說文》亦作“牆有薺”。據此,則古書所云“采薺”或即“楚茨”,未可知也。“楚”、“采”雙聲。《爾雅·釋草》:“茨,蒺藜。”案:“茨”即“蒺藜”二字之合音也。字本作“朿”。《說文》:“朿,木芒也。象形。”今作“刺”者,假借;《詩》作“茨”者,形聲字。《爾雅釋文》:“茨,或作資。”“資”又形聲字之晚出者矣。

億 《傳》:“萬萬曰億。”《箋》:“倉言盈,庾言億,亦互辭,喻多也。十萬曰億。”王氏引之《經義述聞》曰:“億,亦盈也,語之轉耳。”引

《説文》、《方言》等書，證據確鑿。聲谓："億"、"盈"雙聲。《左氏春秋·隱十一年傳》："不能供億。"言不能供盈也。舊訓"億"為"安"，失之。

妥《傳》："妥，安坐也。"《禮·郊特牲》："詔妥尸。"《儀禮·士相見禮》："妥而後傳言。"《士虞禮》："主人及祝拜，妥尸。"《特牲饋食禮》："主人拜，妥尸。"注並云："妥，安坐也。"《儀禮·少牢饋食禮》："祝、主人皆拜，妥尸。"注："'拜，妥尸'，拜之使安坐也。"《爾雅·釋詁》："妥，安坐也。"《釋文》引《字林》："妥，他罪反。"[32]又《儀禮·士相見禮》："妥而後傳言。"注："古文妥為綏。"《禮·曲禮下》："大夫則綏之。"又："國君綏視。"注並云："綏，讀曰妥。"[33]《漢書·燕刺王傳》："北州以妥。"注："妥，古綏字。"據此，則"妥"為"綏"之古文。《説文》："綏，車中把也。从糸，从妥。"案：从"妥聲"也，後人因"妥"讀"湯果反"，故去"聲"字。古書"綏"字訓"安"者，皆"妥"之借也，"妥"字古音與"綏"近也。

肆將《傳》："肆，陳。將，齊也。或陳于牙，或齊于肉。"《箋》："有肆其骨體於俎者，或奉持而進之者。"《釋文》："肆，音四……；齊，才細反。"案：肆，陳也，陳其骨體於俎也；將，奉也，既齊即"劑"。而奉進之也。《箋》蓋申毛義也。"肆"與"剝"類，"將"與"亨"類，《詩》蓋趁韻。

皇《傳》："皇，大。"《箋》："皇，暀也。先祖以孝子祀禮甚明之故，精氣歸暀之。"《信南山箋》："皇之言暀也。"《泮水箋》："皇皇，當作暀暀；暀暀，猶往往也。"據此，是鄭讀"皇"為"暀"也。案："往"从㞷聲，"暀"又从往聲，形聲字之後出者也，三代以上斷無此等字。當依毛訓"大"，"大"有美盛義。《儀禮·聘禮記》："賓入門，皇。"注："皇，自莊盛也。""莊盛"亦美盛引申之義也。《烈文》："繼序其皇之。"《執競》："上帝是皇。"《傳》並云："皇，美也。"《獨斷上》："皇者，煌也。盛德煌煌，無所不照。"聲谓：凡言"有皇上帝"、"皇矣上帝"、"上帝是皇"，皆當依《獨斷》訓"煌"也。王者以祖考配天，故先祖與上帝同稱"皇皇"矣，凡言"皇祖"、"皇考"者皆視此。

介《甫田》:"攸介攸止。"《生民》:"攸介攸止。"《傳》並云:"介,大也。"[34]《易·晉》:"受兹介福。"虞注:"介,大也。"《釋文》同。《國語·吳語》:"余一人兼受而介福。"注:"介,大也。"案:此"介"字《傳》、《箋》皆無訓釋,以《小明傳》已有訓釋也。《說文》:"夰,大也。从大,介聲。"經書皆假借"介"字,惟《方言·一》:"夰……,大也。東齊海岱之間曰夰。"案:作"夰"者,形聲字;《詩》作"介"者,用古文。聲谓:"介"、"景"雙聲,或因"介爾景福"、"以介景福"等語屢見而訛,未可知也。

爨《傳》:"爨,饔爨、廪爨也。踖踖,言爨竈有容也。"《釋文》:"爨,七亂反。注唯'言爨竈'一字七端反。"案:此字字體繁重:从同,从臼,从冂,从林,从𠬞,即"廾"之篆文。从火,凡六體,仍無聲可諧,斷非古文也。據《左氏春秋·宣十五年傳》"析骸以爨",《公羊傳》作"析骸而炊之",《史記·宋世家》作"析骨而炊",《漢書·五行志下之下》亦作"析骸而炊之"。又《史記·封禪書》:"先炊之屬。"案:"先炊"即"先爨"也。又《漢書·枚乘傳》:"一人炊之。"注:"炊,謂爨火也。"《郊祀志上》:"族人炊之屬。"注:"炊,謂饎爨也。"據此,則"爨"即"炊"也。聲谓:古有"炊"而無"爨",籀文始有"爨"字,以其字體繁重知之。形改而音亦變。如"殺三苗于三危",古祇作"殺",亦或假借"蔡"與"槃",後乃變形為"竄"也。詳"殺"字。形與音雖變,至漢人仍讀平聲也。《釋名·釋宫室》:"爨,銓也,銓度甘辛,調和之處也。"依古文當作"炊"。籀文作"爨",依古音讀平聲,今音七亂反。餘詳《六書歭》。

踖《傳》:"踖踖,言爨竈有容也。"案:"踖踖"即"踧踖"也,言執爨之人亦恭敬而有容也。

交錯《傳》:"東西為交,斜行為錯。"《說文》:"逪,迹逪也。从辵,昔聲。"《玉篇》作:"逪……,这逪也。"又《說文》:"这,會也。从辵,交聲。"案:依《說文》,當作"这逪";作"交錯"者,假借字。《說文》:"交,交脛也。从大,象交形。"案:當云:"从大,从乂;乂,古文互。象交乂之形。"交互字當作"爻",今以為爻象字,一乂為互,重乂為交也。《說文》作“这”,形聲字;經傳作“交”,假借字。錯,涂金也。段氏玉裁曰:“惟‘何以報之金錯刀’為‘錯’字本義,餘多假借。”

戁《傳》:“戁,敬也。”《釋文》:“戁,而善反,又呼但反。”《說文》“戁,敬也。从心,難聲。”據此,則“戁”為“戁”之假借字。“戁”、“戁”聲相近。古人聲濁,不分四聲,讀“而善反”與“呼但反”皆可。《長發》:“不戁不竦。”《傳》:“戁,恐。”《爾雅·釋詁》:“戁,動也。”段氏玉裁曰:“敬者必恐懼。”聲谓:敬者必震動。

幾式《傳》:“幾,期。式,法也。”《釋文》:“幾,音機。”案:“幾”者,“機”之假借也。《書》孔安國《序》:“撮其機要。”《釋文》:“機,本作幾。”《易·繫辭上》:“所以極深而研幾也。”《釋文》引鄭注:“機,當作幾。”據此,是有作“機”者矣。又《書·皋陶謨》:“一日二日萬幾。”《漢書·王嘉傳》作“萬機”。《易·屯》:“君子幾。”《釋文》:“鄭作機。”《左氏春秋·昭二十二年傳》:“宋仲幾。”《公羊》作“仲機”。據此,則“機”、“幾”古多通用也。《鴻烈解·精神》:“名實不入,機發於踵。”注:“機,諭疾也。”又《原道》:“其用之也,若發機。”注:“機,弩機關,言其疾也。”“如幾”者,言卜爾之百福,如機之疾也,所謂旋至而立應也。式,《周禮·典婦功》:“掌婦式之灋。”注:“婦式,婦人事之模範。”《老子》:“為天下式。”王注:“式,模則也。”“如式”者,言卜爾之百福,如模範之笵物,所謂一定而不可易也。此句承上句方得二“如”字解。

齊稷《傳》:“稷,疾。”《箋》:“齊,減取也。稷之言即也。”《釋文》:“齊,王申毛,如字,整齊也;鄭音資。一音才細反,謂分之劑也。”[35]《說文》:“亝,禾麥吐穗上平也。象形。”薛氏《鐘鼎款識·遲父鐘銘》作“亝”,《齊侯鐘銘》作“亝”,近日山東齊刀出土者皆作“亝”,蓋象三矢齊列之形也。詳《六書故》。《易·旅》:“得其齊斧。”《釋文》引張晏:“齊,整齊也。”《國語·周語》:“外内齊給。”注:“齊,整也。”《廣雅》:“齊,整也。”當依王訓為“整齊”。稷,《逸周書·王會》:“西面者,正北方稷慎大麈。”注:“稷慎,肅慎也。”《書序》:“肅慎來賀。”《史記·周本紀》作“息慎來賀”。據此,則古音“肅”與“稷”、

“息”相近。此“稷”字亦“肅”之假借。《説文》:“肅,持事振敬也。从聿在㴑上,戰戰兢兢也。”《何彼襛矣》:“曷不肅雝。”《清廟》:“肅雝顯相。”《傳》並云:“肅,敬。”《詩》言“既齊既稷”者,言既整齊既嚴肅也。字亦作“謖”。本詩:“皇尸載起。”《箋》:“神醉而尸謖。”《釋文》:“謖……,起也。”《儀禮·特牲饋食禮》:“尸謖,祝前,主人降。”《少牢饋食禮》:“尸謖。”《士虞禮》:“尸謖。”《禮·祭統》:“尸謖。”以上“謖”字,鄭注、《釋文》皆訓為“起”。據此詩,亦當訓為“敬”也。作“稷”者,假借字;作“謖”者,形聲字。“謖”从畟聲,《釋文》讀“所六反”,《字林》:“謖,所六反。”見《晉書音義上》。可知“稷”、“肅”相通之故矣。

匡勑 《傳》:“勑,固也。”《釋文》:“筐,本亦作匡,丘方反。”案:作“筐”者鄭本,以《箋》有“天子使宰夫受之以筐”語。聲案:“既匡既勑”,句法與“既齊既稷”同,語本兩平,《箋》說太迂曲矣。《六月》:“以匡王國。”《傳》:“匡,正也。”[36]《論語》:“一匡天下。”《集解》引馬注:“匡,正也。”《孝經》:“匡救其惡。”注:“匡,正也。”“匡”當依《六月傳》訓為“正”。勑,本作“敕”。《説文》:“敕,誡也。”《廣韻》:“敕,誡也。勑,上同。”案:今相承作“勑”。《釋名·釋書契》:“敕,飭也,使自警飭不敢廢慢也。”《漢書·禮樂志》:“敕身齊戒。”注:“敕,謹敬之貌。”案:內“警飭”《釋名》。而外“謹敬”,《漢書》注。則精神固矣。

廢 《箋》:“廢,去也。”《論語·微子》:“廢中權。”《釋文》:“廢,鄭作發。”《列子·仲尼》:“發無知。”《釋文》:“發,……一作廢。”《莊子·列禦寇》:“曾不發藥乎?”《釋文》:“發,司馬本作廢。”據此,則“廢”、“發”通字。此“廢”字亦當讀為“發”。《書·微子》:“我其發出狂。”鄭注:“發,起也。”《禮·大學》“仁者以財發身”注,《國語·周語》“土氣震發”注,《呂覽·音律》“無發大事”、《鴻烈解·時則》“禁民無發火”注,並云:“發,起也。”言“諸宰君婦”起而徹去不遲也。《禮·曲禮上》:“客徹重席。”注:“徹,去也。”《曲禮下》:“徹緣。”注:“徹,猶去也。”《儀禮·燕禮》:“司宮徹之。”《大射禮》:“司宮徹之。”注並云:“徹,猶去也。”《左氏春秋·宣十二年傳》:“軍衛不徹。”注:“徹,去也。”《文選·長笛賦》:“食舉雍徹。”注:“徹,去也。”“徹”訓“去”,

“廢”又訓“去”;“去去不遲”,詩人為不辭矣。

甸 《傳》:“甸,治也。”《箋》:“禹治而丘甸之。”《周禮·稍人》注:“甸,讀與‘維禹敶之’之‘敶’同。”案:作“敶”者,三家《詩》也。鄭初習三家《詩》,故注《周禮》時引之。“敶”即俗“陣”字,今皆假借“陳”矣。《說文》:“敶,列也。从攴,陳聲。”《說文》:“甸,天子五百里田地。[37]从田,包省。”聲案:非“从包省”也,當云:“从勹田,田亦聲。勹,古文包。”《書·禹貢》:“五百里甸服。”《傳》:“規方千里之內謂之甸服,為天子服治田。”“信彼南山,維禹甸之”,蓋包南山以為畿內之田,故曰“甸服”也。當依毛訓“治”,包為田即治為田也。南山有高有下,故曰“甸之”;原隰一片平川,故曰“田之”。《箋》“丘甸”云云,周制也,恐非《詩》意。

畇 《傳》:“畇畇,墾辟貌。”《正義》:“《釋訓》云:‘畇畇,田也。’注引此‘畇畇原隰’,與‘勻’音同也。”《爾雅·釋訓釋文》:“畇,本或作眴。”又引《字林》云:“均均,田也。”《周禮·均人》注引作“畚畚原隰”。《說文》:“勻,少也。从勹、二。”案:勻之故見少,“少”乃“勻”字引伸之義也,依古文當作“勻”。“畇”、“均”皆形聲字;眴,形聲字之後出者也;“畚”又聲相近之形聲字也。作“畚畚”者,三家《詩》。鄭蓋初學三家《詩》,故注《周禮》時引之。以“均”字例之:畇,平也;畇畇,平而又平也。

疆理 《傳》:“疆,畫經界也。理,分地理也。”《箋》:[38]“又正我天下經界之疆,又分我天下土宜之理。”《正義》曰:[39]“分地理者,分別地所宜之理,若《孝經》注云:‘高田宜黍稷,下田宜稻麥。’是也。”陳氏啟源以“理”字如此解方與“疆”義有別。聲案:“疆”本作“畺”。《說文》:“畺,界也。从畕;三,其界畫也。疆,畺或从弓土。”[40]《周禮·夏官·序官》:“掌疆。”注:“疆,界也。”《大司徒》:“制其畿疆而溝封之。”注:“疆,猶界也。”《左氏春秋·成二年傳》:“先王疆理天下。”注:“疆,界也。”案:“界”者,界畫之也。《說文》:“理,治玉也。从玉,里聲。”案:“理”本為治玉字,亦借為凡治理字。《廣雅·釋詁·三》:“理,治也。”《國策》:“不可勝理。”《呂覽·勸學》:“則天下理焉。"《鴻烈解·原道》:"夫能理三苗。"注並云:"理,治也。""理"訓"治",凡田事之待治理者皆是。逐字各有精義,亦何至於相混。

同 《傳》、《箋》俱無訓釋。《正義》曰:"上天同起其雲。"案:"同"字下不宜添一"起"字。《説文》:"同,合會也。从冃,从口。"《儀禮·少牢饋食禮》"同祭于豆祭"注、《漢書·地理志上集注》、《呂覽·精諭》"天符同也"注,並云:"同,合也。"案:《説文》云"合會也"者,言合和而會聚也,"會"亦"合"也。上天之雲合聚,知有雨雪也。

雰 《傳》:"雰雰,雪貌。"《廣雅·釋訓》:"雰雰,雨也。"[41]《楚辭·遠逝》:"雪雰雰而薄木兮。"據此,則雪可云"雰雰",雨亦可云"雰雰"也。聲谓:"雨"字當讀如字,言當雨之時則見雨之雰雰,當雪之時則見雪之雰雰也。下文"既優既渥",言雪之足;"既霑既足",言雨之足。雨雪既足,百穀無有不生者。雪祇冬有,故單言"益之以霢霂"之小雨也。若"雨"字讀去聲,則冬雪雖足,春雨雖霢霂,不可以言"霑足"也。雰雰,《白帖·二》引作"雨雪紛紛",蓋假借字。"雰"為形聲字。

翼 《傳》:"翼翼,讓畔也。"《楚茨》:"我稷翼翼。"《箋》:"翼翼,蕃廡貌。"《禮·少儀》:"車馬之美,匪匪翼翼。"《疏》:"皆是車馬之形狀。"《後漢書·禮樂志集注》:[42]"翼翼,眾貌也。"聲谓:"翼翼"當就"疆埸"說,言隴畝相接,墾地衆多也。依《傳》説,疆埸不能讓畔,必添出農人一層,迂矣。

彧 《傳》:"彧彧,茂盛貌。"《釋文》:"彧彧,於六反。"《説文》:"戫,有文章也。从有,㦽聲。"《書大傳》:"夏伯之樂舞謾戫。"[43]注:"戫,長貌。言萬物之滋曼戫然也。"[44]據此,則"彧"者,"戫"之假借也。案:《説文》:"㦽,水流也。从巛,或聲。"無"彧"字。聲谓:"彧"當从彡作"彧",與"彣彰"字一例,皆从彡也,應作"彧"。作"彧"者,从彡省。

校勘記

[1]“《漢書·溝洫志》注同”,《漢書·溝洫志》注“穨”字作“隤”。

[2]“拊謂摩循之”,案:《儀禮·鄉射禮》:“左右撫矢而乘之。”注:“撫,拊之也。”《疏》但云:“言撫者,撫拍之義;言拊者,取拊近之理。”並無“拊謂摩循之”語。

[3]“君撫席而辭”,《禮記·曲禮上》作“客跪,撫席而辭”。

[4]“一二指愊”,《漢書·賈誼傳》“愊”字作“搐”,下注同。

[5]“从月,去聲”,《說文》作“从去,肉聲”。

[6]“所以比取飯”,大徐本《說文》“以”下“比”上有“用”字,段注本《說文》謂:“‘用’字衍。比,當作匕。”

[7]“故曰視”,《管子·問》“曰”字作“何”。

[8]“杼柚其空”,《後漢書·陳忠傳》“其”字作“將”,注引《詩》仍作“其”。

[9]“字又作厬”,《釋文》“厬”字作“晷”,黃焯《經典釋文彙校》云:“晷,當作厬。”

[10]“《爾雅·釋水》”,吴氏原誤作“《爾雅·釋泉》”,今據改,《爾雅》無“釋泉”篇名。又“仄出泉為氿”,《爾雅·釋水》作:“氿泉,穴出;穴出,仄出也。”無“仄出泉為氿”文,吴氏蓋概括《釋水》文意也。

[11]“剌素餐也”,《爾雅·釋訓》作“剌素食也“。

[12]“從旦暮七辰一移”,阮元《校勘記》云:“小字本、相臺本‘旦’下有‘至’字,重‘辰’字。……案:有‘至’字、‘辰’字者是也。”

[13]“戚戚,心動貌”,趙岐注作“戚戚然,心有動也”。

[14]“新莽侯鉦”,《隸辨》“侯”字作“候”。

[15]“褒拜,再拜也。褒,讀如報。”鄭玄注引鄭大夫云作:“褒,讀為報。報拜,再拜。”

[16]“注引《韓詩章句》”,《文選》注乃引“薛君”,非引《韓詩章句》,吴氏蓋以《韓詩章句》為薛君所作。

[17]“姜氏”,當作“臧氏”,聲之誤也。王引之《經義述聞》所引亦作“臧氏”。案:臧琳,字玉林,清武進小學家,著《經義雜記》卅一卷。

[18]“《詩·北山》”,戴震《方言疏證》作“《小雅·北山》”。

[19]“遭此世之恇孃”,《楚辭·九辯》“遭”字作“逢”;“恇孃”二字作“侹攘”,五臣云:“侹攘,憂懼貌。一作‘恇勷’,一作‘趚躟’。”

[20]“協句音儀”,《釋文》“儀”字作“宜”。

[21]“雝,猶蔽也”,《注疏》本《箋》與本詩(《小雅·無將大車》)“雝”字皆作“雍”,一本作“雝”。

[22]“字又作壅”,《釋文》“壅”字作“壅”。

[23]“宣王因以晏首壅塞之”,《國策·齊策》“壅”字作“壅”,下注同。

[24]“蔽也”,高誘注“蔽”字作“弊”。

[25]“《文選注·十》”,“十”當作“二十”。《文選》卷二十曹子建《應詔詩》:“騑驂倦路,再寢再興。”李善注引《毛詩》曰:“言念君子,再寢再興。”

[26]“日月其除”,本詩(《小雅·小明》)“其”字作“方”,故不得言(與《蟋蟀》“日月其除”)“四字皆同”也。

[27]“敕由反”,《釋文》“由”字作“留”,下“徐又直由反”之“由”字同;又“鄭云”,《釋文》作“郭音”。

[28]“怞,動也”,段注本《說文》“動”字作“朖”,大徐本《說文》作“朗”,桂馥本《說文》亦作“朗”。王筠《說文釋例》亦作“朗”,注云:“嚴氏曰:‘朗,當作動。’”吴氏或有所本。

[29]“憂心且妯”,各本《說文·女部》“妯”字下均無引《詩》“憂心且妯”文。

[30]“任”,《注疏》本作“南”,阮元《校勘記》云:“明監本、毛本‘南’作‘任’。案:‘南’字是也。”

[31]“舞《韶箾》、《南籥》者”,“南籥”二字衍,《左傳·襄二十九年》作“見舞《韶箾》者”。

[32]“《釋文》引《字林》:‘妥,他罪反。’”《釋文》作“妥,郭他回反,沈他果反”,無引《字林》文。

[33]“注並云:‘綏,讀曰妥。’”《禮·曲禮下》“國君綏視”之注乃是“綏,讀為妥”,故不得謂之“注並云:‘綏,讀曰妥。’”

[34]“介,大也”,《甫田》:“攸介攸止。”《傳》無“介,大也”之訓。

[35]“謂分之劑也”,通志堂本《經典釋文》無“之”字,“劑”字作“齊”。

[36]“《傳》:‘匡,正也。’”“《傳》”當作“《箋》”,下“《六月傳》”之“傳”字同。

[37]“天子五百里田地”,大徐本《說文》無“田”字。

[38]“《箋》”,當作“《正義》”,下引乃《正義》文。

[39]“《正義》曰”,依吴氏引文例當作“又曰”。

[40]“从弓土”,大徐本《說文》、桂馥本《說文》作“从彊土”,段注本《說文》作“从土,彊聲”。

[41]“雨也”,《廣雅·釋訓》“雨”字作“雪”。

[42]“後漢書”,“後”字衍,《後漢書》無《禮樂志》。下引“翼翼,衆貌也”乃《漢書·禮樂志》“馮馮翼翼”顔注文。

[43]“夏伯之樂舞謾俴”,《叢書集成》本《書大傳》“俴”字作“彧”,下注二“俴”字同。

[44]“言萬物之滋曼俴然也”,《叢書集成》本《書大傳》“萬”字作“象”。

詩小學卷十七

小　雅

保山吴樹聲學

甫田之什

倬《傳》:"倬,明貌。"《釋文》:"倬,陟角反。《韓詩》作菿,音同,云:'菿,卓也。'"《說文》:"倬,箸即俗"著"。大也。从人,卓聲。"引《詩》:"倬彼雲漢。"案:"卓"、"著"雙聲,古義也。《說文·匕部》:"卓,高也。早匕為卓,匕卪為卬。"案:"卓"本訓"高",高則著。毛訓"明","著"字引申之義也。聲谓:"倬彼甫田","甫"訓"大",當取大義;倬彼者甫田,遠大之貌。《雲漢》"為章于天",[1]當取"著"義;倬彼者雲漢,著明之貌也。段氏玉裁謂:"《爾雅》:'菿,大也。'《說文》:'菿,艸大也。从艸,到聲。'《爾雅》誤作'箌',《說文》誤作'菽'。"意以毛之"倬"即韓之"菿"也。不知"菿"亦形聲字,並無"大"義,不如"倬"字之古也。

陳《傳》:"尊者食新,農夫食陳。"《說文》:"陳,宛丘,舜後嬀滿之所封。从自,从木,申聲。"訓為"久"者,《史記·平准書》:"於是大農陳。"《集解》引韋昭:"陳,久也。"《漢書·文帝紀》:"或以陳粟。"注:"陳,久舊也。"《食貨志上》:"陳陳相因。"注:"陳,謂久舊也。"《素問·鍼解》:"菀陳則除之者。"注:"陳,久也。"又《奇病論》:"治之以蘭,除陳氣也。”字亦作“塵”。《爾雅·釋詁》:“塵,久也。”孫注:“居之久也。”《後漢書·張衡傳》注、《文選·思玄賦》“允塵邈而難虧”舊注,並云:“塵,久也。”亦作“烝”。《南有嘉魚》:“烝然罩罩。”《箋》:“烝,塵也。塵然,猶言久如也。”《東山》:“烝在栗薪。”《箋》:“烝,塵。”《爾雅·釋言》:“烝,塵也。”孫注:“烝,物久之塵。”案:“陳”、“塵”同聲,皆假借字,“塵”義為近。物久未有不生塵者,故言“塵”即知其久,然亦非“塵”字正義。“烝”又聲相近之字矣。

薿 《箋》:“則薿薿然而茂盛。”《釋文》:“薿薿,茂盛也。”《說文》:“薿,茂也。从艸,疑聲。”引《詩》:“黍稷薿薿。”《漢書·食貨志》引作“黍稷儗儗”,《白帖·八十一》作“黍稷嶷嶷”。案:作“儗”與“嶷”者,皆假借字。《詩》作“薿”者,形聲字,不若“儗”、“嶷”之古矣。

介 《箋》:“介,舍也。禮,使民鋤作耘耔,閒暇則於廬舍及所止息之處以道藝相講肄,以進其為俊士之行。”《七月》:“以介眉壽。”《楚茨》:“以介景福。”《甫田》:“以介我稷黍。”《旱麓》:“以介景福。”《行葦》:“以介景福。”《既醉》:“介爾景福。”《潛》:“以介景福。”《酌》:“是用大介。”《箋》皆云:“介,助也。”此“介”字亦當訓為“助”。《詩》中“攸”字多訓為“所”。《皇矣》“攸馘安安”《傳》,《蓼蕭》“萬福攸同”、《旱麓》“福祿攸降”、《靈臺》“麀鹿攸伏”、《韓奕》“為韓姞相攸”《箋》,皆云:“攸,所也。”各書傳“攸”訓“所”者不一而足。言所佐助之事與所止息之處必有俊髦之士可以進用,故曰“攸介攸止,烝我髦士”也。

髦 《傳》:“髦,俊也。”《棫樸》:“髦士攸宜。”《傳》:“髦,俊也。”《思齊》:“譽髦斯士。”《釋文》同。案:《爾雅·釋言》:“髦士,官也。”《釋文》:“毛中之長豪曰髦。”據此,則“髦”亦假借字也。“髦士”猶之“豪士”也。

齊 《傳》:“器實曰齊,在器曰盛。”《箋》:“以絜齊豐盛。”《釋文》:“齊,本又作齎,又作齍,同音資。”《說文》:“齍,黍稷在器以祀者。从皿,齊聲。”亦別作“粢”。《周禮·小宗伯》注:“齍,讀為粢。”《疏》:“‘粢’字从米,以‘次’為聲。”案:“齍”从齊,取“絜齊”之義;在器，故从皿。此形聲字之有義意者，較“粢”為古矣。粢，傳注多訓為“稷”；“齊盛”字多假借“齊”。

御 讀如“百兩御之”。御，音如字，古音也，假借。

穀 《傳》：“穀，善也。”《箋》：“穀，養也。”《大車》：“穀則異室。”《傳》：“穀，生。”《小宛》：“自何能穀。”《箋》：“穀，生也。”《穆天子傳》：“皇人受穀。”注：“穀，生也。”《漢書·五行志中之下》：“穀，猶生也。”《文選·思玄賦》：“穀崑崙之高岡。”注：“穀，生也。”“以穀我士女”，猶言以生長我士女也。“養”乃“生”字引申之義也。

攘 《箋》：“攘，讀當為饟。饁、饟，饋也。”《釋文》：“攘，如羊反。鄭讀為饟，式尚反。王如字。”《說文》：“攘，推也。从手，襄聲。”《禮·曲禮上》：“左右攘辟。”注：“攘，古讓字。”《儀禮·聘禮記》：“升堂讓。”注：“讓，謂舉手平衡也。”《漢書·藝文志》：“合於堯之克攘。”《司馬遷傳》：“小子何敢攘焉？”又：“進攘之道。”[2]顔注並曰：“攘，古讓字。”“其”字應指田畯。耕者見田畯至而喜，因以所饁饟者攘農官之左右嘗其饁饟之旨否焉。分明畫出太古之民推誠相與，田家揖讓之風於此可見。必以“曾孫”為“成王”，謂成王“出觀農事，親與后、世子行，使知稼穡之艱難”，且與“農人之在南畝者，設饋以勸之，司嗇至，則又加之以酒食，攘其左右從行者。成王親為嘗其饋之美否，示親之也”。如《箋》云，不惟無此典禮，“以其婦子”三句與《豳風》同文異訓，未免望文生義，宜王肅輩之駁之也。不攘田畯而攘其左右者，不敢與農官均禮也。

茨梁 《傳》：“茨，積也。梁，車梁也。”《說文》：“茨，以茅葦蓋屋。从艸，次聲。”《史記·太史公自序》：“茅茨不翦。”《正義》：“茨，以茅覆屋。”又《集解》：“屋蓋曰茨。”《漢書·司馬遷傳》注同。《釋名·釋宮室》：“屋以草蓋曰茨。茨，次也，次比草為之也。”據此，則“茨”為屋名。《說文》：“梁，水橋也。从木，从水，刅聲。”《爾雅·釋宮》：“隄謂之梁。”注：“即橋也。”《左氏春秋·莊四年傳》：“除道梁溠。”《國語·晉語》：“亦為君之東游津梁之上。”《漢書·司馬相如傳下》："梁孫原。"《荀子·王制》："脩隄梁。"注並云："梁，橋也。"經言"如茨如梁"，猶言如屋如橋耳。梁曰"車梁"，蓋梁之大者可以通車輛，如《孟子》所云"輿梁成"是也。

坻京《箋》："坻，水中之高地也。"《蒹葭》："宛在水中坻。"《傳》："坻，小渚也。"《史記·屈原賈生列傳》："得坻則止。"《集解》引張晏："坻，水中小洲也。"《司馬相如傳》："臨坻注壑。"《正義》："坻，水中沙微起出水者也。"《漢書·司馬相如傳上》："下磧歷之坻。"注引張揖：[3]"坻，水中高處也。"《文選·上林賦》："臨坻注壑。"注："坻，水中山也。"《傳》："京，高丘也。"《定之方中》："景山與京。"《傳》："京，高丘也。"《皇矣》："依其在京。"《傳》："京，大阜也。"《公劉》："迺覯于京。"《箋》："絕高為之京。"《爾雅·釋丘》："絕高為之京。"李注："丘之高大者曰京。"經所謂"如坻"者，蓋言其大；"如京"者，蓋言其高也。"茨"、"梁"皆人為，故為一類；"坻"、"京"皆天生，故為一類。甫登場者謂之"稼"，已入室者謂之"庾"。此二"曾孫"，《箋》不言成王；可見言"曾孫"者，亦凡有田者之通稱，亦何必專指成王也？

覃《傳》："覃，利也。"案：此亦假借字也。《說文》："剡，銳利也。从刀，炎聲。"《爾雅·釋詁》："剡，利也。"郭注："《詩》曰：'以我剡耜。'"《易·繫辭》："剡木為矢。"《釋文》引《字林》："剡，銳也。"又《文選·長笛賦》注引《字林》："剡，銳也。"《文選·東京賦》："介馭閒以剡耜。"五臣注："剡，利也。"《楚辭·橘頌》："曾枝剡棘。"王注："剡，利也。"案："剡"、"覃"聲相近。

俶載《箋》："俶，讀為熾。載，讀為菑栗之菑。時至，民以其利耜熾菑，發所受之地，趨農急也。"《釋文》："俶，音尺叔反，始也；載，事也。鄭讀為熾菑。"案：《釋文》，王肅說也。《既醉》："令終有俶。"《傳》："俶，始也。"《爾雅·釋詁》："俶，始也。"《書·胤征》"俶擾天紀"《傳》，《儀禮·聘禮》"燕與羞，俶獻無常數"、又"禽羞俶獻比"注，並云："俶，始也。"《呂覽·侈樂》："俶詭殊瑰。"《鴻烈解》："俶真。"《文選·思玄賦》："簡元辰而俶裝。"舊注並云："俶，始也。"據此，則“俶”訓“始”，古義也。《文王》：“上天之載。”《傳》：“載，事也。”《書·舜典》：“有能奮庸熙帝之載。”《大禹謨》：“祗載見瞽瞍。”《傳》並云：“載，事也。”《禹貢》：“冀州既載。”鄭注：“載之言事。”《周禮·地官·序官》：“載師。”注：“載之言事也。”據此，則“載”訓“事”亦古義也。當依王訓為“始事”。上文“既備乃事”，不過豫備其事，所包者廣；此言“俶載南畝”，始有事於南畝，指用耜之一事言：兩不相蒙也。

播 《傳》、《箋》無訓釋。《箋》有“種其眾穀”之語，是訓“播”為“種”。《說文》：“播，穜也。从手，番聲。一曰：布也。𢾭，古文播。”案：“播”亦作“釆”。《楚辭·九歌》：“釆芳椒兮成堂。”[4]洪注：“釆，古播字。”漢《朱龜碑》“口原缺。釆徽馨。”《横海將軍呂君碑》：“遂釆聲兮方表。”[5]聲案：“釆”即“采”之古文也。《說文》：“采，辨別也。……讀若辨。”又“番”字下“[illegible]”云：“古文番。”案：“[illegible]”即“采”也。古文倒正不拘，“[illegible]”从横手，與“[illegible]”、“[illegible]”、“[illegible]”、“[illegible]”等字同，惟“[illegible]”、“[illegible]”、“[illegible]”、“[illegible]”等字省去一“⊃”耳。篆文當作“[illegible]”，即“[illegible]”字作直形耳。从“八八”，即重八也；八，分也；分而又分，辨別之意。从手，所以辨別之，會意字，即以意為聲。“[illegible]”字既變為“采”形，世罕識之者，惟“番”、“悉”、“舜”、“釋”等字从之。俗儒多不知其形義，幸漢時猶有作“釆”者，尚可以蹤蹟之也。釆，古音辨，“辨”、“播”雙聲，音轉始有今音。其實“播”字从手，番聲，亦與“蹯”、“翻”等字一例，讀為“藩”音也。字本作“釆”，假借“播”，亦當訓為“辨別”。《書·益稷》：“暨稷播奏庶艱食鮮食。”案：“暨稷播奏庶艱食鮮食”，[6]猶言暨稷辨別而進此眾艱食鮮食耳。[7]《禹貢》：“又北播為九河。”案：九河本洪荒故迹，大禹能辨別之，疏浚之，使“同為逆河”。“逆”之古義訓“迎”，迎河即今之引河，此“播”之弟一義也，引之有“布散”之義。《禮·禮運》：“播五行於四時。”案：布散五行之氣於四時也，引之有“散棄”之義焉。《書·泰誓》：“播棄黎老。”《多方》：“屑播天命。”案：此皆“散棄”之義也。由布散之義引之有“布種”之義，《說文》“穜”、“布”二義見上。是也。《詩》之“播厥百穀”、“其始播百穀”，皆“播”字引申之義，非其最初之一義也。

庭《傳》:“庭,直也。”《韓奕》:“幹不庭方。”《閔予小子》:“陟降庭止。”《傳》並云:“庭,直也。”案:“庭”者,“挺”之假借也。《周禮·考工記·弓人》:“於挺臂中有柎焉,故剽。”注:“挺,直也。”《左氏春秋·襄五年傳》:“周道挺挺。”注:“挺挺,正直也。”《漢書·蓋寬饒傳》:“直而不挺。”注:“挺然,直貌。”《荀子·勸學》:“雖有槁暴,不復挺者。”注:“挺,直也。”亦別作“侹”。《廣雅·釋詁》:“侹,直也。”聲谓:“挺”从廷,“廷”从“壬”之聲義,“壬”實“挺”之古文也。《說文》:“𡈼,……一曰:象物出地挺生也。”案:“𡈼”从儿,从土;人在土上,未有不挺直者,故曰“人之生也直”也。从儿、土,會意字也,即以意為聲。从𡈼之字:呈,挺口而言也;𦣠,古文“望”。挺身而望也;𢀜,挺手而取也;巠,即“徑”之古文。从巛、从一,“一”即“上”之古文,从𡈼,象其徑直也,巛上有挺直之道,會意字也。合偏旁以證之,可以知其為“挺”之古文矣。古文甚少,非反覆推勘不能得其形、聲、義矣。

若《箋》:“若,順也。……成王於是則止力役以順民事,不奪其時。”案:“若,順也”,於“順”字前添出“止力役”,“順”字後添出“民事”、“不奪其時”等語,殊為詞費。總由以曾孫為成王,未免固執。“曾孫”二字,總當活看。

皁《傳》:“實未堅者曰皁。”案:皁,俗字也,本作“草”;草,本作“艸”。自借“草”為艸木字,於是又出“皁”字,俗又變為“皂”,遂無從下筆矣。《說文》:“草,即隸書“草”。草斗,櫟實也。一曰:象即“橡”,《玉篇》作“樣”。斗子。从艸,早聲。”《鴇羽》:“集于苞栩。”陸《疏》:“今柞櫟也。徐州人謂櫟為杼,或謂之為栩。其子為皁,或言皁斗。其殼為汁,可以染皁。”《藝文類聚》引《詩》舊《疏》云:“栩,今柞,殼為斗,可以染皁。”《本草·橡實》:“其殼……並堪染用,一名杼斗。槲、櫟皆有斗,以櫟為勝。”案:《箋》云:“方,房也。”是也。房,莍也。《晨風》:“山有苞櫟。”陸《疏》:“椒樧之屬,其子房生為梂”即“莍”。《詩》言“既方”即“既房”,謂采(穗)也。皁為斗、為殼,“既皁”謂有皮殼也。“方”、“皁”對“堅”、“好”,自得其解矣。

秉《箋》有"持之付與炎火"之語，是訓"秉"為"持"也。《釋文》："秉，如字，執持也。《韓詩》作卜，卜，報也。"《小弁》："君子秉心。"《烝民》："民之秉彝。"《箋》並云："秉，執也。"《溱洧》："方秉蕑兮。"《韓詩》："秉，執也。"《爾雅・釋詁》："秉，執也。"《禮・禮運》："故天秉陽。"注："秉，猶持也。"《楚辭・天問》："該秉季德。"注："秉，持也。"《廣雅・釋詁・三》："秉，持也。"據此，則"秉"訓"執持"，古義也。聲谓：此亦詩人假設之詞，如"投畀豺虎"、"投畀有北"之類，深惡之之辭也。"田祖有神"，猶言田祖有靈耳。近時因此詩有"炎火"字，遂有"以火攻蝗"之說，且云"夜間焚火，蝗自來撲"。守土官不能使蝗不入境，又不能率民設法撲打，且使民間耗有用之柴薪，亦不善讀書者之過也。聲著有《備蝗略》，言之頗悉。《傳》："炎火，盛陽也。"蓋亦不以為火攻也。

渰《傳》："渰，雲興貌。"《釋文》："渰，本又作弇，於檢反。《漢書》作黤。"案：《漢書・食貨志》作"有渰凄凄"，注："渰，陰雲也。"《後漢書・左雄傳》注："渰，陰雲也。"《顏氏家訓・書證》引《毛詩傳》："渰，陰雲貌。"《說文》："渰，雲雨皃。从水，弇聲。"案：當依《說文》訓為"雲雨皃"，其字當依《釋文》作"黤"。經言"有渰萋萋"，兼下文"雲"、"雨"兩項，黤然雲雨並至。"萋萋"即"凄凄"，黤意也。

興雨《釋文》："本或作興雲。"祁祁，《傳》："徐也。"《韓奕》："祁祁如雲。"《傳》："祁祁，徐靚也。"雲興而徐靚，故曰"祁祁"，當作"興雲"。

雨我《釋文》："雨我，于付反。"案：《箋》云："令天主雨於公田。"《釋文》："一本主作注。雨，如字。"案："注雨"是也，當讀如字。古人四聲不分，"注雨"讀上聲；即近世"雨金"、"雨粟"字亦讀上聲也。一則曰"興雲"，一則曰"雨我"，皆承上文"有渰萋萋"句也。

穧《釋文》："才計反，又子計反。穧，穫也。"《说文》："穧，穫刈也。一曰：撮也。从禾，齊聲。"《爾雅・釋詁》："穧，獲也。"注："獲禾為穧。"案："穧"為"穫刈"。經言"不斂穧"，蓋已經穫刈而未收者。《爾雅》之"獲"即"穫"之假借字。《正義》："穧者，禾之鋪而未束者。"

聲谓:"穧"者,斂束所餘也。"不穫穉"、"不斂穧",皆在田者;"遺秉"、"滯穗",皆在路者。

泱 此三章首二句自為韻,與"我徂東山,滔滔不歸"四章皆不入韻同。"君子至止","止"與"矣"字韻,三章皆同。《東山》亦"我來自東,零雨其濛"始有韻也。

韎韐 《傳》:"韎韐者,茅蒐染草也。一曰:韎韐,所以代韠也。"《箋》:"韎韐者,茅蒐染也。茅蒐,韎韐聲也。韎韐,祭服之韠,合韋為之。"《說文》:"袷,士無市有袷。制如榼,缺四角。爵弁服,其色韎賤,即"濺"之假借。不得與裳同。……从市,合聲。韐,袷或从韋。"據此,則"韐"即"袷",與"市"即"韍"同義。大夫以上有韍,士有袷無韍也。《儀禮·士冠禮》:"韎韐。"注:"合韋為之。"《疏》:"言'韐'者'韋'旁著'合'謂'合韋為之',故名'韐'也。"以上解"韐"字義。"其色韎賤,不得與裳同"者,"韎"為染草名,猶云:其色,句。以韎濺成,不得與裳同也。《士冠禮》注:"染以茅蒐,因以名焉。今齊人名蒨為韎韐。"案:鄭說與《說文》異,當依《說文》。"袷"字本从市,因以韋為之,故从韋。"蒐"从鬼聲,"鬼"音與"韎"近。"茅"、"韎"雙聲,"蒐"、鬼。"韎"疊韻,古人不分四聲。"韎"即"茅蒐"鬼。二字合音也。韎,染韋也,故亦从韋。餘義依鄭氏可也。

鞞琫有珌 《傳》:"鞞,容刀鞞也。琫,上飾。珌,下飾。"《釋文》:"鞞,字或作琕,補頂反。《說文》云:'刀室也。'"《公劉》:"鞞琫容刀。"《傳》:"下曰鞞,上曰琫。"《正義》:"古之言鞞,猶今之言鞘。"《公劉正義》:"鞞者,刀鞘之名。"蓋鞞自是刀鞘,鞞之上飾為琫,下飾為珌也,合名之為容刀。此言"珌",不言"容刀";《公劉》言"容刀",不言"珌":趁韻也。古文簡括,當互文以見義者,此類是也,非《公劉》之"容刀"無"珌",此"鞞琫有珌"不謂之"容刀"也。"琫"、"珌"皆飾,故从玉,《傳》所稱"珧"以下皆玉類也。《說文》:"鞞,刀室也。从革,卑聲。"案:當與"鼙"、"髀"、"裨"、"埤"等同音;今讀并頂切者,轉音也。此句與上章"韎韐有奭"句皆當活看,以貴而賢者典兵,於服飾之盛略見一斑,非贊其服飾也。

裳《傳》:“裳裳,猶堂堂也。”《說文》:“常,下帬也。从巾,尚聲。裳,常或从衣。”據此,則“裳”即“常”字也。“裳裳者華”,猶云“常常者華”。“常”、“堂”聲相近,字亦作“棠”。《呂覽》:“常之巫。”《管子·小稱》作“堂巫”,《史記·齊世家索隱》作“棠巫”,是也。案:“常”、“裳”、“堂”、“棠”等字皆从尚聲,故假借。[8]

寫《箋》:“則我心所憂寫而去矣。”案:“我心寫兮”,言我之心可以抒寫無餘,“所憂”二字未免添出。“譽處”二字已見《湛湛露斯》。

扈《箋》:“桑扈,竊脂也。”《說文》作:“雇,九雇。農桑候鳥,扈民不婬者也。从隹,戶聲。春雇,鳻盾;夏雇,竊玄;秋雇,竊藍;冬雇,竊黃;棘雇,竊丹;行雇,唶唶;宵雇,嘖嘖;桑雇,竊脂;老雇,鷃也。鶚,雇或从雩;鳸,籀文雇,从鳥。”案:“扈”為鳥名,不从隹則从鳥,當依《說文》。經作“扈”者,假借字,《小宛》“交交桑扈”同。交交,《箋》云:“往來貌。”是也。

鶯《傳》:“鶯然有文章。”《文選·射雉賦》:“鸎綺翼而經撾。”徐注:“鸎,文章貌也。”李善注引《詩》作“有鸎其羽”,《白帖·九十五》亦引作“鸎”。案:“鸎”、“鶯”同聲,故假借。聲谓:“鸎”即“鶯”也,皆假借字,本字當作“賏”。《說文》:“賏,頸飾也。”案:以為飾者,取其有文章也。作“鶯”、“鸎”者,總非正字。

胥《傳》:“胥,皆也。”《箋》:“胥,有才知之名也。”《釋文》:“胥,毛如字,鄭、徐思敘反。”案:“胥”者,“斯”之借也。《史記·匈奴傳》:“黃金胥紕一。”《索隱》:“胥、犀,聲相近。”“胥”、“犀”與“師”並相近,“胥”聲與“師”音近,“師”、“斯”同聲也。《潛夫論·班祿》引《詩·角弓》“民胥傚矣”作“民斯效矣”,此其據也,並詳“螽斯”、“露斯”各“斯”字。“君子樂胥”,猶言“君子樂斯”也。如毛、鄭說,句皆不穩適也。

戢難那《傳》:“戢,聚也;不戢,戢也。不難,難也。那,多也;不多,多也。”《箋》:“不自斂以先王之法,不自難以亡國之戒,則其受福祿亦不多也。”《鴛鴦》:“戢其左翼。”《白華》:“戢其左翼。"《箋》並云:"戢,斂也。""難"即"戁"。《長發》:"不戁不竦。"《傳》:"戁,恐也。"凡人之受寵若驚者,必深自斂抑,或恐懼不寧。《詩》言"不戢不難",言不斂抑,不恐懼,故"受福不那"也。那,《說文》引作"受福不儺"。《周禮·占夢》:"遂令始難驅疫。"[9]注:"杜子春曰:'難讀為難問之難,其字當作儺。'"據此,則"那"、"儺"通字,"儺"、"難"古今字。《國語·晉語》:"甚哉,善之難也!"注:"難,難為也。"《莊子·說劍》:"瞋目而語難。"《釋文》:"難……,艱難也。"經言不斂抑,不恐懼,受福自不艱難也。如此方與上章"受天之祜",下章"萬福來求"語意不悖。"那"、"儺"古音同;"儺"从難聲,後世音轉始讀乃多反也。

觩《釋文》:"觩,音虯,本或作斛。"《說文》:"斛,角皃。"引《詩》曰:"兕觵其斛。"案:"觵"即"觥",當依《釋文》作"斛"。《良耜》:"有捄其角。""捄"亦"斛"之假借字,音相近也。

摧《傳》:"摧,莝也。"《箋》:"摧,今莝字也。"《釋文》:"摧,采臥反,芻也。"案:"摧"乃"莝"之假借,其音則"摧",其字則今作"莝",其義則"芻"也。《箋》云:"古者明王所乘之馬繫於廄,無事則委之以莝,有事乃予之穀,言愛國用也。"添出"有事"、"無事",似非經義。"艾"字詳《南山有臺》。

頍《序釋文》:"頍弁,缺婢反,箸弁貌。《說文》云:'舉頭貌。'"《傳》:"頍,弁貌。"《說文》:"頍,舉頭也。从頁,支聲。"案:舉頭,其本義也,故从頁。《儀禮·士冠禮》:"緇布冠,缺項青組,纓屬于缺。"注:"缺,讀如'有頍者弁'之'頍'。緇布冠無笄者,箸頍圍髮際,結項中,隅為四綴,以固冠也。項中有緪,亦由固頍為之耳。今未冠笄者箸卷幘,頍象之所生也。滕、薛名'蔮'為'頍'。"據此,則"頍"亦弁上之一物耳。注云"緇布冠無笄者,箸頍圍髮際",則有笄者無頍可知也。蓋頍本為弁上之一物,因借為"箸弁貌"耳。《儀禮》"缺"讀"頍"音者,"缺"从夬聲,"夬"音與"頍"相近也,故假借。

實《箋》:"實,猶是也。"案:以訓"是也"例求之,則"實"當作"寔",蓋"實"、"寔"之相亂也,久矣。隨字拈出。

蔦與女蘿《傳》："蔦，寄生也。女蘿，菟絲、松蘿也。"《釋文》："蔦……，《説文》音弔，寄生草也，《爾雅》'委童'是也。[10]女蘿，力多反。在草曰菟絲，在木曰松蘿。又'唐蒙'。"案：李善注《文選·古詩》及陸士衡《悲哉行》等詩四引此《傳》，皆云："女蘿，松蘿也。"並無"菟絲"字，後儒議之紛如聚訟，不知《釋文》明曰"在草曰菟絲，在木曰松蘿"，毛公渾言之。經弟曰"施于松柏"，其為在木之松蘿，不言可知矣。古人渾括，不勞辭費也。

弈《傳》："弈弈然無所薄也。"案：此即"博弈"字。《説文》："弈，圍棊也。从廾，亦聲。"與《巧言》之"奕奕寢廟"、《閟宮》之"新廟奕奕"字不同。《説文》："奕，大也。从大，亦聲。"弈無定局，故借以為心無定之辭。"無所薄"，即無定也。後世游弈字本此。

怲《傳》："怲怲，憂盛滿也。"案：怲怲，猶耿耿也。从心，蓋亦形聲字。

間關《傳》："間關，設舝也。"《漢書·王莽傳下》："間關至漸台。"注："間關，猶言崎嶇、展轉也。"《後漢書·荀彧傳》注："間關，猶展轉也。"《鄧騭傳》、《馬援傳》注並云："間關，猶崎嶇也。"案：間關，疊韻字。間，間阻也，即崎嶇也，崎嶇不易行，故曰"間阻"；關，展轉也，間阻不易行，必展轉而後達也。必兼"崎嶇"、"展轉"兩義，《漢書》注得之。車行崎嶇展轉，必須設舝，毛義為古矣。

譽《箋》："則用是燕飲酒，且稱王之聲譽。"案：此"譽"字亦當訓為"樂"，"豫"之假借字也。詳《湛露》、《鴛鴦》。

殽《正月》："又有嘉肴。"[11]《釋文》："肴，本又作殽。"《韓奕》："其肴維何?"《釋文》："肴，本亦作殽。"《説文》："肴，啖也。从肉，爻聲。"案：作"肴"是也。作"殽"者，假借字。詳《賓之初筵》。

德與女《箋》："雖無其德，我與女用是歌舞相樂。"案：經文"式飲"、"式食"、"式歌且舞"，文法自是一例。《箋》於經文外添出"我"字，"歌舞"我與女，"飲食"又誰屬乎？聲谓："與"當讀為"與之釜"、"與之庾"之"與"。《周禮·大卜》："三曰與。"司農注："與，謂予人物也。"《周書·謚法》："愛民好與曰惠。"注："與，謂施也。”《荀子·富國》：“其於貨財取與計數也。”注：“與，謂賜與。”“飲”者，飲其酒之旨；“食”者，食其殽之嘉；“歌舞”者，歌舞其以德相與也。詩言“雖無旨酒”，何妨用飲庶幾；“雖無嘉殽”，何妨用食庶幾；雖無德施與女，何妨用歌且舞以樂之：三句皆一意也。第三句用“女”字取韻也。

營《傳》：“營營，往來貌。”案：此純取諧聲字，後世蠅營字本此。首章泛言讒言不可聽信，次言讒言能亂人國，三言讒言“構我二人”，亦一章近似一章也。

殽《傳》：“殽，豆實也。”《箋》：“豆實，菹醢也。……凡非穀而食之曰殽。”案：此亦“肴”之假借也。“肴”从肉，熟肉可食，故《說文》訓為“啖”。熟肉盛於器中，必縱橫爻互，故从爻。鄭曰“凡非穀而食之曰殽”，即“肴”。所包者廣，此訓極為簡古矣。《說文》：“殽，相雜錯也。从殳，肴聲。”此“肴”之本義也。

核《傳》：“核，加籩也。”《箋》：“籩實有桃梅之屬。”《周禮·大司徒》：“其植物宜核物。”[12]注：“核物，李梅之屬。”《爾雅·釋木》：“桃李醜核。”《文選·蜀都賦》：“肴槅四陳。”注：“核，桃梅之屬也。”案：“槅”即“核”之假借。亦假借“覈”。《後漢書·班彪傳下》注：“覈，亦核也。”《文選·長笛賦》注：“核與覈，古字通。”經言“殽即“肴”。核”，即指籩豆之實言。先“肴”而後“核”者，趁韻耳，非殽屬籩，核屬豆也。“旅，陳也”，謂陳此殽核於籩豆之上也。

有壬有林《傳》：“壬，大。林，君也。”《箋》：“壬，任也，謂卿大夫也。”聲谓：二“有”字亦當讀為“又”，對上“百禮既至”“既”字言也。《燕燕》：“仲氏任只。”《傳》：“任，大。”《爾雅·釋詁》：“壬，大也。”“壬”、“任”古今字。《國語·周語》：“四間林鐘。”注：“林，眾也。”《白虎通·五行》：“林者，眾也。萬物成熟，種類眾多也。”《呂覽·季夏》：“律中林鐘。”注：“林，眾。”《鴻烈解·天文》：“音比林鐘。”注：“林，眾。”《廣雅·釋詁·三》：“林，眾也。”經言“百禮既至”，其所獻之禮又大又眾也。若讀為有無字，則“壬”當讀為“任”。《禮·明堂位》：“《任》，南蠻之樂也。”注引《詩》：“以《雅》以《南》。”

《正義》:"《任》即《南》也。"《周禮・鞮鞻氏》:"掌四夷之樂。"注:"南方曰《任》。"《公羊春秋・昭二十五年傳》:"以舞《大夏》。"注:"南夷之樂曰《任》。"《文選・東都賦》注引《孝經鉤命決》:"北夷之樂曰《㷣》。"又引"毛萇《詩傳》曰:'北夷之樂曰《禁》。'"聲谓:"㷣"从禁,"禁"从林聲。《詩》作"林"者,用古字。樂亦禮中事也,對文則禮與樂並,散文則禮可兼樂。經言"百禮既至",其中有南夷之樂名"《任》",北夷之樂名"《禁》",極言其盛也。不言東、西者,舉南北可以該之也。以上二說俱可采,後說尤為有據,舊說未免望文生義。

手仇《傳》:"手,取也。"《箋》:"仇,讀曰𣂑。"《釋文》:"仇,毛音求,匹也。鄭讀為𣂑,音俱,謂挹取酒。"董子書正引作"賓載手𣂑"。西漢三家《詩》盛興,董所據者三家《詩》,鄭氏初亦學三家《詩》者,《箋》義為優。下文"室人入又",蓋歇後語,趁韻也。入而又者,又挹取酒也。以"三爵不識,矧敢多又"句法例之,"又"字蒙上之詞也,言賓則以手挹取酒,室人入又挹取酒也。賓載手𣂑,室人又手𣂑,然後"酌彼康爵,以奏爾時"也。

康《傳》:"酒,所以安體也。"《箋》:"康,虛也。"《卷阿》:"茀祿爾康矣。"《箋》:"康,安也。"《生民》:"不康禋祀。"《箋》:"康、寧,皆安也。"《民勞》:"汔可小康。"《箋》:"康、綏,皆安也。"《書・洪範》:"而康而色。"《史記・宋微子世家》作"而安而色"。《西伯戡黎》:"不有康食。"《史記・微子世家》作"不有安食"。[13]《大誥》:"民不康。"《漢書・翟方進傳》作"使民不安"。據此,則"康"訓"安"者,古誼也。

時《傳》:"時,中者也。"《箋》:"時,謂心所尊者也。"《莊子・齊物論》:"見卵而求時夜。"《釋文》引司馬注:"時夜,司夜,謂雞也。"[14]聲谓:"時"訓"司",古誼也,祗此一見,亦可謂千金一字矣。"時"从日、从寺,寺為官府,日在官府必有所司,會意字也。亦為歲時字者,假借之義,非最初一義也。"司"為古伺察字,今用為官司字者,亦假借也。《論語・陽貨》:"孔子時其亡也。"則又借"時"為司察字,可以得二字相通之故矣。"以奏爾時",即以奏爾司也,言所以進爾之職司也,《傳》、《箋》未免求深,而反晦矣。

温温其恭 此與首章"賓之初筵，左右秩秩"皆不入韻。

反 《傳》:"反反，言重慎也。"《釋文》:"反，如字。《韓詩》作昄昄，音蒲板反，善貌。"《執競》:"威儀反反。"《傳》:"反反，難也。"《箋》:"反反，順習之貌。"《執競》:"威儀反反。"《潛夫論·巫列》引作"威儀板板"。聲谓:此"反"字當讀如"偏其反而"之"反"，善威儀貌。《韓詩》云"善貌"，亦此意也。下句"幡幡"，當作"繙"。《說文》:"繙，冤也。从糸，番聲。"《莊子·天道》:"於是繙《十二經》。"《釋文》:"繙，煩冤也。"案:"繙"訓"煩冤"，引之有煩重之義。人已醉，其威儀有失於煩重而不自知者，故雖繙繙而仍曰"威儀"也。《巷伯》:"捷捷幡幡。"《傳》:"幡幡，猶翩翩也。"《瓠葉》:"幡幡瓠葉。"《傳》:"幡幡，瓠葉貌。"以上"幡幡"字皆"繙"之借字也。幡，《說文》:"書兒拭觚布也。从巾，番聲。""昄昄"、"板板"皆形聲字;作"反"者，用古文。

僊 《傳》:"僊僊然，舞貌。"[15]《廣雅·釋訓》:"僊僊，舞也。"本毛《傳》也。《莊子·在宥》:"僊僊乎歸矣。"注:"僊僊，坐起之貌。"《管子·宙合》:"適善，備也，僊也。"注:"僊，輕順貌。"案:經言不重舞，重在"屢舞"。僊僊然輕而順，屢舞之貌也，活畫出醉態。《文選·蜀都賦》注引作"屢舞蹮蹮";从足者，形聲字之後出者也。

怭 《傳》:"怭怭，媟慢也。"[16]《釋文》:"怭……，《說文》作佖。"案:《說文》:"佖，威儀也。从人，必聲。《詩》曰:'威儀佖佖。'"聲案:"怭"訓"媟慢"者，《漢書·賈山傳》、《谷永傳》，《集注》並云:"媟，狎也。"《方言·十三》:"媟，狎也。"《賈子·道術》:"接遇慎容謂之恭，反恭為媟。"慢者，敬之反也。不恭不敬，比威儀煩重尤為失禮矣，而彼且自以為威儀也，故曰"威儀怭怭"。

僛 《傳》:"僛僛，舞不能自止《釋文》:"正，或作止。按:下'傞傞'是舞不止，此宜為'止'。"也。"[17]案:《傳》衹重一"自"字，自不知止，人猶可以止之也。下文"屢舞傞傞"，《傳》:"傞傞，不止也。""不止"者，雖人亦不能止之也。醉至此，不省人事矣，是為文次也。字仍當作"止"。

郵《箋》:“郵,過。”案:“郵”乃“尤”之假借字,“郵”、“尤”同聲。

式《箋》:“式,讀曰慝。勿,猶無也。”案:此“式”字亦當讀為《式微》“式微”“式”字,言醉者之式樣,慎勿從而稱謂之也。

童羖《傳》:“羖,羊不童也。”《抑》:“彼童而角。”《傳》:“童,羊之無角者也。”《釋名·釋長幼》:“牛羊之無角者曰童。”《易·大畜》:“童牛之吉。”[18]虞注:“童牛,無角之牛也。”據此,則羊之無角者為“童”,有角者為“羖”,故曰:“羖,羊不童也。”童、羖,最易識者也;三爵之後,易識者亦不能識,矧敢多乎,又乎?“三爵”,《箋》云:“獻也,酬也,酢也。”“多”者,多於獻、酬、酢之外;“又”者,又行此獻、酬、酢也。“多”、“又”二字皆宜有著落也。《箋》說迂曲矣。

魚藻之什

在案:上“在”字,實字也。《廣雅·釋詁·二》:“在,凥即“居”之古文。也。”下“在”字,活字。古人原無此分別,以後世字義求之,當如是耳。

頒《傳》:“頒,大首貌。”《釋文》:“頒,符云反,……《韓詩》云:‘眾貌。’”《說文》:“頒,大頭也。从頁,分聲。一曰:鬢也。”引《詩》:“有頒其首。”《正義》:“《釋詁》云:‘墳,大也。’‘頒’與‘墳’,字雖異,音義同。”《苕之華》:“牂羊墳首。”《傳》:“墳,大也。”字亦作“汾”。《韓奕》:“汾王之甥。”《傳》:“汾,大也。”《正義》:“《釋詁》云:‘墳,大也。’《傳》意以‘墳’、‘汾’音同,故亦為‘大也’。”亦或作“賁”。《書·盤庚》:“用宏茲賁。”《傳》:“宏、賁,皆大也。”《疏》:“宏、賁,皆大也,《釋詁》文。樊光曰:‘《周禮》云:“其聲大而宏。”《詩》云:“有賁其首。”’”聲谓:“頒”為正字,《說文》云“从分聲”,“汾”亦从分,故假借。《廣韻》有“朌”字,訓“大首皃”,形聲字之後出者也。“墳”、“賁”二字又聲相近而假借者。《禮·祭義》之“頒禽”、《周禮·小宗伯》之“遂頒禽”,皆“攽”之假借字。《孟子·梁惠王上》之“頒白者”,又“斑”之假借字,《禮·祭義》:"斑白者不以其任行乎道路。"字正作"斑",是也。上二字亦音相近,假借也。魚之行,先見其首,故先詠"有頒"。

莘《傳》:"莘,長貌。"《廣雅·釋詁·三》:"㚗,多也。"《莊子·徐無鬼》:"禍之長也兹莘。"《釋文》引李注:"莘,多也。"《國語·晉語》:"莘莘征夫。"注:"莘莘,衆多。"《後漢書·班彪傳》注同。《文選·高唐賦》:"縱縱莘莘。"[19]注:"莘……,字或作㜪,往來貌。"《七發》:"莘莘將將。"注:"莘莘,多貌也。"據此,則"莘莘"者,往來衆多之貌也。經言"莘",即"莘莘"也。言有往來衆多之貌者,其魚之尾也。魚之行,以尾相從,故次詠其尾。"莘"本形聲字,此為假借字,亦借為地名。詳《螽斯》、《皇華》。亦別作"莘"。《郭輔碑》:"莘莘昆嗣。""莘莘"即"莘莘"也。

那《箋》:"那,安貌。"《釋文》:"那……,多也。"《桑扈》:"受福不那。"《那》:"猗與那與。"《傳》並云:"那,多也。"《爾雅·釋詁》:"那,多也。"《廣雅》:"䢮,多也。"《集韻》"那",通作"䢮"。案:《箋》訓"安",與"多"義甚遠,惟《國語·楚語》:"使富都那豎贊焉。"注:"那,美也。"聲谓:物多則必有美者,故"那"有"美"義。經言"有那其居"者,有美其居也。居美則安,"安"乃"美"字引申之義也。"那"為假借字,"䢮"為形聲字。

菽《傳》:"菽,所以芼大牢而待君子也。羊則苦,豕則薇。"《箋》:"菽,大豆也。采之者,采其葉以為藿。"案:"菽"為豆之總名。《齊民要術·一》引楊泉《物理論》:"菽者,衆豆之總名。"《鴻烈解·說林》:"魚食巴菽而死。"注:"菽,豆總名。"古書訓"菽"為"豆",皆總名也。《穀梁春秋·莊三十一年傳》:"戎菽也。"注:"菽,豆也。"《史記·項羽本紀》:"士卒食芋菽。"《索隱》:"菽,豆也。"《漢書·貨殖傳》:"啥菽飲水。"注:"菽,豆也。"又《項藉傳》:"卒食半菽。"《劉向傳》:"八月殺菽。"注並云:"菽,謂豆也。"《呂覽·孟夏紀》:"食菽與雞。"又《任地》:"而樹麻與菽。"注並云:"菽,豆也。"《鴻烈解·墬形》:"其地宜菽。"《主術》:"大火中則種黍菽。"注並云:"菽,豆也。"菽為豆之總名,《詩》所云者未必是豆,豆之葉亦未見皆可食。豆之葉即可食,亦未必盡可芼大牢。《傳》、《箋》皆未免望文生義也。次章“言采其芹”,芹,香菜也;此云“菽”,安知非“椒”乎?“有椒其馨”,《詩》詠之矣。菽為五穀之一,種則俱種,收則俱收,無須乎采。惟椒為香料,不能隨地皆有,故必曰“采”也。椒為香料,芹為香菜,皆異於凡品,故詩人以之起興。騷人之羅列香草,蓋已權輿于《風》、《雅》矣。《七月》:“七月亨葵及菽。”聲以為“菽”即“椒”,以七月可食,定為草茱萸,即今之秦椒。此但言“菽”,蓋今之花椒,未可知也。《鴻烈解》:“申菽、杜茝,美人之所懷服也。”高注“菽”音“椒”。秦漢人“菽”、“茮”、“椒”、“朹”四字往往通用,此其可據者也。餘詳《豳風》。

觱沸 《傳》:“觱沸,泉出貌。”案:《說文》引作“滭沷濫泉”。觱,本作“䨟”,籀文也,作“觱”者从省。此亦雙聲字也。餘詳《豳風》“觱發”。

檻泉 《傳》:“檻泉,正出也。”《正義》引《爾雅・釋水》曰:“檻泉,正出;正出,涌出也。”李巡曰:“水泉從下上出曰涌泉。”《瞻卬》:“觱沸檻泉。”《箋》:“檻泉正出,涌出也。”字亦作“濫”。《釋名・釋水》:“水正出曰濫泉。濫,銜也,如人口有所銜,口闓則見也。”《說文》:“濫,氾也。从水,監聲。一曰:濡上及下也。《詩》曰:‘䨟沸濫泉。’一曰:清也。”案:作“濫”是也。“濫泉”當依《說文》末一訓“清也”為優。“濫”从監,言水清可監也。作“檻”者,假借字。

旂 《說文》:“旂,旗有眾鈴,以令眾也。从㫃,斤聲。”案:“旂”从斤聲,故與“芹”韻,“芹”亦从斤聲也。“旂”从斤聲,有鈴以令眾,“鈴”、“令”與“旂”、“斤”芹。皆取疊韻也。

邪幅 《傳》:“邪幅:幅,偪也,所以自偪束也。”案:“自偪束”解“幅,偪也”之義,與“彼交匪紓”句無干。《箋》云:“彼與人交接,自偪束如此,則非有解怠舒緩之心。”是以“彼交”句解“邪幅”句,未免望文生義。“赤芾在股,邪幅在下”本為儷句,“彼交”句即承上文,亦當雙承兩句,不宜單承“邪幅”一句也。王氏引之以為此“彼交匪紓”亦當如《桑扈》之“彼交匪敖”,讀為“匪交匪紓”,引《荀子・勸學篇》引《詩》“匪交匪紓,天子所予”為證。案:蘭陵為毛公所從學,其所引《詩》，無有古於此者矣。今依其說，以“邪幅”與“赤芾”為儷句，“彼交匪紓”為“匪交匪紓”，言來朝之君子不侮慢，不怠緩，宜為天子所予也。邪，古書無有讀今邪正字者，惟《魯頌·駉》有“思無邪”句，義則有今義，音則上與“魚”、“祛”，下與“徂”為韻，蓋亦讀為“徐”也。《北風》：“其虛其邪，既亟只且。”《爾雅·釋訓》作“其虛其徐”，曹大家注《幽通賦》亦引作“其虛其徐”，此其據也。古亦借為“餘”字用。《史記·律書》：[20]“歸邪於終。”又：“歸邪於終，事則不悖。”“邪”皆讀為“餘”，以“邪”字古音徐，“徐”、“餘”音近也。《駉》：“思無邪。”聲亦讀為“無餘”。詳彼處。

殿《傳》：“殿，鎮也。”《說文》：“殿，擊聲也。从殳，屍聲。”《論語·雍也》：“奔而殿。”《集解》引馬注：“殿，在軍後者也。前曰啟，後曰殿。”《後漢書·馬武傳》注：“殿，鎮後也，言兵敗而衛其後也。”案：“殿”本訓“擊聲”，擊之即所以鎮之，故“殿”有“鎮”義。“殿，鎮也”，故軍之後鎮亦曰“殿”。“鎮”或从土，作“填”，見《漢書》。“殿”訓“鎮”，古誼也。殿廷字，假借字也。

平平《傳》：“平平，辯治也。”《釋文》：“平，婢延反。《韓詩》作便便，云：‘閑雅之貌。’”《說文》：“釆，辨別也。象獸指爪分別也。……讀若辨。[illegible]，古文釆。”聲案：“釆”即古文“辨”，“番”字从其義並諧其聲，“悉”、“釋”等字从其義，本為辨別字。亦作“[illegible]”，轉音為“播”。詳《大田》“播”字。此“平”字當是“[illegible]”之訛文，本从手，从重八，當篆作“[illegible]”，小篆省作“[illegible]”，又省作“[illegible]”耳。“釆”省去一“◡”，“[illegible]”又省一“八”也。經文或本作“[illegible]”，與“平”字形相似，傳寫者遂訛作“平”耳。幸毛公訓為“辯治”，後人猶得因其音與義而蹤蹟之也。聲案：《書·堯典》：“平章百姓。”《史記·五帝紀》作“便章百姓”，今文《尚書》作“辯章”。見《史記索隱》。《後漢書·劉愷傳》：“職在辯章百姓。”注：“《尚書》曰：‘……辯章百姓。’鄭玄注云：‘辯，別也。’”聲案：章懷所引者，今文《尚書》也。又“平秩東作”、“平秩南訛”、“平秩西成”、“平在朔易”，《史記·五帝紀》作“便程東作”、“便程南為”、“便程西成”、“便在伏物”。《洪範》：“王道平平。”《傳》云：“言辯治。”

《疏》:“王者所立之道,平平然辯治矣。”案:《尚書》本口授,受經者祇知為“便”音,故筆於書者或為“便”,或為“辯”耳。孔安國、太史公輩亦習聞“便章”、“便秩”、“便便”之說,彼時書簡或有作“釆”與“平”者,雖不知“釆”、“平”為何字、何說,惟以所習聞之“便章”、“便秩”、“便便”者筆之於書,而本經之“釆”、“平”字僅有存者矣。假借“便”者,《論語·鄉黨》:“便便言,惟謹爾。”《集解》引鄭注:“便便,辯也。雖辯而敬謹。”據此,則此“平平”亦訓“辯治”者,亦“釆釆”字之訓也。推之而“便佞”、“便辟”,皆“釆”之假借字也。亦别作“辨”者,篆文也。《易·剝》:“剝床以辨。”虞注:“指間稱辨。”案:“辨”即“釆”,虞意即《說文》“象獸指爪分別”意。《周禮·馮相氏》鄭注引“平秩東作”四句皆作“辨秩”。[21]案:作“辨”與今文《尚書》作“辯”同意。此“平平”亦“釆”與“平”之訛,毛、鄭皆訓“辯治”,古字古誼也。陸氏音“婢延反”,“釆”與“平”之古音也,以之音“平”字非矣。韓作“便便”者,與太史公同。

葵 《傳》:“葵,揆也。”《釋文》:“葵,其維反。”《板》:“則莫我敢葵。”《箋》:“葵,揆也。”《爾雅·釋言》:“葵,揆也。”注引本詩作“天子揆之”。據此,則“葵”者,“揆”之假借也。“葵”、“揆”皆从癸聲,故假借。古人不分四聲,故“維”、“葵”、“膍”、“戾”為韻。《釋文》“其維反”,非古音。

膍 《傳》:“膍,厚也。”《釋文》:“膍,頻尸反。《韓詩》作肶。”《節南山》:“天子是毗。”《傳》:“毗,厚也。”毛以“毗”為“膍”,故訓“厚”。韓作“肶”者,“膍”从𣬈,“𣬈”亦从比聲,同為形聲字,“肶”字稍古。《說文》作:“𣬈,人臍也。”“𣬈”、“膍”、“肶”實一字也。“毗”从田,後世字矣。詳《節南山》。

騂 《傳》:“騂騂,調和也。”[22]《釋文》:“騂,《說文》作弲。”《說文·弓部》:“弲,角弓也。洛陽名弩曰弲。从弓,肙聲。”又《角部》:“觲,用角俯卬便也。[23]从羊、牛、角。《詩》曰:‘觲觲角弓。’”後人據《說文》引《詩》,遂謂“騂”當作“觲”,以其从角,遂謂“用角俯卬便”之訓與毛義合，不知徐鍇《說文繫傳》"《詩》曰"上有"讀若"二字，知"《詩》曰'觲觲角弓'"必有訛誤矣。又案：《繫傳》徐鍇《疑義》云："案：《說文》'垟'[24]字注云：'從土，騂省聲。'[25]而《說文》無'騂'字，疑有脫誤。"[26]聲案："騂"字从馬、羊、牛，絕無義意。即《說文》"觲"、"垟"二字，亦無甚義意。無論"从騂省"與夫"从羊、牛"，決非古文。經文既作"騂"，《傳》訓為"調和"，蓋假借字。既無本字可考，即終於假借而已。陸氏以《說文》作"弲"，固不足據；今徐鉉本《說文》作"觲觲"，亦不足信也。仍從經文，知為假借字可耳。

翩反 《傳》："不善紲檠巧用，則翩然而反。"《桑柔》："旟旐有翩。"《釋文》："偏……，本亦作翩。"據此，則陸時有作"偏"者矣。反，《漢書·張安世傳集注》："反，讀曰翻。"又《谷永傳集注》："反，讀曰幡。"即"翻"也。案：《論語·子罕》引逸詩"偏其反而"亦作"偏"，知古者"翩"、"偏"可通用也。經言騂騂然調和之角弓，一偏然則反矣。翩其，猶偏然也，"翩"、"偏"皆从扁聲，故通假。方書以人之中風者或為"角弓反張"，語蓋本此。物之偏者必反，其理甚明。《傳》"不善紲檠巧用"云云，未免添出，非《詩》意也。經以至調和之角弓一偏則反，以興至近之"兄弟昏姻"一析則遠，故戒之。"無"者，戒之之辭也。

胥 《箋》："胥，相也。"案："胥"亦"斯"之假借字。《史記·匈奴傳》："黃金胥紕一。"《索隱》："胥、犀，聲相近。……胥、犀與師並相近。"聲谓：此"胥"字亦當讀如"鮮民之生久矣"之"鮮"，[27]古音"鮮"與"斯"近，"胥"亦與"斯"近。斯，析也。經言"兄弟昏姻"，無離析之使遠也。詳《蓼莪》、《桑扈》。

胥然胥傚 《箋》："胥，皆也。"《潛夫論·班祿》引此詩作"民斯效矣"。案："胥"為"斯"之借，已詳上及《桑扈》。此二"胥"字鄭訓為"皆"，文自可通，惟"胥"與"皆"聲義俱遠，不如以雙聲疊韻字求之，讀"胥"為"斯"較為有據。王符，漢人也，其所據者亦較後世本為可據也。

瘉《傳》:“瘉,病也。”案:“瘉”與“裕”為韻,自當以“羊主反”為正音。《斯干》:“無相猶矣。”《箋》:“猶,當作瘉。”蓋讀“瘉”為“偷”。偷、猶,疊韻字也,非是。詳《斯干》。

至於己斯亡《箋》:“斯,此也。”王氏引之《經義述聞》據《正義》並《禮·坊記》引此詩定為“己”字,又以“亡”為“忘”之借,引《國策》等書為據,說極典核,惟曰“言但怨人之不讓己,而忘乎己之不讓人,正所謂‘民之無良’也”等語於“相怨一方”“相”字尚少體會。聲谓:“人之無良”,在一方猶一旁也。詳《蒹葭》。相怨惡自為一解。“受爵”二句亦自為一解也,言受爵之時不知辭讓,恐爵至于己身,即時敗亡也。如此解自順於《傳》、《箋》,古意亦不悖也。

老馬反為駒《傳》:“已老矣,而孩童慢之。”《箋》:“見老人反侮慢之,遇之如幼稚,不自顧念後至年老,人之遇己亦將然。”案:為,當讀為謂。經言老馬也,反謂之曰“駒”,老馬之力能勝駒之任乎?故曰“不顧其後”。合上章“受爵不讓”二句讀之,其義自見,舊說太迂回。經本言“馬”,於六義為比,《箋》說尤武斷,恐非經義。

饇《傳》:“饇,飽也。”《箋》:“王如食老者,則宜令之飽。……老者氣力弱,故取義焉。王有族食、族燕之禮。”案:二“如”字連珠相生,承上言以老馬為駒,不量力之甚矣,故曰“不顧其後”;如人之食宜飽矣,不可少亦不可多食也;如酌者亦視其孔之所取耳,孔之所取不能多,則食亦必不能多可知矣。食且有然,而況以老馬任駒之力,其不能勝任也,必矣。甚矣,人固當自量也。亦當合上章“受爵不讓”二句觀之。《箋》說望文生義,恐非經義。

猱《傳》:“猱,猨屬。”《說文》:“夒,貪獸也。一曰:母猴。似人,从頁。巳、止、夊,其手足。”案:此漢時“猱”字,正字也。亦別作“獿”。《禮·樂記》:“獿雜子女。”《釋文》:“依字亦作猱。”亦別作“獶”。《禮·樂記》:“獿雜子女。”今本作“獶”。案:作“獶”者,蓋因形近而訛。亦別作“猱”,从柔者,因聲近而訛也,當以“夒”字為本字。

猱之升木,塗之塗附,其性使然也,故曰"毋教",故曰"如"也。

瀌《箋》:"雨雪之盛瀌瀌然。"《釋文》:"瀌瀌……,雪盛貌。"《韓詩外傳》作"雨雪麃麃"。案:"瀌瀌"即"麃麃"也,此亦疊字之純取聲者。

晛《傳》:"晛,日氣也。"《箋》:"至日將出,其氣始見,人則皆稱曰:'雪今消釋矣。'"《釋文》:"見,如字。……《韓詩》作曣,音於見反,云:'曣晛,日出也。'曰……,《韓詩》作聿,劉向同。"《說文》:"晛,日見也。从日、見,見亦聲。《詩》曰:'見晛曰消。'"以上三說各不同。聲以為當依《說文》"晛,从日、見",會意字。日見即日出,日出則必有氣,是許與韓、毛同意也。《荀子·非相》引《詩》作"宴然聿消"。案:作"宴然"與"見晛"、"曣晛"義較遜,蓋聲相近而誤也。荀與韓均作"聿"者,古者"曰"、"聿"同意,音亦相近。詳《唐風》"聿"字。《箋》以"曰"為"稱說"字,又添出"人則皆"字,非是。

下遺《箋》:"遺,讀曰隨。"《釋文》:"遺,王申毛,如字。鄭讀曰隨。"《正義》:"《箋》以遺棄之義不與謙下相類,故讀曰隨。"《禮·射義》:"下而飲。"注:"下,降也。"《儀禮·士相見禮》:"大夫則辭,退,下。"《大射儀》:"賓下拜。"注:"下,亦降也。"《周禮·司民》:"歲登下其死生。"注:"下,猶去也。"《國策·西周策》:"温囿不下。"注:"下,猶減也。"《呂覽·功名》:"下鳥乎百仞之上。"注:"下,猶隕也。"以上諸訓皆古誼也,皆與遺棄義近。聲谓:"莫肯下遺"者,以小人好自大,故莫肯下;好自用,故莫肯遺也。"下"為降下,"遺"為棄遺,語自可通,似不必破"遺"為"隨"也。

式居婁驕《箋》:"式,用也。婁,斂也。"《釋文》:"婁,王力住反,數也。徐云:'鄭音樓,斂也。'《爾雅》云:'裒、鳩、樓,聚也。'"《正義》:"《釋詁》云:'婁、斂,聚也。'俱訓為'聚',則義得通,故云:'婁,斂也。'"《荀子·非相》引作"式居屢驕"。案:蘭陵為毛公之師,荀作"屢",則毛義可知。聲谓:此"式"字亦當讀如"式微"之"式",樣式也;詳《邶風·式微》。"居"亦當如"維鳩居之"之"居",去聲,即"据"之古文也。詳《周南·鵲巢》。經言小人"莫肯下遺”者,其式様若有所据而數數驕傲耳。屢,數也,猶數數也。數數之義用“婁”者,《說文》:“𡜝,空也。从毌、中、女,空之意也。一曰:婁務也。𡚿,古文。”案:篆文上體作“𡗗”形,非“从毌”也,“毌、中、女”亦豪無意義。聲谓:當篆作“囧”,古文“囪”字也,《說文》“囪”下第二篆作“囧”,注曰“古文”。傳寫者訛作“𡗗”耳。下體“女”,古文“覗”字也。詳《七月》“女桑”。“婁”之本義為“麗婁”,亦作“麗廔”。《說文》:“冏,窗牖麗廔闓明。”又:“廔,屋麗廔也。”窗“囪”之篆文。牖麗婁之處可以覗視,猶之俾倪隱僻之地可以覗視也,故从女。此字取“女”之弟一義者也。詳《七月》。古文从冏、《說文》。詳上。女,其義尤明顯,愈可以定“女”為古文“覗”矣。窗牖麗婁之處歷歷可數,有數數之義焉,故亦借為數數字。今加“尸”作“屢”者,“婁”之別體,猶之《說文》亦作“廔”也。《山樞》“曳婁”,蓋亦假借字。詳彼處。

蹈《傳》:“蹈,動。”《箋》:“蹈,讀曰悼。”《釋文》:“蹈……,鄭作悼,病也。”《國策·楚策》作“上天甚神,無自瘵也”。案:此“蹈”字當讀若“發揚蹈厲”之“蹈”,故《傳》訓為“動”。《正義》:“言王心無恒,數變動也,故王肅、孫毓述毛,皆以上帝為斥王矣。”聲谓:此云“上帝”者,如《板》、《蕩》之稱“上帝”也。《板》:“上帝板板。”《傳》:“上帝,以稱王者。”《蕩》:“蕩蕩上帝。”《傳》:“上帝,以托君王也。”經言上帝甚為蹈厲,不可自去暱近,若使我審謀之,後日予必為所極困也。

暱《傳》:“暱,近也。”《說文》:“暱,日近也。从日,匿聲。《春秋傳》曰:‘私降暱燕。’昵,暱或从尼。”案:《春秋左氏·昭二十五年傳》文也,彼作“私降昵宴”。暱,古書皆訓為“親近”。此章言“上帝甚蹈”,無得自去親近;下章“無自瘵焉”,言親近之甚,必受其病:語固有次弟也。王氏引之《經義述聞》以“暱”字亦當訓為“病”,引《廣雅》“暱,病也”為證。“暱”既訓“病”,下章“瘵”又訓“病”,語意重複,恐非《詩》意。

俾《箋》:“俾,使。”《釋文》:“俾……,本作卑,後皆同。”《說文》:“俾,益也。从人,卑聲。一曰:俾,門侍人。”案:“俾”亦假借字,因有俾侍義,故借為“使”。亦假借“卑”。《禮·大學》:“而違之俾不通。"《釋文》:"俾,本又作卑。"《左氏春秋·襄十一年傳》:"俾失其民。"《昭三十二年傳》:"俾我兄弟。"《釋文》俱云:"俾,本作卑。"《桑柔》:"自獨俾臧。"《鴻烈·氾論》注引作"自獨卑臧"。《閟宮》:"俾侯于魯。"《禮·明堂位》注作"卑侯于魯"。《校官碑》:"卑爾熾昌。""俾"亦作"卑"。案:"卑"與"尊"對,卑者常為尊者所使,故"卑"有"使"義。

極《傳》:"極,至也。"《箋》:"極,誅也。"聲案:"極"當讀若《孟子》"又極之於其所往"之"極",趙注:"極者,惡而困之也。"《說文》:"忺,極也。"又:"憊,憖《玉篇》作"極"。也。"亦或作"殛"。《書·舜典》:"殛鯀于羽山。"殛,舊訓為"誅"。聲谓:"殛"亦困之之謂也,言置之羽山,又以法困之,使不得妄為也。作"極"者,假借字;作"殛",形聲字也。"極"亦訓"窮"。《禮·樂記》:"是故樂之隆,非極音也。"注:"極,猶窮也。"《漢書·溝洫志集注》:"極,窮也。"《呂覽·論人》:"不可極也。"注:"極,窮也。"據此,則以為"後予窮焉"亦通。

瘵《傳》:"瘵,病也。"《箋》:"瘵,接也。"《釋文》:"瘵,側界反。鄭音際。"《正義》:"鄭以上'暱'類之,讀為'交際'之'際',故言'接也'。"案:"暱"為親近,親近之至,未有不詬病者,是"病"與"暱"亦未始不類也。鄭讀"瘵"為"際",恐非經義。

曷《傳》:"曷,害。"《箋》:"王何為使我謀之?"案:《傳》訓"曷"為"害",即"害澣害否""害"字也,故《箋》以為"何"。聲谓:"曷"自有"何"訓,勿勞轉注。《說文》:"曷,何也。从曰,匃聲。"《易·損》:"曷之用,二簋可用享。"崔注:"曷,何也。"《書·五子之歌》:"嗚呼!曷歸?"注:"曷,何也。"《盤庚上》:"汝曷弗告朕?"《傳》:"曷,何也。"《疏》:"曷、何同音,故曷為何也。"《詩箋》"曷"訓"何"者甚眾。聲谓:此"曷"字訓"何",文義不順。《說文》"曷"從"匃"之聲義,此"曷"字即"匃"之借也。"曷予靖之",猶云"匃予謀之"耳。《漢書·文帝紀》:"匃以啟告朕。"注:"匃,亦乞也。""匃予靖之"即"俾予靖之",無甚深義也。

矜《傳》:"矜,危也。"案:此"矜"字亦當讀如《黄鳥》"爰及矜人"之"矜",[28]苦也。《説文》:"凶,惡也。象地穿,交陷其中也。"《廣雅·釋詁·三》:"凶,惡也。"經言"匃予謀之",即不當居我于惡苦之地,故曰"居以凶矜"也。餘詳《黄鳥》"矜"字。又案:《石經論語殘碑》、《校官碑》、《魏受禪碑》皆作"矜",从令,古人"令"字皆與真、文、元、寒、删、先字為韻,不與庚、青、侵、蒸為韻也。後世音轉,"令"字始入庚、青韻。"今"字自來隸蒸、侵、覃、鹽、咸,從無闌入真、文等韻者。段氏據隸書"矜"字,遂謂蒸、侵等韻漢人與真、文等韻合,甚為疏舛。

校勘記

[1]"《雲漢》'為章于天'","為章于天"乃《大雅·棫樸》詩句,其詩云:"倬彼雲漢,為章于天。"《大雅·雲漢》作"倬彼雲漢,昭回于天"。

[2]"又:'進攘之道'",案:"進攘之道"乃《司馬相如傳》文,非《司馬遷傳》文,故不得稱"又"。

[3]"注引張揖","引張揖"三字衍,注無"引張揖"語,下注乃顔注直接注文。

[4]"罔芳椒兮成堂",中華書局《楚辭補注·九歌·湘夫人》"罔"字作"罔",下洪注同;《景四》本《楚辭補注》、《楚辭集注》"罔"字均作"匊",非是。

[5]"遂罔聲兮方表",《隸辨》"兮"字作"於"。

[6]"暨稷播奏庶艱食鮮食",吴氏原作"播奏庶艱食",文義未完足且與下句訓釋不合,今據《書·益稷》原句補足。

[7]"艱食鮮食耳","鮮食"之"食"字原脱,今據文意補。

[8]此條目"裳"字為《裳裳者華》詩中字,吴氏原誤置於《瞻彼洛矣》"鞞琫有珌"之前,今案《詩》之順序移置於此。

[9]"遂令始難驅疫",《周禮·占夢》"驅"字作"毆"。下注"杜子春曰",原注無"曰"字。

[10]"委童",《釋文》作"寓木,宛童",《爾雅·釋木》亦作"寓木,宛童",郭注:"寄生草,一名蔦。"

[11]“又有嘉肴”,《小雅·正月》“肴”字作“殽”,下引《韓奕》“其肴維何”之“肴”字同。

[12]“其植物宜核物”,《周禮·大司徒》“核”字作“覈”。

[13]“微子世家”,當作“殷本紀”,所引文句“不有安食”乃《史記·殷本紀》文。

[14]“引司馬注”,當作“引崔注”,所引注文乃《釋文》引“崔云”文。

[15]“僊僊然,舞貌”,《傳》無“舞貌”二字。

[16]“偞慢”,《傳》作“媟嫚”。

[17]“舞不能自止”,《傳》“止”字作“正”,下小字夹注所引《釋文》“此宜為‘止’”之“止”字同。

[18]“童牛之吉”,《易·大畜》“吉”字作“牿”,一作“告”。又下引“虞注”當作“侯注”,所引注文乃侯果注文,非虞翻注文。

[19]“縱縱莘莘”,《文選·高唐賦》“縱縱”二字作“縰縰”。

[20]“律書”,當作“曆書”,下引二例皆《史記·曆書》文,非《律書》文。

[21]“四句皆作‘辨秩’”,鄭注前三句作“辨秩”,第四句作“辨在”。

[22]“調和也”,《傳》“和”字作“利”,阮元《校勘記》謂:“閩本、明監本、毛本‘利’誤‘和’。”

[23]“用角俯印便也”,大徐本、段注本《說文》“俯印”並作“低仰”,桂馥本《說文》作“低卬”。

[24]“埲”,《說文繫傳·疑義》作“埣”。

[25]“騂省聲”,《說文繫傳·疑義》“騂”字作“觲”。

[26]“而《說文》無‘騂’字,疑有脱誤”,《說文繫傳·疑義》作“而無‘觲’字,亦脱誤”。

[27]“鮮民之生久矣”,吴氏此句節自《小雅·蓼莪》,原句作“鮮民之生,不如死之久矣”。

[28]“亦當讀如《黄鳥》‘爰及矜人’之‘矜’”,“《黄鳥》”當作“《鴻雁》”,《秦風·黄鳥》及《小雅·黄鳥》均無“爰及矜人”詩句,惟《鴻雁》一見。下“餘詳《黄鳥》”亦當作“餘詳《鴻雁》”。

詩小學卷十八

小　雅

保山吴樹聲學

魚藻之什

都人士 《箋》:“城郭之域曰都。古明王時,都人之有士行者。”據此,則“士”字由都人中抽出,猶云“都人之中有士”也。聲谓:“彼都人士”,猶言彼都人中有舊家人耳。“彼君子女”即承“彼都人士”言,言彼都人中有良家女耳。彼都之盛不可復見,衹好想其人物;其人物之盛亦不可復見,衹好想其容服。一若彼都內有一[illegible]難言者,而姑詠其士女。一唱三歎,有遺音者矣。

周 《傳》:“周,忠信也。”案:陳氏啟源曰:“《都人士》首章‘狐裘黃黃’,服也;‘其容不改’,容也;‘出言有章’,言也;‘行歸于周’,行也。與《表記》正相合。詳《毛詩稽古編》。然服、容、言可飾於外,行不可矯於一時也,行尤重焉。《集傳》‘行’讀如字,‘周’訓‘鎬京’,誤矣。”聲谓:“周”為忠信,不獨見毛《傳》及《左傳》杜注也。《國語·魯語》:“忠信為周。”此周末人語,其訓最古。《書·太甲上》“自周有終。”《傳》:“忠信曰周。”[1]《禮·緇衣》:“自周有終。”又:“行歸于周。”注並云:“忠信為周。”《左氏春秋·襄四年傳》:“必諮於周。”注:“忠信為周。”《論語·為政》:“君子周而不比。”《集解》引孔注:“忠信為周。”《國語·晉語》:“夫周以舉義。”《鄭語》:“周訓而能用。”注並云:“忠信為周。”《呂覽·知度》:“唯彼天符,不周而周。”注:“忠信為周。”以上皆古訓也,陳氏之說允矣。

綢直 《傳》:“密直如髮也。”《箋》:“其性情密緻,操行正直,如髮之本末無隆殺也。”案:“綢”者,“稠”之借也。《說文》:“稠,多也。从禾,周聲。”《國策·秦策》:“書策稠濁。”注:“稠,多也。”《漢書·劉向傳》、《灌夫傳》,《集注》並云:“稠,多也。”聲谓:大而密者謂之多,小而多者謂之密。經言“綢直如髮”,其義精矣。天下之物無有密於髮者,亦無有直於髮者。性情之密緻,操行之正直,比之於髮,最為精妙,非若四章、五章之徑言“髮”也。後世亦有“心細如髮”之語,不足異也。

尹吉 《傳》:“尹,正也。”《箋》:“吉,讀為姞。尹氏、姞氏,周室昏姻之舊姓也。”《釋文》:“吉,毛如字,鄭讀為姞。”案:經言“吉”者,猶之稱吉人、吉士也。女子無外見之才能,次章“綢直如髮”,不過作想當然語。四章“卷髮如蠆”,其言與德功不可得而見,僅見其容;其容亦不得而全見,僅見其髮。“卷髮如蠆”亦就髮論髮耳,非謂君子女專在此髮也。此言“謂之尹吉”者,弟見此君子女,無不稱其正而善者。蓋觀其容儀,必有可信者,非徒托空言也。尹為氏,姞為姓,鄭氏“昏姻舊姓”之說,非經義也。

蠆 《箋》:“蠆,螫蟲也。尾末揵然,似婦人髮末曲上卷然。”《釋文》:“蠆……,蝨蟲也。《通俗文》云:‘長尾為蠆,短尾為蠍。’”案:“萬”與“蠆”,二字也。《說文·虫部》:“蠆,毒蟲也。象形。蠤,蠆或从蚰。”聲谓:“卷髮如蠆”當作此“蠆”字,凡“邁”、“厲”等字皆从之。《禸部》:“萬,蟲也。从厹,象形。”《字林》:“萬,蟲名也。”案:此字音無販切,凡千萬字、萬舞字皆借用此字。隸書“萬”字不誤,“蠆”字皆誤合“萬”、“蠆”為一字。聲案:“萬”篆作“[illegible]”,“蠆”字篆作“[illegible]”。一从厹,蟲名也,音無販切;一从虫,毒蟲也,音丑芥切。二字之形、聲、義迥別,凡書傳蠆字皆誤作“蠆”矣。連下章皆就士之帶、女之髮反覆言之。所謂詠歎之也。

旟《傳》:"旟,揚也。"案:此亦假借。詳《無羊》。

盱《箋》:"盱,病也。"《卷耳》:"云何吁矣。"《傳》:"吁,憂也。"案:"吁"、"盱",一也,皆假借字。憂之甚則病矣,憂與病亦一也。詳《卷耳》。

綠詳《淇奧》。語意與《卷耳》微同。

歸沐《箋》:"有云君子將歸者,我則沐以待之。"案:"歸"者,自采綠之處而歸也。《說文》:"沐,濯髮也。从水,木聲。"《禮·玉藻》:"沐稷而靧粱。"《疏》:"沐,沐髮也。"采綠至終朝,忽然想其髮之曲局,故歸而沐髮以待君子也。"有云君子歸來者",[2]《箋》說太迂曲矣。

詹《傳》:"詹,至也。"《閟宮》:"魯邦所詹。"《傳》:"詹,至也。"《爾雅·釋詁》:"詹,至也。"案:"詹"無"至"意。《說文》:"詹,多言也。从言,从八,从产。"毛《傳》雖本《爾雅》,不知何所取義也。聲谓:"詹"者,"瞻"之假借也。《說文》:"瞻,臨視也。"案:目之所視,目之所至也,故引申之有"至"義。"五日為期"當依毛說。遇進御之期,而君子不至,蓋追憶初別,遲之又久,而仍不見歸,故觸境懷思,非謂以五日為期約,六日即為過期不來也。"詹"訓"至",義為優矣。《公羊春秋·莊十七年經》:"齊人執鄭瞻。"《左氏》作"鄭詹"。《莊子·讓王》:"瞻子。"《釋文》:"《鴻烈》作詹。"[3]"瞻"、"詹"字固相通也。

觀者《箋》:"觀,多也。"《釋文》:"觀……,《韓詩》作覩。"《文王有聲》:"遹觀厥成。"《臣工》:"奄觀銍艾。"《箋》並云:"觀,多也。"《爾雅·釋詁》:"觀,多也。"案:"觀"無"多"義。鄭氏雖本《爾雅》,以雙聲疊韻求之,俱不得其說,鄭氏未免望文生義矣。《說文》:"觀,諦視也。从見,雚聲。"《釋名·釋姿容》:"觀,翰當作"翰",即"看"字。見《說文》。也,望之延頸翰翰也。"《穀梁春秋·桓六年傳》:"觀婦人也。"《釋文》:"觀,視也。"《列子·仲尼》:"不知務內觀。"《釋文》:"觀,諦眎即"視"。也。"《呂覽·慎小》:"卑則不能以小觀上。"注:

"觀,視也。"《文選·東京賦》:"觀者狹而謂之陋。"薛注:"觀,視也。"《左氏春秋·隱五年傳》:"公將如棠觀魚者。"案:"魚"即"漁",漁可以觀,釣獨不可以觀乎?自當以古誼訓"視"為正解。《韓詩》作"覩",猶之觀也。《正義》曰:"俗本作'觀,覩',誤也。定本《集注》並作'多'。"蓋《箋》有作"觀,覩"者,據《箋》語而知其誤也。者,古音"渚",與"鱮"字韻。

任輦車牛 《傳》:"任者,輦者,車者,牛者。"《生民》:"是任是負。"《箋》:"任,猶抱也。"《國語·齊語》注:"任,抱也。"《孟子·滕文公上》:"門人治任將歸。"注:"任,擔也。"又《音義》引丁《音》:"治擔任之具。"《禮·祭義》:"斑白者不以其任行乎道路。"《孟子·梁惠王上》作"頒白者不負戴於道路矣"。據此,則"任"者,肩負之名也。《說文》:"輦,挽車也。"[4]《釋名·釋車》:"輦車,人所輦也。"《周禮·鄉師》:"正治其徒役與其輂輦。"注:"輦,人挽行。"[5]又引《司馬法》:"夏后氏二十人而輦,殷十八人而輦,周十五人而輦。"《國語·晉語》:"攀輦即利而舍。"注:"輦,輦車也。"《漢書·貨殖傳》:"夫妻推輦行。"注:"步車曰輦。"《呂覽·本生》:"入則以輦。"注:"人引車曰輦。"《荀子·大略》:"諸侯輦輿就馬。"注:"輦,謂人輓車。"《文選·東京賦》:"下雕輦於東廂。"薛注:"輦,人挽車。"據此,則"輦"亦車也,特以人挽之為異耳。"我車我牛"者,車之中有牛,徒車不能致遠也;牛之中亦有車,徒牛亦不能引重也:互文以見義耳。不言"馬"者,以"牛"字與"哉"字為韻,句當活看也。

蓋 《箋》:"蓋,猶皆也。"《正義》:"蓋者,疑辭,亦為發語辭。"[6]案:此"蓋"字亦當讀為"害","曷"之假借也,何也。"曷云歸哉",與"曷云能來"、"曷云能穀"、"曷月予還歸哉"句法一例,詳《正月》"謂山蓋卑"。

徒御師旅 《傳》:"徒行者,御車者,師者,旅者。"《車攻》:"徒御不驚。"《傳》:"徒,輦也。御,御馬也。"《崧高》:"王命傅御。"《傳》:"御,治事之官也。"案:此"徒"字不必訓"輦",謂隨行之徒眾也;此"御"字亦不必訓"御馬",謂待從之官吏也。鄭《箋》

言“五百人為旅,五旅為師”,引《春秋傳》曰:“諸侯之制,君行師從,卿行旅從。”案:此言隨行之兵衛,或至千人而為師,或至百人而為旅,承天子之命往城謝邑。其隨行人眾當不得少,與下章“征師”“師”字均當活看,鄭說未免太拘泥。

阿《傳》:“阿然,美貌。”《箋》:“隰中之桑,枝條阿阿然長美。”《正義》申《傳》曰:“阿那是枝葉條垂之狀,故為美貌。”聲谓:“阿那”即“猗儺”,“猗儺”即“旖旎”。詳《萇楚》。據此,則“阿難”本疊韻字,詩人分用則不辭矣。案:“阿”者,“猗”之假借也。《高彪碑》:“稽功猗衡。”案:“猗衡”即“阿衡”也。“阿”即“猗”,亦即“猗猗”。《淇奧》:“綠竹猗猗。”《傳》:“猗猗,美盛貌。”《文選·琴賦》:“靡靡猗猗。”注:“猗猗,眾盛貌。”“猗猗”訓“美盛”、“眾盛”,統下“其葉有難”、“有沃”、“有幽”而言也。古人“猗”本音“倚”,不分四聲,故亦音“依”,後世所以有“依依”字也。《文選》注引《韓詩章句》:“依依,盛貌。”“猗”、“阿”字皆从可得聲,故通假。“阿”音後世音轉,始有此音也。詳《歌麻古韻考》。

難《傳》:“難然,盛貌。”《箋》:“其葉又茂盛,可以庇廕人。”案:隰桑之美,正美在枝葉茂盛上。《爾雅·釋器》:“醢,有骨者謂之臡。”《釋文》:“臡,本又作腝,奴低切,音泥。”[7]《釋名·釋飲食》:“臡,胒也,[8]骨肉相傅胒从月,《說文》:“腏,胒也。”無汁也。”“臡”字見《周禮·醢人》“以五齊、七醢、七菹、三臡實之”。《儀禮·公食大夫禮》“昌本南,麋臡”,韻書皆音泥。“臡”从難音,據此,則“難”有“泥”音。此“難”字即《行葦》之“維葉泥泥”“泥”字也。彼《傳》:“葉初生泥泥。”《釋文》:“泥,乃禮反,注同。張揖作苨苨,云:‘草盛也。’”案:“難”有“泥”音,古人不分四聲,故通假。“泥泥”訓“初生”,《正義》申之曰:“少而美好。”是也。張作“苨”者,後世形聲字,毛作“泥”者,假借字。“難”音泥,即“泥泥”也。經言隰桑之美盛,亦美於其葉耳。首章言“有難”者,初生之盛,即“少而美好”也。次章言“有沃”者,言其壯盛也。《隰有萇楚》:“夭之沃沃。”《傳》:“沃沃,壯佼也。”三章言“有幽”者,《傳》:“幽,黑色也。”言盛之極而幽黑也。《禮·玉藻》:

"再命赤韍幽衡。"注:"幽,讀為黝。"《周禮·牧人》:"陰祀,用黝牲,毛之。"《守祧》:"其祧,則守祧黝堊之。"司農注並云:"黝,讀為幽。幽,黑也。"據此,則"黝"、"幽"古字通也。

遐《箋》:"遐,遠。"案:此"遐"字亦當讀為"胡"。詳《南山有臺》。《禮·表記》引作"瑕不謂矣"。案:"遐"、"瑕"同音。

藏《箋》:"藏,善也。"《釋文》:"藏,[9]鄭子郎反,王才郎反。"據《箋》與《釋文》,經文本作"臧",故讀"子郎反"而訓為"善",不知古有"臧"而無"藏","臧"即"藏"也。當依鄭、王本作"臧",訓為"藏"是也。

英《傳》:"英英,白雲貌。"《釋文》:"英英……,《韓詩》作泱泱,同。"《文選·射雉賦》:"天泱泱以垂雲。"注:"泱與英,古字通。"《出車》:"旂旐央央。"《釋文》:"央,本亦作英。"《六月》:"白旆央央。"《公羊春秋·宣十二年傳疏》引[10]《爾雅·釋天》孫注作"帛旆英英"。案:"英"、"泱"皆从央得聲,故通假。今"英"讀"纓"聲,"央"之轉音也。

碩人《箋》:"碩,大也。妖大之人。"案:《詩》詠"碩人",多指賢德之人,此"碩人"疑指申后。鄭云"妖大之人",恐非《詩》義。

鼓鐘《傳》:"有諸宮中,必形見於外。"《箋》:"如鳴鼓鐘於宮中,而欲外人不聞,亦不可止。"段氏玉裁曰:"《靈臺》:'於論鼓鐘。'鄭云:'鼓與鐘也。'此詩正同。孔云:'鼓擊其鐘。'誤。"聲谓:孔說是也。《鼓鐘》:"鼓鐘將將。"毛謂"鼓其淫樂以示諸侯"。案:此"鼓鐘"二字與彼正同。本文有"于宮"二字,"鼓"不訓"擊","于"字無著落。"鼓鐘"上添一"鳴"字,非《詩》義。段氏不引《鼓鐘》而引《靈臺》,未免疏漏。

扁《傳》:"扁扁,乘石貌。"《釋文》:"扁,邊顯反,又必淺反。"據《釋文》二音,則"扁"乃今"匾"字之借也。《一切經音義·六》引"今俗呼廣薄為匾匾",又引《韻集》:"匾匾,方殄反,下他奚反。"又《十九》引《纂文》:"匾匾,薄也,不圓也。"聲谓:如《傳》言"扁扁"為"乘石貌”,則當讀為“翩”,於“有”字、“斯”字不可通。自當讀為“匾”,言有匾然者斯石也。惟其匾,故履之覺其卑。我本不匾也,“之子之遠”,視我甚卑,使我至於困病而不知,能不傷之?

緜蠻《傳》:“緜蠻,小鳥貌。”案:“緜蠻黃鳥”,猶之“睍睆黃鳥”、“交交黃鳥”也。“睍睆”與“緜蠻”與“交交”皆言其形貌,皆古誼也。“睍睆”為疊韻字,“緜蠻”為雙聲字,“交交”則疊字也。“黃鳥”即倉庚也。《東山》之“倉庚于飛,熠燿其羽”,言“熠燿”者,亦詠其色。翟,古音“狄”,“燿”从翟聲,“熠燿”亦疊韻字也。

丘阿《傳》:“丘阿,曲阿也。鳥止於阿,人止於仁。”《說文》:“阿,大陵也。一曰:曲自也。从自,可聲。”《漢書·司馬相如傳上》:“順阿而下。”注:“曲陵曰阿。”又《禮樂志》:“汾之阿。”注:“水曲曰阿。”[11]《楚辭·少司命》:“晞女髮兮陽之阿。”《山鬼》:“若有人兮山之阿。”《逢紛》:“徐徘徊於山阿兮。”注:“阿,曲隅也。”《文選·東京賦》:“西阻九阿。”《風賦》:“緣泰山之阿。”注:“阿,曲也。”經言“止于丘阿”,猶言止于丘之曲也。次章“丘隅”,《箋》:“丘隅,丘角也。”三章“丘側”,《箋》:“丘側,丘旁也。”一言丘之曲,丘之中也;一言丘之角;一言丘之旁,丘之外也。此其次也,皆横言之也。

斯《箋》:“斯,白也。今俗語斯白之字作鮮,齊魯之間聲近斯。”《釋文》:“斯首,毛如字……。鄭作鮮,音仙,白首也。”案:鄭說是也。“齊魯之間聲近斯”者,以說《詩》者多齊魯之間人也。詳《周南·螽斯》、《小雅·露斯》等篇。

漸《序釋文》:“漸漸,士銜反,沈時銜反……。亦作嶃嶃。”《傳》:“漸漸,山石高峻。”字亦作“嶄”。《文選·西都賦》:“蹷嶄巖。”注引毛萇《詩傳》:“嶄巖,高峻之貌也。”案:“嶄”即“嶃”,“嶄巖”即“嶃嶃”也。《史記·司馬相如傳》:“嶄巖參嵳。”《正義》引顏云:“嶄巖,尖銳貌。”《廣雅·釋訓》:“嶄嶄,高也。”案:作“嶄”者,形聲字,與“漸”从水同意;作“漸漸”者,假借字。

勞《箋》:“其道里長遠,邦域又勞勞廣闊,言不可卒服。”《釋文》:“勞,如字。”《正義》:“廣闊遼遼之字當從‘遼遠’之‘遼’,而作

‘勞’字者,以古之字少,多相假借。《詩》又口之詠歌,不專以竹帛相授,音既相近,故遂用之。此字義自得通,故不言‘當作遼’也。”《説文》:“遼,遠也。从辵,尞聲。”《楚辭·憂苦》:“山脩遠其遼遼兮。”注:“遼遼,遠貌。”案:《楚辭》與本詩詞義俱相似,古音“勞”、“牢”、“遼”、“僚”等字音皆相近。《後漢書·應劭傳》:“多其牢賞。”注:“牢,或作勞。”《文選·魏都賦》:“臨菑牢落。”《上林賦》:“牢落陸離。”《文賦》:“心牢落而無偶。”《琴賦》:“牢落凌厲。”注並云:“牢落,猶遼落也。”《左氏春秋·昭七年傳》:“隸臣僚。”服注:“僚,勞也,共勞事也。”當依毛,以上四句分為一事。見《疏》。因目之所見有“漸漸之石,維其高矣”,因心計山川之悠遠,其遼闊如此。《箋》以上二句分配戎、狄,“山川悠遠”二句分配荆、舒,又添出“邦域”字,非《詩》義也。詳下“滂沱”。

卒 《傳》:“卒,竟。”《箋》:“卒者,崔嵬也,謂山巔之末也。”《釋文》:“卒,毛子衄反,鄭在律反。”案:此即《十月之交》“山冢崒崩”“崒”字。作“卒”者,用古文。聲谓:古人不分四聲,“崒”即“崔嵬”二字之合音也。字亦作“崪”。《文選·蕪城賦》:“崪若斷岸。”注:“崪,高峻也。”案:“崪”即“崒”。

滂沱 《傳》:“畢,噣也。月離陰星則雨。”《箋》:“將有大雨徵,氣先見於天,以言荆、舒之叛,萌漸亦由王出也。豕既涉波,今又雨,使之滂沱,疾王甚也。”案:經文無“雨”字,疑“滂沱”為大雨之名。此章與上二章同敘山川跋涉之苦,偶見白蹢之豕進而涉水,又見月離于畢宿,必有大雨,故以之入歌詠。曰“俾滂沱矣”,此時尚未滂沱也。“箕好風,畢好雨”,古諺也,故述以豫決之。道塗跋涉,晴雨關心,詩人誠善體人情矣。鄭必以荆、舒叛背為言,改通詩為興體,不知下文固明言“武人東征”矣,與荆、舒似不涉也。《序》言“戎、狄叛之,荆、舒不至,乃命將率東征”,固未明言“征荆、舒”也。《史記·仲尼弟子傳》引作“俾滂池矣”。[12]古文“它”篆作“ꝏ”,“也”篆作“ꝏ”,形相似而訛也。《説文》無“池”字,當以《詩》為正。

苕《傳》:“苕,陵苕也,將落則黃。”《箋》:“陵苕之華,紫赤而繁。興者,陵苕之幹喻如京師也,其華猶諸夏也,故或謂諸夏為諸華。華衰則黃,猶諸夏之師旅罷病將敗,則京師孤弱。”案:“苕”為“陵苕”,其華黃極則將落矣。首章慮其將落;次章華已落盡,衹剩有青青之葉:取興之意自在言外。《箋》說穿鑿附會,必非《詩》義。

牂羊墳首《傳》:“牂羊,牝羊也。墳,大也。”《初學記·二十九》作“牂羊賁首”。《魚藻》:“有頒其首。”《傳》:“頒,大首貌。”《說文》:“頒,大頭也。从頁,分聲。”詳《魚藻》。案:此作“墳”者,假借字;《初學記》作“賁”者,“賁”有“墳”音,用古文也。作“牂”者,傳寫之異。

罶《傳》:“罶,曲梁也,寡婦之笱也。牂羊墳首,言無是道也;三星在罶,言不可久也。”《釋文》:“罶,音柳,本又作霤。”案:作“霤”是也。《說文》:“霤,屋水流也。从雨,留聲。”《釋名·釋宮室》:“霤,流也,水從屋上流下也。”《禮·玉藻》:“頤霤垂拱。”《疏》:“霤,屋簷。”又《喪大記》注:“天子諸侯言東霤。”《疏》:“霤,謂東西兩頭,為屋簷霤下。”《楚辭·大招》:“觀絕霤只。”注:“霤,屋宇也。”案:“三星”即心星,亦曰“明堂”;“霤”為屋檐。於屋檐之上望見三星,偶然之事也。天行甚健,須臾即過,故曰“不可久”也。“三星在霤”,猶之言“三星在戶”、“三星在隅”耳,皆仰而見之也。作“罶”者,假借字。說《詩》者望文生義,以為“寡婦之笱”,不可通矣。

鮮案:此“鮮”字亦當如“鮮民之生”“鮮”字也。鮮,讀為斯,此也。“鮮”之古音與“斯”近,故通假。“斯”、“此”亦音近,彼則用“斯”之本義也。“牂羊墳首”既無是理,“三星在罶”亦必不可久。人以食為天,人而不食,必無之理;食而不飽,亦必不可久。處此危亂之時,亦何從得食哉?亦何從得飽哉?除非“人可以食,斯可以飽”。“人可以食”,必無之理也,至于“人可以食,斯可以飽”,又豈能久乎哉?言危亂之時,凶荒之甚也。舊解甚屬模糊。

玄《箋》:“玄,赤黑色。始春之時,草牙蘖者將生,必玄。於此時也,兵猶復行。”上章深秋之時,故曰“何草不黃”;此則冬去春來,百草又將芽蘖而玄矣。征人久役,物候驚心,於久役情景恰合。依劉彝直讀為黑腐之色,於字義微欠。

矜《箋》:"無妻曰矜。"案:此亦"鰥"之借也。"何人不鰥"即指此久役不得歸之人言,與上章"何人不將"同,非謂徧國中之人也。讀為鰥,語自可通。

芃《傳》:"芃,小獸貌。"案:此即方書中鹿茸字。詳《載馳》。

大雅

文王之什

於昭于天《傳》:"於,歎辭。昭,見也。"《箋》:"文王初為西伯,有功於民,其德著見於天,故天命之以為王,使君天下也,"《鹿鳴》:"德音孔昭。"《大明》:"昭事上帝。"《抑》:"昊天孔昭。"《訪落》:"率時昭考。"《箋》並云:"昭,明也。"《書・益稷》"以昭受上帝"《傳》、《文侯之命》"昭升于上"馬注,並云:"昭,明也。"《左氏春秋・定四年傳》"以昭周公之明德"注,《國語・周語》"昭神能孝"、《晉語》"私必昭"、《楚語》"而為之昭明德"注,並云:"昭,顯也。"聲谓:"昭"字當兼"明"、"顯"二義,言"文王在上",其美明顯于天。"於昭于天",猶之言"峻極于天"也。《箋》說於文外橫添,且多轉折,恐非《詩》義。

不顯不時《傳》:"不顯,顯也;顯,光也。不時,時也;時,是也。"案:"不"者,"丕"之古文也。"丕"从不聲,"不"古音鋪怡切也,上聲讀若"否泰"之"否"。《書・大誥》:"爾丕克遠省。"馬融本作"不克遠省"。《荀子・賦篇》:"簡然易知而致有禮者與？君子所敬而小人所不者與？”注：“謂小人所鄙也。”[13]秦《之罘山碑》“罘”字與“旗”、“疑”、“尤”、“治”字韻，“尤”字古讀“疑”也。漢《柏梁台詩》“罘”與“飴”字韻。“不”字古音鋪怡切，故“否”、“坏”、“碩”、“岯”、“丕”、“罘”等字从之。此“不顯”、“不時”當讀為“丕顯”、“丕時”，言有周大顯，故帝命以大時也。《周頌·清廟》：“不顯不承。”《維天之命》：“於乎不顯。”《烈文》：“不顯維德。”“不”皆當讀為“丕”也。《說文》：“丕，大也。从一，不聲。”聲谓：“不”篆作“𠀚”，花之跗也，象形，詳《常棣》。“一”為“下”之古文。《左傳》“丕”作“丕”，从不，从丅；丅，篆文“下”也。《石經》作“丕”，“丕”即“不”，“丅”亦即“下”也。花之跗有由小而大之義，故“丕”有“大”義。經作“不”者，用古文。

在帝左右《箋》：“在，察也。文王能觀知天意，順其所為，從而行之。”《正義》：“常觀察天帝之意，隨其左右之宜，順其所為，從而行之。”又述《箋》曰：“言‘文王觀知天意’，解‘在帝’也；‘順其所為，從而行之’，解‘左右’也。《易》稱‘聖人與天地合其德’，故順其所為而效之。”《爾雅·釋詁》：“在，察也。”《禮·文王世子》：“必在視寒煖之節。”注：“在，察也。”《漢書·郊祀志上》：“舜在璿璣玉衡。”注：“在，察也。”《司馬相如傳》：“舜在假典，顧省厥遺。”注：“在，察也。”《文選·從宋公戲馬台集詩》注引《莊子》司馬注：“在，察也。”經言“左右”，猶云意向也。“在帝左右”者，言文王上接天，下接人，皆能察天之意向也。後儒謂文王之神在天，一升一降，無時不在上帝之左右，在此章說亦可通，於《閔予小子》之“陟降庭止”不可通矣。“庭”讀作庭堂字，以思念文王，常若見其陟降於庭，說亦尚可通，於《訪落》之“紹庭上下”斷難通矣。謂“繼其上下於庭”，顛倒經語，文外添一“於”字。且善繼先人者，衹繼其神明。“上下於庭”，語似不經，未若依舊說之為得也。詳《閔予小子》、《訪落》。

亹《傳》：“亹亹，勉也。”《釋文》：“亹，音尾。”《崧高》：“亹亹申伯。”《箋》：“亹亹，勉也。”《韓詩外傳》引《棫樸》“勉勉我王，綱紀四方”作“亹亹我王”，“亹”、“勉”亦雙聲字也。《爾雅·釋詁》：“亹亹，勉也。"《釋文》:"字或作亹。"《左氏春秋·桓十一年傳》注:"子亹。"《釋文》:"本或作亹。"《漢書·王莽傳中》:"亹亹在左右之不得從意。"注:"亹亹,自勉之意。"聲谓:作"亹"從文是也,隸書從省作"亹",此籀文也。篆文作"璺"。《史記·高祖紀》:"而璺鼓。"[14]《索隱》引應劭:"釁呼為璺。"《文選·東京賦》:"巨猾間璺。"薛注:"璺,隙也。"亦假借"釁"。《漢書·佞幸傳贊》:"國多釁矣。"注:"釁,謂間隙也。"《左氏春秋·宣十二年傳》注:"釁,罪也。"《疏》:"今人謂瓦裂、龜裂皆為釁。"亦別作"璺"。《廣雅·釋詁·二》:"璺,裂也。"《周禮·大卜》注:"其象似玉、瓦、原之璺罅。"《釋文》:"依字一作璺。"又引聶氏:"璺,玉之坼也,龜兆文似之。"聲據上各書,定其形為"甍"。甍,瓦裂文也,从瓦,釁省聲。舊从且,豪無義意,當是从瓦,篆文作"𤬦",形與"且"字極相似,故誤作"且"耳。其聲从釁得聲,《左傳》注訓為"瑕隙",《國語·晉語》、《漢書·藝文志》注訓為"瑕",《後漢書·崔駰傳》、《文選》注見上。俱訓為"隙"。案:"瑕"、"隙"與"璺"俱為雙聲,此聲以義定者也。其義則以瓦裂、龜裂與瑕隙為正義。籀文作"亹",取"文"為聲,當讀若汶。"汶"、"尾"雙聲,故"亹"有"尾"音。裂文不一而足,有相續不絕之義,故借為"亹亹"字。《易·繫辭上傳》"成天下之亹亹者",《一切經音義·九》引劉瓛注:"亹亹,猶微微也。"《釋文》引鄭注:"亹亹,没没也。"[15]《漢書·藝文志》:"成天下之亹亹者。"注:"亹亹,深致也。"《文選·廣絕交論》注引《周易》王弼注:"亹亹,微妙之意也。"皆其引申假借之義也。訓為"勉"者,特其一義耳。尚有讀為"門"者。詳《鳧鷖》。

陳錫哉周 《傳》:"哉,載。"《箋》:"哉,始。"《國語·周語》:"陳錫載周。"注:"陳,布也。"《漢書·韋玄成傳集注》:"陳,敷也。"言敷布恩賜,至是始周備者,維文王孫子也。"哉"當依《箋》訓為"始"。《左傳》、《國語》皆引作"陳錫載周","載"亦"始"也。《書·伊訓》:"朕哉自亳。"《孟子·萬章上》作"朕載自亳","載"即"哉"之借字。

不顯亦世《傳》:“不世顯德乎? 士者,世祿也。”《箋》:“謂其臣有光明之德者,亦得世世在位,重其功也。”案:此“不顯”亦當讀為“丕顯”,“亦世”即“奕世”也。《後漢書·袁術傳》引作“不顯奕代”,[16]“代”即“世”,唐人避太宗諱,故改為“代”。《武榮碑》:“亦世載德。”“奕”亦作“亦”。又案:《豐年》:“亦有高廩。”《噫嘻》:“亦服爾耕。”《箋》皆云:“亦,大也。”據此,“亦”、“奕”古今字也。下章“世之不顯”亦當讀為“丕顯”。

翼《傳》:“翼翼,恭敬。”《箋》:“猶,謀。”《漢書·禮樂志集注》:“翼翼,眾也。”[17]《廣雅·釋訓》:“翼翼,和也。”《離騷》:“高翺翔之翼翼。”注:“翼翼,和貌。”聲谓:謀在心,無有不敬者,當依《漢書》注、《廣雅》,訓為“眾而和”,言多士之謀猷眾而和也。

皇《傳》:“皇,天。”《楚茨》:“先祖是皇。”又:“皇尸載起。”《皇矣》:“皇矣上帝。”《文王有聲》:“皇王維辟。”《傳》並云:“皇,大也。”《說文》:“皇,大也。从自;自,始也。始皇者,三皇,大君也。自,讀若鼻。今俗以始生子為鼻子。”案:薛氏《鐘鼎款識》載《文王厲鼎銘》“皇”作“[illegible]”,[18]《伯姬鼎銘》作“[illegible]”,《寰鼎銘》作“[illegible]”,[19]《牧敦銘》作“[illegible]”,皆从[illegible]。“[illegible]”者,日光上往之皃。日出地上,故从土;日光上往,故从[illegible]:有正大光明之象,所謂“穆穆皇皇”也。象形兼會意字,即以形與義為聲。《泮水》之“烝烝皇皇”、《太玄》之“喬喬皇皇”為“皇”字正解。亦借為皇王字。日出而照臨天下,猶聖人出而君臨萬國,故帝王之稱亦曰“皇”。借日出之“皇”為皇帝字,猶之借華帝即“蒂”之古文。之“帝”為帝王字也。皇之言王鄭氏箋《詩》作“晆”,俗作“旺”。也,引之有美盛義,《小雅》之“皇皇者華”、《禮·少儀》之“濟濟皇皇”等字是也。單言“皇”者,猶之言“皇皇”也:長言之為“皇皇”,短言之為“皇”也。“皇”有始義,有大義,萬物皆始於天,亦莫大於天,故亦借為天祖、天神字也。此“皇”字仍當讀為皇皇字,言美盛也。“思皇多士”者,思皇皇然美盛之多士,當“生此王國”也。皇皇之多士,亦惟王國能生之,以惟此多士可為我周之楨幹也。

穆 《傳》:“穆穆,美也。”《清廟》:“於穆清廟。”《傳》:“穆,美。”《那》:“穆穆厥聲。”《箋》:“穆穆,美也。”《說文》:“穆,禾也。从禾,㣎聲。”案:薛氏《鐘鼎款識》載《遲父鐘銘》“穆”作“[illegible]”、“[illegible]”、“[illegible]”三形,《伯姬鼎銘》作“[illegible]”,从[illegible]。“[illegible]”者,日光下落之皃,與“[illegible]”从[illegible]同意。日光下沒,照見禾之下也。“二”為古文“下”,故从禾、二;或从彡,象禾木影彔彔皃:象形兼會意字也,即以形與意為聲。日將沒而倒影及物,有幽深嚴肅之義,與“皇”字相儷,故曰“穆穆皇皇”也,此與“杳”字同意。“穆”有幽深嚴肅之義,本詩之“穆穆文王”、《烈文》之“天子穆穆”、[20]《禮·曲禮》之“天子穆穆”是也。單言“穆”者,《清廟》之“於穆清廟”、《烝民》之“穆如清風”,或訓為“敬”,或訓為“和”,[21]引申之義也。單言“穆”,猶之言“穆穆”也:長言之為“穆穆”,短言之為“穆”也。與“皇”字同意。聲以為“[illegible]”即“穆”之古文,“[illegible]”即“皇”之古文也。“[illegible]”者,日光下沒之形;[illegible],沒也,與“[illegible]”同意。“[illegible]”者,日光上王俗作“旺”。見上。之形;[illegible],王即“旺”。也。“皇”字已屢見,因與“穆”字相儷,故錄於此。

緝熙 《傳》:“緝熙,光明也。”《昊天有成命》:“於緝熙。”《傳》:“緝,明。熙,廣。”《箋》:“廣,當為光,……字之誤也。”《維清》:“維清緝熙。”《敬之》:“學有緝熙于光明。”《箋》並云:“緝熙,光明也。”《禮·緇衣》:“於緝熙敬止。”注:“緝、熙,皆明也。”《大學》:“於緝熙敬止。”注:“緝熙,光明也。”古說皆如此。歐陽氏本《行葦》:“授几有緝御。”《箋》:“緝,猶續也。”《昊天有成命》:“於緝熙。”《傳》:“熙,廣。”見上。訓“緝熙”為“續而廣”,其說新矣。然“緝”無“續”義,“熙”無“廣”義,雖有所本,其說亦難取信。守古訓者讀至《敬之》,將訓為“學有光明于光明”乎?其說尤難通矣。《說文》:“緝,績也。从糸,咠聲。”《東門之池箋》:“緝績作衣服。”《釋文》:“西州人謂績為緝。”《後漢書·王充傳》注:“緝,合也。”[22]《文選·陽給事誄》:“以緝華裔之眾。”注:“緝,會聚也。”熙,美也。《書·堯典》:“庶績咸熙。”《漢書·律歷志》作“眾功皆美”。《舜典》:“有能奮庸,熙帝之載。”《史記·五帝紀》作“有能奮庸,美堯之事者”。《漢書·禮樂志》:“大矣孝熙。”注:“熙,亦福也。”又:“熙事備成。”注:“熙,與禧同。”“緝熙”者,言能合聚福美也。《漢書·楊雄傳下》:“則不足以揚鴻烈而章緝熙。”“緝熙”與“鴻烈”儷文,可以得其解矣。經言“穆穆文王”,於哉能合聚福美而以敬為止處也,“敬止”用《大學》所引義。《緇衣》引作“敬其容止”者,[23]斷章取義,不能限以一家之言也。

假 《傳》:“假,固也。”《思齊》:“烈假不瑕。”《那》:“湯孫奏假。”《烈祖》:“以假以享。”又:“鬷假無言。”《傳》並云:“假,大也。”《易·家人》“王假有家”《釋文》引馬注、《豐》“王假之”《釋文》引馬注,並云:“假,大也。”又《家人》“王假有家”虞注,《彖下傳》“王假有廟”陸績注、又姚信注、又荀注,並云:“假,大也。”《書·大禹謨》:“不自滿假。”《傳》:“假,大也。”《禮·禮運》:“是為大假。”注:“假,亦大也。”《中庸》:“奏假無言。”《鄉飲酒義》:“夏之為言假也。”注並云:“假,大也。”《儀禮·士冠禮》:“宜之于假。”注:“假,大也。”《爾雅·釋詁》:“假,大也。”聲案:“假”訓“大”,“嘏”之假借也。“嘏”本訓“大”,“假”、“嘏”皆从叚聲,故通假。言大哉天命,有商之孫子也。“商孫子”連文,故次章覆句加一“之”字。“有商”不連文。商孫子“其麗不億”,非天命大者,不能有也。

麗億 《傳》:“麗,數也。”《孟子》引《詩》,趙注:“麗、億,數也。”《方言·三》:“䴡,數也。”《說文》:“䴡,數也。从攴,麗聲。”“麗,旅行也。鹿之性,見食急則必旅行。从鹿,麗聲。”毛訓為“數”,或由“旅”義引申之也。聲谓:麗,附也。《周禮·大司寇》:“而未麗於灋。”注:“麗,附也。未麗於灋,未附於法也。”[24]《禮·王制》:“郵罰麗於事。”《周禮·小司寇》:“以八辟麗邦灋。”《鄉士》:“各麗其灋。”注並云:“麗,附也。”《論衡·說日》:“麗者,附也。”《易·彖上傳》:“離,麗也。”注:“麗,猶著也。”《漢書·楊雄傳下集注》:“麗,著也。”《素問·五運行大論》:“五行麗地。”注:“麗,著也。”《文選·吳都賦》:“安可以儷王公而著風烈也。”注:“麗,即“儷”。著也。”億,讀如《論語》“億則屢中”之“億”,《釋文》:“億,度也。”《論語·憲問》:“不億不信。”皇《疏》:“億,億必也。”《左氏春秋·襄二十五年傳》:“不可億逞。"注:"億,度也。"《荀子・賦》:"暴至殺傷而不億忌者與?"注:"億,謂以意度之。"《文選・四子講德論》:"今子執分寸而罔億度。"注:"億度之言無限也。"經言"商之孫子",其附著不可億度也。

侯《正義》申《傳》,讀為維。《傳》以首章已有"侯,維也"之訓,故不重出。《箋》:"乃為君於周之九服之中。"蓋仍訓為"君"也。案:如《箋》言,次章"侯服于周""服"字為不可通矣。《爾雅・釋詁》:"侯,乃也。"案:《漢書・敘傳上》:"侯中木之區別兮。"注:"侯,發語辭也。"聲谓:此"侯"字亦可訓為"乃",即《蕩》之"侯作侯祝"、《正月》之"侯薪侯蒸"亦無不可訓為"乃"也。經言"商之孫子",其附著不可意度,因"上帝既命",乃于周家臣服也,故下章即覆言"乃服于周"也。"乃"字與上句"既"字鍼對。"侯"字本有借為語詞者,訓"維",訓"何",訓"乃",皆語詞也。《疏》:"毛以為商之子孫既眾多,今維乃服臣于周。"據此是文法,當以"乃"為訓矣。有《釋詁》可據,無用疑議。

殷士膚敏《傳》:"殷士,殷侯也。膚,美。敏,疾也。"《狼跋》:"公孫碩膚。"《傳》:"膚,美也。"《廣雅・釋詁・一》:"膚,美也。"《漢書集注》:"膚,美也。"凡數見。《法言・淵騫》:"雖古之膚使。"注:"膚,美也。"《甫田》:"農夫克敏。"《生民》:"履帝武敏歆。"《傳》並云:"敏,疾也。"《書・大禹謨》"黎民敏德"《傳》、《禮・學記》"敬孫務時敏"注、《左氏春秋・哀十一年傳》"子羽鋭敏"注、《論語・學而》"敏於事而慎於言"《集解》引孔注,並云:"敏,疾也。"《說文》:"敏,疾也。从攴,每聲。""殷士"即"商之孫子"也,猶曰"殷人"耳。本詩言"凡周之士"、"思皇多士"、"濟濟多士",皆非"元士"之"士"也。陳氏啟源曰:"士者,男子之美稱,[25]五等諸侯及公卿大夫皆可得此名。"是也。經言殷人之膚美而敏疾者皆來"祼將于周"也。《箋》云"殷之臣","臣"字未免添出。

祼將《傳》:"祼,灌鬯也,周人尚臭。將,行。"《釋文》:"祼,古亂反。"《說文》:"祼,灌祭也。从示,果聲。"《廣雅・釋天》:"祼,祭也。"聲谓:"祼"从示,本為祭祀之事。《周禮・大宗伯》:"以肆、獻、祼享先王。"注:"祼之言灌。灌以鬱鬯,謂始獻尸求神時也。"

《小宰》:“凡祭祀,……贊王祼將之事。”注:“將,送也。祼送,送祼,謂贊王酌鬱鬯以獻尸謂之祼”案:鄭氏注訓“將”字亦未明晰,以《大宗伯》、《小宰》兩注參之:祼者,始獻尸以迎神也。祭之始,事重在祼,故曰“祼”。將者,祭畢復獻尸以送神也。祭之終,事重在送,故曰“將”也。此“祼”、“將”二字之古義可以蹤蹟者也。自“祼”字音轉與“灌”字近,而“祼”字遂專訓為“灌”矣。《小宰》注:“祼之言灌也。”《考工記》注:“祼之言灌也。”《周禮·大行人》注:“祼,讀為灌。”自是之後,說經者祇知有“灌”而不知有“祼”矣,釋“祼將”者亦祇知有“祼”而不知有“將”矣,幸《說文》、《廣雅》猶以“祭”釋之也。“祼”从果聲,與“課”字一例。因古人韻濁,讀為“過”音;“過”、“灌”一聲,於是乎“祼”有“灌”音矣。祼將,祭祀之事,經言殷士之美且疾者皆來祭祀于京師也。“祼將”各有實義,其實亦當渾看、活看也。

藎臣 《傳》:“藎,進也。”後世有“忠藎”語,其語始于《三國志·蜀志·董和傳》注:胡濟為諸葛亮主簿,猶有忠藎之效。聲案:《說文》:“藎,艸也。从艸,盡聲。”後世忠藎字乃“燼”之借字也。《左氏春秋·成二年傳》:“請收合餘燼。”注:“燼,火餘木也。”又《襄四年傳》:“收二國之燼。”注:“燼,遺民。”《疏》:“樵燭既燒之餘名之曰燼。”據此,“燼”為遺民。忠藎者,謂忠臣之留遺者也。《桑柔》:“具禍以燼。”《箋》:“災餘曰燼。”《釋文》:“藎,本亦作燼。”知“燼”有假借作“藎”者矣。此經言“王之藎臣”,“王”屬文王,“藎”字斷不能讀為“燼”訓為“忠藎”者,蓋襲用成語,亦未深究“藎”字作何解也。聲案:《增韻》:“琛賮,珍貨也。”梁元帝《賦》:“獻桂條之良賮,奉桃枝之怪琛。”江淹《賦》:“罄古今之寶賮,殫竹素之琛奇。”庾信《賦》:“西賮浮玉,南琛沒羽。”古人多以“賮琛”字儷文,知賮亦琛也,猶之言珍寶也。“王之藎臣”,王之賮臣也,猶云寶臣也,重臣也,與“所寶惟賢”、“惟善以為寶”同意。“藎”蓋“賮”之假借字,“藎”、“賮”同取“盡”聲,故通假。

無念 《傳》:“無念,念也。”《采苓》:“苟亦無與。”《傳》:“無與,勿用也。”案:“無念,念也”,語終牽强。據《采苓傳》,疑本作

“勿念爾祖”，勿之言勉也。《文選·為宋公求加贈劉前軍表》：“密勿軍國。”注引《韓詩》：“密勿，僶俛即“黽勉”。也。”《漢書·劉向傳》：“密勿從事。”注：“密勿，猶黽勉。從，事也。”《後漢書·胡廣傳》、《傅毅傳》注並云：“密勿，黽勉。”又《班彪傳下》注：“密勿，猶黽勉也。”《禮·禮器》：“勿勿乎其欲其饗之也。”《祭義》：“勿勿諸其欲其饗之也。”《大戴記·曾子立事》：“君子終身守此勿勿也。”注並云：“勿勿，猶勉勉也。”“勿”本訓“勉”，“無念爾祖”猶言勉念爾祖也。古者“勿”、“無”同音，故假借。《孟子·梁惠王上》：“勿奪其時。”《荀子》注引作“無失其時”，亦其一證也。

不易 《箋》：“天之大命不可改易。”《釋文》：“易，毛以豉反；不易，言甚難也。鄭音亦，言不可改易也。”《禮·大學》引此詩，鄭注云：“天之大命，得之誠不易也。”是鄭氏初說亦以為“難易”之“易”，箋《詩》時改之也。毛本《釋文》所云“毛以豉反”者，大約王肅、孫毓之說也。又案：《書·盤庚》：“今予告汝不易。”《疏》：“易，讀為‘難易’之‘易’。”此詩凡七言“命”：一言“假哉”，一言“靡常”，二言“不易”，反復丁甯，“難易”之說優矣。

遏 《傳》：“遏，止也。”《釋文》：“遏，於葛反，或作謁，音同。《韓詩》：‘遏，病也。’”案：“遏”訓“止”雖古誼，語句微嫌難通。聲谓：“遏”即“曷”之假借。《長發》：“則莫我敢曷。”《漢書·刑法志》作“則莫我敢遏”，是其據也。“遏”从曷聲，古者“曷”、“害”同聲，故作“曷”之字亦多作“害”，詳《小雅·正月》等篇。古人不分四聲。“無遏爾躬”，無害爾躬也。重言“命之不易”，無害割於爾躬，戒之也。《釋名·釋天》：“害，割也，如割削物也。”《廣雅·釋言》：“害，割也。”《書·大誥》：“天降割于我家。”《釋文》：“馬本作害。”是“害”、“割”亦同字也。又據《書·湯誓》：“夏王率割眾力。”[26]《史記·殷本紀》作“夏王率止眾力”。據此，則“割”、“遏”字古亦通也。

有虞 《傳》：“虞，度也。”《箋》：“有，又也。”《終風》：“不日有曀。”《既醉》：“昭明有融。”《箋》並云：“有，又也。”《長發》：“有虔秉鉞。”《箋》：“有之言又也。”《禮·內則》：“三王有乞言。”注：“有，讀為又。"《儀禮·士相見禮》:"吾子有辱。"注:"有,又也。"又《鄉射禮》:"惟君有射于國中。"注:"古文有作又。"《周禮·考工記·弓人》:"有三均,均者三。"注:"有三,讀為又參。"《管子·宙合》:"有橐天地。"注:"有,又也。"楊倞注《荀子》,"有,讀為又"凡十餘見。據此,則古書"有"、"又"相通者多矣,當分別觀之。

載《傳》:"載,事。"《漢書·楊雄傳》作"上天之縡"。《文選·甘泉賦》:"上天之縡。"注:"縡,事也。……縡,與載同。"《廣韻》引《字林》:"縡,事也。"案:作"縡"者,三家《詩》也,西漢時《毛詩》尚未立也。聲谓:作"載"者,假借字,"縡"字不知何解。《說文》"繒"下有"綷"字,以為"籀文繒,从宰省",與"上天之縡"異字。以从糸求之,亦形聲字之晚出者,未必古於"載"字也,亦終於假借而已。

校勘記

[1]"忠信曰周",《傳》作"周,忠信也"。

[2]"有云君子歸來者",案:此引《箋》語,當作"有云君子將歸者"。

[3]"《鴻烈》作詹",《釋文》"鴻烈"作"淮南"。

[4]"輦,挽車也",大徐本《說文》及段注本《說文》"挽"字皆作"輓"。

[5]"輦,人挽行",注"挽"字作"輓"。

[6]"亦為發語辭",《正義》作"亦為發端"。

[7]"奴低切,音泥",《釋文》作"同奴黎反",無"音泥"之音注。

[8]"肥也",《釋名·釋飲食》"肥"字作"昵",下"肥"字及小字注文引《說文》"肥"字同。

[9]"藏",《釋文》作"臧"。

[10]吳氏原無"引"字,今據文意補。

[11]"水曲曰阿",顔注作"阿,水之曲隅"。

[12]"俾滂池矣",《史記·仲尼弟子列傳》"池"字作"沱"。

[13]"謂小人所鄙也",《荀子·賦篇》楊倞注於上二句下無此注,不知吳氏何據,俟考。

[14]“而疊鼓”,《史記·高祖本紀》“疊”字作“釁”。

[15]“没没”,《易·繫辭下傳》《釋文》作“汲汲”,黄焯《經典釋文彙校》云:“宋本、葉鈔、朱鈔‘汲汲’作‘没没’,十行本、閩監本同。阮云:‘作没没是也。’”

[16]“《後漢書·袁術傳》”,當作“《後漢書·袁術傳》注”,下引文乃李賢注文,非《袁術傳》文。又李賢注“奕”字作“弈”。

[17]“衆也”,顔注作“衆貌也”。

[18]“文王厲鼎”,薛尚功《歷代鐘鼎彝器款識》作“文王命癘鼎”。

[19]“《寰鼎銘》”,薛氏《歷代鐘鼎彝器款識》未見此《銘》。案:嚴可均校輯《全上古三代文》卷十三收錄有《寰鼎銘》,注云:“《鐘鼎款識》作《伯姬鼎》。”據此,可知《寰鼎銘》即《伯姬鼎銘》。吴氏蓋失考。

[20]“烈文”,當作“雝”。“天子穆穆”乃《周頌·雝》之詩句,《周頌·烈文》無此詩句。

[21]“或訓為‘敬’,或訓為‘和’”,《清廟》與《烝民》“穆”字《傳》、《箋》並無訓“敬”之訓。《清廟》“穆”字,《傳》訓為“美”,《箋》無訓釋;《烝民》“穆”字,《箋》訓為“和”。

[22]“王充傳”,當作“王允傳”。下注“緝,合也”乃《後漢書·王允傳》注文。

[23]“《緇衣》引作‘敬其容止’”,“敬其容止”乃《緇衣》鄭注文,非《緇衣》文。

[24]“未麗於灋,未附於法也”,《注疏》本鄭注作“未附於法,未著於法也”。二“法”字,《景四》本作“灋”。

[25]“美稱”,陳氏《毛詩稽古編》作“通稱”。

[26]“夏王率割衆力”,《書·湯誓》“割”字作“遏”。

詩小學卷十九

大　雅

保山吳樹聲學

文王之什

不易維王 《箋》:"不可改易者,天子也。"案:鄭氏仍讀為"改易"字。以上下語意求之,仍當讀為"難易"字,猶《論語》之言"為君難"也。餘詳上"駿命不易"。

挾 《傳》:"挾,達也。"《韓詩外傳》作"使不俠四方"。案:"挾"者,"浹"之假借字也。"俠"猶之"挾"也,亦假借字。古無"浹"字。《周禮·大宰》"挾日而斂之。"司農注:"從甲至甲謂之挾日。"又《大司馬》:"挾日而斂之。"注:"挾日,十日也。"案:《左氏春秋傳》、《國語·越語》"挾日"皆作"浹日"。[1]《荀子·儒效》:"盡善挾治之謂神。"《王霸》:"政令以挾。"又:"以是用挾於萬物。"《致仕》:"能以禮挾,而貴名白天下。"《禮論》:"於是其中焉,方皇周挾。"注並云:"挾,讀為浹。"言天固難信,為君亦屬不易,故居天位者雖殷家之正適,必使之不浹洽于四方。信乎,天之難信與王之不易也。

大任 《傳》:"大任,仲任也。"案:上章"摯仲氏任",猶未歸於周也,從其本國之稱,故曰"仲任";此曰"大任有身",已為周之太后也,稱在追王以後,故曰"大任"。

身《傳》:“身,重也。”《箋》:“重,謂懷孕也。”案:《汗簡》有“□”、“□”二篆,上篆注曰:“身,見《說文》。”下篆注曰:“㐆,於沂切。”聲謂:上篆即“艮其身”之“身”。古人“身”字有謂自頂至踵者,《周禮·考工記·廬人》“凡兵,無過三其身”“身”字是也;有謂自肩以下、髀以上者,《史記·梁孝王世家》“(竇)太后謂帝曰:……‘安車大駕,用梁孝王為寄。’景帝跪席舉身曰:‘諾。’”“身”字及“艮其身”之“身”字是也。古文本作“□”,象形,加“□”(即“申”之古文)為今“身”字。下篆即“大任有身”之“身”,古文作“□”,象子在母腹中屈伏之形,後世借為君臣字,亦取屈伏之義也。加“□”(即“轉”之古文)為今“㐆”字。“□”、“□”二篆為象形字,“□”、“□”二篆則兼會意字矣。“臣”字借為君臣字,故經文假借“身”字,訓“重”,訓“懷孕”,皆古誼;後世或假借“任”與“震”矣。“孕”字亦形聲字。

俔《傳》:“俔,磬也。”《釋文》:“俔,牽徧反,磬也。……《說文》云:‘譬喻也。’《韓詩》作磬;磬,譬也。”《說文》:“俔,譬諭也。一曰:聞見。[2]从人,从見。《詩》曰:‘俔天之妹。’”《爾雅·釋言》:“間,俔也。”郭注:“《左傳》謂之諜,今之細作也。”據此,則《說文》第二訓“聞見”當是“間俔”之訛也。《鴻烈解·齊俗》:“辟若俔之見風也,無須臾之間定矣。”注:“俔,候風者也,世所謂五兩。”桂氏馥曰:“船上候風羽謂之俔,能諜知風信者。”[3]聲案:《釋文》“俔,牽徧反”,古音也。《釋言》之“間”,即“俔”也。後世稱“間諜”者,蓋求得其間,因而諜知其情,古謂之“俔”,此“俔”之古誼也。毛訓“磬”、韓作“磬”者,“俔”、牽徧反。“磬”雙聲也。經言“俔天之妹”者,言俔而知其德與美,為“天之妹”也。稱“天妹”者,猶《偕老》言“胡然而天,胡然而帝”也,尊重之甚也。大邦之子,非由間探不能知也。“俔”訓“譬諭”,“磬”訓“譬”,皆因經語而望文生義者也。阮氏元《揅經室文·釋磬》引據甚詳,於經義亦未憭然。

文定厥祥《傳》:“言大姒之有文德也。祥,善也。”《箋》:“問名之後,卜而得吉,則文王以禮定其吉祥,謂使納幣也。”案:如《傳》說則“定”字無著落,當从《箋》說,謂以禮文定其吉祥。文,文辭也。《國語·晉語》:“吾不知衰之文也。”注:“文,文辭也。”《楚語》:“則文詠物以行之。”注:“文,文詞“辭”同。也。”文辭未有不依於禮者,故鄭以文為禮。

造《傳》:“天子造舟。”《箋》:“天子造舟,周制也,殷時未有等制。”《釋文》:“造舟……,浮梁也。《廣雅》作艁,音同。《說文》:‘艁,古造字。’”案:《說文》:“造,就也。从辵,告聲。譚長說:造,上士也。艁,古文造,从舟。”聲谓:《說文》二義皆非“造”字弟一義也。造者,往來告之也。《列子·楊朱》:“密造鄧析而謀之。”《釋文》:“造,本作告。”[4]“造”字之意本起於告,故亦“本作告”;往來告之,故从辵。辵,《說文》建首字:“乍行乍止也。”案:“乍行乍止”有來往之意也。此為“造”字弟一義,其餘皆引申、假借之義也,“制造”、“創造”亦引申之義。古文从舟、从告,亦形聲字,無甚義意,未見其古於“造”也。

不顯案:此“不顯”亦當讀為“丕顯”。詳《文王》。

右《傳》:“右,助。”《釋文》:“右,音祐,字亦作祐,注同。”[5]案:作“祐”是也。經作“右”者,用古文。此與《嘉樂》[6]之“保右命之”語義皆同。

燮《傳》:“燮,和也。”《說文·又部》作:“燮,和也。从言、又,炎聲。讀若濕。燮,籀文。”[7]《炎部》作:“燮,大熟也。从又持炎、辛。辛者,物熟味也。”案:《說文》三形不同。弟一字从言、又,炎聲,“言”、“又”、“炎”三體絕不相蒙,作“燮”者非是。《炎部》作“燮”,“从又持炎、辛”,“炎辛”亦不可通,作“燮”者亦非。惟“燮”字確有意義,形體不甚繁重,疑古文,非籀文也。其形當依《說文》籀文作“燮”,从又、羊、炏。又,手也;羊,犯也,今謂之“桥”,《廣韻·五十六桥》“桥,火杖,他念切”是也;从炏者,不一火也。會意仍諧羊聲,其音當與“舌”字古音近,其義“和火”也。火太盛,和之使弱;火太弱,和之使盛:故亦借為調和字。从“言”與“辛”者,皆因形近而訛也。經言“燮伐大商”者,言燮和而征伐之也。鄭謂“合位三五”,《正義》引《國語》伶州鳩之言,自是古義,恐非經旨。

牧《正義》引："《書序》注云：'牧野，紂南郊地名。《禮記》及《詩》作坶野，古字耳。'今本又不同。"又："肆伐大商，會朝清明。"《釋文》："坶，音牧，本又作牧。"案：《傳》無"牧"字。《箋》引《書·牧誓》"牧"字兩見，字皆作"牧"，疑古本有作"坶"者矣。《說文》："坶，朝歌南七十里地。《周書》：'武王與紂戰于坶野。'从土，母聲。"案："坶"為形聲字，"牧"乃假借字也。

維予侯興《傳》："興，起也，言天下之望周也。"《箋》："而天乃予諸侯有德者，當起為天子。"案：如《箋》言，"侯"上加"諸"字，"侯"下加"有德者"字，恐非《詩》義。本詩稱"王季"，稱"文王"，稱"武王"，不應此處稱"侯"、稱"君"也。聲谓：此"侯"字亦當訓為"乃"，"興"當讀如《孟子》"雖無文王猶興"之"興"。言如林之眾陳于牧野，維得我乃興起也。其興起也，如上帝之臨女；"無貳爾心"，言歸周之誠也。

涼《傳》："涼，佐也。"《釋文》："涼，本亦作諒，同力尚反。《韓詩》作亮，云：'相也。'"案：古無"亮"字，皆假借"諒"，亦假借"涼"，"諒"、"涼"古音同也。《書·舜典》："惟時亮天工。"《史記·五帝紀》作"惟時相天事"。"亮"訓"相"，古誼也。毛訓"佐"，亦猶之"相"也。《書·說命》："王宅憂，亮陰。"《釋文》："亮，本作諒。"《漢書·五行志中之下》作"涼陰"，注："涼，讀曰諒。"據此，則"亮"、"諒"、"涼"三字皆通用也。"亮"訓"相"，疊韻。

肆《傳》："肆，疾也。"《箋》："肆，故今也。"案：《箋》本《緜》"肆不殄厥慍"及《思齊》"肆戎疾不殄"《傳》語也。聲谓：肆，遂也。《書·舜典》："肆類于上帝。"《傳》："肆，遂也。"《周禮·鍾師》"肆夏"呂叔玉注、《左氏春秋·宣十二年傳》"肆于時夏"注，並云："肆，遂也。"《大戴記·夏小正》："狸子肇肆。"《傳》："肆，遂也。"《小爾雅·廣言》："肆，遂也。"《書·舜典》："肆類于上帝。"《史記·五帝紀》、《封禪書》並作"遂類于上帝"。又："肆覲東后。"《史記·五帝紀》作"遂覲東后"。案：作"肆"者，假借字。"肆"、"遂"雙聲。

朝 《傳》:“不崇朝而天下清明。”《楚辭·天問》:“會鼂爭盟,何踐吾期?”一本作“會晁請盟”。《左氏春秋·昭二十二年傳》:“王子朝。”《漢書·古今人物表》作“王子鼂”。《文選·羽獵賦》:“於是天子乃以陽晁。”注:“朝、晁,古字同也。”聲案:“兆”有始義;“朝”者,日之始也。“晁”从日,从兆,會意字即諧“兆”聲。以字形求之,“晁”字稍古矣。楊雄號知古字,或者此類是也。“朝”、“鼂”皆假借字。古者朝夕字與朝廷字不分,故“晁”、“鼂”二字今多讀“潮”音。

瓞 《傳》:“緜緜,不絕貌。瓜,紹也。瓞,瓝也。”《箋》:“瓜之本實,繼先歲之瓜必小,狀似瓝,故謂之瓞。”《爾雅·釋草》:“瓞,瓝。其紹瓞。”注:“紹者,瓜蔓緒,亦著子,但小如瓝。”案:《傳》言“緜緜,不絕”者,此瓜紹也,與《爾雅》同意。瓞為瓜紹,有一紹即長一瓜;謂之“紹”者,有紹繼不絕之義。《詩》義取其紹,不取其小也,當依《爾雅》。《爾雅》言瓞名瓝,其紹謂之瓞,語自分明也。聲谓:从失者,以其秩然有次序,與“秩”从失同意。《說文》或體从弗作“𤬪”者,“弗”之古文作“弜”,兩弓相背之形也。瓜蔓結瓜處,其蔓與葉亦必兩相背而瓜適生其中,愈可以得“瓞”字之義矣。據此,則“瓞”者,蔓之生瓜處。有一瓞即有一瓜;瓞不絕,瓜亦不絕,故曰“緜緜”。

自土沮漆 《傳》:“自,用;土,居也。沮,水;漆,水也。”《釋文》:“沮,七余反。漆,音七。”聲案:他皆稱“漆沮”,此獨云“沮漆”者,取合韻:“瓞”、“漆”、“穴”、“室”四字韻,“民之初生”、“古公亶父”二句不入韻。漆沮,二水名;岐地有漆沮。《周頌·潛》:“猗與漆沮。”《傳》:“漆沮,岐周之二水也。”豳地亦有漆沮。《史記·周本紀》:“(太王)去豳,渡漆沮。”案:二“漆沮”皆涇水以西之水也,此扶風之漆沮也。《禹貢》之“漆沮既從”,涇水以東之水也,馮翊之漆沮也。餘詳《吉日》及陳氏《毛詩稽古編》、李氏《毛詩紬義》。經言“自土沮漆”者,言自居沮漆,猶後世言“土著”也。

陶復陶穴 《傳》:“陶其土而復之,陶其壤而穴之。”《箋》:“復者,復於土上,鑿地曰穴,皆如陶然。”《釋文》:“復,音福,……累土於地上也,《說文》作寝。”《說文·穴部》:“寝,地室也。从穴,復聲。《詩》曰:‘陶寝陶穴。’”《廣雅·釋宮》:“寝,窟也。”字亦通作“複”。鄭注《月令》:“古者複穴,是以名室為霤。”亦別作“堰”。《玉篇》:“堰,地窟也。”聲谓:“寝”取義於“復”,有重複之義。《漢書·郊祀志下》、《張良傳》、《孔光傳》,《集注》皆曰:“復,讀曰複。”《吕覽·季冬》:“水澤復。”注:“復,或作複。”是也。亦名曰“窟”者,取其有屈曲之形,仍取義於“復”也。穴,《說文》:“穴,土室也。从宀,八聲。”以土穴為居,家室可別也。八,別也。蓋深而複者為寝;淺而獨者為穴;陶,冶土器者也。謂就此寝與穴而以土器陶冶之也。戴氏震曰:“墼謂之陶,燒成謂之甓。今呼甓為甎,呼陶為土墼。”是也。今山陕道上有窯,居者皆就山厓土穴加以土木,一樣有間段内外,“陶復陶穴”之遺風也。二“陶”字並非閒字,《傳》說自明晰,後人不能悉其義也。

走《箋》:“來朝走馬,言其辟惡早且疾也。”《玉篇·走部》引作“來朝趣馬”,是也。《說文》:“走,趨即“趣”。也。从夭、止。夭止者,屈也。”《釋名·釋姿容》:“疾趨曰走。走,奏也,促有所奏至也。”《大戴記·諸侯遷廟》:“在位者皆反走辟。”注:“走,疾趨也。”《左氏春秋·襄三十年傳》:“使走問諸朝。”[8]《釋文》:“走……,速疾之意也。”《吕覽·期賢》:“若蟬之走明火也。”注:“走,趨也。”據此,則“走馬”即“趣馬”,故《箋》曰“疾”也。程氏大昌、顧氏炎武以此為單騎之始,未深考“走”字之意也。

膴《傳》:“膴膴,美也。”《箋》:“膴膴然肥美。”《小旻》:“民雖靡膴。”《釋文》:“膴,……,《韓詩》作腜。”《廣雅》:“腜腜,肥也。”據此,知《韓詩》作“周原腜腜”矣。聲谓:“腜腜”即“膴膴”。《說文》:“膴,無骨腊也。楊雄說:鳥腊也。从肉,無聲。《周禮》有‘膴判’。讀若謨。”案:“謨”、“腜”雙聲。腜,《說文》:“婦始孕腜兆也。从肉,某聲。”“膴”、“腜”皆假借字,《箋》訓“肥美”得之。

堇荼《傳》:“堇,菜也。荼,苦菜也。”《釋文》:“堇……,藋也。今三輔之言猶然。”《說文》:“堇,艸也。根如薺,葉如細柳,蒸食之甘。从艸,堇聲。”“荼,苦荼也。从艸,余聲。”《大戴記·夏小正》:"二月……,榮堇。""荼苦"見《谷風》,舊解皆如此。聲谓:《說文》:"堇,黏土也。从土,从黃省。"《通鑑》:"楊行密圍廣陵……,城中無食……,以堇泥為餅食之。"注:"堇泥,黏土也。"荼,舒也。《禮·玉藻》:"諸侯荼。"注:"荼,讀為'舒遲'之'舒'。"《周禮·考工記·弓人》:"斲目必荼。"司農注:"荼,讀為舒;舒,徐也。"又:"寬緩以荼。"注:"荼,古文舒,假借字。鄭司農云:'荼,讀為舒。'"《荀子·大略》:"諸侯御荼。"注:"荼,古舒字。"上句贊周原之肥美膴膴然,何以見之?於其黏土見之。堇,黏土也;黏土舒開如飴之黏,肥美之至也,語氣一貫。若以堇荼為菜,堇無論矣;荼為苦菜,而比之如飴,詩人為不辭矣。以飴比土之黏,即以土之黏贊周原之肥美。定都大事,不取其土性而但取其菜,所見亦小已。望文生義,莫此為甚。

契 《傳》:"契,開也。"《箋》:"於是契灼其龜而卜之。"《釋文》:"契,本又作挈。"聲案:"契"、"挈"皆假借字,本字應作"栔"。《說文》:"栔,刻也。"《漢書·敘傳上》:"旦算祀于挈龜。"注:"師古曰:'挈,刻也。《詩·大雅·緜緜》之篇曰:"爰挈我龜。"言刻開之,灼而卜之。'"案:師古和合毛、鄭之說,殊為詞費。言"刻刻之自開。而卜卜必灼之。之",所卜云何?即"曰止曰時"也。"曰止曰時",卜云其吉矣,故"築室于茲"。《文選·九錫文》:"爰契爾龜。"注:"契,問也。""爰問我龜,曰止曰時",於文順矣,字義為疏,仍當依毛、許。

迺 《說文》建首字:"乃,曳詞之難也。象气之出難。……𠄎,古文乃。𠄔,籀文乃。""𠧧,驚聲也。从乃省,西聲。籀文卤,不省。或曰:卤,往也。讀若仍。"案:"乃"為難詞,經書可證。"𠄎"、"𠄔"二形,不知所从;"卤"訓"驚聲",義不可通。疑"乃"為古文,"卤"為篆文耳。薛氏《鐘鼎款識》載《召夫鼎銘》"乃"作"[古文]",《穆公鼎銘》作"[古文]"。細核其字形,疑从凶、从乚,"凶"為古文"匈","乚"即古文"氣"也。氣欲出,為匈所壓,故覺其難也,即从凶聲。古音侵、蒸字多與東、冬字通。孔子繫《易》,"興"、"禽"、"心"等字多與"功"、"中"、"窮"、"凶"字為韻,此其據也。古人"卤"讀"仍","乃"亦讀"仍","仍"、"孕"二字皆从"乃"聲也。後世音轉,始變為奴亥切。古文作"乃"者,直會气難出之意,更為簡潔。後世形變為“鹵”,隸書又訛為“迺”,直不知其所从矣。《唐石經》皆作“迺”。明本有“迺召司空”二句作“乃”者,餘皆作“迺”。

左右《關雎》“左右流之”《箋》、《長發》“實左右商王”《傳》,並云:“左右,助也。”《易·象上傳》:“以左右民。”鄭注:“左右,助也。”《書·益稷》“予欲左右有民”《傳》、《書大傳》“舜為左右”注,並云:“左右,助也。”《周禮·士師》:“以左右刑罰。”注:“左右,助也。”《漢書·韋玄成傳集注》:“左右,助也。”《貨殖傳》:“后以財成輔相天地之宜以左右民。”《王莽傳中》:“奮奮在左右之不得從意。”注並云:“左右,讀曰佐佑。”是也。[9]《說文》:“左,手相左助也。从𠂇、工。”“右,手口相助也。从又、口。”古“左右”字本作“𠂇又”,“左右”即今之“佐佑”字。經言“迺左迺右”,言從古公來者皆左右相助也。上句“迺慰迺止”,言人心既安慰,人民得居止,無不左右相助為理也。“左右”正用“佐佑”之古文,與他處之借為“𠂇又”字者不同。

宣《箋》:“時耕曰宣。”《正義》:“時耕曰宣,無他文也,鄭以義言之耳。”聲案:此乃“趄”之假借字也。《說文》:“趄田,易居也。从走,亘聲。”亦假借“爰”與“轅”。《左氏春秋·僖十五年傳》:“‘孤雖歸,辱社稷矣,其卜貳圉也。’眾皆哭,晉於是乎作爰田。”《正義》云:“服虔、孔晁皆云:‘爰,易也。賞眾以田,易其疆畔。’”《晉語》:“‘秦將歸寡人,寡人不足以辱社稷,二三子其改置以代圉也。’且賞以說眾,眾皆哭,焉作轅田。”韋云:“賈侍中云:‘轅,易也,為易田之法,賞眾以田。易者,易疆界也。’或云:‘轅田,以田出車賦。’昭謂此欲‘賞以說眾’,而言‘以田出車賦’,非也。”《公羊解詁》說井田之制,云:“司空謹別田之高下、善惡,分為三品:上田一歲一墾,中田二歲一墾,下田三歲一墾。肥饒不得獨樂,墝埆不得獨苦,故三年一換案:《史記·司馬相如傳索隱》引韋昭、《漢書·張湯傳集注》,並云:“爰,換也。”主易居。財均力平,兵車素定,是謂均民力,强國家。”《周禮·大司徒》:“不易之地,家百晦。”注云:“不易之地,歲種之地美,故家百畝。”《小司徒》:“乃經土地,而井牧其田野。”案:《左傳》“井衍沃”,“牧隰皋”,舊說以“衍沃之地,九夫為井;隰皋之地,九夫為牧。二牧當一井”鄭注據為說,云:“授民田有不易,有一易,有再易,通率二而當一,是之謂井牧。”《漢書·地理志》:“商君制轅田。”案:“轅田”已見《國語》,非“商君制”明矣。注:“張晏曰:‘周制三年一易,以同美惡。’……孟康曰:‘三年爰土易居,古制也。……爰田,上田不易,中田一易,下田再易。’”《食貨志》:“歲耕種者為不易上田,休一歲者為一易中田,休二歲者為再易下田。三歲更耕之,自爰其處。”顏注:“爰,更互也。”[10]以上皆趄田易居之故實,晉作“爰田”,商君作“轅田”,皆本周制也。讀《詩》至“迺宣迺畝”,然後歎周家之良法美意,祖宗開國之時皆已大定其規模。獨怪鄭氏注《周禮》易田之制能詳哉言之,箋《詩》時不知“宣”為假借字,望文生義,宜乎來後人之譏也。“宣”、“趄”皆从亘聲,“亘”、“爰”古音同,《國策》“狐咺”,《漢書·古今人物表》作“狐爰”是也。“爰”、“轅”古同字,《說文》:“爰,引也。……籒文以為車轅字。”是也。“宣”謂辨其不易、一易、再易之等,“畝”謂分其百畝、二百畝、三百畝之數。“疆理”者其綱,“宣畝”者其目。“疆理”,舉大也;“宣畝”,舉細也。此句與“迺慰迺止”句法一樣,“迺左迺右”二句句法又一樣也。

繩 《傳》:“言不失繩直也。”《箋》:“繩者,營其廣輪方制之正也。”案:此“繩”字當讀如《鴻烈解·時則》“天為繩,……繩者,所以繩萬物也”之“繩”,又《主術》:“而海内莫不被繩矣。”《禮·樂記》:“以繩德厚。”注:“繩,猶度也。”“其繩則直”者,言其繩度者正也,非言繩索也。

縮版以載 《傳》:“乘謂之縮。”《箋》:“既正,則以索縮其築版,上下相承而起。……乘,聲之誤,當為繩也。”案:此“縮”字當讀為“束”,聲相近,故假借。束必以繩,故曰“繩謂之縮”。聲谓:此言將有事於版築,非以縮版為築也。言繩度既正,將有事於版築。“縮版以載”者,備豫之,將有所事也。下句“作廟翼翼”,言“作”者,亦未作也。君子將營宮室,宗廟為先,故作廟先翼翼然恭敬。版與楨幹並用,言“版”而楨幹在其中矣,言簡而意該也。

捄《傳》:"捄,虆也。"《箋》:"捄,捊也。築牆者捊聚壤土,盛之以虆。"《釋文》:"捄,音俱。"《説文》:"捄,盛土於梩中也。一曰:擾也。《詩》曰:'捄之陾陾。'从手,求聲。"案:《説文》所訓最為明顯。"梩"即"虆"也。《孟子·滕文公上》:"蓋歸反虆梩而掩之。"是也。"陾陾"、"薨薨"、"登登"、"馮馮"皆聲也,皆假借字之純取聲者也。《斯干》"約之閣閣"二句,專言木工;此詩"捄之"四句,專言土工也。字从求聲而音"俱"者,"捄"有"斞取"之意;斞,挹也,挹此而注於彼也。音隨義轉,與"有捄棘匕"、"有捄天畢"、"有捄其角"字異。

度《傳》:"度,居也。"《箋》:"度,猶投也。"《釋文》:"度,待洛反。……《韓詩》云:'填也。'"案:度,"渡"之古字也。《廣雅·釋詁·三》:"渡,過也。"作"度"者,《漢書集注》:"度,過也。"凡四見。亦訓為"運"。《史記·平準書》:"度四百萬石。"《索隱》引樂彦:"度,猶運也。"案:"捄之"謂取土,"度之"謂運土,"築之"謂築土,三"之"字皆指土也。

削屢《傳》:"削牆鍛屢之聲馮馮然。"《釋文》:"屢,力注反,又力朱反。"《説文》:"削,鞞也。一曰:析也。从刀,肖聲。"《一切經音義·四》引《蒼頡》:"削,平也。"屢,《説文》作:"廔,屋麗廔也。""囧,窗牖麗廔闓明也。"經文"削屢"儷文,當是"鏤"之假借也。"鏤"為形聲字,"婁"為古文,"屢"為假借字。《説文》:"鏤,剛鐵,可以刻鏤。从金,婁聲。"《鴻烈解·本經》:"金器不鏤。"注:"鏤,讀'婁敬'之'婁'。"[11]《爾雅·釋器》:"鏤,鋑也。"《左氏春秋·哀元年傳》:"器不彤鏤。"注:"鏤,刻也。"案:字從婁者,蓋刻之使麗婁亦作"廔"。也。據此,則不平者使之平,故曰"削";不空者使之空,故曰"屢"也。削屢之時,已成牆矣,故不復言"土"。

伉《傳》:"伉,高貌。"《釋文》:"伉,本又作亢,苦浪反。《韓詩》作閌,云:'盛貌。'"案:"伉"、"閌"皆形聲字之後出者;作"亢"者,用古文。《説文》:"亢,人頸也。从大省,象頸脈形。頏,亢或从頁。"案:亢在人身高處,故引之有高義。《廣雅·釋詁·四》:"亢,高也。"《莊子·人間世》:"與豚之亢鼻者。"《釋文》引司馬注:"亢,高也。"

"亢"有高義,"伉"、"閌"皆从其聲義也。

將《傳》:"將將,嚴正也。"《文選注·一》作"應門蔣蔣"。又《七發》:"莘莘將將。"注:"將將,高貌也。"案:《傳》言"嚴正",有大義。散文則"將將"亦高貌,對文則"將將"為正大也。作"蔣"者,形聲字;經作"將"者,用古文。

冢土《傳》:"冢,大。……冢土,大社也。"案:"土"即"社"也。《說文》:"社,地主也。从示、土。"聲谓:"社"从土之聲義;此作"土"者,用古文。《玄鳥》:"宅殷土芒芒。"《史記·三代世表》作"(宅)殷社芒芒"。《公羊春秋·僖三十一年傳》:"諸侯祭土。"注:"土,謂社也。"《左氏春秋·昭二十二年傳》:"前城人敗陸渾于社。"《釋文》:"社,……本或作杜。"案:"社"、"杜"古音近,故易訛也。古公初立國家,財立廟,旋立社。是時風氣質樸,原無國社、侯社之分,君與民共此一社,故曰"戎醜攸行"也。

肆《傳》:"肆,故今也。"《思齊》"肆戎疾不殄"《傳》、《抑》"肆皇天弗尚"《箋》,並云:"肆,故今也。"《爾雅·釋詁》:"肆,故也。"《書·大禹謨》:"肆予以爾眾士。"《太甲上》:"肆嗣王丕承基緒。"《傳》並云:"肆,故也。"《漢書·劉向傳集注》:"肆者,故也。"《書·大誥》:"肆朕誕以爾東征。"《漢書·翟方進傳》作"故予大以爾東征"。據此,則"肆"訓"故"者,古誼也。毛公恐讀為"故"混為人王時事,故加一"今"字,非"肆"訓"故今"也。《思齊》同,非凡"肆"字皆訓"故今"也。

厥愠厥問據《孟子》"大王事獯鬻",則二"厥"字宜指"混夷"說。太王時周小狄大,其不能"殄厥愠"宜也。至文王,所服已廣,民眾兵強,不能殄厥恚愠,伐之可也。乃亦不隕厥聘問之禮,德之所以稱至也。

拔《箋》:"今以柞棫生柯葉之時。"《皇矣》:"柞棫斯拔。"《箋》:"使其山樹木茂盛。"《說文》:"拔,擢也。从手,犮聲。"《疏》言"拔然生柯葉"者,正拔擢之狀也。詳下。

兑《傳》:“兑,成蹊也。”《箋》:“其行道士眾兑然,不有征伐之意。”《説文》:“兑,説也。从儿,㕣聲。”《釋名》:“兑,説也,物得備足皆喜説也。”《易·彖下傳》、《説卦傳》並云:“兑,悦“説”同。也。”《序卦傳》:“兑者,説也。”《管子·七臣七主》“重賦斂,多兑道以為上”注,《莊子·德充符》“豫通而不失於兑”《釋文》引李注,《荀子·修身》“佞兑而不曲”、又《不苟》“見由則兑而倨”注,並云:“兑,説也。”[12]案:太王時狄人侵陵,師役往來之地,柞棫有不得遂其生者矣;行旅往來,時有戒心,行道有因之裹足者矣。今胡為乎“柞棫拔矣,行道兑矣”?蓋“混夷駾矣,維其喙矣”,狄人困憊之甚,不能再事侵陵矣。

混夷駾矣《傳》:“駾,突。”《箋》:“混夷,夷狄之國也。見文王之使者將士眾過己國,則惶怖驚走奔突,入此柞棫之中而逃,甚困劇也。”《左傳》注引作“畎夷喙矣”,《説文·口部》引作“犬夷呬矣”。案:“犬”即“畎”也。《孟子·梁惠王下》注引作“昆夷兑矣”,《文選·魯靈光殿賦》張載注作“昆夷突矣”,《廣韻·二十廢》作“昆夷瘃矣”。案:“昆夷”即“混夷”也。作“昆”者,古文,“混”从昆聲。《説文》:“駾,馬行疾來皃。从馬,兑聲。《詩》曰:‘昆夷駾矣。’”此言强敵畏威,故聞風而遠遁也。駾,《説文》:“馬行疾來皃。”疾來者亦疾去,故曰“混夷駾矣”,合韻也。《左傳》注引作“喙”,《説文·口部》作“呬”,《廣韻》作“瘃”,皆因下句而訛者也。詳下。

喙《傳》:“喙,困也。”《國語·晉語》:“余病喙。”注:“喙,短氣貌。”案:此亦假借字。其形聲字,《廣韻》作:“瘃,困極也。本亦作喙。”亦作“㱧”。《方言·十二》:“㱧、俶,倦也。”注:“今江東呼極為㱧。……《外傳》曰:‘余病㱧矣。’”即《晉語》之“余病喙”。又《十三》:“瘃,極也。”注:“江東呼極為瘃,倦聲之轉也。”《玉篇》:“瘃,困極也。”據此,則“㱧”、“瘃”為一字。

質成蹶生《傳》:“質,成也。成,平也。蹶,動也。”《禮·曲禮》:“雖質君之前。”注:“質,猶對也。”《史記·孫子吳起傳》:“及臨質。”《索隱》:“質,猶對也。”《漢書·王陵傳》:“面質呂嬃於平前。”注:“師古曰:‘質,對也。’”《汲黯傳》:“黯質責湯於上前。”注:“質,對之也。”《增韻·五質》“質”有“證也”一訓,即古之所謂“對”也。“成”即《書·呂刑》所謂“獄成而孚,輸而孚”之“成”字,《書傳》:“斷獄成辭而信。”聲谓:獄必有辭,兩造各執一辭,有一定而不能移易者,故曰“成”也。《禮·緇衣》:“都邑以成。”注:“成,邦之八成也。”《周禮·大司寇》:“以邦成弊之。”注:“邦成,謂若今時決事比也。”案:上二“成”字在“獄成”“成”字以後,假借字也。生,性也。《大戴記·子張問入官》:“既知其以生有習。”注:“生,謂性也。”《呂覽·本生》:“立官者,以全生也。”又《貴公》:“凡主之立也,生於公。”《侈樂》:“搖蕩生。”注並云:“生,性也。”案:芮虞相爭,各有獄辭,久不能定,兩國皆欲就文王以對質其獄辭,故曰“虞芮質厥成”。及入周境,見耕者讓畔,行者讓路;入其邑,見男女異路,班白不提挈;入其朝,見士讓為大夫,大夫讓為卿。二國之君感而相謂曰:“我等小人,不可以履君子之庭。”乃相讓,以向日所爭之田為閒田。夫有所爭,乃相約而來見;有所讓,即相約而去。非文王之化有以動其生初之性,烏能相感如是之速?故曰“文王蹶厥生”。

疏附 《傳》:“率下親上曰疏附,相道前後曰先後,喻德宣譽曰奔奏,武臣折衝曰禦侮。”《箋》:“疏附,使疏者親也。奔奏,使人歸趨之。”《釋文》:“本,音奔,本亦作奔。奏,如字,本亦作走。……御,魚呂反,本又作禦。”案:《箋》云“疏附,使疏者親也”,與《傳》說“率下親上”,義亦相成也。“奔奏,使人歸趨之”,案:《書·君奭傳》:“胥附奔走。”《釋文》:“奔,又作本。”《楚辭注·一》作“予聿有奔走”。據此,則“奏”者,“走”之借也。“走”亦當讀為“來朝走馬”之“走”,趨也。詳上。《史記·張釋之馮唐傳集解》引如氏:“走,趨也。”《漢書·項籍傳》、《陳餘傳》、《韓信傳》、《李廣傳》、《張騫傳》、《楊雄傳上》,《集注》並云:“走,趣即“趨”。也。”“奔奏”者,猶言奔而趨之,《箋》義優矣。“禦”本作“御”者,用古字。《猗嗟》:“以禦亂兮。”《儀禮·大射儀》注作“以御亂兮”。《左氏春秋·文七年傳》:“華禦事為司寇。”《釋文》:“禦,本又作御。”《穀梁春秋·莊二十二年經》:“殺其公子禦寇。”《釋文》:“禦,又作御。”《僖九年經》:“宋公禦說卒。”《釋文》:

“禦,本亦作御。”是也。

樸《傳》:“樸,枹木也。”《箋》:“白桵相樸屬而生者,枝條芃芃然。”《說文》建首字:“丵,叢生艸也。象丵嶽相並出也。……讀若浞。”案:字當先立“业部”,即“樸屬”之正字。由业生丵,即撲滅字之正字;由丵生菐,即隸文“菐”,凡“僕”、“䵗”、見《說文》。“䑑”、“墣”、“璞”等字皆从之。是“业”為字母,《說文》遺之。《周禮·考工記》:“欲其樸屬而微至。”注:“樸屬,猶附著,堅固貌也。”《方言·三》:“撲,聚也。”注:“撲屬,藂相著貌。”“樸”、“撲”皆“业”之假借也。本為象形字,上象其枝葉,下象其根柢。“鼎”从𣶒,象析木形也。“片”象析木之半而豎之。“业”亦象析木之半而横之,仍象其枝葉根柢相附著之形,半木亦木也。有木形即有木聲,故仍諧木聲,讀為樸。經書多假借撲攻字,學者不能不窮源究委也。

槱《傳》:“槱,積也。”《箋》:“至祭皇天上帝及三辰,則聚積以燎之。”《釋文》:“槱,音酉,字亦作𣝕,[13]弋九反。云:‘積木燒也。’”《周禮·大宗伯》:“以槱燎祀司中、司命、飌師、雨師。”字亦作“𥛩”。《風俗通·祀典》:“以𥛩燎祀風師。”“𥛩燎”即“槱燎”也。案:字从火,當以“積燒”為正訓也,《箋》義優矣。依《傳》訓“積”,取興亦太無意義。

趣《傳》:“趣,趍也。”《說文》:“趣,疾也。从走,取聲。”《十月之交箋》:“令我不得趨農。”《釋文》:“趣……,本又作趨。”《禮·月令》:“趣民收斂。”《釋文》:“趣……,本又作趨。”《周禮·縣正》:“趨其稼事。”《釋文》:“趣……,本又作趨。”案:“趣”訓“疾”,原有趨義。《詩》作“趣”者,以“趣”有此苟切,古人有、厚韻為合韻耳。《賈子·連語》作“左右趨之”,蓋因聲近而通假耳。此“左右”字亦當訓為“佐助”。

相《傳》:“相,質也。”《桑柔》:“考慎其相。”《傳》:“相,質也。”案:“相”即古文“樣”字也。《荀子·富國》:“金玉其相。”注亦曰:“相,質也。”“相”訓為“質”,古誼也。《說文》:“相,省視也。从目,从木。《易》曰:‘地可觀者,莫可觀於木。’《詩》曰:‘相鼠有皮。’”《爾雅》:“相,導也,勴也。”《增韻》:“相,儐也。”《集韻》:“相,助也。”皆其引申之義,非最初弟一義也。《禮·樂記》:“治亂以相。”注:“相,即拊也,亦以節樂。拊者,以韋為表,裝之以糠。糠一名相,因以名焉。今齊人或謂糠為相。”聲谓:古音讀“樣”為“讓”,齊人謂“糠”為“相”,“相”亦讀“讓”音也。此謂“相”亦“樣”字也。古者樂必有舞,此段論樂,處處兼舞言之。“治亂以相”,“亂”字承上“復亂以武”,即“《關雎》之亂”“亂”字也。“始奏以文”者,所謂“總干而山立”之時也。往復以至亂必以武者,所謂“發揚蹈厲”之時也。樂至於亂,恐其迅疾以終,勢不能不有以治之。治之以相者,所謂“《武》亂皆坐,周、召之治”之時也。恐其迅疾,勢不能不迅疾。以雅終之者,所謂“然後天下知武王之不復用兵”之時也。“相”本古“樣”字,如鄭注“以韋為表,裝之以糠”,此物如何可擊?擊亦何能有聲?亦不過以韋為樣,實之以糠,以為樂舞之節奏,以其有樣式,故謂之曰“樣”也。古字作“相”,後世省視、導助之義盛行而相之本義遂隱,後人又出“樣”字而“相”之音義亦俱亡矣。从木,盈天下者五行也。五行皆有其樣,水火動物不可得而言矣,金則過剛,土亦過柔,故曰“地可觀者,莫可觀於木”也。觀必以目,故从目,會意字,即以意為聲。本為相式字,後世轉為“相”音相貌字,由相式字而生也。《漢書·高帝紀》:封沛侯濞為吳王,“已拜,上召謂濞曰:‘汝狀有反相。’即“反樣”也。因拊其背曰:‘漢後五十年,東南有亂,豈汝邪!然天下同姓一家,汝慎毋反。’”《後漢書·班超傳》:“燕頷虎頸,飛而食肉,此萬里侯相亦即“樣”。也。”有相貌而善相、相術之義生焉。自此以後,“相”字各義皆引申、假借之義居多。詳《六書說》,茲不贅。

干祿 《傳》:“干,求也。”祿,《傳》、《箋》皆無訓釋。《既醉》:“天被爾祿。”《傳》:“祿,福也。”《爾雅·釋詁》:“祿,福也。”《說文》:“祿,福也。”《儀禮·少牢饋食禮》:“受祿于天。”鄭注:“古文祿為福。”案:後儒因《論語》有“子張學干祿”一語,解經者不得其說,遂妄生議論,不知祿即福也,干祿即求福也。《詩》言“求福”者不一,“自求多福”、《文王》。“求福不回”,本詩。“干祿”亦猶之求福也。君子修德不忘報,原無求福之心,而歌詠君子者見君子之于福有不啻操左券者,遂為君子有求福之道矣。然其求福也,仍不失其樂易,故曰“干祿豈弟”。

瑟《箋》:“瑟,絜鮮貌。”《釋文》:“瑟,又作璱。”《說文》:“璱,玉英華相帶如瑟弦。从玉,瑟聲。《詩》曰:‘璱彼玉瓚。’”案:《說文》作“璱”者,形聲字;經作“瑟”者,用古文。《周禮·典瑞》注,鄭司農引《詩》作“邺彼玉瓚”。作“邺”者,假借字也,“瑟”、“邺”音近。

鳶飛魚躍《傳》:“言上下察也。”《箋》:“鳶,鴟之類,鳥之貪惡者也。飛而至天,喻惡人遠去,不為民害也。魚跳躍于淵中,喻民喜得所。”案:《傳》語與《中庸》合。鄭注《中庸》云:“聖人之德至於天,則‘鳶飛戾天’;至於地,則‘魚躍於淵’:是其著明於天地也。”與《傳》說亦不甚遠。鳶飛魚躍,無一不適於化機之中,蓋豈弟之所致也,矧伊人乎?此君子所以能作人也。《箋》說迂疏矣。

瑟《傳》:“瑟,眾貌。”案:此“瑟”字當是後世“蕭瑟”字所自昉。《楚辭·九辯》:“蕭瑟兮草木搖落而變衰。”案:“瑟”即蕭瑟也,柞棫搖落之貌也。聲谓:“蕭瑟”者,“蕭疏”之轉也,“疏”、“瑟”雙聲。《水經注》:“水木明瑟。”“瑟”亦“疏”字之轉,水明而木疏。屢轉而本義全無矣。上篇“棫樸”為祭祀之槱燎,故曰“芃芃”;此章“柞棫”為庶民之薪蒸,故曰“瑟彼”:採取之時不同也。瑟彼之柞棫為民所燎,材之所以得用也;豈弟之君子為神所勞,人之所以得福也:語自可通。《廣雅·釋言》:“燎,燒也。”《文選·西京賦》:“燎京薪。”薛注:“燎,謂燒之。”是也。

媚《傳》:“媚,愛也。”《下武》:“媚兹一人。”《假樂》:“媚于天子。”《卷阿》:“媚于天子。”《箋》並云:“媚,愛也。”《左氏春秋·宣三年傳》:“人服媚之如是。”注:“媚,愛也。”自此以外,如《論語·八佾》之“與其媚於奧”、《孟子·盡心下》之“閹然媚於世也者”,皆作“說媚”、“佞媚”見《禮·曲禮》注。解矣。案:“媚”訓“愛”者,亦引申之義也。《廣雅·釋詁·一》:“媚,好也。”[14]《小爾雅·廣詁》:“媚,美也。”《禮·內則》注:“媚,謂容貌也。”案:女子之容貌宜美好也,此

“媚”字本義也。《説文》“媚，説也”，亦引申之義，非弟一義也。聲谓：此“媚”字當依《廣雅》、《小爾雅》，訓為“美好”。此“思”字並上“思齊大任”“思”字皆語詞，與《文王》之“思皇多士”、《載見》之“思皇多祜”、《泮水》之“思樂泮水”一例。以上“思”字，《箋》皆訓為“思念”字，非是。《公劉》之“思輯用光”，《傳》曰：“言民相與和睦，以顯於時也。”是毛亦以“思”為語詞矣。《箋》云：“思在和其民人。”亦非是。此經二“思”字皆讀為語詞，“媚”字若訓為“愛”，不惟語欠莊雅，而且誰人愛之？語亦難通。訓為“美好”，與“思齊”“齊”字訓為“莊”一例，皆就容止上説。容為婦德之一，故先及之。《碩人》美莊姜之賢，歷歷美其容止，亦此意也。“媚”必訓為“美好”，《載芟》之“思媚其婦”方可通也。並詳《載芟》。

惠于宗公 《傳》：“宗公，宗神也。”《箋》：“宗公，大臣也。文王為政，咨於大臣，順而行之，故能當於神明。”《正義》：“《書序》云：‘班宗彝。’《中庸》云：‘陳其宗器。’皆謂宗廟為宗。又下頻言‘神罔’，則‘宗公’是宗廟先公，故云‘宗神’也。”案：《正義》申毛，本王肅“文王能上順祖宗，安寧百神”之語也。其釋《箋》又有“於時宗廟有大王、王季。若論宗廟，當以王統之，不當言‘公’，且經傳未有以宗廟之神為宗公者也”等語。聲谓：毛、鄭皆誤讀“公”字。《天保》：“丁公先王。”《靈臺》：“矇瞍奏公。”《江漢》：“肇敏戎公。”《酌》：“實維爾公允師。”《傳》並云：“公，事也。”又《采蘩》：“夙夜在公。”《文王有聲》：“王公伊濯。”《箋》並云：“公，事也。”“公”訓為“事”，則“宗公”者，宗事也。《説文》：“宗，尊祖廟也。从宀，从示。”《鳧鷖》：“既燕于宗。”《箋》：“宗，社宗也。”《禮・祭法》：“有虞氏禘黄帝而郊嚳，祖顓頊而宗堯。”注：“禘、郊、祖、宗，謂祭祀以配食也。……祖宗，通言爾。”《儀禮・士昏禮記》：“承我宗事。”注：“宗事，宗廟之事。”以上皆“宗”即宗廟之證，而“承我宗事”句尤為“宗公”之確據。經不曰“宗事”而曰“宗公”者，合韻耳。《燕燕》：“終温且惠。”《傳》：“惠，順也。”《抑》：“惠于朋友。”《桑柔》：“維此惠君。”《楚茨》：“孔惠孔時。”《箋》並云：“惠，順也。”《書・舜典》：“亮采惠疇。”《傳》：“惠，順也。"《國語·晉語》:"若惠於父。"《管子·度地》:"天下之人皆歸其德而惠其義。"《荀子·非十二子》:"甚察而不惠。"又:"辨不惠而察。"注並云:"惠,順也。"據此,則"惠于宗公"者,猶言順于宗廟之事耳。能順于宗事,故神罔怨恫,文氣較順。鄭氏於經文外添許多字,恐非經義。

恫 《傳》:"恫,痛也。"《桑柔》:"哀恫中國。"《箋》:"恫,痛也。"《說文》:"恫,痛也。一曰:呻吟也。从心,同聲。"又《人部》"侗"引《詩》曰:"神罔時侗。"案:經作"恫"是也。《桑柔》:"哀恫中國。"《釋文》:"恫,……本又作痌。"案:作"痌"者,以"恫"訓"痛",同為疾苦字,故亦从疒。《說文》从人,則記憶之訛,未可知也。亦詳《桑柔》。

刑 《傳》:"刑,法也。"《釋文》:"刑,《韓詩》云:'正也。'"案:《毛詩》"刑"皆訓"法"。《說文》:"刑,罰辠也。从井,从刀。《易》曰:'井,法也。'井亦聲。"又《土部》:"型,鑄器之法也。从土,刑聲。"案:型,後世形聲字;《詩》作"刑"者,用古文。

寡 《傳》:"寡妻,適妻也。"《箋》:"寡妻,寡有之妻,言賢也。"引《書》"乃寡兄勖"。案:經言"寡妻",未言"寡有",則添"有"字非。《禮·坊記》:"自稱其君曰寡君。"注:"寡君,猶言少德之君,言之謙。"《儀禮·燕禮》:"寡君有不腆之酒。"注:"寡,鮮也。猶言少德,謙也。"案:經衹言"寡君",並未言"寡德",則添"德"字亦非。《孟子·梁惠王上》:"寡人之於國也。"注:"王侯自稱孤、寡。"《老子》:"自謂孤、寡。"注:"孤、寡,喻孤獨。"《廣雅·釋詁·三》:"寡,獨也。"聲谓:古者王侯自稱曰"孤"、"寡",寡亦孤也,為人上之通稱也。《後漢書·仲長統傳》:"寡者,為人上者也。"是也。古人尊卑之分,嚴於天澤,尊則尊,卑則卑,無所用其謙,且亦不必謙也。此經言"寡妻",明是詩人代為立言,並非文王自言,其非謙詞明矣。至於"寡有之妻",辭又近於誇;且為詩人代言,亦不得質言"寡有之妻",則非誇詞亦明矣。稱"寡"者,猶之稱"孤"、稱"予一人"耳,特詞也,尊詞也,不必別生枝節。毛訓為"適妻",或者古誼也。

御《傳》:"御,迎也。"《箋》:"御,治也。"引《書》曰:"越乃御事。"《釋文》:"御,毛牙嫁反,鄭魚據反。"《鵲巢》:"百兩御之。"《箋》:"御,迎也。"《釋文》:"御,五嫁反,本亦作訝,又作迓,"案:作"訝"者,《説文》:"訝,相迎也。从言,牙聲。"《周禮·秋官·敘官》:"訝士。"又:"掌訝。"注並云:"訝,迎也。"《儀禮·聘禮》:"訝賓于館。"《公食大夫禮》:"從者訝,受皮。"注並云:"訝,迎也。"又《聘禮》:"卿大夫訝。"注:"訝主國君所使,迎待賓者,如今使者、護客。"其作"迓"者,《書·盤庚中》:"予迓續乃命于天。"《傳》:"迓,迎也。"《左氏春秋·成十三年傳》:"迓晉侯於新宮。"《公羊春秋·成二年傳》:"于是使跛者迓跛者,使眇者迓眇者。"注並云:"迓,迎也。"作"御"者,《鵲巢》。見上。《甫田》:"以御田祖。"《箋》:"御,迎也。"《禮·曲禮上》:"大夫、士必自御之。"注:"御,當為迓。"《儀禮·士昏禮》:"媵御沃盥交。"注:"御,當為訝。"《穀梁春秋·成元年傳》:"齊使禿者御禿者。"注:"御,音迓。"《荀子·榮辱》:"監門御旅。"注:"御,讀為迓。"聲案:古之所謂"迎"者,有由此達彼之義。經言"以御于家邦",語氣與"至于兄弟"一例,"御"字並非著力字,毛《傳》不可易矣。《左傳釋文》、《荀子·大略》注皆依鄭《箋》訓為"治",恐非經義。末二章首句俱用"肆"字,蓋皆承"雝雝在宮"一章而言也,細繹之脈絡自見。

宮《箋》:"宮,謂辟廱宮也。群臣助文王養老,則尚和。"案:"宮"對"廟",自指居室言。《説文》:"宮,室也。从宀,躳省聲。"《易·繫辭下傳》:"後世聖人易之以宮室。"《周禮·内宰》:"以陰禮教六宮。"注:"婦人稱寢曰宮。宮,隱蔽之言。"至秦漢以來,乃定為至尊所居之稱。《爾雅·釋宮》:"室謂之宮。"《楚辭》:"實滿宮些。"注:"宮。猶室也。"居處貴於和平,故"在宮"曰"雝雝";宗廟貴於誠敬,故"在廟"曰"肅肅"。

不顯無射《傳》:"以顯臨之,保安無厭也。"《箋》:"臨,視也。保,猶居也。文王之在辟廱也,有賢才之質而不明者,亦得觀於禮;於六藝無射才者,亦得居於位。言養善,使之積小致高大。"《釋文》:"射,毛音亦,厭也。鄭食夜反。"案:此"不顯"亦當讀為“丕顯”。無射,《車舝》“好爾無射”《箋》、《清廟》“無射於人斯”《釋文》,並云:“射,厭也。”《禮·祭統》:“奔走無射。”《緇衣》:“服之無射。”注並云:“射,厭也。”丕顯之德亦臨照,言其無不臨,所以為“丕顯”;無射之德亦保守,言其無不保,所以為“無射”。兩“亦”字自相激射,在古書此等文法甚多。《箋》說迂曲,望文生義,莫此為甚。

戎疾烈假 《傳》:“戎,大也。故今大疾害人者,不絕之而自絕也。烈,業。假,大也。”《箋》:“厲假,皆病也。瑕,已也。文王於辟廱德如此,故大疾害人者,不絕之而自絕;為厲假之行者,不已之而自已。言化之深也。”《釋文》:“烈,毛如字;鄭作厲,力世反,又音賴。假,古雅反。瑕,毛音遐,遠也;鄭古雅反。”案:此與《緜》之“肆不殄厥愠”二句同意;愠,戎之愠也。此章提出“戎疾”來,語尤明顯,“不瑕”即“不隕厥問”也。《左氏春秋·桓六年傳》:“不以隱疾。”注:“疾,患。”《管子·小問》:“凡牧民者,必知其疾。”注:“疾,謂患苦也。”《鴻烈解·說山》:“食草之獸不疾易藪。”注:“疾,患也。”戎疾,戎患也。“肆戎疾不殄”,言故戎疾不殄也。《烈文》“烈文辟公”《傳》、《雝》“既右烈考”《箋》,並云:“烈,光也。”《孟子·滕文公》注:“烈,光也。”《國語·晉語》:“君有烈名。”注:“烈,明也。”據此,則“烈”為光明。《烈祖》:“鬷假無言。”《左氏春秋·昭二十年傳》作“鬷嘏無言”。《那》:“湯孫奏假。”《爾雅·釋詁》注作“湯孫奏嘏”。《禮·禮運》:“脩其祝嘏。”《釋文》:“嘏,本或作假。”又《曾子問》:“不旅不假。”注:“假,讀為嘏。”據此,則“假”者,“嘏”之借也。《載見》:“俾緝熙于純嘏。”《箋》:“天子受福曰大嘏,辭有福祚之言。”《禮·曾子問》注:“假,讀為嘏。”《正義》:“‘古’旁之‘嘏’,是福慶之辭。”據此,則“假”為福祚。“不瑕”,《狼跋》:“德音不瑕。”《傳》:“瑕,過也。”《箋》:“不瑕,言不可疵瑕也。”《泉水》:“不瑕有害。”《二子乘舟》:“不瑕有害。”《箋》並云:“瑕,猶過也。”據此,則“不瑕”者,猶云“不過”,不可得而瑕疵也。經若曰:故戎患雖不能殄滅,而文王之光明福祚卒不得而瑕疵也。《傳》、《箋》似皆非《詩》義。

不諫亦入 《說文》:“入,内即“納”。也。象从上俱下也。”《釋名·釋言語》:“入,内也,内使還也。”《國策·秦策》:“入其社稷之臣於秦。”注:“入,納也。”《呂覽·無義》:“公孫與見而與入。”注:“入,猶納也。”有諫諍之責者,固容納之;無諫諍之責者有所建白,亦無不容納之:故曰“不諫亦入”也。

無斁 《傳》:“古之人,無厭於有名譽之俊士。”《箋》:“古之人,謂聖王明君也。口無擇言,身無擇行,以身化其臣下,故令此士皆有名譽於天下,成其俊乂之美也。”《釋文》:“斁,毛音亦,厭也;鄭作擇。”《葛覃》“服之無斁”《傳》、《駉》“思無斁”《箋》、《振鷺》“在此無斁”《釋文》,並云:“斁,厭也。”《禮·大傳》“無斁於人斯”注、《文選·魏都賦》“復之而無斁”注,並云:“斁,厭也。”案:“無斁”即“無射”也。作“射”者,假借字,義同而字異者。古人以口傳經,筆之於册,有作“射”者,有作“斁”者,後遂無有易之者也。一詩而“射”、“斁”不妨兩用,猶之全《詩》“射”、“斁”亦不妨兩用也。

譽髦 案:此“譽”字亦當讀為“豫”,樂也。《呂覽·孝行》:“天下譽。”注:“譽,樂也。”《文選·曲水詩序》:“信可以優游暇譽。”[15]注:“譽猶豫,古字通。”《爾雅·釋言》:“髦,選也。”經言“譽髦斯士”,猶云“樂選此士”也。“成人”、“小子”皆士也,“有德”、“有造”皆可選者也。“古之人無斁”,所以樂選此士也。“譽”字亦見《裳裳者華》。

校 勘 記

[1]“浹日”,《左傳》作“浹辰”。

[2]“聞見”,桂馥本《說文》作“聞見”,大徐本、段注本《說文》作“間見”。

[3]“能諜知風信者”,桂馥本《說文》“者”字作“也”。

[4]“造,本作告”,殷敬慎《釋文》於“密造”下注云:“本作造。”楊伯峻《列子集釋·楊朱篇》注云:“《釋文》‘造’作‘逮’,云:‘本作造。’”吴氏所引蓋有所本。

[5]《釋文》二"祐"字亦作"佑",黄焯《經典釋文彙校》云:"宋本佑作祐。阮云:'小字本、相臺本、十行本所附皆作祐,《六經正誤》所載亦是祐字。'"

[6]"《嘉樂》",即《大雅》之《假樂》,毛《傳》云:"假,嘉也。"

[7]"燮,和也。从言、又,炎聲。讀若濕。燮,籀文。"《説文·又部》作:"燮,和也。从言,从又、炎。籀文燮从羊。羊,音飪。讀若溼。"

[8]"使走問諸朝",《左傳·襄公三十年》"使走"作"吏走",《釋文》云:"吏走,一本作使。"

[9]"讀曰佐佑",《貨殖傳》注同吴氏所引,《王莽傳中》注作"音曰佐佑"。

[10]"爰,更互也",此處引文脱漏舛訛甚多,顔注原文作:"孟康曰:'爰,於也。'師古曰:'更,互也。'"

[11]"讀'婁敬'之'婁'",高誘注作"讀婁之婁",莊逵吉校云:"孔户部繼涵疑句有脱字,恐未必然。"吴氏所引,未知所本。

[12]"兑,説也","説"字僅《不苟》"見由則兑而倨"注作"説",亦作"悦",他注皆作"悦"。

[13]"樜,音酉,字亦作楢",《釋文》作"楢,音酉,字亦作樜"。

[14]"媚,好也",《廣雅·釋詁·一》"媚"上有"嫵"字,應讀作"嫵媚,好也","嫵媚"當連讀。

[15]"信可以優游暇譽",《文選·曲水詩序》"譽"字作"豫"。

詩小學卷二十

大　雅

保山吳樹聲學

文王之什

莫《傳》:"莫,定也。"《板》:"民之莫矣。"《傳》:"莫,定也。"四章:"貊其德音。"《釋文》:"貃,本作貊。……《左傳》作莫,音同。《韓詩》同,云:'莫,定也。'"《左氏春秋·襄三十一年傳》:"民之莫矣。"注:"莫,猶定也。"《漢書》作"求民之瘼"。[1] 班氏治《韓詩》,疑《韓詩》作"瘼"矣。《説文》:"瘼,病也。"《爾雅·釋詁》:"瘼,病也。"注:"今江東呼病曰瘵,東齊曰瘼。"言上帝"監觀四方",亦求民之疾苦而已;求民之疾苦者,上帝也。"皇矣"句直貫至"爰究爰度"句。"上帝耆之",重呼"上帝"而揭之。民之得所宅居,民之所以免於疾苦也,上帝之心良苦矣。

二國《傳》:"二國,殷、夏也。"《箋》:"二國,謂今殷紂及崇侯也。"案:《詩》美文王,與夏后無干,文王距夏桀幾六百年矣。此詩言周之所以代殷,夏桀雖不得民,何必遠溯之?則言"夏"者非經義。文王三分天下有其二,以服事殷,則未受命以前,殷固共主,豈可下與崇侯並稱二國?則言"殷紂及崇侯"亦非《詩》義。聲谓:五章明云"密人不恭",七章明云"以伐崇墉",則所謂"二國"者,斷指密與崇。言是時文王為方伯，密、崇皆在統内，故文王得而伐之。密、崇稱“二國”者，《正義》引《書傳》云：“文王受命三年，伐密須。”又引皇甫謐云：“文王問太公：‘吾用兵，孰可？’太公曰：‘密須氏疑於我，我可先伐之。’”又孫毓云：“文王七年五伐，有伐密須、犬夷、黎、邘、崇。”又“崇侯與文王俱為紂之上公，是長諸侯也”，又“崇侯虎倡紂為無道，變亂典刑”等語。案：《竹書紀年》亦載“帝辛……三十二年……，密人侵阮，西伯帥師伐密”，《史記・殷本紀》亦載崇侯虎譖西伯之事。意者密與崇當時權勢不殊，而崇侯虎亦與文王位望相亞，故以“二國”稱之與！

四國 《傳》：“四國，四方也。”《箋》：“四國，謂密也，阮也，徂也，共也。”據鄭氏以“徂”為國名，以湊足四國之數，下文“以按徂旅”，毛訓“往”，《孟子・梁惠王下》引作“以遏徂莒”，“莒”、“旅”同字，獨非國名乎？鄭氏訓為“眾”，似非經義，當依毛訓為“四方”。下文“爰究爰度”與“其政不獲”語意自有低昂也。

爰究爰度 《傳》：“究，謀。度，居也。”《箋》：“度，亦謀也。”案：《小弁》：“不舒究之。”《箋》：“究，謀也。”《左氏春秋・文四年傳》：“爰究爰度。”注：“究、度，皆謀也。”《爾雅・釋詁》：“究，謀也。”本詩：“度其鮮原。”《箋》：“度，謀也。”《書・呂刑》：“何度非及。”王注：“度，謀也。”《禮・坊記》“度是鎬京”注，《儀禮・士喪禮》“度兹幽宅”注，《左氏春秋・昭二十四年傳》“同德度義”、《哀十一年傳》“圉豈敢度其私”注，並云：“度，謀也。”《爾雅・釋詁》：“度，謀也。”據此，則“度”訓“謀”亦古誼。聲谓：《皇華》：“周爰咨度。”《傳》：“咨禮義所宜為度。”“度”字訓亦與“謀”近也。經言“求民之莫”，蓋欲奠民之居也；“維此二國，其政不獲”，不可得而居矣。“維彼四國”雖若可居，而亦未見其可居也，不能不須乎究度矣，故曰“爰究爰度”也。

耆 《傳》：“耆，惡也。”《箋》：“耆，老也。”案：此承上四句言。“維此二國，其政不獲”，既不可得而居；“維彼四國”，又須“爰究爰度”，亦不能定謂可居，則可居此民者莫若文王矣。然亦不輕言居者，上帝方老之也。《史記正義》引《毛詩》云:“文王九十七而終,終時受命九年,則受命之元年,年八十九也。”故曰“上帝老之”。

憎其式廓 《傳》:“廓,大也。憎其用大位,行大政。”《箋》:“憎其所用為惡者浸大也。”《孟子·盡心下》:“士憎兹多口。”注:“離於凡人而仕者亦益多口。”《疏》:“以其為士者益此多口。”據《疏》,則趙氏讀“憎”為“增”;增,益也。《老子》:“抱一為天下式。”注:“式,模則也。”[2]《文選·東京賦》:“是廓是極。”薛注:“廓,猶規也。”《集傳》用或說改“憎”為“增”,訓“式廓”為“規模”,未始無據,陳氏啟源斥為“臆創之解”,過矣。惟《集傳》不知“上帝耆之”“之”字與“憎其式廓”“其”字皆指文王說,故其說難通。經言“上帝耆之”,蓋欲老之也;所以老之者,欲憎大其規模耳。《史記·殷本紀》:“乃陰脩德行善,諸侯多叛紂而往歸西伯,西伯滋大,紂由是稍失權重。”此“增其式廓”實事也。規模既大,上帝乃眷然西顧,決計祐周,曰:“此維與宅。”乃,難詞也;“此”字指周;周在中土之西,故曰“西顧”;宅,居也;與宅,與民共居也。

眷 《箋》:“乃眷然運視西顧,見文王之德,而與之居。言天意常在文王所。”《說文》:“眷,顧也。”因《詩》有“乃眷西顧”之語,訓詁家遂訓“眷”為“顧”,不知“眷”自有本義。《文選·經湖中瞻眺》詩:“覽物眷彌重。”注:“眷,猶戀也。”又《補亡詩》:“眷戀庭幃。”[3]注:“眷戀,思慕也。”聲谓:“眷”即“眷眷”也,短言長言之分也。《文選·思玄賦》:“魂眷眷而屢顧兮。”李善注:“《韓詩》曰:‘眷眷懷顧。’”案:《毛詩》作“睠睠懷顧”,“眷眷”即“拳拳”也。《廣雅·釋訓》:“拳拳,愛也。”案:“眷”、“拳”皆从𠔉,《說文》作“𢍏”。故通假。言上帝乃眷眷戀愛之而西顧也。

作屏 《釋文》:“屏,必領反,除也。”案:“作”當讀如《禮·內則》“魚曰作之”之“作”,注作“治擇之名”。案:《爾雅·釋器》作“魚曰斮之”,《釋文》引《字林》:“斮,斬也。”又樊注:“斮,斫也。”據此,則“作”者,“斮”之借也。《論語·堯曰》:“屏四惡。”《集解》引孔注:“屏,除。”《穀梁春秋·宣元年傳》:“放,猶屏也。”注:“屏,除。”

《列子·力命》:“亟屏之。”注:“屏,除也。”案:《廣雅·釋詁·三》作“摒,除也”。作“摒”者,蓋形聲字;經作“屏”者,用古文。謂斱伐而屏除之也。八句本一事,即首章所謂“憎其式廓”也。分之為二:“菑”、“翳”、“灌”、“栵”為一類,木之不成材者也;“檉”、“椐”、“檿”、“柘”為一類,木之成材者也。再分為四:“菑”、“翳”不可以為薪,故在屏除之列;“灌”、“栵”可以助薪,故脩治之而尚非棄材;“檉”、“椐”中材用,曰“啟”、曰“辟”,知存留者多矣;“檿”、“柘”供要用,曰“攘”、曰“剔”,知護惜者深矣。周地之木,原不止此八名,詩人不過隨舉以見例,以見“式廓”之日增。必舉此八者,為合韻耳。

菑《傳》:“木立死曰菑。”《釋文》:“菑,本又作甾。”《爾雅·釋木》:“木立死,菑。”案:“菑”、“甾”皆假借也。《爾雅·釋木》注作“其椔其翳”。《荀子·非相》:“周公之狀,身如斷椔。”[4]字皆作“椔”。聲谓:作“椔”者,形聲字。《考工記》:“輪人為輪,……察其菑蚤不齵。”《疏》:“凡植物於地中謂之菑。”又司農注:“泰山、平原所樹立物為菑,聲如胾。”案:立死之木謂之菑,謂木已死而猶植立於地也。

翳《傳》:“自斃為翳。”《釋文》:“《爾雅》云:‘木自斃,柛。蔽者為翳。’郭云:‘相覆蔽。’《韓詩》作殪,云:‘因也,因高填下也。’”案:“翳”亦借字也,當依韓作“殪”,聲近假借。立死者為“菑”,仆死者為“殪”,儷文也。《後漢書·光武紀上》注:“殪,仆也。”聲谓:“殪”者,仆而死,即今所謂倒斃也。木之立死者、仆死者皆無用之物,故斱而屏之,此一類也。

灌栵《傳》:“灌,叢生也。栵,栭也。”《正義》引郭璞曰:“栭樹似槲樕而庳小,子如細栗,今江東呼為栭栗。”《葛覃》:“集于灌木。”《傳》:“灌木,叢木也。”《爾雅·釋木》:“木族生為灌。”《文選·吳都賦》:“丹桂灌叢。”劉注:“木叢生曰灌。”字亦作“樌”。《爾雅》:“木族生為樌。”[5]《釋文》:“或作灌。”聲谓:作“樌”者,形聲字;作“灌”者,假借字:“樌”、“灌”聲同。《說文》:“栵,栭也。从木,列聲。”案:《說文》:“栭,屋枅上標也。从木,而聲。《爾雅》曰:‘栭謂之格。’”《文選·西京賦》:“繡栭雲楣。”薛注:“栭,斗也。”據此,則“栭”

為屋枅上短柱。又《爾雅・釋木》:“栵,栭。”舍人注:“江淮之間呼小栗為栭栗。”據此,則“栭”之為木,卑小如槲樕,不中材用者也。陸璣《草木疏》謂其“木理堅韌而赤,可為車轅”,乃別是一種,永昌人謂之栗木,並不結子也。“灌”為叢木,荆棘礙足,故宜“脩”;“栵”為短木,拳曲無用,故宜“平”。

檉椐《傳》:“檉,河柳也。椐,樻也。”《釋文》:“樻,……《草木疏》云:‘節中腫,似扶老,即今靈壽是也。今人以為馬鞭及杖。’”《爾雅・釋木》:“檉,河柳。”注:“今河旁赤莖小楊。”寇氏《衍義》謂之“三春柳”。案:《爾雅》注所謂“赤莖小楊”是也,但不定生於河傍耳。其樹間有大數圍者,乃人家埸圃所植以備藥料者。《爾雅・釋木》:“椐,樻。”《釋文》引樊、孫注:“椐,樻,腫節可作杖。”《山海經・北山經》:“虢山……,其下多桐椐。”注:“椐,樻木,腫節中杖。”以上二木雖亦中用,並非名材,故宜“啟”宜“辟”。

攘剔《釋文》:“攘,如羊反。剔,他歷反,或作鬄,又作㓭,同。”《孟子・滕文公下》:“今有人日攘其鄰之雞者。”注:“攘,取也。”《漢書・景帝紀集注》:“攘,取也。”又《匡謬正俗・一》引《爾雅》:“攘、仍,因也。”《漢書・五行志下之上集注》:“攘,因也。”“檿”為山桑,材中弓幹,故因而取之。“剔”亦作“鬄”者,《後漢書・馮魴傳》注引《聲類》:“剔,亦鬄字……,謂剃去髮也。”據此,則“剔”、“鬄”古字通也。《莊子・馬蹄釋文》引《字林》:“剔,翦也。”[6]“柘”以飼蠶,尤為嘉植,苟有防礙,亦不能翦伐之。以上言木者八,周地之材木原不止此;言刊除之事亦八,未免詞繁意複。在詩人不過極言榛莽變為邑里,合無用有用之木皆在刊除之列,以見歸附者日眾,生聚者日繁耳。作詩者未必字字有意,在後世說《詩》者正不妨字字還出實義。

遷《傳》:“徙就文王之德也。”《說文》:“遷,登也。从辵,䙴聲。”《五音篇海》引《字林》:“遷,登也。”言文王有明德,天乃登之,故曰“帝遷明德”,與“乃眷西顧”語相應。文王有明德,故天顧之;天顧之,故不能不登之也。“登”有進義,“遷”訓“登”,“遷”亦應有進義也。進有德即退無道,故曰“遷”。

串夷載路《傳》:"串,習。夷,常。路,大也。"《箋》:"串夷,即混夷,西戎國名也。路,應也。天意去殷之惡,就周之德,文王則侵伐混夷以應之。"《釋文》:"串,古患反,一本作患。或云:'鄭音患。'"案:古文"貫"作"毌",《說文》"患"下古文"患"作"𢝇",从毌,"毌"即"貫"之古文。後世从省作"串",又省作"丳",又加"貝"作"貫"耳。薛氏《鐘鼎款識》載《父乙甗銘》"貫"作"[古文]"。《嘯堂集古錄》載《周晉姜鼎銘》"令威貫通"作"[古文]";《南宮中鼎銘》"南國貫行"作"[古文]",从[古文],重貝也,从丨以貫之,會意字,即以意為聲。此"串"字以古文讀之,定為"貫"。《增韻》"貫"下:"條貫,規繩也。"案:"貫"、"規"一聲,故"貫"有"規"義。《論語·先進》:"仍舊貫。"亦即仍舊規也。《晉書》:"王獻之少而英邁,不循常貫。""貫"字亦當訓為"規"也。"夷"者,"彝"之借,法也。《禮·明堂位》:"夏后氏以雞夷。"《周禮·司尊彝》司農注作"夏后氏以雞彝"。《烝民》:"民之秉彝。"《孟子·告子上》作"民之秉夷"。《書·洪範》:"是彝是訓。"《史記·宋微子世家》作"是夷是訓"。《書·君奭》:"兹迪彝教。"《疏》:"彝,法也。"又《禮·明堂位》見上。注:"夷,讀為彝。"《疏》:"彝,法也。"《周禮·春官·序官》:"司尊彝。"注:"彝,灋即"法"。也。"《漢書·王莽傳上集注》:"彝,法也。"載,始也。《載見》"載見辟王"《傳》,《駟驖》"載獫歇驕"、本詩"載錫之光"、《載芟》"載芟載柞"、《閟宮》"秋而載嘗"《箋》,並云:"載,始也。"路,"露"之古文也,詳《召南·行露》。《詩》言"串夷載路"者,言帝既遷其明德,而文王之規模法度於是乎始露。"帝遷明德"句應"乃眷西顧","串夷載路"句應"增其式廓"。舊解模糊,《箋》說迂曲。宋儒用《箋》說以"串夷"為"混夷",解"載路"為"滿路",微論"載"無"滿"訓,且《生民》章尚有"厥聲載路"語。混夷之人滿路固屬不辭,后稷之聲滿路尤為不經矣。並詳《生民》。

配《傳》:"配,媲也。"《箋》:"天既顧文王,又為之生賢妃,謂太姒也。"案:此即《文王》"克配上帝"之"配"也。又曰"永言配命",《下武》言"王配于京","配"原不定言妃匹也。《書·召誥》:"其自時配皇天。"言文王之明德可以配天,是天之配也;非文王能自配天,乃

“天立厥配”也。合下章“帝作邦作對”觀之,語義尤明。“作對”即立配也,“帝”即天也。天立之,天即命之矣,其受命有不堅固者乎? 配,古亦訓“對”。《漢書・王莽傳上集注》:“配,對也。”《文選・東京賦》:“推光武以作配。”注:“配,對也。”《游天臺山賦》:“應配天於唐典。”注:“配,對也。”

兑《傳》:“兑,易直也。”案:“兑”者,“鋭”之省。《説文》:“鋭,芒也。从金,兑聲。”案:松柏,皆有芒刺者,故言“鋭”,猶《禮》言“松柏之有心”矣。詳《凱風》。《左氏春秋・昭十六年傳》:“不亦鋭乎?”注:“鋭,細小也。”《正義》:“鋒芒尖,故為細小。”[7]“鋭”作“兑”者,《老子》:“塞其兑。”《釋文》:“兑,河上本作鋭。”《史記・天官書》:“隋北端兑。”《漢書・天文志》作“鋭”。據此,則古人“兑”、“鋭”為通字也。

對《傳》:“對,配也。”《箋》:“作,為也。天為邦,謂興周國也。作配,謂為生明君也。”案:“配”訓“對”,此“對”亦訓“配”,是為轉注。言興周之邦,為帝之對也。“作對”猶立配。誰立之? 天立之。誰作之? 帝作之。其意一也。陳氏啟源曰:“君以臣為配,故曰‘匹’曰‘仇’;天以君為配,故曰‘對’曰‘配’。配者,相須之義。天須君以代治民,君須臣以共治民。”是也。其解“天立厥配”又以歐、程“配天”之説為“非《詩》指”,何也?

王季《左氏春秋・昭二十八年傳》作“唯此文王”,《正義》亦引《左傳》,云[8]:“此云‘維此王季’,彼言‘唯此文王’者,經涉亂離,師有異讀,後人因即存之,不敢追改。今王肅注及《韓詩》亦作‘文王’。”聲谓:以下文“王此大邦”句證之,當以作“文王”者為是。陳氏啟源曰:“此經毛無《傳》。王,述毛者也,而注為‘文王’,則毛本作‘文王’可知。《左傳》作‘文王’,復云‘近文德矣’,申言‘九德’為文王之德,則《傳》文決無誤。”説者曰:“此章尚有‘比于文王’一句,又當作何解?”聲谓:“比于文王”之“比”,當讀為“庀”,具也,猶言“具于文王”,語自可通。詳下。

貊《傳》:"貊,静也。"《釋文》:"貉,知必有作"貉"之本矣。本作貊,武伯反。《左傳》作莫,音同,《韓詩》同,云:'莫,定也。'"案:貊,"莫"之借,"莫"即莫莫也,"貊其"即莫莫然。《楚茨》:"君婦莫莫。"《傳》:"莫莫,言清靜而敬至也。"與《左傳》義微異,與"莫"字字義為近。《禮·樂記》亦引作"莫其德音",《韓詩》之師承亦遠矣。

類《箋》:"類,善也。勤施無私曰類。"《既醉》"永錫爾類"、《桑柔》"貪人敗類"、《瞻卬》"威儀不類"《傳》,《蕩》"而秉義類"《箋》,並云:"類,善也。"《書·太甲中》:"自底不類。"《說命上》:"台恐德弗類。"《傳》並云:"類,善也。"《左氏春秋·僖二十四年傳》:"召穆公思周德之不類。"《周書·芮良夫》:"后作類。"《國語·晉語》:"正名育類。"《楚語》:"恐余德之不類。"注並云:"類,善也。"《管子·乘馬》:"閉則類。"《荀子·儒效》:"其言有類。"《呂覽·重言》:"余惟恐言之不類也。"注並云:"類,善也。"據此,則"類"訓"善"者,古義也。《左傳》之"勤施無私"即"善"義也,故鄭氏既以《爾雅》"善也"為義,又引《左傳》語以證之。此字當依舊說無疑。

比《箋》:"王季之德比于文王,無有所悔也。"《周禮·大司馬》注:"比,或作庀。"《遂師》:"比其委積。"[9]又:"比敘其事而賞罰。"司農注:"比,讀為庀。"又《世婦》:"比其具。"注:"鄭司農:'比,讀為庀。'"又《大胥》:"比樂官。"注:"鄭大夫讀比為庀。"又《遂師疏》:"《周禮》之内云'比'者,後鄭皆為'校比',先鄭皆為'庀'。'庀'為'具',得通一義。"據此,則"比"者,"庀"之借也。庀,具也,言以上九德皆具于文王耳。或以經文連用二"比"字,不宜有二訓,不知《三百篇》中此類甚多,即以本章而論,"王此大邦"與"比于文王"亦一字二訓也。古人字少,故假借、轉注較後世為多也。

悔《公羊春秋·襄二十九年傳》:"尚速有悔於予身。"注:"悔,咎。"《賈子·容經》:"悔者,凶也。"案:"悔"者,凶咎之意。言九德具于文王,其德如是,斷無有凶咎,決之于其德也。

畔援《傳》:"無是畔道,無是援取。"《箋》:"畔援,猶跋扈也。"[10]《釋文》:"援,引也。[11]《韓詩》云:'畔援,武强也。'"案:

《箋》"跋扈"義蓋本《韓詩》。聲谓:"畔"為"叛"之借字。《論語·雍也》:"亦可以弗畔矣夫。"皇《疏》:"畔,違背也。"援,牽引也。《禮·中庸》:"不援上。"注:"援,謂牽持之也。"《荀子·性惡》:"不肖者敢援而廢之。"注:"牽引也。"又《禮·緇衣》:"不援其所不及。"注:"援,引也。"每字自有實義,無須添出"道"字,"道"字自在其中。

歆羨 《傳》:"無是貪羨。"《國語·楚語》:"楚必歆之。"注:"歆,猶貪也。"又《周語》:"民歆而德之。"注:"歆,猶欣欣,喜服也。"《文選·游天台山賦》注引《韓詩章句》:"羨,願也。"《鴻烈解·說林》:"臨河而羨魚。"注:"羨,願也。"又《文選·思玄賦》:"羨上都之赫戲兮。"舊注:"羨,慕也。""無然歆羨"者,無是貪心願慕也,亦各有各義也。

岸 《傳》:"岸,高位也。"《箋》:"岸,訟也。……欲廣大德美者,當先平獄訟,正曲直也。"《說文》:"岸,水厓而高者。从屵,干聲。"案:"岸"為"水厓而高",故引之有高義。《小爾雅·廣詁》:"岸,高也。"《荀子·宥坐》:"三尺之岸而虛車不能登也。"據此,則凡高者皆可謂之"岸"。經言"誕先登于岸",猶言先登于高耳。既不畔援,又不歆羨,其志向已自處于高。從來聖帝明王,其識見必有高人數等者,此其所以能定大事,平大難也。詩人之美文王,蓋窺之於其微矣。

侵阮徂共 《傳》:"侵阮,遂往侵共。"《箋》:"阮也,徂也,共也,三國犯周,而文王伐之,密須之人乃敢距其義兵。違正道,是不直也。"案:"侵阮徂共"即"距大邦"之實,蹟密人之所以不恭也。下文"以按徂旅",《孟子》引作"以遏徂莒",毛訓為"地名",近之。鄭以"徂"為國名,下文"徂旅"不言"阮"與"共",不知何說。且以"侵阮徂共"為文王伐之,既已伐之,即當按止徂國之兵旅矣,不應又云"王赫斯怒,爰整其旅,以按徂旅"也,種種滲漏。《傳》意為優。

按 《釋文》:"按,安旦反;本又作遏,安葛反。此二字俱訓止也。"《孟子·梁惠王下》正引作"以遏徂莒"。《說文》:"頞,鼻莖也。从頁,安聲。齃,或从鼻曷。"據此,則"按"有"遏"音也。聲谓:"安"、

"遏"雙聲。陳氏啟源謂"按"無"遏"音,且謂為宋世之俗音,何也?

旅 《傳》:"旅,地名也。"《箋》:"五百人為旅。"《孟子》引作"莒"。見上。案:依毛訓為"地名",則作"莒"者,正字;作"旅"者,借字也。以上下文定之,當依《傳》說。

以篤于周祜 案:《唐石經》本及呂《記》、嚴《緝》並《注疏》本皆有"于"字,呂《記》引《孟子》亦有"于"字,不知何時脱去此一字也。

依其在京 《傳》:"京,大阜也。"《箋》:"京,周地名。……文王但發其依居京地之眾,以往侵阮國之疆。"王氏引之曰:"鄭以'依其在京'為'依居京地',非也;'依其居京',則為不辭矣。今案:依,兵盛貌;'依其'者,形容之辭。"聲案:"依其"云者,猶本詩之言"貊其",他詩之言"淒其"、"温其"也。又云:"依之言殷也。(聲案:"依"、"殷"雙聲。)馬融注《豫卦》曰:'殷,盛也。'《出車》:'楊柳依依。'薛君《韓詩章句》曰:'依依,盛貌。'見《文選》潘岳《金谷集詩》注。《車舝》:'依彼平林。'毛《傳》:'依,茂木貌。'木盛謂之依,猶兵盛謂之依也。"聲谓:此章在"赫怒"、"按旅"以後,蓋追敘密人侵阮時之情形也。言密之士眾殷然盛而在京,侵自阮地之疆,已陟我之高岡矣;密人無當我之陵,我陵即我之城阿;密人無飲我之泉,我泉即我之隍池。上章言文王之威,足以畏之;此章言文王之德,足以服之。對密人言,故曰"我"也。"我陵我阿"二語,為"楚國方城以為城,漢水以為池"語所由昉。矢,《傳》:"陳也。"《箋》:"猶當也。"今依《箋》說。

鮮原 《傳》:"小山別大山曰鮮。"《箋》:"鮮,善也。"案:此即《公劉》"陟則在巘,復降在原"之"巘原"字。《公劉傳》:"巘,小山別於大山也。"《釋文》:"巘,本又作獻。"[12]《禮·月令》:"天子乃鮮羔開冰。"鄭注:"鮮,當為獻。"是"獻"即"巘","鮮"即"獻"也。"小山別大山曰鮮","鮮"與"析"一聲,故字亦相通。《書·禹貢》:"析支。"《大戴記·五帝德》作"鮮支"是也。言小山與大山相離析,故曰"析"。"鮮原"者,鮮山之原也。公劉居之,文王又度之者,將以"增其式廓"也。此"鮮原"即"居岐之陽,在渭之將"也,必度之而後居,而後在也。

將《傳》："將，側也。"案："將"無"側"意。《說文》："㢡，山陵也。[13]从山，戕聲。"引之亦為凡陵字；陵，大陸也。"在渭之將"，在渭水傍之大陸也。"將"亦假借字，"㢡"則形聲字矣，亦或作"𨻶"。

予懷明德 案：此"明德"即"帝遷"之"明德"也；懷之，故遷之。明明曰"帝謂文王，予懷明德"矣，"帝遷明德"亦指文王說益信。

不大聲以色《傳》："不大聲見於色。"《箋》："而不虛廣言語，以外作容貌。"案：《傳》未訓及"以"字。聲谓：以，與也。《江有汜》："不我以。"《擊鼓》："不我以歸。"《桑柔》："不胥以穀。"《箋》並云："以，猶與也。"《儀禮·鄉射禮》"主人以賓揖"注、又"各以其耦進"注，《大射儀》"揖以耦左還"注，並云："以，猶與也。"又《儀禮·鄉射禮》："各以其耦進。"注："今文'以'為'與'。""不大聲與色"，言不以聲與色為大也。故《中庸》引而釋之曰："聲色之於以化民，末也。"雖曰斷章，漢人說《詩》如此，亦古說矣。此句所謂"不動聲色"也。

不長夏以革《傳》："革，更也。不以長大有所更。"《箋》："不長諸夏以變更王法。"《禮·學記》："夏楚二物。"注："夏，榴也。"《文選·廣絕交論》："故王丹威子以檟楚。"注："《禮記》曰：'夏楚二物，收其威也。'鄭玄曰：'夏，檟也。'[14]夏與檟，古今字也。"又《馬汧督誄》："以檟楚之辭連之。"注："《禮記》曰：'夏楚二物，以收其威。'鄭玄曰：'夏，榴也。'夏與檟，古今字通。"據此，則"夏"即"檟"也。王氏讀"夏"為"榎"，木屬；革，皮屬：即鞭扑刑也。據此，則"夏"與"革"皆指刑罰言也。必言"夏"與"革"者，合韻也。"不長夏與革"者，不以夏與革為長也。此句所謂"不用刑罰"，下二句即所謂"不作聰明"，非果無知識也。

帝謂文王 重言"帝謂文王"者，文王之伐叛討逆，無非仰承天意，所謂"天命"、弟一句。"天討"，不啻諄諄然命之也。

仇方《傳》:“仇,匹也。”《箋》:“怨耦曰仇。仇方,謂旁國諸侯為暴亂大惡者,女當謀征討之。”案:“仇”即“公侯好仇”之“仇”,當依毛訓為“匹”;“方”即“方以類聚”之“方”。先使之“詢爾仇方”。“同”即“同我婦子”之“同”,聚也,又使之“同爾兄弟”。至仇方、兄弟詢謀僉同,然後奉辭伐罪;聖人舉事慎重如此,無非仰體上帝不得已之苦心也。“仇方”,異姓之國;“兄弟”,同姓之國也。

臨衝《傳》:“臨,臨車也。衝,衝車也。”《釋文》:“臨,……《韓詩》作隆。衝,……《說文》作衝;衝,陳車也。”[15]《鴻烈解·氾論》:“隆衝以攻。”亦作“隆”者,蓋本《韓詩》。案:“臨”、“隆”雙聲。《漢書·敘傳》作“衝棚閑閑”。案:“臨衝”與“衝棚”皆音相近,班氏蓋據三家《詩》。

閑閑茀茀《傳》:“閑閑,動搖也。”《十畝之間》:“桑者閑閑。”《傳》:“閑閑然,男女無別往來之貌。”《莊子·齊物論》:“大知閑閑。”《釋文》引李注:“閑閑,無所容貌。”又引簡文注:“閑閑,廣博之貌。”案:一“閑閑”而傳四訓,讀者奚從?案:閑,靜也,習也。《楚辭·招魂》:“侍君之閑些。”[16]注:“閑,靜也。”《文選·登徒子好色賦》:“玉為人體貌閑麗。”注:“閑,靜也。”《駟驖》“四馬既閑”《傳》、《卷阿》“既閑且馳”《箋》:“閑,習也。”據此,則“閑”者,靜而習也,以之訓《十畝之間》與《莊子》無不可通也。“茀茀”,《傳》:“彊盛也。”《廣雅·釋訓》:“茀茀,茂也。”案:茂即盛也,物盛者必彊,故毛訓為“彊盛”。亦或作“勃勃”。《廣雅》:“閑閑、勃勃,盛也。”“勃勃”與“閑閑”並訓,“勃勃”即“茀茀”之同聲字。

言言仡仡《傳》:“言言,高大也。”《箋》:“言言,猶孽孽,將壞貌。”案:《公劉》:“陟則在巘。”《釋文》:“巘,魚輦反,又音言。”“巘”既曰“陟”,其高大可知;“巘”有“言”音,則“言”者,“巘”之借字也。又《廣雅·釋訓》:“嵃嵃,語也。”字从山,即“言言”之形聲字也,今字書以為“誾誾”字之別體矣。仡仡,《傳》:“猶言言也。”《釋文》:“仡,……《韓詩》云:‘搖也。’《說文》作圪。”[17]《文選·魯靈光殿賦》張載注引作“崇墉屹屹”,《增韻》:“屹,山貌。”古書傳

“仡仡”皆訓勇壯、勇健，與“崇墉”無涉。“仡仡”者，“屹屹”之借也，後世有“屹若山立”語，“屹”有堅固義。上云“言言”，言其高大；此云“屹屹”，言其堅固。言崇墉雖高大而堅固，文王兵至而服，無所用之也。

致附絶忽《傳》：“致，致其社稷群神。附，附其先祖，為之立後。尊其尊而親其親。忽，滅也。”陳氏啟源曰：“‘致附’與‘類禡’連文，亦當言祭，《傳》義允矣。且古人繼絶存亡之道即行於弔伐時，賴《傳》語得見之。”聲谓：陳氏之說是也。惟上章方言“致附”，存其祀也，下章又言“絶忽”，讀如《左氏春秋傳》“不祀，忽諸”。詩人為不詞矣。案：兩節本係儷文，語義全在兩“以”字。“以”者，“已”之借也，猶言“亦”也。言“是類是禡，是致是附”，存其祀，四方亦無有侮之者；“是伐是肆，是絶是忽”，殄其祀，四方亦無有拂之者。極力鋪張，不過言四方無不懷其德而畏其威耳。不惟伐、肆、絶、忽非實事，即類、禡、致、附亦非必然之事也。實事自有史官書之，詩人與史官固微有不同矣。

靈臺《序箋》：“天子有靈臺者，所以觀祲象，察氣之妖祥也。文王受命而作邑于豐，立靈臺。《春秋傳》曰：‘公既視朔，遂登觀臺以望，而書雲物，為備故也。’”經《傳》：“神之精明者稱靈。”《箋》：“觀臺而曰靈者，文王化行，似神之精明，故以名焉。”《正義》曰：“其實天子之臺皆名曰靈臺，服虔《左傳》注云：‘天子曰靈臺，諸侯曰觀臺。’是也。”又：“《僖十五年左傳》云：‘秦伯獲晉侯以歸，乃舍諸靈臺。’秦是諸侯，而得有靈臺者，杜預云：‘在京兆鄠縣，周之故臺也。’《哀二十五年左傳》曰：‘衛侯為靈臺於藉圃。’言‘為’，則是新造，其時僭名之也。”聲案：此詩《孟子》引之，說之詳矣。《孟子》曰“文王以民力為臺、為沼，而民歡樂之，謂其臺曰靈臺，謂其沼曰靈沼，樂其有麋、鹿、魚、鱉”等語，皆經義也，與他處斷章取義者不同。此“臺”、“沼”皆遊觀之地，與所謂“靈臺”、“觀臺”者無涉；此“囿”亦與百里、四十里之囿無涉。《詩》本美文王之得民，不必脩城鑿池以及有關朝廟典禮者，可以見其得民，即一游觀之所，而民之樂事趨公已如此。有臺則必有囿與池，不惟為之竟其功，且為之備其物，民情之愛戴至于如此。末二章言及“辟雍”、“鐘鼓”者，有以得民，即有以教民，頌聲於是乎作焉。若曰“靈臺，所以觀祲象”，“靈囿”、“靈沼”又何說焉？若曰“天子曰靈臺，諸侯曰觀臺”，則《詩序》“民樂其有靈德”、《孟子》“謂其臺曰靈臺”又何說焉？總之，“靈臺”、“靈囿”、“靈沼”諸“靈”字皆當時民人所加，而非文王自名之也。《序》曰：“文王受命，而民樂其有靈德，以及鳥、獸、昆蟲焉。”案：麟、鳳、龜、龍，謂之四靈；木也，謂之靈壽；草也，謂之靈芝：皆所以頌聖人也。靈臺、靈沼，聖人之臺與沼也，頌美之辭也。

庶民攻之 《傳》：“攻，作也。”案：“庶民”二字最宜著眼。“經之營之”，皆所以“經始”也，有司者治之耳。一有基址，庶民即合力攻之。曰“庶民”者，眾辭也。《國語·楚語》：“庶民攻之。”韋注：“攻，治也。”案：“攻”訓“治”，亦古誼也，“作”亦治也。《書·甘誓》：“左不攻于左。”《傳》：“攻，治也。”《周禮·考工記·總目》：“凡攻木之工七。”注：“攻，治也。”

不日成之 《傳》：“不日有成也。”《箋》：“不設期日而成之。言說文王之德，勸其事，忘己勞也。”趙岐《孟子》注云：“不與之相期日限，自來成之也。”韋昭注《國語》曰：“不程課以時日也。”案：以上皆古訓也。聲谓：《王風·君子于役》：“不日不月。”《箋》：“行役反無日月，何時而有來會期？”是亦以期會言也。案：彼言“不日不月”者，言其久；此言“不日”者，言其速。言其成也，不以日計也。李氏黼平本《集傳》，以“不日”為“不終日”，謂“《傳》意言不一日而已有成”，似有神靈，“似神靈為之，正釋臺之所以名‘靈’”，不惟無以講“靈囿”、“靈沼”，語涉幻怪，經義決不如是也。

勿亟 《箋》：“亟，急也。”《文選·東京賦》：“經始勿亟。”薛注：“勿，猶不也。”案：薛氏治《韓詩》，有《韓詩章句》。此又追溯經始之時，言經始之時原不亟，亟乃“庶民子來”，故成之如此其速也。“亟”音古同“棘”。《采薇》“來”與“棘”韻，此與“亟”韻，古韻也。

濯濯 《傳》:"濯濯,娱遊也。"《崧高》:"鉤膺濯濯。"《傳》:"濯濯,光明也。"《廣雅·釋訓》:"濯濯,肥也。"《漢書·司馬相如傳》:"濯濯之麟。"《集注》引文穎:"濯濯,肥也。"師古引《詩》"麀鹿濯濯"證之,《集傳》訓"濯濯"為"肥澤"本此。凡物肥則澤潤,此則後人勝前賢者矣。《崧高傳》"光明"亦由"澤"字義引申而出也。

翯翯 《傳》:"翯翯,肥澤也。"《箋》:"鳥獸肥盛喜樂,言得其所。"《釋文》引《字林》云:"鳥白肥澤曰翯。"《說文》:"翯,鳥白肥澤皃。从羽,高聲。《詩》云:'白鳥翯翯。'"案:字從羽,故為鳥之潔白。又案:《正義》曰:"娱樂遊戲亦由肥澤故也,二者互相足。"據此,則《傳》言"濯濯"亦兼肥澤,言"肥澤"亦兼游娱。不言"潔白"者,以經文明言"白鳥"矣。《傳》訓簡而古矣。

牣 《傳》:"牣,滿也。"《說文》:"牣,滿也。从牛,刃聲。《詩》曰:'於牣魚躍。'"字亦作"仞"。《孟子音義上》引丁《音》:"牣,本作仞。"《史記·司馬相如傳》:"虚宫觀而勿仞。"《正義》:"仞,亦滿也。"《文選·上林賦》:"虚宫館而勿仞。"郭注:"仞,滿也。"聲案:作"牣"者,假借字;"仞"亦假借字也。又案:《說文》:"牣,滿也。从牛,刃聲。"豪無意義。聲谓:"牣"即"八尺曰仞"本字也。經書作"仞"者,假借字,猶之作"軔"《孟子音義下》引丁《音》:"軔,義與仞同,借用耳。"與"刃",《書·旅獒》:"為山九仞。"《釋文》:"仞,本作刃。"皆假借字也。从㫃,旌旗之類也。牣長八尺,故因以為尋仞字,猶之"常"本衣常、旂常字,亦借為"尋常"字也。从刃,聲也。篆文作"𤘘",左體似牛形,右體又遺去人形,傳寫者遂訛作"牣"矣,與"物"字之訛誤略同。八尺曰仞,此"牣"之弟一義也。又柔"牣"、"柔"一聲。也。《荀子·富國》:"芒軔僈楛。"注:"軔,柔也。"聲谓:"軔"亦"牣"之借也。"牣"為旌旗之屬,字从㫃,有柔軟之義,故亦訓為"柔"。《管子·制分》:"故凡用兵者,攻堅則軔。"注:"軔,牢固之名也。"非是。下文"攻堅,則瑕者堅"。此句就攻之者言也,言攻堅則攻之者軔,故又曰"攻堅,則瑕者堅",就所攻者言也。"軔"亦"牣"之借字也。《說文》有"韌"字,从韋,韋亦柔軟之物也,與从㫃同意,此"牣"之弟二義。訓為"滿"者,又一義,仍从㫃起義也。此章"王在靈囿"、"王在靈沼",俱從庶民心目中想像出來。山川生色,魚鳥親人,王心之豫順,無非民心之歸往。文王之所以得民者如此,文王之所以教民者可想而知,故下二章緊接"辟雍"、"鐘鼓"。

賁《傳》:"賁,大鼓也。"《釋文》:"賁,符云反,字亦作鼖。"《說文》:"鼖,大鼓謂之鼖。鼖八尺而兩面,以鼓軍事。"《書·顧命》:"鼖鼓。"《傳》:"鼖鼓長八尺。"又鄭注:"鼖鼓,大鼓也。"《周禮·鼓人》:"以鼖鼓鼓軍事。"注:"大鼓謂之鼖,鼖鼓長八尺。"案:作"鼖"者皆訓為"大鼓",以鼓軍事者。經文作"賁"。《易·序卦傳》:"賁者,飾也。"又《易·賁卦釋文》引王肅注:"賁,有文飾,黄白色。"據此,則"賁鼓"者,鼓之有文飾者也。《鼓人》之"鼖鼓"以鼓軍事,取其大;《靈臺》之"賁鼓"以修文教,重在飾:取義不同矣。

於論《傳》:"論,思也。"《箋》:"論之言倫也。"《釋文》:"於,音烏。鄭如字。"《文王》:"於昭于天。"《清廟》:"於穆清廟。"《傳》並云:"歎辭也。"《孟子·告子下》:"於!答是也,何有?"注:"於,歎辭也。"《史記·太史公自序》:"受命於穆清。"《正義》引顏云:"於,歎辭也。"又《夏本紀》:"皋陶曰:'於!'"《正義》:"於,歎美之辭。"《說文》:"侖,思也。从亼,从冊。"《廣雅·釋詁·二》:"侖,思也。""侖"訓"思",故"論"有思義。言於哉!思有其鐘鼓。於哉!樂有其辟廱。教化不能明言,但言其鐘鼓、辟廱而人皆想念之。其所以教化民者,於此可以想見。

鼉《傳》:"鼉,魚屬。"《釋文》:"鼉,徒何反,沈又音檀。《草木疏》云:'形似蜥蜴,四足,長丈餘,甲如鎧。皮堅厚,宜冒鼓。"《說文》:"鼉,水蟲,似蜥易,長大。从黽,單聲。"案:字本从單聲,秦漢以前音尚未變,當讀"檀"音。《漢書·司馬相如傳》:"其中則有神龜蛟鼉,毒冒鼈黿。"馬融《廣成頌》:"左挈夔龍,右提蛟鼉。春獻王鮪,夏薦鼈黿。"兩"鼉"字皆與"黿"韻。據此,則"鼉"之本音原讀若"檀"。又案:《鴻烈解·主術訓》:"推移大犧,[18]水殺黿鼉,陸捕熊羆。"句句韻。楊雄《羽獵賦》:"探巖排碕,薄索蛟螭。蹈獱獺,據黿鼉,抾靈蠵。”亦句句韻。據此，則西漢時其音始轉，然亦祇讀“低”音，如《漢書》之“金日磾”，字从單而讀若低。《說文》：“觶，鄉飲酒角也。从角，單聲。”字亦从單而讀若卮。二字俱从單聲，在兩漢時音轉亦祇入“低”、“卮”一類。並無“徒何反”一音也。三國以後，“鼉”字無有不讀“徒何反”者矣。審音論世，此其所當知者也。

逢逢《傳》：“逢逢，和也。”《釋文》：“逢，薄紅反。《埤蒼》云：‘鼓聲也。’字作韸，[19]徐音豐。”《呂覽·季夏》注作“鼉鼓韸韸”，《太平御覽·五百八十二》作“鼉鼓蓬蓬”，《鴻烈解·時則》注作“鼉鼓洋洋”。聲案：作“逢”者，同聲假借字；作“韸”者，形聲字；“蓬”亦假借字；作“洋”則音義皆別，高氏或另有所本矣。

下武《傳》：“武，繼也。”《箋》：“下，猶後也。”《國語·周語》：“以有胤在下。”注：“下，後也。”《史記·李斯傳》：“後宮充下陳。”[20]《索隱》：“下陳，猶後列也。”案：上二書皆“下”訓“後”之證。聲谓：“下”古音“戶”，“後”古亦音“戶”。《小雅·正月》：“不自我後。”“後”字與“瘉”、“口”、古音“苦”。“愈”、“侮”為韻。《大雅》：“予曰有先後。”“後”字與“附”、“奏”、古音“祖”。“侮”為韻。據此，則“後”與“下”古音不惟雙聲，而且同音。《書·微子》：“用亂敗厥德于下。”馬注：“下，下世也。”聲谓：“下”即“後”之假借，“用亂敗厥德于下”即“用亂敗厥德于後”也。古人傳經，以口相授受，但聞其為“戶”音。“下”古讀“戶”，故以“下”書于册。經生墨守師傳，有明知其當為“後”而不敢輕易改字者，故馬訓為“下世”，“下世”即後世也。此經“下”字亦“後”之假借字也。《爾雅·釋詁》：“武，繼也。”聲案：“武”从止，故亦借為步武字。“堂上步武，堂下接武”，[21]故引申之有繼義。後繼，由言後起能世相繼也，方與“世有哲王”文義相連貫也。後世能相繼者維我周，取義並不迂曲，後儒各出新義，均於經義無當。呂氏訓“下”為“繼”，“武”為“武功”，義非不美，無如“下”無“繼”義，與杜譔何以異？朱子改“下武”為“文武”，不惟武斷，且與經之文義皆不合。嚴氏以“下武”為不尚武，義非不新穎，惟周家以武功得天下，此詩且為武王作，豈非罵題？三說皆不可通，宜陳氏啟源詳駁之。

配 案:此即"天立厥配"之"配",王為天之配于鎬京。配,配天也,配天即所以配三后也——配,對也。詳上。下章"配命"亦配天也。命,天所命也,"配命"即配天矣。

作求 《箋》:"作,為。求,終也。武王配行三后之道於鎬京者,以其世世積德,庶為終成其大功。"案:"求"即"逑"也,古文"求"、"逑"、"仇"三字並通用。《爾雅·釋訓》:"惟逑鞫也。"《釋文》:"逑,本亦作求。"《關雎》:"君子好逑。"《禮·緇衣》作"君子好仇"。詳《關雎》。據此,"求"、"逑"、"仇"三字古本相通,此其可以蹤跡者矣。言武王能配三后于京,以能世其德,故能為之匹配也。"求"亦配也。此言"作求"者,猶《皇矣》言"帝作邦作對"也,"作求"、"作對"皆為合韻耳。經覆述"王配于京",《箋》又云"世世積德",亦太迂。《書·康誥》:"其惟殷先哲王德,用康乂民,作求。"亦言用以安治其民而作求匹于殷先哲王也。"作求"二字,《詩》、《書》一義也。陳氏啟源據《玉篇》:"逑,終也,亦作求。"遂謂"此詩'求'字乃通用耳",不知"逑"為形聲後起字,乃孫强輩所作,不足據也。

維則 《傳》:"則其先人也。"《箋》:"所思者,其維則三后之所行。子孫以順祖考為孝。"案:本文無"先人",未免添出,不知通章以"王配于京"為主。配,配三王也;"則三王"即所以配三王。語有根據,與他處泛然添出者不同。

昭哉 案:昭,明也;哉,始也。言武王能"永言孝思",故能昭明始初嗣行祖考之事。"哉"字應依《書傳》、《爾雅》訓"始",詳《秦風·終南》。若作為助句虛字,味同嚼蠟。

來許 《傳》:"許,進。"《箋》:"來,勤也。武王能明此勤行,進於善道。"《釋文》:"來,王如字,鄭音賚。下篇'來孝'同。"《論語·微子》:"來者猶可追也。"皇《疏》:"來者,謂未至之事也。"《荀子·解蔽》:"不関來。"注:"來,將來也。"《小雅·伐木》:"伐木許許。"《說文》作"伐木所所"。《文選》謝玄暉《在郡臥病》詩:"良辰竟何許。"注:"許,猶所也。"據此,則"許"為"所"之借字,言武王能昭明此後來處所也。武王法則三王,後來者"繩其祖武",是武王能昭明其處所也。《後漢書・東平王傳》注引《詩》云:"昭哉來御。"[22]疑《韓詩》也。《續漢書・祭祀志》注作"昭茲來御","茲"字同毛,不知據何《詩》。

繩《傳》:"繩,戒。"《箋》:"戒慎其祖考所履踐之迹,美其終成之。"《螽斯》:"繩繩兮。"《傳》:"繩繩,戒慎也。"《抑》:"子孫繩繩。"《箋》:"繩繩,戒也。"《爾雅・釋訓》:"繩繩,戒也。"案:"繩"猶"繩繩"也;訓"戒"者,古誼也。《後漢書・東平王傳》注、《續漢書・祭祀志》注均引作"慎其祖武"者,蓋以說《詩》者之訓釋入經文也。

佐《傳》:"遠夷來佐也。"《箋》:"不遠有佐,言其輔佐之臣亦宜蒙其餘福也。"案:經文無"遠夷"字,《傳》訓添設。經但有"佐",並無"臣"字,《箋》言亦添設。《大戴記・衛將軍文子》:"廉於其事上也,以佐其下。"注:"佐,治也。"《國語・晉語》:"召之使佐食。"注:"佐,猶勸也。""不遐有佐",言有不以為遠而勸且治者矣;"四方來賀",言福之所及者遠。"不遐有佐"承"於萬斯年"句,言福之所被者久。

求《箋》:"求,終。"案:"求"字《傳》無訓,毛意似讀如字,故勿庸訓釋。言"文王有聲",以其駿大而有聲,且能求其民之安寧而觀其功之成就,此文王所以有君人之道也。三"遹"字皆詞也,與"聿"同意。詳《葛覃》、《燕燕于飛》。《箋》意迂回。

武功《箋》:"武功,謂伐四國及崇之功也。"案:細繹"此"字,所謂"武功"者,應指"伐崇"及"作邑於豐"二事。言作邑動大眾以奠民居,故亦曰"武功"。武功不止此二事,特舉之者,言其大者也。

淢《傳》:"淢,成溝也。"《箋》:"方十里曰成。淢,其溝也,廣、深各八尺。"《釋文》:"成間有淢。字又作洫,《韓詩》云:'洫,深池。'"案:作"洫"是也;作"淢"者,假借字。《說文》:"淢,疾流也。从水,或聲。"《鴻烈解・本經》:"抑淢怒瀨以揚激波。"注:"淢,怒水也。"二書,"淢"字之本義也。《說文》:"十里為成。成間廣八尺,深八尺,謂之洫。从水,血聲。《論語》曰:'盡力于溝洫。'"《周禮・考工記・匠人》:"成間廣八尺,深八尺,謂之洫。"又《遂人》:"凡治野。"注:"遂、溝、洫、澮皆所以通水於川也。遂,廣、深各二尺,溝倍之,洫倍溝。

澮廣二尋,深二仞。”以上皆“洫”之本義也。引申之,城之池亦謂之洫。《文選·魏都賦》:“於是崇墉濬洫。”劉注:“洫,城溝也。”又《西京賦》:“經城洫。”又:“横西洫而絕金墉。”薛注並云:“洫,城池也。”又《東京賦》:“邪阻城洫。”薛注:“洫,城下池。”據此,則“淢”即“洫”,城外之池也。言“築城及池”不言“濬”者,築城與鑿池本屬一事,即以池中所出之土築城。池愈深而城愈高,故曰“築城伊淢”,“淢”即“洫”也。古人言簡而意該若此。

欲 《禮·禮器》引作“匪革其猶,聿追來孝”,注:“革,急也。猶,道也。聿,述也。言文王改作者,非必欲急行己之道,乃追述先祖之業,來居此為孝。”王氏引之曰“欲、猶,古字通”,引《周官·小行人》“其悖逆、暴亂、作慝、猶犯令者為一書”、《大戴禮·朝事篇》“猶”作“欲”為證。聲案:王說是也,“欲”、“猶”為雙聲。古人音濁,有以疊韻字相通者,有以雙聲字相通者,非韻語則習而不察耳。總由古人以口授經,往往以疊韻、雙聲之字筆之於册,治經者又墨守其師傳而不敢輕易一字,此毛、韓與三家之《詩》所以異也。公、穀三《傳》之異同與經傳之援引《詩》、《書》古語往往互異,皆由於此。其口傳耳授之所以異者,或因時代之不同,或因方言之互異,不明乎疊韻、雙聲之故,經語有不能通者矣。後儒於其所不能通者,輒望文生義以附會之,無怪講經者益多,而經義日晦也。如此詩之“匪棘其欲,遹追來孝”,自當據《禮記》所引作“匪革即“棘”之借。其猶,聿同“遹”。追來孝”方為有韻。顧氏炎武《詩本音》引:“元熊朋來曰:‘此詩自有《禮記》“匪革其猶”可證。’乃不改‘欲’作‘猶’,而改‘孝’為‘許六反’,此又失之。”聲谓:熊氏之語亦不可為訓,經文豈可輕易言改,但知“欲”與“猶”為雙聲,則不煩改字而自得其韻矣。顧氏大儒,乃沿宋、元習氣,於經語之難通者輒謂某字宜改某字,尊經之謂何?宜其滋後人之口實也。

來孝 《箋》:“來,勤也。……欲廣都邑,乃述追王季勤孝之行,進其業也。”案:“來”者,“犛”之借也。《史記·杞世家索隱》:“郁犛,譙周云:‘名鬱來。’”《漢書·劉向傳》:“飴我犛粦。”注:“犛,又讀與來同。”《周禮·獸人》注:“謂虞人犛所田之野。”《釋文》:“犛,……本亦作莱。”从艸，來聲。《墨子》：“禽滑來。”[23]《漢書・古今人物表》作“禽滑釐”。[24]“釐”、“氂”同音。據此，則“來”、“釐”本通字也。《說文》：“釐，家福也。从里，𠩺聲。”《漢書・文帝紀集注》引如氏：“釐，福也。”《禮樂志集注》：“釐，福也。”《文選・甘泉賦》：“逆釐三神者。”注引服虔：“釐，福也。”經言“遹追來孝”，猶言聿追福孝也。遹，猶聿也，語詞也。詳《葛覃》、《燕燕于飛》。《說文》“釐”訓“家福也”，於“孝”字尤相近。王氏引之訓“來”為“往”，以“孝”為美德之通稱，取義太迂。

王后 《傳》：“后，君也。”《箋》：“變謚言王后者，非其盛事，不以義謚。”案：合五、六章“皇王”字，皆讚美之詞。“皇”、“王”、“后”皆君也，見《爾雅・釋詁》。每章以單句結之，有讚美不盡之意。八章四變：前四章先言“文王”，而後言“王后”；後四章先言“皇王”，而後言“武王”。文雖變而讚美之意則同，非有優劣也。《箋》說恐非經義。

東注 《箋》：“昔堯時洪水，而豐水亦氾濫為害。禹治之，使入渭，東注于河，禹之功也。”案：此統言豐水之歸宿也，故曰“東注”。《箋》又言“豐邑在豐水之西，鎬京在豐水之東”，此專就豐、鎬間豐水之形勢而言也。

辟 《箋》：“辟，君也。”《釋文》：“辟，音璧，注及下皆同。又音婢亦反，法也”案：鄭讀為君，不惟與“皇王烝哉”句法複，而且與“皇王”字亦複，似非《詩》義。不若依《釋文》讀“婢亦反”，訓為“法”，言“豐水東注”，仰明德者無不知神禹之績；今日之四方會同，頌皇王者無不知武王之法也。“皇王”即武王也，此武王之所以為君也。

芑 《傳》：“芑，草也。”《箋》：“豐水猶以其潤澤生草，武王豈不以其功業為事乎？”案：《箋》言“豐水”，一似有知也者。“功業”即“事”也，鄭意太迂。聲谓：篇內屢言“豐水”，玆乃並及豐水所有耳。案：《禮・表記》引“豐水有芑”，鄭注云：“芑，枸檵也。”《疏》引《爾雅》孫注：“芑，則今枸芑也。”《文選・洞簫賦》：“杞梁之妻不能為其氣。”注：“芑，與杞同也。”案：鄭作“檵”者，亦見《說文》。“芑”為枸杞，性最耐久,有壽至數百年者,故以為喻。言“豐水有芑”,性最久遠,武王豈不以久遠為事乎?與下二句鍼鋒相對。

孫謀 《箋》:“孫,順也。”《釋文》:“孫,王申毛,如字。鄭音遜。”案:“王申毛”是也。“孫”、“子”二字乃互文也,猶言“詒厥子孫謀,以燕翼子孫”耳。上句言“孫”不言“子”,下句言“子”不言“孫”,《三百篇》及古書中此類甚多。言武王以長久為事者,欲流傳以為子孫謀耳。

燕翼 《傳》:“燕,安。翼,敬也。”《左氏春秋·昭九年傳》:“翼戴天子。”注:“翼,佐也。”《呂覽·古樂》“去殷三淫而翼文王”注、《鴻烈解·脩務》“故立三公、九卿以輔翼之”注,並云:“翼,佐也。”又《卷阿》:“有馮有翼。”《箋》:“翼,助也。”《禮·文王世子》“慎其身以輔翼之”、《表記》引《詩》“以燕翼子”,《疏》並云:“翼,助也。”《漢書·韋賢傳》:“以翼大商。”注:“翼,佐助也。”據此,則“翼”訓“佐”,訓“助”,亦古誼也。言武王欲流傳為子孫謀者,以安樂佐助其子孫也。上句無“子”字,省文;下句無“孫”字,合韻。

校 勘 記

[1]“求民之瘼”,《漢書·敘傳上》引《詩·皇矣》“瘼”字仍作“莫”。案:《文選》沈休文《齊故安陸昭王碑文》“慮深求瘼”,李善注引《毛詩》“求民之瘼”(“瘼”一作“莫”),云:“班固《漢書》引《詩》而為此‘瘼’。”吳氏所據蓋本此。

[2]“式,模則也”,此注乃《老子·二十八章》“知其白,守其黑,為天下式”之王弼注文,非《二十二章》“抱一為天下式”之注文。

[3]“眷戀庭幃”,《文選·補亡詩》“幃”字作“闈”。

[4]“身如斷榴”,《荀子·非相》“榴”字作“菑”,楊倞注云:“《爾雅》云:‘木立死曰榴。’榴,與菑同。”

[5]“木族生為樌”,《爾雅·釋木》“樌”字作“灌”,《釋文》注云:“樌,或作灌。”可知吳氏所據之本當是《釋文》所見之本。

[6]“剔,翦也”,《釋文》引《字林》“翦”字作“剃”。

[7]“鋒芒尖,故為細小”,此七字今各本脫,宋本《正義》有此七字,說詳阮元《校勘記》。

[8]“云”字原脫,今據文意補。

[9]“比其委積”,《周禮·遂師》“比”字作“庀”。

[10]“猶跋扈也”,《箋》“跋”字作“拔”。阮元《校勘記》謂作“跋”者“乃誤改耳”。

[11]“援,引也”,《釋文》作“援,取也”。

[12]“本又作獻”,《釋文》“獻”字作“甗”。

[13]“峩,山陵也”,《說文·山部》“陵”字作“嶐”。

[14]“夏,櫝也”,李善注引作“夏,榣也”。

[15]“《說文》作衝;衝,陳車也”,《釋文》二“衝”字皆作“幢”,“陳車也”作“陷陣車也”。案:《說文·車部》云:“幢,陷敶車也。从車,童聲。”

[16]“侍君之閑些”,《楚辭·招魂》“閑”字作“間”,下注“閑”字同。

[17]“圪”,《釋文》作“仡”,阮元《校勘記》云:“盧本仡作圪。”

[18]“推移大犧”,《鴻烈解·主術訓》“推”字作“椎”。

[19]“字作譬”,通志堂本《釋文》“字”字作“亦”,《注疏》本仍作“字”。

[20]“後宮充下陳”,此引文句未完,斷句或有誤,《史記·李斯列傳》作“所以飾後宮,充下陳”。

[21]“堂上步武,堂下接武”,《禮記·曲禮上》作“堂上接武,堂下布武”。

[22]“《後漢書·東平王傳》注引《詩》云:‘昭哉來御。’”案:《後漢書·東平憲王蒼傳》注未見引《詩》“昭哉來御”句,此引句見《後漢書·祭祀志下》“語在章紀”句下注引謝沈《書》及《御覽》卷五百三十一《禮儀部·十·宗廟》引《東觀漢紀》文,又《後漢書補逸》卷十六《皇后配享》條亦有此引句。

[23]“禽滑來”,《墨子》一書皆作“禽滑釐”,見《公輸》、《備城門》等篇,未見作“禽滑來”者。

[24]“禽滑氂”,《漢書·古今人物表》作“禽屈釐”,《儒林傳序》方作“禽滑氂”。

詩小學卷二十一

大　雅

保山吴樹聲學

生民之什

弗《傳》:"弗,去也。去無子,求有子,古者必立郊禖焉。"《箋》:"弗之言祓也。……乃禋祀上帝於郊禖,以祓除其無子之疾,而得其福也。"案:毛意讀"弗"為"拂",故訓為"去"。《廣雅·釋古·二》:"拂,去也。"《太玄·從》:"拂其惡。"注:"拂,去也。"《易·頤》:"拂經于丘。"《釋文》:"拂,子夏《傳》作弗。"是"弗"、"拂"古字通也。鄭訓為"祓"。《説文》:"祓,除惡祭也。从示,犮聲。"《周禮·女巫》:"掌歲時祓除、釁浴。"注:"歲時祓除,如今三月上巳如水上之類。"《左氏春秋·僖六年傳》:"受其璧而祓之。"注:"祓,除凶之禮。"《漢書·五行志中之上》:"三月祓霸上。"注:"祓者,除惡之祭也。"《管子·小匡》:"鮑叔祓而浴之。"注:"祓,謂除其凶邪之氣。"案:"祓"為除惡、除凶;女子無子,亦凶惡之氣也,故禋祀以祓除之。聲謂:"弗"即"祓"之借字。《國語·周語》:"故祓除其心。"注:"祓,猶拂也。""弗"、"拂"同意,[1]故假借;"祓"、"拂"同音,故訓"祓"為"拂"。毛、鄭一義也。

履帝武敏歆《傳》:"履,踐也。帝,高辛氏之帝也。武,跡。敏,疾也。從於帝而見于天,將事齊敏也。”案:毛以“敏”字斷句。《箋》:“帝,上帝也。敏,拇也。……祀郊禖之時,時則有大神之跡,姜嫄履之,足不能滿,履其拇指之處,心體歆歆然。其左右所止住,如有人道感己者也。”聲谓:《東方之日》:“履我即兮。”《長發》:“率履不越。”《傳》並云:“履,禮也。”《易·序卦傳》:“故受之以履。”注:“履者,禮也。”又崔注:“履,禮也。”又《履釋文》:“履,禮也。”《歸妹》:“跛而履。”虞注:“履,禮也。”《禮·坊記》引《詩》:“履無咎言。”注:“履,禮也。”《爾雅·釋言》:“履,禮也。”《長發》:“率履不越。”《韓詩》,《漢書·宣帝紀》、《蕭望之傳》,皆作“率禮不越”。《易·坤》:“履霜。”《釋文》:“鄭讀履為禮。”據此,則“履帝”即“禮帝”也。“以弗無子”,《箋》:“乃禋祀上帝於郊禖。”“帝”即“上帝”也。武,迹也,即《禮·曲禮》“堂上接武,堂下布武”之“武”。《甫田》:“農夫克敏。”《文王》:“殷士膚敏。”《江漢》:“肇敏戎公。”《傳》並云:“敏,疾也。”《書·大禹謨》“黎民敏德”《傳》、《禮·學記》“務時敏”注、《論語·學而》“敏於事而慎於言”《集解》引孔《傳》,並云:“敏,疾也。”本詩《傳》:“歆,饗。”即末章“上帝居歆”之“歆”。《說文》:“歆,神食气也。从欠,音聲。”《左氏春秋·僖十年傳》“神不歆非類”注,又《三十一年傳》“不歆其祀”、《國語·周語》“王歆太牢”注,《文選·東京賦》“神歆馨而顧德”薛注,並云:“歆,饗也。”此言禋祀之實也。言姜嫄禋祀時,其禮帝也步武敏疾,為帝所歆饗,是之謂克禋克祀。

介止震夙 《傳》:“介,大。攸止,福祿所止也。震,動。夙,早。”《箋》:“介,左右也。夙之言肅也。”案:“攸介攸止”句已見《甫田》,不應此詩另為一解。聲意仍以解《甫田》者解之:攸,所也;介,助也;止,息也。詳《甫田》。言所介助之人與所止息之處皆震動而不敢懈弛,肅敬而不敢怠惰,此即成王之胎教所由昉也。《大戴記·保傅篇》:“胎教之道,書之玉版,[2]藏之金匱,置之宗廟,以為後世戒。《青史氏之記》曰:‘古者胎教,王后腹之七月,而就宴室。所止息之處不止於此,即此可以類推。太史持銅而御戶左,太宰持升而御戶右。所介助之人不止於此,即此可以類推。比及三月者,王后所求聲音非禮樂,則太師緼瑟而稱“不習”。所求滋味者非正味,則太宰倚升而言曰:“不敢以待王太子。”’”所謂“載震載夙”者亦不止於此,即此可以類推。又:“周后妃任成王於身,立而不跂,坐而不差,獨處而不倨,雖怒而不詈,胎教之謂也。”經語該括八字,抵《戴記》百數十字。在當時為胎教,後世即奉為家法也。

后稷 案:稷,粟也。《説文》:“稷,齋也。……从禾,畟聲。”《禮·曲禮下》:“稷曰明粢。”注:“稷,粟也。”《爾雅·釋草》:“稷,粟也。”[3]《漢書·平當傳》:“尊酒十石。”注:“稷,即粟也。”亦為諸穀之長。《説文》:“稷,五穀之長。”《禮·月令》:“食稷與牛。”注:“稷,五穀之長。”《郊特牲疏》引《異義》:“稷,五穀之長。”《左氏春秋·桓二年傳》注:“黍稷曰粢。”《疏》:“稷是諸穀之長。”《漢書·郊祀志》:“稷者,百穀之主。”《後漢書·光武紀上》注:“稷者,五穀之長。”《白虎通·社稷》:“稷,五穀之長。”《風俗通·祀典》:“稷者,五穀之長。”稷為五穀之長,故以為教稼之官,後世遂祀以為穀神焉。《禮·郊特牲疏》引《左氏説》:“稷是田正。”《左氏春秋·昭二十九年傳》:“稷,田正也。”《疏》:“稷是田官之長。”《國語》:“昔我先世后稷。”注:“稷,官也。”《孝經》:“然後能保其社稷。”《疏》引皇侃:“稷,五穀之長,亦為土神。”《獨斷上》:“稷,五穀之長也,因以稷名其神也。”《御覽》引成伯璵《禮記説》:“稷,百穀之神也。”《荀子·禮論》:“稷祭稷也。”注:“稷,百穀之神。”后稷本名棄。《史記》作“弃”。《書·舜典》:“帝曰:‘棄,黎民阻飢,汝后稷……。’”《史記·周本紀》:“初欲弃之,因名曰‘弃’。”是也。稱“后稷”者:后,君也,亦主也。《漢書·百官公卿表上》[4]引應劭:“后,主也。”言為百穀之君以主百穀也,猶土神亦稱“后土”也。“時維后稷”者,鄭重之詞也,與章首“時維姜嫄”意同。

誕彌厥月 《傳》:“誕,大。彌,終。”《閟宫》:“彌月不遲。”《箋》:“彌,終也。”《史記·司馬相如傳》:“彌山跨谷。”《正義》:“彌,滿也。”《漢書·司馬相如傳》:“掩平彌澤。”注:“彌,亦滿也。”又《漢書集注》“彌,滿也”凡五見。案:“彌”、“滿”雙聲,古誼也。《傳》、《箋》訓“終”,“終”亦滿也。言大哉!后稷之孕於母腹已滿十月之期。“誕”字終篇凡七見,別無他義。陳氏啟源以為“歎美之辭”,蓋從毛義。

先生如達 《傳》:“達,生也。姜嫄之子先生者也。”《箋》:“達,羊子也。大矣,后稷之在其母,終人道十月而生。生,如達之生,言易也。”案:《傳》言“姜嫄之子先生者也”,“先生者”猶《説文》所謂“今俗以始生子為鼻子”也。案:今亦謂“頭生子”。“達”有通達義。《廣韻》於“羍”、“迖”二字外別有“達”字,云“通達”,音“唐割切”。案:“唐割切”,古音也,與“月”字韻最合。聲謂:如,而也。《禮·曾子問》注:“如有昆弟及諸父。”《疏》:“如,而也。”《左氏春秋·隱七年傳》:“及鄭伯盟,歃如忘。”服注:“如,而也。”又《僖二十六年傳》“室如縣罄”注、《莊七年經》“夜中,星隕如雨”注,並云:“如,而也。”《穀梁·莊七年經》:“夜中,星隕如雨。”注:“如,而也。”《都人士》:“垂帶而厲。”《禮·内則》注引作“垂帶如厲”。《孝經》:“高而不危,……滿而不溢。”漢《修堯廟碑》作“高如不危,滿如不溢”。《莊子·人間世》:“宅而寓于不得已。”《釋文》:“而,崔本作如。”《成陽靈臺碑》:“感赤龍,交如生堯。”《武榮碑》:“仁如不壽。”《武梁石室畫像》:“赴火如亡。”三碑“而”皆作“如”,以上皆“而”作“如”之可據者也。后稷在母腹中十月,與常人無異。婦人免身,先生較難,后稷則先生而通達,言不難也。知“如”之為“而”,則“小羊”、“達羊”諸説可以不辨矣。“誕彌厥月”不足異,“先生如達”亦不足異,所異者惟“不拆不副”耳。詳下。

拆副 《傳》:“言易也。凡人在母,母則病,生則拆副,菑害其母,横逆人道。”聲案:因生子而菑害其母者,有之;因生而拆副其母者,未之有也。即《正義》所述“《史記·楚世家》云:‘陸終娶於鬼方氏,曰“女潰”,孕三年不乳。乃剖其左脇,獲三人焉;剖其右脇,獲三人焉。’《帝王世紀》云:‘簡狄剖背生契。’”二事,勿論其荒怪不足信,即或有之,亦萬萬人、萬萬年中偶爾一有之事耳,無此萬萬人、萬萬年偶爾一有之事亦何足異?今執涂人而謂之曰:“爾之生誠異矣,何異乎?異乎其不拆副菑害其母也。”必有啞然失笑者矣。詩以頌美先人乃為此不經之語，誠如毛意，詩人為不辭矣。聲谓：拆，《閟宫傳》作"坼"，《釋文》："裂也。"此作"拆"者，假借。《説文》作："壀，即"坼"之本字。裂也。《詩》曰：'不壀不疈。'即"副"之籀文。从土，㡿聲。"《廣雅・釋詁・三》："坼，開也。"本詩《釋文》："副，孚逼反。《説文》云：'分也。'《字林》云：'判也。'"《説文》："副，判也。从刀，畐聲。《周禮》曰：'副辜祭。'疈，籀文副。"《禮・曲禮上》："為天子削瓜者副之。"注："副，析也。"據此，則所謂"拆副"者，裂分之義。"不拆"者，不自拆裂；"不副"者，不自分副：非謂裂分其母也。據經語，后稷當日明是連衣而生，即俗所謂"裹胞生"也。既已滿月，而且先生而達矣，乃所生者渾淪即俗"囫圇"字。一物，既不坼裂，又不分副，豈非大異事乎？從來生產之異者，多害及其母，今生此"不坼不副"之物，却又於其母"無菑無害"，天將於此顯厥靈矣。蓋上帝之心大安，且大樂其禋祀之誠，故此時"居然生子"。求則得之，故曰"居然"；不，讀曰丕，詳《文王》；康，樂也。《蟋蟀》："無已大康。"《臣工》："迄用康年。"《傳》並云："康，樂也。"此以經解字，即以字解經，庶於情理皆近矣。彼子家、雜家以及讖緯家各説皆在《詩》、《書》以後，自解經者不得其説，或以穿鑿附會之説實之，各家遂逞其臆説，以為《詩》、《書》中尚有此等語，不妨從而甚之，而後誣罔怪誕、一切不經之説，雖誣聖、誣天，亦悍然不顧，無非解經不明者階之厲也。故聲於此等邪説，必立辨之。

寘腓字 《傳》："寘，置。腓，辟。字，愛也。天生后稷，異之於人，欲以顯其靈也。帝不順天，是不明也，故承天意而異之於天下。"《箋》："天異之，故姜嫄置后稷於牛羊之徑，亦所以異之。"案："腓"字已詳《采薇》，《傳》訓"辟"即"避"。也。聲以為"棐"之假借字，輔也。詳彼處。此"腓"字亦當讀同彼。《廣雅・釋詁・一》："字，生也。"《漢書・嚴安傳》注："字，生也。"《山海經・中山經》："服之不字。"注："字，生也。"《左氏春秋・昭十一年傳》："使字敬叔。"注："字，養也。"又《十六年傳》："非不能事大字小之難。"服注："字，養也。"言牛羊皆輔助而生養也。聲谓：三"寘之"皆因其"不坼不副"，有異於常人，故屢棄之。必待鳥去矣，而後后稷呱矣，則前此之

"不拆不副"及"寘之隘巷"、"平林"時皆未曾一泣可知。以"不拆不副"之物,雖明知其中有子,又並未聞其一泣,復安得而不棄之? 及至"寒冰鳥覆"之後,其胞始破,而後后稷呱呱而泣,至此蓋無異於常人矣,夫然後收養之。自"不拆不副"以至"牛羊腓字"、"會伐平林"、"鳥覆翼之"、后稷呱呱而泣,皆天所以異之也。若云姜嫄置后稷於牛羊之徑,亦所以異之,恐非經義。

覆翼 《傳》:"大鳥來,一翼覆之,一翼藉之。"案:《傳》兩"翼"字與經"翼"字異,"覆翼"即"燕翼"之"翼",亦當為助也。言鳥乃掩覆翼助之也,《傳》語非事實也。鳥有兩翼,中有身以間之。今試以左翼覆之,右翼必不能藉之;右翼覆之,左翼亦必不能藉之也。必鳥橫臥而後能以兩翼覆藉之,又不若訓"翼"為"助之"之簡古矣。

實覃實訏 《傳》:"覃,長。訏,大。"《箋》:"實之言適也。(《正義》:"定本為'實之言是'。"是也。)覃謂始能坐也,訏謂張口嗚呼也。是時聲音則已大矣。"聲案:"實"乃"寔"之訛。詳《節南山》"有實其猗"。寔,是也。《葛覃》:"葛之覃兮。"《傳》:"覃,延也。"言蔓延而長也,故"覃"有"長"《釋文》:"張丈反。"義。訏,大也。《溱洧》:"洵訏且樂。"《抑》:"訏謨定命。"《傳》並云:"訏,大也。"《說文·口部》引作"實覃實吁",[5]"吁"亦"訏"也。言后稷自收養之後,於是覃而長矣,於是訏而大矣;雖在幼稺之時,而其聲讀若"文王有聲"之"聲"。名於是乎始露矣。蓋生即不凡,稺弱時已有聲名矣。載,始也;"路"者,"露"之借。詳《皇矣》。《箋》說無據,蓋以意為之解也。

誕實匍匐 《釋文》:"匍,…… 本亦作扶。匐,…… 本亦作服。"《習習谷風》:"匍匐救之。"《箋》:"匍匐,言盡力也。"案:本作"扶服"是也。"扶"謂扶持之,"服"謂服侍之,指小兒行動須人時也。此"實"字亦當讀為"寔",是也。言大哉,后稷是扶服之時已"克岐克嶷,以就口食"者也。

岐嶷 《傳》:"岐,知意也。嶷,識也。"《箋》:"能匍匐,則岐岐然意有所知也;其貌嶷嶷然有所識別也。"《釋文》:"嶷,魚極反。

《說文》作㠜,云:‘小兒有知。’”《爾雅·釋宫》:“二達謂之岐旁。”《釋名·釋道》:“二達曰岐旁。物兩為岐,在邊曰旁,此道並通出似之也。”《文選·笙賦》:“光岐儼其偕列。”[6]注:“岐,眾管也。以其分別,故謂之岐。”據此,則物兩為岐;以其分別,故謂之岐。“克岐”者,能分別物也,故曰“知意”。嶷,《史記·五帝紀》:“其德嶷嶷。”《索隱》:“嶷嶷,德高也。”《後漢書·桓彬傳》:“岐嶷也。”注:“嶷然有所識也。”案:“嶷”从山,故有“高”義。《華嚴經音義上》引《字指》:“嶷崱,山峯貌。”是也。“嶷”有高義,人之見識不可卑陋,必以高超者為尚。“克嶷”者,能高其識見,故曰“嶷”也。言后稷當匍匐時,其知識已不凡,以此能自成其口食也。

以就口食 《箋》:“以此至于能就眾人口自食,謂六七歲時。”案:就,成也。《爾雅·釋詁》:“就,成也。”《書大傳》:“胥與就膳徹。”注:“就,成也。”《公羊春秋·昭二十五年傳》:“餕饔未就。”注:“未就,未成也。”《呂覽·貴當》:“所以就大務也。”注:“就,成也。”《漢書集注》“就,成也”凡十餘見。食,穀也。《周禮·饎人》:“共王及后之六食。”注:“六食,六穀之飯。”《史記·貨殖傳》:“食,太陰在卯,穰。”[7]《索隱》:“食,謂穀也。”《漢書·食貨志上》:“食謂農殖嘉穀可食之物。”聲谓:“就”訓“成”,即下文所謂“蓺”也;“口食”即下文所謂“荏菽”、“禾役”、“麻麥”、“瓜瓞”是也,皆所以悅人之口,故謂之“口食”。《史記·周后稷紀》:“弃為兒時,屹如巨人之志。其游戲,好種樹麻、菽,麻、菽美。”即約舉此章“誕實匍匐”八句而言也。《箋》謂“就眾人口自食”,添出“眾人”,恐非經義。

蓺 《箋》:“蓺,樹也。”《南山》“蓺麻如之何”《傳》、《鴇羽》“不能蓺稷黍”《箋》:“蓺,樹也。”《說文》作:“埶,穜即“種”。也。从坴、丮。持而穜之。”[8]案:“穜”亦樹也。《說文》作“埶”,為正字;經作“蓺”者,因借“埶”為勢力字,故加“艸”以別之。借“埶”為“勢”者,《禮·禮運》:“在埶者去。”注:“埶,埶位也。”《考工記·弓人》:“射遠者用埶。”司農注:“埶,謂形埶。”《荀子·正名》:“無埶列之位,而可以養名。”注:“埶列,班列也。”《說文》無“勢”字,知兩漢皆借用“埶”也。

至“藝”字,則俗體矣。

荏菽《傳》:“荏菽,戎菽也。”《箋》:“戎菽,大豆也。”《釋文》:“荏,而甚反。菽,或作叔,[9]音同。郭璞云:‘今胡豆是。’”案:“荏”、“戎”一聲,又古者侵、覃等韻往往與東、鐘等韻相通,故“戎菽”亦為“荏菽”。荏,《說文》:“荏,桂荏,蘇。从艸,任聲。”《方言·三》:“關之東西,蘇或謂之荏。”與菽固不類,與下文“禾”、“麻”等亦不類也。菽,《說文》作:“尗,豆也。象尗豆生之形也。”“叔”為假借字,“菽”為形聲後起字。

旆旆幪幪《傳》:“旆旆然,長也。幪幪然,盛茂也。”案:“旆”从㫃,旌旗之屬;“幪”从巾,幛幄之屬也:皆比體也。

穟穟唪唪《傳》:“穟穟,苗好美也。唪唪然,多實也。”《說文》:“穟,禾采之皃。从禾,遂聲。《詩》曰:‘禾穎與《毛詩》異。詳下。穟穟。’䆩,穟或从艸。”《爾雅·釋訓》:“穟穟,苗也。”注:“言茂好也。”案:苗之茂好也。《說文》:“唪,大笑也。从口,奉聲。讀若《詩》曰‘瓜瓞菶菶’。”又《艸部》:“菶,艸盛。”《卷阿》:“菶菶萋萋。”《傳》:“梧桐盛也。”《廣雅·釋訓》:“菶菶,茂也。”據此,則“菶”為草木茂盛之通稱。經作“唪”者,假借字。案:“穟”从禾,就禾論禾也;“菶”从艸,亦就草論草:此賦體也。

役《傳》:“役,列也。”《說文》:“䅻,穜即“種”。樓也。一曰:燒麥柃䅻。”案:徐鍇《說文繫傳》本作“穜䅻也”。字本作“冓”,象形。轉作“耬”,假借“樓”,別作“䅻”,皆聲相近也。“役”者,“䅻”之省。北地種禾稼皆成溝塍,“禾役”即禾䅻,亦即禾耬也。禾以耬計,故望之穟穟然好美也。《說文·禾部》引作“禾穎穟穟”。聲案:“穎”、“役”雙聲,或三家《詩》也。作“穎”者,義較明顯。

相《傳》:“相,助也。”《箋》:“有見助之道,謂若神助之力也。”案:此“相”字當讀若“相在爾室”之“相”。《抑箋》:“相,助。”此言“有相之道”者,上帝助之也,以本詩有“上帝不寧”語表后稷之靈異,故曰“有相之道”。《抑》言“相在爾室”者,神助之也,以下文有“神之格思”語戒屋漏之疏忽,故曰“相在爾室”。《詩》詞簡括,本文有不可通者,當於上下文討消息,不可以意為添出也。

茀《傳》:“茀,治也。”《釋文》:“茀,音拂。……拂,弗也。”案:“茀”字《詩》凡七見。《碩人》:“翟茀以朝。”《傳》:“茀,蔽也。”《載驅》:“簟茀朱鞹。”《傳》:“車之蔽曰茀。”《采芑》:“簟茀魚服。”《箋》:“茀之言蔽也。”又:“朱茀斯皇。”[10]《韓奕》:“簟茀錯衡。”《箋》:“簟茀,漆簟以為車蔽,今之藩也。”《皇矣》:“臨衝茀茀。”《傳》:“茀茀,彊盛也。”《卷阿》:“茀祿爾康矣。”《傳》:“茀,小也。”“翟茀”、“簟茀”皆假借字,“茀祿”亦假借字,惟《皇矣》之“茀茀”由本字本義引申而出。此經作“茀”訓“治”者,當是“拂”之借字。《說文》:“茀,道多艸,不可行。从艸,弗聲。”《國語·周語》:“道茀,不可行也。”注:“草穢塞路為茀。”上二書,“茀”之本義也。《韓詩》作“拂”,蓋正字。

黃茂《傳》:“黃,嘉穀也。茂,美也。”《釋文》:“種,支勇反。”案:“種”當讀為“種植”字。之,是也,指“穡”。“黃”當讀為“麥黃甚熟”之“黃”。《葛覃正義》:[11]“黃鳥,黃鸝留也。……當甚熟時,來在桑間,故里語曰:‘黃栗留,看我麥黃甚熟不?’亦是應節趨時之鳥也。”案:“麥黃甚熟”對言,黃亦熟也。《爾雅翼》:“麻與麥互相為候,麥黃種麻,麻黃種麥。”《齊民要術》:“穫不可不速,常以急疾為務,芒張穗黃,[12]捷穫之無疑。”據此,則“黃”亦訓熟矣。《南山有臺》:“德音是茂。”《箋》:“茂,盛也。”《說文》:“茂,艸豐盛。从艸,戊聲。”《易·象上傳》:“先王以茂對時,育萬物。”注:“茂,盛也。”《廣雅·釋詁》:“茂,盛也。”《離騷》:“夫維聖哲以茂行兮。”注:“茂,盛也。”《爾雅·釋詁》:“茂,豐也。”言茀治其豐草者,所以種植此穡,使之黃熟而豐盛耳。依舊說讀“支勇反”,則“種之嘉穀而茂美”為不可通。下文“方苞”五句,皆“黃茂”之綱也。

方苞《傳》:“方,極畝也。苞,本也。”《箋》:“豐、苞,亦茂也。方,齊等也。”《大田》:“既方既皁。”《箋》:“方,房也,謂孚甲始生而未合時也。”案:《大田箋》訓此經“方”字恰合。彼“方”字在抽穗以後,此“方”字在抽穗以前也。《書序》:“乃遇汝鳩、汝方。”《史記·

殷本紀》作“遇女鳩、女房”，“方”、“房”古字通也。“苞”當讀為《書·禹貢》“草木漸包”之“包”，馬注：“包，相包裹也。”今俗謂之“結包”是也。作“苞”者，假借。

種褎　《傳》：“種，雝種也。[13]褎，長也。”《箋》：“種，生不雜也。褎，枝葉長也。”案：“種”訓“生不雜”，與毛義相成。種之言壅，《漢書》作“雝”，假借字。《漢書·食貨志》：“一畝三甽，一夫三百甽，而播種於甽中。苗生葉以上，稍耨隴草，因隤其土以附苗根。故其《詩》曰：‘或芸或芓，黍稷儗儗。’芸，除草也；耔，即“芓”。附根也。言苗稍壯，每耨輒附根。比盛暑，隴盡而根深，能風與旱，故儗儗而盛也。”聲谓：雝種而曰“生不雜”者，蓋芸與耔為一事，除草即以附根也。“種不雜”而謂之曰“種”者，[14]《史記·齊悼惠王世家》：“深耕概種，立苗欲疏。非其種者，鉏而去之。”案：非種者去，則生自不雜矣，故曰“種”也。“褎”者，“采”之借。《說文》：“采，禾成秀也，人所以收。从爪、禾。”聲案：“褎”从衣，采聲，則“采”字本音可知；《唐韻》音“徐醉切”，非古音也。今以經文“褎”字定“采”為“秀”音。《說文》：“莠，茅秀。”《廣雅》作“茅采”，[15]此其據也。轉音為“徐醉反”，故又出“穗”字。《說文》：“朵，樹木垂朵朵也。……此與采同意。”《廣雅》：“采，櫱采也。”《廣韻》“采，禾稷成皃。”案：“采”者，甫成穗，華實皆在其後也。此云“褎”者，禾始成穗而盛也，謂穗之盛也。

發秀　《傳》：“發，盡發也。不榮而實曰秀。”《箋》：“發，發管時也。”《鴻烈解·主術》：“是故草木之發若蒸氣。”注：“發，生。”聲谓：“發”訓“生”是也。“盡發”者，盡發生也，言禾之枝葉無不發生也。《文選·七命》：“方疏含秀。”注：“秀，謂華也。”《素問·四氣調神大論》：“此謂蕃秀。”注：“秀，華也。”案：何休注《公羊春秋傳》云：“苗者，禾也。生曰苗，秀曰禾。”《春秋說題辭》：“粟生為苗，秀為禾。”《論語·子罕》：“苗而不秀者有矣夫！秀而不實者有矣夫！”《禮·月令》：“秀草不實。”據此，則“秀”與“生”對，亦與“實”對，其為禾之華可知。《出車》曰：“黍稷方華。”百穀無有不華者也。“不榮而實”雖出《爾雅》，未敢深信。

堅好 案:"堅"、"好"次於"發"、"秀"者,蓋秀則可望其實矣,容有實而不飽者,容有實而不美者,故"堅"、"好"並稱。

穎栗 《傳》:"穎,垂穎也。栗,其實栗栗然。"《箋》:"栗,成就也。"《釋文》:"穎,……穗也。《尚書》云:'唐叔得禾,異畝同穎。'"《說文》:"穎,禾末也。从禾,頃聲。"《漢書·禮樂志》:"含秀垂穎。"《文選·西都賦》:"五穀垂穎。"《思玄賦》:"發昔夢於木禾,既垂穎而顧本。"[16]應貞詩:"嘉禾垂穎。"[17]蔡邕《篆勢》:"頹若黍稷之垂穎。"以上言"穎"必言"垂"者,以穎是成熟之穗,與"實種實褎"未華之穗固有不同者矣。穎,穗也,成熟之穗未有不垂者,故曰"垂穎"。栗,其實成就,故"栗栗然"也。以上十字由含包而抽穗,而揚華,而結實,而成熟,其次弟較《正義》尤為有據,於毛、鄭古義亦不相倍。十"實"字亦當與"實墉實壑"同例,讀為寔。寔,是也,古字經後人妄改者多矣。

即有邰家室 《傳》:"堯見天因邰而生后稷,故國后稷於邰,命使事天以顯神,順天命耳。"《箋》:"以此成功,堯改封於邰,就其成國之家室,無變更也。"案:《箋》說文義已備;《傳》有"命使事天"等語,蓋豫探下三意而為之說也。至天子祭天與二王之後得祀天,皆三代以後事,不得執以衡上古。

秬秠 《傳》:"秬,黑黍也。秠,一稃二米也。"《釋文》:"秠,……亦黑黍也。"《爾雅·釋草》:"秬,黑黍。秠,一稃二米。"郭璞注:"秠亦黑黍,但中米異耳。"案:秠之米既與秬異,是二種矣。《周禮》:"鬯人。"鄭注云:"釀秬為酒……。秬如黑黍,一稃二米。"《鄭志》答張逸云:"秠即皮,其稃亦皮也。《爾雅》重言以曉人。"據此,則秬與秠為一穀,且非黑黍矣,與此經四穀之說異。經文鄭鄭重重下四個"維"字,其為四穀無疑,聲寧信經而不信注也。

穈芑 《傳》:"穈,赤苗也。芑,白苗也。"《釋文》:"穈,音門,《爾雅》作虋,同。郭亡偉反,赤粱粟也。芑,音起,徐又巨己反,郭云:'白粱粟也。'"案:"穈"、"芑",《傳》祇言"赤苗"、"白苗",蓋承上"秬,黑黍"而言。"秬"為黑黍,"秠"為一稃二米之黍,"穈"為赤苗之黍,“芑”為白苗之黍。以穈、芑為粟,始於郭璞《爾雅注》。《正義》引郭璞曰:“虋,今之赤梁粟;芑,今之白梁粟。”據《爾雅注》,又加一“梁”字矣。又“穈”从禾,麻聲,與“靡”、“糜”等字同為形聲字,其形義較“虋”為古。“虋”字見《說文》、《爾雅》,从艸,釁聲。“釁”字筆劃繁重,定非古字。段氏玉裁以為當從《爾雅》作“虋”,何也?

恆《傳》:“恆,徧。”《釋文》:“恆,古鄧反,本又作亙。”《正義》曰:“定本作‘恆’,《集注》皆作‘亙’字。”案:“恆”字古文當作“亙”,詳《天保》“如月之恆”。作“恆”者,假借;作“櫃”者,形聲字之後出者也。《說文》作:“櫃,竟也。从木,恆聲。亙,古文櫃。”案:“亙”訓“竟”,故毛曰“徧”,從“竟”義引申而出也。之,是也。自天降嘉種以後,“是穫是畝”者徧是秬、秠,“是任是負”者徧是穈、芑,四句所謂倒裝文法也。感上天之德,自兹以往,於是乎始祀上帝也。歸,往也,不知“之”為“是”,語便難通。

肇《傳》:“肇,始也。”《箋》:“肇,郊之神位也。”案:鄭蓋讀“肇”為“兆”矣。以此章及末章文義求之,當依字訓為“始”;或以《禮·表記》引“后稷兆祀”“肇”亦作“兆”疑之,不知兆亦有始義。《孟子·萬章下》:“為之兆也。”注:“兆,始也。”《左氏春秋·哀元年傳》:“而兆其謀。”注:“兆,始也。”毛義為長。本句《釋文》、下文“后稷肇祀”《釋文》、《書》“肇十有二州”《釋文》皆作“肇”,[18]《玉篇·支部》:“肇,俗肁字。”本詩二“肇”字,《唐石經》皆作“肁”,是“肁”古於“肇”矣。當依《玉篇》、《唐石經》。

揄《傳》:“揄,抒臼也。”《釋文》:“揄,音由,又以朱反。《說文》作舀。”《說文》:“舀,抒臼也。从爪、臼。《詩》曰:‘或簸或舀。’以沼切。抭,舀或从手,从穴;㧡,舀或从臼、穴。”案:“揄”無“由”音,“揄”自音“以朱反”。以“俞”有“媮”音,故“揄”、“瘉”見《斯干》。字後世或音“由”矣。“舀”為正字,从爪、臼會意,即諧爪聲。“抭”則有意而無聲矣;“㧡”則聲義俱無,非古字也。經作“揄”者,“揄”、“舀”雙聲也。

蹂《傳》:“或蹂黍者。”《箋》:“蹂之言潤也。”案:《箋》義以“蹂”者,“柔”之借也。《國語·鄭語》:“以生柔嘉材者也。”注:“柔,潤也。”《鴻烈解·說山》:“厲利劍者必以柔砥。”注:“柔,濡。”《烝民》:“柔則茹之。”《箋》:“柔,猶濡毳也。”“柔”本有潤濡義。《北海相景君碑》:“實渘實剛。”《督郵班碑》:“渘遠而邇。”“柔”字皆作“渘”,形聲字也。作“柔”者,古字。

糬《傳》:“糬,淅米也。”《說文》:“糬,漬米也。从米,睪聲。”案:《說文繫傳》本作“漬米”,《六書故》亦作“漬”。案:字本从米,與从釆之字不同。《唐石經》訛作“釋”,今諸本皆作“釋”矣。

叟《傳》:“叟叟,聲也。”《釋文》:“叟,所留反,字又作溲,濤米聲也。《爾雅》作溞,音同。郭音騷。”案:“所留反”是也。作“叟”者,假借字;“溲”為“溲弱”字,亦非正字;“溞”亦形聲字。“騷”、“溲”雙聲,古音亦同韻。

浮《傳》:“浮浮,氣也。”《釋文》:“浮,如字。《爾雅》、《說文》並作烰,云:‘蒸也。’”[19]案:作“烰”者,形聲字;作“浮”者,假借字。當依毛訓為“氣”,若依《說文》訓“蒸”,則“蒸之蒸蒸”為不辭矣。

祭脂《箋》:“至其時,取蕭草與祭牲之脂,爇之於行神之位。”聲谓:本文三句,當作一氣讀,言“取蕭”、“祭脂”、“取羝”皆以之軷祭也。《傳》:“軷,道祭也。”祭,薦也,見《廣雅·釋言》。《穀梁春秋·成十七年傳》:“祭者,薦其時也,薦其敬也,薦其美也,非享味也。”用羝牲而先薦其脂者,所謂“薦其美也”。既薦而後,並蕭與羝燔之以達馨香,烈之以備尸羞。將往郊,故先舉軷祭也。

興嗣《傳》:“興來歲,繼往歲也。”《箋》:“嗣歲,今新歲也。以先歲之物齊敬祀軷而祀天者,將求新歲之豐年也。孟春之《月令》曰:‘乃擇元日,祈穀于上帝。’”案:興,起也;嗣,繼也,亦續也。《子衿》:“子寧不嗣音。”《杕杜》:“繼嗣我日。”《箋》並云:“嗣,續也。”歲,年穀也。《左氏春秋·哀十六年傳》:“國人望君,如望歲焉。”注:“歲,年穀也。”“以興嗣歲”者,言郊祀以祈福,將以興起繼續之年穀。《傳》、《箋》皆迂回。

登《傳》:“木曰豆,瓦曰登。豆,薦葅醢也。登,大羹也。”《說文》本作“䕓”,从肉,从豆,从廾;廾,兩手也。經作“登”者,从肉,从豆,从又;又,一手也。祭祀主敬,从廾者,取恭敬奉持之義,“登”不如“䕓”之古矣。

居歆《箋》:“上帝則安而歆饗之。”案:“居”即“据”之古文,據也(詳《鵲巢》),猶所謂“憑依”也。后稷祭祀之誠如是,上帝固居而饗之矣。“歆”即“履帝武敏歆”之“歆”。后稷之祭祀致帝之歆饗,實緣於姜嫄之禋祀致天之歆饗,誠則靈,其理一也。歆歆然若有人道之感,污蠛甚矣。

胡臭亶時《箋》:“胡之言何也。亶,誠也。”案:“其香始升”,香即臭也,“上帝居歆”即歆其臭也。“亶”者,“但”之借,詳《常棣》。時,是也。言“其香始升”,上帝即居而饗之,是尚臭也,胡祭祀之尚臭但如是乎?自后稷肇祀以來,眾庶均無罪過,以迄于今矣。“迄今”與章首“厥初”首尾相應,自成章法。“亶”訓“誠”,與“胡”字萬不相連,即添出“得其”二字,[20]語義亦不聯貫也。

敦《傳》:“敦,聚貌。”《釋文》:“敦,徒端反。”《東山》:“有敦瓜苦。”《傳》:“敦,猶專專也。”《釋文》:“敦,徒丹反。”案:“徒丹”與“徒端”,雙聲也;“徒丹”與“徒端”二音與“敦”字亦雙聲。古文字少,一字每兼數義,義異,故音亦不同,其實古音仍讀本音。音隨義轉,後世之說也。《正義》:“《周禮》以葦好叢生,而謂之叢物,故言‘敦,聚貌’。”是也。餘詳《東山》。聲谓:下文有“方苞方體”語,則“敦彼”者乃葦初生之狀也。初生之葦不能禁牛羊之蹈藉,故曰“無踐履”,今種葦者首重護青,即此意也。

體《箋》:“體,成形也。”《谷風》:“無以下體。”《傳》:“下體,根莖也。”《禮·坊記》:“無以下體。”注:“下體,謂其根也。”案:彼文有“下”字,故言“根”;此專言“體”,謂其莖也。“方苞”,含苞也;“方體”,抽莖也。凡植物必含包而後生節,必生節而後抽莖也。如《箋》言,已茂矣,又云“成形”,詩人為不辭矣。

泥泥 《傳》:"葉初生泥泥。"《釋文》:"泥,乃禮反。……張揖作苨苨,云:'草盛也。'"今《廣雅·釋訓》作:"苨苨,茂也。"《文選注·四》引作"維葉柅柅",《蜀都賦》劉注:"柅柅、蓁蓁,盛茂貌也。"亦作"蒞"。《玉篇》:"蒞,草根露。"聲谓:字義當依毛《傳》與劉注,訓為"葉初生茂貌也"。作"泥"者,假借;作"柅"、"苨",亦假借;"蒞"則形聲字之後出者矣。

戚戚 《傳》:"戚戚,內相親也。"案:"親"、"戚"雙聲,故戚有親義。《正義》:"戚戚,猶親親然。"是也。

具爾 《箋》:"具,猶俱也。爾,謂進之也。王與族人燕,兄弟之親,無遠無近,俱揖而進之。"案:"具"者,"俱"之省;"爾"者,"邇"之省:皆用古文也。經言兄弟俱相近也,王者親親,莫遠此俱爾之兄弟也。

緝御 《傳》:"緝御,踧踖之容也。"《箋》:"緝,猶續也。御,侍也。"案:如《箋》言,"有"當讀為"又"。言授几矣,又續令惇史侍之,於老者有加禮也。聲谓:此"緝"字亦當讀如"緝熙"之"緝",會聚也。見《文選·陽給事誄》注。餘詳《文王》。御,迓也,字亦作"訝",詳《思齊》。言既授几矣,又會聚而迎迓之也。如《箋》說,必須於文外横添,恐非經意。

臄 《傳》:"臄,函也。"《箋》:"燔用肉,炙用肝。以脾函為加,故謂之嘉。"《說文》作:"𧮫,口上阿也。从口,上謂"仌"也。象其理。啣,𧮫或如此。臄,或从肉,从豦。"案:"臄"為"𧮫"之或體,毛訓為"函",與《說文》"𧮫"字異。《說文》:"函,舌也。象形,舌體马马。从马,马亦聲。"今毛所謂"函",即舌也。《釋文》引《通俗文》:"口上曰臄,口下曰函。"而"臄"與"函"遂分為二矣。《廣雅·釋親》:"噱,舌也。""噱"即"臄","舌"即"函",當依毛《傳》。舌與脾相似,故同為嘉殽。若口之上下,𧮫除去骨,皆不堪食之物,何嘉殽之云?

咢 《傳》:"徒擊鼓曰咢。"《釋文》:"毛云:'徒歌曰咢。'《爾雅》云:'徒擊鼓謂之咢,徒歌謂之謠。'"《正義》:"徒擊鼓曰咢,《釋樂》文。孫炎曰:'聲驚咢也。'王肅述毛,作'徒擊鼓'。今定本《集注》作

‘徒歌’者，與《園有桃傳》相涉誤耳。”《說文》：“咢，即“咢”。譁訟也。从吅，屰聲。”“訟，一曰：謌訟。”喧譁、謌訟為一類事。《漢書·韋賢傳》：“咢咢黃髮。”注：“咢咢，直言也。”在言為“直言”，在歌為“直歌”可知矣。據此，則毛或本作“徒歌曰咢”，後人或據《爾雅》以改之耳。王肅述毛，非毛意也。

敦《傳》：“敦弓，畫弓也。”《釋文》：“敦，音彫。……徐又都雷反。”《說文》作：“弴，畫弓也。从弓，𦎫聲。”劉氏《新論·貴言》：“楚柘質勁，必資榜檠以成弴弓。”[21]案：作“弴”者，隸體。字亦作“雕”。《荀子·大略》：“天子雕弓。”[22]注：“雕，謂雕畫為文飾。”案：字本从𦎫聲，故《唐韻》音“都昆切”；《釋文》“音彫”者，據《荀子》“雕弓”也。聲谓：“敦”、“雕”雙聲。《周禮·司几筵》：“每敦一几。”注：“敦，讀曰燾。”“雕”、“燾”聲相近也。《說文》作“弴”者，形聲字；經作“敦”、《荀子》作“雕”者，皆假借字。此字雙聲字最多。詳《東山》、《行葦》各條。

鍭《傳》：“鍭矢參亭。”《釋文》：“鍭，……矢名。”案：“鍭”為矢之一名，《周禮·司弓矢》“枉矢、絜矢、殺矢、鍭矢、矰矢、茀矢、恒矢、庳矢”是也。亦為矢之總名。《說文》：“鍭，矢，金鏃翦羽謂之鍭。从金，侯聲。”《爾雅·釋器》：“金鏃翦羽謂之鍭。”《方言·九》：“箭，……江淮之間謂之鍭。”案：《傳》語“鍭矢”二字頓，解“鍭”字。“參”即“三”，“亭”即“停”，解“既鈞”也。《傳》語簡潔如此。

句《傳》：“天子之弓，合九而成規。”《釋文》：“句，古豆反。《說文》作彀，云：‘張弓曰彀。’”《說文》：“彀，張弩也。”“張，施弓弦也。”案：上節言“既堅”，言弓之材良也；此云“既句”，即“既彀”，蓋施弦於弓上，言其體良也：皆指弓與弦而言。上節言弓與弦之材皆良，此言弓與弦之體皆良也。“合九”言其良，“成規”則弦已施於弓上矣。弓必有弦，弓離弦則不成為弓矣。李氏黼平引“《弓人》云：‘往體寡，來體多，謂之王弓之屬。’注云：‘王弓，合九而成規。’其上文云：‘為天子之弓，合九而成規。’注云：‘材良則句少也。’賈《疏》云：‘此言角弓形未張之時。’如賈言，則此《傳》引‘合九成規’正謂‘往體寡，來體多’以釋經中‘句’字。‘既句’者，言略有句形。”等語。聲谓：《周禮》注明言

“材良則句少”，是“句”乃弓之病，非弓之良者也。且經文明言“既句”矣，又謂“‘既句’者，言略有句形”，則上文“既堅”云者亦略有堅意乎？必不然矣。訓為“既彀”，與上節“既堅”自有分別，惟“引滿”之說則非經義，亦非《傳》義矣。

斗　《傳》：“大斗，長三尺也。”《釋文》：“斗，字又作枓，都口反，徐又音主。三尺，謂大斗之柄也。”案：斗，假借字也；作“枓”者，後世形聲字。《說文》：“鋰，酒器也。从金，豐象器形。豐，鋰或省金。”聲谓：“省金”者，古文也，與“斗”同音，故假借。此字古音近“主”，故“斲”字从之；《唐韻》音“大口切”，非古音也。

台背　《傳》：“台背，大老也。”《箋》：“台之言鮐也，大老則背有鮐文。”《釋文》：“台，湯來反，徐又音臺，《爾雅》云：‘壽也。’鮐，湯來反，魚名，一音夷。”《正義》：“《釋詁》云：‘鮐背、耇、老，壽人也。’舍人曰：‘老人氣衰，皮膚滑瘠，[23]背若鮐魚也。’《爾雅》作‘鮐’，以其似鮐魚，而此經作‘台’，故《箋》申之云：‘台之言鮐也，大老則背有鮐文。’是依《爾雅》為說也。劉熙《釋名》云：‘九十曰鮐背，背有鮐文。’或當然也。”聲谓：“台”即“臺”之古文。作“臺”者，籀文。“台”有高義，與从㠯字異。詳《六書故》。人太老則背必高聳，俗所謂“駝背”也。“台”、“駝”一聲，故音轉為“駝”，因假借“駝”字。《道藏歌》：“福地更鍊胎。”从台音。與上聯“制召諸天魔”“魔”字韻，是“台”轉為“駝”音之據也。若謂背有鮐文，則禮樂衣冠之地，亦誰見之，而誰知之者？且如舍人注云“老人氣衰，皮膚滑瘠”，凡人氣體充肥而後皮膚滑澤，氣衰則肌膚乾瘦，亦安見其滑者？此夫人而知者也。不若依“台”字訓為“高聳”，與“黄”、“耇”一類，皆一望而可知也。

介　案：此與下“介爾昭明”“介”字皆“匄”之借，遺也，與也。詳《鼓鐘》。

有融　《傳》：“融，長。”《箋》：“有，又。”《說文》：“融，炊气上出也。从鬲，蟲省聲。”《白虎通·號》：“融者，續也。”又《五行》：“祝融者，屬續也。”案：炊气上出，融融不絕，故融有續義。物相續則長，故融有長義。“有”當依《箋》讀為“又”，言天遺君子以光明之德，其光明之德又能融續而長也。

高朗 《傳》:"朗,明也。"案:在己有之曰"昭明",所謂"學有緝熙于光明"也;在人視之曰"高朗",所謂"巍巍乎其有成功,煥乎其有文章"也。《箋》云:"天既與女以光明之道,又使之長有高明之譽。"微論本文無"譽"字,"光明之道"、"高明之譽"强分為二,亦未確切。

令終 《箋》:"令,善也。"《國語·周語》:"故高朗令終。"注:"終,成也。"又:"純明則終。"注:"終,成也。"言德至於高朗,君子有以善其成也。《箋》云"而以善名終","名"字添出,下文"令終有俶"語亦難通。

有俶 《傳》:"俶,始也。"《箋》:"俶,猶厚也。既始有善令,終又厚之。"案:"俶"之本義為善,為始。《説文》:"俶,善也。"訓"善"之字,今皆假借"淑"字。引"《詩》曰:'令終有俶。'一曰:始也。""令"既訓"善","俶"亦訓"善",與經義不合。《傳》訓為"始",與他書傳皆合,於經義亦難通,故《箋》訓為"厚"。聲谓:訓"厚"者,"竺"之假借也。"俶"字,《唐韻》音"昌叔切",[24]《崧高釋文》又音"尺叔反",其古音與"竺"音近也。《爾雅·釋詁》:"竺,厚也。"《説文》:"竺,厚也。从二,竹聲。"言君子所以善其成者,又特見其竺厚。如此講,"俶"字與上"融"字正對。有,又也,與上章"昭明有融""有"字同。案:竺,經傳多作"篤",《公劉》之"篤公劉"、《中庸》"君子篤恭而天下平"是也。互詳《崧高》、《載芟》。

公尸 《傳》:"公尸,天子以卿,言諸侯也。"《箋》:"諸侯有功德者,入為天子卿、大夫,故云'公尸'。公,君也。"案:"尸"即賓尸見《鳧鷖疏》。也。曰"公尸"者,尊之之辭也。天子祭宗廟,以卿為尸,出封則為侯伯,皆君人者也,故曰"公尸"。古人祭必有尸,所以達孝孫之意,通神明之情,猶賓主之有擯介,非果以尸肖其所祭也。説詳《召南·采蘋》。或敬之曰"皇尸",或靈之曰"神保",或尊之曰"公尸",皆所謂"賓尸"也,其義一也。

君子有孝子 案：此“有”字亦當為“又”，言君子者，又孝子也。《箋》：“君子之人有孝子之行。”“行”字不足以盡“孝”字。讀“有”為“又”，不必別添枝節也。

類 《傳》：“類，善也。”案：“類”訓“善”，古誼也。詳《皇矣》。“爾”字指君子言。首章“介爾景福”、次章“介爾昭明”、末章“釐爾女士”，皆指君子。《正義》述毛“則天長賜汝王以善道矣”，與經義合。《說文》：“頪，難曉也。从頁、米。一曰：鮮白皃。从粉省。”李氏黼平曰：“《釋詁》‘鮮’、‘類’俱訓為‘善’，此《傳》訓‘善’，字當作‘頪’。作‘類’者，假借。”[25]。案：“頪”訓“鮮白”，故可引申為善，惟許云“从粉省”，則大不然。且以“難曉”為弟一義，經傳中亦無佐據。聲谓：頪，鮮白也。从米，米在穀中未有不鮮白者；从頁，與“顆”、“碩”字同意。取米意即諧米聲，古人音濁，且不分四聲。“米”有“每”音，故得為“頪”聲；“頪”訓“鮮白”，故引申之有“善”義。“類”字行而“頪”字晦，李氏以為假借字，是也。

壼 《傳》：“壼，廣也。”《箋》：“壼之言捆也。……室家先以相捆致，已，乃及於天下。”案：《箋》以“壼”為假借字。聲谓：“壼”即“梱”，乃“悃”之假借，非“捆”之假借。本文又緊承上句“類”字，“類”訓“善”，則“室家之壼”正解“永錫爾類”句也。陳氏啟源曰：“善道施於室家，而廣及天下。毛訓‘壼’為‘廣’，與《周語》合，必是古義相傳如此也。”又陳氏駁“永錫爾類”《箋》語云“鄭訓‘類’為‘族類’，謂‘孝行無匱竭，長與汝之族類’，又據《左傳》所引證‘考叔純孝，施及莊公’為說，不知左氏以證‘施及’，當取‘不匱’義，非取‘錫類’也”等語，則“善道施於室家，而廣及天下”，亦皆“不匱”中義，非“錫類”中義也。況“壼”訓“廣”，既無證據，恐終無以自圓其說也。聲谓：“壼”即“梱”，乃“悃”之借字。《文選·聖主得賢臣頌》注引《三蒼》郭璞《解詁》：“悃，誠信也，苦本切。”《漢書·劉向傳集注》引張晏：“悃，誠也。”《楚辭·愍命》：“親忠正之悃誠兮。”注：“悃，厚也。”言其善維何？室家之悃厚誠信如此，皆天錫我君子者也。“室家”，君子之室家也。“悃”、“壼”同聲，故假借。

胤《傳》:“胤,嗣也。”《說文》:“胤,子孫相承續也。”《漢書·楊雄傳上集注》引應劭:“胤,續也。”亦訓為“嗣”,嗣亦續也。《書·堯典》“胤子朱啟明”馬注、《高宗肜日》“罔非天胤”《傳》,並云:“胤,嗣也。”亦訓為“繼”,繼亦續也。《爾雅·釋詁》:“胤,繼也。”上數章言福及其身,此則及其子孫,末章“釐爾女士,從以孫子”則又及其孫子之孫子,所謂“子又生子,孫又生孫”,世世蒙福未有艾也。

僕《傳》:“僕,附也。”《箋》:“天之大命又附著於女,謂使為政教也。”《正義》:“以僕御必附近於人,故以僕為附。”案:“僕”者,“樸”之假借字。《棫樸傳》:“樸,枹木也。”《箋》:“白桵相樸屬而生。”《周禮·考工記》:“欲其樸屬而微至。”注:“樸屬,猶附著,堅固貌也。”“僕”、“樸”同聲,故假借;“僕”即“樸”,故《箋》云“附著”。經言“景命有僕”者,“有”亦當讀為“又”,言景命于君子,又附著堅固,無絲豪之間隙,須臾之違背也。《正義》望文生義,大非經義。“樸”字亦詳《棫樸》。

釐《傳》:“釐,予也。”《江漢》:“釐爾圭瓚。”《傳》:“釐,賜也。”《書序》:“帝釐下土方。”馬注:“釐,賜也,理也。”《玉篇》引《蒼頡》:“釐,賜也。”“釐”訓“賜”,此《傳》言“予”者,予亦賜也。人世之福,無大於室有賢媛,又生賢子孫者;既有賢媛,即不慮有不賢子孫者,其氣類使之然也。“女士”應為子孫之配偶,則此所謂子孫者,子孫之子孫也,所謂“子子孫孫,勿替引之”也。

校勘記

[1]“‘弗’、‘拂’同意”,“意”當作“音”;下句“‘祓’、‘拂’同音”,“音”當作“意”:“意”、“音”二字應是誤倒,當乙正。

[2]“書之玉版”,“版”字一本作“板”。

[3]“稷,粟也”,《爾雅·釋草》未見“稷,粟也”之訓。今案:《左傳·桓公二年》:“粢食不鑿。”《正義》曰:“《釋草》云:‘粢,稷。’舍人曰:‘粢,一名稷。稷,粟也。’”據此,則應據《左傳正義》引文於《爾雅·釋草》下與

“稷,粟也”上之間補“舍人注”三字。

[4]“百官公卿表上”之下應據吴氏引例補“集注”二字,下引文乃顔注引應劭語,非《漢書》引文。

[5]“《説文·口部》引作‘實覃實吁’”,《説文·口部》未見引《詩》“實覃實吁”者,“口部”當作“旱部”。《説文·旱部》:“覃,長味也。从旱,鹹省聲。《詩》曰:‘實覃實吁。’”

[6]“光岐儼其偕列”,《文選·笙賦》“岐”字作“歧”,下注二“岐”字同。

[7]“食,太陰在卯,穰”,吴氏斷句未妥。《史記·貨殖列傳》云:“夫歲孰取穀,予之絲漆;繭出取帛絮,予之食。太陰在卯,穰。”但引“食”字,句未完足。

[8]“埶,種即“種”。也。从坴、丮。持而種之。”大徐本《説文》作:“埶,種也。从坴、丮。持亟種之。”段注本《説文》作:“埶,種也。从丮、坴。丮持種之。”

[9]“菽,或作叔”,《釋文》作“叔,或作菽”。

[10]“朱茀斯皇”,《小雅·采芑》“茀”字作“芾”,《釋文》云:“芾,本又作茀。”

[11]“《葛覃正義》”,“《葛覃正義》”下當補“引陸機《疏》”語,以下引文乃《正義》引陸機《疏》文。

[12]“芒張穗黄”,《齊民要術·種穀第三》“穗”字作“葉”。

[13]“雝種也”,《傳》“雝種”二字作“雜種”,阮元《校勘記》云:“《釋文》本作‘雜種’,《正義》本作‘雍種’,此二本之不同也,而陸本為長。”

[14]“種不雜”,當作“生不雜”,上文引《箋》明云:“種,生不雜也”。

[15]“茅采”,《廣雅·釋草》作“茅穗”,見“茿,茅穗”條。“穗”乃“采”之或體。

[16]“發昔夢於木禾,既垂穎而顧本”,《文選·思玄賦》作:“發昔夢於木禾兮,穀崑崙之高岡。……既垂穎而顧本兮,亦要思乎故居。”吴氏當是節引其文。

[17]“嘉禾垂穎”,應貞詩作“嘉禾重穎”,應貞詩見《文選》應吉甫《晉武帝華林園集詩》。

[18]“下文‘后稷肇祀’《釋文》”,“《釋文》”當作“《箋》”。《釋文》於《大雅

·生民》"后稷肇祀"句下並未出注,惟《箋》復出"后稷肇祀"句,有"肇"字。

[19]"蒸也",《釋文》"蒸"字作"烝"。

[20]"得其"二字見《生民》"胡臭亶時"《箋》,《箋》云:"何芳臭之誠得其時乎? 美之也。"

[21]"必資榜檠以成弴弓",《新論·貴言》"榜"字作"搒"。

[22]"天子雕弓",《荀子·大略》"雕"字作"彫",下注二"雕"字亦皆作"彫"。

[23]"皮膚滑瘠",《正義》"滑"字作"涓",阮元《校勘記》:"浦堂云:'消誤涓。'是也。《爾雅疏》引即取此,正作'消'。"

[24]"昌叔切",大徐本《說文》所附《唐韻》作"昌六切"。

[25]"作'頪'者,假借",此句為概述李氏之意,非原文。李氏《毛詩紬義》原文作"經本作'頪',《傳》讀為'頪'而訓'善',假借也"

詩小學卷二十二

大　雅

保山吴樹聲學

生民之什

涇《箋》:“涇,水名也。”案:“涇”者,“巠”之假借也;“巠”為“徑”之古文。《説文》:“巠,水脈也。从巛在一下。一,地也。壬省聲。一曰:水冥巠也。”聲谓:巠,遂上道也,容牛馬及人徒行。詳《周禮·遂人》注及《疏》。从一,古文“上”也;从巛,遂亦川也:川上可行者謂之巠。从壬,“壬”為“挺”之古文。壬,直也,遂間可行之巠未有不直者,會意字兼諧“壬”聲。《周禮·遂人》:“凡治野,夫間有遂,遂上有徑。”古文當作此“巠”字,後人加“彳”作“徑”,而“巠”之義遂晦矣。《説文》訓為“水脈”,亦未的確。“巠”為遂間可行之道,故凡水邊可行之道亦謂之“巠”,與二、三章“沙”、“渚”字一例,非“涇渭”之“涇”也。《箋》訓為“水名”,非經義也。“涇”从巠聲,故假借。

沙《傳》:“沙,水旁也。”《易·需》:“需于沙。”《疏》:“沙是水傍之地。”本此。案:《易·需》:“需于沙。”虞注:“水中之陽稱沙也。”又荀注:“水中之剛,故曰沙。”《穆天子傳》:“南絕沙衍。”注:“沙衍,水中有沙者。”案:北方多沙河,河流遷徙靡定,故河中往往有沙。今人稱某河,古人稱某水,水中之沙即河中之沙,可棲止處也。《禮·內則》:

"鳥皫色而沙鳴。"注:"沙,猶嘶也。"《周禮·內饔》:"鳥皫色而沙鳴,貍。"注:"沙,澌也。"以諧聲定之,"沙"之古音當與"嘶"、"澌"二字近,故與"宜"字韻。《說文》:"沙,水散石也。从水、从少,水少沙見。"《水經·渠水》注:"沙水,言水散石也。从水、少,水少沙見。"據二說,則"沙"从水、少者,會意字。又據《說文》譚長說:"沙或从尐。"尐,子結反。《易·需》:"需于沙。"《釋文》:"鄭作沚。"據二書,則沙本作"沚",从尐。尐,《說文》音"節",入質韻,古人不分四聲,古音亦入之、脂部韻也。《廣雅·釋詁·三》亦作"沚",訓"質也",亦諧聲。聲谓:尐,小也。水中之沙,其細已甚,故从尐,會意,兼取其聲,較从少作"沙"者為古矣。餘詳《歌麻古韻考》。

潨《傳》:"潨,水會也。"《箋》:"潨,水外之高者也,有瘞埋之象。"《釋文》:"潨,在公反,《說文》云:'小水入大水也。'徐云:'鄭音在容反,水外之高者也。'"《說文》:"小水入大水曰潨。从水,从眾。《詩》曰:'鳧鷖在潨。'"案:人三為眾。潨,不一水也;不一水,故从眾:此訓"水會"之說也。不一水,則必有大小之分矣,故《說文》曰:"小水入大水曰潨。"毛、許二說較鄭為優矣。

亹《傳》:"山絕水也。"《箋》:"亹之言門也。"《漢書·景武昭宣元成功臣表》:"先登石亹。"注:"山絕水曰亹。"《地理志下》:"金城郡:浩亹。"注:"亹者,水流峽,山岸深若門也。"《後漢書·馬援傳》注:"亹者,水流夾山間,兩岸深若門也。"本為"瑕隙"字。詳《文王》。亦讀"門"音者,《爾雅·釋草》:"虋,赤苗。"《釋文》:"虋,本亦作亹。"又:"蘠蘼,虋冬。"《釋文》:"虋,本皆作門。"亦作"亹"。《山海經·中山經》:"條谷之山,……其草多……亹冬。"注:"亹冬,一名滿冬。今作門。"聲谓:"亹"从亹,"亹"即"亹"之省,是"亹"有"門"音也。"亹"有"門"音,故有門義,然竟以"亹"為"門"則又非也。

假樂《傳》:"假,嘉也。"《維天之命》:"假以溢我。"《雝》:"假哉皇考。"《傳》並云:"假,嘉也。"《爾雅·釋詁》:"假,嘉也。"其音則《釋文》並音"暇",《禮》及《爾雅釋文》並《長發》"昭假遲遲"、《皇矣箋》引《書》"五年須假"亦為"暇"義。案:"假"、"暇"皆从叚音,故音近,義亦可通。諸經書“假”字有五音:遐、賈、嫁、暇、格。除“格”音“各”為古音,其餘皆後世之音也。以有韻之文考之,《商頌·那》:“置我鞉鼓,奏鼓簡簡。衎我烈祖,湯孫奏假。”假,舊音格,屬下節,無韻。不知“格”古从各音,古人不分四聲,故與“鼓”、“祖”為韻。《儀禮·士冠禮》:“宜之於假,永受保之,曰伯某甫。”《楚辭·招魂》:“蘭膏明燭,華鐙錯些。結撰至思,蘭芳假些。人有所極,同心賦些。”又《大招》:“瓊轂錯衡,英華假只。茝蘭桂樹,鬱彌路只。”《韓詩外傳》:“夫鳥獸魚猶相假,而況萬乘之主而獨不知假,此天下英雄俊士與之為伍。”《鴻烈解·兵略》:“故善用兵者,見敵之虛,乘而勿假也,追而勿舍戎與反。也,迫而勿去也。”據此,則“假”之古音,上聲當音果五切,去聲當音古暮切,入聲音各。此“假樂”後世訓“假”為“嘉”,以諧聲求之,亦未見其精切。嘉,古音與“為”、“宜”近,《詩》凡口見,[1]皆與“宜”、“為”等字韻,不與“華”、“家”等字韻也。戈、歌與麻相通之韻,萌芽于兩漢,盛行于三國、晉、宋。《禮·中庸》引此作“嘉樂君子”,此讀“假”為“賈”之始。“賈”、“嘉”音近,故《傳》訓為“嘉”。《烈祖》:“鬷假無言。”《左氏春秋·昭二十年傳》作“鬷嘏無言”。《那》:“湯孫奏假。”《爾雅·釋詁》注作“湯孫奏嘏”。《禮·曾子問》:“不旅不假。”注:“假,讀為嘏。”以上皆以“假”為“嘏”之證。《禮·禮運》:“祝嘏辭說。”《釋文》:“嘏,本作假。”此“嘏”亦通“假”之證也。《卷阿》:“純嘏爾常矣。”《箋》:“予“予”、“嘏”疊韻。福曰嘏。”《賓之初筵》:“錫爾純嘏。”《箋》:“嘏,謂尸與“與”、“嘏”疊韻。主人以福也。”《載見》:“俾緝熙于純嘏。”《箋》:“天子受福曰大嘏,辭有福祚“嘏”、“祚”,上與去疊韻。之言。”以上三訓皆與古誼合。此“假”字亦當依古音讀為嘏,言天以福祚喜樂君子也,不可以漢以後之音擅改古音也。陳氏啟源辨“假”字當音“暇”,不當音“嘉”,何以不知“假”字古音果五切與古暮切,以及音“格”者當讀為“各”也?至其譏楊氏慎列“假”字於《轉注古音·六麻》中為俗本所誤,[2]洵為篤論。

顯顯 《箋》:“顯,光也。天嘉樂成王有光光之善德。”《敬之》:“天維顯思。”《傳》:“顯,見也。”《爾雅·釋詁》:“顯,見也。”

注:"顯,明見也。"案:"顯"即德之見於外者,訓"光"、訓"明",皆其可見者也。《禮·中庸》引作"憲憲令德",蓋假借音相近者。

保右 《箋》:"成王之官人也,羣臣保右而舉之,乃後命用之。"《大明》:"保右命爾。"《傳》:"右,助。"《箋》:"安而助之。""爾"字固指武王也,則此"之"字亦當指成王無疑。《禮·中庸》引此詩,鄭氏注云:"保,安也。右,助也。"[3]孔氏述之云:"天乃保安右助,命之為天子,又申重福之。"鄭氏於此經又為異說,微論其自相矛盾。經文明言"宜民宜人",鄭氏解"保右命之"乃單承"宜人"說,竟拋荒"宜民"二字,不知何說也。《集傳》用孔《疏》得之。

宜 《傳》:"宜君王天下也。"《箋》:"故或為諸侯,或為天子,言皆相勖以道。"《釋文》:"且君且王,一本且並作宜字。"據此,則經本作"且君且王",以上章"宜民宜人"語例之,作"且"者義較優。段氏玉裁案:"趙壹《窮鳥賦》'且公且侯,子子孫孫',正用《假樂》詩意,作'宜'為俗本也。"聲案:且者,將也。《國策·秦策》:"城且拔矣。"又:"三國且去。"注並云:"且,將也。"《漢書·郊祀志上集注》:"且,猶將也。"《呂覽·音律》:"歲且更起。"注:"且,將也。"《鴻烈解·時則》:"雷且發聲。"注:"且,猶將也。"玩《箋》語二"或"字,知鄭本亦不作"宜",今本無復知有作"且"者矣。

羣匹 《箋》:"循用羣臣之賢者,其行能匹耦己之心。"案:"羣匹"即羣臣,羣臣而曰"率由"者,所謂敬大臣、體羣臣也。《論語》"不改父之臣與父之政"可為此二章"率由"字注腳。

塈 《傳》:"塈,息也。"《正義》:"《釋詁》云:'呬,息也。'某氏曰:'《詩》云:"民之攸塈。"'郭璞曰:'今東齊呼息為呬。'則'塈'與'呬',古今字也。"《谷風》"伊余來塈"《傳》、《泂酌》"民之攸塈"《箋》,並云:"塈,息也。"《左氏春秋·成二年》、《昭二十一年》、《哀五年傳》三引"民之攸塈",注皆云:"塈,息也。"陳氏啟源曰:"呬,《說文》作:'𪖐,臥息也。从鼻,隶聲。'然則《詩》作'塈'者,乃假借字也。"李氏黼平曰:"《爾雅》云:'憩,息也。'《玉篇》:'屃,息也。[4]今為憩。'《廣韻》同。《爾雅釋文》:'憩,本或作愒。'《說文》:'愒,息也。'徐鉉謂:'今别作憩。非是。'此詩'塈'字當是'屭'字,即《爾雅》之'憩'、《說文》之'愒'耳。"聲案:《說文·尸部》:"眉,臥息也。从尸、自。"徐鍇本"从尸,自聲",與《鼻部》"齂"音、訓並同,論字形則"眉"字較古矣。李氏作"屭"者,字出《玉篇》,亦不如"眉"字之古,至"憩"、"愒"二形,皆後世字矣。"民之攸塈",取休息之義,民之所息也;"伊余來塈",取歎息之義,蓋"慨"之假借;"頃筐塈之",又"摡"之借。俱詳彼文。"塈"之本義為"仰塗",《書·梓材》所謂"惟其塗塈茨"也,《說文》作"墍"。

篤《傳》:"篤,厚也。"《箋》:"厚乎,公劉之為君也!"案:《序》云:"成王將涖政,戒以民事,美公劉之厚於民。"詩凡六章,皆冠以"篤"字,皆美其厚於民也。厚民之事於各章見之,首句但歎其篤厚,不必横添字眼。《箋》語添出"為君"字,似非《詩》義。

埸《釋文》:"埸,音亦。"《信南山》:"疆埸翼翼。"《傳》:"埸,畔也。"又:"疆埸有瓜。"其字皆从土,易聲,古文衹作"易"。《易·大壯》:"喪羊于易。"《釋文》引陸注:"易,謂疆埸也。"案:埸,古文作"易",猶"疆"古文亦衹作"畺"也。俗本皆作"場",俗師亦衹知讀"場",故《釋文》特音為"亦"。

爰方《箋》:"爰,曰也。公劉之去邰,整其師旅,設其兵器,告其士卒,曰:'為女方開道而行。'"聲谓:爰,緩也。詳《四月》。《文選·思玄賦》:"爰整駕而亟行。"舊注:"爰,於是也。"案:"於是"者,緩辭也。《廣雅·釋詁·一》:"方,始也。"言於是始啟行也。《孟子·梁惠王下》引此詩而說之曰:"故居者有積倉,行者有裹糧也,然後可以'爰方啟行'。"雖斷章取義,其實英雄舉事,未有不審慎周詳,動出萬全者。胸有成算,固不同於孟浪從事,苟且圖功者矣,故曰"爰方啟行",蓋其難其慎之辭也。《箋》語横添"告其士卒"、"為女"等字,非經義也。

宣順《傳》:"宣,徧也。"《釋名·釋言語》:"順,循也,循其理也。"《鴻烈解·時則》:"順彼四方。"注:"順,循也。"《儀禮·大射儀》:"順左右隈。"注:"今文順為循。"《莊子·天下》:"己之大順。”《釋文》:“順,本作循。”案:“既庶”者,謂人民衆庶;“既繁”者,謂物產繁多;“既順迺宣”,言既循之而徧也。三“既”字即上句“于胥斯原”“胥”字也。胥,相也。言相之而人民既庶,相之而物產既繁,相之而循行已徧也。天下固無無人煙之處,古人遷都亦斷無不擇人物繁庶之區之理。遷都而得此地,可以無憾矣,故曰“而無永嘆”。

巘原《傳》:“巘,小山別於大山也。”二字已詳《皇矣》。上句“既順迺宣”,言相度斯原者,既循之而徧矣;此又言陟于巘而復降于原者,蓋遷都大事,固不憚周詳審顧,升降之頻,有出於不自知者矣。

舟《傳》:“舟,帶也。”《箋》:“民亦愛公劉之如是,故進玉、瑤、容刀之佩。”案:“舟”義去“帶”遠甚,且洪荒甫闢之鄉,民間亦安得有玉、瑤、容刀之佩以進於公劉乎?恐非經義。聲谓:公劉是時方來相都,尚未遷都也。通篇皆言相都之事,此章“于胥斯原”最為眼目。《左氏春秋・襄二十三年傳》:“華周。”《漢書・古今人物表》作“華州”,《說苑・立節》作“華舟”。《大東》:“舟人之子。”《箋》:“舟,當作周。”漢《脩堯廟碑》:“委曲舟匝。”“周”作“舟”。是古者“周”、“州”、“舟”皆通假也。《左氏春秋・隱四年經》:“衛人殺州吁。”《穀梁》作“祝吁”。《說文》:“喌,呼雞重言之。从吅,州聲。讀若祝。”《博物志》:“祝雞公有養雞法,今世人呼雞云‘祝祝’,起此也。”“祝”與“州”雙聲,“舟”、“州”同音。據此,則“舟”乃“祝”之借也。公劉相都,至此見其庶繁,循歷已徧,復又反覆升降,知其無以易此也,不能不先祭山川之神,以答靈貺。行李倉皇,何以祝之?維所佩之玉與瑤與有鞞琫之容刀可以稍致其誠敬耳。於當日情事恰合,當合通章讀之,其義可以蹤蹟也。

廬旅《傳》:“廬,寄也。”《箋》:“廬舍其賓旅。”《說文》:“廬,寄也。秋冬去,春夏居。从广,盧聲。”《釋名・釋宮室》:“寄止曰廬。”《國語・齊語》:“衛人出,廬於曹。”注:“廬,寄也。”《小爾雅・廣言》:“廬,寄也。”《左氏春秋・閔二年傳》:“立戴公以廬于曹。”杜注:“廬,舍也。”聲谓:此“廬”字亦當訓為“寄”,以彼時倉皇立國,宗廟宫室均未建立,故曰“廬”也。旅,《左氏春秋·莊二十二年傳》:“羈旅之臣。”注:“旅,客也。”《史記·陳杞世家》:“羈旅之臣。”《集解》引賈逵:“旅,客也。”又《左氏春秋·襄二十八年傳》:“而旅于明年之次。”注:“旅,客處也。”又《易·旅》:“旅,小亨。”《疏》:“旅者,客寄之名,羈旅之稱。”又:“失其本居而寄他方,謂之為旅。”《説文》:“軍之五百人為旅。从㫃,从从。从,俱也。㐰,古文旅。”案:字从㫃,旌旗之屬也;从从,㐰之省也。㐰眾俱在旌旗之下,即帳居也,會意字也,即諧“㐰”聲。此經“廬旅”並言者,相都大事,從者甚眾,故或廬而室居,旅而帳居。以此時方去相都,並未有宗廟宫室,不能不分投寄居,可以想一時行役景況。

覯《傳》:“覯,見也。”案:“覯”、“遘”、“構”三字古皆通假。《柏舟》:“遘閔既多。”《釋文》:“遘,本或作覯。”是“遘”與“覯”通也。《文選·七哀詩》:“豺虎方遘患。”注:“遘,與構同,古字通也。”是“遘”與“構”亦通也。《左氏春秋·成六年傳》:“其惡易覯。”注:“覯,成也。”《史記·黥布傳》:“事以搆。”即“構”之俗體。《索隱》:“搆,成也。”是“覯”與“構”亦通也。《鴻烈解·説林》:“文王與諸侯構之。”注:“構,謀也。”“于”當讀為“為”。《儀禮·聘禮記》:“賄在聘于賄。”注:“于,讀曰為。”是也。言“逝彼百泉,瞻彼溥原”,以至陟彼南岡,凡此不憚其勞者,蓋欲謀以為京都耳。乃,難詞也。以其可營立都邑,故謂之“京”,非《釋丘》“絕高為之京”之“京”也,以下文有“京師”字也。此不言“京師”而專言“京”者,趁韻。

京師之野《傳》:“是京乃大眾所宜居之也。”《箋》:“地乃眾民所宜居之野也。”案:立以為都邑,故謂之“京”;京都之人民必眾,故謂之“京師”;有京都則必有郊野,故曰“京師之野”。

斯依《箋》:“厚乎,公劉之居於此京,依而築宫室!其既成也,與羣臣士大夫飲酒以樂之。”案:通詩皆為相都之事,尚未遷都也,《箋》語“築宫室”,“既成”而“樂之”,洵屬横添。聲谓:此“依”字亦當讀如《皇矣》“依其在京”之“依”,盛也。《采薇》:“楊柳依依。”薛君《韓詩章句》曰:"依依,盛貌。"《車舝》:"依彼平林。"《傳》:"依,茂木貌。"詳《皇矣》。言厚乎,我公劉往此都斯茂盛矣!何以見之?但見此地之士大夫"蹌蹌濟濟",皆為之肆筵授几矣。此"依"字與下文"依"字不同。詳下。

俾《箋》:"俾,使也。群臣則相使為公劉設几筵,使之升坐。"案:《箋》"相使""相"字、"設几筵""設"字及"升坐"字未免橫添。《皇矣》:"克順克比。"《禮·樂記》作"克順克俾",注:"俾,當為比,聲之誤也。"此"俾"字亦當讀為比,"庀"之借也。《周禮·遂師》:"庀其委積。"司農注:"庀,具也。"《左氏春秋·襄九年傳》:"官庀其司。"注:"庀,具。"《穀梁春秋·哀元年傳》:"始庀牲。"《疏》:"庀,具,猶簡擇。"亦訓為"治"。《左氏春秋·襄二十五年傳》"子木使庀賦"注、《國語·魯語》"子將庀季氏之政焉"注:"庀,治也。"其字亦或作"比"。《周禮·世婦》:"比其具。"注:"鄭司農比讀為庀。"又《大胥》:"比樂官。"注:"鄭大夫讀比為庀。"案:"庀"作"比"者,借;則此作"俾"者,亦借。古者"比"、"俾"同音。"俾筵俾几"者,言治而具之也。公劉相地至彼,彼處之士大夫為之治筵而具焉,為之治几而具焉:言公劉得人心也。

既登乃依《傳》:"賓已登席坐矣,乃依几矣。"《箋》:"公劉既登堂,負扆而立。"《釋文》:"依,毛如字。鄭於豈反,《箋》云或扆字。"案:"既登乃依",承上"俾筵俾几"句而言也,言公劉既登其筵矣,亦乃依其几矣。"依"有倚義,故音"於豈反",至云"或扆字",無論當日公劉始往相地,安所得扆而負之?天子負斧扆,南向而立,見《明堂位》,周以後之制也。公劉生有夏之世,且遭亂遷徙,安所得斧扆而立之?鄭說未免望文生義矣。

曹《正義》:"《周語》曰:'民所曹好。'《漢書》每云'吾曹'。曹者,輩類之言,故為羣也。"案:"曹"者,豳地士大夫之輩類也;"牢"亦士大夫之牢也。公劉相地於豳,士大夫為之具几筵,備牲體,皆可以見其得人心矣。

匏《傳》:“酌之用匏,儉以質也。”《箋》:“酌酒以匏為爵,言忠敬也。”案:豕則執之於牢,酌則無擇於匏,於尊敬之中寓親愛之意,即此已可見公劉之得人心矣。

君宗《傳》:“為之君,為之大宗也。”《箋》:“宗,尊也。公劉雖去邰國來遷,羣臣從而君之尊之,猶在邰也。”案:《傳》語“為之大宗”,似指同姓言;“為之君”,指異姓言也。邰為后稷舊封,因迫逐而遷豳,彼時豳地必在其封内也,故豳地之人一見公劉來相都,不禁喜出望外,人人欲食飲君,宗之也。

景岡《傳》:“既景乃岡,考於日景,參之高岡。”《箋》:“既以日景定其經界於山之脊。”案:《傳》語分“景”、“岡”為二事;《箋》作未了語,以下文“相其陰陽”二句二“其”字皆指“岡”言:均非經義。聲谓:“岡”即上章之“南岡”,“既景迺岡”與《定之方中》“景山與京”語極相似,特彼所景者“山”與“京”為二,此所景者惟一“岡”為異耳。古人建都,必擇一名山大川以為形勢:如“泰山巖巖,魯邦所瞻”;梁山,晉望也。豳之岡、衛之山與京,猶魯之泰山、晉之梁山也,故景度之以為一國形勢。知此“景”字為測量其日影,即知《定之方中》“景”字亦為測量其日影也,是之謂以經證經。以土圭正日景而謂之景者,猶以土圭測土深亦謂之土也。《周禮·大司徒》:“以土圭之瀍測土深,正日景,以求地中。”又:“凡建邦國,以土圭土其地而制其域。”是也。

“相其陰陽”二句《箋》:“觀相其陰陽寒煖所宜,流泉浸潤所及,皆為利民富國。”案:《箋》語,古義也,後世講地理者多託始於此。聲谓:後世講地理者有理氣、形勢二家:主理氣者專講羅經,其言或穿鑿迂怪,以驚世駭俗,儒者弗取;主形勢者專取岡巒之起伏、沙水之環拱,於經義或有合也。不曰“水泉”而曰“流泉”,《左氏春秋·成六年傳》:“有汾澮以流其惡。”據此,則經之取義於“流泉”者可知矣。

單《傳》:“三單,相襲也。”《箋》:“邰,后稷上公之封。大國之制三軍,以其餘卒為羡。今公劉遷於豳,民始從之,丁夫適滿三軍之數。單者,無羨卒也。”案:宋王復齋《鐘鼎款識》載《旗單爵銘》“單”作“[illegible]”,薛氏《鐘鼎款識》載《單父丁彝銘》作“[illegible]”,《單爵銘》作“[illegible]”,《單从鼎銘》作“[illegible]”,《單从彝銘》作“[illegible]”,以上各字皆“單”之古文,大約皆象形字也。《漢書・匈奴傳》:“單于者,廣大之貌也,言其象天單于然也。”據此,則“單”有大義。《説文》:“單,大也。从吅、甲,吅亦聲。闕。”“其軍三單”曰“單”者,取大義也,猶之《左氏春秋・哀元年傳》“有眾一旅”曰“旅”者,取眾義也。古人“旅”衹訓為“眾”,五百人曰旅,周以後之制也。“單”訓為“大”,以軍為單者,商以前之制也。《傳》語不憭然,《箋》語望文生義。

徹 《傳》:“徹,治也。”《箋》:“度其隰與原田之多少,徹之使出稅,以為國用。什一而稅謂之徹。魯哀公曰:‘二,吾猶不足,如之何其徹也?’”案:周人以徹法取民,為一代經國大法,而實昉于公劉,蓋善遵祖制者矣。《孟子》:“夏后氏五十而貢,殷人七十而助,周人百畝而徹。”孟子但解之曰:“徹者,徹也。”後儒申之曰:徹,通也,均也。一以通地之美惡而均什一之,如不易之地,家百畝;一易之地,則以家二百畝而當百畝;再易之地,則以家三百畝而當百畝,而出賦始與上地之百畝通什一,而計地之法以均。一以通人之眾寡而均什一之,《周官・小司徒》:“乃均土地,以稽其人民。……上地家七人,可任也者家三人;中地家六人,可任也者二家五人;下地家五人,可任也者家二人。”《禮・王制疏》:“按:《周禮》地有九等。……此言‘上地家七人’者,謂中地之上;‘家六人’者,謂中地之中;‘家五人’者,謂中地之下。以此推之,下地之上家四人,下地之中家三人,下地之下家二人。則上地之上家十人,上地之中家九人,上地之下家八人。”此以通人之多寡,通什一,而計人之法以均。蓋實鑒於夏殷二代之制而損益之,其實恪遵祖制也。“徹”字見《論》、《孟》,在毛公前,其說誠有據也。

夕陽 《傳》:“山西曰夕陽。”《箋》:“夕陽者,豳之所處也。度其廣輪,豳之所處信寬大也。”案:此“度”字緊跟上“相其陰陽,觀其流泉”,蓋相之度之,而後得此夕陽之地以奠厥居。然居非一人之居,又必度之,如何處可以為廟?何處可以為寢?何處可以為朝為市?

多方圖維，始信豳居之允荒也。已伏下章"涉渭為亂"句根子。細玩一"允"字，的是未遷時語。

館《傳》："館，舍也。"《左氏春秋·襄三十一年傳釋文》引《字林》："館，客舍也。"《孟子·離婁上》："舍館未定。"注："館，客舍也。"《國語·魯語》："宿於重館。"注："館，候館也。"《禮·曾子問》："公館復。"注："公館，若今縣官舍也。"《疏》引張逸："公館，若今停待者也，離宮是也。"據此，則"館"為客舍，為離宮。公劉此時方來相都，並未建有宮室，故曰"于豳斯館"。合之三章"于時廬旅"、末章"止旅迺密"，知通篇皆言相都之事，蓋此時尚未遷都。遷都大事，不能不分外慎重也。

亂《傳》："正絕流曰亂。"《箋》："乃使人渡渭水，為舟絕流而南。"《書·禹貢》："亂于河。"《傳》："正絕流曰亂。"《爾雅·釋水》："正絕流曰亂。"孫注："亂，直橫渡也。"《漢書·地理志上》："亂于河。"注："正絕流曰亂。"案：以上皆漢以來相傳舊說也，然於經義似不合，且於上下文義亦多扞格。《說文》："蕝，朝會束茅表位曰蕝。从艸，絕聲。《春秋國語》曰：'致茅蕝表坐。'"又《示部》"禜"下："設緜蕝為營。"字亦作"蕞"。《史記·叔孫通傳》："與其弟子百餘人為綿蕞，野外習之月餘。"《集解》："徐廣曰：'表位標準。……'駰案：如淳曰：'置設綿索為習肄處，蕞謂以茅翦樹地為纂位。《春秋傳》曰"置茅蕝"也。'"《索隱》引"韋昭云：'引繩為綿，立表為蕞。'賈逵云：'束茅以表位為蕝。'"顏師古注《漢書》云："蕞，與蕝同。"據此，則"蕝"、"蕞"為一字。《漢書·叔孫通傳》注[5]引"《纂文》云：'蕝，今之纂字。'包愷音即悅反，又音纂。"據此，則"蕝"、"纂"亦通。聲谓："蕞"、"蕝"與"纂"雙聲，"纂"、"亂"疊韻，故皆可通假。詩言"涉渭為亂"者，涉渭水以緜蕝表位。公劉相都，是時已有定議，凡城郭、宮室、宗廟、朝廷皆有定處，故涉渭以緜蕝表其位次。豳在渭之北，故曰"涉渭"。然則"亂"乃"纂"之假借字，"纂"又"蕞"與"蕝"之通假字也。若依舊說，則本文為閒句，味同嚼蠟矣。

厲鍛 《傳》:"石也。"《箋》:"鍛石,所以為鍛質也。"《釋文》:"厲,本又作礪。鍛,本又作碫,丁亂反,《説文》云:'碫,厲石。'"案:厲,所以磨;鍛,所以煉:皆所以制器用也。《説文》:"鍛,小冶也。从金,段聲。"《後漢書·韋彪傳》:"鍛鍊之吏。"注:"鍛鍊,猶成熟也。"犛谓:《釋文》蓋因《傳》訓"石"而訛。《説文》本有"鍛"字,不引"鍛"而引"碫"字何也?遷都莫要於制宫室,制宫室莫先於制器用,故"厲"、"鍛"亦在所先。

止基 《箋》:"止基,作宫室之功止。"案:《玄鳥》:"維民所止。"《箋》:"止,猶居也。"《孟子》:"可以止則止。"注:"止,處也。"言居處之基阯於是乎治理焉。迺,難詞也。遷都大事,固不能不其難其慎也。

眾有 《箋》:"挍其夫家人數,日益多矣,器物有足矣。"《葛藟》:"亦莫我有。"《箋》:"有,識有也。"《芣苢》:"薄言有之。"《傳》:"有,藏之也。"《正義》:"有者,已藏之稱。"案:眾,多也。天下容有多而不為我有者,故"爰眾"繼以"爰有"也。皆承"取厲取鍛"句,專指器用之富足也。

"夾其皇澗"二句 《傳》:"皇,澗名也。遡,鄉即"嚮"。也。過,澗名也。"《箋》:"皆布居澗水之旁。"夾,《書·多方》"爾曷不夾介乂我周王"《傳》、《梓材》"懷為夾"《釋文》,並云:"夾,近也。"《廣雅·釋詁·三》:"夾,近也。"遡,嚮也。"皇澗"、"過澗"皆澗名。此二句為"止旅迺密"張本。止,處也。言有夾近其皇澗而處者,有遡嚮其過澗而處者,所止之旅於是乎迺密。犛谓:此夾澗、遡澗而處者,皆采取材木工作之人,並非居民也。"度其隰原,徹田為糧;度其夕陽,豳居允荒":彼處有民廬,有民居也。詳下。

止旅 案:"止"字承上二句,言或"夾其皇澗"而止,或"遡其過澗"而止也。"旅"即三章"于時廬旅"之"旅",此不言"廬"者,隨從公劉之人有尊有卑,故分别居之,辨等威也。此則攻取材木之人依山依水,故合同居之,便工作也。止,居也;密,安也。與"止基迺理"

句法一樣,不應作兩樣解也。

芮鞫之即 《傳》:"芮,水厓也。鞫,究也。"《箋》:"芮之言内也。水之内曰隩,水之外曰鞫。公劉居豳既安,軍旅之役止,士卒乃安,亦就澗水之内外而居,脩田事也。"《釋文》:"芮,本又作汭,如鋭反。"案:汭,水名也,《釋文》作"汭"者是也;作"芮"者,假借字。《漢書·地理志》"扶風汧"縣下云:"芮水出西北,東入涇,《詩》'芮阸','阸"者,"阸"之訛。雍州川也。"師古注:"阸,讀與鞫同,[6]《大雅·公劉》之詩曰:'芮鞫之即。'《韓詩》作芮阸。"《周禮·職方氏》鄭注引《詩》作"芮泦",[7]《玉篇·土部》作:"坭,[8]居六切,涯也。水外為坭。"又《自隸省作"阝"。部》:"阸,[9]古岸也。"又《水部》:"泦,[10]水文也。"以上三形皆從"尻"得聲;尻,古文"居"也。古音不分四聲,屋韻字往往與魚、模韻字通,此其據也。此句又緊承"止旅迺密",言夾皇澗、遡過澗而"止旅乃密",止於何所?蓋汭水之鞫是就也。之,是也;即,就也。作"鞫"者,假借字,亦詳《小弁》。"阸"、"坭"、"泦"皆形聲字。說《詩》者多拘毛、鄭舊說,不以"芮"為"汭",何也?

泂 《傳》:"泂,遠也。"案:"泂"訓"遠"者,蓋"迥"之假借字。

餴饎 《傳》:"餴,餾也。饎,酒食也。"《釋文》:"餴,又作饙,《字書》云:'一蒸米也。'"《說文·食部》作:"餴,滫飯也。从食,㚔聲。""饙"、"餴"皆其或體。《爾雅·釋言》:"饙、餾,飪也。"[11]孫注:"蒸之曰饙。"《釋文》:"饙,……一蒸米。"《一切經音義·十六》引《字書》:"饙,蒸米。"《釋名·釋飲食》:"饙,分也,眾粒各自分也。"據此,則"餴"即蒸飯也。蒸飯者,必以水和米,故曰"可以餴饎"。《說文》:"饎,酒食也,从食,喜聲。《詩》曰:'可以饙饎。'""(饣巸)"、"糦"皆其或體。《周禮·地官·序官》:"饎人。"司農注:"饎人,主炊官也。"《儀禮·士虞禮》:"饎爨在東壁,西面。"《特牲饋食禮》:"主婦視饎爨于西堂下。"注並云:"炊黍稷曰饎。"又《儀禮·特牲饋食禮》:"饎爨在西壁。"注:"饎,炊也。"《呂覽·仲冬》:"湛饎必潔。"注:"饎,炊也。"

黍稷炊而後熟，故《爾雅·釋訓釋文》曰："饎，熟食也。"據此，則"饎"為炊熟字，與"餴"字儷文。毛《傳》、《説文》訓為"酒食"，蓋對文則為炊熟字，散文則另一義也。餴饎，食物，所以養，養則能遂生，故曰"父母"；罍，禮器，所以教，教則民知止，故曰"歸"。至於"濯溉"，用益溥矣，則更生養遂而安息日休也，故曰"塈"；塈，息也。詳《假樂》。牟氏運震曰："此方伯薦輔臣於天子之詩，如鄭、虢入為王卿士是也。'行潦'喻外諸侯，'注兹'喻用于王朝，'豈弟君子'即指所薦之人。"其説亦可采也。

伴奂 《傳》："伴奂，廣大有文章也。"《箋》："伴奂，自縱弛之意也。"案："伴"即"胖"之借，安舒也；"奂"即"涣"之古文，散也。經言"伴奂"，與下句"優游"為一類，皆疊韻字。亦作"判涣"。《訪落》："繼猶判涣。"《傳》："判，分。涣，散也。"詳彼處。亦作"畔换"。《漢書·敘贊》："項氏畔换。"注："畔换，强恣之貌，猶言跋扈也。"《文選·述高帝紀》："項氏畔换。"注引韋昭："畔换，跋扈也。"亦作"叛换"。《文選·魏都賦》："雲徹叛换。"劉注："叛换，猶恣睢也。"聲案：袁紹輩皆舒緩散漫，魏氏興，此輩皆如雲撤也。伴奂，一也，在賢者則為舒散，在不賢者則為恣睢，所謂美惡不嫌同辭也。

游 此游豫字，與下句"休"字對。凡"游觀"、《書》。"游息"、《禮》。"游遨"、《詩》。"游於藝"、《論語》。"一游一豫"，《孟子》。義皆與此"游"字近。

優游 《説文》："優，饒也。从人，憂聲。"又："游，旌旗之流也。从㫃，汓聲。"《瞻卬》："維其優矣。"《箋》："優，寬也。"《論語·憲問》："為趙魏老則優。"皇《疏》："優，寬閑也。"《荀子·正論》："聖王之生民也，皆使當厚優猶不知足，而不得以有餘過度。"注："優猶，寬泰也。"據此，則"優"字取寬裕之義。《板》："及爾游衍。"《傳》："游，行也。"《禮·緇衣》："故大人不倡游言。"注："游，猶浮也。"《漢書·匈奴傳下集注》引服虔："游，猶流也。"《後漢書·馬援傳》注："游，浮。"案："行"與"浮"、"流"皆有動義，據此，則"游"字取流動義。寬裕流動義與"伴奂"義恰對。

彌《傳》:“彌,終也。”《箋》:“樂易之君子來在位,乃使女終女之性命,無困病之憂。”案:彌,滿也。詳《生民》。《說文》:“性,人之陽气性善者也。从心,生聲。”聲谓:“性”即“天命之謂性”之“性”也。五章之“孝”、“德”皆“性”分中所自有。古人經天緯地事業,無非完其性之所固有,故三章皆言“彌爾性”,鄭重言之。讚美之,正所以責備之也。

酋《傳》:“酋,終也。”《說文》:“酋,繹酒也。从酉,水半見於上。《禮》有‘大酋’,掌酒官也。”案:酋,就也,詳下。酒成就可以辨別也。字从八;八,別也。見《說文》建首字。从酉,即“酒”之古文也。“酉”从[illegible],即“卣”之古文。中从[illegible],即水之半體,酒亦水之類也,故从[illegible],會酒在[illegible]中之意,即諧[illegible]聲。後世借為“卯酉”字,故又別出“酒”字。聲所藏漢十二辰鑒二,其“卯酉”字皆作“[illegible]”,又各鐘鼎款識銘“酉”字亦皆篆作“[illegible]”,此其據也。《太玄·玄文》:“酋,西方也,秋也,物皆成象而就也。”又《中》:“酋酋大魁頤。”又《戾》:“引其背,酋貞。”又《爭》:“不酋貞。”注並云:“酋,就也。”案:物至於成就則熟矣,故亦訓為“熟”。《禮·月令》:“仲冬之月,……乃命大酋。”注:“酒孰曰酋。大酋者,酒官之長也。”酋者,久遠之稱;久熟者善,故名酒官為“大酋”。《國語·鄭語》:“毒之酋腊者,其殺也滋速。”注:“精熟為酋。”《呂覽·仲冬紀》:“乃命大酋。”注:“大酋,主酒官也。酋醞米麴,使之化熟,故謂之酋。”《鴻烈解·時則》:“乃命大酋。”注:“醞釀米麴,使化熟,故謂之酋。”《方言·七》:“酋,熟也;久熟曰酋。”以上訓“熟”者,即成就之義也。經言“似先公酋”者,美其能似續先公之所成就也。《傳》言“終”者,又由久遠之義引申而出,取義稍迂矣。

昄《傳》:“昄,大也。”《說文》:“昄,大也。从日,反聲。”《賓之初筵》:“威儀反反。”《釋文》引《韓詩》作“威儀昄昄”,云:“昄昄,善貌。”非本詩義。案:“昄”者,“版”之借。《釋名·釋書契》:“板,昄也,昄昄平廣也。”聲谓:板即版也。板从木,版从半木,其為从木一也。板有昄義,故假借。《周禮·小宰》“三曰聽閭里以版圖”鄭司農注、《司會》“凡在書契版圖者之貳”注,並云:“版,戶籍也。”又《司民》:

“皆書於版。”注：“版，今戶籍也。”又《宮正》：“為之版以待。”注：“版，其人之名籍。”又《大胥》：“掌學士之版。”鄭司農注：“版，籍也。今時鄉戶籍，世謂之戶版。”《論語·鄉黨》：“式負版者。”皇《疏》：“版，謂邦國圖籍也。”《抑》：“維民之章。”《箋》：“章，文章法度也。”“土宇”謂地土之宮室，“昄章”謂版籍之法度，儷文也。

茀《傳》：“茀，小也。”《箋》：“茀，福。”案：“茀”者，“祓”之借，謂祓除其不祥也。“祿”者，錄也。《白虎通·京師》：“祿者，錄也。”《古微書》引《孝經援神契》：“祿，錄也。”《周禮·職幣》：“皆辨其物而奠其錄。”注：“故書錄為祿，杜子春云：‘祿，當為錄。’”《小戎傳》：“歷錄。”《釋文》：“一本作歷祿。”據此，則“祿”不惟有“錄”義，且與“錄”通也。此“祿”字當讀為錄。《漢書·董仲舒傳》：“錄德而定位。”注：“錄，存視也。”經言“茀祿爾康”者，言拂除其不祥而存視之，使爾身恒康泰也。

純嘏《傳》：“嘏，大也。”《箋》：“純，大也；予福曰嘏。使女大受神之福以為常。”案：“嘏”字已詳《思齊》、《烈假》下，鄭說為優矣。

馮《傳》：“有馮有翼，道可馮依，以為輔翼也。”《箋》：“馮，馮几也。”《釋文》：“馮，符冰反，……本又作憑。”《說文》：“馮，馬行疾也。从馬，冫聲。”案：“馬行疾”馮馮然為“馮”之本義，引申之，義為盛，為大，為滿，為懣，為輔。《後漢書·班彪傳下》注：“馮，盛也。”《方言·二》：“馮，怒也，楚曰馮。”注：“馮，恚盛貌。”《莊子·知北游》：“彷徨乎馮閎。”《釋文》引李注：“馮、閎，[12]皆大也。”《列子·湯問》：“帝馮怒。”[13]注：“馮，大也。”《廣雅·釋詁·一》：“馮，滿也。”《離騷》：“馮不厭乎求索。”注：“馮，滿也。楚人名滿曰馮。”《文選·西京賦》：“心猶馮而未攄。”注：“馮，滿也。”《莊子·盜跖》：“侅溺于馮氣。”《釋文》：“馮氣，言憤畜不通之氣也。”《文選·長門賦》：“心馮噫而不舒兮。”注：“馮噫，氣滿貌。”案：上二訓即“懣”義也。《漢書·百官公卿表上》：“更名左馮翊。”注引張晏：“馮，輔也。”《續漢書·郡國志》:"左馮翊。"注引《決錄》注:"馮,輔也。"[14]亦假借為馮依字,其本字當作"凭";亦假借為馮河字,其本字亦作"淜"也。此"馮"字當用其假借之義,釋為"盛大"。四"有"字皆讀為又,言其又盛大,又恭敬,《六月》、《文王有聲》、《行葦》,《傳》皆云:"翼,敬也。"《文王》:"厥猶翼翼。"《傳》:"翼翼,恭敬。"又孝道,又德行,可以用為引導,用為翼助者,維此"豈弟君子"為四方之人所則法耳。四"有"字句法一氣貫注,即讀為如字亦無不可也。《楚辭·天問》之"馮翼惟像"與《鴻烈解·天文》之"馮馮翼翼","馮"、"翼"二字適與經文合,固別為一解矣。

引翼 《傳》:"引,長。翼,敬也。"《箋》:"尸之入也,使祝贊道之,扶翼之。"《行葦》:"以引以翼。"《傳》:"引,長。翼,敬也。"《箋》:"及其來也,以禮引之,以禮翼之。在前曰引,在旁曰翼。"聲谓:引,道也;翼,助也。與《行葦》章同義。惟彼所引翼者,老人;此章言"引翼"者,蓋引翼人君為不同耳。彼則實有其事,此則虛言其理也。玩二"以"字,語氣自見。

卬 《傳》:"卬卬,盛貌。"《箋》:"王有賢臣,與之以禮義相切磋,體貌則顒顒然敬順,志氣則卬卬然高朗。"案:"卬"本為"仰"之古文,此亦假借字也。言體貌既温潤,志氣高朗。何以比之?比之以玉。凡物之温潤而高朗者莫如玉,故曰"如圭如璋"也。既有"如圭如璋"之質,又有"令聞令望",皆就其外著者讚美之,上章贊其内美也。六章凡六言"豈弟君子",《箋》、《疏》皆目大臣。說者曰:"即敘之所謂賢也。"聲谓:此篇之"豈弟君子"即《泂酌》之"豈弟君子",字義皆同,不得謂《泂酌》指成王,此篇又指大臣也。詳下。

鳳皇 《傳》:"鳳皇,靈鳥,仁瑞也。雄曰鳳,雌曰皇。"《說文》引《詩》"鳳皇于飛,翽翽其羽",《唐石經》"鳳皇于飛"、"鳳皇鳴矣",皆作"皇"。《說文》:"鷎,鳥也;其雌,皇。……一曰:鳳皇也。"凡古書皆作"鳳皇",無有作"鳳凰"者。考《干祿字書》:"皇,鳳皇正字,俗作凰。"據此,則唐以後始有"凰"也。段氏玉裁曰:"考楊雄《蜀都賦》有'鷎'字,晉有鷎儀殿,視'凰'字為雅。"聲谓:作"皇"者,古字;作"鷎"者,形聲字;"凰"則俗字矣,蓋因"鳳"字从凡而訛矣。

藹《傳》:"藹藹,猶濟濟也。"《說文》作:"譪,臣盡力之美。从言,葛聲。《詩》曰:'譪譪王多吉士。'"案:"臣盡力之美"與"譪"字全無干涉,許氏蓋以說經者說字,與《爾雅》之"藹藹、萋萋,臣盡力也"同意。聲谓:"藹"明係形聲字。《廣雅·釋訓》:"藹藹,盛也。"《楚辭·逢紛》:"讒夫藹藹而曼著兮。"注:"藹藹,盛多貌。"《文選·吳都賦》:"藹藹翠幄。"注:"藹藹,盛貌。"又《補亡詩》:"其林藹藹。"注:"藹藹,茂盛貌。""藹藹"本訓"盛",故毛云"猶濟濟也","濟濟"亦盛也。

君子 此二章"維君子使"、"維君子命"所謂"君子",仍指"豈弟君子"言也。或以"君子"為成王,下文有"媚于天子"句,則以《六月》"王于出征,以佐天子"為證;不知"王于"者,"聿"與"曰"之借字也。詳《六月》及《葛覃》、《無衣》。通末章二"君子",詩凡十言"君子",與上篇《泂酌》之"君子"同意。舊說以為戒成王之詩,其中可疑者甚多。周家之德,莫盛於文武,何以不稱先王而獨稱"先公"?普天之下,莫非王土,何"土宇版章"、"孔厚"之可言?丁氏大椿曰:"竊意此詩當為諸侯入輔王朝,何以知為"入輔"?即以篇中"吉士"、"吉人"為君子使命知之。若只是諸侯來朝,則皆王官也,何得而擅使命之?如鄭、虢為王卿士之類。先有所歌以贈朝士,而朝士答之,即以首末兩章證之可見。"聲谓:篇中贊君子之賢,乃在馮、翼、孝、德,不專取其材華。君了之賢所以可貴者,乃在引翼匡弼,非僅以供驅使。以此輔導,良稱得人。謂之頌君子,可;即謂之戒成王也,亦無不可。據此,則上篇為外諸侯入佐王朝,牟氏之言益信。

車馬《傳》:"上能錫以車馬,行中節,馳中法也。"《箋》:"今賢者在位,王錫其車眾多矣,其馬又閑習於威儀能馳矣。"案:經文明言"君子之車馬"矣,又何必橫添"王錫"一層?上九章所以讚美君子者至矣,至此不贊君子,而贊君子之車馬,則君子之光儀益可知。此專從來游時而心賞之如此也。末二句不著"矢詩"之意,而但表"遂歌"之心,則君子之所以矢其音者益可嘉。此專從來歌時入耳而佩服之如此也。"來游來歌,以矢其音"與"矢詩不多,惟以遂歌"首尾相應,自成章法。

汔 《傳》:“汔,危也。”《箋》:“汔,幾也。”《說文》:“汽,即“汔”。水涸也。或曰:泣下。从水,气聲。”《易·井》:“汔至,亦未繘井。”《未濟》:“小狐汔濟。”虞注並云:“汔,幾也。”案:虞注與《箋》訓同。《傳》訓為“危”,雖非安危字,取義亦稍迂矣。聲谓:此亦假借字。《漢書·元帝紀》作“迄可小康”,“汔”、“迄”同聲,作“迄”者亦假借字。《爾雅·釋詁》:“譏,汔也。”孫注:“汔,近也。”又郭注:“汔,謂相摩近。”案:“譏”字,其形體亦不古。《說文》其本義也,依鄭說較為明晰。

詭隨 《傳》:“詭隨,詭人之善,隨人之惡者。”案:《後漢書·陳忠傳》引此詩,章懷注云:“詭詐委隨之人。”案:“詭”、“隨”平說,仍不違毛義也。

憯 《傳》:“憯,曾也。”《釋文》:“朁,[15]七感反,本亦作憯。”案《釋文》,則陸氏本作“朁”。《說文》:“朁,曾也。从曰,兓聲。《詩》曰:‘朁不畏明。’”詳《節南山》、《十月之交》。

能邇 《箋》:“能,猶伽也。……安遠方之國,順伽其近者。”《釋文》:“揉,音柔。……能,徐云:‘毛如字,鄭奴代反。’‘伽’撿字書未見所出,《廣雅》云:‘如,若也,均也。’義音相似,而字則異。舊音如庶反,義亡難見。鄭注《尚書》云:‘能,恣也。’與此不同。”案:“能”訓“伽”,“伽”字既不可考據,《釋文》“舊音如庶反”,與古人雙聲疊韻之說亦不合。即據《箋》說“安遠方之國,順伽其近者”,“伽”義大約與“順”相近耳,亦未憭然。聲谓:“能”本為獸名,見《說文》、《左傳·昭七年釋文》、《漢書·高帝紀上》注。假借為黃能、三台字,無庸論矣,亦假借為才能、能傑字。亦見《說文》,此義今時盛用。《左氏春秋·昭二十年傳》:“柔遠能邇。”《疏》:“能,謂才能也。”於經義不能通。其餘“任也”、《廣雅》。“猶勝也”、《史記·田敬仲世家索隱》。“堪也”、《漢書·嚴助傳集注》。“力也”、《呂覽·長見》注。“善也”,《漢書·百官公卿表上集注》。以上諸訓於經義皆不合。求之古書注,惟《易·屯》:“宜建侯而不寧。”《釋文》:“能,猶安也。”據此,則“柔遠安邇”,義最明顯。又《鴻烈解·脩務》:“不能被德承澤。”注:“能,及也。”據此,則“柔遠及邇”,義亦可通。惟“安”與“及”與“能”字既非雙聲,又非疊韻,於古訓釋仍有不合。《釋名·釋言語》:“能,該也,無物不兼該也。”案:“能”字古音耐,故與“耐”字往往相通,《釋名》訓為“該”,古音不分四聲,疊韻字也。顧氏《詩本音》:“‘能’字《詩》一見,《易》二見,《中庸》一見,《楚辭》二見,並同。後人誤入十七登韻。”聲谓:“能”字轉音,入登韻;顧氏以為“誤入”,過矣。經言安遠方之國,即可以該近者,故曰“柔遠能邇”,與《箋》意亦不甚遠,與古人聲音訓釋之學俱可以通矣。

逑《傳》:“逑,合也。”《箋》:“合,聚也。”《說文》:“逑,斂聚也。从辵,求聲。《虞書》曰:‘旁逑孱功。’又曰:‘怨匹曰逑。’”案:此“逑”亦“仇”字也,當訓為“匹”。《文選·甘泉賦》:“迺搜逑索偶。”注引韋昭:“逑,匹也。”據此,“逑”與“仇”同訓,則“逑”為“仇”之假借,豪無疑義。能愛此中國,庶可以為民匹偶,當讀若“與子同仇”之“仇”。餘詳《關雎》。

泄《傳》:“泄,去也。”《箋》:“泄,猶出也,發也。”《說文》:“泄,水。受九江博安洵波,北入氐。从水,世聲。”據此,則“泄”本水名,餘皆假借之義也。《箋》訓“出”與“發”,足申毛義矣。《正義》曰:“使諸夏之民其憂寫泄而去。”未免詞費。引《月令》“是謂泄天地之氣,是發出之義也”證“發”、“出”之義,甚為精當。

戎《傳》:“戎,大也。”《箋》:“戎,猶女也。”《正義》曰:“必易《傳》以‘戎’為‘汝’者,孫毓云:‘戎之為汝,詩人通訓。言“大雖小子”,於文不便。’《箋》義為長。”《崧高》:“戎有良翰。”《烝民》:“纘戎祖考。”《韓奕》:“纘戎祖考。”《江漢》:“肇敏戎公。”《箋》並云:“戎,猶女也。”此孫氏所為“詩人通訓”也。聲谓:“戎”、“汝”雙聲,故可以通假。若謂“戎”、“汝”同音,則又不然。顧氏炎武《詩本音》:“考‘戎’字,《詩》凡四見。《旄丘》三章與‘東’、‘同’韻,《出車》五章與‘蟲’、‘螽’、‘忡’韻,此章《常棣》五章也。則與‘務’韻,《常武》首與‘父’、‘祖’韻。疑古‘戎’字有‘汝’音,故又訓為‘汝’。《民勞》、《崧高》、《烝民》、《韓奕》,《箋》並云:‘戎,猶女也。”聲谓:《常棣》三章“務”,《左氏傳》作“侮”,與上句“于”韻;詳《常棣》。下二句“戎”與“朋”韻。《常武》首章:“赫赫明明,王命卿士。韻。南仲大祖,大師皇父,整我六師。韻。以脩我戎,既敬既戒,韻。惠此南國。”韻。古人用韻,有句句韻者,有閒一句韻者,有閒二句韻者。此章以上、平、去、入通為一韻,“南仲”二句閒二句韻,而“祖”與“父”又自相為韻也。“以脩我戎”,閒句也,似不必强入韻。

玊 《箋》:“玉者,君子比德焉。王乎,我欲令女如玉然。”阮氏元曰:“許氏《說文》‘金玉’之‘玉’無一點,其加一點者,解云:‘朽玉也。从王,有點。讀如畜牧之畜。’是‘王’與‘玊’音義迥別矣。聲案:各本皆篆作“[illegible]”。阮氏所據者,段氏玉裁所訂本也。《毛詩》‘玉’字皆‘金玉’之‘玉’,惟《民勞》篇‘王欲玊女’,‘玊’字專是加點之‘玊’。後人隸字混淆,始無別矣。《詩》言‘玊女’者,畜女也。畜女者,好女也。好女者,臣說君也。召穆公言‘王乎,我正惟欲好女畜女,不得不用大諫也’。《孟子》曰:‘為我作君臣相說之樂。……其詩曰:“畜君何尤?”畜君者,好君也。’《孟子》之‘畜君’,與《毛詩》召穆公之‘玊女’無以異也。後人不知‘玊’為假借字,是以鄭《箋》誤解為‘金玉’之‘玉’矣。”案:阮氏之言是也,惟以“好”專為“臣說君”,除“玊”為“畜”,餘仍依《箋》說,義尚未盡。據《禮·孔子閒居》“以畜萬邦”,《坊記》“以畜寡人”,聲谓:二“畜”字亦當訓為“好”。《燕燕》:“以勖寡人。”“勖”亦當訓為“好”,“勉”意即在“好”之中矣。竊疑《民勞》之“玊女”、《孟子》之“畜君”皆假借字,《燕燕》之“勖”則形聲字矣。此詩一則曰“以定我王”,再則曰“以為王休”,末復曰“王欲玊女”,其非諫王之詩甚明。據《國語》,榮夷公貪而虐,厲王說之,芮良夫諫,不聽。意此詩之作,或有如夷公之貪虐而當國者,同列中或有如良夫其人者諫之,故曰“以定我王”、“以為王休”,詞嚴義正,使彼不能置喙。末復曰“王欲玊女”,以歆動之。風霜之後,繼以雨露。所謂詩人之言,婉而多諷。

板板 《傳》:“板板,反也。上帝,以稱王者也。”《箋》:“王為政,反先王與天之道。”案:“板”即“版”。詳《卷阿》。聲谓:此“板”又“昄”之假借也。《釋名·釋書契》:“板,昄也,昄昄平廣也。”“昄昄”有“平廣”義,故《卷阿》“昄章”,《傳》:“昄,大也。”《說文》:

“昄,大也。从日,反聲。”案:“平廣”即“大”義,言上帝固甚廣大耳,何為“下民卒癉”乎?

聖 《箋》:“王無聖人之法度,管管然以心自恣。”案:此“聖”字亦“聽”字古文詳《凱風》。也,“靡”為“沒有”之合音詳《鴇羽》。也。此句承上“出話不然”二句,言出話既不然,“為猶”又不能遠,猶欲人之聽從乎?無有聽從,但見其管管然無所依繫耳。《傳》:“管管,無所依繫。”《廣韻》:“悹,古滿切。《詩傳》云:‘悹悹,無所依。’又音貫。”[16]作“管”者,假借字;作“悹”者,形聲字也。

亶 《傳》:“亶,誠也。”《箋》:“不能用實於誠信之言,言行相違也。”案:“實”亦誠也。“不誠于誠”,詩人為不辭矣。聲谓:此“于”字亦當如《六月》“王于出征”之“于”;于,曰也,見《東門之枌》、《六月》、《車攻》、《小弁》箋。案:“于”、“曰”雙聲,故得通假。又“云”字與“于”字,篆文最易相混,故“于”字亦或為“云”字之訛。詳《東門之枌》、《六月》。“不實于亶”者,本不實而云誠信,自以為是之意,故下文遂接“謀之未遠,是用大諫”也。

憲憲 《傳》:“憲憲,猶欣欣也。”《禮·樂記》:“致右憲左。”注:“憲,讀為軒,聲之誤也。”據此,則“憲”之古音近“軒”,“欣”、“軒”雙聲,故通假。

泄泄 《傳》:“泄泄,猶沓沓也。”《箋》:“王方欲艱難天下之民,又方變更先王之道。臣乎,女無憲憲然,無沓沓然為之制法度,達其意以成其惡。”泄,《說文》作“呭”,又作“詍”,“多言也”。“沓,語多沓沓也。从水,从曰。”《孟子·離婁上》引此詩而釋之曰:“泄泄,猶沓沓也。”是毛訓與《孟子》同也。其釋“沓沓”曰:“事君無義,進退無禮,言則非先王之道者,猶沓沓也。”據此,則所謂“沓沓”者,極口詆毀,議論雜沓,專就建言說,故下文遂言“辭輯”、“辭懌”也。《爾雅·釋訓》云:“憲憲洩即“泄”。洩,制法則也。”蓋本鄭說,其義未免橫添。朱子與王雪山嘗言:“《爾雅》一書,係摭拾古傳注而成。”其言極是。此章二“天”字仍指上天說,“憲憲”依《傳》,“泄泄”依《傳》及《孟子》、《說文》,言上天於是時方欲作難,無仍憲憲然欣喜而忘憂;

上天於是時方欲蹶動,無仍泄泄然多言而雜沓。然,已然也,無仍前已然之迹也,猶云無仍故態也。"天"字自當指上天說詳下。方合語氣。以末章"敬天之怒"等句證之,"天之方難,無然憲憲"即"敬天之怒,無敢戲豫"也,"天之方蹶,無然泄泄"即"敬天之渝,無敢馳驅"也。惟"天之方難",語尤虛渾;至"敬天之怒",則直為不能敬天者下鍼砭,故語尤沉著耳。

僚《傳》:"僚,官也。"《釋文》:"寮,字又作僚。"[17]據此,毛本作"寮"。《正義》皆作"寮"。作"僚"者,假借字。案:經文云:"我雖異事,及爾同僚。"明係當日同僚相諫之詩,如芮良夫諫榮夷公之比。篇中"上帝"字、"天"字仍當指蒼蒼者而言,非斥王也。

灌灌《傳》:"灌灌,猶款款也。"《爾雅·釋訓》:"灌灌、愮愮,憂無告也。"《釋文》:"灌,本或作懽。"案:《傳》言"款款"者,一片誠篤之意,與"小子蹻蹻"相對,《爾雅·釋訓》非經義。灌灌,假借字;《釋文》作"懽",形聲字。

蹻《傳》:"蹻蹻,驕貌。"《崧高》:"四牡蹻蹻。"《傳》:"蹻蹻,壯貌。"《說文》:"蹻,舉足行高也。从足,喬聲。《詩》曰:'小子蹻蹻。'"《爾雅·釋訓》:"蹻蹻,憍即"驕"。也。"孫注:"謂驕慢之貌。"案:馬之壯者必驕,在馬言馬,故《崧高》訓為"壯"。人之驕者,無有不舉足行高者,就人言人,故此經訓為"驕貌"。至《尚書大傳》注引作"小子蟜蟜","蹻"、"蟜"同从"喬"聲,亦假借字也。

謔《箋》:"今我言非老耄有失誤,乃告女用可憂之事,而女反如戲謔。"《說文》:"謔,戲也。从言,虐聲。"《漢書·地理志下》:"伊其相謔。"注:"謔,戲言也。"經若曰:我言並非老耄,與爾戲謔也。爾用是憂我,相戲謔乎?祇將熇熇然如患火熱之症,極其熾盛,不可救藥矣。如此解較《箋》說似乎直截明顯,文外亦不橫添。

夸毗《傳》:"夸毗,以體柔人也。"陳氏啟源以為"'夸毗'與'籧篨'、'戚施'一類,乃現成稱目,非可以分析取義",是也。聲谓:下文"民之方殿屎"亦不可以分晰取義。經書此類甚多,非有切實證據,不敢輕易古訓也。"以體柔人",所謂容悅之臣也。言天方震怒,無為容悦以固禄位,使威儀盡行迷亂,賢人君子如尸而不復言語也。以“威儀卒迷”句證之,“夸毗”訓“以體柔人”,毛公必有所本。至《玉篇》、《廣韻》皆作“骻骴”,其書皆在毛《傳》、《爾雅》以後,形聲字之後出者也。

殿屎《傳》:“殿屎,呻吟也。”《箋》:“民方愁苦而呻吟。”《釋文》:“殿,……《說文》作唸。屎,……《說文》作吚。”《說文》:“唸,唸吚也。从口,念聲。《詩》曰:‘民之方唸吚。’”又:“吚,唸吚,呻也。从口,尸聲。”案:殿屎,假借字;唸吚,形聲字也。《釋文》“吚”作“吚”,《五經文字》亦作“吚”,不如从尸之為有聲矣。

葵《箋》:“葵,揆也。”案:“揆”、“葵”皆从癸聲,故假借。言民於是方愁苦呻吟,則莫有如我敢揆度者;即至“喪亂蔑資”,無以為養,曾莫有善政以惠我眾人者:言民困之極也。

益《箋》:“無曰:‘是何益?’為道民在己甚易也。”《正義》:“勿謂如手攜無益,王者之導民甚易。”案:《箋》釋“攜無曰益”句甚略,《正義》申之,亦於經語不甚合。聲谓:《古微書》引《春秋元命苞》:“益之為言隘也。”是“益”有“隘”義。“隘”本从“益”之聲義,則“益”亦“隘”之古文也。經謂手之所攜者本不能多,然無謂其隘也,所以比“牖民”之易,固有“如攜”之甚易者矣。

易《箋》:“易,易也。”《釋文》:“孔易,鄭音亦,注:‘易,易也。’上字同。又以豉反。”案:“易”本訓“難易”,而本詩之韻則音“亦”,故訓“易”以轉之。聲谓:古人不分四聲,“難易”與“移易”等字皆同音也。分去、入者,後世讀法也。

辟《傳》:“辟,法也。”《箋》:“民之行多為邪辟者,乃女君臣之過,無自謂所建為法也。”聲谓:經言民之多邪僻,甚矣;然民之所以多邪僻者,總由於立法之多耳,慎無不遵成憲而輒自立法也。二“辟”字亦同字異義者。

价《傳》:“价,善也。”《箋》:“价,甲也。被甲之人,謂卿士掌軍事者。”《釋文》:“价,音界,《說文》同。鄭作介。”據此,則經文本作“介”。《爾雅·釋詁》注引作“介人維藩”,《漢書·諸侯王表》、《王莽傳》作"介人惟藩",是也。聲谓:作"介"者,用古字;作"价"者,形聲字。"介"有"大"義,《傳》訓"善"者,由"大"義引申而出也。善人,國之寶也,詩人以為國之藩衛宜矣。《箋》訓為"甲",介胄之士定非一人,似非《詩》旨。

斯《箋》:"斯,離也。"《爾雅·釋言》:"斯,離也。"《說文》:"斯,析也。从斤,其聲。"案:"析"、"離"同意。聲谓:此"獨"字對上"懷"字,言能和則不獨矣。經言臣僚必和德,乃可言安寧,以宗子固儼然長城,可使之壞敗乎?斷斷不可也。若不能和德,則人不附己,未有不孤立者。至於孤立,則人心離析,大可畏已,亦斷斷不可也。二"無"字是著力字,所謂禁止之詞也。

渝《箋》:"渝,變也。"案:"怒"者,非常之事,如迅雷、烈風之類;"渝"訓"變"者,反常之事,如冬雷、夏霜之類。"無敢馳驅"較"無敢戲豫"為更進矣,語氣與"天之方難"四句略同。詳上。

王《傳》:"王,往。"案:"往"本从"㞷"之聲義。《說文》:"㞷,艸木妄生也。从㞢在土上。讀若皇。"案:"㞷"从㞢、土,與古文"封"字無異,且無聲可諧。聲谓:"㞷"上从屮,"屮"亦"艸"也。艸木皆由"屮"而來,故从屮。下从王,"王"為古文"旺",故从王,會其意即諧其聲,凡"往"、"枉"、"迋"、"汪"、"尪"、"䍿"、"軖"、"匡"、"狂"等字从之。經文作"㞷","往"字之古文也。自隸書變"㞷"為"王",毛訓為"往",讀者多不得其解。趙宧光《說文長箋》以為:"'狂'、'迋'、'誑'等字皆从㞷。《詩》'出王'字,本作'㞷'。《石經》因凡字从㞷者,俱淆'㞷'為'王',並'出王'字亦淆作'王'。"是也。案:"㞷"亦从王,故得省為"王"。古人不分四聲,"旺"讀去聲,"往"讀上聲者,後世之音也。不得以後世之音疑古文也。末章連用四"天"字,皆指上天;以篇中之"天"字皆斥王,何也?

校勘記

[1]"《詩》凡口見","口"字原缺,據今查驗,"嘉"字《詩》凡二十九見。

[2]案:楊慎《轉注古音略》卷二《六麻》無“假”字,僅有“猳”字,《五歌》列有“假”字。

[3]“右,助也”,鄭注“右”字作“佑”,下引孔氏“天乃保安右助”之“右”字同。

[4]“息也”,《玉篇·尸部》作“心息也”。

[5]“《漢書·叔孫通傳》注”,當作“《史記·叔孫通傳索隱》”,下引文見《史記·叔孫通傳索隱》。

[6]“讀與鞫同”,《漢書·地理志上》顏師古注“鞫”字作“鞠”,下引《公劉》“芮鞫之即”之“鞫”字同。

[7]“芮泦”,《周禮·職方氏》鄭注引《詩》作“芮坭”,“坭”一作“泦”。

[8]“坭”,《玉篇·土部》作“垸”,下注“水外為坭”之“坭”字同。

[9]“阬”,《玉篇·阜部》作“阮”。

[10]“泦”,《玉篇·水部》作“泦”。

[11]“飪也”,《爾雅·釋言》“飪”字作“稔”,《釋文》云:“字又作飪。”

[12]“閎”,《釋文》引李注作“宏”。

[13]“帝馮怒”,《列子·湯問》“馮”字作“憑”,下注“馮”字同。又下引《廣雅·釋詁·一》、《離騷》及注、《文選·西京賦》及注、《文選·長門賦》及注中之諸“馮”字亦皆作“憑”。

[14]“馮,輔也”,《續漢書·郡國志》(晉司馬彪撰,補入范曄《後漢書》者):“左馮翊。”注引《決錄》注作:“馮,馮也。翊,明也。”

[15]“瞀”,《釋文》作“惨”。

[16]“又音貫”,《廣韻·上聲·二十四緩》“貫”字作“灌”。

[17]“寮,字又作僚”,《釋文》作“僚,字又作寮”。

詩小學卷二十三

大　雅

保山吳樹聲學

蕩之什

蕩蕩　《箋》:"蕩蕩,法度廢壞之貌。"《正義》:"蕩蕩是廣平之名,非善惡之稱,若《論語》云:'蕩蕩乎,民無能名焉。'《洪範》云:'王道蕩蕩。'言其無復惡事。善事廣平,是蕩蕩為善也。"聲謂:"蕩蕩"訓"廣平",猶之"板板"即"昄昄",有平遠之義也。"上帝"即天,非托君王也。人君尊,無二上,當民不聊生時,惟呼天以告之。"蕩蕩",猶板板也;"蕩蕩上帝",猶上帝板板也。文稍變者,以"板"字合韻耳。"蕩蕩上帝",言最廣遠者上帝,呼而告之:下民不有君長乎?女為下民之辟,乃至於"疾威上帝",其命竟多邪僻也。呼上帝而告以"下民之辟",不敢斥言之也。

疾威　《傳》:"疾,病人矣。威,罪人矣。"《箋》:"疾病人者,重賦斂也;威罪人者,峻刑罰也。"案:此"疾威"二字亦當訓為"惡"與"畏"也。詳《雨無正》。言民者,天之所生也。既為"下民之辟",即當合乎天心,為天之所好、天之所愛,何以見惡於天,見畏於天?天即上帝也,故曰"疾威上帝"。其所以疾威於上帝者,以其發號施命多邪僻,不由正道。

匪諶《傳》:"諶,誠也。"《箋》:"天之生此眾民,其教道之,非當以誠信使之忠厚乎?今則不然。"案:《箋》語取意甚迂,於文外橫添多語,而意仍不達,於上下文語氣亦不聯屬。聲案:《漢書·敘傳上》:"實棐諶而相順。"注:"應劭曰:'棐,輔也。諶,誠也。'師古曰:'《尚書·大誥》曰:"天棐諶辭。"《詩·大雅·蕩》之篇曰:"天生烝民,其命匪諶。"……《賦》言天道惟誠是輔,惟順是助,故引以為辭也。棐,讀與匪同。'"《食貨志上》:"遠近賦入貢棐。"注:"棐,讀與匪同。"又《孔光傳》引《書》亦作"天棐諶辭",注:"棐,輔也。諶,誠也。"《爾雅·釋詁》注:"天威棐諶。"《文選·幽通賦》:"實棐諶而相訓。"曹注:"棐,輔也。……諶與忱,古字通也。"據此,則"匪諶"即"棐諶"矣。字亦作"棐忱"。《書·大誥》:"天棐忱辭。"又:"越天棐忱。"《漢書·翟方進傳》作"天輔誠辭"、"粤天輔誠",蓋以訓詁之字入經文也。《文選·思玄賦》:"用棐忱而祐仁。"舊注:"棐,輔也。諶,誠也。"字亦作"訦"。本詩《韓詩》作"其命匪訦"。按:"諶"亦作"訦"者,"諶"、"訦"同聲也。據此,則"棐"、"諶"古皆訓"輔"與"誠",此詩不應異義也。《詩》言天生此烝民,其在上之教道固當維誠是輔,然天下人無有不有初心者,但鮮有能終其事者,固不可一概責之烝民也。

彊禦《傳》:"彊,梁。禦,善也。"案:"彊禦"與"掊克"儷文,"在位"與"在服"儷文。"彊禦"與"掊克"皆二字平列。經言"彊禦",猶之言彊暴、彊梁也。《史記·周本紀》:"不禦克犇。"《集解》引《書》鄭注:"禦,彊禦,謂彊暴也。"據此,則禦亦彊類也。王氏引之引《逸周書·謚法解》曰:"威德剛武曰圉。"即"禦"。詳下。《春秋繁露·必仁且智》篇曰:"其强即"彊"。足以覆過,其禦足以犯詐。"以二書為"禦"與"强"同意之證,最確。聲谓:《爾雅·釋天》:"太歲……在丁曰强圉。"孫注:"强圉,萬物皮孚堅者也。"李注:"言萬物皆剛盛未通,故曰强圉。"《楚辭·離騷》:"澆身被服强圉即"禦"。兮。"王注:"强圉,多力也。"《鴻烈解·天文》:"巳在丁曰强圉。"注:"言萬物剛盛,故曰强圉也。"以上"强禦"字皆連文,故注釋家皆渾解之。至《漢書·王莽傳上》:"不畏强圉。"注:"强圉,强梁圉扞也。"始分解之,未免望文生義，遠不逮《逸周書》、《春秋繁露》二書矣。又案："强禦"亦古人成語。本詩下文："彊禦多懟。"《烝民》："不畏彊禦。"《左氏春秋·昭元年傳》："彊禦已甚。"《十二年傳》："吾軍帥彊禦。"《國語·晉語》："吾聞之，申生甚好仁而彊。"注："彊，彊禦也。"字亦作"圉"者，"禦"、"圉"同聲也。亦或作"衙"。漢《石門頌》："綏億衙彊。"《北海相景君碑》："强衙改節。""禦"、"衙"古音亦同聲也。

掊克 《傳》："掊克，自伐而好勝人也。"《釋文》："掊，……聚斂也。"《正義》："'自伐'解'掊'，'好勝'解'克'。定本'掊'作'倍'，'倍'即'掊'也。倍者，不自量度，謂己兼倍於人而自矜伐。《論語》云：'願無伐善。'是也。克者，勝也。己實不能，恥於受屈，意在陵物，必勝而已，如此者謂之克也。"陳氏啟源曰："定本'掊'作'倍'，'倍'是兼倍於人，故為'自伐'，毛殆據'倍'字釋之耳。《箋》不易《傳》，意漢世經本皆作'倍'也。"聲谓：作"倍"與"掊"者，皆假借字也。《說文》："倍，反也。从人，音聲。""倍"之本義為"陪"。作"陪"者，假借。《左氏春秋·定四年傳》："分之土田倍敦。"《釋文》："倍，本作陪。"是也。案：此即《說文》訓"反"之義，引之為"加益"，為"逆倍"也。《說文》："掊，把也。……今鹽官入水取鹽為掊。"《漢書·郊祀志上》："掊視得鼎。"注："掊，謂手杷土也。"引之為"掊聚"義，蓋"裒"字之借。《易·謙》："裒多益寡。"《釋文》："裒，……《字書》作掊。"再引之為"掊擊"字。《莊子·逍遙游》："吾為其無用而掊之。"《釋文》引司馬注："掊，擊破也。"案："掊擊"義與"剖"字近，再引之有"深"義焉。《方言·十三》："掊，深也。"《廣雅》本此。郭注："掊克深能。"案：此漢以後語，不取。陳氏啟源又引："王氏曰：'掊斂好勝之人。''掊'訓從陸，'克'訓從毛。此得之。"聲谓：此說尤非。聚斂好勝，迴乎兩事，如何混為牽合？自當依毛訓"掊"為"自伐"，"克"為"好勝"。"掊克"為一事，上句"彊禦"亦為一事也。"掊克"連文，本不必以分晰取義也。必欲晰言之，則《莊子》注"掊擊"義較近。掊擊忌克，尚可以連貫，不若用舊說之簡明矣。四"曾是"一氣讀，與"曾是以為孝乎"之"曾是"同意。下文"在位"、"在服"推開言之，言不"彊禦"，不"掊克”,指凡有爵祿而在位者與凡有職事在服者也。“服”字當讀若“服官政”之“服”也。

滔《傳》:“滔,慢也。”《箋》:“厲王施倨慢之化,女群臣又相與而力為之。”《釋文》:“滔,……漫也,……本亦作慢。”案:“漫”、“慢”同意。又案:“滔”亦假借字也,猶之言“滔滔”也。詩言天降此亂慢之德,有江河日下之勢,故曰“滔德”。亂慢亦言“德”者,猶之言凶德也。“滔德”即指上“彊禦”、“掊克”及“在位”、“在服”者言也。言天降此輩滔慢下流之德,自當遠斥之,而女乃興舉是力焉。“天”仍指上天說,“女興”句較易解。《禮·文王世子》:“興秩節。”注:“興,猶舉也。”《周禮·大司徒》:“以鄉三物教萬民而賓興之。”《遂大夫》:“則帥其吏而興甿。”《大司馬》:“進賢興功。”注並云:“興,猶舉也。”《箋》、《疏》於“興”字太略。

而秉義類《箋》:“義之言宜也。類,善。……女執事之臣宜用善人。”《桑柔》:“予豈不知而作。”《箋》:“而,猶女也。”《禮·月令》:“以固而閉。”注:“而,猶女也。”《中庸》:“抑而强與?”注:“而之言女也。”《儀禮·聘禮》:“而不善乎?”注:“而,猶女也。”《左氏春秋·宣十五年傳》:“余,而所嫁婦人之父也。”《昭二十年傳》:“余知而無罪也。”《襄十四年傳》:“是而子殺余之弟也。”注並云:“而,女也。”《儀禮·人射儀》:“有柄。”《釋文》:“劉本作秉。”《左氏春秋·哀十七年傳》:“國子實執齊秉。”注:“秉,權柄也。”《管子·小匡》:“治國不失秉。”注:“秉,柄也。”《文選·六代論》:“及諸吕擅權。”注:“秉,即柄字。”據此,則“秉”即“柄”之假借字。作“柄”者,形聲字。亦或作“棅”。《管子·山權數》:“此謂君棅。”注:“(棅),與柄同。”《莊子·天道》:“天下奮棅而不與之偕。”《釋文》引司馬注:“棅,威權也。柄,本作棅。”[1]案:作“棅”者,亦形聲字。據此,則“秉”即“柄”,權柄也。承上章“女興是力”,言女所興舉者,皆女權柄也;既為女之權柄之臣,宜用善人矣;乃用此“彊禦”多結怨恨之人,故曰“而秉義類,彊禦多懟”。《箋》以“義”為“宜”者,“義”為“儀”之古文也。

對《傳》:“對,遂也。”《箋》:“皆流言謗毁賢者,王若問之,則又以對。”《正義》申《傳》:“為流言以遂成其惡事者。”又申《箋》:“此彊禦衆懟之人不但很戾而已,又皆流言語以謗毁賢者;王若問之,則又以對。謂就此衆懟之人問賢人之行,則又以謗毁之言對王,令王不用之,使賢者黜退也。”案:《箋》、《疏》迂回已甚,斷非經旨。《儀禮·士冠禮》:“冠者對。”注:“對,應也。”《禮·仲尼燕居》:“子貢越席而對。”注:“對,應也。”“流言”未必即應,“寇攘”未必即入。詳下。“彊禦”羣怨之人一經柄用,“流言”有因之“以應”者矣,“寇攘”有因之“式内”者矣。以,用也;式,亦用也:互文耳,非有兩義也。

内《箋》:“寇盜攘竊為姦宄者而王信之,使用事於内。”《説文》:“内,入也。从冂,自外而入也。”又:“入,内也。象从上俱下也。”案:“内”與“入”轉相為訓,所謂轉注也。《一切經音義·七》引《字書》:“内,入也。”《史記·范睢蔡澤傳》:“惡内諸侯客。”《索隱》:“内,猶入也。”字亦作“納”。《七月》:“十月納禾稼。”《箋》:“納,内也。”《儀禮·鄉射禮》:“命弟子納射器。”注:“納,内也。”《周禮·鍾師》:“納夏。”注:“故書納作内,杜子春云:‘内,當為納。’”《書·益稷》:“以出納五言。”《漢書·律歷志》作“以出内五言”。《禹貢》:“百里賦納總,二百里納銍,三百里納秸。”《地理志》作“百里賦内總,二百里内銍,三百里内戛”。案:“納”亦从“内”之聲義,故亦訓為“入”。《書·禹貢》:“九江納錫大龜。”馬注:“納,入也。”《儀禮·少牢饋食禮》:“納諸内。”注:“納,猶入也。”《周禮·泉府》:“歲終則會其出入而納其餘。”注:“納,入也。”《書·堯典》:“夙夜出納朕命。”《史記·五帝紀》作“夙夜出入朕命”。《舜典》:“納于大麓。”《論衡·書説》作“入於大麓”。《禹貢》:“九江納錫大龜。”《史記·夏本紀》作“九江入賜大龜”。據此,可以得“入”、“内”相通之故矣。寇盜攘竊之人,有逐之使出者矣,乃有用以入者,國是尚可問乎?

作祝《傳》:“作、祝,詛也。”《箋》:“王與群臣乖,爭而相疑,曰祝詛求其凶咎無極已。”《釋文》:“作,……本或作詛。”《正義》:“‘作’即古‘詛’字。‘詛’與‘祝’别,故各自言‘侯’。《傳》辨

‘作’為‘詛’,故言:‘作、祝,詛也。’”段氏玉裁曰:“毛《傳》‘作祝詛也’四字一句,言‘侯作侯祝’者,謂‘作祝詛’之事。‘詛’是‘祝’之類,故兼云‘詛’。經文三字不成句,故‘作’字下益‘侯’字以成之。……陸、孔以毛《傳》‘作’字為逗,‘祝詛也’為句,大誤。”聲谓:毛《傳》當以“作祝”為逗,“詛也”為句。《爾雅》、《方言》及《傳》、《箋》此等句法極多。“作”為借字,以形聲本字釋之,猶云:“作,詛也。祝,亦詛也。”古文簡潔,悉心讀之自可以得其義。以《書·無逸》“否則厥口詛祝”、《周禮·春官·序官》有“詛祝”證之,知“詛”、“祝”二字古多連文,連文義別,散文義通也。《管子·四稱》:“眾所怨詛。”注:“詛,祝之也。”《後漢書·賈逵傳》注:“祝,詛也。”據此,則“詛”、“祝”二字亦轉相為訓也。“詛”為形聲字;《詩》作“作”者,同聲假借字。亦作“䵴”者,《漢書·外戚傳下》:“為媚道祝䵴後宮有身者。”注:“䵴,古詛字。”又《一切經音義·六》:“詛,……古文䵴。”案:詛亦祈禱之事,故从示;从虘者,“虘”亦从且得音。字形稍為繁重,蓋籀文矣。祝,一作“呪”,見《廣韻》,俗體也。又案:“祝”字古體不知所從。《説文·示部》:“祝,祭主贊詞者。从示,从人、口。一曰:从兑省。《易》曰:‘兑為口,為巫。’”聲谓:《説文》兩義皆無聲。六書惟象形、會意、指事三者即以所象之形、所會之意、所指之事為聲,至形聲則有形必有聲。如《説文》兩義,皆有形無聲,不合六書。據《吅部》:“喌,呼雞重言之。从吅,州聲。讀若祝。”篆作“[篆文]”。案:“州”字古文篆作“[篆文]”,“喌”字用“州”字古文,當篆作“[篆文]”。傳寫者或訛作“[篆文]”,後世遂作“呪”,又省作“咒”耳。“咒”雖俗體,有由來矣。《説文》亦作“祝”者,古體當篆作“[篆文]”,从[篆文],从[篆文]。从[篆文]者,从古文[篆文]省也。古文“[篆文]”亦从“[篆文]”之聲義。《説文》建首字:“[篆文],相糾繚也。一曰:瓜瓠結丩起。象形。”聲谓:凡祝必以口,故从口;凡祝詞必糾繚不已,糾繚,猶糾纏也。故从丩。是“[篆文]”為二體字,形、聲、義已全,較之从州作“喌”為尤古矣。篆文又从示者,祝亦交神示之事,故从示。當以“[篆文]”為古文,“祝”為篆文。“喌”為籀文,以字形稍繁重也。

炰烋《傳》:"炰烋,猶彭亨也。"《箋》:"炰烋,自矜氣健之貌。"案:《傳》、《箋》說未盡《詩》意。《山海經·北山經》:"鉤吾之山,……有獸焉,……名曰狍鴞,是食人。"注:"為物貪惏,食人未盡,還害其身,像在夏鼎。《左傳》所謂'饕餮'是也。"又《狍鴞贊》:"狍鴞貪惏,其目在腋。食人未盡,還自齦割。圖形妙鼎,是謂不若。"《贊》與注,銘詞不同。觀郭氏《贊》語,可以知狍鴞之為物矣。"狍鴞"非正字,亦同聲假借字也。轉為"饕餮"者,其性饕餮,故因以名之。經作"炰烋",與"狍鴞"同聲,故假借。經言"炰烋于中國",猶言饕餮于中國也。己肆貪惏,人受朘削,故斂怨。

斂怨以為德《箋》:"斂聚群不逞作怨之人,謂之有德而任用之。"案:《箋》語添設太多,未免迂回。言女饕餮于中國,斂怨甚矣,乃不以為失計,而且自以為得也。《碩鼠》:"莫我肯德。"《呂覽·舉難》作"莫我肯得"。《易·升》:"以順德。"《釋文》:"德,姚本作得。"據此,則"德"、"得"古字通。聲谓:"德"、"得"同音,故假借,與下文二"德"字異。

背側《傳》:"背無臣,側無人也。"《漢書·五行志中之下》:"《詩》云:'爾德不明,以亡陪亡卿。不明爾德,以亡背亡仄。'"注:"師古曰:'《大雅·蕩》之詩也。言不别善惡,有逆背傾仄者,有堪為卿大夫者,皆不知之也。仄,古側字。'"案:《漢志》引"爾德不明"二句在上者,《韓詩》也。師古注訓"背"、"側"二字與毛異。聲谓:《漢志》引《詩》而解之曰:"言上不明,暗昧蔽惑,則不能知善惡。"顏曰"堪為卿大夫者",即"善"者也;"逆背傾仄者",即"惡"者也。詩承上句,言"斂怨以為德",不明甚矣;不明而爾自以為得,即有逆背傾側之人亦不能辨别,而有若無矣;爾自以為得者既不明,即有陪貳卿士之人亦不能辨别,而有若無矣。合而言之,則為暗昧蔽惑,不能知善惡也。如此詮"背"、"側"二字,較有依據。

湎《箋》:"天不同女顏色以酒,有沈湎於酒者,是乃過也。"《釋文》:"飲酒齊色曰湎。《韓詩》云:'飲酒閉門不出客曰湎。'"案:鄭注《書·酒誥》"罔敢湎于酒",曰:"飲酒齊色曰湎。"《釋文》所引蓋本此。《韓詩》:"夫飲之禮,不脱屨而即序者謂之禮,跣而上坐者謂之宴。能飲者飲之,不能飲者已,謂之醧。齊顔色,均衆寡,謂之沈。閉門不出客,謂之湎。故君子可以宴,可以醧,不可以沈,不可以湎。"據《書·酒誥》注與《韓詩》,蓋古有是語,然不可以解此詩。下文"既愆爾止"四句,即湎于酒者之式樣也。《説文》:"湎,沈於酒也。从水,面聲。《周書》曰:'罔敢湎于酒。'"經言天並不沈湎爾以酒,爾固不宜從沈湎者之式樣也;今既愆爾之容止,無有明無有晦矣;而且"式號式呼",白日不理政事,將使晝作夜矣。沈湎之樣至於如此,可謂醜態百出矣,極言酒之不可湎也。義,讀為宜,與"而秉義類""義"字同。"從式"之"式"訓為"樣",與"式微"之"式"同。

沸羹 《箋》:"其笑語沓沓,又如湯之沸,羹之方熟。"案:"方熟"字亦為添設。《十月之交》:"百川沸騰。"《傳》:"沸,出。"《漢書·劉向傳》:"百川沸騰。"注:"沸,涌出也。"《文選·上林賦》:"沸乎暴怒。"郭注:"沸,水聲也。"聲谓:水涌出之聲也。《烈祖》:"亦有和羹。"《箋》:"和羹者,五味調,腥熟得節,食之於人性安和。"《書·説命》:"若作和羹,爾惟鹽梅。"《傳》:"鹽鹹梅醋,羹須鹹醋以和之。"《左氏春秋·昭二十年傳》:"和如羹焉,水、火、醯、醢、鹽、梅以烹魚肉,燀之以薪。"《説文》作:"鬻,五味盉羹也。"據此,則"沸"為水涌,引之有亂義,後世所謂"鼎沸"也。"羹"以五味雜盉而成,故引之有雜義。上句"蜩"、"螗"為一類,言其喧譁;此句"沸"、"羹"為一類,言其亂雜也。沸,古作"濆"。《史記·鄭世家》:"悼公濆。"《漢書·律歷志下》:"及微公茀立,濆。"注:"濆,古沸字。"《文選·洞簫賦》:"佚豫以沸渭。"注:"沸,或為濆。"聲谓:"濆"、"沸"、"費"《左氏春秋·成六年傳》:"鄭悼公(費)。"《史記·鄭世家》作"濆",見上。實一字也。古文作"沸",形聲字。篆文加"貝"作"濆",《説文》作"鬻"。"貝"乃"鬲"之訛,與"鬲"同意,皆其器也。器中之水涌出,形聲兼會意字也。小篆作"費",省去"水"而意難通矣。羹,《説文》作"鬻",取羔在鬲中,《説文》:"鬲,歷也。"會意字也。或體作"羹",亦作"鬻",皆从省。第二體从羹,小篆又省去兩"弓",亦皆會意字,皆無聲可諧,蓋以意為聲也。

人尚乎由行《傳》:"言居人上,欲用行是道也。"《箋》:"時人化之甚,尚欲從而行之,不知其非。"案:《傳》語"居"字、"欲"字未免添出,《箋》語"欲"字亦無來歷。聲谓:"人"指當時臣工也,"尚"、"上"古字通。《儀禮·覲禮》:"尚左。"注:"古文尚作上。"《荀子·致士》:"莫不明通方起以尚盡矣。"注:"尚,與上同。"尚,尊也,崇也,願也,慕也。《禮·曲禮下》:"操幣圭璧,則尚左手。"注:"尚左手,尊左也。"《漢書·楊王孫傳集注》:"尚,崇也。"又《敘傳上集注》:"尚,願也。"《後漢書·張衡傳》注:"尚,慕也。"由,從也。《君子陽陽》:"右招我由房。"《賓之初筵》:"匪由勿語。"《箋》並云:"由,從也。"《易·豫》:"由豫。"《釋文》:"由,從也。"《禮·曲禮上》"由客之左"注,《國語·晉語》"由是始之"、又"必長者之由"注,並云:"由,從也。"行,用也。《周禮·司爟》:"掌行火之政令。"注:"行,猶用也。"《左氏春秋·昭十年傳》:"將不行。"注:"行,用也。"《國語·吳語》:"無以行之。"注:"行,猶用也。""行"字古皆讀"杭"音。讀户庚切者,今音。經言是時大小政事皆近於喪亡矣,而臣工乃尊崇願慕而從行之。意與《箋》近,而字字著實,且不於文外横添。

内奰《傳》:"奰,怒也。不醉而怒曰奰。"《箋》:"此言時人忕於惡,雖有不醉,猶好怒也。"奰,《説文》作:"𡚁,壯大也。从三介、籀文"大",見《說文》。三目。二目為䀠,三目為𡚁,益大也。一曰:迫也。"案:"奰"即"𡚁"之省,今亦訛作"贔"。《文選·魏都賦》注引《詩》作"内贔於中國"。《魏都賦》:"姦回内贔。"《西京賦》:"巨靈贔屓。"本詩《正義》引作"奰"。皆此字之訛也。聲谓:《傳》訓"怒"是也;又言"不醉而怒曰奰"者,廣異聞也。上章言湎於酒;此章言朝廷喧譁亂雜,並不承上章也。内,入也;詳上"寇攘式内""内"字。"入"有收斂之義。《禮·月令》:"無不務内。"注:"内,謂收斂入之也。"《儀禮·既夕記》:"屨外納。"與"内"通,詳"内"字。注:"納,收餘也。"又《國語·晉語》:"納其室以分婦人。"注:"納,取也。"案:"取"亦收斂之義也。奰,怒也。本詩《傳》。《文選·西京賦》:"巨靈贔屓。"薛綜注:"作力之貌也。”《一切經音義·七》：“贔，古文奰，…… 同皮冀反。《說文》：‘奰，[2]壯大也。’謂作力怒也。”又《說文·疒部》：“癟，滿也。”《玉篇》：“癟，氣滿也。”案：“癟”亦从“奰”之聲義。人怒未有不氣滿者，故“癟”从奰。據此，則“奰”，怒也。“內奰”，猶言斂怨也。制字之義，二目為䀠，有驚懼之意；三目皆大，怒目而視之意也。經言“小大近喪，人尚乎由行”，徒斂取怨怒于中國；久之，且覃延及于鬼方極遠之國也。《易》稱“高宗伐鬼方，三年克之”，則其遠可知。如《箋》說，經文“中國”字、“覃及鬼方”字不皆虛設乎？

抑抑 《傳》：“抑抑，密也。”《箋》：“人密審於威儀抑抑然，是其德必嚴正也。”《賓之初筵》：“威儀抑抑。”《傳》：“抑抑，慎密也。”《假樂》：“威儀抑抑。”《傳》：“抑抑，美也。”《箋》：“抑抑，密也。”案：此言“密”者，乃嚴密字，故《賓之初筵傳》亦訓“慎密”，“慎密”與“嚴密”同意。《爾雅·釋訓》：“抑抑，密也。”注：“抑抑，威儀審諦。”又舍人注：“抑抑，威儀密靜也。”案：兩注亦皆嚴密之義也。《國語·楚語》作“懿”者，“抑”、“懿”通字，已詳《七月》、《正月》。

隅 《傳》：“隅，廉也。”《箋》：“古之賢者，道行心平，可外占而知內。如宮室之制，內有繩直，則外有廉隅。”《正義》：“隅者，角也；廉者，棱也。角必有棱，故云‘廉隅’。”聲谓：隅，方也，有棱角也。《鴻烈解·原道》：“經營四隅。”注：“隅，猶方。”《太玄·周》：“周無隅。”注：“隅，方也。”《緜蠻》：“止于丘隅。”《箋》：“丘隅，丘角也。”《論語·述而》：“舉一隅。”皇《疏》：“隅，角也。”經言抑抑然嚴密之威儀，乃德之方而有棱角者，故曰“維德之隅”。《箋》說太迂回，凡物皆有隅，不必添宮室一層也。

靡哲不愚 《傳》：“靡哲不愚，國有道則知，國無道則愚。”《箋》：“今王政暴虐，賢者皆佯愚，不為容貌，如不肖然。”聲谓：“靡哲不愚”即所謂大知若愚也。凡威儀嚴密者，圭棱四露，全不解圓通趨時，故曰“愚”也。下文“庶人之愚，亦職維疾”，“疾”即《論語》“古者，民有三疾”之“疾”也。“哲人之愚，亦維斯戾”者，甚畏夫無辜罹罪過也。《釋文》:"哲,本又作喆,[3]亦作悊。"案:《文選注·二十二》引本詩正作"靡喆不愚"。《說文》:"哲,知也。从口,折聲。"或體从心,作"悊"。案:口之知,由於心也,故亦从心。古文作"嚞",从三吉。《郭旻碑》:"既明且嚞。"[4]"嚞"亦从三吉也。作"喆"者,蓋从古文省。

競《傳》:"無競,競也。"《箋》:"競,彊也。人君為政,無彊於得賢人。"《桑柔》"秉心無競"《傳》、《烈文》"無競維人"《傳》、《執競》"無競維烈"《箋》,並云:"競,彊也。"聲谓:"競"即"勉彊"、"矯彊"字之本字也。《說文》:"競,彊語也。……从誩,从二人。"案:"競"从二人對言,有兩不相下之意,故曰"彊"也。"競"為本字。彊,弓有力也;强,蚚也:今作勉彊、矯彊字用者,皆假借也。《說文》建首字:"誩,競言也。从二言。……讀若競。"《唐韻》:"渠慶切。"案:"競言"即"競"下之"彊語"也。言,人言也;从二言,已有兩人在其中矣。篆文復从二人,贅矣。"誩"从二言,有兩不相下之意,會意字也,即以意為聲。依《說文》,作"誩"為古文,"競"為篆文,"彊"、"强"二字為假借。"競"行而"誩"廢矣;"競"訓為"爭",而"競"之本義晦矣;字書音"競"為渠敬切,而"競"之本音又晦矣。兹據《桑柔》:"靡所止疑,云徂何往?君子實維,秉心無競。""競"與"往"韻,又《黃庭經》:"魂魄内守不爭競,神生腹中銜玉鐺。""競"與"鐺"韻,定其音為"勥",音其亮切。《五經文字》作"無倞維人",讀"僵"去聲;"倞"即"競",形聲字也。本為勉彊、矯彊本字,引申之,亦為彊盛字。《書·立政》:"迪惟有夏,乃有室大競。"《傳》:"乃有卿大夫,室家大强。"據此,是"競"訓為"强"也。《左氏春秋·宣元年傳》:"故不競於楚。"《二年傳》:"彼宗競於楚。"《成九年傳》:"德則不競。"《昭三年傳》:"二惠競爽。"杜注皆訓為"彊"是也。聲案:"競爽"者,猶言彊而爽也;今人讀為爭爽字,非古義矣。又《襄十年傳》:"師競已甚。"杜注:"競,逐也。"[5]聲谓:此"競"字亦當訓為"彊",言師之彊已甚也。《左傳》"競"字甚多,皆"彊"之本字,杜注皆訓為"彊",尚不失"競"之本義也,惟《宣公十二年》"楚是以再世不競"、《襄公十八年》"南風不競"二"競"字尤當讀為"彊",明白直截，不煩訓釋也。或曰：《左傳》“師曠曰‘……臣不心競而力爭，不務德而爭善’”，此“競”字似當訓為“爭”，不知“心競”即心彊也，謂不心彊而以力爭與不務德而徒爭善也。孔融《報曹操書》：“晉侯嘉其臣所爭者大，而師曠以為不如心競。”案：北海用《左傳》語，猶知“競”為“彊”字也。《莊子》：“舜之治天下，使民心競。”聲谓：亦心彊也，語本師曠。若解為心爭，尚成為“舜之治天下”乎？知“競”為“彊”之本字，古書讀為彊，漢以後之書讀今音，或訓為“逐”，或訓為“爭”，隨其文義訓之可也。

訓《傳》：“訓，教。”《箋》：“得賢人，則天下教化於其俗。有大德行，則天下順從其政。言在上所以倡道。”《烈文》：“四方其訓之。”《傳》：“訓，道也。”案：“道”亦“教”也。《箋》說蓋以“其”字指賢人言也。曰“訓之”，猶著力；曰“順之”，則不俟訓教而順從之矣。分勞逸，不分優劣，此其所以彊也。

覺《傳》：“覺，直也。”《斯干》：“有覺其楹。”《傳》：“有覺，言高大也。”《箋》：“覺，直也。”案：此“覺”字亦當訓為“高大”。有德行之人，仰之如太山北斗焉。高大義渾成；正直，德行之一端，不足以盡之也。餘詳《斯干》。此章皆言古昔盛時也，思古所以傷今，故次章直接“其在于今”。

興《箋》：“興，猶尊尚也。王尊尚小人，迷亂於政事者，以傾敗其功德，荒廢其政事，又湛樂於酒。言愛小人之甚。”《說文》：“興，起也。”《禮·曲禮下》：“唯興之日。”注：“興，謂起為卿大夫。”又《中庸》：“其言足以興。”注：“興，謂起在位也。”聲谓：此“興”字對上章得人說，統下“迷亂于政”三句，言今之興起者皆“迷亂于政，顛覆厥德，荒湛于酒”也。“荒”當讀如《孟子》“從獸無厭謂之荒”之“荒”。《周書·謚法》：“外內從亂曰荒。”《管子·戒》：“從樂而不反者謂之荒。”據此，則“荒”者，從樂無厭之義。“荒湛于酒”者，謂以酒為樂，而荒亂湛與“沈”同。同詳下。湎于是也。《箋》詮“荒”字“荒廢其政事”，與“迷亂于政”句同，且云“又湛樂於酒”，分一句為二句，非《詩》意也。

湛《漢書·五行志下之下》作“荒沈于酒”。《文選·上吳王書》:“不能止幽王之湛患。”注:“湛,今沈字也。”又《答賓戲》:“湛道德。”注:“湛,古沈字。”案:“湛”、“沈”皆形聲字,二字同音,無分於今古也。又案:《漢書集注》“湛,讀曰沈”凡二十餘見,是“沈”、“湛”字通也。

敷《箋》:“無廣索先王之道。”《說文》“敷”作“尃”,“㪟也。从攴,尃聲。《周書》曰:‘用敷遺後人。’”案:“㪟”即設施字;作“施”者,假借。由“施”義引申之,有“布”義。《小旻》:“敷于下土。”《傳》:“敷,布也。”《長發》:“敷政優優。”《左氏春秋·成二年傳》、又《昭二十年傳》、《春秋繁露·循天之道》、《後漢書·陳寵傳》皆作“布政優優”。《書·皋陶謨》:“敷同日奏,罔功。”《史記·夏本紀》引作“布同善惡,則無功”。《禹貢》:“篠簜既敷。”作“竹箭既布”。《文侯之命》:“敷聞在下。”《晉世家》引作“布聞在下”。由“布”義引申之,有“徧”義焉。《賚》:“敷時繹思。”《傳》:“敷,猶徧也。”《書·舜典》:“敷奏以言。”《史記·五帝紀》作“徧告以言”。其餘《書·洪範》“用敷錫厥庶民”、“皇極之敷言”,《史記·微子世家》作“用傅錫厥庶民”、“王極之傅言”;《賚》“敷時繹思”,《左氏春秋·宣十二年傳》作“鋪時繹思”:乃同聲假借。惟《書·皋陶謨》“翕受敷施”,《史記·夏本紀》作“翕受普施”,與《詩》義合。據此,則“敷”乃“普”之假借。“普”有“廣”義,與《箋》義亦合。

共《傳》:“共,執。”《箋》:“與能執法度之人乎?切責之也。”《正義》:“及能執守明白法度之賢人而用之乎?責其不用賢者,而與小人荒耽。”案:《箋》說遺“明”字,《正義》與《箋》皆分“敷求先王”與“克共明刑”為兩事。聲谓:“罔”字貫下二句,“敷求先王”正欲其能執守明白法度耳。“罔”當讀如《論語》“學而不思則罔”之“罔”。《禮·少儀》:“衣服在躬,而不知其名為罔。”注:“罔,猶罔罔,無知貌。”言罔罔然不知廣求先王,而能執守明白法度乎?“共”訓“執”,知其當然也,“明”則知其所以然矣。此二字之别也。

庭内 《正義》申《箋》曰："直以厲王之時不恤政事，王綱不振，戒之使勤於職事，但職事在庭治之，故假庭内不埽，以見職事不理耳。"聲谓：孔說太迂回。《說文》："庭，宮中也。从广，廷聲。"《禮·檀弓上》："孔子哭子路於中庭。"注："中庭，寢中庭也。"《荀子·儒效》："是君子之所以騁志意於壇宇宮庭也。"注："庭，門屏之內也。"《山有樞》："子有庭內，[6]弗洒弗埽。"與此同意。聲谓："夙興夜寐，洒埽庭内"衹是居家常事，而雍肅勤儉之意自在言外，治國平天下所以必本於齊家、脩身也。與《蕩》之三章對看，武公之所以兢兢於此者，有以也。

逷 《傳》："逷，遠也。"《箋》："逷，當作剔；剔，治也。"案：毛訓"遠"者，《說文》作："逖，遠也。从辵，狄聲。"古文作"逷"。作"逖"者，《易·渙》："渙其血去逖出。"注："逖，遠也。"《書·牧誓》："逖矣，西土之人。"《傳》："逖，遠也。"《左氏春秋·僖二十八年傳》："糾逖王慝。"注："逖，遠也。"《史記·司馬相如傳》："逖聽者風聲。"《集解》引徐廣："逖，遠也。"亦或作"狄"。《瞻卬》："舍爾介狄。"《傳》："狄，遠。"《說文·辵部》引作"舍爾介逖"。《漢書·古今人物表》："簡逷。"《史記·殷本紀》、《楚辭·天問》皆作"狄"。案：作"狄"者，"逖"从狄音，用古文。聲谓："逖"、"逷"皆形聲字，"逖"字較有義意矣。《箋》云"當作剔"者，《一切經音義·十一》引《通俗文》："去骨曰剔。"《說文新修字義》："剔，解骨也。从刀，易聲。"《書·泰誓》："刳剔孕婦。"《疏》："今人去肉至骨謂之剔去。"亦作"鬄"。《太玄·夷》："陽氣傷鬄。"注："鬄，除也。"亦作"劈"。《廣雅·釋詁·二》："劈，屠也。"案："鬄"、"劈"皆形聲字，"鬄"為後出字。案：作"剔除"解者，古皆作"肆"。《楚茨》："或肆或將。"《箋》："肆其骨體於俎者。"《釋文》："肆，……解肆也。"《禮·郊特牲》注："治肉曰肆。"《周禮·大宗伯》："以肆獻祼享先王。"《釋文》："肆，解骨體。"又注："肆者，進所解牲體，謂薦熟時也。"《典瑞》："以肆先王。"注："肆，解牲體以祭，因以為名。"案：古者不分四聲，"肆"與"剔"為音近也。又古者"剔"字多作"鬄"字解。《皇矣》："攘之剔之。"《釋文》："剔，本作捌，又作鬄。"《采蘩傳》:"被,首飾也。"《正義》:"髯是翦髮之名。"《莊子·馬蹄》:"燒之髯之。"《釋文》引《字林》:"髯,翦也。髯,崔本作鬄。"《後漢書·馮魴傳》注:"《聲類》:'髯,亦鬄字。'"字亦作"髢"。《君子偕老》:"不屑髢也。"《箋》:"髢,髲也。"《周禮·追師》注引作"不屑鬄也"。《禮·曲禮上》:"斂髮毋髢。"注:"髢,髲也。"亦作"鬀"。《周禮·秋官·序官》:"薙氏。"注:"薙,讀如'鬀小兒頭'之'鬀',書或作夷。此皆翦草也,字從類耳。"亦假借"肆"。《禮·曲禮上》注:"髢,或為肆。"[7]《周禮·小子》:"羞羊肆、羊殽、肉豆。"注:"肆,讀為鬄。"案:"鬄"、"髢"、"髲"皆形聲字,"肆"為假借字也。聲谓:《箋》轉"遏"為"髯",刲髯既非古義,攘髯又非經義。據《文選·射雉賦》:"邪眺旁髯。"注:"髯與惕,古字通。"案:"髯"、"惕"同聲,故假借。"遏"、"惕"亦同聲。《易·渙》:"渙其血去逖即"遏"。出。"《小畜》作"血去惕出",亦同音假借字也。惕,懼也。《易·乾》:"夕惕若,厲。"《釋文》:"惕,怵惕也。鄭玄云:'懼也。'"又《訟》:"有孚,窒惕中吉。"虞注:"惕,懼也。"聖王不務遠略於化外之人,但羈縻之,使知有所懼而已,故曰"用惕蠻方",與"用戒戎作""戒"字同意。

質《傳》:"質,成也。"《箋》:"平女萬民之事。"《正義》:"言汝等當平治汝民人之政事。"案:《箋》添出"事"字,《正義》添出"政事"字,皆未得"質"字解。質,正也。《書·大傳》"然後少師奏質,明於陛下"注、《莊子·刻意》"而道德之質也"《釋文》、《呂覽·達鬱》"喜質我於人中"注、《楚辭·怨思》"北斗為我質中兮"注,並云:"質,正也。"又《禮·聘義》:"君子於其所尊,弗敢質。"注:"質,謂正自相當。"《後漢書·朱浮傳》:"浮以書質責之。"注:"質,正也。"此一義也。又《禮·曲禮上》"雖質君子前"注、《史記·孫子吳起傳》"及臨質"《索隱》,並云:"質,猶對也。"《漢書·汲黯傳》:"黯質責湯於上前。"注:"質,對之也。"此又一義也。案:"質"訓"正",與"證"字義相近,故又訓為"對"也。"質爾人民"者,正於爾之人民,對於爾之人民也。經言質爾之人民,謹爾之侯度。"質"與"謹",二字相激射,非平列也。《說苑·修文》引作"告爾人民";作"告"者,亦"正"與"對"引申之義也。

苟《箋》:"無輕易於教令,無曰苟且如是。"案:此"苟"字亦"自急敕"之"苟"字也。"苟"字从羊,从勹,从口,與"苟"字从艸,从句者不同。"苟"音亟,古人不分四聲,故得與"逝"字韻。"無曰苟矣"者,古人"苟"、"亟"、"棘"字皆音近通假,此"苟"字正取"急"義,與上句"易"字對鍼。詳《采苓》。

讎《傳》:"讎,用也。"《箋》:"教令之出如賣物。物善,則其售賈貴;物惡,則其售賈賤。"《釋文》:"售,市又反,一本作讎。"據此,則《箋》讀"讎"為"售"。案:"讎"即酬答字之假借也,與下句"報"字意略同。《後漢書·明帝紀》作"無言不酬",《藝文類聚》作"無言不詶"。《書·召誥》:"讎民。"《釋文》:"讎,字或作酬。"是其據也。鄭說太迂。詳《節南山》。

遐《箋》:"遐,遠也。"案:"不遐有愆",猶之"不瑕有害也"也。作"愆"者,趁韻。詳《毖彼泉水》。

相《箋》:"相,助。"案:《儀禮·聘禮記》:"擯者立于閾外以相拜。"注:"相,贊也。"《鄉射禮》:"遂立于楹間以相拜。"注:"相,謂贊主人及賓相拜之辭。"《周禮·司儀》:"掌九儀之賓客擯相之禮。"注:"贊禮曰相。"又《太僕》:"王燕飲則相其灋。"注:"相,左右。"《左氏春秋·昭元年傳》:"樂桓子相趙文子。"《國語·周語》:"原公相禮。"注:"相,佐也。"經言無謂爾室無人也,有相爾之人在爾室矣;爾之所為,庶幾無愧于屋漏乎!屋漏,屋漏之神也。神之於人,猶相之於行禮者,固無刻不在,無事不知,可畏之甚也。非祭祀而一若祭祀,方得武公設戒之意。《箋》說泥定祭祀,且指祭奥說,不惟望文生義,且於本詩詞義俱遠。《集傳》純以慎獨立解,亦非《詩》意。

神《箋》:"神之來至去止,不可度知,況可於祭末而有厭倦乎?"案:此"神"字即指"在室"與"屋漏"之神也。言神之至不可揣度,矧可射厭而不敬乎?通章不言敬,而句句是敬,此其所以為作聖之學與!敬於"在室",敬於"屋漏",則無地不敬可知。敬於"不顯",敬於"莫覯",則無時不敬可知。若以言祭祀之事,則不祭祀時可射厭而不敬乎?《箋》說太迂,非《詩》旨矣。

止 《傳》:“止,至也。”《箋》:“止,容止也。”《烈祖》:“維民所止。”《箋》:“止,猶居也。”《禮·大學》:“在止於至上。”注:“止,猶自處也。”《孟子·公孫丑上》:“可以止則止。”案:此“止”字亦當訓為“居處”。淑,善也。“淑慎爾止”者,言善爾之居處,慎爾之居處也。《傳》訓為“至”,“淑慎爾至”不成句,必於“至”字上下文橫添字眼,引《大學》“為人君”五句太迂遠。《箋》改為“容止”,於下句“不愆于儀”句意複。

童角 《傳》:“童,羊之無角者也。而角,自用也。”《箋》:“童羊,譬皇后也。‘而角’者,喻與政事有所害也。”案:此句承上二句“投桃”、“報李”而言也。如《傳》、《箋》說,則文義中斷,定非《詩》旨。况本詩並無“羊”字,何以知其言羊?蓋因《賓之初筵》有“俾出童羖”句而訛也。《箋》本《傳》,又添出“皇后”,尤為無據。聲谓:“童”乃“童蒙”之“童”,即下句之“小子”是也。《史記·李斯傳》:“方作瑴《漢書》作“角”。抵優俳之觀。”《集解》引應劭:“角者,角材也。”《漢書·東方朔傳集注》:“角,猶校也。”又《賈誼傳集注》:“角,校也,競也。”又《谷永傳集注》:“角,競也。”《文選·舞鶴賦》:“角睞分形。”注:“角,猶競也。”《後漢書·隗囂傳》注:“角力,猶爭力也。”據此,則“角”有校量、爭競之義,蓋即“較”之借字。“較”亦為假借字,蓋終於假借者。言投桃、報李,兩得其平,本無用其校量爭競也;彼童子也,而校量爭競,是訌“戇”之假借。小子矣(詳下),又安望其“不僭不賊”,為人所則法哉?

虹 《傳》:“虹,潰也。”《箋》:“此人實潰亂小子之政。”《釋文》:“虹,戶公反,鄭戶江反。”《爾雅·釋言》:“虹,潰也。”《釋文》:“虹,顧作訌。”案:顧以“虹”為“訌”之借也。聲谓:鄭讀“戶江反”,與今“惷”字音同。[8]字亦作“戇”。《說文》:“戇,愚也。”《禮·表記釋文》引《字林》:“戇,[9]音丑降反。”《史記·汲黯傳》:“汲黯之戇也。”《索隱》:“戇,愚也。”《後漢書·馬融傳》注:“虹洞,相連也。”《文選·七發》:“虹洞兮蒼天。”注:“虹洞,相連貌也。”《孟子·滕文公下》:“洚水警予。”注:“水逆行,洚洞無涯,故曰‘洚水’。”案:“洚”可借“虹”;

“虹”从夅聲,亦可借“虹”也。“實”乃“寔”之訛,是也。詳《小星》。言不必角而角者,是愚小子矣。似此,“投桃”二句方有著落,通章亦一氣矣。

話《傳》:“話言,古之善言也。”《釋文》:“話,……《說文》作詁,云:‘詁,故言也。’”案:《說文》作:“䛡,合會善言也。从言,昏聲。傳曰:‘告之䛡言。’”不知《釋文》所據者何本,仍當依《傳》說。《板》:“出話不然。”《傳》:“話,善言也。”《書·立政》:“自一話一言。”《傳》:“言政當用一善,善在一言而已。”《左氏春秋·文十八年傳》:“顓頊氏有不才子,不可教訓,不知話言。”注:“話,善也。”《成十六年傳》:“瀆齊盟而食話言。”案:上二“話言”尤為“話言”訓“善言”之確證也。

盈《箋》:“萬民之意,皆持不滿於王。”案:《箋》語添出“之意”,添出“持”字,似非《詩》旨。聲谓:“盈”乃“逞”之借字也。《左氏春秋·昭二十三年傳》:“沈子逞。”《公羊傳》作“沈子楹”,《穀梁傳》作“沈子盈”。古書“盈”、“逞”相通者甚多。《穀梁·昭二十三年傳》:“沈子盈。”《釋文》:“盈,本亦作逞。”《史記·齊太公世家》:“晉大夫欒盈奔齊。”《集解》引徐廣曰:“盈,《史記》多作逞。”《田敬仲世家》:“晉之大夫欒逞作亂。”《索隱》:“逞音盈,《史記》多作逞字。”《左氏春秋·襄二十三年傳》:“晉欒盈。”《晉世家》作“欒逞”。古者“盈”、“逞”同聲,故通假。此“盈”字當讀如《左氏春秋·成十六年傳》:“晉可以逞。”注:“逞,快也。”《文選·思玄賦》:“怨素意之不逞。”舊注:“逞,快也。”《方言·二》:“逞,快也。自山而東或曰逞。”古書“逞”多訓“快”。民之無有逞,猶言民之不快也。凡言“靡”,皆“沒有”二字之合音也。詳《芄栩》、《四牡》。民有不快,當謀所以平之。莫,謀。成,平也。詳下。必知之,而後能平之;必早知之,而後能謀所以平之。夫“夙知而謀成”者,果誰乎?以此言未知,真未知矣。“民之靡盈”“靡盈”二字與下章“我生靡樂”二字句法同也。

莫成《傳》:“莫,晚也。”《釋文》:“莫,音慕,本亦作暮。”《巧言》:“聖人莫之。”《傳》:“莫,謀也。”《釋文》:“莫,一本作謨。”《漢書·敘傳》引作“聖人謨之”。此字亦當讀為謨,謀也。成,平也。

《節南山》:“誰秉國成。”《緜》:“虞芮質厥成。”《傳》並云:“成,平也。”古書傳“成”訓“平”者甚多也。如此講,文義庶幾可通。

慘慘 案:“慘”亦當作“懆”方有韻。凡从“喿”之字多誤从“參”。詳《節南山》及《北山》。

校勘記

[1]“棅,威權也。柄,本作棅。”《釋文》作:“棅,音柄。司馬云:‘威權也。’李丑倫反。一本作楝。”黄焯《經典釋文彙校》云:“楝即棅之形訛。”

[2]“纍”,《一切經音義·七》作“纝”。

[3]“哲,本又作喆”,《釋文》作“喆,本又作哲”。

[4]“既明且喆”,《隸辨》引《郭旻碑》“喆”字作“嚞”。

[5]“逐也”,杜注作“爭競也”。

[6]“子有庭內”,《詩·唐風·山有樞》“庭”字作“廷”。

[7]“或為肆”,《禮記·曲禮上》注“肆”字作“肂”。

[8]“音同”,“音”字當是“意”字之訛。

[9]“戇”,《禮記·表記》及《釋文》引《字林》皆作“惷”。

詩小學卷二十四

大　雅

保山吳樹聲學

蕩之什

旬《傳》:“旬,言陰均也。”《說文》:“旬,徧也。十日為旬。”古文作“㫗”。案:“徧”與“均”義同,字本从日,从勻。《易·豐》:“雖旬無咎。”荀本作“雖均無咎”。“旬”、“均”古字通者,皆从“勻”之聲義也。

劉《傳》:“爆爍而希也。”《正義》:“《釋詁》云:‘毗劉,爆爍也。’舍人曰:‘毗劉,爆爍之意也,木枝葉稀疏不均為爆爍。’郭璞曰:‘謂樹木葉缺落蔭疏爆爍也。’劉者,葉之稀疏爆爍之意,故云‘爆爍而稀’即“希”。也。”案:“爆爍”猶言“剝落”也。《易·剝釋文》引馬注:“剝,落也。”又《剝》:“不利有攸往。”鄭注:“萬物零落,故謂之剝也。”《疏》:“剝者,剝落也。”“劉”訓“剝落”者,《文選·文賦》:“賦體物而瀏亮。”注:“瀏亮,清明之稱。”又《甘泉賦》:“正瀏濫以宏惝兮。”注引孟康:“瀏,清也。瀏濫,猶言清淨而汎濫也。”“瀏”从劉,訓“清”,訓“清淨”,可以想剝落之義矣。字亦作“漻”。《文選·南都賦》:“漻淚淢汨。”注引《韓詩外傳》:“漻,清貌也。”亦作“寥”。《文選·京路夜發》詩:“曉星正寥落。”注:“寥落,星稀之貌也。”《漢書·楊雄傳上》:

"歷五帝之寥廓。"注:"寥廓,空曠也。寥,讀曰聊。"《三國·虞翻傳》注:"古'柳'、'卯'同字,故'劉'、'留'、'聊'、'柳'同用此字。"據此,則"劉"、"聊"同音,"聊"、"寥"亦同音也。"瀏"、"澑"、"寥"三字皆通作"劉"者,用古字。

殄《箋》:"殄,絕也。民心之憂無絕已。"案:此"殄"字亦"疹"之借字,病也。人病而心憂,此其常也;不病而心憂,則所憂者方大矣。《小宛》:"哀我填寡。"《釋文》:"《韓詩》作疹;疹,苦也。"《雲漢》:"胡寧瘨我以旱。"《箋》:"瘨,病也。"《釋文》:"瘨,……《韓詩》作疹。"據《韓詩》,"疹"與"填"、"瘨"皆聲近,通假字也。詳《小宛》。

倉兄填兮《傳》:"倉,喪也。兄,滋也。填,久也。"《箋》:"喪亡之道滋久長。"《釋文》:"兄,音況,……本亦作況。"案:"倉兄",疊韻字。"兄"古音"荒",此用古字,與他處借為"況"字用者不同。古書有作"愴怳"者。《楚辭·九辯》:"愴怳懭悢兮,去故而就新。"有作"張皇"者。《書·康王之誥》:"張皇六師。"亦作"章皇"。《漢書·楊雄傳》:"章皇周流,出入日月,天與地沓。"有作"惝怳"者。《楚辭·遠遊》:"怊惝怳而乖懷。"《文選·寡婦賦》:"超惝怳兮慟懷。"亦作"儻恍"。《楚辭·九歎》:"心儻恍而不我與兮。"[1]又《怨思》:"耳聊啾而儻恍。"曹植《賦》:"遙思儻恍兮若有遺。"亦作"黨恍"。漢武帝《賦》:"浸淫黨恍。"有作"恇攘"者。《說文》:"恇攘,煩擾也。"[2]《楚辭·九辯》:"逢此世之恇攘。"亦作"劻勷"。韓愈《劉統軍碑》:"劻勷將逋。"案:此後世字,亦有所本也。有作"狂攘"者。《楚辭·哀時命》:"摡塵垢之狂攘亦作"枉攘"。兮。"馬融《圍棋賦》:"狂攘相救兮,先後并沒。"亦作"侹攘"。《楚辭·九辯》:"逢此世之侹攘。"有作"方攘"者。《文選·甘泉賦》:"猋駭雲迅,奮以方攘。"以上皆疊韻字。後儒注釋雖各不同,意總相近。聲谓:除"愴怳"與"倉兄"為古今字外,其餘皆聲相近字也,後世變文為"搶攘"矣。承上言"不殄心憂"者,以搶攘已久,至高明者莫如昊天;"寧不我矜",言必邀昊天之矜鑒也。據《書·無逸》"無皇曰",《漢石經》作"兄",則以"倉兄"為"倉皇"尤為有據也。

泯《傳》:“泯,滅也。”《箋》:“軍旅久出征伐,而亂日生不平,無國而不見殘滅也。”案:《傳》、《箋》說“靡國不滅”由於“軍旅久出”,軍旅久出即指“四牡騤騤,旟旐有翩”言也。夫“四牡”、“旟旐”,行路者之常也。《詩》詠“四牡”與夫“旟旐”不止此一處,何以知其為窮兵黷武?且合通詩讀之,亦無一句及窮兵黷武者。考厲王時亦無征伐之事,惟《竹書紀年》載“厲王三年,淮夷侵洛,王命虢公長父伐之,不克”一事,其餘未聞,固不得據此一事為窮兵黷武之證也。就使厲王好兵,亦何致無國不滅!《傳》、《箋》未免失實。王氏引之曰:“泯,亂也。承上‘亂生不夷’言之,故曰‘靡國不亂’耳。”引《書・呂刑》“民興胥漸,泯泯棼棼”《傳》曰“泯泯為亂”、《周書・祭公》“女無泯泯芬芬”孔注曰“泯芬,亂也”為證。聲谓:“泯”訓“亂”,“亂生不夷,靡國不亂”文法微欠,“泯”蓋“愍”之借也。《左氏春秋・昭元年傳》:“吾代二子愍矣。”服注:“愍,憂也。”《周書・謚法》:“在國逢難曰愍。”又:“在國連憂曰愍,禍亂方作曰愍。”案:“逢難”亦即遭憂之意也。“禍亂方作”,則可憂者方大矣。據此,則“愍”定訓為“憂”。亦假借“湣”。《穀梁春秋・僖二十年傳》:“以是為閔宮也。”《漢書・五行志上》作“以為湣公宮也”。[3]《左氏春秋傳》:“魯閔公。”《史記・魯周公世家》作“湣公”。亦假借“緡”。《史記・魯世家》:“魯湣公。”《漢書・律歷志下》:“距緡公七十六歲。”注:“緡,讀與愍同。”案:“愍”、“湣”、“緡”三字皆从民得聲,“泯”亦从民聲,故得通假。經言亂生不平,無有一國不憂者也。“泯”即“湣”之省,此字聲純以聲音求之,較訓“滅”與“亂”似更妥。

有黎《傳》:“黎,齊也。”《箋》:“黎,不齊也。”《天保》:“羣黎百姓。”《雲漢》:“周餘黎民。”《箋》並云:“黎,眾也。”《書・堯典》“黎民於變時雍”《傳》、《禮・大學》“以能保我子孫黎民”注,並云:“黎,眾也。”《漢書・景帝紀集注》:“黎,眾也。”《楚辭・天問》:“而黎伏大說。”注:“黎,眾也。”古人往往稱黎民百姓。百姓者,不一姓;黎民者,不一民:皆眾詞也。“有黎”連文,如《書・盤庚中》:“乃話民之弗率,誕告用亶其有眾。”既言“民”,復言“有眾”者,與《詩》同意。

"民"字承上"國"字,言國之民皆"有眾"也,今則無有"有眾"者矣,俱因禍亂之後以剩此灰燼。語意與"周餘黎民,靡有孑遺"略同。

國步斯頻 《傳》:"步,行。頻,急也。"《箋》:"頻,猶比也。哀哉!國家之政,行此禍害比比然。"《釋文》:"《廣雅》云:'頻,比也。'"《白華》:"天步艱難。"《傳》:"步,行也。"《書·武成》:"王朝步自周。"《傳》:"步,行也。"《禮·少儀》:"執轡然後步。"注:"步,行也。"《左氏春秋·僖三十三年傳》:"將步師出於敝邑。"《釋文》:"步,猶行也。"後世用"天步"、"國步"者,《後漢書·張衡傳》:"經緯歷數,然後天步有常,則風后之為也。"謝莊《明堂歌》:"帝運緝萬有,皇靈澄國步。"仍從"行"字訓釋也。聲谓:"步"訓"行",與"行"字微有分別。《離騷》:"何桀紂之猖披兮,夫唯捷徑以窘步。"《後漢書·班固傳》:"壽陵餘子有學步於邯鄲者,未得髣髴,失其故步。"[4]二"步"字與經文"步"字恰合。頻,《說文》作:"顰,水厓。人所賓附,顰戚今本作"頻蹙"。不前而止。"此言國之行步,斯為瀕邊,有欲前而不能之意。《召旻》:"不云自頻。"《傳》:"頻,厓也。"《箋》:"頻,當作濱。厓,猶外也。"《釋文》:"案:張揖《字詁》云:'瀕,今濱。'則瀕是古濱字。"聲谓:《召旻》詩,《列女傳》正引作"不云自濱",蓋用今字。又案:《宋書·何尚之傳》:"袁淑與尚之書曰:'……舍南瀕之操……。'尚之宅在南澗寺側,故書云'南瀕',《毛詩》所謂'于以採蘋,南澗之瀕'也。"據此,則《毛詩》本亦作"瀕"。今作"頻"者,隸从省也。《方言》:"江濱謂之思。"注:"濱,水邊也。""水邊"即水涯。言"國之行步,斯為瀕邊",猶俗言到盡頭處也,可哀之甚已。《說文·目部》引作"國步斯矉","矉"訓"恨張目也",非《詩》意。

蔑資 《箋》:"蔑,猶輕也。國家為政行此,輕蔑民之資用。"《板》:"喪亂蔑資。"《傳》:"蔑,無。資,財也。"《易·剥》:"蔑貞,凶。"虞注:"蔑,无即"無"。也。"又《釋文》引馬注:"蔑,無也。"《左氏春秋·僖十年傳》:"蔑不濟矣。"又《成十六年傳》:"蔑從晉矣。"注並云:"蔑,無也。"《國語·晉語》:"吾蔑從之矣。"又:"蔑天命。"注並云:"蔑,無也。""資"當讀如《孝經》"資於事父以事母而愛同"注:

“資,取也。”《史記·留侯世家》:“宜縞素為資。”《集解》引晉灼:“資,藉也。”《文選·皇太子釋奠會》詩:“資此夙知。”注:“資,猶藉也。”案:“資”古多訓“用”;訓“藉”者,引申之義也。《增韻·六脂》:“資,賴也,憑也,……託也,助也。”上四字與“藉”字義近。行必有所資藉,承上章“國步斯頻”,言國步蔑無資藉,由於天不我助也。將,助也。《烈祖》:“我受命溥將。”《箋》:“將,猶助也。”《漢書·杜欽傳集注》:“將,助也。”《板》之“喪亂蔑資”亦當訓為“資藉”。此詩之“國步無資”,由於“天不我助”;《板》之“喪亂無資”,由於“上不我惠”:語皆明顯。

疑《傳》:“疑,定也。”《釋文》:“疑,魚陟反。”《正義》曰:“疑,音凝。凝者,安靖之義,故為‘定’也。”案:“疑”者,“凝”之借也。《書·皋陶謨》:“庶績其凝。”《釋文》引馬注:“凝,定也。”又王注:“凝,猶定也。”《荀子·王制》:“好假道人而無所凝止也。”注:“凝,定也。”案:“凝止”即《詩》之“止疑”也,語之轉耳。《禮·中庸》:“至道不凝焉。”《釋文》:“凝,本又作疑。”此其據也。聲案:“疑”、“凝”一聲,“凝”之古文本作“冰”,从水,从仌,水仌則冰矣。“凝”為形聲字,从仌,疑聲。从疑者,或亦取雙聲。

僤《傳》:“僤,厚也。”《釋文》:“僤,都但反,本亦作亶,同。”《說文》:“僤,疾也。从人,單聲。《周禮》曰:‘句兵欲無僤’。”案:《考工記·廬人》作“句兵欲無彈”,注:“故書彈或作但,鄭司農云:‘但,讀為“彈丸”之“彈”,謂掉也。’”與許氏異義。依許訓為“疾”。怒,威也,“僤怒”即“疾威”之義。作“亶”者,假借;作“僤”者,形聲字。訓“疾”者,當取“疾惡”去聲。義,非疾病義也。

多我覯痻《箋》:“痻,病也。……多矣,我之遇困病。”案:《箋》於“多”下添一“矣”字,又將下句“孔棘”二字連讀,非《詩》意。《易·復》:“无祇悔。”九家本“祇”作“多”。《左氏春秋·襄二十九年傳》:“祇見疏也。”《疏》:“服虔本作‘祇’,……解云:‘……適也。’晉、宋杜本皆作‘多’,古人‘多’、‘祇’同音。”《論語·子張》:“多見其不知量也。”《疏》:“古人‘多’、‘祇’同音。”亦引《左傳》服虔本為據。據此,則“多”、“祇”古字通。覯,遇已屢見。也。

承上"我生不辰"句,言"自西徂東"沒有處所可以定處者,祇我覯遇瘖病,不能不甚棘我之邊垂《水經注》作"邊陲",見《渠水注》下。也。"孔棘"與"玁狁孔棘"字同,《采薇》:"玁狁孔棘。"《箋》:"孔,甚。棘,急也。""我圉"與"固吾圉也""吾圉"字同。《左氏春秋·隱十一年傳》:"亦聊以固吾圉也。"注:"圉,邊垂也。""逢天僤怒"以下五句,皆歷數"我生不辰"之事也。舊說未免模糊。

亂況《箋》:"而亂滋甚,於此日見侵削。言其所任非賢。"案:此"況"字當讀為"比況"之"況"。《書·序》:"古者伏犧氏之王天下也。"《疏》:"彼直言後世聖人,知是伏犧者,以理比況而知。"《禮·學記》:"比物丑類。"注:"以事相況而為之。"《莊子·知北遊》:"每下愈況。"由"比況"而"境況"之義生焉。此云"亂況",即後世境況字所由昉也。此章承上章,言"多我覯瘖,孔棘我圉"者,以不知"謀"與"毖"耳,此亂況之所以成也;"為謀為毖","亂況"斯可以殺減矣。《儀禮·喪服記》:"外削幅。"注:"削,猶殺也。"《鴻烈解·本經》:"衣無隅差之削。"注:"削,殺也。"《廣雅·釋詁·二》:"削,減也。"亂況可以削,故遂告之以憂恤,誨之以序爵。《箋》"軍旅"字、"兵事"字未免橫添;"於此日見侵削",語亦累贅。

遡《傳》:"遡,鄉。"《公劉》:"遡其過澗。"《傳》:"遡,鄉也。"《說文》作:"㴑,逆流而上曰㴑洄。㴑,向也。水欲下,違之而上也。从水,㡿聲。"或體作"遡"。《漢書·楊雄傳上》:"楊氏遡江上,處巴江州。"注:"遡,逆流而上也。"《文選·洛神賦》:"御輕舟而上遡。"注:"遡,逆流向上也。"又《西京賦》:"咸遡風而欲翔。"薛注:"遡,向也。"作"㴑"者,《一切經音義·十九》引《三蒼》:"逆流行水曰㴑。㴑,回也,亦行也。"[5]今俗作"泝"。案:"遡"為逆流而向上,則"遡風"為逆風而向上可知。順風或有所見,至於逆風,則所見為不真矣,故曰"僾而不見"。詳下。

僾《傳》:"僾,唈。"《箋》:"今王之為政,見之使人唈然如鄉疾風,不能息也。"案:《靜女》:"愛而不見。"《說文》:"僾,仿佛也。"引作"僾而不見"。《禮·祭義》:"僾然必有見乎其位。"《正義》引《詩》:

“僾而不見。”與《說文》同。《方言·六》:“揜、翳,薆也。”注:“謂隱蔽也。”[6]引《詩》:“薆而不見。”《離騷》:“衆薆然而蔽之。”與《方言》同。案:“薆”即“僾”也。又《禮·祭義見上。釋文》:“僾,微見貌。”聲谓:說《詩》者多言“僾而不見”,《禮釋文》又訓“微見”,《說文》“仿佛”即“微見”。此“僾”字訓為所見不真,乃“僾”字應有之義,與文外横添者不同。惟其無所見,故民皆走散而不知也。詳下。

肅《箋》:“肅,進。……王為政,民有進於善道之心,當任用之,反卻退之,使不及門。”《禮·祭統》:“宮宰肅夫人。”注:“肅,猶戒也。”《說文》:“肅,持事振敬也。从聿在𣶒上,戰戰兢兢也。”案:“持事振敬”、“戰戰兢兢”皆有戒意也。據此,則“民有肅心”即民有戒心也。

荓《傳》:“荓,使也。”《釋文》:“荓,字又作迸,音普耕反。徐補耕反,本或作拼。”案:作“迸”是也。《一切經音義·四》引《字書》:“迸,散走也。”《說文·新附》字:“迸,散走也。从辵,并聲。”《文選·魏都賦》注引《字書》:“迸,散走也。”又《海賦》注引《字書》:“迸,散也。”《禮·大學》:“迸諸四夷。”《釋文》引皇注:“迸,猶屏也。”經言民有戒心,皆散走而託云不逮矣。《箋》:“逮,及也。”散走之民或“好是稼穡”,或為“力民”以“代食”。“力民”如《周禮》“轉移執事”之類;自食其力,故曰“力民”。“代食”者,與稼穡之人更代而食也。《說文》:“代,更也。从人,弋聲。”《禮·喪大記》:“乃官代哭。”注:“代,更也。”《左氏春秋·昭十二年傳》“與君代興”、《國語·魯語》“自是齊楚代討於魯”注,《史記·樂書》“代相為經”《正義》,《管子·君臣上》“代相序也”注,《離騷》“春與秋其代序”注,並云:“代,更也。”《漢書·食貨志上集注》:“代,易也。”《方言·十》:“皆南楚江湘之間代語也。”注:“凡以異語相易,謂之代也。”案:“易”義由“更”義引申而出也。好稼穡者以稼穡為寶,自食其力者以代食為好也。無人材則國空虛,所以卒有𡾊之禍也。餘詳下。

稼穡《箋》:“但好任用是居家吝嗇於聚斂作力之人。”《釋文》:“稼,王申毛,音駕,謂耕稼也;鄭作家,謂居家也。下句‘稼穡維寶’同。穡,……音色,王申毛,謂收穡也;鄭云:‘吝嗇也。’尋鄭

‘家嗇’二字,本皆無‘禾’者,下‘稼穡卒痒’始從禾。”案:《箋》不云“稼穡,當作家嗇”,是經文本作“家嗇”也。王申毛,讀“家嗇”為“稼穡”,以本經上下文求之,王讀是也。作“家嗇”者,用古字。古人不分四聲,故“家”可讀“稼”。如《箋》說,“居”字、“聚斂”字未免横添。餘詳上。

立王 《箋》:“天下喪亂國家之災,以窮盡我王所恃而立者。”案:“立王”當指召穆公之子,代王太子者也。是時國人畔,襲厲王,厲王出奔於彘。太子匿召公之家,國人圍之,召穆公以其子代王太子,太子得脱。當時固不知其為召穆公之子也,故曰“滅我立王”。《公羊春秋·莊六年傳》注:“國人立之曰立,他國立之曰納。”《吕覽·蕩兵》:“故立君。”注:“立,置也。”《鴻烈解·氾論》:“立之于本朝之上。”注:“立,置也。”蓋當國人畔襲之時,厲王既已奔,太子猶在,國人必欲得而甘心。召穆公大義滅親,以其子代之。共和十四年間,固無人不以為太子已亡也。喪亂無有大於此者矣,故曰“滅我立王”。據此,則此詩當作於共和之世也。厲王出奔,事詳《國語·周語》及《史記·周本紀》。

恫 《箋》:“恫,痛也。”《釋文》:“恫,音通,本又作痌。”《思齊》:“神罔時恫。”《傳》:“恫,痛也。”《説文》:“恫,痛也。一曰:呻吟也。从心,同聲。”《書·康誥疏》:“恫聲類於痛。”案:恫出於心,故从心;痛之深則近於病,故从疒:均形聲字。“痛”之聲義較為完全。

贅荒 《傳》:“贅,屬。荒,虚也。”《廣雅·釋言》:“贅,肬也。”《釋名·釋疾病》:“贅,屬也,横生一肉屬著體也。”《老子》:“餘食贅行。”《釋文》:“贅,疣贅也。”案:“疣”即“肬”,“肬贅”即“綴肬”也。詳下。《莊子·駢拇》:“附贅懸疣。”《釋文》:“贅,瘤結也。”據此,則“贅”即“肬”或作“疣”。見上。也,此亦假借字也。《説文》:“贅,以物質錢。从敖貝。敖者,猶放,貝當復取之也。”案:此“贅”之本義也。亦假借“綴”。《長發》:“為下國綴旒。”《公羊春秋·襄十六年傳》:“君若贅旒然。”《釋文》:“贅,本亦作綴。”《説文》:“綴,合箸也。从叕,从糸。”此“綴”之本義也。兩字皆非正字:會意則“贅”字為近,指事則"綴"字為近。人必有所事而後不至於荒虚,今舉國俱若贅肬,人皆無所事事,有不終至於荒虚者乎?可哀恫之甚矣。時至荒虚,人不聊生,尚望有眾出力者乎?"靡有旅力",言無有"有眾"出力者。凡此喪亂,皆天所降也。此時亦惟有念彼穹蒼而已,亦窮則呼天之意耳。

惠君 《箋》:"惠,順。……維至德順民之君,為百姓所瞻仰者。"《北風》:"惠而好我。"《褰裳》:"子惠思我。"《傳》並云:"惠,愛也。"《周書·謚法》:"愛民好與曰惠。"又:"柔質慈民曰惠。"《論語·憲問》:"惠人也。"《集解》引孔注:"惠,愛也。"聲谓:"惠"當訓為"愛"。臣能愛民,謂之"惠人";君能愛民,故謂之"惠君"也。"此"字對下"彼"字,猶言"維有此等惠君"耳。

秉心 《箋》:"乃執正心,舉事徧謀於眾。"《定之方中》:"秉心塞淵。"《傳》:"秉,操也。"案:此"秉心"亦當依《定之方中傳》讀為"操心"也。宣,布也。《書·皋陶謨》:"日宣三德。"《傳》:"宣,布也。"《後漢書·班彪傳》注:"宣,布也。"《吕覽·圜道》:"宣通下究。"注:"宣,徧布也。"言操心而宣布其謀猶也。"秉心"二字不必易《傳》也。

考慎其相 《傳》:"相,質也。"《箋》:"慎,戒。相,助也。又考誠其輔相之行,然後用之。"《說文》:"考,老也。"《漢書·元帝紀集注》:"考,老也。"《考槃》"考槃在澗"、《江漢》"作召公考"、《載芟》"胡考之寧"、《絲衣》"胡考之休"《傳》,《湛露》"在宗載考"《箋》,並云:"考,成也。"慎,謹也。《白駒》:"慎爾優游。"《巧言》:"予慎無罪。"《傳》並云:"慎,誠也。"又《說文》:"慎,謹也。"《易·坤》注:"施慎則可。"《釋文》:"慎,謹也。""相"亦當讀如"金玉其相"之"相",謂質地也,即俗所謂樣式也。詳《棫樸》。言老成而誠謹者,其樣式也。

不順 案:上言"惠君",此不言"君"者,不順則無君道,故但曰"不順"。能愛人,則順乎人情矣;不順,則其不能愛人可知。

自獨 《箋》:"自多足獨謂賢,言其所任之臣皆善人也。"案:"自"對人言,"獨"對眾言,謂不謀之於人,謀之於眾,而以為所使者皆臧,故曰"自獨俾臧"。此其人必"自有肺腸",故其使民也,卒至於顛狂迷惑而不知也。以上八章,章八句,當自為一篇。"瞻彼中林"以下八章,章六句,當自為一篇。兩篇除"維此惠君"句法相近外,詞意無一句相類者,不得混為一篇也。或者後人因前篇有篇名而逸其說,後篇逸篇名而其說尚存,遂誤合為一篇乎?陳氏啟源謂:"《周書·芮良夫解》,其言與《桑柔》詩往往相合。……《詩》所謂'告爾憂恤,誨爾序爵'、'誦言如醉',與《解》言意同也。[7]《解》云:'爾執政小子,不圖善,偷生苟安,爵以賄成。'夫'偷生苟安',則不知憂恤矣;'爵以賄成',則不能敘爵矣。亦既告之誨之,無奈其如醉何,故後著之於《詩》。"云云。案:陳氏僅據"爵以誨成"一語立論,未免附會。今既合二篇為一,又衹一《敘》,《桑柔》八章是否芮良夫一手所作,存而不議可也。

甡甡 《傳》:"甡甡,眾多也。"《釋文》:"甡甡,所巾反。《聲類》云:'聚貌。'"案:"甡甡"即"詵詵",亦即"駪駪"也。詳《螽斯》。

譖 《箋》:"譖,不信也。"《釋文》:"譖,子念反。本亦作僭。"《抑》:"不譖不賊。"《瞻卬》:"譖始既背。"《釋文》並云:"譖,本作僭。"《正義》:"今汝羣臣朋友皆以此僭差情不相信。"《抑》:"不僭不賊。"《傳》:"僭,差也。"《書·湯誥》"天命弗僭"《傳》、《左氏春秋·哀五年傳》"不僭不濫"注:"僭,差也。"《巧言》:"僭始既涵。"《一切經音義·五》引作"譖始既涵"。"僭"、"譖"同聲,故通假。

不胥以穀 《箋》:"胥,相也;以,猶與也;穀,善也。今朝廷羣臣皆相欺,皆不相與以善道。"案:穀,生也。《大車》"穀則異室"《傳》、《小宛》"自何能穀"《箋》,並云:"穀,生也。"《漢書·哀帝紀集注》、《穆天子傳》"皇人受穀"注、《文選·思玄賦》"穀崑崙之高岡"注,並云:"穀,生也。"言朋友既已僭差,不相與以生道,如後世之下井投石,非生道矣。《書·太甲中》:"罔克胥匡以生。"語蓋本此,而加一"匡"字。《三國志·駱統傳》作"無能胥以寧",是其據也。《太甲》三篇係偽古文《尚書》,出在《詩》後。亦假借"谷"。《爾雅

·釋天》:"東風謂之谷風。"孫注:"谷之言穀。穀,生也。""穀"訓為"生",乃"穀"字引申之義。詳下。"穀"、"谷"同音,故訓"生"之字亦可以借"谷"。下句訓"善"之字亦假借"谷"者,乃假借其音,非借"谷"為"穀"也。詳下。

進退維谷《傳》:"谷,窮也。"《箋》:"前無明君,卻迫罪役,故窮也。"案:"谷"乃假借字,他書皆假借"穀"。此章已用"穀"為"生","谷"、"穀"同音。《書·堯典》:"宅西曰昧谷。"《周禮·縫人》注引作"度西曰柳穀"。《爾雅·釋天》見上。"谷風"即"穀風",此"谷"、"穀"同音之證也。阮氏元引《晏子春秋》叔向問晏子事,《韓詩外傳》田常弒君、石他死難事,皆引《詩》"進退維谷",曰:"此二事:一則叔向之言,一則魯哀公時齊人之言。曲體二人引《詩》之意,皆謂處兩難善全之事,而處之皆善也。歎其善,非嗟其窮也。且叔向曰:'善哉!''善哉'即明訓'谷'字也。"其論極是,惟謂:"'進退維穀',穀,善也。詩人用之,近在'不胥以穀'之下,嫌其二'穀'相並,故改一假借之'谷'字當之,此詩人義同字變之例也。此例《三百篇》中往往有之,元始稱之,前人無言之者。"且引《小雅》"褒姒威之"近在"寧或滅之"之下,嫌其二"滅"相並,故改"滅"而書為"威"。《說文》等書"威"、"滅"原係二字,"滅"字从"威"之聲義,非强改為二字也。詳《節南山》。阮氏之意,蓋謂訓"善"之字非作"穀"不可,作"谷"即為假借字。不知"穀"為五穀、百穀字:訓為"續"者,乃其本義;訓"生"者,其引申之義也。《國語·晉語》:"是焚穀也。"注:"穀,所仰以生也。"案:"穀"為人所仰以生,故"穀"有生義。訓為"生"之字作"穀"者,引申之義。穀,善也,乃取"穀"之音,其義不由"穀"生,故訓為"善"。亦作"谷"者,假借其音也。如阮氏之說,詩人以二"穀"相並為嫌,則《蟋蟀》之"役車其休",末句又云"良士休休";《六月》之"飲御諸友,炰鼈膾鯉。侯誰在矣,張仲孝友",《正月》之"憂心慘慘,念我無祿。民之無辜,并其臣僕。哀我人斯,于何從祿",《板》之"民之多辟,無自立辟",《蕩》之"蕩蕩上帝,下民之辟。疾威上帝,其命多辟",《江漢》之"于周受命,自召祖命",《雲漢》之"周餘黎民,靡有孑遺。昊天上帝,則不我遺”,《瞻卬》之“不自我先,不自我後。藐藐昊天,無不克鞏。無忝皇祖,式救爾後”,《執競》之“降福簡簡,威儀反反。既醉既飽,福祿來反”;《烈祖》之“我受命溥將”,末句又云“湯孫之將”;《濬哲》之“湯降不遲,聖敬日躋。昭假遲遲,上帝是祗”,《殷武》“天命多辟,設都于禹之績。歲事來辟,勿予禍適”:皆一字連用,不以為嫌,又何說乎?阮氏以為義同字變,聲以為音同義異,敢以質之世之善聲音、訓詁之學者。

瞻言 《傳》:“瞻言百里,遠慮也。”《箋》:“聖人所視而言者百里,言見事遠而王不用。”案:瞻,視也。常訓。言聖人所視所言者皆百里,言其遠也。

覆狂 《雨無正》:“覆出為惡。”本詩:“覆俾我悖。”《傳》並云:“覆,反也。”《抑》:“覆謂我僭。”《瞻卬》:“女覆奪之。”《箋》並云:“覆,反也。”《韓非子·解老》:“心不能審得失之地,則謂之狂。”《呂覽·尊師》:“其知不若狂。”注:“闇行妄發之謂狂。”《鴻烈解·主術》:“則狂而操利劍。”注:“狂,猶亂也。”“覆狂以喜”,謂覆反狂亂以自喜。覆反狂亂之人,烏能知遠慮哉?此其所以為“愚人”也。

荼毒 《箋》:“故安為苦毒之行。”《正義》:“荼,苦菜;毒者,螫蟲。荼、毒皆惡物。”案:《詩》言“荼”者屢矣,其訓為“萑苕”,《鴟鴞》。為“英荼”,《出其東門》。為“茅秀”者同上《箋》。無論矣。訓為“苦菜”者,《谷風》:“誰謂荼苦?”《緜》:“堇荼如飴。”既曰“菜”,則可食,似不可目為惡物。惟《良耜》:“以薅荼蓼。”《正義》:“荼亦穢草,非苦菜也。”引“《釋草》云:‘荼,委葉。’舍人曰:‘荼,一名委葉。’”案:《爾雅·釋草》:“荼,委葉。”《釋文》:“荼,亦作蒤。”注引《詩》作“以茠蒤蓼”。據此,則字亦作“蒤”,孔氏以為“穢草”,此“荼”字亦當訓為“穢草”方可與“毒”字連文也。《爾雅注》作“蒤”者,蓋以別於“苦菜”字,“蒤”亦形聲字也。

大風有隧 《傳》:“隧,道也。”《箋》:“西風謂之大風。大風之行,有所從而來,必從大空谷之中。”王氏引之曰:“案:《楚辭·九歌》:‘衝風起兮橫波。’王逸注曰:‘衝,隧也。……遇隧風,大波湧起。’據此,則古謂‘衝風’為‘隧風’,‘隧風’即‘遺風’也。《呂氏春秋·本味》篇:‘遺風之乘。’高誘注曰:‘行迅謂之遺風。’《文選·聖主得賢臣頌》:‘追奔電,逐遺風。’李善注曰:‘遺風,風之疾者。’‘遺’與‘隧’,古同聲而通用。”聲案:《角弓》:“莫肯下遺。”《荀子·非相》引作“莫肯下隧”,是其據也。聲谓:“隧”字亦作“頽”。《谷風》:“維風及頽。”《傳》:“頽,風之焚輪者也。”《禮·檀弓上》:“頽乎其順也。”注:“頽,順也。”《釋文》:“頽,順貌。”聲據此訓“頽風”為“順風”,“隧”與“遺”聲相近。頽,《說文》作“隤”,从自,貴聲。“隤”與“遺”同从貴聲。《文選·歎逝賦》注引《韓詩章句》:“隤,猶遺也。”“有”當讀“又”,言大風又頽然順也。“隧”、“隤”亦聲近也。此以經證經,以《傳》證《傳》,尤為有據者矣。以聲音之學求之,“隧”與“隤”聲義尤近也。

有空大谷 王氏引之曰:“‘有隧’形容其迅疾也,‘有空’亦形容大谷之辭也。……言‘大風’之狀,則‘有隧’矣;‘大谷’之狀,則‘有空’矣。先言‘有空’,後言‘大谷’,變文與下為韻耳。猶‘習習谷風,維山崔嵬’,‘習習’是谷風之狀,‘崔嵬’是高山之狀。……先言‘維山’,後言‘崔嵬’,亦以為韻也。‘大風’、‘大谷’,兩不相蒙。”[8]聲谓:王氏之說極是,惟“有”字俱當讀“又”。“又空大谷”,猶之“大谷又空”云耳。大風容有不隤,大谷容有不空者,故曰“大風又隧,又空大谷”。既曰“空”,又曰“有”,詩人為不辭矣。“大風又順”與“維彼不順”,“又空大谷”與“征以中垢”也。

中垢 《傳》:“中垢,言闇冥也。”《箋》:“不順之人則行闇冥。”《正義》:“垢者,土。處中而有垢土,故以‘中垢’言‘闇冥’也。”《說文》:“垢,濁也。从土,后聲。”《莊子·大宗師》:“芒然彷徨乎塵垢之中。”[9]案:“中垢”即“垢中”也,如“中原”即“原中”、“中國”即“國中”、“中林”即“林中”之類也。不順之人以闇冥為行,如在塵垢之中,蒙《莊》語恰好為此詩注腳。言“維此良人”,其作為皆可法而善;“維彼不順”,如行于塵垢之中。闇冥不見,皆生性然也。《韓詩外傳》引作“往以中垢”,“往”亦行也,義稍遜矣。

聽言誦言《箋》:"貪惡之人,見道聽之言則應答之,見誦《詩》、《書》之言則冥臥如醉。"《説文》:"聽,聆也。"《釋名·釋姿容》:"聽,靜也,靜然後所聞審也。""聽言則對",謂一聽聞有所陳説,則以言對答。誦,《説文》:"諷也。"《國語·楚語》:"宴居有師工之誦。"注:"誦,謂箴諫也。"《周語》:"矇誦。"注:"誦,謂箴諫之語也。"《大戴禮·保傅》:"工誦正諫。"注:"誦,謂隨其過誦《詩》以諷。""誦言如醉"者,因其聽言則以詞拒,於是諷誦以諫,所謂"旨婉而多風,言者無罪,聞者足戒",庶幾其一悟矣。乃誦言又見其冥臥如醉,極言其飾非拒諫也。

飛蟲《箋》:"猶鳥飛行,自恣東西南北,時亦為弋射者所得。"《正義》:"經言'飛蟲',《箋》言'飛鳥者為弋所獲',明是飛鳥。蟲是鳥之大名,故羽蟲三百六十,鳳皇為之長,是鳥之稱蟲者也。"《小毖》:"肇允彼桃蟲。"《傳》:"桃蟲,鷦也,鳥之始小終大者。"亦鳥稱蟲之一證也。

陰《釋文》:"陰,鄭音蔭,覆蔭也。王如字,謂陰知之。"首章:"其下侯旬。"《傳》:"旬,言陰均也。"《有杕之杜箋》:"以其特生陰寡也。"《釋文》並云:"陰,本亦作蔭。"《左氏春秋·昭元年傳釋文》:"蔭,本亦作陰。"《漢書·五行志中之上》:"趙孟視蔭。"注:"蔭,與陰同。"字亦作"廕"。《禮·祭義》:"陰為野土。"注:"陰,讀為'依廕'之'廕'。"《疏》:"俗本'陰'作'蔭'字也。"此"陰"字《傳》既無訓,王肅述毛云:"我陰知汝行矣。"文外横添,恐非毛意。當依鄭讀"陰"為"蔭",於上下文皆順也。言既往覆蔭女矣,當不為女所拒,奈之何反予來嚇哉?詳下。

赫《傳》:"赫,炙也。"《箋》:"口距人謂之嚇。我恐女見弋獲,既往覆陰女,謂啟告之以患難也。女反嚇我,出言悖怒,不受忠告。"《釋文》:"赫,毛許白反,光也,與'王赫斯怒'同義。本亦作嚇,鄭許嫁反,……《莊子》云:'以梁國嚇我。'是也。"案:陸云"許嫁反",乃後世音,非古音也。依陸讀則不韻。《正義》:"'來赫'者,言其拒己之意,故轉為‘嚇’，與‘王赫斯怒’義同，是張口嗔怒之貌，[10]故《箋》以為‘口拒人謂之嚇’。定本《集注毛傳》云：‘赫，炙也。’王肅云：‘我陰知汝行矣，乃反來赫炙我，欲有以退止我言者也。’《傳》意或然，俗本誤也。”案：《莊子·秋水》：“仰而視之曰：‘嚇。’”《釋文》引司馬注：“嚇，怒其聲。”義與《正義》“張口嗔怒之貌”相近。聲谓：作“嚇”者，形聲字，作“赫”者，用古文。

職涼善背 《傳》：“涼，薄也。”《箋》：“職，主。涼，信也。”《釋文》：“涼，毛音良，鄭音亮，下同。”案：鄭以“涼”為“諒”之假借也。《說文》：“涼，薄也。从水，京聲。”《左氏春秋·莊三十二年傳》“虢多涼德”注、《昭四年傳》“君子作法於涼”注、《漢書·五行志中之上集注》，並云：“涼，薄也。”據末章“職盜為寇”句法例之，“涼”字當依《傳》訓為“薄”。言“民之罔極”，故常主為涼薄而善背畔耳。《爾雅·釋詁》：“職，常也。”《漢書·景帝紀》、《武帝紀》、《宣帝紀》，《集注》並云：“職，常也。”王肅述毛：“民之無中和，主為薄俗，善相欺背。《傳》意當然。”聲谓：王說是也。

競 《箋》：“競，逐也。……由為政者逐用彊力相尚故也。”案：“競”為古“彊”字。詳《抑》。言民之邪曲避匿，“回遹”訓“邪辟”。詳《小宛》。一味狡彊，相尚以力而已，故曰“職競用力”。《正義》引王肅：“今民之為邪僻，乃主相與競用力為之。”較《箋》為徑直矣。

盜寇 《箋》：“為政者主作盜賊為寇害，令民心動搖，不安定也。”《正義》：“毛以‘職盜為寇’為民所主行，則是民自作盜賊，相寇害也。”案：《正義》述毛義較直截，當依《正義》。

涼 《箋》：“我諫止之以信，言女所行者不可。反背我而大詈，言距己諫之甚。”案：《箋》以“涼”為“諒”之假借。此字本有“諒”音，有“諒”音即有“諒”義。《說文》：“諒，信也。从言，京聲。”《柏舟》：“不諒人只。”《御覽·四百三十九》引作“不涼人只”。[11]《大明》：“涼彼武王。”《釋文》：“涼，本亦作諒。”據此，則“涼”、“諒”古通字。二字皆从京聲，故通假。言民之作盜賊相與為寇害，非不知其不可也，在民亦信以為不可矣，奈之何反背畔而善詈罵哉？

匪《箋》:“女雖觝距己,言‘此政非我所為’。”案:“匪”者,“非”之借,言女雖非毀我也。“既作爾歌”,言我既已為爾作歌,冀其聞之一悟也。

蘊隆蟲蟲《傳》:“蘊蘊而暑,隆隆而雷,蟲蟲而熱。”《箋》:“隆隆而雷,非雨雷也,雷聲尚殷殷然。”《釋文》:“蘊,紆粉反。本又作煴,紆文反,《韓詩》作鬱,同。蟲,直忠反,徐徒冬反。《爾雅》作爞,云:‘熏也。’郭又徒冬反。《韓詩》作烔,音徒東反。”案:《說文》:“暑,熱也。”《釋名·釋天》:“暑,煮也,熱如煮物也。”《論語·鄉黨》:“當暑。”皇《疏》:“暑,熱也。”《素問·骨空論》:“立而暑解,治其骸關。”注:“暑,熱也。”據此,則暑即熱。《傳》分為二,非也。案:“蘊”即“鬱”,《韓詩》是也。鬱鬱,蒸也。字亦作“菀”。《桑柔》:“菀彼桑柔。”《釋文》:“菀,音鬱。”《初學記·二十四》引《風俗通》:“菀,蘊也,言薪蒸所蘊積也。”[12]亦假借“宛”。“鬱彼北林”,《周禮·函人》注引作“宛彼北林”。《荀子·富國》注:“宛,讀為蘊。”“菀”、“宛”、“蘊”三字與“鬱”皆雙聲字也。隆,盛也;蟲蟲,鬱蒸貌也。《廣韻》引《字林》:“烔,熱氣烔烔。”《華嚴經音義下》引《韓詩傳》:“烔,謂燒草傳火焰盛也。”[13]《一切經音義·四》引《埤蒼》:“烔烔然,熱貌也。”《爾雅·釋訓》注:“烔烔,旱熱熏炙人。”[14]“蘊隆蟲蟲”,言鬱蒸過盛,蟲蟲然旱熱熏炙人也。韓作“烔”者,形聲字;毛作“蟲”者,假借字;《爾雅》作“爞”者,本毛而加“火”旁,亦形聲字也。

宗《傳》:“宗,尊也。”《後漢書·順帝紀》:“詔曰:‘……分禱祈請,靡神不禜。’”錢氏《考異》曰:“靡神不宗”之“宗”,“三家《詩》必有作‘禜’者矣。《祭法》:‘雩宗,祭水旱也。’鄭讀‘宗’為‘禜’,是‘宗’與‘禜’通。”王氏引之《經義述聞》曰:“錢說非也。鄭注《祭法》云:‘宗,皆當為禜,字之誤也。’言‘字之誤’,則非聲之通。且‘宗’與‘蟲’、‘宮’、‘臨’、‘躬’為韻,若作‘禜’,則失其韻矣。”案:王氏之說是也,惟以“禜”與“宗”非聲之近則不然。莫古於《易·艮象》“正”、“聽”、“心”、“躬”、“正”、“終”六字為韻,知庚、清韻字有與陽、唐韻者,有與民、君韻者,有與心、禽、躬、中韻者。與陽、唐韻者,如“庚”、

“行”、“衡”、“兵”等字甚夥，本屬陽、唐韻字，因音轉始入庚、清韻也。有與民、君韻者，如《節》之《大象》：“天地節而四時成。節以制度，不傷財，不害民。”“成”與“民”韻。此外當自有一路與心、禽、躬、中韻者，據《艮》卦《象》辭可以踪跡者也。“禜”从“𤇾”得聲，“榮”亦从“𤇾”得聲；“榮”有“容”音，可以定“禜”字之音矣。

克《箋》：“克，當作刻；刻，識也。……是我先祖后稷不識知我之所困。”《正義》引：“王肅云：‘后稷不能福祐我邪？……。’……后稷是己之先祖，心必助之，但苦其不能耳。”案：本文無“福祐”字，王未免望文生義。鄭破“克”為“刻”，又以“刻”為“識”，未免迂回。《說文》：“克，肩也。”《敬之》：“佛時仔肩。”《傳》：“仔肩，克也。”《箋》：“仔肩，任也。”《爾雅·釋詁》：“肩，克也。”《書·盤庚》：“朕不肩好貨。”《傳》：“肩，任也。”“后稷不克”者，言後稷不肩而任之也。“克”讀如字，意自可通，不必破字也。又案：《說文》篆作“𠅏”，“象屋下刻木之形”。“克”、“刻”同聲。《釋名·釋言語》：“克，刻也，刻物有定處，人所克念，有常心也。”據此，則“克”自有“刻”義，非破字矣，然非《詩》意。

斁《箋》：“斁，敗也。”《釋文》：“斁，丁故反。《說文》、《字林》皆作殬。”案：《詩》惟此字訓“敗”，當依《說文》、《字林》作“殬”。《詩》作“斁”者，假借，“殬”、“斁”皆从睪聲。

寧丁我躬《傳》：“丁，當也”《箋》：“曾使當我之身有此乎？”《說文》：“寧，願詞也。”徐鍇曰：“今人言‘寧可如此’，是願如此也。古人云‘寧飲建業水’、‘寧食五斗艾’是也。”案：“寧”為願辭，猶今人言“寧可”也。此句緊承“耗斁下土”，言下土受其耗敗，寧可以我身當之也。曰“寧丁我躬”者，趁韻也。

推《傳》：“推，去也。”《箋》：“旱既不可移去。”《正義》：“‘推’是遠離之辭，故為‘去’也。”《說文》：“推，排也。从手，隹聲。”《玉篇》：“推，排也。”引《易》：“剛柔相推。”又《說文》：“排，擠也。”《禮·少儀》：“排闔。”《正義》：“排，推門扇也。”《史記·樊噲傳》：“乃排闥直入。”“推”訓“排”；排，擠也。《孟子》：“若己推而內之溝中。”乃

"推"字本義。毛訓"去",推之則不來,故云"去";鄭助以"移"字,推之則必動,故曰"移":皆"推"字引申之義也。

孑遺 《傳》:"孑然遺失也。"《箋》:"今其餘無有孑遺者,言又餓病也。"《正義》:"其餘不死之衆民,無有孑然得遺漏而不餓病者,言死亡之餘又皆飢困也。"《國語·周語》:"胡有孑然其效戎翟也。"注:"孑然,全體之貌。"《漢書·高惠高后文功臣表》:"靡有孑遺,耗矣。"注:"孑然,獨立貌。"案:《説文》:"孑,無右臂也。象形。"與"孓"字儷文。《鴻烈解·説林》:"孑孓為䖴。"[15]《廣雅》:"孑孓,蜎也。"訓"無右臂"者,其本義也;訓蟲名者,引申之義也;訓"全體貌"、"獨立貌"者,假借之義也。"遺"訓"失",《正義》轉為"遺漏"。據《禮·鄉飲酒義》:"知其能弟長而無遺矣。"注:"遺,猶脱也。"《孟子》引此詩,趙注:"無孑然遺脱不遭旱災者。"二書訓"遺"為"脱",與《詩》義尤合。言死亡之後,所餘衆民無有有孑然全體能獨立而遺脱者,言不死者亦必餓病而壞也,此皆"昊天上帝"不肯為我民遺留之故耳。《史記·孝文紀》:"遺財足。"《索隱》:"遺,猶留也。"《陳勝世家》:"不如少遺兵。"《索隱》:"遺,謂留餘也。"《漢書·文帝紀集注》:"遺,留也。"言死亡之餘無有能孑然遺脱者,昊天上帝不我遺留也。經文連用兩"遺"字,是謂同字異義;《桑柔》連用"穀"、"谷"二字,是謂同音異義:此例亦前人所未發也。詳《桑柔》。

畏 《箋》:"天將遂旱餓殺我與?先祖何不助我恐懼,使天雨也。"案:《箋》語迂曲,非《詩》意。《列子·黄帝》:"不偎不愛。"注:"偎,亦愛也。"《山海經·海内經》:"天毒偎人愛人。"注:"偎,亦愛也。"據此,則"畏"當讀為偎,愛也。言"昊天上帝"不我遺留,何其不相愛也;天不相愛,不能不呼先祖也。"偎"作"畏"者,用古文。"愛"與"畏",意相反;"畏"亦訓"愛"者,猶之"臭"亦為"香","徂"亦為"存",所謂美惡不嫌同詞也。

于摧 《傳》:"摧,至也。"《箋》:"摧,當作嗺。嗺,嗟也。先祖之神于嗟乎!告困之辭。"《説文》:"摧,擠也。从手,崔聲。一曰:挏也。一曰:折也。"案:《説文》"摧"字上:"推,排也";"捘,推也";"排,擠也";"擠,排也";"抵,擠也"。"摧"字下:"拉,摧也";"挫,摧也"。八字訓釋大略相同。"至"字一訓雖見《爾雅》、《方言》,惟於"于"字不相連貫;鄭轉為"嗺",未免迂折。《易·晉》:"摧如。"虞注:"摧,憂愁也。"後世或别作"慛"。漢《繁陽令楊君碑》:"哀矣慛傷。"《郭究碑》:"萬夫慘慛。"亦假借"催"。《侯成碑》:"鴻儀催零。"《金廣延母紀產碑》:"五内催碎。"聲谓:"于"當讀曰為。《儀禮·士冠禮》:"宜之于假。"注:"于,猶為也。"又《聘禮記》:"賄在聘于賄。"注:"于,讀曰為。"言"昊天上帝,則不我遺",何其不相愛也? 先祖應為之憂愁摧傷矣,故曰"先祖于摧"矣。

云我無所 《箋》:"言我無所庇蔭處。"案:此"云"字當讀為員;員者,圓也。《出其東門》:"聊樂我員。"《釋文》:"員,……本亦作云。"《正月》:"昏姻孔云。"《釋文》:"云,本又作員。"《玄鳥》"員",古文作"云"。《正義》:"古文'云'、'員'字同。"據此,則"云"可讀"員"也。聲谓:"員"、"圓"古字通。《易·系辭》:"圓而神。"《釋文》:"圓,本又作員。"《周禮·考工記·輪人》:"取諸圜即"圓"。也。"司農注:"故書圜或作員。"《鴻烈解》:"水員折者有珠。"[16]注:"員,輪丸之屬也。"孔氏廣森謂:"'聊樂我員'與'昏姻孔云'之'云'正是一義。《左傳》引彼詩而說之曰:'晉不鄰矣,其誰云之。'員之言圓也,環而相聚之謂也。《序》以《出其東門》為'兵革不息,男女相棄,民人思保其室家'之辭。彼'有女如雲',皆出城奔離者也,幸我縞衣之男,綦巾之女,猶得圓聚聊相樂耳。雖有美女,何暇思存乎?"聲谓:此"云"字亦當為"員"。言旱之甚至於"赫赫炎炎",尚望有所圓聚乎? 雖欲圓聚,何處可以圓聚乎? 故曰"云我無所"。"所"字亦趁韻也,《箋》"庇蔭"二字未免横添。

滌 《傳》:"滌滌,旱氣也。"《正義》:"其旱氣乃滌滌然害及於山川,使山無木,川無水也。"案:《說文·艸部》引作"蔋蔋山川",《太平御覽·三十五》作"悠悠山川"。聲谓:滌滌,毛訓為"旱氣",此亦純取聲音者。陳氏啟源以為"貌狀語,無關'滌'字本義",是也。《正義》云"山無木,川無水",已混入今人滌除義甲裹矣,非是。《說文》作

"蓧"者,同聲字;《御覽》作"悠"者,"滌"从條,"條"从攸聲,"悠"亦从攸聲,古音同也。

旱魃《傳》:"魃,旱神也。"案:《山海經》載有狀如狐而有翼,音如鴻雁者,是名獙獙,姑逢山中有之;有生石膏水中,似鱣而一目,音如歐者,女烝山中有之。皆見,則天下大旱。又有似人而目生頂上,行如飛。又有一首兩身,似蛇,名肥遺,生渾夕山。又有狀如鴞,而赤足直喙,音如鵠。又有鳥似鴞,人面蜼身而犬尾,在崦嵫山。又有"狀如蛇而四翼,其音如磬",在鮮山之下。見則旱一國,或其邑大旱。是皆魃之類,其物近乎神,故字从鬼;見則必有旱災,故謂之"旱魃"。《正義》引《神異經》,不足以盡之也。今北方人以新喪鬼當之,謬甚。

憚《傳》:"憚,勞。"《箋》:"憚,猶畏也。"案:依毛,則"憚"字當與《大東》之"哀我憚人"、《小明》之"憚我不暇"同為假借字。本作"癉"。《說文》:"癉,勞病也。""我心憚暑"者,言我心為暑所勞而病也;"憂心如熏",此其所以勞也。《箋》訓"畏"者,"憚"之本義,與"憂"字義微同。《傳》義為優。

聞《箋》:"'不我聞'者,忽然不聽我之所言也。"案:本文並無"言",何以云"聽"?《箋》說未免橫添。古者"聞"、"問"字通用。《卷阿》:"令聞令望。"《釋文》:"聞,本作問。"《左氏春秋·襄三十一年傳》:"令聞長世。"《釋文》:"聞,本作問。"《論語·公冶長》:"聞一以知十。"《釋文》:"聞,本作問。"《莊子·逍遙游》:"乃今以久特聞。"《釋文》:"聞,崔本作問。"《荀子·堯問》:"不聞即物少至。"注:"聞,或為問也。"又《禮·檀弓》:"問喪于夫子乎?"《釋文》:"問,本作聞。"《莊子·庚桑楚》:"因失吾問。"《釋文》:"問,元嘉本作聞。"此皆"聞"、"問"相通之據也。此"聞"字亦當讀為問。"則不我問"者,承上"憚暑"二句,言憂勞至於如此,奈之何不我恤問也?"問"與"遯"二去為韻,"遯"、"問"與"川"、"焚"、"熏"平、去為韻也。

遯《箋》:"天曾將使我心遯遯慚愧於天下,以無德也。"《正義》:"昊天上帝何曾使我心遯遯慚愧於天下也,以無德不能致雨,故王心所以慚愧。"案:寧,願詞也,詳二章。猶言"寧可"也。"寧俾我遯"者,言寧可使我遜位遯去,不願如此憂勞也。《箋》、《疏》語皆不明白。

黽勉畏去 《箋》:“黽勉,急禱請也。欲使所尤畏者去;所尤畏者,魃也。”案:《箋》說望文生義,非《詩》旨也。聲谓:此句當承上章“寧俾我遯”,言既願遜位遯去,而又黽勉不去者,蓋有所不敢也。以天位之重,不敢輕易言去,故曰“黽勉畏去”。

胡寧 《箋》:“天何曾病我以旱,曾不知為政所失而致此害。”案:言既“黽勉畏去”矣,何曾願天病我以旱乎?雖憯然甚痛於心,有不得而知其故者矣。瘨,病也。詳《小宛》。憯,《說文》:“痛也。”《雨無正》:“憯憯日瘁。”《漢書·鼂錯傳》:“法令煩憯。”顏注:“憯,痛也。”《通鑒》:齊顯祖兇暴,“內外憯憯,各懷怨毒”。注:“憯憯,痛毒之意。”案:《通鑒》“憯憯”字本《詩》也。《箋》訓為“曾”,非《詩》意。

虞 《箋》:“虞,度也。”段氏玉裁曰:“案:‘虞’、‘娛’同,字之假借也。《詩序》云:‘以禮自虞樂。’”王氏引之曰:“虞,猶撫有也。《廣雅》曰:‘虞,有也。’‘則不我虞’,猶言‘亦莫我有’也;‘則不我聞’,猶言‘亦莫我問’也。[17]其四章曰:‘群公先正,則不我助。’助,猶虞也。故《廣雅》又曰:‘虞,助也。’”聲案:《抑》:“用戒不虞。”《傳》:“不虞,非度也。”《閟宮》:“無貳無虞。”《箋》:“虞,度也。”據此,則“虞”字《傳》、《箋》俱訓為“度”,義自可通。言祈年既早,方社亦不莫,昊天上帝則不為我虞度,猶後世言不為我設想也。段、王二家之說,未免過於喜新好異矣。

散無友紀 《箋》:“人君以羣臣為友。散無其紀者,凶年祿餼不足,人無賞賜也。”案:“友”、“有”通字。《論語·學而》:“有朋自遠方來。”《釋文》:“有,本作友。”《顏淵集解》:“有相切磋之道。”《釋文》:“有,本作友。”《荀子·大略》:“友者,所以相有也。”注:“友,與‘有’同義。”《鹽鐵論·殊路》引《春秋傳》“季友”作“季有”。聲谓:“有”、“友”同聲,故通假。“散無友紀”即“散無有紀”也,言羣臣皆渙散雜亂而無紀記也。《釋名·釋言語》:“紀,記也,記識之也。”《史記·五帝紀索隱》:“紀者,記也。”《漢書·公孫宏卜式兒寬傳贊集注》:“紀,記也。”《文選·東京賦》:“紀禪肅然之功。”薛注:

"紀,記也。"荒旱之甚,群臣不能備禮,故渙散雜亂而無有記識也。下文"鞫哉"四句,正言其散無記識也。庶正而窮,冢宰而病,何以能有記識哉?《箋》以"鞫哉"、"疚哉"四字總下文,非窮者不病,病者不窮也,窮與病正相因也。

周 《傳》:"周,救也。"《箋》:"周,當作賙。王以諸臣困於食,人人賙給之。"案:《禮·月令》:"周天下。"注:"周,謂給不足也。"《孟子·萬章下》:"周之則受。"注:"周者,謂周急,廩貧民之常料也。"《論語》:"君子周急不繼富。"字亦作"周"。又《吉日箋》:"欲令賙餼之。"《釋文》:"賙,救也。"《鴻雁箋》:"欲人之賙餼之。"《正義》:"賙,謂與之財。"據此,則鄭作"賙"亦救恤之義也。毛作"周"者,用古文。"賙"為形聲字,《說文》未收。《字林》:"賙,贍也。""賙"、"贍"皆後世字。

無不能止 《傳》:"無不能止,言無止不能也。"《箋》:"權救其急,後日乏,無不能豫止。"《正義》引王肅云:"靡人而不賙其急也。無不能而止者,其發倉廩,散積聚,有分無,多分寡,無敢有不能而止者,言上下同也。"案:王說較鄭為直截,言無有人不賙給,無不能而止者。此羣官之所以窮且病,安能責其散無有紀哉?

卬 《釋文》:"卬,音仰,本亦作仰。"《說文》:"卬,望欲有所庶及也。从匕,从卪。《詩》曰:'高山卬止。'"今《詩》作"仰"。案:"卬"為古文"仰";作"仰"者,形聲字。《北山》:"或棲遲偃仰。"《釋文》:"仰,……本又作卬。"[18]《漢書》"卬"字,注皆云:"卬,讀曰仰。"《荀子·議兵》:"上足卬,則下可用也。"注:"卬,古仰字。"

嘒 《傳》:"嘒,眾星貌。"《箋》:"王仰天,見眾星順天而行嘒嘒然,意感。"《小星》:"嘒彼小星。"《傳》:"嘒,微貌。"《玉篇》作:"暳,眾星貌。"蓋本此《傳》。經作"嘒"者,假借。"有嘒其星"者,言眾星有暳然之光也。此詩首尾相應:首章言"倬彼雲漢",末章言暳然之眾星,言舉首仰看,惟見雲漢與眾星耳,皆極言旱狀也。餘詳《小星》。《說文·言部》引《詩》"有譓其聲",非本詩意,不知何詩也。

昭假無贏 《傳》:"假,至也。"《箋》:"天之光耀升行不休,無自贏緩之時。"陳氏啟源曰:"《詩》言'昭假'者五:

《烝民》'昭假于下'、《噫嘻》'既昭假爾'、《泮水》'昭假烈祖'、《長發》'昭假遲遲'及此詩是也。惟《烝民》、《泮水》二'昭假',經文一言'于下',一言'烈祖',所指自明,不容異解。其三'昭假',古注多以'及民'取義,近解率用'感天'為說;詳《噫嘻》、《長發》。……至'昭假無贏',則王義尤得之。王申毛,以為"昭其至誠於天下"。上章言'靡人不周',言群臣恤民之事。此又欲其始終不倦,故勸以昭布至誠,施惠於下,無或稍有留贏,以民命瀕危,當賑救之,無棄其成功也。"聲谓:他"昭假"字,"昭"讀如字,"假"為"格"《說文》作"狢"。之假借字。此"昭"字當讀為招。《左氏春秋·襄二十八年傳》:"楚康王昭。"《史記·楚世家》作"招"。又《昭十三年傳》:"子昭。"《論衡》作"子招"。又《昭元年》:"陳公子招。"《史記·陳杞世家索隱》作"昭"。《史記·管蔡世家》:"陳司徒招。"《索隱》曰:"或作苕,又作昭。""昭"本訓"明",而《左氏·昭十二年傳》"祭公謀父作《祈招》之詩"賈注、《文選·東京賦》"招有道於側陋"薛注,皆訓為"明",愈可見"昭"與"招"古字通矣。假,給與也。《漢書·循吏·龔遂傳》:"遂迺開倉廩假貧民。"注:"假,謂給與。"又《儒林·轅固傳》:"迺假固利兵。"注:"假,給與也。"《廣雅·釋言》:"招,來也。"承上章"靡人不周",言民命瀕危,女大夫君子當招來假給之,無使有私贏,以棄爾成功;今"大命近止",慎無棄爾成功也。

校勘記

[1]"心懭恍而不我與兮",《楚辭·九歎·逢紛》"恍"字作"慌",下引《怨思》之"恍"字同。

[2]"恇孃,煩擾也",《說文·心部》作"恇,怯也",《女部》作"孃,煩擾也","恇"、"孃"二字下未見"恇孃,煩擾也"之訓釋。

[3]"以為滑公宮也",《漢書·五行志上》"滑"字作"愍"。

[4]案:《後漢書·班固傳》及《班彪傳》皆未見此引文,引文見《漢書·敘傳上》,其文云:"昔有學步於邯鄲者,曾未得其髣髴,又復失其故步,遂匍匐而歸耳。"吳氏或恐誤記。

[5]所引句中“滹”字,《一切經音義》卷十九引《三蒼》作“泝”。

[6]“謂隱蔽也”,《方言·六》注作“謂蔽薆也”。

[7]“與《解》言意同也”,陳氏《毛詩稽古編》作“正目作《解》言也”。

[8]“兩不相蒙”,王氏《經義述聞七·毛詩下》“大風有隧”條作“兩不相因”。

[9]“塵垢之中”,《莊子·大宗師》作“塵垢之外”。

[10]“是張口嗔怒之貌”,《大雅·桑柔》“反予來赫”《正義》“嗔”字作“瞋”。

[11]“不涼人只”,《御覽》卷四百三十九“涼”字仍作“諒”。

[12]“菀,蘊也”,《初學記》卷二十四《苑囿第十二》“菀”字作“苑”。

[13]“謂燒草傳火焰盛也”,《華嚴經音義》卷三“傳”字作“傳”。

[14]“烔烔,旱熱熏炙人”,案:《爾雅·釋訓》:“爞爞,熏也。”郭注:“皆旱熱熏炙人。”無“烔烔”二字。

[15]“孑孓為蝱”,《鴻烈解·說林》“蝱”字作“蚤”。

[16]“水員折者有珠”,當作“員者常轉”,下注“員,輪丸之屬也”乃《淮南子·原道訓》“員者常轉”下注文,非《墜形訓》“水圓折者有珠”之注文。

[17]“亦莫我問”,王氏《經義述聞七·毛詩下》“則不我聞”條作“亦莫我聞”。

[18]“仰,……本又作卬”,《釋文》作“卬,……本又作仰”。

詩小學卷二十五

大　雅

保山吳樹聲學

蕩之什

崧《傳》:"崧,高貌。山大而高曰崧。"案:字亦作"嵩"。《爾雅·釋詁》:"嵩,高也。"《釋名·釋山》:"山大而高曰嵩。嵩,竦也,亦高稱也。"《風俗通·山澤》:"嵩者,高也。"《白虎通·巡狩》:"嵩,言其高大也。"《漢書·楊雄傳上》:"瞰帝唐之嵩高兮。"注:"嵩者,高也,言峻大也。"以上"嵩"即"崧",與毛義合。《公羊春秋·莊四年傳》注:"嵩高維嶽。"《釋文》:"嵩,本亦作崧。"是也。嶽無有不高大者,故亦為五嶽字。《爾雅·釋山》:"嵩高為中嶽。"《文選·懷舊賦》注引戴延之《西征記》:"嵩高,中嶽也。東謂太室,西謂少室,總名嵩也。"韋昭《國語注》:"嵩,古通用崇字。"聲谓:《易》:"崇高莫大乎富貴。""崇高"即"嵩高"也。漢《桐柏廟碑》:"宮廟嵩峻。"《三公山碑》:"厥體嵩厚。"或曰:二"嵩"字當作"聳"。聲谓:"嵩"即"崇"之通借也。形聲字,从山,松聲;會意字,从山、高。作"嵩"者,終嫌無聲可諧。

甫《傳》:"堯之時,姜氏為四伯,掌四嶽之祀,述諸侯之職於周,則有甫,有申,有齊,有許也。"案:甫、申、齊、許四國皆出自姜姓。

《左氏春秋·隱十一年傳》:"夫許,太岳之胤也。"[1]注:"太岳,神農之後,堯四岳也。"《疏》:"《周語》又稱:'堯命禹治水,共之從孫四岳佐之。胙四岳國,命為侯伯,賜姓曰姜,曰有呂。'"據此,則姜與呂同出於太嶽。太公,太岳之後。姜姓亦稱呂望者:呂,姓也,非國也。甫、申、許三國,名見《揚之水》,三國與齊同出於太岳,皆姜姓也。以太公姓姜又稱呂望例之,則三國姜姓亦呂姓也。《書·呂刑》本甫侯所作;稱《呂刑》者,蓋稱其姓,猶齊侯亦稱呂伋也。《禮·緇衣》引《呂刑》皆作《甫刑》與《詩》稱申、甫,皆稱其國也。後世因"呂"與"甫"聲近,"齊甫申許"或訛作"齊呂申許",《書疏》遂稱:"子孫改封為甫侯,不知因呂國改作'甫'名,不知別封餘國而為'甫'號。然子孫封甫,穆王時未有'甫'名而稱為《甫刑》者,後人以子孫之國號名之也。"未免臆說也。《書傳》稱"申呂"者,亦"申甫"之訛也。

于蕃于宣 《箋》:"四國有難,則往扞禦之,為之蕃屏。四方恩澤不至,則往宣暢之。"案:"蕃"者,"藩"之借。《說文》:"蕃,艸茂也。从艸,番聲。""蕃"字之本義也。借為蕃屏字者,《周禮·大司馬》:"又其外方五百里曰蕃畿。"《大行人》:"九州之外謂之蕃國。"《巾車》:"以封蕃國。"《國語·晉語》:"蕃,籬落也。""宣"即"桓"也。《說文》:"桓,亭郵表也。"《禮·檀弓下》:"三家視桓楹。"注:"四植謂之桓。"《周禮·大宗伯》:"公執桓圭。"注:"雙植謂之桓。桓,宮室之象,所以安其上也。"又《說文繫傳》:"徐鍇曰:'亭郵立木為表,交木於其耑,則謂之華表,言若華也。……表雙立為桓。'"《匡謬正俗》:"如淳《漢書音義》曰:'舊亭傳於四角面百步築土,上有屋,屋上有柱出,高丈餘,有大板貫柱四出,名曰桓表。縣所都兩夾邊各一桓。'"《六書故》:"柱之植立者曰桓。雙植以為門者,謂之桓門,亦謂和門,亦謂華表。'桓'、'和'、'華'一聲也。"楊氏慎曰:"《水經注》'立碑樹桓木、桓表'之'桓',今吳中新刻妄改為'松柏'之'柏'。"《說文》:"𡨦,天子宣室也。从宀,亘聲。"又:"亘,求亘也。从二,从回。回,古文回。象亘回形。上下,所求物也。"聲谓:"亘"為"桓宣"字之古文。表必以木,故从木;亭郵有宮室之象,故从宀。古文作"亘"者,象形。中"回",長短四植以回旋之;二,上下也。"亘"為桓表本字,亦借為回旋字,即後世般桓字也;《說文》解為"求亘",不知何所取義也。宣,《說文》解為"天子宣室",亦非古義。凡宣徧、宣佈、宣通諸義,皆引申假借之義也。作"桓"者,幸有《說文》、《禮》注暨各書,猶得識"桓"字本義;凡般桓、桓桓、威武謚號各"桓"字,亦皆其引申假借之義。"宣"、"桓"皆形聲字,後世分二字,古實一字也。二"于"字讀為"為",詳《雲漢》"先祖于摧"。言"維申及甫"維我周之楨幹,近而四國以為藩屏,遠而四方亦以為桓表也。"蕃"、"宣"二字咸由"幹"字生義,古人文以類從也。

纘《箋》:"纘,繼。"《釋文》:"纘,……《韓詩》作踐。踐,任也。"《潛夫論·志氏姓》作"王薦之事"。案:"踐"、"薦"一聲,蓋引《韓詩》而異字者。"踐"與"纘"疊韻,古人以口授經,故所傳容有異同也。言申伯亹亹然,可謂能纘其事矣;申伯纘之,實王纘之也:故曰"王纘之事"。

于邑于謝《箋》:"于,往。于,於。"案:二"于"字亦字同義異者也。

作庸《傳》:"庸,城也。"《箋》:"庸,功也。"《易·象上傳》:"明兩作。"虞注:"作,成也。""庸"當依《箋》訓"功",言因是謝邑之人以作成爾之功勞也。"作成"字後世尚沿用之。《箋》訓為"起",又以"尤章顯"足之,語太迂曲。

傅御《傳》:"御,治事之官也。"《箋》:"傅御者,貳王治事,謂冢宰也。"《周禮·考工記·廬人》:"重欲傅人。"注:"傅,近也。"《小爾雅·廣詁》:"傅,近也。"《漢書》"傅"字,注多云:"傅,讀曰附。"《五行志上》:"傅以洪範。"注:"傅,謂附著。"《廣雅·釋詁·三》:"附,近也。"《小爾雅·廣詁》:"附,近也。"《鴻烈解·說林》:"附耳之言,聞於千里。"注:"附,近也。"《後漢書·仲長統傳》注:"附,親也。"據此,則"傅御"者,謂親近治事之臣,不必定冢宰也。

功 《箋》："申伯居謝之事。"案：上章"世執其功"，《傳》已云："功，事也。"故此處不覆出。

有俶 《傳》："俶，作也。"《箋》："召公營其位而作城郭。"《釋文》："俶，本又作俶，"俶"蓋隸體"俶"之訛也。尺叔反。"案："俶，作也"雖見《爾雅·釋詁》，於字義難通。《既醉》："令終有俶。"《箋》："俶，猶厚也。"聲以訓"厚"者為"厚竺"之假借字。詳《既醉》。此"俶"字亦當訓為"厚"，言申伯居謝之事，召伯為之營作；其城則竺厚，寢廟亦成就。曰"有俶其城，寢廟既成"者，下句為合韻。互詳《既醉》、《載芟》。

藐藐 《傳》："藐藐，美貌。"《釋文》："藐，芒角反。"《瞻卬》："藐藐昊天。"《傳》："藐藐，大貌。"《箋》："藐藐，美也。"《爾雅·釋詁》："藐藐，美也。"案："藐藐"訓為"美"，亦純取聲音，無關字義者。至《瞻卬》"藐藐昊天"，當依《方言·十三》注："藐藐，曠遠貌。"其字當作"邈"，"邈"作"藐"者，假借。《抑》之"聽我藐藐"，《傳》："藐藐然不入也。"《書大傳·洪範五行志》作"聽我眊眊"，[2]《鴻烈解·脩務》注作"聽我邈邈"。似當以"眊眊"為正字；作"藐藐"與"邈邈"者，皆假借。

近 《傳》："近，已也。"《箋》："近，辭也，聲如'彼記之子'之'記'。"案："近"當作"辺"，从辵，从丌；"丌"亦作"亓"，故亦作"迒"，與"近"字形尤相似而訛。詳《杕杜》。"往近王舅"即"往迒王舅"，"迒"為"已"之借字，《傳》釋其義，《箋》釋其義並著其聲也。古人虛字，假借者居多；玆之"往近"，猶云"往矣"，與《書》言"往哉"同意。《說文》作："辺，古之遒人，以木鐸記詩言。"案：此"辺"之本義，《說文》："讀與記同。"故假借。至《周禮》"九畿"，故書或作"九近"；《易》"月幾望"，或作"近望"。一則"畿"、"近"一聲，"近"或為"圻"之假借；一則"幾"、"近"亦一聲，且"幾"有"近"義：與《詩》本作"迒"者不同。

信邁 《箋》："邁，行也。申伯之意，不欲離王室，王告語之復重，於是意解而信行。"案：《九罭》："于女信處。"《傳》："再宿為信。"《有客》："有客信信。"《傳》："再宿曰信。"《左氏春秋·莊三年傳》:"凡師,一宿為舍,再宿為信。"《襄十八年傳》:"信于城下而還。"注:"信,再宿也。"《哀二十五年傳》"揮出,信弗納"注、《國語·周語》"回祿信于聆遂"注、《穆天子傳·五》"次于雀梁"注、《離騷》"夕歸次於窮石兮"注、《湘君》"鳥次兮屋上"注,並云:"再宿為信。""申伯信邁",言申伯再宿即行也。郿在鎬京之西,非適謝所經路。《箋》:"時王蓋省岐周,故于郿云。"《正義》:"時宣王蓋省視岐周,申伯從王至岐,遣之,故餞之於郿也。"據《箋》、《疏》,則申伯與王俱在行次,故以信宿計,尤合當日情事。《箋》讀"信"為"誠",未免望文生義。

謝于誠歸 《箋》:"謝于誠歸,誠歸于謝。"《正義》:"言'謝于誠歸',正是誠心歸于謝國。古人之語多倒,故申明之。'誠歸'者,決意不疑之辭。"案:"謝于誠歸"非倒句也。即是倒句,亦當云"于謝",不當云"謝于"也。"謝"並非地名,當讀為辭謝字,適與"城謝"字相同耳。聲谓:"于"乃"云"之訛(詳《東門之枌》及《七月》),即以"于"為"云"之通假亦可。"誠"當讀為成。《禮·經解》:"繩墨誠陳。"注:"誠,或作成。"《我行其野》:"成不以富。"《論語·顏淵》引作"誠不以富"。據此,則"誠"、"成"古字通假也。申伯之歸,屢言"王命",又言"王錫"、"王遣"、"王餞";朝廷之恩,有加無已;臣子之心,即不勝其依戀;無如歸計已成,有不能不辭謝而還者:故曰"謝于成歸"也。言"成歸"者,猶《經解》之言"成陳"、"成設"、"成懸"也。申伯成歸入謝,王又命召伯徹其土疆,"以峙其粻",使申伯得以遄行,恰合當日情事,且愈見殊恩稠疊,寵眷日隆也。若講作"決意不疑",則前日之"王命"、"王遣"、"王餞",申伯敢公然不歸?至此始決意誠歸,與後世之跋扈將軍何以異?詩人為不辭矣。

峙 《釋文》:"畤,如字。本又作峙,直紀反。"據《釋文》,則經本有作"畤"者矣。《史記·封禪書索隱》引《三蒼》:"畤,埒也。"《書·費誓》:"峙乃糗糧。"《疏》:"具也。"《爾雅·釋詁》:"峙,具也。"《釋文》:"舍人本,峙作偫。"據此,則作"畤"與"峙"者,皆假借字也。"峙"之本義,《後漢書·河間孝王開傳》注:"峙,立也。"《文選·射雉賦》:"擢身竦峙。"注:"峙,立也。"聲谓:"偫"字亦不古。據《說文》,

《广部》有“庤”字,訓“儲置屋下也”;糧粒必不能露積,自當儲置屋下。“時”、“峙”、“偫”、“庤”咸從“寺”之聲義,而“庤”字形義較古。

粻《箋》:“粻,糧。”《王制》“五十異粻。”注、《內則》同上《釋文》引《字林》、《雜記》“載粻”注、《文選·思玄賦》“餐沆瀣以為粻”注,並云:“粻,糧也。”案:《周禮·廩人》:“則治其糧,與其食。”注:“行道曰糧。”《左氏春秋·僖四年傳》:“資糧屝屨。”《疏》:“糧,謂米粟,行道之食也。”據此,則“粻”、“糧”異字,粻可以為糧,糧不可以為粻也。

番《傳》:“番番,勇武貌。”《箋》:“申伯之貌,有威武番番然。”《釋文》:“番,音波。”《爾雅·釋訓》:“番番,勇也。”注:“番番,壯勇之貌。”案:此亦純取聲音,與字之本義無涉者。《說文》:“獸足謂之番。从釆,田象其掌。”本音“煩”,故或體亦作“蹞”,陸音“波”,蓋因《書·秦誓》“番番良士”而誤也。不知《秦誓》“番”字乃“皤”之古文,《史記·秦本紀》:“番番黃髮。”《正義》:“番番,當作皤皤。”是也。“皤”自為顏色字。《易·賁集解》:“皤亦白素之貌。”申伯未必為耆老,當依《傳》訓“武勇”;且“皤”从番聲,古音亦讀“煩”音,《易·賁》:“賁如皤如。”《釋文》:“鄭、陸作蹯。”是也。

嘽《傳》:“徒御嘽嘽,徒行者、御車者嘽嘽喜樂也。”《箋》:“其入謝國,車徒之行嘽嘽安舒,言得禮也。禮,入國不馳。”《四牡》:“嘽嘽駱馬。”《傳》:“嘽嘽,喘息之貌。”《采芑》:“戎車嘽嘽。”《傳》:“嘽嘽,眾也。”《常武》:“王旅嘽嘽。”《傳》:“嘽嘽然,盛也。”案:《詩》“嘽嘽”字凡四見,而《傳》各異解。聲谓:《四牡》“嘽嘽駱馬”,“嘽”乃“癉”之假借。《漢書·藝文志》:“《五藏六府癉十二病方》四十卷。”注:“癉,黃病。”《說文》作:“痑,馬病也。”引《詩》:“痑痑駱馬。”蓋《韓詩》。馬病不止於喘息,喘息亦病也,故《說文》訓“馬病”。餘詳《四牡》。《采芑傳》之“眾”即《常武傳》之“嘽嘽然,盛也”,此“嘽嘽”字亦當訓為“眾盛貌”。《傳》蓋豫透下文“周邦咸喜”“喜”字意,故訓為“喜樂”,未免望文生義矣;《箋》又申為“安舒”,仍“喜樂”意也。“徒御”已見《車攻》。

周邦 《箋》:“周,徧也。……徧邦內皆喜。”周,《易釋文》:“周,徧也。”《周禮·司會》:“以周知四國之治。”《大司徒》:“周知九州之地域廣輪之數。”《小司徒》:“而周知其數。”《司稼》:“周知其名。”注並云:“周,猶徧也。”承上“既入于謝”,徧國中見其徒御之盛多而皆喜也。“周”訓“徧”,原系古誼,且文意俱順,後世紛紛多異說,何也?

不顯 《傳》:“不顯申伯,顯矣申伯也。”案:此“不顯”亦當讀為“丕顯”。詳《文王》。

揉 《箋》:“揉,順也。”《釋文》:“揉,本亦作柔,汝又反。又如字。一音柔。”《民勞》:“柔遠能邇。”《釋文》:“柔,本亦作揉。”據此,“揉”、“柔”古字通。聲謂:“柔”為本字,“揉”為形聲字。《說文》:“柔,木曲直也。从木,矛聲。”《易·說卦傳》:“為矯揉。”《釋文》引宋衷注:“使曲者直,直者曲為揉。”《周禮·考工記·輪人》:“揉輻必齊。”注:“揉,謂以火槁之。”案:“以火槁之”,使曲者直,直者曲也。承上句“柔惠且直”“直”字,言申伯之德既柔惠且直矣;萬邦容有不直者,又能揉之使直,故曰“揉此萬邦”。《廣雅·釋詁》:“揉,直也。”案:“揉”訓“直”者,所以直不直也。此與“柔惠且直”“柔”字亦音同義異者也。

昭假 《箋》:“假,至也。天視周工之政教,其光明乃至于下,謂及眾民也。”案:此承“天”字說,故“假”可訓“至”。此與《雲漢》“昭假”字亦字同義異者。

若否 《箋》:“若,順也。順否,猶臧否,謂善惡也。”《釋文》:“否,音鄙,惡也。……舊方九反,王同,云:‘不也。’”《何人斯》:“否難知也。”《箋》:“否,不通也。”《易·否釋文》:“否,閉也,塞也。”又《彖上傳》:“否之匪人。”崔憬注:“否,不通也。”《匡謬正俗·八》:“否者,蔽固不通之稱爾,音與鄙同。”《文選·舞賦》:“啟泰貞之否隔兮。”注:“否隔,不通也。”案:順則通,不順則不通。“否”為“若”之反,當以“鄙”音為正;且“方九反”一音乃轉音,非古音也。詳《常棣》、《文王》“不”字。

解《正義》:“非有懈倦之時。”案:“解”者,“懈”之借。古人字少,經蓋用古文。

儀《傳》:“儀,宜也。”《箋》:“儀,匹也。”《釋文》:“我義,毛如字,宜也。鄭作儀;儀,匹也。”《正義》述毛:“我以人之此言實得其宜,乃圖謀之。”又述《箋》:“‘儀,匹’,《釋詁》文。然則鄭讀為儀,故以為匹,以言‘圖之’當與前人共謀,故易《傳》也。”據此,則《正義》本本作“義”,故《傳》訓“宜”也。案:“儀”、“義”,古字通假者甚多,不可枚舉,當依毛作“義”,讀為儀。《說文》:“儀,度去聲。也。从人,義聲。”原為法度字。古人不分四聲:法度是其本義;測度,其引申之義也。《文選·西征賦》:“儀景星於天漢。”注:“儀,謂法象之也。”《演連珠》:“是以儀天步晷,而修短可量。”注:“儀,猶法象。”案:“法象”亦由“儀度”義引申而出也。“我儀圖之”,猶言我度謀之也。“儀”、“圖”連文,與《常棣》“是究是圖”同意。

愛《傳》:“愛,隱也。”《箋》:“愛,惜也。仲山甫能獨舉此德而行之;惜乎!莫能助之者。多仲山甫之德,歸功言耳。”案:上文“維仲山甫舉之”與下文“維仲山甫補之”句法一例。“我儀圖之,維仲山甫舉之”,猶言反覆算來,維有仲山甫能舉之。語意已完,又添“愛莫助之”句,不亦贅乎?聲谓:“愛莫助之”句當與“衮職有闕”連文,“愛”讀為“愛而不見”之“愛”。《說文·竹部》:“薆,蔽不見也。”《人部》:“僾,仿佛也。”引《詩》:“僾而不見。”《傳》訓“隱”,蓋兼“蔽不見”與“仿佛”兩義矣。言服衮冕者居九五之尊,僾然不得見,故人莫助之,以致職有闕失;人既不能助,即不能補,維有仲山甫補之。不複言“我儀圖之”者,二“維”字自相應也。毛意當如是,惜王肅輩不能述也。

榦不庭方《傳》:“庭,直也。”《箋》:“當為不直違夫法度之方,作楨榦而正之,以佐助女君。”《韓詩章句》:“榦不庭方:榦,正也。”《易·蠱》:“幹即“榦”之本字。父之蠱。”虞注:“幹,正也。”《後漢書·明德馬皇后紀》注、《廣雅·釋詁·一》並云:“幹,正也。”案:“榦”為楨榦字。凡正物之不正,必以一木為榦,再以小木傅之;在弓謂之“檠”,亦謂之“必”;《小戎》詩借用“閉”,“竹閉緄縢”是也。故“幹”有“正”義。《箋》云“作楨榦而正之”,蓋本《韓詩》,鄭固初治《韓詩》也。“庭,直也”,亦見《大田、閔予小子傳》。言有不直之方賴爾為楨榦以正之,以佐女之君王也。此詩言“禹甸”,猶《書》言“禹跡”也,禹之明德遠矣。“有倬其道”,言自古為昭也。“韓侯受命”句最重,言受天子之命也。繼言“王親命之”、“無廢朕命”、“朕命不易”,鄭重言之,所望於韓侯者重也。所望者何? 望其“榦不庭方”也。望其“纘祖考”者在此,望其“佐戎辟”者亦在此。一章言責任之重如此。

淑旂綏章 《傳》:“淑,善也。交龍為旂。綏,大綏也。”《箋》:“善旂,旂之善色者也。綏,所引以登車,有采章也。”《釋文》:“綏,本亦作緌。”案:古“綏”、“緌”、“蕤”三字皆同音通假。《禮·王制》“則下大綏”、“則下小綏”,《說苑·修文》作“則下大緌”、“則下小緌”。《雜記上》注:“綏,當為緌。”《疏》:“‘綏’字‘絲’旁著‘妥’,其音‘雖’,訓為‘委’。”[3]此“綏”與“緌”相通假者也。《禮·玉藻》:“緇布冠繢緌。”注:“緌,或作蕤。”又《釋文》:“緌,本作蕤。”此“緌”與“蕤”相通假者也。《禮·明堂位》:“夏后氏之綏。”注:“綏,當為緌,讀如冠蕤之蕤。”《雜記》注:“綏,當為緌,讀如蕤賓之蕤,字之誤也。”《周禮·夏采》注:“《士冠禮》及《玉藻》‘冠緌’之字,故書亦多作‘綏’者,今禮家定作‘蕤’。”《荀子·儒效》:“綏綏兮其有文章也。”注:“綏,或為葳蕤之蕤。”此“綏”、“緌”、“蕤”三字相通假者也。據《釋文》,本作“緌”;緌,冠飾也,引之有飾義。淑旂,旂之有善色者。交龍為章;緌章,旂章之有文飾者。“淑旂綏章”,儷文也。《傳》、《箋》解“綏”字,望文生義。

金厄 《傳》:“厄,烏蠋也。”《箋》:“以金為小環,往往纏搤之。”案:“厄”即“軛”也。《說文》:“軛,轅前也。”《周禮·考工記·輈人》注:“謂兩軛之間也。”《疏》:“軛者,戹馬領不得出。”《荀子·正論》:“三公奉軛持納。”注:“軛,轅前也。”《儀禮·既夕禮》:“楔貌如軛。”注:“今文軛作戹。”聲谓:《傳》、《箋》所釋,皆指轅前也。字本作“軛”;經用古文,作“戹”;後世俗書作“厄”。二章言錫予之隆如此。

父《傳》:“顯父,有顯德者也。”《箋》:“顯父,周之公卿也。”《釋文》:“父音甫,本亦作甫。”案:作“甫”是也。甫,男子之美稱也。作“父”者,用古文;“甫”从[illegible]、用,即諧“[illegible]”聲。

炰鼈鮮魚[4]《箋》:“炰鼈,以火熟之也。鮮魚,中膾者也。”《釋文》:“炰,鄭薄交反,徐甫九反。”案:“薄交反”,鄭讀如字;“甫九反”作“缹”。《正義》引《字書》:“炰,毛燒肉也。缹,烝也。”《説文》:“炮,毛炙肉也。”《通俗文》:“燥煮曰蒸。”是“炰”與“缹”異字也。又案:《周禮·封人》:“毛炮之豚。”鄭注:“爓去其毛而炮之,以備八珍。”《瓠葉》:“炮之燔之。”《傳》:“毛曰炮。”據此,則以火炙有毛者謂之炮。又案:《禮·内則》:“炮取豚若將。”注:“炮者,以塗燒之為名也。”《禮運》:“以炮以燔。”注:“炮,裹之也。”據此,則以塗泥也。裹而燒之謂之炮。二者皆不可以施於鼈。聲谓:“炰”者,“庖”之借字也。《易·系辭傳》:“庖羲氏之王天下也。”[5]《漢書·律歷志》作“炰犧氏之王天下也”,顔注:“炰,與庖同。”《鴻烈解·説林》:“治祭者庖。”注:“庖,宰也。”“炰”為“庖”之借,“炰鼈”猶言宰鼈耳。鮮,讀為斯,離析之也。“鮮魚”與“膾鯉”同意,肉聶而切之為膾,“膾”亦非炰炙字也。

蔌《傳》:“蔌,菜殽也。”《説文》作:“鬻,鼎實。惟葦及蒲。”案:《周禮·醢人》“加豆之實”有“深蒲”、“筍菹”,注:“深蒲,蒲始生水中。……筍,竹萌。”案:“深蒲”即今之蒲筍,《説文》亦作“蒢蒲”,是也。深蒲、筍菹,蒲與筍之菹,與《詩》同其為豆實無疑。《説文》作“鬻”者,乃“餗”之籀文。《易·鼎》:“覆公餗。”鄭注:“糝謂之餗。”與“蔌”異字。當依《周禮》訓為“豆實”,所謂以經解經也。下文又言“籩豆有且”者,《周禮·掌客》“侯伯”之“豆三十有二”,不止筍與蒲而已,故又廣言之,且因豆以及籩也。筍、蒲皆豆實,故毛曰“菜殽”。《賓筵》曰:“殽核維旅。”《傳》:“殽,豆實也。核,加籩也。旅,陳也。”此以《傳》證《傳》也。

有且 《箋》:"且,多貌。"《説文》:"有,不宜有也。"《公羊春秋·莊十八年傳》注:[6]"言有,非其所宜有也。"《月令章句》:"有者,非所有也。"且,當讀為俎。《儀禮·鄉飲酒禮》:"賓辭以俎。"注:"俎者,肴之貴者。"又《鄉射禮》:"賓辭以俎。"注:"俎者,肴之貴者也。"《公食大夫禮》:"上大夫八豆、八簋、六鉶、九俎。"注:"俎,加鮮魚、鮮腊,二"鮮"字亦當為"斯",離析之也。不然,腊為乾內,又名曰"鮮",古人為不辭矣。三三為列。"《禮·玉藻》:"特牲三俎。"注:"三俎,豕、魚、腊。"又:"五俎四簋。"注:"五俎,加羊與其腸胃也。"據此,則"俎"為肉殽。玆云"籩豆有俎"者,或常日餞飲無俎,而此特加之;或常日之俎少,而此為加多:皆不宜有而特有之,故曰"有俎"。"俎"作"且"者,用古文。《説文》:"俎,禮俎也。从半肉在且上。"蓋取"且"之聲義,故以"且"為"俎"。"且"無"多"義,鄭氏望文生義也。

侯氏燕胥 《箋》:"胥,皆也。諸侯在京師未去者,於顯父餞之時,皆來相與燕。其籩豆且然,榮其多也。"案:侯,維也;"氏"者,"是"之借。《禮·曲禮下》:"是職方。"注:"是,或為氏。"《儀禮·覲禮》:"大史是右。"注:"古文是為氏也。"案:《周禮·射人》注亦引作"大史氏右"。《士昏禮》:"惟是三族之不虞。"《白虎通·宗族》作"惟氏三族之不虞"。《漢書·地理志下集注》:"古字氏、是通。"[7]《韓敕後碑》:"於氏憤慉之思。""是"亦作"氏"。蓋"是"為是正字,故訓"此"者或借"是",或借"氏"也。燕,樂也;胥,斯也。詳《桑扈》。"侯氏"猶《葛屨》"維是褊心"之"維是"也,"燕胥"猶《桑扈》"君子樂胥"之"樂胥"也,"維是樂斯"總結上文。三章飲餞之榮又如此。以上三章歷敘朝廷之所以待韓侯者,優且渥矣,為韓侯者不知當如何感激,如何悚息。思所以盡己職,即所以答君恩也。下章又祇敘其取妻一事,何也?

不顯 《箋》:"不顯,顯也。"案:此"不顯"亦當讀為"丕顯"。

韓侯顧之 《傳》:"顧之,曲顧道義也。"《釋文》:"曲顧,一本作回顧。"《正義》:"韓侯於是迴顧而視之,見其鮮明粲爛然而其盈滿於蹶父之門也。”又申《傳》:“以君子不妄顧視,而言韓侯顧之,則於禮當顧,故云‘曲顧道義’。謂既受女揖以出門及升車受綏之時,當曲顧以道引其妻之禮義。於是之時,則有曲顧也。本或‘曲’為‘回’者,誤也。定本《集注》皆為‘曲’字。”《說文》:“顧,還視也。从頁,雇聲。”《匪風》“顧瞻周道”《箋》、《書·顧命》鄭注,並云:“回首曰顧。”《蓼莪》:“顧我復我。”《箋》:“顧,旋視也。”聲谓:取妻,常事也;即取王室之甥,卿士之女,亦常事也。親迎,常事也;親迎而有儀從,有妾媵,亦常事。聲於此章得詩人之微意,即於“韓侯顧之”句得此章之微指焉。《序》曰:“《韓奕》,尹吉甫美宣王也。能錫命諸侯。”首三章皆言錫命之事,至四章忽說到“韓侯取妻”,且通章皆言取妻之事;不惟與“美宣王”豪不干涉,與“錫命諸侯”亦豪不干涉也。讀至“韓侯顧之”句而知此詩前三章所以美宣王,後三章所以惡韓侯也。宣王勵精圖治;韓侯少年英發,必有過人之處;宣王錫命為侯伯,恩禮稠疊,在當時無有不慶得人者。詩人微窺之,知其有不能勝任者,即於迎親回顧時知之。古人視聽言動,無敢越禮者。正目而視,猶云“上則敖,下則憂,傾則姦”,必予之以節焉,況國君親迎之時,國之人屬耳目焉,尤不可無故回首顧視也。韓侯少年輕佻,見妾媵眾盛,不禁回顧,其非厚重載福之器,於此事已見一斑。詩人特為指出,而又不露形迹,與尋常記事體一樣,所謂婉而多諷也。“爛其盈門”,要在韓侯眼中看出,韓侯之氣量與詩人不足韓侯之意一齊並到矣。詳下。

訏訏 《傳》:“訏訏,大也。”《溱洧》:“洵訏且樂。”《生民》:“實覃實訏。”《抑》:“訏謨定命。”《傳》並云:“訏,大也。”案:“訏”訓“大”,故“訏訏”亦為“大”。此疊字之兼取義者也。

甫甫 《傳》:“甫甫然大也。”《甫田》:“無田甫田。”《車攻》:“東有甫草。”《傳》並云:“甫,大也。”案:此亦疊字之兼取義者,與“訏”字同。

噳噳 《傳》:“噳噳然眾也。”《吉日》作“麀鹿麌麌”,《傳》:“麌麌,眾多也。”《箋》:“麕牡曰麌。麌復麌,言多也。”《說文》作:“噳,麋鹿群口相聚皃。从口,虞聲。”引《詩》曰:“麀鹿噳噳。”依《傳》

則"麌"、"噳"同字,依《箋》則"麌"、"噳"異義。聲谓:二字皆形聲字,《箋》意亦眾多之義也。詳《吉日》。

貓《傳》:"貓,似虎,淺毛者也。"《釋文》:"貓,……本又作猫。"《禮·郊特牲》:"迎貓。"《釋文》:"貓,本又作猫。"案:作"猫"者,俗字。《逸周書·世俘解》:"武王狩,禽虎二十有二,貓二。"[8]即此貓,虎也。《爾雅》謂之"虦貓"。《釋獸》:"虎竊毛謂之虦貓。"是也。注:"竊,淺也。""竊毛"即《傳》之"淺毛"也。案:"竊"、"淺"一聲。此"貓虎"與《禮·郊特牲》異。

慶既令居《箋》:"慶,善也。蹶父既善韓之國土,使韓姞嫁焉而居之。"《汝墳》"既見君子"《傳》、《溱洧》"士曰既且"《箋》,並云:"既,已也。"《易·小畜》"既雨既處"虞注、《書·堯典》"九族既睦"《傳》,並云:"既,已也。"承上文"莫如韓樂"、"孔樂韓土",言蹶父以韓土為善,已而令韓姞居之,韓姞亦安而樂之也。燕,安也;"譽"為"豫"之借,見《裳裳者華》。樂也。

燕師《傳》:"師,眾也。"《箋》:"燕,安也。大矣,彼韓國之城,乃古平安時眾民之所築完。"《釋文》:"燕,於見反,……徐云:'鄭於顯反。'王肅、孫毓並烏賢反,云:'北燕國。'"案:王與孫之說是也。"韓城"而為"燕師所完",猶仲山甫之城東方,召伯之定申伯之宅也。"燕"字必讀為去聲,未免望文生義矣。

因時百蠻《傳》:"因時百蠻,長是蠻服之百國也。"《箋》:"其州界外接蠻服,因見使時節百蠻貢獻之往來。"據《莊子·齊物論》:"見卵而求時夜。"《釋文》:"時夜,司夜,謂雞也。""時"為古"司"字,詳《賓之初筵》。"百蠻"即指下"追"、"貊"、"北國"也。北狄而謂之"蠻"者,《正義》:"南蠻、北狄,散則可以相通,故北狄亦稱'蠻'也。"是也。以韓之先祖受命為伯,因以之司百蠻也。今王錫韓侯命,若追若貊,凡北國皆撫柔而受之,仍其先祖之舊也。

貊《傳》:"追、貊,戎狄國也。"《釋文》:"貊,……《說文》作貉,云:'北方人也。'"今本《說文》:"貉,北方豸種。从豸,各聲。孔子曰:'貉之為言惡"各"、"惡"疊韻。也。'"案:此形聲字,當依《說文》。

“貊”為俗字,有作“貃”者亦俗體也。

實《箋》:“實,當作寔。趙魏之東,實、寔同聲。寔,是也。”案:《箋》說是也。詳《節南山》。五章、六章言其國土之富強:五章從蹶父眼中看出韓國之富庶,非不足以有為者可比;六章言韓國之强盛肇自先祖,非積弱之邦可比。統而言之,朝廷之優禮韓侯既若彼,而韓侯之富强又若此。韓侯應如何發憤有為,自强以為朝廷屏蔽,使無北顧憂?乃韓侯事跡除此詩外,徧考古書竟寥寥無聞,其不能纘乃祖考,卒至亡也忽焉,亦概可見矣。詩人於韓侯親迎之日,早有以窺見其隱微而又不敢顯言之,故於鋪張揚厲之餘特著微詞,亦可謂善於立言者矣。

浮浮《傳》:“浮浮,衆强貌。”《角弓》:“雨雪浮浮。”《傳》:“浮浮,猶瀌瀌也。”案:此“浮浮”字與彼異。《左氏春秋·隱八年經》:“公及莒人盟于浮來。”《穀梁》作“包來”。據此,則古音“浮”與“包”近。《風俗通·山澤》作“江漢陶陶”。“浮”古音若“包”,“包”與“陶”為疊韻。此“浮浮”當指江漢言,與次章“湯湯”同意。凡言“湯湯”者,皆言水也。《載驅》:“汶水湯湯。”《傳》:“湯湯,大貌。”《氓》:“淇水湯湯。”《傳》:“湯湯,水盛貌。”《沔水》:“其流湯湯。”《箋》:“湯湯,波流盛貌。”《鼓鐘》:“其流湯湯。”《釋文》:“湯湯,流盛也。”“湯湯”既言水,“浮浮”不應不言水也。此“浮浮”亦水盛貌也。此亦純取聲而無關字義者。浮浮,假借字;陶陶,亦假借字也。“浮”音近“包”,故與“滔”韻。

求《論語·衛靈公》:“君子求諸己。”《集解》:“求,責也。”《公羊春秋·莊二十五年傳》:“求乎陰之道也。”注:“求,責求也。”《易·艮》注:“止求諸身。”《疏》:“求,責也。”此等句即以為倒句亦無不可,必用倒句者,趁韻也。“謝于誠歸”不可以例此也。

舒案:上句“遊”字由“武夫滔滔”二句生義,惟以不敢懷安之,故而耀武,不同觀兵,故曰“匪遊”。此句“舒”字由“出車”、“設旟”生義,亦惟以不敢懷安之,故而爭先,罔或敢後,故曰“匪舒”。

鋪《傳》:“鋪,病也。”案:訓“病”者,“痡”之假借也。《常武》:“鋪敦淮濆。”《韓詩》作“敷敦淮濆”。《後漢書·馮緄傳》同。

《賚》:"敷時繹思。"《左氏春秋·宣十二年傳》作"鋪時繹思"。據此,則"鋪"與"敷"通假也。聲谓:此"鋪"亦當讀為敷;敷,布也,謂布散也。《書·舜典傳》:"敷,陳。"《疏》:"敷者,布散之言。"上句"來求"為責問之;此云"來鋪",為布散之也。意當時淮夷必散居淮水之隈,《常武》謂之"淮濆"。斯時聚而為亂;王師戡亂伐罪,但布散之,而不以殺戮為功。若云"來病",與戡亂伐罪之師異矣。觀下章"匪疚匪棘",《箋》:"疚,病。"知"鋪"字非"痡"之假借矣。

洸洸《傳》:"洸洸,武貌。"《釋文》:"洸,音光,又音汪。"《顏氏家訓·音辭》:"名洸,自稱為汪。"案:《爾雅·釋訓》:"洸洸、赳赳,武也。"《釋文》:"舍人本作僙。"《鹽鐵論·繇役》作"武夫潢潢",皆音相近者也。此亦純取聲音而無關字義者。《說文》:"洸,水涌光也。"《水經注·二十五》引《字林》:[9]"洸水出東平,上承汶水於岡縣西,闡亭東。"又《泗水》注:"洸水者,洙水也。"二書皆"洸"之本義,當依《字林》。

辟《箋》:"命召公使,以王法征伐,開辟四方。"《召旻》:"日辟國百里。"《傳》:"辟,開。"《書·舜典》:"闢四門。"《史記·五帝紀》作"辟四門。"案:"闢"為形聲字;經作"辟"者,用古文。《說文·門部》引作"𨳡四門"。《匡謬正俗》:"𨳡,古闢字"案:"𨳡"从𠬜、門,"𠬜"為"攀"之古文。闢門者,必以兩手𠬜之,會意字也,即諧"𠬜"聲。古人不分四聲,故"𠬜"得為"闢"聲。

于《箋》:"于,往也。于,於也。"《正義》:"或'往'下有'于'、'於'二字,衍也。定本《集注》皆有'于'、'於'二字,有者是,非衍也。"案:"于,往也"訓"于疆于理"二"于"字,"于,於也"訓"至于南海""于"字,定本《集注》是也。今本"往"下有"也"字,據《正義》,則今本實衍一"也"字。

旬宣《傳》:"旬,徧也。"《箋》:"旬,當作營。"《正義》:"'旬,徧',《釋言》文。彼'旬'作'徇',音義同。"案:作"徇"是也。《太玄·昆》:"奚足旬也。"注:"旬,猶徇也。"案:"徇"作"旬"者,用古文,"徇"从"旬"之聲義也。《管子·入國》:"入國四旬。"注:"旬,即巡也。"《書·泰誓釋文》引《字詁》:"徇,巡也。"《漢書·食貨志上集注》:"徇,巡也。"《廣雅·釋言》:"徇,巡也。"上四書可以為《太玄》注"旬,猶徇也"之證。《素問·五常政大論》:"火政迺宣。"注:"宣,行也。"《國語·周語》:"所以宣佈哲人之令德。"又:"宣,所以施教也。"王命召虎:女當勤巡邦國,勤施德教也。"徇"為巡邦國,"宣"為施德教,乃"徇"、"宣"中必有之字,與文外横添者不同。若依《傳》、《箋》訓為"徧",文義均不可通。

秬鬯 《傳》:"秬,黑黍也。鬯,香草也。築煮合而鬱之曰鬯。"《箋》:"秬鬯,黑黍酒也。謂之鬯者,芬香條鬯也。"案:《說文》:"鬯,以秬釀鬱艸,芬芳攸服,疑"條鬯"之訛。以降神也。从凵;即"去盧"字。凵,器也。中象米;"米"字作邪形。匕,所以扱之。"聲谓:"鬯"即後世"晾"字,古文多假借"暢"字,與"鬱"即"鬱",詳下。為儷文。藏於器中,不令洩氣,故曰"鬱";晾於器中,使之洩氣,故曰"鬯"也。此"鬱"、即"鬱"之籀文。"鬯"二字往往連文也。"鬱鬯"字即"醞釀"字。作"鬱鬯"者,篆文;作"鬱鬯"者,"鬱"乃籀文,以其字體繁重知之也。亦作"鬱"者,假借;"鬯"為假借字。"醞釀"乃形聲字。經言"秬鬯",與《易·震》之"不喪匕鬯"、《書·洛誥》之"秬鬯二卣"、《王制》之"然後為鬯"、《左氏春秋傳》之"秬鬯一卣"、《僖二十八年》。"鍼鉞秬鬯"、《昭十五年》。《公羊、穀梁傳》注之"九曰秬鬯",《莊元年》。皆與"鬱鬯"字異。言"鬱鬯"者,自《周禮·鬱人》"和鬱鬯以實彝而陳之"始,鄭氏始注為:"築鬱金煮之以和鬯酒。司農注:'鬱,草名,為草若蘭。'"《疏》:"案:《王度記》云:'天子以鬯,諸侯以薰,大夫以蘭芝,士以蕭,庶人以艾,此等皆以和酒。'"又云:"《王度記》云'天子以鬯'及《禮緯》云'鬯草生庭',皆是鬱金之草,以其和鬯酒,因號為'鬯草'也。"聲案:"天子以鬯"者,天子貴,故純用鬯;諸侯以下,則皆用草之有香味者:所以明尊卑也。不惟鬯非鬱金,即鬱亦非鬱金,今藥中之鬱金絕無香氣可證。其葉並不聞入藥,則無香無味亦可知矣。《說文》"遠方鬱人所貢芳艸",尤為望文生義。"秬鬯"即黑黍釀也。凡為酒,皆用麴;凡為麴,皆用香草;不必其為鬱金,亦不必其為"遠方鬱人所貢"

也。後世說經者凡“鬯”字、“鬱鬯”字皆牽連“鬱金”字，故因“秬鬯”字而詳辨之。

卣《傳》：“卣，器也。”《釋文》：“卣，音酉，又音由，中尊也。本或作攸。”《書·文侯之命》“用賚爾秬鬯一卣”《傳》、《洛誥》“以秬鬯二卣”《釋文》，並云：“卣，中尊也。”《鐘鼎款識》載《仲酉父敦》銘作“[illegible]”，申酉字也。聲所藏漢十二辰鑒二，“申酉”字皆作“[illegible]”，蓋假借“中尊”字。“[illegible]”蓋象形字；中二，其飾也。隸作“卣”，失其形矣。今申酉字，《說文》作“[illegible]”，古“酒”字也；从[illegible]，象盛酒之器，即今“卣”字也；中从横水，當篆作“[illegible]”，水即酒也：會酒在卣中之意，即取“卣”聲。小篆作“[illegible]”，亦失其形矣。申酉字總為假借字也。“[illegible]”為“卣”字古文，申酉字假借之無疑。亦詳《卷阿》“酋”字。

周案：“于周受命”，“命”字虚。《小爾雅·廣言》：“命，予也。”朝廷予之，臣下受之，故曰“受命”。“自召祖命”，“命”字實，錫命之詞也。上文“秬鬯”、“土田”皆有錫命之詞，後世之誥命、敕書是也。《周禮·春官·序官》：“典命。”注：“命，謂王遷秩羣臣之書。”《小司徒》：“誅其犯命者。”注：“命，所以誓告之。”之類皆是。自，用也。言召公往周受錫予之命，即用其“乃祖錫命”之詞，望其“纘乃祖考”也。上章曰“召公是似”亦此意也。古人文字，原無分虚實四聲之說，以後世字義講之，未始不可通也。案：此亦字同而義微異者，阮氏元何以有“詩人嫌其一字兩用”之說也？詳《桑柔》。

對《傳》：“對，遂。”《箋》：“對，答。”《雨無正》：“聽言則答。”《桑柔》：“聽言則對。”案：“對”即“答”也。以經證經，此“對”字宜從《箋》說。聲谓：“對”、“遂”疊韻，“對”、“答”雙聲，皆古誼也。訓作“答”者，言“虎拜稽首”，對答王命，稱揚王之休德。休，美也。

作召公考《傳》：“考，成。”《箋》：“作，為也。”案：“考”即“朽”也。“考”、“朽”皆从丂聲，故字可通假。“朽”即《民勞》“王欲王女”之“王”也。阮氏元曰：“許氏《說文》‘金玉’之‘玉’無點，其加一點者，解云：‘朽玉也。从王，有點。讀若畜牧之畜。’是‘王’金王字。與‘王’音義迥別。《毛詩》‘玉’字皆‘金玉’

之'玉',惟《民勞》篇'王依《說文》,中畫近上,與"金王"之"王"三畫平列者異。欲王女''王'字是加點之'王'。後人隸字混淆,始無別矣。《詩》言'王女'者,畜女也。畜女者,好女也。好女者,臣說君也。召穆公言:'王乎!我正惟欲好女畜女,不得不用大諫也。'《孟子》曰:'為我作君臣相說之樂,……其詩曰:"畜君何尤?"畜君者,好君也。'《孟子》之'畜君'與《毛詩》召穆公之'王女'無異也。又《鴻烈解·說林》篇曰:'白璧有考。'《氾論》篇曰:'夏后氏之璜,不能無考。''考'即'朽';'朽'即'王',玉金玉字。之釁。"聲谓:考,古音若今之"口",故與"首"、"休"、"壽"為韻。此經之"考",即《民勞》之"王",《孟子》之"畜"也。"作召公考"者,言為先祖召公畜王也。不言"王"者,承上句"對揚王休""王"字,且趁韻也。"天子萬壽"以下五句,皆畜王之詞也。頌中有規,故曰"畜"也。《呂覽·適威》:"民善之則畜也。"注:"畜,好。"《說苑》尹逸對成王曰:"善之則畜也。"二"畜"字與《孟子》同。畜,古音"獸",故與"王"、音"朽"。"朽"、"考"古皆音"口"。通假也。《箋》說迂曲難通。

留 《史記·韓長孺傳》:"廷尉當恢逗撓。"《索隱》:"逗,留止也。"《漢書·韓安國傳》:"廷尉當恢逗橈,當斬。"注:"逗,謂留止也。"《後漢書·光武帝紀下》:"不拘以逗留。"字亦作"遛"。《漢書·匈奴傳上》:"逗遛不進。"聲谓:"留"與"處"異者,《漢書·韓安國傳》見上。注引應劭:"逗,曲行避敵也。""逗留"即"逗橈"。聲谓:此"留"字謂逗留不進。處,止也,謂止而不前也。"不留不處"與上文"左右陳行"四句皆命詞也。《箋》:"王又使軍將豫告淮浦、徐土之民,云:'不久處於是也。'"未免迂曲,與下文"震驚"、"霆"、"雷"等字義不合。

三事就緒 《傳》:"誅其君,弔其民,為之立三有事之臣。"《箋》:"緒,業也。……女三農之事皆就其業。"《十月之交》:"擇三有事。"《傳》:"三有事,有司國之三卿。"《雨無正》:"三事大夫。"《箋》以為"三公"也。此"三事"當與二詩同。上文:"王謂尹氏,命程伯休父。"《傳》:"尹氏,掌命卿士。程伯休父,始命為大司馬。”大司馬,王朝卿大夫也。軍中不必三卿盡行也。緒,業也。《閟宮》:“纘禹之緒。”《箋》:“緒,事也。”言“不留不處”,女三事大夫成就事業也。如《傳》、《箋》說,未免横添。

王舒保作 《傳》:“舒,徐也。保,安也。”《箋》:“作,行也。”《釋文》:“舒,序也。一本作:‘舒,徐也。’”《正義》曰:“定本云:‘舒,序。’”聲谓:據《釋文》,則定本是也。《爾雅·釋詁》:“舒,敘即“序”。也。”又:“舒,緒也。”亦與“序”義近也。古人以“序”為次序字,亦假借也。“舒”、“序”音近,故通假。《周禮·春官·序官》“保章氏”注,《左氏春秋·襄八年傳》“焚我郊保”注,《國語·周語》“故能保世以滋大”、《晉語》“乃能攝固,保其土房”注,並云:“保,守也。”又《左氏春秋·哀十一年傳》:“見保者而泣。”注:“保,守城者。”《莊子·列禦寇》:“人將保汝矣。”保,聚守也。此章承上章“戒我師旅”而言。“赫赫業業”,言師旅之盛也;師旅,天子之師旅也;盛則可畏,故曰“有嚴天子”。其師旅或聚守,或行動,皆我王次序之,故曰“王舒保作”。此“舒”即“序”。字當讀如《中庸》“序爵”、“序事”之“序”也,假借字。序,《說文》:“東西牆也。”用為“次序”字,亦假借。

紹 《傳》:“匪紹匪遊,不敢繼以遨遊也。”《箋》:“紹,緩也。”《釋文》:“紹,如字,繼也。徐云:‘鄭人遙反。’”案:鄭蓋讀為《月出》“舒夭紹兮”之“紹”。《月出釋文》無音訓,不知徐何以讀“人遙反”也。案:以《江漢》“匪安匪遊”、“匪安匪舒”二句例之,鄭義為長。“紹”有“緩”義者,由“繼續”之義引申而出也。

繹騷 《傳》:“繹,陳;騷,動也。”《箋》:“繹,當作驛。……徐國傳遽之驛見之,知王兵必克,馳走以相恐動。”案:繹,《說文》:“抽絲也。”引之有相連之義。《漢書·楊雄傳上集注》:“繹繹,相連貌。”曰“徐土”,曰“徐方”,皆眾詞也,原非一國一人之謂也。言徐國一方之人相連而騷動,故曰“徐方繹騷”。繹之言繹繹也,義由音生也。

如震如怒 《箋》:“王奮揚其威武,而震雷其聲,而勃怒其色。”《釋文》:“如震如怒,一本此兩‘如’字皆作‘而’。”案:《箋》語是,鄭亦作“而”也。聲谓:“如”與“而”,古字相通假。詳《都人士》。

闞《釋文》:"闞,呼減反。徐火斬反,又火敢反,一音噉。"漢《費鳳別碑》:"鴪若飛鷹[illegible],鏾若夫𧆞虎。"洪氏《隸釋》曰:"'鴪若飛鷹鴞,鍁若夫虓虎',蓋用'鴪彼飛隼'、'闞如虓虎'。其字有不同,若非假借,則是傳授異也。"聲谓:《碑》作"鍁"者,形聲字;經作"闞"者,假借字。"鍁"从虎,金聲,與"闞"字音相近。《玉篇》:"闞,臨也。"《廣雅》:"闞,視也。"以及訓地名、人姓,皆非本義也。《莊子·天道》:"而口闞然。"注:"闞然,虓豁之貌。"案:"闞"訓"虓豁",亦形聲字。

鋪敦《箋》:"敦,當作屯。"《釋文》:"鋪,普吳反。徐音孚,陳也。《韓詩》作敷,云:'大也。'敦,王申毛,如字,厚也。《韓詩》云:'迫。'鄭作屯,徒門反。"陳氏啟源曰:"鄭破字,固不可從;述毛者亦費力。王氏以為'厚集其陳'而後儒皆宗之,然'鋪'字未醒。"案:"厚集其陳"訓"鋪敦","集"字實為横添,不但"鋪"字不醒也,"陳"字亦假借。據《韓詩》,"大迫淮濆"與"濯征徐國"文義相類,當是也。聲谓:"鋪敦淮濆"與"濯征徐國"語意原不相類,此"鋪"字即"淮夷來鋪""鋪"字也,謂布散也。《漢書·禮樂志集注》、《楊雄傳上集注》並云:"敦,讀曰屯。"即"頓"之古文。《後漢書·馬融傳》注:"敦,音屯,亦積聚也。"《文選·甘泉賦》:"敦萬騎於中營兮。"注:"敦,與屯同。"又《氓》:"至于頓丘。"《爾雅·釋丘》作"敦丘"。《荀子·禮論》注:"敦,讀為頓。"《文選·答賓戲》:"欲從堥敦而度高乎泰山。"注引服虔:"敦,頓丘也。"據此,則"敦"原有"頓"音,亦有"頓"義也,當云:"敦,讀曰屯。"通章承上章"師旅"言,言布散其師旅,屯戍於淮水之涯也。

濆《傳》:"濆,涯。"《釋文》:"濆,符云反,鄭:'大防也。'"案:此即"汝墳""墳"字也。《汝墳》:"遵彼汝墳。"《傳》:"墳,大防也。"以土為之,故从土;在水涯,故从水:皆形聲字也。《正義》:"《釋丘》云:'濆,大防。'李巡曰:'濆謂涯岸,狀如墳墓。'"聲谓:李說望文生義,非是。

仍執醜虜《傳》:"仍,就。虜,服也。"《箋》:"醜,眾也。……就執其眾之降服者也。"《釋文》:"仍,如字,本或作扔,音同。"案:《說文》:"扔,因也。"與"仍"字同訓。《老子》:"則攘臂而扔之。"《釋文》引《字林》:"扔,就也。"毛訓"就","仍"即"扔"也,蓋假借字。醜,《十月之交》:"亦孔之醜。"《傳》:"醜,惡也。"《泮水》:"屈此羣醜。"《箋》:"醜,惡也。"虜,《說文》:"獲也。"《禮·曲禮上》:"獻民虜者,操右袂。"注:"民虜,軍所獲也。"《漢書·樊噲傳集注》:"生獲曰虜。"言徐方之醜類,其生獲者皆就執之。《傳》、《箋》訓"虜"為"服",已服者似不必更執之也。

嘽嘽 《傳》:"嘽嘽然,盛也。"《箋》:"嘽嘽,閒暇有餘力之貌。"案:"嘽嘽"當依毛訓為"眾盛"也,鄭說望文生義矣。詳《四牡》、《崧高》。

飛翰 《傳》:"疾如飛,摯如翰。"《箋》:"其行疾自發舉,如鳥之飛也。翰,其中豪俊也。"《小宛》:"翰飛戾天。"《四月》:"翰飛戾天。"《傳》皆云:"翰,高也。"聲谓:"翰"當依此《箋》,訓為"鳥之豪俊者"也。《易·中孚》:"翰音登于天。"亦謂豪俊之鳥,其音登于天,如"鶴鳴于九皋,聲聞于天"之類。《禮·曲禮下》"雞曰翰音"與"牛曰一元大武"同為漢人附會之說也。"翰"為鳥之豪俊者,故《傳》曰"摯如翰"。

苞 《傳》:"苞,本也。"《箋》:"山本,以喻不可驚動也。"案:"苞"即"包",含也。《易·泰》:"包荒。"《釋文》:"包,本作苞。"《姤釋文》:"包瓜,子夏作苞。"又:"包有,本亦作苞。"[10]《書·禹貢》:"草木漸包。"《釋文》:"本作苞。"《說文·艸部》亦作"苞"。《禮·樂記》:"包之以虎皮。"《史記·樂書》作"苞"。《左氏春秋·僖四年傳》注:"苞匭菁茅。"《釋文》:"苞,或作包。"據此,則"苞"、"包"字,古多通假。"如山之包",言其盛而重;"如川之流",言其動而速。"苞"訓為"本",太迂曲矣。

王猶允塞 《傳》:"猶,謀也。"《箋》:"猶,尚。允,信也。"案:經以"猶"為"謀"甚多,自當依《傳》訓為"謀",《箋》意未免迂曲。

蟊《箋》:“其為殘酷痛病於民,如蟊賊之害禾稼然。”《釋文》:“蛑,本又作蟊,音牟。”案:上文云“士民其瘵”,“瘵”字已是疾病之類,不應再用疾病字;“蟊”字已屬比況,如云“如蟊之賊害,如蟊之疾痛”,殊為不詞。聲谓:“疾”當訓“速”。言士民之受害者如蟊之賊害,無有少遺;如蟊之疾速,無有少停也。蝗蟲之食禾稼也,連頃徧畝,頃刻都盡;非目睹者,不知其害之烈也:故曰“蟊賊蟊疾”。《召旻》:“昊天疾威。”《箋》:“疾,猶急也。”《國語·周語》“高位寔疾僨”、《齊語》“深耕而疾耰之”注,《史記·樂書》“奮疾而不拔也”《正義》,《漢書·田延年傳集注》,並云:“疾,速也。”《漢書·灌嬰傳》:“戰疾力。”注:“疾,急速也。”據此,則“疾”訓“速”者,古誼也,“急”亦“速”也。《釋文》作“蛑”者,“蛑”、“蟊”皆形聲字也。

懿《箋》:“懿,有所痛傷之聲也。”案:懿,“噫”之假借也。《十月之交》:“抑此皇父。”亦“噫”之假借也。古者“懿”、“抑”、“意”、“噫”同音,故相通假。詳《十月之交》及《抑》。

寺《傳》:“寺,近也。”《箋》:“語王為惡者,是惟近愛婦人,用其言故也。”《釋文》:“寺,徐音侍,亦如字。”案:“寺”音“侍”是也。“時維婦寺”者,猶云時惟婦人侍近之故。“侍”作“寺”者,用古文。詳《秦風》。《箋》云“近愛婦人”,“侍”字後一層義矣。

鞫人忮忒《傳》:“忮,害。忒,變也。”《箋》:“鞫,窮也。婦人之長舌者多謀慮,好窮屈人之語,忮害轉化,其言無常。”案:鞫,窮也。承上章“婦有長舌”言,言以口舌窮人,最為很惡。《雄雉釋文》引《字書》:“忮,很也。”《廣雅·釋詁·三》:“忮,很也。”《說文》:“忮,很也。从心,支聲。”《書·洪範》:“民用僭忒。”《傳》:[11]“忒,惡也。”很惡即於窮人時見之,故曰“鞫人忮忒”,舊說未免迂曲。《廣韻》引作“鞫人伎忒”,蓋傳寫之異。

譖《箋》:“譖,不信也。”《釋文》:“譖,本又作僭,子念反。”案:“譖”、“僭”古通假。《巧言》:“僭始既涵。”《箋》:“僭,不信也。”此《箋》亦訓“不信”,則作“僭”者是也。餘詳《巧言》。“僭始竟背”者,言不信於始而終竟違背也。言長舌之人,其窮人最為很惡,其初不過不信,而其終究必大相違背也。

極 《箋》:"人豈謂其是不得中乎?反云:'維我言何用為惡不信也?'"《正義》:"豈肯自曰:'我之此言不中正乎?'反云:'維我此言何用為惡?'"又申《箋》義,曰:"豈謂是不得中乎?反云:'維我言何用為惡不信?'自謂所行皆得中,疾時人謂之惡,不自嫌其不信,所以至亡而不改也。"案:《箋》、《疏》於文外横添,而語意終不憭然。聲谓:"極"即《洪範》"威用六極"之"極",《疏》:"六極,謂窮極惡事有六。"[12]《增韻》:"六極,六禍也。"承上文,言以口舌窮人者很惡如此,得毋曰"無有禍患"乎?不知伊何居乎為此惡也——怪而問之之詞也。不極,猶云"無極"也。《孟子·滕文公上》:"厥疾不瘳。"《周禮》注作"厥疾無瘳"。《莊子·天地》:"大愚者終身不靈。"《釋文》:"本又作無靈。"據此,則"不"與"無",古字通假也。"伊"者,"繄"之借。詳《蒹葭》。凡言"胡"者,"何居乎"之合音也。猶言"豈曰無禍,伊何居乎為慝"也。

如賈三倍 《箋》:"賈物而有三倍之利者,小人所宜知也,君子反知之,非其宜也。"案:此又承上"豈曰不極"句而言,不但不可云"無禍",而且有加倍者,如賈者之利有三倍者,君子鑒于此,夫固有所識之矣,故曰"如賈三倍,君子是識",而彼婦不知也,依然若無公事者。婦人之公事,莫重於蠶織;彼婦則休其蠶織,專以窮人為事矣。《箋》"小人所宜知"等字横添。

介狄 《傳》:"狄,遠。"《箋》:"介,甲也。……王不念此而改脩德,乃舍女被甲夷狄來侵犯中國者。"《釋文》:"狄,毛他歷反;鄭如字,謂夷狄。"《正義》引王肅云:"舍爾大道遠慮,反與我賢者怨乎?"案:王肅申毛,望文生義,非是。《說文》:"介,畫也。从八,从人。人各有介。"案:八,別也;人各有所分別,是其介也。又:"界,境也。从田,介聲。""介"即"界"也;作"介"者,用古文。《文選·魏都賦》注引《韓詩章句》:"介,界也。"《穀梁春秋·文十五年傳》:"不以難介我國也。"注:"介,猶近也。"又《莊十八年傳》:"不使戎邇于我也。"《釋文》:"邇,……一本作介,音界,亦近也。"聲谓:界與界相近者也,故

“介”有近義,“介”、“近”又一聲也。幽王時,戎狄寖疆。《竹書紀年》:“四年,秦人伐西戎。”“六年,王命伯士帥師伐六濟之戎。”《史記·周本紀》:“申侯怒,與繒、西夷、犬戎攻幽王。”幽王十一年事也。幽王被弑。“戎”亦謂之“狄”者,對文則異,散文則通也,與《崧高》“因時百蠻”“蠻”字意同。詳《崧高》。“舍爾介狄”,言舍爾介近之狄於不問,維與我等胥怨也。陳氏啟源以《箋》說“被甲夷狄”為是:“夷狄”,可也;“被甲”,亦望文生義也。

不自我後　式救爾後 案:“不自我後”者,泛言先後。“式救爾後”,《箋》:“後,謂子孫也。”“式救爾後”之“後”專指子孫說。兩“後”字為韻,此亦字同而義異者,不嫌連用兩“後”字也。詳《桑柔》。

訌 《傳》:“訌,潰也。”《箋》:“訌,爭訟相陷人之言也。”《說文》:“訌,讃也。从言,工聲。”案:下“無不潰止”,“潰”訓“亂”,蓋假借字。《文選·西都賦》注引《蒼頡》、又《長笛賦》注引《字林》,並云:“潰,旁決也。”又《高唐賦》:“潰淡淡而並入。”注:“潰,水相交過也。”《水經·河水注》:“不遵其道曰降,亦曰潰。”據此,可以得“潰”字之解,即可以得“訌”字之義。《說文》訓“讃”,即“潰”也,形聲字。“从言”者,亂者先以言,所謂“維口興戎”也。言蟊賊之人在內爭亂,似不必添出外一層也。

昏椓靡共 《傳》:“椓,夭椓也。”《箋》:“昏椓,皆奄人也。昏,其官名也。椓,椓毀陰者也。王遠賢者,……無肯共其職事者。”據《箋》,則“昏”即“閽”也。案:《周禮·天官》:“閽人。”注:“閽人,司昏晨以啟閉者。”故謂之“昏”。“司啟閉”,故其字亦从門。靡,沒有也;共,執也。已屢見,不贅。任用刑餘之人,昏椓皆侵權用事,於所司職事反無有所執,故曰“昏椓靡共”。

回遹 言邪曲避匿,不由正道也。詳《小旻》。潰潰,亂也。下文“無不潰止”,《箋》:“潰,亂也。”彼言“潰”,此言“潰潰”者,亂而又亂也,且以足句也。《谷風》:“有洸有潰。”《釋文》引《韓詩》:“潰潰,不善之貌。”亂則不善矣,其義亦相近也。

靖夷《傳》:"靖,謀。夷,平也。"《箋》:"皆謀夷滅王之國。"《說文》:"靖,立竫也。"又《女部》:"婧,竦立也。"案:"靖"从立,即有立義。《說文》:"竫,亭安也。"字亦从立。經云"實靖夷我邦",猶云實立滅我邦也。訓"謀"者,乃"立"字前之義也。

皋皋訿訿《傳》:"皋皋,頑不知道也。訿訿,窳不供事也。"《說文》作:"皋,气皋白之進也。从夲,从白。《禮》:祝曰皋,登謌曰奏。故皋、奏皆从夲。《周禮》曰:'詔來鼓皋舞。'皋,告之也。"聲案:此"皋"字本義也。經書之言"皋"者,《儀禮·士喪禮》:"曰'皋,某復'三。"注:"皋,長聲也。"《禮·禮運》:"告曰:'皋,某複。'"《疏》:"皋,引聲之言。"長聲,故曰"引聲";引,長也。《周禮·樂師》:"皋舞。"注:"皋之言號。"又司農注:"皋,當為告。"又《大祝》:"來瞽令皋舞。"注:"皋,讀為'卒嗥呼'之'嗥'。"據以上書,則"皋"義當與"號嗥"意近也。"訿訿"即"呰呰"。《六書故》:"仳仳,猶言差,言其鱗次之貌。"聲谓:訿,"仳"之假借字,言其阿比也。詳《小旻》。"皋皋"為"號"與"嗥"之借字,亦別作"浩浩"。《爾雅·釋訓》:"皋皋、琄琄,刺素食也。"《釋文》:"皋,樊本作浩。"案:"浩"亦假借字。"皋皋訿訿",言其喧呼阿比,不以國事為重,故曰"頑不知道,窳不供事"也。聲谓:此章自"皋皋訿訿"至"如彼棲苴"為一章,凡八句;自"我相此邦"至"維今之疚不如兹"為一章,凡四句;自"彼疏斯粺"至"不云自頻"為一章,凡五句;自"泉之竭矣"至"不烖我躬"為一章,凡五句;自"昔先王受命"至"不尚有舊"為一章,凡七句。當云:《召旻》七章:三章,章五句;二章,章七句;一章,章四句;一章八句。章數與舊說同,惟一章多一句,一章少一句為少異耳。如此讀,便章章有韻矣。除首二章用韻明顯外,三章:皋皋訿訿,曾不知其玷。《五十一忝》。兢兢業業,孔填不寧,我位孔貶。《五十琰》。上與上韻。如彼歲旱,草不潰茂,《五十候》。古音入《十姥》,音與"姆"同。《易林》:"當夏六月,枝葉盛茂。鸞鳥以庇,召伯避暑。""茂"與"暑"韻,是其據也。"茂"與"暑"韻,故亦與"苴"韻;"苴"有上聲,詳下。聲谓:尤、侯韻,古音一半入蕭、豪,一半入魚、模。"茂"從戊音,入魚、模者也。如彼棲苴。《九魚》。《增韻·八語》:

“苴，子與切，履中草。”據此，則“苴”有上聲，上與上韻。四章：我相此邦，無不潰止。“止”為助句辭。《十八隊》。維昔之富芳二反。不如時，《七之》。維今之疚音几。不如兹。《七之》。平與去韻。案：古音“富”、“疚”二字皆入韻，則此章亦七句也。今音“富”、“疚”二字不入韻，則止四句矣。五章：彼疏斯粺，《十五卦》。胡不自替？《十二霽》。與上句“粺”字去與去韻。職兄斯引。《十六軫》。池之竭矣，不云自頻？《十七真》。平與上韻。六章：泉之竭矣，不云自中？《一東》。溥斯害矣，職兄斯宏，《一東》。不烖我躬。《一東》。平與平韻。七章：昔先王受命，有如召公。日辟國百里，《六止》。今也日蹙國百里。同上。於乎哀哉！《十六咍》。維今之人，不尚有舊。忌。此章平、去、上通為一韻。如此讀，則章章有韻。顧氏炎武曰：“‘如彼歲旱’五句一章，無韻。”顧氏深於古韻者，讀此詩何其疏也。

潰茂 《傳》：“潰，遂也。”《箋》：“‘潰茂’之‘潰’，當作彙。彙，茂貌。”《小旻》：“是用不潰于成。”《傳》：“潰，遂也。”案：“潰”有散亂義，與“彙”字義近，當依《箋》讀為彙。作“潰”者，同音假借。毛無破字之例；訓為“遂”者，蓋亦以“潰”、“遂”音近也。

棲苴 《傳》：“苴，水中浮草也。”《箋》：“如旱歲之草，皆枯槁無潤澤，如樹上之棲苴。”案：“棲”即“萋”也。《說文》：“萋，艸盛。”《杕杜》：“卉木萋止。”卉木之盛曰萋，故字亦从木。詳下。苴，《正義》：“苴是草木之枯槁者，故在樹未落及已落為水漂，皆稱苴也。”《禮・間傳》：“苴，惡貌。”《荀子・禮論》：“齊衰苴杖。”注：“苴杖，謂以苴、惡色竹為之杖。”又《哀公》注：“苴，謂蒼白色自死之竹也。”聲谓：草木之枯槁者皆謂之苴，故“苴”亦有从木作“柤”者。《一切經音義・二十五》引本詩作“如彼棲柤”是也。上二句言歲旱之草不能彙茂，此句言茂盛之草萋然者亦枯槁也。連用二“如彼”者，承上文“我位孔貶”，言如彼歲旱之草，不能彙茂；且如彼茂盛之草，萋然者亦枯槁也。言不能久也。下句較上二句深一層，句法參差錯落，最為古致，不可以今人章句例之也。

不如時　不如茲《傳》:"往者富仁賢,今也富讒佞。"《箋》:"富,福也。時,今時也。"下句,《傳》:"今則病賢也。"《箋》:"茲,此也。此者,此古昔明王。"王氏引之《經義述聞》曰:[13]"不,語詞。不如時,如是也。不如茲,如此也。……言昔也,賢人食祿,其富如是;今也,賢人失所,其貧如此也。"聲谓:"不"為語詞,當讀為夫。《常棣》:"鄂不韡韡。"《箋》:"不,當作柎。……古聲不、柎同。"[14]案:古者"夫"、"柎"今作"拊",亦作"跗"。同音,"不"之本音讀若非,詳《六書敍》。"不"、"夫"雙聲也。如《匏有苦葉》"濟盈不濡軌",《下武》"不遐有佐",本詩"不云自頻"、"不云自中"、"不裁我躬",《左氏春秋·宣四年傳》"若敖氏之鬼,不其餒而",《襄二十九年傳》"先君若有知也,不尚取之",《周書·芮良夫》"不其亂而",《國策·秦策》"楚國不尚全事",王氏皆以毛《傳》"不驚,驚也"、"不盈,盈也"、《車攻》。"不顯,顯也"、《文王》。"不多,多也"《卷阿》。之例釋"不"為語詞。聲谓:《匏有苦葉》以下九"不"字皆當讀為夫,以語詞概之,訓釋猶未精也。至"不顯"為"丕顯","不多"與"不驚"、"不盈"仍當讀如字。詳彼詩。經言思昔日之富,夫如是;今日之疚,夫如此也。疚,貧也。《說文》:"宊,貧病也。"《廣雅》:"宊,貧也。""宊"與"富"相對為文,變"貧"言"宊"者,取合韻也。"疚"者,"宊"之假借也。承上文"我相此邦,無不潰止",言國當大亂時,未有不患貧者,故以貧富對言也。王氏"賢人食祿"、"賢人失所"二語,仍不免文外横添之病。甚矣,說經之難也!

替《傳》:"替,廢。"《箋》:"女,小人耳,何不自廢退?"《說文》作:"竝,廢。一偏下也。从竝,白聲。普,或从曰。朁,或从兟,从曰。"案:作"竝"字,下體"白"非黑白字,乃"自"字古文也,故得為"竝"聲。"竝"與"朁",亦皆从自之古文也。聲谓:"替"字見《玉篇》"竝"字下注,曰:"今作替。"據此,則魏晉時"竝"字已譌作"替"矣。篆作"𣍘",上體與"兟"形近而譌也。

職兄斯引《傳》:"兄,茲也。"《箋》:"何不自廢退,使賢者得進,乃茲復主長此為亂之事乎?"《釋文》:"兄,音況。"《書·無逸》:"則皇自敬德。"又:"無皇曰。"《漢石經》皆作"兄"。《秦誓》:"我皇多有之。"《公羊春秋·文十二年傳》作"而況乎我多有之"。《尚書大傳》:"皇於聽獄乎?"鄭注彼曰:"皇,猶況。"據此,"皇"與"況"古字通假者,以其聲相近也。"況"本从兄聲,故古"況"多作"兄";"兄"與"皇",聲亦相近也。《釋名·釋親屬》:"兄,荒也。荒,大也。故青徐人謂兄為荒也。"聲谓:"兄"、"荒"諧聲,此古訓古誼也。"大"乃"荒"之一義,故借為兄弟字。《說文》:"兄,長也。从儿,从口。"案:人有口,當使生長,故兄有長義,此兄之本義。由生長義引之,而後有尊長義也。其次當依《釋名》以諧聲讀之,訓為"荒"。"職兄"者,職荒也。《蟋蟀》"好樂無荒","職思其居",職固不可以荒也。職荒,猶荒職也。"職兄斯引",猶言職荒也,此為長矣。言"引"者,合韻也。"職兄斯弘",言職荒者,此為大也。言"弘"者,亦合韻也。斯,此也。

頻 《傳》:"頻,厓也。"《箋》:"頻,當作濱。"《釋文》:"頻,舊云:'毛如字,鄭作濱。'……俱云:'厓也。'案:張揖《字詁》云:'頻,今濱。'則'頻'是古'濱'字。"案:《說文》作:"顭,水厓。人所賓附,顰蹙不前而止。"詳《桑柔》。古有"顭"亦作"瀕"。無"濱",後人借為頻數字而省其"水",又出"濱"字以當水厓之義耳。舊說皆未的。池為積水,其竭也由濱,喻政之亂由外無賢臣益之。下章"泉之竭矣"二句:泉為活水,其竭也由中,喻政之亂又由內無賢妃益之。"不云自頻"、"不云自中",猶云"夫云自頻"、"夫云自中"也。六章言"池之竭矣,夫云自頻",七章言"泉之竭矣,夫云自中",至於國政之外內俱亂,豈有獨不知之者?所謂比體也。但言池與泉之竭,而國政之亂當在言外。

不裁 《箋》:"謂見誅罰。"《說文》:"烖,天火曰烖。从火,𢦏聲。灾,或从宀、火。扶,古文从才。災,籒文从巛。"案:作"災"者,會意字。"烖"、"扶"、"災"三字皆形聲字,"扶"字為簡古矣。"烖"本為火烖字,引之亦為凡裁害字,故凡水、火、刀、兵以及凡害人者皆謂之烖。《書·舜典》:"眚災肆赦。"《傳》:"災,害也。"《周禮·掌客》:"禍烖殺禮。"注:"禍烖,新有兵寇水火也。"《公羊春秋·隱五年傳》:"記災也。"注:"災者,有害於人物,隨事而至者。"書傳"災"字訓釋甚多,不具引。"不裁我躬",猶云"夫裁我躬"也。夫,猶彼也。

有如召公 《箋》:"言'有如'者,時賢臣多,非獨召公也。"案:《關雎》五章,章四句;故言三章,一章章四句,二章章八句。《正義》:"句者,聯字以為言。……六字者,'昔者先王受命'、'有如召公之臣'之類。"據《正義》,則二句本皆六字。"昔者"句奪一"者"字,"有如召公"句奪"之臣"二字。聲谓:"命"與"臣"韻,此句本有"之臣"二字,《箋》云:"賢臣多,非獨召公也。"不然,鄭語背經矣。李氏黼平知此句本有"之臣"二字,而不知"昔者先王受命"本有"者"字,何也?

校勘記

[1]"太岳",《左傳·隱公十一年》作"大岳",下注"太岳"同。

[2]"洪範五行志",《尚書大傳》之篇名作"洪範五行傳",又《尚書大傳·洪範五行傳》中未見"聽我毦毦"文。

[3]"訓為'委'",阮元《校勘記》云:"閩本'委'作'安',惠棟挍宋本同,此誤'委'。"

[4]"炮鼈鮮魚",《大雅·韓奕》"炮"字作"炰",下引《箋》、《釋文》及《正義》引《字書》中之"炮"字同。

[5]"庖羲氏之王天下也",《易·繫辭下》"庖羲"作"包犧",《釋文》云:"包,本又作庖。"

[6]當作"《春秋經·桓公三年疏》"。《公羊傳·莊公十八年》注未見下引"言有,非其所宜有也"之引文,該引文出自《左傳·桓公三年經》"有年"下之《疏》文,《疏》云:"賈云:'桓惡而有年豐,異之也。言有,非其所宜有。'"

[7]"古字氏、是通",《漢書·地理志下》"氏為莊公"下顔注作"氏與是同,古通用字"。

[8]"貓",《逸周書·世俘解》作"猫"。

[9]“《字林》”,《水經注》卷二十五《洙水》注引作“吕忱”。

[10]“本亦作苞”,《釋文》“苞”字作“庖”。

[11]《書·洪範傳》無“忒,恶也”之訓,“傳”當作“釋文”。《釋文》云:“忒,他得反。馬云:‘恶也。’”

[12]“六極,謂窮極恶事有六”,《疏》作:“貧弱等六者,皆謂窮極恶事,故目之‘六極’也。”

[13]“《經義述聞》”,當作“《經傳釋詞》”。下文吴氏所引見《經傳釋詞》卷十“不”字條。

[14]引文中兩“柎”字,《箋》並作“拊”,从手,不从木。

詩小學卷二十六

周　頌

保山吳樹聲學

頌《説文》:"頌,皃也。从頁,公聲。額,籀文。"案:"容"借為頌皃字在"頌"字之後,故知為籀文。又建首字:"皃,頌儀也。"《玉篇》:"頌,形容也。"《廣韻》:"頌,形頌。"《周禮·鄉大夫》:"退而以鄉射之禮五物詢衆庶,……四曰和容。"注:"杜子春讀'和容'為'和頌',為能為樂也。"《詩序》:"頌者,美聖德之形容。"《釋名·釋言語》:"頌,容也,敍説其成功之形容也。"《漢書·儒林傳》:"魯高堂生傳《士禮》十七篇,而魯徐生善為頌。"蘇林曰:"《漢舊儀》有二郎為此頌貌威儀事。有徐氏,徐氏後有張氏。"顔注:"頌,讀與容同。"《管子》有《國頌》篇,注:"頌,容也。"作"容"者,書傳甚夥,蓋假借容盛字為之。《説文》:"容,盛也。从宀、谷。""容"字盛行,而"頌"之本義遂晦。又假"頌"為頌禱字,讀"松"去聲,而"頌"之本音亦廢。丁氏大椿曰:"'頌'為古形容字。凡美盛德之形容,即謂之頌,雅頌字當用其本音本義也。惟舞而後有頌。《樂記》有言曰:'樂必發于聲音,形于動靜。''詩,言其志也;歌,永其聲也;[1]舞,動其容也。'未有不合聲與容而可以言樂者。歌主雅,舞主頌,樂之大端也。凡樂之章皆是詩,而歌主雅,舞主頌。主乎雅者,以音為節;主乎頌者,以奏為節。《九夏》亦言'奏'者,《説文》:'夏,中國之人也。从夊,从頁,从臼。臼,兩手;夊,兩足也。'亦有舞之象,與'頌'同義,借為夏商與春夏字用也。知'頌'之本義本音，而《頌》之别於《風》與《雅》而各自為體，無不可知矣。"

清廟之什

不顯不承 《箋》："是不光明文王之德與？言其光明之也。是不承順文王志意與？言其承順之也。"案：《箋》讀"不"為語詞，即《文王傳》："不顯，顯也。"《卷阿傳》："不多，多也。"之例。聲谓：二"不"字亦當讀為"丕"。《書》："丕顯哉！文王謨。丕承哉！武王烈。"即其切實注腳也。丕，古本作"平"，从不，从丅，篆文"下"。即胚胎本字也。"不"為華之跗；"不"之下，即華之胚胎也。"不"字古音讀若"非"，"丕"字從其音義，故"丕"亦作"不"，用古文也。作"弗"字義用者，假借也。詳《召旻》並《文王》。又案：此章舊說無韻。聲謂此章第三句始見韻：於穆清廟，肅雝顯相。濟濟多士，韻。《六止》。秉文之德。韻。《二十五德》。上與入韻。對越在天，韻。《一先》。駿奔走在廟。不顯不承，無射於人韻。《十七真》。斯。案："斯"為助句，如"恩斯勤斯"之類，韻皆在助句之上。"士"與"德"韻，如《抑》之"辟爾為德"與下文"淑慎爾止""止"字為韻之類是也。"天"與"人"韻，如《柏舟》之"母也天只，不諒人只"、《假樂》之"宜民宜人，受祿於天"之類是也。

假以溢我 《傳》："假，嘉。溢，慎。"《箋》："溢，盈溢之言也。"《左氏春秋·襄二十七年傳》作"何以恤我"，《說文·言部》作"誐以溢我"，《廣韻》作"誐以謐我"。案：此"假"字即"假樂君子"之"假"，當讀為"嘏"。《卷阿》："純嘏爾常矣。"《箋》："予福曰嘏。"《賓之初筵》："錫爾純嘏。"《箋》："謂尸與主人以福也。"《載見》："俾緝熙于純嘏。"《箋》："天子受福曰大嘏，辭有福祚之言。"餘詳《假樂》。"溢"為"佚"之假借。《一切經音義·二十三》："佚，古文泆同。"《莊子·天地》："數若泆湯。"《釋文》："泆，……本或作溢。"據此，則"溢"、"佚"、"泆"三字皆同音通假也。《荀子·王霸》："心欲綦佚。"注："佚，安樂。"《漢書·司馬相如傳下》、又《司馬遷傳》，《集注》

並云:“佚,樂也。”《廣雅·釋詁·一》:“佚,樂也。”“假以溢我”,言嘏辭內有福祚之言以安樂我。猶之《假樂》嘏辭,福祚之言以喜樂君子也。《廣韻》引作“誐以謐我”者,《昊天有成命》:“夙夜基命宥密。”賈誼書《禮容》引作“宥謐”。“謐”者,寧也。案:寧即安也。《左氏傳》作“恤”者,“恤”亦假借字也。《書·舜典》:“惟刑之恤哉!”《史記》“恤”作“靜”,徐廣曰“今文”為“謐”。據此,則“恤”即“謐”,“謐”即“溢”也。《說文》、《廣韻》作“誐”者,知其為福祚之言,故从言。東漢以後,“假”轉為五稼反,與“我”音相近,故轉為“誐”,此歌、麻相通之迹也。《說文》、《廣韻》皆東漢以後之書矣。案:此篇舊說亦謂無韻。聲谓:維天之命,韻。彌吝反。古音“命”字入真、先韻。《揚之水》:“我聞有命,不敢以告人。”《江漢》:“釐爾圭瓚,(韻)秬鬯一卣,告于文人。(韻)錫山土田,(韻)于周受命。(韻)自召祖命,(韻)虎拜稽首,天子萬年。(韻)”“命”字與“瓚”、“人”、“田”、“年”去、平為韻,是也。於乎不顯,韻。《二十七銑》。文王之德純。韻。《十七真》。與上“命”與“顯”平、上、去為韻。假以溢我,我其收韻。《十八尤》。之。駿惠我文王,曾孫篤韻。《二沃》。《唐韻》與“毒”字同音。“毒”有“纛”音,故“篤”字得與“收”字平、入為韻也。之。如此讀,此章未始無韻也。

收《傳》:“收,聚也。”《呂覽·論人》:“不可收也。”注:“收,守。”聲谓:“收”字當兼有守意,謂聚而保守之也。“之”字指嘏詞內福祚之言也。

清案:清,亦明也。《說文》:“清,朖即“朗”。也。”《易·彖上傳》:“則刑罰清而民服。”虞注:“清,猶明也。”《楚辭·愍命》:“或清激其無所通。”注:“清,明也。”《鴻烈解·精神》:“清目而不以視。”注:“清,明也。”“緝熙”已詳《文王》,聲據《東門之池箋》並《史》、《漢》、《說文》諸書,定為“合聚福美”。“緝熙”為合聚福美,故“清”可訓“明”。

迄用《傳》:“迄,至。”《箋》:“文王造此征伐之法,至今用之而有成功,謂伐紂克勝也。”案:經文上下俱無“征伐”字意。《序》云“奏象舞”,亦無“征伐”、“伐紂”意。聲谓:“迄”即“汔”也。

《民勞》:"汔可小康。"《漢書·元帝紀》作"迄可小康",此其據也。《民勞見上。箋》:"汔,幾也。"聲谓:"迄"、"汔"皆假借字,字亦作"幾"。《楚茨》:"如幾如式。"《傳》:"幾,期。"《爾雅·釋詁》:"譏,汔也。"[2]《正義》引:"孫炎云:'汔,近也。'《大雅·民勞》云:'汔可小康。'鄭《箋》云:'汔,幾也。'反覆相訓,故'汔'得為'幾'也。《昭二十年左傳》亦引此詩,杜預云:'汔,期也。'然則'期'字雖別,皆是'近'義,言其近當如此。《史記》稱:'漢高祖欲廢太子,周昌曰:"臣口不能言,然臣期知其不可。陛下雖欲廢太子,臣期不奉詔。"'言'期'者,意亦與此同也。"據此,則杜亦讀"汔"為"幾"。聲谓:"幾"亦假借字,此亦並無正字,終於假借者。《爾雅》作"譏",亦見《說文》。《玉篇》作"㡣",譏也。亦見《說文》。此二字皆形聲字,字形繁重,疑係籀文。用,于也。《儀禮·特牲饋食禮》:"藉用萑。"注:"古文'用'為'于'。"此"用"字亦當讀為"于","用"、"于"一聲,故可通假。《禮·禮運》:"故謀用是作而兵由此起。"王氏引之曰:"用,亦由也,互文耳。"聲谓:此"用"字亦當讀為"于",言謀于是作而兵由此起也。經言始祀,幾于有成,大典告終,故曰"惟周之禎"。語意自順,不必文外橫添也。

禎 《傳》:"禎,祥也。"《釋文》:"祺,音真,[3]《爾雅》云同。徐云:'本又作禎,音貞。'與崔本同。"《正義》:"'祺,祥',《釋言》文。舍人曰:'祺,福之祥。'某氏曰:'《詩》云:"維周之禎。"'定本《集注》'祺'字作'禎'。"段氏玉裁曰:"案:此從古本作'祺'。作'禎'者,恐是改易取韻。"聲谓:定本《集注》作"禎",《爾雅》某氏注亦引作"禎",是毛本作"禎",不得謂定本定非古本也。惟《釋文》"祺,音真","祺"从其,不得"音真",恐有訛誤。案:此章舊說無韻。聲谓:維清緝熙,文王之典。韻。《二十七銑》。肇禋,韻。《十八諄》。平與上韻。迄用有成,韻。《十四清》。維周之禎。韻。《十四清》。未嘗無韻也。

繼序其皇之 《傳》:"皇,美也。"《箋》:"皇,君也。……念此大功,勤事不廢,謂卿大夫能守其職,得繼世在位,以其次序其君之者。謂有大功,王則出而封之。"《正義》:

“《傳》於此篇不言卿士，則此經所陳皆戒諸侯之事。……《釋詁》云：‘序，[4]緒也。’則繼父祖之胤緒也。故王肅云：‘武王得天下，因殷諸侯無大累於其國者就立之。序，繼也，思繼續先人之大功而美之。’”案：《正義》是也，惟所引王肅述毛謂“序，繼也”非是。如王說，則“繼繼其皇之”，詩人為不詞矣。當依《爾雅》：“序，緒也。”繼序，謂承繼其統緒也。兹，此也。戎功，即承上文“無封靡于爾邦”句言也。儉則勤，勤則國無廢事；儉則恭，恭則人無怠志。守成之令辟也，其功不在開創下，故曰“戎功”。戎，大也，常訓。念其有如此戎功，故使繼先人之統緒而美之。《箋》說未免横添。

刑《箋》：“故卿大夫法其所為也。”案：此節語意與《抑》之次章前四句大同小異。不顯，丕顯也，即“有覺德行”也；“百辟其刑之”即“四國順之”也。古音“刑”與“順”必相近，故此處作“刑”。《大戴記·易本命》：“川為積刑。”《鴻烈解·天文》：“辰為刑。”又《兵略》：“挾刑德。”注：“刑，十二辰。”古人訓詁，無不諧聲者。據上二書及注，則“刑”與“辰”為韻，後世轉入青韻也。聲案：烈文辟公，錫兹祉福，韻。“福”从畐聲，《說文》訓“備也”，音與“備”近。[5]惠我無疆，韻。《十陽》。子孫保之。韻。與上“福”字平、入為韻。《周頌》“保之”凡三見，皆以助語為韻，《三百篇》中如《溱洧》之“女曰觀乎？士曰既且，且往觀乎”，兩“乎”字與“且”為韻，是也。無封靡於爾邦，韻。薄工反。維王其崇韻。《一東》。之。念兹戎功，韻。《一東》。與上“邦”、“崇”為韻。繼序其皇韻。《十一唐》。之。無競維人，四方其訓韻。《二十三問》。之。不顯維德，百辟其刑韻。《十五青》。與上“訓”字平、去為韻。詳上。之。於乎，前王不忘。韻。《十陽》。與上“疆”、“皇”為韻。

荒《傳》：“荒，大也。”《箋》：“大王自豳遷焉，則能尊大之，廣其德澤。”案：此“荒”字當讀如《公劉》“豳居允荒”之“荒”，謂擴而大之也。詳《公劉》。《箋》泥《傳》說“天生萬物於高山”，以為尊大此高山，非是。萬物不皆生於山，且不必生於高山也。未免拘牽。

彼作矣　彼徂矣《箋》：“彼，彼萬民也。徂，往。行，道也。彼萬民居岐邦者，皆築作宮室,以為常居,文王則能安之。後之往者,又以岐邦之君有佼易之道故也。”據《箋》,則毛以二“矣”字絕句,“岐有夷之行”自為一句也。《後漢書·南蠻傳》引《詩》云:“彼徂者,岐有夷之行。”注引《薛君章句》云:“徂,往也。夷,易也。行,道也。彼百姓歸文王者皆曰:‘岐有易道可歸往矣。’易道為仁義之道而易行,故岐道阻險而人不難。”據此,則《韓詩》亦以“岐有夷之行”為句也,惟“矣”作“者”為稍異耳。後世以“彼徂矣岐”為句,非古義矣。沈括以“徂”為“岨”,尤無據,《集傳》據之,何也? 聲案:此章:天作高山,大王荒韻。《十一唐》。之。彼作矣,韻。《六止》。文王康韻。《十一唐》。之。彼徂矣,韻。同上。岐有夷之行,韻。戶郎反。與上“荒”、“康”為韻。子孫保之。韻。《七之》。與上二“矣”字平、入為韻。

單 《傳》:“單,厚。”《箋》:“又能厚其心矣,為之不解倦。”《天保》:“俾爾單厚。”《傳》:“單,信也。或曰:‘單,厚也。’”《箋》:“單,盡也。”聲案:“單”與“雙”對,雙則厚,單則薄,後世所以有“單薄”之說也。“單”與“薄”近,則單無厚義。毛《傳》訓為“厚”者,皆“亶”之假借也。《說文》:“亶,多穀也。从㐭,旦聲。”“亶”有“多”義,故引之有“厚”義也。《爾雅·釋詁》:“亶,厚也。”《國語·周語》引本詩“亶厥心”注、《呂覽·重己》“衣不燀熱”注,並云:“亶,厚也。”據此,則“亶”訓為“厚”,古義也。此經亦當作“亶”,《國語·周語》正引作“亶”。見上。作“單”者,音相近假借。

靖 《傳》:“靖,和也。”《箋》:“故於其功終能和安之。”《小明》“靖共爾位”《傳》、《召旻》“實靖夷我邦”《傳》、《我將》“日靖四方”《傳》、《菀柳》“俾予靖之”《箋》,俱云:“靖,謀也。”《說文》:“靖,立竫也。”又:“竫,亭安也。”“靖”訓“立竫”,謂立而亭妥安靜也。“靖”有“靜”義,故《傳》訓為“和”。《小明》:“靖共爾位。”《韓詩外傳》作“靜恭爾位”,《春秋繁露·祭義》作“靜共爾位”。《漢書·敘傳上集注》:“靖,古靜字。”聲案:後世“靜”字訓“和”者,皆“靖”字引申之義也。肆,故也,當依《箋》說。詳《思齊》。此章:昊天有成命,二后受之。韻。《七之》。成王不敢康,夙夜基命宥密。韻。《五質》。於緝熙,韻。《七之》。單厥心，肆其靖之。韻。《七之》。與上"熙"、"密"、"之"平、入為韻。

右 《釋文》："右，音又，注及下同。本亦作佑。"案："右"本訓作"手不足，助之以口"，故从又，手也。从口。"左右"字古衹作"ナ又"。《詩》作"右"者，用古文。"本亦作佑"者，用後世形聲字。下文"右饗"同。詳《關雎》。《集傳》訓"右"為"尊"。聲案：古人以左為尊。《禮·內則》："凡男拜，尚左手。女拜，尚右手。"注："左，陽也。右，陰也。"《老子》："吉事尚左。"注："左，生位也。"《呂覽·悔過》："左不軾而右之。"注："左，君位也。"又《禮·曲禮上》："進劍者左首。"又："執禽者左首。"注並云："左首，尊也。"此其據也。以右為尊者，漢以後之法也。

儀式 《傳》："儀，善。"《箋》："我儀則式象法行文王之常道。"《斯干》："無非無儀。"《箋》："儀，善也。"《左氏春秋·昭六年傳》引本詩，又引"儀形即"刑"之借。文王"，服注皆云："儀，善也。"《周書·太子晉》"是之謂儀"、《國語·魯語》"堯能單均刑罰以儀民"注，《管子·侈靡》"不儀之，毋助"注，《爾雅·釋詁》，俱云："儀，善也。"聲谓："儀，善"自是常訓，故《文王傳》無訓釋。式，用也，亦常訓。"儀式刑文王之典"，言善用法行文王之典常也。與《文王》"儀刑文王"同意。加"式"與"之典"三字，以足句耳。如《箋》說，"儀"訓"則"，"則"亦法也；"式"訓"象"，"象"亦法也。未免疊床架屋，詩人為不詞矣。此章：我將韻。《十陽》。我享，韻。《三十六養》。句自為韻。維羊維牛，韻。古音疑。維天其右韻。古音以。上與平韻。之。儀式刑文王之典，日靖四方。韻。《十陽》。既右饗[6]韻。《三十六養》。上與平韻。之。我其夙夜，畏天之威，韻。《八微》。于時保之。韻。助句。與"威"字為韻。

伊嘏文王 《箋》："受福曰嘏。"《釋文》："嘏，古雅反。毛：'大也。'"案：今《傳》文無"嘏，大也"三字，脫文也。陸氏以書傳訓"大"者皆作"假"，故讀"嘏"為"假"，不知"嘏"亦有"大"訓。《說文》："嘏，大遠也。从古，叚聲。"據此，則"嘏"亦从

“叚”得聲也。《賓之初筵》:“錫爾純嘏。”《卷阿》:“純嘏爾常矣。”《傳》並曰:“嘏,大也。”“伊”即“緊”之借。詳《蒹葭》。“緊大遠之文王”,讚美之詞也。下句方說“既右”而“饗之”,不應先說到福祚,當依毛說。

右序《箋》:“右,助。次序其事,謂多生賢知,使為之臣也。”案:“右”即“佑”之古文,助也。詳《我將》。序,次也,當讀如後世“敘錄”之“敘”,謂次弟其勳績也;作“序”者,同聲假借。《書·大禹謨》:“九功惟敘。”《皋陶謨》:“天敘有典。”《疏》:“敘,謂定其倫次。”《說文》:“敘,次弟也。”言天佑有周,敘有周也。互詳下“式序在位”。

疊《傳》:“疊,懼。”《釋文》:“疊,徒協反。”《正義》:“‘疊,懼’,《釋詁》文。彼‘疊’作‘慴’,音義同。”作“慴”者,形聲字;經作“疊”者,假借字。《說文》:“慴,懼也。从心,習聲。讀若疊。”聲谓:詩人作《頌》時尚未有“慴”字,故假借“疊”。其字亦作“懾”。《史記·樂書》:“柔氣不懾。”《正義》:“懾,懼也。”《文選·述祖德詩》:“萬邦咸震懾。”注:“懾,懼也。”《爾雅·釋詁》注:“慴,即懾也。”案:《說文》:“懾,失气也。从心,聶聲。一曰:服也。”案:《說文》“懾”字義與“慴”微異。字亦作“讋”。《漢書·張湯傳》:“群臣震讋。”《說文》:“讋,失气言。一曰:不止也。从言,䪅省聲。傅毅讀若慴。讋,籀文不省。”《韓詩》:“疊,應也。”聲案:韓訓“疊”為“應”者,“懼”字後義也;猶之“懾”,《說文》亦訓“服”矣。

懷柔《傳》:“懷,來。柔,安。”《釋文》:“柔,如字。本亦作濡,兩通,俱訓安也。”《正義》:“《釋詁》云:‘柔,安也。’某氏引《詩》云:‘懷柔百神。’定本作‘柔’,《集注》作‘濡’,‘柔’是也。”段氏玉裁據《宋書·禮樂志》:“昭事先聖,懷濡上靈。”以“濡”、“柔”同音,是假“濡”為“柔”,當從《集注》本作“濡”。注《爾雅》者引作“懷柔百神”,易其字也。聲案:“柔”、“濡”一聲。漢《北海相景君碑》:“實渘實剛。”魏《元丕碑》:“既膺渘德。”“柔”字皆從水。“柔”、“濡”相通假者,不惟其音近,其義亦相近。《爾雅注》所引多三家之《詩》,“懷柔百神”蓋三家《詩》,非易其字也。郭璞注始引《毛詩》,漢以前三家《詩》

盛行也與！《維清》："維周之祺。"蓋亦三家《詩》，故《爾雅·釋詁》曰："祺，祥也。"詳《維清》。

嶽

《釋文》："嶽，本亦作岳，同音岳。"《說文》："嶽，東岱，南靃，西華，北恒，中泰室，王者之所以巡狩所至。从山，獄聲。𡶳，古文，象高形。"據此，則作"岳"者，用古文。《周禮·職方氏》："其山鎮曰嶽山。"注："嶽，吳嶽也。"《周書·職方解》："其山鎮曰嶽山。"注同。《爾雅·釋山》："河西，嶽。"注："嶽，吳嶽也。"孫注："嶽，雍州鎮有吳嶽山。"《山海經·大荒南經》："帝堯、帝嚳、帝舜葬于岳山。"注："岳山，即狄山也。"據此，則"嶽"亦山名，大約取高大之義耳。五嶽皆山之高大者，故亦借為五嶽字。《鴻烈解》作"及河嶠岳"，亦用古文也。"喬"作"嶠"者，形聲字。

"明昭"二句

《傳》："明矣，知未然也。昭然不疑也。"《箋》："昭，見也。王巡守而明見天子之有周家也，以其有俊乂，用次弟處位。"案：昭，顯也。《左氏春秋·定四年傳》："以昭周公之明德。"注："昭，顯也。"《國語·楚語》："而為之昭明德。"注："昭，顯也。"承上"實右序有周"，言明顯我有周，用能次弟在天子之位。"序"即"右序有周"之"序"，"位"即天子之位，似不必添出"俊乂"也。[7]

我求懿德

《箋》："懿，美。……我武王求有美德之士而任用之。"《正義》："言'求'，是自此求彼之辭，故知求美德之士而用之。"聲谓：此"求"亦"仇"之假借也，與《下武》"世德作求"同意。詳《下武》。《易·鼎》："我仇有疾。"《釋文》："仇，匹也。"聲谓：此"我求"即《易》之"我仇"。《關雎》："君子好逑。"《釋文》："逑，本亦作求。"[8]《禮·緇衣》引作"君子好仇"。此"求"、"逑"、"仇"三字相通之據也。"我求懿德"，言我之仇匹有懿美之德也。詳下。

肆于時夏

《傳》："夏，大也。"《箋》："故陳其功於是《夏》而歌之。樂歌大者稱夏。"案：《說文》："𥃩，中國之人也。从夊，从頁，从臼。臼，兩手；夊，兩足也。"聲谓：樂名《夏》者，亦取人手足舞蹈之象，故字从臼，為兩手；夊為兩足。禹樂謂之《夏》，周樂亦謂之《夏》,如《三夏》、《周禮》注以《時邁》、《執競》、《思文》為《三夏》,先鄭引之,康成不從。《九夏》見《周禮》,本詩《正義》引之。是也。"夏"取舞蹈之意,猶之"頌"取形容之意也,然非此經"夏"字解也。據《左氏春秋·宣十二年傳》楚子謂:"武王克商,作《頌》曰:'載戢干戈,載櫜弓矢。我求懿德,肆于時夏,允王保之。'"又引其卒章、其三、其六而括之曰:"夫武,禁暴、戢兵、保大、定功、安民、和眾、豐財者也。"說者本左氏意,以"載戢"二句為"禁暴、戢兵",以"我求"三句為"保大",以"耆定"句為"定功",以"敷時"二句為"安民","綏萬邦"二句為"和眾、豐財"。左氏生春秋末,說此詩已有"保大"義;毛氏訓"夏"為"大",與左氏義合矣。如《箋》說,不惟本詩無樂舞義,且於本文外橫添多字,與下文"允王保之"語意亦不聯屬。"夏"當依毛,訓為"大"。肆,故也。詳《皇矣》。言武王能戢兵不用,以我仇匹之人皆有懿德,故於是乎盛大;信乎,我王能保守此盛大也。此篇:時邁其邦,昊天其子之,實右序有周。韻。《十八尤》。薄言震韻。《二十一震》。之,莫不震疊。懷柔百神,韻。《十七真》。與"震"字平、去為韻。及河喬嶽。韻。《四覺》。允王維后。韻。《四十五厚》。據《桑柔》"征以中垢","垢"與上文"谷"、"穀"二字去、入為韻,則"垢"與"嶽"亦韻也。或以《左傳》"國君含垢""垢"字與"汙"、"瑕"為韻,疑"厚"字當入虞、模去聲,不當入尤、侯去聲。不知《周頌》乃周初詩人所作,左氏乃周末人,相去六七百年,其音韻已多轉移,不若以《詩》證《詩》之為尤確也。明昭有周,韻。同上。與上"周"、"嶽"、"后"平、去、入為韻。式序在位,韻。《六至》。載戢干戈,韻。《八戈》。案:"戈"字原可不入韻,惟古無歌、麻音,"戈"字古讀若"圭",故可入韻。《漢書·郊祀志》:"王命尸臣:'官此栒邑。賜爾旂鸞,黼黻琱戈。'"據此,則"戈"與"邑"平、入為韻。"邑"字古亦入支、脂入聲。楊雄《長楊賦》"邑"與"旗"韻,《易林》"邑"與"倍"、"他"韻,此其據也。載櫜弓矢。韻。《五旨》。我求懿德,韻。《二十五德》。肆于時夏。允王保之。韻。《七之》。此亦以助句為韻,與上"位"、"戈"、"矢"、"德"平、上、去、入為韻。

競 案:"競"為"强"之古文。詳《抑》。執競,執持剛强也;無競,與《抑》"無競維人"同意。

不顯成康 《傳》:"不顯乎,其成大功而安之也? 顯,光也。"《箋》:"不顯乎,其成安祖考之道? 言其又顯也。"案:"不顯"即"丕顯"也。《傳》、《箋》解"不顯"二字皆費力。《傳》添"大功"二字,《箋》添"祖考之道"四字,似皆非《詩》意。聲谓:"成康"二字自指成王、康王,《序》祗云:"《執競》,祀武王也。"並未言成王祀武王。下文"自彼成康,奄有四方",明明係由武王遞及成康之詞。"成康"並稱者,由之古人稱"堯舜",書傳稱"文武",漢人稱"文景"。古人質樸,但稱其謚號而美之耳,似不必泥定為成王祀武王之詩也。

奄 《傳》:"奄,同也。"《正義》:"'奄,同',《釋言》文。又云:'奄,蓋也。'鄭於《閟宮、玄鳥箋》皆以奄為覆。覆蓋四方,同為己有,與《傳》不異也。"《皇矣》:"奄有四方。"《傳》:"奄,大也。"《臣工》:"奄觀銍艾。"《傳》:"奄,久。"此字《傳》凡三訓,不惟《傳》與《箋》異,亦《傳》與《傳》異。《説文》:"奄,覆也,大有餘也,又久也。[9]从大,从申。申,展也。"聲谓:"奄"从大而申展,當以"大有餘"為弟一義,"同"與"久"則其引申之義也。以會意讀之,大而申展,故能覆,亦字中應有之義。鄭與毛同意也。

斤斤 《傳》:"斤斤,明察也。"《箋》:"為周明察之君,斤斤如也。"《釋文》:"斤,紀覲反,明察也。"聲谓:此亦假借字。《漢書·律歷志上》:"斤者,明也。"本此。《禮·文王世子》:"大昕鼓徵。"《祭義》:"及大昕之朝。"《説文》:"昕,旦明,日將出也。从日,斤聲。讀若希。"《廣雅·釋詁·四》、《小爾雅·廣詁》並云:"昕,明也。"皆此"斤斤"字之形聲字也。許氏"讀若希"者,與"沂"、"旂"字一例,一聲之轉也。

喤喤 《傳》:"喤喤,和也。"《斯干》:"其泣喤喤。"《有瞽》:"喤喤厥聲。"《傳》、《箋》皆無訓釋。《斯干釋文》:"喤喤,聲也。"聲谓:"喤喤"者,"鍠鍠"之借也。《漢書·禮樂志集注》:"鍠鍠,和也。"《廣雅·釋詁·四》:"鍠鍠,聲也。"[10]又《釋訓》:"鍠鍠,聲也。"[11]案:"鍠"與"喤"同訓,其為假借字無疑。《爾雅·釋訓釋文》[12]引《字書》:“鍠鍠,樂之聲也。”是也。字从皇者,“皇”有大義。鐘鼓皆樂之大器,故聲大。喤喤,小兒之大聲也。“鍠”、“喤”皆形聲字,古文當作“皇”。三詩《釋文》皆音“横”,“華彭反”,“又呼彭反”,“又音宏”,又“華盲反”,皆後世之音也。

將將 《傳》:“將將,集也。”《釋文》:“將,七羊反。”案:《說文》作:“蹡,行皃。”引《詩》曰:“管磬蹡蹡。”聲谓:《說文》所引非《毛詩》也。《毛詩·有女同車》:“佩玉將將。”《楚辭注·二》作“佩玉鏘鏘”。《庭燎》:“鸞聲將將。”《釋文》:“本或作鏘。”《文選注·二十》作“鑾聲鏘鏘”。《庭燎》:“鸞聲將將。”《釋文》:“將,本或作鏘。”《烝民》:“八鸞將將。”《釋文》:“將,本亦作鏘。”《韓奕》:“八鸞將將。”《釋文》:“將,本亦作鏘。”據此,則“將”者,“鏘”之古文也。磬筦之聲小於鐘鼓,故曰“鏘鏘”。“喤喤”訓“和”,“將將”訓“集”,皆引申之義也。

穰穰 《傳》:“穰穰,眾也。”《說文》:“穰,黍梨已治者。”又:“梨,黍穰也。”《齊民要術·作醬法》:“寒月作之,埋黍穰積中。”案:此“穰”字正解也,今北方黍稷稭皆謂之穰矣。黍稷之穰,縱横狼籍,有眾多之意,故《傳》訓“眾”。《爾雅·釋訓》注:“穰穰,眾多之貌也。”《文選·東京賦》:“降福穰穰。”薛注:“穰穰,眾多也。”薛君治《韓詩》,亦與毛同義也。聲谓:“穰穰”亦假借字。《鹽鐵論·論菑》作“降福瀼瀼”,亦假借字。瀼瀼,露多貌。

簡簡 《傳》:“簡簡,大也。”《簡兮》:“簡兮簡兮。”《傳》:“簡,大也。”《書·皋陶謨》:“簡而廉。”《盤庚下》:“予其懋簡相爾。”《多士》:“夏迪簡在王庭。”《傳》並云:“簡,大也。”《爾雅·釋訓》:“簡簡,大也。”案:“簡”訓“大”雖古誼,於“簡”之本義甚遠。《說文》:“簡,牒也。从竹,閒聲。”此其本義也。訓為“大”者,亦假借字,此字亦終於假借,無正字也。

反反 《傳》:“反反,難也。”《箋》:“反反,順習之貌。”案:全句與《賓之初筵》同。詳彼處。

來反 《傳》:“反,復也。”《箋》:“以重得福祿也。”案:“反”者,“返”之古文也。《說文》:“返,還也。从辵,从反,反亦聲。”

《儀禮·士冠禮》:“主人受眡,反之。”《特牲饋食禮》:“反之。”《左氏春秋·襄二十八年傳》:“皆具其器用而反其邑焉。”《國語·齊語》:“而反其侵地。”《國策·秦策》:“張儀反秦。”又:“而王憂其不反也。”《齊策》:“以示田忌之不反秦也。”《衛策》:“至竟而反。”注並云:“反,還也。”古書傳以“反”為“返”者甚多,不具引。言福祿本其固有;福祿之來,祇還其固有:故曰“福祿來返”。

思文 《箋》:“周公思先祖有文德者。”案:“思文”即《書·堯典》之“文思”也。《書·堯典》:“欽明文思。”《傳》:“而以敬、明、文、思之四德安天下之當安者。”《釋文》:“馬云:‘……經緯天地謂之文,道德純備謂之思。’”《疏》引鄭氏云:“經緯天地謂之文,慮深通敏謂之思。”《周書·謚法解》:“經緯天地曰文,道德純一曰思。”此馬氏所本也。《後漢書·皇后紀》注引《謚法》:“謀慮不愆曰思。”“思”亦作“塞”。《後漢書·馮衍》及《第五倫》、《陳寵傳》注引《尚書考靈燿》俱作“文塞晏晏”。《郅惲傳》注引鄭注《尚書考靈耀》云:“道德純備謂之塞。”《魏受禪表》云:“欽明文塞。”聲谓:“塞”即“𡨄”見《說文》。之假借字;作“思”者,“思”、“𡨄”一聲也。“思文”猶“文思”也。言道德純備、經天緯地者,惟我后稷也。謚法始於周,后稷為周之始祖,以“思文”謚之,宜矣。舊說皆訓為思念字,似非《詩》義。

立我 《箋》:“立,當作粒。……昔堯遭洪水,黎民阻飢,后稷播殖百穀,烝民乃粒,萬邦作乂。”《正義》:“《傳》不解‘立’,但毛無破字之理,必其不與鄭同,宜為‘存立眾民’也。”又申《箋》,曰:“此‘立我烝民’與《尚書》‘烝民乃粒’事義正同,故破‘立’從‘粒’。”聲谓:此“立”字當讀如《論語》“民無信不立”之“立”。立,成也。《禮·冠義》:“而後禮義立。”注:“立,猶成也。”《漢書·朱雲傳集注》、《呂覽·用民》“功名猶可立”注、《離騷》“恐脩名之不立”注、《廣雅·釋詁·三》,並云:“立,成也。”言成立我之烝民,皆由於爾之中也。依鄭讀為“粒”——粒,粒食也——轉折太多。且“貽我來牟”尚在下文,無須豫透,儘可以通。鄭所據“烝民乃粒”乃偽古文《尚書》,或者依傍此詩,又改“立”為“粒”,未可知也。況堯舜以前原有耕稼,斷非后稷以後始有粒食也。"烝民乃粒"原有語病,讀如字或毛義,亦或經義也。

來牟　《傳》:"牟,麥。"《釋文》:"牟,……《字書》作麰,音同。牟,字或作䴬,《孟子》云:'䴬,大麥也。'《廣雅》云:'麳,小麥。麰,大麥。'"《正義》:"《孟子》云:'麰麥播種而耰之。'趙岐注云:'麰麥,大麥也。'《說文》云:'麰,周受來牟也。一麥二夅,象其芒刺之形,天所來也。'"《韓詩》作"貽我嘉䴬",薛君云:"䴬,大麥也。"見《文選》注。《漢書》劉向引此詩作"釐麰",云:"釐麰,麥也。"《說文》:"來,周所受瑞麥來麰。一來二縫,《詩正義》作"一麥二夅"。見上。象芒束之形,天所來也,故為行來之來。《詩》曰:'貽我來麰。'"聲谓:"來"自是小麥名,借為"來往"字用;借義盛行,本義遂晦。《說文》泥於"天所來"之說,而"來"字本義究未憭然。來,小麥也;一束即"苿"之本字,謂其芒也。二縫,當依《詩疏》作"夅",即"夆"之古文,謂麥粒中有縫,兩邊隆起若夆也。象形兼會意字也。後世借為"來往"字,故又出"秾"、"麳"、"𪎭"三字。秾,《說文》:"齊謂麥秾也。"麳,《廣雅》:"小麥,麳也。"《廣韻》:"𪎭(又作麳),小麥。"據此,則"來"為小麥。《漢書》作"釐"者,"來"、"釐"一聲,故顏注曰:"釐,讀與來同。"《韓詩》作"嘉"者,古音"嘉"、"釐"為疊韻字,嘉義與釐義亦近也。"牟"即"麰"之古文。《說文》作:"麰,來麰,麥也。从麥,牟聲。"或體作"䅗",《詩釋文》引《孟子》作"䴬",今作"麰"。《韓詩》亦作"䴬"。俱見上。作"牟"者,假借字;作"麰"、"䅗"、"䴬"者,皆形聲字。《箋》引偽《泰誓》文,以為來牟天所貽。聲谓:上四句皆贊后稷——"思文",后稷之文也;配天者,后稷;立民者,后稷;"爾極",后稷之極也——則"來牟"亦后稷所貽也。"帝命率育",亦命后稷率育也。語意皆分明,不必强為之解也。東漢讖說盛行,"赤烏以穀來"近於讖說,宜後儒以為妄,不用也。

率育　《傳》:"率,用也。"《箋》:"率,循。育,養也。……天命以是循存后稷養天下之功。"《呂覽·孟春》:"天子親率三公、九卿、諸侯。"注:"率,使也。"《鴻烈解》同上。注:"率,使也。"案:二書注,古訓也。毛訓"用","用"即"使"也。此句承上"立我烝民"句,言帝命后稷,使之育養烝民,"無此疆爾界"之分也。《箋》說迂回。

陳常《箋》:“用是故陳其久常之功於是《夏》而歌之。《夏》之屬有九。”《史記·平準書》:“於是大農陳。”《集解》引韋昭:“陳,久也。”《漢書·文帝紀》:“或以陳粟。”注:“陳,久舊也。”《食貨志上》:“陳陳相因。”注:“陳,謂久舊也。”《素問》:“菀陳則除之。”注:“陳,久也。”《國語·越語》:“無忘國常。”注:“常,典法也。”《漢書·百官公卿表集注》引應劭:“常,典也。”《文選·東京賦》:“布教頒常。”薛注:“常,舊典也。”“時夏”無《傳》,蓋訓同《時邁》也。言“帝命率育,無此疆爾界”之分,故久舊之典法於是乎大,猶言“於今為烈”矣。此章:思文后稷,韻。《二十四職》。克配彼天。韻。《一先》。立我烝民,韻。《十七真》。與“天”韻。莫匪爾極,韻。《二十四職》。與“稷”韻。貽我來牟。據《釋文》、《孟子》作“麰”,《韓詩》亦作“麰”,蓋从麥,敄聲也。“務”、“騖”、“婺”皆在《十遇》,“麰”字亦當隸《十遇》也。“夏”字古音户,在《十姥》,與“麰”字上、去為韻也。毛作“牟”者,《禮·內則》:“敦牟卮匜。”注:“牟,讀曰堥。”《釋文》:“齊人呼土釜為牟。”《荀子·成相》:“舉牟光。”注:“牟,與務同。”據此,則“牟”亦有“務”音,此“牟”字亦當讀為“務”。帝命率育,無此疆爾界,陳常于時《夏》。韻。“牟”讀若“務”,“夏”讀若“户”。上與去韻,古人不分四聲也。顧氏炎武以為後四句無韻,未免疏漏。

臣工之什

釐《箋》:“釐,理。”《既醉》:“釐爾女士。”《傳》:“釐,予也。”《江漢》:“釐爾圭瓚。”《傳》:“釐,賜也。”《玉篇》引《蒼頡》:“釐,賜也。”《書序》:“帝釐下土方。”馬注:“釐,賜也,理也。”《儀禮·少牢饋食禮》:“來女孝孫。”注:“釐,賜也。”案:“賜”亦予也,《傳》義一也。《說文》:“釐,家福也。”此字當以“理治”為弟一義,“予賜”皆假借之義,《說文》“家福”亦假借義。字亦作“禧”。《漢書·文帝紀集注》:“釐,本字作禧,假借用耳。”《禮樂志》、《楊雄傳上》,《集注》並云:“釐,讀曰禧。”“禧”亦福祥之類,故字从示。亦別作“僖”。《史記·齊太公世家》:“魯又更立釐公。”《集解》引徐廣:“釐,僖也。”《漢書·古今人物表集注》:“釐,讀曰僖。”《國策·韓策》:“昭釐侯。”《莊子》作“昭僖侯”。《文選·魯靈光殿賦序》注:“釐,與僖同。”案:“禧”亦慶喜類,故“禧”、“僖”皆从喜。“釐”本訓理治字,此經仍當讀為賜予字。咨嗟而戒臣工,使之“敬爾在公”,意若曰:“爾若有成功,王必賜予之也。”蓋既曰“成功”,無須治理矣。《箋》說非《詩》意。

咨茹《箋》:“咨,謀。茹,度也。”《皇皇者華》:“周爰咨諏。”《傳》:“訪問於善為咨。”《釋文》:“咨,本亦作諮。”茹,《柏舟》:“不可以茹。”《傳》:“茹,度也。”“來咨來茹”,亦“周爰咨諏”、“周爰咨度”之意耳。《箋》云“無自專”,似非《詩》義。“茹”有“度”義。詳《柏舟》。

保介《箋》:“保介,車右也。《月令》:‘孟春,天子親載耒耜,措之於參保介之御間。’……介,甲也。車右,勇力之士,被甲執兵也。”《呂覽·孟春》:“參于保介之御間。”注:“保介,副也。”案:《月令》及《呂覽》皆天子耕藉之禮,此詩為遣諸侯之詩,“保介”皆應指諸侯之臣言。《楚茨》:“神保是饗。”《箋》:“保,居也。”《思齊》:“無射亦保。”《箋》:“保,猶居也。”《周禮·春官·序官》:“保章氏。”《左氏春秋·襄八年傳》:“焚我郊保。”《國語·周語》:“故能保世以滋大。”《晉語》:“乃能攝固,保其土房。”注並云:“保,守也。”據此,則“保”有居、守二義。《左氏春秋·僖十二年傳》:“有天子之二守國、高在。”聲谓:諸侯出,則上卿為之居守,故曰“保”。《禮·禮器》:“諸侯七介七牢。”注:“諸侯七介七牢者,周之侯伯也。……《周禮》:‘上公九介九牢,侯、伯七介七牢,子、男五介五牢。’《聘義》所云‘上公七介,侯、伯五介,子、男三介’,乃謂其使者也。”《疏》:“介,副也。”《聘義》:“上公七介,侯、伯五介,子、男三介,所以明貴賤也。”注:“此皆使卿出聘之介數也。”據此,則諸侯自出與使其卿出聘皆有紹副,故曰“介”。上四句戒諸侯之臣工,故曰“敬爾在公”;此則專戒諸侯,不斥言之,故戒其保介。李氏黼平曰:“此《序》言‘遣於廟’,亦當召諸侯而遣之,而作詩以‘保介’為詞,亦猶《出車》命將率而詞及于‘僕夫’也。”

亦又 案:此"又"字當讀為"有",書史往往借"又"為"有"。此以"又"為"有"者,蓋用古文。《易·繫辭傳上》:"又以尚賢也。"《釋文》:"鄭本作有。"《儀禮·鄉射禮》:"惟君有射于國中。"注:"古文'有'作'又'。"《石鼓文》:"滿又小魚。"《秦詛楚文》:"又秦嗣王。"皆以"又"為"有"也。言"維莫之春",亦有何事求責於民乎?惟有留意于新畬而已。《正義》:"汝若歸國,亦有何所求施於民乎?"亦讀"又"為"有",而未免詞費。

如何 《箋》:"將如新田、畬田何?急其教農趨時也。"《正義》曰:"維汝如何於民之新田、畬田?言汝當奈此民之新田、畬田何?欲其勸民耕之也。"案:如,當也。《國策·宋策》:"夫宋之不足如梁也,寡人知之矣。"注:"如,當也。"此"如"為"相當"之"當",引之亦為"應當"之"當"。《左氏春秋·昭二十一年傳》:"君若愛司馬,則如亡。"注:"言若愛大司馬,則當亡走失國。"《定五年傳》:"不能,如辭。"注:"言自知不能,當辭勿行。"《僖二十二年傳》曰:"若愛重傷,則如無傷;愛其二毛,則如服焉。"《正義》曰:"如,猶不如,古人之語然,猶似敢即不敢。"王氏引之《經義述聞》曰:"孔說非也。如,猶當也。言'若愛重傷,則當勿傷之;愛其二毛,則當服從之也'。又《二十一年傳》曰:'巫尪何為?天欲殺之,則如無生。'言'天欲殺之,則當勿生之'也。《昭十三年傳》曰:'二三子若能死亡,則如違之,以待所濟;若求安定,則如與之,以濟所欲。'言'若能死亡,則當違之;若求安定,則當與之'也。"[13]據此,則"如"有"當"義。何,問也。《廣雅·釋詁·二》:"何,問也。"《史記·秦始皇紀》:"陳利兵而誰何。"《集解》引如氏:"何,猶問也。"《漢書·賈誼傳集注》:"何,問也。"《衛綰傳集注》:"何,即問也。"《文選·高唐賦》:"何節奄忽。"注:"何,問辭也。"據此,則"何"有問義。承上"亦又何求",言別無所求責,當問新田與畬田也,故曰"如何新畬"。舊解模糊。

將受厥明 《箋》:"將,大。……於美乎!赤烏以牟麥俱來,故我周家大受其光明。"《爾雅·釋詁》:"明,成也。"郭注:"事有分明,亦成濟也。"聲谓:凡物至於成熟,則必分外光彩，故“明”有“成”義。《中庸》：“誠則明矣，明則誠矣。”案：誠之言成也，此其據也。此經“明”字當依《釋詁》訓為“成”，言新畬有於美哉之來牟，將受其成熟也。受，取也。《管子·海王》：“釜十五吾受，而官出之以百。”注：“受，取也。”《周禮·司干》：“則受之。”又：“掌舞器。”注並云：“受，取藏之。”[14]言將取其成熟者而藏之也。王氏引之以《爾雅》郭注迂曲，而引《國語·周語》，曰：“‘守終純固，道正事信，明令德矣’，言令德已成也。又曰：‘和平則久，久固則純，純明則終。’言純成則終也。《史記·李斯傳》曰：‘大山不讓土壤，故能成其大；河海不擇細流，故能就其深；王者不卻眾庶，故能明其德。’‘明’與‘成’、‘就’同義。”據此，訓“明”為“成”，謂“莫春之時，麥已將熟，故云‘將受厥成’”也。聲谓：王說是也，《箋》說望文生義矣。

明昭 已詳《時邁》。聲谓：“昭”訓“顯”，亦明也，猶之言“明明上帝”也。詳下。

迄用 《箋》：“此瑞乃明見於天，至今用之有樂歲，五穀豐熟。”案：“迄”為“幾”之假借，已詳《維清》。承上“將受厥明”，言有明顯上帝，故庶幾于康年耳。云“將”者，且然而未必然之辭；“幾”則有冀望之義焉。《史記·晉世家》：“毋幾為君。”《呂不韋傳》：“則子無幾得與長子。”《索隱》並云：“幾，謂望也。”有期必之義焉。詳《維清》。有明顯之上帝，故可冀望而期必於康年也。《箋》說於文外橫添，非是。

眾人 《箋》：“教我庶民，具女田器。”案：“眾人”猶云人眾，此常語也。《箋》訓為“庶民”，語義自通。《集傳》以為“眾人，甸徒也”，未免好奇之過，宜陳氏啟源據《禮記》、《周禮》二書駁之也。此章：嗟嗟臣工！韻。《一東》。敬爾在公。韻。同上。與上韻。王釐爾成，來咨來茹。韻。《八語》、《九御》二韻。又《九魚》。嗟嗟保介！韻。《十六怪》。維莫之春，亦又何求？如何新畬。韻。《九魚》。於皇來牟，韻。讀如“鶩”，詳《思文》。與上“茹”、“畬”韻。將受厥明。明昭上帝，韻。《十二霽》。迄用康年。韻。《一先》。命我眾人，韻。《十七真》。與“年”韻。庤乃錢鎛，奄觀銍艾。韻。《二十廢》。與上“介”、“帝”韻。

噫嘻 《傳》:"噫,歎也。嘻,和也。"《箋》:"噫嘻,有所多大之聲也。"《釋文》:"噫,又作意。"聲谓:"噫"、"嘻"皆是歎聲。"噫嘻成王",猶之言"於乎皇考"、"於乎皇王"耳。古人用歎詞不一,有驚而歎之者,有惡而歎之者,有美而歎之者,隨文見義。《傳》、《箋》皆迂回。

成王 《傳》:"成王,成是王事也。"《箋》:"噫嘻乎!能成周公之功。"《釋文》:"成王,如字,又于況反。"案:《序》云"春夏祈穀于上帝",即以為頌成王,亦何不可?《傳》以為"成是王事",故《釋文》又音"于況反",已於文外添一"是"字、一"事"字。《箋》以為"能成周公之功",於本文外又添出"周公之功",斷非《詩》意。《書·酒誥》:"成王若曰。"[15]鄭注:"成王,所言成道之王。"又馬注:"俗儒以為成王骨節始成,故曰'成王'。或曰以成王為少成二聖之功,生號曰'成王',沒因為謚。衛賈以為戒成、康叔以慎酒,成就人之道也,故曰'成'。"漢儒說經,每多不經,鄭、馬二注與此詩《傳》、《箋》同一弊也。又案:《周頌》內有"成王不敢康",有"不顯成康"、"自彼成康"等語,安在無成王以後之詩?必以此"成王"為"成是王事",說《詩》亦固矣。《頌》内又有"思文后稷"、"大王荒之"、"伊嘏文王"、"允文文王"、"執競武王"、"於皇武王"等語,無非歸功祖宗之義。成王為周家守成令主,安必無一詩頌美之者?明言"成王",必以為"成是王事",且以為"能成周公之功",文外横添,說固難通也。

昭假 《箋》:"假,至也。……謂光被四表,格于上下也。"《釋文》:"假,鄭、王並音格。沈云:'毛如字。'"案:《詩》言"昭假"者五,已詳《雲漢》。此詩之"昭假"與《泮水》之"昭假烈祖"當依毛訓為"大"。沈云"毛如字"者,蓋據《思齊》"烈假不瑕"、《那》"湯孫奏假"、《烈祖》"以假以享"三詩,《傳》皆訓:"假,大也。""既昭假爾",蓋美成王以既明且大也,猶之言"伊嘏古與"假"字通。文王"爾,皆讚美之詞。並詳《泮水》、《長發》。

爾 《說文》作:"尒,詞之必然也。从入、丨、八,八象气之分散。"案:經作"爾"者,假借字,"爾"固从"尒"之聲義也。《箋》:"其德已著至矣。”以“矣”字代“尒”字，是也。“矣”為“如此”二字之合音。《正義》述毛：王之“政教光明，至於天下，德既光明顯著如此”。孔以“如此”二字代“爾”字，“如此”合音即“矣”字也。王氏引之《經傳釋詞》：“爾，猶如此也。”引《禮記・雜記》，曰：“‘宦於大夫者之為之服也，自管仲始也，有君命焉爾也’，焉，猶乃也；爾，如此也。言有君命乃如此也。《孟子・告子上》：[16]‘……非天之降才爾殊也。’言非天之降才如此其異也。”聲谓：古人音濁，“爾”之古音與“矣”相近，亦“如此”之合音也。

率《箋》：“又能率是主田之吏農夫，使民耕田而種百穀也。”《正義》引《釋言》：“畯，農夫也。”案：此“率”字即“帝命率育”之“率”，“農夫”猶言農人耳。《甫田》：“食我農人。”《傳》：“農夫食陳。”是也。下文“爾私”、“爾耕”，二“爾”字皆指農夫也。必以農夫為“田畯”，為“主田之吏”，轉折太多，恐非《詩》義。《國語・周語》：“王耕一墢，班三之，庶人終于千畝。”“庶人”即農人，農人即農夫，此“率時農夫”之據也。

駿發爾私《傳》：“私，民田也。言上欲富其民而讓於下，欲民之大發其私田耳。”《箋》：“駿，疾也。發，伐也。……使民疾耕，發其私田。”《釋文》：“浚，本亦作駿，毛‘大也’。”蓋本《傳》語。案：“駿”字《傳》、《箋》多訓“大”。此經“駿”字，鄭訓為“疾”，以下文“亦服爾耕”“亦”字訓“大”也。《正義》：“《釋詁》云：‘速，疾也。駿，速也。’轉以相訓，是駿為疾也。”聲谓：《爾雅・釋詁》注：“駿，猶迅。”駿、迅，疊韻字。“駿”有“迅”義，故有“疾”義。《後漢書・章帝紀》注：“駿，疾也。”本此。《鴻烈解・主術》：“是故草木之發若蒸氣。”注：“發，生。”《說文》：“私，禾也。从禾，厶聲。北道名禾主人曰私主人。”聲案：《韓非子》：“自營為厶。”謂“禾”為“私”者，與“稼”同意。惟“私”字亦借為公私字用，借義盛而本義晦，幾無有知訓“禾”為“私”者矣。賴有《說文》傳之，此古義之僅存者矣。承上，言率是農夫，播厥百穀；迅生爾之禾稼，其地之廣，盡三十里；大亦，大也。詳下《豐年》。有事於爾之耕耨，其人之眾，合十千為耦。言“三十里”者，《正義》：“王肅云:‘三十里,天地合。所之而三十,則天下徧。’此申毛之意也。言人目所望,三十里而天地合,於三十里外不復見之,是為極望也。”聲案:王說是也。言“十千”者:萬,盈數也;不言“萬”而言“十千”者,所以足句也。《傳》訓“私”為“民田”,《正義》引《大田》“雨我公田,遂及我私”證之,不知“遂及我私”承上“公田”言也。此詩並無“田”字,且並無“公”字,何以知其必為“民田”?《傳》亦未免望文生義矣。《箋》解“終三十里”等句,新奇而典核,然非《詩》意。此詩:噫嘻成王,既昭假爾。韻。《四紙》。率時農夫,韻。《十一模》。播厥百穀。韻。《一屋》。駿發爾私,韻。《六脂》。終三十里。韻。《六止》。與上“爾”、“私”平、上為韻。亦服爾耕,十千維耦。韻。古音“魚矩反”。與上“夫”、“穀”平、入、上為韻。

校勘記

[1]“永其聲也”,《禮記·樂記》“永”字作“詠”。

[2]“汔也”,《爾雅·釋詁》“汔”字作“汽”,下《正義》引文中凡五“汔”字亦皆作“汽”。

[3]“音真”,《釋文》作“音其”。

[4]《正義》引《釋詁》云“序”字作“敍”。

[5]“《說文》訓‘備也’”,案:福,《說文》訓“祐也”,非訓“備也”。訓“備也”者乃《廣雅·釋詁·二》文。

[6]“既右饗”上脱“伊嘏文王”一句。

[7]此條目原在“右序”條之後,“疊”字條之前,今按所收本詩詞語出現之先後順序調整至“嶽”字條之後。

[8]“本亦作求”,《釋文》“求”字作“仇”。

[9]“又久也”,《說文·大部》“久”字作“欠”。

[10]“鍠鍠,聲也”,《廣雅·釋詁·四》作“鍠,聲也”。

[11]“鍠鍠,聲也”,《廣雅·釋訓》“鍠鍠”作“喤喤”,从口,不从金。

[12]“釋文”,當作“疏”,下引文乃《爾雅·釋訓》之《疏》文。

[13]《經義述聞·春秋左傳》未見上列引文,吴氏所引乃《經傳釋詞》卷七“如”字條引“家大人曰”文。

[14]《周禮·司干》“掌舞器”下無“受,取藏之”注文,僅注云:“舞器,羽籥之屬。”

[15]“成王若曰”,今《尚書·酒誥》作“王若曰”,無“成”字。《釋文》云:“王若,馬本作‘成王若曰’。”

[16]“告子上”,《經傳釋詞》卷七“爾”字條作“告子篇曰”。

詩小學卷二十七

周　頌

保山吴樹聲學

臣工之什

雝《傳》:“雝,澤也。”《箋》:“白鳥集于西雝之澤,言所集得其處也。”《正義》:“以鷺是水鳥,明所往為澤,故知‘雝,澤也’。謂澤名為雝,故《箋》云‘西雝之澤’也。明在作者之西有此澤,言其往嚮彼耳,無取於西之義也。”案:《韓詩》薛君《章句》曰:“鷺,絜即“潔”。白之鳥。西雝,文王之辟雝也。言文王之時,辟雝學士皆潔白之人也。”據此,是《韓詩》以“西雝”為文王之學宫也。聲谓:辟雝在國之西郊,故曰“西雝”。學必有澤,故辟雝亦謂之“澤宫”。《書大傳》:“已祭,取餘獲陳于澤。”注:“澤,射宫也。”《禮・郊特牲》:“王立于澤。”注:“澤,澤宫也。”又《射義》:“必先習射於澤。”注:“澤,宫名也。”西雝有澤,言“西雝”不言“澤”者,澤統於西雝也,韓義優矣。鄭初習《韓詩》,故云“西雝之澤”。依鄭當作“廱”;作“雝”者,假借字。依毛當作“邕”。《説文》:“邕,四方有水,自邕成今本作“城”,此從《廣韻》引。池者。”又雍即“雝”之俗。奴,縣名,在幽州。《水經注》:“四方有水曰邕,今亦作“雍”。不流曰奴。”“奴”蓋“洳”之假借。作“雝”者,亦假借字。

亦有斯容 《箋》:“興者,喻杞宋之君有絜即“潔”。白之德,來助祭於周之廟,得禮之宜也。其至止亦有此容,言威儀之善如鷺然。”案:《箋》語轉折太多。振振者,鷺之容,“于彼西雝”時見之;威儀者,我客之容,於“戾止”時見之:故曰“亦有斯容”。此節應專指容儀說,下節“無惡”、“無斁”方說其德,即取“潔白”亦指其容也。

斁 《箋》:“在彼,謂居其國,無怨惡之者。在此,謂其來朝,人皆愛敬之,無厭之者。”《釋文》:“斁,音亦,厭也。厭,於豔反。”《韓詩》作“在此無射”。案:作“射”者,假借字,與《葛覃》“服之無斁”,《禮·緇衣》作“服之無射”同。此節《箋》語甚明,不必另生枝節。

亦 《箋》:“亦,大也。”《噫嘻》:“亦服爾耕。”《箋》:“亦,大。”《正義》:“‘亦,大’,《釋詁》文。彼‘亦’作‘奕’,音義同。”[1]聲谓:“奕”作“亦”者,用古文。詳《文王》“不顯亦世”。此“亦”字與《噫嘻》“亦服爾耕”兩“亦”字,毛未發《傳》,《疏》未發明《箋》意,殊為疏漏。此當依《箋》說。

洽 《釋文》:“洽,胡甲反,本或作祫。”《正月》“洽比其鄰”、《板》“民之洽矣”《傳》,《賓之初筵》“以洽百禮”、《載芟》“以洽百禮”《箋》,並云:“洽,合也。”《一切經音義·六》引《蒼頡》:“洽,遍徹也。”又《二十二》引《三蒼》:“洽,遍澈也。”案:《蒼頡》、《三蒼》皆古誼也。依《傳》、《箋》訓為“合”,不如訓為“遍徹”,《三蒼》之“澈”即“徹”。與《詩》義尤合也。若果為“合”,則“以合百禮”可矣,又何必加“水”作“洽”乎?本亦作“祫”者,“洽”、“祫”皆從“合”之聲義,故通假。此章“秭”字起韻,“秭”、“醴”、“妣”、“禮”、“皆”,平與上聲為韻也。

應田 《傳》:“應,小鞞也。田,大鼓也。”《箋》:“田,當作朄。朄,小鼓,在大鼓旁,應鞞之屬也。”《釋文》:“應,應對之應。……田,毛如字。鄭作朄,音胤。”《正義》:“‘朄’字以‘柬’為聲。聲既轉,去‘柬’惟有‘申’在,‘申’字又誤去其上下,故變作‘田’也。”聲案:申,篆作“[illegible]”,古文作“[illegible]”,籀文作“[illegible]”,亦作“[illegible]”、見《說文》“虹”字下。“[illegible]”,見《說文》“[illegible]”字下。就使變為“申”,去其上下,亦不能為“田”

字也。聲谓:應,小鞞也,即《周禮》之"轃"也。《周禮·大師》:"下管播樂器,令奏鼓轃。"司農注:"轃,小鼓也。先擊小鼓,乃擊大鼓,小鼓為大鼓先引,故曰'轃'。轃,讀為'道引'之'引'。"玄謂:"鼓轃,猶言擊轃,《詩》曰:'應轃縣鼓。'"《小師》:"下管擊應鼓。"注:"應,鼙也。應與轃及朔,皆小鼓也。"又:"凡小祭祀,小樂事,鼓轃。"注:"如《大師》鄭司農云:'轃,小鼓名。'"二官言"應"者不言"轃",言"轃"者不言"應",可以知其為一器矣。"應"、"轃"一聲,"應"為假借字。轃,《說文》作:"𩊩,擊小鼓引樂聲也。"據此,則"𩊩"並非器名也。且"从申,柬聲"豪無意義,其為諧聲字無疑。田,陳也。《東山》:"烝在桑野。"《釋文》:"古田、陳聲同。"《史記·田敬仲完世家》:"以陳字為田氏。"《游俠傳》:"東陽田君孺。"《索隱》並云:"陳、田聲相近。"《左氏春秋傳》"陳完",《史記·世家》作"田完"。《國策》"田單",《賈子·胎教》作"陳單"。據此,則"田"與"陳"古者同音,故通假。《說文》:"田,陳也。"《爾雅·釋地》:"郊外謂之牧。"《釋文》引李注:"田,𨻰即"陳"。也。"《廣雅·釋詁·二》:"田,陳也。"據此,則"田"有"陳"音,即有"陳"義。"應田縣鼓"者,猶曰"應陳懸鼓"也。不曰"鼓縣"而曰"縣鼓"者,取"鼓"字為韻耳。舊說皆無確據。《禮·明堂位》注、《爾雅·釋樂》注皆作"應轃縣鼓",鄭氏說也。此章:有瞽有瞽,韻。《十姥》。在周之庭。韻。《十五青》。設業設虡,韻。《八語》。崇牙樹羽,韻。《九麌》。應田縣鼓,韻。《十姥》。鞉磬柷圉,韻。《八語》。既備乃奏,古有"側故切"一音,可以入韻,可以不入韻。簫管備舉。韻。《八語》。與上"虡"、"羽"、"鼓"、"圉"與弟一句"瞽"上、去為韻。喤喤厥聲,韻。《十四清》。肅雝和鳴,韻。《十二庚》。先祖是聽。韻。《十五青》。我客戾止,閒句。永觀厥成。韻。《十四清》。與上"聽"、"鳴"、"聲"與弟二句"庭"平聲韻。

潛《傳》:"潛,糝也。"《釋文》:"糝,素感反。舊《詩傳》及《爾雅》本並作糝。[2]《小爾雅》云:'魚之所息謂之橬。橬,糝也,謂積柴水中,令魚依之止息,因而取之也。'郭景純因改《爾雅》,從《小爾雅》作'木'傍'參',音霜甚反,又疏廕反,又心廩反。《字林》作罧,音山沁反,義同。"《正義》引《爾雅·釋器》,云:"'槮謂之涔',……'槮'字,諸家本作'米'邊,《爾雅》作'木'邊,積柴之義也。……'涔'、'潛'古今字。"《説文》:"罧,積柴水中以聚魚也。从网,林聲。"聲谓:積柴非一木,故从林,林非一木;罧亦網類也,故从网。當依《字林》、《説文》作"罧",為正字。經作"潛"者,假借字;《傳》訓"糝"者,亦假借字;《爾雅》作"槮"者,形聲字之後出者也。

有來 《箋》:"有是來時雝雝然,既至止而肅肅然者,乃助王禘祭,百辟與諸侯也。"案:"有"讀如字,不可通。聲谓:"有"當讀為"又","辟公"當依王肅訓為"國君諸公"也。言又來者雝雝然,其至止時則肅肅然,彼何人哉?觀其相,厥為國君君公也。諸侯助祭,不止此一次,故見之者開口即曰"又來","雝雝"、"肅肅"皆其相也。此"相"字亦當讀為"樣式"之"樣"。詳《棫樸》。"和"與"敬"皆一時事,非又來時祇見其雝雝,至止時祇見其肅肅也。立言者不能無次弟,故曰"有來雝雝,至止肅肅"耳。見辟公之雝雝肅肅,因想起祭祀時天子有穆穆之容。於美哉!薦進廣牡之牲,辟公皆相我天子,陳其祀事。此"相"字訓為"助",文義方通。

假哉 《傳》:"假,嘉也。"案:假,大也。詳《噫嘻》"昭假"。《文王》:"假哉天命。"《傳》:"假,固也。"聲谓:二"假哉"語意略同,俱當依常訓,釋為"大",不必望文生義。

宣哲維人 《箋》:"宣,徧也。……又徧使天下之人有才知,以文德武功為之君故。"《正義》:"皇考徧使之有才智者維天下之人,謂皇考行化教之,令之有智。"案:《箋》、《疏》説無論添出"使之"、"行化教之"、"令之"等語,且當改經文為"宣人維哲"矣。聲谓:經文明係兩平,總由於"宣"字講不明,故有此許多轉折耳。《書·舜典疏》引虞喜《宣夜説》:"宣,明也。"《左氏春秋·僖二十七年傳》:"未宣其用。"《國語·晉語》:"武子宣法以定晉國。"又:"知右行辛之能以數宣物定功也。"注並云:"宣,明也。""宣哲"連文,猶之言"明哲"云爾。《烝民》:"既明且哲。"《書·説命上》:"知之曰明哲。"是也。人,當讀如"藹藹王多吉人"、"宜民宜人"之"人",謂臣也。《史記·燕召公世家》:"而以敵人為吏。"《索隱》:"人,猶臣也。"對下句"后"字,故知為臣。言大哉皇考,能安定我之孝子,故宣明哲知者維其臣,文德武功者維其后也。"綏予孝子"以下皆侑勸文王之詞,"宣哲維人"言臣皆明哲,"文武維后"言君皆文武也。侑文王,所以樂文王也。極之"燕及皇天,克昌厥后,綏我眉壽,介以繁祉",所以樂之者至矣。

燕及皇天 《傳》:"燕,安也。"《箋》:"文王之德安及皇天,謂降瑞應,無變異也。"案:訓"安"之字當作"宴"。經作"燕"者,同聲假借。宴,安也,引之有"樂"義。《左氏春秋·成二年傳》:"衡父不忍數年之不宴。"注:"宴,樂也。"《史記·樂書》:"宋音燕亦假借字。女溺志。"《集解》引王肅:"燕,歡悦也。"案:歡悦即樂也。《後漢書·鄭興傳》注:"燕,樂也。"燕及皇天,猶言歡樂及於皇天,所謂神喜人歡也。上下"綏"字皆訓"安","燕"復訓"安",語不可通。

克昌厥后 《箋》:"又能昌大其子孫。"據《箋》語,"后"當作"後"。作"后"者,同聲假借。《儀禮·聘禮記》:"君還而后退。"注:"而后,猶然後也。"《漢書·陳勝項籍傳贊》、《閩粤王傳》,《集注》並云:"后與後同,古通用字。"案:此句與上文"文武維后"連用二"后"字,亦同字異義者也。《三百篇》内此例甚多,阮氏元以《桑柔》"穀"、"谷"二字連用為同音義異,大非。詳見《桑柔》。

既右烈考 《傳》:"烈考,武王也。文母,大姒也。"《箋》:"烈,光也。子孫所以得考壽與多福者,乃以見右助於光明之考與文德之母,歸美焉。"案:本文祗言"既右"、"亦右",《箋》添出"見"字、"於"字,似非《詩》義。聲谓:二"右"字當讀如"以妥以侑"之"侑",《傳》:"侑,勸也。"《彤弓》:"一朝右之。"《傳》:"右,勸也。"作"右"者,同音假借。《周禮·大祝》:"以享右祭祀。"《釋文》:"右,勸也。"《儀禮·有司徹》:"右几。"注:"古文右作侑。"《周禮·大祝》:"以享右祭祀。"注:"右,讀為侑。"又:"令鐘鼓右,亦如之。"注:"右,讀亦當為侑。"以上皆"右"、"侑"相通之據也。自"假哉"以下,皆侑皇考之詞也。既侑烈考武王,亦侑文母太姒,仍以侑文王者侑之。先言"烈考",後言文母,為合韻耳。"文母"當依《箋》說"文德之母"。《正義》:"雖太姒自有文德,亦因文王而稱之。"其說非是,王氏引之《經義述聞》辨之甚詳。此章:有來雝雝,韻。《三鍾》。至止肅肅。韻。《一屋》。相維辟公,韻。《一東》。與"雝"韻。天子穆穆。韻。《一屋》。與"肅"韻。於薦廣牡,韻。莫己反。相予肆祀。韻。《六止》。假哉皇考,韻。《三十二晧》。綏予孝子。韻。《六止》。宣哲維人,韻。《十七真》。文武維后。韻。《四十五厚》。詳《時邁》。燕及皇天,韻。《一先》。與"人"韻。克昌厥后。韻。《四十五厚》。綏我眉壽,韻。《四十四有》、《四十九宥》。介以繁祉。韻。《六止》。既右烈考,韻。《三十二晧》。與上"考"、"后"、"后"、"壽"為韻。亦右文母。韻。满以反。與上"牡"、"祀"、"子"、"祉"為韻。此章用韻最奇古,"雝"、"公"一韻,"肅"、"穆"一韻。"考"、"后"、"后"、"壽"、"考"一韻:分之"考"、"壽"、"考"一韻,"后"、"后"自為一韻,以"后"字古有"戶"音也。"人"、"天"一韻,"牡"、"祀"、"子"、"祉"、"母"一韻。十六句而用六韻,《三百篇》中罕有者也。

曰求厥章 《箋》:"曰求其章也,[3]求車服禮儀之文章制度也。"《正義》述《傳》,曰:"此等皆能自求其章,謂能內脩諸己,自求車服禮儀文章,使不失法度,以此之故。"又述《箋》,曰:"曰求其章者,將自說其事,故言'曰'以目之,作者所稱'曰',非諸侯自言'曰'也。"聲谓:曰,詞也,其義與"惟"字近。《說文》作:"欥,詮詞也。从欠,从曰。曰亦聲。"引《詩》:"欥求厥寧。"案:《詩》作"遹求厥寧"。作"欥"者,除《說文》引《詩》外,惟《漢書·敘傳》一見。作"遹"者,假借。亦或作"聿",《墨子·尚同》引本詩作"聿求厥章"。案:作"聿"者亦假借。《毛鄭詩考正》曰:"《文選注》《江賦》。引《韓詩》薛君《章句》云:'聿,辭也。'即"詞"之借。《春秋傳》引《詩》:'聿懷多福。'《左傳·昭二十六年》。杜注云:'聿,惟也。'皆以為辭助。《詩》中'聿'、'曰'、'遹'三字互用。……《禮記》引《詩》:'聿追來孝。'《禮器》。今《詩》作'遹'。《七月》篇:'曰為改歲。'《釋文》云:'《漢書》作聿。'《角弓》篇:'見晛曰消。'《釋文》云:'《韓詩》作聿,劉向同。'《傳》

於'歲聿其莫',釋之為'遂';於'聿脩厥德',釋之為'述'。《箋》於'聿來胥宇',釋之為'自';於'我征聿至'、'聿懷多福'、'遹駿有聲'、'遹求厥寧'、'遹觀厥成'、'遹追來孝',並釋之為'述'。今考之,皆承明上文之辭耳,非空為辭助,亦非發語辭。而為'遂',為'述',為'自',緣辭生訓,皆非也。《說文》:'欥,詮詞也。'引《詩》:'欥求厥寧。'然則'欥'蓋本文,同聲假借,用'曰'、'聿'、'遹'三字。"[4]據此,則此"曰"字亦承明上文之辭,言"載見辟王,惟求厥章"。《疏》述毛,代以"自"字,固非是;述鄭,直以為"子曰"字,尤非《詩》義。章,章程也。《廣雅・釋器》:"章,程也。"《國語・周語》:"將以講事成章。"注:"章,章程也。"《素問・氣交變大論》:"政令者,氣之章。"注:"章,程也,式也。"諸侯朝見天子,惟合乎典章程式。"求"者,"仇"之借。詳《關雎》、《時邁》。《爾雅・釋詁》:"仇,合也。"諸侯朝覲天子,而且初次入覲,典禮甚鉅,不弟求車服禮儀之文章也。《傳》、《箋》所見皆小。互詳《周南》、《葛覃》"于"字。

陽陽 《傳》:"龍旂陽陽,言有文章也。"案:《周禮・考工記・畫繢之事》:"青與赤謂之文,赤與白謂之章。"此《傳》所謂"有文章"也。交龍為旂,故曰"有文章"。《君子陽陽》:"君子陽陽。"《傳》:"陽陽,無所用其心也。"聲谓:二"陽陽"字皆純取聲音而假借者,與字之本義無涉。

央央 《釋文》:"央,於良反。徐音英。"案:徐音非也。"英"从央聲,古亦讀"央"音。《清人》:"二矛重英。""英"與"彭"、"旁"、"翔"為韻。《詩》凡四見,《爾雅》一見,《楚辭》三見,並同。《出車》:"旂旐央央。"《傳》:"央央,鮮明也。"《六月》:"白旆央央。"《傳》:"央央,鮮明貌。"二"央央"皆狀其貌,此"央央"狀其聲者。據《出車釋文》:"央,本亦作英。"《六月》:"白旆央央。"《公羊春秋・宣十二年傳疏》、《爾雅・釋天》孫注作"帛旆英英"。聲谓:作"英"者,其本字;作"央"者,用古文。此"央央"猶之言"八鸞瑲瑲"、《采芑》。"八鸞鶬鶬"《烈祖》。耳。"鶬"即"瑲"之假借字;"瑲"、"央",疊韻字。《文選・東京賦》注作"和鈴鉠鉠":"鉠"从金者,形聲字;作"央"者,亦用古文。

鶬《傳》:"鞗革有鶬,言有法度也。"《箋》:"鶬,金飾貌。"《釋文》:"鶬,七羊反。本亦作鎗,同。"《烈祖》:"八鸞鶬鶬。"《傳》:"八鸞鶬鶬,言文德之有聲也。"《釋文》:"鶬,……本又作鏘。"案:作"鏘"者,形聲字,猶之言"佩玉將將"、《有女同車》。《楚辭注·二》作"佩玉鏘鏘"。"鸞聲將將"、《庭燎》。《文選注·二十》作"鑾聲鏘鏘"。"八鸞將將"、《烝民》,又《韓奕》。《釋文》並云:"將,本又作鏘。""磬筦將將"。《執競》。《說文·金部》作"磬筦鏘鏘"。字亦作"瑲"。《采芑》:"八鸞瑲瑲。"《傳》:"瑲瑲,聲也。"案:从玉與从金,一也,皆形聲字矣。聲谓:"有鶬"與"鶬鶬"異:"鶬鶬"者,狀其聲;"有鶬"者,舉其飾。《傳》與《箋》同義,《疏》以為即《韓奕》之"金厄",是也。與"有瑲"亦異;《采芑》之"有瑲葱珩",明係玉聲也。《說文·玉部》引作"鞗革有瑲"。聲谓:"鞗革"即轡首,不得有玉聲,亦假借字也。猶之《禮·經解》注"然後玉鎗鳴也",玉不得有鎗聲,"鎗"又"瑲"之假借字也。

休《箋》:"休者,休然盛壯。"《正義》述《傳》,曰:"此旂、和鈴、革如是休然盛壯而有顯光。"又述《箋》,曰:"'休'與'烈光'連文,故為'盛壯'。"案:《廣雅·釋詁·一》:"休,喜也。"《國語·周語》:"為晉休戚。"注:"休,喜也。"又《爾雅·釋言》:"休,慶也。"《國語·周語》:"以承天休。"注:"休,慶也。"《楚語》:"無不受休。"注:"休,慶也。"言諸侯入覲天子,喜慶而又顯明也;有,讀為又。屢見。依《傳》、《箋》,此句仍指"旂"、"和鈴"、"革"說,既贊其"陽陽"、"央央"、"有鶬"矣,又美其壯盛而有顯光,未免疊床駕屋,不可通矣。

率見昭考《傳》:"昭考,武王也。"《箋》:"諸侯既以朝禮見於成王,至祭時,伯又率之見於武王廟,使助祭也。"《正義》:"以《顧命》畢公、召公為二伯,率諸侯,故知此亦伯率之。"案:《正義》述《序》,謂"周公居攝七年而歸政成王,成王即政,諸侯來朝,於是率之以祭武王之廟,詩人述其事而為此歌焉。"案:《正義》謂成王率之也。聲谓:成王率之,語較適。下文"以孝以享,以介眉壽","享"與"介壽"可以兼他人言,"孝"字非嗣王不克當也。三"以"字即根"率"字來,天子致諸侯於廟中曰"助祭",諸侯從天子於廟中曰"率見”,《箋》語“伯又”二字未免横添。

亦白 《傳》:“殷尚白也。亦,亦周也。”《箋》:“亦,亦武庚也。武庚為二王後,乘殷之馬,乃叛而誅,不肖之甚也。今微子代之,亦乘殷之馬,猶賢而見尊異,故言‘亦’,駮而美之。”聲谓:“亦”字當讀如《那》“萬舞有奕”之“奕”,《傳》:“奕奕然閑也。”言奕奕然閑而白者,我客之馬也。作“亦”者,假借字。詳《文王》、《豐年》。《傳》云“亦周也”,必如《疏》云“亦如我周自乘所尚”,未免横添;《箋》云“亦武庚也”,添出“武庚為二王後”四十餘字,尤為詞費:皆不善解“亦”字之過也。“奕”訓為“奕奕然閑”,猶“振鷺于飛”“振”訓為“振振然羣飛”也。

萋且 《傳》:“萋、且,敬慎貌。”《箋》:“其來威儀萋萋且且,盡心力於其事。”《釋文》:“且,七序反。”案:《葛覃》:“維葉萋萋。”《傳》:“萋萋,茂盛貌。”《説文》:“萋,艸盛。从艸,妻聲。《詩》曰:‘菶菶萋萋。’”《爾雅·釋訓》:“萋萋,梧桐之貌。”[5]案:梧桐盛茂也。《大田》:“有渰萋萋。”《傳》:“萋萋,雲行貌。”案:雲行之盛也。《廣雅·釋訓》:“萋萋,茂也。”《文選·籍田賦》注引《韓詩章句》:“萋萋,盛也。”且,《釋文》“七序反”者,“怚”之假借字也。《説文》:“怚,驕也。从心,且聲。子去切。”《方言·十二》:“怚,劇也。”注:“謂勤劇,音驕怚。”據此,是古有“驕怚”語。案:古“驕”字與“桀”字略同。《甫田》“維莠驕驕”、“維莠桀桀”是也。《説文》:“驕,馬高六尺為驕。从馬,喬聲。《詩》曰:‘我馬唯驕。’”《碩人》:“四牡有驕。”《傳》:“驕,壯貌。”字亦作“駔”。今音“子朗切”。《鴻烈解·氾論》:“段干木,晉國之大駔也。”高注:“駔,驕也。”[6]據此,則“怚”有“勤劇”、“驕壯”之義。惟驕壯,故勤劇,其義一也。《詩》作“且”者,用古文。二“有”字當讀為“又”,言又萋若草之茂盛,又且若馬之驕壯也。《傳》、《箋》云云與《爾雅·釋訓》“藹藹、萋萋,臣盡力也”語,皆望文生義。“且”字詳《山有扶蘇》。此“且”字與彼“且”字大同小異也。

敦琢其旅 《箋》:“敦琢者,以賢美之,故玉言之。”《釋文》:“敦,都回反。徐又音彫。”《正義》:“又敦琢其從行之徒旅，言選擇從者如敦琢玉然。”又述《箋》，曰：“謂以治玉之事擇人也。《釋器》云：‘玉謂之雕。’又云：‘玉謂之琢。’是‘雕’、‘琢’皆治玉之名。敦、雕，古今字。”案：“雕鏤”字本作“彫”，《書·五子之歌》：“峻宇彫牆。”《論語·公冶長》：“朽木不可彫也。”《孟子·梁惠王下》：“必使玉人彫琢之。”亦作“琱”，《漢書·貢禹傳集注》：“琱，字與彫同。”《文選·南都賦》：“琢琱狎獵。”注：“琱與彫，古字通也。”亦作“錭”。《荀子·富國》：“錭琢刻鏤。”注：“錭，與彫同。”“彫”字見《說文》，“琱”、“錭”二字皆形聲字之後出者也。經作“敦”者，古人音濁，“彫”音讀近“刀”，“刀”、“敦”一聲也。《行葦傳》：“敦弓，畫弓也。”《疏》：“敦與彫，古今之異。”《禮·少儀》：“車不雕幾。”注：“雕，畫也。”毛以“敦弓”為“畫弓”，故《疏》知為“雕”之異文，“雕”即“彫”。見上。

淫威 《傳》：“淫，大。威，則。”《箋》：“既有大則，謂用殷正朔，行其禮樂如天子也。”《正義》：“又歎美微子得為王者之後，用其正朔，行其禮樂。既有大法則矣，神明降與之福則又甚易。”案：方言王命餞送，左右安樂之，忽然又歎美其為王者之後，語無倫次，恐非《詩》義。聲谓：方餞送安樂之時，原有依依不舍之情，奈祭畢而歸國，原為朝廷大法，故餞送。及左右之人相與慰籍之，曰：“既有大法，歸國後神降之福亦甚易耳。”如此講，不惟於義甚安，亦恰合當時情事。此章：有客有客，亦白其馬。韻。音“姥”。有萋有且，七序反。敦琢其旅。韻。《八語》。有客宿宿，有客信信。言授之縶，以縶其馬。韻。見上。薄言追韻。《六脂》。之，左右綏韻。《六脂》。之。既有淫威，韻。《八微》。降福孔夷。韻。《六脂》。中四句始韻；末四句，句句韻。不可以後世之法論也。

嗣武 《傳》：“武，迹。”《箋》：“嗣子武王受文王之業。”案：《傳》是也。開口便鄭鄭重重曰“於皇武王”；上句“克開厥後”，“厥後”亦指武王。言文王能開厥後，厥後繼其迹而受之也。《箋》語不殊毛，以“武”為武王，語意稍遜。

耆 《傳》：“耆，致也。”《箋》：“耆，老也。……年老乃定女之此功，言不汲汲於誅紂，須暇五年。”《釋文》：“耆，毛音指，致也。鄭巨移反,《韓詩》音同。鄭云:‘惡也。’”《皇矣》:“上帝耆之。”《傳》:“耆,惡也。”案:武王在位十有九年,壽九十三歲。十三年伐紂,時武王八十七歲,是觀兵時武王年已八十二歲,即不待此五年,武王已不可謂不老。《箋》訓“耆”為“老”,望文生義,非是。案:《禮·郊特牲》:“伊耆氏。”《史記·五帝紀》注作“伊祁氏”。“耆”、“祁”同音,故通假。《吉日》:“其祁孔有。”《傳》:“祁,大也。”“耆”為“祁”之借;“耆定爾功”,猶言大定爾功耳。案:“祁”亦假借字。據《周書·謚法》:“耆,强也。”《廣雅·釋詁·一》:“耆,强也。”《左氏·昭二十三年傳》:“不懦不耆。”注:“耆,彊與“强”同。也。”又《爾雅·釋詁》:“耆,長也。”“强”與“長”皆有“大”義,即訓“耆”為“大”亦通。《傳》訓“致”,亦古誼也,較《箋》義為優。此章:於皇武王,韻。《十陽》。無競維烈。允文文王,韻。同上。克開厥後。韻。《四十五厚》。嗣武受韻。《四十九宥》。之,勝殷遏劉,韻。《十八尤》。與“後”、“受”上、去、平為韻。耆定爾功。自來治《詩》者皆以為末句無韻。聲案:《通志·六書略·論急慢聲諧》:“又如語言之中慢聲為‘激搏’、急聲為‘郭’,慢聲為‘中央’、急聲為‘張’者,亦是也。《古豔歌》曰:‘蘭草自然香,生於大道傍。十月鉤鐮起,並在束薪中。’此‘中央’之為‘張’也。張平子《西京賦》云:‘翔鶤仰而弗逮,洖青鳥與黃雀。伏櫺檻而俯聽,聞雷霆之指激。’此則‘激搏’之為‘郭’也。”鄭氏蓋以“中”字叶上“香”、“傍”,自然有“張”音;“激”字叶上“雀”字,自然有“郭”音。其論雖未必盡然,然於古人雙聲之說實相發明。此詩“功”字與“光”字為雙聲,或者古人韻濁,讀“功”字與“光”字音近,與上二“王”字為韻,抑或如鄭氏所云,以“功”字叶上二“王”字為韻,“功”字亦自有“光”音矣,未敢臆斷。又據《左氏春秋·宣十二年傳》:“又作《武》,其卒章曰:‘耆定爾功。’其三曰:‘鋪時繹思,我徂維求定。’其六曰:‘綏萬邦,屢豐年。’”案:“耆定爾功”,今屬《武》之末句,而謂之末章。所引《賚》與《豐年》二詩,[7]與今《詩》篇次不同,恐“耆定爾功”之末章另有全章,亦未可知。今《詩》篇章次弟是否孔子所訂,亦不可考。“耆定爾功”與全篇不韻,必有其說,不敢臆斷,闕疑可也。

閔予小子之什

閔 《傳》:“閔,病。”《箋》:“閔,悼傷之言也。……可悼傷乎!我小子耳!”《說文》:“閔,弔者在門也。从門,文聲。”據此,則“悼傷”者,“閔”字之本義也。悼傷之甚則病矣;《傳》與《箋》義,一也。

造 《傳》:“造,為。”《箋》:“造,猶成也。……遭武王崩,家道未成。”案:“為”與“成”皆常訓也。經曰“不造”,“成”義較優,然必為而後成,《傳》與《箋》一義也。

嬛嬛在疚 《傳》:“疚,病也。”《箋》:“嬛嬛然孤特,在憂病之中。”《釋文》:“嬛,其傾反,本作惸。疚,本又作宊,音救。”案:“嬛”作“惸”是也。已屢見。作“宊”者,《說文》:“宊,貧病也。从宀,久聲。《詩》曰:‘惸惸在宊。’”案:《說文》是也。疾病字作“疚”,《釋名·釋疾病》:“疚,久也,久在體中也。”憂病字當作“宊”,宀為交搆深屋,久居深屋,會憂病之義,仍取久聲也。《左氏春秋·哀十六年傳》作“惸惸余在疚”,《周禮·大祝》注亦引作“嬛嬛余在疚”;[8]字作“疚”者,皆假借字。兩書皆多一“余”字,蓋傳習之異。

陟降庭止 《傳》:“庭,直也。”《箋》:“陟降,上下也。……念此君祖文王,上以直道事天,下以直道治民,信無私枉。”《文王》:“文王陟降。”《傳》:“言文王升接天,下接人也。”《大田》“既庭且碩”、《韓奕》“榦不庭方”《傳》,《爾雅·釋詁》,《國語·周語》“以待不庭不虞之患”注,並云:“庭,直也。”案:“庭”古亦訓為“正”。《文選·西京賦》:“參塗夷庭。”薛注:“庭,猶正也。”聲谓:直者必正,故“正”、“直”字往往相連。言文王上接天,下接民,一以正直也。下章之“紹庭上下”,即紹繼此陟降之正直也。後世讀“庭”為“庭堂”字,於“紹庭上下”不可通矣。詳《文王》及《訪落》。

率時昭考 《傳》:“時,是。率,循。”《箋》:“成王始即政,自以承聖父之業,懼不能遵其道德,故於廟中與群臣謀我始即政之事。群臣曰:‘當循是明德之考所施行。’故答之以謙,曰:

‘於乎！遠哉！’”聲谓：此詩為成王作，作詩者必肖其口吻，即後世所謂代字訣也。《詩》言訪謀於是乎始，予惟有率是昭考而已。我昭考於乎遠矣，豈易言“率”哉？朕未有治斷，即扶持予進而就之，繼先人之道，恐仍不免於盤桓詳下。也。《箋》說轉折太多，且於文外横添；解“艾”為“數”，詳下。亦屬望文生義：斷非《詩》意。

艾 《箋》：“艾，數。……我於是未有數，言遠不可及也。”《釋文》：“艾，五蓋反。徐音刈。”《正義》：“《釋詁》云：‘艾，歷也。歷，數也。’轉以相訓，故‘艾’為‘數’。”案：“徐音刈”是也。《小旻》：“或肅或艾。”《傳》：“艾，治也。”“艾”从艸，乂聲，訓為“冰臺”者與訓為“治理”者皆讀一音也。《漢書》凡“艾治”字皆注“讀曰乂”，亦或作“刈”。《漢書·五行志中之上》、《地理志下》、《賈誼傳》、《朱買臣傳》、《匈奴傳下》，《集注》皆云：“艾，讀曰刈。”《爾雅·釋訓釋文》：“乂，本作刈。”據此，則“艾”、“乂”、“刈”三字，古本通假也。聲谓：艾，治也，斷也。《爾雅·釋詁》：“艾，治也。”[9]《周書·謚法》、《大戴記·曾子立事》“戰戰唯恐不能艾”注、《洪範五行傳》“是謂不艾”注、《國語·楚語》“猶自謂未艾”注，並云：“艾，治也。”《大戴記》“唯恐不能艾”與《楚語》“猶自謂未艾”二語，尤為此詩切實注腳。《釋名·釋長幼》：“五十曰艾。艾，乂也。乂，治也。治事能斷割，芟刈無所疑也。”《廣雅·釋詁·一》：“刈，斷也。”言率是昭考，於乎遠矣，以朕未有治斷也；扶進予而就之，不過繼先人之道盤桓泮渙，“盤桓”之借。而已。詳下。

將 《樛木》：“福履將之。”《那》：“湯孫之將。”《烈祖》：“我受命溥將。”《箋》並云：“猶扶助也。”《無將大車》：“無將大車。”《箋》：“將，猶扶進也。”《廣雅·釋言》：“將，扶也。”《漢書·杜欽傳》、《趙尹韓張兩王傳》，《集注》並云：“將，助也。”將予就之，扶助予而成就之也。

繼猶判涣 《傳》：“猶，道。判，分。涣，散也。”《箋》：“猶，圖也。繼續其業，圖我所失，分散者收斂之。”案：“判涣”即“伴奐”也，詳《卷阿》。皆疊韻字。平聲亦作“盤桓”。《易·

屯》："盤桓，利居貞。"馬注："盤桓，旋也。"又《象上傳》："雖盤桓。"荀注："盤桓者，動而退也。"《文選·西京賦》："奎踽盤桓。"薛注："盤桓，便旋也。"《幽通賦》："竚盤桓而且俟。"曹注："盤桓，不進也。"《西京賦》注引《廣雅》，亦云："盤桓，不進也。"漢《張表碑》："畔桓利貞。""盤"作"畔"。蓋"盤"、"桓"皆假借字，故可以作"盤桓"，亦可作"判渙"、"伴奂"、"畔渙"、《漢書》。"叛換"，《魏都賦》。或同聲假借，或聲近假借。"判渙"即"盤桓"，在不賢者為恣睢，在賢者為舒散，由舒散之義引之為盤旋不進之貌。後世又別作"徘徊"，皆一聲之轉也。經言將予就之，繼先人之猷，即"猶"。不免於盤桓不進者，一以見朕之未有治斷，一以見昭考之遠莫能及也。"判渙"二字，《傳》、《箋》皆未免望文生義矣。

堪 《小毖》："未堪家多難。"《傳》："堪，任。"《箋》："我，小子耳，未任統理國家眾難成之事。"案：堪，任也。《國語·周語》："何德以堪之。"又："若不堪重。"注並云："堪，任也。"亦訓為"勝"。《爾雅·釋詁》："堪，勝也。"《國語·晉語》："口弗堪也。"《列子·仲尼》："堪秋蟬之翼。"注並云："堪，猶勝也。"案：勝之，方能任之，是"勝"義在"任"義前矣。經云"未勝任"耳，兼兩義，尤合語氣。

多難 《箋》："多，眾也。未任統理國家眾難成之事。難成之事，謂諸政有業未平者。"《正義》："'多，眾'，《釋詁》文。"案：《釋名·釋言語》："難，憚也，人所忌憚也。"《國語·晉語》："甚哉！善之難也。"注："難，難為也。"《莊子·說劍》："瞋目而語難。"《釋文》："難，艱難也。"據此，則所謂難者，大抵艱難之意耳。多難，猶後世所謂繁難耳，繁亦多也。維予小子，未勝任國家繁難之事也。《釋文》："協韻，乃旦反。"後世之說也。古人不分四聲，"難"字與下文"身"字亦韻也。詳下。

"紹庭上下"二句 《箋》："紹，繼也。厥家，謂群臣也。繼文王'陟降庭止'之道，上下群臣之職以次序者。"案："上下"即"陟降"也。"庭"訓"直"，"陟降"訓"事天治人"，故云"紹陟降上下"也。此為轉注。"陟降厥家"乃"陟降庭止”中之一事,猶之《敬之》言“陟降厥士”也。詳下。後儒解為“上下於庭,陟降於家”,以生人而繼神明之陟降,語不可通,當依《箋》說。臣工之幽明,不能不加以黜陟。黜陟其身,即黜陟其家,故曰“陟降厥家”。詳《文王》、《閔予小子》。

保明 《箋》:“美矣,我君考武王能以此道尊安其身。謂定天下,居天子之位。”《正義》:“言‘尊安其身’,則以‘保’為‘安’,‘明’為‘尊’。《禮運》云:‘君者所明。’注云:‘明,猶尊也。’以此道尊安其身,謂用此文王之道以定天下,居天子之位,是安而且尊也。”案:保,安也;明,顯也。“身為天子,富有四海”,[10]以保其身;“德為聖人”,“身不失天下之顯名”,以顯其身:《中庸》語可為“保”、“明”二字注腳。《箋》以“尊安”訓“保明”,不惟倒置,而且疏略矣。此章:訪予落止,韻。《六止》。率時昭考。韻。《三十二晧》。於乎悠韻。《十八尤》。哉,朕未有艾,韻。《十四泰》。將予就韻。《四十九宥》。之,繼猶判渙。韻。《二十九換》。維予小子,韻。《六止》。與上“止”、“艾”上、去為韻。未堪家多難。韻。《二十五寒》。紹庭上下,韻。音户。陟降厥家。音姑。與上“下”平、上為韻。休矣皇考,韻。《三十二晧》。與上“考”、“悠”、“就”上、去、平為韻。以保明其身。韻。《十七真》。與上“渙”、“難”平、去為韻。

陟降厥士 《傳》:“士,事也。”《箋》:“天上下其事,謂轉運日月,施其所行。”案:《詩》言“陟降”者四:《文王》之“文王陟降”,一;《閔予小子》之“陟降庭止”,二;《訪落》之“陟降厥家”,三;本詩之“陟降厥士”,四。毛惟於《文王》“文王陟降”發《傳》,云:“言文王升接天,下接人也。”其餘皆不發《傳》。意者,一可以概三也。聲谓:此“陟降厥士”亦當指人君說。上文“無曰高高在上”,開下文“日監在兹”,詳下。合中間就人君說,愈覺危悚,所以疏“敬之敬之”句也。言無謂天高而又高,在上若無聞見;人君升降厥事,天固日監在兹:一舉一動,絲豪不能遁飾也。人君之心,與天心呼吸相通。“陟降厥事”,固非日月之運行,即“日監在兹”,亦“時日”之“日”,非“日月”之“日”也。“陟降厥事”就人君說,是最要語,若講作“日月之運行”,

便成閒話矣。天固可以監觀四方,又何必添出“日月”? 甚矣,《箋》語之望文生義也。“士”訓“事”,常訓也。已屢見。《正義》:“士,察也。獄官謂之士者,言其能察理眾事,是‘士’為‘事’之義。”取義迂曲費力。

不聽 《箋》:“群臣戒成王以‘敬之敬之’,故承之以謙,云:‘我,小子耳,不聰達於“敬之”之意。’”《兔爰》:“尚寐無聰。”《傳》:“聰,聞也。”《廣雅·釋詁》:“聰,聽也。”《書·洪範》:“聽曰聰。”《春秋繁露·五行五事》:“聽曰聰。”《易·象下傳》:“聰不明也。”《疏》:“聰,聽也。”《說文》:“聰,察也。”案:《玉篇》:“不,詞也。”王氏引之曰:“經傳所用,或作‘丕’,或作‘否’,其實一也。有發聲者,有承上文者。其發聲者,如《西伯戡黎》之‘我生不有命在天’,某氏《傳》曰:“我生有壽命在天。”蓋“不”為發聲。不有,有也,與他處“不”訓為“弗”者不同,“不有命在天”下不須加“乎”字以足之也。《史記·殷本紀》云:“我生不有命在天乎?”失之矣。《逸周書·大匡》曰:‘二三子不尚助不穀。’下“不”字訓為“弗”,上“不”字則詞,孔晁注:“不尚,尚也。”又:‘我不則寅哉寅哉。’孔晁注:“不則,言則也。”《車攻》曰:‘徒御不警,大庖不盈。’《傳》:“不警,警也。不盈,盈也。”《菀柳》曰:‘有菀者柳,不尚息焉。’又:‘不尚愒焉。’”王氏曰:“不尚,尚也。”“不聰”“不”字,聲謂亦語詞也。聰為聽,“不聽敬之”,言聽敬之也。若訓“不”為“弗”,且以為“承之以謙”,添許多轉折。盛世之君臣,交儆皆讜言莊論,何所用其謙? 且亦不必謙。後儒不得其旨,動曰“謙詞”,未免以私意測聖人矣。

就將 《傳》:“將,行也。”《箋》:“日就月行,言當習之以積漸也。”案:“就”、“將”即《訪落》之“將予就之”“就”、“將”二字也。“就”者,“蹴”之古文。《孟子》:“曾西蹵然。”趙注:“蹵然,猶蹵踖。”“蹵”本从“就”得聲,因音轉讀若“踧”,故字亦作“踧”。《字林》:“踧踖,不進也。”《說文》:“蹴,躡也。从足,就聲。”將,“蹡”之古文也。《說文》:“蹡,行皃。从足,將聲。”《廣雅》:“蹡蹡,走也。”《廣韻》:“踉蹡,行不正皃。”案:行不正,其行必不能速,故與“蹵躡”字為類。聲谓:“蹴”訓“躡”,“蹡”訓“行皃”,皆欲進而不能速進之義。《箋》所謂“習之以積漸”,訓“日月”字也。言日則趯踖,月則跟蹡,庶幾“學有緝熙于光明”也。詳下。

學有緝熙于光明 《傳》:“光,廣也。”《箋》:“緝熙,光明也。……且欲學於有光明之光明者,謂賢中之賢也。”案:《詩》言“緝熙”者五,除《載見》“俾緝熙于純嘏”《傳》、《箋》無訓釋外,餘《文王》:“於緝熙敬止。”《傳》:“緝熙,光明也。”《昊天有成命》:“於緝熙。”《傳》:“緝,明。熙,廣。”《箋》:“廣,當為光。……字之誤也。”《維清》:“維清緝熙。”《箋》:“緝熙,光明也。”聲據《說文》、《史記》《漢書》《後漢書》注、《文選注》釋“緝”為合也、會聚也,“熙”為福也、美也,“緝熙”為合聚福美,且引《漢書·楊雄傳下》“則不足以揚鴻烈而章緝熙”,“緝熙”與“鴻烈”儷文為據。詳《文王》。“緝熙”為合聚福美,“有”當讀為“又”,“于”當讀曰“為”。《定之方中》“作于楚宮”、“作于楚室”,張載《魏都賦》注引為“作為楚宮”、“作為楚室”。《儀禮·士冠禮》曰:“宜之于假。”鄭注曰:“于,猶為也。”《聘禮記》曰:“賄在聘于賄。”注:“于,讀曰為。”《史記·秦始皇帝紀》曰:“請刻于石表,垂于常式。”言垂為常式也。《三王世家·封齊王策》曰:“惟命不于常。”褚少孫釋之曰:“唯命不可為常。”是也。言學又合聚福美,以為光明。肩荷非輕,故又曰“佛時仔肩”也。

佛時仔肩 《傳》:“佛,大也。仔肩,克也。”《箋》:“佛,輔也。仔肩,任也。”《正義》:“佛之為大,其義未聞。《釋詁》云:‘肩,克也。’直以肩為克耳。《傳》言‘仔肩,克也’,則二字共訓為‘克’,猶‘權輿’之為‘始’。《箋》亦云‘仔肩,任也’,雖所訓不同,亦二字共義。”案:“仔肩”字與“權輿”大不同,“權輿”皆實字。詳《夏屋》。《說文》:“奔,大也。从大,弗聲。讀若‘予違汝弼’。”《廣雅·釋詁·一》:“奘,即“奔”。大也。”“佛”蓋“奔”之假借也。《廣韻》:“胇肸,大貌。”“胇肸”即“佛肸”也。是佛亦有大義。《廣韻》雖後世書,然必有所本。《說文》:“仔,克也。从人,子聲。”《廣雅·釋言》:“仔,克也。”《書·盤庚下》:“朕不肩好貨。”《傳》:“肩,任也。”“佛時仔肩”猶云大是克肩,言不易肩荷也。“佛”訓“大”,從毛;“仔肩”當兼毛、鄭

“克”、“任”二義矣。惟其不易肩荷，故望其示我以顯明之德行也。《韓詩》作“弗時仔肩”，“弗”、“佛”古今字。《說苑·君道》作“弗時孜肩”，“仔”、“孜”同音假借。

荓蜂

《傳》：“荓蜂，摩曳也。”《箋》：“羣臣小人無敢我摩曳，謂為譎詐誑欺，不可信也。”《釋文》：“荓，普經反。《爾雅》作甹，音同。蜂，本又作夆。”案：《桑柔》：“荓云不逮。”《釋文》：“荓，字又作迸。”是也。《一切經音義·四》引《字書》：“迸，散走也。”《說文·新附字》：“迸，散走也。从辵，并聲。”《文選·魏都賦》注引《字書》：“迸，散走也。”又《海賦》注引《字書》：“迸，散也。”此“荓”字亦當為“迸”之假借，依各書訓為“散走”也。已詳《桑柔》。荓，《說文》：“馬帚也。从艸，并聲。”其為假借字無疑。“蜂”即“蜂蠆”之“蜂”，《說文》作“逢”，“飛蟲螫人者”。荓蜂，散蜂也。蜂聚於窠中，原不至於螫人；至於散蜂，則成羣亂飛，斷不可嚮邇矣。“予”即“與”之假借。《一切經音義·三》引《三蒼解詁》：“予，此亦與字。”《干旄》：“何以予之。”《論衡·率性》作“何以與之”。《采菽》：“何錫予之。”《白虎通·考黜》作“何錫與之”。《史記·夏本紀》：“與益予眾庶稻，鮮食。”《索隱》：“予，謂‘施予’之‘予’。”《荀子·大略》：“然而有所共予也。”注：“予，讀為與。”《易·咸》：“二氣感應以相與。”《釋文》引鄭注：“與，猶親也。”《管子·霸言》：“諸侯之所與也。”注：“與，親也。”又《形勢》：“見與之交，幾於不親。”注：“與，親與也。”《莊子·大宗師》：“孰能相與於無相與。”《釋文》：“與，猶親也。”言親與荓蜂，是自求辛苦毒螫也，故云“莫”以戒之。小人成羣結黨，比之以散蜂，猶《史記》之言“蠭起”，《項羽紀》：“楚蠭起之將。”《集解》：“蠭起，猶言逢午。”非是。《漢書》之言“蠭生”《中山靖王傳》：“讒言之徒蠭生。”注：“蠭，與鋒同。”非是。也。此言“荓蜂”，下文言“桃蟲”，言“鳥”，言“蓼”，皆比體也。王氏安石以“荓蜂”為“使蜂”，不惟纖小，且失古人語妙，朱、呂大儒亦遵用之，何也？

“肇允彼桃蟲”二句

《傳》：“桃蟲，鷦也，鳥之始小終大者。”《箋》：“肇，始。允，信也。始者信以彼管蔡之屬,雖有流言之罪,如鷦鳥之小,不登誅之,後反叛而作亂,猶鷦之翻飛為大鳥也。鷦之所為鳥,題肩也,或曰鴞,皆惡聲之鳥。”案:《爾雅·釋言》:“肇,敏也。”《釋詁》:“允,佞也。”《說文》:“佞,巧讇高材也。”《廣雅·釋詁》:“佞,巧也。”《史記·周本紀》:“為人佞巧。”桃蟲之為物,最為工巧,有“巧雀”、“工雀”、“巧匠”、“巧女”、“巧婦”、“女匠”、“襪匠”見《詩疏》及《爾雅注》、《方言》諸書。諸名,故以“敏”與“佞”稱。拚,《箋》讀為“翻”。言敏而佞巧者,桃蟲也;當翻飛之時,總不離乎鳥也。比小人流言生事,雖極其敏巧,識者終不能恕其為小人也。鷦之為鳥,是否“始小終大”,姑勿具論;經文但言“維鳥”,何以知其必為“大鳥”乎?經傳言“鳥”者,《書·君奭》:“我則鳴鳥不聞。”鄭注:“鳴鳥,謂鳳也。”馬注:“鳴鳥,謂鳳皇也。”《六月》:“織文鳥章。”《傳》:“鳥章,錯革鳥為章也。”《周禮·司尊彝》:“裸用雞彝、鳥彝。”注:“雞彝、鳥彝,謂刻而畫之,為雞、鳳皇之形。”《大戴記·夏小正》:“丹鳥羞白鳥。”《傳》:“有翼者為鳥。”《楚辭·自悲》:“鳥獸驚而失羣兮。”注:“飛者為鳥。”《文選·鸚鵡賦》注引《韓詩章句》:“鳥,微物也。”據此,則“鳥”固總名。但言“鳥”,不必定為小鳥,亦不必定為大鳥也。聲以“鸚鵡能言,不離飛鳥”之語例之,或者得詩人之意,未可知也。

予又集于蓼《傳》:“我又集于蓼,言辛苦也。”《箋》:“集,會也。未任統理我國家眾難成之事,謂使周公居攝時也。我又會於辛苦,遇三監及淮夷之難也。”《正義》述毛,引“王肅云:‘非徒多難而已,又多辛苦。’是說將來之事,對‘多難’為文。”《說文》:“蓼,辛菜,薔虞也。从艸,翏聲。”案:書傳說“蓼”者甚多,惟《禮·內則》:“膾秋用蓼。”《急就篇》:“葵、韭、蔥、䪥、蓼、蘇、薑。”曹植《藉田賦》:“好辛者植乎蓼。”任昉《述異記》:“菜之辛者謂之蓼。”《本草》:“水蓼。”唐本注云:“葉似蓼,莖赤,味辛。”《古今注》:“荼,蓼也。紫色者,荼也;青色者,蓼也。其味辛且苦,長食明目。”李時珍曰:“古人種蓼為蔬”,後世惟麴用其汁。《六書故》:“蓼,辛菜也。其類不一,多節者味辛,古人以和羹,今人以為麴。”以上書與《正義》

“蓼，辛苦之菜”語合。“又”字承“未堪家多難”，“集”字跟上“桃蟲”字、“鳥”字不粘不脱，在可解不可解之間。既未堪多難，又集於辛苦之地，此後患之所以毖也。通篇皆有謹小慎微之意，王肅之義優矣。此章：予其懲而毖後患，韻。《三十諫》。莫予荓蜂，韻。《三鐘》。自求辛螫。肇允彼桃蟲，韻。《一東》。拚飛維鳥，韻。《二十九篠》。未堪家多難，韻。《二十五寒》。與上“患”字平、去韻。予又集於蓼。韻。《二十九篠》。與上“鳥”字韻。

芟柞 《傳》：“除草曰芟，除木曰柞。”《正義》曰：“《隱六年左傳》云：‘如農夫之務去草焉，芟夷蘊崇之。’是除草曰芟也。《秋官·柞氏》：‘掌攻草木及林麓。’是除木曰柞。”《説文》：“芟，刈艸也。从艸，从殳。所銜反。”[11]徐鍇《説文繫傳》作“从艸，殳聲”。《説文·木部》：“楈，……讀若‘芟刈’之‘芟’。”案：楈，“从木，胥聲”，是古音从“殳”得聲。“芟”與“殳”為雙聲，此《唐韻》所以讀為“所銜反”也。聲案：《車攻傳》曰：“田者，大芟草以為防。”此即“除草”字，一義。《周禮·肆師》：“嘗之日，涖卜來歲之芟。”此“芟”字似指所芟之草言。注云：“芟，芟草除田。”非是。詳下。二義。《國語·齊語》：“耒、耜、枷、芟。”韋注：“芟，大鎌，所以芟草也。”《通鑒》：“蜀民爭操芟刀以助官軍。”注：“芟刀，農家所以芟草。”與《國語》注同。三義。山東青州府壽光縣北鄉窪地不長穀，惟生一種草，似葦荻而細長，七八尺，土人名曰“芟”。苫屋助薪，利益甚溥，彼處人恃此以為生。“芟”之為字，从艸，殳聲絕無義意。芟，草名也，形聲字。草必須芟刈，《左傳》之“芟夷”即“芟刈”也，“夷”為假借字。故亦借為“芟刈”字。芟草長大，刈之必須大鎌，故芟刈芟草之鎌亦名為芟。《漢書·賈誼傳》：“故蘄去不義諸侯而虛其國。”顏注：“蘄，讀與芟同，謂芟刈之。”案：作“蘄”者，亦假借字，《説文》以“蘄”為“草木漸包”字。《緜》：“柞棫拔矣。”《傳》：“柞，櫟也。”《采菽》：“維柞之枝。”《釋文》：“柞，木名。”《説文》：“柞，木也。从木，乍聲。”據此，則“柞”為木名。訓“除木”者，假借字也。《周禮·秋官·序官》：“柞氏。”注：“柞，除木之名。除木者，必先刊剝之。”《正義》不引此而引“柞氏”職語，未免疏略。據此，則“芟”、“柞”皆假借字。

澤澤 《箋》:"土氣烝達而和,耕之則澤澤然解散。"《釋文》:"澤澤,音釋釋,注同。《爾雅》作郝,音同,云:'耕也。'郭云:'言土解也。'"《史記·孝武紀》:"先振兵澤旅。"《集解》引徐廣:"古釋字作澤。"《爾雅》作"郝郝,耕也",舍人注:"釋釋,猶藿藿,解散之意。"案:作"郝郝"者,三家《詩》也。"澤"、"釋"皆从睪聲,為同聲假借,"郝"則音相近字。聲谓:"澤"讀如字亦可。《說文》:"澤,光潤也。"《無衣》:"與子同澤。"《傳》:"澤,潤澤也。"《孟子·離婁下》:"君子之澤。"注:"澤者,滋潤之澤。"《荀子·宥坐》:"順非而澤。"注:"澤,有潤澤也。"《素問·玉機真藏論》:"色夭不澤。"注:"不澤,謂枯燥也。"據此,則不枯燥而潤者為澤。澤澤,謂耕地時不枯燥而潤也。"澤"字不讀為"釋"亦可。

彊以 《傳》:"彊,彊力也。以,用也。"《箋》:"彊,[12]有餘力者。《周禮》曰:'以彊予任民。'以,謂閒民,今時傭賃也。《春秋》之義,能東西之曰以。……强有餘力者相助,又取傭賃,務疾畢己當種也。"《正義》述毛:"維彊力之兼士,維所以傭賃之人。"案:毛無"傭賃"之文,《正義》同於鄭,非是。且謂"以為傭賃之人","彊力之兼士"又指何等人乎? 聲谓:彊力者即此"主"、"伯"、"亞"、"旅"中之彊有力者也。以,用也,即用此"主"、"伯"、"亞"、"旅"中之彊有力者也。當依《傳》說。《箋》說乃想當然語,非是。

有嗿 《傳》:"嗿,眾貌。"《說文》:"嗿,聲也。从口,貪聲。《詩》曰:'有嗿其饁。'"案:《說文》祇訓為"聲",究系何聲? 未免疏略,毛義優矣。《增韻》釋為"眾聲",亦引此詩,蓋合毛、許之說而通之也。聲谓:此承上文"侯彊侯以",而言彊力者皆用之於耕,其子弟婦女皆奔走餉饁。"有"字作摹擬字解。子弟不止一人,行走之聲眾多,故曰"有嗿其饁"。

思媚 《箋》:"婦子來饋饟其農人於田野,乃逆而媚愛之,言勸其事,勞不自苦。"《思齊》:"思媚周姜。"《傳》:"媚,愛也。"聲谓:"媚"字當訓為容貌美好也。已詳《思齊》。思,詞也,如《文王》之

“思皇多士”、《思齊》之“思齊大任”、《公劉》之“思輯用光”、《載見》之“思皇多祜”、《泮水》之“思樂泮水”，句首“思”字皆語詞。此詩“思媚”與《思齊》之“思媚周姜”皆當指容貌美好說。此句又承上文“有嗿其饁”，言餉饁之眾中有容貌美好者，其婦女也。餉饁農婦，豈能與周姜並美？彼則笄珈象佩，自備天帝之威儀；此則裙布釵荊，不失農家之裝飾也：故皆云“思媚”。

有依其士 《傳》：“士，子弟也。”《箋》：“依之言愛也。”餘詳上。《正義》：“依，文與‘媚’相類；媚為愛，故知依亦愛也。”案：“依”無“愛”義。《車舝》：“依彼平林。”《傳》：“依，茂木貌。”《出車》：“楊柳依依。”《文選·金谷集詩》注引《韓詩章句》曰：“依依，盛貌。”聲谓：《韓詩》是也。“依”即“依依”也，盛也。由盛義引之有茂盛義，《車舝》之“依彼平林”是也；有壯盛義，此詩之“有依其士”是也。“依”為壯盛貌，“有”為形容摹擬之詞，與上句“有嗿其饁”、下句“有略其耜”句法皆同。“士”非子弟也。《荀子·脩身》：“好法而行士也。”注：“士，事也，謂能治其事也。”《白虎通·爵》：“士者，事也，任事之稱也。”其子弟與婦女不能治事而任事，故於“有嗿其饁”外有依然壯盛其士也。《易·大過》：“老婦得其士夫。”是壯盛者通謂之士也。《論語·泰伯》：“曾子曰：‘士不可以不弘毅。’”皇《疏》：“士，通謂丈夫也。”《氓傳》：“氓，民也。”《疏》：“士者，亦男子之大號。”是也。“有嗿其饁，思媚其婦”一氣讀，“有依其士，有略其耜”作一氣讀，文義自見。舊解模糊，不可通。

略 《傳》：“略，利也。”《釋文》：“略，如字，《字書》作䂮，同。”《爾雅·釋詁》：“䂮，利也。”《釋文》：“䂮，《詩》本作略。”《匡謬正俗·六》引張揖《古今字詁》：“略，古作䂮。”案：作“略”者，假借；作“䂮”者，形聲字。

實函斯活 《箋》：“實，種子也。函，[13]含也。活，生也。……其種皆成好，含生氣。”《說文》：“马，嘾也。《口部》：“嘾，含深也。”艸木之華未發函然。象形。讀若含。乎感切。”又：“圅，舌也。象形。舌體马马。从马，马亦聲。”聲谓：“圅”即“马”之假借字也。"菡"从马聲,故假借。亦借用"含"字。梁鴻詩:"麥含含兮先秀。""含"、"菡"同音也。斯,析也。詳《蓼莪》。謂百穀之種马然含深,其種分析而活也。字字皆有著落,"斯"字非虛字也。

驛驛其達 《傳》:"達,射也。"《箋》:"達,出地也。"《釋文》:"驛,音亦。《爾雅》作繹繹,云:'生也。'"《韓詩》:"驛驛,盛貌。"《廣雅·釋訓》:"驛驛,盛也。"《書·洪範》:"曰驛。"鄭注作"圛","圛者,色澤而光明者也"。聲谓:作"驛"與"圛"者,皆假借字。上文"其耕澤澤","澤"為"釋"之假借。此"驛驛"字又為"澤"之假借,以《洪範》鄭注"色澤而光明"知之也。《說文》亦云:"澤,光潤也。""達"即《禮·月令》"句者畢出,萌者盡達"之"達","達"亦出也。《史記·樂書》:"區即"句"。萌達。"《正義》:"達,猶出。"是也。言驛驛即"澤澤"。然其種之始出也。

有厭其傑 《傳》:"有厭其傑,言傑苗厭然特美也。"《箋》:"傑,先長者。"《說文》:"懕,好也。从女,厭聲。"又:"好,美也。"《廣雅》:"懕,好也。"《廣韻》:"嬮㜮,美好。"[14]案:"嬮㜮"即"懕"也,長言短言之分也。言有懕然美好者,苗之先長而傑者也。其厭厭然者,苗也。詳下。《禮·大學》:"小人閒居為不善,無所不至,見君子而後厭然。"注:"厭,讀為黶,閉藏貌。"聲谓:"厭然"字即"懕"之假借也。"無所不至",羞惡之心亡矣,見君子時亦自知其可惡,故懕然託於好,以冀暫為揜飾。揜其不善而著其善,即所謂"厭然"也。《孟子》所謂"閹然媚於世也者",亦即此"厭"字也;惟其一味美好,故可媚於世。"閹"、"厭"聲近。

厭厭其苗 《箋》:"厭厭其苗,眾齊等也。"《說文》:"厭,笮也。从厂,猒聲。一曰:合也。"《周禮·巾車》:"厭翟。"注:"次其羽,使相迫也。"案:"厭厭其苗"者,謂除去有厭然之先長者,其餘皆鱗次相迫也。《漢書·劉向傳》:"抑厭遂退。"顏注:"厭,……謂不伸也。"案:"不伸"者,謂厭迫不得伸也,此"厭"字本義也。"一曰:合也",遠望之,則苗皆合為一色,即《箋》所謂"眾齊等"也。據此,則《說文》二義皆與經合。

緜緜其麃 《傳》:“麃,耘也。”《釋文》:“緜緜,如字,《爾雅》云:‘麃也。’《韓詩》作民民,云:‘眾貌。’麃,……芸也。《説文》作穮,……云:‘穮,耨,鉏田也。’《字林》云:‘穮,耕禾間也。’”案:《詩》言“緜緜”者不一。“緜緜葛藟”,《傳》:“緜緜,長不絕之貌。”“緜緜瓜瓞”,《傳》:“緜緜,不絕貌。”此竪言也。此“緜緜”《韓詩》作“民民”者,“民”、“緜”一聲;訓“眾貌”者,此横言也。《穀梁春秋·文十四年傳》:“緜地千里。”注:“緜,猶彌漫。”“緜”亦“緜緜”之義也。麃,《説文》作“穮”,形聲字也。《字林》訓“耕禾間”,謂耕禾間之地,使不生草萊,其地力盡擁於禾也。《説文》謂之“耨”,亦名“鉏田”也,今北方謂之“鉏地”矣。《爾雅·釋訓》:“緜緜,麃也。”孫注:“緜緜,言詳密也。”未免望文生義。

濟濟 《傳》:“濟濟,難也。”《箋》:“難者,穗眾難進也。”《旱麓》:“榛楛濟濟。”《傳》:“濟濟,眾多也。”《書·大禹謨》:“濟濟有眾。”《傳》:“濟濟,眾盛之貌。”《國語·周語》:“榛楛濟濟。”注:“濟濟,盛貌。”《漢書·王褒傳集注》:“濟濟,盛貌。”“濟濟”訓“眾盛”,訓“盛”,義自通。眾與盛皆有多義,毛云“難”者,少則穫之較易,多則穫之較難也。《正義》:“濟濟,容止也。”轉“濟濟”為“難”,太迂折。

“有飶”二句 《傳》:“飶,芬香也。椒,猶飶也。”《箋》:“芬香之酒醴饗燕賓客,則多得其歡心,於國家有榮譽。”又:“以芬香之酒醴祭於祖妣,則多得其福右。”案:“其香”、“其馨”,《箋》皆指酒醴,《集傳》云:“飶,芬香也,未詳何物。”聲谓:本詩言“其達”、“其傑”、“其苗”、“其積”,皆指百穀言也。鄭氏專指酒醴,固屬武斷;《集傳》以為“未詳”,亦未免滲漏。《説文》:“飶,食之香也。从食,必聲。”《釋文》:“飶,芬芳也。”引《説文》。見上。字又作“苾”。《文選·上林賦》:“晻曖咇茀。”注:“馝馞、咇茀,音義同。”聲谓:穀,食人者也,“其香”即穀香也,故《説文》曰“食之香”。作“飶”者,其正字;作“馝”與“苾”者,形聲字之後出者也。“咇”則假借字矣。椒,《釋文》:“子消反。徐子料反。沈作‘俶’,尺叔反,云:‘作椒者,誤也。此論釀酒芬香,無取椒氣之芳也。’案:《唐風·椒聊箋》云:‘椒之性芬芳。'王注云:'椒,芬芳之物。'此《傳》云:'椒,猶飶。飶,芬香。'椒是芬芳之物,此正相協,無須改字為'俶'。俶,始也,非芬香。"聲谓:沈作"俶",是也。《既醉》:"令終有俶。"《箋》:"俶,猶厚也。"《崧高》:"有俶其城。"《釋文》:"俶,本又作俶,尺叔反。"案:"尺叔反"與沈同音。聲谓:"有俶其城"亦當訓為"厚",毛訓為"作",與"營"意複矣。詳《崧高》。此"椒"字當為"俶",厚也。有飶者其香,有俶者其馨,馨即香也,為協韻。俶比飶為厚矣,故曰"有俶其馨"。"椒"可讀為"俶"者,"椒"、"俶"皆从叔聲也。後世"山椒"字,聲以為亦當讀"尺叔切",即"麓"之異文也。"麓"从林,鹿聲;"椒"从木,叔聲:皆形聲字。"鹿"、"叔"音相近也。《離騷》:"馳椒丘且焉止息。"注:"土高四墮曰椒丘。"《文選·月賦》:"菊散芳於山椒。"注引《楚辭》王逸注,見上。又引:"《漢書·武帝傷李夫人賦》曰:'釋予馬於山椒,'山椒,山頂也。"聲谓:麓為山足,又為"林屬於山"。見《說文》、《風俗通》並各書傳注。"椒"為"麓"之異文,不得訓為"山頂"也。自王逸注《離騷》,《廣雅》見《文選》謝惠連《泛湖出樓中翫月》詩注。本之,訓為"土高四墮","麓"與"椒"二字始微分;李善注《文選》,訓為"山頂",二字始大異也。"香椒"字古作"茮",亦作"朹",見《爾雅》、《說文》。詳《椒聊》。

"匪且有且"二句 《傳》:"且,此也。"《箋》:"匪,非也。……饗燕祭祀,心非云且而有且,謂將有嘉慶,禎祥先來見也。心非云今而有此今,謂嘉慶之事不聞而至也。"《正義》:"'且'實語助,但'今'謂今時,則'且'亦今時,其實是一。作者美其事而丁寧,重言之耳。"聲谓:二語乃遞言之,非"重言之"也。"且"者,"如此"之合音也。"且"有"徂"音,"且"、"如"疊韻,"此"、"且"雙聲,故"如此"二字合音為"且"。音徂。承上文,言"邦家之光"、"胡考之寧"如此者,心望其如此,而不敢必其如此,故曰"匪且";不敢望其如此,而竟有如此,故曰"匪且有且";即使如此,不敢必之即今,故曰"匪今";不敢必之即今,而竟得之即今,故曰"匪今斯今"——斯,猶乃也。《小旻》:"謀猶回遹,何日斯沮?"《賓之初筵》:"大侯既抗,弓矢斯張。"《書·洪範》:"汝則錫之福,時人斯其惟皇之極。"《金縢》:"周公居東二年,則罪人斯得。"以上"斯"字皆當訓為"乃",難詞也。"斯"字與上句"有"字異,"有"有自無而之有之義,出於意外也;"斯"有本有而不易有之義,得之意中也。是宜分别觀之。

振《傳》:"振,自也。"《箋》:"振,亦古也。……言脩德行禮,莫不獲報,乃古古而如此,所由來者久,非適今時。"聲谓:"振"乃"塵"之借字也。《東山》:"烝在桑野。"《傳》:"烝,寘也。"《箋》:"古者聲,寘、填、塵同也。"《正義》:"古者寘、填、塵三字音同,可假借用之故也。"又:"烝在栗薪。"《箋》:"烝,塵。"《南有嘉魚》:"烝然罩罩。"《箋》:"烝,塵也。塵然,猶言久如也。"《常棣》:"烝也無戎。"《傳》:"烝,填。"《箋》:"古聲填、寘、塵同。"《爾雅·釋詁》:"塵,久也。"孫注:"塵,居之久也。"《詩》中"烝"字,《傳》、《箋》皆以為"塵"之借字也。聲谓:"寘"、"填"皆从"真"得聲,古音當讀如"瞋"、"謓",《說文》:"恚也。"即"嗔"之本字。後世音轉始有"田"音也。"振"與"烝"為雙聲,與"塵"為疊韻,"振"亦"塵"之假借字也。"塵"字假借"振"者,猶之假借"寘"、"填"也。"振"為"塵"之假借字,久也。振古如兹,言久古如此也。以"振"為"塵"之假借字,較有來歷也。此章:載芟載柞,韻。《十九鐸》。其耕澤澤。韻。《二十陌》。與上"柞"韻。千耦其耘,韻。《二十文》。徂隰徂畛。韻。《十七真》。與上"耘"韻。侯主韻。《九麌》。侯伯,古音"補"。侯亞古音"惡"。去聲。侯旅,韻。《八語》。與上"主"、"伯"、"亞"上、去為韻。侯彊侯以。韻。《六止》。有嗿其饁,思媚其婦,房以反。有依其士。韻。《六止》。有略其耜,韻。《六止》。俶載南畝。韻。滿以反。與上"以"、"婦"、"士"、"耜"韻。播厥百穀,實函斯活。韻。《十三末》。驛驛其達,韻。《十二曷》。有厭其傑。韻。《十七薛》。與上"活"、"達"韻。厭厭其苗,韻。《四蕭》。緜緜其麃。韻。同上。與"苗"韻。載穫濟濟,韻。《十一薺》。有實其積,韻。《五寘》。萬億及秭。韻。《五旨》。為酒為醴,韻。《十一薺》。烝畀祖妣,韻。《五旨》。以洽百禮。韻。《十一薺》。有飶其香,韻。《十陽》。邦家之光。韻。《十一唐》。與上"香"韻。有椒其馨,韻。《十五青》。胡考之寧。韻。《十五青》。與上"馨"韻。匪且韻。有且,句自為韻。匪今韻。斯今,句自為韻。振古如兹。韻。《七之》。與上“濟”、“積”、“秭”、“醴”、“妣”、“禮”上、去、平為韻。

校勘記

[1]“奕”,《噫嘻正義》作“弈”。

[2]“糁”,《釋文》作“米傍参”三字。

[3]“曰求其章也”,“也”字一作“者”,阮元《校勘記》云:“者字是也。”

[4]“同聲假借,用‘曰’、‘聿’、‘遹’三字”,戴震《毛鄭詩考正·唐·蟋蟀》作“省作‘曰’,同聲假借,用‘聿’與‘遹’”。

[5]案:《爾雅·釋訓》云:“藹藹、萋萋,臣盡力也。”《詩·大雅·卷阿正義》引舍人曰:“萋萋,梧桐之貌。”吴氏所引非《爾雅·釋訓》文,乃《正義》引舍人注文。

[6]“驕也”,《鴻烈解·氾論》作“驕怚”。

[7]吴氏所謂《豐年》,即《周頌·桓》篇。

[8]“嬛嬛余在疚”,《周禮·大祝》注“余”字一作“予”。

[9]“艾,治也”,《爾雅·釋詁》“艾”字作“乂”。下引《周書·謚法》“艾”字亦作“乂”,《大戴記·曾子立事》、《洪範五行傳》、《國語·楚語》及注之諸“艾”字同。

[10]“身為天子”,《中庸》作“尊為天子”。

[11]“所銜反”,大徐本《说文》所附孫愐《唐韻》反切作“所銜切”。下“所銜反”亦當作“所銜切”。

[12]“彊”,《箋》作“强”,下引《周禮》、《正義》中之“彊”字同。

[13]“凾”,《箋》作“函”,上列詞條“實凾斯活”之“凾”字同。

[14]“嫛嫢,美好”,《廣韻·去聲·五十五豔》作:“嬮,嬮嫢,美女。”又同韻:“嫢,嬮嫢,美女皃。”

詩小學卷二十八

周頌

保山吳樹聲學

閔予小子之什

畟畟《傳》:"畟畟,猶測測也。"《箋》:"農人測測以利善之耜熾菑是南畝也。"《釋文》:"畟,楚側反。《爾雅》云:'畟畟,耜也。'郭云:'言嚴利也。'"《正義》:"《釋訓》云:'畟畟,耜也。'舍人曰:'畟畟,耜入地之貌。'郭璞曰;'言嚴利也。'"《説文》:"畟,治稼畟畟進也。从田、人,从夊。《詩》曰:'畟畟良耜。'初力切。"案:以字義求之,當依《説文》;以"稷"、"謖"二字古音例之,其音當讀如"肅"。《逸周書·王會》:"正北方稷慎大麈。"注:"稷慎,肅慎也。"聲據此,讀《楚茨》"既齊既稷"為"既齊既肅",以"稷"字古本音"肅"也。《楚茨》:"皇尸載起。"《箋》:"神醉而尸謖。"《釋文》:"謖,所六反,起也。"《字林》:"謖,起也,所六反。"見《晉書音義上》。是"謖"古亦音"肅"。俱詳《楚茨》。"稷"、"謖"二字從"畟"得音,知"畟"之古音亦當音"肅"矣。音轉為"楚側反",再轉為"初力切"也。

伊黍《箋》:"豐年之時,雖賤者猶食黍。"案:伊,有也。《頍弁》:"豈伊異人。"《箋》:"豈有異人疏遠者乎?"民間種黍者食黍,種稷者食稷,"其饟有黍"句當活看,必云"黍"者,合韻耳。《箋》有

"雖賤者猶食黍"之語,彭氏以為"無珍味"。見《大全》。夫田間饟饁,何得有珍味?宜陳氏啟源譏彭氏為"食肉糜之見"也。

笠《傳》:"笠,所以禦暑雨也。"案:蓑、笠同為雨具,今農人夏日無有不戴笠者,讀此《傳》而後知笠所以禦雨,亦所以禦暑也。《無羊》:"何蓑何笠。"《傳》:"笠,所以禦暑。"《都人士》:"臺笠緇撮。"《傳》:"笠,所以禦雨也。"二《傳》不如此《傳》之精矣。

糾《箋》:"見戴糾然之笠。"《葛屨》:"糾糾葛屨。"《傳》:"糾糾,猶繚繚也。"《文選·江賦》:"青綸競糾。"注:"糾,繚也。"《說文》:"糾,繩三合也。"《一切經音義·十七》引《蒼頡解詁》:"繩三合曰糾。"《文選·鵩鳥賦》注引《字林》:"糾,兩合繩。"《長笛賦》注引《漢書》張晏注:"二股謂之糾。"《征西官屬送於陟陽候》詩注:"糾,兩股索。""伊"同"伊黍"之"伊",有也。言其笠有三股兩股之繩繚之也。《箋》但言"糾然之笠",未免淺率。亦詳《葛屨》。

斯趙《傳》:"趙,刺也。"《箋》:"以田器刺地。"《釋文》:"趙,徒了反,刺也。又如字。沈起了反,又徒少反。"案:"徒了"、"起了"、"徒少"三音皆與今音不同;所謂"如字"者,其今音乎!《說文》:"趍,趍趙,夊今譌作"久"。也。"又:"趙,趍趙也。"案:"趍趙,夊"者,夊,《說文》:"行遲曳夊夊,象人兩脛有所躧也。"聲谓:"斯"音與"趍"直離切。近,"斯趙"即"趍趙","斯"蓋假借字。"趍趙"訓"夊",有遲曳之義,與"畟畟良耜""畟畟"字略同。"趍"亦作"跢"。《廣雅》:"蹢躅,即"躑躅"之異文。跢跦即"踟躇"之異文。也。"跢、趍,同母字;趙、跦,雙聲字也。《荀子·賦》:"頭銛達而尾趙繚者邪?"聲谓:"趙"亦當讀如字,即《說文》之"趍趙"字。楊注曰:"趙,當為掉。"[1]非是。《考工記·總目》注引作"其鎛斯撊",《釋文》:"撊,音趙。一音大了反。""音趙"者,如字;"大了反"即沈氏弟二音也,蓋"趙"之別體字。

薅《釋文》:"薅,呼毛反。《說文》云:'拔田草也。'又云:'或作茠。'引此'以茠荼蓼'。"《說文》:"薅,拔去田艸也。从蓐,好省聲。蔙,籀文薅,省。茠,薅或从休。《詩》曰:'以茠荼蓼。'"[2]聲谓:"薅草"字本作"辱",篆作"[illegible]",後世借為"榮辱"字,借義盛而本義遂亡矣。據薛氏《鐘鼎款識》載《伯姬鼎銘》作“□”,《晉姜鼎銘》作“□”,《父乙甗銘》作“□”。上體从□,兩手也;下體从□,即又,手也。後世从寸之字,古文多从又,此字亦當从寸也。上體从□,音匊,即諧其聲,故“辱”讀“而燭切”。“□”形参差不齊者,古者質樸,拔田之艸或以左手,故从□;或以右手,故从□;或以兩手,故从□。無論兩手一手,皆有法度,故从寸。《說文》:“寸,法度也。”[3]古人文字,不似後世整齊,故或作“□”,或作“□”。至《父乙甗銘》作“□”,則與後世形體相近矣。《說文·巢部》有“□”字,[4]訓“傾覆也”,杜林以為“貶損”字。聲谓:“□”即“辱”之本字,“辱”本為“拔草”字,後世或加“耒”為“耨”,或加“艸”、“女”為“薅”,形變而音亦隨之轉矣。其見於後世書者,《文選·上林賦》:“適足以𡬶君自損。”注引晉灼曰:“𡬶,古貶字。”晉灼蓋據《說文》杜林說也,不知“𡬶”為“辱”之正字。“適足以辱君自損”恰合語氣,較訓為“貶”者高百倍矣。其變形為“辱”者,亦因古文不似篆文整齊。如《晉姜鼎銘》之“□”字,上體與“□”形相似,輾轉迻寫,遂訛作“辰”形。小篆務取整齊,遂以為从辰,从寸,《說文》从而附會之曰:“辱,恥也。从寸在辰下,失耕時於封畺上戮之也。辰者,農之時也,故房星為辰,田侯也。”語義俱牽强。“辱”字既借為恥辱字,又别出“薅”字;从辱,猶不失本字之形;从艸,已屬多矣;从“好”省,則豪無道理。不知拔艸字本音“柔”,“柔”、“辱”雙聲,故亦讀“而燭切”。古人音濁,尤、侯韻字與蕭、肴韻字往往相通,故“辱”有“呼毛切”一音,不必从“好”省也。亦或借“耨”字。耨,《說文》作:“槈,薅器也。”作“耨”者,耨與耕類,“耕”从耒,故“耨”亦从耒耳。从休作“茠”者,後世形聲字。亦别作“抷”。《說文》“畮”下引《漢律》:“畮田茠艸。”字或作“抷”。《廣雅》:“抷,除也。”亦假借“休”。《說苑·政理》:“吾入其境,田畝荒穢而不休。”經與《說文》俱从“女”者蓋从“歺”之訛也。“歺”篆作“□”,與“□”形相似,古文倒正不拘,“□”亦作“□”,與古文“□”尤為相似。“□”既訛作“□”,《說文》求其義而不得,遂以為“从好,省聲”矣。“薅”从歺者,與“殲”、“殄”同義。“歺”即“殘”之古文,殘殺繁蓐之艸,形聲字之有意義者也。

荼蓼 《傳》:“蓼,水草也。”案:《詩》言“荼”者屢矣,言“蓼”者亦再。聲谓:“荼”、“蓼”二字當活看,凡草穢之有害於黍稷者皆荼蓼也。經言“荼蓼”者,取“蓼”字合韻。北方旱田,安得有水蓼?近水之地草穢,又不止一蓼。總以活看為是。

挃挃栗栗 《傳》:“挃挃,穫聲也。栗栗,眾多也。”《正義》:“《釋訓》云:‘挃挃,穫也。栗栗,眾也。’李巡曰:‘栗栗,積聚之眾。’孫炎曰:‘挃挃,穫聲也。’”《說文》:“挃,穫禾聲也。从手,至聲。《詩》曰:‘穫之挃挃。’”聲谓:此亦純取聲者。《鴻烈解·兵略》:“不若捲手之一挃。”注:“挃,擣也。”《廣雅·釋詁·一》:“挃,刺也。”訓“擣”與“刺”者,或者其本義乎!“積之栗栗”,《說文》“穦”字引作“穦之秩秩”。聲谓:作“秩”者,其本字也。《說文》:“秩,積也。从禾,失聲。”《管子·國蓄》:“故人君御穀物之秩相勝。”案:“秩”訓“積”者,言積聚之有次序也。作“栗”者,聲近假借。《公羊春秋·哀二年傳》:“戰于栗。”《釋文》:“栗,一本作秩。”“栗”與“秩”,音近而通假者,此其據也。

有捄 《傳》:“社稷之牛角尺。”《箋》:“捄,角貌。”《大東》:“有捄棘匕。”《傳》:“捄,長貌。”又:“有捄天畢。”《傳》:“捄,畢貌。”案:二“捄”字皆假借字。捄,古文“救”字也。《谷風》:“匍匐救之。”《漢書·谷永傳》作“扶服捄之”,《集注》:“捄,古救字。”案:《漢書集注》“捄,古救字”凡數見。《禮·大學》注:“不能捄之。”《釋文》:“捄,本亦作救。”《左氏春秋·昭十一年傳》注:“拯,猶捄助也。”《釋文》:“捄,本亦作救。”漢《武梁祠畫像》:“捄者。”即“救者”也。《一切經音義·九》引《字詁》:“古文詸、捄二形今作救,同居又反。”據此,則“捄”、“救”古今字也。此經“有捄”當作“有觩”。《桑扈》:“兕觥其觩。”《釋文》:“觩,本或作觓。”《說文·角部》:“觓,角皃。”引《詩》作“兕觵其觓”。案:“觩”、“觓”皆形聲字,而“觓”字聲義較古。《穀梁春秋·成七年傳》:“展觓角而知傷。”注:“觓,球球然角貌。”“觓”亦“觩”也。據此,則訓“角貌”者當作“觩”,亦作“觓”;作“捄”者,假借字。

以似以續《傳》:"以似以續,嗣前歲,續往事也。"《箋》:"嗣前歲者,後求有豐年也。續往事者,復以養人也。"案:似,象也,亦肖也。"肖"訓"似",故"似"亦可云"肖"。詳《斯干》。聲谓:此經與"似續妣祖"語義相似。彼云"祖妣",故"似續"並云;此則統言古之人有逮見而象之者,有不逮見而象之者,故方言"以似以續"即繼之曰"續古之人",語意各不同也。經文明言"續古之人",《傳》"嗣前歲,續往事"蓋想當然語,未免添出。《傳》意蓋本"以興嗣歲"也,不若本"似續妣祖"之尤為精切。經言殺是犉牡,有觩然者其角用以報社稷者,以求肖像,以求嗣續,庶幾能接續古之人爾。後人作事,必求合於古之人。此"古之人"亦泛言之,不必如鄭《箋》之"求良有司穡"也。此章韻皆明顯,惟末句"續古之人""人"字無韻。細讀上文"殺時犉牡","犉"字可以入韻,或古本有作"殺時牡犉"者,若《無羊》之"九十其犉"與"三百維羣"二字為韻。此經若作"牡犉",亦與"人"字為韻。徧求古書,不得其據,不敢擅改經文也。

紑《傳》:"紑,絜鮮貌。"《釋文》:"紑,孚浮反。徐孚不反。又音培,又音弗。"案:"培"與"弗"皆古音也。《說文》:"紑,白鮮衣皃。从糸,不聲。《詩》曰:'素衣其紑。'"案:絲衣鮮絜無華,故亦曰"素衣",《說文》所引與《毛詩》不同。據《說文》,則祭服亦用素服,可以知素冠、素衣並非不祥之冠服矣。詳《素冠》。

俅俅《傳》:"俅俅,恭順貌。"《箋》:"載,猶戴也。弁,爵弁也。爵弁而祭於王,士服也。"《釋文》:"俅,音求,恭慎也。《說文》作絿,同。"《說文》:"俅,冠飾皃。从人,求聲。《詩》曰:'弁服俅俅。'"案:俅俅,形聲字,亦純取聲而無義意者,與《采蘩》"被之祁祁"同意。"祁"、"俅"一聲。詳《采蘩》。《玉篇》引作"戴弁頯頯",[5]云"戴弁"者,依鄭。"載"、"戴"同从𢦏聲,故可通假。"俅"作"頯"者,亦形聲字,以其為"冠飾"字,故字从頁,頁即首也。案:"載弁"何以必有恭順貌?與《采蘩》之"被之僮僮"《傳》"僮僮,竦敬也"同一望文生義矣。《說文》訓為"冠飾貌",允矣。《說文》引作"弁服俅俅"與上句引作"素衣其紑",蓋師傳之異。

思柔 《箋》："柔，安也。……飲美酒者皆思自安。"案：此"思"字亦辭也。《桑扈》："旨酒思柔。"《箋》："其飲美酒，思得柔順中和以共其樂。"二《詩箋》皆以"思"為思念字，未免迂腐。聲谓：此經"旨酒思柔"與"兕觥其觩"儷文，"思"字明是語助。"旨酒思柔"者，旨酒柔也。此與《閔予小子》之"繼序思不忘"皆句中語助，舊皆釋為"思念"，失之。互詳《那》。

吳 《傳》："吳，譁也。"《釋文》："吳，舊如字。《說文》作吳，'吳，大言也'。何承天云：'吳字誤，當作吳。从口下大，故魚之大口者名吳。胡化反。'此音恐驚俗也，音話。"《說文》："吳，大言也。从夨、口。"案："夨"即"仄"之古文，傾頭也。傾頭而言，故為大言，會意字也，即以意為聲。案：作"吳"是也。《傳》訓"譁"者，大言必譁，引申之義也。《泮水》："不吳不揚。"《箋》："吳，譁也。"本此《傳》。《釋文》："吳，鄭如字，讙與"譁"同義。《緇衣箋》："不讙譁。"是也。也。又王《音》誤作'吴'，音話，同。"案：《史記·武帝紀》引作"不虞不敖"，[6]此陸氏所本也。《正義》曰："人自娛樂，必讙譁為聲，故以娛為譁也。定本娛作吳。"據《正義》，則孔本作"娛"。聲谓：孔作"娛"，猶之陸作"虞"也，"虞"、"娛"皆从"吳"之聲，故古字通假。皆假借字。陸氏以為"《說文》作吳"，今亡其文，當依定本及陸氏所引《說文》矣。何承天以為"當作吴"，讀"胡化切"。聲案："吴"乃六朝別體字，《漢書·郊祀志》引《詩》作"不吴不敖"，顏注："吴，讙譁也。"聲谓：襲毛、鄭之古訓，用六朝之別字，班與顏皆失之。此章：絲衣其紑，韻。古音培，見《釋文》。載弁俅俅。韻。古音渠之反，與"裘"同。自堂徂基，韻。《七之》。自羊徂牛，韻。古音疑。鼐鼎及鼒。韻。《七之》。與上"紑"、"俅"、"基"、"牛"韻。兕觥其觩，韻。《十八尤》。此字乃形聲字之後出者，在"求"字音轉以後與"斛"同音。旨酒思柔。韻。《十八尤》。不吳不敖，韻。《六豪》。古音入韻。胡考之休。韻。《十八尤》。與上"觩"、"柔"、"敖"韻。

鑠 《傳》："鑠，美。"《說文》："鑠，銷金也。"《國語·周語》："眾口鑠金。"注："鑠，銷也。"《國策·秦策》："秦先得齊、宋，則韓氏鑠。"

注:“鑠,消鑠也。”《史記·魯仲連鄒陽傳》:“衆口鑠金。”《索隱》引賈逵:“鑠,消也。”《漢書·叔孫通傳集注》:“鑠,銷也。”《楚辭·惜誦》:“故衆口其鑠金。”《招魂》:“流金鑠石些。”注並云:“鑠,銷也。”聲谓:鑠,鎔金也。《漢書·天文志》:“火……與金合為鑠。”是金得火而鎔,故訓為“消”,“銷”亦“消”之別體字也。金至於鎔化時,其光純美,故亦借為“美”字用。亦或作“爍”。《漢書·藝文志》:“爍金為刃。”注:“爍,讀與鑠同,謂銷也。”案:“爍”、“鑠”聲近假借。亦別作“爍”。《文選·長笛賦》:“或鑠金礱石。”注:“鑠,與爍同。”是也。

遵養時晦 《傳》:“遵,率。養,取。晦,昧也。”《箋》:“於美乎! 文王之用師,率殷之叛國以事紂,養是闇昧之君以老其惡。”《左氏春秋·宣十二年傳》引“仲虺有言曰‘取亂侮亡’”而釋之曰:“兼弱也。”又引“《汋》曰‘於鑠王師,遵養時晦’”而釋之曰:“耆昧也。”杜注:“耆,致也,致討於紂。”[7]案:杜氏訓“耆”為“致”,本《武》“耆定爾功”《傳》也。《皇矣》:“上帝耆之。”《傳》:“耆,惡也。”又安知左氏當日不訓“耆”為“惡”,而必訓“耆”為“致”乎? 且如杜氏說,亦祇曰:“耆,致也。”“致”字下何以又添一“討”字? 杜氏之“致討於紂”,仍本《箋》說耳。聲谓:《易》稱“文王……用晦而明”,本詩兩“時”字當讀如字,指當日時世言也。以四句“是用大介”“是”字緊接二“時”字,皆當讀如字。養,《大戴記·曾子事父母》:“兄之行,若不中道,則養之。”注:“養,猶隱之。”“養”、“隱”一聲。《廣雅·釋詁·二》:“養,飾也。”案:“養”無“飾”義,亦由“隱”義引申而出也。言於乎! 美哉! 此王師也。當文王之時,遵即隱藏者,其時晦昧也;至武王之時,其時為大光明矣。《箋》:“純,大也。”《文選·歸去來辭》注引《聲類》:“熙,光明也。”《爾雅·釋詁》:“熙,光也。”《禮·緇衣》:“於緝熙敬止。”注:“緝、熙,皆明也。”至《左傳》“耆昧也”,“耆”當用《皇矣傳》,訓為“惡”。言“於鑠王師,遵養時晦”,惡昧也。“昧”即“晦”也;惡時之晦昧,不得不遵而隱藏也。如此講便處處可通,《傳》、《箋》未免望文生義。

是用大介 《箋》:“介,助也。是周道大興而天下歸往矣,故有致死之士助之。”《正義》述毛:“是大明之故,遂有大而又大,謂致今時之太平也。”又述《箋》:“以卒句乃言信得用師之道,於此未宜歎其大大,故依常訓以介為助。”案:“大大”即“大而又大”,語不可通。聲谓:“介”亦“匄”之假借字也。《廣雅·釋詁·三》:“匄,予也。”《漢書·廣川王越傳》:“取善繒,匄諸宮人。”注:“匄,乞遺之也。”《西域傳下》:“我匄若馬。”注:“匄,乞與。”餘詳《小明》。此“介”即“匄”之假借,當訓為“予”,訓為“與”。字亦作“賚”。《楚茨》:“徂賚孝孫。”《傳》:“賚,予也。”《賚序》:“賚,予也,言所以錫予善人也。”《烈祖》:“賚我思成。”《傳》:“賚,賜也。”《書·湯誓》:“予其大賚汝。”《傳》:“賚,與也。”又鄭注:“賚,予也。”[8]《論語》:“周有大賚。”《集解》:“賚,賜也。”《爾雅·釋詁》:“賚,予也。”又:“賚,賜也。”聲谓:此“大介”即《書》與《論語》之“大賚”也。“介”為假借字;“賚”為形聲字,後出之字也。亦假借“戒”。《孟子·梁惠王下》:“大戒於國。”舊注:“戒,備也。大修戒備於國。”案:“修戒備於國”與上下文語氣不類。“大戒”即“大匄”,亦即“大賚”也。謂大賜與於民,即“興發補不足”也。“興發”句重一“始”字,覆述上文之辭,猶言“興發補不足,於是乎始”耳。經言“是用大介”,言於是用大賜與於民,即所謂“周有大賚”也。據《詩序》訓為“錫予善人”,尤為確證。

我龍受之 《傳》:“龍,和也。”《箋》:“龍,寵也。來助我者,我寵而受用之。”案:鄭破“龍”為“寵”,是也。惟以“受之”為“用之”,於下章“我應受之”句不可通。段氏玉裁曰:“此與《長發》,毛以‘龍’為‘雝’之假借,故曰‘和’也。”聲谓:讀“龍”為“雝”,不惟本句不可通,於“我應受之”句仍不可解。竊謂:“我”字乃詩人自稱,非指武王也。“我龍受之”承上“是用大介”,我以為榮而受之。《長發》:“何天之龍。”《箋》:“龍,當作寵。寵者,榮名之謂。”《國語·晉語》:“又不自退而寵其政。”《楚語》:“其寵大矣。”注並云:“寵,榮也。”“龍”作“寵”者,《長發》:“何天之龍。”《大戴記·衛將軍文子》作“何天之寵”,注:“寵傅,又為龍敷。”《易·師》:“承天寵也。”

《釋文》:“寵,王肅作龍,云:‘寵也。’”“寵”从“龍”聲,故得假為“寵”,亦訓為“寵”。《蓼蕭》:“為龍為光。”《傳》:“龍,寵也。”

造 《傳》:“造,為也。”《箋》:“蹻蹻之士皆爭來造王。”《釋文》:“造,毛才老反。鄭七報反,詣也。”案:造,成也,就也。《閔予小子》:“遭家不造。”《箋》:“造,猶成也。”《書·君奭》“耇造德不降”鄭注、《文選·天監三年策秀才文》注引《周易》鄭注、《漢書·公卿表上集注》,並云:“造,成也。”《漢書集注》屢見。《易·乾釋文》引王肅:“造,就也。”言此蹻蹻者皆王之所成就也。蹻蹻,《傳》訓“武貌”。《泮水》:“矯矯虎臣。”《箋》:“矯矯,武貌。”《廣雅·釋訓》:“矯矯,武也。”亦或訓為“勇”。《爾雅·釋訓》:“矯矯,勇也。”舍人注:“矯矯,得勝之勇也。”案:武與勇,一也。據此,則“蹻蹻”者,“矯矯”之借也。

載用有嗣 《箋》:“王則用之,有嗣傳相致。”《正義》:“則用此武而有嗣文王之功。”又申毛,引“王肅云:‘我周家以天人之和而受殷,用武德,嗣文王之功。’《傳》意或然。”又述鄭:“而王又用之,則其餘嗣續而至。《儒行》說交友之道‘久相待,遠相致’,故以‘有嗣’為‘傳相致’也。”聲谓:嗣,繼也,續也,皆常訓。承上,言蹻蹻者皆王之所成就,則用之有繼續,謂用之不盡也。

實維爾公允師 《傳》:“公,事也。”《箋》:“允,信也。王之事所以舉兵克勝者,實維女之事信,得用師之道。”案:《說文》:“允,……从儿,㠯聲。”“㠯”、“允”、“用”皆一聲之轉,故“㠯”訓“用”,“允”亦可訓“用”。王氏引之《經傳釋詞》:“允,猶用也。《書·堯典》曰:‘允釐百工。’言用釐百工也。《皋陶謨》曰:‘允迪厥德。’言用迪厥德也。又曰:‘庶尹允諧。’言庶尹用諧也。《大誥》曰:‘允蠢鰥寡。’言用動鰥寡也。……《詩·鼓鐘》曰:‘淑人君子,懷允不忘。’言思之用不忘也。《公劉》曰:‘豳居允荒。’言豳居用荒也。《考工記·栗氏》量銘曰:‘時文思索,允臻其極。’言用臻其極也。”聲谓:此“允”字亦當訓為“用”。承上用之有繼續者,實惟爾之事能用眾也。此章:於鑠王師,韻。《六脂》。遵養時晦。韻。《十八隊》。時純熙韻。《七之》。矣,是用大介。韻。《十六怪》。我龍受韻。《四十四有》。之。蹻蹻王之造，韻。《三十二晧》。古音與上"受"去、上為韻。載用有嗣，韻。《七志》。與上"晦"、"介"韻。實維爾公允師。韻。《六脂》。與上"師"、"熙"韻。亦與"晦"、"介"、"嗣"平、去為韻。

屢 《箋》："屢，亟也。"《正義》："《釋詁》云：'亟、屢，疾也。'同訓為疾，是'屢'得為'亟'也。"案：《唐石經》作"婁"。《角弓》："式居屢驕。"[9]《釋文》："屢，本亦作婁。"[10] 聲谓：作"婁"者是也，數也。"數"从"婁"之聲義，故古文作"婁"。作"屢"者乃"窶"之別體。《說文》："窶，無禮居也。"《一切經音義·一》："《蒼頡篇》：'無財備禮曰窶。'《詩傳》曰：'窶，無禮。'是也。"今俗作"窶"。《北門》："終窶且貧。"《傳》："窶者，無禮也。"又《十三》："《字書》：'窶，空也。'貧而空，無禮之皃也。"案：《論語》："回也，其庶乎！屢空。"亦當作"窶"，訓為"貧不能備禮"。今作"屢"者，俗字，訓為"數"，非是。"窶"訓"居"，故从宀，與"寓"同意；亦从尸，與"屋"同意：此"窶"與"屢"之本義也。作"窶"从穴者，亦俗字。顏師古注《漢書》云："婁，讀曰屢。"又曰："婁，古屢字。"至"屢"訓為"數"，《賓之初筵》"屢舞僊僊"《傳》，《正月》"屢顧爾僕"、《巧言》"君子屢盟"、《角弓》"式居屢驕"《釋文》，並云："屢，數也。"

保有厥士 《傳》："士，事也。"《箋》："我桓桓有威武之武王，則能安有天下之事，此言其當天意也。"案：此"士"字當讀如《文王》"凡周之士"之"士"。《文王正義》："士者，男子成名之大號。"《女曰雞鳴正義》："士者，男子之美號。"《褰裳箋》："他士，猶他人也。"《正義》："以其堪任於事，謂之為士。"《清廟箋》："濟濟之眾士。"《正義》："士，謂朝廷之臣也。"《禮·喪大記》："眾士疏食水飲。"注："眾士，所謂眾臣。"《荀子·堯問》："知如士，不與士爭知。"注："士，謂臣下掌事者。"《議兵》："好士者強。"注："士，賢士也。"據此，則"士"猶人也，應指當日朝士說。《傳》訓"士"為"事"，反多轉折矣。聲谓：《詩序》以為"講武類禡"，上句有"桓桓"字，則"士"字專指軍士言亦無不可。

于以四方　《箋》:"於是用武事於四方。"案:"武事"未免添出。此句承上文武王能保有其士眾,爰用之於四方,故能定其國家也。于,爰;以,用也。皆常訓。

於昭于天　《箋》:"于,曰也。……於明乎曰天也,紂為天下之君,但由為惡,天以武王代之。"《正義》申毛,引:"王肅云:'於乎!周道乃昭見於天,故用美道代殷,定天下。'《傳》意或然。"案:《文王》"文王在上,於昭于天"與此"於昭于天",一也。本詩已有"桓桓武王"句矣。聲谓:此"於昭于天"與《文王》同訓。言桓桓之武王,保有厥士,爰用於四方,能定其國家者,於乎美哉,明顯於天也。"於昭"字亦詳《文王》。

皇以間之　《傳》:"間,代也。"《箋》:"皇,君也。"案:如舊說,"間"訓"代","之"指紂,惟本詩並未及紂,豈非文外橫添?據《文王》:"思皇多士。"《傳》:"皇,天也。"《風俗通·皇霸》:"皇者,天。"《離騷》:"皇剡剡其揚靈兮。"又:"陟陞皇之赫戲兮。"《橘頌》:"后皇嘉樹。"注並云:"皇,皇天也。"《楚辭·怨思》:"信上皇而質正。"注:"上皇,上帝也。"《後漢書·張衡傳》注:"天皇,天帝也。"《文選》顏延年《曲水詩序》:"皇祇發生之始。"注:"皇,天神也。"據此,則"皇"者,天帝之通稱,天亦帝也。"以"者,"已"之借。《巷伯》:"亦已太甚。"《白帖·九十三》作"亦以太甚"。《文王傳》:"帝乙已上也。"《釋文》:"已,本作以。"《易·損》:"已事遄往。"《釋文》:"已,本作以。"《禮·雜記》注:"而哀已殺。"《釋文》:"已,本作以。"《論語》:"其斯而已矣。"《漢石經》作"其斯以乎"。據此,則"以"、"已"古字通也。"間"者,"簡"之古文。《莊子·天運》:"食于苟簡之田。"《釋文》:"簡,司馬本作間。"《漢書·嚴助傳》:"使將軍間忌將兵擊之。"《集注》:"間忌,人姓名。師古曰:'《淮南王傳》作簡忌,此本作間,轉寫字誤省耳。'"聲谓:"簡"作"間"者,古今字,非盡由"誤省"也。《釋名·釋書契》:"簡,間也,編之篇篇有間也。"又《釋言語》:"間,簡也,事功簡省也。"古人不分四聲,《釋名》"簡"、"間"二字轉相注,可以知二字古本可通也。皇已簡之,猶之言"簡在帝心"也。言武王之美明顯于天者,以惟皇已簡擇之也。《說文·心部》:"僴,存也。从心,簡省聲。讀若簡。"徐鍇《繫傳》引《書》:"簡在上帝之心。"聲谓:《詩》作"間"者,用古文;《書》作"簡"者,形聲字;《說文》作"僴"者,形聲字之後出者也。此章:綏萬邦,屢豐年。韻。《一先》。天命匪解。韻。《十二蟹》。桓桓武王,韻。《十陽》。保有厥士,韻。《六止》。與上"解"韻。于以四方,韻。《十陽》。與上"王"韻。克定厥家。於昭于天,韻。《一先》。皇以間韻。《二十八山》。與上"年"、"天"韻。之。

勤止 《傳》:"勤,勞。"《箋》:"文王既勞心於政事,以有天下之業。"案:"止"為"之矣"二字合音。言文王既勤勞之矣,不得泛曰"止,詞也"。凡"見止"、"覯止"、"敬止"諸"止"字皆當詮之為"之矣"。"止"字亦假借字。

應 《傳》:"應,當。"《麟趾序》:"關雎之應也。"《釋文》:"應,當也。"《國語·周語》"以應成德"注、《莊子·列禦寇》"應其至分而已"《釋文》、《荀子·仲尼》"應侯順德"注,並云:"應,當也。"又《國語·晉語》:"龜往離散以應我。"《國策·齊策》:"威王不應。"《呂覽·順說》:"宋王無以應。"注並云:"應,答也。"又《國策·秦策》:"則楚之應之也,必勸。"《呂覽·應同》:"聲比則應。"《鴻烈解》:"不為先唱,感而應之。"注並云:"應,和也。"聲谓:《傳》云"當"者,猶之乎答也,和也。言文王既已勤之,我應當受之。"之"字指文王所勤者言,詩為"錫予善人"作,即指"善人"言可也。

敷時繹思 《傳》:"繹,陳也。"《箋》:"敷,猶徧也。……敷是文王之勞心,能陳繹而行之。"案:敷,布也,常訓也;時,是也;繹,陳也,陳己之志也。《禮·射義》:"射之為言繹也。繹者,各繹己之志也。"《疏》:"繹,陳也。"《周禮·州長》注:"射之為言繹也。繹者,各繹己之志。"《疏》:"繹,陳也。"《儀禮·鄉射禮》注:"繹己之志。"《疏》:"繹,謂陳己之志意也。"言所以敷布是者,適陳文王之志意耳;我自茲以往維求天下之安定,是我周之所以受命者;於乎,美哉!繹陳文王之志意而已。始終歸美文王,所謂善繼善述也。"繹"亦假借字。此章:文王既勤韻。《二十一欣》。止,我應受之。敷時繹韻。《二十二昔》。思,我徂維求定。時周之命,韻。古音"彌吝反"。與"勤"字平、去韻。與"定"字不韻。於繹韻。與上"繹"字韻。思。

隨 《傳》:"隨山,山之隨隨小者也。"《釋文》:"隨,吐果反,……郭云:'山狹而長也。'又同果反。字又作墮。"《爾雅·釋山》:"巒,山隨。"《釋文》引《字林》:"隨,山之施隨者,大果反。""隨,狹而長也"。字亦作"橢"。《爾雅·釋魚》:"蟦,小而橢。"注:"橢,謂狹而長。"《史記·平準書》:"三曰復小,橢之。"《索隱》引《爾雅》注:"橢者,狹長也。"《漢書·食貨志》:"三曰復小,橢之。"注:"橢,圜而長也。"字亦作"隋"。《破斧傳》:"隋銎曰斧。"《釋文》:"隋,孔形狹而長也。"《儀禮·士冠禮》注:"隋方曰篋。"《釋文》:"隋,謂狹而長。"案:隨,形聲字;作"橢"者,假借字;《說文》:"橢,車笭中橢橢器也。从木,隋聲。"作"隋"者,用古文。又據《廣雅·釋詁·二》:"橢,長也。"以上訓"狹而長",訓"圜而長",訓"長",所謂"隨"者不離乎長者近是。隨山,隨長之山也。《白虎通·封禪》作"墮山喬嶽",蓋據"又作墮"之本也,亦假借字。《太平御覽·五百三十七》作"隋山喬嶽",[11]作"隋"者亦用古文。

喬 《箋》:"喬,高。"《時邁》:"及河喬嶽。"《傳》:"喬,高也。"《鴻烈解·泰族》引作"及河嶠岳"。《爾雅·釋山》:"銳而高,嶠。"案:"嶽"亦山也,山之狹而長者為"隨山",嶽之銳而高者為"嶠嶽"也。"嶠"作"喬"者亦古今字。字亦作"橋"。《史記·五帝紀正義》作"山銳而高曰橋"。案:作"橋"者,假借字。

允猶翕河 《傳》:"翕,合也。"《箋》:"猶,圖也。……小山及高嶽皆信案山川之圖而次序祭之。河言合者,河自大陸之北敷為九,祭者合為一。"案:允,猶以也。王氏引之《經傳釋詞》曰:"允,猶以也。《墨子·明鬼篇》引《商書》曰:'百獸貞蟲,允及飛鳥,莫不比方。'言百獸貞蟲以及飛鳥也。'以'與'用'同義,故'允'可訓為'用',詳《酌》"允師"。亦可訓為'以'。"聲案:《說文》:"允,从儿,㠯聲。"故"允"可訓"㠯"。即"以"。猶,若也。《小星》:"寔命不猶。"《傳》:"猶,若也。"《禮·內則》:"子弟猶歸器、衣服、裘衾、車馬,則必獻其上，而後敢服用其次也。”注：“猶，若也。”字亦作“猷”。即“猶”。《爾雅·釋言》：“猷，若也。”是也。翕，合也，常訓。翕河，河之支派不一，凡入于河之支河、小河皆合于河，故謂之“翕河”。允猶翕河，猶云以若翕河也。案：“猶”之訓“若”，在《詩傳》與“似”義近，在《禮》傳與“或”義近。[12]此“猶”字亦當訓為“若”，及也。《書·召誥》：“越五日甲寅，位成，若翼日乙卯。”王氏引之曰：“言及翼日乙卯也。”《國語·吳語》：“王若今起師以會。”王氏引之曰：“言及今起師以會戰也。”是也。聲谓：“隋山喬嶽，允猶翕河”與《墨子》引《商書》之“百獸貞蟲，以及飛鳥”句法極相似，本詩又增一“敷天之下”。言狹而長之隋山，鋭而高之喬嶽，以若支分派别之翕河，推而言之，山河在敷天之下者莫不裒聚於是而對配之，此我周之所以受命也。“裒”字《常棣》、《殷武》及此詩凡三見，毛皆訓為“聚”，是也。對，配也，常訓。語意與“以篤于周祜，以對于天下”略同。此章：於皇時周，韻。《十八尤》。陟其高山，韻。《二十八山》。隋山喬嶽，韻。《四覺》。與“周”平、入為韻。詳《時邁》“周”與“嶽”字。允猶翕河。韻。古音若“回”。《易·泰卦》：“包荒，用馮河，不遐遺。朋亡，得尚于中行。”“荒”與“亡”、“行”韻，“河”與“遺”韻也。《玄鳥》：“四海來假，來假祁祁。景員維河，殷受命咸宜，百祿是何。”除“四海來假”句，餘句句韻也。《易林》：“載璧秉圭，請命于河。”又《賁之大過》：“褰裳涉河，水深漬衣。”《鴻烈解·說山》：“決鼻而羈，生子而犧，尸祝齊戒，以投諸河。”“羈”、“犧”與“河”韻也。《文選·羽獵賦》：“於是禽殫中衰，相與集於靖冥之館，以臨珍池。灌以岐梁，溢以江河。東瞰目盡，西暢無崖。”“衰”、“池”、“河”、“崖”為韻。據此，則“河”字古音當若“回”也。敷天之下，裒時之對，韻。《十八隊》。與上“河”字韻。時周之命。韻。古音“彌吝切”。與上“山”字韻。以上舊說凡無韻者，聲求之古韻，無有不韻者也。一一注明，以俟精于古韻者采擇焉。

魯頌

駉之什

駉駉 《傳》:"駉駉,良馬腹幹肥張也。"《釋文》:"駉,古熒反。《說文》作驍,此是訛字。又作駫,同。"《說文》:"駫,馬盛肥也。从馬,光聲。"引"《詩》曰:'四牡駫駫。'"案:《詩》無此文。桂氏馥曰:"'四牡駫駫'者,後人亂之,當云'駫駫牡馬'。"[13] 聲谓:桂說是也。《玉篇》:"駫,馬肥壯盛皃。駉,同上。""駉"與"駫"同字,此其據也。字本作"駫",形聲字也。亦假借"洸"。《江漢》:"武夫洸洸。"《爾雅·釋訓》:"洸洸,武也。"亦"駫"字引申之義。作"洸"者,同从光聲,故假借。作"駉"者,亦假借。《說文》:"駉,牧馬苑也。从馬,冋聲。《詩》曰:'在駉之野。'"案:此"駉"字本義也。"駫駫"字借"駉","觥"字亦讀古橫切,"光"、"觥"一聲,"觥"、"駉"疊韻也。"駫"从光者,馬盛肥必有光澤,故从光,此形聲字之有意義者也。"腹幹肥張"即"盛肥"也,毛與許同意。

牡 《箋》:"必牧於坰野者,辟民居與良田也。"《釋文》:"牡,本或作牧。"案:《序》云:"務農重穀,牧于坰野。"《正義》:"定本'牧馬'字作'牡馬'。"《顏氏家訓·書證》:"《詩》云:'駉駉牡馬。'江南書皆作'牝牡'之'牡',河北本悉為'牧放'之'牧'。"《太平御覽·八百九十三》作"駉駉牧馬"。[14] 聲谓:作"牧馬"者,與《序》、《箋》俱合,篇內"驈"、"皇"、"驪"、"黃"等字皆所牧之馬也。《說文》:"牧,養牛人也。从攴,从牛。《詩》曰:'牧人乃夢。'"案:"牧"為養牛人,引之凡牧養牲畜者皆謂之牧矣。"牧"其本字;作"牡"者,音相近假借也。

坰 《傳》:"邑外曰郊,郊外曰野,野外曰林,林外曰坰。"《箋》:"必牧於坰野者,辟民居與良田也。《周禮》曰:'以官田、牛田、賞田、牧田任遠郊之地。'"《釋文》:"坰,遠也。"《說文》作:"冂,邑外謂之郊,郊外謂之野,野外謂之林,林外謂之冂。象遠界也。……冋,古文冂,从囗,囗,音圍。"冋"从"囗"者,與"邑"同意。象國邑。坰,冋或从土。"聲案:《說文》與毛同訓。曰"在坰之野"者:郊也,野也,林也,坰也,皆野也。"在坰之野"者,非郊、野、林之野,乃坰之野。"冋"象遠界,故《釋文》訓為"遠",鄭以為"辟民居與良田"。

駉者 《傳》:"牧之坰野則駉駉然。"《箋》:"坰之牧地水草既美,牧人又良,飲食得其時,則自肥健耳。"聲谓:此"駉"字即《說文》"駉,牧馬苑也"之"駉"。見前"駉"字下。"駉"本牧馬苑而謂之"駉",猶《孟子·公孫丑》"則必為之求牧與芻矣"之"牧","牧"本養牛人,而牧牛之地亦謂之牧也。《傳》於此句下云"牧之坰野則駉駉然",蓋仍以"駉"為"駉駉"也。《箋》"坰之牧地水草既美,牧人又良,飲食得其時",似皆指"駉者"言,以《采綠》"薄言觀者"句法例之,《箋》義長矣。

彭彭 《傳》:"彭彭,有力有容也。"案:《詩》言"彭彭"者不一。《載驅》:"行人彭彭。"《傳》:"彭彭,多貌。"《出車》:"出車彭彭。"《傳》:"彭彭,四馬貌。"《北山》:"四牡彭彭。"《傳》:"彭彭然不得息。"《大明》:"駟騵彭彭。"無《傳》,《箋》云:"馬又強。"《烝民》:"四牡彭彭。"《箋》:"彭彭,行貌。"同一"彭彭",《傳》、《箋》訓釋各不同,惟此《傳》較為包括。此亦假借字。彭,《說文》:"鼓聲也。从壴,彡聲。"此"彭"之本義也。《說文》:"騯,馬盛也。……《詩》曰:'四牡騯騯。'"案:《北山》、《烝民》皆有"四牡彭彭"之文,不能定所引者何詩矣。桂氏馥以為即《車攻》之"四牡龐龐","龐"从龍聲,與"攻"、"同"、"東"韻,非是。《玉篇》:"騯,……騯騯,馬行皃。今作彭。"案:作"騯"者,形聲字。亦有假借"旁"者,《清人》"駟介旁旁"是也。

"思無疆"二句 《箋》:"臧,善也。僖公之思遵伯禽之法,反覆思之,無有竟已,乃至於思馬斯善,多其所及廣博。"聲谓:二"思"字應指"駉者"說,在駉言駉,所謂"職思其居"也。言駉者之思無窮盡,惟思馬斯臧耳。"斯"當讀如"則百斯男”、“王赫斯怒”之“斯”,猶“其”也。二、三、四章並同。

駓《傳》:“黃白雜毛曰駓。”《釋文》:“駓,字又作駓,郭云:‘今桃花馬也。’《字林》作駱,音丕。”案:《爾雅·釋訓》:“黃白雜毛,駓。”與《傳》同。《說文》:“駓,黃馬白毛也。”《六書故》戴侗曰:“唐本曰:‘黃馬白雜毛。’”聲谓:當從《傳》與《爾雅》。《釋文》“又作駓”者,从丕,即“丕”也。《左氏春秋傳》:“丕豹。”即“丕豹”。《爾雅·釋詁》:“丕,大也。”《釋文》:“字又作丕。”《漢書·王莽傳上》:“並集丕作。”丕,亦大也。《後漢書·耿秉傳》:“與太醫令吉丕。”注:“丕,或作平。”案:作“平”者,因形近而訛也。

伾《傳》:“伾伾,有力也。”《釋文》:“伾,……《說文》同。《字林》作駓,走也。”《說文》:“伾,有力也。从人,丕聲。《詩》曰:‘以車伾伾。’”案:《說文》與《傳》同。伾,人有力也。庾子信《三月三日華林園馬射賦》:“士勇伾伾。”是也。經蓋以人有力借為馬有力矣。《字林》以“駓”為馬有力字,故又出“駱”字以為馬黃白雜毛字。《書·禹貢》:“至于大伾。”假借字也。

期案:《禮·曲禮》:“梁曰薌萁。”《釋文》:“萁,……王音期。期,時也。”《廣雅》:“期,時也。”與一章“思無疆”一横說,一豎說。“無疆”言思之廣,“無期”言思之長也。《史記·萬石君張叔傳》:“期為不絜清。”《正義》:“期,猶常也。”案:“常”者亦“時”也,謂時常如此也。

才《傳》:“才,多材也。”《說文》:“才,艸木之初也。”聲谓:“才”亦假借字,據《傳》當作“材”。《傳》無破字之例,故訓“才”為“多材”。《易·繫辭下傳》:“象者,材也。”注:“材,材德也。”《管子·五輔》:“士修身功材。”注:“材,謂藝能。”《文選·西京賦》:“侲僮程材。”薛注:“材,伎能也。”

驒《傳》:“青驪驎曰驒。”《釋文》:“《說文》云:‘馬文如鼉魚也。’《韓詩》及《字林》云:‘白馬黑髦也。’”《說文》:“驒騱,野馬也。从馬,單聲。一曰:青驪白鱗,文如鼉魚。”《史記·匈奴傳索隱》引《說文》作“一云：青驪白驎，文如鱓魚。”[15]案：作“驎”與“鱓”是，《說文》與《傳》大同小異。《釋文》引《說文》省為“馬文如鼉魚”，與《傳》語相去遠矣。

雒 《傳》：“黑身白鬣曰雒。”《釋文》：“雒，音洛。本或作洛，今誤作“駱”，與上句“駱”字複。同。”《正義》：“黑身白鬣曰雒，則未知所出，撿定本《集注》及徐《音》皆作‘駱’字，而俗本多作‘駁’字。《爾雅》有‘駵白，駁’，謂赤白雜色，駁而不純，非黑身白鬣也。《東山傳》曰：‘駵白曰駁。’謂赤白，雜取《爾雅》為說。若此亦為‘駁’，不應《傳》與彼異。且注《爾雅》者樊光、孫炎於‘駵白，駁’下乃引《易·乾》‘為駁馬’，引《東山》‘皇駁其馬’，皆不引此文，明此非‘駁’也。其字定當為‘雒’，但不知‘黑身白鬣’何所出耳。”聲谓：經本作“雒”，並未作“駱”，以上句“有驒有駱”，次句必不得與之複也。以《清廟·序釋文》：“雒，……水名，字從水。後漢都洛陽以火德，為水尅火，故改為各傍隹。”《清廟序》：“既成雒邑。”《周禮·天官》注：“使居雒邑治天下。”《左氏春秋·桓二年傳》：“乃營雒邑。”《釋文》並云：“雒，本作洛。”陸氏以為作“雒”者皆後漢所改耳。聲谓：後漢改“洛水”、“洛陽”為“雒水”、“雒陽”耳，非改“洛”字為“雒”也。六朝人不審此義，凡遇“雒”字輒疑漢人所改，妄生疑義。如此“雒”字經本作“雒”，或以為本作“駱”，不知其與上句複；或以為作“駁”，亦豪無實據。聲谓：“雒”即《說文》“鵅”字也。《說文》：“鵅，烏鸔也。从鳥，各聲。”《爾雅·釋鳥》：“鵅，烏鸔。”郭注：“水鳥也，似鶂而短頸。腹翅紫白，背上綠色。江東呼烏鸔。”馬謂之雒者，以其色似雒也。色似雒者謂之雒，猶之色似鰕者謂之騢。四章：“有駰有騢。”《釋文》：“騢，音遐。《說文》云：‘赤白雜色，文似鰕魚。’”是也。雒，《說文》从鳥而經文从隹，古人禽鳥字往往从鳥亦从隹也，如“难”亦作“鳿”，“雄”亦作“鴆”，“雕”亦作“鵰”，“雞”與“雛”亦作“鷄”與“鶵”耳。

繹繹 《傳》：“繹繹，善走也。”《釋文》：“繹，音亦，善足也，一本作‘善走也’。崔本作驛。”《正義》：“此章言田馬。田獵尚疾，故言‘繹繹，善走’。”是孔所據者亦作“繹繹”與“善走”也。聲谓：“驛”

亦取"繹"義。《常武》之"徐方繹騷"當作"驛";作"繹"者,假借字也。

斁 《箋》:"斁,厭也,思遵伯禽之法,無厭倦也。"案:此章承上章,言事以久而生厭,亦人情也。駉者思雖長而不至於生厭,惟思馬之用耳。

作 《傳》:"作,始也。"《箋》:"作,謂牧之使可乘駕也。"案:牧馬者但思"使可乘駕",與下章"徂"字《箋》訓"行"——牧馬者但思其馬能行走即為盡職,恐詩人不如是之不辭也。據《天作》:"天作高山。"《傳》:"作,生也。"《國語・晉語》:"天作高山。"《老子》:"萬物並作。"注並云:"作,生也。"首章思其良善,次章思其材力,此章思其孳生,末章思其驅駿,經文固無一字泛設,亦無一字重複也。

魚 《傳》:"二目白曰魚。"《釋文》:"有魚,如字。《字書》作䲆,《字林》作瞗,音並同。毛云:'二目白曰魚。'《爾雅》云:'一目白,瞯;二目白,瞗。'"案:《爾雅》及注並作"魚"。又案:作"魚"者,假借字;作"䲆"者,形聲字。䲆,馬名,故从馬。作"瞗"亦形聲字。一目、二目皆言目,故字亦从目。

祛祛 《傳》:"祛祛,彊健也。"《廣雅・釋詁・二》:"祛,去也。"[16]《文選・桓公九井詩》:"惑祛吝亦泯。"注:"祛,去也。"又《廣雅・釋詁・三》:"祛,開也。"案:此與"胠"字通。《史記・老莊申韓傳》:"胠篋。"《正義》:"胠,開也。"《莊子・胠篋釋文》引司馬注:"從旁開為胠。"案:"胠"訓為"開",亦借義。《廣雅・釋親》:"胠,脅也。"《左氏春秋・襄二十三年傳》:"胠商子車御侯朝。"注並賈注:"右翼曰胠。""祛"、"胠"俱非正字,亦終於假借而已。四章四義:首章《正義》:"此《傳》獨以齊馬為良馬者,以其用之朝祀,故謂之良。……朝祀所乘,雖取其力,亦須儀容,故云'彭彭,有力有容',言其能備五御之威儀也。"二章《正義》:"此章言戎馬。戎馬貴多力,故云'伾伾,有力'。"三章《正義》:"此章言田馬。田獵尚疾,故言'繹繹,善走'。"四章:"言駑馬。主以給官中之役,貴其肥壯,故曰'祛祛,彊健也'。"聲谓:以四者分配四章,亦說經者想當然語耳,經義恐未必然。

邪《箋》:"思遵伯禽之法,專心,無復邪意也。"聲谓:古無"邪"字,古書間有"邪"字,皆"餘"字之借也。牧馬安得有邪意?鄭所謂"無邪意"者,言專心於牧馬,無復餘意。此又承上三章"無疆"、"無期"、"無厭"而統歸於"無餘",猶言"無他"也。必言"邪"者,為合韻。我夫子引《詩》而說之曰:"《詩》三百,一言以蔽之,曰:'思無邪。'"蓋亦君子思不出其位之意。在《詩》言《詩》,統歸於無他,故"一言以蔽之,曰'思無邪'"也。善之與惡,貞之與淫,猶黑之於白,有目者皆知之矣。曾是《詩》而猶有邪焉者?曾是讀《詩》而思猶有邪焉者?曾是夫子教人讀《詩》而猶妨其思有邪焉者?此不待智者而後知矣。然則《詩》所謂"邪"者,果何謂也?聲解之曰:在駉言駉,如牧馬而思及馬之外,即所謂"邪"矣,《詩》無是也。牧馬而更思及牧之外,亦所謂"邪"矣,《詩》更無是也。由一事而推之凡事,由一詩而推之全《詩》,無不皆然,故曰"一言以蔽之"也。《呂覽·辯土》:"亦無使有餘。"注:"餘,猶多也。"《國策·秦策》:"不得煖衣餘食。"《鴻烈解·精神》:"適情不求餘。"聲谓:二"餘"字亦當訓為多,言不得煖衣多食與適情不求多也。舊注"餘"皆訓為"饒",饒亦多也。《荀子·富國》:"不求其餘。"注:"餘,謂過度。"經言"思無邪"即"餘"之借。者,猶言思無多,思無過度也。《史記·歷書》:"歸邪於終。"又:"歸邪於終,事則不悖。"皆以"邪"為"餘"。聲谓:"邪"有"餘"音,故有"餘"義。又《東方朔傳》:"污邪滿車。"[17]《集解》引司馬彪:"污邪,下地田也。"案:"污邪"者,污下旁餘之地。地土陰溼,不甚肥美,故祝其滿車。《荀子》注引《說苑》作"污臾者滿車"。《爾雅·釋詁》注:"今字或作窳。"《釋文》:"污窬,猶污邪也。""臾"、"窳"、"窬"三字皆音相同字,非正字也。《水經注》:"涿水枝分入匈奴者謂之涿邪。"猶言涿餘也。此皆以"邪"為"餘"之據。至"邪"字古音,讀若"餘"者甚夥。詳顧氏炎武《唐韻正》。

徂《箋》:"徂,猶行也。"《正義》:"徂訓為往,行乃得往,故'徂,猶行也'。思牧馬使可走行,亦上章使可乘駕之事也。王肅云:'徂,往也。所以養馬,得往古之道。'毛於上章以'作'為'始',則此未必不如肅言，但無跡可尋，故同之鄭說。”聲谓：鄭訓“徂”為“行”，無論轉“徂”為“行”，義本迂折，牧馬者但思馬能行動，即為盡職，詩人未免不辭。王肅述毛，“往”下加一“古”字，亦未免横添。《說文》：“駔，壯今誤作“牡”。詳下。馬也。从馬，且聲。一曰：馬蹲駔也。子助誤作“朗”。詳下。切。”案：《類篇》引作“馬壯也”，《五音集韻》引作“壯馬也”。《六書故》戴侗曰：“徐本《說文》曰：‘牡馬也。……’唐本曰：‘奘馬也。’”據此，則“壯”訛為“牡”，自南唐已然。《集韻》：“奘，或作駔。”《五音集韻》：“駔，與奘同，大也。”《玉篇》：“駔，猶麤也，……駿馬也。”《文選·魏都賦》：“冀馬填廏而駔駿。”李善引《說文》曰：“駔，壯馬也。”五臣曰：“駔，壯也，謂冀北所生馬填溢廏中而呈壯駿也。”《赭白馬賦》：“於時駔駿充階街兮。”李善引《說文》：“駔，壯也。”王融《曲水詩序》：“駔駿函列。”《廣絕交論》：“附駔驥之旄端。”李善引《說文》：“駔，壯馬也。”據以上稱“駔駿”，稱“駔驥”，蓋亦良馬字也。其義則或訓為“壯”，或訓為“奘”，皆壯大之義。其音則諧“且”聲，“且”即古“祖”字，凡“祖”、“阻”、“沮”、“俎”、“租”、“疽”、“助”、“苴”等字皆从其音也。《爾雅·釋言》：“奘，駔也。”郭注：“今江東呼大為駔。駔，猶麤也。”《釋文》：“駔，在魯反。此漢以後“駔”字正音。又子朗反，此即後世訛音。沈《集注》本作‘𪊧’，音同。孫、樊二本並作‘將，且’，而無‘奘，駔’，沈集眾本合為一字。”據《釋文》此言，是沈合“將且”為一字，因有“子朗”之音，此諸書踵誤之由也。自是而《釋文》有“又子朗反”一音，徐鉉《說文》亦音“子朗切”，不知《玉篇》“駔”下明云“在古切”，與《釋文》弟一音合，是此字古祇讀“在古切”，因《爾雅》沈本合“將且”為一字，因有“子朗”之音。後世沿譌襲謬，而“駔”字之古音幾不可復識矣。“駔”音與“祖”、“阻”等字同，古人不分四聲，故得假借“徂”字。思馬斯徂，猶言思所牧之馬其壯駿耳。在駉言駉，思馬之壯駿，並非出位，故曰“思無邪”也。“徂”得借為“駔”，猶之“駔”亦借為“組”。《周禮·典瑞》：“駔圭璋璧琮琥璜之渠眉。”鄭注：“駔，讀為組。”《考工記·玉人》：“駔琮五寸。”鄭注：“駔，讀為組。”《釋文》：“駔，音祖。”是也。又案：《說文》：“一曰：馬蹲駔也。”《說文·心部》：

“怚,驕也。”《鴻烈解·氾論》注:“駔,驕駔。”[18]據此,則“駔”亦驕也。馬肥壯則驕,訓“駔”為“驕”亦可。

校勘記

[1]“當為掉”,《荀子》楊倞注作“讀為掉”。

[2]“以茠荼蓼”,《說文》“以”字作“既”。

[3]“寸,法度也”,《說文·矢部》“䠶”字下云:“射,篆文䠶,从寸。寸,法度也。”

[4]“𦥷”字,《說文·巢部》作“𦥷”。

[5]“戴弁[illegible]頍”,《玉篇·頁部》“頍”字下引作“戴弁俅俅”,云:“《詩》曰:‘戴弁俅俅。’或作頍。”

[6]“不虞不敖”,《史記·孝武本紀》“敖”字作“鶩”。

[7]“致討於紂”,《左傳·宣公十二年》杜注作“致討於昧”。

[8]“賚,予也”,案:《史記·殷本紀》:“予其大理女。”《集解》:“《尚書》理作賚,鄭玄曰:‘賚,賜也。’”據此,則鄭注“予”當作“賜”。

[9]“式居屢驕”,《小雅·角弓》“屢”字作“婁”。

[10]“屢,本亦作婁”,《小雅·角弓》“式居婁驕”《釋文》無此語。案:《小雅·巧言》:“君子屢盟。”《釋文》云:“屢,本又作婁。”吴氏蓋誤記。

[11]“隋山喬嶽”,中華書局本《御覽》卷五百三十七引《般》“隋”字作“墮”,《景四》本作“隳”。

[12]“在《禮》傳”,“傳”當作“注”。

[13]“駫駫牡馬”,桂馥本《説文》“駫”字下“牡”字作“牧”。

[14]“駉駉牧馬”,《御覽》卷八百九十三“牧”字仍作“牡”。

[15]“青驪白驎,文如鼉魚”,《史記·匈奴傳》:“驒騱。”《索隱》作“青驪白鱗,文如鼉魚”。

[16]“祛,去也”,《廣雅·釋詁》“祛”字作“袪”,下引《廣雅·釋詁·三》“祛”字同。

[17]“污邪滿車”,語見《史記·滑稽列傳·淳于髡傳》,非《東方朔傳》。又《滑稽列傳》“污”字作“汙”,下《集解》引司馬彪“污”字同。

[18]“駔,驕駔”,《鴻烈解·氾論》注“驕駔”之“駔”字作“怚”,从心。

詩小學卷二十九

魯　頌

保山吳樹聲學

駉之什

駜《傳》:“駜,馬肥彊貌,馬肥彊則能升高進遠,臣彊力則能安國。”《箋》:“此喻僖公之用臣,必先致其祿食,祿食足而臣莫不盡其忠。”《說文》:“駜,馬肥也。今訛作“馬飽也”,據徐鍇《韻譜》、《玉篇》、《廣韻》、《五經文字》均作“肥”正。从馬,必聲。《詩》曰:‘有駜有駜。’”案:《傳》以馬之肥彊喻臣之彊力,以喻僖公之能用人。《箋》云“必先致其祿食”,其說甚陋,似非《詩》義。

明明《箋》:“在於公之所,但明義明德也。《禮記》曰:‘大學之道,在明明德。’”聲谓:明者,昏之對;明明者,昏昏之對也。《大明》:“明明在下。”《傳》:“明明,察也。”《常武》:“赫赫明明。”《傳》:“明明然察也。”《爾雅·釋訓》:“明明,察也。”舍人注:“明明,言其明甚。”《漢書·王褒傳集注》:“明明,察也。”此“明明”字與《大明》、《常武》之“明明”字等耳,當依彼二《傳》訓為“察”;察者,明之甚也。《箋》“明義明德”未免添出,引《禮》“大學之道”尤不合。

咽咽《傳》:“咽咽,鼓節也。”《箋》:“以鼓節之咽咽然。”《釋文》:“咽,本又作䶑,今訛作“淵鼓”二字。同。”《說文》:“鼘,鼓聲也。从鼓，𣪠聲。《詩》曰：‘鼗鼓鼘鼘。’”案：《那》：“鞉鼓淵淵。”作“淵淵”。本詩作“咽咽”者，音近假借。《六月》[1]“伐鼓淵淵”與《那》皆作“淵”者，同音假借。《文選·東京賦》注引作“鼓𪔛𪔛”，與《釋文》本合。《六月》：“伐鼓淵淵。”崔靈恩《集注》作“伐鼓𪔛𪔛”。𪔛，形聲字，用篆文；《說文》“鼘”，形聲字，用古文。

于胥《箋》：“于，於。胥，皆也。”案：此“于”當訓為“曰”，為“聿”。《說文》作“欥”，與“于以采蘩”、“于以用之”、“于以盛之”等句“于”字略同。胥，斯也。詳《桑扈》、《角弓》。于胥樂兮，猶之言聿斯樂兮也。

自今以始，歲其有《傳》：“歲其有，豐年也。”《箋》：“君臣安樂，則陰陽和而有豐年。”《釋文》：“歲其有，本或作‘歲其有矣’，又作‘歲其有年者矣’，皆衍字也。”《正義》：“定本《集注》皆云‘歲其有年’。”案：“歲其有”“有”字，古音“羽軌切”，與“子”字韻。若作“歲其有年”，則“君子有穀詒孫子”句無韻矣，非是。或作“歲其有矣”、“歲其有年者矣”，於義無取，陸氏以為“衍字”是也。“詒孫子”作“詒厥孫子，詒于孫子”，並見《釋文》。據《毛詩》原題“三章，章九句”，不得多一句也。陸氏以為“妄加”，誠然。

泮水《傳》：“泮水，泮宮之水也。天子辟廱，諸侯泮宮。”《箋》：“泮之言半也。半水者，蓋東西門以南通水，北無也。天子諸侯，宮異制，因形然。”《釋文》：“頖，音判，本多作泮。泮宮，諸侯之學也。泮，半也，半有水，半無水也。鄭注《禮記》言：‘頖，班也，所以班政教。’”據《釋文》，則陸所據本作“頖”。《禮·王制》注引本詩“在泮獻馘”亦作“在頖獻馘”。聲谓：作“泮”者，形聲字；作“頖”者，假借字。从“水”起義。《說文》：“泮，諸侯鄉射之宮，西南為水，東北為牆。从水，从半，半亦聲。”案：此與《釋文》義略同。从“半”起義者，《通典》引許慎《五經通義》：“泮之言半也。”《後漢書·崔駰傳》注：“頖，半也，諸侯半天子之宮。”《白虎通·辟雍》引《詩訓》：“諸侯曰泮宮者，半於天子宮也。明尊卑有差，所化少也。”《藝文類聚·三十八》引《五經通義》:"諸侯不得觀四方,故缺東以南,半天子之學,故曰頖宫。"《獨斷上》:"諸侯曰頖宫,頖言半也。"案:此與《箋》義略同。以諧聲取義者,《禮·王制》:"諸侯曰頖宫。"注:"頖之言班也。"《明堂位》:"頖宫,周學也。"注:"頖之言班也,於以班政教也。""頖"从頁,半聲,《説文》無此字。《禮·禮器疏》作"斯樂泮水","斯"蓋"思"之假借字,皆語辭也。

茷《傳》:"茷茷,言有法度也。"《釋文》:"茷,本又作筏。"[2]據《六月》:"白旆央央。"《釋文》:"茷,本又作旆。"《傳》:"白旆,繼旐者也。"《正義》:"茷與旆,古今字也。"據此,則"茷"為"旆"之假借字。茷茷,猶旆旆也。《出車》:"胡不旆旆。"《傳》:"旆旆,旒垂貌。"《生民》:"荏菽旆旆。"《傳》:"旆旆然長也。"此"茷茷"亦當訓為"垂貌"、"長貌"也。且以下句"噦噦,言其聲也"例之,則此"茷茷"亦當云"言其貌也"。但觀其旂,何以知"有法度"?《傳》語未免望文生義。至《羣經音辨·人部》作"其旂伐伐",蓋用"茷"之古字。作"筏"者與"茷"同。

噦噦《傳》:"噦噦,言其聲也。"《説文》:"譢,聲也。从言,歲聲。《詩》曰:'有譢其聲。'"《一切經音義·二十二》引《通俗文》:"氣逆曰噦。"《素問·陰陽應象大論》:"在變動為噦。"注:"噦,謂噦噫,胃寒所生。"據此,則"噦噦"亦假借字矣。《斯干》:"噦噦其冥。"《箋》:"噦噦,猶煟煟也。"蓋别一義,亦借字。《庭燎》:"鸞聲噦噦。"《傳》:"徐行有節也。"案:"徐行有節"與本詩《傳》"有法度"同一語病,其訓當與此《傳》同也。

匪怒伊教《箋》:"非有所怒,於是有所教化也。"承上文,言若曰色笑亦教也,不必繼之以怒,而後為教,故曰"匪怒伊教"。匪,非也;伊,即緊,是也。非怒是教,猶云不怒而教也。

屈此羣醜《傳》:"屈,收。醜,眾也。"《箋》:"屈,治。醜,惡也。……治此羣為惡之人。"《釋文》:"屈,……鄭云:'治也。'《韓詩》云:'屈,收也,收斂得此眾聚。'"據此,則毛與韓同義。《孟子·滕文公下》:"威武不能屈。"注:"屈,挫其志也。"《素問·

調經論》:“大氣乃屈。”注:“屈,謂退抑也。”[3]《管子·國畜》:“出二孔者,其兵不詘。”注:“詘,與屈同。屈,窮也。”《法言·先知》:“屈人孤。”注:“屈,窮也。”經言“屈”者,猶言挫抑使屈窮也。“醜”當依《箋》訓為“惡”,訓“眾”則與“羣”義複。是時淮夷方張,故欲挫抑之,使窮屈也。《箋》義為優。

不孝 《箋》:“國人無不法傚之者。”《正義》:“以此化民,民皆傚之,魯國之民無有不為孝者。”王氏引之曰:“據《箋》以考經文‘孝’字,蓋本作‘斈’。《說文》:‘斈,傚也。《玉篇》:“斈,古孝切,效也。《說文》又音交。”則《說文》亦訓為“效”可知。蓋“斈”、“效”聲相近,故云“斈,效也”。《說文》“教”字以“斈”為聲,其解云:“上所施,下所效也。”正與“斈”之訓“效”同。……从子,爻聲。’與“孝”字“从老省”者不同。效,與傚同。經文作‘斈’而訓為‘傚’,故《箋》云‘無不法傚之者’。若如今本作‘孝’,則鄭君必不如此訓釋矣。沖遠作《正義》時,‘斈’字已訛作‘孝’,故不喻《箋》訓‘法傚’之意,而據誤字以釋之曰‘魯國之民無有不為孝者’。陸氏《釋文》不為‘斈’字作音,蓋所見本亦誤為“孝”矣,是以張參《五經文字》失收‘斈’字也。”案:王氏之說是也,惟不知“斈”即“學”字耳。《說文·教部》:“斆,覺悟也。从斈,[4]从冂。冂,尚矇也。臼聲。學,篆文斆省。”又《子部》:“斈,效也。[5]从子,爻聲。”聲谓:“斈”即“學”之古文。斈,效即“學”字義。也,施於上謂之教,从攴,所以教之。效於下謂之斈,上下之間有交道焉,故从爻。即“交”之古文。詳《六書敓》。从子者,《書》有“教育子”之語,見《說文》引《書》。言子當教育,即言子當斈也。合為會意字,即諧爻聲。古書言“學”者,始於《論語》“學而時習之”及《左氏春秋·閔二年傳》“敬教勸學”,皆周中葉以後之書,勿怪其承用籀文也。“斈”為古文,“學”為籀文。詳《六書敓》。《說命》:“惟斆學半,念終始典于學。”在史籀前幾千年,安得有“斆”、“學”等字?以此益知古文《尚書》之偽也。至《盤庚》:“盤庚斆于民。”《傳》:“斆,教也。”聲以為本作“教于民”,後人據偽古文《尚書》妄改之耳。“斈”為古“學”字無疑。《廣雅》:“學,效也。”《書·洛誥》:“乃汝其悉自教工。”《大傳》作“學功”,云:“學,效也。”案:學,即“斈”之籒文,故二訓同,此亦以諧聲釋之也。“學”、“效”一聲,古文从爻,“爻”、“效”疊韻,固不必从臼為聲也。斈,即“學”之古文,隸書概取整齊,上體乂稍為移正便作“孝”形矣。此致誤之由。當承上文“允文允武,昭假烈祖”,言所用之文臣、所用之武臣皆昭明假至于烈祖,無有不學者,皆自求有祜也。伊,有也。《頍弁》:“豈伊異人。”《箋》:“豈有異人疏遠者乎?”是也。知“斈”為“學”,可與讀三代以上之書;知此詩之“斈”為“學”,與《序》言“僖公能脩泮宮”意尤相合也。又案:《敬之》有“學有緝熙于光明”語,是《三百篇》原有“學”字也。聲谓:學,古文亦當作“斈”。古人以口耳傳經,口授者為“學”聲,彼時籒文“學”字已盛行,故筆之篇簡者亦作“學”也。“斈”从爻亦讀“學”音者,“駁”从爻亦讀“駁”音,“較”亦从爻亦讀“較”音角。音也。二字皆見《說文》。

矯矯 《箋》:“矯矯,武貌。”《釋文》:“蟜,本又作矯,亦作蹻,居表反。”據此,則陸氏所據本有作“蟜”者矣。《爾雅·釋訓》:“矯矯,勇也。”舍人注:“矯矯,得勝之勇也。”郭注:“矯矯,壯勇之貌。”案:郭注是也。舍人注望文生義矣。《廣雅·釋訓》:“矯矯,武也。”案:武,亦勇也。《漢書·敘傳下集注》:“矯矯,高舉之貌。”《文選·東方朔畫贊》:“矯矯先生。”注:“矯矯,輕舉之貌也。”案:輕舉,亦高舉也,輕則易高也。武勇之人翹捷飛舉,故亦訓為“高舉”也。作“蹻蹻”者,與《酌》“蹻蹻王之造”同意。作“蟜”者,《漢書·朱博傳音義》引呂靖:“蟜,毒蟲也,己兆反。今借以為‘矯’字。此蓋古字,無定耳。”據此,則“矯”為正字,“蹻”、“蟜”皆假借字。

獻馘獻囚 《傳》:“囚,拘也。”《箋》:“馘,所格者之左耳。……囚,所虜獲者。僖公既伐淮夷而反,在泮宮使武臣獻馘,又使善聽獄之吏如皋陶者獻囚。言伐有功,所任得其人。”《釋文》:“馘,……截耳也。”《皇矣》:“攸馘安安。”《傳》:“馘,獲也。不服者,殺而獻其左耳曰馘。”《說文》作:“聝,軍戰斷耳也。《春秋傳》曰:‘以為俘聝。’从耳,或聲。䤄,聝或从首。”即“首”。《周禮·環人》注:“折馘執俘而還。”《疏》:“死者取左耳曰馘。”《左氏春秋·僖二十二年傳疏》:"馘者,殺其人截取其左耳。"《後漢書・曹節傳》注:"馘,謂所殺者之左耳。"據此,則已殺者為馘。《皇矣傳》曰:"不服者,殺而獻其左耳。"不服者始殺之,《傳》語較諸家為優。囚獲者必訊而後獻,必以"如臯陶者"訊之,慎之至也,語義如《皇矣》"執訊"、"攸馘"而意尤縝密矣。

狄 《箋》:"狄,當作剔。剔,治也。"《釋文》:"狄,王他歷反,遠也,孫毓同。鄭作剔,音同。沈云:'毛如字,未詳所出。'《韓詩》:'鬄,除也。'"案:狄者,"逖"之古文,"愓"之借字也。《易・渙》:"渙其血去逖即"逷"。出。"《小畜》作"血去愓出"。案:"愓"、"逷"同聲,"逖"、"逷"亦同聲,故假借。聲以《抑》之"用戒戎作,用逷蠻方"語定為"愓彼東南"。聖主不務遠略,於化外之人羈縻之,使知有所戒懼而已,賢諸侯亦無不然也。詳《抑》。

烝烝皇皇 《傳》:"烝烝,厚也。皇皇,美也。"《箋》:"烝烝,猶進進也。皇皇,當作暀暀。暀暀,猶往往也。……言多士之於伐淮夷,皆勸之有進進往往之心。"《釋文》:"烝,之丞反。皇,毛如字;鄭作暀,于況反。"《東山》"烝在栗薪"、《烝民》"天生烝民"《傳》,《漸漸之石》"烝涉波矣"、《棫樸》"烝徒楫之"、《蕩》"天生烝民"、《思文》"立我烝民"《箋》,並云:"烝,眾也。"《南有嘉魚》"烝然罩罩"《釋文》引王注,《左氏春秋・成十六年傳》"立我烝民"、《國語・周語》"立我烝民"注,《爾雅・釋詁》,並云:"烝,眾也。"又《禮・王制》:"冬曰烝。"《疏》引皇氏:"烝者,眾也。"《漢書・伍被傳》:"氾愛烝庶。"注:"烝,亦眾也。"又《宣帝紀》:"天下烝庶。"注:"烝庶,眾人也。"又《中山靖王勝傳》:"此乃烝庶之成風。"注:"烝庶,謂眾人也。"據此,則"烝"訓為"眾","烝烝"亦眾也。《烈文》"繼序其皇之"、《執競》"上帝是皇"《傳》,《漢書・王褒傳集注》、《後漢書・傅毅傳》注、《廣雅・釋詁・一》,並云:"皇,美也。"《爾雅・釋詁》:"皇皇,美也。"《左氏春秋・文二年傳》"皇皇后帝"注、《文選・封禪文》"皇皇哉,此天下之壯觀"注:"皇皇,美也。"《楚辭・雲中君》:"靈皇皇兮既降。"注:"皇皇,美貌也。"據此,則"皇皇"為美,此亦指伐淮夷之多士言也。

上言“濟濟”者，言其儀容；言“桓桓”者，言其威武；此言“烝烝皇皇”者，言其眾多而且美盛也。如《箋》言“皆有進進往往之心”，殊為不辭，恐非經義。

吳揚

《傳》：“揚，傷也。”《箋》：“吳，譁也。……不讙譁，不大聲。”《釋文》：“吳，鄭如字，讙也。又王《音》吳作吴，[6]音話，同。揚，余章反。”《正義》述《傳》：“不為過誤，不有損傷。”又申《傳》：“揚與誤為類，故為傷，謂不過誤，不損傷也。王肅云：‘言其人德厚美，不過誤有傷者’”又申《箋》：“鄭讀‘不吳’為‘不娛’，人自娛樂，必讙譁為聲，故以‘娛’為‘譁’也。……揚者，高舉之義。不娛為不讙譁，不揚為不揚聲，故云：‘多士之伐淮夷，皆勸之有進進往往之心，不讙譁，不大聲。’”案：毛於“吳”字不發《傳》，蓋以《絲衣》“不吳不敖”《傳》已訓“吳”為“譁”矣。《正義》述《傳》，據王肅“不過誤有傷”語，遂以為毛言“不過誤，不損傷”，又申之曰“揚與誤為類，故為傷，謂不過誤，不損傷也”，未免武斷矣。《釋文》明云：“王《音》吳作吴，同。”是“吳”、“吴”二形，王尚兩存之，何得以其說定未發之《傳》也？聲谓：本詩“不吳不揚”，句法與《絲衣》同。彼《傳》既釋“吳”為“譁”，自當從之，勿庸節外生枝。揚，讀如《泰誓中》“我武惟揚”之“揚”，舉也。《說文》：“揚，飛舉也。从手，昜聲。”《禮·玉藻》：“退則揚之。”注：“揚之，謂小仰見於後也。”《史記·樂書》：“發揚蹈厲之已蚤。”《正義》：“揚，舉袂也。”《漢書·五行志上》：“驕揚奢侈。”注：“揚，謂振揚張大也。”《霍光傳》：“揚語曰。”注：“揚，謂宣唱之。”《方言·十二》：“抍、搷，揚也。”注：“揚，謂播揚也。”以上數“揚”字，義皆可通，不必轉“揚”為“傷”，亦不必於“揚”字下加“聲”字也。《箋》於“揚”下加“聲”字，不惟文外横添，而且與讙譁義複。不吳不揚，猶言不讙譁，不張大也。

不告于訩

《箋》：“訩，訟也。……僖公還在泮宮，又無以爭訟之事告於治訟之官者。”案：“訩”訓“訟”，“不告于訟”殊不可通。王氏引之《經傳釋詞》曰：“于，猶越也，與也，連及之詞。《夏小正傳》曰：‘越，于也。’《廣雅》曰：‘越，與也。’”引：“《康誥》曰：‘子弗祇服厥父事，大傷厥考心。于父不能字厥子，乃疾厥子。于弟弗念天顯，乃弗克恭厥兄。兄亦不念鞠子哀，大不友于弟。'言子之不孝，與父之不慈，與弟之不恭，兄之不友也。某氏《傳》曰："於為人父，於為人弟。"失之。又曰：'告女德之說于罰之行。'……言告女德之說與罰之道也。《傳》曰："告女德之說於罰之所行。"失之。……《多方》曰：'時惟爾初，不克敬于和，則無我怨。'于，與也，言不能敬與和也。"上文曰："爾惟和哉。"又曰："亦則以穆穆在乃位。"穆穆，敬也，故此言"爾不能敬與和，則無我怨"。《傳》曰："不能敬於和道。"亦失之。案：王氏之說是也。聲谓：此"于"字亦當訓為"與"，猶言不告語與爭訟也。有功者不告語與爭訟，惟在泮自獻其功，有行陣輯睦、不自矜伐之意。

觩《傳》："觩，弛貌。"《箋》："角弓觩然，言持弦急也。"《釋文》："觩，音虯。"案：《傳》說是也。觩，或作"觓"。《穀梁春秋·成七年傳》："展觓角。"注："觓，球球然角貌。"《說文》："觓，角皃。从角，丩聲。"《桑扈》、《絲衣》並有"兕觥其觩"之語。亦假借"捄"。《良耜》："有捄其角。"《箋》："捄，角貌。"又假借"犰"。《逸周書·王會》："犰牛者，牛之小者也。"王注："犰，與絿同。《詩》：'有捄其角。'捄，曲貌。"案：王意以"犰"即"絿"，"絿"為"捄"之借字也。據此，則"觩"為"角貌"，弓弛則角見，故曰"弛貌"。聲谓："觩"即"捄"也。以《大東》"有捄棘匕"《傳》"捄，長貌"、"有捄天畢"《傳》"捄，畢貌"二《傳》例之，弓弛則長，所重在弛，故不曰"長貌"、"弓貌"，直曰"弛貌"，《傳》義精矣。《箋》訓為"持弦急"，則"觩觩"者，"糾"之借。《一切經音義·二十三》引《廣雅》："糾，急也。"恐非經義。

搜《傳》："搜，眾意也。"《箋》："束矢搜然，言勁疾也。"《正義》述《傳》："束矢其搜然，眾而不用。"又述《箋》："所束之矢，其發則搜然而勁，又且疾。"《說文》："搜，眾意也。一曰：求也。……《詩》曰：'束矢其搜。'"《廣雅·釋詁·三》："搜，眾也。"案：《廣雅》本毛《傳》與《說文》也。又案："搜"訓為"眾"，語自可通。《爾雅·釋詁》："蒐，聚也。"注："蒐者，以其聚人眾也。"《漢書·五行志中之上》："又大蒐于比蒲。"注："蒐，謂聚眾而田獵也。"《文選·辯亡論》："上蒐三王之樂。"注："蒐與搜，古字通。"聲谓：搜，亦作"獀"。作"蒐"者，同音假借，讀《爾雅》、《漢書》注而後恍然於毛、許之說實為古誼。《左氏春秋·襄二十四年傳》："蒐軍實。"賈注："蒐，藪也。"[7]"藪"字不得其解。《周禮·夏官·序官》："廋古作"叟"。人。"注："廋之言數也。"賈注之"藪"蓋即"數"之借字，惟眾乃須數，"蒐"與"廋"亦有眾義也。鄭云"搜然勁疾"：言矢，可也；言束矢，不可也。毛義精矣。

孔博 《箋》："博，當作傅。甚傅緻者，言安利也。"《釋文》："毛如字，王同，大也。鄭作傅，音附。"《正義》述《傳》："兵車甚博大。"蓋本王肅。案：《荀子·議兵》："和傅而一。"注："或以傅為博；博，眾也。"《老子》："博者不知。"注："博者，多聞見。"又《荀子·脩身》："多聞曰博。"《易略例》"義雖博"注、《禮·學記》"不學博依"《疏》、《呂覽·報更》"惟博之為可"注，並云："博，廣也。"《荀子·勸學》："《詩》、《書》之博也。"注："博，謂廣記土風、鳥獸、草木及政事也。"《禮·學記》注："博依，廣譬喻也。"又《學記》："然後能博喻。"《疏》："博喻，廣曉也。"又："五年視博習親師。"《疏》："博習，謂廣博學習也。""博"之義曰"眾"，曰"多"，曰"廣"，原不專訓為"大"也。毛如字，安知不取眾多義乎？言戎車甚多，與通詩鋪張語氣自合，無煩改字也。

無斁 《箋》："徒行者、御車者皆敬其事，又無厭倦也。"《釋文》："繹，本又作射，又作斁，作懌，皆音亦，厭也。"據此，則陸所據本本作"繹"。聲谓：作"繹"與"射"、"懌"者，皆假借字。作"射"者：《葛覃》"服之無斁"，《禮·緇衣》引作"服之無射"；《振鷺》"在此無斁"，《韓詩》與《禮·中庸》引皆作"在此無射"。作"射"者聲近，作"繹"、"懌"者同聲。

式固爾猶 《箋》："式，用。猶，謀也。用堅固女軍謀之故，故淮夷盡可獲服也。謀，謂度己之德，慮彼之罪，以出兵也。"王氏引之《經傳釋詞》曰："固，猶乃也。《孟子·萬章篇》曰：'仁人固若是乎？'"言仁人乃若是乎。聲谓：《論語·子罕》："固天縱之將聖。"固，亦乃也，言乃天縱之將聖也。此"固"字亦當讀為"乃"；式，詞也。式固爾猶，云式乃爾之謀也。爾，指僖公，古人質樸，不嫌斥言也。

憬《傳》:“憬,遠行貌。”《釋文》:“憬,……《説文》作懬,音獷,云:‘闊也。一曰:廣大也。’”案:《説文·心部》末字:“憬,覺寤也。从心,景聲。《詩》曰:‘憬彼淮夷。’”又《又部》[8]“矍”下云:“讀若《詩》云‘穬彼淮夷’之‘穬’。”桂氏馥曰:《説文》“憬”字乃“後人所加,故在部末”。又曰:“《釋文》云:‘憬,《説文》作懬,音獷。’馥案:韓作獷,薛君《章句》曰:‘覺寤之貌。’《説文》‘矍’下引《詩》作‘懬’,後人改為‘獷’,又誤為‘穬’。”[9]聲谓:《説文·心部》:“懬,闊也。一曰:廣也,大也。一曰:寬也。从心,从廣,廣亦聲。”許氏治《毛詩》,《傳》當作“懬”。“懬”有“闊”義,有“廣大”義,故《傳》曰:“遠行貌。”聲以《釋文》定《説文》為“懬”,以《説文》定《毛詩》作“懬彼淮夷”,言懬然而闊之淮夷來獻其琛也。“懬”字亦據《説文》訓“闊”、訓“廣且大”為近,毛之“遠行貌”、韓之“覺寤貌”皆未免望文生義也。《漢書·元帝紀》:“眾僚久懬。”顔注:“懬,古曠字。”《左氏春秋·莊二十八年傳》:“狄之廣莫。”杜注:“廣莫,狄地之曠即“懬”字,假借作“曠”。絕也。”懬彼,猶言懬如,如“節彼南山”、“菀彼柳斯”之類是也。今作“憬”者,“憬”字古音“巨岡反”,“憬”、“懬”為疊韻,故通假。“獷”、“穬”皆訛字。

閟《傳》:“閟,閉也。先妣姜嫄之廟在周,常閉而無事。孟仲子曰:‘是禖宮也。’”《箋》:“閟,神也。姜嫄,神所依,故廟曰神宮。”《正義》申《傳》:“莊三十二年《左傳》稱:‘公見孟任,從之。閟。’謂閉戶拒公,故閟為閉也。”又申《箋》:“《釋詁》云:‘毖、神、溢,慎也。’俱訓為‘慎’,是閟得為神。閟與毖,字異音同,故閟為神也。”《載馳》:“我思不閟。”《傳》:“閟,閉也。”《説文》:“閟,閉門也。从門,必聲。《春秋傳》曰:‘閟門而與之言。’”《漢書·五行志中之上集注》引應劭、《盧綰傳集注》,《文選·魏都賦》“閟象竹帛”、《太平御覽·十二》引《穆天子傳》“囗缺一字。員閟寒”[10]注,並云:“閟,閉也。”案:神道尊嚴,不可瀆近,故宮閟閉。鄭訓為“神”,與《傳》相成也。《文選·魯靈光殿賦》張注作“祕宮有侐”;閟宮,神明之事也,故字从示,與鄭義合。“閟”、“毖”、“祕”三字音同,故“毖彼泉水”,《韓詩》亦作“祕彼泉水”。

侐 《傳》:“侐,清淨也。”《釋文》:“侐,況域反,《說文》云:‘靜也。’一音火季反。”《說文》:“侐,靜也。从人,血聲。《詩》曰:‘閟宮有侐。’”聲谓:此形聲字也。《文選注·六》作“閟宮有洫”,《十六·别賦》注作“閟宮有恤”,《魯靈光殿賦》注亦作“恤”,見上“閟”字。“洫”、“恤”與“侐”皆同聲假借字。

實實枚枚 《傳》:“實實,廣大也。枚枚,礱密也。”《釋文》:“枚,莫回反,《韓詩》云:‘閒暇無人之貌也。’”《節南山》:“有實其猗。”《傳》:“實,滿也。”《小爾雅·廣詁》、《國語·周語》“以惡實心”注、《晉語》“令司正實爵與史蘇”注、《史記·司馬相如傳》“實陂池而勿禁”《正義》、《楚辭·招魂》“實羽觴些”注、《鴻烈解·主術》“實曠來遠者”注,並云:“實,滿也。”又案:《釋名·釋宮室》:“室,實也,人物實滿其中也。”“枚”字經傳罕見。《書·大禹謨》:“枚卜功臣。”《傳》:“枚,謂歷卜之。”據此,則“枚”訓為“歷”;枚枚,猶言歷歷耳。承上句,言閟宮為神明之宮,侐然清淨,其神明則實實然若甚充滿,枚枚然若可歷指。“實實枚枚”皆指神明說,較有憑據也。“實實枚枚”猶《中庸》之言“洋洋乎,如在其上,如在其左右”,指閟宮言也。下句“赫赫”方說姜嫄,故以下即說姜嫄之德也。

實始翦商 《傳》:“翦,齊也。”《箋》:“翦,斷也。……於時而有王迹,故云‘是始斷商’。”《爾雅·釋言》:“翦,齊也。”《正義》:“齊,即斬斷之義,故《箋》以為‘斷’,其意同也。”《說文》作:“翦,羽生也。一曰:采羽。[11]从羽,歬聲。”案:《說文》“前”作“歬”,“剪”作“前刀”,“翦”之从羽猶“前刀”之从刀也。後世以“前刀”為歬後字,隸變作“前”形而“前刀”、“翦”字皆作“剪”、“翦”矣。“翦”訓為“齊”,古誼也。字既从羽,即當从羽起義。始生之羽未有不斬然齊者,故毛訓為“齊”。大王遷豳以後,周業日大,土地人民幾與商等,故曰“齊商”也。“實”無訓為“是”者,據《箋》語“是始斷商”,知經文本作“寔始翦商”。“寔”、“實”相亂者甚多,此其一也。亦詳《節南山》。《說文·戈部》作“實始戩商”,訓為“滅也”,蓋因“翦”、“戩”同聲而訛矣。又案:“翦”字訓“斷”。本詩《箋》。訓“去”,《甘棠》“勿翦勿伐”

《傳》。訓"割截",《禮·文王世子》"不翦其類也"注。訓"削",《左氏春秋·宣十二年傳》"其翦以賜諸侯"、又《襄十四年傳》"毋是翦棄"注。亦訓為"除",《呂覽·制樂》"此文王之所以止殃翦妖也"注。以上字皆"翦"即俗"剪"。字之義,與"翦"無涉。《左氏春秋·襄八年傳》:"剪焉傾覆。"[12]字正作"剪",即"翦"之俗。是也。有訓為"盡"者,《左氏春秋·成二年傳》:"余姑翦滅此而後朝食。"注:"翦,盡也。"《文選·西京賦》:"而翦諸鶉首。"薛注:"翦,盡也。"案:上二字亦"翦"即俗"剪"。之借字,"剪"、"盡"一聲,"剪"有"盡"聲,即有"盡"義也。有訓為"滅"者,《書·成王政序》:"遂踐奄。"鄭"讀踐為翦,滅也"。案:此"翦"亦"剪"之借。《序》本作"踐",《史記·周本紀》作"遂殘奄"。[13]《釋名》:"踐,殘也,使殘壞也。"以上各義皆非"翦"之本義,《傳》義古矣。

屆《箋》:"屆,殛。……天所以罰殛紂於商郊牧野。"《正義》:"'屆,殛',《釋言》文。《釋言》又云:'殛,誅也。'然則此殛又轉為誅。"《節南山》"君子如屆"、《蕩》"靡屆靡究"《傳》,《采菽》"君子所屆"、《瞻卬》"靡有夷屆"《箋》,並云:"屆,極也。"以上皆作"極",與今《爾雅》同。聲谓:"屆"、"極"一聲。"屆"之借"極",猶之"棘"之借"戒","戒"之借"革"也。《素冠傳》:"棘,急也。"《正義》:"棘作戒,音義同。"《江漢箋》:"棘,急。"《正義》:"棘作悈,音義同。"《鴻烈解·精神》:"且人有戒形。"注:"戒,或作革。"是也。詳《素冠》及《江漢》。此"屆"字,聲謂亦"戒"之假借。《說文》:"戒,警也。从廾即"𠬞"。持戈。"《儀禮·士冠禮》:"主人戒賓。"《鄉飲酒禮》:"主人戒賓。"注並云:"戒,警也,告也。"又《聘禮》:"戒上介亦如之。"注:"戒,猶命也。"《左氏春秋·宣十二年傳》:"軍政不戒而備。"注:"戒,敕令。"《獨斷上》:"戒書,戒敕刺史、太守及三邊營官,被敕文曰:'有詔敕某官。'是為戒敕也。"致天之屆,即致天之戒,猶言致天之命令警戒也。《烈祖》:"既戒既平。"《傳》:"戒,至。"《節南山》:"君子如屆。"《小弁》:"不知所屆。"《箋》並云:"屆,至也。"《書·大禹謨傳》:"屆,至也。"《傳》訓"戒"為"至",蓋以"戒"為"屆"之假借也。《傳》無破字之例,故直以"戒"為"屆",

以此益知"戒"、"屆"之互相通假矣。

貳虞 《傳》:"虞,誤也。"《箋》:"虞,度也。故戒之云:'無有二心也,無復計度也。'"《正義》申《傳》:"《傳》以'虞'為'誤',則亦謂民之情,謂民無疑誤也。王肅云:'天下歸周,無貳心,無疑誤。上帝臨命女。'《傳》意或然。"又申《箋》:"《箋》以'汝'者汝武王,故以'無貳無虞'為戒武王。"案:虞,度也,常訓也。上帝臨女,"女"字自當指武王說。統上下文細繹之,"至于文武,纘大王之緒",致天之命令,警戒于牧野,此時無須貳心,無須虞度,以上帝實是臨女之躬,故即"敦商之旅,克咸其功"也。《箋》義為優。《大明》之"上帝臨女,無貳爾心","女"字亦當指武王言矣。

敦商之旅 《箋》:"敦,治。旅,眾。……武王克殷而治商之臣民,使得其所。"《釋文》:"敦,鄭都回反。……王、徐都門反,厚也。"聲谓:"敦"者,"斷"之假借字也。《莊子·逍遙遊》:"斷髮文身。"《釋文》引司馬:"斷,本作敦。"又《說劍》:"試使士敦劍。"《釋文》引司馬注:"敦,斷也。"案:"敦"、"斷"一聲,故"敦"可為"斷"。《禮·儒行》:"不斷其威。"《釋文》:"斷,絕也。"《漢書·淮南厲王長傳》:"大者立斷。"注:"斷,謂斬也。"旅,即《大明》"殷商之旅,其會如林"之"旅",眾也。敦商之旅,言斬絕殷商之旅眾也。《增韻》"敦"字分收灰、魂、歡、蕭、準、隊、慁、號九韻中,[14]未收"斷"字一音,亦屬疏漏。

咸 《箋》:"咸,同也。……能同其功於先祖也。"《易·雜卦傳》:"咸,速也。"經言"克咸厥功",猶言能速其功。《易傳》傳於孔子,此訓詁之最古者也。案:《說文》:"咸,皆也,悉也。从口,从戌。""戌"、"速"一聲,故"咸"有"速"義,訓"皆"訓"悉"皆應有之義也。

宇 《傳》:"宇,居也。"《箋》:"封魯公以為周公後,故云:'大開女居,以為我周家之輔。'"《七月》:"八月在宇。"《釋文》:"屋四垂為宇。"《說文》:"宇,屋邊也。从宀,于聲。"上二書,"宇"字本義也。引申之義,《左氏春秋·昭四年傳》:"失其守宇。"注:"於國,則四垂為宇。"惟此訓與經文"宇"字尤合。周公之子侯魯,開啟之宇即周公之宇也。僖公能復之,故七章曰"復周公之宇"。但訓為"室宇"字,未足以盡之。

耳耳 《傳》:"耳耳然至盛也。"《載驅》:"垂轡瀰瀰。"《傳》:"瀰瀰,眾也。"《釋文》:"爾,本亦作瀰。"是陸氏所據者本作"爾"也。聲谓:作"爾"是也,即以此經定之。耳耳,即"爾爾"也,蓋聲相近假借字。爾爾,盛也,眾也。詳《載驅》。

楅衡 《傳》:"楅衡,設牛角以楅之也。"《箋》:"秋將嘗祭,於夏則養牲。楅衡其牛角,為其觸觝人也。"《釋文》:"楅,音福,逼也。"《說文》:"衡,牛觸,橫大木也。[15]从角,从大,行聲。《詩》曰:'設其楅衡。'"案:《詩》無"設其楅衡"之文,《周禮・封人》有"設其楅衡"語,許氏所引蓋記憶之訛。又《告部》:"告,牛觸人,角箸橫木,所以告人也。从口,从牛。《易》曰:'僮今《易》作"童"。牛之告。'"九家作"告",王弼作"牿"。案:告,即"牿"與"梏"之古文也。《易・大畜》:"六四,童牛之告。"虞翻曰:"坤為牛。告,謂以木楅其角。大畜,畜物之家惡其觸害。艮為手,為小木;巽為繩,繩縛小木,橫著牛角:故曰'童牛之告'。"《鄭志》:"冷剛問:'《大畜》:"童牛之梏,元吉。"注:"巽為木,互體震,震為牛之足,足在艮體之中,艮為手,持木以就足,是施梏。"又《蒙》:"初六。"注云:"木在足曰桎,在手曰梏。"今《大畜》:"六四,施梏於足。"不審桎梏手足,定有別否?'答曰:'牛無手,以前足當之。'"據此,則箸橫木以告人,不必定施於角也。以上亦詳《六書敚》。《周禮・封人》:"設其楅衡。"注:"鄭司農云:'楅衡,所以楅持牛也。'……杜子春云:'楅衡,所以持牛,令不得抵觸人。'玄謂楅設於角,衡設於鼻,如椵狀也。"案:後鄭不惟與前鄭、杜氏說異,且與說《易》、說《詩》異矣。聲據《說文》定之:楅,即"梏"之假借字,牛觸人,角箸橫木即虞、鄭之"小木"。以告人也。衡,牛觸,橫大木也。楅與衡為二事:在牧則用梏,角箸橫木以告人,故謂之告;古音梏。在牢則橫大木以防之,橫即衡,故謂之衡。據《封人》:"凡祭祀,飾其牛牲,設其楅衡,置其絼,共其水稾。"此但言"楅衡"者,隨舉一事以趁韻耳。又案:"楅"从畐聲,古音逼,漢以後讀為"福"音。"梏"、"楅"疊韻字,故通假。

犅《正義》:"《說文》云:'犅,特也。'白牡謂白特,騂犅謂赤特也。"《說文》:"犅,特牛也。从牛,岡聲。"下:"特,朴特牛父也。从牛,寺聲。""犅"上"牡"字訓"畜父也"。許意以"牡"泛為"畜父",稱"犅"、"特"則專稱"牛父"也。《公羊春秋·文十三年傳》:"周公用白牡,魯公用騂犅,羣公不毛。""犅"字衹此一見。作"剛"者,假借字。《明堂位》:"周騂剛。""剛"亦假借字。

犧尊《傳》:"犧尊,有沙飾也。"《釋文》:"犧尊,鄭素河反。毛云'有沙飾',則宜同鄭。王許宜反,尊名也。"《釋文》:"有沙,蘇何反。刻鳳皇於尊,其羽形婆娑然也。一云'畫也'。"《正義》:"'犧尊'之字,《春官·司尊彝》作'獻尊',鄭司農云:'獻,讀為犧。犧尊飾以翡翠,象尊以象鳳皇,或曰:"以象骨飾尊。"'此《傳》言'犧尊'者,沙羽飾,與司農'飾以翡翠'意同,則皆讀為娑。《傳》言'沙',即'娑'之字也。阮諶《禮圖》云:'犧尊飾以牛,象尊飾以象,於尊腹之上畫為牛象之形。'王肅云:'將將,盛美也。大和中,魯郡於地中得齊大夫子尾送女器,有犧尊,以犧牛為尊,然則象尊,尊為象形也。'王肅此言以二尊形如牛、象,而背上負尊,皆讀犧為羲,與毛、鄭義異,未知孰是。"《說文》:"犧,宗廟之牲也。从牛,羲聲。賈侍中說:此非古字。"韋昭《辨釋名》云:"《釋名》:'㢋犧:犧,戲也;㢋,養之也。'辨云:'六牲,取其純毛者別養之,以奉祭祀。純色者少,故名犧。犧,希也。'"案:"犧"為後世形聲字,韋語近是。《宣和博古圖》載《周犧尊》二器圖而跋之曰:"右二器。按:《周官》有司尊彝之職而犧尊乃其一,取其犧牲享食之義,又以示其性順而德重,以興稼穡、助民功、致民力,以出作入息而服畎畝之事而已。后稷教民稼穡,種蓺五穀而人民育,文武之功所自起,周人於此蓋貴其本也。魏太和間得尊於青州,其制様正與此類。王肅注《禮》,以犧、象二尊並全牛、象之形而鑿背為尊,則其說蓋有自來也。漢儒之説以謂犧讀如婆娑之義,而刻鳳皇之象,其形婆娑然。方是時,其器秘於潛壤,未之或見,則曲從臆斷而遷就其義。以今觀之,蓋可笑矣。"又載《周象尊》圖而跋之曰:"象之為物,感雷而文生,是尊取形於象以明乎夏德而已。夏者,假也,萬物之所由而化也。方時天氣下降,地氣上騰，文明盛大而物趨於侈靡，此象尊所由設也。《周禮·司尊彝》云'春祠、夏禴，其再獻用兩象尊'者，其是歟！又況象，南越大獸也，以鼻致用，而不以口。先王於是以見遠夷來賓、昭德之致，與夫養口體者異矣。然則用之於祭祀，豈徒然哉！今全作象形而鬭背為尊，《禮記》曰：'犧象，周尊也。'鄭氏則曰'以象骨飾尊'，阮氏則曰'以畫象飾尊'，殊不合古。此作象形而出於冶鑄，則鄭、阮之謬槩可考矣。其所以然者，三代之器遭秦滅學之後，禮樂掃地而盡，後之學者知有其名而莫知其器，於是為臆説以實之，以疑傳疑，自為一家之論，牢不可破。安知太平日久，文物畢出，乃得是器以證其謬耶？"案：圖前二器作牛形，後一器作象形，皆於其背上別作尊口，復加以蓋。其闊、長、高、徑、尺、寸、斤、兩悉載於圖。此全象犧象之形者，一說也。又據《博古圖》載《周犧首罍》四、《周素犧罍》一，五器皆以犧首為耳為鼻，不知後一器何以謂之"犧罍"，較前四器省一"首"字。後一器跋曰："考'犧'之字，至漢鄭玄釋'犧'為'莎'，又或作'獻'、'戲'，其字不同，其為義一也。後世用'莎'之語，遂飾以鳳皇婆娑之狀，曾不知止以犧為飾耳。因其字畫形聲舛訛，故器亦失其制度。考是器，耳鼻皆以犧為飾，狀若牛首，大槩與《周犧首罍》相類。"又《周象首罍》一器跋曰："是器，罍也，佐尊之器。肩脰間作兩象首，貫以連環，腹飾圜花。足之上又為一象首，……以象禮之文。飾之於罍者，蓋《周官》六尊中有象尊，用於春祠、夏禴；再獻之際，則副象尊者。宜其有罍，正一類器耳。"以上器但於耳足間鑄作犧首、象首，亦得犧象之名，此又一說也。又據《考古圖》載《象尊》一器，於尊之蓋上鑄一立象之形，跋曰："按：《司尊彝》：'春祠、夏禴，再獻用兩象尊。'鄭衆謂：'象尊以象鳳凰，或曰：以象骨飾之。'阮諶《禮圖》曰：'畫象形於尊腹。'王肅以為'犧象尊為牛象之形，背上負尊。魏太和中，青州掘得齊大夫送女器，為牛形，背上負尊'。先儒之說既不同，乃為立象之形於蓋上，又與先儒之解不同。"案：此器惟見於《考古圖》中，犧尊有無此等式樣，不敢懸斷，此又一說也。又據阮氏元《積古齋鐘鼎彝器款識》載《犧爵》一器，惟銘文作犧在俎形"[illegible]"：上象犧，下象俎也。薛氏《鐘鼎款識》載《象尊》，銘刻一"象"字作“”形；又載《象鼎》，《博古圖》亦載此器。銘“象”字作“”形。據此，則但於器之銘文象犧象之形，亦得犧象之名，此又一說也。案：上四說形製雖殊，取象則一，皆可為犧尊、象尊之確證，較翡翠、鳳皇諸說為優矣。“犧尊”宜用後人說，“將將”與《執競》“磬筦將將”字同，用王肅說見上。可也。

毛炰胾羹 《傳》：“毛炰，豚也。胾，肉也。羹，大羹，鉶羹也。”《瓠葉》：“炮之燔之。”《傳》：“毛曰炮。”案：既云“毛曰炮”，則言炮即知其為毛矣，此“毛”字未免嫌贅。據《信南山》：“以啟其毛。”《箋》：“毛以告純也。”《公羊春秋·文十三年傳》：“羣公不毛。”注：“不毛，不純色。”《周禮·小宗伯》：“六牲。”注：“毛，擇毛也。”《山海經·南山經》：“凡䧿山之首，……其祠之禮，毛。”注：“毛，言擇牲取其毛色也。”經言“毛炰胾羹”者，言既已擇牲，取其毛色之純，於是乎或炰之，或切為塊而胾之，或煮為汁而羹之。羹兼大羹、鉶羹，猶之胾亦兼大臠、細切也。《說文》：“胾，大臠也。从肉，𢦔聲。”《管子·弟子職》：“羹胾中別。”注：“胾，謂肉而細切。”是也。

大房 《傳》：“大房，半體之俎也。”《箋》：“大房，玉飾俎也。其制，足間有横，下有跗，似乎堂後有房然。”《禮·明堂位》：“周以房俎。”注：“房，謂足下跗也，上下兩間有似於堂房。”《國語·周語》：“王公立飫，則有房烝。”注：“房，大俎也。”案：半體之俎即大俎也，鄭氏注《禮》無“玉飾”字。聲谓：《禮》注是也。籩豆不聞有飾，俎亦籩豆之類也。《箋》語未必然。

是常 《箋》：“常，守也。”《正義》述《傳》：“善安於彼東方之國，魯邦是其常有。”又述《箋》：“魯邦是常，言其常守魯國，故以常為守也。”聲谓：是，猶之也。《爾雅》：“之子者，是子也。”案：“之”訓“是”，故“是”亦可訓“之”，是之謂轉注。王氏引之《經傳釋詞》：“是，猶之也。《詩·氓》曰：‘反是不思，亦已焉哉。’言反之不思也。《大戴禮·文王官人》篇曰：‘平人而有慮者，使是治國家而長百姓。’使是，使之也。《襄十四年左傳》曰：‘晉國之命未是有也。’言未之有也。”此經“是”字亦當訓為“之”也。魯邦是常，猶言魯邦之常也。《國語·越語》:"無忘國常。"注:"常,典法也。"《漢書·百官公卿表集注》引應劭:"常,典也。"《文選·東京賦》:"布教頒常。"注:"常,舊典也。"言保彼東方,魯邦之典法也。《傳》加"其"字、"有"字,《箋》訓"常"為"守",非是。

騰《傳》:"騰,乘也。"《箋》:"震、騰,皆謂僭踰相侵犯也。"《正義》述《傳》:"其堅固如山,不可虧損,不可崩落,言其無毀壞之時。其安靜如川,不可震動,不可乘陵,言其無僭踰相犯。"又述《箋》:"虧崩以山喻,故皆謂毀壞也;震騰以川喻,故皆謂僭踰相侵犯也。言上下相侵犯,猶水之相乘陵也。"聲案:不虧不崩,猶《無羊》之"不騫不崩"耳,不必添出"如山"字。不震不騰,亦泛言不震動、不騰躍耳,猶之《長發》言"不震不動"耳。《廣雅·釋詁·三》:"騰,過也。"《離騷》:"騰眾車使徑待。"注:"騰,過也。"《逸周書·寶典》:"倫不騰上。"注:"不騰,不越,不相超越。"經言"不騰",猶言不過越耳。《正義》於此句又添"猶水"字,均非《詩》義。

三壽作朋《傳》:"壽,考也。"《箋》:"三壽,三卿也。"《文選·東京賦》:"送迎拜乎三壽。"薛注:"三壽,三老也。"又孫子荆《征西官屬詩》注引《養生經》:"上壽百二十,中壽百年,下壽八十。"聲案:"三壽"自是古語。《左氏春秋傳》:"中壽,爾墓之木拱矣。"《莊子》:"上壽百歲,中壽八十。"《後漢書·郡國志》注:"上壽百二十,中壽百餘。"稽康《養生論》:"上壽百二十。"案:以上書稱"上壽"、"中壽",則有"下壽"可知,是"三壽"古語也。言合上壽、中壽、下壽三壽之人與之群聚往來,則魯公之壽考可知,故曰"三壽作朋,如岡如陵",皆頌祝魯公之詞也。"如岡如陵"非頌"三壽"也。

朱英綠縢《傳》:"朱英,矛飾也。縢,繩也。"《釋文》:"英,如字。徐於耕反。"《清人》"英"字,《釋文》同。案:《說文》:"英,……从艸,央聲。""英"字本音"央","於耕切"即今"英"字音也。陸氏兩言"英,如字",疑陸氏所據本本作"央",故兩曰"央,如字",徐曰"於耕切"也。《出車》:"旂旐央央。"《釋文》:"央央,本亦作英英。"《六月》:"白旆央央。"《公羊春秋·宣十二年傳疏》、《爾雅

·釋天》孫注並作"帛旆英英"。據此,則"央"與"英"本通假也。《說文》:"央,中央也。从大在冂之內;大,人也。""央"訓"中央",央亦中也。《荀子·正論》:"今人或入其央瀆。"注:"央瀆,中瀆也。"《廣雅·釋器》:"縢,緘也。"《說文》:"縢,緘也。从糸,朕聲。"《後漢書·陽球傳》注引《書》孔注、《劉瑜傳》注,並云:"縢,緘也。"又《班彪傳下》注:"金縢,以金緘匱,藏符瑞之書於其中也。"《儀禮·士喪禮》:"兩籩無縢。"注:"縢,緣也。"引"《詩》云:'竹柲緄縢。'……古文縢為甸。"《禮·檀弓上》:"是故竹不成用。"注:"成,猶善也。竹不可善用,謂邊即"籩"之古文。無縢。"案:此"縢"亦當如《儀禮》注,訓為"緣"也。據此,則"央"即"中"。聲谓:中即裏也。車之裏,朱之,又以綠緘其緣。就千乘之公車說,亦無不可。舊說不惟無據,且"二矛"預透下句"二矛重弓"入講,恐詩意不如是。聲谓:本句重"朱"、"綠"字,次句重"二"、"重"字,極力鋪張,已開《兩京》、《三都》先聲。"公車千乘,朱英綠縢",與下文"公徒三萬,貝冑朱綅"儷文。"二矛重弓"亦公車上物也,"烝徒增增"亦即公徒中之人也。孔氏分"公車"、"公徒"為二節,非無見也。

冑綅

《傳》:"貝冑,貝飾也。朱綅,以朱綅綴之。"《釋文》:"綅,《說文》云:'綫也。'"《說文》:"冑,兜鍪也。从冃,即"冒"之上體。由聲。䩜,《司馬法》冑从革。"案:冑取其冃首也,故从冃,與"教冑子"从肉者異字。以皮革為之,故亦从革。《一切經音義·十六》引《字林》:"冑作軸。"[16]《荀子·議兵》:"冠軸帶劍。"注:"軸,與冑同。"案:軸,即《司馬法》之"䩜"字,隸體作"冑",與"教冑子"之"冑"混矣。古者貨貝而寶龜,貝之為物,采色絢爛,俗所以稱寶貝,故以為飾。綅,《說文》作:"綅,絳徐鍇《繫傳》、《韻譜》俱作"縫",是也。綫也。从糸,侵省聲。《詩》曰:'貝冑朱綅。'"案:"綅"為"縫綫",傳云"以朱綫綴之",謂以朱綫縫之也。《正義》:"其甲以朱繩綴之。"文外橫添,恐非《詩》義。

承 《傳》:"承,止也。"《正義》述《傳》:"軍之所征,往無不克,則無有於我僖公敢禦止之者。"又申《傳》:"承者,當待之義。不敢當待,即是不敢禦止。"《說文》:"承,奉也,受也。从手,从卩,从収。"《易·師》:"開國承家。"虞注:"承,受也。"《禮·玉藻》"士於大夫不承賀"注、《文選》盧子諒《贈劉琨》詩注引《韓詩章句》、《國語·齊語》"余敢承天子之命"注、《晉語》"非起也,敢專承之"注、《國策·齊策》"而晚承魏之弊"注,並云:"承,受也。"言如此聲威,無有人敢承受之者。《正義》遵《傳》、《箋》,竟改為"無敢禦止之者",失"承"字義矣。

壽胥與試 《箋》:"胥,相也。壽而相與試,謂講氣力,不衰倦。"案:胥,斯也。詳《角弓》等篇。與,以也。王氏引之《經傳釋詞》:"與,猶以也。《易·繫辭傳》:'是故可與酬酢,可與祐神矣。'言可以酬酢,可以祐神也。《禮記·檀弓》曰:'殷人殯於兩楹之間,則與賓主夾之也。'言以賓主夾之也。……《中庸》曰:'……可與入德矣。'言可以入德也。……《史記·袁盎傳》曰:'妾主豈可與《漢書》作"以"。同坐哉?'言不可以同坐也。"聲谓:《管子·海王》:"我未與其本事也。"注:"與,用也。"《呂覽·貴直》:"王胡不能與野士乎?"注:"與,猶用也。"二"與"字亦當讀為"以",故皆訓"用"。《易·無妄》:"不可試也。"《釋文》:"試,驗。"《周禮·槀人》:"試其弓弩。"鄭司農注:"故書試為考。"案:"試"訓"驗",有稽考意,故與"考"通。言魯公有黄髮台背,其壽也於斯以驗。此二句以其已然者頌僖公之壽,故曰"壽胥與試";下文"萬有千歲"二句以其將然者頌僖公之壽,故曰"眉壽無有害"。《箋》云"相與試",語欠分明,似非《詩》義。

萬有千歲 案:此"有"字亦當讀為又。《釋文》不加音釋,亦屬疏漏。

泰山 《釋文》:"大,音泰,本又作泰。下注'大室'皆同。"案:作"大"是也。《泰山道里記》曰:"泰山,《虞書》謂之岱宗。《風俗通義》曰:'岱者,長也。萬物之始,陰陽交代。'《白虎通·巡狩》:'東嶽為岱宗者,言萬物更相代於東方也。'……《禹貢》謂之岱,《周禮》謂之岱山,《爾雅》、《論語》謂之泰山,是泰山之名後於岱也。"

案:釋“岱”者尚有《後漢書·安帝紀》注:“太山者,王者告代之處,為五嶽之宗,故曰岱宗。”《太平御覽》引崔靈恩《禮記義宗》:[17]“東岳謂之岱者,代謝之義。陽春用事,除故生新,萬物更生相代之道。”聲谓:通上《風俗通義》等書釋“岱”字諸義,皆注疏家望文生義,非“岱”字本義也。古衹稱“大山”:“大”有“代”音,并、晉、幽、燕之間讀大為代,故別出“岱”字,或謂之岱宗,或謂之岱岳是也;“大”有“太”音,魯、衛、鄭、宋之間讀大為太,故假借“泰”字,或謂之泰山,或謂之泰岳是也。此經“大山巖巖”,《說苑》亦引作“大山”。《穀梁春秋·桓元年傳》“而祭大山之邑也”,《釋文》:“大,本亦作泰。”此二“大”字蓋古文之僅存者。自說經家望文生義,而名山遂添無數掌故,皆說經者階之厲也。《說文》:“泰,滑也。从廾,从水,大聲。夳,古文泰。”此“泰”之本義,與大山不相涉也。當依陸氏,作“大山”。“代”音與“太”音皆古音也。

詹《傳》:“詹,至也。”《采綠》:“六日不詹。”《傳》:“詹,至也。”聲谓:“詹”、“瞻”古今字。《公羊春秋·莊十七年經》:“齊人執鄭瞻。”《左氏》作“鄭詹”,《史記·晉世家》、《吕覽·務本》、《韓子·十過》並作“鄭瞻”。《莊子·讓王》:“瞻子。”《釋文》、《鴻烈解》並作“詹”。據此,是“瞻”、“詹”字古相通假也。餘詳《采綠》。《風俗通·山澤》、《初學記·五》並作“魯邦所瞻”,《太平御覽·三十九》作“魯邦是瞻”,《說苑·雜言》作“魯侯是瞻”。《燕燕》“瞻望弗及”、《雄雉》“瞻彼日月”、《節南山》“民具爾瞻”《傳》,《瞻彼洛矣》“瞻彼洛矣”、《公劉》“瞻彼溥原”、《良耜》“或來瞻女”《箋》,並云:“瞻,視也。”《說文》:“瞻,臨視也。从目,詹聲。”

荒《傳》:“荒,有也。”《箋》:“荒,奄也。”《釋文》:“荒,如字。”下注:“《韓詩》作荒,云:‘至也。’”案:此亦《說文》“㢡”字之假借字也。《說文》:“㢡,闊也。一曰:廣也,大也。一曰:寬也。”其字亦假借“廣”。《史記·淮南衡山列傳》:“廣長榆。”《集解》引如氏:“廣,謂拓大之也。”《漢書·伍被傳》:“廣長榆。”注引如氏:“廣,謂斥即“拓”之假借字。大之也。”《禮·樂記》:“廣其節奏。”注:“廣,謂增習之。”《疏》:“謂增習寬廣。”案:此“廣”字亦拓大之義也,“荒”亦“廣”也。

言遂拓大大東之土地,與《史》、《漢》之“廣長榆”句法略同,“荒”、“廣”平、上疊韻也。古人不分四聲,故可通假。《公劉》之“豳居允荒”,《天作》之“大王荒之”,皆“廣”之假借字。凡增廣字皆當作“廣”,《說文》訓為“闊”,其弟一義也。“廣”、“廣”古今字。《爾雅·釋詁》注引作“遂幠大東”,蓋《韓詩》也。說見前。

鳧繹 《傳》:“鳧,山也。繹,山也。”《釋文》:“鳧,音符,山名也。繹,音亦,一音夕,字又作嶧,同,山名也。”《正義》:“《禹貢》‘徐州嶧陽孤桐’,謂嶧山之陽有桐木也。”據此,則孔氏所據者亦作“嶧”。聲谓:作“嶧”者,形聲字;作“繹”者,假借字。《初學記·八》作“保有鳧嶧”,蓋用形聲字。

常許 《傳》:“常、許,魯南鄙、西鄙。”《箋》:“許,許田也,魯朝宿之邑也。常,或作嘗,在薛之旁。《春秋·魯莊公三十一年》‘築臺于薛’是與?周公有常邑。許,許田,[18]未聞也。六國時齊有孟嘗君,食邑於薛。”案:五章“泰山巖巖”,魯之北鄙當盡於泰山。又“奄有龜蒙,遂荒大東,至于海邦”,魯之東鄙當與淮夷為鄰。西鄙、南鄙無聞焉,故《傳》以“常”、“許”為西鄙、南鄙。“常”、“許”既不能確指,當依毛說。魯之許田在鄭境,孟嘗君之食邑乃薛國,入于齊。《箋》說疏舛,宜陳氏啟源以為不足信也。

燕喜 《箋》:“燕,燕飲也。”案:燕,安也。《新臺》“燕婉之求”、《鹿鳴》“以燕樂嘉賓之心”、《文王有聲》“以燕翼子”、《雝》“燕及皇天”《傳》,《蓼蕭》“孔燕豈弟”、《韓奕》“燕師所完”《箋》:“燕,安也。”案:“燕”訓“安”,常語也。亦通作“宴”,樂也。《左氏春秋·成二年傳》:“衡父不忍數年之不宴。”注:“宴,樂也。”《後漢書·鄭興傳》注:“燕,樂也。”[19]魯侯燕喜,言魯侯安樂而喜也。《六月》:“吉甫燕喜。”《漢書·陳湯傳》作“吉甫宴喜”。《谷風》:“宴爾新婚。”《釋文》:“宴,本又作燕。”《論語·述而》:“子之燕居。”《釋文》:“燕,鄭本作宴。”據此,則“燕”、“宴”字本通假也。

“令妻壽母”二句 《箋》:“令,善也。僖公燕飲於內寢,則善其妻,壽其母,謂為之祝慶也。與羣臣燕,則欲與之相宜,亦祝慶也。”言魯侯安樂而喜,以能善其妻,壽其母,宜其大夫庶士也,皆祝慶之詞也。鄭必以“燕”為燕飲,又添出“燕於內寢”、“與羣臣燕”等語,迂曲無當。

兒 《箋》:“兒齒,亦壽徵。”《釋文》:“兒,五兮反,齒落更生細者也。《字書》作齯,音同。一音如字。”案:作“齯”者,形聲字。《說文》:“齯,老人齒。从齒,兒聲。”《爾雅·釋詁》:“齯齒,壽也。”注:“齯齒,齒墮更生細者。”《釋名·釋長幼》:“九十曰鮐背。……或曰齯齒,大齒落盡,更生細者,如小兒齒也。”案:小兒之齒,落而復生,老人齒落復生者似之,故曰“齯齒”。經作“兒”者,用古文。

舄 《傳》:“舄,大貌。”《釋文》:“舄,音昔。徐又音託。”《正義》:“舄是桷狀,故為大貌。王肅云:‘言無刻飾文章,徒見松桷强大,至牢固。’義或當然。”案:徐音“託”,以為“澤”之假借,是也。《書·禹貢》:“海濱廣斥。”《史記·夏本紀》作“海濱廣潟”,《漢書·地理志》作“海瀕即“濱”之古文。廣潟”。《文選·海賦》:“襄陵廣舄。”注引“《史記》‘斥’為‘舄’,古今字也”。《史記·河渠書》:“溉澤鹵“澤鹵”即“斥鹵”也。《左氏春秋·襄五年傳疏》:“東方謂之斥,西方謂之鹵。”之地。”《索隱》:“澤,一作舄,……本或作斥。”據此,則“斥”、“舄”、“潟”、“澤”四字皆通假也。案:《正義》:“桷之與榱,是椽之別名。《莊二十四年》:‘刻桓宮桷。’謂刻其椽也。”榱、桷皆有一定尺寸,豈能格外加大?聲谓:“澤”之古音同“舄”,此乃“澤”之假借字也。《說文》:“澤,光潤也。”《周禮·考工記·㡛氏》:“實諸澤器。”司農注:“澤器,謂滑澤之器。”《山海經·中山經》:“泰室之山有草焉,黑實,澤如蘡薁。”注:“澤,言子滑澤。”《禮·曲禮上》:“共飯不澤手。”《少儀》:“澤劍首。”《疏》並云:“澤,謂光澤也。”據此,則“澤”者,即今之所謂光滑也。言松桷之光滑,望之澤然言“有”者,擬議之辭,如“有菀”、“有依”之類。詳各詩。也。又案:“斥”為“㡿”之俗字;作“舄”,作“潟”,作“澤”,見上。皆假借字。“㡿”亦非正字,此亦終於假借者。

新廟 《傳》:“新廟,閔公廟也。”《箋》:“脩舊曰新。新者,姜嫄廟也。僖公承衰亂之政,脩周公伯禽之教,故治正寢,上新姜嫄之廟。姜嫄之廟,廟之先也。”案:首章“閟宫有侐”,溯祖德所由盛,故上及姜嫄之廟,詩固非為新廟而作。末章頌僖公之營造,特其一事耳。章內“寢”、“廟”並舉,《傳》謂為“閔公之廟”,義較優。若謂所新之廟即謂之新廟,則一時連新數廟,將俱謂之新廟乎?斯不然矣。《箋》語恐非《詩》義。

曼 《傳》:“曼,長也。”《箋》:“曼,脩也,廣也。”《說文》:“曼,引也。从又,冒聲。”案:“曼”、“冒”一聲,故“冒”得為“曼”聲,此以雙聲取音者。上體从冃,中體从目,隸變為“罒”,横“目”也。从又,手也,所以引之。“曼”、“引”去、上疊韻也,古訓也。訓“長”,訓“修”與“廣”,皆“引”字引申之義。《箋》與《傳》,一義也。《漢書·司馬遷傳》:“曼辭以自解。”注引如氏:“曼,美也。”《後漢書·杜篤傳》注:“曼,美也。”《文選·七發》:“衣裳則雜遝曼煖。”聲谓:“曼煖”即“美煖”也。舊注訓為“輕細”,非是。案:“曼”、“美”亦一聲。“曼”訓“美”者,亦古誼。“孔曼且碩”者,猶云甚美且碩也。舊訓“長”、“廣”,與“奕奕”字、二“碩”字義微嫌重複。

校勘記

[1]“《六月》”,當作“《采芑》”,下引“《六月》”同。

[2]“茷,本又作筏”,《釋文》作“伐,本又作茷”。

[3]“謂退抑也”,《素問·調經論》王冰注“抑”字作“屈”。

[4]“从爭”,《說文·教部》“斅”字下作“从教”。

[5]“效也”,桂馥本《說文》同,大徐本、段注本《說文》作“放也”。

[6]“王《音》吳作吴”,《釋文》“吳”字作“誤”。

[7]“蒐,藪也”,檢《玉函山房輯佚書》賈逵《春秋左氏傳解詁·襄公二十四年》未見此注。

[8]“《又部》”,當作“《瞿部》”,《說文》“矍”字屬《瞿部》。

[9]“《說文》‘矍’下引《詩》作‘穬’,後人改為‘獷’,又誤為‘穬’”,今本桂馥《說文解字義證》“《說文》”作“本書”,“穬”字作“穬”,“後人”上有“本作穬”三字。

[10]“口缺一字。員閎寒”,《御覽》卷十二引《穆天子傳》“員”字作“負”,“負”字上無缺字號“口”。

[11]“釆羽”,大徐本、段注本《說文》“釆”字並作“矢”(同“矢”)。

[12]“剪焉傾覆”,《左傳·襄公八年》“剪”字仍作“翦”。

[13]“遂殘奄”,《史記·周本紀》作“殘奄”,無“遂”字。

[14]“九韻中”,“九”當作“八”。

[15]“横大木也”,《說文·角部》“衡”下作“横大木其角”。

[16]“《一切經音義·十六》引《字林》:‘冑作鞧。’”案:《一切經音義》卷十六“甲冑”條下云:“古文鞧。”引《字林》云:“兜鍪也。”無“冑作鞧”語。

[17]“《禮記義宗》”,《御覽》卷十八作“《三禮義宗》”。

[18]“許田”,《注疏》本阮元《校勘記》云:“相臺本‘許田’作‘所由’。案:‘所由’是也。”

[19]“燕,樂也”,吳氏原作“晏,樂也”,今據《後漢書·鄭興傳》“昔張仲在周,燕翼宣王,而詩人悦喜”句下注改。

詩小學卷三十

商　頌

保山吴樹聲學

那之什

猗那　《傳》:"猗,歎辭。那,多也。"《箋》:"美湯受命伐桀,定天下而作《濩樂》,故歎之,多其改夏之制。"《正義》:"猗與,湯之功亦甚多。"案:猗那,即《萇楚》之"猗儺其枝"字也。猗儺,即《説文》之"旖,旗旖施"字也。"旖施"本為疊韻字,由疊韻字變為疊字,《淇奥》之"緑竹猗猗"是也。詳《淇奥》。《淇奥傳》:"猗猗,美盛貌。"此詩"猗那"亦疊韻字也。《萇楚》作"猗儺",《楚辭章句・八》作"旖旎","猗儺"與"旖旎"皆疊韻字也。"儺"从難聲,"難"有"泥"音,"臡"从肉,"難"音"泥"是也。此作"那"者,《桑扈》之"受福不那",《説文》作"受福不儺"是也。古音"儺"、"那"皆與"尼"音近也。此云"猗那",亦美盛之意。二"與"字乃讚歎之詞,言"猗與那與",何其美而盛也。《序》"為祀成湯",讚歎者讚歎成湯之德,非讚歎祀成湯之樂也。

置　《傳》:"夏后氏足鼓,殷人置鼓,周人縣鼓。"《箋》:"置,讀曰植。植鞉鼓者,為楹貫而樹之。……乃始植我鞉鼓。"[1]案:"置,讀曰植"是也。植鼓,猶之足鼓、縣鼓也。植鼓無足美,即始植鞉鼓亦無足美也。如《箋》所云,所見小矣。

湯孫 《箋》:"湯孫,太甲。"《正義》述《傳》:"既以樂祭祖而德當神明,故更述湯功,美其奏樂,言湯之能為人子孫也。"又述《箋》:"湯孫奏假,謂太甲奏升堂之樂。……於赫湯孫,美太甲之盛。湯孫之將,言來為扶助太甲。"案:詩為祀成湯之詩,則詩中所謂"烈祖"者,由成湯以上至於契也,猶周家祀文王、武王,必推本於太王、后稷也。本文明言"湯孫奏假",不應為贊成湯"能為人子孫"語也。《箋》以湯孫為太甲,是太甲以下即不得謂之湯孫,無論"賢聖之君六七作"皆湯之嫡派,即微子以至於戴公,亦何莫非湯之苗裔乎?孔子亦自稱殷人,豈太甲以下皆不得稱湯孫乎?其謬不待辨矣。又據《烈祖》篇末亦有"顧予烝嘗,湯孫之將"二語,《序》以《烈祖》為"祀中宗"之詩。"湯孫"二句,鄭氏不以湯孫為中宗,已不能自堅其說矣。竊謂"湯孫"云者,猶之云文昭、武穆爾,原不計世數,但承湯之統者即可謂之湯孫也。以"於赫湯孫"一語證之,湯孫定指太甲以下賢聖之君而言。以湯孫不祇太甲,祀湯之人又不能自贊,故定為太甲以下,六七作賢聖之君皆是。

假 《傳》:"假,大也。"《箋》:"假,升。……又奏升堂之樂,弦歌之。"《釋文》:"假,毛古雅反。鄭作格,升也。"《正義》述《箋》:"湯孫奏假,謂太甲奏升堂之樂。"案:本文祇言"奏假",何以知為奏升堂之樂?鄭未免望文生義矣。毛訓為"大",《正義》述《傳》,以為"奏此大樂",其病亦與鄭同。案:"假"者,"嘏"之借字也。《卷阿》:"純嘏爾常矣。"《箋》:"予福曰嘏。"《我將》"伊嘏文王"、《閟宫》"天錫公純嘏"《箋》,《儀禮·特牲饋食禮》注,並云:"受福曰嘏。"《載見》:"俾緝熙于純嘏。"《箋》:"天子受福曰大嘏,辭有福祚之言。"聲谓:嘏辭有福祚之言,所謂"祝嘏辭說"見《禮運》。是也。湯孫奏假,謂湯孫奏進祝嘏之辭也。"嘏"亦假借"假"者,詳《文王》、《思齊》。

思 《箋》:"乃安我所思而成之,謂神明來格也。《禮記》曰:'齊之日,思其居處,思其笑語,思其志意,思其所樂,思其所嗜。齊三日,乃見其所為齊者。祭之日,入室,僾然必有見乎其位;周旋出戶,肅然必有聞乎其容聲;出户而聽,愾然必有聞乎其歎息之聲。'此之謂思成。"案:"思"亦語辭也。《絲衣》"有捄其角,[2]旨酒思柔"對文,"思柔"猶之"其柔"也。詳《絲衣》。綏我思成,猶云"綏我斯成"耳。《思樂》:"思樂泮水。"《禮·禮器疏》引作"斯樂泮水"。《我行其野》:"言歸思復。"《唐石經》作"言歸斯復",是也。案:"思"、"斯"同意,皆語辭也。《烈祖》"賚我思成"同。亦詳彼處。

淵淵 案:"淵淵"亦假借字。詳《有駜》。

嘒嘒 《傳》:"嘒嘒然和也。"《說文》:"嘒,小聲也。从口,彗聲。……嚖,或从慧。"字亦作"噦"。《文選·東京賦》:"鑾聲噦噦。"薛注:"噦噦,和鳴聲。"案"嘒"、"噦"皆假借字。詳《小星》、《小弁》、《采菽》等處。

依 《傳》:"依,倚也。磬,聲之清者也,以象萬物之成。周尚臭,殷尚聲。"《箋》:"又與玉磬之聲相依,亦謂和平也。玉磬尊,故異言之。"王氏引之《經義述聞》:"依其在京,案:依,兵盛貌。'依其'者,形容之辭。言文王之眾依然其在京地也。依之言殷也。《禮·中庸》:"壹戎衣。"注:"衣,讀如殷,聲之誤也。齊人言殷聲如衣;虞、夏、商、周,氏者多矣。今姓有衣者,殷之胄與!""衣"有"殷"聲,"依"从衣聲,故亦有"殷"音。馬融注《豫卦》曰:'殷,盛也。'《小雅·出車》篇:'楊柳依依。'薛君《韓詩章句》曰:'依依,盛貌。'見《文選》潘岳《金谷集詩》注。《車舝》篇:'依彼平林。'毛《傳》曰:'依,茂木貌。'木盛謂之依,猶兵盛謂之依也。"馨谓:王說是也。木盛、兵盛皆謂之依,樂盛亦謂之依,"依我"猶之言"依其"也。鞉鼓管聲既和且平,復有依我之磬聲也。"依其"亦作"依我"者,《碩鼠》:"爰得我直。"《傳》:"直,得其直道。"是也。亦詳《載芟》。

斁 《傳》:"大鐘曰庸。斁斁然盛也。"《釋文》:"庸,如字,依字作鏞,大鐘也。"案:庸、鏞,古今字也。"斁"訓斁斁然有次序,當是"繹"之假借。《論語·八佾》:"繹如也。"皇《疏》:"繹,尋續也。"《文選·甘泉賦》注引《韓詩章句》:"繹繹,盛貌。"皆與此"斁"字義近。

奕 《傳》:“奕奕然閑也。”《箋》:“其干舞又閑習。”《廣雅·釋訓》:“奕奕,盛也。”《文選·秋懷詩》注引《韓詩章句》:“奕奕,盛貌。”《東京賦》:“六玄虯之奕奕。”薛注:“奕奕,舞形也。”[3]亦別作“弈弈”。《廣雅·釋訓》:“弈弈,容也。”案:“弈”乃圍棊。“奕”作“弈”者,假借。以上皆與此“奕奕”義近。

亦不夷懌 《傳》:“夷,說也。”《箋》:“我客之來助祭者,亦不說懌乎?言說懌也。”案:鄭讀“不”為“弗”,故句末必加“乎”字,又加“說懌也”三字始可通,不知“不”為語辭。詳《召閔》。亦不夷懌,亦夷懌也。《釋文》:“繹,音亦。字又作懌,同。”據此,則陸所據本作“繹”也,蓋假借字。

之將 《箋》:“將,猶扶助也。”《正義》:“《箋》以湯孫為太甲,故言太甲之扶助。《傳》以湯為人之子孫,則‘將’當訓為‘大’,不得與鄭同也。王肅云:‘言嘉客顧我烝嘗而來者,乃湯為人子孫顯大之所致也。’”以次篇亦有“顧予烝嘗”二語,彼經並無“嘉客”等語,則“扶助”之義不合。彼詩為祀中宗之詩,則不能專贊湯能為人子孫,此毛、鄭之疏漏也。聲谓:予,主祭者自稱也;顧,烈祖之神顧之也;烝嘗,秋冬之祭也。不言“礿禘”者,為合韻也,舉二以該四也。語本《正義》。之,是也,常訓。將,讀如“我將我享”之“將”,《箋》:“將,猶奉也。”亦常訓。言烈祖之神顧予烝嘗,湯孫是將奉也。不加一字,語自可通,此之謂以經解經,慎之至也。

嗟嗟烈祖 案:“嗟嗟”亦歎美之詞。據此篇《序》以為“祀中宗”,則所謂烈祖者,又不止自湯以上矣。案:禮,祖有功而宗有德,中宗稱宗,亦為商家不祧之祖,故亦曰“烈祖”。據此,則凡有功德之祖宗皆可稱烈祖矣。《箋》以“及爾斯所”之“爾”為“女,女中宗也”,非是。

有秩斯祜 《傳》:“秩,常。”《箋》:“祜,福也。……既有此王天下之常福。”《正義》:“‘秩,常。祜,福也。’皆《釋詁》文。”[4]王氏引之《經義述聞》曰:“謹案:有、斯,皆辭也。有秩斯祜,猶云‘有扁斯石’。秩,大貌,《巧言》曰‘秩秩大猷’是也。《說文》作‘戴’，云：‘大也，讀若《詩》“戴戴大猷”。’賈子《禮》篇曰：‘祜，大福也。’狀其大，則曰‘秩’矣。”聲谓：王氏之說雖亦可通，惟於“秩”字義究未愜合。《說文》：“秩，積也。从禾，失聲，《詩》曰：‘稽之秩秩。’”案：今作“積之栗栗”，疑“稽”、“積”同字也。《說文》“積”下云：“聚也。”《管子·國蓄》：“故人君御穀物之秩相勝。”注：“秩，積也。”祜，大福也。見上。言嗟嗟我有功烈之祖宗有積累如斯之大福，又申錫之以無疆也。子孫之厖鴻皆祖宗之積累，故未言而先咨嗟太息，作詩者其知祖業之艱難乎！即後世讀是詩者，孝思亦不覺油然興矣。如此解似更有關係。

及爾斯所

《箋》：“其福乃及女之此所。女，女中宗也。言承湯之業能興之也。”案：如《箋》言，乃是子孫訓戒中宗之言。商人雖質，斷不如是之喬野。聲谓：上言“烈祖”，下言“爾”、言“我”，皆指主祭之人言也。古人作詩，原不定一人口氣，《閟宮》稱僖公為“公”，為“魯侯”，為“爾”，為“女”，為“我”，是其證也。此句承上，言烈祖積累如斯之大福，又申錫之以無疆，而後及爾其處也。斯，其也。《采芑》：“朱芾斯皇。”《甫田》：“乃求千斯倉，乃求萬斯箱。”《思齊》：“則百斯男。”《皇矣》：“王赫斯怒。”“斯”皆當讀為“其”也。亦詳《駉》。所，處也。《殷武》：“有截其所。”《箋》：“所，猶處也。”《書·無逸》：“君子所其無逸。”鄭注：“所，猶處也。”《荀子·王霸》：“不可不善為擇所而後錯之。”《呂覽·謹聽》：“僻遠幽閒之所。”注並云：“所，處也。”及爾斯所，猶云及爾其處也。

賚

《傳》：“賚，賜也。”《箋》：“賚，讀如往來之來。……既載清酒於尊，酌以裸獻，而神靈來至，我致齊之所思則用成。”案：此“思”字亦“斯”之借，“賚我”猶之“綏我”也。“綏”訓“安”，“賚”訓“賜”，“賚”比“綏”尤厚矣。“賚我思成”者，猶云“賚我斯成”也。詳《那》。

亦有和羹

《箋》：“和羹者，五味調，腥熟得節，食之於人，性安和。喻諸侯有和順之德也。”案：“亦有和羹”對上句“既有清酒”句也。[5]“和羹”喻諸侯有和德，“清酒”又喻何人清德乎？聲谓：祭品原不祗“清酒”與“和羹”，不過隨舉一二以表潔誠；必言“羹”者，為合韻耳。《箋》語失之固矣。

既戒既平 《傳》：“戒，至。”《箋》：“其在廟中，既恭肅敬戒矣，既齊立乎列矣。”《說文》：“戒，警也。从廾持戈，以戒不虞。”此“戒”之本義也。此“戒”字當讀如《文選·東京賦》“先期戒事”之“戒”，《文選注》：“戒，警也。”[6]《儀禮·士冠禮》：“主人戒賓。”《鄉飲酒禮》：“主人戒賓。”注並云：“戒，警也，告也。”又《鄉射禮》：“主人戒賓。”注：“戒，猶警也，語也。”又《公食大夫禮》：“使大夫戒。”《覲禮》：“使大夫戒曰。”注並云：“戒，猶告也。”據此，則“戒”者，先事警戒告語之謂也。《采薇》：“豈不日戒。”《箋》：“戒，警勑軍事也。”國之大事，在祀與戎；軍事須戒以警動之，祀事亦須戒以警動之也。案：“平”字不惟與“戒”字不相連，與通節亦不相貫注。聲谓：“平”即“釆”之誤字，“釆”亦作“𢍺”，為古文“辨”。《書·堯典》：“平章百姓。”《史記·五帝紀》作“便章百姓”，《後漢書·劉愷傳》作“辯章百姓”。又“平秩東作”四“平秩”，《史記》皆作“便程”，《周禮·馮相氏》注亦皆作“辨秩”。聲谓：《書》作“平”者，蓋用“辨”之古文，作“釆”，亦或作“𢍺”，其或體與“平”之篆文作“亐”者相似，當太史公時猶讀“便”音而字作“釆”與“𢍺”，故假借“便”字，不敢輕易古音也。《詩》、《書》“釆”與“𢍺”字，後世多訛讀“平”，於是有“辨與平，古字通”之說。見《文選·典引》注。其有韻之文不可通，又改為“婢延切”，見《采菽釋文》。而古字之形、聲、義俱亡矣。如《書·洪範》之“王道𢍺便。𢍺”，與“無黨無偏”“偏”字自韻，必改為“平”字叶為“婢延切”，與毛、鄭之訓乖矣。詳《采菽》。聲谓：既戒既平，“平”亦當作“釆”與“𢍺”，為“辨”之古文。《周禮·考工記·總目》：“以辨民器。”注：“辨，具也。”《荀子·王霸》：“必將典辨。”注：“辨，理即“治”。唐人避諱，後人未經改正者。也。”又《議兵》：“城郭不辨。”注：“辨，治此後人已改正者。也。”《呂覽·過理》：“實辨天下。”注：“辨，治也。”又《周禮·酒正》：“辨三酒之物。”《疏》：“辨者，豫先之名。”聲谓：“辨”為豫先治具，故與“戒”字為類。既戒既釆，“釆”亦或作“𢍺”，即“既戒既辨”也。“辨”與下文“言”字為韻。詳下。

鬷假《傳》:"鬷,總。假,大也。總大無言,無爭也。"《箋》:"又總升堂而齊一,皆服其職,勸其事,寂然無言語者,無爭訟者。"《東門之枌》:"越以鬷邁。"《傳》:"鬷,數。"《箋》:"鬷,總也。"《左氏春秋·昭二十年傳》:"鬷嘏無言。"注:"鬷,總也。"又《長發》:"百祿是總。"《釋文》:"總,本又作鬷,音宗。"據此,則"鬷"乃"總"之假借字。《正義》謂:"鬷、總,古今字。"非是。《說文》:"鬷,釜屬。从鬲,㚇聲。"《廣雅·釋器》:"鬷,釜也。"此作"鬷"者,聲近假借。《中庸》引作"奏假無言","奏"、"鬷"一聲,故假借。亦詳《東門之枌》。假,本詩三見,《傳》兩訓"大",《箋》皆訓"升"。《雲漢》、《泮水》兩《傳》皆訓"假"為"至"。言與祭者總至矣,而無敢言語,是無有爭者,敬之至也。此以經解經,亦即以《傳》解《傳》之說也。

以假《傳》:"假,大也。"《箋》:"假,升也。……以此來朝,升堂獻其所有。"下"來假來享",《箋》:"假,升也。"《釋文》:"假,音格,鄭云:'升也。'王云:'至也。'"案:王蓋本《雲漢》各《傳》。聲谓:以假以享,即用以來假,用以來享也。若依《傳》,云"來大來享",殊覺不辭,不若依《雲漢》各《傳》訓"至"之為得也。鄭訓"升",亦由"至"義引申而出也。案:訓"至"者本作"假",見《說文》。亦假借"格"。因假借"格",故又別作"洛"、"佫",作"假"者亦假借也。經中"假"字訓"大"者,"嘏"之假借;訓"至"與"升"者,"假"之假借。聲谓:以假以享,就祭者言,猶云"我將我享"也;來假來享,就所祭之神言,猶云"神保是饗,神保是格"也。"來假來享"下即接云:"降福無疆。"降福者,神降之福也。

我受命溥將《箋》:"將,猶助也。……於我受政教,至祭祀又溥助我,言得萬國之歡心也。"王氏引之《經義述聞》曰:"將,長也,言我受天之命既溥且長,《公劉》曰:"既溥既長。"《卷阿》曰:"爾受命長矣。"即下文所云'降福無疆'也。《楚辭·九辯》:'恐余壽之弗將。'王逸注曰:'將,長也。'《廣雅》同。鄭分'受命溥將'為二事,失之。"聲谓:王氏之說是也。本詩並無"諸侯"字面,鄭因有"約軝錯衡,八鸞鶬鶬"二語,遂定以為"諸侯來助祭者"所乘之車,不知"約軧"二語安知非朝官助祭者所乘之車?就使是諸侯助祭,亦於受政教無與,朝與祭固二事也。况受者,自我受之之謂也。天與之,我受之,故曰"我受命溥將"也。此章:嗟嗟烈祖,韻。《十姥》。有秩斯祜。韻。《十姥》。申錫無疆,韻。《十陽》。及爾斯所。韻。《八語》。既載清酤,韻。《十姥》。與上"祖"、"祜"、"所"韻。賚我思成。韻。《十四清》。亦有和羹,韻。古音近郎。既戒既平。韻。本作"𠂤",古"辨"字也。詳上。鬷假無言,韻。《二十二元》。與上"平"字韻。時靡有爭。韻。《十三耕》。與上"成"字韻。綏我眉壽,黃耇無疆。韻。《十陽》。約軧錯衡,韻。户郎反。八鸞鶬鶬。韻。《十一唐》。以假以享,韻。《三十六養》。我受命溥將。韻。《十陽》。自天降康,韻。《十一唐》。豐年穰穰。韻。《十陽》。來假來享,[7]韻。《三十六養》。顧予烝嘗,韻。《十陽》。湯孫之將。韻。《十陽》。與上"疆"、"羹"、"疆"、"衡"、"鶬"、"享"、"將"、"康"、"穰"、"享"、"嘗"、"將"平與上韻。

玄鳥

《傳》:"玄鳥,鳦也。春分,玄鳥降。湯之先祖有娀氏女簡狄配高辛氏帝,帝率與之祈於郊禖而生契,故本其為天所命,以玄鳥至而生焉。"《箋》:"降,下也。天使鳦下而生商者,謂鳦遺卵,娀氏之女簡狄吞之而生契,為堯司徒,有功,封商。堯知其後將興,又錫其姓焉。"案:簡狄吞卵,事原不經。據《傳》,是毛公已不信其説矣。聲谓:姜嫄履跡而生后稷,簡狄吞卵而生契,同一荒誕,為讖緯之學欲借經文以神其説。因《生民》有"履帝武敏歆"之語,遂創為履巨人之迹以為神異。至于簡狄吞燕卵而生契,無可附會,遂改《商頌》"天命玄王"為"天命玄鳥"以為神異,事類於巨人之迹。鄭氏生東漢之末,彼時崇尚讖學,不敢顯為異同,遂從而附會之。後世以康成大儒亦為是説,遂遵用而不復致疑,殊不知其害經已甚也。夫經者,常也;反常之語,經文胡為載之?我夫子胡為存之?是在説經者好學深思而後不為異説所惑。天命玄鳥,何以知為"天命玄王"乎?《長發》章明言"玄王桓撥"矣。《傳》曰:"玄王,契也。"《箋》:"承黑帝而立子,故謂契為玄王。"《正義》引《國語》云:"玄王勤商,十四世而興。"據此,則以契為玄王,其稱已古。此詩或亦為"天命玄王,降而生商",至"正域彼四方”句句韻。若經本作“玄鳥”,玄鳥何物？乃“降而生商”！經稱商,猶之稱周也,地名也,亦代名也。“降而生商”,地何為者？“宅殷土芒芒”,又誰宅之？其說不可通矣。經蓋本作“玄王”,天命玄王,降而生於商國;其宅殷土也,亦天命之。殷土芒芒,日以廣大。殷之王業固不自湯始,與周家之推本后稷同義。“古帝命武湯”以下遂言湯之勳業,此揆之文字而知其必為“玄王”者也。天地之性,人為貴,以其得天地靈淑之氣也。至於鳥獸,其氣雜而不純矣。鳥之中有玄鳥,尤其小焉者也。今執塗人而謂之曰:“爾之始祖非人也,鳥也。”塗之人必拂然怒矣。又試執塗之人而謂之曰:“爾非人所生也,鳥所生也。”塗之人又必赧然愧矣。以塗之人所拂然怒、赧然愧而不受者以之誣古帝、古聖人,古帝、古聖人在天之靈亦必有蹙然不安者矣。然則《傳》“郊禖”之說亦不可信乎！“祈子”之說亦屬渺茫。就使有其事,春分玄鳥來亦不過適逢其會耳,又何必鄭而重之曰“天命玄鳥”乎？且所謂“降”者誰？所謂“生”者又誰乎？是其說仍不可通也。聲嘗謂說經者當恪守古訓,不可改易經文。遇此等大有關係處,又不妨直抒己見,為聖人辨其誣,為聖經復其舊,為二千餘年來信讖不信經者啟其聾而發其瞶也,正不可稍涉於依違回惑也。

正域　《傳》:“正,長。域,有也。”《箋》:“使之長有邦域,為政於天下。”案:《箋》於“長”字下添“有”字,“邦域”下添“為政於天下”字,恐非《詩》意。《說文》:“或,邦也。从口,即“圍”之古文。从戈以守一。一,地也。域,或又从土。”案:《說文》“或”即“國”之古文。“或”已从口,“國”又从口,贅矣。亦借為疆域字,亦借為或人字、或有字。後世因慣用為或人、或有字,故又加“土”以別之。《孟子·公孫丑下》:“域民不以封疆之界。”注:“域民,居民也。”《史記·禮書》:“人域是域。”《索隱》:“域,居也。”《漢書·禮樂志集注》:“域,界也。”又《賈誼傳集注》:“域,界局也。”聲谓:正域者,正其所居之界域於四方也。下文“肇域彼四海”,“肇”亦“正”也。《國語·齊語》:“竱即“端”。本肇末。”注:“肇,正也。”四海,猶四方也。四方者,無涯際之名也;四海者,以海為涯際也:皆極言其廣大也。詩人於湯言“正域彼四方”,於高宗言“肇域彼四海”,見中興之功同於開創也。

方命厥后 《箋》:“方命其君,謂徧告諸侯也。”聲谓:命,即上“古帝命武湯”之“命”也。方,語詞也,始也,將也。《廣雅·釋詁·一》:“方,始也。”《文選·遊天台山賦》:“方解纓絡。”《登香爐峰》詩:“方學松柏隱。”注並云:“方,猶將也。”厥,讀如《書·無逸》“自時厥後,立王生則逸”之“厥”,王氏引之《經傳釋詞》:“厥,猶之也。”自時厥後,言自是之後也。猶之也。后者,“後”之假借。《儀禮·聘禮記》:“君還,而后退。”注:“而后,猶然後也。”又《鄉射禮》:“而后下射。”注:“古文‘而后’作‘後’,非也。《孝經說》‘然后’,曰‘后’者,後也。當從‘后’。”《漢書·陳勝項籍傳贊集注》、《閩越王傳集注》:“后,與後同,古字通。”言方命之後,湯即“奄有九有”也。

奄有九有 《傳》:“九有,九州也。”《箋》:“湯有是德,故覆有九州,為之王也。”奄,覆也,大也,皆常訓。又同也,見《執競》“奄有四方”《傳》。又久也,見《臣工》“奄觀銍艾”《箋》。憮也,見《韓奕》“奄受北國”《傳》。聲谓:訓“覆”與“大”者,“奄”字本義,餘則其引申之義矣。此“奄”字當依《皇矣》“奄有四方”《傳》:“奄,大也。”訓為“大”。九有,《文選注》引薛君《韓詩章句》:“九有,九州也。”據此,韓與毛同義。《荀子·解蔽》:“此其所以代夏王而受九有也。”注:“撫有其地謂之九有。”段氏玉裁《毛詩小學》曰:“《韓詩》作‘九域’。案:有,古音如‘以’,‘域’為其入聲。毛公曰:‘囿,所以域養禽獸也。’‘囿’、‘域’亦於音求之。”聲谓:段說是也。本詩“正域彼四方”,《傳》:“域,有也。”段氏不引本詩,而引“囿”字《傳》,未免疏略。“域”為“有”字入聲,以本詩《傳》“域,有也”例之,亦可云“有,域也”,是謂轉注。謂撫有九域之地,故曰“九有”。奄有九有,言天方命湯之後,湯已奄有九有也。“后”本與“後”通假。又下文有“商之先后”字,故此字併作“后”。

商之先后 案:先后,由湯以及玄王也。

受命不殆《箋》:"商之先君,受天命而行之不解殆者。"《正義》述《傳》:"商之先君,受天之命,年世延長,所以不至危殆者。"聲谓:"殆"字毛不發《傳》,故孔氏讀如字,以毛必訓為"危"也。聲谓:既云"受命"矣,何至於危殆?自來細行不謹,終虧大德。人君上承天命大端,不患其不謹,惟恐一念之差,一行之肆,有"有初"而不能善終者矣。鄭氏訓"殆"為懈殆,其義精矣。鄭蓋讀"殆"為"怠"。案:"殆"、"怠"字古本通假。

在武丁孫子《箋》:"在高宗之孫子,言高宗興湯之功,法度明也。"案:經祗言"武丁孫子",並未言"武丁之孫子"也。聲谓:"孫子"承上"先后"言,謂先后之孫子也,猶《那》與《烈祖》之言"湯孫"也。本言"在孫子武丁",因取"子"字韻,故倒言"武丁孫子"。"在武丁"三字微頓,其義自見,猶云在武丁此一輩孫子也,贊先后亦贊武丁也。王氏引之《經義述聞》以為並下句"武丁孫子"二"丁"皆"王"之譌,"武王靡不勝""王"字乃"丁"之譌,未免武斷。其餘眾說紛紜,皆多迂曲。

武丁孫子,武王靡不勝《箋》:"高宗之孫子,有武功、有王德於天下者,無所不勝服。"案:"武丁孫子"趁上句文勢而疊言之,猶俗言"武丁者樣孫子"也。"武王"即成湯。《長發》:"武王載旆。"《傳》:"武王,湯也。"是也。亦即上文"先后"之一也。先后之功,莫大於武王,故承上而特言之。靡不勝者,承上文"受命"言,言武丁者樣孫子,武王所受之命靡有不勝任者。如此講,庶幾不煩改字,而處處可通矣。惟以俗語入解,不免失之粗率,然非此不能得經義之所在,故姑存之。

龍旂十乘《箋》:"交龍為旂。……乃有諸侯建龍旂者十乘,奉承黍稷而進之者。亦言得諸侯之歡心。十乘者,二王後,八州之大國。"《閟宫》:"龍旂承祀。"《箋》:"交龍為旂。承祀,謂視祭祀也。"據此,則諸侯在本國祭祀亦有龍旂也。又《周禮·司常》:"掌九旗之物名。……日月為常,交龍為旂。"又曰:"及國之大閱,贊司馬頒旗物。王建大常,諸侯建旂,孤卿建旜。"案:此特言大閱時耳。又《巾車》:"王之五路:一曰玉路,錫,樊纓十有再就,建大常,十有二斿,以祀;金路,鉤,樊纓九就,建大旂,以賓,同姓以封。"據此,則天子亦建大旂,不得定指為諸侯也,此皆周禮也。殷人尚質,不可以此例之也,"十乘"亦不必定為"二王後"與"八州大國"也。二王之後為客,亦周制也。聲谓:龍旂十乘,備法駕也。旂不止於龍,舉一物以該之;乘不止於十,舉成數以該之也。此就《詩》論《詩》,不敢於文外橫添也。

大糦《箋》:"糦,黍稷也。"餘見上條。《釋文》:"糦,尺志反。《韓詩》云:'大祭也。'"《正義》:"言以大糦是承,謂奉承助祭,祭之粢盛唯黍稷耳。'糦'字从米,故知是黍稷也。"聲谓:糦者,"禧"之假借也。鄭氏於《七月》、《甫田》、《大田》三"田畯至喜"皆曰:"喜,酒食也。"可以轉"喜"為"饎",即"糦"。詳下。獨不可以轉"糦"為"禧"乎?况古人"福禧"字亦不必定作"禧"。《說文》:"禧,禮吉也。从示,喜聲。"《爾雅·釋詁》:"禧,福也。"《漢書·賈誼傳》、《楊雄傳上》,《集注》並云:"禧,福也。"字亦作"釐"。《漢書·文帝紀集注》引如氏、《禮樂志集注》、《文選·甘泉賦》"逆釐三神者"注引服虔,並云:"釐,福也。"又《漢書·文帝紀集注》:"釐,本字作禧,假借用耳。"《禮樂志》、《楊雄傳上》,《集注》並云:"釐,讀曰禧。"字亦作"熙"。《漢書·禮樂志》:"大矣孝熙。"注:"熙,亦福也。"又:"熙事備成。"注:"熙,與禧同。""糦"為"禧"之假借。大禧是承,言高宗大福是當也。《說文》作:"饎,酒食也。从食,喜聲。《詩》曰:'可以饙饎。'𩟄,饎或从配。糦,饎或从米。"案:訓"酒食"者,"饎"之本義也。《正義》申《箋》,未免望文生義。

畿《傳》:"畿,疆也。"《箋》:"王畿千里之內,其民居安,乃後兆域正天下之經界,言其為政自內及外。"《正義》:"畿者,為之畿限疆畔,故為疆也。"《說文》:"畿,天子千里地。以遠近言之,則言畿也。"《禮·王制》:"天子之縣內。"《疏》:"殷之與周稱畿,唐虞稱服。"案:《後漢書·董卓傳論》:"毀裂畿服。"是也。字亦作"圻"。《書·酒誥》:"矧惟若疇圻父。"鄭注:"圻父,謂司馬,主封畿之事。"《逸周書·

職方》:“方千里曰王圻。”注:“圻,界也。”案:作“圻”者,形聲字;作“畿”者,封疆之事宜幾察之,故字从幾,作“畿”者字較古矣。《書大傳》注作“邦圻千里”,蓋用後世形聲字。

景員維河

《傳》:“景,大。員,均。”《箋》:“員,古文作云。河之言何也。其所貢於殷大,至所云維言何乎?言殷王之受命皆其宜也。”《釋文》:“員,毛音圓,鄭音云。河,王以為河水,本或作何。”案:毛本作“河”,假借字也。何,詞也,本無正字(何,儋何字),古人亦假借“何”,亦假借“河”。漢《童子逢盛碑》:“無可奈河。”《吳仲山碑》:“感痛奈河。”此假借“河”字之證也。假借“何”者,經傳常例,不能具引。又案:《爾雅·釋天》:“河鼓謂之牽牛。”注:“今荆楚人呼牽牛星為檐鼓。檐者,何俗作“荷”。也。”據此,則“河”、“何”古字本通假。陸氏見有作“何”之本,蓋因鄭有“河之言何”語而改為“何”者矣。鄭讀“員”為“云”,亦假借常例,惟於“維”下又加“言”字,“至所云維言何乎”殊不成句。聲謂:景,大也。員者,“運”之假借字。《莊子·天運釋文》引司馬本作“天員”是也。案:伍員字胥,唐員半千慕其為人,改姓為員,讀若“運”音。案:“員”有“運”音,故假借。古文作“云”,亦“運”之假借也。《管子·戒》:“四時云下。”注:“云,運動貌也。”《呂覽·圜道》:“雲氣西行,云云然。”注:“云,運也,周旋運布,膚寸而合,西行則雨也。”“云”有“運”義,故假借。據此,則“景員”者,景運也。《後漢書·公孫瓚傳》注:“天運,猶天命也。”《文選·皇太子釋奠會》詩:“運蒙則正。”注:“運,錄即“籙”。見下。運也。”又《為石仲容與孫晧書》注引《春秋緯》宋注:“運,籙運也。”又《運命論》題注:“運,謂五德更運,帝王所稟以生也。”“景運維何”設為問辭,“殷受命咸宜”設為答詞也。《采薇》:“彼爾維何?維常之華。”《既醉》:“其告維何?籩豆靜嘉。”六、七、八三章同。句法皆與此同。

是何

《傳》:“何,任也。”《箋》:“百祿是何,謂當擔負天之多福。”《釋文》:“何,音河。河可反。[8]本又作荷,[9]音同。”《說文》:“何,儋也。从人,可聲。”《易·噬嗑》:“何校滅耳,凶。”《疏》:“何,謂擔何。”案:作“何”訓“儋”,古字古義也。後世因借“何”為如何字，故又借"荷"字；"荷"字行，形變，音亦與之俱變矣。經作"何"，毛訓"任"。任，負也，儋後世作"擔"，从手。負之義也，亦古字古義矣。

濬哲 《傳》："濬，深。"《釋文》："哲，音悊，字或作悊。"案：濬，古與"浚"字通。《易・恒》："浚恒。"《釋文》："鄭作濬。"《一切經音義・四》："古文濬、濬二形，今作浚。"是也。《噫嘻》："浚今作"駿"。發爾私。"《釋文》："浚，本亦作駿，……大也。"據此，則"浚"與"駿"，古通假；"駿"與"峻"，古亦通假也。哲者，"晢"之假借也。《說文》："晢，昭晢，明也。从日，折聲。《禮》曰：'晢明行事。'"《大戴記・文王官人》："喜怒之如度晢。"注："晢，明也。"《後漢書・張衡傳》注："晢，明。"《文選・東京賦》："庭燎晢晢。"薛注："晢晢，大光明也。"據《易・大有》"明辨晢也"《釋文》引王肅本作"晣"。[10] 即"晢"字。又作"哲"。《書・洪範》："明作哲。"《疏》："哲字，王肅及《漢・五行志》皆云：'悊，智也。'定本作晢，讀為哲。"《穀梁春秋・桓十四年傳》注："是謂不哲。"《釋文》："哲，一本作晢。"據此，則"哲"、"晢"，古字亦通假也。《詩》言"維商"：商，國名也，亦地名也，代名也。言"維商"，猶之乎言"維夏"與"維周"也。據《箋》與《疏》皆云"深知乎維商家之德"，無論本文並無"之德"字，即使横添"之德"二字，深知乎商家誰人之德，語終不明白。聲意讀"濬"為"浚"。浚，大也，見《書・皋陶謨》馬注。亦作"駿"，見《噫嘻》。詳上。讀"哲"為"晢"；晢，明也。詳上。《詩》言"大明維商"，猶之言"下武維周"、"明昭有周"也。

方外大國是疆 《傳》："諸夏為外。"《箋》："乃用洪水，禹敷下土，正四方，定諸夏，廣大其竟界之時，始有王天下之萌兆。"《釋文》："疆，居良反，竟界也。"《正義》述《傳》："有大禹者，敷廣下土，以正四方，京師之外大國於是畫其疆境。"又述《箋》："禹敷下土，廣大其境界之時，正謂水害既除，輔成五服之時也。"孔氏以"禹敷下土方"為句，"外大國是疆"為句也。於"方"字上加"以正四"三字，於"外"加"京師之"三字，又於"是"字加"於"字，"疆"上加"畫其"二字。經文原自明顯，若必待後人於文外横添而後成句，則是艱深怪僻，又何貴乎經文？嚴氏《詩緝》以"禹敷下土”為句是也。聲谓:方,即“旁”也,古字通假。《逸周書·皇門》:“乃方求論擇元聖武夫羞于王所。”孔晁注:“方,旁。”《儀禮·士喪禮》:“牢中旁寸。”注:“今文旁為方。”《書·堯典》:“方鳩僝功。”《史記·五帝紀》作“旁聚布功”,《說文》作“旁逑孱功”。《益稷》:“方施象刑,惟明。”《新序·節士》作“旁施象刑,維明”。《呂刑》:“庶僇方告無辜于上。”《論衡·變動》作“庶僇旁告無辜于天帝”。據此,則“方”即“旁”也。《禮·喪大記》:“士旁三揖。”《疏》:“旁,猶面也。”又《聘義》:“孚尹旁達。”注:“旁者,四面之謂也。”《史記·五帝本紀》:“旁羅日月星辰。”《索隱》:“旁,非一方。”方外大國是疆,言邊旁以外與大國為界也。大國,指夏也。

幅隕既長 《傳》:“幅,廣也。隕,均也。”《箋》:“隕,當作圓,圓謂周也。……乃用洪水,禹敷下土,正四方,定諸夏,廣大其竟界之時,始有王天下之萌兆。歷虞夏之世,故為久也。”據《箋》,以“幅隕既長”指夏禹敷土之時也。王氏引之《經義述聞》:“案:依《傳》,則廣也,均也,長也三義並列,經當言‘幅隕且長’文義方明,何得云‘幅隕既長’乎?依《箋》,則‘隕’與‘圜’同,《釋文》:‘圜,音還,又音圓。’‘音還’則取‘還繞’之義。國之疆域,無不四面還繞者,何待禹廣大之而始然乎?古人言地之廣狹,皆云‘方幾里’,或云‘廣縱幾里’,無以‘還繞’言之者。‘音圓’,則疆域之長短參差往往而有,安必其形之皆圓乎?《箋》義亦未安也。《說文》曰:‘幅,布帛廣也。’幅為布帛之廣,非地廣之稱也。徧考書傳,無謂地廣為幅者。若謂疆域如布帛之幅,則‘幅’上當加‘如布帛之’四字,而其義始著,豈得苟簡其文而直謂之幅乎?……今考全《詩》之例,如‘我稼既同,洪拾既佽’、‘福祿既同,降福既多’之類,句首皆實指其物與事。‘幅隕既長’文義與之相似,句首亦當實指其所謂‘既長’之事,不應空訓之為‘廣’、為‘均’、為‘圜’也。幅,讀為福;隕,讀為云:古字假借耳。‘福云既長’者,承上文‘長發其祥’言之,‘福’亦‘祥’也。言當禹敷下土,疆理大國之時,商之福祥既已長矣,故曰‘福云既長’。下文‘帝立子生商’,則福長之始也。云,語助也。凡《詩》弟二字用‘云’字者,如‘卜云其吉’、‘曷云能來’、‘如云不克’、‘荓云不逮’之類，皆為語助字。或作‘員’，《玄鳥》曰：‘景員維河。’是也。又作‘隕’，此詩是也。”聲谓：王說是也。惟以“方外大國是疆”屬禹時，說文義甚為模糊，已於上句詳辨之。至以“隕”為“云”，則猶有辨。聲谓：隕，讀為員，亦“景員維河”“運”字之假借字也。《左氏春秋・哀十二年傳》：“公會衛侯、宋皇瑗于鄖。”《公羊傳》作“運”。“隕”、“鄖”俱从“員”得聲，“員”亦讀“運”，故“隕”、“鄖”字俱有“運”聲也。本句“既”字與下句“有娀方將”“方”字相呼應，言大明維商，已久長發其福祥矣，當洪水芒芒，禹敷下土之時，商國邊旁之外已與大國為界；福運既長矣，其母家有娀氏又且盛大，故天帝立子姓而特生商國也。首章從發源處說起，有籠照全詩之意。

桓撥　《傳》：“桓，大。撥，治。”《箋》：“玄王廣大其政治。”《釋文》：“撥，本末反。《韓詩》作發。發，明也。”案：作“撥”是也。《說文》：“撥，治也。从手，發聲。”《公羊春秋・哀十四年傳》：“撥亂世。”注：“撥，猶治也。”《穀梁傳釋文》[11]作“撥，理亦治也。也”。《楚辭・懷沙》：“孰察其撥正。”《惜賢》：“撥諂諛而匡邪兮。”注並云：“撥，治也。”《廣雅・釋詁》：“撥，治也。”“撥”訓“治”，古誼也。《韓詩》作“發”，與下文“遂視既發”亦字同義異者。

“受小國”二句　《箋》：“始堯封之商，為小國。舜之末年，乃益其土地，為大國。皆能達其教令。”《正義》：“知堯封為小國、舜益為大國者，《中候握河紀》說堯云：‘斯封稷、契、臯陶，賜姓號。’是堯封之也。《考河命》説舜之事，云：‘褒賜羣臣，賞爵有功，稷、契、臯陶益土地。’是舜益地，為大國也。”據《正義》以鄭氏所據者皆為緯說，然鄭生孔前數百年，或者別有所據，亦未可知。《史記・三代世表》褚少孫云堯知稷、契賢，故封之，契七十里，稷百里。案：褚生西漢，緯書尚未盛行，必別有所本矣。聲谓：契之封國，先小後大，《詩》既實證。《六經》為傳信之書，更不必別求證據矣。

率履不越 《傳》:“履,禮也。”《箋》:“使其民循禮,不得踰越。”案:《箋》語“使其民”三字,本文不有,未免横添。聲谓:率履不越,即承上“受小國”二語,而言無論受小國,受大國,皆通達政令,率循禮制而不敢踰越。此即所謂敬也,乃聖聖相傳之心法也,故三章頌湯遂言“聖敬”。

遂視既發 《箋》:“遂,猶徧也。發,行也。……乃徧省視之,教令則盡行。”聲案:此句仍承首句“玄王桓撥”,而言徧視其廣大之政治既已舉行,故曰“遂視既發”也。

湯降不遲 《傳》:“不遲,言疾也。”《箋》:“降,下。……湯之下士尊賢甚疾。”《正義》申《箋》:“湯為天子而云‘湯降’,故知‘下’者是‘下士尊賢’也。《晉語》宋公孫固説公子重耳之德,引此詩,乃云:‘降,有禮之謂也。’是亦以此為下賢也。”《説文》:“降,下也。”古書“降”訓“下”者甚夥,古義也。《詩》之言“降”者,皆必有所指也。《旱麓》:“福禄攸降。”降者,福禄也。《公劉》:“復降在原。”“降”對“陟”字言,陟與降皆公劉也。《崧高》:“維嶽降神。”謂崧嶽之神降也。《玄鳥》:“降而生商。”舊説謂“玄鳥降”,聲谓:玄王降也。《殷武》:“天命降監。”謂天降也。此言“湯降”,即指湯之降生,與“降而生商”同意。言“天命不違,至于湯齊”,所謂克當天心也。此又言所以齊天之故,言湯之降生既已不遲,而湯之聖敬又日見其升,故曰“聖敬日躋”,此其所以克當天心也。《箋》語添出“士”與“賢”,未免望文生義;《正義》引《國語》,斷章取義也。偽古文《尚書·大禹謨》:“德乃降。”真不成句,其“降”字蓋脱胎於此,不待攻而其偽自見也。

昭假遲遲 《箋》:“假,暇。……然而以其德聰明寬暇,天下之人遲遲然,言急於己而緩於人。”《釋文》:“假,古雅反。鄭云:‘暇也。’徐云:‘毛音格,鄭音暇。’案:王肅訓‘假’為‘至’,‘格’是王音也。”陳氏啟源曰:“昭假者,光昭被格之義;遲遲者,宏遠悠裕之義。”聲谓:陳説近是。“假”當依王,音格,訓為“至”矣。又案:此與上文“湯降不遲”連用二“遲”字,亦字同義異者。

上帝是祇《箋》:“言急於己而緩於人,天命是故愛敬之也。”據《箋》,此則“上帝是祇”乃上帝敬湯也。聲谓:上帝無形,何以知其敬湯?且“敬”字上又添一“愛”字,愈非《詩》義。聲谓:祇,敬也。言湯惟上帝是敬,此“聖敬”“敬”字內一事也。若說為天愛敬之,恐無是理。

式于九圍《傳》:“九圍,九州也。”《箋》:“式,用也。……天於是又命之,使用事於天下,言王之也。”《正義》:“‘式,用’,《釋言》文。”案:式,法也。《楚茨》“如幾如式”、《下武》“下土之式”《傳》,又《楚茨》“式禮莫愆”、《蕩》“不義從式”、《崧高》“南國是式”、《烝民》“古訓是式”、《江漢》“式辟四方”《箋》,並云:“式,法也。”九圍,猶言九國也。《公羊春秋·桓十年傳》:“近乎圍也。”《疏》:“國,讀如圍。”案:齊人語,“國”、“圍”音相近。《說文》:“國,邦也。从囗,即“圍”之古文。从或。”聲谓:从囗,从或,蓋“囗”、圍“或”二字合音也。“國”有“圍”音,故曰“九圍”,猶言九國也。不言九州而言九國者,合韻也。帝命式於九圍,言帝命之式法於九州也,猶之言“式是南邦”也。

受小球大球《傳》:“球,玉。”《箋》:“湯既為天所命,則受小玉,謂尺二寸圭也;受大玉,謂珽也,長三尺。執圭搢珽,以與諸侯會同,結定其心。”王氏引之《經義述聞》曰:“球、共,皆法也。球,讀為捄;共,讀為拱。《廣雅》曰:‘拱、捄,法也。’《書序》曰:‘帝釐下土,方設居方,別生分類,作《汨作》、《九共》九篇、《槀飫》。’馬融注曰:‘共,法也。’《大戴記·衛將軍文子》篇引《詩》:‘受小共大共。’共,一本作‘拱’。高誘注《淮南·本經》篇曰:‘蛩,讀《詩》“受小拱”之“拱”。’則《詩》‘共’字古本或作‘拱’。‘拱’、‘捄’二字皆從手而訓亦同;其從玉作‘球’,假借字耳。此承上文‘帝命式于九圍’言之,言受小事之法、大事之法於上帝,故能‘為下國綴旒’,‘為下國駿厖’,所謂‘式于九圍’也。……小球大球,小共大共,謂所受法制有小大之差耳。《傳》解‘球’為‘玉’,已與‘共’字殊義,《箋》復謂‘共’為‘執玉’,迂回而難通矣。《廣雅》‘拱’、‘捄’並訓為‘法’,

殆本於三家歟。”聲谓:王氏之說較舊說為精矣。惟法,一也,何分於小大?小大皆法也,何以忽謂之“球”,忽謂之“共”?是不能不滋疑意也。聲谓:“球”即“賕”,从貝與从玉,一也。“共”即“供”,古今字也。“小大”字即次章之“小國”、“大國”,次句“下國”即兼此“小國”、“大國”而言,《詩》之句與字有限,不能不稍稍翦裁也。球,諸侯之貢獻,非有定物、有定數者,故曰“球”。球之言求也,他人求之而不得者,湯則自然得之,故曰“受”。貢獻無定物,無定數,《禹貢》八州之貢類皆珍奇錯雜,故字亦从玉。“共”即“正供”之“供”,有定物、有定數者矣。《關雎箋》:“共荇菜。”《采蘋序》:“共祭祀矣。”《十月之交箋》:“禮,下共上役。”《楚茨箋》:“后夫人主共籩豆。”《板箋》:“無財貨以共其事。”《禮·曲禮》:“共給鬼神。”《檀弓》注:“幕人職共焉。”《儀禮·聘禮》注:“有司當共委積之具。”《左氏春秋·隱九年傳》:“不共王職。”又《十一年傳》:“君謂許不共。”《僖四年傳》:“王祭不共。”《僖三十年傳》:“共其乏困。”《穀梁春秋·桓十四年傳》:“以共粢盛。”《僖二十六年傳》注:“以共假借之役。”《論語·鄉黨》:“子路共之。”《釋文》並云:“共,本作供。”《漢書集注》“共,讀曰供”屢見,此其據也。《荀子·臣道》:“恭敬,禮也;調和,樂也;謹慎,利也;鬬怒,害也。故君子安禮樂利,謹慎而無鬬怒,是以百舉不過也,小人反是。通忠之順,權險之平,禍亂之從聲,三者非明主莫之能知也。爭然後善,戾然後功,出死無私,致忠而公,夫是之謂通忠之順,信陵君似之矣。奪然後義,殺然後仁,上下易位然後貞,功參天地,澤被生民,夫是之謂權險之平,湯武是也。過而同情,和而無經,不恤是非,不論曲直,偷合苟容,迷亂狂生,夫是之謂禍亂之從聲,飛廉、惡來是也。《傳》曰:‘斬而齊,枉而順,不同而壹。’《詩》曰:‘受小球大球,為下國綴旒。’此之謂也。”聲細繹引《詩》之意,蓋證“奪然後義”以下七句也。又《榮辱》:“夫貴為天子,富有天下,是人情之所同欲也。然則從人之欲,則勢不能容,物不能瞻“贍”之借。也。故先王案為之制禮義以分之,使有貴賤之等,長幼之差,知賢愚、能不能之分,皆使人載其事而各得其宜,然後使慤疑“穀”之借。祿多少厚薄之稱,是夫羣居和一之道也。故仁人在上,則農以力盡田,賈以察盡財,百工以巧盡械器,士大夫以上至於公侯莫不以仁厚知能盡官職,夫是之謂至平。故或祿天下,而不自以為多;或監門御即“逆”之借。旅,抱關擊柝,而不自以為寡。故曰‘斬而齊,枉而順,不同而一’,夫是之謂人倫。《詩》曰;‘受小共大共,為下國駿蒙。’此之謂也。”文內有“貴為天子,富有天下”,又有“慤疑“穀”之借。祿多少厚薄之稱”,又有“祿天下,而不自以為多”,“監門御旅,抱關擊柝,而不自以為寡”等語,則“小共大共”為“小供大供”無疑。《荀子》此篇引《詩》較之《臣道》篇引《詩》,語意尤為明晰。據此篇,可以定為“供”字,則“球”字義亦不煩言而解矣。如《傳》解“球,玉”也,玉為總名,如本文為“玉”,可以訓為球,亦可訓為圭,為磬,其為物不同,其為玉則同也。《傳》訓“球”為“玉”,其為玉圭、玉磬,不得而知也。玉,統詞也,《箋》釋為“圭”,為“珽”,望文生義矣。言“受”者,猶之言“受天之祜”、《信南山》、《下武》二見。“受祿于天”、“受福無疆”、俱《嘉樂》。“受祿無喪”《皇矣》。之“受”也。

綴旒 《傳》:“綴,表。旒,章也。”《箋》:“綴,猶結也。旒,旌旗之垂者也。……以與諸侯會同,結定其心,如旌旗之旒縿著焉。”《玉篇·田部》引作“為下國畷流”。[12]案:《禮·郊特牲》曰:“饗農及郵表畷禽獸。”鄭注:“郵表畷,謂田畯所以督約百姓於井間之處也。”引此詩作“為下國畷郵”。所引者三家《詩》,鄭蓋先習三家《詩》也。揚州阮氏元《釋郵表畷》曰:“《說文》‘郵,境上行書舍’也。……古者邊垂疆界,其始必正其四至焉。四至之邊,必立木為表巫,綴物于上,以準遠之望而分疆界焉,此‘垂’之所以从巫,‘郵’之所以从垂也。垂之遠近者,必分程途里數,故鄭康成注《周禮·掌節》云:‘若今郵行有程矣。’《說文》‘郵’乃以‘垂’、‘邑’二字會成一意,其聲則生之于‘斿’,故與‘斿’、‘流’通借。古字義隨音生,‘斿’、‘郵’是也。……畷,《說文》篆作‘叕’,‘綴聯也’。又;‘綴,合著也。’‘畷,兩陌閒道也。’案:綴為以物繫屬於物之義,‘叕’、‘綴’、‘畷’、‘輟’義皆通。”據此,則“綴”、“畷”通,“綴旒”與“畷郵”、“畷流”亦通字也。“綴郵”為綴物表識程途遠近里數之義,與毛訓“表章”義近。言受小國之球、大國之球,即《荀子・臣道》篇所謂"奪然後義"也。下國皆以為表識,故曰"為下國綴旒"也。《公羊春秋・襄十六年傳》:"君若贅阮氏以為"贅"乃"綴"之同聲假借字。旒然。"言諸侯反繫屬於大夫也,與《詩》義大乖。案:《荀子・宥坐》:"今學曾未如肬贅。"《莊子・駢拇》:"以生為負贅縣肬。"[13]《楚辭・惜誦》:"反離群而贅肬。"字皆作"贅肬",或者《公羊》之"贅旒"乃"肬"之假借字,與《詩》之"綴旒"各一義也。義隨音變,美惡固不嫌同詞也。

絿《傳》:"絿,急也。"案:"絿"乃"觩"之假借字。《泮水》:"角弓其觩。"《箋》:"角弓觩然,言持弦急也。"聲谓:"不競""競"字為"彊"之古文,已屢見。"競"字內已有急義。觩,亦作"觓"。《說文》:"觓,角皃。从角,丩聲。"亦假借"捄"。《逸周書・王會》:"紈牛者,牛之小者也。"王注:"紈,與絿同。《詩》:'有捄其角。'捄,曲貌。"案:牛之角未有不曲者,故王訓為"曲"。此"絿"亦當訓為"曲",言不彊競,不觓曲,與下句"不剛不柔"儷文,字字有義意也。

駿厖《傳》:"駿,大。厖,厚。"《箋》:"駿之言俊也。"《釋文》:"駿,音峻。鄭:'俊也。'又一云:'毛亦作俊讀。'"《正義》申《傳》:"言為下國大厚,謂成其志性,使大純厚也。王肅云:'言湯為之立法,……使之大厚,乃荷任天之和道也。'"又申《箋》:"此言'駿厖',亦是諸侯之言天了,故讀'駿'為'俊',言成湯與諸侯作英俊厚德之君也。"案:《傳》與《箋》兩說皆迂回,不可通。又案:《大戴記・衛將軍文子》引作"為下國恂蒙",《荀子・榮辱》引作"為下國駿蒙"。聲谓:"駿"讀為"俊"是也。《爾雅・釋詁》:"駿,長也。"《釋文》:"駿,本或作俊。"《大戴記》作"恂"者,音近假借。厖,古音近"蒙",《戴記》、《荀子》俱作"蒙"者,音相近也。《小戎》:"蒙伐有苑。"《箋》:"畫雜羽之文於伐,故曰厖伐。"鄭亦以"蒙"為"厖",是其據也。《爾雅・釋詁》:"厖,大也。"《左氏春秋・成十六年傳》:"民生敦厖。"《國語・周語》:"敦厖純固。"注並云:"厖,大也。"為下國駿厖,猶言為諸侯之俊而大者也。上章"綴旒",比體也。此章"駿"从馬,"厖"从厂。《說文》:"駿,馬之良材者。""厖,石大也。"據此,則"駿厖"亦比體也。

“駿厖”或古語,未可知也。《傳》訓“厚大”字,引申之義也。《荀子》“貴為天子”,大之至也;“富有天下”,厚之至也。毛蓋用其師說矣。

震動 《箋》:“不震不動,不可驚憚也。”《易·繫辭釋文》引馬注:“震,驚也。”《漢書·宣帝紀集注》引服虔:“震,驚也。”《文選·東京賦》:“旁震八鄙。”注:“震,驚也。”聲谓:震亦動也,謂人驚動之也;動則自動矣。此其辨也。

戁竦 《傳》:“戁,恐。竦,懼也。”《說文》:“戁,敬也。从心,難聲。”“竦,敬也。从立,从束。束,自申束也。”據此,則二字皆假借字也。據《小爾雅·廣義》:“面慙曰戁。”本字當作“赧”。《說文》:“赧,面慙赤色。从赤,𠬝聲。”《說文》:“愯,懼也。从心,雙省聲。《春秋傳》曰:‘駟氏愯。’”《文選·魏都賦》:“愯焉相顧。”劉注:“愯,懼也。”亦不省,作“雙”。《漢書·刑法志》:“雙之以行。”案:戁者,慙於面;竦者,懼於心也。此其辨也。

武王載旆 《傳》:“武王,湯也。旆,旗也。”《箋》:“於是有武功,有王德,及建旆興師出伐,又固持其鉞,志在誅有罪也。”案:《傳》以武王為湯,《正義》籠統言“有有武功、有王德之成湯”,混《傳》、《箋》為一,非是。《說文》引作“武王載坺”,《荀子·議兵》引作“武王載發”,注:“發,讀為旆。”案:《荀子》作“發”是也。載,讀如《孟子·萬章上》“朕載自亳”,注:“載,始也。”武王載發,言成湯於是始起也。《詩》作“旆”者,假借字耳。《漢書·律歷志》述周武王伐紂之事曰:“癸巳,武王始發。”與《詩》同義。王氏引之《經義述聞》亦以“旆”為“伐”之假借字,惟以“載”為“則”為稍異耳。

有虔秉鉞 《傳》:“虔,固。”《箋》:“有之言又也。”《殷武》:“方斲是虔。”《傳》:“虔,敬也。”《廣雅》:“虔,敬也。”《左氏春秋·莊二十四年傳》“以告虔也”注、《國語·魯語》“以告虔也”注、《漢書·刑法志集注》、《文選·西京賦》“豈伊不虔思于天衢”薛注,並云:“虔,敬也。”《荀子·議兵》引此詩,楊倞注:“虔,敬。……湯建旆興師,本由仁義。雖用武持鉞,而猶以敬為先,故得如火之盛,無能止之也。”聲谓:楊氏說《詩》,雖非古義,其訓“虔”為“敬”,亦本毛氏。詳上。本詩有“聖敬日躋”之語，征誅大事，未有不持之以敬者也，楊注得之。有，依《箋》讀為“又”可也。

曷《傳》：“曷，害也。”《箋》：“誰敢禦害我！”《荀子·議兵》引作“則莫我敢遏”，《漢書·刑法志》亦引作“則莫我敢遏”。聲谓：作“遏”是也，經作“曷”者，用古文。《文王》：“無遏爾躬。”《傳》：“遏，止也。”《民勞》：“式遏寇虐。”《武》：“勝殷遏劉。”《箋》並云：“遏，止也。”《易·大有》“君子以遏惡揚善”《釋文》、《書·湯誓》“夏王率遏眾力”馬注，並云：“遏，止也。”《說文》：“遏，微止也。从辵，曷聲。”《爾雅·釋詁》：“遏，止也。”注：“今以逆相止為遏。”《周禮·禁殺戮》：“遏訟者，以告。”司農注：“遏訟者，遏止欲訟者也。”《公羊春秋·莊三十二年傳》“季子之遏惡也”注、《荀子·議兵》引本詩注，並云：“遏，止也。”據此，則“遏”訓“止”，古義也。毛無破字之例，蓋以“曷”為“害”之假借字矣。

苞有三蘖《傳》：“苞，本。蘖，餘也。”《箋》：“苞，豐也。天豐大先三正之後世，謂居以大國，行天子之禮樂。”《釋文》：“蘖，五葛反，《韓詩》云：‘絕也。’”《說文》作：“櫱，伐木餘也。从木，獻聲。《商書》曰：‘若顛木之有甹櫱。’櫱，櫱或从木，辥聲。𣎵，古文櫱，从木無頭。𣠽，亦古文櫱。”案：从“獻”者，形聲字之後出者也，與“𤄏”、《碩人》：“庶姜孽孽。”《韓詩》作“𤄏𤄏”。《呂氏春秋·過理》篇：“宋王築為蘖臺。”高誘注：“蘖，當作𤄏。……蘖與𤄏，其音同。”“讞”《廣韻》：“魚列切。”《禮·文王世子》：“獄成，有司讞于公。”《說文》作：“灋，从水、獻，與法同意。”同意。作“蘖”者，與“孽”同意，形聲字之有意義者也。“𣎵”字最古，蓋象形、會意兼而有之矣。“𣠽”从木，㚔聲，亦形聲字之後出者也。《一切經音義·四》：“蘖，古文櫱、𣠽、𣎵隸作“不”。三形。”[14]“𣎵”字僅見於此書及《說文》二書矣。《書·盤庚》：“若顛木之有由蘖。”《釋文》引馬注：“顛木而肄生曰枿。”“枿”乃“栓”之訛。下同。《汝墳》：“伐其條肄。”《傳》：“肄，餘也。斬而復生曰肄。”《正義》：“如今蘖生者。”《左氏春秋·襄二十九年傳》：“晉國不恤周宗之闕，而夏肄是屏。”注：“肄，餘也。”《正義》：“杞是夏後，滅而復存，猶木之枿生小栽也。"《國語·魯語》:"且夫山不槎蘖。"韋注:"以株生曰蘖。"《漢書·枚乘傳》:"十圍之木,始生如蘖。"顔注:"若蘖之生牙也。"《敘傳》:"三枿之起,本根既朽。"劉德曰:"謂木斫髡,而復枿生也。"《後漢書·虞延傳》注:"蘖,伐木更生也。"《文選·魏都賦》:"林不槎枿。"五臣云:"枿,斬去木梢,今復出者。"《東京賦》:"山無槎枿。"薛注:"斬而復生曰枿。"又:"尋木起於蘖栽。"李善注引"孔安國《尚書傳》:'用生枿栽。'韋昭曰:'株生曰蘖,'……蘖與枿,古字同。"劉越石《答盧諶》詩注引《漢書音義》:"蘖,木斬而復特生。"據以上,則所謂"蘖"者,木已斬而復生之謂也。意當時必有已滅之三國,湯復為存其祀者。據《正義》:"《鄭語》云:'祝融其後八姓。'不歷數之:'己姓,[15]昆吾、顧、温;彭姓,豕韋,則商滅之矣。'故知'韋'即'豕韋',彭姓也;顧與昆吾皆己姓也。《鄭語》又云:'豕韋為商伯。'此已滅之,又得為商伯者,成湯伐之,不滅其國,故子孫得更興為伯也。"據此,則"韋"即"豕韋",湯伐之,不斬其祀,故其後世子孫復興,為商家伯國。豕韋一國如此,則顧與昆吾亦當如此。聲谓:三蘖,即韋、顧、昆吾也。載籍莫古於《詩》、《書》,是當以經證經,不必他求證據也。夏桀不在"三蘖"之列者,以桀雖失道被放,大禹之後,固與有虞之後同在賓位,不得與"三蘖"等也。《漢書·古今人物表》"韋",師古曰:"豕韋國,彭姓。""鼓",師古曰:"即顧國,己姓。""昆吾",師古曰:"姒姓國也。三者皆湯所誅也。"班氏本《詩》,顔氏本《詩》與《鄭語》也。苞者,"包"之假借字。《易·泰》:"包荒。"《釋文》:"包,本作苞。"《姤》:"包瓜。"《釋文》:"《子夏傳》作苞。"《書·禹貢》:"草木漸包。"《釋文》:"漸包,本作苞。"又《左氏春秋·僖四年傳》注《釋文》:"苞匭,本作包。"《莊子·天運釋文》:"苞裹,本作包。"據此,則"苞"、"包"本通假字也。包,讀為并,包之也。《周禮·大祝》:"三曰炮祭。"注:"炮,字當為包,聲之誤也。……包,猶兼也。"《漢書·賈誼傳集注》引晉灼、《敘傳下集注》引劉德:"包,取也。"又《漢書·匈奴傳上》:"善為誘兵以包敵。"注:"包,裹取之。""苞有三蘖"者,謂兼併包裹而取之也。周之興也,先伐崇、密二國,而牧野之師倒戈相迎;商之興也,先取韋、顧之蘖,而鳴條之眾徯我恐後。聖王之興,有若合符節者矣。紂之不善,崇、密實先助之;桀之無道,韋、顧亦其黨也:故不能不首先翦除之歟!

中葉 《傳》:"葉,世也。"《箋》:"中世,謂相土也。"案:中葉,謂湯也。由契至於湯皆上世也,由湯至作《頌》時皆後世矣,故知"中葉"謂湯,且下文"允也天子"、"實維阿衡"皆湯事也。

有震且業 《傳》:"業,危也。"《箋》:"震,猶威也。相土始有征伐之威,以為子孫討惡之業,湯遵而興之。……《春秋傳》曰:'畏君之震,師徒橈敗。'"案:"震,猶威也"是也。《爾雅·釋詁》:"業,大也。"《靈臺》:"虡業維樅。"《傳》:"業,大版也。"《有瞽》:"設業設虡。"《傳》:"業,大版也。"《說文》:"業,大版也。"又《烝民》:"四牡業業。"《傳》:"業業,言高大也。"案:業為大版,故有"大"義,"大"與"高大"皆引申之義也。言昔在中葉之時,有有威而且大者,允矣也,猶矣也。為昊天之子,故天降予即"與"之古文。卿士,卿士維何?實惟阿衡,實佐佑左右者,佐佑之借也。我商王也。

撻 《傳》:"撻,疾意也。"《釋文》:"撻,他達反。《韓詩》云:'達也。'"《說文》:"撻,鄉飲酒,罰不敬,撻其背。从手,達聲。遽,古文撻。《周書》曰:'遽以記之。'"《子矜》:"挑兮達兮。"《御覽·四百八十九》作"挑兮撻兮"。"撻"與"達",古字通假。古文从虍作"遽"者,《韓詩》云"達",疑即此"遽"字也。"遽"、"撻"俱从"達"之聲義。《儀禮·士昏禮》:"下達。"注:"達,通達也。"《素問·寶命全形論》:"能達虛實之數者。"注:"達,謂明達。"《論語·顏淵》:"樊遲未達。"皇《疏》:"達,猶曉也。"《禮·聘義》:"孚尹旁達。"《疏》:"達者,通顯之名也。"《樂記》:"疏達而信。"《疏》:"疏達,謂疏朗通顯。"據此,則"達"有通顯明曉之義。撻彼,猶撻然,言撻然通顯明曉,殷家之武功也。

罙 《傳》:"罙,深。"《箋》:"罙,冒也。……冒入其險阻,謂踰方城之隘。"《釋文》:"罙,面規反。《說文》作'罙',从网、米,云:'冒也。'"《說文·穴部》"突",篆作"[篆字]","深也。一曰:竈突。从穴,从火,从求省。"聲谓:突者,"滚"之古文也。从内;从[篆字],即又,手也;从火。

穴已不淺,从手持火以揬之,其深可知,會意字也,即以意為聲。“罙”已有揬意,故亦借為揬討字,後世又加手旁矣。“罙”為古文“㴱”,其从水作“㴱”者,《說文·水部》:“㴱,水出桂陽南平,西入營道。从水,罙聲。”聲谓:㴱,水名也,後世借為㴱淺字,而“罙”字晦矣。隸書變“㴱”為“深”,因變“罙”為“罙”,而“罙”字之形亦晦矣。毛公生秦漢之際,彼時猶用篆文,作“罙”,故訓為“㴱”,與《說文》同。經文為“罙入其阻”,固無須疑議者也。惟其為險阻,故曰“罙入”,蓋幾經偵揬,幾經慎重,而後能罙入,此其所以為武也。兩漢盛用隸書,有改“罙”作“罙”者,且並毛《傳》之“罙”字亦改作“罙”。鄭氏疑為“罙”字,故改訓“冒”,無論“罙”無“冒”訓,就使“罙”可訓“冒”,伐人之國而冒入其險阻,何以稱武?其不如“罙”字之訓為“㴱”多多矣。又案:《說文》:“罙,周行也。从网,米聲。”《玉篇》:“罙,罟也。”《廣韻》同。鄭氏誤以“罙”字解“罙”字,而“罙”字之形聲義俱晦矣。

裒 《傳》:“裒,聚也。”《箋》:“克其軍率而俘虜其士眾。”《正義》述《傳》:“聚荊國之人眾,俘虜而以歸也。”案:如《正義》,是於“裒荊之旅”下添出“俘虜而以歸”數字矣。王氏引之《經義述聞》曰:“毛訓‘裒’為‘聚’,……未見戰勝之義;鄭曰‘俘虜其士眾’,則是讀‘裒’為‘俘’也,於義為長。‘俘’之通作‘裒’,猶‘捊’之通作‘裒’也。”《謙象傳》:“君子以裒多益寡。”《釋文》:“裒,鄭、荀、董、蜀才作‘捊’,云:‘取也。’”《集解》引虞翻注:“裒,取也。”《爾雅》:“俘,取也。”是“俘”與“捊”、“裒”亦同義。案:王說是也。聲谓:《常棣》:“原隰裒矣。”徐鍇《說文繫傳》本作“原隰捊矣”。《小爾雅·廣詁》:“捊,取也。”《書序》:“俘厥寶玉。”《傳》:“俘,取也。”“裒”、“捊”、“俘”三字古相通假,此又一證也。

湯孫之緒 《箋》:“緒,業也。……高宗所伐之處,國邑皆服其罪,更自勑整,截然齊壹,是乃湯孫太甲之等功業。”案:湯孫,猶言湯之子孫也。已詳《那》。鄭必以為太甲,迂矣;亦自知其太拘泥,又加“之等”二字,更迂矣。

鄉《傳》:“鄉,所也。”《箋》:“維女楚國近在荊州之域,居中國之南方。”案:《箋》以“鄉”為“方”是也。《漢書·禮樂志集注》:“鄉,方也。”《管子·形勢》:“風雨無鄉而怨怒不及也。”《四時》:“刑德離鄉。”《鴻烈解·原道》:“以知禍福之鄉。”注並云:“鄉,方也。”《荀子·賦》:“四時易鄉。”注:“鄉,猶方也。”《文選·東京賦》:“授時順鄉。”薛注:“鄉,方也。”《洛神賦》:“哀一逝而異鄉。”注:“鄉,猶方也。”據此“鄉”訓“方”,古誼也。

曰商是常《箋》:“乃氐羌遠夷之國來獻來見,曰:‘商王是吾常君也。’”案:曰,猶為也。《穀梁春秋·桓四年傳》:“一為乾豆,二為賓客,三為充君之庖。”《公羊傳》“為”俱作“曰”,是也。是,之也。詳《閟宮》。言“自彼氐羌,莫敢不來享,莫敢不來王”,為商家之常典,與《閟宮》“魯邦是常”句法同。鄭以“曰”為“言”,又添出“是吾常君也”,非是。

多辟《傳》:“辟,君。”《箋》:“多,眾也。天命乃令天下眾君諸侯。”案:諸侯即眾君,此常訓也,與下文“來辟”亦同字異義者。詳下。《釋文》:“王云:‘辟,邪也。’”[16]非是。

禹之績《箋》:“立都於禹所治之功。”《文王有聲》:“維禹之績。”《傳》:“績,業。”《箋》:“績,功。”《左氏春秋·哀元年傳》:“復禹之績。”《釋文》:“績,本作迹。”又《昭元年傳》:“遠績禹功。”若訓“績”為“功”,則“遠功禹功”,語不可通。又據《左氏春秋·襄四年傳》“芒芒禹迹”,字亦作“迹”,疑“績”者,“蹟”之借字。《說文》:“迹,步處也。从辵,亦聲。蹟,或从足、責。”《沔水》:“念彼不蹟。”字亦作“蹟”。案:“蹟”、“績”同从責聲,故通假。聲谓:“蹟”有蹤蹟義。《羔羊傳》:“行可從迹即蹤蹟。也。”《漢書·季布傳》:“迹且至臣家。”注:“謂尋其蹤迹也。”《平當傳》:“宜深迹其道。”注:“迹,謂求其蹤迹也。”據此,則《左傳》之“遠績禹功”乃遠蹟禹功也。此詩“績”字亦當讀為“蹟”,“禹之蹟”謂禹之遺蹟也。諸侯之都皆禹之遺蹟,故曰“設都于禹之績”。

來辟 《箋》:"來辟,猶來王也。以歲時來朝覲於我殷王者。"案:辟,古書衹訓為君,訓為諸侯,訓為天子,從無訓為王者,且如鄭說,末句"稼穡匪解"實為不倫。細繹文義,此章蓋美高宗能鼓舞諸侯,以穡事為亟也。《大東》"職勞不來"《傳》,《下武》"昭兹來許"、《文王有聲》"遹追來孝"、《江漢》"來旬來宣"《箋》,《爾雅·釋詁》,並云:"來,勤也。"《左氏春秋·文七年傳》:"其誰來之。"注:"來,猶歸也。"《呂覽·不侵》:"不足以來士矣。"注:"來,猶致也。"聲谓:以上皆《爾雅·釋言》"格、懷,徠也""徠"字之義,《釋文》:"徠,本今作來。"是也。據此,則"來"有招來義。辟者,"闢"之借。《召旻》:"日辟國百里。"《傳》:"辟,開。"《穀梁春秋·莊三十一年傳》"為燕辟地"注、《國語·魯語》"今一言而辟境"注、《爾雅·釋訓》注"言墾辟也"《釋文》、《漢書·文帝紀》"而野不加辟"《集注》,並云:"辟,開也。"《荀子·議兵》:"故辟門除涂以迎吾人。"注:"辟,與闢同,開也。"據此,則"辟"即"闢",開墾也。承上文"設都于禹之績"言之,言既已立都,又歲事招來與開墾也。下文"稼穡"句即伏根於此。歲事招來與開墾,故知其稼穡匪懈也。"歲事"言歲歲事此,猶今言日事也。

勿予禍適 《傳》:"適,過也。"《箋》:"勿罪過與之禍適。"《釋文》:"適,直革反,…… 注同。《韓詩》云:'數也。'"案:勿,"無"之借,詳《采苓》。予,與也,詳《長發》。禍者,"過"之假借字。王氏引之《經義述聞》曰:"禍,讀為過。《廣雅》曰:'讁、過,責也。'讁,與'適'通。勿予禍讁,言不施譴責也。"是也。聲谓:其字亦可作"苛"。《周禮·射人》:"不敬者,苛罰之。"注:"苛,謂詰問之。"《世婦》:"比外內命婦之朝莫哭不敬者,而苛罰之。"注:"苛,譴也。""苛"有詰問、譴責之義,引之有煩瑣、細刻之義。《國語·周語》"觀其苛慝而降之禍"注、《史記·酈生陸賈傳》"好苛禮"《索隱》引賈逵,並云:"苛,煩也。"《漢書·成帝紀》:"勿苛留。"注:"苛,細刻也。""禍"與"過"、"苛"皆音相近,"苛"本為假借字,可以借"苛",亦可以借"禍"與"過"也。"苛"字無正字,亦終於假借者。王氏以"禍"為"過",訓"過"為"責",聲亦以"禍"為"過",訓"過"為"苛",此其異也。《國策·趙策》:“惟大王有意督過之也。”《史記·吳王濞傳》:“賊臣鼂錯擅適過諸侯。”聲谓:二“過”字亦當訓為“苛”也。適,讀曰謫,同音假借字也。《北門》:“室人交徧讁我。”《孟子·離婁下》注引作“交徧適我”。《左氏春秋·昭三十一年傳》:“日始有謫。”《周禮·占夢》注引作“日始有適”。《禮·昏義》:“適見于天。”注:“適之言責也。”《史記·蘇秦傳》:“適燕者。”《索隱》:“適者,責也。”《漢書·文帝紀集注》:“適,責也。”據此,則“適”即“謫”,謂責讓之也。言高宗不苛責諸侯,故曰“勿予禍適”;高宗不苛責諸侯,歲歲有事於招來墾辟,留心稼穡之事,故曰“稼穡匪解”也。

“天命降監”二句 《傳》:“嚴,敬也。”《箋》:“降,下。……天命乃下視,下民有嚴明之君。”案:二句當作一氣讀。有嚴,嚴也;有,語詞也。《離騷》“湯禹嚴而祗敬兮”乃此“嚴”字鐵板注腳。《荀子·儒效》:“嚴嚴兮其能敬己也。”嚴嚴,亦嚴也。《禮·大學》:“其嚴乎。”注:“嚴乎,言可畏敬也。”言天命高宗下視下民,甚可畏敬,故曰“天命降監,下民有嚴”。惟其畏敬,故不濫賞,不僭刑,不敢怠遑也。“秉鉞”而曰“有虔”,“降監”而曰“有嚴”,此“聖敬”所以躋也,故曰“敬者,聖王之心法”也。《箋》云“有嚴明之君”,“天命乃下視下民”,天命者誰?下視者又誰?語殊難通。

“命于下國”二句 《傳》:“封,大也。”《箋》:“則命之於小國,以為天子,大立其福,謂命湯使由七十里王天下也。時楚僭號王位,此又所用告曉楚之義。”案:《長發》兩言“下國”,與此“下國”一也。聲谓:“命”亦天命也,“下國”即“設都于禹之績”“多辟”之國也。高宗能鼓舞諸侯,盡心民事,不予以過適,即此謂大建其福也。厥,其也。《爾雅·釋言》:“厥,其也。”此常訓也。《箋》“時楚僭號王位”,亦想當然語。即實有其事,已申罪致討,入其阻而俘其旅,並非以此詩告曉之也。下章“此又用商德重告曉楚之義”與此同。詩本為祀高宗之詩,語語皆頌高宗,非與楚人言也。

赫赫濯濯 《箋》:“赫赫乎,其出政教也;濯濯乎,其見尊敬也。”《出車》:“赫赫南仲。”《傳》:“赫赫,盛貌。”《節南山》:“赫赫師尹。”《傳》:“赫赫,顯盛貌。”《常武》:“赫赫明明。”又:“赫赫業業。”《傳》並云:“赫赫然盛也。”《孝經》:“赫赫師尹。”注:“赫赫,明盛貌也。”《國語·楚語》“赫赫楚國,而君臨之”注、《後漢書·郎顗傳》注,並云:“赫赫,顯盛也。”聲,讀如《孟子》“仁言不如仁聲之入人深也”之“聲”。風聲所樹,可以見其光明俊偉之概。濯濯,假借字。《靈臺》:“麀鹿濯濯。”《傳》:“濯濯,娱遊也。”《崧高》:“鉤膺濯濯。”《傳》:“濯濯,光明也。”《孟子·告子上》:“是以若彼其濯濯也。”注:“濯濯,無草木之貌。”《史記·司馬相如傳》:“濯濯之麟。”《索隱》:“濯濯,嬉遊也。”《漢書·司馬相如傳下集注》引文穎:“濯濯,肥也。”以上諸義與本詩俱不合。《説文》:“濯,瀚也。从水,翟聲。”此“濯”之本義,更非《詩》義矣。《爾雅·釋訓》:“赫赫、躍躍,迅也。”《釋文》:“躍躍,樊本作濯。”聲谓:“躍躍”是也。《孟子·盡心上》所謂“躍如也”,後世所謂“躍躍欲動”,皆此字也。靈,威靈也。威靈所被,可以想其往來肸蠁之神。“躍”之本義為迅,為動,言其威靈迅動也。

丸丸 《傳》:“丸丸,易直也。”《箋》:“取松柏易直者。”《説文》:“丸,圜,傾側而轉者。从反仄。”《白帖·一百》引作“松柏桓桓”。案:此亦終於假借者,以訓“易直”者並無正字也。作“桓”者亦假借,猶之“丸”也,“桓”、“丸”同聲。

虔 《傳》:“虔,敬也。”《箋》:“椹謂之虔。”案:《爾雅·釋宮》作“椹謂之榩”,鄭以“虔”為“榩”之古文也。案:方斲是虔,猶云方之斲之,是皆虔敬也。毛義較順。

梴 《傳》:“梴,長貌。”《説文》:“延,長行也。从㢟,丿聲。”《爾雅·釋詁》:“延,長也。”“延”有長義,故訓“梴”為“長”。《説文》:“梴,木長也。”《御覽·九百五十三》引作“松桷有延”,蓋用古文;《白帖·一百》作“松桷有埏”,蓋假借字。

校勘記

[1]“乃始植我鞉鼓”,《箋》作“乃始植我殷家之樂鞉與鼓”。

[2]“有捄其角”,《周頌·絲衣》作“兕觥其觩”。

[3]《六臣注文選·東京賦》:“六玄虬之奕奕。”薛注云:“奕奕,光明。”無“奕奕,舞形也”注文,該注乃《六臣注文選·東京賦》“萬舞奕奕”下注文。

[4]“‘秩,常。祜,福也。’皆《釋詁》文”,《商頌·烈祖正義》作:“‘秩,常。申,重。賚,賜。’皆《釋詁》文。”又:“‘祜,福。’《釋詁》文。”分二條訓釋。

[5]“既有清酒”,《商頌·烈祖》作“既載清酤”。

[6]“戒,警也”,《文選·東京賦》“先期戒事”句下李善注作“戒,猶告也”。

[7]下脱“降福無疆”一句。

[8]“河可反”,阮元《校勘記》云:“相臺本所附作‘又河可反’,‘又’字當有。”阮校是也。

[9]“本又作荷”,《釋文》“荷”字作“苛”。

[10]“《釋文》引王肅本作‘晣’”,《釋文》“王肅”作“王廙”,云“王廙作晣”。

[11]“《穀梁傳釋文》”,當作“《公羊傳釋文》”。

[12]“為下國畷流”,《玉篇·田部》所引無“為”字。

[13]“以生為負贅縣肬”,此句非《莊子·駢拇》文,乃《大宗師》文,作“以生為附贅縣疣”。《駢拇》僅謂“附贅縣疣出乎形哉”,無“以生為”三字。

[14]“櫱,古文巘、粹、㠳三形”,《一切經音義》卷四作:“桙,古文巘,桙、不二形。”

[15]“己姓”,原作“巳姓”,誤。今據《國語·鄭語》改。下“己姓”同。案:《詩·商頌·長發》:“韋顧既伐,昆吾夏桀。”《箋》:“韋,豕韋,彭姓也。顧、昆吾,皆己姓也。”《釋文》:“韋、顧,二國名也。《漢書·古今人表》作韋、鼓。己音紀,又音杞。”《釋文》“己音紀,又音杞”即“己姓”之“己”音,非“巳”音也。

[16]“王云”,《釋文》作“王音”。

詩小學補卷一

國　風

保山吴樹聲學

風　案:《毛詩》首大題曰“《周南·關雎詁訓傳》弟一”,又題云“《毛詩·國風》”,《釋文》:“國者,總謂十五國;《風》者,諸侯之詩。”《正義》曰:“《詩·國風》,舊題也,‘毛’字漢世加之。……《詩》者,一部之大名;《國風》者,十五國之總稱。”據題首,則《周南》乃一篇之總名,《關雎詁訓傳》弟一乃《傳》之次弟也。不惟“毛”字為漢人所加,“詩國風”三字亦漢人所加也。《風》、《雅》、《頌》之名始見於《周禮·大師》:“教六詩:曰風,曰賦,曰比,曰興,曰雅,曰頌。”次則見於《左氏春秋·襄二十九年傳》:“為之歌《邶》、《鄘》、《衛》,曰:‘……是其《衛風》乎!’”聲谓:《周禮》未必為周公手訂之書,先儒論之詳矣。六詩之名亦未必始於周公,至《左氏傳》則聞《詩》而知其為衛國之風俗,猶之歌《齊》而知其為“泱泱乎,大風也”。二“風”字與“為之歌《秦》,曰‘此之謂夏聲’”“聲”字義略同。據《左氏傳》“為之歌《邶》、《鄘》、《衛》”以下十三國皆無“風”字,又據《毛詩·邶·柏舟詁訓傳》弟三、鄭氏《邶、鄘、衛譜》以下十三國俱無“風”字,言《風》、《雅》、《頌》者,實自《小序》始。《關雎序》:“《關雎》,……風之始也,所以風天下而正夫婦也。”又:“風,風也,教也,風以動之,教以化之。”又:“故《詩》有六義焉:一曰風,二曰賦,三曰比,四曰興,五曰雅,六曰頌。”與《周禮》同。又:“上以風化下,下以風刺上,主文而譎諫,言之者無罪,聞之者足以戒,故曰‘風’。”又:“是以一國之事,繫一人之本,謂之‘風’;言天下之事,形四方之風,謂之'雅'。"聲谓:"國風"字既不見於毛公以前,《小序》中又詳哉言之,則《風》、《雅》、《頌》之名實始於《小序》,此其可據者也。程氏大昌《詩論》曰:"《詩》有《南》、《雅》、《頌》,無《國風》,其曰'國風'者,非古也。夫子嘗曰:'《雅》、《頌》各得其所。'又曰:'人而不為《周南》、《召南》。'未嘗有言'國風'者。予於是疑此時無'國風'一名,然猶恐夫子偶不及之,未敢遽自主執也。左氏記季札觀樂,歷敘《周南》、《召南》、《小雅》、《大雅》、《頌》,凡其名稱,與今無異。至列敘諸國,自《邶》至《豳》,其類凡十有三,率皆單紀國土,無今'國風'品目也。當季札觀樂時,未有夫子,而《詩》名有無與今《論語》所舉悉同,吾是以知古固如此,非夫子偶於'國風'有遺也。蓋《南》、《雅》、《頌》,樂名也,若今樂曲之在某宮者也。《南》有周、召,《頌》有周、魯、商,本其所從得,而還以繫其國土也。二《雅》獨無所繫,以其純當周世,無用標別也。均之為《雅》,音類既同,又有別為大小,則聲度必有豐殺廉肉,亦如十二律然,既有大吕,又有小吕也。若夫邶、鄘、衛、王、鄭、齊、魏、唐、秦、陳、檜、曹、豳,此十三國者,詩皆可采而聲不入樂,《周禮·籥章》:"歙《豳詩》。"注:"《豳詩》,《豳風·七月》也。"又:"歙《豳雅》。"注:"《豳雅》,亦《七月》也。……謂之'雅'者,以其言男女之正。"又:"掌土鼓、《豳籥》。"注:"《豳籥》,豳人吹籥之聲章。"司農注:"豳籥,豳國之地竹,《豳詩》亦如之。"據此,則《豳》可入樂,自當別論。詳《周南》。則直以徒詩著之本土,故季札所見與夫周工所歌單舉國名,更無附語,知本無'國風'也。"程氏所論,可謂先得我心矣。聲以為論夫子所訂之《詩》,不當有"風"字,以存其舊;論毛、鄭所說之《詩》,不妨用"風"字,以別其體。互詳下"南"字。

周南

南 聲谓:南,當訓為"舞",既以《鼓鐘》"以《雅》以《南》,以籥不僭",《禮·文王世子》"胥鼓《南》",《左氏春秋·襄二十九年傳》"見有舞《象》、《箾》、《南籥》者"三"南"字為證矣。程氏大昌《詩論》曰:"春秋戰國以來,諸侯、卿大夫、士賦詩道志者,凡詩雜取無擇。至考其入樂,則自《邶》至《豳》,無一詩在數也。享之用《鹿鳴》,《鄉飲酒》之笙《由庚》、《鵲巢》,射之奏《騶虞》、《采蘋》,諸如此類,未有或出《南》、《雅》之外者,《周禮》:"歈《豳雅》。"詳上。程氏不引,未免疏漏。然後知《南》、《雅》、《頌》之為樂詩,而諸國之為徒詩也。《鼓鐘》之詩曰:'以《雅》以《南》,以籥不僭。'季札觀樂,有舞《象》、《箾》、《南籥》者。詳而推之:《南籥》,二《南》之《籥》也;《箾》,《雅》也;《象》,舞《頌》之《維清》也。其在當時親見古樂者,凡舉《雅》、《頌》,率參以《南》。其後《文王世子》又有所謂'胥鼓《南》'者,則《南》之為樂古矣。《詩》更秦火,簡編殘闕,學者不能自求之古,但從世傳訓,故第第相受,於是刱命古來所無者以為《國風》,參匹《雅》、《頌》,而文王《南樂》遂包統於《國風》部彙之內,雖有卓見,亦莫敢出衆疑議也。杜預之釋《左氏》,亦知《南籥》當為文樂矣,不勝習傳之久,無敢正指以為二《南》也。劉炫之釋《鼓鐘》,雖疑《雅》、《南》之《南》當為二《南》,亦不敢自信,惟能微出疑見,而曰'《南》如《周南》之意'而已。夫諸儒既不敢主二《南》以為《南》,而《詩》及《左氏》雖皆明載《南》樂,絕不知其節奏為何音何類,其贊頌為何世何主,惟《鉤命決》之《書敘》載四夷凡樂,適有名'南'者,鄭氏因遂采取以傅足其數,孔潁達輩率皆因襲其說,凡《六經》之文有及於《南》者皆指南夷南樂,以應塞古制,甚無理也。且夫周備古樂,如《韶》、《夏》、《濩》、《武》,各取一代盛極者用之,何有文王《象舞》而獨采夷樂以配此?……假設其時欲以廣取為備,乃四夷之樂獨取其一,何名為備?……至於《箾》之舞《象》,《籥》之奏《南》,凡季札之所親見者,明言其為文王之詩。苟是《南》也,而非二《南》之《南》,則《六經》夫子凡所謂《南》者,果何所指邪?"聲以二《南》有樂有舞,故稱"南";十三國之詩不皆有樂舞,故不得稱"南"。程氏以諸國詩為徒詩,與聲說實相發明,故亟錄之。

窈窕 《楚辭·九章》:"眴兮窈窕,一本作"杳杳"。孔靜幽墨。"一本作"默"。案:孔靜幽墨,即所謂窈窕也。《楚辭》本《詩》。

《漢書・杜欽傳》:"必鄉舉求窈窕。"《劉輔傳》:"考卜窈窕之女。"《王莽傳上》:"有窈窕之容。"注並云:"窈窕,幽閑也。"皆本毛《傳》。《文選・秋胡詩》注引《韓詩章句》:"窈窕,貞專貌。"案:"貞專"與"幽閑"義近,毛與韓義不甚遠也。《說文》:"窈,深遠也。""窕,深肆極也。"毛義由許氏引申而出也,當依毛義。

汙 《傳》:"汙,煩也。"《箋》:"煩撋之,用功深。澣,謂濯之耳。"《釋文》:"阮孝緒《字略》云:'煩撋,猶挼莏也。'"《正義》:"汙、澣相對,則汙亦澣名。以衣汙垢者,澣而用功深,故因以汙為澣私服之名耳。"案:汙與潔對,治汙曰汙,猶之治亂亦曰亂也。毛訓"煩"者,謂以手挼莏之,故《箋》曰:"用功深"也。《左氏春秋・昭元年傳》:"處不避汙。"[1]注:"汙,勞事。"義與毛近。

肅肅兔罝 《傳》:"肅肅,敬也。"《箋》:"罝兔之人,鄙賤之事猶能恭敬,則是賢者眾多也。"案:肅肅亦在罝兔言罝兔耳,語意與《鴻烈解・說山》"射者使人端,釣者使人恭"意略同。《箋》語似非經義。《中論・法象》:"夫幽微者,顯之原也;孤獨者,見之端也。胡可簡也?胡可忽也?是故君子敬孤獨而慎幽微,雖在隱蔽,鬼神不得見其隙也。《詩》云:'肅肅兔罝,施于中林',處獨之謂也。"徐氏之論,雖云斷章取義,下文云"公侯腹心",既為公侯之腹心,安得不敬孤獨而慎幽微?與《詩》義頗合。《墨子》:"文王舉閎夭、泰顛於罝網之中。"存其說可也,不必定為此詩之證據也。

召　南

《草蟲》三章 謝氏枋得曰:"惙惙,憂之深,不止於忡忡矣。傷,則惻然而痛;悲,則無聲之哀:不止於惙惙矣。此未見之憂,一節緊一節也。降,另條:"降,猶今人云'放下心'也。"則心稍放下;說,則喜動於中;夷,則心氣和平:此'既見'之喜,一節深一節也。"聲說《詩》於《風》、《雅》中三章、四章者皆用此例,古人先得我心,故錄此條以見例,謝氏書名《詩傳注疏》。

《甘棠》首章 《箋》:"召伯聽男女之訟,不重煩勞百姓,止舍小棠之下而聽斷焉。國人被其德,說其化,思其人,敬其樹。"案:《序》衹言:"《甘棠》,美召伯也。召伯之教,明於南國。"《漢書·高惠高后文功臣表》:"至其沒也,世主歎其功,無民而不思所息之樹,且猶不伐。"據此,則班氏譔《漢書》時亦衹云"所息之樹",並無聽訟之說也。《箋》云"聽男女之訟",愈不足信。

何斯違斯 《傳》:"何,此君子也。斯,此。違,去。"《箋》:"何乎,此君子適居此,復去此,轉行遠從事於王所命之方?"案:何,問辭也;常訓。上"斯"指此人,即下文"君子"也;下"斯"指此地,對"南山之陽"言。言殷殷然之靁不離乎南山之陽,何斯人而違去此地? 語有來歷,與泛然添出者不同。《論語·公冶長》"斯焉取斯"連用二"斯"字,與此同意。

三五在東 《傳》:"三心五噣,四時更見。"《箋》:"衆無名之星隨心、噣在天。……心在東方,三月時也;噣在東方,正月時也。如是終歲,列宿更見。"《綢繆》:"三星在天。"《傳》:"三星,參也。"案:參亦三星,經但云"三",安知其必指"心"言?《爾雅·釋天》:"噣謂之柳。"[2]心,東方之宿;柳,南方之宿:亦不能同時在東。《箋》語"隨"字,未免横添。《傳》云"四時更見",《箋》云"終歲,列宿更見",詩人以一時所見為興,何暇計及於四時與終歲,《傳》、《箋》語俱非經義。言嘒然有小光者,小星也,或三或五在於東方,以興衆妾之"夙夜在公",要得淺人見淺口氣。首章言"三五"則三五,次章言"參昴"則參昴,不必深求。

平王之孫 《傳》:"平,正也。武王女,文王孫。"《日知錄》引《山堂考索》載林氏曰:"二《南》之詩雖大概美詩,亦有刺詩,不徒西周之詩,而東周亦與焉,據《何彼襛矣》之詩可知矣。其曰'平王之孫,齊侯之子',考《春秋·莊公元年》書'王姬歸于齊',此乃桓王女,平王孫下嫁於齊襄公,非平王孫、齊侯子而何?"又引《容齋五筆》曰:"《春秋》莊公元年當周莊王之四年,齊襄公之五年,書'王姬歸于齊';莊公十一年當莊王之十四年,齊桓公之三年,又書'王姬歸于齊'。莊王為平王之孫,則所嫁王姬當是姊妹,'齊侯之子'即襄公、桓公,二者必居一於此矣。"聲案:兩說皆確證,惟云"下嫁於齊襄公"與"'齊侯之子'即襄公、桓公",非是。經明云"齊侯之子",必是王姬下嫁現在齊侯之子;若是嫁現在之齊侯,當云"齊侯之妻",不得云"齊侯之子"矣。襄公、桓公皆現在之齊侯也,《碩人》稱"齊侯之子,衛侯之妻"即其證也。林氏以為"刺詩",顧氏炎武駁之,以為"王姬……下嫁之時,猶能修周之舊典,而容色之盛,禮節之備,有可取焉。聖人安得不録之,以示興周道於東方之意乎?"袁氏仁亦以"《召南》而係平王之詩,何也?曰見《關雎》之化,至衰世而猶行,此聖人之微意也。"據此,則《召南》有平王時詩矣,安知《周南》中無文王以後之詩乎?二"南"字非言文王之化自北而南,其說益信。詳《周南》。

邶

微我無酒 《傳》:"非我無酒可以敖遊忘憂也。"案:"微"亦"無謂"二字之合音也。詳《伐木》。二句當作一氣讀,言無謂我無酒以敖以游也,言外有有酒敖游,亦不能解憂意。《傳》訓"微"為"非",文外添一"可"字,失語意矣。

如匪澣衣 《傳》:"如衣之不澣矣。"《箋》:"衣之不澣,則憒辱無照察。"案:經明云"澣衣",《傳》、《箋》偏云"衣之不澣",非《詩》義。聲谓:匪,彼也。《小旻》:"如匪行邁謀。"《左氏春秋·襄八年傳》引此詩,杜注曰:"匪,彼也。"詳下《小旻》。《桑扈》:"彼交匪敖。"《漢書·五行志》作"匪儌匪傲"。《采菽》:"彼交匪紓。"《荀子·勸學》引作"匪交匪舒"。此古人"彼"與"匪"相通之據也。此"匪"字當讀為"彼","如彼澣衣"對下句"不能奮飛",言澣衣柔濡,故不能奮振而飛去。詳下。柔濡乃"澣衣"之義,與文外橫添者不同。

奮飛 《傳》:"不能如鳥奮翼而飛去。"《廣雅·釋言》:"奮,振也。"《禮·曲禮上》:"奮,不由右上。"注:"奮,振去塵也。"《管子·勢》:"大周之先,可以奮信。"注:"奮信,振起貌。"《荀子·子道》:"奮於言者華,奮於行者伐。"注:"奮,振矜也。"據此,則"奮"有振義。《漢書·天文志》:"彗孛飛流。"注引孟康:"飛,絕迹而去也。"《莊子·逍遙遊》注:"日入為飛泉。"[3]《後漢書·梁松傳》注:"飛書者,無根而至,若飛來也。。"據以上書,則"奮飛"字原不必定指鳥言。聲谓:此"奮飛"字對鍼上"澣衣",言心之憂矣,如彼澣衣之柔濡,故靜言思之,不能奮振而飛去也。似不必添入"鳥"字。

俾也可忘 《箋》:"俾,使也。君之行如此,何能有所定?使是無良可忘也。"《正義》:"君之行如是,何能有所定?使是無良之行可忘也。"案:"也"字亦當若"匪直也人"之"也","緊"之假借字。詳《定之方中》。《國語·周語》:"此一王四伯,豈緊多寵?皆亡王之後也。"《吳語》:"君王之於越也,緊起死人而肉白骨也。"韋注並云:"緊,是也。""俾也"即"俾緊",言乃如之人,德音無甚,何為乎能有定?"胡"為"何為乎"三字合音。屢見。使是可忘耳。"可忘"即從"德音無良"上看出,《箋》、《疏》仍糾纏"無良",非經義也。

深則厲 據《水經注》引段國《沙州記》:"吐谷渾於河上作橋,謂之河厲,長一百五十步。兩岸纍石作基陛,節節相次。大木從横,更鎮壓。兩邊往來,相去三丈,[4]並大材以板横次之,施鉤欄,甚嚴飾。橋在清水坷東也。"[5]案:橋也,而謂之"厲",即此"深則厲"與《有狐》"在彼淇厲""厲"字也。古誼之僅存者。

匍匐 《箋》:"匍匐,言盡力也。"《生民》:"誕實匍匐。"《傳》:"匍匐,兒以手行也。"[6]《說文》:"匍,手行也。""匐,伏地也。"《釋名·釋姿容》:"匍匐,小兒時也。匍,猶捕也,藉索可執取之言也;匐,伏也,伏地行也。人雖長大,及其求事盡力之勤,猶亦稱之。"《釋名》較毛、鄭為詳明矣。《禮·檀弓》引作"扶服救之",蓋同聲假借字。

既詒我肄 《傳》:"肄,勞也。"《箋》:"詒,遺也。"案:《詩》"詒"字,《傳》、《箋》多訓為"遺",假借字也。俗作"貽"。《毛詩或問》:明人袁仁著。"詒,讀作'貸'。《莊子》'誒詒數日',失魂魄也。……既驚懼失魂魄,而我且肄習之矣。"案:《莊子·達生》:"公反,誒詒為病。"《釋文》引司馬注:"誒詒,懈倦貌。"又引李

注:“誒詒,失魂魄也。”據此,則“失魂魄”訓“誒詒”兩字,且衹為“誒詒”之一說,袁氏據此以釋“詒”字,未確。聲谓:袁氏之說蓋承上“有洸有潰”言也。《說文》:“詒,相欺詒也。”《列子·黃帝》:“既而狎侮欺詒。”注引《方言》:“汝南人呼欺亦曰詒。”[7]亦假借“紿”。《穀梁春秋·僖元年傳》:“惡公子之紿。”《史記·項羽本紀》:“田父紿曰:‘左。’”《漢書·韓信傳》:“相國紿信曰:‘雖病,强入賀。’”案:“紿”為假借字,借字行而本字遂專借為“貽”字用矣。“詒”讀本字,猶之云“既紿我勞苦”爾,故下句遂責其“不念昔者”也,較舊說語、義俱為明顯矣。

胡不歸 案:此“胡”字亦“何為乎”三字之合音也,與下文“胡”字不同。“微君之故”,《傳》:“微,無也。”案:此“微”字與首句“式微”字異義,此亦字同而義異者也。中露、泥中,當依《傳》,皆衛邑名也。

匪車不東 《箋》:“但為昏亂之行,女非有戎車乎?何不來東迎我君而復之?”案:此“匪”字亦當讀為“彼”。詳《柏舟》也。言狐裘蒙戎者,彼也,彼之車若東來,是叔與伯有所與同矣;彼車不東,故“叔兮伯兮,靡所與同”。

靡所與同 《傳》:“無救患恤同也。”《箋》:“衛之諸臣行如是,不與諸伯之臣同,言其非之特甚。”案:“靡”為“沒有”之合音;所,處也;常訓。同,共也。《周禮·司市》:“以泉府同貨而斂賒。”《左氏春秋·成元年傳》:“是齊楚同我也。”注並云:“同,共也。”《太玄·玄圖》:“方同九州。”注:“同,猶共也。”猶言沒有處所與之共也。

鄘

中冓 見前。案:《青蠅》:“構我二人。”《箋》;“構,合也。合,猶交亂也。”《正義》:“構者,構合兩端,令二人彼此相嫌,交更惑亂,……故云:‘猶交亂也。’”案:此亦“中冓”“冓”字一證也。作“冓”

者,用古文。

匪直也人 王氏引之《經傳釋詞》讀“匪”為“彼”,“言彼正直之人,秉心塞淵也”。聲谓:“直”訓“正”,自是古義,惟改“也”為“之”,語仍難通。據《漢書·司馬遷傳集注》:“直,猶但也。”《荀子·禮論》:“直無由進之耳。”注:“直,但也。”《鴻烈解·精神》:“非直夏後氏之璜。”注:“直,猶但也。”聲谓:匪直,即“非直”也,《傳》訓“直”為“徒”,與“但”義近。《禮·祭義》:“參直養者也,安能為孝乎?”《穀梁春秋·文十一年傳》:“不言帥師而言敗,何也?直敗一人之辭也。”《孟子·梁惠王上》:“直不百步耳,是亦走也。”數“直”字,義皆與“但”字近。“也”字讀為“緊”,詳前。“匪直緊人”文義自順,與下文亦不隔閡。

崇朝 《傳》:“崇,終也。從旦至食時為終朝。”《河廣》:“曾不崇朝。”《箋》:“崇,終也。”案:“崇”無“終”義。據《鳬鷖》:“福祿來崇。”《傳》:“崇,重也。”《書·盤庚中》:“高后丕乃崇降罪疾。”《傳》:“崇,重也。”《公羊春秋·僖三十一年傳》:“不崇朝而徧雨乎天下者。”注:“崇,重也。”《爾雅·釋詁》:“崇,重也。”《說文》:“崇,嵬“崇”、“嵬”雙聲。高也。”必重疊而後高,故“崇”有“重”義。“崇”、“重”疊韻;崇朝,重朝也。古書訓“崇朝”為“終朝”者,未免望文生義矣。當依《鳬鷖傳》及《書傳》、《公羊》注、《爾雅》。

何以畀之 《傳》:“畀,予也。”《箋》:“時賢者既說此卿大夫有忠順之德,又欲以善道與之,心誠愛厚之至。”案:畀,與也,次章“予”亦與也,分用合韻。“彼姝者”應指賢者說,言卿大夫既有此干旄之雅,素絲良馬,情意有加無已,彼姝何以畀之以答其盛意?三“何以”皆問辭也。“畀”、“予”、“告”三字同義,問賢者何以與之,美好賢之意益見言外,有當告以善道之意。詩人口中不直說出,此其所以為詩也。《序》中“賢者樂告以善道”云云,詩人意中之言也。

衛

説于農郊 《傳》:"農郊,近郊。"《箋》:"説,當作襚。《禮》、《春秋》之'襚',讀皆宜同。衣服曰襚,今俗語然。此言莊姜始來,更正衣服于衛近郊。"《釋文》:"説,本或作税。毛始鋭反,舍也。"《正義》:"孫毓述毛,云:'説之為舍,常訓也。'"案:"説"字毛不發《傳》者,以《甘棠》"召伯所説",《傳》已訓為"舍",故無庸再見,當依孫毓述毛。"舍于農郊"自可該"更正衣服",不必破字也。近郊有農人,故曰"農郊"。《莊子·讓王》:"石戶之農。"《釋文》引李注:"農,農人也。"《後漢書·馬融傳》注:"農郊,田野也。"

靡室勞矣　靡有朝矣 案:凡言"靡"者,皆"沒有"二字之合音也。前已屢見。"室"字承上"為婦"言,猶言居室也。《鴟鴞箋》:"室,猶巢也。"《疏》:"人居謂之室。"《禮·文王世子》注:"下室燕寢。"《疏》:"居處謂之室。"[8]《左氏·桓十八年傳疏》:"婦人主閨門之事,故為室也。"言三歲為婦,沒有此居室之勞者矣。有,或也。《尚書古義》:"'無有作好,遵王之道。無有作惡,遵王之路。'引此'有'作'或',《貴公》篇。高誘曰:'古有字通作或。'[9]《商書》曰:'殷其弗或亂正四方。'《多士》云:'時予乃或言。'《傳》皆云:'或,有也。'鄭康成注《論語》亦云:'或之言有也。'"《為政》篇"或謂孔子曰"注。王氏引之曰:"'或'字,古讀如'域';'有'字,古讀如'以':二字聲相近。……聲義相通,則字亦通。"是也。《爾雅·釋詁》:"朝,早也。"言夙興夜寐,沒有或早者矣。"靡有"連用,與"靡有孑遺"句略同。

亦已焉哉 案:"哉"字,古讀若"兹",已見前。與上句"反是不思""思"字韻,此亦以助句之字入韻者。詳《周頌》。

瑳 《傳》:"瑳,巧笑貌。"《説文》:"瑳,玉色鮮白。从玉,差聲。"聲谓:字从玉,《説文》是也,《傳》蓋以玉之色鮮明狀人之笑明靚也。徐氏與喬以為"瑳,玉色,笑見齒,色似之",添出"見齒"併"似"字,非是。

甘心首疾 《傳》:"甘,厭也。"《箋》:"我念思伯,心不能已,如人心嗜欲所貪,口味不能絕也。我憂思以生首疾。"《釋名》:"甘,含也,人所含也。"以思伯之故,含於心而不能舍,故毛曰"厭","厭"即"饜"之古文。"首疾"即疾首。以思伯之故,頭為之痛而不覺,故曰"疾"。甘心疾首,兩事也,《箋》語詞費。下章"心痗",含於心故至於病,較"甘心"為更深矣。《小弁》曰"疾首",此云"首疾"者,趁韻。

王

黍離 《箋》。詳前。案:《詩》各有體,文、武之世亦有《風》,二《南》是也。幽、厲之世亦有《雅》;《板》、《蕩》之類。《雅》之不能降為《風》,猶《風》之不能升為《雅》也。《豳風》為王化所基,不能廁於《大雅》、《小雅》之中;《王》亦得之民間,何以知其降而為《風》?《孟子》曰:"王者之迹熄而《詩》亡,《詩》亡然後《春秋》作。"所謂《詩》者,固兼後世所謂《風》、《雅》、《頌》而言,非單言《雅》也;所謂"《詩》亡而後《春秋》作",是春秋以後始無《詩》也。平王四十九年為魯隱公元年,始入春秋,平王四十九年以前固未嘗無《詩》也。無《詩》實自春秋始,鄭氏之說非篤論也。

子嗟子國 《傳》:"留,大夫氏。子嗟,字也。……子國,子嗟父。"《正義》:"毛時書籍猶多,或有所據。"案:二"留氏"字分明,毛公必不能憑空定為父子,說經者勿庸異議。後世讀"留"為留止字,未免望文生義矣。

鄭

鄭《顔氏家訓·勉學》:"此事徧於經史,吾亦不能鄭重。"據此,則鄭重亦重複之義,"鄭聲"、"鄭舞"詳前。皆此"鄭重"字,不得以鄭國概之也。

叔兮伯兮《傳》:"叔伯,言羣臣長幼也。"《箋》:"叔伯,羣臣相謂也。……叔伯,兄弟之稱。"案:兩章皆鄭重而呼"叔伯",《傳》、《箋》雖微異,其非淫女之詞明甚。聲谓:《序》以為"刺忽",是時忽孤立無援,故同姓之臣憂而賦此詩,驚草木之搖落,故思有倡和之人相助為理也。《丰》之"叔兮伯兮"與此略同。

"風雨淒淒"二句《傳》:"風且雨淒淒然,雞猶守時而鳴喈喈然。"《箋》:"喻君子雖居亂世,不變改其節度。"據《傳》、《箋》,則詩詠雞鳴,原有取義;况雞非惡聲,後世有聞之而起舞者,頗得詩人微意,通篇詞義與淫奔者相去甚遠也。

縞衣綦巾《傳》:"縞衣,白色,男服也。綦巾,蒼艾色,女服也。"《箋》:"縞衣綦巾,所為作者之妻服也。"案:"衣"、"巾"皆指婦人服也,觀下章"縞衣茹藘,聊可與娱",語義最為分明。此承上"雖則如雲,匪我思存"言,言有縞衣綦巾者,聊樂我之旋還也。

聊樂我員《箋》:"心不忍絕,故言且留樂我員。"據《箋》,則鄭讀"聊"為"留"矣。《泉水》:"聊與之謀。"《傳》:"聊,願也。"《箋》:"聊,且略之辭。"《園有桃》:"聊以行國。"《箋》"聊"同上。《素冠》:"聊與子同歸兮。"《箋》:"聊,猶且也。"聲谓:聊,詞也,訓"願",訓"且",均可不必破為"留"也。"員"為"云"之借。詳前。《正月》:"昏姻孔云。"《傳》:"云,旋也。"《左氏春秋·僖二十二年傳》:"昏姻孔云。"注:"云,旋也。"又《襄二十九年傳》:"其誰云之。"注:"云,猶旋。"《廣雅·釋詁·四》、《小爾雅·廣言》並云:

“旋,還也。”案:古者“旋”、“還”字本通假,“旋”有“還”義。他人或相棄,我有縞衣綦巾之人,未有不樂我之旋還者,故曰“聊樂我員”。僅以“員”為助句辭,不足以盡《詩》義也。“云”字亦詳《正月》。

野有蔓草 《左氏春秋·襄二十七年傳》:“鄭伯享趙孟于垂隴,……子太叔賦《野有蔓草》。”《韓詩外傳》“孔子遭齊程木子於郯之間,[10]傾蓋而語終日,……顧子路”,而歌《野有蔓草》。聲已據“鄭六卿餞韓宣子,……子蘄賦《野有蔓草》”而定此詩非男女相遇之詩,上二事偶遺之。夫冠裳之地,師友之間,皆可以矢口歌之,則詩非淫詩,聲非淫聲,愈可信已,王氏平仲已引《左氏傳》及《韓詩外傳》而辯之矣。

唐

椒聊 《釋文》:“椒聊:椒,木名;聊,辭也。”《傳》:“椒聊,椒也。”《正義》:“聊、且,皆助語也。”據《爾雅·釋木》有“朻者聊”語,“椒聊”或為二物,惟《爾雅》注既云“未詳”,說《詩》者皆以為語詞,姑從之。

無朋 《傳》:“朋,比也。”《箋》:“無朋,平均不朋黨。”《釋文》:“比,王肅、孫毓申毛,必履反,謂無比例也。一音必二反,申毛作毗至反。”聲谓:《澤陂》兩言“碩大”,皆就狀貌言,此“碩大”亦衹就狀貌言。“無比”者,言其碩大無與比也,王、孫申毛“無比例”是也。《箋》語望文生義,失之。《正義》:“無朋黨阿比之惡行也。”混《傳》、《箋》為一,亦疏略。

誰與獨處 《箋》:“吾誰與居乎?獨處家耳。從軍未還,未知死生,其今無於此。”案:誰,何也。常訓。《廣雅·釋言》:“與,如也。”誰與獨處,猶言何如獨處,言予美而忘此,詳前。不如獨處之為愈,故曰“誰與獨處”。聲谓:誰,何也;孰,亦何也。“誰”、“孰”一聲,古人言“孰與”,猶言“何如”也。《國策·秦策》:“昭王謂左右曰:‘今日韓、魏,孰與始强?’對曰:‘弗如也。’王曰:‘今之如耳、魏齊,孰與孟嘗、芒卯之賢?'對曰;'弗如也。'"《齊策》:"田侯召大臣而謀曰:'救趙,孰與勿救?'"《趙策》曰:"趙王與樓緩計之曰:'與秦城,孰與不與?'"[11]以上"孰與"皆"何如"也。《漢書·司馬相如傳》:"楚王之獵,孰與寡人?"《史記》作"何與寡人"。《國策》以下,王氏引之《經傳釋詞》"孰"字、"與"字下兩引之。經言"誰與",即"孰與",亦即"何如"也。《箋》語模糊已甚。

獨旦 《箋》:"旦,明也。我君子無於此,吾誰與齊乎?獨自潔明。"案:《箋》語既添"齊"字,勢不能不添祭祀一層,轉折太多,恐非經義。二章承首章,言處居也,居則必息,故曰"誰與獨息"。此章又承二章,言君子以嚮晦入宴息,息則必旦,故曰"誰與獨旦"。"角枕"、"錦衾",皆息之具也。旦,天明也。知承上章言,則"旦"字不突。此言"旦",猶之《小宛》言"明發"也。又案:晉袁羊嘗詣劉恢,恢眠未起,袁作詩調之,曰:"角枕粲文茵,錦衾爛長筵。"劉尚晉明帝女,主見詩,大不平,曰:"袁羊,古之遺狂!"劉孝標謂袁以死嘲劉,故主不平。以此詩為悼亡,《詩緝》非無據也,究非《詩》義。

秦

俴收 《傳》:"俴,淺。收,軫也。"案:俴,淺也,即《韓奕》"鞹鞃淺幭"之"淺",《傳》:"淺,虎皮淺毛也。"又:"有貓有虎。"《傳》:"貓似虎,淺毛者也。"《禮·月令》:"其蟲倮。"注:"虎豹之屬,恒淺毛。"《周禮·司徒》:"其動物宜贏物。"注:"贏物,虎豹貔貐之屬,淺毛者。"《巾車》:"藻車,……鹿淺禊。"注:"以鹿夏皮為覆笭。"注以"淺"為"夏皮",非是。詳下。《儀禮·既夕記》:"薦乘車,鹿淺幦。"注:"鹿淺,鹿夏毛也。"注"夏毛",非是。詳下。其字亦作"翦"。《儀禮·既夕禮》:"加茵用疏布,緇翦。"注:"翦,淺也。……今文翦作淺。"亦作"前"。《周禮·巾車》:"木路,前樊鵠纓。"注:"前,讀為'緇翦'之'翦'。翦,淺黑也。"聲谓:凡經書"淺毛"與"俴"、"翦"、"前"訓為"淺"者,皆當釋為淺黑也。《說文》:"虦,虎竊毛謂之虦苗。即《韓奕》

“貓虎”字，許氏蓋用古文。竊，淺也。”《爾雅·釋獸》：“虎竊毛謂之虥貓。”注：“竊，淺也。”《史記·秦本紀》：“繆王得驥、温驪。”徐廣曰：“温，一作盜。”“盜，竊也，淺青色。”[12]案：“淺青色”即《周禮》注之“淺黑”，此為的解。盜驪，《荀子》本作“淺驪”。聲谓：依《說文》及《爾雅》注，當作“竊驪”，“盜”與“竊”同義，竊驪又轉為盜驪矣。此經“俴收”，依《傳》“俴”訓“淺”，“收”訓“軫”。軫有一定之尺寸，勿取乎淺短，自當依《周禮》注及《史記》徐廣說訓為“淺黑”與“淺青色”，言以淺黑與淺青之色飾於軫也，三章“俴駟孔羣”“俴”字同。詳下。當以《說文》、《爾雅》“竊”字為正字，訓為“淺黑色”。“竊毛”亦作“淺毛”者，“竊”、“淺”一聲，《爾雅·釋鳥》：“夏扈竊玄，秋扈竊藍，冬扈竊黃，棘扈竊丹。”謂淺黑而玄，淺黑而藍，淺黑而黃，淺黑而丹也。竊，淺黑色也。“翦”、《儀禮》。“前”《周禮》。皆與“淺”聲相近，“俴”、“虥”與“淺”同从戔聲。以淺毛為淺深字，並謂“鹿至夏而淺毛”，皆望文生義，非經義也。並詳下《韓奕》“淺幭”。淺黑色謂之“竊”者，或古有是語也，疑亦假借字。

陰靷鋈續　《傳》：“陰，揜軓也。靷，所以引也。鋈，白金也。續，續靷也。”《箋》：“揜軓在軾前垂輈上。鋈續，白金飾續靷之環。”案：“陰靷”與“鋈續”明是儷文，舊解“陰”為“揜軓”，微論“揜軓”與“靷”不相類，所謂“鋈續”者，續靷並續揜軓乎？聲據《爾雅·釋畜》：“陰白雜毛，駰。”注：“陰，淺黑。”孫注同。定“陰”為淺黑色。《逸周書·王會解》：“墠上張赤帟陰羽。”舊注：“陰，鶴也。”據《爾雅》注，“陰羽”亦淺黑色之羽也。《正義》引《釋名》：“鋈，沃也，冶白金以沃灌靷環也。續，續靷端也。”《說文》：“續，連也。”經言“續”者，謂靷之續連處也，靷之續連處必有環，故《釋名》言“靷環”，與他處之文外横添者不同。經言淺黑之靷，又有沃白金之環以連續之，故曰“陰靷鋈續”。

觼軜　《傳》：“軜，驂内轡也。”《箋》：“鋈以觼軜，軜之觼以白金為飾也。軜繫於軾前。”《釋文》：“軜，音納，内也。”案：軜為驂馬内轡，觼乃軜之觼，以鋈飾之耳。《說文》：“觼，環之有舌者。从角，夐聲。鐍，䦧或从金、矞。”《莊子·胠篋》：“固扃鐍。”《釋文》引李注：“鐍，紐也。”又引崔注：“鐍，環舌也。”聲谓：“从金、矞”較有意義，當以“鐍”為正字，“䦧”乃形聲字。

方何為期 《箋》：“方今以何時為還期乎？何以了然不來？言望之也。”案：《箋》於“方”下添以“今”字，“何”下添“時”字，“期”上添“還”字，非經義也。聲谓：方，將也；已詳前。期，讀如《頍弁》“實維何期”之“期”，《箋》：“期，辭也。”《釋文》：“期，本亦作其。”作“其”者，《園有桃》：“子曰何其？”《書·微子》：“予顛隮，若之何其？”鄭注：“其，語助也，齊魯之間聲如姬。”《史記·宋世家集解》引。字亦作“居”。《禮·檀弓》：“何居，我未之前聞也。”鄭注：“居，讀為姬姓之姬，齊魯之間語助也。”案：“期”、“其”、“姬”疊韻，“居”、“姬”雙聲也。方何為期，將何為也。承上“温其在邑”，言君子在邑，君子將何為也？何為乎而我念之？有明知君子所在、所為而不能禁其思念者，所謂以義興師也。“胡”為“何為乎”之合音。然，猶而也。王氏引之《經傳釋詞》：“《終風》曰：‘惠然肯來。’言惠而肯來也。《北風》曰：“惠而好我。”……《公羊春秋·定八年傳》曰：[13]‘郤反，舍于郊，皆說然息。’言脱而息也。何注：“然，猶如。”如，亦而也。《管子·版法解》篇曰：‘然則君子之為身，無好無惡然已乎。’然已，而已也。”

俴駟 《傳》：“俴駟，四介馬也。”《箋》：“俴，淺也，謂以薄金為介之札。介，甲也。”《釋文》：“俴駟，《韓詩》云：‘駟馬不著甲曰俴駟。’”聲谓：“淺”亦當讀為“虎淺毛”之“淺”，“竊”之假借字也。“竊”為淺黑，亦為淺青色，俱詳上。言淺黑與淺青色之四馬甚是和羣也。餘詳上。

緄縢 《傳》：“緄，繩。縢，約也。”《閟宫》：“朱英緑縢。”《傳》：“縢，繩也。”《說文》：“緄，織帶也。”《廣雅·釋器》：“緄，帶也。”《儀禮·既夕記》注引作“竹柲緄縢”，《疏》：“緄，繩也。”《說文》：“縢，緘也。”《廣雅·釋器》：“縢，緘也。”《後漢書·陽球傳》注引《書》孔注：“縢，緘也。”《文選·魏都賦》：“闕玉策於金縢。”劉注：“縢，緘也。”《書·金縢序》：“周公作金縢。”鄭注：“縢，束也。”王注同。繩與帶類，"縢"訓"緘"，有約束之義，謂以竹為必，以緄約束之。"竹閉"即"必"之借。詳前。與"緄縢"，儷文也。"綠縢"字與此微不同，已詳前。

夏屋 袁氏仁曰："夏屋，'夏'即《禹貢》'羽畎夏翟'之'夏'，謂五色也，蓋用夏采飾巾冪，以靜尊俎也。《周禮·染人》之職：'秋染夏。'鄭氏謂：'染夏者，染五色。'《巾車氏》：'孤乘夏篆，卿乘夏縵。'亦謂帷設五采。又童子之幘無屋，夏屋施於賓筵，辟蠅穢也。《國語》云：'出其事彝，陳其鼎俎，靜其巾冪。'是已。如此看，方與下'每食無餘'相應，舊說皆非。"案：袁氏之說非不新穎，惟詮"屋"字尚少確證，且於本句"渠渠"二字亦少疏證，又不如仍讀如字之顯明矣。古人言"夏屋"者，除《魯靈光殿賦》注引《七依》詳前。外，如《法言·吾子》："知夏屋之為帡幪也。"注："夏，大也。"《鴻烈解·本經》："乃至夏屋宮駕。"注："夏屋，大屋也。"夏屋為大屋，漢人相傳之舊訓也，勿庸異議。

陳

視爾如荍 《傳》："荍，芘芣也。"《爾雅·釋草》："荍，蚍衃。"《說文》作"蚍虾"。注："今荊葵也，似葵，紫色。謝氏云：'小草，多華，少葉，葉又翹起。'"陸璣《草木疏》云："芘芣，一名荊葵，似蕪菁，華紫綠色，可食，微苦。"羅願曰："（荊葵）花似五銖錢大，色粉紅，有紫文縷之，一名錦葵。"以上言"荍"之形狀色味，皆不甚佳，不知詩人何所取義。案：《鴻烈解·人間》："申菽杜茝，美人之所懷服也。"高注"菽"音"椒"，"茝，音采"，"皆香草"。《說文》："茝，虈也。""楚謂之蘺，晉謂之虈，齊謂之茝。"《山海經·西山經》："虢山，其草多藥、虈、芎藭。"[14]注："藥，白芷別名。虈，香草也。"《文選·七命》："仰折神蘺。"李善注引《本草經》曰："白芷，一名蘺。"據此，則茝即芷，芷即藥，藥即虈，亦即藥虈。"藥虈"二字之合音近於"荍"，故傳《詩》者遂書為"荍"矣。古人"椒"、"芷"並言，《鴻烈解》。詳上。下文"貽我握椒"，此"荍"亦必與"椒"相類，不應為豪無可取之荊葵也。讀

“莪”為“蘬”，訓為香草，與“椒”字相類，近之為“秉蕳”、“贈芍”之流風，遠之開“佩蘭”、“紉蕙”之先聲。言既視爾如莪，芬芳襲人，當貽我握椒，馨香滿懷矣。必以為淫亂之詩，何也？

誰昔《箋》：“誰昔，昔也。”《爾雅·釋訓》：“誰昔，昔也。”注：“誰，發語辭。”邵氏二雲《爾雅正義》：“《釋詁》云：‘疇，誰也。’”“誰”、“疇”一聲之轉。“《詩》言‘誰昔’，猶《檀弓》言‘疇昔之夜’也，故為發語辭。”《左氏春秋·宣二年傳》：“疇昔之羊子為政。”據此，則“疇昔”亦古人常語。案：“疇”訓“誰”者甚多。《書·堯典》“疇咨，若時登庸”《傳》、《史記·司馬相如傳》“疇逆失而能存”《集解》引韋昭，並云：“疇，誰也。”“疇咨若時登庸”，《史記·五帝紀》作“誰可順此事”；《舜典》“疇若予工”，《五帝紀》作“誰能馴予工”：尤為“疇”、“誰”同義之確證。聲前訓“誰”為“何”，讀為“何昔然矣”，語自可通，不若讀為“疇昔”之精矣。案：讀“何”者，由訓詁取義；讀“疇”者，由聲音取義也。

豳

豳袁氏仁《毛詩或問》：“《豳》詩何不為《雅》而為《風》？又何不為正《風》而為變《風》之末也？曰：《豳》係周公之詩，遭變而作，故為變《風》。聲案：遭變而作，其音節必有不同於正者，故《豳》入變《風》。其居末也，蓋尊之也，何也？《豳》居《風》、《雅》之中，《風》之所為終而《雅》之所為始也，言變之可正也。反之於周公，而後至於《鹿鳴》，言周之所以盛者，由周公也。”聲谓：《豳》雖采自民間，而聲容節奏駸駸乎入於《雅》矣，故以之介《風》、《雅》之間，袁氏非無據也。《詩問略》明人陳子龍著。引“錢飲光曰：‘公身不在朝，其詩不得列於《雅》；亦未嘗居魯，又不得列為《風》。思王業之始於豳，以之名篇，亦猶今士大夫書題姓氏而標其先世郡國也。’此言得之。《東山》亦公詩，其餘皆為公而作，序《詩》者采附之，其實非《豳》詩也。”聲谓：《豳》詩溯王業所由起，《七月》一篇皆陳說王業也。王業起於豳，故謂之《豳》。《鴟鴞》

以下皆周公之詩，無可附麗，故附於《七月》之後，因同謂之《豳》焉。錢氏之說亦可采也。

行枚 袁氏仁《毛詩或問》："《東山》'勿士行枚'，解者以'枚'為'銜枚'之'枚'，是乎？曰：非也。程子曰：'枚，歷也，舊訓也。詳《閟宮》。勿事行伍經歷，言當歸也。'"聲谓：行，即出行也，古音出行字亦讀"杭"。勿事行枚，言勿事於行歷也。必言"枚"者，合韻耳。若訓為"銜枚"，必須添字矣。程子之說是也。

聿至 《箋》："而我君子行役，述其日月，今且至矣。言婦望也。"案：《箋》以"聿"為"述"，故曰"述其日月"，本文並無"日月"字，未免文外横添。"聿"為語詞，與"欥"、"遹"、"曰"等字並通。已詳前。聲谓：古人不分四聲，本文"聿"字似"於是"二字之合音。不曰"征人"而曰"我征"者，蓋心隨乎征人，征人之行不啻我之行也，故曰"我征聿至"。此則文外不添一字，慎之至也。

"有敦瓜苦"二句 《傳》："敦，猶專專也。烝，眾也。言我心苦，事又苦也。"《箋》："此又言婦人思其君子之居處，專專如瓜之繫綴焉。瓜之瓣有苦者，以喻其心苦也。烝，塵。栗，析也。言君子又久見使析薪，於事尤苦也。古者聲，栗、裂同也。"《釋文》："敦，徒端反。"《疏》："思而不至，閔其勞苦，言有專專然繫綴於蔓者，瓜也，而其瓣甚苦。既繫苦於蔓，似如勞苦而其瓣又苦，以喻君子繫屬於軍，是事苦也；又憂軍事，是心又苦也。其苦若何？眾軍士皆在析薪之役，是其苦也。……鄭以烝為久，言君子久在析薪之役，餘同。"案：《疏》"繫苦於蔓"，語殊難通，餘亦詞費。聲谓："敦"即"敦彼獨宿"之"敦"，"有"與"彼"同為狀物之詞，如"菀彼桑柔"與"有菀者柳"同訓為"茂"，"倬彼雲漢"與"有倬其道"同訓為"明"之類是也。"瓜"為"孤"之古文。《說文》："孤，無父也。从子，瓜聲。"古文从孤之字亦多从瓜，如《禮·曲禮》注："菰，蔬之屬也。"《釋文》："菰，本作苽。"又《內則釋文》："苽，本作菰。"《周禮·太宰》注《釋文》："苽，本作菰。"案：从孤者，形聲字之後出者也；从瓜者，用古文。經言"瓜苦"，即"孤苦"之借；"烝"即"烝在桑野"之"烝"，

《傳》:"烝,眾也。"[15] 承上文,言婦歎于室,灑埽穹室,以為我征聿至矣。誰知我仍有敦然孤苦、眾任栗薪之役,蓋自我不見室人者,于今三年矣。既曰"有敦孤苦",又曰"眾在栗薪"者,猶之一章既曰"烝在桑野",又曰"敦彼獨宿"也。蓋軍士雖眾,孤露則一,此以經解經,且以本詩解本詩,尤為有據也。"栗"依鄭,讀為裂。

小　雅

者華 聲谓:者,當讀為赭,據《山海經·北山經》:"石者之山,其上無草木,多瑤碧。"案:山水名原不必定有意義,此山既云"無草木",名"石者",或即"石赭"之古字,未可知也。總之,"赭"既从者聲,讀"者"為"赭",亦注釋常例。詳前。至"裳裳者華,其葉湑兮","華"與"葉"對言,自當另為一講,不可以彼例此。

原隰裒矣 聲已訓"裒"為"抔",言"原隰之冢裒然矣,他人不知求,亦惟兄弟是求","之冢"二字究屬添出。《說文繫傳》徐鍇引作"原隰捊矣"。《易·謙》:"君子以裒多益寡。"《釋文》:"裒,鄭、荀、董、蜀才作捊。"據此,則"裒"、"捊"字通。《小爾雅·廣詁》:"裒,取也。"《漢書·食貨志贊集注》:"裒,取也。"《爾雅·釋詁》:"俘,取也。"《書序》"俘厥寶玉"《傳》、《左氏春秋·定十五年傳》"胡子盡俘楚邑之近胡者"注,並云:"俘,取也。"據此,則"裒"、"俘"義同。案:"捊"、"俘"同从孚聲,"裒"與"捊"、"俘"皆一聲,故通假。此"裒"字當依《殷武箋》,讀為俘。詳前。言在原隰之地為人所俘獲也。上言兄弟或死或喪,其威可畏,人不敢懷,惟兄弟甚相懷;此言兄弟在原隰之間為人所俘獲,他人不知求,惟兄弟相求也。餘詳前。

脊令在原 《傳》:"脊令,雝渠也,飛則鳴,行則搖,不能自舍耳。"《箋》:"雝渠,水鳥,而今在原,失其常處。則飛則鳴,求其類,天性也,猶兄弟之於急難。"案:脊令,《爾雅》郭注:"雀屬。"是也。沂州府蘭山、費縣甚多,飛則群飛,止則群止,不以常變易其性,故以之比兄弟之於急難。

急難 《傳》:"急難,言兄弟之相救於急難。"《釋文》:"難,如字。又乃旦反。"案:"急難"平讀,當讀如字,言急難之事也;連讀,當讀"乃旦反",言以兄弟之難去聲。為急也。《六月》:"我是用急。"《孟子·盡心上》:"急先務也,……急親賢也。"猶言以此為急,不敢緩耳。毛、鄭皆"急"與"難"平說也。

靡室靡家 《箋》:"靡,無。"案:《詩》凡言"靡"者,"沒有"之合音也。已屢見。言使我沒有室、沒有家者,玁狁之故也。

舍矢如破 《箋》:"射者之工,矢發則中,如椎破物也。"案:本文並無"椎"字,《箋》語未免橫添。《行葦》:"舍矢既均。"《箋》:"舍之言釋也。"《說文》:"舍,釋也。"[16]《周禮·占夢》:"乃舍萌于四方。"注:"舍,讀為釋。"《大史》:"舍算。"《甸祝》:"舍甸于祖廟。"注並云:"舍,讀曰釋。"如,而也。《都人士》:"垂帶而厲。"《箋》:"而,亦如也。"《常武》:"如震如怒。"《釋文》:"如,本作而。"[17]餘屢見前。破,讀如"破的"、"破銳"之"破",言釋矢無有不破者。矢不虛發,故曰"舍矢如破"。

孔阜 《駟驖》:"駟驖孔阜。"《傳》:"阜,大也。"《大叔于田》:"火烈具阜。"《傳》:"阜,盛也。"此云"孔阜",亦盛大之義。下句"升彼大阜",《天保》:"如山如阜。"《傳》:"大陸曰阜。"案:此連用二"阜"字,亦同字異義者。

發彼小豝 《傳》:"殪,壹發而死,言能中微而制大也。"《箋》:"豕牡曰豝。"《賓之初筵》:"發彼有的。"《箋》:"發,發矢也。"《禮·射義》:"發彼有的。"注:"發,猶射也。"《楚辭·招魂》:"君王親發兮憚青兕。"注:"發,射。"據此,則"發"為"射",合小豝、大兕皆射而殪之。二句亦互文,非小豝射而不殪,大兕不發而能殪也,《傳》亦合訓之也。徐氏與喬曰:"小者難中,而發即中;大者難死,而殪即死。"說亦新穎,不如《傳》說之渾括矣。

員于爾輻 《傳》:"員,益也。"《釋文》:"員,音云。"案:此亦"云"之借字,當讀為運,《管子》、《呂覽》已詳前。

《顔氏家訓·教子》:“飲食運為。”“云為”亦作“運為”。《玄鳥》:“景員維何。”“員”為“云”之假借字,是“員”、“云”、“運”三字古本通假。《説文》:“運,迻徙也。”《爾雅·釋詁》:“運,徙也。”《莊子·逍遥遊》:“是鳥也,海運……。”《釋文》引簡文注:“運,徙也。”于,讀為為。屢見前。言無棄爾車之輔,已詳前。移徙為爾車之輻,又能屢顧爾之僕,即不輸爾載,亦終踰絕險矣。《傳》訓為“益”,“迻徙”以後之義。《傳》無破字之例,故曰:“員,益也。”

于何不臧 《疏》:“今此日而反食,於何不善乎?”案:此“于”字亦當讀為云,“云”、“于”一聲。詳《東門之枌》。“云何不臧”與“云何不夷”、“云何不喜”等句句法同,[18]《疏》讀“于”為“於”,句末加“乎”字,非是。

“維桑與梓”二句 《傳》:“父之所樹,己尚不敢不恭敬。”案:詩衹言“桑”、“梓”,並無“父之所樹”等字。《禮·内則》:“射人以桑弧蓬矢六,射天地四方。”《疏》:“桑,眾木之本。”據《將仲子》:“無折我樹桑。”《傳》:“桑,木之眾也。”由木之眾,故推為木之本,孔氏或本此歟!《漢書·五行志中之下》:“梓,猶子也。”《説苑·建本》:“梓者,子道也。”《文選·王文憲集序》注引《書大傳》:“梓者,子道也。”《書大傳》字亦作“杍”。杍,即“梓”之古文。據此,則見桑者有木本之思,見梓者知為子之道,故曰“維桑與梓”。必恭敬止,“止”字毛不發《傳》,當讀為“文王既勤止”之“止”,“之矣”二字之合音也。詳《賚》。又《閔予小子》“夙夜敬止”,“止”字亦助語辭也。又案:古人多以桑梓為鄉里之稱,始於《蜀都賦》“棟宇相望,桑梓連接”。《文選》謝靈運《會吟行》:“東方就旅逸,梁鴻去桑梓。”注引《毛詩》:“惟桑與梓,必恭敬止。”《唐書·選舉志》:“十道大郡,置太學館,遣博士出外,兼領郡官,以教生徒。保桑梓者,鄉里舉焉;在流寓者,庠序推焉。”據此,則直以桑梓為鄉里字用,或者桑梓為鄉里所宜有,如社名枌榆之類。見桑梓必加以恭敬者,為種此桑梓者皆父執一輩,故見之而肅然,與《禮·内則》“見似瞿然”同義。[19]見桑梓且恭敬之矣,沒有瞻彼父,沒有恃彼母,恰是承上啟下語。詳下。

"靡瞻匪父"二句

《箋》:"此言人無不瞻仰其父取法則者,無不依恃其母以長大者。"案:本文並無"不"字、"取法則者""以長大者"字,《箋》語未免横添。《詩》内凡言"靡"者,皆"沒有"之合音也。詳上。"匪"者,"彼"之假借字也。詳上。承上文,言維桑與梓不敢不恭敬者,沒有瞻彼父,沒有恃彼母乎?瞻彼父,恃彼母,夫固屬於父母之毛,夫固離於父母之裹。"毛"、"裹"詳前。上二句分言父母,下二句承上二句,合言父母,句法與"謂天蓋高"等語極相似,而語尤含畜。《楚辭·天問》通篇脱胎於此,自來讀者皆滑口讀過,如《箋》語當改為"靡匪瞻父,靡匪恃母"始可通也。

"不屬于毛"二句

案:"不"字亦語辭也。"不"字屢見。《箋》:"今我獨不得父皮膚之氣乎?獨不處母之胞胎乎?何曾無恩於我?"案:鄭以毛、裹分屬父、母,非是。詳上。讀"不"為"弗",上加"獨"字,下加"乎"字,又統加"何曾無恩於我"字,俱非是。聲以為語辭"不"字皆"夫固"二字之合音也。古人不分四聲,"不"字音近"布",故知為"夫固"之合音。不屬于毛,夫固屬于毛;不離于裹,[20]夫固離于裹也。凡讀"不"為語辭者倣此。

罪罟

《傳》:"罟,網也。"《箋》:"我誠思歸,畏此刑罪羅網。"《説文》:"罪,捕魚竹网。从网,非聲。秦以罪為辠字。"徐鍇《説文繫傳》"罪"下引《詩》:"畏此罪罟。"又《説文》"辠"下:"秦以辠似皇字,改為罪。"據此,則"罪"本為"捕魚竹网"字;"罪罟"連用者,猶之云"羅網"也。又據二章"畏此譴怒"、三章"畏此反覆"皆雙字,"罪罟"猶之"譴怒"與"反覆"也,當依《説文》讀為"网罟"字,非秦以後之"罪戾"字也。"罪"、"罟"二字,如《孟子》之"是罔民也""罔"字。用二字者,足句。

甫田

《傳》:"甫田,謂天下田也。"《箋》:"甫之言丈夫也。明乎彼太古之時,以丈夫税田也。"案:《齊風·甫田傳》:"甫,大也。"《車攻》:"東有甫草。"《傳》:"甫,大也。"《爾雅·釋詁》:"甫,大也。"歲取至十千之多,非大田不辦,故曰"甫田"。"甫"訓為"大",義自可通,不必異訓也。

彼交匪敖《箋》:"彼,彼賢者也。賢者居處恭,執事敬,與人交必以禮。"王氏引之《經義述聞》:"謹案:彼,亦匪也;交,亦敖也。《襄八年・左傳》引《詩》:'如匪行邁謀。'杜注:'匪,彼也。''匪'可訓為'彼','彼'亦可訓為'匪'。交之言姣也。《廣雅》曰:'姣,侮也。'字通作'佼'。"引《鴻烈解・覽冥》:"而燕雀佼之。"以為"燕雀輕侮鳳皇也。然則'彼交匪敖'者,匪交匪敖也;匪交匪敖者,言樂胥之君子不侮慢,不驕傲也。'彼交匪紓'者,匪交匪紓也;匪交匪紓者,言來朝之君子不侮慢,不怠緩也。《襄二十七年・左傳》:'公孫段賦《桑扈》,趙孟曰:"匪交匪敖,福將焉往?"'"並引《荀子》、《漢書》為證。詳彼書。案:趙孟為春秋時人,所說之《詩》莫有古於此者,即此已足為確據,荀子又毛公所從學,其說尤為可信。王氏之說是也。

辰彼碩女《傳》:"辰,時也。"《箋》:"喻王若有茂美之德,則其時賢女來配之,與相訓告,改脩德教。"案:辰,《傳》訓"時","時彼碩女"語為難通,故《箋》加一"其"字,皆非是。《釋名・釋天》:"辰,伸也,物皆伸舒而出也。"《太玄・玄數》:"辰戌丑未。"注:"辰,取其延長。"此皆"辰"字本義。辰彼,猶辰然也,與上句"依彼"儷文。"依彼"為茂木貌,詳前《皇矣》等處;"辰彼"者,碩女伸舒延長之貌,與"碩人其頎"參看。《列女傳・八》引作"展彼碩女",蓋亦取伸舒之意。《莊子》、《吳都賦》皆有"輾然"字,即"辰彼"之形聲字也。

以慰我心《傳》:"慰,安也。"《箋》:"則以慰除我心之憂也。"《釋文》:"慰,怨也,於願反。王申為怨恨之義。《韓詩》作'以慍我心';慍,恚也。本或作'慰,安也',是馬融義,馬昭、張融論之詳矣。"案:本詩通篇皆中正和樂之音,絕無怨恚之意,作"慰,安"者是也。王肅'申為怨恨之義',蓋以毛强同于韓也。惟《箋》言"慰除我心之憂","慰"無"除"義,疑詩本作"尉",故鄭讀為罻,因訓為"除"耳。"罻"、"羅"皆所以驅禽,故"罻"有除義。不知"尉"

乃"慰"之古文,故毛直訓為"安",毛用古文,鄭、王之所以紛紛也。又"尉"有"運"音,俗作"熨"。故韓訛為"慍","慍"、"尉"一聲也。

獻爾發功 《箋》:"獻,猶奏也。既比衆耦,乃誘射,射者乃登射,各奏其發矢中的之功。"《釋文》:"發,如字。徐音廢。"案:發,亦射也。《騶虞》"壹發五豝","壹發五豵","壹發"即壹射也,《說文》:"發,射發也。"[21]《禮·射義》:"循聲而發。"又:"發而不失正鵠者。"注:"發,或為射。"此其據也。功,事也。《七月》:"載纘武功。"《崧高》:"世執其功。"《傳》並云:"功,事也。"言射夫既同,將各奏其射事,故曰"獻爾發功"。下句"發彼有的"亦可曰"射彼有的"也。徐讀"發"為"廢":廢,大也;"獻爾大功"非經義。

綢直如髮 《毛詩或問》引《解頤新語》云:"其首飾綢直,一如髮之本然,謂不用髮髲為高髻之類。"[22]案:如《新語》,則"如"字當讀為"而",詳前。惟添出"其首飾"、"之本然"等字,不如仍用《傳》、《箋》舊說也。詳前。

有棧之車 《傳》:"棧車,役車也。"《箋》:"狐草行草止,故以比棧車輦者。"案:"棧車"見《周禮·巾車》:"士乘棧車。"又《釋名·釋車》:"棧車:棧,靖也,麻靖物之車也。"《詩》言"有棧",與"有芃"儷文,非言"棧車"也。《傳》、《箋》非是。《漢書·息夫躬傳集注》:"棧棧,衆盛貌。"案:"棧"即"棧棧"也,長言短言之分也。詳"穆"、"皇"二字。有芃,獸貌;有棧,車貌也。《文選·西京賦》:"棧齴巉嶮。"注:"棧、嶮,皆高峻貌。"據此,訓"棧"為"高峻貌",亦車貌也。《史記》之"棧道"《高祖紀》。亦此字也,與"棧車"無干。

大　雅

大雅 郝氏曰:"《小雅》多言政事,規諷主於和;《大雅》多言君德,弼直主於敬。故《小雅》近《風》,《大雅》近《頌》。"案:自來言《小雅》、《大雅》,惟此數語為精,故亟錄之。

不長夏以革 案：長，先也，崇貴之也。《國語·吳語》："吳晉爭長未成。"《素問·風論》："故風者，百病之長也。"注並云："長，先也。"《漢書·杜欽傳》："廢奢長儉。"注："長，謂崇貴之也。""不長"者，不以為先而崇貴之也。或曰：夏，大也；常訓。革，更也；本詩《傳》。不以侈大與更張為先而崇貴之也。如此講，"革"字與《傳》合，"夏"字與訓為"夏楚"者詳前。似微遜。

壼 《國語·周語》叔向引此詩而說之曰："類也者，不忝前哲之謂也；壼也者，廣裕民人之謂也。"案：《國語》雖古，其說《詩》亦斷章取義耳。壼，本亦作"閫"。《史記·張釋之馮唐傳》："閫以內者。"《正義》："閫，門限也。"又《集解》引韋昭："門中橛曰閫。"《一切經音義·二》引《三蒼》："閫，門限也。"《儀禮·士冠禮》注："閾，閫也。"《疏》："閫，門限，與閾為一也。"又作"梱"。《禮·曲禮上》："外言不入於梱。"注："梱，門限也。"《釋文》："梱，本又作閫。"《漢書·匡衡傳》："莫不始乎梱內。"注："梱，與閫同，謂門橛也。"《說文》："梱，門橛也。"《國語》引本詩，注："壼，梱也。"據此，則"壼"與"閫"、"梱"，三字本相通。案：梱為門中橛，所以限止出入，故亦謂之門限，他書亦或謂之臬。《穀梁春秋·昭八年傳》注："槷，門中臬。"《釋文》："臬，橛也。"門橛所以限出入，必有法度焉，故臬有法表之義。《小爾雅·廣詁》："臬，法也。"《廣雅·釋詁·一》："臬，法也。"《周禮·考工記》注："中央樹八尺之臬。"《疏》："臬，即表也。"《書·康誥》："汝陳時臬。"《疏》："臬為準限之義。"《詩》言"室家之壼"，猶云室家之臬也。言其善維何？乃室家之法度準則也。必用"壼"字者，合韻也。舉前釋"壼"為"悃"之假借字，純以聲音求之；茲讀"壼"為閫梱字，參以"臬"字訓釋，聲音、訓詁兼有之矣。前說未免疏略。

君子實維 《箋》："君子，謂諸侯及卿大夫也。"案：實，亦當讀為寔，是也。《白駒》："縶之維之。"《傳》："維，繫也。"毛於彼《傳》已釋之，故此處不發《傳》。繫，亦作"係"。《廣雅·釋詁·二》："維，係也。"義同。言國步蔑資，天不我將，至於靡所止疑，讀為凝。詳前。云徂何往？斯時也，惟有君子是維繫耳，以君子秉心素强健耳。秉心無競是厲階矣,誰實生之?使至今尚為梗也。通章語氣一貫,不必於文外横添也。

厲階 《傳》:"厲,惡。"《瞻仰》:"維厲之階。"《箋》:"階,所由上下也。"《釋名·釋宫室》:"階,梯也,如梯之有等差也。"《國語·周語》:"夫婚姻,禍福之階也。"注:"階,梯也。"《文選·藉田賦》:"森奉璋以階列。"注:"階,爵之次也。"案:"階"訓"梯",訓"次","厲階"猶云厲之梯,言惡將次弟而生也。《左氏春秋·昭二十四年傳》引此詩,杜注:"階,因也。"[23]"梯"字後義也。《易·繫辭傳》:"則言語以為階。"《釋文》:"階,姚本作機。"案:"階"、"機"一聲,義亦相近也。

力民稼穡 據《箋》及《釋文》,鄭本作"家嗇",訓為居家儉嗇。案:《説文》:"稼,禾之秀實為稼,莖節為禾。从禾,家聲。一曰:稼,家事也。"據此,則"稼"本從"家"之聲義也。穡,《禮記》皆作"嗇"。《郊特牲》注"先嗇若神農者"《疏》、《明堂位》注"春祠夏禴"《疏》,並云:"種曰稼,斂曰嗇。"《湯誓》:"舍我穡事。"《史記·殷本紀》作"舍我嗇事"。《盤庚上》:"服田力穡。"《漢書·成帝紀》作"服田力嗇"。《儀禮·特牲饋食禮》:"主人出,寫嗇于房。"注:"嗇者,農力之成功。"據此,則"穡"本亦作"嗇"者,用古文。"嗇"用古文,則"稼"作"家"者,亦用古文也。以下章"稼穡卒痒"證之,則經作"稼穡"固當讀如字,即本作"家嗇"亦當讀為"稼穡"也。居家儉嗇似非經義。

"既之陰女"二句 案:之,是也。詳《天保》。言既是復蔭女矣,奈之何反予來赫哉?《國語·周語》"言爽,日反其信"注、《漢書·匈奴傳上集注》,並云:"反,違也。"《荀子·解蔽》:"君人者,宣則直言至矣,而讒言反矣。"注:"反,倍也。"反予,言違倍我也。據《箋》訓,讀"之"為"往",語多轉折,不若訓為"是"之直截矣。餘詳上。

為民不利　如云不克 《箋》:"克,勝也。為政者害民,如恐不得其勝,言至酷也。"案:經言"為民",並未言"為政"也;言"為民不利",並未言"害民”也。《箋》語横添，而且顛倒經文，非是。《説文》：“利，銛也。”《漢書·賈誼傳》：“莫邪為鈍兮，鉛刀為銛。”晉灼曰：“世俗謂利為銛徹。”《史記索隱》云：“銛，利也。”案：“利”本訓“銛”，引申之有“疾”義焉。《鴻烈解·墬形》：“輕土多利。”注：“利，疾也。”再引之有“便”義焉。《國策·周策》：“西周弗利。”注：“利，便也。”《國語·魯語》：“唯子所利。”注：“利，猶便也。”如，而也。已屢見。言為依今音，讀去聲，古音仍讀如字。民者不疾與便，而托為不勝，故曰“為民不利，如云不克”也。

職競用力 案：此“競”字亦古“彊”字也。見前。上二句就“為民”者説，此二句就“民”説，故曰“民之回遹”。回，邪；遹，辟也。《小閔傳》。言為民者既不疾與便，而託為不勝，故民之回邪遹辟者職彊用力爾。“用力”即指“回遹”説，故曰“競”也。

云如何里 《箋》：“里，憂也。王愁悶於不雨，但仰天曰：‘當如我之憂何！’”《釋文》：“里，如字，憂也。本亦作瘇，《爾雅》作悝，並同。王曰：‘瘇，病也。’”案：毛本作“里”，居也。《將仲子》：“無踰我里。”《傳》：“里，居也。”毛於彼《傳》已訓明，故此處不發《傳》。若本作“悝”與“瘇”，則毛必有訓釋矣。《十月之交》：“悠悠我里。”《箋》：“里，居也。”《周禮·載師》“以廛里任國中之地”注、《文選·西京賦》“秦里其朔”薛注，並云：“里，居也。”《莊子·則陽》：“靈公奪而里之。”《釋文》：“里，居處也。”《文選·幽通賦》：“里上仁之所廬。”曹注：“里、廬，皆居處名也。”據《正月》：“昏姻孔云。”《傳》：“云，旋也。”《左氏春秋·僖二十二年傳》：“昏姻孔云。”注：“云，旋也。”《襄二十九年傳》：“其誰云之。”注：“云，猶旋。”則“云”乃實字，非語詞也。聲谓：末二句承弟二句“散無友紀”言，言此已散者無論不能云也，即云亦何以居處？故瞻仰昊天而以“云如何里”問之也。

鞹鞃淺幭 《傳》：“鞹，革也。鞃，軾中也。淺，虎皮淺毛也。幭，覆式也。”《正義》申《傳》：“《説文》云：‘鞹，革也。’‘獸皮治去其毛曰革。’……軾者，兩較之間，有横木可憑者也。鞃為軾中……。言‘鞹鞃’者，蓋以去毛之皮施於軾之中央，持車使牢固也。‘幭’字，《禮記》作‘幦’，《周禮》作‘複’，字異而義同。《玉藻》

言‘羔幦’、‘鹿幦’,《春官·巾車》言‘犬禊’、‘豻禊’,皆以有毛之皮為幦。此云‘淺幭’,則以淺毛之皮為幭也。獸之淺毛者,唯虎耳,故知‘淺’是虎皮淺毛者。《月令》:‘其蟲倮。’注云:‘虎豹之屬,恒淺毛。’是虎為獸中之最淺毛者也。”聲谓:此“淺”字即《小戎》“俴收”之本字,詳彼處。《正義》不知“淺”為顏色字,謂“虎為獸中之最淺毛者”,實屬望文生義。無論“鹿淺幦”、《儀禮·既夕記》。“鹿淺禊”《周禮·巾車》。經有明文,即所引《月令》注亦明云“虎豹之屬,恒淺毛”矣,安在淺必為淺毛,淺毛必為虎乎？鞹以鞹者,蓋取其柔韌而堅固也;幭以淺者,蓋取其顏色之平淡也。曰“鞹”,但取其質,故不問何獸;曰“淺”,並未言“毛”,何以知為虎？總之,知“淺”為顏色字,不惟本文可通,即《儀禮》、《周禮》二“淺”字見上。與夫《爾雅》、《說文》、經書傳注之凡言“淺毛”者,詳《小戎》。皆可以通矣。

因以其伯 《箋》:“因以其先祖侯伯之事盡予之,皆美其為人子孫,能興復先祖之功。”案:自來說《詩》者皆不知“其”字作何解,故必於文外横添。王氏引之《經傳釋詞》曰:“其,猶之也。”《書·康誥》曰:“孟侯,朕其弟。”朕之弟也。《左氏春秋·桓六年傳》:“諸侯之大夫戍齊,齊人饋之餼,使魯為其班。”使魯為之班也。《公羊春秋·成十五年傳》:“為人後者為之子。”又曰:“為人後者為其子。”即為之子也。《大戴禮·保傅》:“凡是其屬,太師之任也。”凡是之屬也。聲谓:此“其”字亦當讀為之;因以其伯,因以之伯也。承上句,言既奄受北國,遂因以之伯也。如此,則不必横添,而語自可通。

“王命卿士”三句 言王命之卿士,其家世則南仲為大祖,其現官則大師,其字則皇父也。以其能“整我六師,以修我戎”,故鄭重言之。

濯征徐國 《傳》:“濯,大也。”《文王有聲》:“王公伊濯。”《傳》:“濯,大。”《爾雅·釋詁》:“濯,大也。”《方言·一》:“濯,大也。……荆吴揚甌之郊曰濯。”據此,則“濯”為“大”,亦古訓也。上“王旅嘽嘽”七句皆所以大征徐國也,文義甚順。後儒讀如字,訓為“洗滌”,不如毛義之精矣。

"人有土田"八句 《釋文》:"說,音稅……。一音他活反。"案:此四句一韻,"說"與"奪"韻,當讀"他活反",餘不必强韻。

周頌

駿奔走在廟 《傳》:"駿,長也。"《箋》:"駿,大也。"案:此"駿"字亦當讀為迅。詳《噫嘻》。《禮·大傳》注作"逡奔走在廟","逡"訓為"疾"亦假借字,非"逡"之本義。《說文》:"逡,復也。"奔,《說文》:"走也。"《左氏春秋·宣二年傳》:"既合而來奔。"服注:"奔,走也。"《爾雅·釋言》:"奔,走也。"《史記·張釋之馮唐傳集解》引如氏:"走,趨也。"《漢書集注》"走"字皆訓為趨嚮,[24]言迅速而奔走趨嚮在廟也。謝氏枋得曰:"不敢懈怠,不敢舒遲。"詮"奔走"字甚精。

訪予落止 《傳》:"訪,謀。落,始。"《箋》:"故於廟中與羣臣謀我始即政之事。"案:"始"字下加"即政之事",未免添出。《斯干箋》:"歌《斯干》之詩以落之。"《釋文》:"落,……始也。"《逸周書·文酌》:"物無不落。"注:"落,始也。"《爾雅·釋詁》:"落,始也。"《說文》:"止,下基也。象艸木出有址,《說文》無"址",蓋"阯"之訛字。故以止為足。"聲谓:此"止"字亦訓為"基","阯"之古文也。《釋名·釋丘》:"阯,基阯也。"《漢書·郊祀志上》:"禪泰山下阯。"注:"阯者,山之基足。"《漢官儀》:"交阯始開,北方交於南方,以為子孫基阯。"[25]據此,則"落止"者,猶言始基耳。訪予落止,訪謀我之始基,一字不添,與下文"於乎悠哉,朕未有艾"等語義更聯貫。

魯頌

案:嚴氏曰:"《頌》,天子之詩也。《頌》非所施於魯,況頌其郊乎?

……汰哉！史克不如林放矣。[26]聖筆不刪，其以著魯之僭而傷周之衰歟！”徐氏與喬曰：“孔子刪《詩》，列魯于《頌》，即《春秋》編年之意，明以天子之事予魯也，非大聖膽力，不能作如是舉也。”據嚴說，則魯不當有《頌》，徐說則夫子列魯于《頌》。聲以為二說皆以私意測聖人也。“雅”、“頌”者，《詩》之體，“雅”則列於《雅》，“頌”則列於《頌》，非可以意為附會也。魯之詩適有《頌》，商之詩亦衹有《頌》，亦未嘗故為去取也。均之為詩，其體為頌，則列之於《頌》；均之為頌，分出於周、魯、商，則別之為《周頌》、《魯頌》、《商頌》。聖人初無容心也。

商頌

《史記·宋微子世家》：“襄公之時，修行仁義，……其大夫正考父美之，故追道契、湯、高宗，殷所以興，作《商頌》。”案：西漢《韓詩》盛行，太史公之說蓋本《韓詩》。商，代名鄭氏《譜》：“商者，契所封之地。”也；稱《商頌》，猶之稱《周頌》也，非本朝之詩，故附於《詩》之末。假令正考父所作，則“宋頌”矣。《魯頌》可登於《詩》，“宋頌”獨不可登於《詩》乎？韓說非是，當依《小序》。

景山 《箋》：“升景山，掄材木。”《疏》：“乃使人升彼大山之上。”案：此“景山”乃山名也，《正義》以為“大山”，蓋承《定之方中》“景山與京”《傳》“景山，大山”之誤也。詳彼處。

校勘記

[1]“處不避汙”，《左傳·昭公元年》“避”字作“辟”，“汙”字作“污”。下注“汙”字同。

[2]“噣謂之柳”，《爾雅·釋天》“噣”字作“咮”。

[3]“日入為飛泉”乃《莊子·逍遙遊釋文》引“李云”文，非《莊子》注文。

[4]“兩邊往來，相去三丈”，《水經注·河水》“往來”一作“俱平”。

[5]“橋在清水坷東也”，《水經注·河水》“坷”字作“川”。

[6]《生民》:"誕實匍匐。"毛於"匍匐"二字並未發《傳》。"匍匐,皃以手行也"之訓未詳所出。

[7]"汝南人呼欺亦曰詒",《列子·黄帝》:"既而狎侮欺詒。"張湛注引《方言》作"相欺亦曰詒"。

[8]"居處謂之室",《疏》作"指其所居之處謂之室"。

[9]"引此'有'作'或'",惠棟《尚書古義》作"《吕覽》引云:'毋或作好,遵王之道。毋或作惡,遵王之路。'"又"高誘曰:'古有字通作或。'"《尚書古義》作"高誘曰:'或,有也。'古有字皆作或。""古有字皆(吴氏"皆"字引作"通")作或"非高诱注文。

[10]"齊程木子",《韓詩外傳》卷二"木"字作"本"。

[11]"與秦城,孰與不與?"《趙策三》作"與秦城何如?不與何如?"

[12]"盜,竊也,淺青色",此注非《集解》引徐廣文,乃是《索隱》引劉氏《音義》。《索隱》曰:"劉氏《音義》云:'盜,竊也。竊,淺青色。'"

[13]"《公羊春秋·定八年傳》",《經傳釋詞·七》作"《定八年·公羊傳》"。

[14]"其草多藥、虋、芎藭",《山海經·西山經》"藥"字作"葯",下注"藥"字同。案:作"葯"是也。

[15]"烝,眾也"乃《豳風·東山》"烝在栗薪"《傳》,非"烝在桑野"《傳》。

[16]"舍,釋也",《說文》"舍"字作"捨","从手,舍聲"。

[17]"如,本作而",《釋文》作"一本此兩如字皆作而"。

[18]"云何不夷"、"云何不喜",《鄭風·風雨》二"何"字皆作"胡"。

[19]"與《禮·內則》'見似瞿然'同義",今檢《禮記·內則》,未見"見似瞿然"語。惟《雜記下》有"見似目瞿"文,云:"免喪之外,行於道路,見似目瞿,聞名心瞿。"吴氏蓋概括《雜記》文而誤記為《內則》也。

[20]"不離于裹",《小雅·小弁》"離"字作"罹"。阮氏《校勘記》云:"《唐石經》'罹'作'離',各本皆誤,當依《唐石經》正之。"

[21]"發,射發也",《說文》"射"字作"䠶"。

[22]"謂不用髮髲為高髻之類",《毛詩或問》引《解頤新語》"髲"字作"髢"。

[23]"階,因也",《左傳·昭公二十四年》引《詩》"誰生厲階",杜注訓為"階,道"。

[24]"《漢書集注》'走'字皆訓為趨嚮",案:《漢書》注"走"字均訓為"趣

也”,“趣”即“趨嚮”義,吴氏蓋轉訓“趣”字之義。

[25]“交阯始開,北方交於南方,以為子孫基阯”,《漢官儀》卷上作:“孝武皇帝,南平百越,北攘夷狄,置交阯朔方之州,……始開北方,遂交南方,為子孫基阯。”(此引文又見於《後漢書・光武紀》注及《御覽・州郡部》)與吴氏所引不同,吴氏蓋概括其文。

[26]“史克不如林放矣”,嚴粲《詩緝》卷三十五“史克”作“克也”。

本書點校主要徵引書目及版本說明

一、下表收書近 200 種,均為點校者在點校本書時所徵引之主要文獻典籍,其中大多已見於本書《校勘記》,其餘雖未見於校記,然亦為點校者所參校及吳氏所徵引。表中列舉書目、撰著者、校注者、版本、簡稱及異稱。

二、書名稱謂採用學界慣用的稱謂。簡稱包括吳氏在《詩小學》一書中及本書《校勘記》中所用之簡稱,異稱則為吳氏在本書中所專用之異稱,均列於書目欄内書目全稱之後的括弧内。本書《校勘記》簡稱含撰著者、校注者及書名。

三、書目排列採用傳統的四部分類法。各部内書目以類相從並大致按成書之時代先後排列。撰著者及校注者之前均標明其所處之時代,時代不明者以"口"號表示,撰著者及校注者或為今人則不予標明。撰著者如為學界所存疑,則冠以"舊題"二字。

四、版本欄内僅列舉徵引書目所據之主要版本。取自叢書者,以"叢書名 + 本"示之,如"《叢書集成初編》本"、"《玉函山房輯佚書》本"之類;取自現今影印重刊單行本者,則注明出版社、出版年代及所據版本;取自現代學者點校整理排印者,則注明出版社及出版年代。

五、本書《校勘記》尚使用三種版本簡稱,殿本指上海古籍出版社影印清乾隆武英殿《二十四史》本(1986 年版),《注疏》本指中華書局影印《十三經注疏》本(1980 年版),《景四》本指《景印文淵閣四庫全書》本(臺灣商務印書館,1987 年版)。

經部		
書目	撰著者及校注者	版本
《周易正義》	三國魏王弼、晉韓康伯注,唐孔穎達疏,清阮元校勘	中華書局影印《十三經注疏》本,1980年版
《古易音訓》	宋呂祖謙撰,清宋咸熙輯	《續修四庫全書》本
《尚書正義》	漢孔安國傳,唐孔穎達疏,清阮元校勘	中華書局影印《十三經注疏》本,1980年版
《尚書大傳》	漢鄭玄注,清孫之騄輯	《景印文淵閣四庫全書》本
《尚書古義》	清惠栋撰	《景印文淵閣四庫全書·九經古義》本
《毛詩正義》	漢毛亨傳,鄭玄箋,唐孔穎達疏,清阮元校勘	中華書局影印《十三經注疏》本,1980年版
《韓詩外傳》	漢韓嬰撰,清周廷宷校注	《叢書集成初編》本
《薛君韓詩章句》	漢薛漢撰,清馬國翰輯	光緒甲申湘遠堂重刊《玉函山房輯佚書》本
《毛詩草木鳥獸蟲魚疏》	三國吳陸璣撰,清丁晏校正	《叢書集成初編》本
《施氏詩說》	唐施士丐撰	光緒甲申湘遠堂重刊《玉函山房輯佚書》本
《詩論》	宋陳大昌撰	《叢書集成初編》本
《詩集傳》	宋朱熹集傳	上海古籍出版社,1980年版
《詩攷》	宋王應麟撰	《景印文淵閣四庫全書》本
《詩緝》	宋嚴粲撰	《景印文淵閣四庫全書》本

续 表

書　目	撰著者及校注者	版　本
《詩傳注疏》	宋谢枋得撰	《叢書集成初編》本
《毛詩或問》	明袁仁撰	《叢書集成初編》本
《詩問略》	明陳子龍撰	《叢書集成初編》本
《毛詩稽古編》	清陳啟源撰	《景印文淵閣四庫全書》本
《毛鄭詩考證》	清戴震撰	華中師範大學出版社 1986 年版《清人詩說四種》本
《詩經小學》	清段玉裁撰	華中師範大學出版社 1986 年版《清人詩說四種》本
《毛詩紬義》	清李黼平撰	《皇清經解》本
《毛詩傳箋通釋》	清馬瑞辰通釋	《皇清經解續編》本
《春秋左傳正義》	晉杜預注,唐孔穎達疏,清阮元校勘	中華書局影印《十三經注疏》本,1980 年版
《春秋左氏傳解詁》	漢賈逵撰,清馬國翰輯	光緒甲申湘遠堂重刊《玉函山房輯佚書》本
《春秋左氏傳解誼》	漢服虔撰,清王仁俊輯	光緒甲申湘遠堂重刊《玉函山房輯佚書》本
《左傳補注》	清惠棟撰	《景印文淵閣四庫全書》本
《春秋左氏傳舊注疏證》	清劉文淇等撰	科學出版社,1959 年版

续表

書目	撰著者及校注者	版本
《春秋公羊傳注疏》	漢何休注,唐徐彦疏,清阮元校勘	中華書局影印《十三經注疏》本,1980 年版
《春秋穀梁傳注疏》	晉范甯注,唐楊士勛疏,清阮元校勘	中華書局影印《十三經注疏》本,1980 年版
《周禮注疏》	漢鄭玄注,唐賈公彦疏,清阮元校勘	中華書局影印《十三經注疏》本,1980 年版
《儀禮注疏》	漢鄭玄注,唐賈公彦疏,清阮元校勘	中華書局影印《十三經注疏》本,1980 年版
《禮記注疏》	漢鄭玄注,唐孔穎達疏,清阮元校勘	中華書局影印《十三經注疏》本,1980 年版
《大戴禮記解詁》	漢戴德撰,清王聘珍解詁	中華書局,1983 年版
《夏小正傳》	漢戴德撰,清孫星衍校	《叢書集成初編》本
《月令章句》	漢蔡邕撰,清馬國翰輯	光緒甲申湘遠堂重刊《玉函山房輯佚書》本
《大學章句》	宋朱熹章句	世界書局《四書五經》本,民國二十五年版
《中庸章句》	宋朱熹章句	世界書局《四書五經》本,民國二十五年版
《論語注疏》	三國魏何晏集解,宋邢昺疏,清阮元校勘	中華書局影印《十三經注疏》本,1980 年版
《孟子注疏》	漢趙岐注,宋孫奭疏,清阮元校勘	中華書局影印《十三經注疏》本,1980 年版
《孟子音義》	宋孫奭撰	《景印文淵閣四庫全書》本,《粵雅堂叢書》本
《孝經注疏》	唐玄宗注,宋邢昺疏,清阮元校勘	中華書局影印《十三經注疏》本,1980 年版

续 表

書　目	撰著者及校注者	版　本
《爾雅注疏》	晉郭璞注，宋邢昺疏，清阮元校勘	中華書局影印《十三經注疏》本，1980年版
《小爾雅》	漢孔鮒撰，宋宋咸注	《叢書集成初編》本
《通俗文》	漢服虔撰，清馬國翰輯	光緒甲申湘遠堂重刊《玉函山房輯佚書》本
《辨釋名》	吴韋昭撰，清馬國翰輯	光緒甲申湘遠堂重刊《玉函山房輯佚書》本
《埤雅》	宋陸佃撰	《叢書集成初編》本
《爾雅翼》	宋羅願撰	《景印文淵閣四庫全書》本，《叢書集成初編》本
《九穀考》	清程瑤田撰	《皇清經解》本
《爾雅正義》	清邵晉涵撰	《皇清經解》本
《爾雅校箋》	周祖謨校箋	江蘇教育出版社1984年版
《方言疏證》	漢揚雄撰，晉郭璞注，清戴震疏證	商務印書館《萬有文庫》本，民國二十六年版
《釋名疏證補》	漢劉熙撰，清畢沅疏證、王先謙疏證補	上海古籍出版社影印清光緒丙申年刊本，1984年版
《廣雅》	三國魏張揖撰	江蘇古籍出版社影印嘉慶王氏家刻王念孫《廣雅疏證》本，1984年版
《匡謬正俗》	唐顔師古撰	《叢書集成初編》本

续表

書目	撰著者及校注者	版本
《白虎通》	漢班固撰	《叢書集成初編》本
《五經異義疏證》	漢許慎撰,清陳壽祺疏證	《皇清經解》本
《鄭志》	魏鄭小同編,清王復輯,清武億校	《叢書集成初編》本
《經義雜記》	清臧琳撰	《皇清經解》本
《經學卮言》	清孔廣森撰	《皇清經解》本
《揅經室集》	清阮元撰,鄧經元點校	中華書局點校本,1993年版
《經義述聞》	清王引之撰	中華書局《四部備要》本
《經典釋文》	唐陸德明撰	中華書局影印通志堂本,1983年版
《經典釋文彙校》	黃焯撰	中華書局,1980年版
《五經文字》	唐張參撰	《景印文淵閣四庫全書》本
《九經字様》	唐唐玄度撰	《景印文淵閣四庫全書》本
《羣經音辨》	宋賈昌朝撰	《景印文淵閣四庫全書》本,《叢書集成初編》本
《經傳釋詞》	清王引之撰	商務印書館《萬有文庫》本,民國十九年版
《說文解字》(大徐本《說文》)	漢許慎撰,宋徐鉉校定	中華書局影印陳昌治本,1963年版

续表

書目	撰著者及校注者	版本
《說文解字繫傳》(小徐本《說文》)	南唐徐鍇繫傳	中華書局影印祁嶲藻本,1987年版
《說文解字注》(段注本《說文》)	清段玉裁注	上海古籍出版社影印經韻樓本,1981年版
《說文解字義證》(桂馥本《說文》)	清桂馥義證	上海古籍出版社影印《連筠簃叢書》本,1987年版
《說文句讀》(王筠本《說文》)	清王筠句讀	上海古籍書店影印清同治四年(1865年)王氏刻本,1983年版
《說文釋例》	清王筠釋例	北京市中國書店影印世界书局影印本,1983年版
《六書故》	元戴侗撰	《景印文淵閣四庫全書》本
《六書正譌》	元周伯琦撰	《景印文淵閣四庫全書》本
《玉篇》	南朝梁顧野王撰,唐孫强增字,宋陳彭年等重訂	北京市中國書店影印張氏澤存堂本,1983年版
《佩觿》	後周郭忠恕撰	《叢書集成初編》本
《汗簡》	後周郭忠恕撰	《景印文淵閣四庫全書》本
《隸辨》	清顧藹吉撰	北京市中國書店景印康熙五十七年玉淵堂刻版本,1982年版
《急就篇》	漢史游撰,唐顔師古注	《景印文淵閣四庫全書》本

续表

書目	撰著者及校注者	版本
《唐韻》	唐孫愐反切	中華書局影印陳昌治《說文解字》徐鉉校定附注本,1963年版
《廣韻》	宋陳彭年等重修	北京市中國書店影印張氏澤存堂本,1982年版
《集韻》	宋丁度等撰	上海古籍書店影印述古堂本,1985年版
《增修互注禮部韻略》(《增韻》)	宋毛晃撰	《景印文淵閣四庫全書》本
《五音集韻》	金韓道昭撰	《景印文淵閣四庫全書》本
《古今韻會舉要》(《韻會》)	元熊忠撰	《景印文淵閣四庫全書》本
《轉注古音略》	明楊慎撰	《景印文淵閣四庫全書》本
《音學五書》	清顧炎武撰	中華書局《音韻學叢書》本,1982年版
《古微書》	明孫瑴輯	《景印文淵閣四庫全書》本
《易通卦驗》	明孫瑴輯	《叢書集成初編·古微書》本
《尚書運期授》	明孫瑴輯	《叢書集成初編·古微書》本
《春秋元命包》	明孫瑴輯	《叢書集成初編·古微書》本
《春秋運斗樞》	明孫瑴輯	《叢書集成初編·古微書》本
《春秋潛潭巴》	明孫瑴輯	《叢書集成初編·古微書》本

续 表

書　目	撰著者及校注者	版　本
《春秋說題辭》	明孫瑴輯	《叢書集成初編·古微書》本
	史　部	
書　目	**撰著者及校注者**	**版　本**
《史記》	漢司馬遷撰,南朝宋裴駰集解,唐司馬貞索隱、張守節正義	中華書局點校本
《漢書》	漢班固撰,唐顏師古注	中華書局點校本
《漢書音義》	隋蕭該撰,清王仁俊輯	光緒甲申湘遠堂重刊《玉函山房輯佚書續編》本
《三國志》	晉陳壽撰,南朝宋裴松之注	中華書局點校本
《續漢書》	晉司馬彪撰,補入范曄《後漢書》者	中華書局點校本
《後漢書》	南朝宋范曄撰,唐李賢等注	中華書局點校本
《後漢書補逸》	清姚之駰撰	《景印文淵閣四庫全書》本
《晉書》	唐房玄齡等撰	中華書局點校本
《晉書音義》	唐何超撰	中華書局點校本附錄《晉書音義》
《宋書》	梁沈約撰	中華書局點校本
《魏書》	北齊魏收撰	中華書局點校本

续表

書目	撰著者及校注者	版本
《南史》	唐李延壽撰	中華書局點校本
《舊唐書》	後晉劉昫等撰	中華書局點校本
《新唐書》	宋歐陽修、宋祁等撰	中華書局點校本
《逸周書》(《周書》)	晉孔晁注	《景印文淵閣四庫全書》本
《資治通鑑》	宋司馬光等撰,元胡三省音注	中華書局校點本,1956 年版
《國語》	三國吴韋昭注,清汪远孙攷異	商務印書館《國學基本叢書》本,1958 年版
《戰國策》	漢劉向集錄,漢高誘注,宋姚宏續注、鮑彪新注,元吴師道補正	上海古籍出版社,1985 年版
《吴越春秋》	漢趙曄撰	《景印文淵閣四庫全書》本
《越絕書》	漢袁康撰	《景印文淵閣四庫全書》本
《廿二史考異》(《考異》)	清錢大昕撰	《續修四庫全書》本
《列女傳》	漢劉向撰	《叢書集成初編》本,《景印文淵閣四庫全書》本
《通典》	唐杜佑撰	《景印文淵閣四庫全書》本
《通志略》	宋鄭樵撰	《四部備要·史部政書》本

续 表

書　目	撰著者及校注者	版　本
《漢官儀》	漢應劭撰，清孫星衍輯	《叢書集成初編》本
《水經注》	北魏酈道元撰	《景印文淵閣四庫全書》本
《金石存》	清吳玉搢輯	《叢書集成初編》本
《考古圖》	宋吕大臨撰	《景印文淵閣四庫全書》本
《宣和博古圖》	宋王黼等撰	《景印文淵閣四庫全書》本
《嘯堂集古録》	宋王俅撰	《景印文淵閣四庫全書》本
《歷代鐘鼎彝器款識法帖》	宋薛尚功撰	《景印文淵閣四庫全書》本
《積古齋鐘鼎彝器款識》	清阮元撰	《叢書集成初編》本
《隸釋》	宋洪適撰	《景印文淵閣四庫全書》本
《隸續》	宋洪適撰	《景印文淵閣四庫全書》本
子　部		
書　目	撰著者及校注者	版　本
《管子》	題周管仲撰，唐房玄齡注，明劉績增注	上海古籍出版社影印《二十二子》本，1986 年版
《管子校正》	唐尹知章注，清戴望校正	中華書局《諸子集成》本，1986 年版

续表

書　　目	撰著者及校注者	版　　本
《晏子春秋》	周晏嬰撰，清孫星衍校並撰音義，清黄以周撰校勘記	上海古籍出版社影印《二十二子》本，1986年版
《老子道德經》(《老子》)	三國魏王弼注，唐陸德明音義	上海古籍出版社影印《二十二子》本，1986年版
《墨子》	周墨翟撰，清畢沅校注	上海古籍出版社影印《二十二子》本，1986年版
《尸子》	舊題周尸佼撰，清汪繼培輯	上海古籍出版社影印《二十二子》本，1986年版
《商君書》	周商鞅撰，清嚴萬里校	上海古籍出版社影印《二十二子》本，1986年版
《列子》	舊題周列禦寇撰，晉張湛注，唐殷敬順釋文	上海古籍出版社影印《二十二子》本，1986年版
《列子集釋》	楊伯峻集釋	中華書局1979年版
《莊子》	周莊周撰，晉郭象注，唐陸德明音義	上海古籍出版社影印《二十二子》本，1986年版
《鶡冠子》	宋陸佃解	《景印文淵閣四庫全書》本
《荀子》	周荀況撰，唐楊倞注，清盧文弨、謝墉校	上海古籍出版社影印《二十二子》本，1986年版

续　表

書　　目	撰著者及校注者	版　　本
《亢倉子》	舊題周庚桑楚撰	《景印文淵閣四庫全書》本,《叢書集成初編》本
《吕氏春秋》(《吕覽》)	秦吕不韋撰,漢高誘注,清畢沅校	上海古籍出版社影印《二十二子》本,1986 年版
《韓非子集解》	周韓非撰,清王先慎集解	中華書局《諸子集成》本,1986 年版
《孔叢子》	漢孔鮒撰	《叢書集成初編》本
《新書》	漢賈誼撰,清盧文弨校	《叢書集成初編》本
《淮南子》(《鴻烈解》)	漢劉安撰、高誘注,清莊逵吉校	上海古籍出版社影印《二十二子》本,1986 年版
《春秋繁露》	漢董仲舒撰	上海古籍出版社影印《二十二子》本,1986 年版
《鹽鐵論》	漢桓寬撰	中華書局《諸子集成》本,1986 年版
《新序》	漢劉向撰	上海古籍出版社《諸子百家叢書》本,1990 年版
《説苑》	漢劉向撰	上海古籍出版社《諸子百家叢書》本,1990 年版
《揚子法言》	漢揚雄撰,晉李軌注	中華書局《諸子集成》本,1986 年版
《潛夫論》	漢王符撰,清汪繼培箋	中華書局《諸子集成》本,1986 年版

续表

書目	撰著者及校注者	版本
《中論》	漢徐幹撰	《景印文淵閣四庫全書》本
《齊民要術》	北魏賈思勰撰	江蘇廣陵古籍刻印社影印《四部叢刊》本,1998年版
《農書》	元王禎撰	《景印文淵閣四庫全書》本
《補注黃帝内經素問》(《素問》)	唐王冰注,宋林億等校正	上海古籍出版社影印《二十二子》本,1986年版
《傷寒論注釋》	漢張機撰,晉王叔和編,金成無已注	《景印文淵閣四庫全書》本
《神農本草經》	魏吳普等述,清孫星衍、孫馮翼輯	《叢書集成初編》本
《本草綱目》	明李時珍撰	人民衛生出版社,1999年版
《正朔考》	宋魏了翁撰	《叢書集成初編》本
《淮南萬畢術》(《鴻烈解萬畢術》)	漢劉安撰,清孫馮翼輯	《叢書集成初編》本
《焦氏易林》	漢焦贛撰	《叢書集成初編》本
《太玄經》	漢揚雄撰,晉范望注	《景印文淵閣四庫全書》本
《論衡》	漢王充撰	中華書局《諸子集成》本,1986年版
《獨斷》	漢蔡邕撰	上海古籍出版社《諸子百家叢書》本,1990年版

续 表

書　目	撰著者及校注者	版　本
《風俗通義》	漢應劭撰	上海古籍出版社《諸子百家叢書》本,1990 年版
《古今注》	晉崔豹撰	《叢書集成初編》本
《劉子》	北齊劉晝撰	《景印文淵閣四庫全書》本
《顔氏家訓》	北齊顔之推撰	上海古籍出版社王利器《集解》本,1980 年版
《中華古今注》	五代馬縞撰	《景印文淵閣四庫全書》本,《叢書集成初編》本
《夢溪筆談》	宋沈括撰	《景印文淵閣四庫全書》本,《叢書集成初編》本
《容齋隨筆》	宋洪邁撰	《景印文淵閣四庫全書》本
《通雅》	明方以智撰	上海古籍出版社《方以智全書》本,1988 年版
《日知録》	清顧炎武撰	上海古籍出版社影印清黄汝成《集釋》本,1985 年版
《藝文類聚》	唐歐陽詢等撰,汪紹楹校	上海古籍出版社,1982 年版
《北堂書鈔》	唐虞世南撰	《景印文淵閣四庫全書》本
《初學記》	唐徐堅等撰	《景印文淵閣四庫全書》本
《白孔六帖》(《白帖》)	唐白居易、宋孔傳撰	《景印文淵閣四庫全書》本

续表

書目	撰著者及校注者	版本
《太平御覽》(《御覽》)	宋李昉等撰	中華書局影印涵芬樓影宋本,1960年版
《山海經》	晉郭璞注,清畢沅校	上海古籍出版社影印《二十二子》本,1986年版
《穆天子傳》	晉郭璞注	《叢書集成初編》本,《四部備要》本
《博物志》	晉張華撰	《景印文淵閣四庫全書》本
《世說新語》	南朝宋劉義慶撰,南朝梁劉孝標注	中華書局《諸子集成》本,1986年版
《酉陽雜俎》	唐段成式撰	中華書局點校本,1981年版
《清異錄》	宋陶穀撰	《景印文淵閣四庫全書》本
《南村輟耕録》	元陶宗儀撰	中華書局《元明史料筆記叢刊》本,1959年版
《一切經音義》	唐釋玄應撰	上海古籍出版社《續修四庫全書》影印《海山仙館叢書》本,《叢書集成初編》本
《新譯大方廣佛華嚴經音義》(《華嚴經音義》)	唐釋慧苑撰	《粤雅堂叢書》本
《上清黄庭内景經》(《黄庭經》)	口務成子注	《景印文淵閣四庫全書·雲笈七籤》本
《參同契》	漢魏伯陽撰	《叢書集成初編》本
集部		

续 表

書　　目	撰著者及校注者	版　　本
書　　目	撰著者及校注者	版　　本
《楚辭章句》	漢王逸撰	《景印文淵閣四庫全書》本
《楚辭補注》	漢王逸章句，宋洪興祖補注	中華書局《中國古典文學基本叢書》本，1983 年版
《楚辭集注》	宋朱熹集注	上海古籍出版社，1979 年版
《文選》	南朝梁蕭統編，唐李善注，清胡克家考異	中華書局影印胡克家本，1977 年版
《六臣注文選》	唐李善、呂延濟等注	浙江古籍出版社影印《四部叢刊》本，1999 年版
《古文苑》	宋章樵注	《景印文淵閣四庫全書》本
《全上古三代秦漢三國六朝文》	清嚴可均編	中華書局 1987 年影印本

清史列传·吴树声传

吴树声，字鼎堂，云南保山人。道光二十四年举人，以知县分发山东，摄沂水县事。土匪窜扰，邻邑震动，率乡勇击走之。劝农桑，备水旱，著《沂水桑麻话》、《备蝗略》等书，为民谋者甚至。调署肥城，时粤匪方炽，东省戒严。肥邑故系土城，又多圮，特改建石城。工竣，而贼自丰口渡河而北，城固得无恐。补东阿县，调署寿光县，大计举卓异，又调章丘。同治十二年，卒于任。

树声精小学，用宋戴侗《六书故》之例，变《说文》部居，成《六书微》一百一十卷，首列建首字，次列建首字所生之字，后列新沾建首字，总以子母相生为例，次谐声，次会意，而全书大指，则首重字形，而声与义次之，参互错综，仍归建首一义，条理秩然。古人制字源流，藉此可见。又以顾炎武并《唐韵》五支之半及九麻之半各字，与七歌、八戈韵字为第六部，其五支韵中字皆改为歌、戈一类，议者或讥其武断。江永《古韵标准》以平声支、脂、之、微、齐、佳、皆、灰、咍、尤、魂、戈、去声未、怪韵字为第二部，以歌、戈、麻、支、纸、寘韵字为第六部，与顾氏书虽微有出入，而大旨则同。段玉裁以之、咍韵字合为第一部，而为第一类；以歌、戈、麻、支字合为第十七部，脂、微、齐、皆、灰字合为第十五部，支、佳字合为第十六部，而总为第六类；以为周秦之韵与今韵异者，古本音也，于古本音龃龉不合者，古合韵也。在段氏自有心得，惟以古人声歌必有一定之韵，如后世之一东、二冬，且必有一定可合之韵，如后世之通某转某者，则殊不然。古人声歌无非天籁，既曰天籁，则必有古音，既不能以后世之音概古人之音，又岂能以古时一方之音概古时天下人之音乎？古人音韵皆矢口而成，并无部类，亦无同通之可言也。其与今韵异者，皆古音也。不必言协，亦不必言合，其古音与古音异者，皆方音也。孔子系《易》，邹鲁之音也，与《三百篇》除《鲁颂》外，出入者甚多。屈、宋，南音也，与两汉续骚用韵亦多出入。窃疑古者无歌、麻两部，《唐韵》之七歌、八戈、九麻，皆起于西域九麻之半车、家等字，皆自鱼、虞、模转入；七歌、八戈，与九麻之半麻、加等字，皆自支韵施、为等字转入。因检古书中韵语有歌、麻字为韵者，一一拈出，知古人自有此一类音韵，成《歌麻古韵考》四卷，援据赅审，发前人所未发。又辑古语二字合音，如终葵为椎、蒺藜为茨、邾娄为邹之类，成《合音辑略》一卷。又撰《诗小学》三十卷，训释字义，纯用双声叠韵求之，有不得通者，始参用旁通引申之义，谓《诗》中有古字，有讹字，有叚借字，皆言乎其形也。其声与义则有合音，有一字数义，一义数用，一经误读，便成舛谊，乃疏通证明，或因声而定义，或以义而知声，知其为古字而后不误于后世字，知其为讹字而后可求其正字，知其为叚借字而后不牵混于所借之字，知其字之形而后可以定其声与义，知其字之声与义而后益无误于字之形，推明古训，实事求是。其书出段玉裁《毛诗小学》上。又著《论语尊经录》五卷，不主一说，专寻绎经文而得其义。他著有《孟子小学》一卷，《两汉书小学》五卷，《经传释词续》五卷，皆熟精故训，为专门之学。（据中华书局1987年版王钟翰点校本《清史列传》卷六十九《儒林传下·吴树声传》迻录，少数标点迻录时有所改动）

后　　记

清人吴树声《诗小学》一书的点校整理工作自 1985 年始，其时是以云南省高等院校古籍整理自选项目的名义立项进行点校工作的。当时由于对点校此书的困难估计不足，便设定两年内完成此书的点校，后来在实际工作中发现，两年内根本无法完成此项工作。其难点不在于点，而在于校。对此书进行标点，我只用了半年时间即告成功，然而对此书进行校勘则十分耗时费力，因为此书征引浩博，其征引之古代典籍达二百余种之多，其书证数以万计，面对如此众多之典籍与如此浩繁之书证就颇感力不从心或自不量力。说力不从心，是因为书证是吴氏立论的重要论据，必须认真负责地对待，必须逐一核证，而我个人手头的藏书又十分有限，必须不断地跑图书馆借书进行核校，有时为了核校一条书证，需要跑好几个图书馆才能校毕——且时或竟亦有无功而返者——这样一来，一日之时亦将耗尽，颇感力不从心。说自不量力，是面对如此艰巨烦琐之工作，我感到一个人的精力实在太渺小了，畏难退缩之意便油然而生，但已然承诺在先，也只得奋力一搏了。

自 1986 年至 1998 年，我于教学之余断断续续对此书进行校勘，其间历时凡一十三年，累计积累校记数千余条，其中写进本书《校勘记》者计凡 825 条，其余或作参证，或据吴氏所引原书之各别版本径改其误。其中之艰辛,只有身临其境的人才能深刻体味;校书难,校书苦,此言非虚。点校完毕,剩下的事就是出版了,以何种形式出版亦颇伤脑筋,最后决定照此书原书抄写誊录。至本世纪初,《诗小学》一书之一至十卷抄写誊录于稿纸毕,其后因教学工作繁重,实在无法再分心力旁骛以继续从事抄写誊录的工作,即就此搁笔。

光阴荏苒,岁时蹉跎,转瞬即至公元二千零一十一年之旧历辛卯孟春,时遇《云南文史丛刊》副主编余君嘉华教授。甫一见面,余君即催问点校整理《诗小学》一书之工作情况,晤谈间告知《诗小学》点校一书已列入《云南文库·大家文丛》出版计划,并谈及点校此书的工作既已大半告竣,如不继续从事,实为可惜,其意甚殷殷然。余君一番话语使我为之警醒,屈子"汩余若将不及兮,恐年岁之不吾与"之名句不禁便由心生,故再次引发我完成此书点校整理工作的决心,于是决定再次奋力一搏,下定决心将此书之抄写誊录工作推倒重来,不再继续抄写誊录,而是决意亲自将此书与前此之点校整理成果全部输入电脑进行排版。幸运的是当今欣逢盛世,科学昌明,日新月异,把字体极繁、容量极大的古籍文稿输入电脑存入文档已非十分困难之事。于是自 2011 年 8 月起,即将此书三十一卷及其点校整理成果陆续输入电脑,一日数页,日积月累,至 2012 年 12 月始克蒇事,总算了结了一桩心事,还清了一笔旧债。掐指一算,此书从动议点校至完成,历时二十八年(其间约搁笔七年),耗时不可谓不久,用功不可谓不勤,费心不可谓不细,否则不敢以示人且有负于前贤。俗言"慢工出细活",我尽己之所能在"细"字上下功夫,然而此书之点校整理工作是否真的做到"细",则只能有赖于专家、读者与后人的评判了。

此时此刻,我要感谢《云南文库·大家文丛》编委会将《诗小学》点校列入云南省《哲学社会科学"十二五"研究和发展规划》的重点项目之一,并计划出版;也要感谢余君嘉华教授对此书点校整理工作及其出版的一贯关心和支持;还要感谢云南师范大学文学院的简君启贤教授,他曾慷慨地赠给我几种有关字符输入的软件,这为后来此书电子文稿的顺利完成提供了极大的便利。此外,我还得感谢我的发妻杨毓芬女士,她始终关心此书的出版事宜,数十年如一日殚精竭虑、任劳任怨地操持家务,使我得以倾其全力投入此书的点校整理工作。可以说,如无以上条件和际遇,我或恐无十足之信心完成《诗小学》点校这一工作。

最后,谨向以下同仁致以诚挚的谢忱:感谢云南人民出版社政治读物编辑部主任马维聪先生、责任编辑陈亚女士,他们在此书的校排及出版工作中予以通力协作、鼎力支持;感谢未曾谋面,而已然于校样上神交二载的排版师傅在此书排印过程中的辛勤劳动。如果没有他们认真、耐心、细心付出的心血和努力,那么像《诗小学》这样一部征引浩博、用字繁杂、湮没已久的古籍恐亦难于及时刊诸枣梨,出版问世。是为后记。

张华文记于云南师范大学寓庐

公元2017年10月8日